TABLEAU DE PARIS

PAR

EDMOND TEXIER

OUVRAGE ILLUSTRÉ DE QUINZE CENTS GRAVURES

D'APRÈS LES DESSINS DE

Blanchard (Phar.), Cham, Champin, Forest (Eug.), Français, Gavarni, Gérard-Séguin, J. J. Grandville, Lami (Eug.), Pauquet, Renard, Roussel, Valentin, Vernet (Hor.), etc., etc.

TOME PREMIER.

PARIS

PAULIN ET LE CHEVALIER,

RUE RICHELIEU, 60, AUX BUREAUX DE L'ILLUSTRATION.

M DCCC LII

TABLEAU DE PARIS

INTRODUCTION

I

LES TIGRES DE JULIEN

ncore un livre sur Paris!—Oui. Et tant que Paris sera Paris, c'est-à-dire le centre du beau et de l'horrible, du sublime et du ridicule, de l'élégant, du gracieux, du pittoresque, du bizarre, du grotesque, de l'impossible et de l'absurde; tant que Paris restera ce qu'il est, l'œil de l'intelligence, le cerveau du monde, l'abrégé de l'univers, le commentaire de l'homme, l'humanité faite ville, Paris fournira matière aux recherches du philosophe, aux élucubrations du moraliste, aux charges bouffonnes du caricaturiste, aux portraits du peintre de genre, aux reproductions, aux copies, aux tableaux, aux daguerréotypes dans toutes les plus infinies variétés. Vous réussirez plus facilement à fixer sur la toile, sur la plaque argentée ou sur le papier les vagues changeantes de la mer au plus fort de ses orages et de ses colères, que vous ne saisirez au vol les aspects de cet océan d'individus, d'intérêts, de modes, de fantaisies, de passions aux éternelles tempêtes; aux innombrables courants, aux changements soudains comme le caprice, aux caractères multiples comme la nature et diversifiés comme elle.

« Paris, ô Parisiens! est moins connu de vous et des autres que les villes les moins explorées, que les plus impénétrables déserts. Un chasseur d'éléphants de mes amis me disait un jour : « Croyez-vous que je sais par cœur la grande et la petite Cafrerie, où je n'ai vécu que deux ans, et que j'ignore complétement les mœurs et les habitudes de certains quartiers de la capitale? » Il croyait dire une chose énorme, l'innocent. Nous serons entièrement chez nous dans les hôtelleries hasardeuses que nous disputent à l'heure qu'il est les bêtes féroces et les épidémies, que Paris demandera encore des études, des physiologies, des descriptions de toute sorte à la plume éternellement insuffisante du romancier, du poëte comique, du moraliste et du feuilletonniste. Nous aurons été promenés par la vapeur sur tous les sentiers du globe, par l'aérostation dans toutes les couches de l'atmosphère, par quelque autre moyen inconnu au fond de toutes les vallées et au sommet de toutes les montagnes sous-océaniennes, et Paris, échappant à la loupe de l'observateur, gardera sa physionomie insaisissable et ses mystères. La chaîne des monts Altaï, les placers de l'Australie, les oasis du Sahara et les glaces du pôle antarctique n'auront plus de secrets pour nous, et il se trouvera encore dans le grand pandémonium d'innombrables ressources pour nourrir la vieille et classique flânerie, la badauderie observatrice et philosophique de cette nuée de musards qu'entraîne chaque jour une curiosité toujours nouvelle et toujours satisfaite; il restera toujours des voyages à faire dans les salons et les mansardes, dans les ateliers et les guinguettes, dans les cryptes et dans les catacombes, sous les toits et sur le pavé, dans les bazars et dans les promenades, à travers les boulevards, les places, les rues et les ruelles de cette terre féconde en découvertes, de cet univers de douze lieues de tour, de cette merveilleuse Babylone bornée à tous les horizons par la grâce, le désir, l'amour, la haine, l'esprit, la passion, le talent, la bêtise et les forts détachés.

« Oui, sans doute, un livre sur Paris, et non un seul, mais bien d'autres, tant qu'il existera un Paris et une littérature. Tant qu'il restera une métaphore dans la langue française, une goutte d'encre au fond des encriers littéraires, une fiole d'acide sur l'établi d'un graveur, une boîte à crayons sur le pupitre d'un dessinateur, Paris aura la meilleure part de tout ce que pourront produire ces divers interprètes de la pensée. Pour lui, le styliste creusera l'inépuisable veine des alliances de mots les moins prévues, il découvrira pour les exploiter les plus riches filons d'allégories, de thèses et d'antithèses. Pour lui, les savants s'enseveliront à perpétuité dans la noble poussière des siècles, et recommenceront leur rétrospectif étiquetage de rues, de monuments et de maisons. Paris verra toujours pour son compte le burin mordre le bois, le crayon charbonner le papier, le pinceau empâter la toile, et, dernier venu des artistes, le soleil façonner le brôme et fixer sur le métal ses impalpables rayons.

Que le public ne s'effraye pas de ce dénombrement effleuré à peine, et qui aurait pu prendre des proportions homériques. Dans ces épaisses phalanges de gens qui ont vécu sur leur manière de voir et de faire voir Paris, que de noms aujourd'hui oubliés! Quant à nous, nous ne ressusciterons pas les morts; nous n'irons pas réveiller, par exemple, au fond de son tombeau, ce Restif de la Bretonne, aïeul de toute une race maladive, qui a su rendre ennuyeux le panorama le plus riche et le plus saisissant, qui a trouvé le moyen de faire bâiller en parlant de Paris. Pour un Mercier et un Dulaure qui surnagent, que de noyés dans cette mer implacable! Les uns ont équarri à grand effort les pierres de taille et les dalles de marbre du style monumental; pour eux, la grande ville n'a été qu'un assemblage d'édifices, de murs, de moellons; ils n'ont vu que le corps, et n'ont pas songé à l'âme; ils se sont battus avec les colonnes grecques des palais et les ogives gothiques des églises. Les autres, soulevant, comme le fit jadis Asmodée, les toits des maisons et les plafonds des chambres les plus secrètes, ont essayé de nous faire assister aux mille drames qualifiés d'intimes, aux péripéties, aux accidents de cette vie parisienne si caractérisée, si originale, si personnelle, malgré l'immense frottement qui semblerait devoir effacer toutes ces effigies et transformer en monnaie courante chaque type individuel. A cette œuvre Balzac a consacré vingt ans de son génie et vingt de ses chefs-d'œuvre. Ce qu'il a fait, bien d'autres ont tenté de le faire, et ses héros imités ont servi et servent encore de modèles à une foule de romanciers, de dramaturges, d'auteurs comiques, de vaudevillistes, de collectionneurs d'anecdotes. Les éternels crimes du salon, les perpétuelles et classiques vertus de la mansarde, les efforts du génie déployés par ceux-ci pour gagner des millions, par ceux-là pour arracher à la nécessité le pain quotidien, l'existence dorée des hauts banquiers, et la misère des habitants de ces quartiers honteux et sombres, repaires du vol et de l'assassinat, tout a été exploité, tout a fourni matière au démon de la description et de l'analyse.

Oui, tout a été exploité, et cependant tout reste encore à dire : à Paris tout change, tout se transforme, tout passe, tout disparaît pour reparaître. Le mythe de Protée peut seul donner une définition complète de cette ville fabuleuse comme la mythologie et variable comme l'atmosphère ; et, à ce propos, j'ai oublié de vous signaler le côté grotesque et bouffon de la grande ville, l'empire des calembredaines, des bons mots, des réflexions saugrenues, des charges d'artistes. Depuis ce vieux rire aimé de Rabelais, si prodigieusement farci de science, de philosophie, si merveilleusement psalmodié, saccadé, prolongé jusqu'au dernier numéro du *Tintamare*, qui pourrait compter les charges aristophanesques, les stupéfiantes bêtises, les figurations miraculeuses et grotesques qui pleuvent dru comme grêle, et dont l'ensemble forme la caricature la plus vieille, la plus nouvelle, la plus vraie et la plus ressemblante de Paris et de ce génie français qui n'a peut-être de bien original que ce don de l'hilarité quand même, du rire fou et déboutonné au milieu des malheurs, et qui se fait du mal à soi-même pour avoir occasion de faire du sarcasme aux dépens des autres et à ses dépens ?

Que nous restait-il donc à faire, à nous descendus dans l'arène après cent mille passés et avant cent mille à venir ? Le temps a fait la place libre, et cependant nous avons pu encore glaner là où a passé l'impitoyable faucheur, le grand chiffonnier qui entasse tant de choses dans sa hotte immortelle. Avons-nous essayé de joindre notre voix à ce concert de voix, de timbres et d'instruments aux mille accords ? Avons-nous pris le saxophone ou le mirliton ? le sifflet ou la trompette ? l'orgue de Saint-Eustache ou l'orgue de Barbarie ? Nous avons pris tout cela tour à tour, selon le jour et le sujet. Nous n'avons rien négligé de ce qui a été fait avant nous, puisant à droite et à gauche nos renseignements, et nous emparant, dans le domaine déjà exploré, de tout butin, de toute proie dont pouvait s'accommoder notre patrimoine.

II

Paris s'est d'abord appelé *Lutèce*. Quelle est l'étymologie de ce nom ? Les uns disent qu'un prince gaulois nommé *Lucus* fut le fondateur de cette cité ; d'autres prétendent que Lutèce vient de *Lutum*, qui signifie *boue*; d'autres enfin croit que le mot *Leuticia*, *Leucotocic*, *Lutèce*, est dérivé du celtique.

Ce qu'il y a de très-certain, c'est que Paris est une des plus anciennes cités des Gaules, et cette obscurité même de son origine en est une preuve aussi glorieuse qu'incontestable. Lorsque César, qui le premier en parla, vint dans les Gaules, cette capitale des Parisiens (*Parisii*) n'était encore qu'un amas de chétives cabanes renfermées dans une île au milieu de la Seine ; les deux rives du fleuve, maintenant couvertes de somptueux édifices et d'une population si nombreuse, n'étaient alors que d'épaisses forêts entourées de marais, et dont les solitudes étaient consacrées à des divinités sanguinaires ; on sait que les bois obscurs étaient les redoutables sanctuaires des dieux adorés par les anciens Gaulois.

Les Parisiens ont été célèbres parmi les peuples de leur nation pour leur courage et leur haine de toute domination étrangère ; et lorsque César, maître d'une grande partie des Gaules, voulut subjuguer leur ville capitale, son lieutenant Labiénus, qu'il avait chargé de cette expédition, y trouva une résistance à laquelle il ne s'attendait pas. Ces braves insulaires, craignant d'être forcés dans leur retraite, prirent une résolution héroïque : ils mirent le feu à leurs habitations, et marchèrent au devant de l'ennemi, sous la conduite de leur chef Camulogène. Le Romain, aussi courageux et plus habile, trompa les Parisiens par une fausse marche, prit une position avantageuse dans la plaine située au-dessous de Meudon, et, là, força les barbares à recevoir la bataille. La victoire fut longtemps disputée, mais la valeur aveugle fut forcée de céder au courage soutenu de la science militaire.

César, maître de Paris, l'embellit, au dire de quelques auteurs ; toujours est-il que, dès cette époque, cette cité tenait déjà un rang distingué parmi les villes de la Gaule, puisque César nous apprend, au sixième livre de ses *Commentaires*, qu'il y transféra l'assemblée générale ou les états. *Concilium Lutetiam Parisiorum transtulit.*

Devenu le séjour habituel des gouverneurs de la Gaule, Paris s'embellit sous les règnes de Valentinien, de Gratien, de Constantin et de Constance, qui l'habitèrent. Son principal accroissement est rapporté au règne de Julien l'Apostat, qui y passa plusieurs hivers.

Clovis, après avoir vaincu et tué Alaric, roi des Visigoths, y établit sa résidence en 508 ; en 510, il en fit la capitale de ses conquêtes. Depuis l'établissement des Francs dans les Gaules, chaque règne, pour ainsi dire, apporta quelques accroissements à cette ville. Clovis, Childebert et plusieurs princes qui régnèrent ensuite firent construire, hors de ses murs, des abbayes qui furent ensuite environnées de maisons, lesquels formèrent peu à peu de petits bourgs. Tels furent le bourg Saint-Marcel, le bourg nouveau auprès de Saint-Germain l'Auxerrois, le bourg l'Abbé, ainsi nommé parce qu'il était admis dans la censive de l'abbaye de Saint-Martin des Champs ; le Beau Bourg auprès du Temple, etc., etc. C'est la troisième époque des accroissements de Paris.

Cependant ce n'est que sous le gouvernement plus ferme et moins troublé des rois de la troisième race, que Paris commence à prendre par degrés ces accroissements qui l'ont amené au point où nous le voyons aujourd'hui. C'est à cette époque seulement que les faubourgs du nord et du midi, composés, comme nous le disions tout à l'heure, de quelques maisons éparses, d'églises et de couvents isolés, commencent à se réunir par des constructions intermédiaires, sont renfermées dans des enceintes qui s'élargissent de siècle en siècle, depuis la première enceinte de Paris, élevée par Philippe-Auguste, jusqu'à l'enceinte stratégique élevée par Louis-Philippe.

Philippe-Auguste apporte les plus grands soins à l'embellissement de la capitale ; il en fait paver une partie en 1184. Guillaume le Breton, qui vivait sous ce prince, fait ainsi l'éloge de Paris dans un poëme intitulé la *Philippéide*.

> Urbibus urbs speciosa magis, bona cujus ad unguem,
> Commendare mihi sensus brevitate negatur :
> Quæ caput est regni, quæ grandia germina rerum
> Educat, et doctris existit totius orbis,
> Cui, quamvis vere toti prælucet orbi
> Nullus in orbe locus : quoniam tunc temporis illam
> Reuidebat palus et terræ pinguendo lutosam,
> Aptum Parisii posuere Lutetia nomen.

L'établissement de l'Université sous Louis le Jeune avait été une des premières causes de l'agrandissement de Paris, la protection éclatante que son successeur Philippe-Auguste accorda à cette institution, l'estime singulière qu'il faisait des savants, et les distinctions flatteuses dont il les honorait, rendirent bientôt les écoles de Paris célèbres dans toute l'Europe. On y accourut des provinces et des pays étrangers ; et le quartier depuis l'*Université* se peupla tellement que la multitude des étudiants égalait celle des citoyens. Ce prince fit donc entourer Paris de murs, et dans cette clôture il renferma non-seulement une partie des bourgs déjà existants, mais encore une grande quantité de terrains vagues, dans lesquels il excita ses sujets à bâtir. La noblesse et le clergé l'aidèrent puissamment, et, dans l'espace de quarante années, ces places désertes furent couvertes d'édifices. Philippe le Bel augmenta encore l'importance de la population de Paris, en rendant le parlement sédentaire, et, par la défense qu'il fit du duel en matière civile, les gens de loi se multiplièrent presque autant que les étudiants.

Charles V, parvenu au trône, ordonna bientôt une nouvelle clôture du côté de la ville, depuis le bord de la rivière où sont situés les bâtiments de l'Arsenal, jusqu'au delà du Louvre, et les derniers faubourgs furent renfermés dans cette seconde enceinte. Ces nouveaux accroissements obligèrent de bâtir deux autres ponts, pour la communication des quartiers.

Jusqu'au règne de François Ier, on ne voit aucune entreprise nouvelle pour l'accroissement de Paris. Ce roi, restaurateur des lettres et des arts, reprend tous les projets qui avaient été conçus pour l'embellissement d'une ville déjà si peuplée et si florissante. Le vieux Louvre abattu fait place à un édifice régulier. On relève les hôtels des Ursins, de Bourgogne, d'Artois, de Flandre, de Fécamp, qui tombaient en ruines. Des rues nouvelles facilitent la communication entre la ville et les faubourgs. Bientôt après, Charles IX enferme dans l'enceinte des nouvelles murailles le château des Tuileries, élevé par Catherine de Médicis.

Henri IV fait exécuter de grands changements au quartier Saint Antoine ; par ses ordres on achève le Pont-Neuf, et il donne au président de Harlay la partie occidentale de l'aile du palais, à la charge pour celui-ci d'y construire des maisons. Louis XIII embellit le Marais, élève la place Royale, et donne à chaque rue de ce quartier le nom d'une des provinces de France.

Sous Louis XIV, une nouvelle ville paraît s'élever sur les ruines de l'ancienne. La clôture de l'Université est démolie, on joint la ville aux faubourgs ;

le Pont-au-Change, celui de la Tournelle et le Pont-Rouge (depuis Pont-Royal), qui n'étaient que de bois, sont construits en pierre. Sur l'emplacement des petites portes Saint-Denis et Saint-Martin sont érigés de magnifiques arcs de triomphe. L'hôtel des Invalides, l'Observatoire, le Louvre, des quais bordés de maisons, des places, des rues et plusieurs autres édifices publics et particuliers sont construits sous le règne du grand roi.

Les divers accroissements de la ville de Paris, sur la fin du règne de Louis XIV et pendant la minorité de Louis XV, forcèrent d'en régler de nouveau les limites.

Afin que les faubourgs ne s'étendent pas outre mesure, Louis XV défend, par une déclaration du 16 [mai 1765, de construire aucun bâtiment, en quelque manière et sous quelque prétexte que ce soit, au delà des maisons situées à l'extrémité de chaque faubourg. Par la même ordonnance, il est défendu d'ouvrir de nouvelles rues dans les faubourgs. La royauté commence à s'apercevoir que Paris devient trop grand; elle a comme un vague pressentiment que le géant va se révolter d'un jour à l'autre, et elle veut l'arrêter dans sa croissance et dans sa force.

Mais l'élan est donné, la royauté sera impuissante. Sous Louis XVI on commence à construire le quartier de la Chaussée-d'Antin. La ferme générale fait élever l'enceinte actuelle et la plupart des hideux bâtiments des barrières.

Sous l'Empire, tandis que le Musée s'enrichit de chefs-d'œuvre enlevés aux peuples vaincus, de vastes greniers d'abondance s'élèvent sur l'emplacement de l'Arsenal; on ouvre au commerce des vins un magnifique entrepôt sur le quai Saint-Bernard; des ponts, des quais nouveaux multiplient les communications, et quatre-vingts fontaines vont porter leurs eaux dans les quartiers de la capitale. De vastes marchés assainissent la ville, facilitent les communications entre les marchands et les consommateurs. Napoléon fait continuer les immenses constructions du Louvre, qui doivent être achevées par son neveu, et il fait élever la colonne Vendôme, la Bourse et l'arc de triomphe de l'Étoile, le palais du quai d'Orsai, etc., etc.

Le plan tracé sous Napoléon, pour l'embellissement de Paris, est adopté par les Bourbons. Sous Louis XVIII et sous Charles X, des rues nouvelles sont percées, le canal Saint-Martin s'achève, deux nouveaux quartiers se construisent; l'un au bout du faubourg Poissonnière, l'autre aux Champs-Élysées.

Le règne de Louis-Philippe n'est pas moins rempli, et Paris doit à ce souverain, que l'on qualifiait de *Roi maçon*, une foule d'embellissements de tout genre, sans compter ceux qui ne l'embellissent pas, tels que les fortifications, par exemple : successeur de la royauté légitime, ce prince croit trouver dans les souvenirs de l'Empire une popularité plus grande; il prend à tâche de terminer ce que Napoléon avait ébauché à peine. L'arc de triomphe de l'Étoile s'élève jusqu'à son couronnement actuel, et n'a plus rien à désirer, si ce n'est peut-être le splendide quadrige où brillera un jour le triomphe de César; la colonne Vendôme revoit sur sa tête l'image impériale, et le sarcophage des Invalides reçoit enfin les cendres de celui qui reposa longtemps sous les ombrages inhospitaliers de Sainte-Hélène.

A côté de ces restaurations impériales, le souverain de 1830 essaye quelques créations qui lui appartiennent en propre : le palais d'Orsai est terminé et affecté au conseil d'État; le pont Louis-Philippe relie les deux rives de la Seine, embellies de quais nouveaux qui l'accompagnent désormais dans tout son cours à travers la capitale; les musées s'enrichissent; une colonne de bronze se dresse sur l'emplacement historique de la Bastille, et présente en lettres d'or le nom des citoyens qui ont fait de leurs corps les marches du trône de Juillet. L'Archevêché, Saint-Germain l'Auxerrois, d'autres monuments religieux encore sont réparés; les Tuileries occupent, comme toujours, des légions d'architectes. Enfin la place Louis XV ou de la Concorde, suivant les vicissitudes du temps, se peuple de colonnes rostrales, et accueille un voyageur lointain, qui, à travers les siècles et les mers, visite la métropole nouvelle des arts : l'obélisque quitte l'Égypte pour les bords de la Seine, et renonce aux ruines de Lougsor pour les palais, à demi-ruinés et réparés sans relâche, des Tuileries et du Louvre.

Je ne parle pas des rues nouvelles, percées au milieu des vieilles ruelles du vieux Paris : le quartier de la Cité, avec sa population infime qui depuis ant de siècles naissait, souffrait et mourait sans sortir d'une atmosphère putride, sent dans son sein pénétrer l'air et la vie. Des rues étroites et fangeuses disparaissent, remplacées par de larges voies publiques.

Tel est Paris, la ville sans pair. C'est à la puissance d'universalité que cette vaste capitale a dû de former à elle seule tout un peuple, doué au degré le plus éminent du sens municipal et du sens national, ces deux grands éléments de la civilisation française. Paris tendait à être la ville cosmopolite, tandis que les autres provinces, les autres cités, les autres communes ne formaient que des individualités et n'obéissaient qu'à l'esprit de localité.

III

Voulez-vous la voir dans toute sa grandeur, cette fière cité étendue à vos pieds et déroulant sous vos regards son vaste panorama? montez la rue des Martyrs, les degrés du Panthéon, les sentiers du Père-Lachaise. Je suppose un de ces soleils à demi-voilés, un de ces cieux bleu pâle si fréquents sous notre zône, où les vapeurs à demi-transparentes bordent mollement les contours de l'horizon, et fondent sous une teinte harmonieuse les tons crus et les couleurs discordantes. La grande ville se développe dans son enceinte de forts et de bastions, étreignant, sur les deux rives, la Seine, large ruban tout bariolé de ponts. Çà et là l'ardoise, les dômes vitrés étincellent; on dirait des flots blanchissants sur le vert sombre d'un océan d'édifices. Mais cette mer, exempte de monotonie, s'entrecoupe d'îlots de verdure et de vastes oasis : les Tuileries, le Luxembourg, le Jardin des plantes, les Champs-Élysées, interrompent ces montagnes de moellons, de ciment et de briques. Mille monuments varient à l'infini les lignes de l'horizon. Ici les flèches gothiques, là les tours massives, plus loin les dômes renflés, les colonnades à jour, les assises inébranlables, les sveltes aiguilles; Saint-Jacques, Saint-Eustache, Notre-Dame et cent autres chefs-d'œuvre de l'art au moyen âge. Le Panthéon ravi aux souvenirs antiques, la Bourse, la Madeleine et cette rangée de palais, cette bordure de monuments que baigne la Seine : le Louvre, la place de la Concorde, le Palais-Bourbon, l'hôtel des Invalides, et, vers l'autre extrémité, les lointains sommets de l'Observatoire, du Val-de-Grâce, des Sourds-Muets. Paris est le rendez-vous des monuments de tous les styles et de toutes les époques. Vus à vol d'oiseau, on dirait que ces édifices se touchent, et des lieues les séparent. Si le soir vous surprend dans cette contemplation, vous allez voir mille clartés soudaines apparaître, et sous le ciel, prairie émaillée d'étoiles, comme dit le vieil Eschyle, va tout à coup s'illuminer un ciel rival aux astres plus nombreux et encore plus éclatants, réfléchis en longues enfilades dans la transparence de la Seine; les feux en suivent le cours sinueux, puis ils rayonnent sur la ligne des boulevards, étoilent l'obscurité des rues et la sombre verdure des promenades. Partout le gaz étincelle, en attendant que se lève, demain peut-être, le soleil électrique destiné à nous faire oublier la distinction à demi effacée du jour et des ténèbres.

Mais laissons là le pinceau du paysagiste; aussi bien il nous faudrait tout au moins le burin de Callot, la palette de Salvator Rosa, et les toiles gigantesques de Martinn. Ce qu'il nous reste à décrire, c'est l'âme de ce grand corps, c'est le pêle-mêle grouillant, vivant, agissant au milieu de ce pêle-mêle encore harmonieux; c'est la mer orageuse, hurlante, aux flots tourmentés, aux reflets variés, diaprés, bigarrés, qui clapote, tempête, mugit au milieu de l'océan immobile de monuments et d'édifices, vagues pétrifiées. C'est le Paris de chair et d'os, le Paris d'hommes après le Paris de pierre. Entrez dans la grande ville : voici la foule, toujours la foule, et notre langue et toutes les langues issues de la dispersion des enfants de Noé seraient insuffisantes à nous la figurer, cette cohue, cette armée, cette fourmilière comparable aux nuées de sauterelles qui obscurcissent le soleil du désert, aux bancs de poissons qui émigrent du pôle, aux coquillages invisibles dont la dépouille s'amoncelle en terre et forme les Alpes ou les Pyrénées. Quel peintre pourra jamais représenter cet incroyable tohu-bohu, ce cataclysme d'êtres humains, aussi divers que nombreux, et réunis là aujourd'hui pour être remplacés demain ! Tout ce que le génie de l'homme et le caprice de la femme, les deux grands créateurs après Dieu, ont pu mettre au jour de variété, d'originalité, discordances, de dissonances, d'antipathies, d'analogies, tout ce qui vit sous n'importe quel pan du ciel a fourni son échantillon à cet immense et populeux bazar, à ce rendez-vous universel de l'espèce que Buffon a classée entre le singe et Dieu. Cet homme étranglé d'un faux col, aux favoris ébouriffés, et emprisonné dans une redingote de force, blond, pâle, maigre, à ressorts, c'est un anglais. Une blonde lady tient son bras triangulairement, et, prodige de la crinoline ! nous offre la parfaite image d'un éteignoir sautillant à côté d'une araignée en fil d'archal. Plus loin une chevelure d'étoupe, un teint fade et rosé, un habit à queue de moineau, un pantalon resté à mi-chemin : vous avez affaire à quelque rêveur germanique. Celui-ci, étoffé dans sa redingote, le chapeau renversé en arrière, les favoris en côtelette, n'est pas de France, mais de Marseille; celui-là, osseux, brun, la chevelure bouclée, la moustache en crochet, a reçu le jour entre les Pyrénées et la mer; cet autre, le visage bistré et barbu, le poil frisé, les doigts, la poitrine étincelant de rubans et de fausses pierreries, est un Italien. Ainsi voilà des exemplaires de tous les peuples : des Grecs à la calotte rouge, aux traits mâles et fiers, des Orientaux dans leur costume national, impassibles et, même à Paris, dignes fils du Prophète;

des Russes, les meilleurs copistes de nos élégances, tout passe sous nos yeux *comme une éternelle fantasmagorie*, et nous laisse, si nous savons les recueillir, une leçon et un bon conseil.

Parmi tous ces êtres divers, il en est un dont il faut parler longuement, c'est le Parisien. L'Esquimau s'attache moins à sa cabane de glaçons, le sauvage à sa hutte natale, que le Parisien à ses boulevards, à ses quais, à son Palais-Royal. Parlez-lui, s'il vous plaît, de longs et périlleux voyages, de difficiles circumnavigations autour du monde; essayez de l'émouvoir par toutes ces odyssées du tillac et de la table d'hôte, de la caravane et du bateau à vapeur. Vous aurez lieu d'admirer les superbes dédains de cet homme qui n'a, dit-on, rien vu que son ciel toujours gris, ses rues toujours noires, ses barrières avinées, ses jardins et ses environs peignés, râtissés, émondés, éternelle parodie de l'œuvre du grand auteur des choses. Mais toutes les variétés de la race voyageuse comprise entre Alexandre de Humbold et Alexandre Dumas, entre la haute science et la haute fantaisie, n'ont rien à opposer à cet éternel voyage du Parisien, à la flânerie, cette flânerie féconde, instructive, piquante, animée, riche d'émotions, de souvenirs, d'enseignements. Vous aurez fait le tour du monde, ô voyageurs ! Et lui donc, ne l'a-t-il pas parcouru, ne le parcourt-il pas tous les jours, son univers? Ne trouve-t-il pas la Chine et le Japon dans un magasin du boulevard? Est-ce que le Pérou et l'Inde n'étincellent pas dans toutes les montres des joailliers, des bijoutiers et des orfévres? N'a-t-il pas, pour opposer aux chasses fantasmagoriques de Nemrods célèbres et aux forêts cyclopéennes des romanciers du nouveau monde, les parages fameux de la plaine Saint-Denis, les solitudes agrestes des bois de Fontainebleau? Essayez de l'étonner par toutes les merveilles des annales de la navigation : n'a-t-il pas dans la Seine le roi des fleuves, et les premiers mariniers du monde dans les canotiers d'Asnières? Il a vu lancer à Neuilly la frégate-modèle! parlez-lui donc des vaisseaux à trois ponts ! Il a vu les régates et les joutes nautiques : racontez-lui après cela des batailles navales ! Pour lui, l'univers entier a été mis à contribution; aussi rien ne l'étonne, et, après quarante ans passés dans les limites de sa banlieue, il se mettrait à parcourir le monde qu'il n'y trouverait que les pâles spécimens de tout ce qu'il a vu, observé, remarqué dans sa fleur, dans sa gloire et dans sa perfection.

Puis il y a encore des gens émerveillés, s'il se rencontre un Parisien qui leur avoue naïvement son goût pour la badauderie, ses instincts si casaniers dans son Paris, et son peu d'attraits pour d'inutiles voyages. Que voulez-vous donc qu'il cherche, lui, fils de la cité encyclopédique et universelle; lui, flâneur par goût, par passion, par métier; lui, spectateur assidu et journalier d'une revue éternelle que passent en son honneur tous les produits imaginables de notre monde sublunaire?

Il n'a pas besoin de voyager : c'est l'univers qui voyage pour son compte, qui se déplace pièce par pièce pour venir solliciter son suffrage, faire appel à ses goûts d'amateur et de consommateur. N'a-t-il pas sous les yeux tout ce que la nature enfante en matières premières, tout ce qu'élabore l'industrie humaine, tout ce que créent le ciseau, le burin, le pinceau des artistes, les chefs-d'œuvre de la littérature, de la poésie et de la musique? N'est-ce pas pour lui que vit, que s'agite, que travaille tout ce qui est fort, vivace, énergique, intelligent? Certes l'univers a bien raison de voyager, et le Parisien de rester à sa place : car le Parisien, encore une fois, possède tout ce que l'univers pourrait lui montrer, et de plus mille trésors qui lui appartiennent en propriété exclusive, ne fût-ce que cette collection unique des fruits de l'activité de toutes les nations !

Qu'est-ce donc que Paris possède à l'exclusion du reste de l'univers? Quoi?... Ce génie des arts qui en fait la mère-patrie et pour ainsi dire l'entrepôt des grâces, des délicatesses et des élégances; ce goût inimitable qui préside à toutes ses créations ! cette aptitude universelle qui le rend manufacturier comme Lyon ou Mulhouse, commerçant comme Southampton et Marseille, industriel comme une usine anglaise, savant comme une université d'Allemagne, artiste et poëte comme... que dirons-nous? comme Paris lui-même. Aimez-vous la science, la philosophie, la littérature? Les professeurs sont dans leurs chaires et vous attendent, depuis le praticien qui dissèque le corps humain à la Clinique, jusqu'au métaphysicien qui dissèque le *moi* et le *non moi* à la Sorbonne, jusqu'au docteur ès lettres qui analyse au Collége de France un vers de Virgile, jusqu'à l'orientaliste qui vous dit au juste l'année dans laquelle vivait le célèbre réformateur Bouddah-Mouni, dont personne n'a jamais entendu parler. Et ne parlerons-nous pas aussi de cette mode parisienne, créée à chaque instant uniquement en haine de ce qui ressemble à la stabilité? Qu'on se figure, si toutefois l'imagination se prête à le concevoir, des échantillons réunis de toutes les fantaisies bizarres, inouïes, incohérentes, inexplicables, impossibles, qui ont passé par la tête de toutes les femmes dans tout le cours des siècles ; c'est ce que notre plume se refuse à décrire, et ce que vous verrez pourtant sans peine en deux heures de promenade entre la Madeleine et la Bastille.

Ce que Paris possède encore, c'est cette population si mêlée et si originale, qui se compose pour ainsi dire de plus de nuances que d'individus, où, aujourd'hui encore, comme au temps de Mercier, vous trouverez des Asiatiques vivant sur des piles de coussins, dans des palais resplendissants de marbre et d'or, et des Lapons accroupis dans des terriers, sous de méchantes huttes ouvertes à tous les frimas. Ce qu'il possède enfin ce Paris sans pair, ce sont des personnages fortement caractérisés, des types aussi originaux qu'innombrables, des industries de toute sorte, où éclate le génie inventif du peuple le plus inventif de la terre ; en un mot, les incalculables variétés de toutes ces espèces si diverses que nous avons essayé d'étudier, de surprendre et de peindre au vol du crayon et de la plume, heureux si nous sommes parvenus à faire connaître, mieux que nos devanciers, la capitale du monde, la merveille des merveilles, l'alpha et l'oméga de la civilisation humaine, l'humanité entière, comme nous le disions plus haut, faite ville.

PARIS A VOL D'OISEAU, M DCCC LII.

Vue prise du clocher de Saint-Louis en l'Ile.

TABLEAU DE PARIS.

Chapitre premier.

LES CHAMPS-ÉLYSÉES.

Panurge et la Bastille. — L'Arc de triomphe de l'Étoile. — Les portes Saint-Denis et Saint-Martin. — Les murailles de Paris. — L'Hippodrome. — Le Camp du Drap-d'Or. — La Folie Beaujon. — L'Avenue Fortunée. — Les Champs-Élysées. — Les promenades. — Le bal Mabille : le spectacle et les spectateurs. — Le Château des Fleurs. — Le Jardin-d'Hiver. — Le Chalet. — Le Cirque et Auriol. — Les fêtes officielles. — Les cafés chantants. — Le carré Marigny. — Le physicien en plein vent. — Le dynamomètre et le barymètre. — Les chanteurs ambulants. — Le tir à l'arbalète. — Les joueurs de ballon. — Le cochonnet. — La nécromancien populaire. — Le théâtre de Guignol. — Le savon à détacher. — L'attelage de chèvres. — Voyons combien nous pesons. — Les tableaux vivants. — Restaurant Ledoyen. — Le lingot d'or. — Les orphéonistes.

Panurge, si j'ai bonne mémoire, fit son entrée dans Paris par la porte Saint-Antoine, et le premier objet qui frappa ses regards, ce fut la tour de la Bastille : une triste entrée en ville et en matière pour un philosophe péripatéticien, qui arrivait en droite ligne du réjouissant royaume de Gargantua. Nous entrerons, nous, par la porte la plus vaste et la plus monumentale qui soit au monde. De l'aveu de tous les voyageurs, pas un seul de ces nombreux poëmes de pierre qui s'appellent Rome, Naples, Milan, Venise, Florence, Vienne, Berlin et Saint-Pétersbourg, ne peut offrir un pareil début : l'Arc de triomphe et les Champs-Élysées.

Néron, cet artiste épileptique, n'aurait pas rêvé une plus magnifique avenue pour la ville de marbre et d'or qu'il avait bâtie dans sa tête extravagante et impériale.

Cet arc de triomphe colossal, qui semble la porte d'une ville de géants, est issu d'un décret de Napoléon,

Arc de triomphe de la barrière de l'Étoile.

lequel décida, en 1806, que cette grande page serait écrite avec le ciseau à la gloire de l'armée française. Mais l'Empire bataillait trop pour trouver le temps de remuer des moellons. En 1814, le chiffre consacré aux constructions n'avait pas dépassé trois millions deux cent soixante-treize mille francs cinquante-six centimes; or, l'arc triomphal devait absorber trois fois cette somme avant d'être achevé. La Restauration, qui eut un instant la pensée d'escamoter la construction de l'Empire à son profit, en substituant aux victoires républicaines et impériales la campagne d'Espagne, débourra, pour son compte, trois millions sept cent soixante-dix-huit francs soixante-huit centimes; enfin, le gouvernement de Juillet eut la gloire de terminer le monument, en ajoutant aux sommes déjà dépensées trois millions quatre cent quarante-neuf mille six cent vingt-trois francs trente-huit centimes; l'arc de l'Étoile a donc coûté neuf millions sept cent vingt-trois mille quatre cent deux francs soixante-deux centimes : voilà un vrai compte d'architecte. La gloire et le moellon coûtent cher.

L'exécution de ce monument, grandiose dans l'ensemble, est assez singulière dans les détails, et nos descendants seront exposés à commettre plus d'une erreur, s'ils veulent juger des costumes et des armes des soldats de la République d'après les messieurs revêtus d'un baudrier qui sont le premier plan. Ils auront quelque peine à se retrouver au milieu de ce mélange de sauvages, de soldats romains et de grenadiers.

Par une combinaison malheureuse, ce sont justement les figures qui, par leur masse et leur proximité du spectateur, sont le plus en vue, dont on s'est plu à voiler la réalité par les mensonges mythologiques. Les canons, les sabres, les fusils.... tout l'attirail militaire contemporain est relégué au sommet dans les bas-reliefs. Les cuirassiers, les lanciers, les dragons qui caracolent dans la frise, apparaissent d'en bas comme des bons hommes de pain d'épices. Il semble qu'on se soit attaché à reléguer dans les nuages tous les pittoresques souvenirs qui font battre le cœur du peuple.

Examinons brièvement les quatre groupes où les figures ont dix-huit pieds de proportions.

Le Départ pour l'armée. Des soldats pleins d'énergie marchent au combat; les uns sont couverts de cottes de mailles, de cuirasses ciselées et de boucliers, les autres sont armés de piques. Comment reconnaître, au milieu de cette panoplie qui semble avoir été ramassée au hasard dans un cabinet d'antiquaire, ces immortels soldats de la République qui s'en allèrent un beau matin conquérir l'Europe? Et cependant, à part cette critique, disons tout de suite que c'est là une magnifique composition : il y a, dans ces têtes de pierre, de l'élan et de l'enthousiasme. Le génie de la guerre respire bien toutes les tempêtes déchaînées de la révolution. Malheureusement cela n'a pas de date; celle de 1792 n'existe que dans le livret officiel.

Le Triomphe nous représente l'Empereur couronné par la Victoire, et ayant à ses pieds une ville vaincue. Au-dessus de lui est la Renommée, et à ses côtés la Muse de l'Histoire, laquelle semble un peu trop occupée à prendre le croquis de l'Hippodrome. Le

Le Départ (1792), côté de Paris.

Le Triomphe (1810), côté de Paris.

Triomphe a tous les défauts du Départ pour l'armée, mais il n'en a pas la verve et la distinction. Ce Napoléon en peignoir, tenant un sabre romain, est surtout d'un assez triste effet.

La Résistance nous offre un jeune homme tout nu, tenant un coutelas à la main. Il est entre son père et sa femme qui porte sur son sein un enfant mort. Ce jeune homme, il faut bien le dire, représente moins la résistance que l'immobilité. Au-dessus de lui est le Génie de l'Avenir. Ce génie est coiffé d'une touffe immense. La Résistance est le plus faible des quatre groupes.

Le quatrième groupe est intitulé la Paix. Le taureau saute au milieu des moissons, pendant que la femme du soldat laboureur allaite son enfant plein de vie. Un homme nu, coiffé d'un casque romain et qui

représente le soldat français, remet l'épée dans le fourreau d'un air assez maussade. Évidemment ce guerrier n'est pas satisfait d'une paix qui repose sur les traités de 1815 ; il songe aux limites du Rhin à jamais perdues. La figure endormie de Minerve domine le groupe.

Telles sont les quatre grandes compositions principales du gigantesque édifice. En considérant le but populaire que l'art avait à y réaliser, il faut bien reconnaître que ce but est à peu près manqué. On a sacrifié la vérité, et c'est à peine si l'on a rencontré cette poésie artificielle qui charme les esprits délicats. La sculpture n'est française que dans la frise et les bas-reliefs, encadrés et tout simplement posés sur les parois nues comme des tableaux accrochés dans un salon. Ces bas-reliefs, qui sont en général remarqua-

bles, représentent les funérailles de Marceau, la bataille d'Aboukir, la prise d'Alexandrie, le passage du pont d'Arcole, la bataille de Jemmapes et celle d'Austerlitz.

Ces bas-reliefs sont surtout la part des grosses épaulettes : on a également voulu faire la part du soldat. Les tympans des petits arcs, extérieurement et intérieurement, furent destinés à recevoir quatre groupes où serait glorifiée l'armée dans ses quatre grandes divisions : infanterie, cavalerie, artillerie, marine. Cette idée était heureuse, mais assez difficile à exécuter. Placer huit figures d'hommes dans des espaces si rétrécis, et les rendre assez significatives pour que non-seulement on reconnût en elles les quatre grandes divisions d'armes dont nous venons de parler, mais encore pour que dans le même groupe l'infanterie légère fût opposée à la grosse infanterie, la grosse cavalerie à la cavalerie légère, franchement le problème n'était pas trop facile. On le résolut cependant, mais vous allez voir de quelle façon : les uniformes différents de ces huit hommes suffisaient à peine à les distinguer les uns des autres. Que fit-on? On leur donna à tous le costume de la nature : on les mit tout nus. Quand ces soldats furent ainsi transformés en baigneurs pour le plus grand triomphe de l'art académique, on continua le travail suivant les données du programme. On mit un fusil par-ci, un boulet de canon par-là, un sabre d'un côté, une tête de cheval dans un coin, et, à force de finesses de ce genre, cela devint complétement intelligible; et l'artiste, forcé d'avouer son impuissance à l'égard de l'allégorie, imita naïvement l'enfant qui écrit au-dessous de son dessin : Ceci est un bonhomme ou une bonne femme. Un médaillon fut placé au-dessus de chaque sujet avec les mots : Infanterie, Cavalerie, Artillerie, Marine. Ces médaillons viendraient à être changés de place un jour, que cela serait absolument indifférent. Voilà pourtant ce que c'est que d'être trop spirituel en architecture.

Malgré quelques maladresses de détails et quelques contre-sens, l'Arc de triomphe n'en reste pas moins un des plus remarquables monuments de Paris. A quoi cela peut-il servir? diront les économistes; mais il y a je ne sais quelle grandeur qui charme l'imagination, à voir une ville se passer la fantaisie d'une si fastueuse inutilité. C'est d'ailleurs le premier essai d'une entrée vraiment monumentale qui ait été mené à bonne fin, car je ne compte pas les portes Saint-Denis et Saint-Martin, enclavées aujourd'hui, non plus que ces constructions massives qui servent à loger les bureaux d'octroi à chaque entrée de la capitale, œuvre inouïe exécutée dans ce style bizarre qui, sous le nom de style de barrière, est un des plus tristes apports du génie parisien à la communauté des inventions humaines.

Et puisque nous avons prononcé le mot de barrière, disons tout de suite que le mur d'enceinte de Paris, dont elles sont les portes, ne remonte pas au-delà de 1784. Ce mur d'enceinte a été une entreprise toute fiscale au profit des fermiers généraux qui en obtinrent la concession du ministre Calonne. Les habitants, se voyant emprisonner, laissèrent échapper beaucoup de plaintes et de quolibets, plus de quolibets encore que de plaintes très-vraisemblablement ; le vers en jeux de mots suivant a survécu :

Le mur murant Paris rend Paris murmurant.

Les murmures cessèrent, et le mur s'acheva. Le même fait s'est reproduit depuis, mais sur une bien plus vaste échelle ; le mur d'enceinte des fortifications a été une nouvelle édition considérablement augmentée, et, vu la grandeur du format, beaucoup plus dispendieuse encore que la première.

Des hauteurs de cet arc triomphal, la vue est magnifique : d'un côté, tout Paris couronné vers le nord de ce mamelon dont le Parisien est si fier, la butte Montmartre ; du côté opposé, la campagne à perte de vue, les coteaux de Sèvres, de Ville-d'Avray, le parc de Saint-Cloud, les hauteurs de Marly, puis les riants

La Résistance (1814), côté de Neuilly.

La Paix (1815), côté de Neuilly.

villages de Neuilly, de Courbevoie, de Suresnes, les villas de la banlieue qui bordent le fleuve, et ce bois de Boulogne tout plein de bruits sonores ; tout en face est la grande avenue de Neuilly, qui s'étend, ruban gigantesque, en traversant la Seine, jusqu'au carrefour de la *Patte d'oie*; à gauche, l'avenue de Charles X, bordée de riantes maisonnettes, de chalets suisses et de castels moyen âge. L'avenue Charles X est le grand chemin des cavaliers, des amazones et des équipages qui vont au bois. Vers quatre heures, dans les beaux jours de printemps, cette avenue est sillonnée de calèches, de colimaçons, de briskas, de tandems, de broughams, de flies, trainés par des chevaux caparaçonnés et encocardés. C'est le fleuve aristocratique qui roule ses flots de promeneurs. C'est le *Hyde-Park* de Paris ; à sa droite, le spectateur aperçoit dans le lointain les blanches cimes de Maisons, une petite ville italienne, transportée comme par enchantement des bords de quelque rivière napolitaine sur les rives de la Seine.

L'Arc de triomphe de l'Étoile a été élevé sur un terrain qui appartenait au petit village des Thernes ; le petit village est devenu, depuis le commencement de la construction de ce vaste édifice, un sorte de ville, qui s'étend d'un côté jusqu'aux Batignolles, et de l'autre jusqu'à Neuilly. Depuis dix ans une ville nouvelle s'est également formée autour de l'Arc de triomphe. Sur le rond-point jadis désert on a bâti des maisons qui ont appelé d'autres maisons, et à l'heure présente des rues sont tracées, bordées d'habitations élégantes, là où naguère on ne voyait que des terrains vagues. A Paris il ne faut que quelques années pour transformer en une ville un marécage. C'est à quelques pas de l'Arc de triomphe qu'est située la chapelle de Saint-Ferdinand, élevée à la mémoire du regrettable duc d'Orléans. Nous en reparlerons en temps et lieu.

Le voyageur qui pénètre pour la première fois dans Paris par cette entrée monumentale reste un instant ébahi à l'aspect de tant de magnificence : de la grille de la barrière il aperçoit de chaque côté de la grande avenue cette forêt d'arbres séculaires qui abritent sous leur ombre les Champs-Élysées; en face de lui, la place de la Concorde avec ses statues, ses fontaines, ses chevaux de marbre et son aiguille de granit, puis, dans le lointain, le palais des Tuileries, dont le pavillon principal se détache au milieu de son cadre de verdure.

Nous ne franchirons pas la grille d'entrée sans parler de ce monument de planches et de toile peinte qui rampe à droite du géant de pierre. Nous avons nommé l'Hippodrome.

Les plus anciens jeux du monde sont les courses de chars et de chevaux. Les Grecs attelaient à leurs chars deux et quatre chevaux. Les Romains, comme tous les imitateurs, voulurent dépasser les modèles, et ils eurent des *segiges* ou chars à six chevaux; on vit même Néron, dont un vers de Racine a popularisé le talent comme cocher, guider dix chevaux attelés de front. Souvent vingt-cinq quadriges franchissaient à la fois la barrière; Domitien en fit courir cent dans le même jour. Mais la plus belle course dont les Romains dégénérés aient longtemps gardé le souvenir est celle à laquelle Caligula présida peu de jours après son avènement à l'empire, et où tous les chars étaient conduits par des sénateurs.

De Rome, les cirques et les hippodromes passèrent à Byzance; c'est là que régnaient tour à tour les cochers bleus et les cochers verts. L'empire romain et le premier empire d'Orient tombés, les cirques firent place aux tournois, puis les tournois eux-mêmes furent remplacés plus tard par les carrousels. De nos jours, on semble vouloir revenir à ces jeux de l'ancienne Grèce et de la Rome impériale, et l'Hippodrome, il faut le dire, réunit toutes les conditions nécessaires à ce nouveau goût du public: il a été élevé sur le modèle des cirques romains, et on l'a entouré de plusieurs rangées de gradins où peuvent s'asseoir à l'aise près de vingt mille spectateurs. On arrive à ce colysée de carton par une porte dans le goût mauresque. L'enceinte intérieure destinée aux exercices figure un parterre gazonné coupé par quatre allées sablées, qui aboutissent à un rond-point; l'espace ménagé pour les courses se développe circulairement, et limite la seconde enceinte, où siége le public. Le tout est dominé par un corridor également circulaire, sorte de vomitoire pratiqué pour le trop-plein des spectateurs, et recouvert d'un *velarium* assez vulgaire. Les écuyères de cet établissement se composent en général des Terpsichores du jardin Mabille, hippodrome d'une autre sorte, dont nous aurons occasion de parler tout à l'heure.

Entrée de l'Hippodrome.

L'Hippodrome ne se contente pas de faire courir

Vue intérieure de l'Hippodrome, inauguré le 3 juillet 1845.

CHAPITRE PREMIER. — LES CHAMPS-ÉLYSÉES.

les chars dans la carrière, il fait assister quelquefois le public parisien à des magnificences vraiment royales. C'est ainsi qu'il offrait naguère le spectacle du Camp du Drap-d'Or, et de cette fameuse tente qui, selon l'auteur du *Cérémonial français*, « se composait « de trois cents pavillons de drap d'or ou d'argent, « timbrés aux armes des princes et autres seigneurs, « lesquels seigneurs, ajoute Dubellai, témoin oculaire, vendirent leurs propriétés pour paraître convenablement dans cette assemblée, et y portèrent « ainsi leurs moulins et leurs prés sur leurs épaules. »

Nous devons avouer que l'Hippodrome reproduit assez exactement, sinon la tente aux trois cents pavillons, du moins la splendeur du cortège. Rois et princes, vêtus d'or et d'argent, portant chamarres de

Hippodrome. — Chevauchée et tournoi du temps de François Ier.

velours cramoisi et chaînes d'or au cou, chevaliers couverts de cottes de mailles étincelantes, tout cela resplendit, et le tournoi s'engage au milieu des acclamations des spectateurs.

Pénétrons maintenant dans Paris. Voici les Champs-Élysées, la promenade du beau monde, le mail des élégances, le carrousel des riches attelages; c'est là que défilent, à une certaine heure de la journée, pendant la belle saison, des rubans d'équipages, la grande dame dans son coupé, le bourgeois dans sa calèche, la femme légère dans son colimaçon, le dandy dans son brougham, puis les cavaliers qui vont au bois, et les amazones qui en reviennent. Cette avenue, qui s'étend de l'Arc de triomphe jusqu'à l'Obélisque, du monument de Napoléon jusqu'au monument de Sésostris; cette avenue où tout passe, où tout change, où l'on se salue, où l'on s'envie, où l'on se hait, où l'on s'admire, voit naître la première mode et le premier bouquet; elle a la primeur de tous les colifichets, et c'est pour se montrer à elle que s'épanouissent en plein soleil tant de toilettes extravagantes. Cette royale avenue des Champs-Élysées est aujourd'hui ce qu'était au siècle dernier le Cours-la-Reine, dont il a été fait tant de descriptions. « Au retour de la guerre, dit Jules Janin, le jeune « capitaine y venait montrer son nouveau ruban et « sa nouvelle épée; un plus galant et moins heu« reux se pavanait de sa maîtresse nouvelle en nou« velles parures; qui était nouveau venu à la ville « et nouveau venu à la cour; qui avait fait un conte « applaudi ou une tragédie sifflée; qui venait d'ob« tenir un évêché ou une magistrature. Le cardinal

« en sa pourpre naissante, le philosophe au sortir
« de la Bastille glorieuse, l'homme acquitté d'une
« accusation capitale, le mari que sa femme enlevée
« a désigné aux médisances de cette foule superbe;
« l'abandonnée en ses dou-
« leurs, la coquette en ses
« conquêtes, traînant après
« soi vingt esclaves de pa-
« rade, afin de grossir l'é-
« quipage de sa beauté. Le
« grand seigneur, qui salue à
« peine ses créanciers, fiers
« de ce luxe qu'ils payent
« et de cet homme qui les
« nargue; toutes les gloires
« et toutes les défaites de
« cette société sans souci et
« sans vergogne, passaient
« et repassaient par cette
« chaussée ouverte aux ver-
« tus, aux hontes, aux ridi-
« cules, aux vanités. »

Avant d'être ce qu'ils sont,
le rendez-vous de la mode,
de la parure, du ridicule,
du luxe, de la vanité, les
Champs-Élysées étaient des
champs en pleine culture;
là où naissent, à l'heure présente, les rubans, les fleurs
artificielles et les coquetteries, poussaient le blé et la
pomme de terre. En 1616,
Marie de Médicis avait fait
construire une promenade
plantée d'arbres depuis le
pont de la Conférence jusqu'à Chaillot: ce fut le *Cours-
la-Reine*, qui était alors
bordé de fossés et fermé de
grilles. En 1670, on planta d'arbres les terrains voisins jusqu'au faubourg Saint-Honoré; on ouvrit
la grande allée qui est dans l'axe de l'allée des
Tuileries, et l'on donna, sous Louis XIV, à toute
cette promenade, le nom de Champs-Élysées. Les

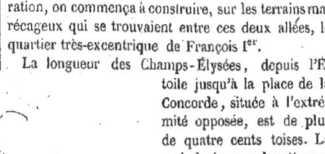

Champs-Élysées restèrent un désert pendant un
siècle à peu près. Le séjour des bienheureux était
peuplé de malfaiteurs, et, pour s'aventurer dans
ces allées, il fallait d'abord patauger dans les mares
de boue qui les séparaient du jardin des Tuileries.
En 1770, on replanta entièrement les Champs-Élysées. Deux autres avenues, qui aboutissent à cette promenade, l'avenue de Marigny et l'allée des Veuves,
furent plantées vers la même époque. Sous la Restau-

ration, on commença à construire, sur les terrains marécageux qui se trouvaient entre ces deux allées, le
quartier très-excentrique de François Ier.

La longueur des Champs-Élysées, depuis l'É-
toile jusqu'à la place de la
Concorde, située à l'extrémité opposée, est de plus
de quatre cents toises. La
moindre largeur de cette promenade est d'environ cent
soixante toises.

Maintenant que nous sa-
vons ce que furent les
Champs-Élysées autrefois,
et ce qu'ils sont aujour-
d'hui, orientons-nous à travers cette petite ville enclavée dans la grande. Sur la
pelouse à droite, des maisons
en style gothique entourées
de jardins, une sorte de village moyen âge, qui fait
face à un autre quartier tout
neuf, le quartier Beaujon,
parsemé de blanches villas,
de frais jardins et d'avenues
aux noms sonores, l'avenue
Lord Byron, l'avenue Cha-
teaubriand, l'avenue Fortunée, où mourut Balzac. Ces
terrains coupés de chalets et
d'habitations coquettes, appartenaient jadis à l'opulent
financier qui leur donna son
nom. La Folie Beaujon fut
célèbre entre toutes les folies du dix-huitième siècle,
qui eut tant de *folies* et de
bagatelles. En 1787, la Folie
Beaujon fut vendue à M. Ber-
gerac, fermier général des finances; puis, plus tard,
cette belle propriété fut divisée. Une partie, celle qui
comprenait le jardin anglais, le belvédère et les anciens bâtiments, fut achetée par la famille Vanderberg;
on convertit l'autre en établissement public, on y

Calèche à grandes guides.

construisit des montagnes russes, un théâtre, une
salle de concert, un très-beau café, un vaste restaurant, une salle de bal champêtre.

La mode s'installa alors au jardin Beaujon, et les
courses en chars, roulés sur la pente d'une montagne
factice, firent fureur. Pendant plusieurs saisons, il
ne fut question que de la montagne russe; et la
montagne russe aurait peut-être vécu encore longtemps sur le souvenir de sa première vogue, si, un
beau jour, un commissaire des guerres ne s'était
très-proprement fracassé le crâne en se faisant rouler dans un char. La police intervint, et interdit
ce genre de distraction. Plus tard on obtint l'autorisation de rétablir la montagne russe; le mécanisme
des chars fut même perfectionné; mais, dans l'intervalle, la mode avait abandonné l'établissement, qui
ne retrouva plus jamais sa première splendeur, et qui
finit par disparaître pour toujours. Ce jardin Beaujon

CHAPITRE PREMIER. — LES CHAMPS-ÉLYSÉES.

a étalé pendant longtemps le spectacle de ses pavillons en ruine, de ses belvédères estropiés; cela ressemblait à la carcasse d'un feu d'artifice tiré la veille. Aujourd'hui ce jardin est transformé en un beau quartier très-sain, très-élégant, très-aéré et très-habité par la colonie anglaise de Paris.

Une habituée de Mabille.

A Paris, quand s'écroule le péristyle d'un temple consacré à ce vieux dieu toujours jeune, le Plaisir, dix autres temples s'élèvent aussitôt comme par enchantement. Le jardin Beaujon n'existe plus; mais, à quelques pas de là, voici deux ou trois autres jardins enchantés, le Château des Fleurs et le Jardin Mabille. Au Château des Fleurs, les gonfalons peinturlurés invitent la foule à venir fouler les gazons arrondis en corbeilles. Les verres de couleur, habilement disséminés dans les massifs, donnent à la verdure cette couleur bleu tendre que l'on retrouve dans les paysages des peintres galants de l'autre siècle. Des fresques animées se détachent sur un fond de verdure à travers les écharpes de gaz et les guirlandes. C'est véritablement le jardin d'Armide. Les statues palpitantes se groupent, s'enlacent, et représentent, dans des poses charmantes, les plus gracieux tableaux de la féerie et de la mythologie. Vénus sort du sein des eaux; elle secoue sur ses belles épaules ses cheveux dorés, qui laissent glisser sur son corps frémissant les perles de la mer; autour de la déesse, les néréides, les nymphes accourues de tous les palais de l'Océan et le cortége obligé de tritons et de monstres marins. Le château des Fleurs a la spécialité des *visions aériennes*; et de tous les tableaux vivants qu'on a vus sur les scènes des boulevards, à l'époque où la plastique faisait fureur, ces visions sont, sans contredit, ce qu'il y a eu de plus nouveau et de mieux rendu, de plus chaste et de plus gracieux.

En sortant du Château des Fleurs, nous trouvons sur le même côté de l'avenue un hôtel à colonnes crénelées, ancienne habitation de quelque notabilité financière du Directoire. Cet hôtel est habité aujourd'hui par monsieur et madame Émile de Girardin, le Titan du journalisme et la Muse de la patrie.

C'est au coin de cette allée des Veuves qui avait jadis une si mauvaise réputation, et qui est aujourd'hui, avec sa rangée d'hôtels aristocratiques, une des rues les mieux habitées et les plus élégantes, que s'élève la façade du jardin Mabille, resplendissant de lumière, grouillant de bruits joyeux, de farandoles, de cris, de chansons et de musique. Ce jardin est le

Un habitué de Mabille.

marché des faciles amours, le Paradis, l'Eldorado, la terre promise des femmes sensibles et des jeunes gens généreux. C'est sous les bosquets de Mabille que sont distribués, par l'aréopage des danseurs, ces sobriquets ingénieux connus de tout Paris : *Sabredache*,

L'intérieur du bal Mabille.

Pistolet, *Mousqueton*, *Carabine*, noms de guerre et d'amour. C'est à Mabille que se révéla cette royauté formidable qui fut emportée, au bout de trois saisons, par une fluxion de poitrine. Je veux parler de S. M. dansante, polkante et charmante : la Reine Pomaré.

O Pomaré! reine des cœurs sensibles,
Blanche, Élisa, etc., etc.

Ainsi commençait l'hymne en l'honneur de cette royauté éphémère. Le poëte est resté inconnu.

De tous les établissements chorégraphiques qui pullulent dans la capitale de la France et du plaisir, le Jardin Mabille est celui dont la réputation se soutient avec le plus de persévérance.

Cependant, l'année dernière, Mabille fut très-sérieusement menacé. Je vais dire pourquoi et comment. Ce petit hors-d'œuvre anecdotique ne sera peut-être pas déplacé ici, en ce qu'il servira à caractériser notre temps, et surtout les faciles divinités qui peuplent les bosquets de cette Amathonte parisienne.

Un spéculateur avait imaginé de former une pacotille assortie de nos plus légères polkeuses, pour diriger cette pacotille de frais visages et de tailles flexibles vers les rivages de la mer Vermeille. La Californie regorge de paillettes, de lingots, de pépites, de poudre d'or; mais elle était complétement dépourvue, à cette époque, de la plus belle moitié du genre humain; aussi l'influence du dieu malin se faisait-elle d'autant plus sentir sur cette peuplade de célibataires. Déjà les journaux américains nous apprenaient qu'une madame Farnham, de New-York,

Le jeu du pigeon au Jardin Mabille.

Un bosquet au Jardin Mabille.

s'était embarquée, dans une pensée toute philanthropique, pour aller offrir à la naissante colonie ce qui manquait à la république romaine à son début. Les Sabines américaines étaient en route, et l'annonce de leur prochaine arrivée avait produit sur les galants aventuriers une indescriptible sensation. Un grand nombre de mariages se traitaient par désignation, comme cela se pratique chez le négociateur parisien, M. de Foy. La brune se tenait ferme, la châtaine fléchissait un peu, la blonde se cotait bien, la rousse était au-dessous du pair. Ce fut alors qu'exalté par le génie de la spéculation, un jeune lion ruiné rassembla la plus grande partie des Terpsychores mabiliennes, et leur montra la fortune et l'hymen.. au delà de l'Atlantique. Pendant un mois le

Mabille. — Les spectateurs.

Mabille. — Le spectacle.

jardin fut abandonné, par suite du départ des polkeuses; il ne fallut pas moins de toute l'activité du chef de l'établissement, qui, fouillant tous les coins de l'Olympe Bréda, découvrit toutes les Élisa et toutes les Maria naissantes, pour rendre à son jardin désert un essaim de divinités nouvelles. *Uno avulso, non deficit alter.*

Après Mabille et le Château des Fleurs vient le Chalet; puis enfin, pour couronnement, le Jardin-d'Hiver. Voilà bien des temples ouverts à la danse pittoresque, à la botanique de serre chaude et à l'illumination féerique, fantastique, mirifique; et ce sont là d'ailleurs les trois éléments indispensables à tous Champs-Élysées, depuis qu'Homère, Virgile et autres en ont taillé le classique modèle. De frais ombrages émaillés de fleurs et de lumières, des rondes infinies

CHAPITRE PREMIER. — LES CHAMPS-ÉLYSÉES.

d'ombres qui se livrent aux charmes d'une céleste chorégraphie, et le fluide lumineux, animant de sa clarté transparente les enchantements du paradis ouvert aux âmes heureuses, tels furent de tous temps les Champs-Élysées, depuis ceux de l'Inde jusqu'à Mahomet. Il n'appartenait cependant qu'à Paris d'avoir des îles Fortunées par adjudication, et d'en animer la monotonie par l'aiguillon de la concurrence. Oh! si messieurs les poëtes épiques avaient connu et pratiqué un stimulant si énergique, combien se seraient-ils gardés de l'ennui de ces lieux, où, pendant les siècles des siècles...

<small>On peut voir l'ombre d'un cocher
Qui, tenant l'ombre d'une brosse,
En frotte l'ombre d'un carrosse.</small>

Ici, à la bonne heure! Point n'est besoin, pour entrer, de l'exercice soporifique de toutes ces vertus qui font l'ornement du Père-Lachaise: on ne vous demande pas si vous fûtes bon père, bon époux, et le reste; passez au contrôle, cela suffit. La porte s'ouvre à deux battants pour les ceintures dorées, pour les seins décolletés, les tailles qui se cambrent, les épaules vêtues de pierreries et scintillantes de dentelles. Pas de fantômes : de belles et bonnes réalités, palpables et sensibles, ah! sensibles surtout. Les torrents écumeux de la bière, les flamboyantes cascades du punch remplacent avec avantage les ruisseaux de lait et de miel; Marx et Pilodo, et quelquefois Musard lui-même, se chargent de l'orchestre élyséen. Entrez! vous trouverez l'asphalte des boulevards et les plantes du tropique fleurissant côte à côte; vous entendrez gazouiller les oiseaux qui naissent au Brésil et ceux qui perchent rue de Navarin; vous verrez briller les fleurs illuminées par les feux du gaz et les joues empourprées par le feu de la danse. Entrez! c'est ici que resplendit la charité en robe de satin, les bras voluptueux, le sein palpitant, la chevelure embaumée. Entrez! ici le violon, le piano, la harpe, la flûte, et les plus beaux de tous les instruments, le gosier caverneux des basses-tailles, et les lèvres perlées des *prime donne* déploient leurs plus irrésistibles merveilles: on fait de la musique, on chante, et c'est pour les pauvres. Entrez! si vous aimez ces danses sœurs des entraînantes *cachuchas*, des magnétiques boléros de l'Espagne; entrez! si vous aimez la grâce

Le Jardin-d'Hiver aux Champs-Élysées.

enfantine essayant de farder pour quelques instants ses charmes ingénus. Concerts, bals d'enfants costumés, bals de belles dames mêlées à de belles sirènes, bals de vierges folles et de vierges sages, le Jardin-d'Hiver vous offre tout cela, et par dessus le marché un palais de cristal botanique, un musée de statues dont le carton-pierre est aussi bien déguisé que possible, un parterre infiniment varié, des jets d'eau, des nappes jaillissantes, des volières, des peintures et des bas-reliefs, des banquettes de fer et des bancs de gazon, des degrés verdis par la mousse et des escaliers taillés et fouillés en dentelle, en un mot l'art et la nature rivalisant, se heurtant, se battant, s'harmonisant tant bien que mal.

Miraculeuse puissance de l'or! si Paris n'a pas reçu de la nature un ciel bleu comme une immense teinte d'indigo, cet air transparent, tiède et clair dont elle a paré des climats plus heureux, Paris a demandé à ses deux démons tutélaires, l'or et l'industrie, de lui faire un ciel, une atmosphère tropicale, et presque un soleil rival de celui qui se montre pour elle trop avare de chaleur et de rayons. Et les deux démons ont obéi. Sous une voûte de cristal, au feu protecteur des calorifères; le jardin d'hiver a fait naître et prospérer les riches fleurs qui parent l'Orégon et le Rio de Janeiro, les arbres variés dont la plume de Chateaubriand a enrichi les solitudes qu'arrose le Meschacébé. Tous les prodiges rêvés par l'opulente imagination de Méry, toutes les merveilles dont il a peuplé les sites du Nizam et de la Floride, se sont trouvés réunis dans ce rendez-vous de la végétation du monde. Le cactus hérisse ses piquants auprès de l'aloès à la floraison fantastique; les rhododendrons étalent leurs feuilles reluisantes à côté des corolles multicolores des camélias; les modestes belles de nuit voilent leurs pudiques pétales devant l'éclat de leurs sœurs, ambitieuses rivales du jour, et non loin des gracieuses clochettes, les capucines, filles modestes de notre pays de France, s'enlacent aux grandes tiges des palmiers, aux larges feuilles des bananiers, aux bras de tous les arbres exotiques, rejetons de l'Asie immense et de la fertile Amérique. Plus à notre portée, les grands lis, les tulipes, belles à faire tomber en contemplation un horticulteur de Harlem, les roses, qu'envierait la reine des fées, les œillets, ignorant la différence des saisons, s'entremêlent à mille autres plantes, dont un grec par trop barbare gâte la fraîcheur : partout des buissons entrelacés de jasmins, de chèvrefeuille et de verveine, dominés par les rouges panaches du dahlia, par les ravissantes pétales des hortensias, aussi gracieux, aussi doux que leur nom. L'or est une grande puissance : il a réuni dans ces parterres abrités sous un ciel factice de verre, traversés par des dalles et du bitume, sillonnés de tuyaux de fonte, tout ce que la nature offrait de plus élégant, de plus rare, de plus beau, de plus frais, de plus riant sous toutes ses zones et dans tous ses climats; il appelle chaque soir, au bruit des instruments, aux entraînements de la danse, tous les trésors du luxe et de la beauté; il est à la fois le mobile et le moteur, la récompense et l'instrument, la cause et le résultat de toutes ces merveilles.

Que l'Orient cesse de nous vanter les fêtes de ses harems, les illuminations de ses bosquets enchantés! Entrez au Jardin-d'Hiver au milieu des splendeurs du gaz : lorsque chaque fleur a pour l'éclairer comme un ver luisant aux reflets de phosphore, ou une étoile égarée du ciel et tombée sur le gazon, lorsque le gaz ébloui les regards de ses feux rassemblés en soleil, ou les repose, tamisé à travers les prismes de couleurs variées; lorsque la lumière se plie à ses plus prodigieuses transformations, tour à tour guirlande, cascade, buisson, fleuve, nappe mobile et flamme fixée. Mais, quel que soit l'éclat des fleurs inanimées qui reflètent tant de feux, les fleurs vivantes, les houris du Jardin-d'Hiver ne brûlent pas de la jalousie qui dévore leurs sœurs les odalisques du sérail. Loin de briser ces verres magiques, ces cristaux étincelants ; loin de massacrer sans pitié les roses, les tulipes et les camélias, elles veulent n'en faire qu'une parure, qu'un charme de plus ajouté à leurs parures, à leurs charmes : roses, tulipes, camélias, enlevés à leur tige, se pavanent en bouquets dans les ceintures parfumées, sur les seins palpitants, mêlent leur fraîcheur aux étincelles des pierreries, aux reflets nacrés des perles, à la moire et à l'or des cheveux. Fleurs trop heureuses : dans l'Orient vous servez de gage et d'interprète à l'amour ; mais si les péris de nos Champs-Élysées préfèrent au classique mouchoir de soie un châle de cachemire ; si les *selams* de fleurs entrelacées n'ont pas à leurs yeux autant d'attraits que les charmes du cabinet particulier chez Bignon ou Vachette, au moins ne dédaignent-elles pas votre secours pour rehausser leurs charmes naturels ou factices : et ne vous plaignez pas, si parfois vos couleurs sont éclipsées par

Le Jardin-d'Hiver, à Paris.

ces teints enflammés, car vous ignorez l'usage du fard et du carmin ; vous êtes belles et fraîches de votre beauté, de votre fraîcheur.
Et tant de grandeurs ont failli s'éclipser. On a craint un instant que le gaz ne vînt à s'éteindre, que le dôme vitré ne tombât en pièces sous le ciseau vandale de quelque avide adjudicataire ; que Terpsichore et Euterpe ne fussent exclues d'une de leurs plus somptueuses demeures. Oui, Flore a été menacée de Clichy, de Clichy, ce débarcadère de toutes les gloires, cette Amphitrite inexorable de tous les soleils, cet abîme où tout s'engloutit, honneur, renommée, fortune, fortune surtout ! Flore à Clichy ! Flore souillée par les doigts crochus d'un garde du commerce ! Flore traînée dans un fiacre vulgaire chez le président du référé ! Flore couchée tout au long pour cinq ans sur le funèbre écrou de la prison pour dettes ! *Lugete Veneres, Cupidinesque!*... Français, Anglais, Russes et Allemands, et vous aussi, Parisiens de Paris et d'ailleurs... le Jardin-d'Hiver a été déclaré en faillite... N'a-perçevez-vous pas déjà les scellés mis sur les cariatides et les amours de carton ; les arbustes et les fleurs en proie aux inventaires, le ciel de cristal auné par messieurs les syndics, et la sentence finale du tribunal ordonnant la vente par lots de l'Élysée démoli? Conséquence immédiate : cinq cents Limousins à l'œuvre, et six maisons debout sur l'emplacement veuf de tant de féeries. Mais le Plaisir a, de détresse, fait sonner ses grelots : une supplique au dieu de la fortune a été contre-signée par vingt mille anges ou

CHAPITRE PREMIER. — LES CHAMPS-ÉLYSÉES.

démons, et le désastre imminent est conjuré encore. Fêtes, concerts, bals, illuminations, tout continue : Prix d'entrée tant, pour une dame et un cavalier.

Un seul crime défend l'accès de ce paradis terrestre : un crime énorme, affreux, plus affreux que tous ceux qu'a prévus le Code pénal; nous voulons dire le crime de non-monnaie, ce fléau des civilisations, ce forfait qu'on ne pardonne jamais, qu'on excuse moins que l'inceste et le parricide. Pour les malheureux coupables de non-monnaie, le Jardin-d'Hiver transforme en dragons vigilants ses cariatides en plâtre, chargées habituellement de la simple tâche de soutenir le balcon; il fait de ses contrôleurs d'incorruptibles cerbères, des argus dont nul subterfuge ne put jamais frauder la surveillance et la caisse profonde.

Moins sévère et plus abordable, un voisin du Jardin-d'Hiver, le Chalet, veut bien laisser pénétrer sous ses ombrages ceux qui ne sont pas trop dévorés de cette lèpre hideuse de misère. Mais, hélas! tout baisse, et la consommation moins chère et moins bonne, et les danses plus grossières et plus comparables aux bacchanales antiques, et l'orchestre aux notes criardes entremêlées de sons peu conformes à la saine harmonie. Nous avons eu la curiosité de braver la mauvaise bière et la mauvaise musique du Chalet, espérant trouver quelque ressouvenir des Alpes et des laitières suisses sous cette enseigne éminemment helvétique : déception! quelques grisettes du second et du troisième ordre, quelques êtres douteux, aux larges pieds, aux mains mal déguisées sous les gants, et quels gants!... tel était le sérail, le harem; et, en guise de sultans, pas mal de messieurs encore barbouillés de l'encre de leurs études, voire des uniformes de soldats de ligne et de chasseurs de Vincennes. Crime de non-monnaie, c'est là ton châtiment. Qu'allez-vous faire, malheureux! sous les ombrages équivoques, sur les maigres gazons, au milieu des contrefaçons d'allées et de monticules du Chalet? S'il vous faut des plaisirs à bon marché, demandez-les aux barrières, si vives, si franchement joyeuses, si animées, si fourmillantes aux beaux jours du dimanche : laissez là ces parodies du luxe et de la fortune. Nous ne connaissons pas d'intermédiaire entre le premier étage et la mansarde, entre le louis d'or et la modeste pièce de cinq centimes : on s'amuse aux deux extrémités de

Le Jardin du Chalet, avenue Gabrielle, aux Champs-Elysées.

l'échelle, on s'ennuie au milieu. Buvez des liqueurs franchement arrivées de la forêt Noire ou des îles; dégustez le vrai champagne et savourez un moka réellement oriental; ou bien contentez-vous du cidre et des crus d'Argenteuil et de Suresne; mais n'allez pas vous empoisonner avec de l'eau-de-vie alcoolisée ou épicée, avec des infusions menteuses décorées de non moins menteuses étiquettes, avec du champagne à l'eau de Seltz et du café à la chicorée. De même, laissez les clercs d'huissiers, les sous-officiers et les surnuméraires, peupler, avec les sirènes de l'antichambre et de la cuisine, les solitudes du Chalet; et, si vous êtes riche, allez au Jardin-d'Hiver; sinon, contentez-vous des humbles, mais joyeuses pompes du père Lathuile.

Vue extérieure du Cirque National des Champs-Elysées.

Hop! hop! galop sonore, musique retentissante, sifflement de fouets, sauts et bondissements cadancés, frénétiques hourras! applaudissements à tout rompre! Hop! hop! le cirque, les chevaux, les écuyers, le serpent du désert, Auriol et M. Franconi!

Arrière, Romains! avec vos amphithéâtres de géants, vos colosses de gradins hérissés de têtes, vos précinctions fourmillantes, avec vos gladiateurs, vos naumachies, vos chasses aux cent mille bêtes fauves, vos rhinocéros, vos éléphants et vos crocodiles! Arrière, Olympie, cet Epsom, ce New-Market de la Grèce! Les anciens faisaient marcher le cheval, nous le faisons polker; ils s'asseyaient sur la selle, et nous y faisons de la prestidigitation et de la haute jonglerie. A cheval, on franchit les écharpes tendues, les cercles hérissés de lames, les tonneaux de papier; à cheval, on se transforme, on s'habille, se déshabille, on prépare le repas du troupier, on danse, on bondit, on tombe et on retombe! Le cheval meurt, se relève, poursuit son maître dans les dents, poursuit l'ennemi, le met en déroute; l'homme se métamorphose en chariot, qui, tenant des rayons au bout de ses bras en guise d'essieu, roule poussé par les jambes, la tête sillonnant la poussière. Écuyers et écuyères font assaut de force, d'adresse, d'agilité, de souplesse. Sur des coursiers lancés à fond de train se balancent, comme la danseuse espagnole sur un théâtre, des corps souples et gracieux de femmes et des corps robustes et musculeux d'hommes; des bras nerveux, solides, et des jambes déliées, arrondies, au galbe séduisant. Puis des enfants de tout âge, en blanc, en rose, en vert, en bleu, des fils du désert, bronzés sous leur haïk de mousseline et leur fez de velours rouge, courent, voltigent, s'élancent, bondissent, rivalisant d'audace et de bonheur. Puis vient l'homme-serpent, décomposant sa charpente osseuse, marchant sur les mains, sur les coudes, sur le menton, sur le dos, sur tout, excepté sur ses pieds. Puis enfin Auriol, l'incroyable, le phénoménal Auriol, ce nain dont tant de géants envieraient les hauts faits, Auriol cabriolant sur une frêle pyramide de bouteilles et de saladiers, mangeant, buvant, sonnant de la trompe et faisant même l'exercice à feu avec les pieds écartés en Y, les talons regardant le ciel, et la tête appuyée et maintenant le corps en équilibre sur l'étroit goulot de la bouteille qui en forme le sommet.

Franconi a toute une histoire. Il commença ses exercices de voltige en même temps que la révolution commençait ses exercices de nivellement et de destruction. L'écuyer compta parmi ses élèves bien des grands hommes d'alors, généralement plus solides à la tribune que sur les arçons. Il vit tomber autant de législateurs que ceux-ci voyaient s'écrouler de constitutions et de gouvernements. L'arène de Franconi fut aussi fertile en illustrations hippiques de toute sorte, que celle du monde en illustrations humaines : elle était en privilége de fournir des coursiers d'honneur pour toutes les cérémonies publiques. Ainsi, ses écuries ont donné des chevaux bais aux fêtes de la révolution ; pommelés, aux triomphes de l'empire ; blancs, au retour des lis et au sacre de Reims. Les divers maîtres appelés par les vœux inconstants de la France ont caracolé, harangué, passé des revues en compagnie des élèves du Cirque. Plusieurs vont jusqu'à prétendre que le même coursier ramena triomphalement Napoléon de l'île d'Elbe et Charles X de Gand ; mais nous avons trop favorable opinion de la race chevaline pour croire un de ses représentants capable d'une pareille versatilité, dont tant d'hommes politiques donnaient alors l'exemple. Jusqu'à ce jour, les hommes seuls ont passé, avec raison, pour des girouettes changeant à tout vent, pour des tourne-sol sans cesse en adoration vers le soleil levant.

Mais les grandeurs humaines sont soumises à tant de vicissitudes, que Franconi jugea plus sage d'a-

Auriol. — L'équilibre des chaises.

Auriol. — L'équilibre des bouteilles.

Cirque National des Champs-Elysées.

CHAPITRE PREMIER. — LES CHAMPS-ÉLYSÉES.

bandonner le rôle brillant, mais périlleux, d'écuyer politique, pour se contenter du premier rang dans la voltige et la haute école : à peine s'il voulut bien laisser quelque place aux inoffensifs lazzis des bouffons équestres, et s'il permit à ces méchants farceurs de salir quelquefois les superbes habits noirs de messieurs ses employés et domestiques. Méprisant de toute la hauteur de son plus beau cheval les malheureux artistes nomades qui promènent leur misère en oripeaux et leur faim en paillettes argentées, de Carpentras à Pézenas et de Beaune à Quimper ou à Brives-la-Gaillarde, Franconi éleva, de bois, de soie et d'or, une monumentale baraque, un amphithéâtre assuré contre l'incendie et le feu du ciel. Là, tous les soirs d'été, aux rayons éblouissants du lustre, il réunit les plus beaux exemplaires de l'espèce chevaline, les échantillons les plus avantagés en jambes bien faites, en sourires attirants, en épaules opulentes de la plus belle moitié de notre espèce. Ces premiers éléments de prospérité, accrus d'une musique passable, d'écuyers habiles, de banquettes rembourrées, et entremêlés suffisamment d'Arabes, de Bédouins, d'Américains, assurèrent le succès de l'ancien maître de ce manége politico-gouvernemental, où Robespierre et Sieyès vinrent tour à tour s'initier aux difficultés de l'équitation. Chaque année, nouvelle récolte de richesses, et aussi nouvelles améliorations. Les écuyères deviennent de plus en plus lestes, gracieuses, enchanteresses ; de plus en plus les tailles s'étrécissent, les corsages s'échancrent, les jupes perdent de leur importune longueur. Auriol a jeuni ; les écuyers, à l'instar de l'Hippodrome et du Théâtre-National, se livrent de grands combats, avec mousqueterie, trompettes, et victoire infaillible pour le drapeau tricolore. Enfin, Arabes et Bédouins, de plus en plus surprenants, ne sont surpassés que tout juste ce qu'il faut pour la gloire du nom français. Vive donc Franconi, l'immortel Franconi ; et puissent les Parisiens continuer à ombrager son front vénérable de palmes lucratives ; puisse sa caisse regorger toujours, et ses artistes, puisque artistes il y a, rivaliser avec leurs montures, c'est-à-dire avec l'agilité du lièvre et la légèreté de l'oiseau.

C'est encore aux Champs-Élysées qu'ont lieu les fêtes publiques nationales ou royales, selon les circonstances et le gouvernement. Les Champs-Élysées sont la terre classique du lampion, de l'illumination et du feu d'artifice. C'est dans la grande avenue, et sous ces grands arbres qui datent de Louis XIII, que s'agitent en ces jours de gala patriotique les flots du populaire ; et, à ce sujet, je ne puis résister au désir d'émettre quelques réflexions qui trouveront ici leur place naturelle.

Il est un moyen de gouvernement auquel n'ont pas encore songé les législateurs et les hommes qui se sont succédé dans l'administration des affaires publiques ; et pourtant, dans une société fractionnée à l'infini et divisée en nuances imperceptibles, il n'est peut-être qu'un seul drapeau dont les larges plis puissent abriter tous les intérêts divers, toutes les passions opposées, toutes les opinions ennemies : ce drapeau, c'est le drapeau du plaisir.

Les hommes d'État de l'antiquité ont eu jusqu'à ce jour sur les politiques modernes cette incontestable supériorité, qu'ils tenaient compte de tous les instincts, de toutes les aspirations, et savaient même utiliser au profit de l'État cet éternel besoin de distraction inhérent à la nature humaine. A Athènes et à Rome, l'imagination des artistes et des poëtes était sollicitée par des magistrats chargés de veiller à la bonne administration de la joie publique, et la réglementation des fêtes occupait une large place dans le programme de la politique courante.

« Tout ce que la poésie, la musique, la peinture ont de majesté, de force et de grâce, dit Fabre d'Olivet, était employé pour exciter l'enthousiasme des citoyens. » Périclès n'a gouverné pendant si longtemps l'Attique, ce pays ingouvernable, que parce qu'il était le plus grand improvisateur de fêtes populaires. Les patriciens romains se disputaient l'honneur de se ruiner pour offrir au peuple quelque banquet colossal ou quelque gigantesque spectacle.

En France les gouvernements changent ; mais si, en dépit de nos commotions si fréquentes, il y a quelque chose d'immuable, ce sont les traditions. Jusqu'à ce jour du moins, notre pays a été une sorte de conservatoire gouvernemental. Pour ne pas sortir du sujet qui nous occupe, nous demanderons si, depuis soixante années, ce ne sont pas toujours les mêmes toiles peintes, les mêmes échafaudages et les mêmes lampions qui ont figuré dans nos solennités officielles ? A-t-on pensé une fois seulement à organiser une fête française, une cérémonie véritablement nationale, je dirais *autochthone*, si le mot n'était pas un peu grave pour un sujet en apparence si frivole ? Nous qui avons la prétention d'être le peuple initiateur par excellence, nous le savons, que copier les civilisations disparues. Jusqu'à ce jour, il nous est permis de le dire, les gouvernements n'ont su nous offrir qu'un assez triste spécimen des réjouissances antiques. Sous la Convention et le Directoire, les fêtes étaient grecques : la légère chlamyde était le costume en honneur dans ces solennités septentrionales. S'agissait-il de célébrer la prise de Verdun sur les coalisés ? on ornait de festons le temple de Jupiter, et cent jeunes filles, vêtues de blanc, allaient rendre grâces aux dieux immortels de la défaite des Prussiens expulsés du Péloponnèse. Sous l'Empire, la joie officielle était latine, et l'on évoquait sur les bords de la Seine les souvenirs du Tibre. Il est vrai qu'Auguste battait à plates coutures les Autrichiens, et se proposait à chaque victoire de fermer incessamment le temple de Janus. Il ne manquait que Virgile à cette ère césarienne. Je ne parlerai pas des fêtes de la Res-

Le Char de Neptune. — Feu d'artifice aux Champs-Élysées.

Le mât de cocagne, le grand théâtre, les bateleurs, etc., au carré Marigny.

CHAPITRE PREMIER. — LES CHAMPS-ÉLYSÉES.

tauration : ce qui les distinguait des jours ordinaires c'était un mât de cocagne planté au beau milieu du rond-point des Champs-Élysées, et une abondante distribution de saucissons à l'ail. Quand la légitimité avait jeté, deux fois par an, des comestibles à la foule famélique, elle croyait très-sérieusement avoir résolu le problème de la vieille poule au pot de Henri IV. La République de 1848 nous a ramenés, dès son début, aux réminiscences athéniennes : nous avons revu les théories de jeunes vierges, le char antique, et les bœufs aux cornes dorées. A une des dernières fêtes, nous nous enfoncions encore plus avant dans la nuit de l'imitation : nous remontions aux ibis et aux sphinx ; c'était une solennité patriotique et pharaonesque, et nous étions à Memphis en l'an de grâce 1850.

Le peuple peut-il être bien vivement impressionné à l'aspect de ces décorations qui ne parlent ni à son cœur ni à ses souvenirs ? Quand chaque année ramène à jour fixe ces quinquets, ces verres de couleurs et cet amas de planches qui ont servi à célébrer l'éphémère triomphe de tous les régimes, il regarde tout cela d'un air railleur ; et voyant que rien n'est changé dans les pompes officielles, il arrive tout naturellement à conclure que rien n'est changé non plus dans la pensée politique. Si le peuple devient sceptique, ô gouvernants, prenez-vous-en à vos directeurs des beaux-arts.

Un disciple distingué de M. Joseph de Maistre, M. Donoso Cortès, a dit, du haut de la tribune espagnole, dans un discours resté célèbre, que l'appétit des jouissances matérielles et la soif des plaisirs allait précipiter la France vers sa ruine. J'en demande bien pardon à l'illustre marquis de Valdegamas, mais rien, à mon avis, ne prouve mieux le désir de vivre, et de vivre longtemps, de la part d'un peuple, que la pratique bien entendue du plaisir. Il n'y a que les nations bien portantes et sûres de leur avenir qui, les affaires sérieuses terminées, se livrent sans arrière-pensée aux distractions permises.

Mais j'abandonne mes divagations *philosophiques*. Le soir est arrivé, les cafés chantants s'illuminent, les musiciens se placent à l'orchestre, les Malibran et les Sontag à dix francs de feux sont en scène... On ne se figure pas la terrible concurrence que ces opéras en plein vent ont fait à l'Académie de musique. Il y a cinq ans, à peine que le café chantant a commencé. D'abord, ce fut le chariot de Thespis : quatre planches sur deux tréteaux ; sur ces tréteaux montèrent des ménestrels dont la voix s'usait en exercices plus ambulatoires qu'harmoniques. La vielle des anciens jours et la traditionnelle guitare furent bientôt abandonnées. Un beau soir, les tréteaux disparurent et firent place à des kiosques élégants, dorés, vernissés, enjolivés de glaces et de peintures, et ornés de rideaux de velours, s'il vous plaît ! L'orchestre et les chanteurs, qui jusque-là avaient travaillé chacun de son côté, se réunirent, et, à partir de ce jour, l'opéra populaire fut fondé.

Depuis longtemps on s'habitue à dire que l'art se

Champs-Élysées. — Chanteurs devant le café Morel.

perd, que rien ne progresse, et que nous descendons chaque jour la pente de la décadence. Cela est devenu une phrase toute faite, une sorte de menue monnaie de conversation. J'avoue que le premier qui me fit cette triste révélation m'humilia profondément : je songeais avec horreur que j'étais un Français de la décadence. Maintenant encore, il ne se passe pas un seul jour sans qu'un critique sérieux n'éprouve le besoin de déclarer que le goût s'en va, et que nous marchons tout droit à la barbarie. N'en déplaise aux misanthropes qui ont des yeux pour ne pas voir, je déclare que l'art, pour employer ce substantif dont a tant abusé une certaine école littéraire, est en bonne voie de progrès. J'admets qu'en s'universalisant il perd peut-être de son idéal ; mais, d'un autre côté, il gagne en étendue, et, pour ne pas citer d'exemples en dehors du sujet, je demande si ces cafés élégants, avec ces femmes vêtues de satin rose et de satin blanc, avec ces jeunes premiers de second ordre, ne sont pas un progrès sur la guinguette de barrière ? Il n'est pas rare de voir, au milieu du public bourgeois, des ouvriers attablés devant un pot de bière, assister aux exercices lyriques des différents opéras élysées. Ne vaut-il pas mieux pour eux qu'ils entendent un duo de Rossini, exécuté par des artistes élémentaires, que s'ils allaient s'enfermer dans les guinguettes, fort joyeuses sans doute, mais où ils laissent trop souvent leur raison et leur santé ?

Ce qui distingue surtout ces établissements lyriques, ô pères de famille ! c'est une moralité qui laisse bien loin en arrière le Gymnase enfantin. Les liqueurs y sont peut-être un peu douteuses, mais la consommation musicale satisfait le plus grand nombre des habitués. La chansonnette du café chantant est bien moins grivoise que celle du Palais-Royal ; la romance célèbre toujours la flamme de M. Alfred pour mademoiselle Eugénie, et M. Alfred ne manque jamais, au refrain du dernier couplet, de conduire mademoiselle Eugénie devant une écharpe municipale. Quant aux aimables bayadères qui de temps à autre bondissent sur ces planches vertueuses, ce sont des danseuses revues et corrigées à l'usage de la jeunesse.

Voici à quoi auront servi ces cafés chantants : ils donneront un jour ou l'autre, à un homme bien inspiré, l'idée de demander au ministre de l'intérieur l'autorisation d'établir aux Champs-Élysées un théâtre, mais un vrai théâtre, avec de vrais acteurs et de vraies actrices, et le ciel parsemé d'étoiles pour plafond. Vous verrez alors que, lorsqu'on ne sera plus absolument forcé d'étouffer pendant quatre heures dans une atmosphère de bain russe, le spectacle deviendra un véritable plaisir. Aussi prédisons-nous au directeur inconnu de cette future entreprise un public innombrable et un succès fabuleux. C'est une idée que je soumets aux faiseurs d'affaires, et je la leur abandonne avec le plus complet désintéressement.

Le propriétaire d'un des quatre ou cinq cafés chantants des Champs-Élysées s'est presque immortalisé l'année dernière. Ce grand homme composa quarante breuvages entièrement nouveaux et différents les uns des autres, auxquels il donna le nom général de boissons américaines. Pas un de ces breuvages n'a une dénomination spéciale ; ils sont tout simplement numérotés comme les fioles d'un alchimiste, ce qui est, si je ne me trompe, le comble du génie. Lorsqu'on pénètre dans cet établissement, un des garçons vous aborde et s'exprime en ces termes :

— Monsieur veut-il des Américaines?

— Oui; servez-moi une Américaine.

— Quel est le numéro de monsieur?

— De quel numéro voulez-vous parler?

— Très-bien, répond le garçon; je vois que monsieur n'est pas au courant de la chose; on va faire venir le docteur.

Vous ouvrez des yeux étonnés, et vous pensez tout naturellement que le jeune Ganymède a perdu l'esprit.

— Qui a demandé le docteur? crie une voix partie des profondeurs du comptoir.

— Par ici, le docteur.

Un monsieur en habit noir et en cravate blanche s'approche de vous, vous tâte le pouls, vous examine, vous ausculte, puis dit ensuite sentencieusement au consommateur ébahi :

— Monsieur a un tempérament nerveux : servez-lui le numéro 27, coupé par le numéro 18; et comme monsieur est en ce moment sous une influence paroxcopique et trépidative, vous ajouterez quelques gouttes du numéro 35. Ainsi, monsieur, continue-t-il en s'adressant au consommateur, veuillez prendre la peine de retenir votre numéro, ou plutôt vos numéros : 27 coupé par 18, et saupoudrés de quelques gouttes du 35. Quand vous reviendrez ici, vous pourrez demander votre breuvage, ainsi étiqueté, en toute confiance; il vous fera le plus grand bien.

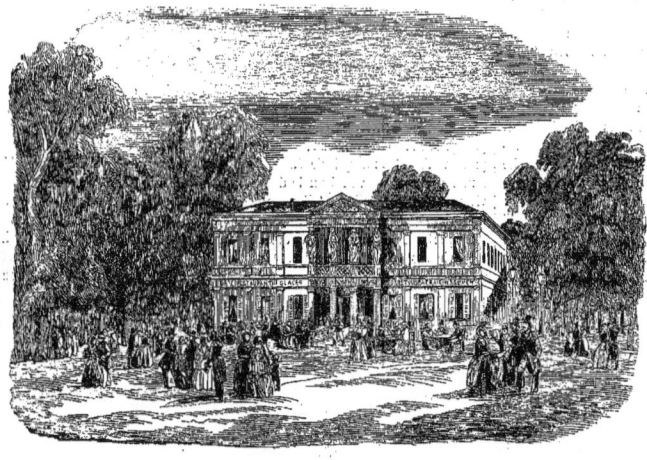

Champ-Élysées, — Restaurant Ledoyen.

Vous croyez vous être égaré dans le laboratoire d'un apothicaire, lorsque le médecin vous avertit enfin que le savant chimiste, propriétaire de l'établissement lyrique et bachique, a composé quarante breuvages qui ne conviennent pas également aux différentes idiosyncrasies, mais qui, amalgamés avec intelligence, produisent les plus satisfaisants résultats.

Vous vous faites alors servir le numéro 27, mélangé du 18 et légèrement édulcoré du 35, et il se trouve en effet que c'est là une boisson excellente et très-agréable.

Si l'on ne décerne pas une récompense nationale à ce grand homme de café, c'est qu'il n'y a plus en France ni cœur ni esprit, ni goût ni soif.

Du café chantant, nous n'avons qu'un pas à faire pour être chez Ledoyen, un restaurateur célèbre comme ils le sont tous. Le pavillon Ledoyen est le rendez-vous des déjeuners à deux et des soupers fins. Ce restaurant a encore une autre spécialité : c'est là que s'arrêtent ordinairement, en revenant du bois de Boulogne, les raffinés du point d'honneur! Le premier feu essuyé, combattants et témoins ne dédaignent

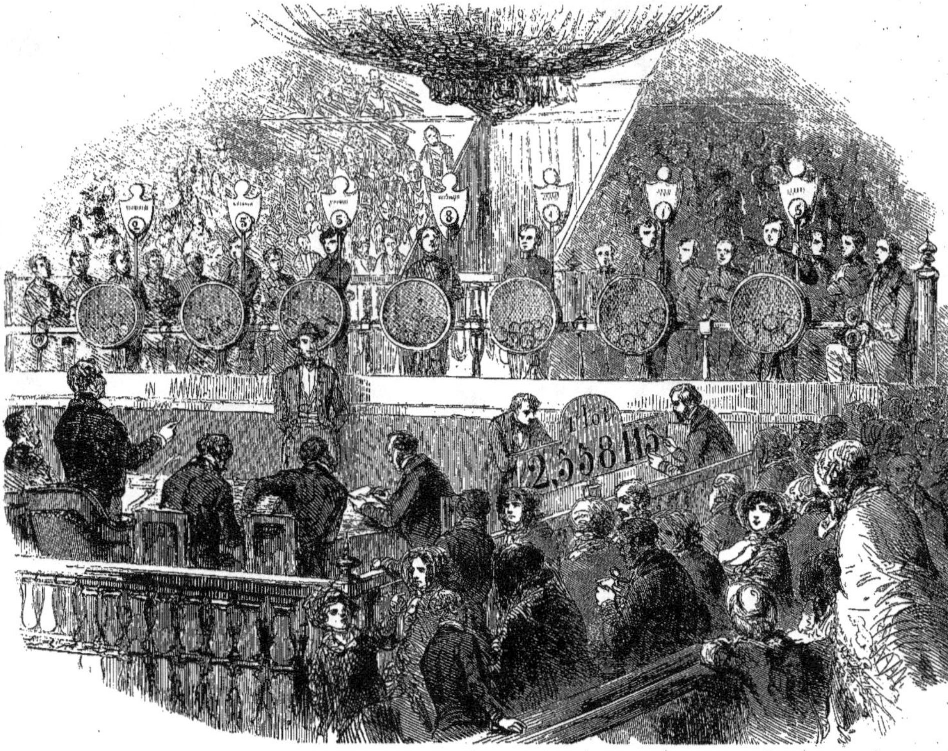

Tirage de la loterie du lingot d'or dans la salle du Cirque des Champs-Élysées.

CHAPITRE PREMIER. — LES CHAMPS-ELYSÉES.

pas d'aller terminer la rencontre dans un cabinet particulier. Je sais des témoins qui se sont engraissés dans l'exercice de leurs fonctions conciliatrices. Le propriétaire de l'établissement en question ne voit jamais passer deux fiacres à la suite l'un de l'autre, et contenant chacun trois personnages, sans comprendre ce que cela veut dire. « Plumons les canards! s'écrie-t-il; voilà des combattants qui ne tarderont pas à se transformer en convives : toutes les casseroles sur le feu! » Et, de fait, une heure ne se passe pas sans que six gaillards affamés par l'air vif du matin ne se présentent sur le seuil du restaurant.

« Je sais ce que c'est, messieurs, dit avec bonhomie le Vatel des Champs-Élysées : un déjeuner de réconciliation, quelque chose de fin et d'apéritif. Tout est préparé : le canard est fumant et aux olives; il ne vous reste plus qu'à vous mettre à table. M. Alexandre Dumas s'est placé à cette même place lors de son dernier duel; un beau duel celui-là, messieurs, un duel de premier choix : il s'y est bu six bouteilles de champagne. »

L'honnête restaurateur doit donc sa fortune au dieu malin et au préjugé du point d'honneur : il a des canards pour tous les champions et des perdreaux truffés pour tous les amoureux.

Je n'ai pas parlé des plaisirs de l'hiver aux Champs-Élysées. Dans les jours de neige et de glace, la grande allée offre un spectacle qui donne une idée de la *perspective* de Pétersbourg. Les traîneaux au col de cygne ou de chimère glissent emportés par deux chevaux en flèche. Le plus authentique de ces traîneaux était, il y a quelques années, celui de M. Horace Vernet, lequel l'avait reçu en présent de S. M. l'empereur de Russie, avec l'attelage et le cocher.

Un grand nombre de fêtes ou de solennités extraordinaires ont également lieu dans les établissements des Champs-Élysées, au Jardin-d'Hiver, au Château-des-Fleurs, ou au Cirque-Olympique; ainsi, par exemple, les concerts orphéonistes, dont nous ne

Concert vocal des orphéonistes dans la salle du Cirque-National des Champs-Élysées.

pouvons nous empêcher de dire un mot en passant.

Il y a dix-huit ans que M. Wilhem réunit, pour la première fois, les jeunes gens de la classe ouvrière élevés dans le chant d'après sa méthode. En 1833 eut lieu la première de ces grandes réunions de chant d'ensemble, que l'auteur désigna sous le nom d'*Orphéon*. Le succès qu'obtinrent ces réunions fit bientôt comprendre l'utilité morale de l'éducation musicale pour le peuple : toutes les écoles communales en furent par conséquent régulièrement dotées en 1835, par décision du conseil municipal de Paris. Depuis cette époque, les réunions générales de l'Orphéon eurent lieu chaque année à la Sorbonne jusqu'en 1845. Mais l'enseignement du chant, étendu

d'une manière si générale, ne tarda pas à produire un nombre d'élèves tellement considérable, que la grande salle de la Sorbonne se trouva bientôt beaucoup trop petite pour contenir tous ceux qui furent en état d'y prendre part. En 1845, mille orphéonistes se trouvaient rassemblés dans la salle du Cirque des Champs-Élysées. L'année suivante, dix-huit cents chanteurs se présentèrent, et il fut impossible de trouver dans Paris un local assez vaste pour les contenir. On essaya d'une répétition au Panthéon, mais les lois de l'acoustique parurent si mal ménagées dans cette vaste enceinte, qu'on se vit contraint de revenir à l'insuffisante salle du Cirque. L'ensemble, la précision, l'énergie, la délicatesse, les oppositions de nuances, la

justesse d'intonation, toutes les conditions nécessaires d'une parfaite exécution musicale, sont exactement observées par cette imposante masse d'ouvriers, comme par un simple quatuor d'artistes d'élite. Il faut avoir entendu ces masses chorales pour se faire une idée de leur puissance et de l'enthousiasme qu'elles excitent.

Le Cirque a également servi à des solennités officielles : c'est dans la salle du Cirque qu'eut lieu la distribution des récompenses nationales accordées aux exposants français de l'exposition universelle de Londres. Quinze jours auparavant, c'était dans cette même salle qu'il avait été procédé au tirage de la fameuse loterie dite du Lingot d'or.

Les Champs-Élysées sont aussi la patrie de certains individus qui ne ressemblent en rien au commun des mortels, et qui n'existent qu'à cette condition. Les uns ont plus de six pieds, les autres semblent des spécimens du royaume de Lilliput. Celui-ci a quatre jambes; celui-là a deux têtes, et, qui pis est, deux estomacs; d'autres, avec une conformation physique en apparence peu différente de celle des autres hommes, ont cependant des mœurs diamétralement

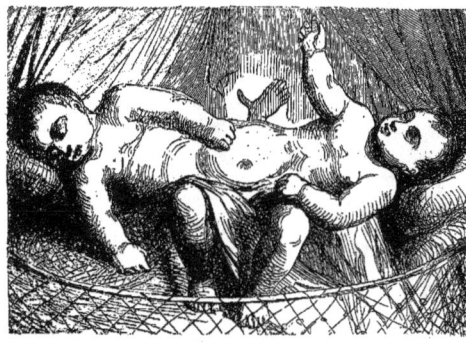

Les jumelles unies.

La marquise de Lilliput.

opposées aux nôtres. C'est ainsi que l'un marche habituellement sur la paume des mains, la tête en bas et les pieds en l'air; l'autre n'a pour nourriture que des cailloux, des lames de sabre et des étoupes enflammées. C'est la cité des monstres, cité bruyante et musicale s'il en fut, où tout se fait au son du cuivre et du tambour; cité cosmopolite. Le Lapon y coudoie le Patagon, et il n'est pas jusqu'aux lions du désert qu'on n'y entende parfois mêler leurs rugissements au bruit des instruments et des voix glapissantes qui retentissent éternellement dans ce pandémonium forain.

Dans cette ville fantastique, située au carré Marigny aux jours de fête, tous les sens sont charmés à la fois. L'odorat est chatouillé par les parfums qui s'exhalent des cuisines et des fritures en plein vent. Le regard ébloui s'étend sur une longue suite de tableaux-affiches représentant les plus curieuses merveilles du globe; l'oreille se dilate au son de vingt grosses caisses, accompagnées d'autant de trombones et enjolivées des gammes chromatiques de la perçante clarinette. Ici on court la bague sur des pur sang de bois. L'escarpolette vous tend les bras de ses fauteuils; sous cette tente, on se livre à un repas champêtre; plus loin, on arrache des dents avec accompagnement des ophycléides et de gencives, comme dit Bilboquet : partout la joie est à son comble.

Voici deux sœurs jumelles, deux siamoises; une monstruosité assez peu réjouissante à l'œil. Dans chacun de ces deux êtres un cœur bat distinctement; mais ils ne peuvent se mouvoir qu'en se traînant comme le crabe. Ces deux sœurs peuvent à peine se voir l'une l'autre. Elles sont divisées par le cerveau, par l'intelligence, et réunies par la plupart des appareils de la vie organique. Spectacle hideux et affligeant, qui attire toujours un grand concours de spectateurs. Dans la ba-

Géant espagnol, taille de 2 mèt. 30 cent., âgé de 23 ans.

raque à côté est la marquise de Lilliput, la digne femme du général américain Tom Pouce. Puis, comme MM. les montreurs de curiosités n'ignorent pas le parti qu'ils peuvent tirer de la loi des contrastes, ils présentent ensuite à vos regards émerveillés un géant..... gigantesque, un tambour-major qui produit l'effet d'un obélisque animé. La marquise de Lilliput arrive tout au plus au genou du colosse.

C'est dans cette même baraque qu'on rencontre ordinairement cet animal amphibie dont la vue a de tout temps excité l'admiration et l'étonnement du Parisien; je veux parler du phoque, qui reste douze heures durant dans un baquet plein d'eau. Comme le phoque s'acclimate très-difficilement dans notre pays, et que d'ailleurs les marchands forains n'ont pas le temps d'aller chercher au loin cet intéressant animal, ils ont ordinairement recours à l'obligeance d'un jeune gamin qui, moyennant une légère rétribution, remplit son rôle de phoque avec un naturel qu'on trouve difficilement chez les acteurs les plus consommés de nos premières scènes. Affublé d'une peau luisante, cet artiste aquatique, qui excite à la fois l'admiration et la terreur des assistants, est obligé, quand il est sorti de son bain, de se réconforter par des toniques et des spiritueux. Eugène Sue a raconté l'histoire de ce prix d'honneur de l'Université que le malheur des temps et le dédain de ses contemporains pour le thème grec avaient contraint de jouer le rôle de phoque aux Champs-Élysées. Cet infortuné se consolait de sa position inférieure en redisant à part soi, quand les curieux l'examinaient, quelques bribes classiques, des vers de Stace ou de Claudien. Généralement le phoque des baraques élyséennes, au bout de deux ou trois ans d'exercice, est forcé d'abandonner sa profession pour donner tous ses soins à la guérison de ses rhumatismes.

CHAPITRE PREMIER. — LES CHAMPS-ÉLYSÉES.

Ce carré Marigny, qui apparaît aux jours de réjouissances populaires tout resplendissant de tableaux peints à la détrempe, tout parsemé de balançoires, de chevaux de bois et de tourniquets ; ce carré Marigny a une autre destination quand les fêtes ont cessé et que MM. les saltimbanques ont démonté leurs baraques. Il sert aux expositions industrielles et aux expositions de travaux d'art. C'est sur le carré Marigny qu'a été exposé pendant deux mois la statue de Guillaume le Taciturne, laquelle est aujourd'hui à la Haye. Le carré Marigny est aussi la terre classique des dioramas, des panoramas, des géoramas, des néoramas, des navaloramas, et de tous les *rama* possibles. C'est là que tout Paris a été contempler le panorama de la bataille de la Moskowa, et le panorama plus célèbre encore de la bataille d'Eylau, deux chefs-d'œuvre de perspective dus au pinceau, ou plutôt à la brosse du capitaine Langlois. Maintenant traversons la grande allée, et, de ce côté de la vaste promenade, nous allons rencontrer bien d'autres merveilles.

Voici les chanteurs ambulants, qui psalmodient tour à tour la romance sentimentale et la cantate patriotique. Vous voyez dans cette harpiste en châle de tartan, dans cette guitariste en robe trop courte, dans ce gamin transformé en Paganini nomade, les plus intrépides vulgarisateurs des compositions à la mode ; mais les rapsodes du pauvre sont trop souvent, hélas ! poursuivis par l'avidité de ceux qui exploitent les œuvres de la pensée. Il y a quelques années, nous avons vu traîner sur les bancs de la police correctionnelle ce doyen des chanteurs en plein vent, ce

Les chanteurs ambulants.

représentant de la gaie science, ce troubadour en haillons, qui tour à tour ténor, basse ou baryton, ténor grave ou doux, a charmé les échos de tous les carrefours, de toutes les barrières, de tous les villages, le père Aubert, dont la réputation fut universelle. On avait accusé ce joyeux ménestrel d'avoir violé les lois sur la propriété littéraire : les éditeurs patentés prétendaient qu'en vendant leurs chansons aux ouvriers, aux bonnes d'enfants et aux grisettes, il nuisait essentiellement à leur vente, et leur avocat concluait à 500 francs de dommages-intérêts contre le délinquant, qui, se plaçant sous l'invocation d'Euterpe, en fut heureusement quitte pour une amende de 25 francs.

Et voilà pourquoi la musique instrumentale l'emporte aux Champs-Élysées sur la musique vocale. Comment voulez-vous que la basse ou le soprano nomades puissent tranquillement moduler *le Fou de Tolède* ou toute autre *nouveauté* lyrique ? Plus de sûreté d'intonation, plus d'audace dans les fioritures. Comment le virtuose pourrait-il donner un libre essor à ses inspirations, quand il lui faut tendre l'oreille, non pas à la mesure, mais aux pas d'un huissier qui le guette au milieu de ses roulades, et attend le moment de le surprendre en flagrant délit de contrefaçon ?

A côté de ces musiciens qui exécutent chacun sa partie, il y a aussi l'homme-orchestre qui joue à la fois du violon, du chalumeau, des cymbales placées entre ses genoux et de deux ou trois autres instruments. Cet artiste fait autant de bruit à lui seul qu'une douzaine d'exécutants. L'homme-orchestre a le privilège d'attirer autour de lui les enfants, les militaires et les cuisinières, qui forment, on le sait, la portion la plus sensible et la plus enthousiaste de la nation française.

Carré Marigny en juin 1848.

Le théâtre de Guignol.

Voici Guignol, ce théâtre célèbre, qui n'a qu'un acteur, Polichinelle, et qui se passe des comptes rendus des aristarques du lundi. Après février 1848, Polichinelle s'était lancé, comme son confrère de Naples, *Pulcinella*, sur la mer orageuse de la politique. Aujourd'hui il est redevenu ce qu'il avait toujours été, un batailleur, un vantard, un démolisseur de commissaires, et finalement un personnage fort réjouissant pour son naïf auditoire. De l'autre côté, ce sont les jeux du bourgeois parisien : jeu de ballon, jeu de balle, jeu de cochonnet. En traversant l'avenue, je suis poursuivi par un artiste muni d'une brosse et d'une pierre ponce, qui veut à toute force détacher le collet de mon habit neuf, et j'ai toutes les peines à me détacher moi-même de ses étreintes obstinées. J'arrive au fauteuil barymètre, à côté du dynamomètre. Ce dynamomètre est une invention toute philanthropique, au moyen de laquelle l'homme peut faire l'essai de ses forces de la façon la plus pacifique : un simple coup de poing appliqué sur un plastron rembourré devient le témoignage irrécusable de votre vigueur ou de votre embonpoint. Par le fauteuil-barymètre, vous mettez en pratique la maxime socratique, *Connais-toi toi-même*. Tout à l'heure vous vous rendiez compte de votre force; maintenant vous allez connaître votre poids. Ce fauteuil est une balance. D'une année, d'un mois, d'une semaine à l'autre, vous pouvez mesurer les progrès de votre maigreur ou de votre embonpoint, et par suite modifier votre régime. Cette consultation hygiénique coûte cinq centimes, et elle en vaut bien une autre.

Un tir à l'arbalète, entre tous ceux qui se partagent les francs-archers nationaux, mérite une mention spéciale. Si quelque maladroit vient à frapper le but, on voit une Judith lever son sabre aussitôt et trancher la tête d'Holopherne. Tenant le sac classique, la servante, en costume de laitière des environs de Paris, est d'un effet très-pittoresque. Après tout, comme couleur locale, cela vaut bien le cabas en tapisserie qu'avait introduit Horace Vernet dans un de ses tableaux retraçant cette grande histoire de la Bible.

Tout à côté est le nécromancien populaire qui prédit le passé, le présent, l'avenir, *et même le futur*. C'est le prophète de la petite propriété. Moyennant *cinque* centimes, il fait le petit jeu à toutes les personnes qui veulent bien tirer une carte et un sou. Quant aux banquiers et aux receveurs généraux de la société qui éprouveraient le besoin de se renseigner plus à fond sur l'avenir et le futur, ils sont invités à entrer chez le marchand de vin le plus voisin ; et là, pour la bagatelle de cinquante centimes, un homme bien mis leur fait, avec des cartes propres, le grand jeu, dans une suite de révélations et de pronostications pantagruéliques proportionnées à l'importance des capitaux aventurés.

En quittant le nécromancien, je rencontre la somnambule la plus lucide de l'Europe, qui devine les animaux, les minéraux, les végétaux, plus une foule d'autres objets dont suit une nomenclature superflue. Maintenant la science vous réclame. Les secrets de la physique vont être dévoilés par un professeur en plein vent. Les auditeurs sont nombreux, les appareils déployés sur une grande table. La machine électrique fonctionne : pour un sou on se fait électriser ; on assiste à la formation de la foudre ; les phénomènes de l'électricité n'ont plus de secret pour personne ; la bouteille de Leyde éclate pour tout le monde. Qui voudrait,

Le cochonnet.

pour la bagatelle de dix centimes, refuser de se donner l'innocente frayeur de l'étincelle électrique? Ce cours de physique ambulant est aussi bien suivi que ceux de la Sorbonne ou du Collège de France. Tout ce qui est mystérieux impressionne vivement les masses : aussi la physique serait-elle sans rivale dans l'empressement de la foule, si la musique n'existait pas.

Plus loin, c'est une exhibition de jeunes tableaux vivants. Le *travail* est confié à une douzaine d'enfants dont le doyen peut bien avoir quatorze ans. Le jour, les jeunes *tableaux*, vêtus de tuniques blanches, montés sur de longues échasses et précédés d'un fifre, distribuent sur la promenade le programme des poses plastiques qu'ils doivent exécuter le soir. Entre autres sujets païens ou bibliques, la troupe de statues enfantines nous donna un jour le spectacle de la Passion de notre Seigneur Jésus-Christ. Avant que la toile se levât sur le dernier tableau, l'*im*presario crut devoir adresser à la foule cette allocution : «Mesdames et messieurs, si quelqu'un de l'honorable société, trompé par l'immobilité surprenante de ces jeunes enfants, pouvait supposer que l'on a abusé de sa confiance, et nous faisait l'injure de croire à l'existence de *mannequins*, je me flatte que, dans un instant, il se viendrait de son erreur. Je prie seulement la compagnie d'être attentive, nous lui ménageons une surprise. »

Ce discours enflamme la curiosité: tous les regards se portent avec avidité vers le rideau, qui, s'écartant, laisse voir pour tableau final la mise au tombeau du Seigneur. Puis, à un signal donné, Jésus-Christ, saint Jean, la Vierge, Nicodème, Joseph d'Arimathie, et toutes les saintes femmes, se lèvent et exécutent sur le théâtre une furieuse sauterelle en poussant des *hou hou* à percer le tympan. Ce dénoûment inattendu, qui terrasse les incrédules, ayant un grand succès d'hilarité, le directeur saisit habilement l'occasion pour risquer la motion suivante : « Mesdames et messieurs, ne quittez pas vos places. On va faire une quête pour les jeunes enfants ; ils n'ont que ce profit (s'ils l'ont) : seulement vous êtes priés de ne pas leur donner des pièces de cinq francs, ils refuseraient. » Cette facétie achève de mé-

Champs-Élysées. — Dynamomètre.

CHAPITRE PREMIER. — LES CHAMPS-ÉLYSÉES.

Le tir à l'arbalète.

Les joueurs de ballon.

tre l'assemblée en belle humeur, et vaut ordinairement à la vierge quêteuse quelques pièces blanches noyées dans une pluie de cuivre. — Ainsi finit la comédie.

Sur des tréteaux, un peu plus loin, le pitre et le compère exécutent la parade, et voici le dialogue qui s'établit invariablement entre ces deux personnages.

Le compère aborde le pitre :
— Vous cherchez une place, mon ami?
— Oui, monsieur; pourriez-vous m'en indiquer une?
— Certainement. J'en connais une fort belle, et tout près d'ici.
— Laquelle?
— La place de la Concorde.
— Farceur!
— Comment? (Il lui donne un coup de pied; rires dans l'auditoire.)
— Aïe! aïe! (Les rires redoublent.)
— Plaisanterie à part, je vais vous en indiquer une très-bonne.
— Où cela?
— Chez un prince.
— Qu'y a-t-il à faire?
— Rien.
— Quelle chance! c'est moi qui fournirai tout l'ouvrage. (Il gambade et gesticule.)
— Ne vous remuez donc pas tant; vous êtes trop vif. (Il lui applique un soufflet; rires nombreux.) Si vous continuez, je vous donne un soufflet!
— Tiens! tiens! et celui-là donc?
— C'est un que je vous devrai. (L'hilarité redouble.) Vous voulez entrer chez un prince, mon gaillard? vous n'êtes pas dégoûté. Mais d'abord êtes-vous bien fainéant?
— Si je le suis?, vous ne m'avez donc pas vu avec mon fusil de munition?
— Où cela?
— Dans la dernière révolution.
— Vous vouliez détruire les tyrans?
— Pas du tout. Je cherchais tout bonnement pour le tuer, ce brigand, ce scélérat, ce conspirateur...
— Qui, enfin?
— Celui qui a inventé l'ouvrage. (Légère hilarité.)

— Voilà qui est bien. Êtes-vous un jeune homme à faire douze repas par jour?

— J'en ferai vingt-quatre, s'il le faut absolument. (Rires prolongés.)

— Non, non; douze, pas davantage : les temps sont durs, il faut savoir s'imposer quelques privations. (L'hilarité est à son comble.)

Cela se continue sur ce ton pendant une demi-heure, puis l'interrogatoire est interrompu par l'apparition d'un troisième personnage en habit noir et en cravate blanche : physique des notaires du Gymnase. Il fait au public trois saluts, et s'exprime en ces termes choisis :

« Messieurs et dames, nous avons l'honneur de vous inviter à venir honorer de votre visite deux des plus étonnants phénomènes ci-inclus (frappant sur le tableau qui décore la tente) que la terre n'ait jamais produits. Ce sont deux jeunes gens, dont une demoiselle et son frère, nés en Angleterre tous les deux. La demoiselle, qui est âgée de vingt-sept ans, est ornée depuis l'âge de dix-sept de cette magnifique barbe noire que vous lui voyez au menton; par une surprenante bizarrerie de la nature, son jeune frère est porteur d'une barbe aussi blanche que celle d'un Albinos. (Avec onction :) Messieurs et dames, très-souvent les annonces sont mensongères, mais nous n'avons qu'une chose à vous dire: venez contempler ces deux phénomènes britanniques. »

Après ces paroles, les tambours et les grosses caisses battent, et la foule s'élance sur l'escalier qui conduit dans l'intérieur de la baraque, comme à l'assaut d'une barricade.

Bilboquet s'est décidément trompé le jour où il a dit : « L'art est dans le marasme. »

Un autre plaisir des Champs-Élysées que j'allais oublier. Entre deux rangs de chaises s'avance une calèche en miniature, traînée par des chèvres. Le capricieux animal a enfin subi le joug de l'homme. Les chèvres indociles, que Virgile aimait tant à voir pendentes de rupe, au sommet des roches moussues, posent maintenant un pied réglé sur le sable fin des allées. Une petite fille rose et blanche s'étale comme une duchesse sur les coussins de la voiture. Sur le siége son frère, armé d'un fouet, tient les rênes, et se figure qu'il dirige le fringant attelage. L'automédon de dix ans n'ose tourner son visage ni à gau-

Le barymètre. — Voyons combien nous pesons.

che ni à droite tant il est pénétré de l'importance de ses fonctions. Cependant les deux Amalthées cheminent paisibles et résignées à leur abjection, en songeant qu'on amusant les enfants elles sont encore dans leur rôle de nourrices. L'équipage enfantin conquiert toutes les sympathies. Les deux chèvres marchent ordinairement au pas, mais quelquefois, à un coup de fouet intempestif du jeune cocher, elles se fâchent, s'emportent, et se mettent à capricoler au milieu de la promenade. Il faut entendre alors le cri des mères épouvantées. Heureusement le danger n'est jamais bien menaçant : le loueur, d'une main, retient son attelage par les cornes, et de l'autre il soutient la calèche qui commence à pencher, et les enfants descendent après avoir subi toutes les péripéties d'une chute qui n'a pas eu lieu ; les mères se remettent de leur émotion, et le public qui a fait tout de suite cercle autour de l'accident, se retire après s'être donné gratis la distraction de voir des chèvres prendre le mors aux dents. Seuls, les enfants du riche peuvent se permettre cette distraction à tout l'heure ; les autres enfants contemplent de loin la calèche coquette ou la suivent d'un œil envieux. Que ne donneraient-ils pas eux aussi pour s'asseoir sur ces coussins de soie ! Quel que soit votre désir de redevenir enfant, il n'est pas probable que vous le poussiez jusqu'à vouloir vous donner le plaisir de la locomotion par les chèvres. Ce plaisir, que vous n'osez prendre, procurez-le à un de ces pauvres enfants dont le cœur palpite rien qu'en entendant sonner les grelots qui pendent au cou de l'attelage. Plus tard il se souviendra qu'il a eu, lui aussi, son jour de fortune et qu'il a roulé carrosse.

Je ne peux abandonner ce côté des Champs-Élysées sans parler un peu de cette ombreuse allée si charmante et si odorante dans les beaux soirs d'été, l'allée Gabrielle. Ce chemin est bordé par les jardins des aristocratiques hôtels du faubourg Saint-Honoré. Le jardin de l'ambassade ottomane tout resplendissant de lilas et de roses, puis le jardin de l'ambassade d'Angleterre, aux pelouses verdoyantes. Tout à côté se détache à travers les grands arbres le splendide hôtel de Pontalba, un palais merveilleux, le plus riche peut-être, et à coup sûr le plus élégant de cet élégant quartier. Voyez cet autre jardin tout hérissé de ronces, de plantes parasites, et qui rappelle les forêts vierges : il a pour propriétaire un homme trois et quatre fois millionnaire qui a trouvé plaisant de placer en face de l'avenue un tombeau en fonte qui rappelle dans l'ensemble et les détails celui d'Héloïse et d'Abélard. A deux pas, l'hôtel Sébastiani, où se joua, en 1847, ce drame lugubre qui jeta la consternation dans Paris et dans toute la France. Un peu plus loin, les sentinelles échelonnées de distance en distance vous avertissent que vous êtes devant une demeure officielle. Voici l'Élysée, le palais du Président de la République. Ce palais de l'Élysée, dont la construction remonte au dernier siècle, fut habité, sous la Restauration, par le duc de Berry. Pendant les dix-huit années du règne de Louis-Philippe il offrit l'image de la plus désolante solitude.

Allez maintenant vers le Cours-la-Reine, cette promenade à la mode au dernier siècle, et qui aujourd'hui n'est plus qu'un chemin banal ouvert aux célérifères de Passy, aux vélocifères de Saint-Cloud, aux gondoles de Versailles, et à tous les omnibus qui partent de la barrière des Bons-Hommes pour jeter les voyageurs dans les différents quartiers de la capitale. Là un autre spectacle vous attend : à quelques pas est la Seine.

Devineriez-vous ce que font ces grappes de têtes humaines, suspendues au parapet du pont, avec toutes les variétés de coiffures que com-

Le nécromancien populaire.

Le physicien en plein vent.

L'attelage de chèvres.

porte notre civilisation, variétés correspondantes aux inégalités sociales, et ce que regardent tous ces yeux braqués sur un même point? Ce n'est rien qu'un pêcheur à la ligne... Et qu'est-ce qu'un pêcheur à la ligne? qu'est-ce qu'une ligne?... Nous ne la définirons pas : « Le plus court chemin d'une bête à une autre...; » nous dirons seulement que pêcher à la ligne sous les ponts de Paris, c'est une de ces anomalies dont la médecine n'a pu rendre compte. L'être ambigu atteint de cette infirmité, l'être capable de rester douze heures sous le soleil, au froid, à la bise, à la pluie, assis sur une pierre, le bras tendu et immobile, l'œil fixe, nous ne pouvons le comparer qu'à ces faquirs dont rit si agréablement Voltaire, l'un cherchant des années entières la lumière céleste au bout de son nez, l'autre assis éter-

Les badauds.

nellement sur des pointes de clous. Et les spectateurs, les conseillers donc! Mais ceux-là ne restent qu'une heure environ accoudés sur le parapet, après avoir cogné, heurté, bousculé seulement une couple d'heures pour arriver au premier rang; tandis que le pêcheur, il est là depuis l'aube, et y restera jusqu'au soir.

Le pêcheur à la ligne ne provoque pas seul l'attention des désœuvrés. Voici un chien qui se baigne, un petit bateau qui passe, un train de bois qui descend le fleuve, des ouvriers qui font des réparations aux piles du pont ou des travaux hydrauliques ; il n'en faut pas plus pour attirer trois ou quatre cents personnes qui doivent se défendre contre quatre cents autres, désireuses de prendre part au spectacle, et jouant des coudes, et quelquefois des poings, pour parvenir à une

Les pêcheurs à la ligne.

bonne place. O badauderie parisienne! ces gens qui perdent une heure à contempler un homme qui pêche ou un chat qui se noie, ne vous accorderaient pas dix minutes de conversation sérieuse, sous prétexte qu'ils sont très-occupés et qu'ils courent à leurs affaires.

Tels sont les Champs-Élysées: la promenade du beau monde et le rendez-vous du populaire; le grand cours des attelages, et la patrie du plaisir à bon marché.

Tout s'y trouve, depuis le bal aristocratique jusqu'à la guinguette, depuis le cirque élégant jusqu'au théâtre à un sou, jusqu'à l'estrade du bateleur. Dans les soirs d'été, les contre-allées pavées en bitume offrent l'aspect d'un parterre de femmes et de beaux jeunes gens accourus là, ceux-ci pour voir, celles-là pour être vues, pendant qu'à trois pas éclatent les grosses gaîtés de l'ouvrier et de l'homme du peuple. A cette promenade, plus vaste que certains chefs-lieux de départements, tous sont appelés et tous sont élus ; et cet assemblage du satin et de l'indienne, de l'habit et de la blouse, de la richesse et de la pauvreté; toutes ces voitures qui passent, tous ces envieux qui regardent, tous ces gens qui s'amusent, toute cette foule qui grouille, forment un spectacle unique dans le monde, qui étonne l'étranger et dont le Parisien ne se lasse jamais.

Chapitre II.
ENTRE LES CHAMPS-ÉLYSÉES
ET LES BOULEVARDS.

De la place de la Concorde à la barrière de l'Étoile. — La place de la Concorde à vol d'oiseau. — Le palais Bourbon. — Le quai d'Orsai. — La terrasse du bord de l'eau. — L'Obélisque du Louqsor. — Les chevaux de Marly. — Les fontaines. — La rue Royale. — La Madeleine. — Le Garde-Meuble. — Le Ministère de la marine. — La rue de Rivoli.

Paris est le pays des prodiges et des contrastes : vous quittez une forêt pour trouver un palais ou un temple ; vous sortez des longues avenues, des vastes perspectives, des rangées d'arbres séculaires, et vous arrivez au milieu de la forêt des colonnes rostrales, entre la Madeleine et le palais Bourbon, au pied de l'obélisque, en face du ministère de la marine et du Garde-Meuble. N'est-ce pas là un changement à vue bien supérieur à tous ceux des plus merveilleuses féeries, et un changement opéré sans machiniste et sans coup de sifflet? à moins toutefois que vous n'ayez pris l'omnibus, et que ce grand enchanteur qui se tient debout sur le marchepied n'ait annoncé par quelque bruit strident le nouveau et magique spectacle. Nous avons souvent comparé le sifflet du conducteur à celui qui commande la manœuvre pour enlever un décor et vous transporter de Paris à Pékin, du soleil dans la lune : seulement les transformations s'opèrent avec moins de brusquerie, et, passant d'un pays dans un autre, vous avez le loisir d'étudier les diverses couches de civilisation qui vous mènent, transition par transition, d'une extrémité à l'autre extrémité.

De la place de la Concorde à l'Arc-de-triomphe.

CHAPITRE II. — ENTRE LES CHAMPS-ÉLYSÉES ET LES BOULEVARDS.

Si vous aimez l'art grec, les colonnades, les portiques, les frontons, *imités de l'envergure d'ailes d'un aigle qui plane*, au dire d'un esthéticien beaucoup trop haut placé pour qu'on le nomme ici, les feuilles d'acanthe, les plinthes, les astragales, en un mot tout l'attirail de Vitruve compliqué des architectes de la renaissance, vous serez satisfait, et nous vous dirions presque, avec le satirique : Aimez-vous l'ordre corinthien, on en a mis partout. Le palais Bourbon, méchamment surnommé hier encore le moulin à paroles : colonnes grecques, fûts, chapiteaux, et inévitables feuilles d'acanthe; la Madeleine : colonnade non moins grecque, chapiteaux, fronton et bas-reliefs; le Ministère et le Garde-Meuble : encore des colonnes grecques, avec un portique, même style que les précédents. Pour faire diversion, des piédestaux sculptés s'élèvent à profusion de toutes parts, avec des fûts étincelants d'or, cannelés, incrustés, et couronnés des proues emblématiques qui supportent la cage de verre où brûle le gaz administratif; et au milieu de cette forêt de bronze coulé en colonnes, au milieu des

Vue, à vol d'oiseau, de la place de la Concorde, prise du pont de la Concorde.

statues des grandes villes, assises sur des canons, des affûts, des ballots de marchandises, armoriées, portant sceptre, épée et diadème, le fils des Pharaons, l'obélisque de Louqsor, dresse sa cime dépaysée dans un ciel brumeux, et demande l'ombre hospitalière de quelque musée où il brille avec ses frères exilés.

Malgré le caractère grave, et peut-être même austère, de ces nobles monuments; malgré les tons heurtés et criards des bronzes trop bariolés d'or et trop enjolivés pour s'assortir à l'ensemble majestueux de tant d'édifices; malgré, enfin, cet affreux bitume noir, gluant au soleil d'été qu'il réverbère et reflète, glissant et miroitant par le verglas des hivers, la place offre le coup d'œil le plus beau, le plus pittoresque peut-être, et à coup sûr le plus imposant qui puisse se rencontrer. On perd, dans l'aspect général, la vue des défauts de détail, et il ne reste que l'impression de tant de beautés réunies en un espace limité. Par-

15 Cent. LA LIVRAISON. — 8ᵉ Livr. ¹ Aux bureaux de l'Illustration, rue de Richelieu, 60. TYP. DE FIRMIN DIDOT, RUE JACOB, 56. 20 C. par la poste.

tout des monuments magnifiques : ici, les Tuileries, à demi voilées par les massifs d'arbres séculaires qui les environnent ; là, l'immense avenue terminée par l'Arc-de-triomphe de l'Étoile ; d'un côté, le palais Bourbon, le palais de la Présidence, et le nouveau ministère des affaires étrangères ; de l'autre, le Garde-Meuble, le Ministère de la marine, la rue Royale, s'ouvrant en face de la Madeleine, et les premières arcades de la rue de Rivoli. Qu'un soleil clair se lève au-dessus de toutes ces splendeurs de la civilisation, ou que, s'encadrant sous le portique de l'Arc-de-triomphe, il dore de ses derniers rayons les palais et les colonnades, le spectacle se transforme en féerie, et l'on se croit quelques instants le jouet d'une de ces visions merveilleuses, de ces fantasmagories magiques, telles que les décrit la plume d'or des conteurs de l'Orient. Quelques pas encore, vous arrivez sur le pont, et vous découvrez de nouvelles et non moins admirables perspectives. A vos pieds, la Seine se déroule à flots lents, promenant avec nonchalance ses grands bateaux et ses trains de bois, tandis que, sous la vive impulsion de la rame, on voit cingler, comme une flèche qui vole, les fameux canots, si légers, si gracieux, si rapides dans leurs fréquents trajets de Saint-Cloud à Bercy, d'Asnières à Saint-Denis.

A droite et à gauche, les arches des ponts se dessinent, lourdes et massives, ou bien transparentes et découpées ; puis, dans le demi-jour, les dômes élevés, les tours prédominantes : ici, les Invalides, élançant leur tête arrondie au-dessus d'arbres épais ; là-bas, les deux tours de Saint-Sulpice, et la couronne du Panthéon, phare où se dirige d'abord tout regard qui explore Paris. Et la nuit, quand les colonnes rostrales brillent de tous leurs feux ; quand la double illumination des quais se reflète au milieu de la Seine en larges et onduleuses lames d'argent ; quand les lumières du gaz scintillent sur le noir feuillage des allées, on se prend à trouver les nuits plus belles que les jours, et à demander la suppression de ce pâle et froid soleil si rarement vainqueur de son voile jaloux de brouillards.

Le nom de ce rendez-vous de merveilles devait être illustre, comme tout ce qui se rapporte aux belles choses ; aussi a-t-il changé souvent, tant chacun était désireux d'attacher son souvenir à la place qu'embellissent les plus splendides monuments de Paris. Tous les gouvernements qui ont passé en revue sous nos yeux, et qui perpétuent chez nous depuis plus de soixante années les charmes du régime transitoire, ont voulu laisser quelque trace au moins sur les murs et aux angles des rues ; d'où il suit que la capitale a changé aussi souvent de géographie que le pays de gouvernants. Tour à tour baptisé des noms de place Louis XV et place de la Révolution, le magnifique débouché des Champs-Élysées se trouve aujourd'hui étiqueté place de la Concorde. Pourquoi une pareille dénomination ? Est-ce une ironie amère, une sanglante antithèse, ou

Vue à vol d'oiseau prise du quai d'Orsay.

tout simplement un vœu pour la pacification générale, un appel à l'union et à la paix, qu'on fait entendre dans les lieux mêmes où la paix et l'union furent le plus souvent violées ? Ainsi l'on prodiguait jadis les noms les plus doux et les appellations les plus filiales aux divinités malfaisantes, et on appelait mer bienveillante et hospitalière celle qui engloutissait le plus de navires. De même on aura voulu donner le nom de place de la Concorde à l'espace qui sépare les Tuileries de l'échafaud de Louis XVI, pour invoquer en quelque sorte l'oubli de toutes ces haines, plaies que le temps creuse, quand il ne les ferme pas, et empêcher que plus tard cet espace ne devint de nouveau la place de la discorde. Il sera cependant toujours étrange, au milieu de tant de souvenirs, de penser que telle est l'enseigne définitive de la place Louis XV, de la place de la Révolution, où dominent tour à tour, en attendant l'obélisque, la liberté en bonnet phrygien, avec sa hache et son triangle, et la chapelle funéraire des victimes de 93 ; la place où retentirent d'un côté les terribles débats de la Convention siégeant aux Tuileries, ce vieux sanctuaire de la royauté, et de l'autre les querelles des assemblées filles du régime constitutionnel. Voilà de singuliers antécédents pour s'appeler place de la Concorde !

Historiquement parlant, cette place, commencée en 1763 sur les dessins de l'architecte Gabriel, ne fut achevée qu'en 1772. Elle fut longtemps divisée en quatre parties, occupées par des pièces de gazon entourées de barrières. Sa longueur, du nord au sud, en dedans de ses limites, est de 125 toises, et de l'est à l'ouest de 87 toises. Cette place dut d'abord son nom de Louis XV à la statue équestre de ce roi, laquelle s'élevait au centre. Dès l'année 1748, le prévôt des marchands de Paris avait déterminé ses subordonnés, les échevins de cette ville, à faire élever ce monument à la gloire du monarque, et à le lui offrir au nom des Parisiens. Edme Richardon, chargé de faire cette statue, l'exécuta dans les ateliers du faubourg du Roule. Elle fut transférée, en 1763, à la place Louis XV ; mais, Bouchardon étant venu à mourir subitement, ce fut Pigalle qui fut chargé de l'exécution des figures et des ornements du piédestal.

Le 20 juin 1765, la statue équestre et ses accessoires furent offerts aux regards de la foule. Aux angles du piédestal se dressaient quatre figures allégoriques représentant la Force, la Paix, la Prudence et la Justice. Louis XV, couronné de lauriers, coiffé à la moderne, était en Romain. Il portait le *paludamentum* antique. La tête du cheval se distinguait par la beauté et l'élégance de ses formes. Parmi les nombreux traits satiriques qui circulèrent dans le temps, le plus acéré fut celui-ci :

O la belle statue ! ô le beau piédestal !
Les vertus sont à pied, le vice est à cheval.

Le 11 août 1792, cette statue fut renversée, ainsi que tous les autres monuments de cette nature qui existaient à Paris, en vertu d'un décret de l'Assemblée législative.

CHAPITRE II. — ENTRE LES CHAMPS-ÉLYSÉES ET LES BOULEVARDS.

Quelques mois plus tard, on éleva sur le piédestal monarchique la statue colossale de la Liberté, et la place Louis XV devint la place de la Révolution.

En 1800, un arrêté des consuls ordonna que des colonnes triomphales seraient élevées dans tous les départements de la France, et qu'une colonne nationale serait érigée à Paris, sur la place de la Révolution. On éleva alors, Lucien Bonaparte étant ministre de l'intérieur, une vaste charpente, couverte d'une toile peinte représentant la colonne projetée. On voyait autour de la base de cette colonne tous les départements représentés par des figures qui se tenaient fraternellement par la main. Ni la colonne de Paris, ni celles des départements ne furent construites; seulement la place de la Révolution se métamorphosa en place de la Concorde.

Dans les premiers jours d'avril, elle reprit son premier nom de place Louis XV. La Restauration fit construire en l'honneur du roi martyr une statue de Louis XVI, qui disparut, sans être achevée, à la révolution de 1830. Ce fut en 1836 qu'on éleva à la place de la statue de Bouchardon, de la statue de la Liberté de Lemot, de la colonne idéale du premier consul, du monument expiatoire, l'obélisque de Louqsor, que son grand âge et son caractère neutre mettront, il faut l'espérer, à l'abri des révolutions.

Le Garde-Meuble de la couronne, qui décore la partie septentrionale de la place, et où sont aujourd'hui les bureaux du Ministère de la marine, est également l'œuvre de l'architecte Gabriel. Cet édifice, de quarante-huit toises de face, présente un corps principal, terminé à ses extrémités par deux pavillons formant avant-corps, un soubassement en bossages percé de portes aux avant-corps, et, dans le milieu, de onze arcades qui éclairent une galerie, supportant une ordonnance corinthienne, composée de douze colonnes et d'un entablement couronné par une balustrade. Les deux pavillons des extrémités terminent la galerie du rez-de-chaussée et celle du premier étage, et représentent, au-dessus du soubassement, quatre colonnes corinthiennes, qui supportent des frontons dont les tympans sont ornés de bas-reliefs. Aux deux côtés de chacun de ces frontons s'élèvent des trophées.

L'autre bâtiment, placé sur la même ligne au delà de la rue Royale, est absolument semblable au premier.

« On entrait à ce monument, dit Dulaure, par l'arcade du milieu de la façade; un escalier, orné de bustes, de termes et de statues antiques, conduisait dans plusieurs salles. La première était consacrée aux armures étrangères et françaises : on y voyait celle que portait François Ier lorsqu'il fut fait prisonnier à la bataille de Pavie ; elle était ornée de bas-reliefs ciselés d'après les dessins de Jules Romain ; on y voyait celle dont était revêtu Henri II lorsqu'il fut blessé à

Vue prise de la terrasse du bord de l'eau.

mort par Montgommery; celles de Henri III, de Henri IV, de Louis XIII, de Louis XIV : cette dernière était un présent que la république de Venise fit à ce roi. Les gravures, précieusement exécutées, représentaient douze villes de Flandre prises par ce monarque. Plusieurs autres armures ornaient cette salle. On y remarquait deux épées de Henri IV, celle du roi Casimir, et surtout l'épée du saint-père le pape Paul IV : sa poignée dorée était chargée des attributs de la papauté : les clefs, la tiare, etc.

Au milieu de cette salle étaient deux petits canons montés sur leur affût, damasquinés en argent, offerts, en 1684, à Louis XIV par les ambassadeurs du roi de Siam. Ces canons ont servi à la prise de la Bastille. Parmi plusieurs autres espèces d'armes anciennes se trouvait une collection de fusils, de pistolets, épées, lances, cottes d'armes, masses d'armes, de différents peuples et de différents temps.

La salle suivante contenait des tapisseries : vingt-deux pièces, que François Ier acheta vingt-deux mille écus des ouvriers flamands, représentaient les batailles de Scipion, exécutées d'après les dessins de Jules Romain; huit pièces, dont les sujets étaient l'histoire de Josué, les amours de Psyché, en cent six aunes, les actes des Apôtres, en dix pièces, d'après les dessins de Raphaël, et formant cinquante-trois aunes. Ensuite se trouvaient une grande quantité de tapisseries que Louis XIV avait fait fabriquer à la manufacture des Gobelins, d'après les dessins de Le Brun, Coypel père et fils, Jouvenet, Oudry et de Troys.

Dans la troisième salle, on voyait une quantité considérable d'objets précieux, tels que vases, hanaps, coupes d'agate, de cristal de roche ; des présents envoyés au roi par des princes orientaux; des ustensiles du culte, etc.; le tout contenu dans onze armoires. Une d'elles offrait la *chapelle d'or du cardinal de Richelieu*, dont toutes les pièces étaient or massif et enrichies de gros diamants. On remarquait, parmi ces précieux objets, deux chandeliers d'église entièrement en or, émaillés, enrichis de deux mille cinq cent seize diamants, et qu'on a estimés valoir 200,000 livres. On comptait sur les burettes, pareillement d'or émaillé, douze cent soixante-deux diamants.

La croix, de 20 pouces 9 lignes de hauteur, portait un Christ en or massif, dont la couronne et la draperie étaient garnies de diamants.

Les Heures du cardinal de Richelieu faisaient partie de sa chapelle. Ce volume, manuscrit sur vélin, mérite d'être décrit. La couverture, en maroquin, était entourée de lames d'or; sur une de ses faces, on voyait un médaillon en or émaillé, offrant la figure de ce cardinal, qui, à l'instar des empereurs romains, tenait en main le globe du monde. Quatre anges venaient, des quatre coins, poser des couronnes de fleurs sur sa tête. Ce médaillon, encadré de fleurs, portait cette inscription : *Cadal*.

Sur l'autre face de ce volume était aussi un médaillon représentant un cœur enflammé, croisé par ces quatre lettres D. N. A. R. liées en chiffres, avec cette inscription dans la guirlande :

Solus, sed non unus.

Laissons aux curieux le soin d'expliquer ces inscriptions mystérieuses, de trouver le mot de ces énigmes.

Une autre armoire contenait une partie des présents qu'en 1740 fit à Louis XV Saïd Méhémet, ambassadeur de la Porte. Ces présents consistaient en un caparaçon de drap écarlate, brodé d'or, d'argent et de soie, et enrichi de perles; en une selle de velours cramoisi, brodée en or et en argent, chargée d'émeraudes, de diamants et de rubis; en deux sangles d'un tissu d'or, ornées de perles, et en un poitrail accompagné d'une pomme d'or, avec des ornements d'or émaillé de diverses couleurs, et enrichis de diamants, dont trois avaient été arrachés.

Le reste de ces présents se composait d'étriers, de pistolets, de fusils et de leurs fourreaux; d'une têtière garnie d'or émaillé, dont on avait enlevé deux diamants; d'une giberne d'or émaillé, garnie de pierres précieuses, dont on avait soustrait deux rubis; d'une poire à poudre, d'une masse d'armes de cristal de roche, ornée d'émeraudes, de rubis, dont on en avait arraché deux; d'un carquois de velours vert, enrichi d'or, de perles, de diamants, de rubis, d'émeraudes, dont on avait enlevé deux perles; un carquois plus petit avec une chaîne d'or, où manquait une émeraude; six sabres, un riche poignard enrichi de pierres précieuses, auquel manquaient trois diamants; un autre poignard, à lame quadrangulaire; plusieurs poignards, des couteaux, et surtout de riches pantoufles.

Dans une autre armoire étaient les présents du dey de Tunis; moins précieux que les précédents, ils se composaient des harnais d'un cheval et des vêtements d'un Levantin. On y remarquait huit pièces de gaze d'or et cinq paires de pantoufles.

L'armoire destinée aux présents offerts à Louis XVI par Tipoo-Saïb contenait une ceinture très-riche, ornée d'or, de rubis, d'émeraudes et de diamants; un sabre qu'on avait dépouillé de sept fleurons principaux, de trois émeraudes et de trois rubis; un autre sabre dont on avait soustrait sept rubis; un étui turc et sa garniture, un bouclier rond en cuivre doré; un sac plein de galons d'or, trois aunes de gaze d'or, onze pièces de soie brochée d'or et sept paires de pantoufles.

En 1790, le même prince indien fit présent à Louis XVI d'une aigrette composée de cent huit émeraudes, soixante-quatorze rubis et quarante-sept diamants; d'un collier à quatre rangs, composé de cent quatre perles et de vingt-quatre diamants.

L'objet le plus estimé de cette salle était la *nef d'or*, ouvrage de l'orfèvre Balni, et qu'on servait à la table du roi, dans les grandes solennités. Cette nef, portée par quatre sirènes, était ornée de plusieurs diamants, et pesait cent six marcs. En 1791, elle fut estimée à trois cent mille livres.

Dans les diverses pièces du Garde-Meuble, ainsi que dans l'escalier et la galerie, se trouvaient un grand nombre de figures en bronze, en marbre, la plupart modernes et quelques-unes antiques.

Il s'y trouvait aussi quatre-vingt-huit tableaux, dont sept à huit avaient du mérite.

A tant de riches et stériles superfluités, qui honorent plus ceux qui les ont exécutées que ceux qui les ont possédées, nous devons joindre les *diamants de la couronne*, renfermés dans une commode d'une des salles du Garde-Meuble. L'Assemblée nationale législative, par son décret du 26 mai 1791, ordonna qu'il serait fait un rapport sur ces diamants et sur les objets contenus dans cet édifice, et nomma une commission qui en fut chargée. »

Il n'y a pas mal d'observations curieuses à faire dans une promenade sur les carrés, les triangles, les losanges et autres figures géométriques représentées par ce bitume que découpe la chaussée des voitures; et cela sans contempler les jardinets, les fontaines avec leurs divinités marines, leurs sirènes et leurs tritons barbus, leurs eaux jaillissantes et leurs coupes gracieuses; sans compter les réclames monumentales taillées en plein marbre et scellées sur le sol, sans même écouter le roulement continuel des voitures et le bourdonnement humain qui vous entoure. Supposez qu'on s'occupe des préparatifs d'une fête publique : voyez-vous cette foule oisive, qui contemple, bouche béante, les ouvriers s'occupant d'enguirlander de verres multicolores, de charpenter en corbeilles de fleurs les fontaines et les colonnes, d'aligner les ifs lumineux, ou de maçonner les rochers et les grottes destinées à supporter quelque gigantesque Neptune? Il est aisé de reconnaître que la loi de Sixte-Quint, défendant de donner d'intempestifs conseils, a cessé d'être en vigueur; et Dieu sait quelle pluie, quelle grêle, quel feu mêlé et croisé de remarques, de réflexions, d'avis officieux, de paroles de toute sorte! Ajoutez les exclamations, l'impatience des uns, entravés par leur travail, le flegme et l'imperturbabilité des autres; entremêlez cela de l'inévitable sergent de ville, et vous aurez un tableau comme il s'en rencontre à tous les pas dans Paris. Voulez-vous une autre récréation? Considérez, un jour de vent, l'aspect des promeneuses, les mille plis, les mille formes que Borée impose à leurs vêtements flottants : étudiez ces variétés nouvelles de draperie et de plastique, et contemplez, on vous le recommande, toutes les espèces imaginables de pattes d'animaux, de colonnes, de piliers, de socles, de fûts, que la nature a départis aux Parisiennes, sous prétexte de jambes et de pieds. Si vous aimez mieux les cohues bien serrées, attendez un jour de fête, et les groupes disparates, les types étranges, se pressant, se ruant, s'enchevêtrant, se heurtant, vous feront voir leurs innombrables combinaisons, et entendre leurs bruits les plus singuliers, les plus complexes, les plus impossibles à rendre par l'orthographe ou la musique. Quel spectacle, quand la Madeleine brille de toute la splendeur des feux électriques; quand les girandoles de lumière, se reflétant sur les pétales des fleurs, garnissent les coupes des fontaines, quand on découvre partout pyramides triangulaires aux lampions éclatants, guirlandes de fleurs aux couleurs diverses, mâts parés de drapeaux et de trophées! Quel coup d'œil merveilleux que cet océan de têtes, bigarré, varié, ondoyant, balancé par un flux et un reflux sans fin! Voilà des foules, des foules pittoresques, dignes d'exercer la plume et le pinceau, et non des masses sombres et lugubres, comme ces troupeaux d'êtres humains, tout de noir habillés, que la baguette du policeman contient et fait mouvoir dans *Regent-street* ou dans *Piccadilly*.

C'est là fort imparfaitement esquisser l'ensemble des tableaux réservés à l'appréciation fine, délicate et profondément sentie du Parisien de Paris, de l'être privilégié qui naît, vit et meurt au milieu des enchantements de la grande ville, ou, pour mieux dire, des merveilles du monde entier. Simple badaud créé et mis au monde sur les rives babillardes de la Garonne, ou près des quais de quelque autre fleuve bien commerçant, vous ne verrez là qu'une cohue, qu'un mélange, qu'un chaos, dont il vous tardera de sortir. Mais le vrai, le classique, l'intelligent flâneur, le flâneur par vocation, y découvre bien autre chose qu'un grouillement informe d'êtres humains, venus tous à la queue les uns des autres comme les moutons de Panurge, se coudoyant, s'écrasant les pieds, se pressant, s'étouffant pour leur plaisir. Pour lui, la moindre querelle entre messieurs de la police et quelque curieux peu tolérant est une bonne fortune : il se précipite avec joie; si une femme se trouve mal, et si par bonheur un cheval vient à tomber, une roue à se briser, vous êtes sûr de le trouver au premier rang du cercle, tout allègre d'avoir son petit *fait-Paris* à raconter. Pas d'inconnus pour lui parmi tant d'étrangers : un couple fortement accentué à l'anglaise passe près de lui, et il rit en soi-même du meilleur cœur, songeant à la dernière charge de Levassor, qui parodie si bien nos voisins insulaires. La vue d'un Allemand lui rappelle *M. de Malpruck*, chanté dernièrement avec un *delicieux* fumet germanique, et il retrouve par-ci par-là raisonnablement de Français et Françaises dont l'histoire lui est assez connue pour motiver son hilarité. Un visage, une toilette, une voiture, un rien, suffit pour alimenter ses souvenirs et ses études de mœurs : il renouvelle, et toujours plus enchanté, connaissance avec le bas bien tiré de cette dame, la gracieuse cheville et le joli brodequin de cette autre, avec le talma de ce monsieur, avec les épaulettes civiques de son voisin le sous-lieutenant, et les galons de son recommandé l'élève de l'École polytechnique. Parisien de Paris, être heureux! demeure dans ton élément, et ne va pas demander au reste de l'univers des spectacles nouveaux qu'il ne saurait t'offrir! Qu'as-tu besoin de voir la mer et ses navires? N'as-tu pas là la Seine et ses canots? Que te feraient les montagnes et les déserts, à toi qui possèdes Montmartre et Saint-Denis, et par-dessus tout la merveille des merveilles, la place de la Concorde avec l'obélisque de Louqsor!

Le provincial débarqué sur la place de la Concorde s'empresse de donner son coup d'œil, pour l'acquit de sa conscience et de ses notes de voyage, aux belles perspectives qui l'entourent; il se livre ensuite à l'examen approfondi des nudités de bronze et des draperies de pierre, spectacle peu connu encore dans les départements, où l'art de la statuaire n'offre de spécimens que quelques grands bonshommes de la localité, exécutés par commande, pour servir, au choix, de pendant à quelque chose, de borne ou de fontaine. Neptune, Amphitrite, Thétis, les Néréides et les Tritons, leurs vastes nappes d'eau jaillissantes, les airs penchés des déesses et les barbes pendantes des dieux, obtiennent le premier tribut de son admiration; on le voit même s'indigner quand une sirène se trouve outrageusement avantagée d'une belle barbe de glaçons en stalactites, ou quand le givre insolent vient poudrer à frimas la tête vénérable du souverain des mers. Après vient le tour des deux coursiers éternellement cabrés à l'entrée des Tuileries; puis il faut bien prendre quelque note sur ces villes de France, allégories aux puissantes mamelles, comme la Liberté peinte par Barbier; il faut bien se demander pourquoi Lille est assise sur des canons et Marseille sur un ballot de laine. Mais l'Obélisque, l'Obélisque obtient la préférence; l'Obélisque, avec ses quatre faces chargées d'indéchiffrables rébus, dont l'illustration égyptienne a oublié de donner la clef à ses abonnés de France. Quelques touristes modestes se contentent d'une explication sur la manière dont le monolithe a voyagé depuis ses déserts jusqu'au milieu des colonnes rostrales de la place de la Concorde; d'autres veulent traduire l'inscription latine et l'augmenter d'une physiologie de M. Lebas; quelques-uns s'enquièrent des procédés mécaniques hiéroglyphiquement incrustés sur le piédestal. Mais qu'il y en a d'intrigués par ces mystérieux ibis, par ces lignes et ces ronds, par ces cartouches et ces croix ansées, creusées à vif dans le granit! Feu Champollion doit tressaillir souvent, s'il entend quelque lointain écho de ces conjectures prodigieuses, de ces suppositions propres à faire jaunir de colère le moindre Égyptien de l'Académie des inscriptions et belles-lettres! Nous avons ouï, entre autres, une dissertation tellement incroyable, que son auteur devait être, sans nul doute, un candidat à l'Institut, ou tout au moins à la rédaction du *Journal pour rire*. Il avait entrepris, d'après l'inspection du monument, de démontrer que le *canard*, oui, le *canard*, autrement appelé entre-filets, fait-Paris, nouvelle des sciences, etc., avait pris naissance sur les bords du Nil, fleuve fameux par le *canard* de ses débordements. Selon ce monsieur, les divers faits de l'histoire d'Égypte se trouvaient là incrustés, avec la figure du volatile de basse-cour, pour indiquer le degré de croyance qu'ils méritaient. Sous la rubrique générale de *canard*, étaient compris les serpents de mer, les escargots sympathiques, et autres réclames du royaume des Pharaons. Le commentateur termina par cette phrase triomphante : « Oui, Hérodote fut le *Constitutionnel* de l'Égypte; et l'obélisque ici présent était et demeure encore le *Charivari* monumental, le *Tintamarre* granitique d'une époque où le *canard* était immortel, où l'imprimerie n'avait pas donné encore à cet oiseau la fécondité dont il jouit de nos jours. »

Chapitre III

LES BOULEVARDS.

Boulevards de la Madeleine et des Capucines. — La boutique de confiseur. — Les balayeurs. — Le *cab* et les omnibus. — La province à Paris. — Boulevard des Italiens et boulevard Montmartre. — Un lion frisé, un lion défrisé. — La Maison-Dorée. — Un habitué du boulevard des Italiens. — Le faux baron. — Les logotypistes vivants. — Les dandys naïfs. — Un fleuve d'habits noirs. — L'Europe sur le bitume. — La fumée du boulevard de Gand. — Tortoni. — La Maison-d'Or. — Le café Riche. — Avis aux pères de famille. — Le boulevard Montmartre, le passage Jouffroy et le passage des Panoramas. — Le dieu Pavé. — Les pépites métamorphosées en pruneaux. — Le palais de Marquis. — Le jockey-club.

Partant de la place de la Concorde, une double haie de maisons, grandes et belles comme des palais, conduit, sous le nom de rue Royale, jusqu'à un temple grec dépaysé, la Madeleine, copie gigantesquement amplifiée du Parthénon d'Athènes. Le monument élève sur un large frontispice de colonnes son fronton aigu, et, dominant l'océan d'habitations à cinq ou six étages qui l'étreignent de toutes parts, il fait voir par dessus les mansardes son toit aux larges pans, tout resplendissant d'ardoises. Telle est la première station du voyage auquel nous vous invitons : il s'agit de traverser une Europe au petit pied, un univers réduit

BOULEVARD DE LA MADELEINE (côté nord).

Place de la Madeleine. — Rue de la Ferme-des-Mathurins. — Rue Godot.

aux proportions d'une promenade longue de cinq kilomètres; en un mot, nous allons naviguer de la Madeleine à la Bastille, en passant par les régions diverses qui prennent noms de boulevard des Capucines, boulevard des Italiens, boulevard Poissonnière, boulevard du Temple, etc.; car la géographie parisienne a orné de noms divers ces contrées si différentes, avec non moins de raison que l'atlas des cinq parties du monde; et vous changez moins en passant de France en Russie qu'en foulant le bitume qui règne devant Tortoni, si vous descendez des sommités du Gymnase ou de l'Ambigu.

Paris est-il possible, a-t-il une existence réelle, si vous le supposez sans ses boulevards ? Mieux vaudrait intercepter la principale artère, arrêter le cœur, supprimer le cerveau d'un être organisé. Il resterait une capitale quelconque ; mais Paris ?... Pour avoir une capitale, en effet, que faut-il, sinon un ensemble suf-

BOULEVARD DE LA MADELEINE (côté sud).

Rue Neuve-de-Luxembourg. — Cité Vindé. — Rue Duphot.

fisant d'ogives et de cintres, de piliers en faisceaux et de colonnes à feuilles d'acanthe, de vitraux et de dômes en cristal, de palais et de maisons? Ajoutez de la boue, de la fortune, de la misère; des criminels et des avocats, des prisons et des académies ; puis un certain nombre de sociétés de gens de lettres, de philanthropes, de savants, du luxe et du macadam, des rues et des places publiques ; amalgamez le tout, et vous obtenez le résultat demandé. Paris possède, de plus que tout cela, deux choses uniques, introuvables ailleurs : ses boulevards et ses badauds, le contenant et le contenu.

Il fallait, de tout temps, un centre à l'activité, à la curiosité, aux loisirs, à la flânerie des Parisiens. Sans vouloir remonter aux temps fabuleux de la place Royale et aux promenades au bord de l'eau dans la saison des bains, promenades qui ont fourni une réflexion épigrammatique à la Bruyère, n'avons-nous pas vu sous la Restauration ce duel terrible entre le faubourg Saint-Germain et la Chaussée-d'Antin, entre l'hôtel écussonné de la rue de Varennes et la maison coquette de la rue Saint-Georges, entre le grand scigneur et le parvenu? Cette lutte s'est terminée au profit du quartier d'Antin. Le noble faubourg, abandonné comme un vaincu, n'a gardé que ses demeures aristocratiques, ses souvenirs, et peut-être ses espérances. La rive droite a absorbé la rive gauche, le papier timbré a remplacé les parchemins : Carthage a tué Rome. D'un côté, le bruit, le mouvement ; de l'autre, l'immobilité et le silence ; par ici, le commerce, le luxe, les affaires, la foule ; par là, la vie du foyer, l'étude, le travail administratif; en un mot, Paris et la province séparés par un fleuve et joints par un pont.

Ébranlé par ce déplacement subit des affaires et du luxe, le Palais-Royal, ce capharnaüm des nations, cette ville enclavée dans une autre ville, ne tarda pas à décroître, vivant de souvenirs, de jeu et de prostitution. Un arrêt exila, au nom de la morale publique, les vierges folles, qui se glissaient le soir, resplendissantes de paillettes, sous les sonores arcades ; un vote parlementaire ferma les temples du hasard, d'où s'échappaient à chaque instant, aux appels de la rouge et de la noire, de métalliques tintements : et, à l'heure qu'il est, le Palais-Royal lutte de monotonie avec la place du Marais, et voit comme elle, unique délassement de ses loisirs, les enfants sauter à la corde ou poursuivre des parachutes.

Les boulevards ont hérité de tant de splendeur et de gloire. Ils sont devenus, à leur tour, le rendez-vous de l'univers, le point de ralliement de tous les peuples : forum cosmopolite ouvert à toutes les langues, centre merveilleux où aboutissent les chemins des cinq parties du monde. Londres a son Regent-Street, fourmillant d'équipages, de *stick men*, de millions en habit noir, de misère en guenilles noires aussi ; Madrid réunit sous les ombrages qui accompagnent sa Puerta del Sol tous les types originaux, gracieux et pittoresques de *caballeros*, de *gitanos* et de *manolas* qu'ont enfanté les crêtes ou les vallons de ses montagnes, les bords de ses fleuves et les rives de ses mers.

Voulez-vous voir à Rome un abrégé de l'Italie, étudiez un dimanche la place Saint-Pierre ; à Pétersbourg, la fameuse Perspective vous montrera ses foules émaillées d'uniformes, ses croix, ses crachats, ses épaulettes. Mais Paris a ses boulevards, ses boulevards où vous verrez tout cela pêle-mêle, côte à côte, ensemble ou séparément. Pour faire connaissance avec notre monde sublunaire, connaissez bien les boulevards : une excursion faite avec soin instruit plus et mieux que tous les voyages de messieurs les touristes, gens à courte vue, cherchant au loin, mais ne trouvant pas ce qui leur crève les yeux, ce qui les serre, les heurte, les coudoie de toutes parts. Bien plus sage le badaud philosophe, en proie à tant d'amers et injustes sarcasmes : il sait que, pour qui les voit bien, l'aspect de ses boulevards non-seulement justifie, mais encore communique une curiosité contagieuse. Il sait qu'on ne résiste pas à cette parade sans cesse renouvelée des masques, des costumes, des travestissements les plus imprévus, les plus étranges, les plus

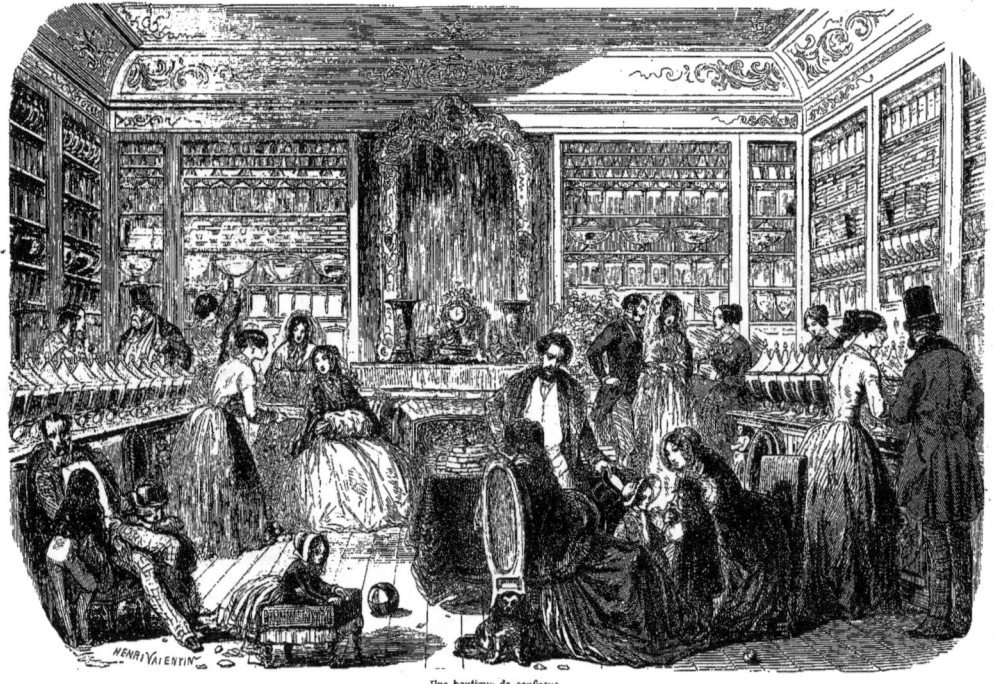

Une boutique de confiseur.

incroyables, les plus variés : il sait qu'après l'avoir contemplé une fois, on revient tous les jours le savourer de nouveau, ce spectacle éternellement animé et mouvant, ce va-et-vient éternel, ce mélange inouï de toutes les races humaines représentées par tous les échantillons imaginables de leur beauté et de leur laideur, de leur originalité et de leurs analogies, de leur génie supérieur et de leur infériorité.

Avant les beaux jours du boulevard, un désert en ouvrait l'entrée, une prison en terminait la ligne. De la porte Saint-Honoré à la porte Saint-Antoine, les deux points extrêmes, bien des espaces vides s'ouvraient béants et séparaient les rares maisons : aujourd'hui la rangée se continue et développe sans interruption son demi-cercle, de l'ancien temple de la Gloire, érigé par Napoléon aux héros de la grande armée, jusqu'à la colonne debout sur les restes des victimes de deux révolutions. L'ancien domaine des prélats immortalisés dans le *Lutrin* de Boileau, la Ville-l'Évêque, la Ferme des Mathurins, et autres fiefs ecclésiastiques, il y a soixante ans à peine encore tout entrecoupés de bourbiers, de flaques d'eau, de murs de clôture, de masures isolées et de chantiers de bois, ont vu leurs solitudes se hérisser de maisons splendides, se remplir d'une population riche, luxueuse et mondaine surtout. Pour elle, le temple de la Gloire a renoncé au culte demi-allégorique et demi-mythologique de cette divinité passée de mode, et s'est mis sous l'invocation de la pécheresse repentante, qui fut riche et mondaine aussi. Des noms ont survécu seuls, avec cette boue, sœur aînée de Paris, que le climat, vainqueur tous les jours des préfets de police et des agents de salubrité, renouvelle sans se lasser depuis les premiers âges de la vieille Lutèce. Mais ce n'est plus l'antique et honnête boue tout uniment mêlée et pétrie de terre et d'eau : cailloux broyés menus comme poussière, rouille, substances calcaires, animales, végétales, sans cesse triturées, amalgamées, humectées, liquéfiées, atomes appartenant à tous les règnes de la création, tels sont les éléments du gâchis administratif, de la fange perfectionnée avec garantie du gouvernement dont le Parisien doit la jouissance aux bons soins de ses ministres ; et, reconnaissant, il a créé, lui, le grand créateur d'expressions pittoresques, un terme pour désigner ce mélange inconnu : la boue est devenue de la lait : on patauge dans le lait de macadam.

Où commence le macadam commencent les boulevards. Celui de la Madeleine ne compte que des maisons, ainsi d'ailleurs que son voisin, le boulevard des Capucines. Mais que ce sont là de belles, riches, confortables demeures, dignes d'abriter l'opulence et les loisirs dorés de leurs heureux habitants ! Balcons ouvragés, larges sculptures encadrant les fenêtres, épais rideaux ; en bas, somptueux étalages, où se déploient à longs plis robes chatoyantes, onduleuses, aux mille couleurs, châles tissés d'air et de soleil, étoffes précieuses, aériennes dentelles, où la mode établit son arsenal de parures élégantes, de toilettes à ravir. O Madeleine, que tu dois avoir d'intercessions à adresser au Très-Haut, en faveur de tes protégées,

CHAPITRE III. — LES BOULEVARDS.

en proie à tant de séductions. Une conspiration semble formée pour attaquer l'âme par tous les sens ! N'est-ce pas ici que l'art le plus délicat, le plus doux sans contredit, fait litière de chefs-d'œuvre ? Le sucre, le caramel, les fruits confits, la pâte tendre, se plient à plus de métamorphoses que n'en inventa Ovide, à plus de changements que n'en eût imaginé Protée, à plus de combinaisons inattendues que la chimie n'en eût fourni à Lavoisier doublé de Berzélius ; et l'œil le plus distrait s'arrête au passage, dans une contemplation souvent dangereuse de ces enchanteresses devantures. Que de fois vous verrez, je ne dis pas des enfants, de petites filles, mais bien de grandes, de fort grandes demoiselles, d'autres qui ne le sont plus, et voire même de terribles porteurs de barbes, en extase devant les prodiges de la tarte et du petit-four, devant les édifices du sucre candi, les pyramides de bonbons et les montagnes de gâteaux ! A ce ravissant spectacle, plus d'un crispé ses doigts au fond d'un porte-monnaie, hélas ! trop dégarni ; plus d'un, fasciné par les charmes de tant de belles et bonnes choses, franchit le seuil du temple de la gourmandise, et, peu soucieux de l'offrande obligatoire, aborde résolument le sanctuaire : lisez le comptoir. Ce sanctuaire est un salon, doré, laqué, verni, poli, plein de fresques, de glaces, de colonnettes, de cannelures ; rien n'y manque, gracieux tête-à-tête où l'on s'assied nonchalamment, fauteuils élastiques où l'on repose sur la soie et le velours, sourires diamantés de belles dents, que prodigue mainte agaçante sirène de magasin, à l'œil noir, à la main blanche : au milieu d'un paradis que Mahomet eût rêvé pour ses élus, vous savourez des chefs-d'œuvre de l'art, chefs-d'œuvre enfantés en vue uniquement du goût des amateurs, et atteignant sans faute leur but, celui de chatouiller et de faire délicieusement vibrer en eux la fibre la plus sensible. Puis, dès que vous avez dégusté un nombre raisonnable de ces petites merveilles qui croquent sous la dent et parfument le palais de leurs saveurs odorantes, ou qui fondent, laissant une douce fraîcheur, s'avance un plateau curieusement fouillé par le ciseau de quelque Benvenuto, travaillant trop souvent chez M. Ruolz, et vous êtes invité à goûter également d'un vin incomparable, soit qu'il ait cuit au soleil de Madère ou de Constance, soit qu'il ait emprunté aux landes bordelaises son amertume silicieuse, soit que, plus divin encore, il reconnaisse pour père le Vésuve ou l'Etna aux bienfaisantes éruptions, puisqu'ils produisent le lacryma-christi. Malheureux, plongez-vous dans cette ivresse de toutes les faveurs de la fortune ; hâtez-vous de jouir : le bonheur n'a qu'un instant, et je vois une main traîtresse traçant furtivement quelques chiffres...

Tout à côté, autres séductions. Nous ne parlons plus seulement des pièges tendus à nos sens grossiers : la haute poésie, la haute éloquence, drapées dans leur plus hellénique manteau, se haussent sur les talons et nous proclament des prodiges. Allez lire ces volets emphatiques, où les pruneaux, la pâte de réglisse et l'huile d'Aix ont su inspirer et faire écrire des dithyrambes : allez, et n'entrez pas.

Là également se trouve la station des voitures, le débarcadère et l'embarcadère des omnibus. Mercier,

Le cab.

qui consacre trente lignes aux boulevards, accorde aux fiacres de son temps le même honneur et le même espace ; pour nous, s'il nous faut aussi quelque chose comme sept à huit livraisons pour notre odyssée à travers cette rue immense qui passe tout au milieu de notre monde parisien, il faut que nous réclamions l'indulgence, si même proportion et même travail ne sont accordés aux divers exemplaires qui nous sont conservés de l'invention d'Érichthon ; car c'est ce bon vieux roi qui, le premier, selon Delille,

Osa soumettre au joug deux coursiers orgueilleux,
Et, porté sur ce char, s'élancer avec eux.

Il serait fort curieux de le voir revenant sur la terre et contemplant les petits-fils de ce char où il domptait *les coursiers orgueilleux*. Que de choses, grand Dieu ! qui peuvent rouler sur deux ou quatre roues ! Des coffres allongés, des boîtes arrondies, des claies, des grillages, des cercueils mal joints, des corbeilles, des paniers, des banquettes ! tout, excepté peut-être des formes gracieuses. Arrêtons-nous un instant, un seul, à contempler cet assemblage de véhicules aux mille aspects, aux mille vitesses. Ici, le lourd omnibus, criant sur ses essieux, avec son cocher drapé ou plutôt englouti, tant son manteau se replie sur lui de cascade en cascade, avec son conducteur penché en avant et cherchant de l'œil le complément de sa boîte roulante. La machine, enfin, fait halte : coup de sifflet, double flux et reflux de gens qui descendent en hâte, offrant parfois les plus incroyables raccourcis, les plus grotesques galbes de tailles, de jambes et de tournures ; échange bruyant de cachets, enchevêtrement de paniers, parapluies, cannes, cartons à chapeaux, et souvent épisodes tragi-comiques, tels que réclamations bruyantes, objets perdus, directions opposées, comme ceux qui ont passé par la Madeleine pour se rendre du Marais à la barrière Saint-Jacques. Plus loin, la voiture de remise, cinglant, avec sa cargaison de dandys, au milieu des ondes d'une mer toute hérissée de crinières perlant la sueur, de chapeaux cirés, de fouets en branle, et de pavillons d'omnibus. Arrive encore le fiacre à l'attelage suant, soufflant, rendu ; avec son conducteur toujours crotté, quoiqu'il ne mette jamais le pied à terre, sans doute parce que cette boue est congéniale avec ses grosses bottes et son immortel et indestructible pantalon. Puis le cab, nouveau-né dans la langue française et dans le monde, qui marche à la suite du cheval. Le cab, composé de deux capotes de cabriolets superposées, avec le guide derrière, tenant un fouet et des brides à n'en plus finir ; le cab, qui prouve qu'il est fait d'innovation dans la carrosserie, il ne reste plus qu'à mettre l'attelage derrière, en compagnie du cocher. Le cab est parfaitement laid, c'est convenu, et non moins absurde, mais il attire les regards de la foule, et c'est assez. Deux belles dames passent un jour, rengorgées dans d'élégantes et luxueuses toilettes, au fond du véhicule anglais. Profitant d'un embarras de voiture, un monsieur se précipite... Vous croiriez qu'il a vu quelque danger imminent, ou qu'il est intime des brillantes voyageuses ; mais non... c'est un simple et vulgaire amateur de la beauté en elle-même ; et quel est le mot qu'obtiennent les objets de son admiration ? « Vous êtes en vérité charmantes, mes toutes belles; voudriez-vous bien ne pas oublier mon adresse?... » Et il leur jette sa carte, carte glacée, satinée et dorée sur tranche, ma foi! Après cela, mesdames, tenez-vous bien dans des voitures excentriques et exceptionnelles, pour qu'on s'imagine que ces voitures-là sont pour vous ce qu'étaient pour les prêtresses de Vénus la branche de myrte dans les dents, et le Kings-Charles pour les lorettes d'il y a dix ans.

Un autre type à étudier, c'est là, au coin du Ministère des affaires étrangères, cette escouade de balayeurs et de balayeuses, parias en sabots, en haillons et en médailles, qui luttent avec un courage toujours nouveau contre la boue et les immondices toujours nouvellement détrempés. On pourrait peut-être reconnaître dans ces figures couperosées par l'eau-de-vie et le vin frelaté des pires barrières les traits de quelques illustrations des théâtres secondaires, de quelques écuyères du Cirque ou de l'Hippodrome, appesanties par l'âge ou paralysées par la débauche. Mais tant de sujets d'observations se présentent, qu'il faut les franchir pour le moment à la hâte, se réservant d'y revenir.

Le boulevard des Capucines est plus triste et moins vivant que son prédécesseur. Compris entre les profondeurs de la rue Basse-du-Rempart et le mur aride du Ministère, sa physionomie se ressent de cette double barrière : on y passe pour aller à ses affaires, et le peu de figures que vous rencontreriez encore appartenant à la race désœuvrée sont celles de quelque naïf exotique au bras de son épouse, et se livrant avec conscience à une étude des boulevards, à partir du commencement : tel est le couple fidèlement retracé ici par le dessinateur.

Quelques chaises pourtant, par les belles soirées d'été, se hasardent à sortir des cafés, et s'échelonnent, soit adossées aux glaces des magasins, soit tout simplement rangées contre la balustrade de la rue Basse-du-Rempart; mais on n'y voit guère que les têtes graves et réfléchies des mères de famille et le fourmillement de leur jeune postérité, qui vous fait rêver aux banquettes de la petite Provence. Les jours du marché aux fleurs, ou du quai aux fleurs à la Madeleine, pour employer une de ces locutions qui ne doivent leur popularité et leur fortune qu'à leur absurdité même, le boulevard s'égaye, et l'on y voit fourmiller des nuées de commissionnaires, porteurs de pots, caisses et corbeilles où fleurissent l'arbuste de prédilection de la grisette ou le plant rare et précieux, l'un pour la mansarde joyeuse, l'autre pour le boudoir doré; des bouquetières, avec leur assortiment d'énormes bouquets diaprés et constellés de vives couleurs; de pauvres femmes, criant à bas prix la rose, la violette, l'héliotrope. Tout ce monde, qui n'est pas précisément aussi gai, aussi riant que sa fraîche marchandise, se presse, se heurte, se répand, et la monotonie de ce bitume noir se trouve pour quelques heures joyeusement diversifiée.

Les richesses et les illustrations de tout genre ne manquent pas néanmoins au boulevard des Capu-

Les balayeurs.

La province à Paris.

cines, comme le pourraient faire supposer ses maisons silencieuses, ses foules matinales d'ouvriers gagnant leurs ateliers, et courant remplir à la lettre l'injonction divine qui ordonne à l'homme de gagner son pain à la sueur de son front, et les physionomies affairées de tous ceux qui le traversent en hâte : vous y trouverez côte à côte le haut commerce, l'industrie artistique, la vieille noblesse, la fabrique en grand, bien que le boulevard ne se compose, à droite et à gauche, que de quelques maisons. C'est le noble hôtel d'Osmont, porté par ses lourds pilastres et mystérieusement abrité derrière une avant-cour et des murs jaloux : vieux nom aristocratique, vieux souvenirs d'une grandeur qui aujourd'hui dédaigne Paris, veuf de ses rois, pour se consoler dans les solitudes, sous les ombrages verts, au fond des parcs et des châteaux. A côté, c'est Bapst, autre vieux nom, autre antique gloire : nom qui réveille les idées d'homme habile et d'homme probe, du patriarche fondu avec le commerçant; Bapst, chez qui l'on naît apprenti et l'on meurt contre-maître, chez qui l'on travaille encore à l'établi, même quand on est riche de ses économies, et dont tous les ouvriers sont inscrits sur le grand-livre de la dette publique. Puis le Benvenuto moderne, Odiot, qui depuis cinquante ans voit le Pactole solidifié s'entasser dans ses ateliers, dont il sort avec un prix double et sous toutes les formes que l'art pur, élevé, délicat, sait donner à l'or et à l'argent. Ce sont là des gloires de la France, non moins que tel littérateur, tel politique, tel général ; des noms qu'on peut proclamer sans faire crier à la réclame. Là aussi vous trouverez réunis, amoncelés, empilés sans ordre, mais pourtant non sans idée de goût et de grâce, de vrais musées d'antiquités et de curiosités de toute espèce, candélabres, pendules, meubles artistement fouillés, reliquaires, dieux indiens, statuettes, médailles, crucifix, tableaux même et vieilles étoffes : en un mot, le riche supplément du musée de Cluny. Et, pour arriver au terme de notre première exploration, jetons un coup d'œil final sur un artiste moderne qui rivalise avec les merveilleux produits des siècles passés, dont nous venons de voir de si beaux échantillons. Le fameux Boule est vaincu : sous la main de ses successeurs modernes, dont nous admirons les chefs-d'œuvre, l'ébène, l'acajou, le palissandre, le bois de rose, se marient si harmonieusement avec les métaux précieux, le cristal, le velours, la soie, qu'il est difficile de songer encore à la matière, en présence des miracles de l'art. Voici d'ailleurs les grands, les splendides magasins de luxe ; nous approchons du boulevard des Italiens.

On demandait à quelqu'un pourquoi le boulevard qui commence au coin de la rue de la Chaussée-d'Antin et va mourir au cap de la Grange-Batelière se nomme boulevard des Italiens : « C'est sans doute, répondit-il, parce que le boulevard des Italiens est le point le plus français de la France. » Sans nous arrêter à cette boutade, qui ne prouve pas d'ailleurs que le personnage en question ignorât l'étymologie de ce boulevard, ainsi baptisé à cause de son voisinage du Théâtre-Italien, il faut néanmoins rendre hommage à la vérité de sa remarque. A certaines heures, la flânerie s'y concentre ; les gens d'esprit et les gens de let-

CHAPITRE III. — LES BOULEVARDS.

tres, co qui n'est pas absolument synonyme, s'y donnent rendez-vous; les personnages sérieux y viennent étaler leurs croix et leurs abdomens; en un mot, pour parler l'argot emphatique des feuilletons, sur ce bitume fameux s'agite, à certaines heures, Paris entier; tout Paris, c'est-à-dire quelques femmes à la mode, des artistes de tout genre, des lions à tous crins, des hommes de toute qualité, et surtout cet assemblage cosmopolite d'individus élégants, fastueux, qui n'ont peut-être pas un sou de patrimoine, et dont le gilet est irréprochable, la botte luisante et la bourse bien garnie.

D'où viennent-ils? où vont-ils? que font-ils? Nul ne le sait. Ils hantent les meilleurs restaurants, ils ont les premiers tailleurs, et quelquefois même ils humilient les fortunes les mieux établies par la bonne tenue de leurs gens et le luxe de leurs équipages. Ils apparaissent un beau jour sur le boulevard, météores inattendus, projetant les rayons de leurs richesses énigmatiques : ils se font recevoir dans les cercles, se faufilent dans les salons, et se montrent chaque soir aux premières loges des théâtres avec ces faciles sirènes que les riches enfants du siècle attellent au char de leur vanité. Puis, au bout de quelques mois, lorsqu'on commence à s'émouvoir de ce faste, de cette vie splendide, le météore s'obscurcit, l'étoile file, les inconnus disparaissent, et tout est dit; car si l'on s'informe quelquefois de ceux qui arrivent, on ne s'enquiert jamais de ceux qui s'en vont :

Météores douteux, étoiles du hasard,
Que j'en ai vu filer au ciel du boulevard!

Parmi ces êtres ambigus, ces logographes vivants, on a remarqué plus d'une fois le type original et caractéristique du baron de contrebande, si adroit à se glisser vers les tables de jeu, si expert dans les pratiques équivoques du baccarat et du lansquenet. Chacun l'a vu, sa badine en main, la poitrine retentissante de breloques et étincelant de décorations inconnues, le visage creusé et barbu, la mine haute et guindée. Il a pénétré dans les salons d'élite; il a été croupier, banquier, partenaire, vis-à-vis les plus fières notabilités de la politique, de la finance, des arts, voire même de la noblesse. Et que demande-t-on à un homme porteur d'un habit noir et de mains fraîchement gantées, pour l'introduire dans les meilleures sociétés? Quelques manières, une

Un lion frisé.

recommandation et de l'or, beaucoup d'or. Qu'il soit beau joueur, qu'il perde de bonne grâce et paye comptant, qu'il évite de faire honteusement *Charlemagne*, selon une expression reçue, dont l'origine nous est inconnue, et il sera sûr du succès. Libre à lui de manœuvrer ses cartes de manière à maîtriser ou à corriger la fortune : qu'il soit adroit, et l'on ne découvrira ses larcins que le lendemain du jour où se sera divulguée sa vraie généalogie.

Côte à côte avec cet aventurier ou ses semblables, on voit aussi passer les honorables dandys, bien connus, du reste, qui promènent régulièrement leur ennui, hiver comme été, sur le bitume boueux ou l'asphalte brûlant. A ceux-là les douceurs du *far niente*,

Un faux baron.

et les calmes circulations digestives qui suivent quotidiennement leurs orgies à trois francs par tête. La fantaisie ne nous viendra pas même de les chicaner sur l'inopportunité de leurs arabesques après boire,

Un habitué du boulevard des Italiens.

dans le but d'inspirer à leurs concitoyens quelques doutes sur leur sobriété proverbiale. Ce sont de braves et honnêtes lions, qui ne sont féroces qu'à l'épiderme, et qui offriront plus tard l'exemple de toutes les vertus domestiques. On en a vu, sortant tout uniment du modeste restaurant à prix fixe, les cheveux hérissés, le poil défrisé, en contraste avec leur chevelure du matin, si lustrée, pommadée, bichonnée; et les passants peu au fait, de se récrier sur les exploits bachiques et autres du lion qui s'était artistiquement grimé en lendemain de mardi gras; tandis que le vrai badaud, familier avec les ruses de cette férocité réfléchie, se contentait de penser que ce monsieur pourrait bien n'être qu'un garçon coiffeur chargé du rôle de prospectus vivant.

Par les beaux jours d'été, le boulevard des Italiens se couvre d'une triple guirlande d'éclatantes toilettes, de frais chapeaux, de fleurs multicolores. Tortoni, le café de Paris, le café Riche, ont échelonné des sièges pour les dames, des banquettes et des tables mobiles pour les adorateurs du punch glacé, du cigare et de la littérature quotidienne. La promenade offre alors le plus riche, le plus étonnant, le plus merveilleux coup d'œil qui se puisse imaginer : c'est un fleuve paisible d'habits noirs émaillés de robes de soie, qui passe et repasse; un monde de jolies femmes et de messieurs quelquefois beaux, plus souvent laids ou disgracieux. L'esprit, la bêtise, les propos malins, les phrases lourdes, la politique et la médisance s'y mêlent en feu infiniment croisé et varié : les nouvelles heurtent les bons mots; les calembours accrochent leur pointe aux raisonnements; l'Anglais sifflé au milieu de l'harmonie italienne, et les *eutsch* germaniques entrecoupent la volubilité française. Incessamment la foule se recrute par toutes les tranchées qui aboutissent au grand canal; les équipages arrivent poudreux du faubourg Saint-Germain ou des environs de l'Elysée; les beautés à la mode descendent sémillantes par les rues Laffitte, Lepelletier, Taitbout, du Helder, vomitoires ouverts à propos pour servir de communication entre les nids charmants de Breda-Street et l'arène du boulevard. Ici le feuilletoniste vient chercher un dénoûment et se résoudre à tuer ou bien à marier son héroïne; ici le vaudevilliste assaisonne son couplet à succès de tous les arômes épicés qui volent par l'air; ici le nouveau débarqué cherche la Parisienne idole de ses rêves; ici l'homme d'affaires poursuit une négociation épineuse, et le garde de commerce un débiteur insaisissable. Le dandy étale ses grâces; le lion sa crinière; le léopard sa

Un lion défrisé.

fourrure; partout s'exhalent en fumée l'ambition et les panatellas, les prétentions modestes et le cigare de la régie. Tout est fumée sur le boulevard des Italiens : ces toilettes, dont la plupart n'ont pas été payées; ces lions, comparables au buste de la fable; ces gens d'esprit, qui n'en ont que mis en contact les uns avec les autres, comme le plateau de résine mis en contact avec la machine électrique : et dans toute cette fumée, la plus franche, la plus profitable est encore celle du tabac.

Il faut de la pâture réelle, palpable et substantielle

CHAPITRE III. — LES BOULEVARDS.

à toute cette féroce population, qui ne justifie son nom que par son appétit. N'allez pas croire que les lions du boulevard de Gand, plus sobres que leurs frères du Sahara, vivent exclusivement de cigares et d'œillades, de politique et de flânerie. La faim, mauvaise conseillère, les pousse régulièrement hors de l'asphalte, théâtre de leurs exploits, et régulièrement tous les asiles offerts aux affamés ouvrent à deux battants leurs portes bienfaisantes et hospitalières. Il vient une heure où le bruit du champagne se mêle au grondement incessant de la foule, où la fumée du tabac fait place aux bouquets des vins issus de tous les coins de l'univers vinicole, une heure où Paris flâneur cesse de se promener pour manger. Puis, après cet acte accompli, cet acte pour lequel se dépensent tant de millions ou tant de génie, cet acte que, sans être paradoxal le moins du monde, on peut considérer comme le grand, le suprême mobile de la vie, sauvage ou civilisée, la digestion reste encore, œuvre non moins importante, quoique moins active, et surtout pour les estomacs blasés des enfants heureux de l'opulence. Après les mille inventions de l'art des Chevet et des Véfour, le café, stimulant sublime :

Qui manquait à Virgile, et qu'adorait Voltaire.

Après le café, les glaces, s'il fait chaud, les spiritueux, s'il fait froid; c'en est là plus qu'il n'en faut pour remplir la soirée du boulevard. Paris, et surtout le Paris élégant, est un souverain tyrannique et voluptueux qui demande ses aises : il faut le servir avec recherche, avec zèle, avec prévenance même; c'est peu pour lui dîner, il exige encore sa demi-tasse et son journal, ce bienheureux journal, devenu un besoin pour le fat, qui prétend tenir d'un attaché au ministère la nouvelle qu'il vient de lire parmi les *on dit* de telle feuille inconnue du soir, comme pour le rentier qui l'aime à l'égal de sa partie de dominos; ce journal, lu en cachette par le politique qui le dédaigne et se prétend renseigné mieux que ceux à qui il emprunte ses renseignements, et dévoré depuis le premier-Paris jusqu'à la signature du gérant par l'abonné à la foi robuste, auquel le coupeur de nouvelles diverses n'a jamais taillé assez de pâture.

Tortoni, le premier, comprit l'étendue de ce besoin, et sa grandeur est antérieure aux beaux jours du boulevard. Les beaux esprits de l'Empire venaient commenter, assis sur ses banquettes, les bulletins de la grande armée ou la dernière tragédie de M. Luce de Lancival : c'est chez Tortoni que fut entendu cet imprudent chansonnier qui eut le malheur de demander une orange en recommandant qu'elle fût épluchée, car il n'aimait pas *l'écorce*, et qui expia un méchant calembour par quelques mois de prison. Quand les alliés, nos chers amis les ennemis, attaquaient la barrière de Clichy, leurs complices du dedans savouraient chez Tortoni des glaces symboliques : bref, Tortoni eut longtemps le monopole de servir d'amphitryon à toutes les illustrations de l'Empire et du règne de nos rois bien-aimés. Il devait voir enfin s'élever au dieu qu'a célébré Berchoux des autels et des sanctuaires rivaux : la Maison-Dorée, qui succéda aux splendeurs des Véry et des Véfour; le café de Paris, le café Riche, combattirent sans le vaincre leur vieux prédécesseur, et brillèrent, sans l'éclipser, sur le même bitume et dans la même latitude. On peindrait difficilement le luxe, l'éclat, la pompe qu'ont déployés dans leur émulation ces temples ouverts à la bonne chère, à la sensualité. Bignon offre dans ses salons dorés, sur ses piles orientales de coussins tant crépitantes de soie, les merveilles d'opulence, de faste et de recherche que n'auraient pas rêvées les conteurs des *Mille et une Nuits*; dans ses cabinets particuliers, la Maison-Dorée a su réunir assez de trésors d'élégance, de goût et de grâce pour faire envier à la reine des fées de pareils boudoirs. Nous proposerions à tout honnête père de famille désireux de neutraliser un peu chez son fils l'admiration mortifère qu'on lui a insufflée de la pauvreté romaine et du cynisme lacédémonien, ces deux fléaux du collège, nous lui proposerions de le conduire au sein de ces sanctuaires dédiés à Plutus; car Plutus, hélas! est plus que jamais et plus que partout l'introducteur obligé. Certes, le fanatique des Fabricius et des Agésilas perdrait là, dans un instant, ses préjugés inséparables du baccalauréat ès lettres. Mais non! au lieu de le plonger tout entier et en plein au milieu de cette riche et exubérante civilisation, au lieu de le tremper, comme l'acier, par le changement brusque et subit d'un extrême à l'autre, on préfère le laisser initier par degrés à la vie réelle, l'imprégner des débauches maladroites et des sottises énervantes du débutant au pays latin, plutôt que de lui montrer tout à coup les débau-

A la Maison-Dorée.

ches du bon ton et les folies du beau et vrai monde. Le boulevard Montmartre continue les gloires et les splendeurs du boulevard des Italiens. Vachette, le grand, l'inimitable Vachette, est digne à tous égards de la palme que se disputent les grands prêtres de la gourmandise, les pontifes de cette divinité, mâle ou femelle, en l'honneur de qui fument tant de fourneaux vomissant des tourbillons d'émanations suaves. Puis le boulevard Montmartre possède en plus l'embouchure des passages : c'est à sa droite et à sa gauche qu'aboutissent le passage Jouffroy et le passage des Panoramas, labyrinthes de galeries vitrées, reluisantes, regorgeant de trésors, palais de cristal permanents, éternelle exposition du luxe et de l'industrie, de la beauté et de l'afféterie, de la grâce et de la disgrâce. Le passage Jouffroy! Jadis le dieu-pavé, le veau d'or, le lingot de quatre cent mille francs et je ne sais combien de centimes, s'y était élevé, l'imposante protection de messieurs les gardes municipaux, et recevait, impassible dans le plateau où son poids entraînait une montagne de fer capable au plus de lui faire équilibre, les hommages et les adorations d'un public empressé, d'un public qui bravait les voix aigres et criardes : « Prenez vos billets, messieurs! » Vanité des vanités! on passait et l'on repassait, lui faire l'aumône d'un regard, à cette contrefaçon du Régent et du Kohinor taillée en plein strass à l'étalage d'un bijoutier, et l'on venait à la file, après avoir fait queue, s'incliner devant ce morceau d'or terne, sans forme, sans éclat, mais lourd, massif, carré, assis sur sa base, *stans mole sua*. Le lingot d'or du boulevard Montmartre est une page de l'histoire du dix-neuvième siècle : il vivra dans le souvenir des hommes à aussi juste titre que l'époque de Law et le récit des gigantesques entreprises de la rue Quincampoix. Nous avons vu cet emblème, qui représentait pour vingt mille francs par an d'honnêteté, de Paris, de réputation et de jouissances, nous l'avons vu trôner sur un coussin de velours aux clous dorés, ni plus ni moins qu'un roi sur son siége royal; nous avons suivi la foule qui se coudoyait, se pressait dans l'enceinte où un magique numéro devait proclamer la fortune d'un seul sur sept millions. Faut-il que ce soit là le dernier mobile des civilisations! faut-il que le monde, que Paris, qui est bien plus encore, ne se puissent mouvoir qu'autour d'un tel pivot! On n'a pas fait au lingot d'or l'honneur qu'il méritait : c'est aux Tuileries, c'est à la salle du Trône qu'il eût fallu installer le grand souverain des hommes et des choses; il aurait fallu reconstruire exprès pour lui le trône brûlé sur la place de la Bastille; il aurait fallu l'envoyer à la *Great exhibition*, à côté de la montagne de lumière, seule voisine digne du dieu.

Aujourd'hui il s'est transmué sans doute : il est devenu, soit belle terre avec eaux vives, frais ombrages, vertes pelouses, soit maison à Paris, soit encore inscriptions au grand livre; et le clinquant a pris sa place dans le temple qui n'a plus conservé, comme appel enchanteur, que le nom de sa divinité. Le passage Jouffroy n'a pas tremblé de cueillir les mêmes lauriers que le Pont-Neuf : le lingot d'or, illustration contemporaine, rivalisa avec la mère Moreaux, illustration d'il y a pas mal d'années. De part et d'autre, égal assaut de lumières et de sourires, de fruits confits et de politesses; d'un côté, cinquante ans de règne et de triomphe sans concurrents et sans émules; de l'autre, les souvenirs dorés, l'appât à peine détruit des plus douces illusions. D'ailleurs, il y a de la place sous le soleil, et là où naguère la mère Moreaux vit pleuvoir en détail le lingot si désiré, ses successeurs peuvent encore, malgré son échec, glaner de précieuses pépites.

Le passage des Panoramas, sur l'autre rive du boulevard, semble faire suite à la galerie dont il vient d'être parlé. Palais-Royal en diminutif, ce passage, traversé par diverses autres galeries, auxquelles il semble imposer son nom, offre sous la dôme vitré qu'il protége un assortiment assez remarquable, une collection assez complète des richesses industrielles éparses sur les divers points du boulevard. C'est là qu'on admire, entre autres, le palais aérien de Marquis, c'est-à-dire d'un de ces hommes qui ont su se faire dans le commerce un nom égal à celui des grands écrivains et des grands politiques. Marquis a prodigué les chinoiseries; le cristal, la laque, le palissandre et le bois de rose; ses colonnettes sont découpées et feuillées comme des tiges de palmiers, et partout, sur de riches plateaux, s'étale triomphalement, sous toutes les formes, le chocolat, objet et source de tout ce luxe, de toute cette splendeur. Marquis a pour voisins cinquante autres favoris du commerce, moins heureux cependant, qui

Rue de la Paix, place et colonne Vendôme.

Rue de Choiseul. — Bains chinois. — Rue de la Michodière. — Pavillon de Hanovre. — Rue Louis-le-Grand.

Café de Paris. — Rue Taitbout. — Tortoni. — Maison-Dorée. — Rue Laffitte. — Café Riche. — Rue Lepelletier.

CHAPITRE III. — LES BOULEVARDS.

BOULEVARD DES ITALIENS (côté nord). BOULEVARD MONTMARTRE (côté nord).
Passage de l'Opéra. Café Mulhouse. Opéra. Rue Drouot. Jockey-Club. Cercle Montmartre.

BOULEVARD DES ITALIENS (côté sud).
Rue Favart. Opéra-Comique. Rue Marivaux. Café Anglais. Rue de Grammont. Bazar.

BOULEVARD MONTMARTRE (côté sud). BOULEVARD DES ITALIENS (côté sud).
Rue Vivienne. Maison Frascati. Rue Richelieu. Café Cardinal.

15 Cent. LA LIVRAISON. — 10e Livr.   Aux bureaux de l'Illustration, rue de Richelieu, 60.   TYP. DE FIRMIN DIDOT, RUE JACOB, 56.   20 C. par la poste.

essayent en vain de rivaliser avec un éclat si coûteux, et dont les montres variées, toutes riches et brillantes, donnent encore de quoi alimenter la flânerie qui ne peut se résoudre à déserter entièrement un passage trop voisin du boulevard.

Avant de passer dans une autre contrée, il est à propos de jeter un coup d'œil sur la principale gloire du boulevard Montmartre, sur le Jockey-Club. Fondé il y a déjà quelques lustres, au moment de la plus grande fureur d'imitation britannique, ce cercle ne compta dès l'origine qu'un nombre assez restreint de sociétaires, tous jeunes, riches, et prêts à se ruiner en paris reposant sur les jambes d'un pur-sang. D'ailleurs de plus amples détails arriveront en leurs lieu et place, lorsqu'il s'agira de cette maladie mal définie, à peine nommée, et qui n'est chez nous, de même que son nom, qu'une contre-façon, nous voulons dire le *sport*. Le Jockey-Club, aujourd'hui installé dans des salles

BOULEVARD POISSONNIÈRE (côté sud). — BOULEVARD MONTMARTRE (côté sud).

Bazar de l'Industrie. — Rue Montmartre. — Théâtre des Variétés. — Passage des Panoramas.

splendides, regrette, dit-on, au milieu du luxe et du *comfort*, les modestes lambris témoins de ses premières séances. Il serait plus exact d'avancer qu'il regrette la fraîcheur et l'enthousiasme de ses jeunes années.

Revenons, s'il vous plaît, à ce passage dont nous parlions tout à l'heure : nous voulons dire le passage Jouffroy, qui conduit le promeneur du boulevard à la rue Grange-Batelière. Ce nouveau passage a tout de suite été adopté par la foule; le soir, les flots du public sont tellement pressés qu'il faut jouer des coudes pour se frayer une route. C'est au passage Jouffroy qu'était situé un établissement qui a joui d'une certaine vogue pendant deux ans : l'Estaminet lyrique, où chantait Darcier, ce baryton populaire dont la voix a tant contribué à faire connaître les chansons de Paul Dupont et de Gustave Mathieu, l'auteur de *Jean Raisin*, dont le refrain a été répété par toute la France bachique et lyrique. Le passage Jouffroy a encore l'avantage de posséder un autre établissement d'un genre tout différent. Nous voulons parler de cette espèce d'Institut qui marche sur les

BOULEVARD MONTMARTRE (côté nord). — BOULEVARD POISSONNIÈRE (côté nord).

Rue du Faubourg-Montmartre.

brisées de l'Athénée, et où des professeurs sans diplôme parlent de tout et de beaucoup d'autres choses encore. Les marchands de brochures, de gravures et de pittoresques semblent avoir choisi pour asile ce passage qui se continue au delà de la rue Grange-Batelière sous le nom de passage Verdeau. Le passage Verdeau va aboutir à la rue du Faubourg-Montmartre.

Le cheval n'absorbe pas seul l'activité et l'intelligence des millionnaires qui peuplent les salons du Jockey-Club. Le noble jeu de billard a une part importante de leurs loisirs : c'est sur cette arène que sont venus se mesurer bien souvent des champions célèbres à divers titres, soit nobiliaires, soit tout autres ; et l'on y a vu souvent lutter l'aristocratie, représentée par ses noms les plus sonores, avec la vile multitude, appelée à cet excès d'honneur grâce à une habileté, une adresse, une justesse d'œil et de bras peu communes. On vous racontera partout tels et tels carambolages qui tiennent du miracle, tels effets triomphants, tels coups de queue sublimes exécutés sur ces bandes et sur ce tapis; mais tous nos lecteurs ne sont pas versés dans les mystères du bloc et de la poule, et nous-même nous avouons humblement notre insuffisance. D'ailleurs ce n'est pas au Jockey-Club que nous irions demander des leçons. A croire les on dit, le billard n'y serait pas moins ruineux que le *steeple chase*, et plus d'un *sportman*, entré millionnaire sur cette double arène, a dû, pour se retirer avec honneur, accepter un poste d'attaché d'ambassade, ou, extrémité pénible, en venir à se marier.

Chapitre IV.

LES BOULEVARDS (Suite).
BOULEVARDS POISSONNIÈRE, BONNE-NOUVELLE ET SAINT-DENIS.

La rue du Faubourg-Montmartre. — Les tapis d'Aubusson. — Rue Rougemont. — La maison du Pont-de-Fer. — La galette du Gymnase. — Le théâtre du Gymnase.
Cent sous pour cinq francs cinquante. — Rue Hauteville et Saint-Vincent-de-Paul. — Bazar Bonne-Nouvelle. — Rue Mazagran.
rue de Cléry. — Rues et Portes Saint-Denis et Saint-Martin.

Nous arrivons au boulevard Poissonnière, et déjà nous voici presque en dehors du grand foyer aristocratique. L'astre du soleil italien, qui éclairait encore d'une assez vive lueur le boulevard Montmartre, pâlit à chaque pas fait en avant. Ce n'est déjà plus une contrée purement patricienne, et ce n'est pas encore un quartier démocratique; c'est un terrain vague et constitutionnel. Les magasins éblouissants qui s'adressent à des regards et à des bourses millionnaires sont remplacés par des boutiques coquettes, il est vrai, mais d'une coquetterie sans orgueil. Aux restaurants fréquentés par les Apicius et les Lucullus du temps succède la cuisine modeste. Salut aux Véfours des commis de magasin, des hommes d'affaires et des auteurs dramatiques! Voici des cafés brillants, sans

BOULEVARD POISSONNIÈRE (côté sud).

Rue du Sentier. — Rue Saint-Fiacre. — Fabrique de tapis d'Aubusson.

doute, mais où l'on peut se présenter le soir en négligé du matin. Voici des boutiques de cordonniers d'où n'est point exilée la chaussure vernie, mais où l'on trouve aussi les souliers à semelles épaisses. En un mot, nous rencontrons de moins en moins les superfluités de la vie, et cependant l'agréable se mêle encore à l'utile.

A droite, en entrant, nous trouvons tout d'abord le bazar de l'industrie française, qui a deux issues, l'une sur le boulevard Poissonnière, et l'autre sur la rue Montmartre. Il contient deux étages de boutiques d'autant plus séduisantes qu'elles exposent à l'œil toutes leurs richesses variées. Au rez-de-chaussée se trouvent les industries les moins luxueuses, la quincaillerie, la chaudronnerie et les ustensiles de ménage.

BOULEVARD POISSONNIÈRE (côté nord). — BOULEVARD BONNE-NOUVELLE (côté nord).

Rue Rougemont. — Maison du Pont-de-Fer. — Rue du Faubourg-Poissonnière. — Galette. — Théâtre du Gymnase.

Au premier étage sont les marchands d'objets élégants, la papeterie, les pendules, les porcelaines, la parfumerie; au-dessus, d'immenses magasins de meubles. Nous aurions bien à critiquer dans ce bazar, fréquenté surtout par le provincial, les légendes qui accompagnent les peintures de la voûte. Jamais peut-être tant de niaiseries n'ont été inscrites dans un si petit espace. L'auteur de ces inscriptions doit être, à coup sûr, le poëte rébusien des confiseurs de la rue des Lombards. Si vous daignez parcourir d'un œil distrait ce recueil de banalités, vous apprendrez comme quoi le marbre et l'airain sont les archives du temps, comme quoi la paresse est la mère de tous les vices, etc., etc. Parmi les peintures, il en est quelques-unes qui ne sont pas sans mérite pour des peintures de bazar industriel. On remarque, en entrant par la grande porte du boulevard, la dalle où est gravée la maxime sacramentelle : *Prix fixe*, mots solennels empruntés à nos voisins les commerçants d'outre-Manche, *fixed price*, et qui ferment d'avance la bouche aux récalcitrants. Ces deux mots sont, sans contredit, une des plus adroites inventions du génie commercial de notre époque.

De la rue Montmartre à la rue Saint-Fiacre, nous voyons deux ou trois grands magasins de tapissiers dans lesquels brillent comme des miroirs les bois de l'Inde, les bois du Brésil, les bois de ces belles contrées inondées de soleil, où chaque été ajoute aux arbres quelque veine éclatante. Nous sommes en face de l'hôtel Lagrange, où s'étalent les tapis d'Aubusson. C'est cet hôtel qui a eu le plus à souffrir dans la journée du 4 décembre 1851. Trois boulets l'ont percé à jour. Le propriétaire a réparé ce désastre, et le maçon a effacé le stigmate de la guerre civile. Ce boulevard a encore quelques vieux arbres qui ont été épargnés dans les révolutions. Pauvres arbres parisiens! qu'on plante au nom de la liberté, et qu'on déracine également au nom de la liberté!

Cette rue Saint-Fiacre, qui donne sur le boulevard

BOULEVARD POISSONNIÈRE (côté sud).

Rue Sainte-Barbe.   Rue Saint-Étienne.   Rue Notre-Dame-de-Recouvrance.   Rue Poissonnière.

Poissonnière, cette rue si calme, si honnête, habitée en grande partie, comme sa sœur des Jeûneurs, par des drapiers et des marchands de soieries de l'Alsace, cette rue gorgée d'étoffes, de calicots, de madapolam et de toiles de Hollande, eut jadis un assez vilain renom. Un dispositif des trésoreries de France, en date de 1660, prescrivait la fermeture des grilles de cette ruelle, remplie, dit le texte, d'immondices, de filous et de vagabonds.

Au milieu de ce boulevard, et tout en face de la rue Saint-Fiacre, se fait remarquer la maison monumentale, dite du Pont de fer. Une sorte de phalanstère assez inélégant, qui contient des cafés, des restaurants, des salons de lecture, de coiffure, et le célèbre bazar du voyage, diminutif de la maison Mosès, de Londres. Entrez dans ce bazar, et en quelques secondes vous trouverez tout ce qu'il faut pour voyager dans les cinq parties du monde. Voulez-vous un tomakaw pour combattre les sauvages? une maison portative? une cage de fer pour chasser tranquillement les tigres et les hyènes? vous êtes servi. Un peu plus loin on vient d'élever, sur l'emplacement d'un vaste jardin qui fut l'oasis de ce quartier, une rue nouvelle, la rue de Rougemont. Cette rue est fort estimable, sans doute, et garnie de chaque côté de belles maisons en pierre de taille, mais il y a à Paris quelque chose de plus rare et de plus précieux que le moellon sculpté, ce

BOULEVARD BONNE-NOUVELLE (côté nord).

Rue Hauteville; au fond, église Saint-Vincent-de-Paul.   Bazar Bonne-Nouvelle.   Rue Mazagran.

sont les vertes pelouses, les bosquets touffus et l'ombre des grands arbres, et nous regrettons que la rue ait envahi le jardin. A la limite de ce boulevard est un magasin de bonneterie qui s'intitule Maison des anciennes limites de Paris. On lit encore sur l'enseigne : Aux limites de Paris en 1660. La ville a grandi depuis cette époque. Il n'y a que Dieu qui puisse dire aux capitales comme au flot : Tu n'iras pas plus loin.

Nous voici maintenant sur le boulevard Bonne-Nouvelle, le boulevard des cafés et des estaminets ; cette partie du boulevard, où la ville a cependant fait exécuter de grands travaux, est la plus irrégulière de toutes. Elle brise l'alignement et détruit l'harmonie de l'effet général. Quand on est parvenu à la hauteur de la rue de Cléry, on se trouve comme dépisté, et on se demande si on ne s'est pas trompé de chemin.

Avec de nouveaux efforts, on parviendra peut-être à modifier un jour ou l'autre cette partie de la grande promenade. Que le conseil municipal réfléchisse, et qu'il extirpe au plus tôt cette bosse du boulevard.

A gauche s'élève le théâtre du Gymnase, une bonbonnière dramatique, fondée par M. Poirson, qui l'avait dédiée, sous la Restauration, à madame la duchesse de Berry. C'est sur cette scène que s'est révélée

CHAPITRE IV. — LES BOULEVARDS (Suite).

et que s'est épanouie cette littérature musquée, affectée, spirituelle et amusante, dont on a dit beaucoup trop de mal, la littérature de M. Scribe et compagnie. Ce théâtre de Scribe, un théâtre complet, restera parmi les œuvres de ce temps-ci, et survivra à un grand nombre de prétendus chefs-d'œuvre, parce qu'il a, quoi qu'on en dise, son petit cachet de vérité et d'originalité. C'est sur les planches du théâtre de Madame que la Restauration a vu défiler cette ribambelle de charmantes bluettes, la Mansarde des artistes, Michel et Christine, Malvina, un Mariage de raison, la Reine de seize ans; c'est le Gymnase qui nous a donné les jeunes colonels tués au champ d'honneur et ressuscités après la victoire, les jeunes veuves, les Schabert revenant de la Sibérie, les soldats laboureurs, les banquiers fashionables, tout un monde microscopique, fluet, d'une élégance douteuse, et où il se trouve un peu de vérité à côté de beaucoup de convention. Les rois et les reines de cette petite scène ont été mademoiselle Léontine Fay, Volnys, Ferville, Allan, Numa, et M. Paul. Qui se souvient aujourd'hui de M. Paul, ce modèle d'élégance des dandys de la demi-aune? Depuis que M. Scribe a abandonné la comédie à couplets pour la comédie parlée, le Gymnase est devenu ce qu'il a pu. A l'heure présente, rien ou presque rien ne le distingue de ses confrères de la place de la Bourse ou du boulevard des Panoramas.

Entre le Gymnase et la rue Hauteville on côtoie quelques beaux magasins malheureusement isolés par leur situation élevée. La rue Hauteville, qui autrefois était beaucoup plus basse que la chaussée, est une immense rue de 774 mètres de longueur, qui mène en ligne droite à la place la Fayette et à l'église Saint-Vincent de Paul, dont nous parlerons plus tard. Cette rue Hauteville, commencée en 1772 sur le terrain des religieuses Filles-Dieu, ne fut achevée dans toutes ses parties que vers 1832. Pour la faire aboutir jusqu'au boulevard, on fut obligé d'exécuter des travaux considérables, et on supprima la rue Basse-Saint-Denis. Elle doit le nom qu'elle porte à un prévôt des marchands, J.-B. de la Michaudière, comte d'Hauteville.

Sur le même côté est la rue Mazagran, qui rappelle une des belles pages de notre histoire d'Afrique, et qui attire facilement le regard par ses deux lignes de maisons sculptées. La partie du boulevard qui vient immédiatement après compte plusieurs constructions remarquables par leurs élégantes décorations : il est surtout une maison facile à reconnaître entre toutes, et qui est comme un poème en six chants. Dans les caves vous trouvez une jolie halle où les gens de la campagne viennent, le mardi et le vendredi, vendre leurs choux et leurs carottes. Le rez-de-chaussée est occupé par un bazar toujours en grande toilette et confortablement chauffé. Au premier étage, un monstrueux estaminet; plus

Cent sous pour 5 fr. 50.

haut, une salle de lecture accompagnée de longues galeries où l'on remarque plusieurs tableaux distingués : un choc de cavaliers, par Delacroix, de charmants pastels de Maréchal et de Tourneux. A côté de ce musée, dans une mystérieuse pénombre, habitait il y a quelque temps encore le prestidigitateur Philippe.

Du côté droit, on voit en passant la rue Bonne-Nouvelle, où l'on n'arrive plus qu'en grimpant un étage. Elle a été construite en 1630. On aperçoit au fond le clocher de l'église Bonne-Nouvelle, qui date de 1628. Cette église est la seconde succursale de la paroisse Saint-Eustache.

Puis il y a encore la rue de Cléry et la rue de la Lune.

Sur ces deux boulevards Poissonnière et Bonne-Nouvelle, on ne se promène guère, on passe. Si l'on s'y arrête un instant, c'est pour donner un coup d'œil aux petits industriels qui s'y installent malgré les ordonnances du préfet de police, et qui débitent leurs marchandises à côté de l'ordonnance qui leur défend de stationner. Voici, entre autres, le vendeur de pièces neuves, marquées à une nouvelle effigie : « Cinq francs cinquante centimes, Messieurs, la pièce de cent sous à l'effigie du nouveau roi. » Cela se criait en 1830. — « Cinq francs cinquante centimes, Citoyens, la pièce de cinq francs de la République. » Tel était le cri de notre industriel en 1848. Aujourd'hui, il offre, toujours moyennant cinquante centimes de bénéfice, les pièces de cinq francs qui portent l'effigie de Louis-Napoléon. C'est un commerçant éclectique; s'il aime le changement, c'est qu'à chaque révolution il s'agit pour lui, comme pour le célèbre Bilboquet et quelques autres hommes d'État, de la somme de cinquante centimes. Un mot maintenant sur la galette du Gymnase.

Il serait impossible de parler du boulevard Bonne-Nouvelle sans s'arrêter un instant devant cette célèbre boutique où se débite à toute heure du jour les tranches de galette à deux sous.

A côté de l'aristocratie pâtissière, qui compte plus de trois cents membres à Paris, vient se placer la pâtisserie populaire, laquelle, pour occuper un degré moins élevé dans la hiérarchie de cette friande fabrication, ne donne pas lieu à une consommation et à des transactions commerciales moins importantes. Indépendamment des masses de pâtisserie plus ou moins fine que la boulangerie parisienne jette journellement dans la circulation; indépendamment de ces nombreux gâteaux qui se colportent et s'étalent dans les lieux et les jardins publics, où ils excitent la convoitise des enfants et des écoliers en promenade, il existe à Paris certains établissements qui, par le développement qu'ils ont su donner à un produit unique, se sont créé une réputation spéciale que le temps n'a fait que confirmer et affermir. Tout le monde, à Paris, connaît le marchand de galette du Gymnase; on ne passe guère

La galette du Gymnase.

devant cet établissement sans contempler la dextérité, la promptitude et la justesse avec lesquelles l'actif couteau de la débitante divise les bouillantes galettes circulaires et en distribue les morceaux à la foule toujours renouvelée. Mais ce que chacun ignore probablement, c'est que ce commerce, humblement fondé par un pâtissier auquel le public avait appliqué le sobriquet de *Monsieur coupe toujours*, a pris un tel développement, qu'il n'occupe pas moins de vingt à vingt-cinq personnes, toutes logées et nourries dans l'établissement même, et qu'il consomme une quantité relative des meilleures productions de la Beauce en beurre et en farine. Fabriquée avec un soin scrupuleux, selon les variations atmosphériques de la saison, cette galette de pâte ferme donne lieu à un chiffre d'affaires qu'envieraient certainement des plus hautes industries, et dont on pourra se faire une idée approximative quand on saura que cinq à six mille livres de papier suffisent à peine chaque année à envelopper le morceau de galette distribué au consommateur. On raconte, à ce sujet, qu'un chiffonnier intelligent, qui se bornait à ramasser ces morceaux de papier livrés au vent après la consommation, a fait une petite fortune. Jaloux de conserver cette prospé-

BOULEVARD SAINT-DENIS (côté sud). — BOULEVARD BONNE-NOUVELLE (côté sud).

Rue Saint-Denis. — Rue de Cléry.

rité, et bien qu'il ait cru devoir, en joignant à son comptoir en plein vent un élégant salon, satisfaire aux exigences d'une consommation plus relevée, le propriétaire de l'établissement de la galette du Gymnase n'a cependant pas oublié son origine et son succès, avant tout populaires, et il y fait participer les indigents par une distribution gratuite de braises que produisent ses fours toujours allumés.

Encore de belles maisons et des étalages plus cossus que brillants; dans presque toutes les boutiques, l'orfévrerie éclate comme un feu d'artifice. Regardez ces montres, ces pendules, ces verreries diaprées comme les rubans du mois de mai. Mais après ce rapide examen où l'œil seul est en jeu, voulez-vous quelque chose de plus philosophique et de plus caractéristique pour ce boulevard? Arrêtez-vous devant chacune de ces trois petites échoppes où une femme découpe dans la pénombre de la frangipane et des morceaux *de flan*, ce grand régal du gamin de Paris. Quelle appellation pittoresque! *du flan!* et comme le nom dit bien la chose! Je me rappelle qu'un certain soir où l'on jouait la Tour de Nesle à la porte Saint-Martin, au moment où Bocage disait son couplet : *C'est qu'ce sont des grandes dames!* un homme

BOULEVARD SAINT-DENIS (côté sud).

Rue Saint-Martin.

du peuple, pour exprimer son scepticisme à l'égard des dames dont il était question, répétait à chaque pause de l'acteur : *du flan!* Ce mot flan est en effet le plus usité parmi tous les mots qui composent le dictionnaire du populaire parisien. Sur la première des trois échoppes, on lit : A la Renommée; sur la seconde : A la véritable Renommée; sur la troisième : A l'ancienne Renommée. Hélas! des trois renommées, pas une seule n'est la bonne. Ces trois boutiques sont la monnaie d'une autre qui autrefois fit à la même place une fortune colossale. Elles sont venues là comme trois pauvres glaneuses chercher les épis oubliés; mais le moissonneur n'y a rien laissé, il a emporté la gerbe tout entière. Il ne reste vraiment plus qu'une échoppe de galette à Paris, c'est celle dont nous parlions tout à l'heure, la galette du Gymnase. *Paulo majora canamus.* Nous sommes devant la porte Saint-Denis.

Lorsqu'en 1672, le prévôt des marchands et les échevins de Paris élevèrent cet arc de triomphe en l'honneur de leur jeune roi Louis XIV, ils étaient loin de prévoir quelle serait la destinée du glorieux monument, et quel effrayant tourbillon de vie allait désormais l'envelopper. A cette époque, en effet, le faubourg Saint-Denis était alors loin d'avoir acquis l'importance que lui a donnée depuis la création de la nouvelle ville qui s'étend au nord de la capitale.

CHAPITRE IV. — LES BOULEVARDS (Suite).

Quoi qu'il en soit, on ne voulut rien épargner pour embellir cette page consacrée au dieu mortel du dix-septième siècle. On appela un architecte hardi, qui était en même temps un intrépide général, François Blondel, et on groupa autour de lui les dignes interprètes de sa pensée, les sculpteurs Girardon, François et Michel Auguière. C'est à ce concours d'hommes habiles et dévoués que nous devons la porte Saint-Denis, une œuvre vraiment grande au point de vue de l'art.

Pour élever de semblables monuments, aujourd'hui, deux choses nous semblent manquer à la

BOULEVARD SAINT-DENIS (côté nord).

Porte Saint-Denis et rue du Faubourg-Saint-Denis. — Porte Saint-Martin et rue du Faubourg-Saint-Martin.

France : la gloire, qui fournit le motif ; et le génie, qui le met en œuvre. Un mot sur les détails de cet édifice.

La porte principale est entre deux pyramides engagées dans l'épaisseur du monument, chargées de chutes de trophées d'armes et terminées par deux globes. Au bas de ces pyramides et sur les corniches de leurs piédestaux, sont deux statues colossales, dont l'une représente la Hollande sous la figure d'une femme consternée et assise sur un lion terrassé, qui tient sous une de ses pattes sept flèches qui désignent les sept Provinces-Unies ; l'autre statue représente le Rhin tenant une corne d'abondance. Une petite porte est percée dans le piédestal de chacune de ces pyramides. Deux Renommées s'élancent dans les tympans du cintre, l'une embouchant la trompette, l'autre portant à la main une couronne de laurier. Dans la frise, un bas-relief remarquable, c'est le passage du Rhin. Ces diverses sculptures furent commencées par Girardon et continuées par les frères Auguière. Ce remarquable monument a été deux fois restauré, en 1809 et en 1848.

La porte Saint-Denis (je ne parle pas de l'arc triomphal de ce nom, bien entendu) n'a pas toujours été située à la place où elle est aujourd'hui ; la première porte Saint-Denis était près de la rue de la Ferronnerie, où fut plus tard assassiné Henri IV. Sous Philippe-Auguste, elle fut reculée jusqu'à la rue Mauconseil ; sous Charles V, on la reculá jusqu'au coin de la rue des Deux-Portes, aujourd'hui rue Neuve-Saint-Denis ; enfin Louis XIV lui assigna la place qu'elle occupe encore maintenant ; seulement, au lieu d'une simple porte, le grand roi éleva un monument.

Nous atteignons l'embouchure de ce fleuve tortueux et encaissé qu'on appelle la rue Saint-Denis. Que de bruit, que de mouvement et quel savant désordre ! C'est ici qu'il faut voir, comment d'un effroyable pêle-mêle de charrettes, de tombereaux, d'omnibus, de fiacres, de cabriolets, un homme peut encore sortir sain et sauf, avec tous ses membres, avec tous ses vêtements. Cette longue voie, une des plus longues de Paris, conduisit d'abord les Parisiens au tombeau de saint Denis, inhumé dans l'ancien village gaulois de Catalocum. C'est par cette rue de 1,349 mètres de longueur, que les rois de France faisaient leur entrée dans leur bonne ville, accompagnés de foules innombrables et de musiques bruyantes. On cite, entre autres entrées remarquables, celle de Louis XI, qui fut accueilli par des sirènes de la rue Saint-Denis, costumées dans le goût des premiers jours du monde, sans autre parure que celle de leur jeunesse et de leur beauté.

Entre les faubourgs Saint-Denis et Saint-Martin, vastes laboratoires de la grande ville, immenses entrepôts du commerce et de l'industrie, rues toujours pleines de bruit et de mouvement, le boulevard n'intéresse que par sa physionomie populaire : ici l'habit coudoie la blouse ; on ne fume plus le cigare sur les trottoirs, mais la pipe.

Sur ce boulevard tout est événement. La population ouvrière de Paris est essentiellement flâneuse quand elle est hors de l'atelier. Tout ce qu'elle voit la frappe ; tout ce qui se passe l'intéresse : un omnibus qui se brise ; deux cochers qui se battent ; un cheval qui s'abat ; moins que cela, un simple colleur qui appose des affiches sur les murailles, font aussitôt un rassemblement et risquent d'être la cause innocente d'une émeute. L'affiche officielle attire particulièrement la foule de ces quartiers. C'est le journal populaire que l'on vient lire, commenter, et le plus ordinairement critiquer à deux pas de MM. les sergents de ville.

La porte Saint-Martin est le portique de ce boulevard ; ce monument, bien inférieur en élégance et en richesse au chef-d'œuvre du mestre de camp Blondel, fut, comme la porte Saint-Denis, élevé à la gloire de Louis le quatorzième, sur les dessins de Pierre Bullet. L'architecture de cet édifice est un bossages rustiques vermiculés, avec des bas-reliefs dans les tympans et un grand entablement dorique surmonté d'un attique ; les sculptures sont dues à Desjardins, le Hongre, Marsy et Legros. Un des bas-reliefs représente Louis XIV sous les traits d'Hercule, et non moins nu que ce fils de Jupiter ; comme lui il est armé d'une énorme massue, et il terrasse une hydre quelconque. Louis XIV, heureusement pour lui et pour la grandeur de la France, a fait mieux que de tuer l'hydre de Lerne ou le lion de Némée : il a inscrit sur l'attique de l'arc de triomphe la défaite de l'Autriche, de la Hollande et de l'Espagne ; et, ce qui vaut mieux, il a agrandi la France de trois départements, ce que n'ont pas fait tous les conquérants.

L'afficheur officiel.

Chapitre V.
LE CARNAVAL.

Origine du carnaval. — Un Turc de fantaisie. — Un homme-oiseau. — Un philosophe à la porte de l'Opéra. — Les jeux de la tarasque. — Le géant Gayant. — Escargots sympathiques. — Bal de l'Opéra. — Le grand escalier. — Les loges. — Les couloirs. — Le galop infernal. — L'orchestre monstre. — Un *ut* gigantesque. — Les lions et les princesses de Trébizonde. — Payes-tu à souper? — Une vieille histoire. — Le bal d'enfants. — Les mouches. — Une duchesse de dix ans et un brigand de quatorze. — L'ancienne éducation. — Les faux don Juan. — Les femmes s'en vont. — Hercule aux pieds d'Omphale. — Un triste carnaval. — Le compère Jérôme Vadé. — On cherche des masques. — Le Prado. — Les étudiants et les *étudiantes*. — Les sacrifères. — Vive la joie! — Le dernier matelas. — La série décroissante appliquée au carnaval. — Les physionomies et la physiologie. — Les déguisements impossibles. — Le buisson de roses. — La caisse à horloge. — Les bomas. — Hussards mâle et femelle. — Un temps de galop. — Un conte moral (inédit) par M. Bouilly. — Déception à tous les étages. — Le bœuf gras en Égypte, à Rome et à Paris. Le cortège. — Mars et Vénus. — Enterrement du carnaval. Descente de la Courtille. Les blanchisseuses à la mi-carême. — Originaux et copies.

Avant de poursuivre l'épopée du boulevard, faisons un détour comme les écoliers, et parlons du carnaval parisien.

Rechercher l'origine du carnaval, c'est rechercher l'origine du ciel, de l'eau, de la terre, de toutes les choses en un mot qui ont vécu aussi vieilles, ou plus vieilles que l'homme. Les Orientaux, ces peuples qui n'ont pas varié depuis les premiers jours du monde, connaissent le carnaval; les Grecs, dépositaires, eux aussi, des plus antiques traditions, se livraient, sur les hauteurs du Taygète et du Ménale, à des danses carnavalesques dignes d'être conduites par l'archet des Musards helléniques. Rome avait ses *floréales* et ses *saturnales*, pendant lesquelles rues, places publiques et carrefours de la ville éternelle, servaient de théâtre aux mascarades, aux travestissements les plus inouïs et les plus prodigieux, aux plus excentriques folies qu'ait

Turc de fantaisie.

Un homme-oiseau.

Entrée du bal de l'Opéra.

CHAPITRE V. — LE CARNAVAL.

jamais enfantées l'esprit humain, surexcité par toutes les débauches intellectuelles, physiques et morales. On célèbre le carnaval dans les forêts du Brésil et au milieu des sables de l'Afrique, sous les huttes de neige du Groënland et dans les palais ruinés de Venise; au sein des *placers* australiens ou californiens et dans les pampas du Pérou ou de la Patagonie. Les sociétés à demi civilisées, les nations sur le penchant de leur décrépitude, et les peu-

La tarasque.

plades que nos lumières n'ont pas éclairées encore, se réunissent, s'accordent, s'harmonisent dans ce culte universel, qui ne reconnaît aucun hérétique, pour la marotte, le masque et les grelots du dieu Carnaval.

Tel que nous le pratiquons et que nous l'avons à décrire, le carnaval, n'en déplaise à messieurs tel, de l'Académie, est une institution éminemment chrétienne. Carnaval, chevalier armé de toutes pièces, avec sa panoplie de saucisses et de jambons, d'andouillettes et de cervelas, combat, depuis les premiers âges du christianisme, son maigre et affamé concurrent et successeur, Carême, couvert d'une cuirasse de homard et combattant avec le hareng et le poisson salé ou fumé. Carnaval, comme son nom l'indique, c'est le règne de la chair sur toutes les tables de la chrétienté, pendant cet intervalle, entre la fête des Rois et le mercredi des Cendres, que nous laisse la rigueur des lois canoniques: règne d'autant plus fêté que jadis le bras séculier venait à l'appui des ordonnances ecclésiastiques, et qu'arrêt royal défendait chaque année aux bouchers *de vendre ou estaler*, pendant le *quaresme, sous peine de vie*. Depuis cette époque, église et rois se sont relâchés d'une excessive sévérité. Carnaval, devenu moins nécessaire, n'a pas été moins fêté, mais il s'est rabattu sur son ancienne et bruyante joie des orgies vénitiennes ou romaines: la danse, la mascarade, les travestissements lui ont fourni l'aliment principal.

Le masque et la danse *à caractère*, tels sont les deux côtés originaux du carnaval moderne; tous deux ont leurs lettres de noblesse. Chacun connaît l'antiquité du masque : employé sur les scènes de Rome ou d'Athènes plutôt comme porte-voix que comme déguisement, il couvrit tour à tour la figure du promeneur vénitien, jaloux d'éviter l'œil des Dix, et celle des juges mystérieux de la Sainte-Vehme, cachés au fond des forêts de la Westphalie. La joie grossière du moyen âge le transforma en non moins grossières imitations de monstres créés par l'imagination populaire, en *têtières* de diables, en gueules de tarasques ou de gargouilles, en faces de damnés ou de bienheureux, tous condiments indispensables de ces jeux demi-religieux, demi-bouffons, tels que la messe de l'âne, la kermesse, la procession de Gayant, les jeux de la Fête-Dieu, la procession de l'infanterie dijonnoise, etc. Quelques-unes de ces burlesques cérémonies, qui furent parfois des souvenirs du paganisme et parfois aussi des parodies du rit catholique, ont survécu jusqu'à nos jours. Le décès, convoi et enterrement de Carnaval, cette folle illustration du mercredi des Cendres, constitue, à coup sûr, le plus curieux débris de ces âges d'enfance des temps modernes.

Quant à la danse à caractère, nous en faisons la sœur aînée du masque, et ce n'est pas peu dire. L'histoire du cancan et de ses sœurs nombreuses ne res-

Le géant Gayant, fête de Douai.

sort pas d'un livre d'actualité et de peinture contemporaine tel que le *Tableau de Paris*: un savant de profession pourrait seul décrire toutes les transformations de la chorégraphie, depuis cette danse exécutée par Marie, sœur de Moïse, après le passage de la mer Rouge, jusqu'à la dernière schotisch de Strauss, en passant par les jetés-battus de ce fils d'Hippoclides, qui *dansa son mariage*, suivant l'expression d'un beau-père indigné de ses talents pour la *cordace* et le *mothon*.

Constatons, avant d'aborder le carnaval à Paris, que la danse semble revenir maintenant à son point de départ : quiconque a contemplé les exercices des Ioways et leurs contorsions triomphales du scalp, peut se dispenser d'aller revoir le samedi, à l'Opéra, ce même spectacle; et nous, après avoir été témoins des hurlements et des bonds soumis, si soumission il y a, à l'archet de Musard, nous nous déclarons tout à fait au courant de la chorégraphie

Comment font-ils donc pour s'amuser tant que ça là-dedans? — Escargotte sympathique et son escargot. — Les belles dents!!! — C'est pour mieux manger, mon enfant. — Le diable n'y perd rien.

élémentaire des Têtes rouges et des Caraïbes. On a beaucoup parlé du carnaval de Venise, lequel n'existe pour ainsi dire plus aujourd'hui. Le carnaval parisien n'est pas moins célèbre dans les annales de la folie humaine ; aussitôt que l'heure a sonné, tous les temples ouvrent leurs portes. Il y a quelques dix ans, ces temples étaient bien plus nombreux qu'aujourd'hui. Le bal des Variétés, qui eut tant de vogue sous l'Empire et sous la Restauration, a disparu vers le milieu du règne de Louis-Philippe. Nous avons vu aussi s'éteindre, l'un après l'autre, les lustres de l'Ambigu, de la Gaîté et de la Porte-Saint-Martin ; l'Opéra seul a tenu bon. Cependant des établissements spécialement consacrés à la danse échevelée se sont élevés, qui ont offert un abri aux Terpsychores des scènes secondaires : la salle de Valentino, la salle de Montesquieu, la salle de Sainte-Cécile, le Casino Paganini, sans compter les bals du Prado, du Salon de Mars et le très-démocratique salon du Bœuf Rouge. Mais c'est encore à l'Opéra que se porte la foule des pierrots et des pierrottes, des débardeurs et des camargos! C'est encore là que le bal bruit, tonne, roule, mugit. Toutefois, combien il a changé, ce bal jadis si élégant! Je voudrais bien que, par une de ces évocations surnaturelles qui ne se pratiquent que dans les romans et les poésies fantastiques, dans les mélodrames et dans le royaume des fées, on pût faire revivre aujourd'hui une de ces marquises blanches, musquées, mouchetées, un de ces gentilshommes à manchettes, qui ont présidé à la naissance de cette célèbre institution sous l'inspiration de monseigneur le régent de France Philippe d'Orléans, et qu'on les jetât sans préparation au milieu du terrible tohu-bohu qui a remplacé ces fêtes nocturnes inaugurées par les habits à paillettes, les mouches, la soie, la poudre, le traître sourire, l'œillade coquette, le propos mystérieux et doux, le parfum, le rire galant et le libertinage à belles manières. Que deviendraient-ils, bon Dieu! dans cette mêlée? Où fuir? où se cacher? que de maux de cœur! que de crises de nerfs! que d'évanouissements!

Que le lecteur veuille bien pénétrer avec moi dans ce pandémonium. Sur les marches des deux grands escaliers, dans les couloirs où se presse la foule, messieurs les masques se font remarquer plus encore par leurs cris et leurs allures débraillées que par leurs travestissements: celui-ci a un nez qui va sur les brisées de la pomme de terre; celui-là a, en guise de bouche, un gouffre entr'ouvert. En voici un autre avec des lèvres pendantes, des yeux lubriques, des dents de brochet, un front satanique, coiffé d'un shako autour duquel est roulé un turban. Voyez-vous aussi cette houppelande débraillée, ces bottes à revers au bout de ces jambes nues, cette cravate en lambeaux, ce gilet cousu d'écailles d'huîtres, ces mains provoquant la terre et le ciel? Puis l'homme-oiseau, le Turc de fantaisie, le sauvage civilisé et le général étranger coiffé d'une casserole et portant d'énormes écrevisses cuites en guise d'épaulettes? Tout cela court, se presse, se heurte, s'interpelle, s'excite et laisse exhaler dans des propos goguenards ses joies folles et avinées.

Jetez maintenant un coup d'œil sur la salle splendidement éclairée. Dans les six rangs de loges chatoie le satin et éclate l'ivresse. Le parquet offre l'aspect d'un océan d'épaules et de seins nus. A un signal donné, l'orchestre mugit comme un ouragan; aussitôt tous ces flots dispersés, et luttant les uns contre les autres, s'arrêtent, se massent, et roulent emportés par un courant magique. C'est le galop infernal, le galop

Bal du mardi gras à l'Opéra.

CHAPITRE V. — LE CARNAVAL.

exécuté au milieu des détonations de la mousqueterie. Les grincements de l'archet, la voix perçante de la clarinette, les sons cuivrés de l'ophicléide et du trombone ne suffisant plus à entretenir la folie furieuse des danseurs, le chef d'orchestre appelle à son aide les armes à feu, et réduit à la proportion d'un *la* ou d'un *ut* gigantesque l'explosion d'un pistolet ou d'une carabine. Le canon n'a pas encore jeté sa note tonnante dans cet orchestre monstre,

La loge.

Un attaché.

cela viendra. Pierrots et pierrettes, débardeurs et débardeuses, mousquetaires et camargos, romains et marquises, costumes en satin et costumes déguenillés, duchesses en poudre et chiffonniers en loques, tout cela roule, tombe, se relève, et passe avec la rapidité de la trombe. Le galop, serpent gigantesque, déroule ses anneaux qui étincellent aux mille rayons des lustres suspendus, comme autant de soleils, au firmament de la salle. Puis ce sont des gestes indescriptibles, des éclats de voix furieux, des contorsions épileptiques, des accents inconnus, des accords inouïs, une symphonie de grincements et de râles. Hurra ! hurra ! L'orchestre mugit de plus belle, et de plus belle aussi bondit la spirale humaine. A chaque bond, le parquet, frappé par les jarrets d'acier, rend un bruit sourd, pendant que dans les loges éclatent les bravos. Hurra ! Les camargos baissent la tête sur leur poitrine, les pierrettes sentent leurs jambes fléchir; mais un cri des danseurs, un geste de la foule, une note aiguë qui déchire l'air, ranime leur courage, et le galop recommence plus terrible, plus haletant, entraînant dans sa ronde implacable les forts et les faibles, les danseurs débraillés et les danseuses échevelées; si bien que l'homme de sang-froid qui contemple

Mascarade.

ce spectacle se demande quel crime inconnu tous ces gens ont à expier pour prolonger pendant si longtemps cette torture volontaire. Puis enfin, au moment où la musique, hurlant ses fanfares les plus sonores, semble vouloir renouveler le prodige des trompettes de Jéricho, tout s'arrête : ce ne sont pas les danseurs ni les danseuses qui demandent grâce, c'est l'orchestre épuisé qui reprend haleine pour recommencer deux minutes après.

Vous venez d'assister à une scène qui rappelle les bacchanales antiques, et qui se prolonge depuis minuit jusqu'à cinq heures du matin. Quittez la salle, et transportez-vous vers le foyer. Là, plus de pierrettes court-vêtues, plus de débardeuses décolletées; vous êtes au beau milieu d'un océan de dominos noirs et d'habits noirs : — le foyer est l'antithèse de la salle. Des messieurs graves comme des notaires et sombres comme des croque-morts se promènent pendant plusieurs heures, à la recherche de l'intrigue. La plupart de ces dominos, qui pourraient sans se compromettre se montrer à visage découvert, cherchent cependant à se donner certains airs mystérieux. Là, vous trouverez les simples mortels venus sans déguisement, attirés par les beaux récits que les romans leur ont conté des merveilleuses rencontres et aventures dont foisonne le foyer de l'Opéra; toute l'espèce des lions désœuvrés, des céladons crédules, de petits jeunes gens fraîchement émancipés, des étudiants qui courent après leur idéal, et qui comptent épouser des princesses de Trébisonde; — les demoiselles qui espèrent un milord ou un prince russe; les romanesques, qui méditent des enlèvements; les prodigues, qui ont lu quelque part qu'on trouve à chaque pas, au bal de l'Opéra, des filles de millionnaires à séduire. Tous ceux-là se promènent de long en large au foyer, dans les corridors, regardant les dominos sous le menton, mettant le nez aux vitres des loges et attendant que Plutus, le dieu des héritages, ou le petit Cupidon, avec son flambeau et son carquois, leur disent : « Halte là! voici ton affaire; tu vas être riche, tu vas être aimé. »

Et maintenant, si vous voulez savoir ce qu'il y a de raisonnable au fond de tous ces rêves, et ce qu'est devenue l'intrigue, je vais vous le dire :

Un domino aborde un promeneur, et lui dit :

— Je te connais.

— Bah! répond le monsieur flatté et qui s'attend à des révélations.

— Je t'ai vu passer hier sur les boulevards.

— Ah!

— Tu avais un paletot couleur pistache.

— C'est, ma foi, vrai! répond en frappant du pied l'interlocuteur qui prend un air intrigué, pour persuader à la foule qu'on lui raconte des choses du plus haut intérêt.

— Tu avais aussi un cache-nez orange.

— Oui, vraiment.

— Tu vois bien que je te connais.

Et le domino s'éclipse.

Le monsieur, resté seul, prend un air rêveur, et dit à un ami :

— Ce domino m'a profondément intrigué. Où diable a-t-il pu savoir tout ce qu'il m'a dit?

Depuis que le spirituel crayon de Gavarni nous a dévoilé les mystères du foyer de l'Opéra, il n'y a plus que les sauvages de l'Amérique du sud et les étudiants de première année qui croient encore aux intrigues des bals masqués.

Dans mon extrême jeunesse, alors que j'avais la candeur d'un naturel des montagnes Rocheuses, j'avisai, une nuit, seul et à l'écart, un adorable domino noir. Des boucles de cheveux fins et cendrés s'échappaient de son capuchon. L'ampleur de sa robe dissimulait mal une taille jeune et flexible comme une branche de saule. J'osai adresser quelques timides compliments à cette aristocratique beauté, qui réalisait à mes yeux les plus suaves créations de l'Olympe romantique. C'était Ophélie, Elvire, Desdémone, tout ce que vous voudrez. J'offris mon bras, on l'accepta : ô bonheur, tu n'es pas un rêve!

A toutes mes paroles, l'inconnue opposait un silence obstiné. Elle semblait en proie à une sorte

Le galop infernal.

d'hésitation qui révélait le combat de son cœur.

— Répondez-moi, lui disais-je dans l'exaltation de mon subit amour. Pour une seule parole échappée de vos lèvres roses, je donnerais dix ans de ma vie, plus encore, s'il le faut!

Desdémone, comme si elle sortait d'un long rêve, leva enfin sur moi son œil velouté, et laissa tomber ces mots :

— Payes-tu à souper?

A partir de ce jour, ou plutôt de cette nuit, je compris que le souper était là seule raison d'être du bal de l'Opéra.

Et, en effet, vers quatre heures du matin, le foyer se vide, les couloirs s'éclaircissent : c'est l'heure où les divinités masquées abandonnent l'Olympe et se précipitent dans des fiacres qui conduisent les couples amoureux à la Maison-d'Or, au café Anglais, au café Cardinal, ces débarcadères de l'estomac à jeun et de l'intrigue. Que d'illusions la réalité va fustiger! Voyez cet ingénu serré dans sa cravate comme dans un carcan, fraîchement coiffé, frisé, oint, pommadé; il a frémi de tout son corps en sentant le bras d'une mystérieuse inconnue se poser sur le sien. On a causé, on s'est écarté de la multitude, on est allé chercher les petits coins silencieux et déserts. Le monsieur est resté toute la nuit aux pieds de sa beauté; puis, le matin venu, le couple s'est dirigé vers un cabinet particulier de la Maison-d'Or. L'amoureux va enfin voir à découvert le visage charmant dont il n'a pu que deviner les grâces sous le masque jaloux qui les cache; il va contempler ces jolis yeux qui doivent lancer des flammes, ces lèvres d'où partent tant d'enivrantes paroles. Le moment est enfin arrivé où il faut céder à la curiosité bien légitime de l'amant qui palpite. On cède... le masque tombe, la laideur reste, et l'amoureux s'évanouit. O déception! éternelle aventure de l'homme à la recherche des bonnes fortunes! Les Amaryllis et les Galathées sur le retour profiteront toujours des licences du bal masqué pour revenir, pendant deux ou trois heures, à leur printemps et à la saison des roses!

Nous avons oublié de parler de l'horloge du foyer, et cependant cette horloge joue un grand rôle pendant la saison du carnaval : l'horloge est le point de repère des intrigues commencées et interrompues. Mais trop souvent aussi, au lieu de sonner l'heure des rendez-vous galants, elle marque l'heure des mystifications. Un domino que vous poursuivez de vos compliments s'échappe tout à coup et disparaît dans la foule en vous jetant ces mots : A deux heures et demie sous l'horloge! Gâteau emmiellé de Cerbère, parole perfide qui entretient trop souvent une espérance déçue! A l'instant indiqué vous êtes à votre poste, attendant l'apparition désirée, mais l'apparition ne viendra pas.

CHAPITRE V. — LE CARNAVAL.

Elle s'est moquée de vous. Un poète de notre temps, académicien envers et contre tous, s'est rendu célèbre dans le foyer de l'Opéra par sa persistance à se laisser berner par les dominos. On l'avait surnommé la *Statue de l'horloge*.

Mais ce n'est pas assez d'avoir eu la vue éblouie de cet arc-en-ciel qui change toujours, de ce rayonnement infini du peuple innombrable des lustres et des paillettes; d'avoir encore l'ouïe bourdonnante des millions de murmures, de cris, de rumeurs et de grondements; d'entendre encore mugir les cuivres, grincer les cordes et tonner la mousqueterie des notes basses. Après l'objectif du *chercheur* astronomique, dont nous avions fait usage pour les vues d'ensemble, pour les masses du spectacle, il convient d'essayer le modeste foyer du microscope, et d'étudier, à l'aide des grossissements qu'il fournit, les types de cette immense comédie, les masques de cette gigantesque contrefaçon de la vie humaine.

Dans ce vaste Capharnaüm où nous étions tout à l'heure, les uns croient s'être amusés, parce qu'ils ont flâné en *pékins* pendant quelques heures du foyer aux coulisses, de bâbord à tribord, et offert à quelque aristocratique domino les rafraîchissements équivoques, mais fort chers, de la buvette : comédie. Les autres, venus à la suite d'un souper, s'imaginent être distingués au milieu de la foule par leurs arabesques de fantaisie, et faire récrier le public après leur désinvolture : comédie. Celui-ci, frais débarqué de province, offre son cœur à une pierrette délurée, qui l'accepte sous clause de champagne final, et attribue à ses mérites frais émoulus du lycée une conquête qu'il doit aux huîtres d'Ostende et à la mayonnaise de homard : comédie. Cet autre adresse ses compliments les mieux tournés, ses tropes amoureux les plus choisis, à un débardeur costumé dans le dernier goût, et ne s'aperçoit pas qu'il parle à la femme de chambre d'un rentier : comédie, comédie encore. Car la comédie, si triste parfois sous son masque grimaçant le sourire éternel d'une factice gaieté, la comédie, rieuse avec le cœur chagrin comme tant d'une folle nuit de carnaval, la comédie est le dernier mot de bien des énigmes humaines, le secret de bien des hypocrisies, le nœud de bien des intrigues. Et les

Le bal de l'Opéra.

plus beaux génies qui excellèrent dans les genres divers de la comédie, Molière, le comédien du théâtre, Balzac, le comédien du roman, furent d'assez mélancoliques natures, qui ne riaient guère, car ils voyaient le triste revers de la médaille de ce monde.

Dans cette foule qui s'amuse ou qui prétend s'amuser, parmi ces nuages de poussière et ces torrents d'harmonie, bien des types étranges, fils imprévus de la fantaisie, se détachent sur le fond uniforme des habits noirs et des dominos de soie. Et, puisqu'il s'agit de ce peuple d'élite, seul admis dans les régions privilégiées du foyer, croirait-on par hasard que le capuchon et le loup mystérieux ne cachent qu'une seule et même race, n'abritent de leur complaisante épaisseur que les palpitations de cœurs identiques? Ah! c'est ici surtout que, comme dans la nature, règne la variété sous les apparences de l'unité! Pour quelques marquises, vieilles, hélas! comme la tradition, combien de noblesses et de vertus équivoques! Combien de bourgeoises égarées parmi leurs soubrettes, de lorettes infimes, de déesses inscrites sur le livre noir, qui circulent, qui causent, qui goûtent, sous le soleil du gaz, les charmes de l'hospitalité sur les carreaux et les divans interdits au vulgaire! L'esprit de saillie, qui fit si longtemps la gloire du foyer, a fui à tire-d'ailes devant cette macédoine hétérogène de patriciens incorrigibles dans leur curiosité, et de plébéiens se hissant au niveau d'un privilège, hélas! plus déchu qu'ils ne pensent. Bien peu de propos sont échangés entre ces fantômes noirs, roses ou blancs, que l'on voit errer, âmes en peine en butte aux lardons et aux sarcasmes des gais oiseaux au plumage varié que proscrit la consigne du municipal; et ces propos roulent toujours sur une sorte de *guide de la conversation*, stéréotypé au fond de l'Ambigu, par exemple. Si l'on calcule la dépense d'esprit que ce costume tombant et monacal vous épargne et le respect qu'il assure à toute femme pour peu qu'elle ait petit pied et main mignonne, on conviendra qu'en France le domino, qui remplace tant de choses, n'est pas cher. Quelle femme, d'ailleurs, ne trouve du plaisir à passer un instant pour grande dame, à succéder, du moins dans l'opinion de tel ou tel novice, aux gens qui bientôt peut-être lui vont demander... le cordon? Mais toute chose a son revers ici-bas : que le domino, que le pékin, c'est-à-dire l'individu déguisé *en un qui s'emb..nuie beaucoup*, n'aillent pas frayer avec la peuplade tourbillonnante et dansante; car la folle et rieuse volière a bec et ongles. Tout est permis à ceux que l'on exclut, et Dieu sait s'ils ne transforment pas souvent la liberté en licence!

Jusqu'à présent, on décrivait l'Opéra et ses pompes carnavalesques, nous avons peut-être plus parlé en chroniqueur qu'en peintre, car nous avons réuni, aveuglé que nous étions par ce tourbillon bondissant à la voix de l'orchestre, les modes et les travestissements de deux ou trois âges distincts dans les fastes de Musard père et fils. Ainsi les plumets incommensurables ont fait leur temps : les hommes-buissons, les hommes-horloges, les hommes-champignons ont subi une éclipse presque totale, et il n'est plus question que pour mémoire du Persan à la veste solaire, du polichinelle aux bosses articulées. Nini-Moulin passe à l'état mythologique des incarnations de Wichnou; Chicard n'est plus qu'un pierrot vulgaire, et le pèlerin à la robe de papier, crépitant sous ses coquilles enfilées, le pèlerin lui-même a vécu ce que ne vivent pas les roses, hélas! deux ou trois nuits de bal.

Musø, redis-nous les incidents et les résultats de cette mémorable catastrophe, raconte-nous la décadence et la chute de ces *lariflus* engloutis dans les arrière-boutiques des marchands de vin à la Cour-

tille, ou déshonorés sous la classique peau d'ours des bals de la barrière du Maine. Ils ne sont plus, tous ces gens si singulièrement drapés dans leurs costumes, si fraternellement unis jusqu'à tomber ivres-morts sous le feu d'un nombre incalculable de bouteilles vidées en l'honneur du dieu de la fête. Jadis on les voyait encore, bras dessus bras dessous, descendre en bon ordre, quoique chancelant déjà de la double ivresse du bourgogne et de la musique, et faire leur apparition au milieu de mille bravos; on entendait leurs bons mots exhalant encore le parfum du cru; on assistait à leur danse pittoresque, à leurs contorsions miraculeuses et pourtant non dépourvues de justesse et de grâce. Quelques excentriques, et que ne fallait-il pas avoir commis, alors, pour mériter cette honorable épithète, si prodiguée depuis! quelques masques, prodigieux de fantaisie et d'inattendu, se jetaient au milieu des bandes joyeuses qui se trémoussaient à ravir. Diables et insectes, meubles et oiseaux, pourvus de membres et de formes également fantastiques, venaient faire vis-à-vis à quelque couple dépareillé : une cigale au ventre rembourré en pelotte, avec le casque lamé d'argent, donnant sa patte aiguë à une des branches d'un rosier de Bengale qui dissimulait son danseur, et de la sorte ils exécutaient d'impossibles chassez-croisez et de fabuleuses volte-faces en compagnie d'un superbe moulin à vent, qui cabriolait lui-même de concert avec une guêpe délicieuse de souplesse, de grâce, de désinvolture, avec une guêpe sans aiguillon, du moins il faut le croire.

Au lieu de ces grandeurs bouffonnes qui émail-

LOGES DU CINTRE

CHAPITRE V. — LE CARNAVAL.

laient de leur diversité pittoresque les parterres de l'Opéra et des bals publics, l'uniformité commence à s'étendre, à gagner de l'empire au centre même de la patrie du varié et de l'incohérent. On a reconnu avec trop de raison qu'il ne fait pas bon danser dans une boîte ou sous un arbuste qu'on traîne après soi; que les abdomens par trop farcis de crinoline gênent dans les exercices de la haute chorégraphie, et que rien ne serre aux entournures comme les maillots étranglés du costume diabolique ou entomologique. Peu à peu ces causes de désertion dépeuplèrent la garde d'honneur des excentriques, messieurs les défenseurs nés de la morale publique, municipaux, sergents de ville, pompiers et autres aidant, on vit disparaître de concert les déguisements par trop débraillés, et les intrus qui avaient passé par la vigne du Seigneur avant de se présenter au contrôle. Règle générale, le champagne doit être la clôture, et non le prélude du bal masqué.

Il n'a survécu dans cette razzia générale qu'un nombre restreint de types à part; toute nuance s'est fondue dans le costume pierrot. Débureau, sous son vêtement blanc, son visage enfariné et son chapeau conique, a servi de modèle à la tourbe des danseurs; leurs pas se sont modifiés d'après leur écorce. Avec ce léger appareil, veste lâche, pantalon flottant, chapeau arrimé au crâne, rien de plus aisé que de se livrer aux tours de force de la chorégraphie carnavalesque, aux pirouettes et aux jetés-battus qu'envieraient les premiers sujets des anciens théâtres, et qui font fuir d'horreur les rentiers égarés dans cette Babel originale et pleine de rumeurs. Le pierrot engendra la pierrette; signalement : une simple chemise, sur une peau lustrée et provoquante; un pantalon brodé, aussi court que possible, et un feutre enrubané qui caresse crânement l'oreille, grâce à la courbure de la plume qui le surmonte. Pierrots et pierrettes, voilà une majorité qui n'a rien de rébarbatif; les masques non plus ne sont pas d'une austérité effrayante, et, en dépit de messieurs les contrôleurs, le loup ne tarde pas à tomber et la figure n'a plus d'abri où cacher son rayonnant incarnat et son ardente joie. Quelques camargos à jupon court, à bas rouges, à corsage juste, mais économiquement échancré, des Romains empanachés de hauts plumets, et cuirassés d'écailles en carton doré, se faufilent encore au milieu du blanc et du rose de la population turbulente des pierrots: en cherchant bien, vous trouveriez par-ci par-là des sauvages, des postillons, des Californiens, et même des escargots sympathiques. Car l'escargot sympathique a fait le tour du monde. Créé et mis au jour lors d'un moment de disette dans les bureaux d'un journal, l'intéressant crustacé chemina sur les traces de ce fluide mystérieux que lui octroyait libéralement le coupeur de nouvelles; il parvint de la sorte partout, jusque sur la coiffure d'un débardeur femelle, dont il illustra ainsi les derniers instants, car le débardeur

est mort; il est mort, non en retirant sa cargaison de bois flotté de quelque radeau échoué à Bercy ou à l'île des Cygnes, mais il a expiré à la fin d'un mercredi des Cendres, en revenant de la Courtille, ou en achevant de porter Musard dans son douloureux triomphe.

Nous sommes au pays des contrastes : démasquons, s'il vous plaît, ce Huron, cet Iroquois, tout hérissé de chevelures scalpées, et parodiant sous un maillot le costume simplifié des peuples qui ne connaissent pas encore les charmes du pantalon à sous-pieds, du talma et du col de crinoline. Ah! quel malheur, si par hasard vous êtes en procès! Vous avez sous les yeux, tout furieux et écumant de votre indiscrétion, un auditeur au conseil d'État, un membre de la magistrature militante, un attaché aux parquets ou aux ambassades. Tel est le faible échantillon des surprises qui vous attendent au bal masqué. Nous sommes vraiment fâché qu'il ne soit venu encore à l'idée de personne d'introduire dans ce fouillis d'existences égarées une somnambule lucide, une Henriette, une Prudence, une Alexis quelconque : bon Dieu! que de révélations imprévues, que d'indiscrétions amusantes, quel chapitre curieux à joindre aux écrits de la Bruyère!

L'amour, ce grand mobile des choses humaines, surtout de dix-huit à trente ans, l'amour a sa physionomie particulière ici, et ne se conduit pas précisément sous les feux du lustre comme sous le rayonnement du soleil. Ici, hélas! il n'est, le plus souvent, qu'une spéculation : on aime à loisir, quand on n'est pas occupé, quand on n'a pas autre chose à faire. Mais une réflexion nous arrête : n'est-ce pas un peu ainsi partout, et dans le monde lui-même, dans le monde qui n'a pas la prétention d'être masqué, l'amour est-il toujours autre chose qu'un passe-temps chez les uns, qu'un calcul chez les autres? D'ailleurs nous n'insisterons pas sur ce chapitre; il nous faudrait pour l'écrire la collaboration d'un de ces discrets serviteurs préposés à la garde du mystérieux cabinet particulier au café de Foy, d'un de ces garçons modèles qui voient tout et ne disent rien.

Enfin, au milieu de tous ces gens qui s'amusent, ou qui prétendent s'amuser, il existe encore quelques échantillons de la grande variété des gens qui ne s'amusent pas. L'ennui, divinité morbide et somnifère, appesantit son bras sur bien des fronts; l'ennui, qui ne pardonne pas, même au débardeur guilleret et léger, même au pierrot insouciant et folâtre. On le voit prendre place à la table chargée de vins mousseux et de mets inconnus, fruits de la féconde imagination de messieurs les chefs de cuisine; on le voit s'asseoir à côté de ces deux masques, au fond d'une loge d'avant-scènes; on le voit partout, répandant ses pavots au fond de tous les verres, et défigurant les plus jolies bouches de ses bâillements convulsifs. O masques! quand vous n'êtes pas drôles, vous êtes bien tristes!

Le carnaval n'est pas essentiellement démocratique, il règne dans toutes les classes; et s'il est aussi fêté aux barrières qu'à l'Opéra, il n'est pas moins bien

accueilli dans les hôtels écussonnés du faubourg Saint-Germain que dans les maisons profanes du quartier Bréda.

C'est un usage aujourd'hui adopté par les parents parisiens de faire participer leurs enfants aux plaisirs du travestissement : de même qu'il y a dans les familles aristocratiques des soirées d'enfants pendant l'hiver, il y a également des matinées d'enfants costumés à l'époque du carnaval. Petites filles et petits garçons, celles-là accourues de leurs pensions, ceux-ci échappés pour quelques jours du collège, se prélassent en débardeuses et en pierrots, en marquis et en dames de la halle. Des habits de soie, des falbalas en satin, de la poudre, des dentelles, des mouches, et quelles mouches! sur ces jeunes visages! La *mouche assassine* que l'on place au coin de l'œil, la *majestueuse* qui se met au milieu du front poli comme l'ivoire, l'*effrontée*, cette mouche narquoise, qui voltige au bout du nez ; la *coquette*, la *galante*, etc., tous les accessoires de la coquetterie. Ah! mon Dieu! vous retrouvez dans cette matinée lilliputienne tous les

CHAPITRE V. — LE CARNAVAL.

germes de nos ridicules, toutes les herbes de la Saint-Jean; c'est la société en miniature. Une triste mode cependant, avouez-le, que cette mode des bals d'enfants travestis ou non travestis! Voici des petites filles que vous arrachez à leur poupée, voici des petits garçons que vous enlevez à leur toupie ou à leur cerceau pour les hisser sur le théâtre de l'étiquette et des conventions. Ces enfants ont besoin du grand air, du soleil et du laisser-aller, et dès leurs premières années vous les emprisonnez dans la serre-chaude de vos plaisirs factices! O parents imprudents! comme elle va dédaigner désormais ses leçons d'histoire et de géographie, ses aiguilles et ses crayons, cette belle demoiselle de dix ans costumée en duchesse, et qui se promène, bras dessus bras dessous, avec ce brigand calabrais de quatorze ans! Ah! le brigand! comme il va envoyer promener son professeur! quel mépris pour la version latine! quel superbe dédain pour le thème grec! Que de solécismes et de barbarismes lui fera commettre le souvenir de ce brillant costume et de ce chapeau pointu! Ce n'est pas tout. Quand on a assisté à un bal, en beaux habits et en belles robes, on n'est plus un enfant! On est un homme comme papa, et une dame comme maman. De sorte que les petits garçons de notre temps sont déjà aussi fats que leurs pères, et les petites filles non moins coquettes que leurs aimables mères. Ces jeunes collégiens qui sautaient hier encore au cheval fondu, qui faisaient des parties de barres, qui jouaient à la marelle, en ont assez de ces plaisirs puérils; ils fument des cigares, ils parlent politique et négligent leur orthographe; ces petites pensionnaires sont roidés, empesées et ridicules. Une triste génération que nous préparent les papas et les mamans de notre époque! Ces petits êtres passeront sans transition de l'enfance à la jeunesse; ou, pour tout dire, ils n'auront jamais eu d'enfance, — un progrès, si l'on veut; — mais l'ancienne éducation, qui prolongeait l'enfance au lieu de la supprimer, valait peut-être encore mieux.

Et puisque nous parlons du carnaval, c'est-à-dire de cette époque de l'année où l'on se métamorphose et où l'on cache son visage sous un masque de carton ou de satin, pourquoi ne pas parler, en passant, de ce carnaval moral qui se prolonge depuis le 1er janvier jusqu'à la saint Sylvestre? Ce qui manque

Matinée d'enfants costumés.

le plus à ce temps-ci, c'est la sincérité et la naïveté; chacun veut paraître ce qu'il n'est pas; tout homme et toute femme a son loup et ses oripeaux de parade. C'est une mode parmi les jeunes gens de rire de tout ce qui est grand, noble et généreux; ils prennent le rôle de sceptiques au sortir du collège; ils affectent pour l'amour, ce lointain écho des passions célestes, un mépris qu'ils n'ont pas. Faux don Juan, ils disent qu'ils dédaignent les grandes dames, et ils tombent palpitants aux genoux des femmes de chambre. Ils se déguisent en hommes sérieux ou en Almavivas moqueurs, à l'âge où le sang bat dans les artères et où la passion, cet oiseau des jeunes années, chante la divine romance de l'enthousiasme. Allez! je vous connais, mes beaux masques! Voyez cette jeune femme si admirée, si belle et si charmante, et qui gagnerait tant à paraître ce qu'elle est en réalité, une femme simple de cœur et enthousiaste; elle affirme qu'elle ne croit plus à rien, et sur l'arbuste de sa jeunesse s'épanouissent toutes les fleurs de l'illusion. Encore un masque du carnaval contemporain. A l'heure présente, je veux bien croire au peuple français; mais je ne sais plus ce qu'est devenue la société française. A force de vouloir absolument jouer un rôle, tout le monde s'est travesti. Les hommes ont si bien fait, que les femmes s'en vont de plus en plus, et avec elles s'en va le côté charmant, poétique et romanesque de la vie. On s'est beaucoup récrié à toutes les époques contre ce grand seigneur mythologique qui n'avait pas dédaigné de filer, un certain soir, aux pieds d'Omphale. Je ne lui en veux pas pour ma part; c'était un acte de déférence pour un caprice de jolie femme; mais aujourd'hui on trouverait beaucoup plus naturel qu'Omphale portât la massue de son amant. Ce serait plus dans nos mœurs, comme on dit; et cependant que d'efforts, que de sacrifices n'ont pas fait les femmes pour ramener les infidèles! que d'efforts, trop de sacrifices peut-être. En vous voyant courir les cercles et les clubs, où vous alliez désapprendre les traditions de la galanterie et apprendre à jouer le lansquenet, ô jeunes gens! elles ont consenti à vous recevoir avec vos habits encore imprégnés des parfums de la tabagie. Plusieurs, pour vous être agréables, ont roulé la cigarette entre leurs doigts charmants; elles n'ont point dédaigné de parler votre pa-

15 Cent. LA LIVRAISON. — 14e Livr.   Aux bureaux de l'Illustration, rue de Richelieu, 60.   PARIS. TYP. DE FIRMIN DIDOT, 56, RUE JACOB.   20 C. par la poste.

tois macaronique; il en est même qui ont ajouté aux grâces de leurs personnes des séductions toutes nouvelles : le culte du champagne; l'étude approfondie de votre politique et la connaissance exacte du cours de la rente ; et, grâce à ces belles combinaisons, à ces rôles intervertis, il est résulté la société la plus maussade et la plus ennuyée qui soit au monde. Quand donc viendra le mercredi des Cendres de cette triste mascarade?

Grâce pour cette échappée morale : je reviens à mes moutons, et je reprends l'épopée interrompue. Contemplons, s'il vous plaît, l'homme qui se prétend fait à l'image de Dieu, gesticulant à la façon des damnés, hurlant comme un porte-faix ivre, et s'étalant horriblement dans les mascarades les plus grossières sous les costumes les plus difformes. Ce que je reproche au carnaval, c'est moins son existence que la manière dont il l'exerce. Si, comme dans son bon temps, il courait les rues en costumes élégants, s'il cachait son visage sous un masque spirituel, s'il employait le mystère de son incognito en vives satires, en railleries piquantes, dussent-elles percer leur homme d'outre en outre, on se mettrait du côté de la bande joyeuse, et l'on rirait de sa joie. Mais le carnaval d'aujourd'hui est un vieux libertin blasé ; il a perdu toute sa verve naturelle, et il se plonge pour y suppléer dans le tumulte et la violence de la plus brutale orgie. Ne vous adressez plus à lui pour échanger une mitraille de vives ripostes chargées et bourrées de poivre et de sel : le carnaval est muet; il n'a plus d'idées, plus d'esprit, plus d'épices ; il ne sait que se mouvoir violemment et pousser des cris furieux à la manière des brutes.

Certes, le carnaval n'a jamais été bien délicat; ce n'est pas sa vocation, et la déesse Gaudriole ne l'a pas inventé dans ce but. Jérôme Vadé fut un de ses meilleurs compères, et nous n'irons pas étudier l'esprit raffiné dans son catéchisme ; mais si le carnaval avait le propos plus que leste et le geste effronté, il n'était pas bâti cependant comme son descendant, son petit-fils actuel, qui ne trouve pas dans sa cervelle le moindre petit ou gros mot pour rire. Toute la science de ce carnaval dégénéré consiste dans la férocité de ses mouvements et le désordre de ses danses furibondes : c'est de la matière enragée, et voilà tout.

Aussi a-t-il honte de se faire voir publiquement et de mettre au grand jour l'impuissance de son audace et de son esprit. Le carnaval ne court plus la ville ; il a cessé d'être nomade et d'égayer les

rues par ses caravanes animées, par ses drapeaux flottants et ses costumes aux mille couleurs; les badauds de Paris et de province qui s'éveillent de bon matin, le mardi gras, et se pressent, innombrable troupeau, sur les boulevards et les grandes voies publiques, pour y voir passer le carnaval suivant l'usage antique, sont complétement dupés de leur curiosité et de leur empressement matinal : ils cherchent le carnaval partout et ils ne le trouvent nulle part; car on ne peut appeler carnaval quelques ignobles caricatures en haillons, barbouillées de suie et de boue, qui traînent de rues en rues leurs hideuses personnes au milieu des huées. Si deux ou trois fiacres chargés de masques un peu plus relevés viennent à passer, c'est un grand hasard et une grande merveille. Si bien que les curieux désappointés en sont réduits à regarder les pas-

sants sous le nez, et à se servir ainsi les uns aux autres de masques et de mascarades.

Le carnaval d'à présent redoute le grand jour, et il fait bien. Ce qu'il cherche, c'est la nuit; ce qu'il lui faut, ce sont les ténèbres. Mille lieux nocturnes lui sont ouverts, et il s'y précipite furieusement dès que minuit a sonné l'heure des sarabandes diaboliques. C'est alors qu'il faut le voir, sous le feu des lustres étincelants, au bruit tumultueux des orchestres et des sataniques fanfares, se ruer, s'emporter, se renverser, se rouler, s'écraser au milieu des tourbillons d'une poussière enflammée et de l'épouvantable bruissement des danses échevelées et des cris sauvages. Entendez-vous les trombones, les ophicléides, les cors de chasse, toute la meute instrumentale du Prado? C'est le bal des étudiants et des étudiantes. Quelles étudiantes que ces femmes qui ne savent pas lire ! Voilà pourtant jusqu'où va l'euphémisme ! Le quartier latin a abandonné le scalpel et le bistouri ; il a refermé le Code et les Pandectes. Le carnaval agite ses grelots; à demain de nouvelles veilles et des travaux plus rudes pour regagner le temps perdu. Il vole sur les traces du plaisir désordonné, ivre, furieux. Mais que de privations pour acheter ces joies passagères. Sans la vie des pères du désert, on refuserait de croire à la possibilité d'une si longue abstinence endurée avec tant d'héroïsme. C'est pour l'étudiant que le carême est une vérité encore plus vraie que le carnaval. A dater du mercredi des Cendres, plus de brie à dix centimes, plus de dîners à trente-deux sous, ce comble de l'épicuréisme dans le pays latin ; plus ou fort peu de tabac. On se bornera à casser une croûte, à boire de l'eau claire, à paraître par intervalles chez les plus humbles Flicoteaux dont fume la douteuse cuisine, rue Saint-Jacques ou rue Saint Dominique d'Enfer. Mais, en attendant, vive la joie ! vive l'amour et le filet de chevreuil au madère !

Deux violons, une flûte, un chapeau chinois, une grosse caisse et des cymbales : tel est le menu lyrique du bal de guinguettes. Ici, c'est l'ouvrier qui se ruine

CHAPITRE V. — LE CARNAVAL.

à son tour : le voici en polichinelle, en pierrot, en paillasse, en arlequin et surtout en Turc ! Ah, le Turc ! On se demande pourquoi ce costume obtient tant de succès parmi les classes inférieures ? Le large pantalon, la petite veste rouge et une serviette roulée autour de la tête en guise de turban, tout cela constitue-t-il donc le beau idéal aux yeux du populaire ?

Nous avons déjà signalé la différence qui existe entre le bal d'autrefois et le bal d'aujourd'hui ; le dessinateur va compléter nos observations. Ce jeune homme qui passe dans notre kaléidoscope, tenant sous son bras ces deux dominos craintifs, ne se montre plus qu'au foyer. S'il osait pénétrer dans la salle, que de huées ! que d'exclamations ! que d'interjections de toute sorte ! Jadis le bal masqué était le rendez-vous du bel air et de la galanterie, le Longchamps des doux propos et des tendres aventures. Le marquis ou le chevalier passait un domino pardessus son costume de ville et venait, un loup sur le visage, débiter ces aimables fadeurs, charmante monnaie que nous avons reléguée dans le médailler du passé : *Que ne suis-je Mars, puisque je viens de rencontrer Vénus !* un compliment très à la mode et très-bien reçu... sous la Régence. Aujourd'hui on est moins fade, mais on est grossier. Il est de bon ton, dans un certain monde de jeunes gens, de parler à un domino comme on ne parlerait pas à une femme de chambre, et de transporter dans le foyer, ce dernier salon du bal masqué, le langage de l'écurie.

A l'époque où écrivait Mercier, quelques années avant la révolution, le bal masqué avait déjà perdu un peu de sa physionomie primitive. Voici ce qu'il en dit dans son *Tableau de Paris* :

« Le bal de l'Opéra entretient cette licence, la consacre par une sorte de convention générale. Il invite les caractères les plus réservés à se livrer au goût le plus universellement avoué. Il est réputé très-beau quand on y est écrasé. Plus il y a cohue, et plus on se félicite d'y avoir assisté.

« Quand la presse est considérable, les femmes se jettent dans le flux et le reflux ; et leurs corps délicats supportent très-bien d'être comprimés en tous sens au milieu de la foule qui tantôt est immobile, et tantôt flotte et roule.

« Il faut avoir bien peu d'esprit, dit-on, pour n'en avoir pas sous le masque ; ce qu'on y entend est cependant beaucoup moins spirituel que ce qui se dit dans nos cercles. On n'y parle point des per-

sonnes ni des événements, et tous les propos deviennent vagues, futiles, excepté ceux de la galanterie.

« Les filles entretenues, les duchesses, les bourgeoises sont cachées sous le même domino, et on les

distingue. On distingue beaucoup moins les hommes ; ce qui prouve que les femmes ont, en tout genre, des nuances plus fines et plus caractérisées.

« C'est au bal, vers le matin, que l'on peut dire qu'à Paris surtout on rencontre des laideurs aimables.

« Je suis fâché qu'on y perde insensiblement (c'est très-sensible aujourd'hui) cette tournure attentive et polie que l'on doit aux femmes dans toutes les circonstances, et surtout dans les assemblées publiques.

« La seule chose que l'on exécute à Paris gravement et comme s'il s'agissait de l'affaire la plus importante, c'est un *quadrille*. J'ai été stupéfait de la dignité qu'on y mettait.

« On sait que l'on envoie une poupée pour servir de modèle chez l'étranger ; mais sait-on que dans une lettre on envoie le plan d'un ballet, d'une contredanse variée par mille figures, ou d'un quadrille nouveau pour le faire exécuter avec justesse et précision à cinq cents lieues de distance ?

« Le bal de l'Opéra a donné lieu à un événement qui tiendra sa place dans l'histoire, en ce qu'il aura servi à prouver que, malgré les changements des siècles, les anciens usages reviennent rapidement sur leurs pas, lorsque quelques circonstances frappantes rappellent le génie national.

« Quand un carme, un cordelier, un bénédictin, s'échappant du cloître, a pu assister une fois au bal sans être vu ni reconnu, il s'estime le plus heureux des hommes ; il ne sait pas que l'ordre lévitique y abonde, et que les petits collets qui courent tout le jour en habit violet sont blasés sur ce genre de divertissement.

« On danse au bal de l'Opéra, mais celui qui a vu les danses vives et animées des jeunes beautés du pays célébré par les soupirs de *Julie*, les pas gais et légers des vives Alsaciennes, les sauts des Provençales, l'expression de la joie sincère et ingénue parmi les Bretonnes, ne pourra plus souffrir les grâces froides de nos danses de bal, soit paré, soit masqué.

« Si Mercier revenait aujourd'hui, avouez qu'il n'aurait pas à se plaindre de la froideur de nos quadrilles. Les *danses vives et animées des jeunes beautés du pays célébré par les soupirs de Julie* ont été bien dépassées par les arabesques chorégraphiques des pierrots et des débardeuses de notre temps. Quel mine ferait les *pas gais et légers des vives Alsaciennes* auprès des pas encore plus gais et plus légers de nos *chaloupeurs*.

Revenons à notre carnaval contemporain.

Le carnaval comparé.

Sous la Régence.

Sous la Restauration.

Aujourd'hui.

En 1752. — En 1852.

1747.

1820.

1852.

CHAPITRE V. — LE CARNAVAL.

Le lendemain du bal, les yeux caves, les cheveux en désordre, les pâles joues, les poitrines haletantes, les voix rauques, les regards éteints, les visages lugubres, attestent combien le carnaval est une invention agréable et divertissante; sans compter les maladies pulmonaires qu'il développe, les fièvres qu'il fait éclater, les inflammations qu'il donne, et le surcroît de clientèle qu'il envoie au Père-Lachaise.

Poursuivrons-nous cette odyssée de salon en salon, de barrière en barrière? A quoi bon? La grande épopée qui se chante annuellement dans l'intervalle entre le jour des Rois et le mercredi des Cendres, sans compter cet épilogue qu'on nomme la mi-carême, est réellement une épopée universelle et encyclopédique, renfermant, comme l'exige la critique transcendante, toutes les conditions et toutes les variétés imaginables. Le plaisir prend place à chaque échelon de l'échelle sociale : la danse, le fou rire, les déguisements, la joie bruyante, règnent à chacun des étages de la Babel parisienne. Pour ceux que les rigueurs du contrôle arrêtent à la porte inflexible de ce palais merveilleux de lumière et d'harmonies qu'on nomme l'Opéra, l'Ambigu-Comique, ainsi que nous l'avons déjà dit, a des lustres à bon marché, des violons et des cuivres au rabais, des sylphides moins exigeantes sur le menu du petit souper fin de rigueur. Et si le devis total d'une *nuit grasse*, même à l'Ambigu, vous effraye, descendez, descendez la série : un déluge de notes dansantes pleut dans tous les quartiers, et il n'est pas de coin de rue où ne brille le transparent séducteur, où ne resplendisse l'annonce des frais de plus en plus réduits, des sommes de plus en plus modestes, qu'il suffit de jeter une fois sur les bureaux, à la porte du paradis, pour passer quelques heures nocturnes au sein de délices à prix fixe. Tous les temples de Terpsychore, et Dieu sait seul combien Paris, la cité chorégraphique par excellence, en a consacré au culte de cette déesse aérienne, toutes les salles où peuvent s'abriter des musiciens, des spectateurs et un buffet, sont envahies, conformément au programme. Les entrepreneurs rivalisent de musique et d'érudition, de rafraîchissements douteux et d'accords équivoques. Ici l'Anglais a fait les frais de l'inscription qui flamboie de tous les feux du gaz : lorettes d'ordre inférieur, grisettes et lorettes descendent au *Wauxhall*, au *Ranelagh*, et autres lieux dont le nom seul possède une teinte britannique : elles vont chercher un milord, cet être fantastique, traditionnel,

Bal de la salle Sainte-Cécile.

introuvable, non encore détrôné par le nabab et le prince russe : elles demandent aux échos le mortel qui fera la dépense de la nuit, et rendra moins pénible le quart d'heure fatal succédant aux délices du buffet et aux recherches d'un festin servi dans les cafés de Foy et les maisons dorées du quartier. Plus loin, les langues du midi, à l'entrée de Valentino, appellent de leurs voix sonores les folles Italiennes de tous les pays, les Andalouses échevelées de la rue Saint-Honoré et de toutes les nations. On danse chez Paganini et à Sainte-Cécile, harmonieuses retraites où se réfugient les grandeurs déchues de la montagne Bréda. On danse à Montesquieu, qui fait pour quelques jours trêve à ses luttes, à ses exercices gymnastiques; en un mot, on danse partout, dans la soupente du concierge et dans la mansarde du rapin, sur les tapis du premier étage et sur les carreaux du cinquième, sous les lambris du parvenu de la finance ou du négoce et sous les tentures de la fille entretenue et de la lorette du haut ton, au milieu du magasin bouleversé de décors du théâtre du boulevard, et sur les planches mal unies qui transforment en salle provisoire de bal l'estaminet et la guinguette. Les hauteurs de la Courtille se peuplent de débardeurs avinés et de pierrots chancelants. Les échos des barrières retentissent de ce que nous n'osons appeler de la musique : partout s'organise le quadrille, partout la polka détonne et le galop foudroie. Pendant la durée entière du carnaval, les dimanches surtout, la fièvre dansante règne, continue et redouble. Vers la fin, aux jours gras, Paris se transforme en gigantesque mosquée de derviches tourneurs : on dirait que le cor magique d'Obéron entraîne, par ses accents, toute une population à ces exercices si pittoresquement décrits par la plume fantastique du poëte Wieland.

Le petit nombre de ceux qui ne se sont pas laissé atteindre par l'épidémie des valses et des mazurkas, qui n'ont pas sacrifié à la mascarade le moindre chapeau pointu de pierrot et le plus petit nez postiche, ce peu d'élus de la sagesse, de la raison, et peut-être aussi de l'insuffisance et de l'impuissance pour la folie, a le droit de faire des études de mœurs, triste et suprême ressource du philosophe malgré lui. Pendant que la joie envahit les têtes et déborde des cœurs, quelques-uns en sont réduits à moraliser, faisant ainsi la contre-partie de Sénèque écrivant avec une plume d'or l'éloge de la pauvreté. Essayons toutefois de prendre rang dans cette élite de penseurs malgré eux : n'aurons-nous pas un dédommagement qui en vaudra la peine, si nous parvenons à faire poser devant nous quelque type bien excentrique et bien original; si dans la mine immense de la folie humaine nous parvenons à découvrir, à exploiter quelque filon aurifère qui serait échappé à l'œil de tant de fouilleurs clairvoyants; si enfin nous parvenons à satisfaire un peu pour notre part cette loi impérieuse qui s'écrie:

Il nous faut du nouveau, n'en fût-il plus *en France* !

Physionomie et physiologie, individu et collection, masse et détails: voilà un programme sans cesse développé et sans cesse nouveau, au point de vue où mille observateurs ont déjà découvert mille choses inattendues, et où tout être humain pourvu d'yeux et de jugement doit faire sa trouvaille inédite et originale, sans que jamais le relevé exact en puisse être accompli. N'en sommes-nous pas, nous qui vous parlons, une preuve vivante? Après avoir décrit le carnaval dans le monde et dans sa capitale, après vous avoir dit comment il se danse au milieu de la scène et sur le parterre aplani des théâtres, comment les demoiselles *fortunées* mettent en pratique les leçons de leurs Cellarius à vingt francs le cachet, et de quelle manière les mansardes et les étages supérieurs répètent Mabile ou le Château-Rouge; n'avons-nous pas annoncé un monde entier d'observations nouvelles à faire et que nous ne ferons pas toutes, bien certainement, sur les bals de qualité inférieure et décroissante, depuis les succursales encore splendides du splendide Opéra jusqu'aux plus humbles barrières, où vont les chiffonniers étaler les grâces d'un costume tombé, de vicissitude en vicissitude, dans la hotte finale? Oh! nous ne craignons pas que le terrain vienne à manquer sous nos pieds, Dieu merci! Est-ce que la fantaisie, reine absolue du carnaval, n'est pas là pour secourir de ses fantastiques trésors l'indigence de l'écrivain, si, pareil au Midas de la fable, il se trouvait, par hasard, à jeun au sein de l'opulence!

Mais, hélas! les lustres n'éclairent plus qu'un petit nombre de traînards revêtus de cuirasses romaines, porteurs de casques extravagants et d'impossibles panaches ou plumets. Le postillon de Longjumeau, le général de fantaisie et le hussard hermaphrodite, tels sont les derniers représentants de l'armée et du travestissement classique des grands bals costumés d'autrefois; et, triste vicissitude des gloires et des splendeurs humaines! ces rares débris, qualités de *mauvais genre*, n'osent plus monter que sur les scènes secondaires. Le hussard, avec son colback gigantesque, son pantalon à bande chatoyante, qui emprisonne dans ses tubes étroits de grêles tibias et des fémurs contournés; la hussarde, dissimulant sous le velours flottant d'un costume bloomériste les imperfections que n'avoue jamais le beau sexe: ces deux types qui inspirèrent à Gavarni une de ses plus originales créations, un de ces bois que Callot signerait avec orgueil, hélas! ils ont vécu; ils ont fait place à la marée montante des pierrots, qui a tout envahi. Les congrès de la paix sont vainqueurs sur toute la ligne: ils réussissent, selon leurs vœux, à *démilitariser* la France, et nous ne désespérons pas de les voir supprimer jusqu'aux soldats de plomb, jusqu'au canon du Palais-Royal. Plus de hussard à l'Opéra, plus de hussarde dans les parties fines qui égayent les somptueux lambris du café Anglais! Notre gravure n'est, malgré la vérité du dessin et le talent de l'artiste, qu'un souvenir, un monument, une recherche rétrospective; quelque chose qui pourrait figurer au Musée du Louvre, un peu plus qu'une peinture antique, un peu moins qu'une momie d'Égypte ou un squelette antédiluvien.

Et c'est peut-être un beau costume que celui de pierrot? Ah! n'allez pas le juger au bal aristocrate, quand, tout frais lustré du costumier du haut parage, il se pavane radieux sous le soleil nocturne des lustres, avec sa garniture phosphorescente de riches boutons et de rubans glacés! Vous n'auriez que le premier chant de son histoire, que les illusions dorées de sa jeunesse. Non! dût le vainqueur du jour en vouloir le récit franchise, nous vous montrons aussi la médaille par le revers. Vous avez admiré l'écorce du pierrot dans sa fraîcheur et dans sa grâce : essayez de le reconnaître, c'est là le même masque; mais, parti des régions de la fortune et de l'Opéra, il a traversé les couches inférieures, et, de chute en chute, d'accroc en accroc, de souillure en souillure, le voilà étendu au coin d'une borne, à deux pas du marchand de vin où son dernier locataire acheva de perdre ce qui lui restait d'équilibre et de raison. Dans cette humiliante posture, le carton argenté des cuirasses romaines et l'or des épaulettes de louage conservaient encore un reste de splendeur contrastant avec les taches et avec la boue; le pierrot sali et déshonoré salit et déshonore à son tour.

Une seule chose ne périt point dans le carnaval; nous parlons du galop, de cet entraînement dans l'entraînement, de cet accès fiévreux dans la fièvre, qui fait tourner les têtes, qui culbute, écrase, foudroie; de cette furie aiguillonnée au son du cuivre, fouettée aux vibrations des cordes; de ce tourbillon cadencé et métrique, qui semble emporter avec lui le monde entier à la manière du tourbillon planétaire entraîné par le soleil. Le galop, c'est plus que la valse aux éblouissantes et fascinantes évolutions, plus que la polka qui enivre, plus que les danses savantes, filles de l'Allemagne et de la Hongrie, dont le charme et l'étrangeté vous séduisent et vous enchantent. Le galop, lui, vous prend par les entrailles et vous entraîne à l'oubli: observateur, philosophe même, vous oubliez que vous étiez venu pour voir un bal masqué de barrière, et vous cédez au hourra, vous suivez le torrent.

Mais, dirait un vieil opéra comique: « S'il est un temps pour la folie, il en est un pour la raison. » Paris a ses coulisses et le monde a son envers. Or, pour suivre notre métaphore, dans le drame joué par tous ces acteurs auxquels le carnaval a voilé la figure du masque d'Aristophane, drame quelquefois gai, quelquefois sérieux et trop souvent funèbre au dénoûment, il ne serait pas difficile peut-être de puiser quelques enseignements. Plus d'un moraliste a tonné contre les mascarades, plus d'un *philosophe sous les toits* a imprimé ses réflexions satiriques sur la folie humaine qui ne se contente pas du masque de la dissimulation et de la fourberie; mais lequel a essayé de creuser et d'approfondir le côté réellement moral de tous ces divertissements échevelés, de toutes ces extravagances incohérentes et incongrues? C'eût été un sujet digne de la vertueuse plume de M. Bouilly, que les efforts de tant d'individus, que leurs privations, leurs travaux, leurs anxiétés et leurs angoisses pour arriver à un plaisir arbitraire et problématique. Ainsi, voilà un petit ménage, domicilié n'importe quelle rue du treizième arrondissement; ne le prenons pas toutefois, s'il vous plaît, dans ces quartiers brillants où règnent quelques souveraines du billet et du cœur des hauts seigneurs financiers: étudions un couple de tourterelles, soupirant par bail de trois, six, neuf, sur les hauteurs de la montagne Sainte-Geneviève ou dans les plaines de

CHAPITRE V. — LE CARNAVAL.

la Boule-Rouge. La veille, grand embarras : malgré les économies réalisées depuis un mois sur les dé- jeuners, le fromage de Brie et autres menus frais quotidiens, même le tabac, cette seconde vie de l'homme au dix-neuvième siècle, les fruits de mille privations se trouvent insuffisants; mais la Providence

Le départ. — Le souper.

veille. A côté brille l'humble enseigne d'un commis- sionnaire au Mont-de-Piété ; il le faut ; la montre va reprendre possession du *clou* auquel elle passe bonne part de son existence : *ma tante* étend ses griffes sur la dernière robe de soie et sur l'unique *pardessus;* le ménage a besoin d'un costume mirifique, excentrique,

Le retour. — Moralité.

diabolique; encore quelques piécettes blanches, pour le dépositaire intéressé des dominos d'occasion, pour le souper modeste chez les Lucullus à la carte et au prix fixe, et fin du premier acte. La toile se relève : on se déguise. Monsieur, affublé d'un bonnet de céraste, a développé son abdomen de manière à faire crever de jalousie les Lablache passés, présents et futurs : partout des peintures cabalistiques diaprent ce costume, qu'attendent d'unanimes hourras. Madame, le cou, les épaules, le sein, les bras, resplendissants de nudité, court-vêtue et montrant sa jambe arrondie, sa cheville gracieuse, son pied cambré, se penche, et met le dernier point au travestissement du cavalier, et nouvel entr'acte. Voici le bal, le bal éblouissant, le bal délicieux : puis la sortie, puis le souper. Quelle joie! quels plaisirs! Des chants, des cris, de l'extravagance ! A bas la misère ! à bas les privations ! La bière coule à longs flots; la fumée, que distillent dans leurs noirs fourneaux pipes culottées et brûle-g...r. d'ébène, tourbillonne hors des lèvres rieuses et glisse entre les dents nacrées; les tailles se crispent voluptueuses, les verres s'entrechoquent, et le cidre équivoque, l'eau de Seltz, champagne économique du pays, moussent aussi joyeux que s'ils étaient versés dans un cabinet particulier du boulevard des Italiens. Le drame court, nage, bondit ; le nœud se serre et s'entrelace, la péripétie atteint le comble de l'intérêt ; la catastrophe se prépare. Mais voilà que les trois coups sacramentels annoncent le dernier acte : hélas ! nous sommes au lendemain. Les acteurs ont quitté le théâtre, brisés, pâles, ruinés; les paillettes sont ternies et l'abdomen postiche défoncé. Pour comble de disgrâce, il est la fin du mois, et voici venir, note en main, l'inflexible Cerbère de l'hôtel garni; le bottier, fléau toujours insatiable ; la modiste, hydre femelle non moins exigeante et non moins terrible. Reprenons le chemin du mont-de-piété : il a vu l'exposition, il verra le dénoûment. On s'est défait d'abord des superfluités du luxe (quel luxe, bon Dieu!), les objets plus nécessaires rejoindront leurs devancières : jupes, chemises, couvertures, etc., etc., tout y passe; et la misère, en grelottant, attendra, au sein des austérités d'un carême contraint et forcé, que tout ce bien perdu rentre au bercail. Où êtes-vous, pères de province, banquiers rigides que la nature donne aux étudiants? Où êtes-vous ; fractions d'agents de change, providence traditionnelle des Bernerettes aux abois?

J'en ai connu un de ces fervents adorateurs du dieu Carnaval, et qui doit être présentement un austère et savant conseiller de cour d'appel quelque part. Quand sonnait, à l'horloge de la folie, l'heure des sarabandes joyeuses, rien ne pouvait plus le retenir. Il avait sa place à tous les quadrilles, et son couvert à toutes les tables de souper ; il était le général en chef de cette armée de *tariflas* qui a jeté tant de gais couplets sous la coupole des salles de bal. Intrépide au galop, galant dans *l'a-parte*, superbe sous le travestissement, on ne connaissait que lui et son plumet blanc parmi les constellations animées du firmament Bréda. Un soir, au moment où les transparents commençaient à resplendir, il fouille dans sa poche, elle était vide. Comment se procurer un costume chez

De la salle de bal à Clichy.

Du violon à la préfecture.

Babin? Qu'importe! Il se rend chez le célèbre costumier, et laisse contre un déguisement quelconque son habit de ville. Le lendemain la difficulté était plus grande encore : on peut bien aller à l'Opéra en débardeur; mais à l'école de droit?.. Il écrit donc à un ami de lui envoyer un pantalon d'hiver... L'ami répond: « Si tu n'as pas de pantalon d'hiver, je n'ai pas divers pantalons. » Affreux jeu de mots! Notre futur magistrat fut forcé de rester pendant huit jours dans sa chambre, emprisonné dans son costume de débardeur. Un mandat paternel lui rendit son paletot, son pantalon de drap et la liberté.

Baste! qu'est-ce que la misère, quand on rit et quand on a vingt ans? L'esprit français, trésor inépuisable, car on ne peut ni l'engager, ni l'échanger contre de l'or, la pyrotechnie animée de la conversation et des piquantes anecdotes, le sel et le poivre, le vinaigre et la moutarde ne restent-ils pas, ne consolent-ils pas ? Tenez ; oh à huit jours à vivre sur les infortunes de celui-ci et sur les bonheurs de celui-là, de fiers bonheurs et de terribles infortunes ! Celui-ci, jeune sybarite départemental qui depuis six mois brûle par les deux bouts la chandelle de la vie parisienne, est bloqué par une croisière de créanciers et de recors. Pendant le jour il se cache et il dort; mais, le soir venu, il court par la ville et va respirer le grand air aux rayons du soleil hydrogène. Le bal de l'Opéra n'exécute que pendant la nuit son infernale sarabande. Va donc pour les quadrilles et les sauts de carpe nocturnes. Mais on s'est oublié aux douceurs de la contredanse, et pendant que notre cavalier intrépide fait tournoyer sa pierrette dans le tourbillon du dernier galop, le blond Phébus lance déjà à l'horizon ses coursiers impatients. On descend le grand escalier, et, sous le vestibule, un monsieur très-poli, assisté de deux estaffiers, conduit aussitôt le pierrot retardataire au palais de Clichy. *Il y a vingt minutes que le soleil est levé!* Triste soleil, impitoyable horloge qui ne retarde jamais, même quand il y va de la liberté d'un pierrot !

Et ces deux autres masques accouplés pour s'amuser, et qui se sont si bien amusés en effet dès leur entrée dans la salle, que l'autorité en frac bleu et en tricorne a été obligée d'intervenir et de les envoyer méditer au *violon* sur la fragilité des projets humains et les dangers d'un entrechat trop réussi. C'est Arthur, le lion, le tigre, le vainqueur d'aujourd'hui, qui nageait au sein d'un océan dont chaque flot est une victoire ! Son premier domino, hélas ! était un homme, qu'il effraye la malignité humaine : voilà qui n'est pas seulement du carnaval en particulier, cette caricature momentanée de la société, mais bien du monde entier, de tous les temps, de tous les lieux, de tous les jours, du monde, qui n'est en réalité qu'un carnaval permanent et pris au sérieux.

CHAPITRE V. — LE CARNAVAL.

Parmi les vieilles autorités et les vieilles gloires du carnaval, une seule est restée immuable et debout, c'est le bœuf gras. Il est vrai que ce n'est pas la moins considérable : les siècles, les révolutions politiques, les métamorphoses des royautés, des religions, des philosophies, se sont vainement heurtés contre cette institution. Si l'on voulait comparer le passé au présent, et remonter aux origines, on trouverait que notre bœuf d'aujourd'hui ressemble comme deux gouttes d'eau au bœuf Apis. En effet, de toutes les cérémonies que nous a léguées l'antiquité, la promenade du bœuf gras est une des plus anciennes. Elle était déjà vieille de plusieurs siècles quand le christianisme fit son apparition dans le monde. L'origine de cette cérémonie remonte aux Égyptiens, et l'on doit croire qu'elle fut établie à cause des services rendus par les bœufs à l'agriculture. Ces peuples avaient compris toute l'utilité de la race bovine, et, dans leur reconnaissance, ils ne craignirent pas de diviniser l'animal dont ils tiraient leur nourriture et qui les soulageait dans leurs pénibles travaux. Ils le nommèrent *Apis*, et lui élevèrent des temples. Strabon, Hérodote, Pline et Ammien Marcellin nous ont successivement décrit le bœuf gras, et l'on remarque que leurs descriptions diffèrent en certains points. Cette différence s'explique par les fréquents changements du bœuf sacré; car un des principaux points du culte d'Apis était de ne point le laisser atteindre la vieillesse. Quand on l'avait tué, on lui faisait des obsèques magnifiques, et tous ses sectateurs portaient le deuil jusqu'à ce que les prêtres lui eussent trouvé un successeur.

De l'Égypte, la fête d'Apis passa dans la Grèce, et les Romains, ces dominateurs du monde, acceptèrent cette cérémonie, qu'ils regardaient aussi comme le symbole de l'agriculture; ils la célébrèrent à l'équinoxe du printemps, et le bœuf représenta, à leurs yeux, le taureau équinoxial qui garde les semences. Un jeune homme, symbole de la force du soleil lorsqu'il entre dans le signe du Taureau, lui plongeait un poignard dans le cou au moment du sacrifice. Rome transmit ensuite à la Gaule les traditions qu'elle avait puisées chez les peuples dont elle avait fait la conquête, et c'est ainsi que la vieille France fêta le bœuf gras, sans se douter de son origine.

La promenade du bœuf gras fut fixée au temps du carnaval, époque de divertissements et de fêtes qui rappelaient les saturnales. L'animal était conduit dans les rues de la ville par les bouchers et leurs garçons précédés par des violons, des fifres et des tambours. Cette marche se nommait alors la marche du bœuf violé (violoné) ou *vielle* : elle est encore connue dans quelques-unes de nos villes départementales sous le nom de *bœuf villé*, à cause des instruments qui accompagnent l'animal.

Après la pompe de la cérémonie, le bœuf était conduit au supplice, déshabillé, dépecé et découpé aussitôt, afin que ses chairs fussent mangées dans les derniers jours qui précèdent le carême; car, nous devons le dire ici, la promenade du bœuf gras n'avait pas lieu le dimanche et le mardi gras, comme de nos jours, mais bien le jeudi gras. Dans le moyen âge, personne n'aurait osé manger de la viande aux jours de jeûne fixés par l'Église, et l'on devait forcément consommer l'animal pendant le carnaval. Ajoutons encore qu'à cette époque il y avait deux bœufs gras, l'un appartenant aux maîtres de la grande boucherie de Paris, le second aux ateliers des diverses boucheries de la ville. Un écrivain du dix-huitième siècle nous apprend qu'en 1739, les garçons bouchers de la grande boucherie n'attendirent pas le jour ordinaire pour faire leur cérémonie du bœuf gras. « Le mercredi matin, veille du jeudi gras, ils s'assemblèrent, et promenèrent par la ville un bœuf qui avait sur la tête, au lieu d'aigrette, une grosse branche de laurier-cerise : il était couvert d'un tapis qui lui servait de housse. » Il ajoute que ce bœuf, paré comme les victimes que les anciens allaient immoler, portait sur son dos un jeune enfant ayant un grand ruban bleu passé en écharpe, et qui tenait d'une main un sceptre doré et de l'autre une épée nue. Cet enfant était nommé le *Roi des bouchers*.

« Ils allèrent en cet équipage, dit encore l'auteur que nous venons de citer, en différents quartiers de Paris, et principalement à l'hôtel du bailliage, chez M. le premier président, pour lui donner une aubade. Comme ce chef du parlement était à la grand'chambre, les bouchers prirent le parti de l'aller attendre sur son passage, et, pour cela, ils firent monter le bœuf par l'escalier de la Sainte-Chapelle, et ils vinrent, dans la grande salle du palais, jusqu'à la porte du parquet des huissiers de la grand'chambre. Lorsque le premier président sortit, ils se mirent en haie sur son passage, et le saluèrent au son de leurs instruments. Après que le magistrat fut passé, ils se promenèrent avec le bœuf gras dans plusieurs salles du palais, et le firent descendre enfin par l'escalier de la cour neuve, du côté de la place Dauphine, et ils continuèrent leur cérémonie dans Paris. »

Le lendemain, les bouchers des différents quartiers de la ville promenèrent aussi leur bœuf gras; mais ils ne le firent pas monter dans les salles du palais. Ce fait était alors sans exemple, et personne depuis ne fut tenté de l'imiter. Cette cérémonie, toujours recherchée du peuple, cessa d'avoir lieu en 1790; mais, dans la suite, l'Empereur crut pouvoir la rétablir, et, le 23 février 1805, elle reparut plus brillante qu'auparavant. Une ordonnance de police régla la marche du bœuf gras, que les bouchers de Paris eurent le droit de promener dans la ville pendant trois jours. Le préfet fixa en outre l'ordre du cortége; il désigna le nombre des individus qui devaient le former et détermina les costumes. Un enfant devait être porté, dans un beau fauteuil de velours rouge, par le bœuf richement enharnaché, ayant les cornes dorées, et entouré de douze garçons bouchers, les uns portant les attributs de leur état, les autres déguisés en sauvages armés de massues. Une chute que fit cet enfant, un jour de mardi gras, fit renoncer à cet usage, et, depuis vingt ans environ, le bœuf marche seul, entouré de bouchers à pied ou à cheval et revêtus de

Enterrement du Carnaval.

costumes divers. Vient ensuite un grand char sur lequel sont placés les principaux acteurs de ce cortége, au milieu desquels on remarque toujours un joli enfant représentant l'Amour.

Jadis l'enfant monté sur le bœuf représentait Horus assis sur le taureau céleste, ou peut-être Mithras, le soleil générateur, au moment où il perce le taureau dont le sang coule sur la terre qu'il va échauffer et féconder. Mais l'Amour, Vénus et les Grâces nous paraissent ici bien mal placés. Ne serait-il donc pas possible de changer un peu la forme banale de la cérémonie du bœuf gras, et ne pourrait-on point essayer de reproduire les antiques fêtes égyptiennes?

Du reste, c'est avec une suite imposante que le puissant roi du Carnaval s'offre à ses nombreux sujets le dimanche et le mardi gras. Durant la première journée de cette marche triomphale, il va rendre ses devoirs à diverses autorités : à MM. les ministres, aux ambassadeurs des puissances étrangères, qu'il régale d'une sérénade accompagnée en faux-bourdon de ses augustes musiciens. De là on se rend chez le boucher heureux possesseur du bœuf gras, où tout le cortége prend part à une ample collation : pain, viande, vin et foin à discrétion. On reste à table jusqu'au soir, puis on s'achemine rue de Bondy, chez le costumier Deblain, qui a habillé tout l'Olympe du carnaval officiel; on dépose chez lui l'Amour, et le cortége continue son chemin jusqu'à l'abattoir.

Le mardi gras a lieu ordinairement la présentation du moderne Apis au chef de l'État, roi de France, roi des Français ou président de la République. Il va ensuite rendre visite à son collègue et concitoyen enlardé, le fameux *Bœuf à la mode*, de la rue de Valois, où tout le cortége se livre à une nouvelle collation, tandis que les musiciens se relayent pour jouer l'air de circonstance :

Où peut-on être mieux
Qu'au sein de sa famille?...

Après avoir suffisamment fêté Bacchus et Comus, lesquels, bien qu'absents, n'ont pas tort, comme on voit, les dieux et les déesses remontent sur leur char, les demi-dieux sur leurs chevaux, et sa majesté le bœuf gras est conduite chez M. le préfet de la Seine, M. le préfet de police et diverses autres sommités administratives. Autrefois le bœuf *vieilli* ne manquait jamais non plus d'aller visiter les gros bonnets politiques et autres. Le bœuf gras est, de sa nature, très-éclectique.

Croirait-on qu'un des griefs populaires contre les deux Républiques françaises fut la suppression du bœuf gras, que Napoléon Bonaparte, premier consul, et plus tard Louis-Napoléon, rendirent à l'amour des Parisiens?

Cependant le triomphe touche à son terme; le malheureux bœuf exténué, essoufflé, haletant, succombant sous le faix de sa gloire et sous la fatigue de la course, achève péniblement sa seconde promenade, qui sera, hélas! la dernière. Si les pérégrinations auxquelles il vient d'être condamné devaient se prolonger seulement une semaine, du plus gras des bœufs qu'il était il en deviendrait le plus maigre; aussi songe-t-on à lui épargner, dans la personne de son successeur, les fatigues de cette marche forcée. Pour que le héros de la fête ne soit pas frappé d'un coup de sang, comme cela est arrivé plusieurs fois, il est fortement question de faire traîner, à l'avenir,

CHAPITRE V. — LE CARNAVAL.

le héros du Carnaval dans un char qui sera tiré par quatre bœufs maigres, ses rivaux efflanqués et désappointés. Ainsi rien ne manquerait désormais au triomphe : ni le *far niente* superbe et l'indolence du vainqueur, ni l'humiliation des vaincus.

La journée est terminée ; le cortège la célèbre en s'attablant autour d'un festin pantagruélique, composé de toutes viandes de boucherie, où se boivent et se mangent les largesses prodiguées le mardi et le dimanche gras à la bovine majesté. Quant à celle-ci, reléguée maintenant à l'étable, elle rumine sur le néant des grandeurs et des joies humaines, elle n'attend plus que le coup fatal, et le lendemain, dès l'aurore, elle expie par une mort violente son triomphe d'un instant. La destinée du bœuf gras est celle de presque tous les héros.

Le bœuf gras mort, le carnaval ne peut tarder à mourir : c'est toujours le lendemain du mardi qu'il expire, et c'est toujours à la Courtille que se célèbre la cérémonie funèbre, et que les adorateurs du dieu viennent l'escorter en grande pompe et assister à son dernier soupir.

Il est six heures du matin ; les réverbères mêlent au jour naissant leurs dernières lueurs blafardes. Cette rue qui s'allonge devant vous se nomme la rue du Faubourg-du-Temple. Il est aisé de la reconnaître à l'enseigne qui se fait voir à gauche avec ces mots : *Aux Vendanges de Bourgogne*. Les bals viennent de cesser ; les danseurs, pâles, haletants, les yeux caves, harassés des joies de la nuit, se sont jetés pêle-mêle, ceux-ci dans le fiacre, ceux-là dans le cabriolet, d'autres dans la calèche béante ; ils s'en vont tous à la Courtille user de leur dernière heure, et saluer de leurs derniers cris d'amour le carnaval qui finit, à la barbe du mercredi des Cendres. Vous les voyez qui vont et viennent, montent et descendent ; la rue est encombrée de voitures et de mascarades. En voici une qui s'arrête. Quels gestes ! quelles attitudes ! D'où vient cette halte ? Pourquoi cette pantomime énergique et cet air agressif ? Eh ! ne faut-il pas que ces vaillants masques se défendent ! se laisseront-ils impunément railler par cette commère à l'éloquence hasardée, qui leur montre le poing et leur lance des fragments de dialogue qui n'ont rien d'attique ? Ce n'est pas à la descente de la Courtille qu'on enseigne les belles manières et la modestie.

L'apparition du mercredi des Cendres et la mort du mardi gras produisent des émotions diverses ; chacun,

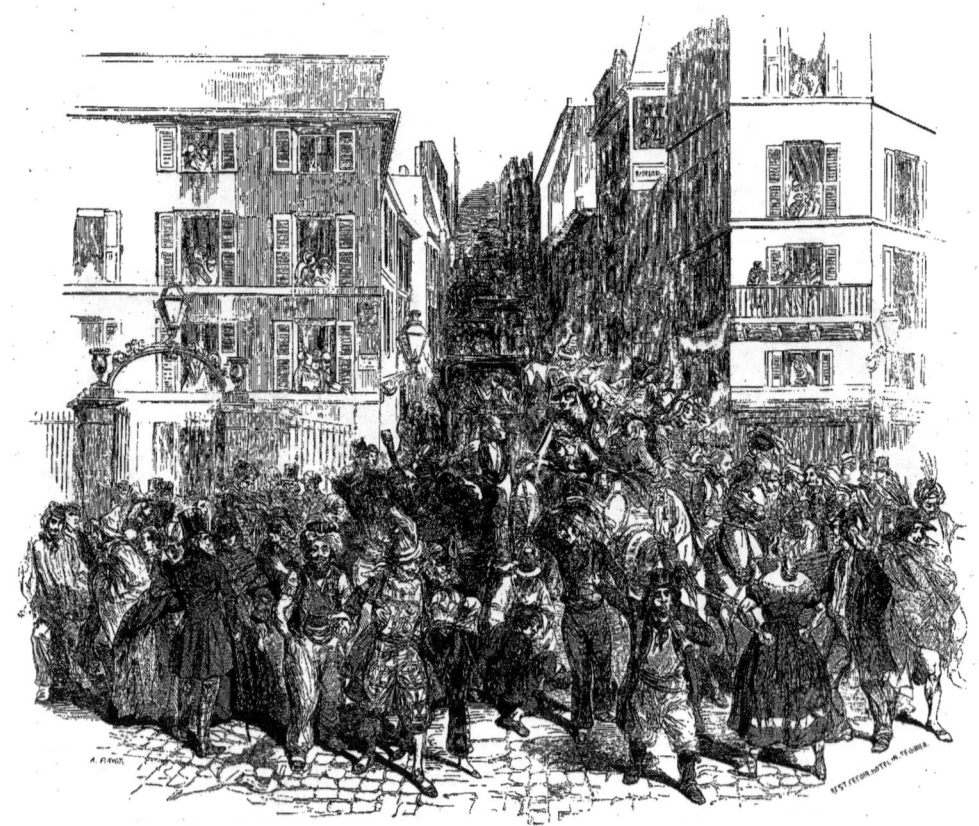

La descente de la Courtille.

selon ses intérêts, fête l'avènement de l'un et regrette le trépas de l'autre. Les sergents de ville, ces martyrs du carnaval, saluent avec joie l'arrivée de mercredi, comme le signal du repos et de la délivrance. Cependant, au son de la cloche que mercredi fait résonner dans ses mains, les débardeurs effrayés se dispersent avec effroi : c'est pour eux le tintement du jugement dernier. Quelques intrépides s'efforcent de faire bonne contenance et de défendre pied à pied l'empire du mardi gras ; ils forment un bataillon sacré et luttent jusqu'à la dernière extrémité, menaçant mercredi du geste et de la parole. Vain courage ! héroïsme inutile ! qui peut arrêter le temps ! mardi n'est plus. Mercredi s'empare invariablement de son domaine, et règne à sa place en attendant que jeudi le détrône à son tour, et ainsi de suite jusqu'à la fin du monde et des calendriers.

Et cependant voyez le prodige ! le carnaval n'est pas plutôt enterré qu'il ressuscite, il sort de son tombeau au milieu de la troisième semaine qui suit son décès : la mi-carême est le suprême effort de la grosse gaieté. Quelques masques recommencent à courir les rues, l'Opéra rouvre bruyamment ses portes, et le galop de se tordre encore une fois au bruit de l'orchestre. Mais, il faut bien le dire, la mi-carême n'est qu'un reflet pâli du mardi gras, elle n'a rien de nouveau à nous montrer ni à nous apprendre. J'excepte cependant la fête des blanchisseuses, qui lui appartient en propre. Vous voyez cette foule assemblée sur une des rives de la Seine, au pont d'Austerlitz ou au pont Royal, peu importe ; vous entendez ces cris et ce tumulte : c'est la fête des blanchisseuses qui va commencer. Il s'agit de nommer une reine, et toutes les ambitions s'agitent ; le système électif est en usage dans le royaume des blanchisseuses. La constitution du battoir le consacre, mais elle n'accorde le droit d'élire qu'à un seul et unique électeur, et cet électeur se nomme le Hasard. A qui le Hasard donnera-t-il la couronne ? Demandez à ce magicien, son agent secret : c'est lui qui tient l'urne où se cache la fève fatale qui va décider du sort de cette royauté. Maître Hasard a prononcé.

Dès que la Reine est proclamée, les *vivat* retentissent, on agite les bannières, on entonne les hymnes et les chansons ; puis le grand maître des cérémonies annonce que le cortége royal est prêt, et que l'heure venue de promener Sa Majesté par la ville. La Reine est bonne personne, elle ne se fait pas prier. Parée de fleurs et vêtue de sa robe des dimanches, elle monte dans sa... charrette, et aussitôt sa cour, ses dames d'honneur, ses grands officiers, ses sujets et ses sujettes la suivent, promenés comme elle dans leur équipage naturel. C'est véritablement ce qu'on peut appeler une reine et une cour populaires. Aussi Sa Majesté ne porte-t-elle la couronne qu'un jour. Si son pouvoir s'étendait au delà de vingt-quatre heures, il va sans dire qu'elle finirait par prendre des airs absolus et par se dépopulariser comme tant d'autres. Les haines et les querelles éclateraient dans le royaume de la blanchisserie : la constitution des blanchisseuses a donc montré de la sagesse en bornant la royauté à un seul jour, qui s'appelle le jeudi de la mi-carême. Mais, si la royauté est éphémère, elle est du moins

Promenade des blanchisseuses, à Paris, le jour de la mi-carême.

exempte de tous soucis et de tous combats. Tant que le jour dure, la Reine est saluée par les acclamations des passants; le soir, elle finit gaiement son règne à la Courtille, et abdique sans remords et sans crainte après un festin suivi d'un bal. Si Sa Majesté a fait quelque tache à son manteau royal, elle a du moins l'avantage de pouvoir le blanchir et le repasser elle-même.

Cette fête des blanchisseuses, qui ne manque pas d'une certaine physionomie, est une des rares cérémonies populaires du moyen âge qui ont survécu à la révolution.

En résumé, le carnaval parisien est plus bruyant que gai, plus tapageur que spirituel. Tous les ans il se rencontre des moralistes qui annoncent que le carnaval est une vieille coutume qui s'en va; mais cette vieille et folle coutume durera probablement jusqu'à la fin du monde, en vertu de cet axiome :

Ce que les pères font, les enfants le feront.

Chapitre VI.
LES BOULEVARDS (Fin).

Les cinq étages de la vie parisienne. — Le bouillon de l'amour. — La loge et le Conservatoire. — La lune de miel. — Les arts et la mansarde. — Un drame sous les toits. — Le boulevard Saint-Martin. — L'Opéra de la Porte-Saint-Martin improvisé et Marie Antoinette. — L'Ambigu reconstruit et la duchesse de Berry. — Labbé, marchand de coco. — L'homme-pyramide de paniers. — Le père Tripoli, fils de la gloire. — Les ci-devant cris de Paris. — Les petits métiers éclipsés. — Les petits métiers surnageant. — Les boulevards et les statisticiens. — Le boulevard du Temple. — Les rentiers du Marais. — La queue des théâtres. — Les charpentiers dramatiques et le public de menuisiers. — Le Petit-Lazary, les Funambules, les Folies-Dramatiques. — La sortie des théâtres. — Une averse. — Un fiacre pris d'assaut. — Les beautés de l'art à la Gaîté. — Le restaurant Deffieux. — Le Cirque-Olympique. — Les Folies-Dramatiques. — Le Cadran-bleu. — Le café Turc. — Le passage Vendôme. — Le chef de claque. — Frédéric Lemaître. — Les marchands de contremarques. — Un billet moins cher qu'au bureau. — L'Épi-Scie, le grand vert. — Les marchands ambulants. — Les cafés, les divans et les estaminets du boulevard du Temple. — La partie de billard. — Le bailleur et le parasite. — Joseph du Tremblais et le cardinal de Richelieu. — Le couvent et le boulevard des Filles-du-Calvaire. — Les successeurs de Bobèche et de Galimafré. — Les queues rouges. — Comment on décapite un homme sans que mort s'ensuive. — Boulevard Beaumarchais. — Les rues souterraines. — Hôtel de Ninon de l'Enclos. — Théâtre Beaumarchais. — L'ancienne habitation de Beaumarchais. — Le canal Saint-Martin.

Revenons maintenant à nos boulevards en partant de la Porte-Saint-Martin ; mais, avant de reprendre notre course, contemplons un moment les hautes maisons qui s'élèvent devant nous.

Prenons-en une au hasard, et montons sans reprendre haleine les cinq étages de la vie humaine à Paris. A la cuisine, le prétendu cousin de la cuisinière écrème à son profit le bouillon ; ce qu'il déguste s'appelle, dans le langage consacré, *le bouillon de l'amour* ; du caramel et de l'eau claire l'auront bientôt remplacé. Madame la cuisinière vous le dira : *c'est assez bon pour ces gueux de maîtres*.

Ici, madame la concierge danse aux sons du piano, dont les touches d'ivoire sont effleurées par les mains de sa *demoiselle*, une brillante élève du Conservatoire, qui sera artiste comme tout le monde.

Au premier, Monsieur bâille et Madame dort en attendant les visites. Toutes les jouissances du luxe, toutes les délicatesses de l'élégance, tout le confort de la vie, et cependant ils s'ennuient. Ce tableau vous représente le dernier quartier d'une lune de miel. Repassez dans un mois au plus tard, et tout sera bien changé dans la physionomie de cet appartement. Madame, pour faire diversion à sa langueur, laissera un soir tomber son regard sur quelque cavalier qui ne commettra pas le crime de bâiller en sa présence, ainsi que le fait son mari ; elle prêtera l'oreille à ce formulaire de compliments que débite tout d'un trait, à la première jolie femme venue, tout jeune homme qui sait son monde et qui veut faire son chemin dans le cœur de ses futures victimes. De son côté, Monsieur, voyant que sa femme a l'imprudence de s'endormir dans le tête-à-tête conjugal, cherchera et trouvera, gardez-vous d'en douter, des distractions extérieures. Il se fera recevoir à un club où il ira faire chaque soir quelques *rubs* de wisth. A partir de ce jour la glace est rompue, plus d'assoupissements intempestifs de la part de Madame, plus de bâillements convulsifs de la part de Monsieur. La joie est revenue dans le ménage, les deux époux ont repris leur bonne humeur, qui ne sera même pas troublée le jour où le mari apprendra par hasard, après tout le monde, que sa femme a un amant. O joyeux hymen, dieu jeune et charmant des beaux jours de la Grèce, tu ne ressembles en rien à cette pâle et triste divinité : l'hyménée parisien !

Au second étage, toute la floraison des vertus domestiques : le père, la mère, les enfants et les joujoux.

Au troisième, c'est le propriétaire qui vient réclamer le terme échu à l'unique locataire de ce ménage de garçon. Sur le même palier un autre célibataire, vieux rentier retraité, ci-devant commis d'une tontine, qui partage aujourd'hui ses affections entre Azor et Babet, Babet qui caresse Azor, qu'elle n'aime guère, pour plaire à Monsieur, qu'elle n'aime pas.

Au quatrième, l'ouvrier sans argent, sa femme en pleurs et ses enfants sans pain. L'artiste qui bat la semelle pour réchauffer l'inspiration. Puis, la plaisanterie éternisée de temps immémorial par le crayon de tous les caricaturistes : le philosophe qui médite un ouvrage palingénésique sous les draps, et qui est forcé d'avoir recours à son parapluie tout grand ouvert pour se protéger contre l'infiltration des eaux pluviales. Ah ! si nous avions la béquille d'Asmodée ! s'il nous était permis de promener le lecteur dans tous ces intérieurs si divers et si caractéristiques de l'existence parisienne ! que de drames et que de vaudevilles ! que de scènes tristes et comiques ! Comme, dans la machine humaine, le sommet renferme la plus noble partie de l'homme, l'organe pensant ; ainsi, dans la capitale des arts et de la civilisation, le génie, l'industrie et l'application occupent la région la plus élevée. Là se forme en silence le peintre ; là le poète fait ses premiers vers ; là sont les enfants des arts, pauvres et laborieux, contemplateurs assidus des merveilles de la nature ; là se méditent tous les chefs-d'œuvre qui écloront plus tard.

Vers 1841, la ville a fait exécuter de vastes travaux de nivellement dans toute l'étendue du boulevard Saint-Martin, et si la chaussée n'en semble guère moins rude aux chevaux d'omnibus, ces martyrs résignés de la révolution économique qui nous rend tous propriétaires, moyennant trente centimes, de la seizième partie d'un équipage, le piéton, dont les allures sont indépendantes, s'aperçoit à peine qu'il gravit une montagne d'ailleurs fort adroitement dissimulée. Quel que soit le côté du boulevard qu'il choisisse, il a mille raisons de ne pas se laisser distraire par le mouvement de terrain qui existe sous ses pieds. A sa droite, c'est une amusante série de boutiques ; à sa gauche, c'est le grand poème dramatique qui se chante depuis la rue de Bondy jusqu'à la rue d'Angoulême, tour à tour burlesque ou tragique, où ont figuré ces héros et ces héroïnes aux noms populaires, Buridan, Gaspardo, Lucrèce Borgia, le baron de Wormspire, etc.

Dans la soirée du 27 octobre 1781, une longue file de carosses armoriés stationnait sur le boulevard Saint-Martin. Dans la salle du théâtre on voyait une foule de grands seigneurs et de grandes dames, un nuage de dentelles et de rubans, des gerbes de pierreries, les plus beaux noms, les plus élégantes toilettes et les plus beaux yeux du royaume de France. C'était la cour de Marie-Antoinette d'Autriche, qui venait inaugurer l'édifice élevé par l'architecte Lenoir pour remplacer l'Opéra incendié. Le nouveau théâtre avait été construit en soixante-quinze jours, comme un palais de fée dans les *Contes bleus*. On voit que le don d'improvisation ne date pas de notre époque, et que dans ce temps-là déjà on savait faire de l'architecture facile. L'opéra de la Porte-Saint-Martin survécut à la monarchie qui venait d'assister à sa naissance. Il conserva jusqu'en 1794 les célébrités dansantes et chantantes de l'époque, les Vestris, les Dervis, etc.

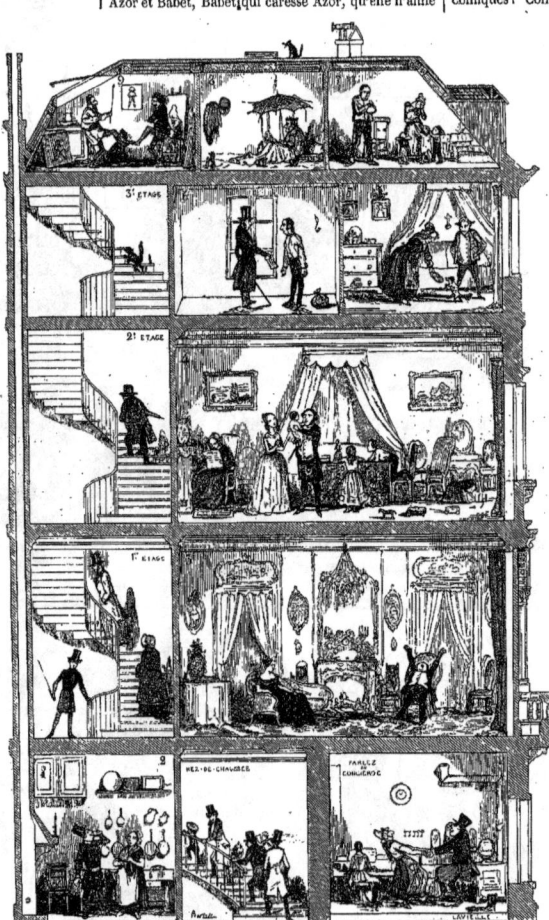

Cinq étages du monde parisien.

Après une longue clôture, au milieu des splendeurs de l'Empire, il accomplit à son tour sa grande révolution; il se nomma le théâtre des Jeux gymniques et continua de jouer des ballets, mais il agrandit son répertoire en y ajoutant la comédie et le drame. Quant aux danseurs à la mode et aux rossignols, ils avaient changé de cage et avaient été briller sur une scène plus digne d'eux.

Entre la Porte-Saint-Martin et l'Ambigu il n'y a qu'un court intervalle occupé par un grand nombre de petites boutiques, la plupart appropriées au voisinage des deux théâtres : c'est le marchand de vins, le débitant de tabac, le patissier, les cafés et la librairie spéciale du mélodrame et du vaudeville. On voit s'ébattre aussi ce gai commerce en plein air qui s'en va chaque jour parce qu'il ne s'adresse qu'aux gens sans prétentions et aux francs appétits : les marchands d'oranges, de pommes, d'angélique, de bâtons de sucre d'orge, de macarons, de croquets; parmi lesquels se glisse parfois, sous un vêtement turc ou algérien, un Parisien qui vend des dattes, ces fruits savoureux du désert. On voit poindre aussi à l'horizon les marchands de coco, dont la voix enrouée et la clochette annoncent aux gamins l'approche de la bienfaisante fontaine qui va lancer, comme le rocher de Moïse, un flot de nectar.

Voici l'Ambigu, qui le plus souvent n'a de comique que son nom. Arrêtons-nous un moment pour jeter un

BOULEVARD SAINT-MARTIN (côté nord).
Théâtre de la Porte-Saint-Martin.   Théâtre de l'Ambigu-Comique.   Rue de Lancry.

coup d'œil sur ces noires murailles. Autrefois, on le sait, l'Ambigu florissait sur le boulevard du Temple, et mêlait ses longues queues diaprées de blouses aux queues de la Gaîté et du Cirque-Olympique. Après un terrible incendie, le vieux théâtre d'Audinot s'écroula et cessa de figurer parmi les amusements de cette région de la promenade favorite des Parisiens. Mais il ne tarda pas à reparaître, renouvelé, rajeuni, sur le boulevard de la Porte-Saint-Martin. Construit en dix-huit mois par MM. Hittorf et Lecointe, il occupe l'emplacement d'un ancien hôtel. Madame la duchesse de Berry assista à l'inauguration.

La rue de Lancry, que nous laissons derrière nous, ne mérite pas une longue description, quoiqu'elle se soit considérablement embellie depuis vingt ans; ouverte en 1777 sur des terrains appartenant aux sieurs Lollot et Lancry, elle fut promptement prolongée jusqu'à la rue du Marais. Elle est d'une longueur de deux cent soixante-deux mètres et d'une largeur fixée par le ministre Chaptal à dix mètres.

La physionomie de ce boulevard, nous l'avons déjà dit, est essentiellement dramatique : on y rencontre des acteurs qui se promènent en repassant leurs rôles, des dramaturges qui charpentent leurs scénarios. Voici une des figures les plus originales de ces latitudes : c'est Labbé, marchand de coco de la porte Saint-Martin. La profession de marchand de coco est

BOULEVARD SAINT-MARTIN (côté nord).
Château-d'Eau.   Rue du Faubourg-du-Temple.

trop bien établie depuis un temps immémorial pour que nous ayons la prétention de la révéler dans cette faible esquisse, ou même de la patronner. C'est moins d'une profession que d'une physionomie qu'il s'agit pour le quart d'heure. Tout le monde peut vendre du coco avec autorisation du préfet de police; mais le sieur Labbé jouit du privilége de désaltérer les gosiers dramatiques et autres. Il salue tous les artistes du théâtre, tutoie le machiniste, donne des poignées de main aux marchands de contremarques, et a eu l'honneur de parler à M. Harel, un jour que ce dernier passait sur le boulevard, donnant le bras à mademoiselle Georges, de monumentale mémoire.

Labbé, retenu sous le péristyle du théâtre par les devoirs de sa profession, ne peut naturellement assister aux représentations, mais il saisit dans la conversation des consommateurs des bribes de dialogues et des situations qui le mettent bien vite au courant des pièces représentées; depuis plus de trente années qu'il est le Ganymède ordinaire des jeunes titis du paradis, Labbé est devenu de première force sur le répertoire. On comprendra facilement l'enthousiasme de notre marchand de coco pour l'art dramatique. Ses goûts l'appelaient sur les planches; mais, son éducation négligée ne lui ayant pas permis d'aspirer à cette haute position, il a vécu autant qu'il a pu à côté du théâtre. Il a un chapeau de traître de mélodrame et des chaussons de lisière ; il est artiste par la tête, et marchand de coco par les pieds. *Homo duplex*, a dit Platon.

Ce boulevard est encore émaillé le soir, surtout à l'heure où le gaz s'allume, de ces boutiques ambulantes qui sont la Providence des petites bourses. « La boutique à trois sous ; voilà, messieurs et mesdames, des poupées, des brosses, des peignes, des ciseaux, des couteaux, des cuillers en vrai métal d'Alger, des bretelles, des boucles de pantalon, des ustensiles de cuisine, du savon à détacher, et toutes les choses utiles généralement quelconques. Cela ne coûte que trois sous, trois sous, trois sous ; si quelqu'un trouve que c'est encore trop cher, il pourra ne donner que quinze centimes. » Et l'industriel déclamateur *allume* avec tant de chaleur, qu'il finit toujours par débiter sa marchandise. On se laisse prendre à son éloquence plus encore qu'aux objets qu'il débite. O Parisiens, les gouvernements auront beau faire, vous serez éternellement soumis à la langue dorée des orateurs !

Paris est la ville des grandes existences et des petites industries. S'il existe en Europe un personnage hors de ligne par sa fortune, c'est à Paris qu'il se hâte de venir dépenser ce qu'il a pu amasser ailleurs ; c'est ainsi que nous voyons dans tous les temps, en dépit de nos éternelles commotions politiques, les plus beaux hôtels de nos deux aristocratiques faubourgs occupés par de riches étrangers. Paris, vu de l'extérieur surtout, exerce une telle fascination sur les intelligences, que, me trouvant l'autre année à Francfort, j'ai entendu dire, à table d'hôte, par l'héritier présomptif d'une petite principauté allemande, que lui et son père étaient les deux personnages les plus malheureux de leur pays, parce qu'ils étaient les seuls à qui il ne fût pas permis d'occuper un petit appartement sur le boulevard et une stalle à l'opéra.

Si Paris est le centre des sommités aristocratiques, financières et intellectuelles, il est également le rendez-vous des individus déclassés, des professions de contrebande et des industriels sans industrie ; le gamin qui pose un morceau de drap sur les jantes de la roue lorsque vous montez en voiture, et qui vous appelle M. le duc ou mon général pour exciter votre commisération en flattant votre amour-propre, n'existe qu'à Paris. Ce n'est qu'à Paris que vous rencontrerez ce chiffonnier immortalisé par Charlet, et qui parle littérature et philosophie à ses moments perdus. Ce n'est qu'à Paris qu'il vous est donné de voir l'homme qui se promène transformé en pyramide de paniers de toutes les formes et de toutes les dimensions. Sa boutique est une fête ; le bazar qu'il promène sur ses épaules a de la féerie : c'est lui le conquérant qui a détrôné, sans s'en douter, l'industrie de ces filles alsaciennes aux robustes appas et aux balais fantastiques. C'est encore à Paris que vous trouverez sur votre route le marchand de gaufres, le marchand de robi-

Le marchand de paniers.

nets, le seul Français auquel, avant M. Carlier, l'ex-préfet de police, il était permis de jouer du cornet à piston dans les rues, et bien d'autres dont je ne puis donner en ce moment le dénombrement homérique, mais dont je parlerai plus tard, tous produits autochthones de la civilisation parisienne. Transplantez ces frêles plantes à Berlin, à Vienne ou à Londres, et elles s'étioleront loin de la serre chaude où elles ont reçu le jour.

Permettez-moi de vous présenter le père Tripoli, fils de la gloire et polisseur de cuivre. Le père Tripoli est le plus terrible de tous les astiqueurs de buffleteries militaires et citoyennes ; il porte avec lui ses us- tensiles et sa marchandise. Son costume indique suffisamment ses sentiments et sa profession. Il est *Français* et il a servi sous *l'autre*, — un type qui revient.

— Ses ennemis politiques prétendent que ses états de service se bornent à ceci : Tripoli aurait tout simplement ramassé en 1815, à la butte Saint-Chaumont, des boulets pour chacun desquels il recevait des officiers d'artillerie une légère rémunération de quelques centimes. Mais Tripoli a trop de fierté pour ne pas mépriser ces impuissantes imputations. S'il n'est pas décoré de *l'étoile* des braves, cela tient à la *sienne* qui a toujours été mauvaise. Au début de sa carrière militaire, Tripoli aurait eu, à ce qu'il paraît, une altercation assez vive avec le caporal d'ordinaire, et ce supérieur rancunier aurait considérablement nui à l'avancement du troupier mauvaise tête.

Le père Tripoli a conservé le costume militaire ; mais, pour bien indiquer sa profession, il a émaillé son habit de boutons de métal, de grenades, de cors de chasse et d'aigles, qui reluisent comme autant de soleils. La poitrine de Tripoli est un firmament d'autant plus lumineux que c'est lui qui se charge, dans l'intérêt de son art, de *l'astiquage* des constellations. On le rencontre plus particulièrement près des corps de garde. Honoré de la confiance de MM. les gardes nationaux, il blanchit leurs buffleteries, astique leurs boutons, et fait, sous ce rapport, une terrible concurrence aux tambours des compagnies. Mais, bon enfant et *Frrrançais* avant tout, le père Tripoli paye à boire aux *tapins*, ce qui lui permet de leur raconter ses batailles et de cultiver son industrie.

Épargnez les petits métiers, ô gouvernants ! c'est le cri de l'humanité ; le petit métier, c'est la joie du pa-

Le père Tripoli, fils de la gloire, polisseur de cuivre.

sant quand il n'en est pas le supplice, la distraction du flâneur, l'inspiration du peintre, le bonheur de l'amateur du pittoresque. Il faut rendre au petit métier cette justice : son personnel s'est embelli, il fait aujourd'hui des frais de mise en scène ; que les temps sont changés. C'est beau, la rue ! s'écriait Diderot. Il avait deviné les nôtres qui sont pleines de caprices. Ici le marchand de beignets, là-bas le marchand d'allumettes, le vendeur de siccatif brillant, et plus loin encore vingt autres professions ambulantes qui trouveront place dans notre Musée. Laissons les admirateurs du passé regretter cet affreux charivari qu'on

Labbé, marchand de coco.

appelait les *cris de Paris* ; le marchand d'habits *vieux galons* et la marchande de plaisirs : *Voilà le plaisir, mesdames,* résistent encore au flot qui doit les emporter ; mais où êtes-vous, *ô carreleurs de souliers* et tant d'autres !

Une catégorie d'écrivains parfaitement recommandables, mais fort peu lus, MM. les statisticiens, distinguent dans l'enfilade des boulevards deux grandes divisions, nous allions dire deux parties du monde : les vieux et les nouveaux boulevards. Jusqu'à présent, nous avons décrit les vieux boulevards, la vieille couronne de l'ancien Paris ; le boulevard du Temple nous annonce qu'il faut se préparer à aborder une sorte d'Amérique toute différente de l'ancien continent que nous venons de quitter. Le nom cependant jouit d'une teinte antique plus vénérable que n'importe lequel des autres qui servent à étiqueter les vieux boulevards ; mais le nom ne fait rien à l'affaire, et les désignations de boulevard du Temple, boulevard des Filles-du-Calvaire, etc., empruntées à d'anciennes, de très-anciennes institutions, baptisent toutefois des constructions parfaitement nouvelles ; de même que les noms de vieilles cités, en France ou en Angleterre, s'adaptent, dans les forêts des États-Unis d'Amérique, aux premiers germes, aux premières fondations

BOULEVARD DU TEMPLE (côté nord).

Restaurant Deffieux. — Cirque-Olympique. — Folies-Dramatiques.

de villes à venir. Par une égale singularité, on a baptisé du nom et du souvenir du château des Templiers, fondé vers le onzième ou le douzième siècle, une promenade qui compte à peine quelques lustres, du moins dans son état actuel de régularité, d'alignement et de symétrie.

C'est un tort peut-être de parler aussi irrévérencieusement de la statistique ; elle va sans doute nous refuser le concours de ses chiffres et de ses calculs, et ne pas nous dire combien le boulevard du Temple compte de maisons, de lieux publics, de cafés ou de boutiques ; ce que les théâtres encaissent de recette en moyenne (observez que la statistique ne donne jamais que des moyennes, c'est-à-dire des erreurs dont chacune se trouve juste au milieu de deux vérités). Et pourtant le crayon du statisticien nous serait aussi utile, pour le moins, que la lorgnette du flâneur, s'il entrait dans notre plan de donner un daguerréotype minutieux de ce boulevard du Temple, si riche en détails ; mais nous sommes, avant tout, peintres de mœurs, et, une bonne fois pour toutes, les traits saillants des caractères, les côtés originaux des hommes et des choses, auront toujours pour nous plus d'attrait, et jouiront des honneurs du pas sur tout le bagage des Annuaires du commerce et de l'Almanach du bureau des longitudes.

Nous dirons donc que, depuis le Château-d'Eau

Le coup de midi.

Les rentiers du Marais.

jusqu'à une place encore irrégulière et qui constitue presque la seule large solution de continuité entre la double ceinture de maisons qui enserre Paris par le milieu du corps, s'étend la promenade assez peu alignée qui prend le nom de boulevard du Temple. Une rue du même nom se creuse, ainsi que plusieurs autres, moins importantes toutefois, à travers les massifs de maisons, et met un des flancs du boulevard en relation avec la Seine, en contact avec le centre vivant, grouillant, hurlant de ce Paris industriel ; et en même temps, vers l'autre bout, d'autres rues plongent jusqu'au fleuve Léthé, dont l'onde allégorique entretient le sommeil éternel du Marais. Ces deux extrêmes suffiraient pour donner au rendez-vous qui leur est commun une physionomie singulière et digne d'être étudiée. D'une part, les rentiers oisifs, les bourgeois qui ne sortent que par les beaux soleils et les jours clairs, ceux-là que l'on voyait naguère venir chaque jour au Palais-Royal attendre le coup de canon de midi ; de l'autre, la population de ce bazar où tombent toutes les grandeurs déchues, de ce Capharnaüm du bric-à-brac, et de ce Palais-Royal de la misère honteuse et de l'opulence besogneuse, qu'on nomme le marché du Temple : voilà déjà une source de bien des contrastes, de bien des rencontres bizarres, imprévues, hétéroclites ; mais, s'il n'y avait que cela, ce ne serait pas le boulevard du Temple, c'est-à-dire la chose unique dans son originalité, la chose qu'on remarque à Paris entre tant de choses remarquables, la huitième merveille de l'univers parisien.

L'autre côté du boulevard, le côté des théâtres, voilà son titre à la gloire, à l'immortalité. Pendant le jour, que de scènes curieuses sur cette mer d'asphalte ! que de spectacles imprévus ! Mais le soir... le soir, c'est encore un bien autre coup d'œil. Figurez-vous les gigantesques transparents, les affiches cy-

CHAPITRE VI. — LES BOULEVARDS (Fin).

clopéennes, rivalisant de feux, de pompe et d'impression, pour annoncer tour à tour les choses les plus fantastiques, les plus inouïes, les plus extravagantes, les plus impossibles, qui ont passé par la cervelle de fer et la plume de même métal de toute une race de charpentiers en drames, mélodrames, comédies, vaudevilles, opéras, féeries, farces, parades et autres genres dramatiques non dénommés dans les cours de littérature. Représentez-vous toutes ces curieuses physionomies, tous ces types variés à l'infini, qui sortent de toutes les bouches de ces cent rues, de tous les vomitoires de ces mille ateliers et de ces millions de boutiques. Ici viennent se réunir non-seulement les naturels de la rue du Temple et les indigènes du Marais, les nomades du quartier Saint-Antoine et les pèlerins de Bercy ou de Charenton, toutes nations aussi diverses d'aspect et de génie que de mœurs et de séjour : mais la Villette, mais la Chapelle, mais la ville extra-muros fournit aussi son ample contingent, avide d'émotions fortement épicées et de rire libéralement salé, de musique arrosée de bière et de cidre,

BOULEVARD DU TEMPLE (côté sud).

Cadran-Bleu. Rue Charlot. Café Turc. Passage Vendôme. Rue du Temple.

de flonflons parfumés au tabac et de chorégraphie qui rappelle, autant du moins que peut le permettre la pudeur municipale, les bacchanales et les saturnales échevelées de la barrière. C'est en effet un des affluents du boulevard du Temple, que cette cité de menuisiers, de charpentiers et de marchands de bois qu'on nomme la Villette ; et l'ouvrier qui a travaillé la semaine entière dans ses ateliers à équarrir les planches, à assujettir les tenons dans leurs mortaises, à ajuster les plafonds, à cintrer les voûtes, s'entend parfaitement, le dimanche au soir, pour ses quinze ou vingt sous, à juger si un drame est bien emmanché et bien machiné en charpente. Il connaît peu l'usage de la lime et du rabot en littérature, et se contente de lourdes pièces à peine dégrossies et passées à la varlope, pourvu que la hache ait taillé dans le cœur du chêne, que toutes les parties de l'œuvre soient bien cramponnées ensemble, et que le tout présente l'apparence de la force et de la durée. Telle est en quelques mots la pratique du théâtre, à l'usage de MM. les dramaturges et autres entrepreneurs littéraires qui travaillent pour les boulevards.

Laissez faire aussi que la Gaîté affiche quelque drame bien noir, éclos de la collaboration de deux ou trois fortes têtes, de deux ou trois gros bonnets de cette littérature à la tenaille et au ciseau, fameux pour l'habile agencement de leurs actes et la marqueterie de leurs scènes : vous pourrez voir des queues, et dans ces queues, des têtes bien curieuses, bien étranges, bien imprévues. Ce mot de queue, peu connu hors de Paris et surtout de l'autre côté de la Seine, mérite une explication. Une réunion de plusieurs milliers de badauds, de flâneurs, de toilettes brillantes (si l'on veut) et de parures demi-vraies, de

La queue au théâtre. — Voilà le programme !

blouses et d'habits, de faux castors et de casquettes, voilà ce qui constitue les longs serpents dont chaque écaille est un être humain ; serpents qui, par le froid, par le chaud, par le vent, la pluie ou la grêle, par une gelée russe ou un soleil africain, se replient, s'enroulent, s'entortillent en mille façons, la tête immobile devant une barrière qui ne s'ouvre qu'à l'heure fixe, la queue s'allongeant toujours ; et ces serpents, qu'attire tout spectacle, gratis ou non, qu'ambitionne tout directeur de théâtre et tout auteur dramatique, c'est ce que l'on nomme une queue.

On a vu, dans le temps, des queues formidables à la porte de l'Assemblée nationale, quand le programme du spectacle annonçait quelque lutte corps à corps entre deux fameux athlètes parlementaires, et même les jours de représentation ordinaire, quand il n'y avait à espérer que des interpellations. On en voit à l'abord des places avantageuses pour tous les feux d'artifice, illuminations, et autres divertissements officiels annuellement réinventés par l'édilité parisienne : on en a vu même, s'il faut en croire d'anciennes traditions, sous les voûtes émerveillées de l'Odéon. Mais le bitume, miroitant du boulevard du Temple est le témoin des queues les plus belles et les plus persistantes : pas de soirée où ce boa inoffensif ne vienne enlacer les palissades du Petit-Lazary, des Funambules, des Délassements, alléché par les transparents de Pierrot ou d'Arlequin, par les féeries des Quatre Parties du monde ou par les émotions en perspective de la Closerie des Genêts. On y jouit également, au grand complet, de l'aimable présence de tous les préposés, sinon à la politesse, du moins à la sûreté publique : gendarmes, sergents de ville, etc. Item, les cosmopolites marchands de coco, les crieurs de programmes et les vendeurs de rafraîchissements au rabais. Tout ce monde-là tourne, voltige, hurle, crie, se bat, se dispute, s'injurie, tant que le théâtre n'a pas absorbé, par ses étroits conduits, sa marée montante de spectateurs.

Quelques heures plus tard, quand les salles ont épuisé leurs douze ou quinze actes quotidiens, quand il a coulé suffisamment de sang et de larmes, suffisamment éclaté de rires et de sanglots, les salles rendent gorge, et les torrents qu'elles avaient engloutis sont rejetés par toutes leurs portes en torrents non moins impétueux. Le silence de la nuit, si néanmoins le silence à Paris n'est pas quelque chose de fabuleux,

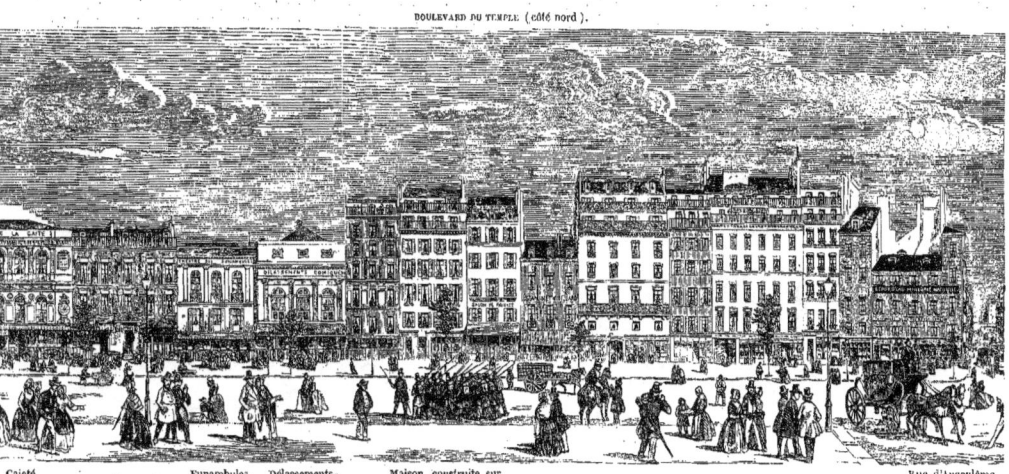

BOULEVARD DU TEMPLE (côté nord).

Gaîté. — Funambules. — Délassements-Comiques. — Maison construite sur l'emplacement de la maison Fieschi. — Rue d'Angoulême au Marais.

d'hypothétique, fait place à l'agitation, à la vie, à la fièvre des heures les plus bruyantes de la journée. D'abord, les vastes poussées, les immenses bousculades, moitié involontaires, moitié malintentionnées, qui traversent comme des courants météoriques ces moissons humaines, et qui ébranlent, renversent même tous ces épis serrés et embrouillés les uns dans les autres: puis, s'il fait clair et serein, l'ordre qui se rétablit et la mer qui s'écoule par cinquante embouchures. Çà et là les groupes se forment, le pêle-mêle se classe, la masse se divise, et chacun s'éloigne, riant, causant, devisant, fredonnant des airs nouvellement appris, ou se livrant à des commentaires improvisés, à des critiques avec appel au feuilleton du lundi. Mais, malheur! s'il neige, si le ciel se fond en pluie, si le verglas miroite, le tumulte de la sortie redouble alors : partout on a recours à l'arsenal des armes défensives, on se cuirasse de laine, de drap, de soie, sous leurs formes multiples, manteaux, burnous, talmas, écharpes, cachemires, châles, cravates, cache-nez, parapluies de toutes formes et de toutes couleurs. Les privilégiés, après l'assaut du fiacre ardemment disputé, crient le joyeux « Fouette, cocher! » traditionnel, et la vile multitude, à défaut de fiacre,

se résigne aux socques articulés, aux sabots même, et s'éloigne à travers glace, brouillards, frimas ou torrents diluviens, maugréant contre l'inégalité humaine.

Il sera plus tard question en détail des théâtres, et de tout ce qu'offre de piquant et d'original cette partie de Paris qui touche de près ou de loin à l'art dramatique. Le boulevard du Temple donne asile à plusieurs genres de ce que nous n'osons appeler de la littérature ; ainsi le Théâtre-National s'ouvre deux cents fois par an au canon, à la cavalerie, aux Turcs, aux Russes, aux Prussiens, Autrichiens et autres *Kinserlinchs*, qui sont patriotiquement *éreintés* et battus à plate couture, toutes les fois qu'ils ont le malheur de se présenter en face des braves armées de la République et de l'Empire. Autre transfiguration : l'île de Monte-Cristo, la scène où le public venait jadis savourer des pièces en trois journées, extraites des fabuleuses épopées d'Alexandre Dumas. Le théâtre Historique ou théâtre Montpensier, spéculation manquée, a offert asile à la musique, à l'opéra, que les grands seigneurs de la rue Lepelletier ou de la place

des Italiens laissaient dédaigneusement dans leurs antichambres. Puis les Folies et les Délassements, remplis encore des souvenirs de madame Saqui, *la première acrobate de France*, prêtent leurs planches, leurs lustres et leur rampe quelque peu enfumée concurremment aux féeries, aux métamorphoses, aux fantastiques échos, à la voix de cet enchanteur qu'on nomme le machiniste, et aux vaudevilles à tant la pièce, refusés soit par les aristocrates directeurs du Gymnase ou du théâtre de la place de la Bourse, soit par messieurs les courtiers dramatiques et entrepreneurs de succès. A côté de tout cela, les horreurs de la Gaieté : premier acte, inceste et adultère ; deuxième acte, poison ; troisième acte, duel et coup fourré ; quatrième acte, peste noire ; cinquième acte, massacre général ; le tout compliqué d'un prologue accommodé au sang, et d'un épilogue puant la chair humaine, et cela, s'il vous plaît, tout à côté du fameux cabaret l'*Epi-scié*. Ce café de l'*Epi-scié* n'est point un établissement vulgaire, en dépit de son enseigne qui rappelle les calembouriques réclames commerciales du *bon Coing*, du grand *Vert*, et du *Cygne de la Croix*. C'est là que se réunissent tous les artistes industriels dramatiques, vendeurs de billets, chevaliers

du lustre, marchands de contremarques et autres. Le café de l'*Epi-scié* a fait la fortune de plus de dix propriétaires. Enfin les deux descendants de la Comédie italienne et des Marionnettes, les Funambules et le Petit-Lazary, dont nous ne dirons rien ici, dans la crainte de défleurir un si riche sujet. Rendez-vous de tous ces théâtres, le boulevard du Temple est aussi le rendez-vous des petites industries qui vivent en parasites sur l'art dramatique. A tout

seigneur, tout honneur : le chef de claque s'avance, boutonné jusqu'au menton, gantant ses doigts crochus : tout à l'heure il s'armera de la canne qui lui sert, comme l'archet au chef d'orchestre, à diriger le concert des applaudisseurs. Plus tard, on décrira ses manœuvres : il a sa place dans le tableau des théâtres ; il suffit ici d'une anecdote toute fraîche de quinze années, dont il est le héros par son absence, à peu près comme Achille dans l'*Iliade*. Frédérick Lemaître, donnant une représentation d'adieux, n'est pas rappelé à la fin du premier acte. La toile se lève ; l'acteur s'avance : « Monsieur Auguste est-il ici ? » demande-t-il au public. Silence d'étonnement. « Puisque monsieur Auguste ne répond pas, y a-t-il monsieur Antoine ? » Même silence. « Alors, messieurs, continue le Talma du boulevard, je suis volé. Monsieur Auguste est chef de claque et monsieur Antoine est son sous-chef : je leur ai donné ce matin cinquante francs pour être rappelé après la chute du rideau, et ils sont absents tous deux ! » La saillie du grand acteur était pleine de cette philosophie un peu cynique, mais juste au fond, qui le distingue ; elle fut applaudie à bon droit.

Les marchands de contremarques et de billets moins chers qu'au bureau, race notée à la police, qui a vieilli à Poissy et fait plus d'une campagne sur les bancs de la *correctionnelle*, sont à peine d'un étage en dessous. On les voit fondre comme des har-

pies sur les spectateurs qui profitent des loisirs de l'entr'acte pour avaler une chope de bière ou une

gorgée d'air frais, entre un inceste et un assassinat : à grand'peine parvient-on à soustraire à leur rapacité le billet dû au contrôle, et plus d'une fois, en échange de quelques centimes qu'ils vous payent la moitié d'un drame ou la queue d'un vaudeville, vous ne retrouvez plus votre portemonnaie, votre montre ou votre foulard. Quelques-uns ont des coupons de rebut, qu'ils louent à l'année moyennant un rabais énorme, et vous donnent ainsi des places réellement à bon marché, mais en face du lustre, ou dans quelque encoignure pratiquée à l'usage des aveugles.

On pourrait également classer parmi les parasites du théâtre ces mille marchands forains que la police admet à l'entrée et à la sortie, ou ceux qui installent leur étalage provisoire, prêts à détaler au moindre vaisseau héraldique qui leur apparaît, brodé sur un collet de sergent de ville. La première catégorie comprend les marchandes d'oranges, de sucre d'orge, les marchands de marrons, les colporteurs d'allumettes ou de feu en nature, les cosmopolites débitants de coco : toute cette peuplade crie, parle, s'agite, se démène jour et nuit, à l'éclat du soleil, à la lueur des chandelles, sous leurs transparents rouges ou bleus. Quant aux boucaniers, aux interlopes du commerce

Vendez-vous votre contre marque

Le chef de claque.

Un billet moins cher qu'au bureau.

ambulant, on les voit de temps en temps arriver à la file, l'un avec ses chaînes de sûreté, l'autre avec ses porte-crayon ; celui-ci proclamant l'excellence de ses foulards de rebut; celui-là criant les merveilles de la souris ou de l'araignée mécanique; cet autre hurlant à perte d'haleine : « A vingt-cinq centimes, à quinze centimes la chaîne et la montre! » Ce petit monde grouille et barbote, a ses passions, ses intérêts, ses orages : il s'y déploie bien de l'éloquence pour allécher les passants, bien de l'adresse pour les duper, bien de la prudence pour échapper aux mille dangers qui menacent, bien de la niaiserie pour s'y laisser prendre ; enfin c'est tout comme dans le monde en grand.

L'autre rive du boulevard, dont nous avons déjà esquissé la physionomie, appelle surtout l'attention par son public, et par le public de ses cafés. On sait que la politique et le café sont les deux grands besoins du flâneur parisien, qu'il sorte des profondeurs

Vue générale du boulevard du Temple. — Marchands ambulants

du marais ou des sommités du quartier Bréda, qu'il vive sur les parages heureux du boulevard de Gand ou dans les régions à demi civilisées du boulevard du Temple. Le rentier de la rue Saint-Louis ou de la place Royale se livre volontiers, lui aussi, à des aperçus de politique générale ou nationale, à des théories de gouvernement et d'administration, qu'il expose d'ailleurs avec les gestes expressifs et l'accent convaincu d'un homme sûr de son affaire : seulement, triste effet de l'ingratitude humaine! trop souvent il oublie de citer le nom du rédacteur des Débats ou de l'Assemblée nationale auquel il emprunte ses tirades et son érudition du moment. Règle générale, tout Français qui lit un journal et s'imprègne de ses opinions n'a rien de plus pressé que d'ignorer l'existence de l'individu qui lui livre ses discussions toutes mâchées, toutes prêtes à servir : pour lui, le journal est un être collectif, un symbole, une vérité parlant sans interprète; la loi Tinguy n'obtient nul résultat.

Les cafés, foyer principal de cette politique à l'eau tiède, ont leur caractère assez distinct pour mériter quelque coups de crayon, qui termineront ce long chapitre sur le boulevard du Temple. Autour des billards on y voit d'habitude une foule avide et curieuse : ce sont les joueurs à la poule, que les persécutions et aussi l'art peu honorable des grecs, n'osent relancer dans ces asiles lointains. Réunis en petit comité de connaisseurs émérites, ils passent leurs loisirs éternels à admirer des effets rétrofuges, des carambolages par les quatre bandes, des coups fins ou des coups durs inattendus et réussis. Suspendus aux pérégrinations de la rouge et de la blanche, aux attaques de queue, ils oublient tout, ils ne songent même pas à veiller au blanc, à contrôler la marque ou le tableau des frais, et, s'ils fument encore, c'est par une opération machinale, par un mouvement purement respiratoire. Le garçon est obligé de leur renouveler les cigares ou de les prévenir que leur brûle-g..... est éteint. A côté de ces forcenés joueurs de billard, les champions des dominos, séparés par une cannette de bière douteuse, se mesurent dans des campagnes qui n'en finissent pas, jouant éternellement des marques de consommations qui ne sont jamais prises, et maudissant le ciel pour une pose malencontreuse ou un double-six retardataire. Le piquet, l'écarté, la bésigue, l'impériale, tiennent là également leurs assises; et à travers les fumées du tabac, on reconnaît à peine le cachet propre de toutes ces figures, les unes chevelues et barbues, les autres lisses ou ridées, celles-ci en pleine lune, celles-là en dernier quartier. Les costumes n'accusent en général ni le luxe ni l'élégance, et la tenue de tous ces habitués, accroupis, recoquevillés, allongés, assis, étendus dans toutes les positions imaginables, ne dément ni les redingotes râpées, ni les blouses suintantes et

L'estaminet au boulevard du Temple.

Le divan au boulevard du Temple.

CHAPITRE VI. — LES BOULEVARDS (Fin)

déchiquetées, ni les habits qui montrent les dents. Il y a plus de casquettes que de chapeaux, et plus de feutre que de soie; il s'y fume plus de tabac de *caporal* et de bouts tournés de la régie que de Havane ou de Maryland. Parmi tous ces types, citons en finissant celui qu'a si bien dessiné Paul de Kock : le hâbleur, qui fume comme une locomotive, et met à contribution la blague de chacun, en étalant la sienne où

paille, selon les uns; selon les autres, le bras droit et l'œil droit du cardinal de Richelieu. La fameuse *émi-*

prise, selon le ministre-cardinal, qui n'estimait aucun prince ni diplomate de son temps capable d'une telle besogne. Elle rasa, ou, pour éviter un affreux jeu de mots, elle démolit au niveau du sol les murs, cloîtres et constructions diverses du monastère supprimé, pour faire naître des rues à sa place. Peu à peu, sur un alignement admirablement fixé d'avance, les maisons envahirent les plantations, et, vers 1830,

reste à peine quelque bribe de tabac, destinée à y figurer éternellement; le parasite, qui ne joue que des parties sûres, dort, mange dans le café où il a élu domicile, et qui offre à chacun le seul cigare qui lui reste, assuré qu'on ne l'acceptera pas et qu'on répondra dignement à sa politesse.

Pourquoi range-t-on au nombre des nouveaux boulevards celui qui porte le nom des Filles-du-Calvaire? On sait pourtant qu'il fut planté en 1536, et que les beaux quinconces, les allées ombreuses qu'on y admirait il n'y a pas plus de cinq ou six lustres, dataient des années comprises entre 1668 et 1704, sous le règne de Sa Majesté Très-Chrétienne Louis XIV le Grand. Et de plus, le couvent des Filles-du-Calvaire, attribué aux religieuses de l'ordre de Saint-Benoît, couvent qui jouit de la gloire d'avoir baptisé, sinon la plus belle, du moins la plus large et la plus alignée des promenades de Paris, ce couvent ne remontait-il pas, lui aussi, à un âge fort respectable? En effet, il eut pour parrain un des hommes les plus singuliers et les moins connus de la première moitié du dix-septième siècle : nous parlons de ce fameux capucin, Joseph du Tremblais, l'espion et l'homme de

nence grise fonda le couvent en question vers 1635. La révolution française, cette impitoyable nive-

leuse, fit la première la barbe au rusé capucin, chose déclarée pourtant impossible, quoiqu'il y eût belle

le boulevard offrait un aspect assez peu différent d'aujourd'hui. Le principal effet de cette fructification rapide de charpente et de moellons, fut l'expulsion d'une race bohémienne qui, dès longues années, venait planter sous les ombrages sa tente passagère et ses tréteaux d'un jour. Les anciens du quartier, et même les gens qu'une pareille qualification flatterait médiocrement, regrettent aujourd'hui encore ces tribus de saltimbanques, êtres douteux entre l'homme, dont ils avaient la parole, et le singe, dont ils égalaient la laideur et l'agilité. Un de ces habitués du boulevard, qui, à chaque éclaircie du soleil, viennent étaler sur le bitume frais encore leurs habits à formes surannées et leurs chapeaux illustrés, diaprés, constellés par les orages, un de ces narrateurs intrépides des gloires du passé vous redira, avec des paroles d'émotion, l'adresse, la force, la souplesse incroyables, la faconde, les lazzis, les parades désopilantes de tel ou tel émule des Bobèche et des Galimafré. La dernière queue rouge a définitivement disparu du boulevard des Filles-du-Calvaire, et avec elle la joie, les divertissements, l'originalité, la physionomie propre de tout un quartier. Où voulez-

BOULEVARD DES FILLES-DU-CALVAIRE (côté nord). — BOULEVARD BEAUMARCHAIS (côté nord). — Rue Saint-Sébastien.

vous donc que les enfants, petits et grands, que les bonnes et les beaux militaires trouvent un nouveau

point de réunion, et viennent oublier les langueurs du Marais ou les bruyantes contrées du faubourg Saint-

Antoine? L'immortel Polichinelle, brillant encore sur les scènes rivales de Guignol et de Nicollet, fuit entendre trop loin ses appels à la guimbarde et ses grelots séducteurs : exigera-t-on des habitants de la Bastille qu'ils aillent transporter leurs bravos, leurs éclats de rire et leurs applaudissements sous les allées et parmi les plantations du quartier Beaujon et du carré Marigny?

Le boulevard, privé de ses saltimbanques, s'est donc résigné à ne devenir plus que l'humble succursale des ateliers d'ébénisterie et de sculpture sur bois du faubourg Saint-Antoine, ou encore des funèbres industriels qui exploitent l'avenue du Père-Lachaise, et qui scient, au plus juste prix, des pans ou des couvercles de tombeaux ; qui tournent des urnes sépulcrales et bâclent des figurines de pleureuses ou d'anges agenouillés. Décidément l'air du Marais endort de ses exhalaisons tout ce qui l'entoure ; il a tué la place Royale ; il a mis en fuite, au grattement de la truelle et aux cris des maçons, la population flottante des acrobates en plein vent, des Hercules du Nord et du Midi, des jongleurs de toute sorte, réunis là depuis cette époque reculée où il leur était permis d'entrer à Paris en payant le péager *en monnaie de singe*. Nos lecteurs se souviendront ici de l'ordonnance royale, s'il vous plaît, qui permettait à tous jongleurs et bateleurs d'entrer sans payer de redevance à la barrière, pourvu qu'ils exécutassent ou fissent exécuter à leurs singes savants quelque tour du métier, dont devait se contenter le préposé : et l'on n'oubliera pas le proverbe, issu de ce privilège. Quelques sauvages d'origine plus que douteuse, suffisamment emplumés et instruits à rouler leurs yeux de façon effroyable en dévorant des poissons crus ou de la volaille vivante ; quelques femmes géantes, dont il faudrait encore vérifier le sexe ; enfin, des phoques savants, qui font l'exercice militaire et articulent quelques syllabes : tels sont les rares, bien rares traînards de cette armée nombreuse subsistant sur la curiosité publique, et qui a, depuis quelques années, disséminé ses tentes sur les points les plus ignorés de la France.

Il paraît que l'on a coupé des têtes sur le boulevard des Filles-du-Calvaire ! Que le lecteur se rassure ; nous ne songeons pas ici à lui faire un récit bien noir des horreurs de n'importe quelle révolution ; nous ne parlons que des têtes coupées en présence de spectateurs ad-

Le cabinet de figures de cire.

mis à contempler l'opération, moyennant quelque piècette blanche, sans jugement et sans condamnation, avec la participation et le consentement très-exprès de M. le commissaire de police ou de son délégué, présent à la chose. Le détail de ces inoffensives exécutions nous a été transmis par des témoins oculaires. Un des acteurs se présentait : l'opérateur, l'étendant sur le dos, déchargeait sur son cou une terrible estocade avec un grand cimeterre recourbé ; puis, instantanément, il priait le public d'approcher, et montrait le corps gisant sur une table, tandis que la tête reposait, au milieu de son sang, dans un large plat analogue au fameux armet de Mambrin du héros de la Manche. Les deux parties se trouvaient d'ailleurs parfaitement séparées, et l'on pouvait s'assurer que le corps était un corps humain, fraîchement tué, puisqu'il était encore tiède, le pouls ayant cessé de battre et le sang de circuler. Un disciple des Bosco et des Philippe nous a révélé le *truc*, pour me servir de l'expression technique. Le patient se trouvait étendu sur une planche à bascule ; au moment où retentissait le coup de sabre, la planche tombait perpendiculairement, de manière à ne laisser passer que la tête, qui se trouvait baignée dans un baquet de sang à la détrempe, sans fond, et préparé d'avance. En même temps, cachée par la large robe du nécromancien, s'approchait une seconde table à roulettes, sur laquelle gisait un autre malheureux, vêtu de même que le premier, la tête déjetée en arrière et cachée par un écran peint en rouge : de plus, pour arrêter le pouls, il avait les membres serrés de ligatures. Les féeries théâtrales se sont depuis emparées de cette jonglerie, dont le plus grand mérite con-

BOULEVARD BEAUMARCHAIS (côté sud).

Rue Neuve-Saint-Gilles. — Rue des Tournelles. — Rue de Harlay. — Rue Saint-Claude.

siste, après tout, à produire une fort triste illusion.

Dans les environs du boulevard des Filles-du-Calvaire commence ce vaste et prodigieux édifice souterrain, d'une si incontestable utilité dans toutes les grandes villes, et spécialement dans celles qui, comme la vieille Lutèce, reposent sur d'anciens marécages, et ne vivent que sur des boues desséchées et des terrains à peine débarrassés des eaux stagnantes : nous voulons parler du grand égout. L'égout général fut ouvert, en premier lieu, à partir de la rue du Calvaire jusqu'à Chaillot, où il se jetait dans la Seine, embrassant dans son périmètre les faubourgs du Paris septentrional, et se ramifiait en galeries moins importantes. D'abord simple rigole sans maçonnerie, il fut promptement engorgé, et nécessita de fréquentes réparations. En 1713, une branche auxiliaire fut creusée dans la direction de l'Arsenal ; plusieurs années après, l'égout fut reconstruit dans toute son étendue, voûté et revêtu en maçonnerie sur tous les points. Ce travail important fut complété par la construction d'un vaste réservoir et par l'organisation d'un nettoyage régulier. Ces diverses fondations ont immortalisé la mémoire de leur auteur, ou tout au moins son nom, que chacun lit au coin d'une rue du quartier

BOULEVARD BEAUMARCHAIS (côté sud).

Café Gibé. — Rue Jean Beausire. — Hôtel de Ninon de Lenclos. — Théâtre Beaumarchais. — Rue du Pas-de-la-Mule.

Saint-Antoine : mais plus d'un peut-être se demande les titres de Jean Beausire à cet honneur si prodigué, oubliant qu'il fut l'architecte chargé de ces travaux utiles et sans gloire, quoique de première nécessité.

Nous ne quitterons pas notre boulevard sans un coup d'œil sur son industrie et son commerce. Malgré l'apparence, il y a bien des richesses artistiques, originales et introuvables ailleurs, derrière ces murs si monotonement englués de jaune, au fond de ces maisons propres et peignées comme celles des squares de Londres. La sculpture en bois voit triompher, comme toujours, nos ouvriers : il sort des ateliers et des entrepôts des Filles-du-Calvaire d'élégants meubles d'ébène, ciselés et fouillés de manière à faire pâlir d'envie Boule lui-même, et des bahuts de chêne massifs, solides, enguirlandés de feuillages, hérissés de figures héraldiques, blasonnés d'armoiries et de symboles parlants qui feraient rêver une châtelaine du bon vieux temps. Ajoutez les bronzes de Vittoz, une de ces renommées européennes qui ne redoutent ni la concurrence ni les caprices de la mode, car ces bronzes, au lieu de sacrifier aux déités du jour, ont toujours eu le bon esprit de n'écouter que la voix de l'art et du goût. Enfin les marchands de curiosités, ces fouilleurs infatigables qui explorent les champs de bataille où a succombé quelque chose du passé, pour recueillir les débris, les rassortir, les appareiller, et offrir aux amateurs des musées tout faits, des collections de toutes les raretés désirables, depuis le yatagan arabe jusqu'au casse-tête péruvien, depuis le vieux Sèvres jusqu'au vieux mandarin ; gens qui réunissent dans leurs montres les reliquaires aux amours bouffis, les épées gothiques aux pièces d'argenterie de table, les pendules rocailles aux têtes de mort sculptées en plein ivoire.

Une remarque est à faire, en commençant à décrire le boulevard Beaumarchais, c'est qu'il n'existait pas

Une rue souterraine à Paris.

il y a quelques années à peine, et qu'en 1848 les boulets dirigés contre le centre de la terrible insurrection de juin s'égarèrent sur plus d'une maison à demi élevée, sur plus d'une construction encore entourée d'échafaudages, et que Virgile aurait appelée une menace de murs. Car voilà, en effet, ce qui menace tout dans Paris : cette floraison rapide de la brique et de l'ardoise, cette profusion du bois de charpente et du moellon, cette exubérante végétation de croisées, de persiennes et de portes cochères. Paris absorbe décidément la province. Nous savions déjà qu'il y naissait des Auvergnats, et que certaines rues avaient plus de droits à s'appeler Clermont ou Aurillac que les chefs-lieux du Cantal et du Puy-de-Dôme ; mais il arrive que Limoges émigre à son tour, et que le Limousin, ce gâcheux de plâtre par excellence, aspire à couvrir de ses planches et de son mortier tous les coins de la capitale. Une fureur monumentale règne épidémiquement : la vague des maisons monte et grossit à vue d'œil, débordant les barrières, envahissant la banlieue et battant de ses premières atteintes les ouvrages avancés des fortifications. Où s'arrêtera cette fièvre, cette manie d'entasser moellon sur moellon ? Hélas ! le sol de Paris est, pour cette fâcheuse récolte, d'une fertilité sans égale ; il y pousse plus de maisons que d'arbres et plus de badauds que d'édifices ! Encore si l'on nous élevait de bonnes et solides maisons, avec bons murs et planchers solides, comme faisaient nos ancêtres ! Mais l'industrie moderne a prouvé qu'ils n'étaient que des ignares et des encroûtés : une maison qui dure des siècles et qui coûte horriblement cher, fi ! Il faut bâtir au rabais, pour vingt ans, pour trente ans au plus, et c'est trop long encore : la garantie se borne bien à cinq ans. Puis l'homme est un voyageur qui plante sur la terre une tente d'un jour : que lui sert un asile plus durable que lui ? Ses enfants ? Bah ! ils trouveront bien toujours à se loger quelque part : qui les empêchera de se construire des châteaux de cartes à l'instar de leurs pères? Aussi, puisque nous parlions tantôt des tristes effets du canon de juin, on a vu à cette époque quel compte il y avait à faire sur la solidité de pareilles baraques. Les boulets, prenant en enfilade, fendaient à jour de longues murailles, ou les criblaient comme des écumoires, ou bien encore les renversaient du premier choc : il a fallu reconstruire à fond la plupart des maisons éflleurées, mais en même temps ruinées par l'artillerie.

Le boulevard Beaumarchais n'offre à l'histoire aucun souvenir digne de remarque, si ce n'est celui de l'homme auquel il doit son nom et sur lequel nous reviendrons. Cependant les anciens du pays ont recueilli une tradition qui placerait non loin du berceau de ce fameux automate joueur d'échecs, dont l'histoire est plus accidentée que celle de tant de grands personnages. On raconte qu'un fameux amateur d'échecs du dix-huitième siècle ordonna à un pauvre mécanicien de lui construire, sur ses dessins, une machine capable de tenir tête aux plus habiles chevaliers du gambit et de l'échec et mat. Pour plus grand secret, l'ouvrier et le patron s'étaient renfermés dans une petite maison au bout de la rue Saint-Gilles, actuellement coupée par le boulevard, et ils demeurèrent de longs mois à combiner les pièces de leur automate, destiné à une célébrité sur laquelle ils ne comptaient guère eux-mêmes. La mécanique terminée représentait un bonhomme assis à l'orientale, avec un costume turc, au-dessus d'une vaste caisse cylindrique qui renfermait les rouages, et sur laquelle était un échiquier avec des pièces de forme particulière. La figurine, mise en mouvement au moyen d'une manivelle, jouait avec la précision d'un Philidor ou d'un Labourdonnais, posant ses pièces avec une roideur mécanique, secouant la tête aux fausses marches de l'adversaire, et dénonçant les échecs par un son guttural inarticulé : elle était d'une très-belle force, et l'on ajoute qu'ayant joué avec Napoléon, elle le gagna en lui rendant la tour et le pion, juste ce que Philidor rendait, au café de la Régence, à J.-J. Rousseau. Plus tard fut découvert le secret tout simple qui donna l'explication de ce prodige impossible dans la mécanique : un joueur en chair et en os se renfermait dans la caisse cylindrique, qui recevait du jour par une habile disposition de miroirs ; les pièces de l'échiquier, fortement aimantées, agissaient à travers la caisse sur des barres mobiles, fixées sur une table quadrillée correspondant au champ de bataille extérieur ; de sorte que, étant averti de chaque incident de la partie, il reproduisait sur un échiquier en miniature les coups de l'adversaire, et combinait les siens à loisir avant de les faire exécuter par l'automate, mu à l'aide d'un ressort.

Cette ingénieuse invention nous conduit à l'homme ingénieux par excellence, à Beaumarchais, dont on a donné le nom au boulevard, en souvenir de son ancienne habitation, détruite, grâce aux exigences de l'alignement, et pour les besoins du canal Saint-Martin. Beaumarchais, à la fois industriel et ouvrier, armateur et négociant, avocat et homme de lettres, musicien et auteur dramatique, était venu abriter, au coin de la place de la Bastille, dans une habitation originale et singulière, la fin de son existence si agitée et si bizarre. Difficilement on parlerait de lui sans essayer de le peindre, de le caractériser : et comment le caractériser autrement que par des extraits de sa vie aventureuse? On l'a vu soutenir un procès, prélude des fameux Mémoires dans les affaires Goëzman, Kornmann et autres, pour revendiquer l'invention d'un échappement d'horlogerie que lui disputait un confrère ; puis, quelques années après, quand il oublie que sa première ambition fut jadis de devenir le Graham français, et qu'il a quitté la loupe paternelle pour les séductions de Versailles, un grand seigneur impertinent l'accoste en lui tendant sa montre : « Ah ! monsieur de

Rue du Chemin-Vert. — Rue d'Aval. — Emplacement de l'habitation de Beaumarchais. — BOULEVARD BEAUMARCHAIS (côté nord).

Beaumarchais, ma montre ne peut marcher ; seriez-vous assez bon pour la réparer? » Sans sourciller à cette raillerie faite pour emporter la pièce, Beaumarchais prend la montre et la brise en mille morceaux, la laissant tomber avec force. « Mille pardons ! monseigneur, s'écrie-t-il ; mon père m'a toujours dit que je ne serais qu'un maladroit. »

Ce même homme, peu content d'usurper le rang d'homme de cour, voulut être auteur, et il le devint, grâce à son esprit, le plus mordant et le plus caustique du dix-huitième siècle, y compris Chamfort, Rivarol et Voltaire. Son Figaro tint en suspens la cour et la ville pendant cinq années entières, et commença la série de ses triomphes par une victoire sur la volonté très-expresse du roi. Ses Mémoires, échafaudés sur une affaire infiniment simple et qu'il eût obscurément gagnée, mais à coup sûr, s'il n'eût voulu la perdre aux applaudissements de toute l'Europe ; ses Mémoires battirent en brèche le parlement Maupeou, et préparèrent le grand revirement d'opinions qui amena 1789. En un mot, quoique Gilbert l'accuse d'avoir *trois fois avec gloire* :

Mis le mémoire en drame et le drame en mémoire

Beaumarchais tiendrait un rang honorable dans la littérature, s'il n'avait que la littérature pour titre à l'immortalité ; mais on n'oubliera pas plus que son Figaro ses entreprises hardies, ses expéditions de poudre et de fusils aux insurgés américains ; tandis que le cabinet de Versailles hésitait encore, et sa première idée d'introduire en France le système des voies ferrées, qu'il destinait à faciliter la circulation.

La résidence de Beaumarchais et ses jardins somptueux s'étendaient autrefois sur les terrains qu'occupent aujourd'hui les hautes maisons construites sur la partie nord du boulevard, que traversent la rue Amelot et le canal Saint-Martin, et qui touchent, d'un côté, à la rue d'Aval et à la place de la Bastille. — « A cette place même, » disait quelque part le bienveillant critique des courriers de l'*Illustration*, M. Rolle, « à cette
« place même, un peu avant la Révolution, Beaumar-
« chais s'était fait bâtir une habitation immense et
« magnifique ; Voltaire en était le dieu lare : sa statue
« en décorait l'entrée ; son portrait se répétait de sa-
« lon en salon. Traversez ces sentiers de sable, passez
« sous ces rochers postiches, vous découvrez un tem-
« ple d'une forme antique. Quelle est la divinité qu'on
« y encense? c'est encore Voltaire.

« Beaumarchais s'était d'ailleurs soumis scrupuleu-
« sement à cette doctrine que son dieu Voltaire en-
« seigne quelque part : *le superflu, chose si nécessaire.*
« Le nécessaire se montrait partout dans la maison
« de Beaumarchais : peintures, statues, bas-reliefs ;
« Rome, la Grèce et l'art de Jean Goujon. La philoso-
« phie d'une part, de l'autre Ganymède ; ici une sen-
« tence de quelque sage, gravée en lettres d'or ; là cet
« apophthegme en latin macaronique inscrit au fronton
« de la salle à manger :

EREXI TEMPLUM A BACCHO,
AMICISQUE GOURMANTIBUS.

« Curieux mélange de raillerie et de gravité, de foi et
« de scepticisme, où se trouve résumé d'une manière
« originale le caractère singulier de ce siècle.

« Ainsi la maison de Beaumarchais n'existe plus ;
« abattue, il y a déjà plusieurs années, pour les menus
« plaisirs du canal Saint-Martin, elle était restée long-
« temps à l'état de terrain vague. L'œil rencontrait
« avec tristesse cette immense et stérile solitude dans
« le voisinage d'un faubourg si actif et si peuplé. Main-
« tenant ce désert est bâti du haut en bas, ou peu s'en
« faut, bâti par des maçons et rien de plus : il ne faut
« pas compter sur l'étrusque et l'ionique que Beau-
« marchais n'avait pas épargnés, ni sur les frises imi-
« tées du temple d'Antonin et de Faustine. Cependant
« les maçons ont eu beau faire, nul homme d'un peu
« de savoir, de cœur et d'esprit, ne passera par là sans
« dresser l'oreille et sans ouvrir les yeux, comme s'il
« entendait encore la voix mordante de Figaro, comme
« s'il voyait briller derrière la jalousie le regard amou-
« reux de Rosine et la vive prunelle de Suzanne. »

Chapitre VII.
LA PLACE DE LA BASTILLE.

La place de la Bastille. — La colonne de Juillet. — Le gamin de Paris. — Les gueux de Londres. — Les mendiants de Madrid. — Les lazzaroni et les trasteverini de Naples et de Rome. — Le canal Saint-Martin. — La porte Saint-Antoine. — Les anciennes limites. — Le roi Louis XI. — La Bastille. — Ses prisonniers. — L'évêque de Verdun. — Voltaire et la Henriade. — Pelisson et Latude. — « Ici l'on danse. » — L'éléphant de la Bastille. — Les rats de l'éléphant. — La colonne, son génie et ses tombeaux. — Georges Farcy. — Le boulevard Mazas. — Le boulevard Bourdon. — La foire aux jambons. — Les jambons de la Hongrie.

Après le boulevard Beaumarchais viennent la place de la Bastille et la colonne de Juillet, qui nous avertissent que le chapitre des boulevards touche à son terme : nous ne le quitterons pas toutefois sans un regard pour cette mièvre et espiègle figure que, dans le cours de cette longue promenade, nous avons

Vue à vol d'oiseau du canal Saint-Martin, de la place et du quartier de la Bastille, prise de la rive droite de la Seine.

encontrée bien des fois sur nos pas, toujours vive, rieuse, insouciante, éveillée, mêlant le trait d'esprit au quolibet, l'injure à la plaisanterie, et l'astuce à la probité : nous ferons un instant poser le gamin de Paris. Chaque cité de quelque importance possède une race d'enfants, ennemis nés de l'ordre, du silence e

et de la propriété : ainsi Londres voit sa postérité déguenillée souffler des épingles à travers la sarbacane dans les jambes des laquais, ou assaillir de projectiles les orateurs politiques, candidats à la chambre basse; ainsi Madrid a ses mendiants peints par Murillo, Naples ses lazzaroni, Rome ses trasteverini, et Marseille, capitale du midi, ses coureurs de quais, ses dévastateurs de denrées coloniales, qui vivent sur les immondices du port et les profits douteux de leurs rapines. Mais où rencontrer le gamin, cet être terrible, spirituel, bouffon, original, amusant, inventif? cet artiste en révolutions et en barricades, qui se bat comme un lion quand on l'enrégimente, ou même quand il est un peu grisé de poudre, et qui s'entend si bien à molester l'autorité, à persifler le sergent de ville, à mettre sur les dents tout ce qui porte buffleterie ou uniforme quelconque? Le gamin de Paris est toujours apprenti quelque part; sous ce prétexte, on le rencontre partout, excepté à la maison paternelle ou dans l'atelier du patron; partout, en été sur le quai et les ponts, se livrant aux plaisirs de la pêche et de la natation, en hiver sur le bitume transformé en surface glissante et polie, où il jouit des charmes du voyage en traîneau et en patins, en se passant toutefois de pareils accessoires. Au premier rang dans tous les auditoires de jongleurs, de chanteurs, marchands de chaînes de sûreté et autres objets peu reconnus par la police, le gamin se plaît aux arrestations, aux querelles, aux accidents, à tout ce qui sort de l'ornière habituelle: il ne respire que plaies et bosses, incendies, voitures brisées et chevaux éventrés. A la musique des régiments, c'est le gamin qui fait cortége en emboîtant le pas; aux flons flons des harpistes de rue, c'est encore le gamin qui occupe la première galerie. Juché aux étages supérieurs ou entassé

sur les banquettes du parterre des petits théâtres, il fait pleuvoir les quolibets et les pelures de pommes sur les *aristos* des loges ou des galeries : attroupé sur les trottoirs des rues, il poursuit de ses sarcasmes les masques du carnaval ou les costumes hétéroclites et les physionomies topinambours de toutes les saisons. Mille fois décrit et *représenté*, le gamin demeure indescriptible et insaisissable : Protée aux transformations nombreuses, il se rit de tout effort pour le peindre, et accueille de son geste favori celui qui veut le faire causer pour le croquer au naturel. Ce petit être qui tient du chat, du serpent et de l'oiseau, vous le retrouvez partout : il sert comme de liaison commune entre les divers quartiers de Paris; il rapproche la rive droite de la rive gauche, la Bastille de la Madeleine.

Traversée par le canal Saint-Martin, et bornée par la Seine, servant de débouché à deux boulevards, comme le boulevard Bourdon et le boulevard Beaumarchais, à deux rues comme celles qui portent chacune le nom de Saint-Antoine, d'industrieuse et remuante mémoire, et à plusieurs autres voies publiques encore, la place de la Bastille présente un panorama des plus remarquables et une animation dont on s'aperçoit même au milieu de l'animation de Paris. De plus, outre ce titre à l'attention du touriste parisien, nul endroit peut-être n'a plus de souvenirs historiques, plus de choses terribles, émouvantes, dramatiques à raconter : c'est plus qu'il n'en faut pour que nous nous y arrêtions un instant, en parlant du passé et du présent de la Bastille, de l'éléphant, et de la colonne et du génie.

Deux monuments qui ne sont plus, la porte Saint-Antoine et la citadelle de la Bastille, signalaient, avant la Révolution, cette place témoin de tant de crimes et de hauts faits, baignée de tant de larmes et de sang. La porte Saint-Antoine

CHAPITRE VII. — LA PLACE DE LA BASTILLE.

n'eut jamais rien qui fût digne de faire récrier le moindre voyageur. Marque vivante des agrandissements démesurés de la capitale, elle était là, comme ses sœurs la porte Saint-Honoré, la porte Saint-Denis, la porte Saint-Martin, pour dire aux citoyens de l'antique Lutèce : « Voilà l'espace dont vous vous êtes contentés pendant mille ans. » Peu à peu la grande ville a débordé hors de ses enceintes; les portes fortifiées se sont noyées dans l'îlot des maisons, et ont fini par disparaître sous cette mer qui monte, monte toujours. Pourquoi la porte Saint-Antoine aurait-elle survécu? Nul mérite architectural, nul souvenir de gloire; nulle grandeur ne la sauvegardait.

La Bastille, qui ne fut guère plus monumentale, a vécu d'une vie plus longue cependant, et son nom est assuré de l'immortalité triste et fâcheuse qui attend la tyrannie et l'arbitraire. Nous n'avons pas l'intention de refaire la description de ce lourd quadrilatère en épaisse maçonnerie et en pierres de taille, avec ses tours à demi engagées dans les angles, ses fenêtres grillées, ses ponts-levis et ses fossés. Commencée sous Philippe-Auguste, elle reçut de Louis XI les derniers embellissements nécessaires pour en faire une prison-modèle : cages en charpentes *bougonnées* de fer, avec le haut évasé et le bas étréci en entonnoir, afin qu'on ne s'y pût tenir qu'accroupi; boulets enchaînés aux pieds des captifs, et autres raffinements dignes de l'imagination du Tibère de Plessis-lez-Tours. On n'a pas oublié une belle page de Notre-Dame de Paris, où ce vieux roi visite *ses fillettes*, cognant la charpente en *cœur de chêne*, vérifiant le compte des clous et des crampons, et demeurant sourd aux plaintes de l'évêque de Verdun bien et dûment encagé. La Bastille vit bien des prisonniers illustres à tous titres se succéder sous ses voûtes noircies : grands seigneurs, prélats, financiers, diplomates, écrivains, poëtes, artistes, s'y rencontraient bien des fois. Elle garantissait le silence des pères à qui les plaisirs du roi volaient leurs titres, des maris arrachés à leurs trop belles épouses, des auteurs trop libres dans l'expression de l'indignation publique : elle servait d'expiation aux désobéissances, aux légèretés des courtisans. Voltaire y composa la *Henriade*, captif pour n'avoir pas écrit la fameuse satire des *J'ai vu*; et Voltaire n'est que le plus illustre de ses compagnons de captivité.

On se souvient encore de l'araignée de Pélisson et de la captivité de Latude. Ce dernier surtout est populaire par ses malheurs, par ses évasions, par les miracles de patience et de persévérance dont fut remplie sa prison de trente ans. Latude fut d'ailleurs une des dernières victimes de la Bastille. En butte à une exécration qui grossissait de siècle en siècle, la Bastille tomba au premier tocsin de la révolution française; il n'en resta guère que le souvenir, et quatre-vingt-trois modèles en petit, qu'un architecte patriote imagina de tailler dans les assises mêmes du monument écroulé au souffle de la fureur populaire. La plupart de ces réductions, qui furent envoyées aux chefs-lieux de chaque département, ont disparu à leur tour, et le peu qui subsiste, s'il en subsiste toutefois, passerait aujourd'hui pour une curiosité introuvable.

Les ruines de la prison détestée couvraient encore le sol quand la nation entière, réunie au Champ-de-Mars, fut conviée, en 1790, à la première fête en quelque sorte républicaine, à la fête de la Fédération. Au retour de cette imposante cérémonie, un bal de patriotes, pour parler le langage de l'époque, s'organisa au milieu des vieux murs abattus et des fossés remplis. La joie populaire insultait aux vaincus; le tiers opprimé hier et oppresseur demain dansait sur les ruines de la royauté absolue, et les joyeuses notes de l'orchestre réveillaient les cris de rage, les sanglots de désespoir qui avaient si longtemps retenti à cette place funèbre. La fameuse inscription : « Ici l'on danse, » gravée à la porte du bal improvisé, fut un de ces mots énergiques dans leur simplicité brutale qui caractérisent les révolutions : comme pendant, on peut citer la parole de ce député du tiers, répondant à une invitation tardive du malheureux Louis XVI : « Allez dire au roi que le peuple dîne, et qu'il dîne à ses frais. »

Longtemps l'emplacement maudit demeura vide de monuments durables, et ne vit s'élever que les tentes passagères destinées à abriter les danses d'ouvriers qui se délassaient, sinon du travail, du moins des fatigues du club, de la section et de l'émeute. Enfin Napoléon décida qu'une fontaine, unique dans son genre, s'élèverait là où le peuple avait fait table rase d'une prison. Le plan d'abord adopté consista dans l'érection d'un éléphant gigantesque qui devait supporter une tour à la manière antique : il reçut une exécution provisoire, et le monstrueux quadrupède s'éleva, tout de plâtre et de mortier, au carrefour des rues et des boulevards.

Colonne de la place de Bastille.

Près de 500,000 fr. avaient déjà été transmutés en moellons, et la tour demeurait encore en projet, et le monument lui-même attendait sa reconstruction en matériaux un peu plus solides. Il était temps de se raviser : on songea que l'éléphant ne présentait rien de fort satisfaisant à la curiosité des voyageurs; son existence fut mise en question, et l'on se demanda s'il ne vaudrait pas mieux le remplacer par des statues symboliques représentant les grands fleuves de la France. Le goût de l'époque était aux emblèmes, aux allégories pétrifiées ou peinturlurées, et Paris aurait possédé un exemplaire de plus de cette mythologie en marbre et en action, si la chute de l'empire n'eût mis terme à ses projets. L'éléphant demeura donc en place, sous la garde d'un factionnaire impuissant à le défendre des injures du temps et de l'invasion des rats, hôtes incommodes et destructeurs qui parvinrent à s'abriter dans les cavités du plâtre. On vit tour à tour s'écailler, se lézarder et fondre au soleil, à la pluie, au vent, la queue, les oreilles, les défenses, la trompe du géant; et, de son côté, la troupe des mineurs à quatre pieds se mit dans l'intérieur à l'œuvre. Ce fut, dit-on, un siège en règle : l'armée assiégeante reçut des auxiliaires nombreux, venus de Montfauçon, et la sape arriva jusqu'aux ouvrages avancés. Enfin la révolution de Juillet vint lui porter le coup de grâce. Un monument devait s'élever pour éterniser la mémoire de ces insurgés triomphants, dont le sang avait marqué une étape dans la voie du progrès : il fut décidé que l'éléphant céderait la place à une colonne, monument à la fois triomphal et funéraire. La colonne de Juillet domine en effet aujourd'hui cette vaste et belle place, que déshonora trop longtemps l'informe moellon qui ne conservait d'éléphant que le nom : svelte et gracieuse, elle étale au soleil les lettres d'or qui font rayonner tout le long de son fût les noms des victimes. Au sommet, le génie de la Liberté, brillant de l'éclat du précieux métal, semble planer et prendre son vol, les bras étendus vers l'horizon, une flamme sur la tête. On sait que la colonne n'est pas, comme ses devancières, soutenue à l'intérieur par une lourde maçonnerie : fondue et ajustée par tambours cylindriques, elle laisse, malgré son peu de diamètre, assez d'espace pour un escalier en vis qui conduit jusqu'à la balustrade dont elle est couronnée. A ses pieds, des caveaux renferment les restes mortels des victimes dont les noms sont inscrits, et auxquels on a joint les morts de Février 1848. L'affection des fils et des frères, des mères et des sœurs de ceux qui ne sont plus, entretient sans cesse de nombreuses couronnes d'immortelles sur les pierres qui recouvrent les tombeaux; et la mémoire des partis entasse, avec une profusion incroyable, ces marques de souvenirs lors de certains anniversaires de gloire et de deuil. C'est là d'ailleurs le seul indice de la destination funèbre d'un monument aussi gracieux, aussi élégant de formes. Peu de personnes se douteraient que tous ces noms obscurs ne sont pas ceux de quelques héros inconnus de nos grandes batailles, mais la piété envers les morts a pourvu à rendre cette erreur impossible. Dans cette liste alphabétique, on distingue le nom de Georges Farcy, jeune littérateur plein d'avenir, dont une balle vint interrompre la carrière et briser peut-être l'immortalité.

Comme on le voit, le bronze et la pierre se partagent la gloire d'enrichir Paris : l'une plus solide, plus massive, plus monumentale, fière de son antique gloire et de sa classique beauté; l'autre neuf, luisant, coquet, élancé, représentant les hardiesses d'une école nouvelle, qui voudrait faire du romantisme en architecture. Le métal semble détrôner la pierre; il la chasse du bord des fleuves, où, à la place des vieilles arches inébranlables, il suspend ses tissus aériens, trop souvent fragiles, et supporte les tabliers des ponts oscillant au souffle du vent : il la remplace pour les colonnes, pour les statues même. Peu contents, le bronze et le fer envahissent l'architecture privée : on en fait des maisons qui se démontent, se transportent, se roulent à volonté, en attendant qu'on nous construise des demeures de carton-pierre ou de feutre battu.

Placés au pied du monument de Juillet, nous lais-

La foire aux jambons sur le boulevard Bourdon.

sons derrière nous le boulevard Beaumarchais, et devant nos yeux s'étendent les fossés du canal Saint-Martin qui va se jeter dans la Seine en aval du pont d'Austerlitz, où il termine le long trajet qu'il vient de parcourir pour relier le commerce de la haute Seine au commerce de la basse Seine, en lui épargnant les nombreuses sinuosités du fleuve aux abords de Paris.

A gauche de ces fossés, le boulevard Mazas qui conduit à la nouvelle prison de ce nom et à l'embarcadère du chemin de fer de Lyon; à droite le boulevard Bourdon que longent les anciens bâtiments de l'Arsenal.

Le boulevard Bourdon tire sa principale gloire d'une fête pantagruélique dont l'origine se perd dans la nuit de la gastronomie française. Bien certainement cette fête n'existait pas à l'époque où vivait Rabelais, le joyeux curé de Meudon aurait consacré au moins un chapitre à la célébration de cette gigantesque solennité porcine; nous voulons parler de la foire aux jambons. Ce comice universel du porc salé, cette unique réunion de tous les produits de la charcuterie, a lieu aux approches de Pâques; et pendant deux ou trois jours on voit s'élever comme par enchantement toute une ville d'échoppes et de baraques, on voit grouiller comme une immense fourmilière l'infinité de véhicules peu connus dont tous les âges de l'art du carrossier ont laissé quelque spécimen. Jambons de toute taille, saucissons de toute origine, mayençais, lyonnais, arlésiens, langues salées ou fumées, lard sous toutes les formes; c'est un déluge à faire croire qu'on a mis à sac toutes les porcheries de France et d'Europe, que les forêts pleurent leur dernier sanglier, et que, si saint Antoine revenait sur la terre, il ne pourrait plus rencontrer de compagnon de solitude. Sans doute quand Fourier dépeignait avec sa verve sensuelle et sérieusement bouffonne la grande bataille de cuisiniers qui se livrerait dans les plaines de Babylone, avec trois cent mille bouteilles de champagne mousseux pour canons et des myriades de pâtés au jus pour munitions, il avait en vue cette mêlée inouïe de la salaison, ce monde de transformations ou métamorphoses du porc domestique ou sauvage.

Et Paris tout entier vient, à la file, s'approvisionner de ces produits de l'industrie des saleurs et fumeurs : l'ouvrier emporte fièrement le jambon fumé dont il va faire quelques bons repas, l'arrosant du vin de la barrière. L'employé collectionne les saucissons des divers crus et les fins jambonneaux; femmes et enfants se mêlent à la fête, l'un prenant du lard, l'autre du salé; tous se promettant un régal, et pressant sur leur sein le morceau de leur choix, débattu longtemps, puis acheté au rabais, et vaillamment étalé comme un trophée.

Si l'on vient de loin à la foire aux jambons, les jambons y viennent de loin aussi, car, dit notre ami Saint-Germain Leduc, dans sa revue agricole de l'Illustration : « A cette foire se trouvent des porcs venus du « fond de la Serbie. Des troupeaux grandis dans les « sauvages forêts de cette contrée, après avoir, au « passage, approvisionné les marchés de la Hongrie et « de l'Autriche, suivent le Danube, arrivent en Ba- « vière, puis en Alsace, et de là, malgré un droit de « douane assez important, après ce pèlerinage de cinq « à six cents lieues, se présentent insolemment au « consommateur parisien en face du pourceau natio- « nal qui aura été nourri à dix lieues de Paris, à Nan- « terre. »

Après avoir admiré le coup d'œil, pris et emporté le souvenir de sa mémorable journée sans se douter d'où il vient, chacun s'en va, se retire, à pied, ou cahin-caha dans le véhicule qui le conduit. L'heure fatale sonne, et la ville de bois, de cuir et de lard disparaît comme par enchantement.

CHAPITRE VIII. — LES COLLÉGES.

Chapitre VIII.
LES COLLÉGES.

Un conseil de Boileau. — *Les colléges royaux ou lycées nationaux.* — Henri IV (Napoléon). — Louis-le-Grand. — Charlemagne. — Bonaparte (Bourbon). — Saint-Louis. — Montaigu. — Notre-Dame des Dix-Huit. — La rue Coupe-Gueule et Sorbon. — L'hôtel de Savoisy. — Buridan. — Le Pré aux Clercs. — La Basoche. — *Le béjauno et le paranymphe.* — Organisation impériale des lycées. — L'Université d'autrefois et l'Université d'aujourd'hui. — Le proviseur. — Le concours. — Le professeur de troisième. — Le professeur de mathématiques. — Le maître d'études. — Une figure de rhétorique. — Le dortoir. — Le réfectoire. — La salle d'études. — Louis XIV au collége de *Clermont.* — Le chef d'institution. — Les vacances. — La rentrée. — Le déluge du parloir. — La tabatière hebdomadaire. — Un pantalon neuf. — La mère Augot. — La pille. — Saute-mouton. — La balle cavalière. — La Saint-Charlemagne. — Le grand concours. — Types de concours. — Un ci-devant et un futur prix d'honneur. — Mon fils. — Comme on entre au collége. — Comme on en sort.

Celui que nous appelions au collége le législateur du Parnasse, Nicolas Boileau Despréaux, nous avertit doctoralement qu'il faut mêler le grave au doux, le plaisant au sévère. Or, sortant à peine des folies et des orgies carnavalesques, il nous semble à propos, par un retour naturel à la sagesse, de revenir vers des sujets moins échevelés. Et, puisque le mot de collége s'est trouvé sous notre plume, parlons de cette base essentielle, selon les uns, ruineuse, d'après les autres; de cette atmosphère où nous avons passé tous, afin de nous imprégner plus ou moins d'encre et de latin.

Indépendamment des établissements particuliers ouverts à l'instruction secondaire (tel est le nom consacré pour les études d'après les anciennes traditions), établissements dont un bon nombre affectent de fort raisonnables proportions et présentent d'assez beaux effectifs de maîtres et d'élèves, la ville de Paris compte cinq *colléges royaux* ou *lycées nationaux*, suivant les variations du baromètre politique, et deux colléges de libre exercice : en tout vingt-neuf de moins que le Paris d'autrefois. Hâtons-nous d'ajouter, afin de rassurer les partisans quand même du progrès des lumières, que cette diminution énorme n'est qu'apparente : sur trente-six colléges dirigés, les uns par l'ancienne Université, les autres par des corporations religieuses, il ne s'en trouvait guère d'égal au lycée Charlemagne ou au lycée Napoléon (ci-devant Henri IV). Le collége de Montaigu, fameux par les jeûnes ultra-cénobitiques infligés aux jeunes élèves; ou celui de Notre-Dame des Dix-Huit, qui ne comptait que dix-huit pensionnaires, ne brillent pas plus, en présence de leurs rivaux successeurs, qu'une lampe allumée en face du soleil de midi : que le lecteur veuille bien excuser cette comparaison fort présentable d'ailleurs dans le pays où nous allons l'introduire.

L'Université parisienne, plus privilégiée que bien des peuples, a son histoire, et une histoire complète, avec ses légendes, sa mythologie, compagne inséparable du berceau des antiques nations; ses guerres, ses époques de grandeur et de décadence. L'archéologie y joue un rôle important, et le savant qui se livrerait à une flânerie paléologique dans le dédale des rues qui serpentent autour de la classique montagne Sainte-Geneviève, retrouverait mille traces du temps passé dans la rue du Fouare, dans les labyrinthes infects et nébuleux de la place Maubert. Ici fut la rue Coupe-Gueule (*vicus dictus Coupe-Gueule*), où demeurait le fort estimable Sorbon, parrain de la Sorbonne, restaurée, après quelque quatre ou cinq siècles, par le cardinal de Richelieu. Là s'élevait jadis l'hôtel de Savoisy, démoli par la main du bourreau pour venger le meurtre d'un écolier. Partout des souvenirs :

...... On découvre avec joie
Le faible Simoïs et les champs où fut Troie;

l'emplacement du fameux Pré aux Clercs, envahi par les aristocratiques hôtels du faubourg Saint-Germain, et la maison où étudia Buridan, qui aima une reine et la fit tuer pour l'avoir punir été mal tué par elle, ainsi que nous le raconte le très-véridique drame de la Tour de Nesle. En ce lieu passait la grande montre de la Basoche, cette procession d'étudiants dont les François Ier eut un jour la fantaisie de passer en revue; en cet autre, on élisait le recteur, en ayant soin que la durée du conclave ne dépassât pas celle d'un bout de chandelle destinée à éclairer les électeurs en servant de limite à leurs incertitudes. Il semble que ces murs répètent encore les plaintes du *béjaune*, trop pauvre ou trop riche pour payer sa bienvenue en autre monnaie que de la patience et de la résignation: on croirait entendre les railleries et les sarcasmes du *paranymphe*, ce fonctionnaire chargé d'instruire la virginité du nouveau qui venait de fiancer à l'École. Cet heureux temps n'est plus : les vieilles coutumes, dont il est question sous Philippe-Auguste et sous saint Louis, ont disparu; le béjaune paye sa bienvenue en consommations dans quelque café au rabais; et le partant, comme l'atteste l'Odyssée inédite du pays latin, est réduit à prendre seul, comme coup de l'étrier, sa prune solitaire sur l'historique comptoir de la mère Moreaux.

On a bien des fois déjà redit tous ces détails d'une histoire d'ailleurs pleine d'intérêt et de péripéties. On a raconté souvent les transformations de ce corps antique, depuis les écoles de Charlemagne, où l'on enseignait le *trivium* et le *quadrivium*, jusqu'à la réorganisation profondément administrative qu'imposa au corps enseignant Napoléon, qui avait pris l'habitude d'enrégimenter les idées comme les soldats et de tailler au génie, au talent, à la littérature, aux beaux-arts, des uniformes coupés sur le patron de ceux de l'armée. Le niveau ministériel aligna toute cette exubérance de séve, qui s'était égarée en rejetons inégaux ; à la place d'un arbre chargé de bois et de feuilles croissant, se ramifiant un peu au hasard, l'empereur créa un de ces végétaux douteux dont la régularité fait honte aux colonnades renaissance et aux pyramides égyptiennes ; ou, s'il faut abandonner la métaphore, nous dirons simplement que, par les décrets de 1804 et de 1806, Napoléon supprima l'élection, pour ainsi dire, à tous les degrés, ne laissant que des simulacres de concours pour obtenir des simulacres de titres, et respectant à grand'peine le droit de présentation, unique débris des anciens privilèges. On eut, et l'on a encore, un grand maître, se confondant depuis avec le ministre; un conseil supérieur, des conseils d'académie; puis une nuée, non plus de vrais professeurs, indépendants et électeurs éligibles à toutes dignités, mais d'employés, de bureaucrates de l'enseignement, recteurs, inspecteurs généraux, secondaires, primaires; facultés, classées par ordre de sciences ou de lettres et d'arts, à peu près sur la base des classifications de fossiles; colléges royaux, communaux, écoles primaires : en un mot, une hiérarchie savante, mais inflexible; une équation algébrique en chair et en os, une administration s'organisant, mais se désorganisant aussi par un décret, au lieu de ce corps puissant qu'on appelait jadis du même nom d'Université, corps qui avait ses accès de fièvre et ses époques de langueur, mais qui était fort et vivace, comme le prouvent même ses excès. Dans ce système, les études ont peut-être regagné en surface et en variété ce qu'elles ont certainement perdu de leur profondeur et en quelque sorte de leur personnalité. On sort aujourd'hui du lycée bachelier, c'est-à-dire officiellement apte à tout, et en réalité ayant tout à refaire. Jadis on quittait les écoles, sinon mathématicien, du moins fort latiniste; sinon helléniste, du moins physique et d'histoire naturelle, au moins imbu des auteurs classiques, ce qui, après tout, est toujours de la bonne littérature.

Comme on voit, entre l'université d'autrefois et l'université de nos jours, il n'existe guère d'analogie que le nom. Jadis les étudiants, divisés par nations, formaient une corporation distincte du reste des habitants; ils avaient leurs quartiers, leurs lieux de réunion, leurs chefs électifs; les colléges, de même que l'université proprement dite, donnaient l'instruction gratuite, et de nombreux boursiers, vivant sur la munificence des fondateurs ou des protecteurs, parvenaient, malgré leur pauvreté, à cette instruction supérieure qui est devenue aujourd'hui un luxe et presque un privilége. En effet, sans vouloir attaquer le système moderne qui attribue la plupart des bourses aux enfants dont les parents ont rendu des services à l'État, on peut regretter que la part ne soit pas faite plus large, dans leur distribution, au mérite personnel et à l'indigence, ou encore à l'insuffisance de fortune.

Arrivant à l'organisation actuelle de l'enseignement, nous dirons d'abord en peu de mots que l'instruction publique présente trois degrés : l'enseignement élémentaire, qui est destiné à se répandre sur tous les points et qui embrasse les connaissances fondamentales dont la somme devient chaque jour de plus en plus nécessaire à chaque citoyen ; l'enseignement secondaire, comprenant le cours d'études qui doit initier les élèves à la connaissance générale des langues anciennes, de l'histoire, et leur donner une notion suffisante des sciences exactes et naturelles ; enfin l'enseignement supérieur, où chaque esprit doit choisir une spécialité, et diriger ses travaux, jusqu'alors un peu encyclopédiques, vers une direction

institutions particulières ; les facultés et les écoles spéciales sont chargées de l'enseignement supérieur.

Le maître d'études.

La salle d'étude.

Le professeur de troisième.

Le proviseur.

Ne parlant de l'instruction publique seulement que pour ce qui concerne Paris, nous nous occuperons d'abord des collèges et lycées.

L'Université, disons-nous, ouvre à la jeunesse studieuse de Paris cinq lycées, appelés collèges royaux

Le réfectoire.

sous les gouvernements précédents, et deux collèges particuliers, qui, avec le lycée de Versailles, complètent le nombre des huit établissements privilégiés admis à l'épreuve annuelle du concours général. Louis-le-Grand, Napoléon (ci-devant Henri IV), Charlemagne, Bonaparte (ci-devant Bourbon), Saint-Louis : tels sont les cinq lycées. Il faut y joindre les deux collèges Stanislas et Rollin, anciennes institutions Nicole et Liotard, érigées en collèges par ordonnance royale. Les lycées, qui d'ailleurs ont changé plus d'une fois de patron depuis la réorganisation de l'Université, remontent aux temps orageux de la Convention et du Consulat, à l'exception de l'ancien collège d'Harcourt, fameux pour avoir eu Rollin pour élève et pour principal. Ils ont été en général installés soit dans le local occupé par les anciens collèges, dispersés et balayés par la tourmente révolutionnaire, soit dans les couvents et autres édifices religieux confisqués par l'État. Ainsi Charlemagne a planté ses drapeaux dans l'ancienne maison professe des Jésuites, rue Saint-Antoine ; Bonaparte, ou Bourbon, selon les temps, a succédé aux révérends pères capucins de la Chaussée-d'Antin, qui avaient eu la malencontreuse idée de

Une figure de rhétorique.

faire élever un couvent superbe en 1782, juste huit ans avant le grand naufrage. Louis-le-Grand, fondé

Professeur de mathématiques.

en 1560 par l'évêque de Clermont, et acheté trois ans après par les jésuites, porta jusqu'en 1681 le nom de *Collège de Clermont, de la société de Jésus*. Mais, à cette époque, Louis XIV, ayant assisté aux examens,

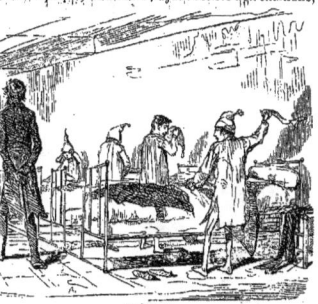

Le dortoir.

publics dirigés par les Pères, s'écria, pour encourager les élèves : « Vos succès ne sont pas étonnants, vous êtes mon collège ! » La nuit suivante, le principal, jaloux de conserver un si beau patronage, fit disparaître l'ancienne inscription, et on lut à la place : *Collège*

Le censeur.

de Louis-le-Grand. Louis-le-Grand s'est néanmoins appelé, en 1792, *Collège de l'Égalité* ; en 1802, *Lycée impérial* ; en 1848, *Lycée Descartes* : mais il en re-

CHAPITRE VIII. — LES COLLÉGES.

vient toujours à sa monarchique dénomination, et cette persistance de ses opinions et de son enseigne doit lui être comptée comme un titre de gloire dans un temps tel que le nôtre, où l'on voit les monuments comme les hommes rivaliser d'inconstance et de versatilité.

Après avoir fait de la statistique et de l'histoire, nous sommes heureux de rentrer dans notre sujet, et de peindre, comme il convient à un *Tableau de Paris*, au lieu de raconter ou d'aligner des dates. Si nous n'arrivions pas après bien d'autres, il ne serait pas très-difficile de faire surgir des types originaux et curieux de cette féconde carrière qu'on nomme l'instruction publique : nous essayerions de faire poser les maîtres, c'est-à-dire le proviseur et le censeur, drapés dans leur redingote en guise de toge laticlave, et se donnant des airs de dictateur ; le professeur, dans sa robe d'étamine et sous sa triple couche de grec, de latin et de pédantisme, ou sous le simple appareil d'un peintre décorateur, lorsqu'armé du torchon et de la craie, il explique à son jeune auditoire les mystères de l'z et les charmes inénarrables de l'hypothénuse ; le surveillant, flétri mais immortalisé de l'épithète de *pion*. Nous voudrions aussi peindre ou tout au moins croquer l'inspecteur, cet être indécis, dont l'entretien coûte fort cher, mais dont l'utilité se borne à procurer un ou deux repas aux

La rentrée.

élèves inspectés ; et nous n'oublierions pas le chef d'institution, dans toutes ses variétés, depuis le membre éminent qui siége au conseil académique jusqu'au vendeur de soupe, qui orne ses élèves d'une ceinture hygiénique, afin de prévenir l'excessive réplétion de l'estomac, et qui choisit pour plus d'économie ses maîtres et ses *pions* au pair, c'est-à-dire sans traitement. Mais, sans avoir égard à l'immense développement qu'exigerait l'épopée du collége, nous nous contenterons de faire observer qu'elle a eu ses Homères, et que bien des littérateurs, aggravés de bien des dessinateurs, ont déjà jugé à propos de faire part au public des émotions, des incidents, des disgrâces et des hauts faits de leur enfance. Laissant de côté la classe et le réfectoire, la salle d'études et le dortoir, nous choisirons seulement quelques épisodes parmi tous les événements qui remplissent le poëme dont la durée comprend depuis le jour de la rentrée jusqu'à celui non moins mémorable de la distribution, dite solennelle, des prix, du concours général et de ses annexes.

La rentrée d'abord. S'il est un mois, parmi tous ceux que le soleil éclaire tour à tour, qui puisse être appelé le mois par excellence, à coup sûr c'est ce bienheureux septembre. Alors Thémis replie ses ailes et renferme ses balances : on voit partir des profondeurs du palais des nuées d'oiseaux au plumage noir ou rouge, à l'aspect effrayant ou grotesque; graves conseillers, greffiers poudreux et suintant l'encre, féroces procureurs généraux, avocats babillards, substituts aiguisant les jeunes pousses de leurs griffes et la primeur de leurs dents. Le signal est donné : les enfants suivent leurs familles, et une émigration immense a lieu, une armée de chasseurs improvisés dans les régions de la Basoche ou de l'Université, avec ses uniformes de collégiens, lycéens, saint-cyriens, polytechniciens, qui vont peupler, soit les forêts voisines de la capitale, soit les parterres et les avant-scènes à demi désertés des petits théâtres, soit les pelouses désertes du classique bois de Boulogne. Mais les doux loisirs de septembre n'ont, hélas! rien

Aspect du parloir le jour de la rentrée.

plet dans cette toile immense. En général, les détails se ressemblent assez : enfants chagrins et pleureurs, mamans éplorées, pères représentant la sagesse et le pouvoir sur soi-même. Au milieu de toutes ces embrassades, ces plaintes, ces remontrances, ces belles promesses, on voit passer la grave figure de monsieur le proviseur qui vient comme pour faire politesse aux parents, mais en réalité dans le but moins désintéressé de calculer d'un coup d'œil sa rentrée, de voir si aucun des *piocheurs* ne manque à l'appel, et de conjecturer si, grâce à leur travail, quelque boutonnière professorale pourra se fleurir de ruban rouge au prochain concours général.

Les scènes tendres et pathétiques du jour fatal se renouvellent hebdomadairement au parloir : la maman, le grand frère, l'excellent oncle, viennent avec régularité recueillir la confidence des chagrins, des colères, des désespoirs enfantins, et appliquer sur les blessures le baume des petites friandises et des consolations. « Vois-tu, maman, *y a* un tel qui a fichu un polichinelle au plafond, et puis on m'a empêché de sortir! Cet autre, qu'est capon comme tout, a été dire que j'avais dit que m'sieu était bête, et j'ai eu du pain sec. » Puis viennent les petites et douces réprimandes, les encouragements, les baisers : rien comme l'œil des mères pour voir les déficits de toilette causés par une passion trop vive pour les barres ou la mère Angot : « Quoi ! c'est là ton pantalon neuf? Dieu! quelles mains! — Maman, je ne me suis lavées il n'y a pas plus de six jours. » — Et, dominant tout le monde, rayonnent les lettres d'or du tableau d'honneur, où l'on voit briller le nom du triomphateur de la semaine, en histoire grecque ou en thème latin.

Ordinairement la récréation succède au parloir : la récréation, c'est la liberté, l'oubli de tous les maux, l'ennemie née des maîtres, du grec et du latin. Ah! l'on songe bien à ce devoir, à ce pensum, à cette table barbouillée d'encre! Voyez tous ces futurs savants, magistrats, industriels, employés, etc., etc., se livrant aux exercices extrêmement gymnastiques de la balle cavalière, du saute-mouton, du jeu de la mère Angot! Voyez-les préluder, par des combinaisons savantes dans leur manière de pousser les billes, à leurs prochains exploits au billard de l'estaminet, rue Saint-Jacques! Plus tard on retrouvera toute cette folle génération travaillant, s'agitant, se ruant sur la route douloureuse de la vie, où nous sommes entrés, moins heureux; et comme nous, plus d'un se ressouviendra de ses anciens triomphes dans la cour du collège; car, si l'on regrette quelque chose de ce temps-là, si cher, dit-on, à notre mémoire, on ne peut guère se regretter que les jours de vacances et les heures de récréations. Il est cependant pour le collégien d'autres joies;

mais à celles-là, si tous sont appelés, le petit nombre seul est élu. Nous voulons parler de la distribution des prix, soit au concours, auquel on s'est préparé par des travaux arrosés du bourgogne universitaire, soit dans le lycée, soit encore à l'institution; car il n'existe pas moins de trois distributions successives pour les lauréats de la première. La distribution des prix inaugure pour tous l'ère fortunée des vacances; pour quelques-uns, elle sert d'occasion à un triomphe souvent mérité par d'incroyables fatigues, mais trop glorieux, selon nous, pour le résultat final. A quoi bon faire couronner par le grand maître, devant un auditoire pompeux? à quoi bon faire proclamer par les mille voix des journaux, et trans-

Quelles mains!

qu'un temps : aux vacances succède la rentrée. Et ici la plume se refuserait à décrire cette cohue sans nom de chasseurs et de gibiers, de collégiens et de mères de famille, de magistrats et de militaires en herbe,

La mère Angot.

si le crayon du dessinateur ne venait en aide à son insuffisance. La page de Grandville est une épopée sur

Saute-mouton.

bois. La rentrée des classes forme par elle-même un tableau épisodique assez curieux, un détail assez com-

Ton pantalon neuf!

former en réclame vivante l'élève qui a bûché avec succès, pendant son année entière, le vers

Les billes.

latin et le thème grec? On dirait qu'en réalité rien n'est trop beau pour lui; que les distinctions les

La balle cavalière.

plus enviées sont à peine dignes de lui servir de dépouilles opimes. Son professeur est décoré; lui, dîne

CHAPITRE VIII. — LES COLLÉGES.

chez le ministre, et obtient la place d'honneur à ce classique banquet de Saint-Charlemagne, sorte d'excursion passagère faite par les collégiens dans les terres inconnues de la gastronomie. Certes, quelle que soit l'utilité de l'hexamètre et du pentamètre, de l'esprit rude et de l'iota souscrit, nous doutons qu'elle soit proportionnée à la récompense. Qu'est-il arrivé de cela? une conséquence toute naturelle; ce que l'on

Le repas de la Saint-Charlemagne.

TYPES AU CONCOURS.
Rollin. Stanislas. Versailles. Saint-Louis.

TYPES AU CONCOURS.
Bonaparte. Charlemagne. Napoléon. Louis-le-Grand.

Les piocheurs.

doit attendre de tout abus. L'esprit de concurrence et d'industrie s'est emparé de cette veine; on a confectionné au plus juste prix des lauréats infaillibles pour la version ou le thème, l'histoire ou la poésie, au choix. Les honneurs exagérés dont fut récompensé le succès aiguillonna toute la gent des instituteurs : un élève fort devint une espèce de phénomène que l'on s'achetait, que l'on se disputait, et que les parents, complices quelquefois, vendaient comme à l'enchère, au plus offrant. On a vu, fait incroyable, mais

Un futur prix d'honneur.

échouer au *baccalauréat*, qui demande, outre le latin, quelque peu d'histoire et de mathématiques. C'est un triste résultat : mais dès à présent ce n'est plus guère ici que de l'histoire ancienne que nous avons faite, et peut-être en dira-t-on bientôt autant de l'Université; et pour nous résumer, disons qu'internes de lycées, élèves d'institutions, externes libres ou autres, de l'entrée à la sortie du collége, la différence est à peu de chose près ce qu'indique ici notre dessinateur : l'un est petit, et l'autre est grand.

Un ci-devant prix d'honneur.

Comme on entre au collége.

Monfils!

Comme on en sort.

15 Cent. LA LIVRAISON. — 22e Livr. Aux bureaux de l'Illustration, rue de Richelieu, 60. PARIS. TYP. DE FIRMIN DIDOT, 56, RUE JACOB. 20 C. par la poste.

Chapitre IX.
ÉCOLE DE DROIT.

Être étudiant! — Du carré des distances au point de vue des écoles. — Flicotteaux. — Cujas et Barthole. — La première École de droit: 1384. — Robert Estienne. — Le droit *canon*. — Le droit romain. — Ses vicissitudes en France. — Bologne et Amalfi. — Henri III, Louis XIV et Louis XV, leurs édits. — La rue Saint-Jean-de-Beauvais. — Soufflot. — Inauguration de l'École de droit actuelle. — La Faculté. — Ses premiers exploits. — L'étude du droit pendant la révolution. — Fermeture et réouverture de l'École de droit. — Décret du 14 mars 1804. — Organisation définitive de la discipline intérieure de l'École. — L'étudiant de dixième année. — Ses mœurs. — Son mépris pour les inscriptions. — Sa valeur aux yeux du *pigeon*. — Les examens. — L'indispensable pour les examens. — *La consignation*. — Combat intérieur qui en résulte. — L'aréopage examinateur. — *La série* — *Les boules*. — *Les grades*. — Fournée annuelle d'avocats. — Jury d'examen pour *la thèse*. — *La thèse et sa dédicace*. — Concours pour le professorat. — Compositions orales et écrites. — Épreuve de *l'argumentation*.

L'École de droit et l'École de médecine, voilà le pôle magnétique où convergent toutes les ambitions du collége. *Être étudiant*, vivre à Paris, avoir une pension de douze à quinze cents francs, habiter rue du Foin Saint-Jacques ou rue des Maçons-Sorbonne, une chambre à vingt francs par mois, dîner chez Viot, chez Rousseau ou chez l'immortel Flicotteaux, à quatre-vingts centimes par tête, et aller à la grande Chaumière et à la Grande Chartreuse, voilà l'Eldorado, le rêve de tout lycéen de province.

Mais, voyez le prodige! cette École de droit si convoitée, si ardemment appelée de loin, perd de ses charmes en raison directe du carré des distances. Avec l'éloignement cesse immédiatement le prestige de son pouvoir attractif, et tel étudiant novice qui naguère soupirait après ce sanctuaire cher à Cujas et à Barthole, a à peine effleuré le seuil qu'il se hâte de quitter le temple et d'en oublier le chemin.

Mais ce n'est pas de la vie extérieure de l'étudiant dont nous avons à nous occuper pour le quart d'heure, c'est de l'École de droit qu'il s'agit; des épreuves et des travaux qu'elle comporte. Laissant donc de côté, pour aujourd'hui, les mœurs des races du *Latium* et de l'étude *buissonnière*, nous allons nous renfermer dans notre sujet, en ne cherchant que la jeunesse studieuse, celle qui boit le lait et le miel de la saine jurisprudence, vit du *Digeste*, et trempe, pour les joutes futures, sa jeune armure aux sources du vieux droit français.

L'enseignement public du droit ne remonte pas très-haut dans notre pays. La première école où il fut régulièrement professé s'ouvrit à Paris, en 1384, rue Saint-Jean de Beauvais, dans une maison qu'habita depuis le célèbre Robert Estienne; mais le droit *canon* seul y était enseigné. L'étude du droit civil y était prohibée, ou, pour mieux dire, le droit civil, épars dans les coutumes locales et dans les chartes féodales, ne pouvait encore prétendre à s'ériger en corps de science.

Le droit romain seul, exhumé en Italie au douzième siècle, avait pénétré d'Amalfi et de Bologne dans quelques-unes des universités françaises; mais, dès le treizième siècle, un décret du pape Honorius en avait proscrit l'enseignement. Ce pontife ne faisait,

Vue extérieure de l'École de droit, à Paris.

au surplus, que suivre les errements de son prédécesseur Alexandre III, qui, sous l'influence de saint Bernard, avait fulminé l'anathème contre l'hydre du paganisme relevant ses têtes sous la forme d'un vieux manuscrit des *Pandectes* récemment trouvé en Sicile.

La France en était donc réduite au seul droit ecclésiastique, lorsque le parlement osa instituer à Paris, en 1363 et en 1368, quelques chaires de droit civil. Elles ne furent pas longtemps ouvertes; car, dès 1576, l'ordonnance de Blois, signée par Henri III, interdit cet enseignement, et, sans nul exposé de motifs, défendit « à ceux de l'Université de Paris de lire ou graduer en droit civil. »

Louis XIV, enfin, par un édit de 1679, ordonna le rétablissement des chaires civiles, où, du reste, n'était guère enseigné alors que le droit romain, mais amplifié, commenté et obscurci par la troupe pédante et ambitieuse des scoliastes.

Sous Louis XV, le bâtiment de la rue de Saint-Jean de Beauvais menaçant ruine, il fut nécessaire de transférer l'enseignement du droit dans un nouveau local, et l'École actuelle fut construite auprès de Sainte-Geneviève, sur les dessins de Soufflot, à qui ce monument mesquin fait peu d'honneur. Il est à croire que cette forme incorrecte et massive avait été imposée à l'architecte par l'édilité parisienne, et que le soin de l'art avait dû s'effacer devant des préoccupations de voirie et d'alignement. Un édifice semblable devait être élevé à l'angle opposé de la place; il était destiné à recevoir la Faculté de médecine. Ce projet de bâtiment n'a été exécuté que depuis quelques années. Dans cette annexe jumelle de l'École de droit, on a établi la mairie du douzième arrondissement.

L'inauguration de cette École eut lieu en grande pompe, le 24 novembre 1783. La Faculté de droit se composait alors de six professeurs de droit romain ou canon, d'un professeur de droit français et de douze agrégés. Si l'on en juge par les plaintes des écrivains contemporains, l'enseignement y était alors d'une faiblesse désespérante, les examens de pure forme et le commerce des diplômes toléré, sinon autorisé. Un de ces écrivains allait jusqu'à imprimer les lignes suivantes (*Mémoires secrets de l'année 1782*): « Les écoles de droit sont à la fois l'abus le plus déplorable et la farce la plus ridicule; les examens et les thèses y sont de vraies parades. » C'est un reproche qu'on ne saurait plus adresser à l'enseignement de la Faculté de droit de Paris, et contre lequel se chargeraient de protester au besoin les élèves, qui se récrient plus que jamais sur l'excessive sévérité et les exigences rationnelles des professeurs d'aujourd'hui.

La révolution suspendit l'enseignement officiel du droit. L'École actuelle reçut pendant cet interrègne diverses autres destinations. La municipalité du quartier y siégea, et le tribunal de cassation y tint quelque temps ses séances. Cependant il s'établit ouvert, rue de la Harpe et rue de Vendôme, deux écoles particulières, l'une désignée sous le nom d'*Université de jurisprudence*, l'autre d'*Académie de législation*. C'est sur les bancs de cette dernière institution intermédiaire que se sont formés les plus anciens et les plus illustres d'entre les avocats qui ont marqué au barreau dans les années de la Restauration et du gouvernement de Juillet, entre autres MM. Dupin aîné, Mauguin, Parquin et Hennequin.

L'École de droit fut réouverte à l'avénement du Code

civil. Elle fut réorganisée par un décret du 14 mars 1804, qui régla chacune des matières de l'enseignement, la durée des études, le nombre des examens; en un mot, toute la discipline intérieure de l'École.

L'enseignement du droit embrasse trois années nécessaires pour l'obtention de la licence; quatre pour celle du doctorat.

La première année comprend l'étude des *Institutes*, *des deux premiers livres du Code civil* et un cours d'introduction générale à l'enseignement du droit;

La deuxième année, la suite du *code civil*, *les Pandectes*, *la législation criminelle*, et enfin *le droit criminel et la législation pénale comparée*;

La troisième année, la fin du *Code civil*, *le Code de commerce* et *le droit administratif*;

La quatrième année complète les études de l'aspirant docteur par celle du *droit des gens*, du droit constitutionnel et de l'*Histoire du droit français et du droit romain*.

Dans la première quinzaine de chacun des trimestres de l'année scolaire, les étudiants sont tenus de justifier de leur présence par l'inscription de leurs nom, prénoms, âge, lieu de naissance et demeure, sur un registre ouvert à cet effet au secrétariat de la Faculté. Douze inscriptions sont donc nécessaires pour parvenir à la licence, et quinze pour atteindre le doctorat.

Le prix de l'inscription est de quinze francs : ce prix n'a rien d'exorbitant. Néanmoins on a vu, on voit tous les jours, et on verra longtemps encore, des étudiants se dispenser de cette simple formalité sous le prétexte de poules, de déjeuners et de bals masqués trop répétés, et prolonger ainsi, non sans remords mêlé peut-être de quelque joie secrète, le temps de leurs études c'est-à-dire, celui de leur séjour à Paris au delà des bornes légales. Le type de l'étudiant de *dixième année* n'est nullement une invention de vaudeville. Ce type existe, il foisonne même. On le rencontre plus particulièrement à l'Odéon, au théâtre de Bobino, au café Procope, à la Chaumière, à Montmorency, au bal Mabille; partout en un mot, excepté à l'École de droit, dont il se *prive*, pour parler sa langue. La dixième année du droit n'étant pas encore portée au programme de l'année scolaire, il n'a que faire là,

1. École de droit. — Une thèse.

en effet. Nous laisserons de côté, pour le moment, ce Nestor barbu et athlétique de la population latine, témoin obligé de tous les duels, convive-né de tous les banquets, épouvantail des sergents de ville, professeur de *cancan*, docteur ès gaie science, homme d'État d'estaminet, peu estimé du commissaire et des professeurs de l'École, mais en revanche entouré de la vénération des *pigeons* de première année dont il est l'aigle, et qu'il façonne, moyennant force bols de punch et force dîners chez Pinson, aux belles manières en tout genre, à l'art de culotter les pipes et de séduire le beau sexe.

Il va sans dire que celui-là considère l'*inscription* comme le plus méprisable des préjugés sociaux, et se reproche amèrement la seule qu'il ait prise en sa vie, un jour que, nouveau débarqué, jeune et privé d'expérience, il était encore tout plein des homélies de la famille : moment d'erreur qu'il a depuis réparé triomphalement.

La plupart des étudiants ne poussent point heureusement jusqu'à ce fier radicalisme le dédain des liens scolaires. L'inscription à prendre n'est pas la difficile.

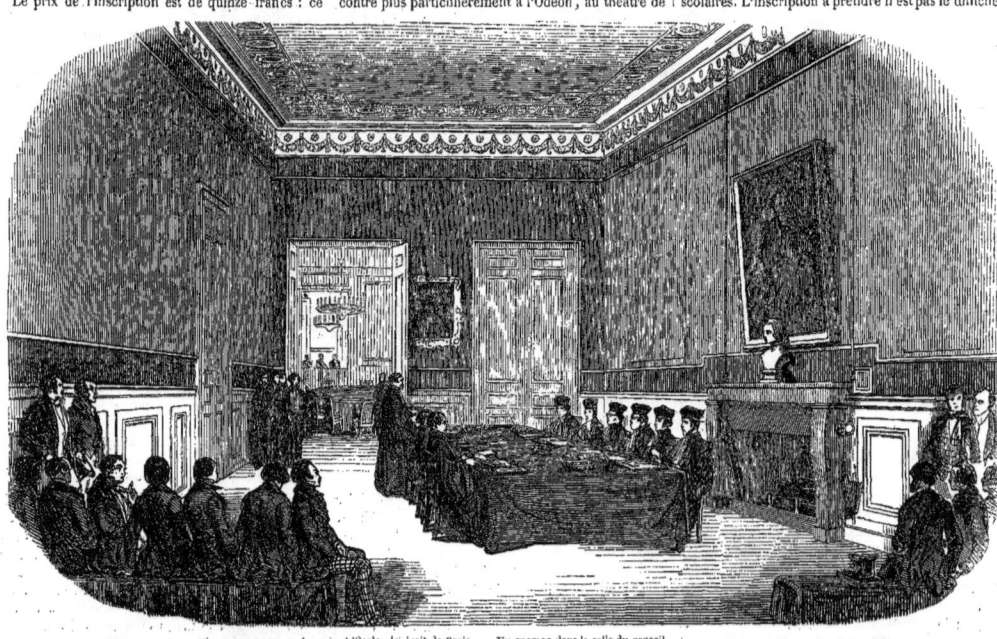

L'École de droit de Paris. — Un examen dans la salle du conseil.

c'est l'examen; que dis-je? ce sont les examens et la thèse qui hérissent le chemin du barreau d'une succession d'importunes et onéreuses barricades. Il faut subir quatre examens pour arriver à la licence, et puis la thèse. Pour franchir les examens deux choses sont indispensables : beaucoup d'études et un peu d'argent. Or, l'inverse serait beaucoup plus du goût des récipiendaires.

L'étudiant qui a pris la vertueuse résolution de se présenter à l'examen doit, au préalable, *consigner* la somme perçue au profit de la Faculté. Voilà ce que l'étudiant de dixième année appelle faire une dépense folle! Malheureusement le futur examiné a le droit de retirer, avant l'épreuve, la future *consignation*, et c'est là une tentative perpétuelle à laquelle il n'a pas toujours le courage de résister. Il a beau s'enfuir, comme le hibou de Minerve, dans les épaisses ténèbres des cabinets de lecture scientifique qui abondont au quartier latin. Les bruits et les séductions du dehors, les voix railleuses des faux amis, les provocations perfides de quelque minois chiffonné viennent souvent battre en brèche sa ligne défensive et troubler son trop faible cœur jusque dans la paix de l'étude. Que d'avocats en herbe j'ai vus vivre d'examens non subis, et dévorer jusqu'à trois thèses avant d'en produire une seule!

Luit enfin le grand jour. Six étudiants embarrassés dans la robe noire que leur loue un appariteur sur le pied de 3 fr. la séance, se présentent de front pour être interrogés à tour de rôle devant le formidable aréopage composé de cinq professeurs. C'est là que ces derniers peuvent prendre une ample et légitime revanche, pour peu qu'ils aient l'âme rancunière, de l'abandon et du dédain dont leurs enseignements sont quelquefois payés. L'étudiant peu sûr frémit, et à bon droit, s'il lui faut comparaître devant une mauvaise *série*. On appelle *série* la réunion de professeurs qu'assigne le hasard pour jury d'examen à chacun des récipiendaires. Une *mauvaise série* est nécessairement celle qui se compose de professeurs sévères dont on a peu suivi les cours. Il existe sous ce rapport une statistique morale très-profondément étudiée du caractère de chacun des membres de la Faculté. Tel a la réputation d'être parfaitement débonnaire, et l'étudiant qui a toujours quelque peccadille de ce genre sur la conscience, supplie le ciel de lui envoyer ce doux juge pour examinateur. Mais quelle déception, s'il lui faut affronter le regard investigateur et les questions embarrassantes de ceux que la rumeur publique des écoles arme d'une rigueur inflexible! Tel professeur, sans être précisément sévère, aime un certain genre de réponses; par un faible assez naturel, il désire entendre de la bouche du récipiendaire les définitions, les arguments, les commentaires qu'il affectionne, qu'il a cent fois proclamés du haut de sa chaire ou développés dans ses ouvrages. Tel autre aime, dit-on, à disserter, et fait assez volontiers les demandes et les réponses. Celui-là est trois fois béni. Il va sans dire que nous ne nous faisons pas garant de ces bruits d'école que la tradition lègue précieusement à chaque génération d'étudiants. Le résultat de l'examen dépend de la couleur des boules obtenues par l'examiné. Il y a trois boules. Une noire pour le

L'École de droit de Paris. — Le grand amphithéâtre pendant un concours.

rejet, une blanche pour l'admission, et une rouge qui équivaut à ce qu'en langue littéraire on appelle un succès d'estime. *Nota-bene*: l'élève qui a eu la chance ou le mérite de passer ses quatre examens à toutes boules blanches, obtient la remise de ses droits de thèse. On ne compte qu'un très-petit nombre de ces élus.

Après le premier examen subi avec honneur, l'élève prend le titre de bachelier en droit. Le second examen lui confère le grade de *capax*. Les deux derniers, suivis de la thèse, le conduisent à la licence. (Sans jeu de mots.)

Le jury d'examen passe pour très-sévère dans la Faculté de Paris. C'est peut-être une réputation que lui ont faite les paresseux. Quoi qu'il en soit, cette Faculté crée encore, bon an mal an, un demi-millier d'avocats au moins, ce qui est un assez beau chiffre, et promet ample protection à la veuve et à l'orphelin. Le nombre moyen des étudiants inscrits sur les registres de l'école est de trois mille. Ce chiffre semblerait impliquer une production annuelle de mille avocats environ; mais de ce nombre il faut retrancher une quantité d'étudiants inscrits pour la forme, qui ne poussent pas jusqu'au bout les épreuves de la licence, ou, désespérant d'obtenir leur admission à Paris, finissent par aller terminer leur droit dans quelque Faculté de province, où ils se flattent de trouver un jury plus accommodant.

Le jury d'examen pour la thèse se compose d'un professeur *président de thèse* et de quatre assesseurs, pris également dans les rangs de la Faculté. Le récipiendaire choisit son président de thèse, et tire au sort les deux questions de droit français et de droit romain qu'il aura à développer. Cela fait, il s'enferme un mois ou six semaines pour élaborer le sujet de son argumentation. Puis il fait imprimer sa thèse avec une belle dédicace *aux vénérables auteurs de ses jours*. C'est bien le moins qu'il leur doive pour les trois ou quatre ou cinq années durant lesquelles ils l'ont stipendié, nourri, logé et entretenu à Paris, sans compter l'arriéré de tous genres, les mémoires de tailleurs et d'apothicaires, les suppléments pour *achat de livres*, une grosse plaisanterie qui ne manque jamais son effet.

Au jour dit, l'étudiant développe sa thèse avec plus

ou moins de succès. Les cinq professeurs qui l'écoutent ont le droit de l'interroger, non-seulement sur les sujets qu'il a spécialement traités, mais sur chacune des matières juridiques qu'il a dû étudier dans le cours de trois années.

Ils usent rarement d'une grande sévérité dans cette dernière et solennelle épreuve; les quatre examens précédemment subis pouvant être considérés comme une garantie suffisante de l'instruction acquise par le récipiendaire. Il a en d'ailleurs amplement le temps de se préparer et d'approfondir les sujets qui lui sont échus, en sorte qu'à moins d'une lourde maladresse ou d'un insigne mauvais vouloir, il doit se tirer avec succès du développement de sa thèse. Aussi la passe-t-il généralement à boules blanches, ou au moins de cette couleur mixte qui, sans annoncer un triomphe, n'implique pas non plus un revers. Il a donc rarement sujet de maudire ses juges; la Faculté lui décerne un beau parchemin revêtu de la griffe suprême du grand maître de l'Université, et l'heureuse France compte un avocat de plus !

Une épreuve autrement sévère et redoutable est celle qui s'ouvre par la voie du concours pour les chaires vacantes des Facultés de droit. Il ne s'agit plus là d'un examen d'élèves : ce sont des maîtres, des docteurs éprouvés par de longs et sérieux travaux, qui combattent, non plus pour un titre, mais pour les premières fonctions de l'enseignement : la chaire amplement rétribuée et justement considérée du professeur de droit, inamovible comme les magistrats auxquels ses leçons apprennent à tenir les balances de la justice.

Les épreuves de candidature sont deux compositions écrites et deux leçons publiques sur des sujets tirés au sort, et dans lesquelles le candidat disserte, professe et enseigne comme s'il occupait déjà une chaire, répétant ainsi le rôle qu'il aspire à remplir au sérieux plus tard, et donnant la mesure de sa science, de sa méthode, de son aptitude oratoire.

Les compositions écrites roulent, l'une sur une question de droit français, l'autre sur une de droit romain : les questions de droit romain doivent être traitées en latin.

Les leçons publiques portent sur une matière de droit français : elles doivent durer trois quarts d'heure, et ont lieu deux jours consécutifs. Le sujet n'en est communiqué au candidat que vingt-quatre heures avant la première des deux leçons.

Aussitôt après les épreuves de candidature, les juges du concours désignent au scrutin parmi les concurrents trois candidats pour chaque chaire ou suppléance, lesquels seuls peuvent être admis aux épreuves définitives. Les professeurs suppléants qui prennent part au concours sont admis de droit à subir ces épreuves. Le nombre des candidats du dernier concours s'est donc trouvé réduit par ce premier scrutin, de quarante-trois à seize, eu égard à ce que quatre professeurs suppléants concouraient aux chaires vacantes. Sans cette disposition récemment introduite par M. de Salvandy dans le règlement du concours, le nombre des candidats définitifs eût été seulement de douze.

Les épreuves spéciales et définitives consistent :

Pour une chaire, en une composition écrite et une leçon publique sur un sujet tiré de la matière de l'enseignement auquel le candidat aspire ;

Pour une suppléance, en une composition écrite sur une matière de droit public, et une leçon publique sur une matière de droit romain.

Le sujet des leçons n'est tiré au sort que *quatre heures* avant la séance.

Vient enfin l'épreuve de *l'argumentation* : c'est peut-être la plus redoutable de toutes.

Chacun des trois candidats inscrits pour une chaire argumente publiquement et oralement contre ses deux émules, d'abord sur un sujet de droit romain, ensuite sur un sujet de droit civil français. C'est ce duel à trois qui décide en dernier ressort des résultats de cette longue lutte. Les candidats, que distingue la chausse rouge du docteur rejetée sur leur toge noire montent en chaire, et se bombardent mutuellement à coups de citations, de commentaires, de *positions*, de textes, de syllogismes et de gloses. On peut croire qu'ils ne se ménagent pas réciproquement dans cette joute dont un tel honneur est le prix, et ne négligent aucune ressource d'érudition ni d'éloquence pour écraser leurs adversaires respectifs sous le poids assez lourd, il en faut convenir, de leur bagage scolastique, les foudroyer par les éclairs de leur dialectique acérée, et leur ôter des mains la palme disputée par tant d'ambitions, de veilles et de prodigieux efforts. Tous sont savants, tous aptes à sortir vainqueurs de cette épreuve définitive. Malheur, non point à l'ignorant (il n'en est point dans ce cercle étroit où le vrai mérite seul figure), mais au timide, au faible, à celui qui n'a point l'art éminent de mettre en relief ses connaissances théoriques ; qui n'est point prompt à la riposte, et ne possède point, pareille à un arsenal toujours ouvert, une mémoire imperturbable, où puiser, renouveler sans cesse, et improviser au besoin des projectiles à l'adresse de ses ennemis, c'est-à-dire de ses émules, ce qui est momentanément synonyme !

Aujourd'hui que l'École est, grâce à Dieu, purgée des *us* et de la langue barbare des siècles passés, les juges sont guidés dans leur appréciation par des idées plus libérales. La publicité des épreuves, les précautions minutieuses qui distinguent ne contribuent pas moins que le choix des juges à donner aux concurrents pleine et entière sécurité.

Un étudiant qui arrive.

Un étudiant de dixième année.

Comme on fait son droit.

Chapitre X.
ÉCOLE DE MÉDECINE.

Origine de l'École de médecine de Paris. — Les empiriques. — La médecine à la porte des Écoles. — Le bénitier de Notre-Dame. — Les cours de la rue du Fouare. — Dante. — Jacques Desparts. — La sainte réconpense. — Première école attitrée. — Sa bibliothèque. — Le Rhazès. — Touchante confiance inspirée par Louis XI. — Pouvoir et privilèges de la Faculté de médecine. — Son ancienne organisation. — Fondation de la thèse. — Le paranymphe. — Réception au doctorat. — Le latin de la Faculté. — La chirurgie, sentiments peu fraternels de la médecine envers elle. — Chirurgien et barbier. — Louis XV institue cinq chaires de chirurgie. — Académie et collège de chirurgie. — Société de médecine et Faculté sous la Révolution. — Organisation actuelle de la Faculté. — Bibliothèque de l'École de médecine. — Cabinet d'anatomie comparée. — Le monde de Cuvier. — Musée Dupuytren. — Son pittoresque. — Les médecins de Molière. — Guénaud et Fayon. — La circulation du sang démontrée. — Les sectes médicales. — Ensemble encyclopédique de l'étude de la médecine. — Le pays Latin. — Intérieur d'étudiant. — Une infortune d'Apollon. — Les Étudiantes. — Leurs victoires et conquêtes. — Leur connaissance de la structure humaine. — Un chiffonnier d'étudiante. — Parallèle et démarcation des deux classes d'étudiantes. — Le triomphe. — La course aux malades. — Les spécialités. — Académie de médecine. — Membres résidents. — Utilité de l'Académie de médecine. — La salle des séances. — Tableaux à la cire, par Mulier.

A quelle époque peut-on rapporter l'origine de l'école médicale de Paris? C'est une question que nous n'aborderons pas; nous laisserons les auteurs et les anciens panégyristes de la Faculté chercher des traces de son existence dans l'école palatine de Charlemagne et dans les premiers temps de l'Université. Peut-on considérer comme formant une école quelques empiriques, charlatans pour la plupart, tous plus ou moins ignorants, et fort empêchés sans doute quand il fallait transmettre à quelque disciple leur langage scientifique? Comment admettre qu'il existât une école dans un temps où, selon Quesnay, la médecine, appelée en France *ars sine arte*, ne pouvait obtenir entrée dans les écoles de Paris, même à titre d'art?

C'est au treizième siècle que nous commençons à reconnaître une Faculté avec une apparence de constitution. Deux siècles plus tard, elle avait des disciples, mais point d'écoles; et, d'après Riolan, ce fut en 1505 qu'elle entra en possession des premières qui furent construites pour elles. Les grandes réunions des régents avaient lieu dans l'église des Mathurins ou à Notre-Dame, dont le bénitier fut longtemps le rendez-vous de la Faculté. Les actes se passaient dans la maison des maîtres, dont quelques-uns enseignaient chez eux. De plus, les bacheliers faisaient des cours dans la rue du Fouare, où de nombreux élèves, étendus sur de la paille, écoutaient leurs leçons. Des salles basses non pavées, jonchées de bottes de paille qui servaient de sièges, tels étaient alors les amphithéâtres où Dante et tant d'hommes illustres venaient de tous les pays civilisés rendre hommage au savoir.

En 1434, sous le décanat de Denis de Sous-Lefour, Jacques Desparts, chanoine de l'église de Paris et premier médecin de Charles VII, convoqua la Faculté au bénitier de Notre-Dame. Là, il fit sentir la nécessité de donner à ce corps savant des écoles plus convenables, et proposa les moyens qui lui semblaient devoir le mieux assurer l'exécution de son projet. La guerre

Vue extérieure de l'École de médecine de Paris.

contre les Anglais fit ajourner alors toute mesure de ce genre; mais, quand on put songer à toute autre chose qu'à la défense du pays, Desparts revint à son projet, et fit don à la Faculté de trois cents écus d'or (3,450 livres) et d'une bonne partie de ses meubles et de ses manuscrits. On commença aussitôt de bâtir une école au bourg de la Bûcherie, sur le terrain de deux vieilles maisons achetées, l'une d'un bourgeois, l'autre des chartreux. Pour reconnaître le don généreux de Desparts, la Faculté lui assura de son vivant, afin qu'il n'en ignorât, un *obit, vigile et messe* à perpétuité, à chaque anniversaire de sa mort. C'était payer en monnaie de sacristie, mais Desparts était chanoine.

Ce fut ainsi que la Faculté de médecine eut pour la première fois une école attitrée. Malgré le peu de ressources dont il pouvait disposer, ce corps savant parvint à de grands résultats, aidé du temps, de la persévérance et du travail. Ce qui surtout avait manqué jusqu'alors, c'étaient les livres, qu'on ne pouvait se procurer qu'à grands frais, à une époque où l'art d'imprimer n'était pas encore découvert. Les leçons orales étaient le seul moyen d'instruction pour les élèves; quant à la bibliothèque de la Faculté, elle se composait, en 1395, dans le premier siècle de son existence, de huit ou neuf auteurs, dons splendides accordés par des souverains ou légués par des savants. Ces livres étaient : *la Concordance de Jean de Saint-Amand* (1200), *la Concordance de Pierre de Saint-Flour* (1325), le livre *De usu partium* de Galien, les *Médicaments simples* et la *Pratique* de Mezue, le *Traité de la thériaque*, l'*Antidotaire* d'Albucasis, l'*Antidotaire clarifié* de Nicolas Myrepse (1300), enfin le *Totum continens Rhazes*, en deux petits volumes que la Faculté, dans une lettre à Louis XI, appelle *son plus beau, et son plus singulier joyau*. Louis XI avait désiré faire transcrire cet auteur pour le mettre dans sa bibliothèque, et le président de la cour des comptes avait été chargé par lui de demander à la Faculté qu'elle voulût bien prêter au roi son Rhazès. La Faculté s'émut beaucoup à cette demande, et tint mainte assemblée au bénitier de Notre-Dame avant de prendre un parti; enfin elle se décida à prêter son *joyau*, mais sous bonne caution, savoir : douze marcs de vaisselle d'argent, qui lui furent remis, et un billet de cent écus d'or (plus de 1,000 livres), qu'un riche bourgeois souscrivit en cette occasion pour le roi. Ces conditions, il faut l'avouer, n'avaient pour Louis XI rien de très-flatteur; il était impossible de lui dire plus clairement qu'on le croyait capable de faire ce que font aujourd'hui tant de *bibliophiles* à notre pauvre bibliothèque royale. Quoi qu'il en soit, la Faculté crut pouvoir ajouter à ces exigences une insinuation au sujet du désir qu'elle avait de *faire-école et très-belle librairie pour exhausser et élever la science de médecine*. Probablement Louis XI comprit fort bien qu'il s'agissait d'une subvention ; aussi fit-il la sourde

CHAPITRE X. — L'ÉCOLE DE MÉDECINE.

oreille. L'année suivante, le Rhazès et les gages furent rendus de part et d'autre. (*Commentaire de la Faculté*, deuxième volume, Jean Avis (Loysel), doyen, 1471.) Aux neuf ouvrages que nous avons énumérés plus haut, Desportes ajouta un Avicenne commenté par lui, et qu'il légua en mourant à la Faculté. Un règlement sévère indiquait les conditions auxquelles ces livres précieux pourraient être consultés ou prêtés ; mais la découverte de l'imprimerie, peu sensible encore dans ses effets au temps où Louis XI empruntait le Rhazès, vint bientôt changer en abondance cette pénurie de livres et faciliter l'étude des auteurs.

Cette Faculté de médecine, pauvre et comptant si peu de membres, avait cependant un pouvoir et des priviléges qui ne cédaient à aucune autorité, même à l'autorité royale. Persuadés que l'union pouvait seule les rendre forts, les membres de la Faculté, quelque divisés ou ennemis qu'ils fussent entre eux comme citoyens, déposaient tout esprit de discorde en revêtant les insignes de leur grade pour tenir leurs assemblées. Protégeant avec affection tout ce qui tenait à elle, la Faculté poursuivit, dès son origine, avec sévérité tous ceux qui, sans lui appartenir, tentaient d'empiéter sur son domaine. Chomel, dans son *Essai historique sur la médecine en France*, cite un statut de la Faculté rendu en 1281 contre ceux qui, sans titre, pratiquaient la médecine à Paris. Aucun pouvoir au monde n'aurait pu donner le droit d'exercer à Paris à un médecin étranger, soit au pays, soit même à la Faculté.

Cette omnipotence exclusive avait sans doute ses inconvénients, mais le corps médical et le public y trouvaient au moins l'avantage d'être préservés de l'envahissement des médecins étrangers et de ces adeptes de tant d'universités aux diplômes faciles.

L'égalité la plus parfaite régnait alors dans les rangs de la Faculté, représentée par l'universalité des maîtres ou docteurs régents, au lieu d'être formée comme aujourd'hui des seuls professeurs. Au reste, comme nous le verrons bientôt, c'étaient dès lors des professeurs qu'elle se composait, puisque tous les docteurs pouvaient être appelés à professer, que tous avaient été astreints, pour obtenir leurs bachelliers, à faire leurs cours.

Cette égalité n'excluait pas certains grades nécessaires à l'organisation de la Faculté, mais qui n'étaient obtenus que par l'élection et seulement pour deux années. Quand ce temps était écoulé, le samedi après la Toussaint, tous les docteurs-régents s'assemblaient. Le doyen et les professeurs dont l'exercice expirait déposaient devant la Faculté réunie les insignes de leurs fonctions. Puis, cinq docteurs, élus par l'assemblée, trois parmi les anciens, ayant plus de dix ans de pratique, et deux plus récemment institués, choisissaient entre les membres de l'assemblée trois candidats au grade de doyen. Le sort décidait entre ces trois candidats. Les professeurs étaient élus par le même procédé. Tout cela se faisait à grand renfort de serments destinés à prémunir les électeurs contre l'abus des influences. Puis, le doyen et les professeurs prêtaient serment à leur tour. Les docteurs s'engageaient uniquement à faire leurs cours eux-mêmes pendant une heure par jour, sauf les jours de fête, et

sous un certain costume analogue à celui des professeurs actuels. Les fonctions de doyen excluaient celles du professorat. Composée d'ecclésiastiques, la Faculté de médecine mêlait nécessairement les cérémonies religieuses à toutes ses solennités ; nous avons vu qu'elle s'acquittait ainsi envers ses bienfaiteurs ; de plus, elle chômait religieusement, dans le cours de l'année, une quantité de fêtes qu'on ne retrouve plus que sur le calendrier de la nonchalante Italie ; enfin, tous les samedis, une messe était dite à la chapelle de l'École, et les bacheliers étaient tenus d'y assister, sous peine d'amende.

L'étudiant en médecine avait trois degrés à franchir, trois thèses à passer avant de recevoir le bonnet de docteur. Il devait être reçu bachelier d'abord, et, pour cela, subir une série d'examens qui duraient

École de médecine de Paris. — Le grand amphithéâtre.

près d'une semaine ; puis, le titre obtenu, il fallait, pour le conserver, passer quelque temps après un examen sur la botanique et un autre sur la matière médicale ; ce dernier durait encore une semaine. Une thèse devait être soutenue par le bachelier, à la fin de l'automne suivant, sur un objet de physiologie. Cette dernière séance durait de six heures du matin à midi ; enfin, une thèse sur l'hygiène était encore soutenue quelque temps après et ne durait *que cinq heures*. Cette dernière épreuve avait été instituée par le cardinal d'Estouteville, chargé en 1432, par le pape, de réformer les Facultés, et qui avait, comme nous l'avons dit, permis aux hommes mariés l'exercice de la médecine comme aux célibataires. La thèse, fondée par d'Estouteville, s'appelait *Thesis cardinalitia*.

Les bacheliers, une fois en possession de leur titre, devaient professer pendant deux ans ; leurs cours commençaient à cinq heures du matin.

Après ces deux années, les bacheliers, devenus émérites, demandaient à être admis à l'examen de la pratique. Cette épreuve, d'abord très-facile et presque de forme seulement, devint plus difficile en 1696. L'examen pour la licence dut alors être public et durer du lundi au samedi, trois heures chaque jour. La réception des licenciés s'accompagnait de cérémonies, dont la principale était ce qu'on nommait le *paranymphe*, parce que le licencié était considéré en cette circonstance comme épousant la Faculté.

L'étudiant trop pauvre pour payer les droits de sa réception aux grades était admis, à la condition de s'acquitter envers la Faculté lorsque des temps meilleurs seraient venus pour lui. Mais, comme à côté des plus nobles pensées fomente toujours un levain d'intérêt et de calcul infime, le bachelier qui avait pratiqué la chirurgie devait, pour devenir licencié, s'engager, par serment et acte public notarié, à ne jamais revenir à la pratique chirurgicale ou autre exercice manuel, *car il fallait conserver pure et entière la dignité de l'ordre médical*. Ce préjugé ridicule, auquel se mêlait un sentiment d'envie contre les succès d'un art en progrès, ne fit que donner plus de force avec le temps : la Faculté y voyait un gage de considération et de dignité pour elle, et ce fut une des causes principales de sa décadence.

Les licenciés avaient le droit de pratiquer et d'enseigner la médecine, *Hic et ubique terrarum*, disait pompeusement la formule de réception ; mais les docteurs seuls avaient voix délibérative dans l'École, et pouvaient prétendre aux grades de doyen et de professeurs. Le titre de docteur s'obtenait en subissant une épreuve d'argumentation qui n'était guère qu'une formalité, puis en prêtant serment d'observer les devoirs que la Faculté imposait à ses membres. La cérémonie de réception se faisait en grande pompe : dans cette circonstance, comme dans toutes les autres, la Faculté parlait latin, et quel latin ! On en trouve un échantillon assez exact dans *le Malade imaginaire* de notre grand comique. C'est ainsi qu'à ces études longues et sérieuses, à ces examens nombreux qui prouvaient le savoir du candidat, se joignait une prétention puérile, celle de s'exprimer en un langage inconnu du vulgaire, de parler une langue devenue barbare dans la bouche des adeptes de la scolastique, et transformée en une sorte d'argot professionnel. Peut-être cet entêtement à parler latin eut-il plus d'influence qu'on ne pense sur l'immobilité intellectuelle, sur l'opiniâtreté de la Faculté à ne pas admettre la moindre modification aux dogmes scientifiques qu'elle tenait d'un temps barbare.

La chirurgie, que les médecins affectaient de traiter avec dédain comme un travail manuel, finit cependant par être la seule branche de l'art de guérir dont les études fussent positives et non purement spéculatives, comme l'étaient devenues celles des médecins. Cependant la Faculté de médecine employa tous les moyens pour écraser une rivale dont elle ne pouvait méconnaître les avantages ; mais ce fut en vain qu'elle lui fit interdire toute pratique médicale en dehors du manuel opératoire, qu'elle l'humilia en obtenant contre elle des ordonnances qui assimilaient les chirurgiens aux barbiers : le mérite des chirurgiens finit par l'emporter. Maréchal et Lapeyronie obtinrent de Louis XV, en 1724, l'érection de cinq chaires de démonstrateurs royaux en chirurgie ; et bientôt, en 1731, l'Académie de chirurgie fut fondée.

Honorée de la part du gouvernement d'une protection spéciale, l'Académie de chirurgie obtint la construction d'une école qui reçut le nom de Collège de chirurgie. Louis XVI, comme Louis XV pour l'École de droit, posa la première pierre de ce monument.

Bientôt, Société de médecine et Faculté disparurent dans le même naufrage : la loi du 18 août 1792 prononça la dissolution de tous les corps savants, et quand on put songer à autre chose qu'au salut de la patrie menacée, la loi de frimaire en III (décembre 1794) créa trois Écoles de santé : une à Paris, une à Montpellier, la troisième à Strasbourg. L'École de Paris fut placée dans les anciens bâtiments de l'École de chirurgie.

L'Empereur venait de réorganiser l'Université; il institua la Faculté de médecine, non plus indépendante et autocratique comme l'ancien corps dont elle reprenait le nom, mais soumise, aussi bien que les autres Facultés, à l'Université, dont elle relève.

Voici quelle est aujourd'hui l'organisation de la Faculté : elle se compose de vingt-six professeurs, et de vingt-cinq agrégés en exercice. A la fin de leur temps, les agrégés prennent le titre d'agrégés libres.

Le doyen est le chef de la Faculté. Dix-huit cours composent l'enseignement. Pour obtenir le grade de docteur, les élèves doivent être bacheliers ès lettres et bacheliers ès sciences avant de prendre leur première inscription, puis ils doivent subir cinq examens et une thèse. Les examens ne peuvent être passés qu'après la treizième inscription prise, c'est-à-dire après quatre *années* d'études.

Indépendamment de sa bibliothèque, où l'on ne compte pas moins de 30,000 volumes, l'École de médecine est fière de deux collections admirables et sans pareilles peut-être au monde : le cabinet d'anatomie comparée, et le musée Dupuytren. L'anatomie comparée date à peine d'un petit nombre d'années comme science : créée par le puissant génie de Cuvier, elle a marché à pas de géants et donné déjà les plus féconds résultats, surtout pour la classification des êtres organisés, cette base indispensable de l'histoire naturelle. Il ne s'agit rien moins que de considérer, dans toute la série des animaux, chaque organe d'abord isolément, eu égard seulement à son importance, et d'en constater les dégradations et les modifications, à mesure que l'échelle des êtres est descendue de degré en degré. Ce travail fait de la manière la plus complète pour chaque partie envisagée séparément, il faut procéder à la synthèse, et, reconstruisant chaque individu, étudier en lui l'importance de chacun de ses organes, relativement à l'ensemble. De la sorte, on arrive à recon-

École de médecine de Paris. — La galerie d'anatomie comparée.

naître quels sont les organes principaux, quels caractères ils portent dans les êtres les plus parfaits, comment ils se dégradent, et l'on arrive ainsi à classer les individus chacun dans son rang véritable. Un autre résultat non moins curieux s'obtient en étudiant les relations des organes entre eux : ainsi la perfection relative de tel ou tel membre comporte une perfection correspondante de tel ou tel viscère : l'animal doué d'une vue perçante et de dents aiguës a l'estomac et le reste des organes intérieurs constitués d'une toute autre manière que le paisible ruminant, à la vue terne, à la mâchoire garnie de molaires inoffensives, propres à broyer l'herbe seule des champs. Aidé de ces analogies, Cuvier a pu reconstruire un monde sur quelques rares débris. On comprend que de pareilles études se fassent surtout par la vue : c'est à ce besoin que répond le magnifique musée d'anatomie comparée. On y voit les squelettes de tous les êtres animés, de ceux du moins qui sont soumis à notre analyse, classés par ordre, et montrant en évidence, par leurs perfections ou leurs imperfections, le rang qu'ils occupent dans la nature. En regard de ces échantillons de toutes les créatures dans leur état normal, ont été rassemblés des exemples des déviations, des irrégularités qui se présentent si fréquemment : les monstres, les erreurs en quelque sorte de la nature y tiennent place à côté de ses œuvres habituelles; la tératologie coudoie l'anatomie. Vous y retrouveriez quelques-unes des fantastiques imaginations de la poésie, quelques-unes des discordantes visions de la fable : des espèces de centaures et d'hermaphrodites, des contrefaçons d'acéphales et de cynocéphales. Les animaux eux-mêmes ont fourni un ample contingent de monstruosités, et, par un contraste habilement ménagé, la perfection, la pureté des formes est partout opposée à ces divagations : partout le type primordial et régulier corrige et fait ressortir la laideur de tout ce qui s'en écarte.

Le musée Dupuytren fait un digne pendant à la salle dont nous venons de parler : le fondateur l'a consacré tout entier à une maladie hideuse, fléau qui envahit jadis l'Europe, et contre lequel lutte avec persévérance la médecine de nos jours. Ce mal, qui répand la terreur, et dont la poésie enveloppe de tant de périphrases les honteuses tortures, se trouve représenté avec toutes ses phases sur des images en cire, exactes à faire illusion : les désordres organiques dont il est la cause sont reproduits sous toutes leurs variétés, et l'œil surpris contemple dans une imitation aussi parfaite que la nature les ravages opérés par l'ennemi jusqu'au fond des tissus les plus intimes, les organes les mieux protégés. Le musée de Dupuytren semble presque le poème de cette maladie qui date en Europe de la découverte de l'Amérique. Il décrit

CHAPITRE X. — L'ÉCOLE DE MÉDECINE.

ses progrès, sa marche, ses résultats, de la manière la plus terrible et la plus effrayante, et ne fait que laisser entrevoir les remèdes : après avoir vu cette formidable ennemie, armée de tant de ressources, féconde en transformations comme Protée, implacable comme la tunique de Nessus, et pénétrante à l'égal du regard de Méduse, on se retire rempli d'un salutaire effroi et d'une défiance profonde pour les efforts impuissants de la médecine.

Il fut pour la médecine un temps heureux, un temps à jamais regrettable, où les docteurs en robe, en chapeau pointu, faisaient consister dans un ajustement bizarre les trois quarts de leur science. Familières plus ou moins avec cette thérapeutique traditionnelle, dont les recettes et les formules se sont transmises jusqu'à nous, partant du temple d'Épidaure ou de Cos et passant par toute la médecine classique, les victimes immortelles de Molière et de Sage n'avaient qu'à citer Hippocrate et Avicenne, l'école de Salerne et Galien. Cette ombre d'érudition, insuffisante contre les parodies de Sganarelle et d'Argan, produisait au contraire tout l'effet désirable auprès du lit d'un malade. Il fallait vivre ou mourir dans les règles : Guénaud et Fagon furent toujours inflexibles sur ce chapitre. L'émétique, la rhubarbe, le quinquina se disputaient le monde médical, qui eût trop profondément sommeillé sans ces brandons de discorde ; et la Faculté, bafouée au théâtre, bafouée dans les contes et les petites nouvelles, savait bien, dans son inaltérable tranquillité, que rien, si ce n'est les querelles intestines, ne viendrait troubler son repos. Aussi laissait-elle faire les rieurs, assurée d'avoir son tour et d'appliquer le proverbe : *Aux derniers les bons*. Telle de nos jours, l'Académie se venge des railleurs en les absorbant dans son sein.

Mais certaines découvertes imprévues mirent fin à l'âge d'or : la circulation du sang, démontrée par Harvey, jeta le trouble au milieu des chapeaux pointus et des robes doctorales. Cette malencontreuse invention devait avoir des suites terribles ; tout l'édifice médical en fut bouleversé, et le mot de Sganarelle : *Nous faisons de la médecine d'une façon toute nouvelle*, manqua se réaliser à la lettre. Seulement, il ne s'agissait pas de déplacer le cœur ou le foie, mais bien de renouveler toute la routine qui était suivie depuis cinq à six mille ans. Sans doute que les adversaires intraitables des circulateurs prévoyaient combien ces damnables innovations allaient semer d'épines sur la route fleurie de la vieille médecine ; et quelle que fût leur clairvoyance, à coup sûr ils n'ont fait qu'entrevoir la terrible vérité. De leur temps, on improvisait, au besoin, un médecin : quelque peu d'anatomie et de latin, une centaine de formules, un profond respect pour l'antimoine et beaucoup d'effronterie suffisaient au docteur, quand il n'y avait d'autre chirurgien que des barbiers ou de méchants raccommodeurs de membres. De nos jours, il faut cinq ans d'études suivies, un stage au moins aussi long, je ne sais combien d'examens et une thèse, seul ressouvenir du passé.

Quels que puissent être, même de nos jours, les ridicules et le charlatanisme inséparables d'une carrière toujours encombrée et d'une science aux éternels tâtonnements, on ne saurait disconvenir que les études médicales reposent enfin sur une base rationnelle. En vain on rirait des sectes qui divisent cette honorable corporation de savants par diplômes ; en vain on opposera les homœopathes aux allopathes ; les adorateurs de l'eau aux fanatiques du feu ; et l'on combattra les réalistes par les spiritualistes, les praticiens à la main cruelle par les magnétiseurs curieux de mystères : les études n'en sont ni moins solides ni moins méthodiques. Elles embrassent à la fois l'homme dans son organisation dans l'état normal et dans l'état maladif, les ressources mises à sa disposition par la nature pour le rétablissement de la santé, l'emploi et la préparation de ces ressources, et enfin l'intervention directe du médecin, les moyens chirurgicaux

École de médecine de Paris. — Un examen dans la salle des instruments.

qu'il emploie. A la Faculté de Paris, la plus importante des trois que possède la France, deux professeurs sont chargés, l'un de décrire la charpente osseuse, le système des muscles et des nerfs, la configuration de chaque organe : c'est le professeur d'anatomie ; l'autre de montrer l'emploi de tous ces organes et leur jeu régulier dans l'état de santé : c'est le professeur de physiologie. Ce premier pas fait, l'étudiant est initié par trois maîtres différents, qui lui enseignent la chimie, la physique et l'histoire naturelle médicales, à la connaissance de tous les corps doués de vertus curatives : le cours de pharmacologie lui enseigne l'art de tirer parti de ces ressources, et le cours d'hygiène, l'art bien plus précieux d'entretenir la santé par la régularité et la simplicité de la vie. Puis vient le but principal de la médecine, la pathologie et la thérapeutique : c'est-à-dire la science de tous les désordres qui peuvent survenir dans l'organisme et celle d'y remédier. L'extrême importance de ces matières les a fait diviser ; les lésions extérieures et les accidents intérieurs remplissent quatre cours distincts ; un cinquième traite des opérations chirurgicales, et un sixième de l'art de guérir proprement dit. Enfin, la médecine dans ses rapports avec la législation et la théorie si difficile de l'accouchement complètent cet ensemble véritablement encyclopédique. Voilà déjà, et seulement pour les chaires de la Faculté, un total de quinze ou seize cours différents.

Si l'on considère maintenant que les étudiants doivent encore s'occuper des applications de cette colossale théorie, et suivre dans les hôpitaux, au chevet des malades, cinq maîtres qui leur montrent les secrets de la clinique, c'est-à-dire de cette partie délicate de l'art qui traite des rapports directs du médecin avec le malade, nul ne sera plus tenté de dénier à nos études médicales la gravité et le sérieux qui leur conviennent. Et nous n'avons parlé d'aucun de ces dispensaires, de ces cours particuliers qui s'ouvrent pour dévorer les loisirs que laisse la Faculté : nous n'avons rien dit du travail de l'amphithéâtre, avec le scalpel pour plume, et pour livre le cadavre et ses innombrables détails.

Dans cette longue carrière, un examen se dresse à chaque pas, épreuve destinée à constater celui qui est digne d'entrer, *dignus intrare*, au cours supérieur. Les examens médicaux ressemblent à tous les examens imaginables : c'est toujours le candidat, reverni de frais de la science qu'il a puisée dans les livres et dans les cours, et rafraîchie par quinze nuits de travaux forcés, qui s'assied sur une petite chaise, au bout de la table où trônent ses professeurs, en robe, toque et rabat. Il doit se démêler des questions captieuses, répondre avec précision aux interrogations techniques, éviter les pièges qui lui sont tendus à l'effet d'éprouver sa sagacité ou sa présence d'esprit. Les amis, les rivaux écoutent, l'oreille tendue, prêts à affronter les mêmes périls : les collègues de l'examinateur causent à voix basse, sourient, et, suivant l'exemple de messieurs les membres des assemblées politiques et autres, ont souvent l'air de s'occuper fort peu des choses dont il s'agit. Cependant, à l'École de médecine, les examens présentent une telle variété de matières que la forme même en offre aussi : par exemple, dans les parties qui ont trait, soit aux opérations chirurgicales, soit aux préparations chimiques et pharmaceutiques, soit enfin aux descriptions d'instruments ou d'organes, la démonstration sur les pièces accompagne souvent l'explication orale. Il faut que le candidat montre son adresse et son habitude à manier le scalpel, qu'il fasse preuve de sa pratique de l'amphithéâtre, de sa familiarité avec l'anatomie et les dissections. On comprend que tous ces examens, venant à la suite de l'épreuve fondamentale du baccalauréat ès lettres et ès sciences, supposent une instruction étendue et variée dans celui qui les a victorieusement subis et traversés.

L'étudiant en médecine fait partie, dans ses heures de loisir, quelque abrégées qu'elles puissent être, de cette Bohême curieuse, peu connue et fort calomniée, qu'on nomme en général pays Latin. Déjà nous en avons esquissé, en parlant de l'École de droit, quelques-uns des traits les plus remarquables; et, si nous voulions en entreprendre une description complète, il nous faudrait insérer dans le *Tableau de Paris* un véritable *Tableau du pays Latin*. Ce serait violer la règle fondamentale de l'unité qui doit présider à toutes les compositions; d'ailleurs les traits dont nous ne ferons pas usage pour cette monographie des mœurs et coutumes de l'Hippocrate ou du Broussais en herbe nous serviront en leurs lieu et place. Ici nous parlons de l'étudiant chez lui, isolément des divers milieux où il se trouve : plus tard, quand nous aurons à décrire les cafés, les estaminets, les bals en plein air, les restaurants d'étage inférieur, nous le retrouverons comme élément des populations bigarrées et singulières qui hantent ces points de réunion. Ce ne serait pas peindre avec exactitude le pandémonium parisien que de soumettre à un triage rigoureux son chaos d'éléments divers, et de ne l'étudier que par détails et non dans ses prodigieux ensembles, dans ses macédoines humaines auxquelles rien ne peut être comparé.

Les rues qui avoisinent l'École de médecine et l'Hôtel-Dieu, rues bordées de maisons noires, enfumées, pétries, dirait-on, de cette fuligineuse boue de Paris, servent de demeure, de domicile politique aux trois mille élèves de la Faculté. A peine si quelques-uns, par économie, ou pour la nécessité de se rapprocher du Val-de-Grâce, de Clamart et autres lieux, poussent dans la rue Saint-Jacques et se mêlent à la turbulente, polkante et bruyante famille des enfants de Gaïus et de Cujas. Ordinairement la chambre de l'étudiant en médecine se trouve perchée à un étage quelconque d'un escalier sombre et tournant, qui prend naissance au fond d'une étroite et obscure allée : elle se meuble avec une simplicité toute patriarcale : lit, table, chaises, et de plus une armoire et un secrétaire habituellement surmonté de quelques ossements encore couverts de rouille humaine. Tel est l'aspect de la chambre du jeune étudiant : celui qui compte des années de service a complété l'ornementation mortuaire qui sert comme d'enseigne au métier. Un crâne lui sert de pot à tabac, un autre de chandelier : il entremêle sa panoplie de pipes noircies et de brûle-gueules aux reflets d'ébène avec des os agréablement disposés en croix ou en sautoir; les plus riches possèdent un squelette d'enfant monté par leurs mains, et on en cite qui boivent dans des coupes comme celle qu'aux enfers la statue du Commandeur présente à don Juan. Mais qu'on ne s'effraye pas : le rire, la joie, l'expansion juvénile règnent au milieu de cet appareil funéraire : quelquefois vous verriez un frais chapeau de femme accroché entre un tibia dénudé et un débris de colonne vertébrale, ou un châle jeté négligem-

Traitement des vapeurs.

Anatomie comparée.

ment sur la table couverte d'ossements, de papiers, de tabac et de pipes éteintes. La poésie, sous la forme d'une scène du Prado, vient répandre ses roses sur les austères beautés de la déesse Hygie, maîtresse impérieuse, mais trop souvent délaissée. L'étudiant en médecine est renommé pour ses exploits érotiques : on le comprend, en vrai matérialiste, habitué à sentir la chair morte crier sous le scalpel, il doit se plaire plus qu'un autre à ce charme indicible de la vie. D'ailleurs, ses occupations habituelles sont si rebutantes pour le beau sexe, qu'il ne lui faut rien moins que toute habileté et sa science en matière amoureuse, s'il veut triompher des dégoûts qui accompagnent toujours sa matière médicale. Vous connaissez sans doute un sonnet où l'on représente Apollon poursuivant Daphné : le dieu, tout jeune, tout beau, tout aimable qu'il pût être, échoua dans ses tentatives : et pourquoi? Uniquement pour avoir prononcé ces vers malencontreux :

„ Je connais les vertus de la moindre racine ;
Et suis, par mon talent, dieu de la médecine. „

Le poète a grand soin d'ajouter :

Daphné courait encor plus vite que jamais.

Il faut en effet toute la force d'une habitude prolongée, pour que les nerfs délicats et sensibles des femmes puissent ne pas se crisper au milieu de ces débris humains dont l'étudiant aime à parer sa demeure. Aussi les *étudiantes* en médecine sont-elles le vrai type de cette classe de femmes qui rivalisent le mieux avec les défauts et les habitudes de l'homme. Cléopâtre, qui s'habillait en soldat, jurait et s'enivrait comme Antoine, a dû faire son éducation auprès d'un disciple du cours de cinquième année. On les voit fumer, rire, ingurgiter le punch et culotter voire même la pipe avec du tabac de caporal. Elles seules connaissent les charmes de la physiologie appliquée à l'amour, et la démonstration du jeu de chaque muscle, de chaque articulation dans ces exercices de haute chorégraphie peu approuvés de la pudeur gouvernementale. Un crâne humain leur servira de meuble de fantaisie; elles puisent à même le tabac, et y déposeront foulard, gants, aiguilles, étuis et dés, quelque faible usage d'ailleurs qu'elles aient à faire de ces derniers objets. Croyez-vous que cette calebasse si petite, où peut tenir pourtant plus d'un boisseau de sottises, comme nous disait mélancoliquement une de ces dames, leur inspire la moindre idée fâcheuse ? Oh non ! vous les verriez rire aux éclats, pendant que la flamme du punch éclaire le *faciès* décharné de ses bleuâtres lueurs; et vous les entendriez offrir, la chose est à peine croyable, un peu de leur épiderme, après la mort toutefois, pour en faire un souvenir, une blague à tabac, en un mot, quelque chose d'utile.

A côté de ces amazones intrépides, les compagnes des étudiants en droit passeraient à juste titre pour des vierges timides; aussi sont-elles stigmatisées de la significative épithète de poules mouillées, de *chipies*, pour employer une expression du cru. Une jeune demoiselle qui n'ose pas manier un squelette, qui ne fume pas des cigarettes et se borne à renvoyer la fumée par la bouche, fi donc ! Il ne lui reste plus qu'à prendre le voile et à se joindre aux saintes sœurs qui soignent les malades, si toutefois leurs nerfs et leur odorat ne devaient pas être trop blessés par les âcres

CHAPITRE X. — L'ÉCOLE DE MÉDECINE.

parfums de caporal et de régie exhalés par les élèves en visite. Une démarcation s'établit, très-tranchée, entre la femme de l'étudiant en droit et celle de l'étudiant en médecine, partout où elles se trouvent, au Prado comme au Luxembourg.

Après cinq ans, ou plus, de cette vie passée dans les études laborieuses et les plaisirs faciles, les examens définitifs arrivent. Il faut soutenir une thèse finale, et l'on reçoit, après cette dernière épreuve, l'étudiant docteur en médecine. Molière aurait dit qu'on lui donne le droit de percer, de tailler, de couper, de hacher et de massacrer impunément sur toute la terre : c'est un peu vrai ; mais, si tel droit doit jamais être donné à personne, ce ne peut être plus justement qu'à ceux qui l'ont acquis par tant d'études et de travaux. Au sortir de l'école, la carrière se trouve encombrée d'une manière effrayante. Paris, Montpellier, Strasbourg vomissent à l'envi des torrents de docteurs, armés de science et de lancettes ; c'est

une lutte corps à corps qu'il faut soutenir, si l'on veut arriver à conquérir un nombre suffisant de malades pour saigner, purger, médicamenter à discrétion, et se faire de ses honoraires une petite aisance épicurienne, une petite et paisible médiocrité dorée. Bien des mourants et des morts restent sur cette arène, où les combattants se disputent des cadavres : les uns languissent, les autres se retirent du champ de bataille, et, dispersés dans les campagnes, vont vivre dans les ténèbres, comptant sur les rares accidents qui peuvent interrompre un moment les travaux quotidiens du paysan et du villageois. Quelques-uns, se résignant à de nouveaux examens, embrassent la médecine officielle, s'enrégimentent avec le soldat, et, en uniforme brodé d'or, en chapeau à claque, prennent rang sur les cadres militaires entre le commandant et le capitaine, entre le lieutenant et les sous-officiers. Enfin, parmi les vainqueurs, parmi ceux qui restent dans les grandes villes, théâtres de

la gloire et hôpital ouvert à toutes les maladies, on voit se dessiner les spécialités. D'abord, ceux qui recrutent la littérature médicale, si toutefois cela peut s'appeler de la littérature. On les voit à l'envi chanter en vers ou en prose l'apparition d'une nouvelle maladie, comme si on devait permettre aux médecins d'inventer de ces choses-là ; on les entend, d'une voix éclatante, proclamer la gloire de tel ou tel maître obscur, de tel ou tel savant hérissé de grec, qui aura travaillé à compliquer encore le nœud gordien de la science. Ce sont eux qui alimentent les gazettes médicales, la polémique médicale, les découvertes médicales ; ils se livrent des guerres à huis clos au sujet d'une nouvelle variété du diabète ou d'une apophyse inconnue de l'os hyoïde, en supposant que cet os ait des apophyses, ce que ces messieurs décideront. Ils suscitent, à propos d'un traitement nouveau, des disputes sans fin, des tempêtes dans un verre d'eau. Cette classe estimable

Chambre garnie.

Un oncle mort très-jeune.

aborde parfois les concours et se juche dans les chaires de facultés. Puis les préconisateurs, les hérauts de systèmes ; celui qui adopte d'enthousiasme le magnétisme, l'homœopathie ou le système de Priessnitz ; et cet autre qui ne voit point de salut hors Raspail ; où encore celui-là, qui crée une nouvelle science et connaît l'homme entier à l'inspection de son visage. Ajoutons à l'énumération les médecins des yeux, des dents, qu'il ne faut pas confondre avec les dentistes ; ceux qui ne s'occupent que des maladies honteuses, ceux qui sont spéciaux pour les accouchements, etc., etc. ; et enfin, au bout de l'échelle, les spéculateurs, les charlatans millionnaires, qui se battent à coup d'affiches infâmes, comme disait Balzac, et qui, par la réclame la plus effrontée, prostituent un art qui mérite le respect, malgré ses erreurs et même quelquefois son manque de dignité.

Il ne faut pas confondre l'Académie de médecine avec la Faculté de médecine ; ces deux institutions diffèrent essentiellement. Le siège de l'Académie de

médecine est situé rue des Saint-Pères. Une société royale de médecine, fondée par Louis XVI, avait disparu dans la révolution ; le roi Louis XVIII, voulant faire revivre le souvenir et l'utilité de la société royale, fonda, par ordonnance, une académie royale de médecine, spécialement instituée pour répondre aux demandes du gouvernement sur tout ce qui intéresse la santé publique, et principalement sur les épidémies, les maladies particulières à certains pays, les épizooties, les différents cas de médecine légale, la propagation de la vaccine, l'examen des remèdes nouveaux et des remèdes secrets, tant internes qu'externes, les eaux minérales naturelles ou factices.

Dans le principe, l'Académie de médecine était composée de membres résidents, titulaires et adjoints. Aujourd'hui cette Académie n'a plus qu'une seule classe de membres résidents qui sont tous titulaires. Elle a en outre des correspondants nationaux et étrangers.

Les membres résidents de l'Académie sont distribués

en onze sections : anatomie et physiologie, pathologie médicale, pathologie chirurgicale, thérapeutique et histoire médicale, médecine opératoire, anatomie pathologique, accouchements, hygiène publique, médecine légale et police médicale, médecine vétérinaire, physique et chimie médicales, pharmacie.

L'Académie se compose de cent membres résidents. Les séances ont lieu tous les mardis. Les académiciens avaient, d'après l'ordonnance royale, seuls le droit d'y assister ; mais cet article, qui existe en droit, a été abrogé de fait. Le public et l'Académie y gagneront également.

L'extrait suivant, emprunté à la plume de M. Pariset, secrétaire perpétuel de l'Académie de médecine, fera mieux comprendre l'utilité de cette institution :

« Par ses progrès, la médecine, comme la plus commune industrie, a rendu nécessaire la division du travail, et cette division a fait faire à son tour de nouveaux progrès. D'un autre côté, le mouvement des affaires chez un grand peuple amène toujours des

difficultés imprévues, des inventions nouvelles et de nouveaux devoirs sur lesquels l'autorité ne prend de parti qu'après avoir consulté la médecine. Tels sont, en France, les épidémies, les épizooties dont il importerait de tarir la source ; la découverte d'eaux minérales qu'il s'agit d'analyser, les remèdes secrets qu'il faut rejeter ou admettre, et, finalement, le soin de protéger et de répandre l'heureuse pratique de la vaccination. C'est pour répondre à ces nécessités, c'est pour favoriser les progrès ultérieurs de la science, qu'une Académie a été instituée. C'est dans cette Académie, l'Académie actuelle, que revivent l'ancienne Académie de chirurgie et l'ancienne Société royale de médecine; elle a les mêmes travaux à perfectionner, les mêmes devoirs à remplir, et, par le tableau que l'on prépare de ce qu'elle a fait pendant vingt années, peut-être paraîtra-t-elle à la fois digne des compagnies qui l'ont précédée, et digne de la mission qu'elle a reçue. »

La salle où se tiennent les séances est d'un style grave et sévère; les décorations de cette salle peuvent se résumer en deux tableaux peints à la cire par M. Muller, et inspirés l'un et l'autre par une belle page de l'histoire médicale. Le premier représente Pinel, suivi d'Esquirol, son élève, et d'étudiants, faisant tomber à Bicêtre les fers dont on chargeait jusqu'alors les malheureux aliénés. Ce tableau n'est pas précisément très-remarquable ; l'air ne circule pas assez au milieu de tous ces personnages un peu roides. Le second tableau vaut mieux: nous sommes sur un champ de bataille de la République ; Larrey, calme au milieu du carnage, reçoit le bistouri des mains d'un aide pour amputer le bras d'un blessé; à côté de lui est un de ces caissons que son génie avait, à l'armée du Rhin, transformés en ambulances volantes; à ses pieds gisent des mourants qui apportent au grand chirurgien de valeureux soldats de la République. Au milieu de ces scènes de désolation et de mort, la figure de Larrey est sublime de calme et de sérénité.

Nouvelle salle de l'Académie de médecine.

Chapitre XI.

LA SORBONNE ET LE COLLÉGE DE FRANCE.

L'ÉCOLE NORMALE.

Les *Serres-chaudes* universitaires. — La *Cage des Muses*. — Richelieu. — Napoléon. — Robert Sorbon. — La rue Coupe-G..... — Les *Pragmatiques*. — Puissance spirituelle de la Sorbonne. — Port-Royal. — M. Arnauld. — L'auteur des *Lettres provinciales*. — Etat actuel de la Sorbonne. — Ses célébrités contemporaines. — MM. Villemain, Cousin, Guizot. — Origine du Collége de France. — Léon X. — Les premières chaires. — Ramus. — Sa mort. — Henri IV. — Pose de la première pierre d'un monument affecté au Collége de France. — Louis XV et l'architecte Chalgrin. — Le Collége de France actuel. — Parallèle entre la Sorbonne et le Collége de France. — Les cours de mantchou, thibétain, chinois et autres. — Intéressant commentaire du *Manava-Darma-Shastra*. — Lectures publiques au Collége de France. — L'Ecole normale. — Son but. — Les *Topins* de l'École normale. — MM. Sainte-Beuve, Saint-Marc-Girardin. — Le *De omni re scibili* de l'École normale. — Les quatre années d'école. — Les lettres. — Les sciences. — Fastes politiques de l'École normale. — L'agrégation.

Dans tous les pays qui se prétendent plus civilisés que les autres, il existe une sorte de préjugé qui fait croire à la possibilité d'élever des grands talents et des grands génies en serre chaude, à peu près comme les vers à soie ou les plantes exotiques. De ce préjugé dérivent les instituts, les académies, et, en un mot, les établissements scientifiques, littéraires, artistiques de toute sorte. On se souvient de la *Cage des Muses*, fondée à Alexandrie par les Ptolémées, qui voulaient transporter sur la terre d'Égypte le génie indigène de la Grèce, et produire avec des pensions, des honneurs et des couronnes, une génération d'Homères, de Sophocles et de Démosthènes. La création de cet institut, dont les parchemins sont signés par les fils de Lagus, inspira par la suite une foule d'imitateurs; et entre autres les deux esprits les plus absolus peut-être des temps modernes, Richelieu et Napoléon. Nous parlerons à sa place de l'œuvre de Richelieu. Napoléon, qui prétendit la réorganiser et la compléter, est l'auteur de cette loi organique qui a régi jusqu'à nos jours les œuvres et les conceptions de l'esprit, qui en a fait en quelque sorte la discipline. De nouvelles mesures administratives ont remanié et refait l'édifice du faîte à la base : sans doute nous en verrons d'autres succéder à celles qui datent d'aujourd'hui à peine, et ainsi de suite : reste à savoir quels seront, pour l'avenir, les fruits de cette bureaucratie de l'intelligence, et quels grands hommes naîtront par décrets contre-signés du ministre de l'instruction publique.

La Sorbonne.

La Sorbonne et le Collége de France retentissaient de grec, de latin, d'hébreu et de philosophie longtemps avant les classifications et les réformes auxquelles nous venons de faire allusion; mais nous remonterions trop loin dans l'histoire ancienne, en parlant d'un état de choses qui a cessé d'exister il y a moins d'un siècle, car il s'est passé bien des révolutions et des catastrophes dans cet intervalle si court relativement à la durée habituelle des institutions civiles ou politiques.

On sait que la Sorbonne, contemporaine en quelque sorte des premiers et des plus beaux jours de l'Université de Paris, fut fondée par un legs de Robert, chapelain de saint Louis, surnommé Robert Sorbon, du nom de son pays, le village de Sorbon. Robert Sorbon laissa, pour y instituer une école publique, la maison située *in vico dicto Coupe-Gueule*, disent les actes du temps. La fondation s'agrandit par des acquisitions et des donations successives, si bien que la rue Coupe-G..... disparut entièrement, et qu'à la place des trois ou quatre maisons occupées par les professeurs de théologie, de scolastique et autres, s'éleva le monument gris, monotone et sans grandeur bâti par Richelieu. Mais la splendeur de la Sorbonne est d'une date plus reculée : ferme asile où se défendaient les *pragmatiques*, ou conventions échangées entre les papes et les rois, elle formait une sorte d'université catholique, émule et quelquefois rivale des réunions qui se tenaient au Vatican. Ainsi la Sorbonne, en tant que puissance spirituelle, a délié les Français de leur serment de fidélité envers Henri III, fauteur d'hérétiques, assassin et coupable de crimes de toute sorte ; elle a lancé l'anathème contre le Béarnais, apostat et relaps, et l'a déclaré incapable de succéder au trône, sentence fort heureusement cassée par la victoire. Plus tard, elle prit parti pour la couronne contre l'esprit de libre examen, bien faiblement représenté pourtant par l'école de Port-Royal, et foudroya de ses anathèmes M. Arnauld et le fameux auteur pseudonyme des *Lettres provinciales*. De nos jours, la Sorbonne est devenue tout simplement une faculté des lettres ; et si, par grâce extrême, elle a conservé son vieux nom, ce n'est qu'une politesse de l'uniformité administrative à l'adresse des vieilles gloires et des anciens souvenirs. Les plus beaux noms de notre littérature universitaire, ceux de MM. Villemain, Cousin, Guizot, Saint-Marc-Girardin, brillent en tête des programmes affichés tous les semestres sur les murs de la vieille école de théologie ; mais la politique ou les doux loisirs de l'Académie absorbent les professeurs que la faveur publique avait entourés sur leurs chaires modestes, et ils se font remplacer par des suppléants, comme leur parole calme et sage suppléait elle-même les orageux débats des docteurs d'autrefois. La littérature latine, la littérature grecque, y parlent pour la centième fois sous le prétexte toujours renouvelé d'Homère ou d'Hésiode, de Silius Italicus ou d'Ennius ; la littérature étrangère recherche dans la nuit du moyen âge (métaphore aussi vieille que la chose dont elle parle) les origines de l'italien ou de l'espagnol, l'enfance de l'anglais ou de l'allemand. On y entend la philosophie rebattre et *recommenter*, si toutefois ce nouveau terme peut obtenir ses lettres de naturalisation, les rêveries des mystiques et les arguties des sceptiques ; la littérature française obtient les honneurs du pas, et son interprète a droit d'entretenir le public, sous cette élastique désignation, des troubadours et des trouvères, de l'Encyclopédie et du roman de Rou, de Dorat et de Jean de Meung, enfin de tous ceux qui ont écrit, parlé ou eu la velléité d'écrire, depuis Grégoire de Tours et les serments de Fontenay jusqu'aux vaudevilles de M. Scribe et aux épopées de M. Alexandre Soumet.

Le Collège de France ne date ses lettres de noblesse que du règne de François Ier. C'était au moment de la renaissance, au plus fort de cette fureur grecque, latine, hébraïque, dont furent saisies toutes les intelligences élevées de l'époque, et pendant qu'un souverain pontife quasi-païen, Léon X, occupait le saint-siège, position suprême d'où il donnait, en quelque sorte, l'impulsion à tout ce monde plus érudit que chrétien. Sur la sollicitation de son précepteur, François Ier institua deux chaires de langues anciennes, qu'il confia aux latinistes et hellénistes jurés de son époque. Bientôt le nombre s'en accrut ; plusieurs rois, parmi lesquels Charles IX, Henri III et Henri IV, se firent gloire d'ouvrir de nouveaux débouchés à l'industrie gréco-latino-hébraïque ; et bientôt bon nombre de savants trouvèrent leurs loisirs et la médiocrité dorée dont parle Horace, sous les abris complaisants du Collége de France. On y entendit professer concurremment le latin, le grec, l'hébreu, l'arabe, la médecine et les mathématiques. Parmi les célébrités poudreuses et pédantesques qui se réchauffèrent aux rayons de la munificence royale, nous citerons Ramus, ou Pierre la Ramée, mieux connu par ses cours que par sa fin tragique. Victime de haines particulières, il fut frappé lors de la Saint-Barthélemy, dans le grand massacre de ses coreligionnaires ; premier exemple des rivalités scientifiques poussées à un pareil excès, et premier encouragement pour ceux qui sont en butte aux persécutions devenues non moins fréquentes, mais moins rigoureuses. Cependant tout cet étalage d'érudition avait lieu à peu près à l'aventure : les maisons modestes où avaient professé Ramus, Guillaume Vadé, Tussanus et leurs confrères, étaient devenues insuffisantes pour la splendeur du nouveau Collége de France. Henri IV posa la première pierre d'un monument destiné à servir d'asile aux professeurs et aux élèves : son entreprise, longtemps interrompue, ne fut reprise que sous Louis XV, vers la dernière moitié de son règne. L'édifice actuel du Collège de France a été terminé par l'architecte Chalgrin ; quoique ne présentant pas une apparence brillante, il ne manque ni d'élégance ni d'une certaine grandeur, grâce à ses doubles portiques, à sa salle en amphithéâtre, où se tiennent les cours privilégiés, et qui rivalise avec celle de la Sorbonne.

L'enseignement y offre un caractère plus philosophique et plus élevé qu'à la Faculté des lettres. On peut dire que la Sorbonne se souvient encore de ses anciennes disputes théologiques, et que, par crainte d'y retomber, elle adopte de préférence la forme

Une séance du concours de l'agrégation à la Sorbonne.

enseignante et dogmatique, tandis que le Collège de France sert d'asile à la discussion hardie, au libre examen.

Outre les leçons de philosophie, d'histoire, de littérature, on entend retentir des notes étranges et sauvages dans les étroites salles consacrées aux cours de MM. les Malais, Mantchoux, Thibétains, Chinois et autres Sanscrits universitaires. Nous n'avons pas eu le courage de passer en revue ces diverses littératures, empruntées aux peuples dont l'idiome semble fait pour écorcher l'oreille, et auprès desquels le haut allemand paraîtrait une mélodie. Ce que nos fils ne pourront croire, il existe aujourd'hui à peu près une vingtaine de messieurs dont l'occupation, le gagne-pain consistent à exposer les principes de tous les patois, les plus inintelligibles du monde, devant un auditoire qui décroît, hélas ! à mesure que le calorifère officiel baisse sa consommation en combustible, et que les premières feuilles printanières verdissent les arbres du Luxembourg. Si vous vous hasardez dans ces oasis des langues orientales, vous pourrez assister, concurremment avec des bâillements énergiques et expressifs de l'appariteur, auditoire obligé, et à un long commentaire du *Manava-Darma-Shastra*, du code des lois malabares, des chansons nationales des anthropophages Battas, ou du rituel des bonzes : toutes choses fort intéressantes, tant par elles-mêmes que par les développements dont elles sont susceptibles. Nous avons été tenté, un jour que notre mauvaise étoile, ou plutôt que le besoin de colliger des documents, nous avait entraîné de faire à notre confrère en solitude, M. le professeur, la même proposition qui réussit jadis à Henri Monnier, dans ses tournées dramatiques. Un jour que le spirituel acteur se disposait, je ne sais dans quelle Brives-la-Gaillarde, à jouer le rôle de Cinna, on vient le prévenir que la salle ne renferme qu'un seul spectateur : « Qu'on lève la toile ! » répond-il, sans se déconcerter. Puis, s'avançant sur la scène en costume de conspirateur tragique : « Monsieur, si vous le désirez, je vais jouer Cinna ; mais, si cela vous était indifférent, nous jouerions ensemble aux dominos. » Le public accepta la seconde proposition, et nous pensons que le Chinois universitaire n'en aurait fait autant, ce n'eût pas été faute d'envie.

Pendant la révolution de 1848, le Collège de France fut agité de quelques velléités révolutionnaires. A une époque où tout se réformait, il voulut, lui aussi, tâter de la réforme, et sortir quelque peu du vieux sillon classique. Des lectures publiques furent organisées, le soir, afin d'initier les ouvriers à la connaissance des grands chefs-d'œuvre de notre littérature, sans empiéter pour cela sur le temps dû à leur travail journalier. Des professeurs du Lycée et de la Faculté se consacrèrent à cette tâche, qui aurait offert peut-être une certaine utilité, et elle avait été bien dirigée. Mais le choix quelquefois assez peu judicieux des lectures, l'inexpérience des lecteurs, le manque, soit d'à-propos, soit de clarté des commentaires, et par-dessus tout la grande mobilité des esprits français, empêchèrent la réussite de cette innovation. L'indifférence, puis l'abandon, firent entièrement cesser, au bout de quelques mois, les soirées du Collège de France.

Il nous reste à parler de l'École normale. L'École normale supérieure est un diminutif de l'École polytechnique : le but de son institution consiste à fournir au champ de l'Université une moisson suffisante de licenciés et d'agrégés, tant de lettres que de sciences. Comme le séjour de cette école n'est pas un stage obligatoire, et que, du fond de la province, il s'élance chaque année des nuées de concurrents qui viennent disputer la palme, le nombre des élèves est peu considérable, et atteint à peine au nombre rond d'une centaine pour les deux sections réunies. Aussi l'école ne fait-elle guère d'impression au public, et pâlit beaucoup devant l'éclat de la *Polytechnique* et de *Saint-Cyr*.

Quand on voit passer dans les rues ces jeunes gens à uniformes tout simples, à l'air méditatif et modeste, les yeux cachés sous l'abri de lunettes épaisses, on se demande qui ils peuvent bien être; tandis que chacun reconnaît et admire leurs rivaux triomphants, le chapeau à claque crânement posé sur l'oreille, la flamberge en sautoir, et la bande rouge sur un pantalon taillé à la militaire. Pourtant il faut également une bien copieuse consommation d'algèbre et de calcul intégral pour prendre rang parmi les *topins* de l'École normale, et l'imagination recule effrayée devant les périodiques ingestions et digestions forcées de vers latins et de thèmes grecs qu'exige l'examen pour la section des lettres. L'École normale, fondée en même temps que la nouvelle Université, a subi quelques vicissitudes et même quelques suppressions. Installée d'abord rue des Postes, elle fut supplantée, en 1822, par une maison de jésuites: aujourd'hui elle trône tout à côté du Panthéon, entre la Bibliothèque Sainte-Geneviève et l'École de droit.

Bon nombre d'éminents littérateurs et de latinistes jurés se sont formés dans l'humble retraite de la rue des Postes. Nous aurions à citer bien des noms fameux dans l'enseignement, et quelques-uns portés par

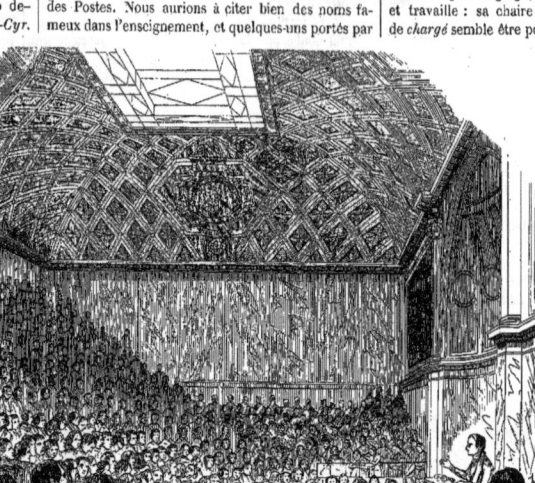

Collège de France. — Salle des cours.

de hauts dignitaires du corps des quarante immortels, MM. Saint-Marc-Girardin et Sainte-Beuve, par exemple.

En général, les élèves sortant de l'École affrontent

le feu des examens supérieurs, la licence et l'agrégation. Jusqu'à l'agrégation, un professeur s'inquiète et travaille : sa chaire tremble sous lui, et le titre de *chargé* semble être pour lui une épée de Damoclès dont la chute entraîne les dépositions, les suspensions, les révocations. Quand l'épreuve est terminée, alors seulement l'Université, *alma mater*, les reçoit dans son sein et leur fait un oreiller paisible. Mais aussi quelles difficultés, quels écueils entourent ce paradis terrestre! L'histoire, la philosophie, la littérature, la grammaire, d'une part; de l'autre, les sciences physiques et mathématiques hérissent tous les piquants de leurs champs les moins cultivés : l'une parle au candidat des annales des Phrygiens ou des Lydiens, et veut qu'il réponde par celles de Malte ou de Rhodes; l'autre le questionne sur les œuvres de Buchanan et les poésies du Mantouan, obscur rival de son compatriote Virgile. Ici, il faut connaître les creuses visions de Jacob Böhme, discuter d'une manière savante sur les œuvres de saint Bonaventure, de saint Thomas d'Aquin et de Raymond-Lulle; là, il faut être de première force sur tous les raffinements grammaticaux grecs, latins et français, dont Port-Royal et Vangelas sont les aïeux légitimes. D'ailleurs

Une séance de lecture, le soir, dans une des salles du Collège de France.

l'enseignement de l'École normale constitue, sans contredit, la meilleure préparation à ces arcanes de la philosophie, de la littérature et de la linguistique. Les maîtres les plus distingués sont au service de

chaque section. Dans la première année, par exemple, a lieu une révision approfondie des études classiques; les professeurs en herbe se brisent au maniement du dactyle et du spondée, versifient dans tous les

mètres d'Horace et de Sénèque, devinent ou cherchent à deviner, ce qui est tout un, les insolubles difficultés de la prosodie des comiques latins. Cette première année encore, il se fait, autant et plus qu'au collège, une consommation effrayante de thèmes grecs et latins. Il faut qu'à l'épreuve décisive de la licence ès lettres, le candidat soit en mesure d'offrir aux examinateurs une marqueterie suffisamment bigarrée de locutions térentiennes, plautiniennes et cicéroniennes. Quant à l'étude du français, advienne que pourra ; la force des amplifications de rhétorique, ornées d'un prix au concours général, suffit pour les exigences de la première lutte. L'année suivante, le niveau des études monte d'un échelon : histoire littéraire, critique des éternels modèles du goût, suivant le style officiel de ces messieurs, compositions plus étendues en prose et en vers, et surtout pâture forcée dans tous les taillis littéraires les plus impénétrables, tel est le programme pour les aspirants aux chaires de rhétorique, de seconde et de troisième. Ceux qu'une vocation spéciale entraîne vers le champ des études historiques suivent une autre marche. N'allez pas croire cependant que, pour renoncer aux aménités des auteurs anciens, ils s'élèvent à des études d'une plus haute portée : l'enseignement universitaire n'a rien de commun avec Herder et repousse Michelet de son sein. Pour atteindre à la pomme d'or si ambitionnée, la mémoire des noms et des dates, accompagnée d'une certaine ténacité d'écrivailleur et de paperassier, forme tout le bagage nécessaire. De même pour la philosophie : l'étude attentive et presque mnémotechnique de MM. Cousin, Jouffroy et Damiron, quelques notions sur les Écossais, les Allemands,

Vue de l'École normale.

et une tournure d'esprit dogmatique et nébuleuse, en voilà plus qu'il n'en faut. Enfin arrive la troisième année, l'année décisive : il s'agit de la préparation des questions spéciales que le ministre désigne, ou plutôt désignait chaque année pour les épreuves d'argumentation. Une tâche si importante absorbe la majeure partie du temps des élèves ; et le cours de pédagogie, c'est-à-dire le cours qui a la prétention d'enseigner à conduire la jeunesse, risque beaucoup d'être mal écouté. Il est vrai qu'il s'agit de former de modestes professeurs, et non des rhéteurs brillants ou des sophistes, la pire espèce d'hommes.

Les cours de la section des sciences présentent un caractère plus fixe et se circonscrivent dans un programme exact, comme le sont d'ailleurs les matières dont les candidats ont à s'occuper ; mais on pourrait craindre que la direction exclusivement scientifique de ces jeunes esprits ne vînt à les fausser pour tout ce qui regarde la vie pratique, autant au moins que les trop grands écarts de la philosophie, de l'histoire ou de la littérature. La grammaire seule a le privilège de maintenir le calme et la sérénité dans les intelligences ; elle suppose si bien l'*aurea mediocritas* de l'esprit !

L'École normale s'est, à plusieurs reprises, signalée par son esprit démocratique ; elle n'oublia jamais que la Convention est sa mère. Ouverte en 1795 avec des hommes comme Bernardin de Saint-Pierre, Lagrange, Monge, Berthollet, etc., pour professeurs, elle fut fermée au bout de quelques mois ; et cependant Napoléon, qui la rouvrit et la réorganisa en 1808, ne put faire disparaître le ferment révolutionnaire laissé par cette Assemblée prodigieuse, qui a marqué toutes ses créations d'une si profonde empreinte. Une manifestation innocente, sous la Restauration, procura de nouveau à l'École normale des vacances forcées de quatre ans. Louis-Philippe la rouvrit, et la laissa en paix pendant tout le cours de son règne. Quand on voit, rue d'Ulm, ce modeste établissement où à peine une centaine d'étudiants, trente-quatre par année, sont admis au banquet de la science et des arts, il est aisé de comprendre que ce n'est point là une institution bien vivace, bien enracinée, comme les Écoles polytechnique ou de Saint-Cyr.

Séance d'inauguration de la nouvelle École normale, 4 novembre 1847.

Chapitre XII.
LES THÉATRES.

Les dix-neuf théâtres de Paris. — *Panem et circenses.* — Le Théâtre-Français. — L'hôtel de Bourgogne. — Les débuts de Molière. — *Mirame.* — Les comédiens du roi. — Monvel. — La salle de la rue Richelieu. — Organisation imposée par Napoléon. — Foyer des artistes à la Comédie-Française. — Jadis et aujourd'hui. — Dufresne et son perruquier. — La noblesse lettrée du dix-huitième siècle. — Le marquis de Ximénès et Bœur-Lormian. — Grandes querelles du romantisme. — Disposition et ornementation du foyer. — Poisson. — Desmarres de Champmeslé et Racine. — Lekain. — Talma. — Mars. — Célébrités contemporaines. — Le foyer public au Théâtre-Français. — Les aristarques du lundi. — Une représentation extraordinaire au Théâtre-Français. — La salle. — Le plafond. — L'Opéra. — J. A. Bail. — L'abbé Perrin. — Lulli. — Incendie de l'Opéra en 1781. — Couleur *feu d'opéra.* — Le Devin du village. — La salle Lepeletier. — Le foyer et le personnel de l'Opéra. — Le *Lion* et le *Rat.* — La loge infernale. — Les préjugés sur la vie d'actrice réfutés. — L'Opéra-Comique. — Le Théâtre-Italien. — Le théâtre de *Sa Majesté* à Londres. — *Le chevalier de Grammont* et mistress Temple. — Les subventions. — L'Odéon. — Les deux millions du sénat. — Bobino. — Son public à effet. — Une avant-scène à Bobino. — M. Clairville. — Le Vaudeville. — Les Variétés. — Le théâtre du Palais-Royal. — Sa littérature épicée. — Le Gymnase. — La Porte-Saint-Martin. — *Marguerite de Bourgogne* et *Molvina.* — Les physionomies dans les théâtres. — La Gaîté. — Les Folies-Dramatiques. — La Cocarde tricolore et *Robert-Macaire.* — Les Funambules. — Debureau et Jules Janin. — Les Délassements-Comiques. — Mme Saqui. — Le Petit-Lazari. — Théâtre Beaumarchais. — Comte. — Séraphin. — Les salles Chantereine, Chaptal et Barthélemy. — Une débutante susceptible. — La claque et les sifflets. — Un littérateur *pour tout faire.* — Un chef de claque, *Mercadet* dramatique. — Biboquet et les théâtres du dix-neuvième siècle.

Paris compte, à l'heure présente, dix-neuf théâtres, sans comprendre les théâtres de la banlieue, les spectacles-concerts, les cirques, l'hippodrome, et quelques autres divertissements publics quotidiens. A Londres, où la population est de deux millions cinq cent mille habitants, il n'y a guère plus de théâtres qu'à Paris, et en général les salles de spectacle anglaises sont beaucoup moins fréquentées que chez nous. Il faut à la population parisienne, comme il fallait au peuple romain, ces deux choses indispensables : *Panem et circenses.* Du reste, les théâtres parisiens sont encore alimentés par l'immense concours d'étrangers et de provinciaux qui affluent à Paris dans toutes les saisons de l'année.

A tout seigneur, tout honneur. Débutons par le Théâtre-Français, et entrons au plus vite dans la salle Richelieu, sans nous arrêter d'étapes en étapes dans les endroits différents où le théâtre prit successivement domicile, à commencer par son berceau. Je saute, sans plus de cérémonie, par-dessus la salle de l'hôpital de la Trinité, rue Saint-Denis, où les confrères de la Passion s'établirent, en l'an 1402, par privilége exclusif et lettres-patentes, et jouèrent les mystères, ce premier bégayement burlesque de l'enfant encore dans ses langes.

Je laisse également l'hôtel de Bourgogne, où s'exercèrent d'abord Jodelle, et Hardy, l'homme aux huit cents tragédies; puis la salle du Marais, l'hôtel Bourbon, le palais Cardinal; la salle de la rue Michel-Lecointe, où plusieurs troupes de comédiens tentèrent des établissements plus ou moins durables. Ce fut à la salle du jeu de paume de la Croix-Blanche que Poquelin,

Molière.

lière donna à peu près tous ses chefs-d'œuvre dans la salle du Petit-Bourbon, et ensuite dans la magnifique

salle qui avait été construite au Palais-Royal pour la représentation de *Mirame,* tragédie de Son Éminence le cardinal de Richelieu, très-grand ministre d'État et très-mauvais auteur dramatique, comme chacun sait.

Des comédiens de toutes sortes s'abritèrent encore tour à tour dans les salles de la rue Mazarine, du jeu de paume de l'Étoile et des Tuileries. Puis, après bien des allées et venues, des émigrations et des transformations, ces comédiens devinrent, un beau jour, messieurs les comédiens ordinaires du roi. Nous avons fait du chemin sans nous en douter, depuis les mystères de la Passion, ce chariot de Thespis de l'art dramatique français. En 1782, le Théâtre-Français fut installé au faubourg Saint-Germain, non plus dans cette rue qui se nomme aujourd'hui rue de l'Ancienne-Comédie, mais à la place où sont encore aujourd'hui les catacombes qui s'appellent l'Odéon; puis, plus tard, Monvel passe la Seine et vient fonder une colonie dramatique dans la salle de la rue Richelieu.

Cette première prise de possession ne fut qu'un campement. La révolution ayant renversé l'autel de Melpomène et de Thalie, tous les Burrhus, tous les Agamemnon, tous les Arbate, tous les Crispin, tous les Mascarille en disponibilité attendirent la fin de la tempête en repassant leurs rôles. L'horizon s'étant éclairci, une partie des comédiens français reprit possession de l'ancien local, et les autres allèrent à Feydeau et au théâtre Louvois.

Sous l'Empire, Napoléon arrêta l'organisation du Théâtre-Français. Il voulut que les comédiens fussent divisés en deux troupes distinctes : l'une eût la

Mademoiselle Mars.

tout jeune encore et ignoré, parut un instant avant d'entreprendre ses courses dramatiques et vagabondes à travers la France. Plus tard, Poquelin de Mo-

Mademoiselle Clairon.

salle de la rue Richelieu; l'autre, sous la direction de Picard, alla s'installer à l'Odéon.

De la salle de la rue Richelieu nous ne dirons

que peu de chose; que dire, en effet, d'une salle de spectacle? Ce sont toujours les mêmes rangs de loges, les mêmes banquettes et les mêmes fauteuils. Entrons plutôt au foyer, non pas dans ce foyer ouvert à tout venant, où le public se promène entre les entr'actes, de celui-là nous dirons deux mots plus loin, mais dans le foyer des acteurs, lieu privilégié, lieu d'asile, véritable tabernacle tragi-comique où ne sont admis que les desservants de l'autel et les initiés.

Sous l'ancienne royauté, le foyer intérieur de la Comédie-Française était un salon brillant où les écrivains les plus célèbres, les grands seigneurs, les gens d'esprit et du bel air venaient causer, minauder, caqueter, et souvent soupirer avec les belles actrices et les grandes comédiennes. Là, le duc de Richelieu disait son répertoire, et mettait à la brochette le cœur de ces dames. Marquis et ducs, étalés dans les vastes fauteuils dorés, rompaient des lances pour mademoiselle Dumesnil ou mademoiselle Clairon; et, pendant ce temps-là, poudrés, frisés et la tête haute, passaient fièrement au milieu des gentilshommes les comédiens portant l'habit à la française et l'épée en verrou; c'était le bon temps, au fort l'Évêque près. C'était le temps où Dufresne, demandant à son perruquier : Quelle heure est-il? celui-ci répondait en s'inclinant jusqu'à terre : Je l'ignore, seigneur.

Sous l'Empire, le foyer eut encore de beaux jours, ou, pour parler plus justement, de beaux soirs. On y voyait Chénier, Arnault, Legouvé, Colin d'Harleville, Népomucène Lemercier, Ducis, Étienne, Dupaty, Jouy, Creuzé de Lesser. Quelques seigneurs de l'ancien régime avaient survécu, et ils revenaient au nid amoureux d'autrefois; les Lauraguais, les Choiseul-Stainville, la plupart vieillis, mais gardant encore dans l'âge sexagénaire cette facilité d'humeur, cette politesse un peu railleuse, ce ton de s'occuper des riens avec importance, de dire des impertinences avec une grâce qui désarmait, cachet très-caractéristique de la noblesse lettrée du dix-huitième siècle. Le vieux marquis de Ximenès disait un jour à Baour-Lormian, dans ce foyer du Théâtre-Français : « Vous faites des tragédies, monsieur? J'ai connu M. de Voltaire; il faisait des tragédies aussi, mais pas comme vous. »

Sous la Restauration, la gloire du foyer commence à s'éclipser : il y a encore Casimir Delavigne, Viennet, Delrieu, Bonjour, mais la plupart des vieux gentilshommes étaient partis pour aller voir la pièce qu'on joue dans l'autre monde. Puis vinrent les grandes

Vue intérieure du foyer des artistes au Théâtre-Français.

querelles du romantisme et la domination du journalisme, qui attisèrent les haines et les discordes littéraires. A partir de ce moment, le règne du foyer fut fini : un journaliste, un auteur et un comédien n'auraient pu causer ensemble sans être sollicités par l'envie réciproque de s'arracher les yeux.

Depuis quelque temps, le foyer a repris une certaine vie, et il compte quelques agréables habitués que nous nommerons tout à l'heure. La salle est un parallélogramme parfait. L'ameublement en est élégant, et il est orné de tableaux et de bustes qui représentent ou l'image des plus illustres acteurs, ou des souvenirs de l'histoire du Théâtre-Français.

Il y a huit bustes dans la salle : Larive, mademoiselle Dumesnil, mesdemoiselles Sainval aînée et Sainval cadette. Des deux côtés de la pendule, mademoiselle Clairon et mademoiselle Dangeville; au-dessus de la pendule, Molière; sur la cheminée, le buste officiel du chef de l'État.

Puis, regardez de tous côtés ces nez monstrueux, ces coiffures baroques, ces costumes grotesques; voyez là-bas ce personnage éperonné et empanaché, c'est Turlupin; Gros-Guillaume, Gautier-Garguille, Guillot Gorgu, ces grands comédiens de tréteaux, qui mirent d'abord leur belle humeur et leurs farces au service des opérateurs du Pont-Neuf, et qui, au lieu de la lie de Thespis, se barbouillaient de farine. Turlupin à l'honneur d'avoir donné au Dictionnaire de l'Académie et à la langue un substantif qui a fait fortune, et qui vivra tant qu'il y aura des bateleurs dans la littérature, la politique, les arts et la société.

Plus loin, vous reconnaissez Arlequin, Pantalon, le docteur Mezzettin, Scaramouche, tous les illustres de l'ancienne comédie macaronique.

Puis vient la famille des Crispin. Voici Poisson Ier. Le nom de Poisson se perpétua longtemps de père en fils à la Comédie-Française. Puis, plus loin, Marie Desmares de Champmeslé; Champmeslé, doux nom, tendrement murmuré par Racine; Champmeslé, qui fut la Bérénice, l'Athalie, la Phèdre, l'Iphigénie, la Monime du poëte, et qui fit pleurer tous les yeux de la cour de Louis XIV. Puis Lekain, l'impétueux Orosmane; mademoiselle Raucourt, Brizard, Dazincourt, Préville et Dugazon. Après les grands maîtres tragiques, les grands maîtres du rire, puis Grandmesnil, Damas, Baron, le beau, l'élégant Baron, l'élève de Molière.

Un peu plus loin, c'est le Roscius français, Talma;

à côté de lui, Fleury, le dernier des gentilshommes de la scène. Après Fleury, le Théâtre-Français tomba de plus en plus dans la roture. Voici encore les deux Baptiste, non loin de madame Vestris, après laquelle arrive cette grande comédienne que nous avons tous applaudie et admirée, mademoiselle Mars.

Dans cette galerie des gloires dramatiques du Théâtre-Français, plusieurs font défaut : mademoiselle Lecouvreur, Molé, mademoiselle Duchesnois et Montrose. Je ne parle que des morts, bien entendu; les vivants ont toujours le temps de préparer leur apothéose, et, Dieu merci, ce n'est ni le marbre ni la toile qui manquent aujourd'hui.

Il y a dans ce foyer des comédiens qui ne sont pas moins spirituels que leurs devanciers, des comédiennes non moins piquantes, non moins jolies et non moins célèbres : mademoiselle Rachel, mademoiselle Dénain, les deux Brohan, madame Allan et quelques autres. Les marquis n'y viennent plus; mais où sont les marquis, s'il vous plaît? On y cause encore avec esprit, avec finesse. Demandez-le plutôt à M. Régnier, à M. Samson et à M. Provost. Quelques intimes, des écrivains dramatiques, quelques journalistes, se mêlent à ces conversations, d'où la médisance n'est pas toujours exclue, non plus que la chronique scandaleuse, mais où l'art a aussi sa part et son tour.

Parmi les habitués ordinaires du foyer, qu'il me soit permis de citer quelques noms : MM. Alfred de Musset, Émile Augier, Ponsard, Latour de Saint-Ybars, quelques peintres, quelques statuaires et de simples mortels, gens du monde, et pour la plupart gens d'esprit.

Ici, Orgon joue aux dames avec Mahomet; là, Scapin traite une haute question de littérature

La scène et la salle du Théâtre-Français.

dramatique avec Orosmane. Philaminte, descendant de ses hauteurs, échange un lazzi avec *Bridoison*, tandis qu'Oreste lance un gros calembour à Pyrrhus, tout en badinant avec Hermione.

Mais tout à coup, au beau milieu, soit de la partie de dames, soit de la discussion, voici l'avertisseur qui appelle Agamemnon; et aussitôt le roi des rois, rengainant ses arguments ou rejetant ses pions, se hâte de venir sur la scène lancer ses alexandrins pompeux à la tête d'Achille et du public.

Il y a encore au Théâtre-Français un endroit où causent les beaux esprits, c'est la salle du foyer public. Pendant la représentation, les aristarques du lundi se rassemblent autour de la cheminée et devisent sur tout et sur beaucoup d'autres choses. Là, on passe par les verges de la critique l'auteur de la dernière pièce à succès, ou la comédienne encore dans l'enivrement de son triomphe. La saillie part comme une fusée; le jeu de mot est le volant que se renvoient toutes ces raquettes. C'est là que se raconte l'anecdote de ce matin, c'est là aussi que se confectionne le paradoxe de demain. Chacun fait ce qu'il peut, même messieurs les vaudevillistes, qui viennent de temps à autre jeter dans ces conversations de ces lueurs éphémères qui, semblables aux étincelles du diamant, ne donnent ni chaleur ni lumière.

Dans ce foyer sont placés à la file les uns des autres tous les bustes de nos grands auteurs dramatiques : le buste de Rotrou, celui de Molière, qui semble vivant; le buste des deux Corneille, etc., etc. Le dernier poète qui est venu prendre place dans ce glorieux musée est, je crois, Casimir Delavigne.

C'est au Théâtre-Français qu'il faut voir une première représentation ou une représentation extraordinaire. Le public d'une première représentation à ce théâtre se compose de tous les noms connus dans la politique, les sciences, les arts et la mode. Les toilettes des femmes sont aussi brillantes qu'à l'Opéra ou aux Italiens. Voici les ministres d'aujourd'hui et les belles dames d'aujourd'hui ; voilà les grands peintres de ce matin et les grands feuilletonistes de ce soir. Tout ce qui est célèbre dans la société parisienne, *tout Paris*, pour nous servir de l'expression un peu insultante de messieurs les journalistes, assiste à une première représentation au Théâtre-Français ; et il faut bien dire néanmoins que c'est ce *Paris-là* qui distribue la réputation et la fortune aux auteurs, aux acteurs, aux compositeurs, à tout ce qui veut se frayer une voie dans le domaine de l'art, du talent et de l'intelligence.

La salle du Théâtre-Français contient quinze cent vingt-deux places ; elle fut construite sur les dessins de Louis, architecte du Palais-Royal.

Le ton général des ornements de cette salle est blanc et or. La tenture intérieure est d'un rouge foncé, ce qui assombrit un peu cet éclat, et ce qui a aussi l'inconvénient d'attrister la toilette des femmes. Une large galerie à trois rangs de places projette sa courbe au-dessus du parterre. Le plafond représente le lever de l'Aurore ; c'est, à peu de chose près, la copie du tableau de Guido Reni, assortie aux exigences de l'ornementation. Par l'effet d'une combinaison bien entendue, la figure resplendissante du soleil, qui occupe le milieu du plafond, dissimule le ventilateur et le passage du lustre. A droite et à gauche du trépied antique, sur lequel fume l'encens, se dressent les figures colossales de Melpomène et de Thalie, autour desquelles se déroule une suite de groupes où revivent les actions, les personnages et les caractères qui ont inspiré leurs plus beaux chefs-d'œuvre à nos poëtes. Évidemment le peintre a un peu abusé de l'abstraction : la Colère, le Désespoir, la Jalousie et le Remords sont des personnifications assez obscures de la tragédie. L'Avarice et l'Hypocrisie, tout en rappelant à la mémoire deux des plus belles créations de Molière, ne réveillent guère, par l'expression que le peintre leur attribue, l'idée du ridicule et de la comédie. La partie du tableau où se

Plafond du Théâtre-Français.

groupent la Poésie, la Peinture, la Sculpture, l'Architecture, a un caractère plus arrêté. Cette immense composition, qui ne réunit pas moins de cent personnages, est encadrée par des vases et des guirlandes de fleurs et de feuillage d'un bon style et d'un joli effet. Ce plafond est l'œuvre de M. Gosse.

Comme je ne procède pas tout à fait à la façon des architectes, je demande la permission de terminer cette description du Théâtre-Français par le vestibule. Ce vestibule, de forme elliptique, est entouré de trois rangs de colonnes doriques accouplées au premier rang, isolées dans les deux autres. Au milieu s'élève une magnifique statue de Voltaire en marbre blanc, par Houdon. Cette statue est, à mon avis, le chef-d'œuvre par excellence de la statuaire moderne.

Passons maintenant à l'Opéra.

L'établissement d'une Académie royale de musique à Paris date du seizième siècle. Jean-Antoine Baïf, né à Venise, pendant que son père y était ambassadeur, fut le premier parmi les Français qui tenta l'accord de la poésie française avec la musique. Malheureusement il se trompa dans l'exécution ; à l'exemple des anciens, il voulut introduire des vers français composés d'iambes, de dactyles, de spondées, etc.; tentative absurde et tout à fait contraire au génie de notre langue. Baïf établit dans sa maison, située rue des Fossés-Saint-Victor, une Académie de musique autorisée par lettres-patentes de Charles IX, qui s'en déclara le protecteur et le premier auditeur. Baïf étant mort en 1589, cette académie fut transférée chez son associé Mauduit, lequel chercha à ranimer par le projet d'une autre académie, qu'il appela Confrérie de Sainte-Cécile, et dont le succès ne fut pas très-brillant.

L'abbé Perrin, attaché à Gaston d'Orléans, frère de Louis XIII, hasarda, en 1659, une pastorale que Lambert, beau-père de Lulli, mit en musique. Cette pièce obtint le plus grand succès et fut d'abord représentée à Issy, ensuite à Vincennes devant le roi. Les auteurs applaudis s'associèrent alors avec le marquis de Sourdéac, homme fort riche et très-habile comme machiniste. Des lettres-patentes du 28 juin 1669 ac-

CHAPITRE XII. — LES THÉATRES.

cordèrent aux trois associés la permission d'établir des académies de musique, pour chanter en public des pièces de théâtre pendant douze années consécutives. En 1672, Lulli, surintendant et compositeur de Sa Majesté, obtint un privilége qui lui accordait l'autorisation d'établir une Académie royale de musique, *composée de tel nombre et qualité de personnes qu'il aviserait, et que le roi choisirait et arrêterait sur le rapport du directeur-compositeur.*

Les lettres-patentes portaient que l'Académie royale de musique était érigée sur le pied des académies d'Italie, où les gentilshommes et les demoiselles pouvaient chanter et danser aux pièces et représentations, sans qu'ils fussent censés déroger au titre de noblesse ni à leurs priviléges, charges et immunités. On ne s'étonnera pas de cette clause si étrange, si l'on songe qu'à cette époque le roi, les plus grands seigneurs et les plus grandes dames de la cour figuraient dans les ballets sur le théâtre de Versailles. Bizarre contradiction! pendant que la puissance sacerdotale frappait d'excommunication l'acteur qui récitait les vers de Corneille, de Racine, de Molière, celui-là n'en était pas atteint qui chantait sur les planches les stances voluptueuses et souvent érotiques de Quinault!

Devenu seul directeur privilégié de l'Académie royale de musique, Lulli transféra son théâtre de la rue Mazarine au jeu de paume du Bel-Air, dans la de Vaugirard. Puis, à la mort de Molière, la salle rue du Palais-Royal fut donnée aux chanteurs et aux danseuses.

Il serait fastidieux de suivre l'Académie royale de musique à travers toutes ses phases. En 1781, au moment où le prix du parterre venait d'être porté de quarante à quarante-huit sous, le théâtre du Palais-Royal fut détruit par un incendie. Plusieurs personnes périrent, et le feu dura pendant huit jours.

Le lendemain matin, le peuple contemplait les affreux ravages de cet incendie, lorsqu'une voiture chargée de costumes échappés aux flammes traversa

Vue extérieure de l'Opéra.

la place du Palais-Royal. Un crocheteur qui se trouvait dessus s'avisa de placer sur sa tête un casque de théâtre, [puis s'affubla d'un manteau royal. Immédiatement la consternation fit place aux hourras et à la gaieté. Le public ne songea plus qu'à saluer de ses éclats de rire le monarque improvisé. Quelques jours plus tard, il y avait des étoffes très à la mode couleur de feu d'Opéra.

L'Académie royale de musique, chassée par l'incendie du Palais-Royal, alla s'installer au théâtre des Tuileries; puis l'administration obtint du roi la permission de jouer des opéras en un acte sur le théâtre des Menus-Plaisirs, rue Bergère.

L'ouverture eut lieu le 14 août 1781, par le *Devin du Village*, cet opéra de Jean-Jacques Rousseau, et *Myrtil et Lycoris*. On continua d'y jouer jusqu'à ce que la nouvelle salle construite près de la porte Saint-Martin eût été achevée.

Frappé de la stérilité et du vide d'intérêt des poëmes destinés à l'Académie de musique, Louis XVI fonda un prix annuel pour le meilleur ouvrage de ce genre. De seize ouvrages envoyés au concours en 1788, aucun ne fut jugé digne de l'admission.

L'Académie royale de musique fut appelée Opéra en 1794, et, depuis, le public n'a cessé de lui donner ce nom.

Mademoiselle Montansier avait fait bâtir dans la rue Richelieu, sur l'emplacement de l'ancien hôtel de Louvois, un théâtre qui se nommait Théâtre-National. Le gouvernement en fit l'acquisition, et les acteurs de l'Opéra y jouèrent, pour la première fois, le 28 juillet 1794.

En 1807, un décret organisa l'Opéra, qui prit le nom d'Académie impériale de musique. Depuis 1792, ce théâtre a successivement porté les noms suivants : *Académie de musique, Opéra-National, Théâtre de la République et des Arts, Théâtre de l'Opéra, Théâtre des Arts, Académie impériale de musique, Académie*

Vue générale des coulisses de l'Opéra.

royale de musique, Théâtre de la Nation, Académie nationale de musique. Chaque gouvernement a voulu tenir ce théâtre sur les fonts de baptême.

Le duc de Berry ayant été assassiné, le 13 février 1820, à la sortie de l'Opéra, la salle de la rue Richelieu fut fermée, puis démolie. On éleva alors dans la rue Lepeletier une salle qui est, depuis trente ans, provisoire. Ce monument de plâtre, bâti d'après les dessins de l'architecte Debut, n'a pas coûté moins de trois millions.

La salle de l'Opéra est simplement décorée; elle est circulaire, mais elle a un immense avantage sur toutes les autres salles de Paris : elle est très sonore.

Nous ne sommes plus au foyer de son altesse sérénissime la Comédie-Française : ici plus de discussions littéraires, pas la moindre conversation sur l'État. La muse n'a élu domicile dans les coulisses de l'Académie de musique, et ne fait pas encore partie du corps des ballets.

Que viendrait-elle chercher, en effet, au milieu de ces jambes légères, de ces cœurs fragiles et de ces estomacs toujours prêts à engloutir le champagne frappé? Figurez-vous un grave académicien entrant dans ce foyer de la danse, dans ce foyer tout constollé de faciles sourires, tout plein de pieds mutins, de mains étourdies et d'indulgents regards.

La toile vient de se baisser; nous sommes au moment de l'entr'acte. C'est l'heure où le lion se met en chasse, *Quærens quam devoret*. Il s'élance de la stalle d'orchestre ou de l'avant-scène dans les coulisses; il rôde un instant, flaire à droite et à gauche, puis gagne le foyer, attiré par l'odeur de la chair fraîche.

Le foyer de la danse est son antre préféré; là le lion secoue fièrement sa crinière, aiguise ses griffes, se met en arrêt, et attend sa proie.

En ce moment, le lion, ainsi que vous le pouvez voir, est dans son quart d'heure de repos et d'humanité; il ne mord pas, il roucoule comme s'il n'était qu'une simple colombe. Sur le premier plan, un lion d'un âge mûr, dans l'attitude mélancolique du bipède qui se sent devenir vieux. Plus loin, trois lionceaux debout, se confondant en douceurs et en politesses pour une des gazelles de l'endroit: ce sont des lions à peine émancipés, des lions à leur premier coup de dent, si j'en crois leur attitude guindée et leur tournure respectueuse. Therpsycore s'en aperçoit et les écoute d'un air légèrement maussade; Therpsycore n'aime pas les lions conscrits. Parlez-moi du lion qui est là-bas, à droite, assis négligemment sur un canapé, les pattes croisées. Celui-là est un rude lion rompu aux armes, j'en atteste cet air penché, ce victorieux et satisfait sourire. Cependant, au fond de l'antre, lions et gazelles se cherchent et se confondent: c'est un concert de rugissements et de soupirs. Les propos y sont lestes comme cette péri, cette sylphide ou cette willi au jupon court qui s'élance, bondit et provoque le parquet de son pied agaçant... Mais, hélas! le foyer des danseuses a beaucoup dégénéré depuis que le prince russe et le milord y sont devenus rares, et que les ambassadeurs ont fait place à la tourbe des dandys aux existences hypothétiques.

1720.   1794.   La peau du lion à l'Opéra.   1806.   1852.

Le personnel de l'Opéra s'élevait en 1713 à cent vingt-six artistes et employés, et coûtait chaque année 67,080 livres. Les premiers sujets du chant recevaient chacun 1,500 livres par an; les premiers danseurs avaient 1,000 livres, et les premières danseuses 900 livres. Aujourd'hui, près de six cents artistes, employés, ouvriers, sont attachés à l'Opéra. Le chiffre des traitements des premiers ténors varie de 50 à 70,000 francs, et la somme de tous les appointements réunis dépasse 1,100,000 francs. Il y a progrès... dans les appointements.

L'Opéra a une armée de chanteurs, de chanteuses, de danseuses et même de danseurs, sans compter messieurs les marcheurs et mesdemoiselles les marcheuses. Marcheurs et marcheuses sont les figurants et les figurantes du ballet: ils ne disent pas pendant dix minutes « Allons, marchons, courons, » en continuant de rester en place; ils ne crient pas à tue-tête et avec accompagnement de cymbales et de trompettes, « Retirons-nous sans bruit; » ils se contentent de faire les évolutions élémentaires, et ils forment tous les cortéges. C'est ordinairement parmi les marcheuses que se trouve le *rat*, cet animal rongeur, très-peu sentimental de sa nature, qui préfère un cachemire à la déclaration d'amour la plus galamment troussée, et qui se nourrit, autant que possible, de homards et de billets de banque. Quand le lion est pris dans un filet, tenez pour certain que jamais le rat de l'Académie de musique ne songera, comme celui de la fable, à ronger les mailles du filet. Cet animal sauvage, quoique très-apprivoisé, se rassasie difficilement: on en a vu dont les dents pointues grignotaient jusqu'à vingt

Foyer de la danse, à l'Opéra.

CHAPITRE XII. — LES THÉATRES.

mille francs par mois. Le rat est l'effroi des mères de famille; il n'a pas de cœur, mais il a un vaste estomac. Quand le rat a dévoré plusieurs beaux fils opulents, il passe à l'état de *panthère*, et il appartient alors à la grande famille des *carnassiers*.

Les protecteurs du rat, et en général de tous les brillants animaux femelles de l'Académie de musique, sont messieurs les abonnés de la loge infernale, composée de la fleur des pois des élégances... du boulevard, de lions à tous crins, de spéculateurs enrichis, de quarts d'agents de change, vieux, jeunes gens pour la plupart. Cette loge infernale (ah! la jolie qualification!) fait le succès ou la chute des débutantes; il faut, si elle veut réussir et voir tomber à ses pieds les couronnes, que toute néophyte de la danse ou du chant jette préalablement le mouchoir à celui-ci ou à celui-là, parmi les souverains dispensateurs des fleurs et des épines; alors la route s'aplanira d'elle-même, alors la nouvelle arrivée, pour peu qu'elle soit jeune et belle, n'aura qu'à paraître sur la scène, et elle entendra résonner à son oreille le concert des *brava*. Quelques-unes, nous devons le dire, ont résisté à ce despotisme, et ont gagné en appel la cause perdue devant le tribunal de première instance de messieurs les gants jaunes infernaux; mais quelle force de volonté et quelle vertu ne faut-il pas avoir, quand on est actrice, pour ne pas abréger, même au prix d'une complète abdication de sa personne, le fatigant chemin qui conduit au triomphe !

Et puisqu'il s'agit d'actrices, deux mots, s'il vous plait, sur ces dames en passant. Pour tout jeune homme, le mot d'actrice entrebâille aussitôt la porte d'un paradis sans fruit défendu : l'actrice a été le premier amour de tous les débutants dans la vie, et cependant, en fin de compte, on ne sait guère ce qu'on aime quand on aime une actrice. Est-ce la femme ou le rôle ? Est-ce Ophélia, Desdémone, Phèdre, Marinette ou mademoiselle trois étoiles? Mais qu'importe? cela dure ce que durent toutes les chimères heureuses.

Dans les coulisses.

Puis, un beau jour, on rencontre son idole descendue de son piédestal, on la voit passer dans la rue sans fard, sans mise en scène, dans la tenue d'une simple mortelle donnant le bras à quelque riche lourdeau : l'illusion, cet oiseau passager, fuit à tire d'ailes, et tout est dit.

Parlez maintenant d'une actrice à une mère de famille : celle-ci va évoquer l'existence la plus fantastique, les séductions les plus dangereuses, si bien que toute jeune fille devant cette chaste indignation de sa mère, se prendra à rêver un monde d'amours, de coquetteries, de chants, de parfums à faire descendre un saint du ciel pour se damner dans un boudoir.

Maintenant si l'on veut savoir la vérité, la voilà.

Les seules femmes du monde qui ne peuvent pas avoir d'intrigue, ce sont les actrices.

Les seules créatures qui n'aient pas le temps d'aimer, ce sont les actrices.

La vie de l'actrice n'est pas murée comme celle de toute autre femme. Libres de toute hypocrisie, pourquoi se donnerait-elle la gênante vanité de l'intrigue, elle qui peut congédier en souriant l'amant de la veille devant l'amant du jour?

S'il est une carrière prosaïque et cerclée d'ennuis pour une femme, c'est la carrière du théâtre. Quel plus courte que celle qui attache l'actrice au public? et quel, de maîtres, sans compter le public ! L'actrice doit plaire et sourire à tous, heureuse encore quand il ne lui en coûte qu'un sourire : elle doit plaire à l'auteur, qui, sans cela, ne lui confierait pas de rôles; elle doit plaire au directeur, pour qu'il la mette en vue;

Dans les coulisses.

elle doit plaire, non pas à un seul mais à douze journalistes; enfin, voyez-la le lendemain d'une première représentation, à son petit lever, inquiète, agitée, dévorant les journaux : celui-ci la proclame charmante, celui-là trouve qu'elle est affreuse; cet autre dit qu'elle est une grande comédienne, un quatrième affirme qu'elle n'a aucun talent. Pas de joie sans tristesse, pas d'éloges sans blâme ; toujours un revers à la médaille. Et puis quelle vie ! toujours des rôles à étudier, toute la journée des vers ou de la prose à dévorer, et souvent quels vers et quelle prose ! Puis ce sont des costumes qu'il faut essayer, des poses qu'il faut prendre devant la glace pour préparer l'effet de la représentation du soir; puis viennent encore les questions d'amour-propre. Dans cette triste profession, il ne suffit même pas de triompher, il ne faut pas encore qu'une rivale triomphe à côté de soi : tout succès obtenu par celle-ci est un coup de poignard pour celle-là ! Comment voulez-vous que ces malheureuses trouvent le temps d'aimer au milieu de tant de labeurs, de fatigues et de préoccupations. Encore une fois, l'actrice la plus grande, la plus célèbre, la plus riche, la plus enviée, n'est pas une femme, c'est un esclave. Aussi fait-elle payer son esclavage le plus chèrement possible. Son insouciance pour la fortune consiste à vendre son talent au plus haut enchérisseur, et sa légèreté ne l'entraîne jamais à faire que des folies d'un excellent rapport. Sans parler de la cause de leur beauté, qu'elles plaident chaque soir devant la rampe, les actrices poussent souvent l'amour de la justice jusqu'à plaider à tout propos, et signent toujours dans leur désintéressement, moins de billets doux que de papiers timbrés.

Depuis quelque temps, du reste, la moralité s'est glissée sur les planches, et l'art, il faut bien le dire, a été quelque peu supplanté par le pot-au-feu. Aujourd'hui une actrice se marie à un véritable arrondissement, et si elle a encore des attaints après son mariage, c'est dans un simple but d'économie domestique. Vous voyez bien que les *hétaïres* de

La loge infernale.

L'étude.

Répétition à domicile.

Le moment de l'action.

Bravos et sifflets sous bande.

CHAPITRE XII. — LES THÉÂTRES.

notre temps, loin d'être folles et dissipées, comme on le suppose, sont des personnes fort sensées, beaucoup plus occupées de leurs intérêts que de leurs plaisirs, et moins jalouses de leurs belles amours que de leur moindre rôle.

Tout théâtre ressemble à un autre théâtre; nous ne dirons donc que peu de mots sur les différents établissements dramatiques que nous allons passer en revue, pour ne pas nous répéter.

Par goût.

Le théâtre de l'Opéra-Comique ne date, à proprement parler, que de 1761, au moment où sa troupe se réunit à celle des Italiens qui existait en France depuis le règne de Henri III. Avant cette réunion, l'Opéra-Comique avait éprouvé les plus grandes persécutions, et fut longtemps réduit à ne jouer que des scènes muettes. On avait imaginé le moyen de faire descendre des rouleaux de toile sur lesquels étaient écrits les couplets. Puis, peu à peu, l'Opéra-Comique parvint à surmonter toutes les difficultés que lui suscitait son frère aîné l'Opéra. On bâtit, sur l'emplacement de l'hôtel Choiseul, un théâtre dont la principale façade, donnant sur la place Boïeldieu, est décorée d'un avant-corps en saillie, formant péristyle, composé de huit colonnes ioniques d'une grande proportion, dont six sur la façade et deux en retour engagées dans le massif du bâtiment; elles soutiennent un entablement surmonté d'un attique. On se demande, à la vue de cet édifice, pourquoi sa façade, au lieu d'avoir été tournée du côté du boulevard, est enclavée dans une espèce d'impasse. On a même pris soin de déguiser, autant que possible, le monument du côté du boulevard, en construisant des maisons particulières au dos du théâtre.

L'Opéra-Comique exploite, à notre avis, un genre fort ennuyeux et très-monotone; mais il est populaire, et il réussit à ce point qu'il n'échangerait pas ses recettes avec celles de son grand confrère de la rue Lepeletier.

Les théâtres dont nous venons de parler, et en outre les Italiens et l'Odéon, dont nous allons dire quelques mots, reçoivent chaque année de l'État une large subvention. L'Opéra a 620,000 fr., plus 200,000 fr. pour la caisse des pensions; total, 820,000 fr., sans compter 5,000 fr. pour le traitement du commissaire du gouvernement, et 4,000 fr. pour le traitement du contrôleur du matériel. Le Théâtre-Français reçoit 300,000 fr.; le théâtre de l'Opéra-Comique, 240,000 fr.; le théâtre Italien, 60,000 fr., et le théâtre de l'Odéon 100,000 fr.: ajoutez 5,000 fr. pour le traitement du commissaire du gouvernement.

C'est le Théâtre-Italien qui a, en quelque sorte, créé l'Opéra-Comique, non le Théâtre-Italien tel qu'il existe aujourd'hui, mais le théâtre de la farce italienne chantée. La première troupe de comédiens italiens qu'on ait vue en France vint de Venise en 1577, et joua à Blois, puis à Paris. D'autres troupes vinrent s'établir dans notre pays à différentes époques, et fondèrent successivement la comédie italienne. Mais ce n'est pas cette comédie italienne qui a donné directement naissance au Théâtre-Italien actuel. Des troupes de bouffons italiens parurent à l'Opéra en 1752 et en 1778; des chanteurs italiens jouèrent en 1789 sur le théâtre de Monsieur, aux Tuileries, puis dans la salle de Nicollet, à la Foire-Saint-Germain, et enfin, en 1790, dans la salle Feydeau. En 1802, des chanteurs italiens appelés par la Montansier débutèrent au Théâtre-Olympique; d'autres leur succédèrent et donnèrent des représentations dans la salle Favart; (en l'an IX il n'y avait que treize artistes composant la troupe, sept acteurs et six actrices); en 1808 une nouvelle troupe se forma, et alla s'installer à l'Odéon sous la direction d'Alexandre Duval. Plus tard, les chanteurs italiens allèrent à Favart; puis, la salle ayant brûlé en 1737, ils se virent contraints de franchir les ponts et de retourner à l'Odéon, où ils ne séjournèrent que deux années. Aujourd'hui ils occupent la salle Ventadour. C'est l'empereur qui a donné aux chanteurs italiens leurs grandes lettres de naturalisation. En effet, Napoléon, devenu roi d'Italie, avait voulu qu'une troupe permanente de chanteurs italiens fît connaître aux dilettanti de la capitale les différentes productions des écoles italiennes. C'est le théâtre du luxe, des diamants, du satin et des toilettes. Avoir une loge aux Bouffes, c'est déclarer qu'on possède

Par genre.

au moins une quarantaine de mille francs de rentes.

Et cependant, il faut bien le dire en passant, les splendeurs de la salle Ventadour ne sont rien à côté des éblouissements magiques de la salle des Italiens de Londres. Aux soirs de grande représentation, le théâtre de Sa Majesté offre le plus magnifique coup d'œil. L'aristocratie anglaise est représentée là sur

Une loge aux Italiens.

six rangs de loges, les diamants, les pierreries de l'Inde, étincellent sur le cou, dans les cheveux et sur les doigts des nobles ladies. Le souvenir des plus splendides soirées de la salle Ventadour s'efface devant un tel spectacle. Ces beaux cygnes de la Grande-Bretagne étalent avec une complaisance toute londonienne leur magnifique corsage, et les dentelles, au ton roux rehaussent l'éclat de leurs blanches épaules qui sortent vaporeusement d'un nuage de points d'Angleterre. O filles d'Albion! le plus illustre de vos poètes modernes, lord Byron, vous a calomniées! Les Anglaises en grande toilette sont les femmes dont on peut le plus sûrement apprécier la beauté à la première vue; en dépit des prescriptions du cant, elles sont si peu vêtues, que si on les débarrassait de leurs bracelets d'or, de leurs colliers de perles, et de leurs rivières de diamants, il ne leur resterait pour se dérober aux regards que le voile transparent de leurs longs cheveux blonds. Cette habitude d'étaler ses trésors en public date de loin dans ce pays, si nous devons nous en rapporter à ce passage des *Mémoires de Grammont*, où le galant chevalier dit, en esquissant le portrait d'une des héroïnes de la cour de Charles II : « Miss Temple ne soignait que ce que les femmes laissent voir à tout le monde, le visage, la gorge et les mains. »

Aux Bouffes de la salle Ventadour comme au théâtre de Sa Majesté de Londres, le moment splendide de la soirée, c'est le moment de la sortie. Pendant que les domestiques font avancer les voitures, tout le beau monde se presse dans le foyer. C'est l'instant des regards jetés à la dérobée, des contemplations muettes et des conversations à demi-mots. Le bataillon sacré est sous les armes, déployant toute son artillerie de dentelles, de sourires, de diamants, de regards, et présentant un magnifique front de bataille. La pelisse de satin négligemment jetée sur d'opulentes épaules et complaisamment béante à la poitrine permet à l'œil de s'égarer sur de fabuleuses richesses. A Londres, où l'on se voit peu, le foyer est le seul salon où l'on se rencontre à jour fixe. Quiconque a été présenté à une femme a le droit de lui parler, ou tout au moins de la

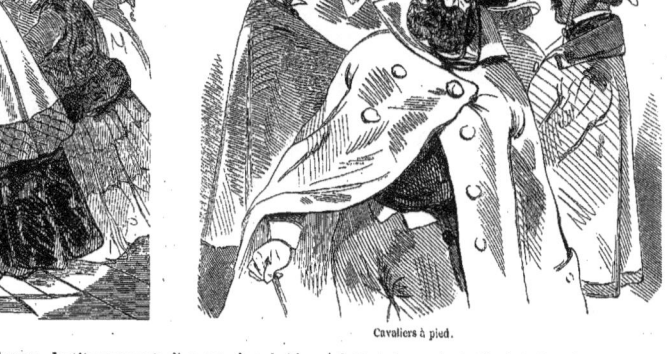

La sortie du Théâtre-Italien.

saluer. Le foyer du théâtre de Sa Majesté est le début et le point de repaire de bien des intrigues amoureuses. A Paris, le foyer des Italiens ne joue pas un rôle aussi considérable, par cette simple raison que, chez nous, les occasions de se voir, de se parler et de s'adorer sont plus fréquentes qu'en Angleterre et que

La grande chartreuse.

Cavaliers à pied.

partout ailleurs. Paris est la terre classique de la liberté... amoureuse. A la sortie, la petite propriété féminine présente le spectacle d'un couvent de chartreuses. La tête recouverte d'un capuchon, les femmes que le destin a privées d'un coupé descendent les marches du péristyle et attendent quelquefois pendant plusieurs minutes l'arrivée d'un char numéroté ; d'autres prennent leur parti plus bravement, et elles traversent à pied les rues, au bras de leurs cavaliers, sous leur déguisement d'Arabe et de capucin. Passons maintenant au théâtre de l'Odéon.

Cet édifice fut construit en 1782 sur l'emplacement de l'ancien hôtel de Condé, mais il fut incendié le 18 mars 1799. Qu'on nous permette de citer une anecdote assez piquante au sujet de sa reconstruction. Napoléon avait appris que le sénat avait en caisse une somme de deux millions, et que cette somme, n'ayant pas d'emploi, devait être répartie entre les sénateurs. Un jour que le sénat vint en députation aux Tuileries, Napoléon demanda au président combien le premier corps de l'État pouvait avoir de fonds en caisse. « Sire, je l'ignore. — Mais combien, à peu près? — Sire, je m'en informerai pour en rendre compte à Votre Majesté. — Eh bien, messieurs, répondit l'empereur, je suis mieux instruit que vous. Il existe dans votre caisse une somme de deux millions, et je sais qu'il serait très-agréable à l'impératrice que vous fissiez reconstruire la salle de l'Odéon et que vous donnassiez son nom à ce théâtre. Allez auprès de l'impératrice lui en faire la demande. » Il est inutile d'ajouter que le sénat obéit. La salle fut reconstruite aux dépens de sa caisse.

Ce théâtre de l'Odéon a eu quelques beaux jours sous l'Empire et sous la Restauration. Il a formé quelques bons acteurs, et c'est sur ses planches, aujourd'hui presque solitaires, que furent représentées les premières pièces de poëtes qui obtinrent plus tard

Une loge d'avant-scène au théâtre du Luxembourg.

de la célébrité, entre autres Casimir Delavigne, MM. Ponsard et Émile Augier. Aujourd'hui que toute l'activité de Paris s'est reportée vers la rive droite, peu de gens sont disposés à franchir les ponts et à aller chercher bien loin une distraction qu'ils peuvent trouver à quelques pas. L'Odéon est donc une sorte d'ossuaire dramatique; les étudiants eux-mêmes, qui sembleraient, par la raison de voisinage, les spectateurs nés du Second Théâtre-Français, lui préfèrent, hélas! la scène plus modeste et plus amusante de Bobino.

Bobino! que nous voilà loin des théâtres subventionnés! Mais combien ce nom va réveiller de souvenirs! Il n'est pas un praticien, pas un grave magistrat qui ne sente passer, à ce nom, comme un souffle embaumé de la jeunesse. Bobino, officiellement le théâtre du Luxembourg, est la scène spécialement honorée de la présence de messieurs les étudiants et de mesdemoiselles les étudiantes. C'est à ce paradis dramatique que le carabin ou le légiste en herbe conduit sa conquête de la veille; là il est le maître, comme le capitaine à son bord, comme le charbonnier dans sa cabane, comme le roi dans son Louvre. La salle n'offre pas précisément, sous le rapport de la tenue et des toilettes, le même coup d'œil que celui du théâtre de Sa Majesté dont nous parlions tout à l'heure, mais cependant la vue de cette salle occupée par ce public jeune et sans gêne ne manque pas d'intérêt et de charme. Ces voix qui se choquent dans l'entr'acte, ces interpellations jetées

Entrée du théâtre du Luxembourg, dit Bobino.

comme une bombe aux acteurs au milieu de la tirade pathétique, ces applaudissements, ces sifflets, ces grognements, ces rires, ces quolibets, tout cela constitue un spectacle assez récréatif. C'est à Bobino que l'on rencontre la plus complète collection de barbes incultes, de toilettes négligées et de mises extravagantes; des bérets basques, des casquettes, des cravates aux nœuds démesurés, des poses originales. L'étiquette est sévèrement bannie de ce théâtre : les dames y mangent des pommes et des oranges, pendant que les cavaliers parlent politique ou carambolage, le chapeau sur la tête; il faut bien réserver les patères pour y accrocher les pipes de ces messieurs et de ces dames. Du reste, si ce théâtre n'est pas très-fashionable, on s'y amuse... quand on a de vingt à vingt-cinq ans. C'est à Bobino que les jeunes personnes connues sous les noms d'*étudiantes* et de *latines* font généralement leur cours de littérature dramatique. M. Clairville, un vaudevilliste distingué, comme... tous les vaudevillistes, a débuté à Bobino comme auteur et comme acteur. Avant d'être le fournisseur du Palais-Royal et des Variétés, du Gymnase et du théâtre de la Bourse, M. Clairville jouait les rôles de traître dans les mélodrames qu'il charpentait à cette époque, et qui n'étaient pas plus mauvais que ses vaudevilles d'aujourd'hui.

Le théâtre du Vaudeville, ce théâtre éminemment français, puisque,

Le Français né malin créa le vaudeville,

fut fondé en 1791, par Piis, Barré, Radet et Desfontaines; il eut une vogue immense. Il avait été construit dans la rue de Chartres, qui n'existe plus aujourd'hui, sur l'emplacement d'un établissement formé pour remplacer pendant l'hiver le Vauxhall de la Foire-Saint-Germain. Le théâtre de la rue de Chartres brûla en 1838 : voilà donc le Vaudeville sur le pavé. Mais le Vaudeville ne meurt pas en France; il résiste à la peste, au choléra, à l'invasion, à la faillite et à l'incendie. Quand viendra la dissolution complète de la société française, ce qui surnagera dans ce grand naufrage, ce sera le Vaudeville. Comus et Momus, jetés dans la rue comme des vagabonds par suite de l'incendie de leurs tréteaux, firent leurs paquets en chantonnant et s'en allèrent d'un pied leste au théâtre de la Bourse, où ils recommencèrent à agiter leurs éternels grelots; et ils les agitent encore aujourd'hui, et ils les agiteront jusqu'à la consommation des siècles, ces deux vieux dieux du vieil Olympe et de la vieille gaieté gauloise.

Tout à côté du Vaudeville, voici les Variétés, le temple de la plaisanterie au gros sel, du calembour, du jeu d'esprit grivois, du dialogue impossible, du couplet hâté; c'est à ce théâtre qu'Odry a improvisé un jour cette légende si connue :

Ils étaient cinq ou six gendarmes
Qu'avalent des bains chauds de
  [nerveau.

C'est également sur la scène des Variétés que la France a vu s'épanouir les *Cadet-Roussel*, les *Jocrisse*, les *Dumolet*, tous ces types de la basse comédie qui vivent embaumés dans les souvenirs populaires.

Je n'oublierai pas non plus la petite salle du Palais-Royal, dont la scène est juste à la hauteur des tréteaux de Bobèche, de Galimafré et de Tabarin.

La salle du Palais-Royal fut pendant longtemps le *Café de la Paix*. Les consommateurs de cet établisse-

Salle du Gymnase.

ment bachique et dramatique assistaient dans des galeries à la représentation de pièces à deux personna-

La troisième galerie à la Porte-Saint-Martin.

ges; aujourd'hui le théâtre du Palais-Royal a un privilège plus étendu : on y joue les plus étranges niaiseries, assaisonnées d'un dialogue tout épicé de mots au poivre de Cayenne. Auteurs et acteurs de ce théâtre ne reculent devant aucune situation, pourvu qu'elle soit leste et impossible; les actrices y sont plus que partout ailleurs décolletées et court vêtus. Sur cette scène fleurissent comme en une serre chaude, les produits littéraires les plus macaroniques. Un provincial ne pourrait jamais parvenir à se faire une idée de l'extraordinaire patois qui s'y parle, sous prétexte de drôleries à débiter à douze cents personnes. Hâtons-nous d'ajouter que ce théâtre est surtout fréquenté par les dandys de la demi-aune, qui viennent apprendre chaque soir des calembredaines qu'ils pourront débiter le lendemain, comme des jeux de mots de leur cru, à leurs amis et connaissances.

Le Gymnase, dont nous avons déjà dit un mot dans notre voyage à travers les boulevards, a une physionomie à part parmi les théâtres de vaudevilles : il y a presque toujours une petite pointe de comédie au fond de ses productions dramatiques; la sensiblerie s'y étale à son aise, et la rampe de cette scène larmoyante n'éclaire le plus souvent que des petits drames de la vie domestique, dans lesquels l'institution du mariage est toujours sacrifiée sur l'autel du sentiment. L'adultère, mais l'adultère coquet, bien ganté et étroitement chaussé, sert de base d'opération dramatique à tout faiseur qui file la scène et le couplet pour cet établissement. Les mères de familles ne craignent pas d'y conduire leurs filles, parce que le vice, au lieu de se produire dans toute sa laideur, y est toujours voilé sous un vernis élégant. On s'est beaucoup récrié contre l'immoralité du drame moderne : serait-il paradoxal de prétendre que le drame de la porte Saint-Martin avec ses allures brutales et ses crudités violentes, a été moins dangereux pour les mœurs que le petit drame du Gymnase, et que *Marguerite de Bourgogne* a eu sur les spectateurs, et surtout sur les spectatrices, une influence moins pernicieuse que *Malvina*?

La Porte Saint-Martin est le Théâtre-Français du peuple : c'est à ce théâtre que la foule va apprendre l'histoire coupée, hachée et défigurée en dialogue. Qu'un drame ait du succès, et le populaire s'y précipite, envahit le parterre, les galeries, le cintre, et suit avec un intérêt toujours croissant

CHAPITRE XII. — LES THÉÂTRES.

Types emblématiques des Théâtres de Paris, par Cham.

L'Opéra.

Les Bouffes.

Le Théâtre-Français.

L'Odéon.

Les Variétés.

Le Palais-Royal.

La Porte-Saint-Martin.

La Gaieté.

Le Gymnase.

Le Théâtre-Lyrique.

L'Ambigu.

Cirque d'hiver.

Cirque d'été.

Les Funambules.

Théâtre Comte.

Séraphin.

15 Cent. LA LIVRAISON. — 29ᵉ ET 30ᵉ Livr.   Aux bureaux de l'Illustration, rue Richelieu, 60.   PARIS. TYP. DE FIRMIN DIDOT, 56, RUE JACOB.   20 C. par la poste.

A l'Opéra.

Au Théâtre-Français.

Aux Variétés.

A la Porte-Saint-Martin.

CHAPITRE XII. — LES THÉATRES.

toutes les péripéties de l'intrigue. Ce public pressé, étouffé, suffoqué, s'injurie, se bouscule et se bat à l'occasion, mais applaudit; il n'en faut pas plus pour l'auteur, les acteurs et le directeur. Vous pouvez voir ici représentée synthétiquement la physionomie du public des différents théâtres. A l'Opéra, le lion blasé, banquier, agent de change ou homme du monde, qui vient avec sa femme ou sa maîtresse, laquelle s'étale toute resplendissante dans sa loge, moins pour voir que pour se montrer; au Théâtre-Français, c'est la famille, père, mère, enfants, qui sont tout au spectacle; aux Variétés on rit d'Arnal et de ses excentricités; là, pas ou fort peu de toilette; on vient pour s'amuser; à la Porte-Saint-Martin, père, mère, frère, sœurs, cousins, tout le monde pleure sur les infortunes de l'héroïne ou sur la triste destinée du héros.

Sous l'ancien régime, le théâtre était un plaisir réservé surtout aux classes privilégiées du côté de la naissance ou de la fortune: le populaire n'allait pas se mêler à ces divertissements trop élevés tant pour sa bourse que pour son instruction. Le parterre lui-même, ce juge de tout temps démocratique et indépendant de la scène, comptait peu d'ouvriers ou de travailleurs proprement dits: témoin le ton de Boileau, parlant de ce clerc outrecuidant qui

..... Pour quinze sous, sans craindre le holà,
Peut aller au parterre attaquer Attila.

Se souciant peu d'une pareille dépense, le public en blouse, à cette époque, se contentait des spectacles gratuits de Brioché, sur le Pont-Neuf, et se réjouissait des grosses bouffonneries de Tabarin et de Gautier-Garguille. Plus tard, les marionnettes arrivèrent d'Italie; et, sur les théâtres de la foire, les comédiens de bois de Sa Majesté invitèrent à leurs farces et à leurs pantomimes la spectateurs peu opulents. Depuis, ces acteurs sont devenus des comédiens en chair et en os: ils ont rivalisé avec leurs aristocratiques confrères, et, à l'heure où nous écrivons, à côté de ces théâtres dont nous avons parlé, qui appellent les riches et les puissants d'ici-bas pour écouter et applaudir les chefs-d'œuvre de l'art dramatique ou de la musique, il s'est ouvert une foule de scènes secondaires, desservies par une littérature appropriée aux besoins et aux goûts des auditeurs. En attendant que les esprits soient assez cultivés pour que chacun apprécie les pures et saines jouissances de l'art dans ses productions les plus élevées, l'art lui-même s'est rabaissé à ce niveau inférieur, et, au lieu de parler à l'intelligence, il a consenti à ne s'adresser qu'aux sens, qu'aux instincts, plus faciles à s'émouvoir, s'impressionnant à moins de frais. Les boulevards, et surtout les boulevards depuis la porte Saint-Martin jusqu'à la rue d'Angoulême, sont le centre de cette population, et aussi des divertissements qu'elle réclame. C'est là qu'ont été représentés avec succès, que retentissent encore chaque jour tous les crimes imaginables, prévus ou non prévus par le Code pénal; là que se perpétuent ces tristes réputations des assassins, des empoisonneurs célèbres, et que s'inventent les complications les plus étranges, les scènes les plus horribles et les plus noires, amassées çà et là dans les traditions de tous les forfaits historiques, légendaires et autres. La tragédie des boulevards est

Théâtre-Lyrique. — Fronton.

une muse qui possède un véritable arsenal de tous les moyens de destruction fournis par la nature ou par l'homme: elle vit dans une atmosphère de peste, de choléra, d'inondations, d'incendies, au milieu des débris des naufrages et des champs de bataille. Pour elle, adultères, viols, incestes, parricides ne sont que peccadilles: elle ne conçoit et n'anime que des types en dehors de l'humanité, de vrais monstres de laideur et de scélératesse, des héros d'une force, d'une adresse aussi impossibles, des caractères plus extravagants, s'il est croyable, en bien qu'en mal. La muse comique est à l'unisson de sa sœur: au lieu de meurtres, elle se repaît de bouffonneries et de farces indignes: les atellanes de Rome, les pantalonades vénitiennes, les rodomontades espagnoles, elle met tout à contribution, elle imite et surpasse tout ce qui a pu jamais être inventé pour désopiler la rate, pour exciter le rire convulsif qu'on prend pour de la gaieté.

Le public est à l'avenant: il rit des charges assaisonnées au sel gris des vaudevillistes du boulevard; il pleure aux crimes aspergés d'eau-forte en guise de larmes, que lui servent les dramaturges de l'Ambigu et de la Gaîté. *Le Vampire* fait frissonner, les malheurs de *la Dame de la halle* arrachent des pleurs de bon aloi. C'est un grand bonheur pour les pourvoyeurs de théâtres d'avoir affaire à des spectateurs d'un pareil acabit: ils acceptent les impressions et s'émeuvent avec toute la franchise désirable; et le plus malheureux, c'est encore le traître, obligé de remplir son rôle en conscience et de recevoir les malédictions, les injures, et même les pommes cuites à l'adresse du tyran, du persécuteur acharné de l'innocence et de la vertu.

Après ces réflexions préliminaires, reprenons la revue individuelle de chacun des théâtres ouverts au public du boulevard.

L'Ambigu-Comique. Ce théâtre, ancien asile des marionnettes italiennes, vit ensuite monter des enfants sur ses planches. Une inscription latine, *Sicut infantes audi nos*, était destinée sans doute à prédisposer les spectateurs à la bienveillance. Depuis longues années, les comédies anodines de ces acteurs en bas âge ont fait place à tout ce que la littérature des boulevards offre de plus corsé et de plus étoffé; il y a eu recrudescence d'assassinats, d'apparitions et de monstres incroyables: vampires et fantômes, démons, goules, revenants, ont fait élection de domicile sur cette scène neutre, qui soutient la double concurrence de la Gaieté et de la Porte Saint-Martin. Nous avouons ignorer parfaitement l'étymologie de cette appellation d'Ambigu-Comique: il n'y a d'ambigu que le style architectural du monument, qui n'appartient à aucune école connue, et le mérite de la plupart des pièces qu'on y joue; quant au comique, on sait jusqu'à quel point il se glisse dans des drames signés Michel Masson ou Anicet Bourgeois.

L'autre jour, nous promenant sur les boulevards, nous avons lu l'affiche des spectacles: on donnait je ne sais quel opéra comique au *Théâtre-Lyrique*. Qu'est-ce que le Théâtre-Lyrique? Il nous a fallu une vérification sur les lieux pour constater qu'il s'agissait simplement d'un prénom nouveau du théâtre d'Alexandre Dumas.

Ainsi, en récapitulant, depuis cinq ans que cette scène est ouverte, nous trouvons successivement: Théâtre Montpensier, Théâtre-Historique, Opéra-Na-

Théâtre-Lyrique. — Façade sur le boulevard.

tional, Théâtre-Lyrique. Presque un nom par an. Il est vrai que la Comédie-Française, en compensation, n'a pas changé d'enseigne depuis 1667. Aussi est-ce pour cette raison que le caricaturiste nous montre ce maçon éternellement occupé à badigeonner la façade de l'inconstant théâtre.

Le Théâtre-Lyrique, puisqu'il a définitivement adopté ce transparent, et qu'il passe à jamais sous le patronage du dieu de la lyre, a subi plus d'une vicissitude. Élevé au moment de l'apogée littéraire d'un homme qui a rendu croyable ce qu'on raconte de la fécondité des auteurs chinois et de la mère Gigogne, il devait d'abord ne s'ouvrir à deux battants que pour les drames cyclopéens de l'Hercule du roman et de ses collaborateurs anonymes. L'épopée interminable des Mousquetaires, les aventures de d'Artagnan et de son épée, poursuivies à travers quinze actes et trente volumes ; les voyages et les vengeances de Monte-Cristo, tout cela n'aurait pas suffi, dans les idées et les prévisions du fondateur. Mais Alexandre Dumas, l'homme colosse, n'avait pas compté avec l'écueil ordinaire des grands génies, avec l'argent : la faillite engloutit cette immense spéculation, trop dramatique et trop peu financière. Bien plus, l'ombre d'Alexandre Dumas semble avoir porté un coup fatal à toutes les entreprises qui voudraient succéder à la sienne : un directeur de théâtre musical s'est ruiné après lui, un autre est mort à la peine. Plaise aux dieux immortels et aux génies de la musique et de la poésie que le Théâtre-Lyrique soit plus heureux que ses trois frères aînés !

Comme monument, le Théâtre-Lyrique est, en effet, le plus remarquable qu'offre le boulevard. Élevé sur un emplacement des plus défavorables, occupé jadis par l'hôtel Foullon et l'estaminet célèbre de l'*Épi-Scié*, il ne présente que huit mètres de façade sur le boulevard ; mais les architectes, MM. de Dreux et Séchard, et les deux artistes chargés de l'ornement, MM. Klagmann, sculpteur, et Biés, peintre, ont su tirer le plus grand parti d'un espace si étroit. La façade se compose d'une sorte de baldaquin en retrait à l'intérieur, couronné d'un dôme, et porté par deux cariatides représentant le Drame et la Comédie, entre lesquelles s'ouvre l'entrée du théâtre. Deux groupes de sculpture, Hamlet et Ophélia, le Cid et Chimène, et des peintures remarquables, ornent le baldaquin, qui sert de terrasse pour le foyer. Ces peintures, exécutées par M. Guichard, représentent, ou du moins ont la prétention de représenter une sorte de Panthéon dramatique ; on y voit les portraits en pied, et plus grands que nature, des plus célèbres auteurs tragiques et comiques des nations civilisées ; en même temps, des ty-

Théâtre-Lyrique. — Détails de l'hémicycle. Groupe de génies.

Théâtre-Lyrique. — Détails de l'hémicycle. Premier panneau de la frise.

Théâtre-Lyrique. — Détails de l'hémicycle. Troisième panneau de la frise.

Théâtre-Lyrique. — Détails de l'hémicycle. Quatrième panneau de la frise.

Théâtre-Lyrique. — Détails de l'hémicycle. Cinquième et dernier panneau de la frise.

Théâtre-Lyrique. — Détails de l'hémicycle. Les poëtes tragiques.

Théâtre-Lyrique. — Détails de l'hémicycle. Les poëtes comiques.

pes empruntés à leurs ouvrages, et des scènes qui sont considérées comme leurs chefs-d'œuvre. Et si l'on peut adresser quelques reproches pour le choix de certains sujets, et même pour l'exécution de certaines parties, l'ensemble n'en est pas moins satisfaisant, et vraiment l'on a parfaitement réussi à faire remarquer l'entrée du théâtre au milieu des grandes constructions qui semblent l'écraser.

L'intérieur de la salle présente une disposition assez peu favorable pour le parterre : les galeries d'avant-scène sont tellement en saillie, que les spectateurs placés sur les derniers bancs du rez-de-chaussée semblent engloutis dans une

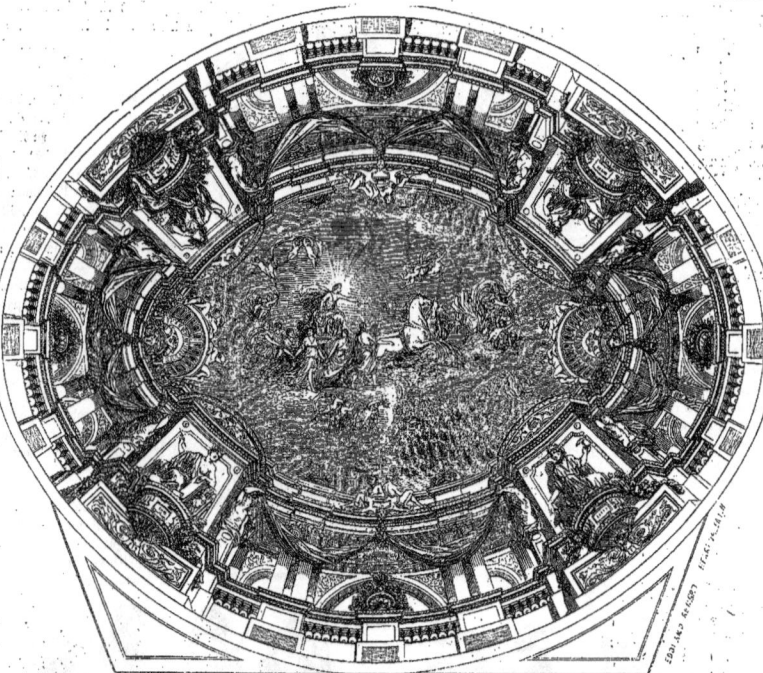

Théâtre-Lyrique. — Plafond de la salle. Décoration composée et exécutée par MM. Séchan, Diéterle et Desplechin.

sorte d'antre à peu près invisible. A part cela, les décorations sont dignes de celles qui embellissent la façade. Le plafond, de forme ovale, représente Apollon, la tête lumineuse, entraîné par son char au sein de l'Olympe étoilé : il est entouré des Muses et d'une foule de Génies, copiés pour la plupart du fameux tableau du Guide, le Soleil et les Heures. Nous n'insisterons pas sur les autres détails, et nous n'entrerons pas dans le détail des statues, des fresques, des ornements de toute sorte. Le rideau est assez remarquable : c'est une draperie relevée par le milieu, et laissant découvrir le frontispice d'un palais magnifique.

Salle du Théâtre-Lyrique.

Les loges des avant-scènes, dans tous les théâtres, sont la place privilégiée par excellence. On voit sous leurs abris, tout resplendissants du feu des dorures et de l'éclat mat de la soie et du velours, s'asseoir tour à tour les puissances politiques et gouvernementales qui veulent bien honorer la représentation de leur pré-

TABLEAU DE PARIS.

sence (style officiel). On y découvre aussi des puissances, plus durables, sinon plus encensées, celle de la fortune et de la beauté. Les architectes du Théâtre-Lyrique ont voulu faire de leurs loges d'avant-scène autant de riches et élégants boudoirs : tentures en velours cerise ou grenat, lustres en miniature, glaces, tableaux, fauteuils splendides, rideaux discrets, rien n'y manque de ce qu'une belle dame désirerait dans le sanctuaire de sa toilette, et, ce qui souvent n'est que l'accessoire, de vastes et beaux salons accompagnent ces délicieux réduits : asiles ouverts aux locataires fortunés qui cherchent

Fragment de la décoration des premières loges.

entr'actes. Le reste de l'amphithéâtre n'a pas été, comme on pourrait le craindre, sacrifié au luxe des places aristocratiques. Chose rare et inouïe ! on peut voir de tous les points toute la scène, sinon tout le public : le paradis lui-même n'est pas aveuglé par le rayonnement gigantesque d'un lustre unique; en sacrifiant une vingtaine de places, on a pu avoir deux lustres plus petits, qui ne privent personne du spectacle. En un mot, la création d'Alexandre Dumas, sans avoir les proportions gigantesques en rapport avec les drames qu'avait rêvés sans doute son imagination, est un assez joli bijou ; et l'on doit louer les auteurs d'avoir si bien triomphé des difficultés qu'il semblait presque impossible de surmonter.

Nous avons déjà parlé du Théâtre-National, voisin du Théâtre-Lyrique, et de ses victoires patriotiques :

Le Cid et Chimène. — Sculpture de la façade.

Détail de la décoration des avant-scènes.

Hamlet et Ophélia. — Sculpture de la façade.

dans les distractions du lansquenet ou de tout autre jeu un moyen de ne pas s'apercevoir de la durée des

c'est encore là une scène qui a eu ses vicissitudes. D'abord destiné à des exercices équestres, ce fut un Cirque, et, qui plus est, un Cirque-Olympique. Là prit naissance la gloire de Franconi. A cette gloire, issue du claquement des chambrières et du piafement des chevaux, succéda l'épopée impériale des lauriers et des guerriers. De malheureux cabotins, doués d'une ressemblance plus ou moins factice avec Napoléon, avec l'infortuné Labédoyère et le brillant Joachim Murat, furent chargés de reproduire tous les soirs, au parfum de la poudre, au bruissement des balles, au grondement des canons, cette merveilleuse légende de sang et de combats que les armées françaises promenè-

rent pendant vingt-cinq ans à travers l'Europe, sur les traces du Petit Caporal, du père la Violette, de la Jambe de Bois, et autres héros populaires sur les boulevards autant que dans les corps de garde. Mais l'heure du Waterloo du Cirque sonna à son tour : il advint que l'argent fit défaut, et à mesure que la caisse baissait, on voyait également baisser la complaisance des Cosaques, Valaques, Croates et autres kaiserlichs à vingt-cinq sous par soirée. Les concerts monstres de M. Berlioz et de la société de l'Orphéon succédèrent aux concerts du canon et de la mousqueterie; et le feu de deux mille instruments

de cuivre au feu de ce que le gamin se plaît à nommer des clarinettes de cinq pieds. Mais que les amateurs de

CHAPITRE XII. — LES THÉATRES.

nos anciens triomphes se consolent, la disgrâce n'a été que momentanée. Après les exhibitions de nains et d'éléphants, qui servaient d'intermède à ces soirées musicales dignes de faire mugir les échos de Memphis et de Babylone, l'exhibition des fantassins et des cavaliers de l'Empire a repris faveur. L'administration du Théâtre-National a retrouvé des Napoléons plus ressemblants que jamais, et la campagne d'Égypte, la campagne de Prusse, celle de Russie, celle de France, ont recommencé de plus belle. Nous ne savons trop dans quelle catégorie dramatique ranger les ouvrages qui servent de prétexte à toutes ces revues de figurants en uniformes : un savant morose dirait que c'est là un signe évident de la décadence du goût, et citerait des vers d'Horace où il est question du peuple qui abandonne les belles pièces pour assister à des parades et à des processions militaires. Pour nous, nous aimons mieux croire que le succès de

Cirque Olympique. — Le calme de la mer.

tous ces spectacles vient uniquement de ce qu'ils font appel à des souvenirs vivants encore, à l'amour-propre patriotique et à notre *furia francesa*. Ce théâtre arrive quelquefois à de beaux effets par l'étonnante vérité qui caractérise ses représentations. Nous citerons comme exemple la dernière scène du mimodrame *le Vengeur*, disparaissant sous les flots. La mer vue par un clair de lune, la lutte acharnée et la disparition du navire sont des tableaux d'une grande beauté. Cela émeut, cela donne le frisson; et l'imitation est si heureuse, que, les nuages de poudre et les bordées de canon aidant, on pourrait croire qu'on a vraiment affaire à un océan furieux.

Cependant ne vous y fiez pas trop. Voulez-vous une mer au Cirque-Olympique, à l'Opéra ou ailleurs? Prenez une vaste toile; sous cette toile, jetez une douzaine de figurants. Cela fait, vous avez un océan au grand complet. Désirez-vous une mer orageuse? Le

Cirque Olympique. — Dernière scène du *Vengeur*; le navire disparaît sous les flots.

chef d'orchestre se démène comme un diable et agite son archet en guise de trident; la musique aussitôt imite le mugissement des flots. A ce signal, les figurants se mettent à l'œuvre; l'un se lève, l'autre se baisse. La toile suit le mouvement onduleux et figure ainsi, par cette oscillation de haut en bas, un roulis parfait et une tempête à haute dose.

Êtes-vous des orages? Le chef d'orchestre s'incline, baisse la tête comme un Neptune vaincu; les violons jouent un *decrescendo*, et les flots obéissants se jettent à plat ventre.

Le métier de flot est rude; aussi traite-t-on les flots en conséquence : chacun reçoit, dans les jours d'orage, une haute paye de soixante-quinze centimes. C'est avec ce supplément que les flots, altérés par ce fatigant exercice, vont s'abreuver de bière au plus voisin cabaret. « Po-

luphlosboio thalasses, » disait le divin Homère. Il ne connaissait pas l'Océan du Cirque.

Cirque Olympique. — La mer agitée.

Quiconque veut garder ses illusions ne doit pas aller trop avant au fond des choses, sinon il ne verra plus que la queue de la Sirène; que le gastronome s'abstienne de pénétrer dans la cuisine, et le spectateur dans la coulisse. Ces flots humains dont nous venons de parler ne sont pas les seuls comparses un peu excentriques de ce théâtre, du Cirque. Le merveilleux ou la reproduction des scènes de la nature ne s'obtient que par des moyens aussi vulgaires. C'est ainsi que, dans les caravanes de chameaux ou dans les troupes d'éléphants qui défilent devant le public, le spectateur ne se doute pas que chacun de ces gigantesques quadrupèdes est mû par quatre hommes. L'administration a des jambes de chameaux ou d'éléphants numérotées : tel comparse est première jambe de devant, tel autre, deuxième jambe de derrière. On ne se doute guère à vingt lieues de la capitale de l'existence de ces petits métiers parisiens,

Pour épuiser la série des scènes tragiques, il nous reste à parler de la Gaîté. Ce théâtre, dont le nom est devenu une véritable antiphrase, le mérita d'abord : Bobêche et Galimafré, les dignes fils de l'ancienne comédie italienne, firent les premiers répéter à ses échos leurs lazzis et leurs quolibets, devenus en quelque sorte le type du genre. Mais la gaîté s'en alla avec ses deux spirituels interprètes, et il n'en resta que l'enseigne. Le théâtre de la Gaîté, rival souvent heureux de la Porte-Saint-Martin, a cultivé plus que toute autre scène le genre compliqué, ténébreux, fantastique, effroyable, mis à la mode par les romans d'Anne Radcliffe, et tempéré par les sentimentales et soporifiques inventions du vertueux Ducray Duménil. Le fameux M. de Pixérécourt, dont la verve alimenta vingt ans les scènes du boulevard, reste un des classiques du genre. Un des succès les plus prodigieux, et dont on a conservé le souvenir, c'est celui du *Sonneur de Saint Paul*, de M. Bouchardy. Rien ne manquait à sa pièce : ni le profond scélérat, finalement puni de ses crimes ; ni la tendre et intéressante victime ; ni les ténébreuses horreurs des châteaux à trappes sourdes, à mâchicoulis, à caveaux noirs et suintants ; ni les découvertes imprévues, qui, vers la fin du cinquième acte, viennent déjouer les trames malfaisantes et couronner la vertu, le tout à la juste satisfaction du public..... *La Dame de Saint-Tropez*, et bien d'autres rentrent dans cette catégorie. Au reste, il ne faut pas s'effrayer de ces torrents de sang humain, de ces fleuves de poison, qui coulent à plein bord sur les scènes que nous venons d'énumérer ; croyez-en plutôt messieurs de l'Académie. Plus une nation s'adoucit en réalité et goûte les charmes de la paix, plus les spectacles redoublent d'horreur et de férocité : pendant la terreur, on courait aux opéras extraits de Perrault ou du *Magasin des enfants*, on s'extasiait à l'audition de la Belle et la Bête, à la lecture des œuvres à l'eau de rose de Florian. La Restauration et la monarchie de Juillet, pacifiques par excellence, se complurent au contraire à savourer le meurtre et toutes ses intéressantes variétés. Dites après cela que la scène est une reproduction, une image de la vie. O inconséquence humaine !

Le voisin du théâtre de la Gaîté s'appelle le Théâtre des Folies-Dramatiques ; il est de date toute récente, puisqu'il a été inauguré en 1831. Cette entreprise a toujours été prospère ; elle débuta, si nous avons bonne mémoire, par un succès colossal : la *Cocarde tricolore* des frères Coignard, laquelle *Cocarde* fut représentée à peu près trois cents fois. Plus tard, Frédéric Lemaître, brouillé avec tous les directeurs de Paris, vint, nouveau Coriolan, planter sa tente dans cette Véies enfumée, et y créer son meilleur rôle, ce type de *Robert Macaire* qui fit courir toute la Rome blasonnée, titrée, chamarrée, chez les Volsques

Porte-Saint-Martin. — *La Dame de Saint-Tropez*.

du boulevard du Temple. Les auteurs *posés*, comme on dit en argot dramatique, ne dédaignent pas d'écrire pour ce théâtre, qui exploite tous les genres, drame, mélodrame, vaudeville, féerie, farce et parodie ; et, malgré le bas prix de ses places, fait bon an mal an des recettes de cent mille écus.

A deux pas plus loin, le théâtre des Funambules,

Vue prise vers la fin du cinquième acte.

anciennement occupé par les danseurs de corde, et qui représente depuis 1830 des vaudevilles et des féeries. Les pièces qui attirent la foule sont des pantomimes-arlequinades. Le grand acteur de ces pantomimes était naguère encore Debureau, à qui Jules Janin délivra dans le temps un brevet d'immortalité. Ce mélancolique Debureau avec sa mine enfarinée, ce Pierrot que le public a vu pendant vingt ans jouer de si bons tours au seigneur Cassandre et au seigneur Pandolphe, est resté dans le souvenir des admirateurs du genre comme le type du farceur mimique. Grâce à l'article de Jules Janin, Debureau fit courir pendant longtemps les artistes et les curieux au modeste théâtre des Funambules, le quartier général des *titis*, qui viennent se pâmer au parterre ou au paradis en mangeant des *chaussons de pomme* et du *flan*.

Ah ! c'était alors le beau temps des Funambules et de son illustre Pierrot ! La voix de l'homme-affiche vous invitait à vous hâter de prendre votre billet au contrôle pour voir jouer *monsieur Debureau*. Le fait est que la salle était comble. Quel spectacle ! et comment décrire cette étroite enceinte où la scène est à peine séparée de l'auditoire, où tout est homogène, artistes et spectateurs ; ces milliers de têtes crépues qui se pressent, l'œil fixe et la bouche béante, le long des balustrades de fer, ces loges ou plutôt ces fourmilières humaines où s'entasse cette race particulière aux faubourgs de notre grande ville, race active, railleuse, à la fois débile et forte, frivole et terrible ; faible d'organisation, pâle, furieuse ; des têtes prématurément dépourvues de la fraîcheur de l'enfance et prématurément pourvues de barbes et de longs cheveux noirs avec des corps grêles, souples et petits. Pendant l'entr'acte, les mille cris de l'arche, les dialogues suivis d'un bout à l'autre de la salle, les grognements les plus étranges ébranlent l'étroite et longue enceinte et se mêlent à la voix stridente du marchand de pommes, du marchand de limonade, qu'on interpelle de toutes parts et qui ne sait auquel tendre son gigantesque arrosoir, d'où le nectar découle à raison de deux centimes le verre. Cependant, et sans faire tort à la conversation, les repas interrompus s'achèvent ; on tire de l'intérieur des poches toutes sortes de mets fabuleux. On met la nappe sur les banquettes : la galette et la pâte ferme remplissent les bouches sans les clore ; le coco coule à flots, les pommes s'épluchent et préparent des projectiles à l'adresse de tout malencontreux dandy qui s'aviserait de manquer de respect au peuple-roi.

C'est à ce théâtre surtout que le populaire apparaît dans toute sa majesté, et c'est là que l'observateur doit venir le voir, ce monarque sans façon, qui se montre en manches de chemise quand il fait trop chaud. Pour celui qui n'a jamais pénétré dans cette salle enfumée, où éclatent du parterre au cintre (le cintre s'appelle *poulailler* dans ces latitudes) les voix les plus discordantes, le vrai spectacle n'est pas la pièce qu'on représente, c'est l'entr'acte ; il n'est pas sur la scène, mais dans la salle.

CHAPITRE XII. — LES THÉATRES.

Au plus fort du tumulte, soudain se levait la toile. Debureau paraissait, et aux vociférations du public succédait aussitôt un silence profond, recueilli, presque religieux. Tous les regards étaient tendus vers Pierrot, si divertissant dans ses mille costumes. C'est qu'en effet, tout muet qu'il semblait, son langage était aussi net, aussi expressif, aussi intelligible que n'importe quelle harangue phonétique. Sans grands gestes, sans contorsions, sans efforts apparents, puisque, par le seul jeu de cette physionomie blafarde, si fine et si animée pourtant, il savait rendre toutes les impressions, tous les sentiments, toutes les nuances, et se mettre en parfaite communication avec son auditoire, dont l'intelligence est du reste si vive et si primesautière. Avec quel enthousiasme et quelle pénétration les moindres intentions de ce visage de plâtre, si intelligemment mobile, étaient comprises et applaudies !

Debureau n'a pas été, comme l'ont dit quelques critiques malveillants, un puff inventé par Jules Janin. Son talent était réel. Debureau était un véritable artiste. Dans cette foule de pièces sans nom, d'ébauches informes auxquelles il a donné la vie de l'art, il sut s'assimiler les types variés que lui imposait la fantaisie des librettistes, et être en même temps toujours lui, toujours fidèle aux traditions de sa forme exceptionnelle, à l'unité de sa nature. Dans Noir et Blanc, dans le Diable à quatre, dans les Trente-six infortunes de Pierrot, et tant d'autres parades qui ne vivaient absolument que par lui, il revêtait toutes les livrées, tous les caractères, qu'il rendait avec une rare vérité ; et cependant, encore une fois, Pierrot était toujours Pierrot, si bien déguisé qu'il fût ; avant même qu'il eût paru, à peine son pas avait retenti dans la coulisse, que tout un public idolâtre avait reconnu et salué le grand acteur enfariné.

Ce que Pierrot a reçu et donné de coups de pied dans sa vie funambulique, ce qu'il a essuyé de horions, de crocs-en-jambes et de culbutes, est réellement incalculable. Mais dans cette longue bataille qui formait tout son répertoire, quelle grâce inimitable à recevoir les coups, quelle adresse à les distribuer ! Quelle merveilleuse prestesse ! quel aplomb

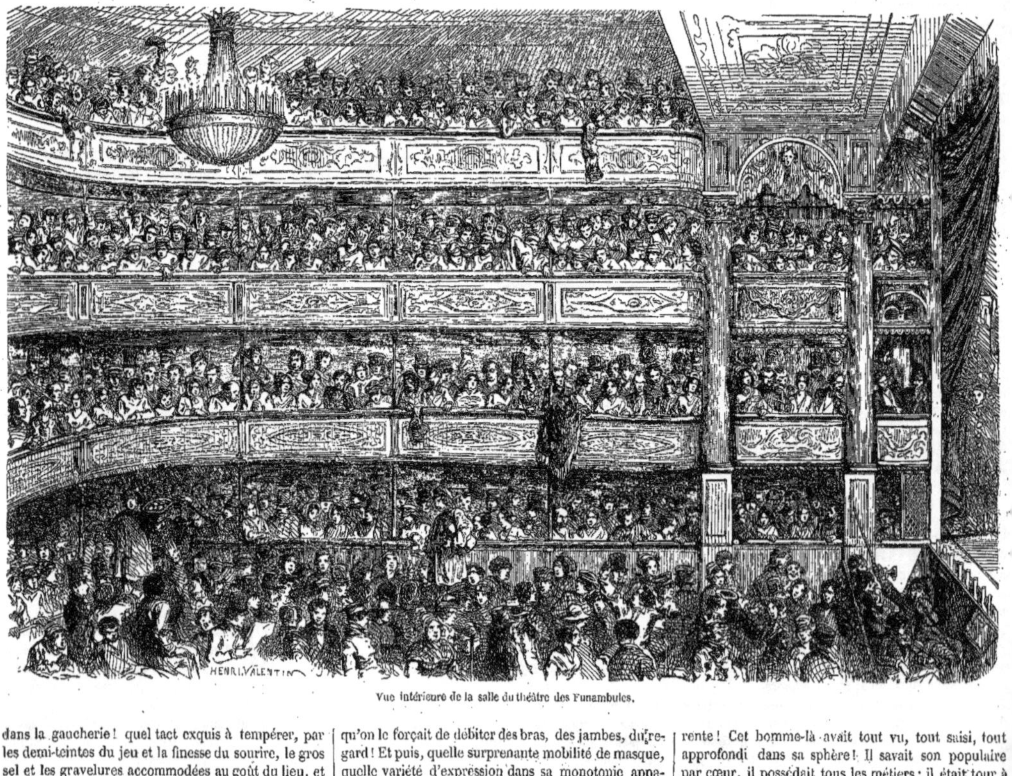

Le paradis au théâtre des Funambules.

dans la gaucherie ! quel tact exquis à tempérer, par les demi-teintes du jeu et la finesse du sourire, le gros sel et les gravelures accommodées au goût du lieu, et qu'on le forçait de débiter des bras, des jambes, du regard ! Et puis, quelle surprenante mobilité de masque, quelle variété d'expression dans sa monotonie apparente ! Cet homme-là avait tout vu, tout saisi, tout approfondi dans sa sphère ! Il savait son populaire par cœur, il possédait tous les métiers ; il était tour à tour charbonnier, chiffonnier, épicier, marchand d'habits, porteur d'eau, savetier, comme si de sa vie il n'eût fait autre chose que pratiquer chacun de ces estimables états.

Ah! c'était dans Pierrot surtout que se résumait toute l'originalité du théâtre populaire. Toutes les autres petites scènes, depuis les Délassements-Comiques jusqu'à Bobino, ne sont qu'une contrefaçon, un calque plus ou moins exact des scènes en position d'occuper la critique. C'est donc principalement sur le destin futur des Funambules que nous nous apitoyons. Maintenant que, comme le disait Cassandre aux obsèques du grand artiste, le pauvre Pierrot est tombé du second dans le troisième dessous, c'en est fait, nous le craignons bien, de l'art naïf en France, comme en Italie, où le théâtre de Pulcinella n'est plus, suivant la spirituelle expression de Gérard de Nerval, qu'un plaisir d'érudits. George Sand, qui professait, tout comme Jules Janin, la plus grande admiration pour Pierrot, avait proposé de transplanter Debureau sur une autre scène, et d'en faire jouir le beau monde. Mauvaise idée : il fallait à Pierrot son public aimant, passionné, sympathique. Les artistes l'eussent applaudi sur toutes les scènes, mais les gens

Costumes de Debureau.

du bel air seraient allés le voir une fois pour l'amour de Dieu, par curiosité ou par ton, si toutefois la mode s'en fût mêlée ; puis les femmes de banquiers, portant le nez à leurs flacons, s'en fussent retournées larmoyer au Gymnase. D'ailleurs, qui sait si les vieux et fidèles habitués des Funambules se seraient patiemment laissé enlever leur ami Pierrot, et si quelque beau soir ils ne seraient pas venus le redemander au théâtre aristocratique, en criant : « Ouvre-nous la porte... ou je casse tout. »

Sur l'emplacement occupé aujourd'hui par le théâtre des Délassements-Comiques, fut établi, en 1768, le théâtre des Associés, appelé plus tard théâtre patriotique de Sallé, et, en 1795, théâtre sans prétention. On y représentait des parades. Ce théâtre fut supprimé en 1807, et remplacé par le café d'Apollon. En 1815, madame Saqui y ouvrit un spectacle de pantomimes et de danse de corde, qui prit le nom de théâtre de Madame Saqui. L'illustre acrobate abandonna, vers 1830, son théâtre pour aller déployer ses talents devant les têtes couronnées de l'Europe (style de prospectus), et l'ancien théâtre de madame Saqui fit place aux Délassements-Comiques, qui ne sont pas précisément fréquentés par la société la plus aristocratique de la capitale.

Reste le Petit-Lazari. Le Petit-Lazari est au Théâtre-Français ce que le singe est à l'Apollon du Belvédère. Avant qu'on y jouât le drame, le mélodrame et le mimodrame, c'était un véritable spectacle, un spectacle de marionnettes, et qui devait sa vogue aux parades que Bobèche improvisait devant la porte d'entrée ; mais le drame rutilant, fulgurant et truculent est venu, qui a emporté Bobèche, ses parades, ses calembours, et tout son bataclan dramatique. Aujourd'hui, le drame et le vaudeville se sont faufilés partout, même au Petit-Lazari ; ils n'ont pas respecté cette dernière scène modeste, ouverte à toutes les naïvetés de l'improvisation ; et le Petit-Lazari a des actrices qui ont huit cents francs d'appointements ! Voilà ce que c'est que de vouloir jouer le drame ; cela vous entraîne à des dépenses folles. L'année dernière encore, on applaudissait sur les planches de ce théâtre élémentaire un piquant minois qui ne gagnait que deux cents francs par année, ce qui ne l'empêchait pas d'avoir un coupé et un domestique nègre ; et il y a des gens qui prétendent qu'il ne faut pas moins de quarante mille francs de rentes pour mener ce train-là !

Une loge de famille au théâtre Comte.

Il y a encore un peu plus loin un théâtre populaire qui s'ouvre de temps en temps ; je veux parler du théâtre de la Porte-Saint-Antoine, qui fut inauguré en 1835, et qui ne compense pas le tort de son emplacement trop excentrique par la piquante et vive originalité qu'il lui faudrait pour attirer à lui un public rebelle et lointain. Il avait compté sur la clientèle de la Bastille et du Marais...

Mais le Marais est près du boulevard du Temple.

Et maint directeur qui rêvait le Capitole dramatique a trouvé que la roche Tarpéienne. Pourtant le théâtre de la Porte-Saint-Antoine avait brillamment et, qui mieux est, littérairement débuté par un drame de Méry, la Bataille de Toulouse, qui, ce jour-là, fut bien gagnée. La Victoire, femme volage, a déserté, depuis, le théâtre avec armes et bagages.

Plus tard, Saint-Antoine, pris d'une nouvelle tentation, se mit sous l'invocation du plus spirituel des auteurs dramatiques et des horlogers : il s'appela théâtre Beaumarchais. Mais l'ombre de Figaro n'a pas protégé cette scène, qui a cependant fourni deux actrices piquantes aux théâtres de vaudevilles, mesdemoiselles Scrivaneck et Boisgontier, et qui, pour le quart d'heure, est veuve d'actionnaires, de directeurs, d'acteurs, d'actrices et de public.

Ô Momus ! ô Comus ! aimables compagnons !
Votre temple n'est plus qu'un plan de champignons !

Nous n'en dirons pas autant du théâtre d'enfants, du passage Choiseul, plus connu sous le nom de Théâtre-Comte : c'est la scène classique des berquinades. Tout est petit au Théâtre-Comte, les pièces, les ac-

CHAPITRE XII. — LES THÉATRES.

teurs, les actrices et le public ; il n'y a pas jusqu'au limonadier, dont la voix grêle offre, dans les entr'actes, des oranges, du sucre d'orge et des croquets, qui ne semble échappée de nourrice. Le foyer — il y a un foyer — est grand comme un mouchoir de poche. On y voit inscrit, dans un cartouche, les noms des *jeunes élèves qui se font remarquer aujourd'hui sur les grands théâtres*. Hélas ! le plus illustre de ces enfants prodiges faits hommes est M. Francisque jeune... *Ab uno disce omnes*. M. Comte est un physicien fort habile ; mais, comme pépiniériste, il laisse beaucoup à désirer. Les Talmas, à ce qu'il paraît, ne se font point au biberon.

Immédiatement après le Théâtre-Comte, arrive en droite ligne celui du sieur Séraphin, le seul qui ait conservé l'*homme-affiche*. Sur cette scène, les acteurs sont en bois, et ils remuent des pieds et des mains d'une façon si intelligente, qu'ils laissent quelquefois bien loin derrière eux certains acteurs en chair et en os. C'est au Théâtre-Séraphin que le jeune public de trois à dix ans contemple avec une admiration infatigable les émouvants épisodes du *Pont cassé*. Quand paraît la mère Gigogne, laissant s'échapper de dessous sa robe une nichée de petits enfants, la satisfaction du public éclate en cris, en rires, en exclamations bruyantes. Séraphin est le plus heureux des directeurs de spectacles : ses acteurs ne sont jamais malades, et c'est tout au plus si, de temps en temps, il faut faire venir le bimbelotier pour raccommoder un bras à celui-ci ou une jambe à celui-là. Et quant aux droits d'auteur, il ne sait ce que c'est, attendu que le répertoire est toujours le même. Heureux homme, encore une fois, qui n'a pas affaire, comme tant de ses grands confrères, à un public blasé, et qui est toujours sûr de faire recette le lendemain avec le spectacle de la veille !

Est-ce tout ? Non. Il nous reste encore quelques mots à dire de deux théâtres d'amateurs. La salle Chantereine et la salle Chaptal, sans compter la nouvelle salle Barthélemy. La première est ouverte aux artistes de province qui veulent se faire entendre par les directeurs de Paris, et aux sociétés de dilettanti

L'homme-affiche de Séraphin.

dramatiques qui éprouvent le besoin de divertir un public quelconque... à leurs dépens. Les aimables personnes connues sous le nom de *lorettes*, qui toutes, plus ou moins, rêvent un avenir théâtral, les diamants et ce qui s'ensuit, ont coutume de s'essayer à la salle Chantereine, où elles convoquent pour cette solennelle circonstance le ban et l'arrière-ban des Alfreds et des Arthurs. Dans le nombre, il en est de maltraités qui ont gardé rancune, et qui sifflent ; et alors la jeune personne de s'avancer superbement au bord de la rampe, et de toiser avec hauteur les impudents terrasse de cette foudroyante apostrophe : « Vraiment, Messieurs, il faut convenir que la galanterie n'existe plus en France. » Après quoi, la timide débutante reprend paisiblement sa tirade où elle l'a laissée. Ces façons d'intermèdes réjouissent assez souvent l'habitué de la salle Chantereine.

Il n'en est pas de même de la salle Chaptal, qui a des prétentions beaucoup plus élevées et tranche du petit théâtre Castellane (nous parlerons de ce dernier quand nous en serons au chapitre de la comédie bourgeoise). Au théâtre Chaptal, les représentations sont données par des élèves du Conservatoire. Le théâtre est joli, fraîchement décoré. On n'y est admis qu'en habit et sur lettre d'invitation personnelle. Il n'est pas rare d'y voir jouer le vaudeville assez bien et la comédie d'une façon supportable.

Parlons aussi d'une scène toute neuve et peu connue, de la salle Barthélemy.

Ce théâtre, qui porte le nom de son propriétaire, est appelé à modifier profondément les moyens de la représentation scénique à l'aide de combinaisons nouvelles. La salle est un immense hémi-ellipsoïde d'une coupe, d'une amplitude qui charment l'œil par la nouveauté et la hardiesse architecturale ; immense coupole où sont étagés trois rangs de loges et de galeries. De chaque place on peut, sans fatigue, voir la scène, autre ellipse plus petite entée sur la grande et avançant presque jusqu'au milieu de la salle.

La scène n'a pas de *dessus* et se creuse en voûte, dont le centre est mathématiquement calculé de manière à faire rayonner le son dans toutes les parties de l'édifice ; de telle sorte qu'avec un orchestre peu nom-

A joué la *Fille d'Honneur* à la salle Chantereine.

La jeune première classique du théâtre Chaptal.

breux, des chanteurs moins puissants, on obtiendra des effets supérieurs aux effets des autres théâtres. La voûte qui ferme la scène empêche l'air chaud de la salle, plus léger que l'air froid extérieur, d'attirer les ondes sonores à contre-sens du public, et de se perdre dans le dessus comme aux autres théâtres lyriques. Cette voûte a permis encore à M. Barthélemy une innovation en apparence singulière, mais rationnelle dans ses résultats : c'est de changer la place d l'orchestre et de soustraire aux regards des spectateurs la vue des pupitres, du mouvement des instrumentistes, et enfin des énormes instruments aux grognements sonores. L'orchestre, placé au-dessus de la scène, est caché au public par un rideau. Seul, le chef d'orchestre l'aperçoit de la place qui lui est assignée au bas de la scène, et d'où il dirige à la fois chanteurs, masses chorales et symphonistes.

De cette façon, l'artiste et le spectateur sont en rapport immédiat, et ils ne sont plus éblouis par la rampe, puisque, par un système nouveau d'éclairage, la rampe, les quinquets des coulisses, le lustre lui-même sont remplacés, les premiers par des foyers lumineux à réflecteurs dont les rayons diffractés se croisent, se mêlent et produisent une lumière étincelante sans cependant offusquer la vue des acteurs; le lustre, par un foyer de lumière représentant l'astre du jour: c'est le soleil dardant du haut d'un éther semé d'étoiles ses rayons lumineux sur la salle entière. Il est placé de façon à ne pas gêner les spectateurs des petites places, qui, la plupart du temps, ne voient que

Vue intérieure du nouveau théâtre construit par M. Barthélemy, rue Neuve-Saint-Nicolas.

des zones très-restreintes de la scène, à cause du lustre qui leur ferme l'horizon. Le sujet allégorique du plafond représente la ronde des astres qui gravitent autour du soleil entouré de comètes et d'astéroïdes nageant dans l'azur du ciel.

Ce nouveau théâtre, qui n'a encore servi qu'à des solennités musicales, est un grand et beau travail accompli par un homme jeune, plein de courage, et qui seul, sans appui, sans encouragement, avec sa fortune personnelle, à travers les crises financières de ces dernières années, a entrepris et mené à bonne fin ce rêve de toute sa vie: l'idée de moraliser par le théâtre les masses ignorantes, de les instruire en les amusant, de leur apprendre l'histoire de leur pays en faisant passer devant leurs yeux les grandes manifestations du génie national dans tous les modes de son art, et de leur faire connaître les héros de la patrie.

Espérons qu'un jour ou l'autre, plus tôt que plus tard, le gouvernement donnera l'essor à cette idée patriotique en permettant à M. Barthélemy d'ouvrir la porte de son théâtre à la foule. C'est dans le succès qui l'attend que M. Barthélemy trouvera la récompense de son courage et de sa persévérance.

Il y a bien encore les théâtres de Montmartre, de

CHAPITRE XII. — LES THÉATRES.

Belleville, du Mont-Parnasse; mais nous retrouverons ces établissements dramatiques lorsque, franchissant la barrière, nous irons faire une promenade dans la banlieue.

Depuis un certain nombre d'années, Paris a vu s'évanouir différentes entreprises théâtrales que nous citerons pour mémoire.

Le *Panorama dramatique*, inauguré en 1821 et fermé en 1823, où l'on jouait le mélodrame et le vaudeville, sous la condition de n'avoir jamais en scène que deux acteurs parlant. Le *Théâtre des Nouveautés*, ouvert dans la salle Feydeau, aujourd'hui la salle du Vaudeville, et qui vécut de 1827 à 1832. La salle et ses dépendances avaient coûté 3,467,000 francs; elles ont été vendues en 1832 au prix de 1,100,000 francs.

Le *Théâtre-Molière*, dans le passage de ce nom, qui va de la rue Saint-Martin à la rue Quincampoix. Ce théâtre fut ouvert en 1791. En 1793 il prit le titre de *Théâtre des Sans-culottes*; supprimé en vertu d'un décret impérial, il fut rouvert après 1830 et ne vécut que quelques années.

Le *Théâtre du Panthéon* était établi dans l'ancienne église Saint-Benoît, dont la construction date de 1520. Ouvert en 1832, il fut fermé en 1843. Transformer en théâtre une église, c'était une profanation. Le fait est que ce théâtre du Panthéon végéta pendant treize années au milieu des chutes et des faillites.

Le *Théâtre-Ventadour* vécut quelques années et fut remplacé par le *Théâtre de la Renaissance*, qui, lui-même, eut une existence courte et assez misérable.

Je m'aperçois que je n'ai rien dit encore de la claque ni des sifflets. Pour les sifflets, ils n'existent

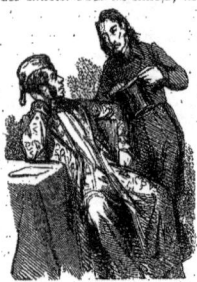
Le chef de claque chez lui.

plus, à vrai dire, à Paris; ils se sont réfugiés dans quelques théâtres de troisième ordre et dans les parterres de province. Le public parisien est devenu le plus débonnaire des publics; il écoute une rapsodie et s'en va sans faire payer, séance tenante, sa mauvaise humeur à l'auteur, à l'administration et aux acteurs. Aussi il n'y a presque plus de chutes sur les théâtres de Paris; toute pièce médiocre passe, et fournit sa carrière de quinze à vingt représentations. On a remarqué seulement que c'est depuis qu'il y a aussi peu de chutes qu'il y a, par contre, si peu de succès.

On s'est beaucoup élevé dans tous les temps contre ces distributeurs d'applaudissements payés; et cependant aucun théâtre n'a jamais pu s'en passer. Chaque théâtre a un certain nombre de gens appointés qui viennent *chauffer* les acteurs et le public. Ces gens-là sont embrigadés comme des soldats; ils ont un officier et des caporaux. Le chef de claque d'une grande scène comme l'Opéra est un personnage très-choyé des acteurs et des actrices, qui le payent pour *soigner* leurs *entrées* et leurs *sorties*; très-bien rémunéré par les protecteurs de ces dames, pour qu'elles ne soient

Le chef de claque, *Mercadet* dramatique.

point oubliées dans la distribution des applaudissements et des vivats, le chef de claque peut réaliser en peu d'années une assez belle fortune. Nous ferons mieux comprendre les mystères de cette existence à part en esquissant la monographie de l'homme.

Je rencontrai, il y a quelques jours, sur le boulevard Saint-Martin, un littérateur *pour tout faire*. C'est ainsi que l'on désigne un homme de lettres qui n'a pas de spécialité bien déterminée, et qui est tour à tour dramaturge, historien, vaudevilliste, romancier, critique et faiseur de rébus. M. Alexandre Dumas est la plus haute expression de ces intelligences encyclopédiques.

— Vous me voyez, me dit-il, dans le ravissement. Je viens de conclure une affaire commerciale magnifique. — Vous faites donc aussi du commerce? — Quelquefois. — Et de quoi s'agit-il? — J'ai lu hier à l'Ambigu, me répondit mon interlocuteur, un drame en cinq actes qui a été reçu avec enthousiasme, et je viens de le vendre au prix de quinze cents francs à mon banquier ordinaire. — Vous avez vendu le manuscrit de

votre drame avant sa représentation? — Pas du tout, j'ai vendu mes droits d'auteur, j'ai aliéné ma propriété, j'ai mangé mon blé en herbe. — Singulier marché! — Cela dépend, le drame peut tomber à la première soirée comme il peut régner sur l'affiche pendant trois mois. J'avais besoin d'argent aujourd'hui même, et je suis allé frapper à la porte de la providence des auteurs à sec. — Comment appelez-vous cette providence? — X..., me répondit-il; c'est un certain homme qui a gagné à ce jeu-là maison de ville et maison de campagne. Pour le vulgaire il est entrepreneur de succès dramatiques, autrement dit chef de la claque: c'est une position qu'il a adoptée, parce qu'il faut absolument en exercer une en ce monde pour jouir de la considération de son concierge; mais son vrai commerce consiste surtout à escompter l'avenir des auteurs pressés de besoin. X..., ajouta-t-il, est une des figures les plus curieuses du pavé parisien; il ne gagne guère que cinq cents pour cent à tous ses marchés. Il prête de l'argent aux directeurs, aux acteurs, aux musiciens de l'orchestre, aux ouvreuses et aux marchands de contre-marques, argent prêté et encore mieux rendu, car il ne peut pas perdre; il ne fait que prendre des hypothèques sur les appointements. Toutes ses journées se ressemblent : le matin il court visiter les directeurs de théâtre qu'il sait besogneux, et, moyennant un prix convenu, il leur achète à ses risques et périls la recette de la soirée. Il offre plus ou moins, d'après l'état de l'atmosphère, le nom des auteurs et des acteurs et la composition de l'affiche.

Je pourrais vous citer une conversation assez singulière qui s'est tenue devant moi dans le cabinet d'un directeur. X... arrive et offre quatorze cents

Le revers de la médaille.

francs de la recette. — Il m'en faut seize cents, dit le directeur. — S'il pleuvait, répond X..., je n'hésiterais pas à vous les donner, mais le temps est beau et le ciel sera étoilé au moment de l'ouverture du théâtre. On dirait que le bon Dieu le fait exprès. — Cependant, reprend le directeur, le baromètre est à la pluie, regardez plutôt! — Mauvaise patraque de baromètre, il ne sait ce qu'il dit, ou vous vous entendez l'un et l'autre pour me soutirer deux cents francs de plus. Vous ne les aurez pas. — Nous aurons une pièce de Dumanoir. — Il n'y a pas assez de femmes dans votre pièce; que voulez-vous que le public fasse de deux femmes? Si seulement vous aviez eu l'esprit d'afficher le vaudeville de N... dans lequel on voit toute une ribambelle de petites filles décolletées!... — Je l'ajoute sur l'affiche, s'écrie le directeur. — Allons, voici vos seize cents francs, réplique X..., mais je ne gagnerai pas cent sous, j'en suis sûr; et il court à un autre théâtre pour faire la même opération.

A deux heures X... est de retour chez lui. C'est le moment de la journée où il donne audience à ses nombreux clients. Il a quitté sa vieille redingote de castorine, son chapeau

Les chevaliers du lustre.

graisseux qu'un pauvre ne ramasserait pas au coin d'une borne. Il endosse une robe de chambre à laquelle ses dix années de service donnent une apparence respectable, et il s'établit devant son bureau.

Pan! pan! — Entrez. — Bonjour donc, mon cher X..., comment vous portez-vous? — Ah! c'est vous, mon cher ami!... Comment vont les affaires? — Tout doucement. J'ai fait recevoir un drame ces jours derniers à la Porte-Saint-Martin. — A la Porte-Saint-Martin! répond X..., qui se doute bien qu'il s'agit d'un marché, mauvais théâtre pour le quart d'heure..., des moitiés de recettes... des acteurs pitoyables..., des décors de l'autre siècle... Pourquoi n'avez-vous pas porté votre ouvrage à la Gaîté? — J'en ai déjà un en répétition à ce théâtre. — Au fait, reprend-il, la Gaîté est bien tombée, elle aussi; elle ne vaut guère mieux que la Porte-Saint-Martin; il n'y a vraiment plus que le Vaudeville aujourd'hui qui rapporte encore quelque chose. — Voyons, père X..., dit le dramaturge impatienté, il ne s'agit pas de vaudeville, mais de drame; combien me donnez-vous de mes cinq actes de la Porte-Saint-Martin? — Eh! eh! l'argent est rare, et le public a de la peine à se déranger. C'est un drame moderne? — Tout ce qu'il y a de plus moderne. — Une pièce à habits noirs? — Oui. — Mauvaise idée, l'habit noir fait difficilement de l'argent, c'est triste, c'est lugubre, c'est croque-mort en diable..., ça n'attire pas les femmes... Si c'était aussi bien un drame à costumes, dame... nous verrions. — Votre prix, père X..., je suis pressé. — Attendez donc un peu. Ces auteurs, ça croit qu'on n'a qu'à se baisser pour trouver de l'argent... Est-ce bien enchevêtré, bien intrigué, bien entripaillé? — C'est aussi corsé que le Sonneur de Saint-Paul. — Tant pis! il n'y a plus que le sentimental qui réussisse: voyez plutôt la Grâce de Dieu et François le Champi. Aujourd'hui le genre Hugo ferait four; Dumas ne bat plus que d'une aile; Dennery lui-même est usé comme une vieille ficelle. — Ainsi vous ne voulez pas m'acheter mon drame? — A vous dire vrai, je n'y tiens pas beaucoup..., à moins que vos prétentions... — J'en veux trois mille francs. — Trois mille francs! vous voulez donc me réduire à la mendicité; vous voulez donc m'assassiner! — Vous savez bien, père X..., que vous avez gagné dix mille francs nets sur mon dernier ouvrage. — Ils n'ont que des choses semblables à me dire, ces auteurs. J'ai gagné, j'ai gagné... c'est vrai..., mais j'aurais pu perdre. Voulez-vous douze cents francs de votre drame à habits noirs? — Impossible, père X..., je vous le laisserai au plus juste prix à deux mille cinq cents. Le cinquième acte est superbe, du Shakespeare pur. — Alors, il n'y a rien de fait, ce sera pour une autre fois. — Si c'était quinze cents francs, on pourrait peut-être s'arranger. — Va pour deux mille francs, père X... — Non, quinze cents. — Adieu donc, dit le dramaturge en se dirigeant vers la porte. — Dix-huit cents, crie X... — Je vous ai dit mon dernier mot. — Allons, je t'accorde les deux mille francs; mais vous me donnerez un acte de vaudeville par-dessus le marché. — On se débat encore pendant quelque temps, et le traité est signé.

Arrive un comédien. — Bonjour, X... — Bonjour, mon garçon. — Qu'avez-vous donc aujourd'hui? Seriez-vous malade? — Non, mais je ne suis pas content. — Bah! vous est-il arrivé quelque malheur? — Vous savez bien ce qu'il m'est arrivé. Vos gens ne me *soignent* plus mes entrées ni mes sorties, la claque ne résonne plus pour moi; hier j'ai été *chuté*. — Ah! mon Dieu. — Faites donc l'étonné; pourtant je n'étais en retard avec vous que de quelques jours. — Il faut se mettre en règle avec les amis, mon cher; je ne connais que ça, moi. — Oh! je le sais bien, vous ne me connaissez que ça. Tenez, voilà vos cent cinquante francs mensuels; j'espère que vous ne m'oublierez

Le donneur de contre-marques.

plus. — Comptez sur moi ; vous aurez, pas plus tard que ce soir, une entrée de premier choix, deux salves et des *agréments* tout le long de votre rôle. Au revoir.

Une actrice se présente sur le seuil du cabinet. — Toujours jeune, toujours jolie, toujours charmante,

L'ouvreuse de loges.

s'écrie X..., qui daigne porter la main au bonnet grec qui cache la nudité de son crâne; ma parole d'honneur, vous êtes le plus long printemps que j'aie vu au théâtre. — Écoutez, père X...: il s'agit d'une affaire sérieuse. Je viens vous demander un service. — Parlez, ma belle enfant. — Voici de quoi il retourne le quart d'heure: on a donné un de mes rôles à Évelina. — Un de vos rôles à Évelina! — C'est comme j'ai *la chose* de vous le dire. — Mais c'est très-grave cela. — Si c'est grave, le crois bien! — Voyons, que puis-je faire? — Évelina joue ce soir. — Bien. — Il faut qu'elle soit *chutée à mort*. — Diable! Évelina est une de mes meilleures pensionnaires, une solde excellente. — Combien vous donne-t-elle? — Deux cents francs, et, chaque premier jour du mois, elle paye rubis sur l'ongle; c'est une considération. — Vous pouvez bien lui faire une petite infidélité, une fois en passant. — Eh! eh! — Si je vous donnais un *billet de cinq*? — On ne peut rien vous refuser; Évelina disparaîtra ce soir dans le troisième dessous.

L'actrice fait place à un directeur de théâtre. — Je suis perdu, dit celui-ci, si vous ne me prêtez pas cinq mille francs sur-le-champ. Mes acteurs refusent de jouer; ils veulent être payés avant la représentation. — Désolé, mon cher: je suis à sec. — Laissez-vous attendrir; j'ai une pièce qui fait un argent fou, vous le savez bien... Je vous abandonne trois jours de recettes. — Il me faut huit jours. — C'est impossible. — Mettons alors que nous n'avons rien dit. — Voulez-vous quatre recettes? — Huit; je n'en démords pas. — Cinq; et si vous me refusez, je vais chez un autre qui sera peut-être plus raisonnable. — Allons, je suis bonhomme; je me contenterai de six recettes, et vous me mettrez à l'étude, la semaine prochaine, deux petits actes charmants que j'ai achetés hier à un jeune homme qui donne de très-belles espérances. — Mais si vos actes sont des *ours*? — Vous les ferez retoucher par un faiseur; je ne m'y oppose pas. Et le malheureux directeur est contraint d'en passer par ces inexorables conditions.

Le soir, X... va d'un théâtre à un autre pour s'assurer si *ses gens* fonctionnent; puis il fait encore des affaires dans les entr'actes avec des auteurs qu'il rencontre au foyer, et les comédiens qu'il va voir dans les coulisses; à minuit il rentre chez lui, prêt à recommencer le lendemain. A l'heure où je vous parle, cet homme est trois fois millionnaire, et il ne dépense pas vingt mille francs par année.

— Mais, dis-je à mon interlocuteur quand il eut esquissé le portrait de ce banquier de la littérature dramatique, comment se fait-il que les vaudevillistes et les dramaturges consentent à aliéner pour une misérable somme les productions de leur intelligence, c'est-à-dire leur fortune?

— Par la même raison qui porte les fils de famille à escompter leur avenir et à faire passer les écus paternels dans les mains des usuriers. Il n'y avait rien à répondre.

Parmi les petites industries parasites qui vivent sur les théâtres comme le gui sur le chêne, un observateur attentif pourrait reconnaître encore certaines individualités assez originales, qui méritent à coup sûr de fixer un instant le regard de l'écrivain et le crayon du dessinateur, certains types tout particuliers, tels que ceux du donneur de contre-marques ou de l'ouvreuse de loges. Ainsi, croyez-vous que ce ne soit pas une curieuse existence que celle du préposé aux billets des parterres ou des premières galeries? N'a-t-il pas une histoire, et une histoire complète, l'homme qui vous donne, au moment d'une sortie de quelques minutes, à l'entr'acte, cette contre-marque qu'une nuée d'industriels équivoques vont se disputer et vous arracher des mains, vous ne savez le défendre? Il a été, de son temps, un des héros de la scène; il a mérité et obtenu les applaudissements, les hourras que vous allez prodiguer à quelqu'un de ses pâles héritiers. Il a joué le rôle de ce bon Corasmin, le modèle des confidents; il a écouté et accueilli les soupirs de

Titus, les plaintes d'Oreste, les derniers mots de Tancrède. Tour à tour coiffé du turban et du casque, vêtu de la toge et du pourpoint, il débitait, d'après les principes les plus corrects du cours de déclamation, les nobles alexandrins de MM. Racine, Voltaire, Crébillon, Soumet et Delavigne : jamais les rocailleuses tirades d'*Hernani* ou des *Burgraves* n'ont passé par son larynx éminemment classique. Et pour prix de cette longue fidélité aux dieux de l'Olympe, pour digne récompense de trente ans d'épithètes et d'hémistiches consciencieusement appris et récités, il distribue, à la porte des couloirs, de maigres et humbles contre-marques! *Quantùm mutatus ab illo!* Ce n'est plus là Albin, Théramène, Osmin, l'ami, le confident des grands hommes classiques; il ne reste du Grec, du musulman farouche, d'Ali et d'Arcas, qu'un pauvre hère à vingt francs par mois :

Du plus grand des Romains, voilà tout ce qui reste!

Mais allez plus avant dans l'intérieur du théâtre, une autre ruine non moins respectable frappera votre vue attristée. C'est une pauvre femme, grisonnante, mise avec cette propreté douteuse et cette simplicité exagérée qui décèle la misère; elle vient vous offrir un programme, réclamer votre chapeau et votre par-dessus. Gardez-vous de refuser la modique rétribution qu'elle demande pour prix de cet empressement; la pauvre femme, elle aussi eut ses jours de grandeur et de gloire; votre père peut-être, peut-être vous-même, il y a quelques années, l'avez couverte de fleurs, l'avez entourée de frénétiques bravos : mais alors elle était

Le champ de bataille de Bilboquet.

an; quelques ouvreuses gagnent plus de 2,000 fr. dans certaines années. A la Comédie-Française, les ouvreuses achètent leur poste moyennant une somme de 2,000 fr., qui demeure acquise au théâtre. Il est alloué à chacune d'elles des appointements dont la

Femme Bilboquet.

Le seigneur Bilboquet.

M. Bilboquet fils.

Cléopâtre, Bérénice, Clytemnestre, que sais-je? Aujourd'hui c'est une misérable ouvreuse! Il en est cependant quelques-unes qui ont laissé sur la scène des souvenirs plus vivants; telle, par exemple, celle qui s'occupe à ramasser les bouquets et les couronnes en monceau au pied de sa fille, héritière de tant d'éclat et de fortune. Ces fleurs sont encore fraîches malgré leur chute, et, certes, on pourra les vendre au rabais à des amateurs peu difficiles : une mère prudente, qui a pour elle l'expérience des révolutions et des catastrophes scéniques, ne doit-elle pas songer à tout?

Les ouvreuses de loges, à l'exception de celles de la Comédie-Française et du théâtre du Petit-Lazari (le commencement et la fin), ne sont pas payées par les directeurs de théâtres; elles n'ont d'autre indemnité que les gratifications volontaires qu'elles reçoivent du public. Dans les grands théâtres, ces gratifications produisent en moyenne 600 fr. par

quotité n'est jamais inférieure à l'intérêt de l'argent versé, et dont le maximum n'excède pas 300 fr. Au Vaudeville, les ouvreuses acquittent une redevance

Bilboquet et sa cour.

mensuelle de 10 francs. Dans deux ou trois théâtres, les conditions sont différentes; mais, dans tous les autres, elles n'ont rien à payer. Il y a dans les théâ-

tres réunis de Paris 6 ouvreurs et 467 ouvreuses.

Le nombre total des artistes dramatiques en France est, d'après un rapport de M. Samson de la Comédie-Française, de 6,000 environ. Sur ces six mille artistes, près de huit cents, les choristes du chant et de la danse non compris, sont attachés aux différents théâtres de Paris.

Dans cette classe nombreuse, on compte à peine quelques positions brillantes, que se sont faites les artistes les plus éminents, et l'aisance n'est obtenue que par un certain nombre de ceux qui ont joué avec succès sur les scènes de Paris et des grandes villes. La plupart des autres comédiens sont voués à une existence toujours précaire et souvent misérable. Grippe-Soleil et La Ramée ne sont pas plus fortunés aujourd'hui que du temps de Scarron. Bilboquet, ce prototype de l'artiste nomade toujours à la recherche de l'écu de cent sous, qu'il appelle énergiquement le *tigre à cinq griffes*, Bilboquet, transportant de ville en ville, de campagne en campagne, sa famille et ses talents, continue à n'être pas *hureux*. C'est pour soulager ces infortunes, pour forcer à la prévoyance, qu'a été fondée, il y a quatorze ans, l'Association des artistes dramatiques, qui compte en ce moment plus de trois mille sociétaires. Cette association ne possédait, à son début, qu'un fonds de 3,000 francs. A la fin de 1850, elle disposait de 22,600 francs de rentes à 5 pour 100.

Nous parlerons en temps et lieu des auteurs et compositeurs dramatiques, de leur organisation en société et de leurs droits sur les pièces représentées.

Qu'on nous permette un dernier mot. N'allons pas non plus passer sous silence ce théâtre qui se dresse sur toutes les places publiques, et quelquefois dans certains salons littéraires et politiques; ce théâtre que l'on rencontre aussi bien à Rouen qu'à Paris, à Marseille qu'à Lons-le-Saulnier : le théâtre cosmopolite du seigneur Fontanarose, vendeur d'orviétan, prometteur de merveilles et arrachant les dents à la satisfaction des personnes, avec accompagnement de prospectus et de gencives. Que de gens, je parle des plus huppés, des plus admirés, des plus applaudis, et finalement des moins estimés, sont montés sur les tréteaux de ce théâtre du puff, de l'annonce et de la réclame, pour débiter à la foule toujours crédule leur panacée universelle, pendant que le sieur Paillasse entraînait les chalands au son de la grosse caisse. Voilà le vrai théâtre du dix-neuvième siècle, dont la devise sera celle-ci, si l'on n'y prend garde : *En avant la musique!!!*

LE THÉATRE COSMOPOLITE.

Chapitre XIII.
LES POSTES.

L'hôtel des Postes. — Guy, comte de Flandres. — Les *mystères de l'Ancien Testament*. — Première trace de la censure. — Le droit des hôpitaux au quatorzième siècle. — Le duc d'Épernon. — Les postes sous Cyrus. — La Scytale. — Louis XI. — M. de Sartines et le cabinet noir. — Les *sténographes*. — Moyen tombé en désuétude pour purger l'arriéré. — L'organisation administrative des Postes. — Circonscriptions postales. — Les boîtes à Paris. — Nouveau modèle. — La boîte chez l'épicier. — L'odyssée administrative des lettres. — La levée. — Le tri. — Le service extérieur et le service intérieur. — Les bureaux d'arrondissement. — Le guichet. — Les figurines d'affranchissement. — Le bureau central. — Les lettres sous initiales. — Les mandats. — L'expédition des imprimés. — Expédition des lettres. — Le timbre. — Les lettres *chargées*. — Les précautions *ad hoc*. — La pesée. — La *pauma-balance*. — La distribution des lettres dans Paris. — L'omnibus des facteurs. — Les tilburys de la banlieue. — La malle-poste. — Son évanouissement devant les chemins de fer. — Progrès de la locomotion. — Le personnel de la poste. — Le facteur de Paris. — L'almanach du jour de l'an. — Le facteur rural. — Sa vie d'indépendance. — Les inspecteurs. — Leurs visites imprévues, mais peu agréables. — Les directeurs. — Les commis. — La manie administrative en France. — Les erreurs de l'administration des Postes. — Les bureaux ambulants. — Vue extérieure et intérieure du wagon. — Les sacs aux dépêches. — La taxe postale. — La taxe en Angleterre. — La *lettre-bocal*. — La poste restante. — Types d'initiales. — Le bureau des mandats.

Passer brusquement des théâtres à l'administration des postes, cela peut paraître un grand mépris de la transition : il faut, pour nous excuser, une circonstance bien heureuse. C'est que l'hôtel où se trouve de nos jours installée cette administration fut jadis un théâtre, théâtre plus ancien qu'aucun de ceux dont on vient de lire l'histoire, et où se jouaient, en concurrence avec la Basoche, de beaux et bons *mystères* tirés de l'Ancien et du Nouveau Testament. Quelques détails à ce sujet. Dans le cours du treizième siècle, Guy, comte de Flandre, fit bâtir, près de la porte Coquillière, un hôtel immense sur l'emplacement que traversent, aujourd'hui les rues J.-J. Rousseau, Coquillière et des Vieux-Augustins. En 1334, cet hôtel fut vendu à une compagnie dramatique, c'est-à-dire à une troupe d'acteurs et d'auteurs qui jouaient des mystères, avec approbation du roi et du parlement : ils y vécurent tranquilles, et apparemment avec de florissantes recettes, jusqu'au règne de Henri III. Leur principal succès fut une pièce sacrée intitulée le *Mystère de l'Ancien Testament*, représentée vers 1542 : les statuts de la compagnie nous donnent une idée assez curieuse de ces aïeux de notre scène. Il leur était défendu de jouer des pièces non approuvées (première trace de censure). Le prix d'entrée était fixé à *deux sols* par personne, et la location des loges à trente écus au maximum pour toute l'année. De plus, les comédiens avaient ordre de respecter les bonnes mœurs, et devaient verser, au profit des pauvres, une somme annuelle de dix livres tournois. Comme on voit, le droit des hôpitaux était moins onéreux que de nos jours. Le duc d'Épernon déposséda les pieux confrères pour se bâtir une demeure splendide sur les ruines du vieil hôtel de Flandre; mais elle ne dura pas plus que lui, et ses fils la vendirent à des financiers, qui élevèrent à leur tour

Intérieur de la grande cour de l'hôtel des Postes.

deux hôtels dans un goût plus moderne. L'un, bâti par Bullion, a été longtemps la salle des ventes; l'autre, qui avait gardé le nom de son dernier possesseur, le ministre d'Armenonville, est devenu, depuis 1757, le siége de l'administration des postes.

Quoique les postes ne soient pas tout à fait aussi vieilles que l'écriture, elles n'en remontent pas moins à une antiquité des plus respectables. Cyrus le Grand, raconte Xénophon, afin de faire parvenir avec plus de régularité ses ordres aux extrémités de son immense empire, institua, quelque cinq cents ans avant l'ère chrétienne, des messagers à cheval, chargés du transport des dépêches royales, et qui se relayaient par étapes disséminées sur tous les points de la domination du grand roi. Les Grecs, qui avaient inventé la télégraphie au moyen de flambeaux, eurent la gloire d'ajouter quelque chose à la création de Cyrus. Ils voulaient assurer le secret de leurs missives. Dans cette intention, que faire? Ils s'avisèrent d'enrouler, en forme de spirale, des bandelettes en peau préparée autour de bâtons parfaitement égaux en longueur et en diamètre : chaque correspondant se munissait à l'avance d'un rouleau identique à celui de l'individu auquel il avait affaire, et l'on s'écrivait sur le parchemin, en travers, de sorte que la bande déroulée ne présentait qu'une suite insignifiante de caractères; il fallait la replier sur le rouleau pour lire et comprendre le sens.

Les Romains ne firent pas usage de la *scytale*: tel est le nom grec de cette invention; aussi eurent-ils à se plaindre de la violation du secret des lettres. Dans Plaute, un esclave, après avoir décacheté une épître à l'adresse de son maître, se promet d'accuser de la fraude les préposés aux portes de la ville, coutumiers du fait, à ce qu'il semble. On voit que M. de Sartines n'avait pas inventé le cabinet noir. Louis XI renouvela l'institution de Cyrus : il chargea des courriers spéciaux du transport des dépêches royales, et son successeur donna aux particuliers le droit de se servir, moyennant rétribution, de ce moyen de communication pour leurs affaires privées.

Telle est l'origine de l'administration des postes: le service n'a pas cessé de se perfectionner depuis ces premiers rudiments, et l'on peut dire aujourd'hui que c'est une administration modèle. Ses ressorts, bien qu'assez compliqués, ont encore pour nous un jeu assez facile à suivre et à comprendre; aussi nous insisterons sur le mouvement de cette machine, pour donner une idée du point où elle est portée, en France, le génie administratif. Nous prendrons les postes à l'apogée actuel de leur perfection, sans trop nous appesantir sur les améliorations qu'ont pu apporter l'exercice et l'expérience de chaque jour. Il serait inutile d'insister sur ces détails, et de rappeler autrement que pour mémoire les nombreuses indiscrétions que s'est souvent permises la police, et l'adresse demi-officielle de certaines personnes à lever des cachets sans les endommager, à lire les écritures secrètes, à comprendre les allégories des naïfs conspirateurs épistolaires. Jadis le ministre de la police n'y faisait pas tant de façon : toute lettre à mine suspecte était saisie, ouverte et lue; souvent même des révélations peu politiques servaient à grossir la récolte de scandales dont se repaissaient les petits levers royaux. Il existait un bureau de *sténographes* experts à déchiffrer les signes occultes et les *grillas* les plus impénétrables : quelquefois la besogne dépassait les forces des vérificateurs, et alors le ministre jetait au feu les lettres retardataires, en s'écriant avec joie : « Enfin, me voilà au courant ! »

A n'examiner les postes que sous le point de vue pratique, il importe de se rendre compte de la besogne que doit accomplir cette importante administration. Recevoir tous les jours des milliers de dépêches venant de toutes les provenances imaginables, les taxer une à une, les adresser à leurs destinations respectives dans un temps limité et fort court, d'une part; de l'autre, expédier sur tous les points du globe un pareil nombre de paquets, également divers de volume, de poids, de nature; encaisser et transmettre des valeurs en argent; expédier, toujours sous bref délai, des objets de prix, ou encore cette masse d'imprimés et de journaux, pâture quotidienne d'innombrables abonnés : tel est le devoir rigoureux des employés, peu nombreux pourtant, de la poste. Il faut que tout cela se fasse sans erreur, car les chefs sont responsables des moindres déficit; avec promptitude, car tout retard est une faute et souvent une perte matérielle.

Voyons quelle savante organisation peut faire face à tant d'exigences.

La France entière, et, pour mieux dire, l'univers, est divisé en circonscriptions postales. Chaque localité de l'intérieur possède un bureau de poste en rapport avec son importance, ou relève d'un bureau voisin et est desservie par un facteur rural. A l'étranger, une convention réciproque existe avec les administrations correspondantes, ou, s'il n'en existe pas, les dépêches sont confiées à l'entremise des consuls et des résidents nationaux. Il n'entre pas dans le cadre de cet ouvrage de pousser plus loin cet examen hors des limites de notre département de la Seine; d'ailleurs l'étude de ce qui se passe dans les bureaux de la capitale suffit et au delà pour faire deviner le reste.

Une lettre est mise à la poste, soit dans une des boîtes nombreuses disséminées dans un grand nombre de débitants de tabac ou d'épiceries, à tous les coins de Paris, soit dans un des douze bureaux auxiliaires de

La boîte chez l'épicier.

Nouvelles boîtes aux lettres.

chaque arrondissement, soit enfin à la boîte centrale, rue Jean-Jacques Rousseau. Cette lettre, avant de parvenir à son but, doit parcourir une odyssée administrative, longue pour le trajet, courte pour la durée. Recueillie avec ses nombreuses sœurs au moment de la levée, elle arrive au bureau central, où elle attend son tour pour passer au tri, c'est-à-dire pour prendre rang sur l'état civil de la poste. Le tri est une des opérations les plus curieuses que présente le mécanisme administratif. Figurez-vous une table longue, où sont assis une quinzaine d'employés de tout âge, les uns en uniforme, les autres en blouse et en bonnet de papier, d'autres en redingote, chacun fouillant un énorme monceau de paperasses, et lançant à droite, à gauche, près ou loin, lettre sur lettre, dans les casiers ouverts à côté de chacun. C'est un feu croisé et roulant, une série de courbes et de paraboles impossibles à calculer; mais, en dépit des chocs et de l'inattention apparente de ces artilleurs de nouvelle espèce, tout arrive à point et à sa place. Ce n'est d'ailleurs que la partie pittoresque

du voyage : une simple missive, une lettre que vous écrivez, sans songer à tous les embarras auxquels elle pourrait donner lieu, met en mouvement les rouages de l'administration presque entière.

Elle a deux sortes d'épreuves à parcourir, ou, pour nous servir d'un langage moins figuré, il y a dans les postes à distinguer le service extérieur et le service intérieur. L'un nous présente les employés dans leurs rapports avec le public, l'autre consiste dans les diverses opérations qu'exigent la répartition et la distribution des dépêches. Le tri, dont nous venons de parler, appartient à cette dernière catégorie.

Indépendamment de la grande boîte aux lettres, ouverte dans l'hôtel de la rue Jean-Jacques Rousseau, il existe dans chaque arrondissement un certain nombre de boîtes moins importantes, dont la levée a lieu de trois heures en trois heures et qui relèvent des bureaux auxiliaires, chargés de préparer et de simplifier la besogne pour l'administration centrale. Ces bureaux ont les plus fréquents rapports avec le public :

ainsi, le service le plus direct, celui du guichet, s'y fait pour les affranchissements et les chargements. Le guichet est l'ouverture étroite par laquelle le commis, montrant une politesse en rapport avec la grandeur de sa salle d'audience, répond aux questionneurs et aux personnes du dehors qui réclament son office. Il leur vend des figurines d'affranchissement, pèse les lettres sur leur demande pour en déterminer la taxe, et enregistre les valeurs cotées, délivre ou rembourse les mandats. Le travail intérieur est moins important : dresser les feuilles d'avis pour le recensement des dépêches, apposer le timbre du bureau, réunir les lettres pour Paris, les lettres pour les départements et pour l'étranger dans la boîte du bureau, telle est à peu près toute la besogne. A de certaines heures, qui varient suivant les saisons, le grand mouvement a lieu : toutes les boîtes, que l'on a levées, tous les bureaux auxiliaires fournissent leur contingent au fleuve épistolaire qui prend son cours vers le bureau central; c'est là que nous comptons le suivre.

Auparavant, quelques mots sur le service extérieur au grand complet. Et d'abord, le bureau de la poste restante; deux sections : les lettres sans adresse, sous initiales, que l'on remet au réclamant sans formalité, et les lettres avec noms, sans désignation de domicile, que l'on ne livre qu'après constatation d'identité. Viennent ensuite les mandats et affranchissements; le bureau où l'on vend les figurines d'affranchissement, où l'on reçoit et où l'on fait les envois d'ar-

Triage des lettres de Paris.

gent et le bureau où l'on expédie et où l'on délivre les valeurs et objets précieux cotés d'avance. Puis le bureau d'expédition des imprimés, si important à Paris, que le travail s'y divise entre cinq ou six employés. Enfin la caisse, chargée des déboursés et des recettes. Ceci ne regarde que le guichet. La distribution dépend d'une opération intérieure qu'il nous reste à décrire.

On a vu la masse des lettres apportées, et l'on a suivi

Triage des lettres pour les départements et l'étranger.

Le chargement de la malle-poste.

l'opération importante du classement de ces lettres : il reste donc à en examiner l'expédition. Plusieurs précautions restent à prendre, afin de prévenir toute chance d'erreur : chaque pli doit porter son certificat d'origine, la date de son départ et celle de son arrivée : de plus, s'il a reçu un affranchissement, il faut rendre la fraude impossible en détruisant la vignette. Le timbre est chargé de répondre à ces exigences. C'est un cachet portant des caractères mobiles, indiquant le jour et le quantième du mois, et des types fixes, désignant le bureau : avec une rapidité qui tient du prodige, l'employé le frappe tour à tour sur un bourrelet chargé d'encre d'imprimerie et sur la face antérieure de la lettre, si elle part, postérieure, si elle arrive. On dirait un ruisseau s'échappant de ses mains, dont chaque flot recevrait un choc et succéderait instantanément à un autre flot. Un second timbre, en forme de losange et quadrillé, défigure les vignettes d'affranchissement. Ce travail fait, un nouveau tri a lieu pour les dépêches à distribuer; c'est l'affaire des facteurs, qui se partagent le travail.

Les autres lettres, à destinations étrangères, sont enfermées dans des valises étiquetées suivant leur direction et scellées du sceau particulier de la poste. Ces valises consistent en sacs de cuir très-fort, fermés par des anneaux de fer que resserre un cordon ou une chaîne solide.

Mais si l'expéditeur d'une lettre contenant d'importantes valeurs ne se contente pas de ce luxe de précautions, il a droit, moyennant une taxe double et acquittée d'avance, de la charger. Toute lettre chargée est inscrite sur un registre ad hoc, marquée d'un timbre spécial, enfermée dans une valise particulière; en outre, à chaque bureau qu'elle traverse, il est pris note de son passage, et le timbre de la localité marque la valise et le registre d'inscription. Enfin, on ne la délivre que sur signature et reçu du destinataire. Si, par un hasard impossible, la lettre ainsi recommandée venait à se perdre ou à être détournée, rien ne serait aisé comme d'en suivre la trace et de désigner le point précis de sa disparition.

Telles sont les principales opérations, tant extérieures qu'intérieures, du service des postes qui intéressent le plus directement le public. Un séjour prolongé dans l'administration ferait encore connaître bien des choses moins importantes : par exemple, le travail délicat de la pesée. Rarement on a recours à la balance,

L'omnibus des facteurs.

les et en papier à chemise. Parlons seulement de la distribution des lettres au sortir de l'hôtel.

Pour le service de Paris, les facteurs, dans l'intérêt des correspondants, sont transportés dans des voitures analogues aux omnibus, qui suivent tous les jours le même itinéraire dans les rues les plus importantes de la ville. Chacun a sa place marquée, et descend lorsqu'il arrive à la circonscription que lui assigne le règlement. La banlieue est desservie par des tilburys de poste, qui transportent aux bureaux des communes auxiliaires les lettres que ceux-ci doivent transmettre à leur tour aux facteurs ruraux. Ce dernier service est ordinairement fait par adjudication. Autrefois les expéditions dans les départements avaient lieu par les malles-postes, voitures de forme particulière, chargées à l'arrière d'une caisse où l'on introduisait les dépêches au moyen d'une sorte de refouloir. Ces malles-postes appartenaient à l'administration ou aux entrepreneurs; mais les chemins de fer, qui rayonnent déjà dans presque tous les sens autour de Paris, tendent à faire entièrement disparaître ce système qui nous semble déjà de la routine. En effet, n'était-ce pas pitoyable? Il y a douze ou quinze ans, le courrier, par un temps favorable, mettait huit jours de Paris à Marseille : aujourd'hui la Cannebière et les boulevards ne sont qu'à la distance de quarante-huit heures, et demain peut-être, après avoir déjeuné le matin au chocolat chez Bignon, vous pourrez dîner à Lyon et terminer la journée par un réveillon nocturne à la Réserve de la colonie phocéenne. Le matin, votre journal quotidien et votre bavaroise ; à deux heures, les poissons du Rhône sautant du fleuve dans la poêle et de la poêle dans l'assiette ; le soir, une contremarque au grand théâtre de Marseille, une glace chez Bodoul, et un souper avec des écrevisses et des langoustes pêchées en vue du port.

Le personnel de la poste comprend le directeur général et les divers chefs de bureau, placés sous ses ordres, dans l'administration centrale; des inspecteurs résidant dans chaque département; des directeurs, dont le traitement varie selon l'importance de leurs bureaux; des commis de six classes différentes, des surnuméraires, des facteurs de ville et des facteurs ruraux.

Le type des facteurs est plein d'originalité. A la ville, c'est un être en uniforme, chapeau et bottes cirées, habit à boutons de métal; il roule en voiture, frappe à toutes les vitres de concierge, et trouve parfois quelque bonne sensible, quelque femme de charge encore à l'âge ambigu, pour exercer sa verve galante et fournir matière à ses compliments. D'autres fois, il a une famille, demeure au cintième, et, comme le Moinot immortalisé d'un trait de plume par Balzac, se met au service des amants généreux pour tout ce qu'il peut faire, mettant à part sa conscience et ses devoirs administratifs. Pour lui, néanmoins, la médaille a un revers : souvent, au lieu de se tenir chaudement, comme M. le directeur, comme tous les employés sédentaires, à l'exception du surnuméraire infortuné qui grelotte au guichet, il lui faut courir la ville entière au milieu de la neige, braver la pluie, la glace, venir à l'heure, et se hâter : la distribution n'attend pas. Le facteur jouit du privilège de fournir chaque année au Parisien, au prix de un à cinq francs, un almanach qui ne vaut pas toujours vingt-cinq centimes.

Le facteur rural vit plus indépendant. Il est vêtu et couvert à sa guise ; il voyage en sabots de la campagne, qui, plus hospitalière que la ville, lui offre au besoin vingt asiles. Le sac aux dépêches sur la blouse, le fusil en bandoulière, il se livre très-souvent au plaisir inventé par Nemrod, qui fut grand chasseur devant le Seigneur ; très-souvent aussi, des pratiques bienveillantes le retiennent, et il mange, il boit, il réveillonne en tournée, en dépit des règlements. Nouvelle preuve que le bonheur ici-bas n'est guère qu'au bas et au haut de l'échelle : foin du milieu !

Nous compterons encore dans le personnel de la poste les inspecteurs extraordinaires attachés à la cour des comptes, qui vérifient à l'improviste les travaux des divers administrateurs, et les commissaires chargés du transport des dépêches par voie de mer. Tous ces employés rentrent assez bien dans le type généralement uniforme de la bureaucratie. Hauts et puissants seigneurs, messieurs les dignitaires de l'administration centrale sont, comme partout, gens aimant leurs aises, ne se dérangeant qu'à leurs heures, se prélassant sur le cuir de leur trône élastique, et signant la besogne mâchée, arrangée, apprêtée par un commis à maigres appointements. Les inspecteurs jouent encore, comme partout, le rôle de croquemitaine, si pareil mot n'était pas fait pour révolter

Facteur de Paris.

si ce n'est pour satisfaire aux exigences des réclamations : tout employé a dans le paume de sa main un plateau assez sensible pour lui dénoncer un excédant de poids d'un demi-gramme. A ce travail se rapportent les surtaxes et les détaxes, deux sortes de rectifications que leurs noms expliquent assez, et qui ont lieu le plus souvent d'office. Nous verrions quelquefois aussi charger d'office des missives paraissant renfermer des valeurs ou rendant un son métallique ; nous assisterions à la confection des paquets, à la pose des sceaux, à la consommation vraiment effrayante qui se fait en ficel-

Facteur rural.

leurs oreilles; leurs visites sont des impromptus longuement médités, des surprises prévues à l'avance. Ceux qu'envoie la cour des comptes, les plus terribles de tous, se bornent de légères critiques, heureux de prouver qu'ils sont nécessaires, quand la preuve se borne à relever une erreur de deux centimes dans la recette, ou un retard de quelques heures dans l'envoi. Quant aux directeurs, bon nombre d'entre eux appartiennent au sexe qui se plaint de ne pouvoir manger à son aise au râtelier du budget : les autres sont l'honneur de la classe esti-

CHAPITRE XIII. — LES POSTES.

mable des rentiers ou propriétaires; quelques-uns trouvent dans ces fonctions leurs *Invalides* pour de longs services sur toutes sortes de champs de bataille. Chaque matin et chaque soir, un employé monte chez eux, porteur de registres, où M. le directeur, ou bien madame la directrice, appose un nom et un paraphe, ne bougeant de leur lit ni de leur fauteuil : cela vaut de douze cents à six mille francs par an. Quant aux commis, eux font la vraie besogne ; vous voyez l'un condamné pour son année entière à plier imprimés et journaux, l'autre à sasser et ressasser les lettres de la poste restante; celui-ci à faire des colonnes de chiffres, celui-là à chauffer de la cire et à nouer des ficelles. Les plus heureux se chargent du tri ou du timbre, et développent dans ces exercices actifs leur agilité et la sûreté de leur tact ou de leur coup d'œil.

Le plus saillant et le plus général entre tous des traits caractéristiques de l'administration en France, c'est la manie paperassière ; c'est cette incurable fureur d'écrire, de chiffrer, de tailler des enveloppes toutes prêtes à l'usage des beurrières et des fruitières. La poste n'a eu garde de s'en garantir.

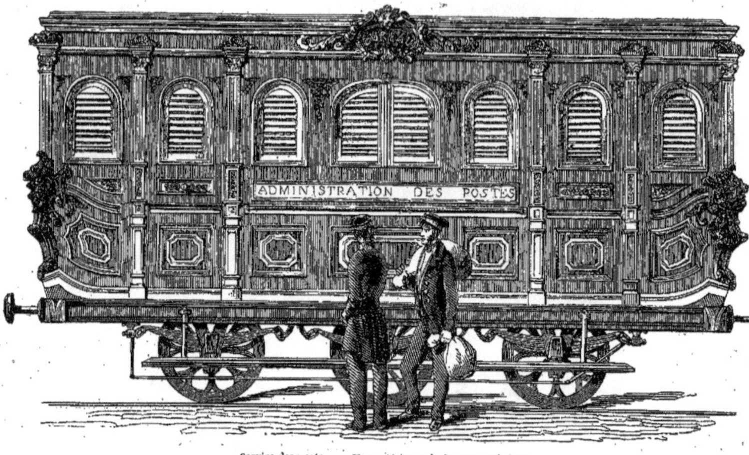

Quant aux erreurs inséparables d'une telle complication administrative, si elles sont en faveur des *Postes*, le surplus représente à la distribution une valeur qui constitue un bon trouvé, dont le bureau doit tenir compte dans le second, il n'a qu'à constater l'erreur, et à faire remploi du déficit, quitte à être remboursé plus tard par détaxe. Les autres erreurs sont à la charge des directeurs, qui peuvent être forcés en recette, c'est-à-dire payer de leur argent.

Il n'y a plus à ajouter sur l'administration des postes, que ce qui concerne le service sur les chemins de fer. Les bureaux mobiles, maintenant en usage en France, ont été employés en premier lieu, chose étrange, dans la Belgique. Les bureaux consacrés au service intérieur font partie des trains, et pendant que la locomotive entraîne derrière elle véhicules et voyageurs avec une vitesse de douze ou quinze lieues à l'heure, le tri, la pesée, l'apposition du timbre, toutes les opérations

Service des postes. — Vue extérieure du bureau ambulant.

Intérieur du bureau ambulant.

préliminaires, en un mot, ont lieu comme à l'hôtel de la rue J.-J. Rousseau.

Le bureau ambulant est un élégant wagon, attaché sur un truck ou train mobile qui roule sur six roues au lieu de quatre, dans le but d'amortir ce balancement qui est comme le roulis des chemins de fer. Ce wagon, assez haut pour qu'on se tienne debout à l'intérieur, présente à l'extérieur deux surfaces latérales, percées de fenêtres : l'intervalle entre ces deux ouvertures est rempli, pour la symétrie, par de fausses fenêtres qui semblent fermées de jalousies; le fond de la peinture est en laque carminée, les ornements en fonte, d'un style sévère. Des filets de cuivre poli s'arrondissent en courbes gracieuses et détachent à l'œil le contour des fenêtres vraies et fausses. La partie supérieure, percée de jours garnis en verre dépoli, ne présente pas ces divers ornements. Tout a été combiné pour produire l'effet le plus satisfaisant à la vue, et pour offrir en outre toutes les chances de durée et de solidité. La longueur de ces wagons varie de six à sept mètres.

L'intérieur présente beaucoup d'analogie avec celui d'un bureau de poste ordinaire, si ce n'est que l'espace y est bien mieux ménagé. On y retrouve les casiers, adossés aux parois, au lieu d'être à côté des tables de tri; au-dessous des casiers s'ouvrent des armoires pour renfermer les valises, les sacs de toute espèce, destinés au transport des lettres, et les provisions indispensables de ficelle, de cire et de papier. L'ameublement seul diffère : pas de pupitre à écrire, l'employé écrit debout sur un portefeuille, car la trépidation du convoi ne permet que ce dernier mode; pas de chaises, mais de lourds fauteuils, et une sorte de selle sur laquelle on s'assied à califourchon quand on est las de demeurer debout. Les timbres particuliers au bureau ambulant sont suspendus à côté des fenêtres; bourrelets chargés d'encre, cire, pains à cacheter, tout cela est contenu dans des boîtes de métal. On remarque en outre un chronomètre, dont la destination est de servir de guide aux employés, et de leur faire connaître, au moyen du tableau des stations, la route parcourue et celle qu'il leur reste à franchir encore. Pour la nuit, on allume les lampes Carcel suspendues au plafond: s'il fait froid, on abaisse la portière, maintenue par une barre de support qui sert en même temps de point d'appui pour charger les fardeaux, sans risque de chute sur les rails, et on lève la cloche qui ferme la bouche de chaleur du calorifère. Sur la ligne du Nord, les bureaux chargés de la correspondance anglaise présentent, au lieu de casier, une longue table qui occupe toute la largeur de l'avant du wagon; cette table sert d'entrepôt aux paquets que la poste anglaise a préparés d'avance. L'employé vérifie d'abord ces paquets, taxés par poids de trente grammes; il revient ensuite à chaque lettre et la vérifie dans des balances tellement justes que le mouvement du train ne peut la fausser.

Sur les chemins de fer, les valises aux dépêches sont plus simples : elles consistent en un sac de cuir, fermé à pression par un collier qui s'ouvre par un ressort intérieur; le collier porte le nom du bureau expéditeur et celui de la ligne suivie. Comme partout, il y a un sac particulier pour les lettres recommandées.

La rapidité dans la distribution, tout incroyable qu'elle paraisse aux profanes de la poste, n'était pas encore suffisante et en rapport avec la rapidité merveilleuse des chemins de fer. Il fallait mieux. Aujourd'hui on décharge les valises pendant que le train est lancé à toute vapeur : cette opération a lieu avec la plus grande simplicité.

A mesure que les employés du bureau ambulant ont cacheté un sac de dépêches, ce sac est déposé à l'extérieur du wagon, sur un appareil à coulisses disposé de manière à être enlevé avec la plus grande facilité,

Sac aux dépêches. — Collier pour la fermeture des sacs aux dépêches. — Portefeuille des lettres recommandées et chargées.

au moment du passage du train, à un point donné. Personne n'étant assez alerte pour faire une telle besogne, c'est le convoi lui-même qui s'en charge. Il fait mouvoir un système de tringles et de leviers, disposés exprès aux divers points où la correspondance est établie. Au moment où passe le train, les leviers s'abaissent, et le mécanisme, mis en mouvement, s'empare de l'appareil et l'enlève; les employés n'ont plus qu'à prendre la dépêche et à la distribuer. Nouvelle économie de temps : nous n'en concevons pas de possible pour l'avenir, mais il ne faut pas désespérer de cette faculté d'inventer particulière aux hommes de notre époque. Peut-être trouvera-t-on avec le temps un appareil capable de supprimer les facteurs et les étrennes qu'ils demandent au jour de l'an.

On sait, et nous donnons ceci à titre de renseignement, qu'après de longs débats, la taxe est enfin devenue uniforme. Toute lettre paye un droit fixe de 25 centimes dans toute l'étendue de la France, par poids de 7 grammes et demi; la taxe est doublée jusqu'au poids de 15 grammes; au-dessus, elle s'élève à 1 franc, et augmente de 1 franc par chaque 100 grammes ou fractions de 100 grammes. Pour l'intérieur de Paris, le droit est de 15 centimes, de 20 centimes pour la banlieue, et de 10 centimes pour l'intérieur des autres villes. La poste fait vendre quatre sortes de figurines pour l'affranchissement, aux prix de 10, 15, 25 centimes et un 1 franc. Le port des imprimés est frappé d'un droit de 4 centimes par feuille, ainsi que celui des lettres de faire part. Depuis longtemps déjà l'Angleterre avait donné l'exemple de la taxation uniforme; cette modification a rencontré d'invincibles opposants pendant tout le règne de Louis-Philippe; une fois seulement la loi fut rejetée à l'égalité mathématique des votes de la Chambre des députés. Dès 1848, l'Assemblée constituante décréta une taxe unique de 20 centimes, remplaçant les taxes différentes au nombre de onze qui existaient auparavant, d'après une division arbitraire de la France en onze zones postales. Cette mesure salutaire fut à peine combattue. Plus tard, la taxe de 20 centimes, jugée insuffisante, a été augmentée de 5 centimes. Nous sommes entrés dans la même voie que l'Angleterre, mais la réduction n'y est pas aussi complète encore. En France, le transport des valeurs cotées et la transmission de l'argent sont soumis à un droit de timbre et à une prime de 5 pour 100: la taxe est bien moindre de l'autre côté de la Manche, et l'on y trouve une telle économie, que la poste sert souvent d'intermédiaire pour remplir certaines commissions étranges ou bizarres. On cite des envois de sangsues qui se seraient échappées de leur bocal, et d'allumettes chimiques qui auraient incendié la dépêche; un père de famille adressa de Londres à sa moitié quelques reliefs d'un dîner somptueux qui restèrent au bureau des adresses inconnues: le même sort fut réservé à un expéditeur qui envoyait des échantillons de liqueurs à son commissionnaire. Dans les lettres qui arrivent au bureau des rebuts, en France, il ne se trouve guère d'un peu excentrique que des cheveux : c'est mademoiselle Joséphine qui renvoie, avec indignation, des gages d'un amour trompeur, et les adresse à son infidèle, M. Oscar, rue Saint-Honoré ou Saint-Jacques; et M. Oscar est introuvable; car ses meubles ont déménagé en même temps que son cœur.

La poste restante, surtout à Paris, a une physionomie toute particulière et digne d'attirer l'attention d'un peintre de mœurs ou d'un auteur comique : demandez-vous en effet quels peuvent être les motifs qui font adresser une lettre au bureau restant, sous un simple nom de destinataire et souvent sous des initiales de fantaisie. La première et la plus innocente

Passage de la correspondance anglaise.

CHAPITRE XIII. — LES POSTES.

hypothèse, c'est que l'auteur de la lettre ignore l'adresse de son correspondant, sans doute en voyage : celui-ci envoie son domestique : « Avez-vous une lettre à l'adresse de M..... » et ici supposez, par exemple, un de ces mille noms hétéroclites dont fourmille l'almanach du commerce. « Voilà, montrez-moi votre passeport. — Mais la lettre n'est pas pour moi ! — Allez chercher le destinataire. — Mais... — A un autre ! » Un employé n'a pas le temps d'être poli.

Autre scène au même guichet : « Monsieur, avez-vous une lettre pour Madame X......? — Où est cette dame? — Je suis son mari. — Je n'en sais rien. — Mais je tiens à savoir si vous avez cette lettre. — Amenez cette dame, ou présentez-moi une autorisation, signée d'elle et de deux témoins. — Comment? une autorisation de ma femme! — Oui, Monsieur; à un autre! » Que le lecteur se représente, s'il peut, le visage et le désappointement du mari ou de l'amant, à ce fatal : *A un autre!* qui termine toutes les phrases de l'employé. La poste est le Frontin le plus fidèle, la soubrette la plus incorruptible : monsieur le commissaire de police lui-même, avec son écharpe, ne pourrait ravir des mains du cerbère qui veille au guichet la lettre capable de mettre sur la trace d'une *criminelle conversation*.

Le bureau des initiales présente peut-être un peu moins d'animation : comme l'employé est moins féroce, attendu qu'il ne peut exiger aucune garantie d'identité, le travail se borne à vérifier si l'on a les X, les Y, les Z, et autres lettres fantastiques, demandées par le public. Mais, en revanche, la *queue* offre parfois un mélange assez grotesque de bonnes d'enfants, de troupiers, d'amoureux impatients et de maris tourmentés, à tort ou à raison, par la jalousie.

Parmi les habitués de ce guichet, on remarque bon nombre de domestiques sans place et d'employés sur

Pour faire une éducation.

le pavé, qui ont fait insérer dans les journaux des avis à tant la ligne, invariablement conçus en ces termes :

« Un jeune homme demande à se placer en qualité de professeur ou de... Il offre des garanties. Écrire poste restante, sous les initiales... » Vous y remarqueriez même des demoiselles d'âge mûr ou moyen, cherchant un époux sous pli,

..... Un époux
Jeune, beau, bien fait, d'agréable manière,
Point froid et point jaloux,....

ou d'autres, moins ambitieuses, une place de dame de compagnie chez quelque vieux garçon. Mais le *postier* connaît ces infortunées pour des habituées toujours malheureuses, et leur répond invariablement : « Rien, rien, rien ! » Vous y remarqueriez bien plus volontiers la jeune et charmante *moitié* d'un mari jaloux et maussade, obligé de prendre des détours et de prétexter une *basse messe*, ou tout autre motif aussi pieux, pour venir elle-même, d'un pied rapide autant que gracieux, retirer la lettre déjà trop attendue d'un *Arthur* en voyage pour le moment.

La cour des postes présente un spectacle unique. Quiconque sort du bureau restant, nanti de la lettre qu'il est venu chercher, se hâte de l'ouvrir et la parcourt d'un regard avide. Trois, quatre, dix individus des deux sexes sont là dans cette cour, dévorant les lignes attendues, et si occupés de leur lecture que le monde s'écroulerait sans qu'ils y prissent garde. Les émotions les plus diverses se reflètent sur ces physionomies. Une heure consacrée à l'observation dans la cour de l'Hôtel des postes vous fait assister à bien des péripéties, et, pour peu que vous soyez physionomiste, vous surprenez bien des drames intimes, vous devinez bien des comédies cachées.

Le bureau des mandats a aussi sa physionomie propre : pour preuve d'identité, avant de payer le mandat qui est présenté, l'on demande voir

Pour affaires de cœur.

Pour un poste de confiance.

la lettre d'envoi. Quelquefois, si l'on se doute d'une supercherie, les employés ont recours à un procédé qui déposé, sinon de leur politesse, du moins de leur habileté en physiognomonie : « Monsieur, ce mandat n'est pas pour vous ! » Détour à peine sensible pour ne pas dire : « Vous êtes un menteur et un escroc. »

Chapitre XIV.

LES HALLES ET MARCHÉS.

Une vérité sur la nature humaine. — Le déjeuner, le dîner et les *intermèdes*. — La consommation de Paris. — Fondation des halles. — Les *Champeaux*. — Les halles sous Philippe-Auguste, saint Louis, François Ier et Henri II. — Le charnier des Innocents. — Jean Goujon et la fontaine des Innocents. — Vue générale des halles. — *La rue de la Ferronnerie*. — La vie des halles. — Paul Niquet. — De l'argot et des mystères du lieu. — L'étiquette et l'étiqueté. — Deux *escarpes en congé*. — Sur le comptoir. — Les *moutons*. — Les habitués de Paul Niquet. — La vente à la halle. — Les types de la halle. — Le vocabulaire et les dames de la halle. — La décadence du pittoresque aux halles. — Victoire d'un polytechnicien sur une poissarde. — Une aventure de Kalkbrenner. — L'écrivain public. — Sa disparition. — *Le tombeau des secrets*. — Les restaurants de la halle. — Menu d'un dîner à quatre sous. — Marchés Saint-Honoré, Bonne-Nouvelle, Saint-Joseph et autres. — Marché à la viande. — Son utilité. — Vue du marché à la viande. — La Vallée. — Son historique. — Vue extérieure et intérieure de la Vallée. — Un lion de la Vallée. — Un coq du Mans. — Les religieux Augustins remplacent les oies de la Vallée. — Le monde *n'est qu'abus*. — Napoléon et la halle actuelle. — Les droits prélevés par la ville. — Le marché aux chiens. — Vue du marché aux chiens. — Les chiens volés. — La loi de Gondehaud. — Le marché aux oiseaux, — Son attrait. — Vue du marché aux oiseaux. — Les orfèvres du pont au Change. — Maître Fillacier. — L'importation des espèces étrangères. — Le hocco. — La perruche *tricolore*. — Marché aux huîtres. — Vue de la halle Montorgueil. — Consommation d'huîtres à Paris. — *Les pieds de vache* de Marseille. — Apicius et Vitellius. — Les huîtres de Campanie. — Les huîtres d'Ostende et de Marennes. — L'écaillère de jadis et l'écaillère d'aujourd'hui. — La halle au blé. — Les forts de la halle.

Tout le monde ambulant, dansant, étudiant, dont cet ouvrage a déjà essayé quelques peintures, a des heures où ses occupations les plus urgentes, ses plaisirs les plus courus font trêve : ce sont les heures destinées aux repas. Hélas ! c'est une vérité qui coûte : rien, peut-être, de tout ce qu'a créé l'infatigable activité, le génie fécond, l'industrie merveilleuse des hommes, n'existerait sans ce vulgaire mobile : il faut manger. Eh bien ! puisqu'il faut manger, sachons au moins ce que Paris mange, d'où il tire sa nourriture, où il vient chercher quotidiennement de quoi satisfaire les exigences de son appétit cyclopéen.

Paris a deux grands repas : repas seuls dignes de ce nom ; je veux dire le déjeuner et le dîner. Mais Paris, malgré cette apparence de sobriété, touche un peu aussi à Fourier et à ses gigantesques conceptions gastronomiques et culinaires. Sous prétexte de ses deux repas, il mange à toutes les heures diurnes et nocturnes ; comme les fortunés citadins d'Harmonie, il entremêle son déjeuner et son dîner d'un goûter, d'un souper, d'une collation, d'un réveillon, d'un *médianoche*, et cela sans compter les intermèdes. Puis il se moque de la province, de la patriarcale province, qui se met à table quatre fois par jour. O justice des parisiens !

Et calculez, s'il vous plaît, ce que doit journellement contenir le garde-manger de la grande ville ! Imaginez, d'après les chiffres officiels relevés chaque année, combien il faut de provisions pour servir dignement le vaste et interminable banquet où viennent s'asseoir, à tour de rôle, plus d'un million de convives ! Je ne vais pas vous citer crûment les centaines de mille alignés par les employés de ce recensement ; les kyrielles de chiffres appartiennent en propre à l'*Almanach des longitudes*, il n'est pas nécessaire ici de se livrer à des calculs qui pourraient faire crier au plagiat par messieurs les astronomes. Voici, à quelques centimes par an près, un aperçu statistique de ce menu prodigieux : les cinq abattoirs de Paris voient périr chaque jour deux cents bœufs, deux cent cinquante veaux, deux cent quatre-vingt-dix porcs et douze cents moutons. Voilà le croc garni, et grassement garni... pour vingt-quatre heures, et il ne s'agit que du croc du riche, ou tout au moins de l'homme à son aise. Le pauvre, pour qui la viande de choix n'est souvent qu'un fruit défendu, se repaît de débris d'animaux plus ou moins suspects. On comprend que le relevé exact des hôtes des gouttières, transformés en gibelotes et en filets de chevreuil, et des chevaux en biftecks, ne ressort que du grand statisticien, de celui qui voit toutes les friponneries à découvert, pour qui les tonneaux des marchands de vin, les offices des traiteurs et l'âme des criminels de toute sorte n'ont pas d'abîmes impénétrables. En présence de cette consommation occulte et incalculable, il ne reste à la statistique humaine qu'un seul parti, celui de s'humilier et de confesser son insuffisance : toute honteuse, elle se borne à constater chaque semaine quatre cents vaches environ, dont les membres dépecés ne tarderont pas à emprunter le nom et à revêtir le déguisement du bœuf.

Le lecteur n'aura pas à suivre, et surtout à propos des halles de Paris, les pérégrinations et les métamorphoses de cette masse de chair journellement exposée à la voracité du Gargantua parisien. Qu'il lui suffise de savoir que le peuple des revendeurs prélève, pour exercer son industrie, tant sur cette proie offerte par les abattoirs que sur les tributs payés par le voisinage, la bagatelle de trois mille kilogrammes par jour, sous le nom de pâtés, terrines, viandes confites, viandes à la main ; et dans un tour du soleil, la charcuterie proprement dite extraite des cadavres des deux cent quatre-vingt-dix porcs dont il vient d'être question, quelque chose comme cent quintaux métriques de cervelas, de jambons, de lard, de boudins et autres fournitures analogues. La foire aux jambons, il est vrai, et les solennités gastronomiques dont le favori de saint Antoine fait les frais, donnent à cet imposant total un contingent encore assez respectable.

On se doute bien que la consommation des légumes s'élève pareillement à des proportions qui eussent fait réfléchir la famélique progéniture de Pantagruel. Mais, sans faire l'addition des choux disposés en montagne, et des radis marchant par escadrons, je me contenterai de donner une idée des sommes qu'exigent certains autres articles moins considérables : Paris paye annuellement à ses fournisseurs dix millions pour la volaille et le gibier, huit millions pour la marée et les huîtres ; il se trouve au monde assez de poules pour lui pondre la valeur de six millions de francs en œufs, et assez de laitières pour lui expédier quinze cent mille francs de fromages. Paris n'est pas entouré de vignobles fameux, et Fontainebleau seul lui fournit, ou prétend lui fournir le raisin pour ses desserts. Plus tard, vous saurez que chaque Parisien consomme individuellement et par an cent quinze litres de vin avec autant d'eau, qui lui est vendue au même prix, et qu'en masse, il ne faut pas moins de cent dix-neuf hectolitres de bière, cent quarante hectolitres de cidre, et trois cents hectolitres au moins d'eau-de-vie et autres alcools pour la boisson. Mais ceci concerne le chapitre de Bercy.

Il a fallu à toutes ces provisions que chaque jour amène par toutes les issues de la grande cité, un entrepôt central, un point de réunion, d'où elles se déversent ensuite dans les divers quartiers et se répandent pour alimenter un peuple aussi nombreux. Les halles et les marchés répondent à ce besoin. On ne s'étonnera pas d'apprendre que les halles, rendez-vous d'acheteurs et de marchands de toute sorte, présentent une physionomie originale et singulière au milieu de toutes les bizarreries et les singularités de Paris ; mais ce que l'on sait moins généralement, c'est que leur illustration grotesque remonte aux plus anciens souvenirs des rois très-chrétiens, que la langue et les mœurs des halles devraient avoir droit d'aînesse sur tout le reste de la capitale. Leur emplacement actuel ne fut affecté à cette destination que sous le règne de Louis le Gros : c'est une date relativement très-moderne, 1136. A cette époque, le terrain qu'elles occupent actuellement portait le nom de *Campelli*, en français, Champeaux ou Petits-Champs : il était extérieur à l'enceinte de Paris, qui, de ce côté-là, suivait à peu près la direction des rues Coquillière, Jean-Jacques Rousseau, du Jour, Montmartre et Mauconseil. Et, quand nous parlons du règne de Louis VI, nous devançons un peu la date réelle de la fondation du mur d'enceinte : à l'époque de la première fondation des halles, il n'y avait de qualifié *Cité* que l'île qui porte encore ce nom ; les constructions plus modernes élevées sur les deux rives du fleuve s'appelaient faubourg du Nord et faubourg du Midi. Quoi qu'il en soit, Louis le Gros fit la première acquisition des Champeaux pour y établir des échoppes destinées aux merciers et aux changeurs.

Philippe-Auguste, en 1181, acheta des religieux de Saint-Lazare le droit de tenir marché, et transporta le privilége aux débitants et fournisseurs qui quittèrent le clos Saint-Lazare, situé alors vers le faubourg Saint-Denis, pour venir s'établir aux Champeaux. Cet ancien marché Saint-Lazare fournissait de denrées et d'approvisionnements de toutes sortes l'unique halle située près la place de Grève pour la consommation de la ville. Le roi fit construire deux halles entourées de murailles, avec des galeries couvertes, pour la commodité des marchands. Saint Louis donna plus d'extension encore à cette nouvelle institution, et fonda deux halles pour les drapiers et une troisième pour les corroyeurs. Les autres rois suivirent l'exemple de leurs prédécesseurs : toutes les jurandes et corporations ne tardèrent pas à avoir un dépôt de leurs marchandises sur l'emplacement des anciens Champeaux. Et, comme ces divers établissements finirent par rester stationnaires, il s'éleva un quartier nouveau, à la place des anciennes échoppes mobiles et à l'entour des baraques des approvisionnements de légumes et de denrées de toute espèce. Telle est l'étymologie des rues de la Lingerie, de la Friperie, de la Poterie, de la Tonnellerie, etc., dont les noms attestent encore l'origine.

François Ier et Henri II firent reconstruire les halles : à la place des boutiques malsaines et des échoppes enfumées que chaque marchand se bâtissait à sa guise, on édifia de grands hangars aérés et salubres, où chaque place était numérotée, et dont chacun avait une spécialité. Les uns recevaient les pièces de boucherie ; les autres, la marée ; d'autres, les légumes, et ainsi de suite. A côté des halles, s'étendait un de ces vastes cimetières intérieurs si fréquents dans les grandes villes, et qui ont causé la plupart des épidémies meurtrières dont fut infesté le moyen âge : le charnier des Innocents. Ce cimetière aurait aussi une histoire assez vieille, si l'on remonte seulement à l'époque où il était dominé par une tour, qui servait à signaler l'approche des Normands. Entouré de murs par les soins de Philippe-Auguste, le fondateur des halles, il vit pendant des siècles s'accroître sa population de cadavres : ce fut seulement en 1785 que les exigences de la salubrité publique décidèrent sa clôture. L'ouvrage de Mercier nous représente encore les horreurs de ce lieu funèbre ouvert à côté de l'animation des quartiers si populeux qui avoisinent les halles, et nous dépeint, du ton énergique et déclamatoire qui lui est si familier, les contrastes offerts par deux populations différentes, et les ravages exercés par les miasmes qui s'élevaient de ces masses de chairs en corruption. Depuis lors, une vaste place publique a détrôné les vieux morts, qui ont cherché un asile dans les profondeurs des Catacombes, et de nouveaux marchés se sont successivement élevés sur l'emplacement demeuré vide. Désormais Paris peut attendre ses magnifiques halles centrales, que lui promet depuis longtemps l'administration chargée de veiller à ses intérêts : les denrées et les approvisionnements de viande et de poissons ne se trouvent point mal sous leurs abris provisoires, quoique ceux-ci n'offrent rien de la magnificence du monument à venir. Une réforme plus urgente doit être signalée : je veux dire l'élargissement de la plupart des voies de communication qui aboutissent à ce centre si fréquenté. Ç'a été une bonne chose déjà que de [illegible]

CHAPITRE XIV. — LES HALLES ET MARCHÉS.

dans l'océan de maisons du quatrième et du cinquième arrondissement cette large rue Rambuteau, qui relie le Marais à la place des Victoires; mais les grandes artères du mouvement parisien s'engorgent à chaque instant; par le défaut de largeur des rues Saint-Denis, Saint-Martin, et des vaisseaux secondaires qui les unissent; puis tout ce pâté qui règne entre la place des Innocents et le bas de la rue Saint-Honoré aurait besoin d'être percé et sillonné d'un plus grand nombre de rues, et surtout de rues moins étroites.

La place des Innocents est remarquable surtout par la belle fontaine qui la décore, et qu'ont élevée les architectes fameux Jean Goujon et Pierre Lescot. Ces deux gloires de la France artistique la terminèrent en 1551; à cette époque, elle fut adossée au coin de la rue Saint-Denis, où on la voyait encore lors de la clôture du cimetière. Sa translation au milieu de la place ayant été ordonnée, le sculpteur Pajou reçut l'ordre de l'approprier à sa nouvelle situation.

Dans son état actuel, cette fontaine remarquable présente quatre façades, dont chacune forme un portique soutenu par deux pilastres corinthiens; ce qui donne au monument l'apparence d'un cube. Quatre Naïades sont debout sous les portiques, et le piédestal est orné de bas-reliefs; ces divers morceaux de sculpture sont dus au ciseau de Jean Goujon. Les bassins et les lions sont d'une exécution plus moderne; ils furent ajoutés en 1788. Disons, pour terminer, que la hauteur totale de la fontaine atteint à quarante-deux pieds, et qu'elle est alimentée par les eaux du canal de l'Ourcq.

Dans les environs se trouve une rue qui laisse dans l'histoire un triste souvenir. A l'extrémité de la rue Saint-Honoré, on lit encore au coin d'une maison cette inscription : *Rue de la Ferronnerie*. C'est bien là, en effet, que fut assassiné Henri IV; mais il est impossible de reconnaître les lieux d'après la description que nous ont laissée les auteurs du temps. La démolition du cimetière des Innocents a permis de donner à la chaussée toute la largeur convenable qui lui manquait alors, et a changé entièrement la physionomie du quartier. La borne historique a disparu elle-même, et de nos jours un Ravaillac ne saurait où poser le pied pour s'introduire dans le carrosse royal.

Assez d'histoire comme cela. Nous pensons que le public des halles serait fort étonné s'il venait à s'apercevoir de la haute antiquité où il remonte, et de la date reculée des lettres de noblesse auxquelles il aurait droit. Sans doute, telle ou telle de ces grosses marchandes n'en voudrait rien croire et accueillerait l'inopportun archéologue avec un de ces termes mis en honneur par Vadé et les divers compilateurs des catéchismes poissards. Ce que les habitués ne remarquent pas davantage, et qui pourtant mérite un coup d'œil, c'est l'aspect général de cette ville qui se réveille quand l'autre commence à peine à sommeiller, et qui n'en est que plus active au moment même de

Le marché des Innocents.

la plus vivante activité de Paris. Il faut être allé une nuit aux halles, vers deux ou trois heures du matin, pour se figurer le fourmillement incroyable de toute la population nocturne qui se prépare aux fatigues du lendemain. Entendez-vous ces lourdes charrettes avec des montagnes de choux, de carottes ou d'épinards qui arrivent à la file, faisant crier leurs essieux sur le pavé des rues endormies depuis un instant? C'est le signal. Acheteurs et marchands accourent: on les voit secouer un reste de sommeil qu'ils abritaient naguère sous un manteau, à la belle étoile et à la lueur tremblotante d'un falot: on se distribue les provisions, on s'installe, on se dispose à la vente pour demain. Toute la population des pourvoyeurs se disperse : l'un va chercher devant le comptoir du marchand de vin quelque *consolation* pour ses fatigues; l'autre, plus pressé, se dirige à la hâte vers son attelage, et s'achemine à la barrière qui le verra bientôt regagnant son village au petit jour. Bientôt la marée arrive à son tour; les vapeurs salines de l'eau de mer se répandent dans l'atmosphère, et les marchandes s'empressent autour des bourriches soigneusement enveloppées, afin de pouvoir étaler le plus beau et le plus frais poisson qui soit dans tout le marché. Rien ne se passe, comme on pense bien, sans accompagnement de cris, de disputes, de collisions, ou tout au moins d'exclamations peu catholiques : heureusement le sergent de ville, ce condiment indispensable de toute existence parisienne, le sergent de ville apparaît, comme la statue du commandeur au festin de don Juan, et le plus souvent les querelleurs, pacifiés par l'intervention de la loi faite homme, vont achever de s'expliquer au poste voisin.

Voyez-vous maintenant cette allée sombre, où se glissent des ombres que vous trouverez suffisamment mystérieuses, pour peu que vous ayez lu les *Mystères de Paris* ou autres peintures des mœurs de la lie de notre société parisienne? C'est l'établissement fameux de Paul Niquet, de cet homme qui a su se faire une célébrité à part au milieu des célébrités de toute sorte de la capitale. Partout, dans la province divisée en quatre-vingt-six départements comme dans la province qui se trouve de l'autre côté de la Seine, on connaît, sinon la chose, du moins le nom : Paul Niquet balance la gloire de Ramponneau et les souvenirs de la mère Moreaux, une autre création à demi réelle, à demi fantastique, à peu près du même genre. Eh bien, toute exagération, toute sombre peinture de coupe-gorge et de tapis francs mise de côté, savez-vous ce qu'est, en effet, la maison de Paul Niquet? Une allée noire et étroite, comme il y en a tant dans le vieux Paris, aboutissant à une longue cour vitrée, qui sert de salle commune aux consommateurs. Pour tout ameublement, des bancs de bois sans trace de cousins, et dans un coin le prosaïque comptoir d'étain, avec ses verres, ses fioles, ses bouteilles et les mesures indiquant toutes les subdivisions du litre, depuis la *chopine* jusqu'au *polichinelle*, autrement dit *petit canon*; rien de fort excentrique, comme on voit. L'habitué demande *un enfant de chœur*; et, en échange de quelques centimes, il reçoit rasade ou demi-rasade d'un liquide rouge, baptisé, dans l'argot du lieu, des qualifications de *teinture à six*, à *huit* ou à *douze*. D'autres fois, il consomme sous le trope pittoresque de *fil en quatre*, des échantillons d'un même alcool, que le marchand colore avec des infusions de réglisse ou de caramel, pour le débiter sous le titre pompeux de *liqueur des Iles*, de *parfait-amour*, etc., etc. Rien de menteur comme les étiquettes : il n'y a jamais

Chez Paul Niquet.

Deux *escarpes* en congé.

La femme doit aide et protection à son mari.

dessous que de l'eau-de-vie de marc parfumée avec un morceau de cuir bouilli, relevée avec de l'alcool pur ou du poivre, embellie en un mot de toutes les sophistications qu'ont suggérées à l'imaginative du débitant les rigueurs de l'octroi et de la régie.

Quant aux habitués, ils ne méritent guère la réputation de parias pittoresques, de bandits distingués dont plus d'un romancier s'est complu à les affubler, au grand dommage de la vérité et de la morale. Paul Niquet, ou, pour mieux dire, son dixième ou douzième héritier, traite au rabais les gens mal famés, surveillés par la police, les débauchés du dernier étage, les *escarpes* libres un moment, dans l'intervalle de deux condamnations. Toute cette race maudite ne porte sur la physionomie que les traces honteuses du

Conversation politique.

Le canon.

Un enjôlement.

crime sans grandeur, de l'ivrognerie et de l'abrutissement. Les figures les plus honnêtes qu'on y rencontre sont encore celles de ces êtres équivoques, connus dans les livres de la police sous l'épithète de *moutons*, individus qui peuvent, sans se compromettre, fréquenter les pires réunions pour faire leur profit de ce qu'ils entendent et vendre au rabais leurs délations. Le métier de mouchard, avec ses dangers, la honte qui l'accompagne et l'absence de toute dignité morale qu'il suppose, voilà la plus innocente des professions exercées par les clients de Paul Niquet. Cependant il y aurait un livre curieux, rien que de tout ce que l'on a débité sur cet ignoble bouge : par exemple, le local destiné aux consommateurs est, dit-on, submersible en quelques minutes, ni plus ni moins que les caves de la Banque; d'où il suit que, pour le faire évacuer, la police n'a qu'à recourir, avec de légères variantes, au procédé sur lequel repose la moitié de la réputation de feu le maréchal Lobau.

Au milieu de ces voyages nocturnes, le jour approche, et la physionomie des Halles se modifie d'heure en heure. Déjà s'organise la vente en gros : les petits détaillants arrivent à la file, munis de voitures à bras, de corbeilles, de hottes ; et les provisions amoncelées tout à l'heure se divisent à l'infini, au milieu des disputes, des vociférations, des criailleries, choses peu récréatives, et qui passeraient souvent les bornes sans l'intervention incessante de l'autorité, représentée par les fracs bleus de messieurs les inspecteurs, sergents de ville et autres grands personnages. A ces heures matinales, l'affluence est considérable ; mais c'est plus tard qu'arrivent les masses bigarrées d'acheteurs. Jusqu'à neuf heures, on ne voit guère que les fournisseurs, les marchands ambulants et les maîtres d'hôtel, cuisiniers et pourvoyeurs de grandes maisons, qui viennent, non pour s'approvisionner à meilleur compte, mais pour prélever, avant l'accès des profanes, les morceaux d'élite qu'attend le fin palais des gourmets opulents. A neuf heures, tout change : la cloche du marché sonne, et l'on voit soudain se disperser, chassée par la police, la foule des détaillants, qui ne peuvent pas exercer leur industrie et leurs poumons dans un rayon de cent mètres à l'entour des Halles. Dès lors, pendant tout le reste de la journée, se succèdent, dans le plus inénarrable imbroglio, cuisinières, femmes de charge, petites bourgeoises, ouvriers en blouse, en un mot les mille et mille nuances du populaire parisien. Jusqu'à midi surtout, l'immense carré des Halles, récemment élargi par les démolitions qui ont déblayé, entre la rue Saint-Honoré et l'église Saint-Eustache, assez d'espace pour une ville de vingt mille âmes, le carré des Halles et ses nombreuses artères offrent l'aspect d'une fourmilière humaine, d'un océan dont chaque vague aurait sa physionomie originale, d'une Babel de cris et de sons étranges représentant toute la série de modulations et de bruits que l'oreille peut percevoir ; et, si l'on en croit les physiciens, cette série comprend depuis quarante jusqu'à soixante mille vibrations par seconde. Certes ! l'air doit être ébranlé d'une tempête perpétuelle, et sans doute les oiseaux se gardent de passer au-dessus des Halles, car il leur adviendrait malheur, comme à ce vol de corneilles, qui périrent étouffées, dit l'histoire, au bruit des acclamations des Grecs réunis aux jeux Olympiques.

Indépendamment des types singuliers ou étranges que l'on rencontre dans ce quartier merveilleux comme dans tous les coins de Paris, les halles présentent à l'observateur bien des individualités qui leur sont particulières, et auxquelles une certaine illustration n'a pas fait défaut, grâce à quelques rimeurs de l'école de Vadé et de Panard. Chacun a lu dans sa vie quelque chose sur les dames de la halle et les poissardes : je connais même des gens assez naïfs pour avoir acheté et appris par cœur le vocabulaire d'injures et de locutions pittoresques, compilé par un amateur du dernier siècle : c'était faire provision d'esprit au marché à fort bon compte : le livre coûtait cinquante centimes, moins d'un millième de franc pour dix ou douze coq-à-l'âne et un pareil nombre de calembours. Mais la langue a changé, et ces mes-

La Gaîté de la Halle.

Préparant une épithète.

En tenue de cérémonie.

sieurs en sont pour leurs frais de mémoire. Au lieu de ces dames fortes en argot, campées sur la hanche, au costume bizarre, bras nus et hautes en couleurs, on ne voit que des mégères assez repoussantes, débitant avec colère des injures banales, quand leur voix mielleuse n'a pu *allumer* le particulier. La dame de la halle, barricadée derrière ses monceaux d'épinards, ses avalanches de légumes, ses forêts de verdure ; la poissarde, assise sur son trône qui domine carpes, turbots et barbues, parlent aujourd'hui le français picard, normand ou beauceron : la grammaire et le lexique de Vadé sont passés à l'état de curiosités scientifiques. J'ai entendu, je crois, la dernière poissarde : elle fut démontée, cette fois le mot, par l'aplomb d'un *blanc-bec* de province, d'un polytechnicien, qui avait voulu rire à ses dépens.

— « Combien cette carpe, la mère ?

— Cette carpe ?.. ça vaut cent sous comme un liard, mon *fiston*! mais, comme vous êtes un joli garçon, on vous la passera à quat' francs dix... Hein! c'est donné, cela ; mais on a un faible pour la jeunesse.

— J'en donne trente sous, moi ; et vous me la ferez cuire.

— Tiens! pas gêné! et l'on vous donnera le potage par-dessus le marché ! Voyez un peu le gars ! trois poulets d'Inde et lui, ma foi! ça irait bien, devant un carrosse ! »

Ici le lecteur n'exigera pas une reproduction exacte de la kyrielle de jurons, fort grossiers et plus que vulgaires, dont fut accompagnée la tirade. Profitant d'une halte due au besoin de respirer, le futur ingénieur reprend, avec une pantomime tragique :

— « Veux-tu te taire, affreuse hydrocyanure de potasse! Exécrable acide chlorazotique! hideuse progression logarithmique, épouvantable hygromètre de Saussure, détestable carré de l'hypothénuse, abominable parallélipipède ! »

Une fois sur ce terrain, l'élève de l'École polytechnique était sûr de ne jamais manquer à la riposte. Toute la nomenclature chimique, l'algèbre de Lefébure et la géométrie de Bourdon y passèrent : cela fût compliqué de synonymes et d'épithètes fournies au hasard par le feu de l'improvisation ; et, abasourdie d'un pareil débordement, la mégère restait bouche béante, se demandant de quel enfer sortait toute cette diablerie, pourvue de noms si étranges et si rébarbatifs. Enfin, le jeune homme s'arrêta, prêt à recommencer avec les termes de minéralogie et de botanique.

« En voilà une, de *platine!* dit avec conviction la dame : tu n'es pas un blanc-bec, petit ! prends ma carpe. » Le sacrifice était consommé.

Kalkbrenner, le célèbre pianiste, avait coutume d'aller lui-même à la halle dans les grandes occasions. Kalkbrenner s'exagérait un peu sa réputation, et il croyait naïvement que son nom était connu de tout le monde, même du monde de la halle. Voici à ce sujet une anecdote qu'il racontait lui-même :

J'étais allé à la halle un matin. Là, j'avise un magnifique turbot et j'en demande le prix. — Vous n'aurez pas cette pièce, mon brave homme, me répond la marchande ; elle est vendue. — Combien ? — Un louis. — Je vous en offre deux louis. — C'est impossible. La bête ne m'appartient plus.

Dans ce moment un ami passe auprès de moi et me dit : Bonjour, Kalkbrenner.

J'allais m'éloigner avec lui lorsque la marchande m'appelle. — Vous êtes donc M. Kalkbrenner ? — Lui-même. — Le grand pianiste ? — Oui. — Oh ! c'est bien différent, prenez mon turbot pour un louis, prenez-le même pour rien. Du moment que vous êtes M. Kalkbrenner...

Kalkbrenner ne manquait jamais d'ajouter après le récit de cette gasconnade : Voilà pourtant ce que c'est que la gloire !

La halle nous montre encore un vieux, un bien vieux débris, seul reste peut-être d'une antique et noble corporation, celle des copistes, enlumineurs et scribes, auxquels nous devons les manuscrits merveilleux que le bibliomane achète au poids de l'or. L'écrivain public, descendant bien dégénéré des *imagiers* qui couvraient d'or et de pourpre le vélin des missels, l'écrivain public, chassé par l'imprimerie, conserve de nos jours une mesquine échoppe dans un angle obscur du marché des Innocents. Hâtons-nous de fixer son image, tout décrépit que soit le modèle. Il y a un siècle, moins que cela, Mercier en comptait encore un grand nombre ; le *tombeau des secrets* survit seul dans ces lieux... *Campos ubi Troja fuit.*

Le tombeau des secrets ! Voilà un joli titre pour cette humble baraque, lézardée, suintante, fendue, déchirée comme le vieux manteau de son propriétaire. Jadis son enseigne eût amarré plus d'un troupier, jaloux d'écrire à sa payse ; ou bien encore quelque bonne envoyant des nouvelles à sa mère. Mais, hélas ! ces gens-là, qui payaient si bien trouvent partout, dans notre siècle de lumières, un ami complaisant qui se charge de leur correspondance. Rien ne vient interrompre les trop longues heures de loisir du pauvre diable, si ce n'est de temps à autre une cuisi-

L'écrivain public.

nière s'embrouillant dans la balance des recettes et des dépenses, et cherchant un complice plus habile à dissimuler toutes les fredaines que cache l'anse du panier. L'honnête possesseur du tombeau des secrets rougit d'avoir à porter en compte des articles de la force de celui-ci : « Un pain d'un sou, pour madame, deux sous ; » mais il faut bien vivre, et se taire surtout.

Nous n'aurions pas une idée complète des halles si nous passions sous silence la manière dont se consomme sur place une petite partie des provisions qui y arrivent en nature. A la rigueur, et avec un peu de bonne volonté, on pourrait dîner dans ce quartier d'une manière très-confortable : bon nombre de marchands de vin offrent aux amateurs une chère qui vaut mieux sans doute que les tables d'hôte du pays latin par exemple, et, en cherchant bien, on trouverait des salons de restaurateurs dignes du boulevard. Là n'est pas l'originalité. On mange chez le traiteur, sous les piliers des halles. L'ordinaire, composé de pain, d'un potage et d'un plat de *mêlé*, c'est-à-dire de viande accommodée avec des légumes, coûte la somme fixe de soixante-cinq centimes : on est libre d'apporter son vin ou de le payer à part. Cette alimentation, assez saine et fort économique, est le partage des privilégiés du quartier : bon nombre d'ouvriers en chômage et même d'artistes ruinés, viennent incognito savourer le morceau de bœuf aux choux ou aux carottes servi par les amphitryons du lieu : ceux-ci se retirent le plus souvent avec une fortune rondelette, qu'ils dépensent presque toujours à pure perte par excès d'ambition, en voulant devenir, eux aussi, des restaurateurs de *la haute*. Nous trouvons ensuite les dîners à quatre sous : la carte est ainsi composée, d'une façon invariable :

1 sou de potage (aux légumes).
1 sou de pain.
1 sou de *montagnards* (gros haricots rouges).
1 sou de café (sucré).

Le service est fait d'une manière très-simple : la table consiste en un énorme billot de bois, creusé de trous en guise de plats et d'assiettes, et les couverts sont en fer et attachés avec des chaînettes du même métal. Le repas fini, un ruisseau d'eau passe sur

Le café du matin, à la halle.

la table, tout est nettoyé, et le couvert est mis pour d'autres, qui, soyez-en sûrs, ne se font jamais attendre.

Les marchés particuliers, au nombre d'une trentaine environ, ressemblent, pour les mœurs et la physionomie générale, à une réduction du grand marché des Innocents. Les uns, comme le marché Saint-Ho-

CHAPITRE XIV. — LES HALLES ET MARCHÉS.

noré, Saint-Germain, de la Madeleine, etc., sont abrités par des hangars, et divisés en quartiers pour chaque spécialité de vente ; les autres ne consistent qu'en échoppes mobiles, ou même en simples banquettes abritées au besoin d'un large parapluie ; tel est par exemple, le marché de Sèvres, dans la rue de ce nom. Quelques-unes de ces succursales de la grande halle méritent une mention rapide, à cause des souvenirs qui s'attachent aux lieux qu'elles occupent actuellement. Tel est le marché de la rue du Bac, bâti sur l'emplacement de l'hôtel des Mousquetaires gris ; le marché Saint-Martin, sur des terrains dépendants de l'abbaye de ce nom ; le marché de la place Maubert, qui a succédé à l'église des Carmes ; le marché Saint-Germain, construit au milieu du fameux Pré-aux-Clercs, aujourd'hui couvert par les splendides hôtels du noble faubourg. Le marché Saint-Honoré occupe l'emplacement du couvent des Jacobins réformés. Ce couvent avait été bâti en 1611, par le dominicain Sébastien Michaëlis, grâce au concours et aux subsides de Henri de Gondi, archevêque de Paris ; il prospéra, et se rendit célèbre par sa bibliothèque, qu'on estimait à trente mille volumes. En 1790, l'ordre fut supprimé, et le club des *Amis de la Constitution*, si fameux sous le nom de club des Jacobins, y vint tenir ses séances. Les bâtiments furent démolis par la suite, et le marché actuel date de 1810. On avait également établi un marché dans les galeries de Bonne-Nouvelle : nous y avons déjà vu des concerts, et bientôt nous y montrerons des expositions d'objets d'art. Ces galeries ont servi à une foule d'usages des plus disparates.

Ancien marché Bonne-Nouvelle.

Ce mot de marché est un terme générique qui désigne encore les lieux où l'on vend spécialement telle ou telle sorte de marchandises. Ainsi, les grandes halles sont subdivisées en autant de marchés qu'il y a de spécialités différentes : marché au pain, marché aux légumes, aux pommes de terre, au beurre et aux œufs, au poisson, etc. Ces différents établissements présentent la même physionomie, le même aspect architectural, si toutefois on peut appeler architecture la routine qui a présidé à l'érection de ces hangars de planches et de maçonnerie. Le marché au pain, par exemple, est une sorte de boulangerie en plein air, où l'on offre aux consommateurs sur place le pain à quelques fractions de centimes au rabais. Dans la halle aux pommes de terre, le légume de Parmentier vient se réunir en masse pour s'écouler de là en fleuves féculents dans tous les entrepôts secondaires et dans tous les ménages amis de l'économie. Le beurre apporté d'Isigny ou des pâturages moins renommés de la Beauce et de la Normandie ne partage son privilège qu'avec les œufs. Le poisson est maître chez lui, et ne souffre pas de rivaux.

Depuis peu de temps, la boucherie possède sa halle particulière, emménagée d'une façon digne de cette branche importante de la consommation parisienne. Le marché des Prouvaires a été institué dans le but

Criée de la viande de boucherie au marché des Prouvaires.

philanthropique de rabaisser le prix de la viande, afin de rendre accessibles au plus grand nombre les délices du bifteck et de la côtelette : on la vend à la criée. Il résulte un énorme rabais de cette concurrence entre les particuliers et les revendeurs et bouchers : il serait bon peut-être d'en faire profiter les

La Vallée. — Vue extérieure.

quartiers éloignés. Quelqu'un qui suivrait les ventes à la halle des Prouvaires pourrait faire des études curieuses sur l'anatomie du bétail, du bœuf, par exemple, considérée dans ses rapports avec les fourneaux de l'office. Dans un bel échantillon de l'espèce, on compte à peu près cent quarante kilogrammes appartenant à la qualité supérieure, cent vingt et deux cents kilogrammes pour les deux autres qualités.

Un autre marché où Paris va s'approvisionner pour

La Vallée. — Vue intérieure.

son insatiable gourmandise, c'est la halle à la volaille. Voilà au moins une fondation d'une antiquité respectable ! Le Louvre n'existait pas encore; Paris ne faisait que sortir de la Cité, et déjà sur l'autre rive de la Seine, dans la *Vallée de Laas*, les paysans des environs venaient vendre leurs poulets et leurs oies, ce traditionnel mets de gala chez nos bons ancêtres. L'oie était tellement recherchée, qu'on lui avait fait en outre l'honneur d'un marché dédié à ses mânes,

CHAPITRE XIV. — LES HALLES ET MARCHÉS.

Un coq du Mans.

Un lion de la Vallée.

dans la rue aux *Oies* ou *Oics* (devenue aujourd'hui rue aux Ours). La Vallée vendait le volatile cru et en plumes : une fois rôti, il traversait le fleuve de droit. Sous le règne de Louis IX, ou saint Louis, les religieux Augustins, se trouvant à l'étroit dans leur couvent du faubourg Montmartre, achetèrent la Vallée du Laas, et vinrent s'installer au beau milieu des palmipèdes et autres volailles. Les vendeurs furent expulsés. A la place de leur campement mobile s'éleva une belle église et un couvent superbe, ornés de sculptures de Germain Pilon. Bien des gens distingués briguèrent l'honneur d'être ensevelis sous le chœur aux boiseries gothiques où reposait la cendre de Remi Belleau et de Philippe de Commines. Mais on eût dit que les oies voulurent se venger de leur dépossession sur les restes de l'histoire de Louis XI. On grava sur son tombeau une sphère terrestre sortant d'un chou-cabus, avec ce déplorable calembour en légende : « Le monde n'est qu'abus ! » C'est bien mauvais, n'est-ce pas? Cependant, la volaille ne se tint pas pour vaincue : poulets, oies et dindons, ces derniers fraîchement arrivés à la suite des jésuites, continuèrent à se presser sur le quai, et le Parisien à se rendre à *la Vallée*, comme il l'appelle encore aujourd'hui pour réaliser le vœu célèbre de

Henri IV, au moins un ou deux dimanches par mois. En 1790, la chute du couvent ne fit qu'accroître l'espace envahi par la gent emplumée. Ainsi que par le passé, les beaux paysans des alentours y vinrent étaler leur marchandise, espérant séduire par l'éclat d'une blouse fraîche, et par l'embonpoint d'une volaille rebondie, le cœur et la pratique de quelque compatriote en pèlerinage dans les régions parisiennes.

Cet état de choses durait toujours, quand Napoléon donna ordre de raser entièrement les ruines du couvent et d'élever une halle à la place. Deux architectes, MM. Happe et Lahure, furent successivement chargés de la besogne; et, entre les années 1809 et 1813, s'éleva ce monument d'apparence triste et monotone qui longe le quai des Augustins. L'intérieur fut postérieurement rapproprié et garni de loges en fonte, d'un dessin uniforme et assez élégant. La ville de Paris devait bien cette politesse à un commerce sur lequel elle prélève des droits fort importants : ces droits montent annuellement à près d'un million, y compris environ vingt mille francs pour la location des places. Si le Parisien ne raffole pas des oies, comme au temps jadis, et s'il les traite dédaigneusement de gibier de savetier, il n'a pas, on le voit, oublié le chemin de la Vallée et le goût exquis des volailles qu'on y débite.

Les bêtes vivantes ont aussi leurs marchés, sans parler ici des marchés pour les fourrages, les habits, les objets manufacturés, etc. Ainsi nous avons le marché aux chiens, le marché aux oiseaux, et le marché aux chevaux. Commençons par le plus humble, le marché aux chiens. Comme le cheval, le chien est un animal recherché, dont le prix s'élève parfois très-haut, et qui est capable d'une sorte d'éducation tenant parfois du prodige. Mais, pour être sûr, et encore ! des qualités de la bête qu'on achète, il faut s'adresser aux marchands spéciaux, et non au marché, rendez-vous général des chiens de races douteuses, volés, fourbus, ou saisis par la police et non réclamés. Telle est la marchandise qui se vend boulevard de l'Hôpital, sans autorisation spéciale et par simple tolérance de l'autorité. Les bêtes douteuses et fourbues y sont les plus nombreuses; il n'y a pas à s'inquiéter de leur provenance, ni à s'en occuper davantage. L'histoire des chiens volés est plus intéressante. Vous rencontrez à

Le marché aux chiens.

chaque coin de Paris, une affiche jaune ou verte, imprimée ou lithographiée, avec l'en-tête : Chien perdu, et, en dessous, le signalement de l'animal, son nom, l'adresse du maître, et la promesse d'une récompense souvent élevée. Je me souviens même d'un mauvais plaisant qui avait perdu un chien couleur café au lait, avec la queue longue depuis la Bastille jusqu'à la Madeleine. Retrouver ces animaux si chers à leur propriétaire fut d'abord une bonne fortune, qui ne tarda pas à devenir une industrie : malheureusement, en effet, la sage loi de Gondebaud contre les voleurs de chiens a cessé d'être en vigueur. Ce prince, vers l'an 516 de notre ère, condamnait les coupables de ce larcin à faire publiquement amende honorable en embrassant l'animal à... cet endroit qui coûte tant de périphrases à désigner et qui fait plus des trois quarts de l'esprit de nos vaudevillistes. Assurés de l'impunité, car où aller relancer la bête une fois perdue? ces industriels attendent l'apparition de l'avis : s'il tarde trop, le king-Charles ou le griffon, préalablement déguisé, peint et tondu, va comparaître au marché et mêler ses gémissements aux plaintes de nombreux confrères d'infortune. En vain iriez-vous le réclamer au bureau où, pour un franc, vous avez le droit d'afficher son signalement; l'animal captif est devenu méconnaissable. Un amateur pourrait néanmoins trouver quelques occasions à ce marché, que peuplent en grande majorité des fripons et des dupes : il arrive parfois que les chiens errants, arrêtés et mis en fourrière par la police, appartiennent à de bonnes races, et que les acheteurs profitent ainsi de l'incurie du propriétaire ; mais de pareils cas sont l'exception.

Le marché aux oiseaux offre un spectacle plus riant et plus comme il faut. D'abord, on a traité royalement les gentils prisonniers : leurs cages ont été réunies en plein quartier Saint-Germain, rue Lobineau, non loin de Saint-Sulpice; ensuite, loin de les enfermer dans leur maussade hangar, les vendeurs leur élèvent d'ingénieuses pyramides, dont chaque assise se forme d'un de leurs cachots à jour, ce qui fait qu'en dépit des barreaux, serins, merles, chardonnerets, huppes et sansonnets, profitent du soleil et se peuvent se croire en liberté. Les oiseleurs sont encore une de ces institutions en décadence, qui n'ont survécu à travers que le dix-neuvième siècle que comme les ruines et les témoins d'un passé regretté. Ils se souviennent des beaux jours de la fauconnerie, où ils nouaient des relations avec l'Orient, pour fournir les chasses royales des plus belles espèces de gerfauts, de sacres, d'émerillons. Les plus érudits d'entre eux racontent encore leur procès avec les orfèvres du pont au Change, qui, vers 1400, prétendirent les empêcher d'accrocher les cages à eurs devantures ; ils vous disent comment l'un d'eux, maître Fillacier, payé dix écus d'amende et vingt

écus de dommages-intérêts, pour avoir jeté des oiseaux dans la Seine. Un seul point s'est entièrement évanoui dans leur mémoire : je parle de la sévérité des peines portées contre leurs tromperies et piperies en matière de volatiles. Il est vrai qu'on peut bien oublier une loi datant de quatre siècles.

Rien de vivant et d'animé comme ce marché aux oiseaux, avec les mille ramages de ses hôtes emplumés, les toilettes et les physionomies variées des acheteurs, depuis la vieille portière marchandant un biset, ou chardonneret tout jeune, qu'elle paye quatre ou cinq sous, jusqu'au chasseur qui demande, au prix d'un napoléon, un chardonneret dressé pour l'appel; depuis la grande dame en extase devant les oiseaux exotiques, jusqu'au gamin de Paris éprouvant un

Le marché aux oiseaux.

faible pour le pierrot et le sansonnet. Il faut aller jouir de ce spectacle, par un beau soleil, quand chaque oiseau gazouille, que les paons étalent l'orgueil de leurs queues splendides, que toutes les robes de ces captifs emplumés miroitent aux reflets de la lumière. D'ailleurs, l'art de l'oiseleur entre dans une nouvelle voie : ne pouvant tirer la fortune de l'élève des faucons et éperviers pour la chasse, ils ont recouru à l'importation des espèces étrangères, et ont tenté des reproductions domestiques dont plusieurs réussissent très-bien. Ainsi, le serin de Canarie est devenu presque indigène, et se multiplie dans les cages mieux peut-être que dans ses forêts natives. Nous remarquerons, en terminant, parmi les plus heureux de ces essais, l'acclimatation de deux espèces nouvelles, le hocco, destiné peut-être à fournir de nouvelles recrues aux

populations de nos basses-cours, et une charmante petite perruche, grosse à peine comme une fauvette, dont tout le plumage présente la plus harmonieuse réunion du jaune, du vert et du bleu. La grâce, la finesse, l'agilité de ce charmant oiseau lui assureraient une vogue immense ; mais la paire coûte deux cents francs. C'est beaucoup pour une fantaisie dans notre époque économique.

Revenons au quartier du marché des Innocents pour jeter un coup d'œil sur cet humble hangar qui se cache avec modestie au coin de la rue Montorgueil, et qui semble regretter que le déblaiement de la pointe Saint-Eustache l'ait montré à tous les regards. Chaque matin, entre trois et six heures, il reçoit sa provision : ce sont d'énormes quantités de mystérieuses bourriches, soigneusement serrées et calfeutrées de paille : vous devinerez le précieux contenu de ces bourriches en regardant à vos pieds le pavé jonché d'écailles, dépouilles de bien des batailles gastronomiques où les hôtes de la halle Montorgueil ont joué un rôle glorieux. C'est ici qu'arrivent les huîtres de toutes les provenances, c'est-à-dire de trois des quatre points cardinaux, du nord, de l'ouest et du sud. Il faut encore compter ici par chiffres formidables : un seul banc, celui d'Yellette, dans la baie de Granville, envoie à la masse commune journellement mise en vente des recrues dont l'effectif s'élève à la bagatelle de cent millions d'huîtres par an. Voilà, certes ! un joli compte de douzaines pour exercer les doigts agiles de l'écaillère et la bouche non moins expéditive des friands consommateurs. D'Ostende, de Cancale, de Marennes, il arrive chaque jour des renforts ; Marseille envoie quelque peu de ses *pieds de vache*, peu goûtés du véritable gourmet ; Gênes et Naples se privent d'un petit nombre de leurs huîtres en miniatures, qu'elles offrent à la gourmandise millionnaire de nos Crésus.

Fameux dans les fastes de la bonne chère, le mollusque susnommé, qui passe souvent à l'état d'épithète dans la bouche du loustic parisien, sait bien se venger de cette humiliation passagère. Apicius, l'aïeul de Berchoux, et Vitellius, ce Brillat-Savarin couronné, dégustaient l'huître du lac Duerin, merveille des merveilles, savamment parquée, croisée, élevée dans les pâturages aquatiques de la Campanie : de nos jours l'Italien jouit encore des fruits peu dégénérés de l'industrie impériale, et sourit de pitié quand on lui sert l'huître d'Ostende, si appréciée chez nous. Pourtant, comme les fantaisies de ce genre ont passé de mode, et qu'il ne se trouve pas de Nabab qui consacre des millions afin d'avoir à son repas quelques douzaines d'huîtres raffinées à ce point, j'engage les amateurs à se laisser tranquillement taxer d'ignorants et de barbares. Les filles d'Ostende et de Marennes ont une valeur incontestable : nous ne dédaignons pas celles que l'on engraisse par des procédés

CHAPITRE XIV. — LES HALLES ET MARCHÉS.

L'écaillère.

Il arrive.

artificiels et que l'on met au vert, jusqu'à transformer leur couleur primitive. Il n'est pas jusqu'aux modestes huîtres de Cancale, servies à tous et mises à la portée de tous ceux qui peuvent faire le sacrifice de la somme de cinquante centimes, qui ne trouvent leurs partisans; aussi l'adresse et le talent de l'écaillère sont-ils mis sans cesse à contribution.

Qu'est-ce aujourd'hui que l'écaillère?... Rien. Qu'a-t-elle été? on est tenté de répondre : Tout! à l'instar de feu l'abbé Sieyès. La vogue entoura jadis sa tête d'une auréole de gloire; la vogue aujourd'hui de punchs incandescents n'ont-ils pas été allumés en son honneur! Mais alors elle était jeune, jolie et séduisante : tout Paris courait voir la belle écaillère à la Bastille; cet heureux temps n'est plus. Aujourd'hui personne ne s'occupe de la vieille mégère qui ouvre le délicieux coquillage, à moins qu'il ne s'agisse de pester contre sa lenteur. Le garçon du restaurant la regarde de haut et la domine de tout l'éclat de son jabot et de toute la splendeur de ses escarpins vernis. Elle a compris sa décadence : rechignée et grondeuse, nul ne lui parle, et elle ne parle à personne; si la besogne fait trêve un instant, la portière voisine seule reçoit ses confidences. Tristes confidences, hélas! car le métier d'écaillère n'est le plus souvent que l'intermédiaire entre celui de sirène des rues et de balayeuse de macadam.

Voici un autre type, une autre femme, une autre commerçante, la marchande de poissons ambulante qui porte la marée à domicile, grosse mère réjouie, haute en couleur, très-expressive dans ses gestes, très-vive en paroles. Elle a été dès le matin s'approvisionner à la halle, et elle court ensuite par les rues en faisant retentir l'air de cette mélopée si connue des cuisinières : Il arrive, il arrive... Qui est-ce qui arrive, direz-vous? Eh mon Dieu! c'est le poisson, dépêchez-vous de le jeter dans la poêle à frire, voilà ce que veut dire à ses pratiques à peine éveillées cette marchande de marée qui vend aussi des œufs et du beurre qui n'est pas toujours frais.

Puisque nous sommes à peu près dans le quartier de la Halle au blé, il est bon d'en dire quelques mots.

L'ancienne halle au blé et à farine consistait en une place très-irrégulière d'une étendue considérable entourée de maisons. Elle occupait l'espace compris entre les rues de la Lingerie, de la Cordonnerie, des Grands-Piliers, de la Tonnellerie et de la Friperie. La nouvelle halle a été construite sur l'emplacement qu'occupait l'hôtel de Soissons. La ville de Paris obtint ce terrain au prix de deux millions huit cent mille trois cent soixante-sept livres dix sous, et se détermina, en 1763, à y faire construire une halle au blé qui fut terminée en 1767. La décoration de ce monument est de la plus grande simplicité. C'est un bâtiment de forme circulaire, entièrement isolé, percé à jour de toutes parts, et entouré de maisons et de rues.

Halle aux huîtres, rue Montorgueil.

Six arcades servent de passage et répondent à autant de rues. Les voûtes du rez-de-chaussée sont des voûtes d'arrête portées en pendentif sur des colonnes de proportions toscanes, dont les socles sont coupés à pan pour ne point gêner ni empêcher le service. Au-dessus ont été pratiqués de beaux et vastes greniers voûtés en pierres et en brique; deux escaliers y communiquent. Celui qui donne du côté de la rue de Grenelle-Saint-Honoré est en pierre de liais et supérieurement appareillé. L'autre, du côté de la rue du Four, est d'une forme toute particulière. On monte de quatre côtés jusqu'au premier pallier, ensuite on reprend par deux rampes qui se croisent parallèlement et conduisent jusqu'en haut. Cet édifice a été construit sur les dessins de l'architecte Camus de Mézière. Il n'est entré aucun bois dans la construction.

La halle au blé est ouverte tous les jours mais les grands marchés ont lieu les mercredis et les samedis.

Les forts de la halle dont le titre officiel est forts au menu grain, sont enrégimentés en corporations comme les forts du marché aux poissons, les forts du pont de Bercy plus vulgairement connus sous le nom de débardeurs. Ils ont leurs règles, leurs statuts et dépendent du préfet de police, qui les nomme; les forts de la halle au blé ont seuls le privilége de charger et de décharger le grain la place de fort de la halle peut rapporter annuellement de mille à douze cents francs leur réputation est assez bien établie pour que nous n'ayons pas à vanter les prouesses de ces hercules qui trouvent un malin plaisir à frotter leur veste toute saupoudrée de farine à l'habit noir du passant : le fort a un dédain profond pour le moderne bien frisé, bien ganté, bien chaussé, et serré dans son vêtement comme une femme dans son corset. Le dessinateur nous montre le fort dans un de ses moments de mauvaise humeur. Cette attitude est un peu exagérée, le fort n'est pas si méchant qu'on le représente; quoi qu'il en soit, ô lecteur, que le ciel préserve ton habit noir du contact de sa veste blanche.

Une forte charge.

15 Cent. LA LIVRAISON. — 37ᵉ ET 38ᵉ Liv.

Aux bureaux de l'Illustration, rue de Richelieu, 60.

PARIS, TYP. DE FIRMIN DIDOT, 56, RUE JACOB.

20 C. par la poste.

Chapitre XV.

LES HALLES ET MARCHÉS (Suite).

Le Temple. — Les premiers banquiers. — Edouard et saint Louis. — Les friperies et les vieux cuirs. — Un lieu d'asile. — L'épicier failli. — Les quatre carrés. — Série noire et série rouge. — Carrés du Palais-Royal, de Flore, de la Forêt-Noire, du Pou volant. — Types d'acheteurs et de débitantes. — Les *mastiqueurs*. — Les *roulants*. — Les *mollveurs*. — Un *décroches-moi-ça*. — Les *bauses*. — Les *galifards*. — Les *râleuses*. — *Nib de braise*. — Frusques. — La rotonde. — Les *chineurs*. — La halle aux draps. — Sa décadence. — Le Mail. — Les chantres de Bacchus. — Thomery et Fontainebleau. — La culture du chasselas. — Le sol de Thomery. — Les plants. — Système d'expédition du chasselas. — Les espaliers. — Le Mail, son importance. — Le marché aux fleurs. — Le jardin de l'ouvrière. — Le quai aux Fleurs. — Les marchés de la Madeleine et du Château-d'Eau. — Le public des marchés aux fleurs. — Le goût des fleurs et les serres en Angleterre. — L'engrais des Anglais. — Les 10 millions du commerce des fleurs de Paris. — Le porteur-commissionnaire. — Le bouquet de la veille et celui du lendemain. — Le marché aux chevaux. — Le cheval. — Vue générale du marché. — L'abreuvoir. — Le maquignon et le marchand de chevaux. — Le cheval en costume. — Un trait de génie des anciens. — L'argot des maquignons. — Physionomie de *pratiques*. — Bourgeois et sportman ruiné. — Le paysan retors. — Vente d'un cheval. — Essai d'un cheval de trait. — Les chevaux de France et d'étranger. — Ventes à l'encan. — Historique du marché aux chevaux.

Dans la description de nos marchés parisiens, comme dans tout le reste, nous allons un peu au hasard de la fantaisie. Nous étions tout à l'heure à la fontaine des Innocents, au marché Bonne-Nouvelle, à la halle aux huîtres, nous voici transportés tout à coup dans ce bazar de toutes les vieilles choses, dans ce pandémonium de toutes les loques, qui s'appelle le marché du Temple.

A quelle époque fut fondé le Temple? Les historiens ne sont pas d'accord sur ce point. Ce qu'on sait bien, c'est qu'un couvent existait sur cet emplacement depuis plusieurs siècles, le couvent du Temple, lorsque le frère Hubert, trésorier de l'ordre, en construisit, en 1212, le donjon, composé des deux tours où l'infortuné Louis XVI et sa famille furent enfermés, et qui ne furent démolies qu'en 1811.

Le Temple de Paris était le grand prieuré, c'est-à-dire la résidence du grand prieur de l'ordre entier.

Au treizième siècle, le Temple fut singulièrement accru et embelli. Il contenait alors dans sa vaste enceinte un labyrinthe de jardins, de cours, d'échoppes et de maisons fort belles pour le temps, dont l'ensemble était désigné sous le nom de Ville neuve du Temple. Cette résidence n'était pas, à ce qu'il paraît, complétement dépourvue d'agrément. Lorsque Henri III, roi d'Angleterre, vint à Paris, en 1254, il refusa le palais qui lui était offert par saint Louis, et préféra habiter le Temple.

En 1814, quand le bûcher de l'île Louviers se fut dressé pour Jacques de Molay et ses frères, lorsque les chants eurent cessé, le Temple passa, avec toutes ses dépendances et priviléges, aux hospitaliers de Saint-Jean de Jérusalem, qui constituèrent plus tard l'ordre de Malte. Le dernier grand prieur de cet ordre fut le duc d'Angoulême, fils aîné de Charles X.

Comme bazar, le Temple avait de qui tenir. On ignore peut-être que les templiers furent non-seulement le premier ordre religieux et chevaleresque, mais encore les premiers banquiers de l'Europe. Possesseurs d'immenses richesses, répandus sur toute la surface des États modernes en plus de *mille commanderies*, ils devancèrent leur époque et imaginèrent, par une conception pleine de génie, de faire servir leurs trésors à l'accroissement de leur puissance territoriale et financière, conciliée avec les intérêts évidents des princes, ceux des peuples et du négoce. Les rapports continuels et anciens établis entre les diverses commanderies leur permirent de délivrer aux rois et aux marchands des lettres de créance sur leurs maisons religieuses d'Europe et d'Asie.

Le chef d'ordre veillait à ce que nulle de ces maisons ne fût jamais au dépourvu, celles qui avaient du numéraire en abondance ayant soin d'expédier aux autres le trop-plein de leurs coffres-forts. Ils prêtaient sur gage et même sur parole. Ils devinrent, grâce à la puissance et à la loyauté bien connue de leur ordre, les dépositaires des trésors de presque tous les rois et les grands personnages de l'Europe, en même temps que les intermédiaires des payements entre souverains. Une convention de 1269, passée entre Louis IX et le prince Édouard d'Angleterre, et obligeant le premier à payer 25,000 livres tournois, portait que : *Seront payez ces deniers chacun an à Paris, au Temple*.

Ainsi les templiers furent tout simplement les créateurs du *compte courant*, de la *lettre de change*, de *l'emprunt public*, en un mot, de la banque et du crédit modernes.

Ils rendirent ainsi d'immenses services; mais leur

La Rotonde du Temple.

prospérité éveilla les haines et les défiances d'un roi nécessiteux dont ils avaient le tort d'être les créanciers, et tant de lumières, de génie, de bienfaisance, vinrent aboutir au bûcher de Clément V et de Philippe le Bel, qui, en brûlant les templiers, éteignit ses obligations.

Il était naturel que, sous de tels auspices, après de semblables exemples, le Temple s'ouvrît au commerce.

Seulement, s'il est vrai que les extrêmes se touchent, jamais ce dicton ne reçut confirmation plus éclatante : les friperies et les vieux cuirs s'étalaient où florissaient jadis la haute banque et le crédit international de l'Europe.

Ce commerce de vieux débris dans la capitale date de loin. Dès 1278, un édit de Philippe le Hardi portait qu'il serait construit des halles près du cimetière des Innocents, et que là il serait placé de pauvres femmes et de misérables personnes, pour y vendre de vieux souliers, de la friperie et de méchants cuirs.

Du cimetière des Innocents, cette respectable spécialité passa au Temple, où elle s'est maintenue jusqu'à nos jours, à travers toutes nos révolutions.

Le Temple était, avant 1789, *lieu d'asile*. Les banqueroutiers et les gens menacés de la prison pour dettes y demeuraient inviolables. D'autre part, le commerce, affranchi du contrôle des maîtrises et des jurandes, y jouissait de la liberté la plus illimitée, en sorte qu'il n'était pas rare de voir tel marchand à peu près ruiné, en sortir avec une fortune dix fois supérieure à celle qu'il possédait avant sa chute. Mercier, dans son *Tableau*, cite, entre autres, un épicier failli, qui, pendant son séjour au Temple, s'était triomphalement relevé par la vente d'une tisane purgative et confortative qu'il avait inventée, et dont il débitait jusqu'à douze cents pintes par jour.

Cette réunion de débiteurs et de négociants marrons formait sans doute une bizarre et pittoresque république. La population de l'enclos du Temple était nombreuse et animée, et le commerce fort actif. Les chalands du dehors abondaient, alléchés par le bon marché et la certitude de trouver là ce qui ne se vendait pas ailleurs. L'enclos était pourvu de cafés, de cabarets, de restaurants, de guinguettes; on y rencontrait, en un mot, tout ce qu'il fallait pour bien vivre; il fut même question d'y établir un théâtre. Heureuse idée qu'on ne saurait trop recommander de nos jours au directeur de la prison pour dettes de Clichy.

« Il n'y a point d'inconvénient, dit Mercier, à laisser subsister ce lieu privilégié, parce que les créanciers s'arrangent toujours beaucoup mieux avec le débiteur présent qu'avec le débiteur absent.

« Il est bon qu'il y ait dans une grande ville un asile ouvert aux victimes de cette foule de circonstances qui agitent si diversement la vie humaine. »

Le vœu du moraliste dramatique n'a pas été exaucé. La faux révolutionnaire, en abattant les priviléges grands ou petits, bons ou mauvais, nous a cependant laissé la contrainte par corps sans égide ni correctif.

Dépeignons vite la physionomie actuelle du Temple.

Entre la rue du Temple, la rue du Petit-Thouars, la rue Percée et la place dite de la Rotonde, s'élève, sur une vaste place, un non moins vaste marché couvert, coupé par un large passage en plein ciel et qui a la forme d'une croix. Ce passage dessert quatre compartiments ou carrés.

Indépendamment de ce passage, qui est la grande artère du marché, les quatre carrés sont sillonnés en

CHAPITRE XV. — LES HALLES ET MARCHÉS (Suite).

tous sens de ruelles obscures et assez larges pour que deux personnes puissent y cheminer de front. C'est sur ces ruelles, sur le passage et sur les quatre rues adjacentes, que s'ouvrent les places ou boutiques renfermées, dont le nombre est de deux mille environ dans les quatre carrés. Cette disposition ne saurait

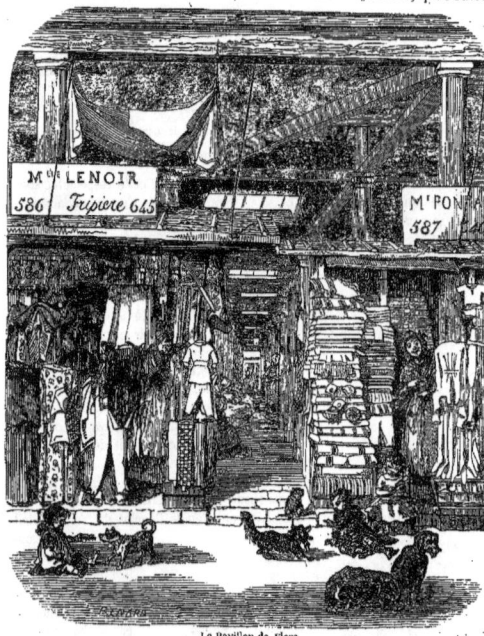

Le Pavillon de Flore.

Carré de la Forêt-Noire.

mieux se comparer qu'à celle d'une énorme ruche, à cette différence près, que le miel déposé dans ses alvéoles n'a pas précisément le calice des fleurs pour origine, et que les frelons y pullulent en nombre égal, si ce n'est supérieur, à celui des abeilles.

Cet essaim frelaté n'y butine pas moins pour des millions de marchandises. Il serait assez difficile d'énumérer tout ce que renferme ce bazar. On y trouve de tout, depuis l'objet le plus infime jusqu'aux articles les plus précieux. J'y ai vu vendre de vieux clous et des rideaux de satin de mille écus. Néanmoins il est juste de reconnaître que la friperie et le vieux cuir y dominent.

Carré du Palais-Royal.

Chaque place ou échoppe se loue trente-trois sous par semaine. Le loyer est perçu par la ville, qui a fait la dépense du marché.

Au centre des quatre compartiments s'élève un pavillon affecté à la surveillance du bazar, et dominé à son sommet par le pavillon national.

Les deux carrés, à droite du passage principal, forment ce qu'on nomme la série rouge. Les deux autres sont la série noire.

Galifarde, femme faisant les commissions.

Le Temple a, comme toute association humaine, son aristocratie et sa démocratie : le premier compartiment se nomme emphatiquement le carré du Palais-Royal. Là siége le haut commerce du bazar, les marchands de soieries, de malines et de valenciennes, de tapis, de gants, d'essences, de corsets..... Ces négociants trouvent chaque jour de jolies et élégantes acheteuses souvent alléchées par l'appât du rabais, et qui, le marché conclu, s'échappent, légères comme des oiseaux effarouchés. Les dentelles du Temple notamment, jouissent d'une haute réputation parmi les princesses parisiennes nécessiteuses et même auprès des honnêtes femmes économes. Et cependant

sur ce point : ou, en d'autres termes, le Temple ne recèle pas seulement les mystères de l'élégance équivoque du beau sexe, mais il offre encore en ce genre de précieuses ressources aux *dandys*. Comment, en effet, nommerez-vous ce ci-devant jeune homme, arrivé sous son habit d'occasion, étincelant du lustre renouvelé de son pantalon, le crâne abrité sous la soie ou le castor douteux de son chapeau retapé, et s'élançant ainsi remis à neuf, la mine fière et superbe? Je me rappelle avoir vu, et de cela il n'y a pas longtemps, un honnête provincial, arrivé de la veille par la diligence de Caen ou de Périgueux, auquel sans doute les économies maternelles ne permettaient pas l'accès de Humann ou de Dusautoy, et qui, l'innocent! ignorait les splendeurs à bon marché des *Quatre Nations* et de la *Belle Jardinière*. Il entra au Temple, et en ressortit métamorphosé des pieds à la tête; il avait revêtu la dépouille d'un ex-lion, et il n'avait pas même songé à ôter de la boutonnière de son vieil habit neuf le ruban rouge oublié par l'ancien propriétaire.

Il y a dans les rues qui avoisinent le Temple des magasins splendides enterrés dans d'affreuses maisons noires. Dans ces magasins sont entassés les bahuts, les meubles de Boule, les potiches du Japon, les magots de la Chine, toutes les curiosités du bric-à-brac, des baguiers adorables, des coupes ciselées, l'or, la soie, le satin, un monde de richesses; et tout cela se vend, comme de juste, à des prix exorbitants. Or, les propriétaires de ces magasins merveilleux tiennent également une échoppe dans un des quatre carrés dont nous allons parler. Cette échoppe, où ne sont étalés que des objets communs, est en quelque sorte le vestibule du magasin. Si le marchand voit qu'il a affaire à une personne riche, il se hâte de la faire conduire dans le sanctuaire. Tel individu, venu pour observer, ou bien encore pour faire un achat de mince valeur, découvre avec stupéfaction qu'il est de certains caprices artistiques qu'il ne se passerait pas, dans ce Temple si affreux d'aspect, pour la bagatelle de dix mille francs. Le Temple est une médaille dont le revers est plus beau que la face.

Le second carré se nomme pavillon de Flore, et voilà un compartiment bien nommé. Là ne sont déjà plus que les objets utiles : la matelasserie, la literie, les robes d'indienne, les rideaux, les layettes, etc. Le pavillon de Flore est le carré bourgeois comme le Palais-Royal est le compartiment mondain, j'allais dire fashionable du Temple.

Le troisième carré, j'en demande bien pardon à mes aimables lectrices, s'appelle *le Pou volant*; ce qui y domine, ce sont les chiffons, la vieille ferraille, la vieille friperie. Au reste, cette dernière branche d'industrie englobe tout le marché du Temple; elle envahit même le carré aristocratique.

Le quatrième carré a nom : *la Forêt-Noire*. Je veux

croire que l'aspect enfumé de ses ruelles, les odeurs plus que nauséabondes qu'y dégagent le vieux cuir rance et la graisse dont on l'enduit, sont pour beaucoup dans cette appellation. Du reste, les habitants du lieu ne s'en formalisent pas, et ne font nulle difficulté de s'en servir eux-mêmes dans le langage courant. Ils sont presque tous marchands de savates ou débitants de choses encore plus innommées. La voix publique, *vox populi*, *vox Dei*, les accuse de *mastiquer* la marchandise qu'ils sont censés raccommoder, c'est-à-dire d'en dissimuler ingénieusement les avaries ou les tares d'eau au moyen d'un enduit spécial de graisse noire, ou autre drogue équivalente. D'où le sobriquet de *mastiqueurs*, sous lequel on les désigne, et d'où peut-être le sobriquet de *Forêt-Noire* décerné à leurs effroyables taudis.

Nielleuse, marchande de vieux chapeaux.

Tels sont les quatre quartiers du Temple. Chaque boutique porte un numéro d'ordre, et la plupart sont, en outre, décorées d'enseignes. Ce genre de prospectus ou d'annonces, qui se compose d'une grossière enluminure accompagnée d'une devise ou d'une dédicace quelconque, fleurit surtout chez les *mastiqueurs*,

Remis à neuf.

il ne faut pas croire que ce Temple, bazar universel et pittoresque, ne soit fréquenté que par la très-petite propriété. C'est là que des femmes, je parle des plus huppées, vont, le matin, chercher leurs dentelles et mille autres colifichets qu'elles ne trouveraient pas ailleurs.

Je connais bon nombre d'hommes qui sont femmes

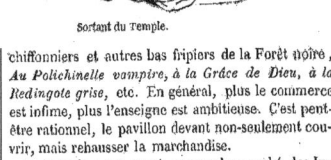

Sortant du Temple.

chiffonniers et autres bas fripiers de la Forêt noire, *Au Polichinelle vampire*, *à la Grâce de Dieu*, *à la Redingote grise*, etc. En général, plus le commerce est infime, plus l'enseigne est ambitieuse. C'est peut-être rationnel, le pavillon devant non-seulement couvrir, mais rehausser la marchandise.

Le Temple a son argot, comme le marché des In-

CHAPITRE XV. — LES HALLES ET MARCHÉS (Suite).

nocents; mais l'argot du Temple est bien plus pittoresque.

Nous avons vu ce que c'est que le *mastiqueur*; voici les *roulants* ou *chineurs*, marchands d'habits ambulants qui, après leur ronde, viennent dégorger dans le grand réservoir de la friperie leur marchandise portative. Les *niolleurs* sont les marchands de vieux chapeaux. On appelle *niolle* un chapeau retapé, et *décrochez-moi-ça* un chapeau de femme d'occasion. Il y a, dans le carré du Palais-Royal, des *décrochez-moi-ça* qui encadreraient encore très-bien de fort jolies figures, et qui, dans tous les cas, ne seraient pas trop déplacés dans l'étalage d'une modiste du passage... du Saumon.

Les *bausses* et les *bausseresses* sont les patrons et les patronnes huppées de la communauté. C'est l'aristocratie de l'endroit.

Les *galifards* sont des façons de commissionnaires saute-ruisseaux qui portent au client les marchandises vendues. Il y a aussi des *galifardes*.

Dans le langage du lieu, les places, boutiques ou échoppes se nomment *ayons*. M. Hugo dirait: Pourquoi pas *haillons*?

Les *râleuses* méritent une mention spéciale. Ce sont les femmes qui circonviennent le bourgeois égaré dans ces parages, le tirant par l'habit, par les bras, et menaçant de le déchirer comme jadis les femmes de Thrace l'époux désolé d'Eurydice. La *râleuse* est une courtière lâchée par le marchand sur le *gonce* (passant) pour le forcer à acheter. L'argent, au Temple, est de la *braise*, ou de la *thune*, ou de la *bille*. Les pièces de vingt sous ont des *points*, et six forment une *croix*.

Les vêtements, en terme générique, sont des *frusques*. Une *pelure* est un habit ou une redingote; le pantalon est un *montant*. Les fashionables de l'endroit désignent aussi cette pièce indispensable du vêtement de l'homme sous le nom de *pantalzar*.

Que de tentations offertes au promeneur! Mais *nib de braise*... Sans argent, rien. Crédit est mort au Temple plus encore que partout ailleurs.

Le passant ou le promeneur qui n'a pour but que d'observer peut, sans trop d'inconvénients, se risquer dans le *Palais-Royal* ou au *Pavillon de Flore*, les marchands de ces deux carrés aristocratiques ayant trop le sentiment de leur haute position commerciale pour interpeller le chaland. Ils se bornent donc en général à l'attendre dans leur boutique, et

Râleuses cherchant à attirer la pratique.

lui adressent tout au plus quelques invitations polies pour qu'il examine les splendeurs de leur étalage. Mais il faut un certain courage pour se hasarder dans les ruelles sordides du *Pou volant* et de la *Forêt-Noire*. Si l'on a le bonheur d'échapper aux *râleuses*, on échappera difficilement aux mille provocations qui sont lancées d'un ton moitié câlin, moitié menaçant; puis, comme dernière mousqueterie, viendront les apostrophes directes, les quolibets *ad hominem* et même les injures.

Un ou deux spécimens du genre.

Au promeneur qui arrive : Achetez quelque chose, mon aimable monsieur! — Achetez-vous, monsieur? — Vous n'achetez pas? — Que faut-il à monsieur? Un tapis, — un habit pour aller au bal, — un manteau premier numéro, — une *niolle* bon genre, — un *décrochez-moi-ça* pour m'ame épouse, — des bottes vernies, — un parapluie, — une *pelure*, — toutes les *frusques* de la Saint-Jean, au choix!

Si le promeneur continue sa route sans répondre aux agaceries de ces syrènes commerciales, celles-ci retournent immédiatement le feuillet du vocabulaire : — De quoi! de quoi voilà tout ce qu'il achète? — Eh ben! excusez!... — Quo qu'y vient faire ici, ce méchant moderne? — Monsieur, faites donc *rapioter* au moins les coudes de votre habit. — Ça marche sur ses tiges; ben sûr, pas pus de *braise* que dans mon œil. — Ohé, pané! — Laissez-donc passer monsieur, c'est un ambassadeur qui s'en va à la cour de Perse. Hu!

Au delà des quatre carrés s'élève la rotonde du Temple, dont nous reproduisons plus haut le dessin. C'est, ainsi que son nom l'indique, un édifice entièrement circulaire, formant à l'extérieur, au rez-de-chaussée, un cloître ou galerie de quarante-quatre arcades soutenues par des piliers toscans.

Sous ces arcades on voit étalés les oripeaux, les vieilles *frusques*, vestes de hussard, habits pailletés du carnaval, tuniques de garde national, habits rouges galonnés, les costumes les plus étranges, les *pelures* les plus hétéroclites.

Cet édifice d'un si singulier aspect fut construit par Perrard de Montreuil, en 1781. Avant la révolution, il servait de logement aux débiteurs récalcitrants retirés dans l'enclos du Temple. Aujourd'hui il semble habité par la descendance fripière de ces honorables réfugiés. Une cour humide et obscure en occupe le centre. Douze escaliers le desservent; on évalue à plus de mille les habitants de ce triste phalanstère. Cette rotonde est la demeure des *bausses* ou gros bonnets du bazar, lesquels abusent de leurs capitaux pour tyranniser le marché et faire la hausse ou la baisse sur la bourse aux *effets fripés*.

Le crayon de Gavarni est plus éloquent que ne le saurait être la Bruyère lui-même, pour dépeindre et faire deviner la physionomie, les mœurs, la vie entière des êtres douteux, à face humaine, qui peuplent les profondeurs de cet étrange et immense bazar. A la vue de ces femmes couvertes de haillons encore prétentieux, avec leurs vastes cabas gonflés par un contenu mystérieux, leurs antiques chapeaux gardant les derniers vestiges de leur opulence primitive, et surtout leurs figures éraillées comme leur voix, leurs doigts crochus et leurs lèvres contractées en fermoir de bourse, il semble qu'on se trouve en présence des génies occultes qui président à cet ignoble et intime commerce, à ces spéculations basées sur la prodigalité ou la misère! Cette race est une des variétés inférieures des marchandes à la toilette : on sait que les marchandes à la toilette sont, dans la série féminine, l'ordre des rongeurs correspondent aux marchands d'habits, providence et fléau en même temps des infortunes de la jeunesse des écoles ou du boulevard. Mais le plus souvent ces industriels gardent encore quelques dehors honorables, tandis que la harpie se montre au Temple avec toute sa hideuse réalité, et paraît pres-

Débitante de la *Forêt-Noire*.

La *Bausseresse*.

que aussi repoussante que l'indigence elle-même.

Entre les quatre carrés et la rotonde du Temple, s'étend en plein air, sur le pré, un espace nommé le *Correau*. C'est là que les chineurs, marchands d'habits *roulants*, viennent apporter chaque jour la cargaison de vieilles nippes qu'ils ont recueillie le matin dans les chambrettes d'étudiants ou chez les gentilshommes gênés; c'est là que s'établissent les cours de la *pelure* ou du *pantalzar* hors de service; c'est là que se tient la bourse des vieux habits, des vieux gilons, des vieilles bottes, des vieux chapeaux, des vieilles casquettes, des vieux gilets, et généralement de toutes les loques de la capitale des lumières et de la civilisation.

Qu'on ne s'y trompe pas, l'agiotage est là tout aussi meurtrier qu'au Casino et sous le péristyle de la Bourse : il se fait des marchés à terme sur les fonds de culottes et les vêtements trop mûrs, exactement comme sur la rente, les huiles, le charbon, le gaz et les spiritueux; la bourse du Temple a aussi ses Rothschild. Aujourd'hui le bleu est en faveur et les porteurs sont triomphants; demain ils seront *dégraissés* par des livraisons écrasantes : il y a la demande fallacieuse qui produit la hausse factice, bientôt suivie de

La Roulante.

la débâcle. Quand ceux-ci veulent de la baisse, ils jettent sur le marché tout leurs fonds de boutique, et Dieu sait quels fonds! si c'est le contraire, ils raréfient sur la place la vieille *frusque*, ils font la soupape aspirante en expédiant le trop-plein de la garde-robe au Congo, au Sénégal ou aux Indes orientales, et les habits, régénérés par la traversée de l'Atlantique, vont faire les délices des monarques nègres, des princes de Saint-Domingue et des petits-maîtres des Barbades.

Cependant, il faut l'avouer, dans le commerce d'exportation des vieux habits comme dans celui des cotonnades et de la coutellerie, la France est battue par l'Angleterre. Paris le cède à Londres, en cela comme en beaucoup d'autres choses horribles ou hideuses. Il existe à Londres des boutiques de haillons beaucoup plus sales, beaucoup plus sordides que nos haillons parisiens. Les vieux habits, lorsqu'ils ont parcouru toute l'échelle sociale, lorsqu'ils ont passé de la garde-robe du lord sur les épaules de l'ouvrier, lorsque, revendus par ceux-ci, ils ont fait les beaux jours des mendiants de la métropole britannique, sont expédiés aux mendiants d'Irlande; puis, quand ces vêtements innommés, usés, effilés, réduits à la trame, sont passés à l'état de loques, ils sont encore l'objet d'ex-

Les Chineurs.

portations considérables. On fait alors partir pour l'Australie des cargaisons entières de *frusques* impalpables tels que les plus habiles *niolleuses* de Paris n'oseraient même les montrer. Il existe à Londres tout un quartier, et un quartier immense, appelé la Paroisse Saint-Gilles. Ce quartier est un Temple gigantesque avec cette différence que les moins affreux vêtements qui s'y trouvent ne seraient pas dignes de s'étaler dans le pavillon de la *Forêt-Noire* ou du *Pou volant* du Temple de Paris.

Tout le quartier du Temple participe plus ou moins des agréables professions qui viennent d'être passées en revue. Le marché déborde sur les rues du Temple, du Petit-Thouars, Phélippeaux, Percée, du Forez, et plusieurs autres, dont les boutiques sont autant de succursales vouées au culte de la friperie et de la matelasserie.

Puis de nombreux cabarets, où les marchands du Temple trouvent en tout temps le litre à huit, le ragoût à trois sons et le moka sucré à cinq centimes, raniment et égayent les abords du marché. Les plus célèbres et les mieux hantés sont l'*Éléphant* et les *Deux Lions*, où se rassemble à l'entre-sol l'aristocratie du Temple. C'est là que les *bausses* préméditent le coup de bourse du lendemain.

Viennent ensuite, dans un ordre plus secondaire, la *Girafe*, le *Lion d'Or*, les *Deux Boules*, et quelques autres, où se réunissent les petits spéculateurs en vieilles nippes. Enfin, il y a encore le *Camp de la Loupe*, fréquenté par les bas courtiers en tous genres, et dont les rixes brutales ensanglantent souvent la nappe du marchand de vin, déjà toute souillée d'un vin bleu et des stigmates d'un festin nécessairement d'occasion, comme tout ce qui se débite au Temple et dans ses environs. La plupart de ces guinguettiers joignent à leur profession celle de prêteur d'argent. La première de leurs industries est censée alimenter les clients, la seconde ne manque jamais de les affamer à la longue.

Après le Temple on est appelé tout naturellement à parler de la halle aux draps. La halle aux draps et aux toiles est située au coin de la rue de la Poterie et de la rue de la Petite-Friperie. Ce monument a été construit en 1786, sur les dessins des architectes Legrand et Molinos, qui ont employé pour la couverture de cette halle le même procédé dont ils s'étaient servis dans la coupole de la halle au blé. La voûte en berceau d'un demi-cercle de cinquante pieds de diamètre sur quatre cents pieds de longueur est éclairée par cinquante grandes croisées carrées. Un escalier à double rampe, placé dans le milieu de la galerie, facilite le transport des marchandises qui sont enfermées dans les armoires pratiquées au pourtour, sans nuire à l'ensemble de la décoration. Le bâtiment est isolé et entouré d'un trottoir défendu par des bornes.

La halle aux draps et aux toiles, très-florissante sous nos rois, n'est plus aujourd'hui que l'ombre de ce qu'elle était autrefois. On n'y fait plus guère que le commerce des draps de rebut et des toiles grossières. Restent encore quelques autres halles et marchés, qui, sauf la halle au vin et le marché aux veaux dont nous parlerons plus tard en détail, n'ont pas de physionomie bien originale.

Secouons la poudre de nos sandales, et reposons notre vue sur des objets plus gracieux que les friperies du Temple. Voici le mail, tout couvert de chasselas. Les poëtes du commencement de ce siècle s'obstinaient à ne voir dans le raisin que le jus de la treille, comme si la treille produisait directement le jus, comme s'il n'y avait pas un fort agréable intermédiaire qui ne se boit pas à la vérité, mais qui se mange fort bien. Tous ces chantres de Bacchus, tous ces rapsodes du Caveau ne songeaient qu'à boire; c'est à ce point que, pour nommer le raisin, je ne sais plus quel poëte bachique l'appelle, par une métaphore plus que forcée, du vin en pilules.

Nos maîtres en toutes choses, les Athéniens et les Romains, connaissaient-ils la vigne à fruit? Le chasselas de Fontainebleau ou plutôt de Thomery, petit village charmant situé à deux lieues de Fontainebleau, sur la rive gauche de la Seine, serait-il renouvelé des Grecs? C'est une grave question d'érudition classique que nous nous sommes posée entre deux grappes, sans pouvoir précisément la résoudre. Les anciens semblent toujours s'être préoccupés, en parlant de la vigne et des soins à lui donner, de la quantité et de la qualité du vin qu'elle devait produire. Les espèces de plants étaient aussi très-nombreuses : Pline et Columelle en indiquent environ une cinquantaine, mais aucun ne nous rappelle le chasselas. Nous remarquons bien la

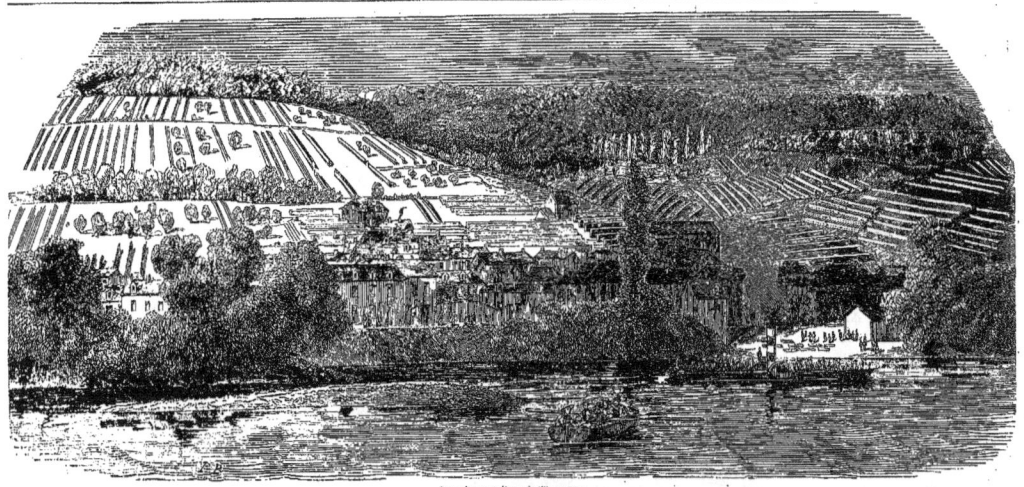

Vue des espaliers de Thomery.

vigne appienne, qui nous paraît être le muscat, et la vigne aminéenne ; mais l'érudit Pline et le sévère Caton n'en parlent que pour exalter l'excellence du vin qu'elle donnait. En somme, parmi les peuples anciens, nous n'en connaissons guère qu'un seul qui ait apprécié la beauté du fruit en lui-même : c'est le descendant de Sem, le fils aîné du patriarche, c'est l'Hébreu que la grappe de Chanaan stupéfia d'admiration. Il est à présumer, et tout bon cultivateur de Thomery partagera cette opinion, que le raisin de la terre promise n'était que le premier plant de Thomery et de Fontainebleau.

La culture du chasselas en grand a pour centres principaux : Thomery d'abord, et un autre bourg dont le nom est Champagne ; toutefois la production de Thomery est plus importante que celle de la commune rivale ; la qualité en est peut-être aussi supérieure. Quelques villages dans les environs s'occupent également de cette culture, mais ils sont loin d'atteindre les deux privilégiés.

Les vignerons de Thomery attribuent la supériorité de leurs produits à trois causes principales : la qualité du sol, la nature du plant, les procédés de culture.

Le sol est léger, friable, sablonneux, fa-

Mode employé pour la récolte et le transport du chasselas.

cile à s'imprégner d'humidité, tout en retenant la chaleur du soleil. Thomery est, en outre, abrité des vents dangereux du nord et du couchant par de hautes collines qui dominent ses espaliers. Quant au plant, il a acquis une célébrité universelle, et Thomery a le privilège d'en fournir toute l'Europe. Les cultivateurs expédient au loin des rejetons, dans des paniers, par des procédés particuliers, et qui prennent le nom de *chevelées en panier*. Mises en terre et soignées suivant des méthodes spéciales, elles rapportent du fruit au bout de trois ou quatre ans.

Ces plants sont étalés en espaliers, le long de murs construits à cet effet, et crépis avec un soin tout particulier. La hauteur de ces murs, la saillie des chaperons, et surtout l'exposition, en sont savamment calculées et rigoureusement établies suivant des règles fixes. On choisit de préférence l'exposition au midi, inclinée au levant, de manière que le soleil frappe sur le mur en plein le matin, et glisse obliquement dans le milieu de la journée, lorsque la trop grande chaleur brûlerait le fruit. C'est l'absence de ces combinaisons, dont on ne trouve aucune trace dans les agronomes anciens, qui ferait principalement croire que la culture du chasselas, comme fruit, leur était inconnue.

Il n'est nulle part mention des espaliers. Ils plantaient la vigne uniformément, en quinconces assez espacés pour labourer dans les intervalles. Ils l'at-

Le Mail, marché pour la vente du chasselas.

CHAPITRE XV. — LES HALLES ET MARCHÉS (Suite).

tachaient sur des échalas de sept pieds de haut, et Caton et Pline recommandent également de la faire monter le plus haut possible dans les arbres. Il est vrai que ce n'était pas la méthode grecque, à en juger par cette plaisanterie de Cynéas, l'ambassadeur de Pyrrhus, qui, peu flatté, à ce qu'il paraît, du bouquet des vins italiens, s'écria : « Je ne m'étonne pas qu'on ait ici de si méchants vins, puisqu'on y pend au gibet la vigne qui les produit. »

Nous ne ferons pas un cours complet de la culture du chasselas. A quoi bon ? Le Parisien se contente de manger négligemment, à son dessert, la grappe dorée, sans songer à tout ce qu'elle a coûté de peines, de travaux, de veilles, pour arriver à ce degré de perfection. D'abord, cinq années improductives de labours, tailles, fumures, ébourgeonnements, binages, etc.; ensuite de recherches incessantes pour la destruction d'insectes, presque invisibles souvent, qui menacent la vigne : le ver blanc, qui attaque les racines; l'urbe, l'arpenteur, qui dévorent le bouton; la chenille du sphinx, qui détruit la grappe en fleurs; le colimaçon, qui ronge le fruit; et puis les oiseaux vendangeurs, qui le ravagent.

Enfin, le fruit si bien protégé est venu à terme. On tourne et on retourne la grappe pour la présenter adroitement au soleil. On la couvre et on la découvre alternativement pour que les rayons la dorent sans la brûler. On enlève avec des ciseaux, fabriqués exprès pour cet office, les grains qui refusent de mûrir ou que la pluie a tachés. Tout est prêt. On cueille alors cette grappe, surveillée depuis si longtemps; on lui fait subir un nouvel examen et on l'emballe, à l'aide de fougère, avec un soin minutieux, dans des paniers de deux kilogrammes. Cette industrie de l'emballage du chasselas a tellement dépeuplé de fougère les environs de Fontainebleau, que c'est à plus de vingt-cinq lieues de cette ville qu'il faut maintenant aller cueillir cette plante. Enfin, on emporte la récolte dans des hottes spéciales, et on l'expédie vers le centre de toutes les gourmandises, vers Paris.

Pour ce trajet, les cultivateurs s'associent au nombre de huit ou dix, et forment une de ces sociétés qui, dans le pays, s'appellent *courbes*. La courbe loue un bateau et y empile avec art de quinze cents à deux mille paniers. On voit quelquefois dans la même soirée soixante ou quatre-vingts bateaux descendre la Seine. Quatre des associés dirigent le bateau, qui part de Thomery de cinq à six heures du soir et arrive au port du Mail de sept à huit heures du matin, après avoir parcouru quatre-vingts kilomètres pendant la nuit. Le chasselas débarqué sur le quai est acheté en gros, revendu en détail, et Paris le consomme.

Or, le Gargantua parisien, après avoir grapillé à son dessert deux cent mille kilogrammes de raisin de vigne, dévore en outre, à chaque saison, sept cent cinquante mille kilogrammes environ de chasselas, dont la plus grande partie, renfermée dans plus de

Le jardin de l'ouvrière.

trois cent mille paniers, venant de Fontainebleau, s'accumule annuellement sur le quai du Mail.

Vue du Marché aux fleurs du Château-d'Eau.

En somme, la vigne des environs de Paris met sur la table de la capitale deux millions de livres de fruit, année commune; cela paraît énorme à la première vue; et cependant, en moyenne, c'est à peine si chaque Parisien en mange deux livres dans l'année.

Après le goût, l'odorat.

Voici maintenant le plus gai et le plus charmant des marchés, le marché aux Fleurs. Là tout est frais, tout est éclatant, tout est gracieux, tout exhale un délicieux parfum. C'est sur le quai aux Fleurs que la joyeuse grisette du quartier latin vient chercher le vase de réséda ou de violettes qu'elle place sur la fenêtre de l'étudiant; que l'ouvrière laborieuse vient choisir la fleur préférée qui doit égayer sa mansarde; que le mari attentionné fait emplette du fastueux dahlia, offrande destinée à célébrer la fête de sa femme. Ici, les visages des chalands offrent encore un reflet de la marchandise qu'ils convoitent, ils sont riants, ouverts, épanouis.

Mais nous vivons dans le siècle de la concurrence : le vieux et respectable bazar de la flore parisienne, autrefois sans rival, voyait accourir de tous les points de la capitale, à pied, en omnibus, en fiacres, en équipages, tous les fidèles adorateurs de la florissante déesse; pas un salon, pas une chambrette qui ne tirât du quai aux Fleurs son atmosphère suave et embaumée.

Aujourd'hui le quai aux Fleurs règne encore, mais il ne règne pas seul; deux autres marchés se partagent son odorante couronne : l'un étale ses gracieuses richesses dans le quartier de la Chaussée-d'Antin, et, déroule aux pieds de la Madeleine son merveilleux tapis aux mille couleurs, aux mille parfums, c'est le marché aristocratique par excellence; l'autre, plus modeste, mais plus animé, improvise chaque semaine un ravissant parterre autour des cascades du Château-d'Eau, à l'extrémité du boulevard Saint-Martin. C'est là que le fantassin sentimental offre à la payse le classique vase de giroflée; c'est là qu'accourent de tous les ateliers d'alentour des troupes rieuses de folâtres ouvrières; l'actrice du boulevard, en négligé du matin, s'y promène comme dans son jardin, et vient choisir les fleurs favorites dont elle emplira les vases de sa cheminée et la jardinière en bois de rose de son boudoir.

Le goût des fleurs va chaque jour se propageant en France, depuis quelques années; mais nous n'avons pas encore pour ces plantes embaumées la même passion que nos voisins d'outre-mer. On cite quelques belles serres dans les environs de Paris; mais l'aspect des serres d'Angleterre est bien autrement merveilleux. Nous n'avons rien chez nous qui puisse se comparer à cette richesse florale. Les plantes de l'Inde, du Japon, de la Chine, des plus extravagants pays, s'offrent au regard ébloui, et tout cela brille, resplendit, s'enlace, se confond et éclate comme un feu d'artifice. Les serres de Kew-Gardens, près de Londres, sont au-dessus de toute description. Le duc de Richemont, le duc de Devonshire, et bien d'autres grands seigneurs britanniques ont fait construire des serres assez vastes pour pouvoir s'y promener à cheval ou en calèche, quand la pluie ne leur permet pas de parcourir leurs parcs.

Pour comprendre ces magnificences ignorées du continent, il faut connaître le goût décidé des Anglais pour les fleurs. A Londres, il n'est pas une maison aristocratique qui ne soit tapissée de fleurs de la base au sommet. On monte au premier étage au milieu de caisses d'orangers, de grenadiers, d'hortensias et de plantes des tropiques; des géraniums sur tous les balcons; des fleurs dans le salon, dans la salle à manger, dans le parloir, dans le vestibule, des fleurs partout. Chacun de ces splendides hôtels est un jardin couvert. Il en est de même dans les petites maisons de la classe bourgeoise. Là, vous verriez aussi des serres de fruits merveilleux; vous vous promèneriez au milieu des ananas, des pastèques, des poires magnifiques, des raisins splendides, le dessert de Lucullus, le jour où il invitait le grand Pompée, ou tout autre gentilhomme romain, à dîner dans la salle d'Apollon. « Vous avez de l'engrais excellent, disais-je un jour à un Anglais. — Oui, me répondit-il : nous unions nos terres avec des guinées. » O puissance créatrice de l'or! Comment voulez-vous que ce peuple anglais puisse croire à un autre dieu qu'à la livre sterling?

Notre engrais, à nous autres Français, est moins précieux. Cependant le goût des fleurs, qui se développe, depuis quelque temps surtout, dans toutes les classes de la population parisienne, nous fait espérer que nous arriverons, avec moins de sacrifices que nos voisins, à des résultats aussi beaux que ceux qu'ils obtiennent. Un journal disait dernièrement que le commerce des fleurs, à Paris, s'élevait chaque année à une dizaine de millions ; c'est déjà quelque chose.

Une des industries qui vivent du marché aux Fleurs, c'est celle du porteur-commissionnaire, lequel emboîte

Le porteur-commissionnaire.

le pas derrière tout promeneur ou toute promeneuse, et ne quitte la personne qu'il poursuit que lorsqu'il

est parvenu à obtenir la faveur de porter un pot sous chaque bras. C'est le messager ordinaire de Flore, à raison de cinquante centimes la course.

On a souvent demandé ce que deviennent les vieilles lunes; l'Académie des sciences n'a jamais daigné répondre à cette question. Ne pourrait-on pas demander aussi ce que deviennent les vieux bouquets?

Hélas ! ces fleurs si brillantes qui s'étalaient hier sur les consoles ou dans les jardinières rustiques, ces fleurs ont été jetées au coin de la borne ! Demandez à cette actrice qui reçoit des bouquets à son lever, des bouquets à son coucher, combien de fleurs elle effeuille chaque jour? Voici la fossoyeuse, un bouquet de l'avant-veille, celle-ci qui spécule sur le retour des choses d'ici-bas. Elle se plaint que le coton ait remplacé la toile. Elle trouve la société bien changée depuis la dernière révolution. Que trouve-t-elle encore, la malheureuse? Le bouquet de la veille, qu'elle écarte avec mépris et colère comme s'il lui rappelait qu'elle-même, autrefois, en a reçu ou en a vendu. Elle dédaigne de recueillir dans le Capharnaüm où elle porte sa fortune ces fleurs dont on ne saurait même pas faire du papier pour le *Journal d'horticulture*.

C'est donc l'ignoble tombereau qui portera ce bouquet où il porte toute chose,

Même la feuille de rose
Et la feuille de laurier.

Toutes les fleurs parisiennes ne finissent pas ainsi : il en est un grand nombre qui, après avoir vécu l'espace d'un matin, s'étiolent dans la misère et périssent à l'hôpital.

Le marché aux fleurs est moins un marché qu'une promenade. Nous l'examinerons à ce dernier point de vue quand nous parlerons des grandes fêtes, où il se fait une terrible consommation de pots de fleurs et de bouquets. Il se vend plus de fleurs le jour de la Sainte-Marie, par exemple, que dans les vingt premiers jours du printemps.

Le bouquet de la veille. — Le bouquet du lendemain.

CHAPITRE XV. — LES HALLES ET MARCHÉS (Suite).

La plus belle conquête que l'homme ait faite sur la nature, ou, pour employer une tournure moins ambitieuse et moins empruntée à Buffon, le cheval, le compagnon intelligent de notre espèce, doit occuper plusieurs fois le lecteur de cette revue de la grande cité. Déjà il l'a vu à l'œuvre sur le théâtre ouvert à son intelligence par les soins intéressés de Franconi; mais le cheval savant n'est pas l'animal de la nature : c'est plutôt un monstre, un être ambigu, quelque chose qui tient le milieu entre la complicité criminelle avec le charlatanisme humain, et l'exception réellement extraordinaire qui arrête la curiosité du spectateur, habituellement insensible aux merveilles de chaque jour. Le coursier du Cirque sait valser, faire le blessé ou le mort, jouer un rôle digne d'un bipède intelligent : est-ce là quelque chose qui offre un mérite autre que celui de la difficulté vaincue? Nous le retrouverons dans des applications plus utiles de ses précieuses facultés : à la chasse, par exemple, et dans les exercices trop souvent étranges, excentriques ou ridicules du *sport* : pour le moment, il suffira de le considérer comme objet de marchandise, et d'étudier le cheval au marché.

Le marché aux Chevaux du boulevard de l'Hôpital ne sert en général d'asile qu'aux échantillons les moins brillants, sinon les moins recherchés de l'espèce chevaline; aussi n'est-ce pas au milieu de cette canaille hippique que le sportman va choisir le noble pur-sang destiné à embellir ou à peupler son haras, et à triompher à Chantilly. On n'y trouve que ces fils de famille, ces dandys affamés de paraître, qui, maintenant ruinés, viennent y chercher à bon compte un reflet de leur gloire passée; des rentiers modestes, des agriculteurs, des bouchers et autres acquéreurs, qui demandent plutôt le solide que le brillant : vous y rencontrerez les maquignons et les marchands de chevaux de bas étage, car ceux de *haute volée*

Le marchand de chevaux.

Le maquignon.

Vue générale du marché aux Chevaux.

ont le privilége d'entretenir les écuries de luxe. Il est vrai que la synonymie réelle de ces deux qualifications ne peut être mise en doute, malgré réclamations : l'un trompe sur une plus grande échelle que l'autre, voilà toute la différence. Il y a longtemps que marchands de chevaux et maquignons ont une réputation bien établie de *pipeurs* : il serait à désirer que toutes les mauvaises réputations fussent aussi bien fondées que celle-là. Qui dépeindrait les ruses de cet humble industriel, du maquignon, pour dissimuler tous les déficit d'une rosse efflanquée et invalide, ferait aussi, on pourrait le certifier, la très-véridique histoire du plus fameux marchand de chevaux, de celui qui va deux fois par an à Epsom et à New-Marcket s'entendre avec les éleveurs anglais, et qui

L'abreuvoir.

vient offrir aux riches amateurs du continent la postérité douteuse d'*Eclipse* ou de *Teddington*, les vainqueurs des vainqueurs au *darby*, ces coursiers-types déifiés par les Anglais.

Le cheval, comme on le voit, sert de prétexte pour mettre en jeu l'astuce et l'avidité de l'homme ; il nous servira aussi à faire connaître les mœurs curieuses de ce peuple de vendeurs et d'acheteurs qui se pressent autour de lui, les jours de vente, au boulevard de l'Hôpital. Et d'abord, un coup d'œil sur le marché. A l'entrée, l'abreuvoir, avec une fontaine, de la plus grande simplicité, qui sert à en renouveler

Hémicycle disposé pour les chevaux de trait.

l'eau sans interruption. C'est le point de départ où se réunissent et se donnent d'habitude rendez-vous les habitués et les intéressés de toute sorte, même les simples flâneurs. Là commencent deux allées parallèles de grands arbres ; au milieu de l'intervalle qui les sépare règne une palissade en planches, divisée en compartiments faits à la mesure d'un cheval. D'espace en espace, des barrières et des passages ; puis des hangars servant au besoin de remises, et des pavillons, pour les bureaux des agents de l'autorité, inspecteurs, agents de police, contrôleurs, etc., etc. ; enfin un hémicycle formé de deux ailes en arcs de cercle, surélevées au-dessus du niveau général, au centre desquelles s'ouvre la porte d'une grande écurie. Cet hémicycle sert à l'essai des chevaux de trait : on voit ces animaux soumis à l'épreuve de leurs forces, pour entraîner de lourds fardeaux. Ceux auxquels on ne demande que de la vitesse font leurs preuves dans la promenade principale.

Tel est, dans toute sa simplicité, le théâtre de tant de tromperies et de subterfuges; le lieu où il se dépense plus de ressources d'invention qu'il n'en faudrait pour tous les drames du boulevard, où il se débite plus de paroles en l'air, plus de propos trompeurs et plus de serments que dans toutes les assemblées politiques.

Arrivons maintenant, et glissons-nous incognito, un jour de marché, au milieu de cette foule affairée, qui va, vient, s'interpelle; échange des propositions, des cris, des jurons, et se mêle au milieu des chevaux qui piaffent, galopent, s'essoufflent à l'envi. Voici venir un honnête épicier retiré qui veut acheter un cheval. On devine tout de suite son faible; deux ou trois maquignons le circonviennent, et ne le lâcheront pas qu'il n'ait topé pour l'acquisition d'une bête fourbue, édentée, efflanquée, qui ne tient sur ses jambes que grâce à une double ration d'avoine ou à l'action excitante du poivre long appliqué sous la

Vente d'un cheval.

ché, quelques mois après, faire l'emplette d'un autre; on lui fit accepter l'animal dont il s'était défait, bien entendu avec les intérêts et le profit légitime du vendeur. Plus tard, l'honnête acquéreur retourna auprès de son marchand, désireux à toute force de ravoir son ancien cheval, afin de l'appareiller avec le nouveau.

On remplirait un volume de toutes les rubriques, tromperies, et, tranchons le mot, les friponneries qui accompagnent le commerce des chevaux. Les anciens, qui avaient donné Mercure pour patron aussi bien aux marchands qu'aux voleurs, ne se sont pas doutés que cette épigramme traverserait les siècles et les religions, en conservant toute sa justesse. Comme ces honorables industriels sur qui le limier de la rue de Jérusalem a les yeux ouverts, les maquignons ne parlent guère entre eux qu'une sorte d'argot dont tous les termes appartiennent, ou peu s'en faut, au dictionnaire de l'Académie; mais les termes en sont employés avec une signification détournée ou allégorique, de manière à empêcher que les profanes, c'est-à-dire les dupes, ne se tiennent au courant de la conversation. Si vous entendez dire : « Tel cheval a besoin de coco, » soyez sûr que l'animal est poussif, sans force, à bout, et hors d'âge; s'il a du brillant, de l'apparence, c'est un éclat factice et momentané, produit par quelque stimulant énergique. « Cette bête est mariée avec une borne, » méfiez-vous encore, le cheval qu'on vous offre se couche ou s'abat à chaque instant. Le Parisien est l'animal qu'on n'a pu vendre à aucun prix; en d'autres termes, le rossignol du maquignonnage. En voilà un autre des plus pacifiques; méfiez-vous encore, car c'est peut-être à l'opium qu'il doit cette tranquillité inaccoutumée. Quelquefois le maquignon, surtout s'il s'aperçoit que l'acheteur appartient à la race taillable et corvéable à merci des badauds, s'amuse à parler par termes équivoques avec un sien compère; bien il vous jure ses grands dieux de la sincérité de ses paroles, et dit en effet la vérité, sûr qu'elle ne sera pas comprise. Tel fut ce héros du genre, qu'on obligea de s'engager à être véridique, sous peine de résiliation du marché. « Le cheval n'a-t-il aucun défaut? — Il boite et mange bien. » Sur cette assurance, et comme l'appétit d'un cheval sert de garantie pour sa force, on l'achète : le cheval était boiteux. — Une vieille histoire.

A côté de l'estimable commerçant retiré dont vous voyez ici la silhouette, un autre marché, de nature différente, est sur le point de se conclure. Voici, entre les griffes des Judas de l'Hôpital, un fils de famille, un de ces jeunes gens

qu'on nous dépeint dans leur fringant équipage, menant joyeuse vie, et qui ne mettent, avec leur élégant tilbury, qu'une distance de trois mois entre la rue de Provence et la rue de Clichy. Jadis ces jeunes lions se rendaient aux mystérieuses écuries de halte échelonnées sur la route d'Angleterre : là, messieurs les marchands de haute volée les conduisaient auprès des étalons et des coursiers tout frais débarqués. Enchanté d'avoir la primeur, et de choisir de la première main au milieu de ces coursiers incomparables, l'innocent dandy payait des prix fous pour avoir un cheval orné de fers à l'anglaise, et d'une généalogie remontant tout droit au fameux Godolphin, le père authentique de tous les pur-sang du Royaume-Uni. Qu'arrivait-il de cet excès de confiance? Le héros inconnu faisait son entrée au Champ de Mars; il apparaissait dans la lice, après un entraînement préalable et des frais énormes de jockey, d'éleveur, de haras, que sais-je... puis il arrivait le dernier! Pour comble de malheur, sa robe déteignait sous la sueur, et le maître désolé reconnaissait, quoi? son ancienne monture, mise au rebut, et vendue à vil prix l'année précé-

Pour un cheval de luxe.

dente. L'animal, refusé à tout prix et devenu Parisien par l'entêtement des acheteurs qui s'obstinaient à ne pas en donner six ou sept cents francs, avait été transformé en Anglais tout fraîchement débarqué, et, comme tel, vendu quelques mille francs. Ins-

Pour un cheval d'homme aisé.

queue. Nul n'est adroit comme un de ces commerçants équivoques pour déguiser un animal, le faire paraître tout à son avantage, et le rendre absolument méconnaissable. Un particulier ayant, sans doute dans un moment de gêne, vendu son cheval, vint au mar-

truit par cette fâcheuse expérience, notre amateur a voulu tâter du marché aux Chevaux; pour plus de sûreté, il amène avec lui un connaisseur, un ami, pour tout dire, le vétérinaire. Malheureusement, il existe de par le monde un vieux proverbe qui prétend que les loups ne se mangent pas entre eux. Avant de dire son avis, après l'inspection des dents de la bête, par exemple, le vétérinaire cligne de l'œil; si le maquignon répond par un clignement analogue, il s'engage à payer un pour-boire. Autant de clignements échangés, autant de sommes convenues d'avance, que le marchand du cheval promet au compère, si celui-ci fait réussir le marché. Il valait autant s'exposer à acheter un *Parisien* mêlé aux enfants d'Albion.

Duper l'acheteur n'est cependant pas toujours une besogne si facile. On ne voit pas uniquement, au marché aux Chevaux, une population de *sportmen* ignorants, qui font aujourd'hui une mode ridicule du *turf*, du *sport*, du *steeple-chase*, du *handicap*, et autres importations britanniques aussi étrangères à nos mœurs que la boxe ou les combats de coqs ou de chiens contre des rats. Indépendamment des liens à tous crins qui viennent ajouter à leurs charmes naturels et factices l'ornement d'un coursier splendide ou d'un cheval brillant qui traîne leur tilbury, les maquignons ont affaire soit à des gens rompus aux ruses du commerce en général, soit à des confrères qui viennent incognito à la recherche d'une bonne fortune hippique. Bien que peuplé de Limousins et de Normands, avec quelques échantillons des espèces que nourrit le midi de la France, le marché aux Chevaux fournit aux écuries aristocratiques, par voie indirecte il est vrai, un nombre considérable de *pur-sang* arabes ou anglais : il a été déjà question, dans ce chapitre, des transformations et des déguisements nécessaires pour arriver à ce résultat éminemment honnête et moral.

Il faut observer qu'en général les acheteurs, quels qu'ils soient, malgré les déboires et les tromperies de toute espèce, préfèrent s'adresser aux éleveurs, et que les éleveurs, sûrs d'avoir un débouché direct de leurs meilleurs chevaux, n'envoient le mardi et le samedi, jours de marché, que les bêtes de rebut. On y trouve également les chevaux usés par les dévorantes compagnies d'omnibus : car, lorsqu'un cheval a trotté deux ou trois ans sur le pavé ou le macadam, traînant après lui cette lourde embarcation en tôle qui charrie dix-huit ou dix-neuf personnes, il quitte le service fourbu, éreinté, la bouche brisée. Les fiacres envoient là aussi leurs invalides ; les écuries d'amateurs et de bourgeois, leurs chevaux hors d'âge ou malades de maladies incurables. En un mot, le boulevard de l'Hôpital sert de dernière station dans la carrière active du cheval, avant qu'il arrive au terme de ses pompes et de ses misères, l'abattoir. Quand il passe au marché, sauf les quelques exceptions précitées, le cheval n'a plus guère pour acquéreurs que des fabricants sur une petite échelle, dont

il va tourner la meule ou traîner les chariots, remplissant ainsi, moyennant une pitance assez maigre pour mettre à découvert sa misérable charpente, les fonctions d'un moteur faible mais économique.

Pour un cheval de labour.

« Un autre côté du marché aux Chevaux, assez pittoresque pour l'animation et l'imprévu des physionomies, c'est le point de vue offert par l'hémicycle destiné aux chevaux de trait. Les habitués ne sont plus des dandys sur le déclin et des marchands cherchant

Essai d'un cheval de trait.

à *refaire* leurs collègues ; on n'y voit pas d'anciens *pur-sang*, précipités par l'inconstance de la fortune jusqu'à ce dernier terme de l'abaissement, ni des chevaux grossièrement parés et déguisés pour séduire l'œil d'un acheteur inexpérimenté. Ici, maquignons et

paysans, c'est-à-dire vendeurs et acheteurs, sont de même force : on peut dire, comme dans le proverbe, A trompeur, trompeur et demi. Les paysans des environs viennent s'y fournir de bêtes pour le labour ou bien pour le service de leurs pesantes charrettes : et chacun connaît combien le paysan est retors et madré sous son apparence rustique ; à quel point il se montre défiant et y voit clair, quand son intérêt est en jeu. Il n'a pas besoin d'études préliminaires sur les diverses races hippiques, sur leur physionomie propre et leurs croisements : il n'a jamais vu, jamais entendu parler de *steeple-chase* et autres exercices destinés à l'amélioration de la race : néanmoins soyez sûr que si on lui offre un animal fourbu ou faible des jambes, malgré toute l'éloquence et les protestations du vendeur, il saura très bien le laisser de côté. S'il se présente au contraire un cheval fort d'encolure, bien planté, lourd et massif de formes, c'est sur lui qu'il va jeter son dévolu. Mais ne croyez pas qu'il laisse trop paraître sa préférence : il ne suffit pas pour lui d'avoir un bon cheval, il faut encore l'acquérir au meilleur marché possible. Aussi va-t-il l'examiner de la tête aux pieds, compter, énumérer tous les défauts et tous les vices imaginables dont il pourrait être affligé ; regarder avec soin sa bouche, se plaindre qu'elle a l'air fatigué, dire que les dents marquent à peine, que l'animal doit être *ombrageux*, etc., etc. Comme contraste, le maquignon s'extasie sur les perfections de sa marchandise : c'est un Limousin, un Normand sans égal, jeune, sobre, robuste, habitué au travail et à la vie dure des champs. Il est certain que si l'animal ainsi mis sur la sellette conservait la moindre parenté avec cette race de coursiers philosophes que visita jadis Gulliver, il doit se faire une singulière idée de l'espèce humaine, à laquelle l'ont soumis les injustices du sort. Heureusement pour nous qu'il ne reste pas longtemps livré à ses réflexions : on l'attelle à une charrette, puis l'acheteur et les voisins se mettent à caler et à retenir les roues, afin d'évaluer sa force ; on l'oblige à courir, à s'arrêter, à traîner des poids considérables ; et quand toutes les épreuves sont terminées, le propriétaire l'emmène, en échange de quelques vieux louis d'or et de quelques vieilles piastres et pistoles, c'est-à-dire pièces de cent sous, mises depuis longtemps en réserve pour l'acquisition, et longtemps regrettées ensuite. On conclut ordinairement ces sortes de marchés le verre en main, dans quelqu'un des cabarets qui bordent le boulevard : il paraît, au dire des intrépides flâneurs pour lesquels Paris a si peu de secrets et qui nous fournissent tant de précieux matériaux, que les cerises à l'eau-de-vie obtiennent la préférence. Un cheval ne serait pas bien vendu si le maquignon n'avait pas fait à son client la politesse de lui offrir un de ces fruits dont la consommation augmente considérablement depuis un an ou deux à Paris.

« Le marché aux Chevaux, comme on doit bien le présumer, ne voit guère que des pur-sang français

CHAPITRE XV. — LES HALLES ET MARCHÉS (Suite).

dans ses compartiments. Le Limousin, le Normand, le Franc-Comtois, le Flamand, les sobres chevaux des départements montagneux et parfois de petits chevaux corses, hauts à peine comme de grandes chèvres, tels sont les hôtes du boulevard de l'Hôpital. Le cheval du Nedj, dont la généalogie authentique remonte à Salomon; le barbe, rapide comme le vent du désert; la cavale, fille du Niémen, et le pur-sang britannique, croisé et confectionné depuis trente ou quarante générations, trouvent un asile plus digne d'eux dans les écuries des grands marchands et les haras des grands éleveurs. Nous n'avons pas à parler des prodiges obtenus par la patience des écuyers et des dresseurs de chevaux, travaillant en quelque sorte sur commande et d'après les injonctions impérieuses, quoique éphémères, d'une mode qui varie à chaque instant. Tour à tour, sur les ordres de l'inconstante déesse, ils ont produit des chevaux, trapus et ramassés, et des chevaux élancés, longs, hauts sur les jambes; des bêtes grasses et florissantes, et de vrais squelettes animés. Aujourd'hui surtout l'habileté des entraîneurs tient du prodige. Ils ont obtenu des espèces tellement efflanquées en fait de chevaux et tellement rabougries en fait d'hommes, que les équivalents se trouvent à peine dans la fantastique légende de *Lénore, les morts vont vite*. Il faut soi-même être un fantôme pour pouvoir chevaucher sur les ombres de coursiers qui remportent au Champ de Mars les prix des tinés à l'*amélioration* des races chevalines.

A l'extrémité du boulevard, tout à côté de la grande remise, il existe un pavillon isolé et plus remarquable que les autres, c'est le bureau du commissaire-priseur. Là se réunissent le plus volontiers dupes et fripons, car c'est le théâtre de la vente à l'encan des chevaux et voitures dont les maîtres ont fait un voyage pédestre vers les hauteurs de Clichy. Cette vente ressemble à toutes celles qui se font par le ministère des commissaires-priseurs : elle rentre dans un autre chapitre plus spécial.

Il ne reste donc à donner que quelques détails historiques. Le premier marché aux Chevaux fut établi

Cheval normand.

en 1664, sur l'emplacement de l'ancien hôtel des Tournelles, où périt Henri II, frappé d'un coup de lance qu'il reçut dans un tournoi de la main du comte de Montgommery. Plus tard, Henri IV délogea les chevaux pour établir, sur le même lieu, des manufactures qui sont devenues, sous son successeur, la Place-Royale. Le marché fut installé provisoirement au boulevard actuel des Capucines. En 1642, François Barajon, valet de chambre et apothicaire du roi, obtint le privilège d'établir un marché aux chevaux dans le faubourg Saint-Victor, au lieu appelé anciennement la *Folie Eschalard*. C'est, à peu près, le marché actuel. Le même emplacement servait, avant la Révolution, aux exercices des chevaliers de l'arc, qui avaient pour colonel le duc de Montmorency-Luxembourg; ils se réunissaient en ces lieux depuis le 1er mai jusqu'à la Toussaint, et tiraient à l'oiseau certains jours de la semaine. Vers 1760, un pavillon fut construit pour servir de bureau à un inspecteur spécial, et le marché demeura stationnaire jusqu'aux premières années de la Restauration. Paris, à cette époque, y fit des réparations et des accroissements considérables, un terrain fut acquis et clos de murs pour remiser les voitures; on établit des places fixes et des compartiments pour chaque cheval; des arbres furent plantés, afin de les garantir de la chaleur et des insectes. Tel est, de nos jours encore, l'aspect du marché aux Chevaux. La ville retire par chaque tête de cheval une rétribution de cinquante centimes.

Chevaux flamands.

Cheval corse.

Chapitre XVI.

LE LONG DE LA SEINE.

LES CANOTIERS.

Bercy. — Le canotier. — Une tempête dans un verre d'eau. — Les embarcations du moyen âge. — Les loups d'eau douce. — Les touristes maritimes. — Les yachts de Londres. — A quoi tient la paix du monde. — Les régates. — Asnières, colonnes d'Hercule. — Conditions du canotage. — Les yoles. — Les péniches. — Les gigs. — Les cutters. — Les longres. — Les godettes. — Une pirogue baleinière, entre Paris et Saint-Cloud. — Les naufrages. — La jeunesse dorée du canotage. — Argot maritime. — Les grandes panathénées. — La taverne des canotiers. — Les sobriquets.

Nous allons descendre, si le lecteur veut bien le permettre, la Seine à partir de Bercy jusqu'à la barrière des Bons-Hommes ; c'est ainsi que l'on fait à Londres, quand on veut admirer les monuments qui s'étendent de *London Bridge* jusqu'à Greenwich. Les bateaux à vapeur, ces hirondelles de la Tamise, volent par enchantement, d'une extrémité à l'autre de l'immense métropole. Nous n'avons pas, nous, de pyroscaphe à notre service ; mais un simple canot, voguant à la dérive, nous permettra mieux de contempler ces *bords fleuris* où ont poussé les moellons et la pierre de taille.

Et d'abord, avant de dire ce qu'est Bercy, parlons tout de suite du canotier. Qu'est-ce qu'un canotier ? Un homme appartenant à la vie réelle ? une abstraction ou un type de carnaval ? Adressez-vous aux grands et aux petits dictionnaires, tous vous donneront une définition dans le genre de celle-ci : un canotier est un homme qui fait partie de l'équipage d'un canot. Autant vaudrait dire que tout homme armé d'une carabine est un carabinier.

Depuis un temps immémorial, les habitants de Paris se croient doués d'une aptitude singulière à conduire une barque sur les flots et à braver les efforts de la tempête. C'est pour eux qu'a été créé ce proverbe : Une tempête dans un verre d'eau. Quand les Normands arrivèrent sous les murs de Lutèce, dans leurs grossières pirogues, ils aperçurent une nuée de bateaux de toutes formes qui fuyaient devant eux. Plus tard, durant les jours poétiques et sombres du moyen âge, la Seine était couverte d'embarcations couronnées de feuillage, qui allaient jeter sur la rive de l'île de la Gourdaine ou de l'île aux Treilles des couples d'amoureux ou des groupes d'écoliers. Les nautonniers qui tenaient l'aviron ou le gouvernail étaient les canotiers de ces siècles-là.

Le canotage n'est donc pas précisément une science nouvelle ; cette passion pour la vie aventureuse qu'on mène entre le pont de Bercy et le pont de Chatou n'est donc pas un trait particulier de notre époque.

Un canotier à terre.

elle appartient aux instincts du Parisien de tous les temps.

Néanmoins le nombre des canotiers s'accroît si rapidement depuis quelques années, les mœurs et les allures de ces *loups d'eau douce*, comme ils s'appellent eux-mêmes dans leur pittoresque et orgueilleux langage, subissent de telles transformations, que, malgré les descriptions qui ont déjà été faites, nous croyons devoir recommencer de plus belle. Il est temps que tous les Français soient initiés aux secrets de la vie orageuse des canotiers parisiens.

Londres compte plusieurs clubs dont les membres possèdent en commun ou individuellement des yachts somptueux avec lesquels ils vont croiser dans la Manche, dans le canal Saint-Georges, dans le petit ou dans le grand Minch ; abordant tour à tour sur les côtes de Jersey, de l'île de Man, des Hébrides ou des Orcades. Munis de toutes les ressources que procure l'argent, ces hardis touristes cherchent sur la mer des émotions qu'on ne rencontre guère plus souvent sur le pavé du West-End que sur l'asphalte du boulevard Italien. Ils découvrent des îles où ils renouvellent l'histoire de Robinson. Ils boivent du vin de Champagne sur le rocher battu par les flots, et tirent des aigles sur les rivages déserts. Leurs blondes et frêles compagnes supportent parfaitement le mal de mer. La patrie de l'Anglais et de l'Anglaise est partout où il y a une goutte d'eau. Quand un lord sent l'approche de cet invisible ennemi qui s'appelle le spleen, il abandonne son château ou son palais, et se confie au coursier à la crinière d'écume. Les trois ou quatre hommes d'équipage vivent toujours à bord du yacht, occupés à frotter, à cirer le pont qui brille comme un miroir. Où veut aller sa seigneurie ? demande le pilote. — A Naples, à Athènes, à Pétersbourg, à Constantinople ? Et aussitôt le yacht bondit sous le gouvernail comme le cheval sous l'éperon. Dans l'espace de quelques mois, le propriétaire de la frêle embarcation a touché barre aux quatre coins de l'Europe. Où qu'il aille, il dort sous le pavillon de sa patrie. Il emmène sa famille, ses domestiques, ses

Le canot.

cuisiniers dans son palais flottant ; un palais qui ne coûte guère annuellement que cinquante mille écus d'entretien. On comprend cet orgueil de la nation britannique qui voit l'Angleterre partout où l'Océan promène ses vagues sous le soleil. Ce que l'on comprend moins, c'est que ce peuple pérégrinateur reste immobile dans ses idées, dans ses mœurs et, ramassé dans ses préjugés. Comme il en est parti, il revient à son nid battu par les flots : on dirait que l'Anglais passe à travers toutes les nations enveloppé dans son vaste manteau de caoutchouc imperméable.

Les canotiers parisiens ne font pas encore de ces prouesses. L'argent et les loisirs, non le courage, leur manquent pour entreprendre ces vastes expéditions ; ils se bornent, pour le quart d'heure, à naviguer sous les ponts. Mais, dans ce petit espace, ils déploient tant d'intelligence, tant d'énergie, tant de bonne volonté, qu'il ne faut pas désespérer de les voir un jour se lancer *extra muros* pour aller dans les mers du Nord échanger de joyeux toasts avec les *yachtmen* de Londres. La paix du monde sera assurée pour toujours, lorsqu'un flambard de la Seine aura allumé son cigare au cigare d'un flambard de la Tamise, à la hauteur des Lewis ou des îles Schettland.

En attendant ce brillant avenir, le canotier s'exerce aux régates d'Asnières ; on l'a même vu figurer avec gloire aux régates du Havre et de Nantes. Une fois par an, le Havre ne dédaigne pas non plus de remonter le fleuve jusqu'à Asnières, les meilleurs rapports ayant toujours existé entre ces deux cités maritimes.

CHAPITRE XVI. — LE LONG DE LA SEINE.

Ordinairement esclave de quelque fonction ou de quelque industrie, échappé aux langueurs de l'école, de l'atelier ou du magasin, le canotier séquanien s'est empressé de jouir de sa liberté et de se retremper dans les brumes de la Seine. Il dépouille son paletot, revêt avec orgueil la vareuse et la *salopète*, se munit du brûle-g..... indispensable, et se met en campagne ou plutôt en rivière.

Les canotiers portent donc rigoureusement le costume marin, et parlent le *chien de mer* et la *bagace d'entre-pont* dans toute leur rudesse. Ils ont des récits et des chansons que ne désavouerait pas le gaillard-d'avant le plus *flambard*. Issus des francs marins et des corsaires du Vaudeville et de l'Opéra-Comique, ils ont laissé bien loin leurs maîtres dans l'art de jurer. Ils ont à bord un équipage complet, l'état-major et les *équipiers*; chaque bord a un nom, le *Veau-marin*, la *Rafale*, l'*Écrevisse*, le *Crapaud*, la *Grenouille*, etc.; leur abordage s'appelle un *battage*. Le canotier a adopté, pour ces expéditions, outre les braies et la vareuse, la voile latine triangulaire, les avirons, le pavillon qu'il arlequine selon sa fantaisie, et qu'il emprunte à tous les pays. S'il osait, le canotier séquanien aurait une boussole, des ancres, un porte-voix, des montres marines et une ancre de la miséricorde. Il a construit des pyros-

Type de canotier.

Chef d'équipe.

Type de canotier.

caphes. Nous avons vu le *Pluton*, un joujou, aborder à Saint-Germain.

Dans ses courses d'exploration, il a découvert toutes les îles peuplées et désertes qui couvrent la Seine, ainsi que les colonies de pêcheurs qui bordent ses rivages; dans ses voyages de long cours, il a vu Saint-Maur, Créteil, Saint-Cloud, Asnières et Saint-Denis.

Le canotier est sérieux dans sa folie : la caricature gagne beaucoup à ce flegme. Le canotier parisien fait de la marine d'eau douce comme don Quichotte faisait de la chevalerie errante.

Où va-t-il le plus ordinairement? Au pont d'Asnières, l'oasis du canotage : qu'il soit simple matelot ou qu'il ait justifié, par son audace, par sa vigueur, par son sang-froid dans les dangers, son grade de chef d'équipe, il lance sa barque dans la direction d'Asnières. Lorsque s'ouvriront pour lui les sept arches du pont, il jettera un cri de triomphe et de joie, comme les compagnons d'Énée à la vue de leur nouvelle patrie : *Italiam ! Italiam !* Seul, le port de Bercy avec son appétissante taverne, pourrait parler aussi éloquemment à son imagination.

Il ne faut pas croire pourtant que le premier venu soit apte aux travaux du canotage. Il ne suffit pas, pour figurer honorablement parmi cette aquatique population, de savoir distinguer une vareuse d'un habit de cour, une rame d'un mât de perroquet; il est indispensable de posséder des connais-

Le port d'Asnières.

sances plus complètes et plus étendues. La brute barbote, l'homme nage, le Séquanien seul sait canoter.

Le canotier doit avoir plus de quinze ans et moins de cinquante ans; il n'est ni sourd, ni bossu, ni boiteux, ni manchot, ni myope. Un canotier avec des lunettes, cela ne se comprendrait pas; il doit fumer impunément toute espèce de tabac, surtout le tabac de caporal. Quand il tombe à l'eau par suite de naufrage ou autrement, il ne doit changer d'habillement qu'au bout d'une heure.

Le canotier est Français, il a sa Sirène qu'il promène dans les îles Fortunées. Non moins corsaire que les héros de Byron, c'est avec sa Gulnare odalisque ravie aux harems des marchandes de mode, qu'il fait ses orgies dans les bouchons riverains.

Voilà ce qu'il faut être pour prendre rang parmi les flambards de la Seine.

Il y a plusieurs espèces de canots : des yoles, des péniches, des gigs; il y a des cutters, des lougres et des goëlettes. Nous trouvons même parmi les nombreuses embarcations de la Seine deux yachts et une pirogue baleinière, le *Cachalot*.

Ces bateaux ont des dimensions différentes, sont plus ou moins ornés, astiqués, mais ils portent presque tous des noms poétiques. Les équipages se composent le plus souvent d'un capitaine (ordinairement le propriétaire du canot) et d'un ou plusieurs matelots. — Les chefs d'équipe et les matelots appartiennent à toutes les classes de la société. Hors de leur service, on les retrouve artistes, étudiants, commis de boutique, ou marchands; sous la monarchie, il y avait des fils de pairs de France. — C'était la jeunesse dorée du canotage.

La flotte de Bercy.

La plupart des embarcations qui sillonnent la Seine sont construites de manière à recevoir des voiles.

Canot marchant à la voile.

Quelques-unes cependant sont manœuvrées avec l'aviron. La voile a plus de grâce, mais elle offre plus de

Embarcation chavirée.

danger. Trop souvent de novices canotiers, adaptant des voiles à leurs bateaux, ont fait, comme Icare, un périlleux plongeon. Les prudents navigateurs, qui comptent plutôt sur leurs forces que sur celles du vent, ont quelquefois recours à la godille, c'est-à-dire à un aviron placé à l'arrière du canot, et employé seul à le faire mouvoir.

Outre les courses et les expéditions où les canotiers parisiens déploient leur intelligence et leur audace, ils ont certaines réunions solennelles dont le souvenir se présente sans cesse à leur imagination. Sans parler des grandes régates, ces luttes nautiques, ils voient chaque année revenir la brillante fête d'Asnières, fête accompagnée de musique militaire, de femmes parées et de nombreux applaudissements pour les héros du canotage. Les fêtes d'Asnières sont les plus grandes panathénées des équipes de la Seine. Dans la belle saison, lorsque le soleil, à son déclin, couvre d'or et de pourpre la nappe du fleuve, des canots partant du pont d'Arcole se dirigent vers Bercy. Dans leur marche triomphale, les navires harmonieux déchaînent dans l'air les voix retentissantes des instruments de cuivre. Lorsque les curieux attroupés sur la rive ont cessé de voir les canots, ils entendent encore de loin les symphonies sonores.

Ils abordent ainsi au grand pont de Bercy, Bercy, la ville du vin et des cabarets. A chaque pas, des gens heureux qui ont fêté la vigne, à chaque maison une enseigne. Ici, ce sont des marronniers touffus qui abritent des tables chargées de brocs et de verres; là, ce sont des berceaux mystérieux au fond desquels vous entendez le bruit des bouteilles qui se heurtent et des bouchons qui sautent. Chacune de ces maisons aux volets verts est un temple ouvert au culte des ivrognes. Mais ce n'est pas dans ces tavernes borgnes que se réunissent les canotiers véritablement dignes

Canot marchant à la godille.

de ce grand titre; ils ont leur taverne à eux, la Taverne des Canotiers, ma foi! et qui est appréciée de

Une régate.

quiconque a pénétré une seule fois sous ces latitudes culinaires et bachiques. Dans cette maison, à l'abri

La Taverne des Canotiers, à Bercy.

des indiscrets, assez isolée pour permettre aux joyeuses réunions de s'ébattre sans scandale, se rencontrent toutes les douceurs que peut ambitionner un marin fatigué, mouillé, affamé ou altéré. Tout chef d'équipe, tout matelot, le simple mousse même, trouvera sous ce toit hospitalier des sièges moelleux, des habits de rechange et des bouteilles pleines de vin naturel. Du pont de Grenelle au pont de Conflans, il n'est pas une auberge qui puisse lutter avec la Taverne des canotiers toujours si gaie et si bruyante.

Aussi le dimanche, quelle affluence de canotiers et de canotières! Voyez-les entrer dans la grande salle, vêtus de leurs costumes pittoresques, avec leurs pavillons bigarrés. Les uns portent fièrement leur vareuse goudronnée, les autres s'avancent couverts de peaux de bêtes; ceux-ci ont des camisoles rayées de rouge et de blanc, ceux-là apparaissent revêtus d'un uniforme qui rappelle un peu celui de l'aspirant de marine, c'est-à-dire, de la veste de drap bleu aux ancres d'or, de la casquette garnie de sa gourmette, de la chemise au col rabattu. A cet élégant flambard il ne manque que les aiguillettes et le poignard.

Cependant, après avoir échangé des poignées de main, les convives s'asseoient devant les longues tables chargées de bouteilles et d'assiettes; le verre élancé où va pétiller le champagne s'élève orgueilleusement au-dessus des autres verres, comme le lis domine des fleurs vulgaires de nos jardins.

Quantum lenta solent inter viburna cupressi.

Les convives de la taverne appartiennent, nous l'avons dit, à toutes les classes de la société. Dans le monde ils sont artistes, marchands, employés; mais à Bercy comme à Asnières, ils ne sont que canotiers. Aussi ont-ils des noms particuliers pour leurs canots et dans leurs ports; chacun a son sobriquet: l'Araignée interpelle l'Écureuil, Grain-de-sel défie Fil-de-fer, Gueule-d'acier se dispute avec Goliath. Sous ses masques, comment reconnaître tel peintre célèbre, ou tel avocat, ou tel banquier. Tout déguise le canotier, le nom, le costume et aussi le langage.

Du reste, pendant la semaine, il dépose ses mœurs de mer, sa piraterie, sa chique, sa grosse voix, sa rudesse et tout son attirail terrible, dont il ne s'affuble guère que le dimanche; il n'est scélérat boucanier et flibustier qu'un jour sur sept.

Les fastes des Séquaniens ont des dates historiques. Pour ne parler que de ce siècle, nous citerons le marsouin qui a remonté la Seine jusqu'à Paris, remorqué par un bateau de sel. On le voit empaillé au Muséum d'histoire naturelle; les feux d'artifice de l'Empire qui faisaient flamboyer les eaux; la fête vénitienne, le fameux vaisseau de carton et les gondoles illuminées de 1832, les débris de l'archevêché roulés dans les vagues, les bateaux funèbres qui portèrent au Champ de Mars les corps des morts de Juillet et ceux qui rapportèrent à Paris les débris calcinés de la catastrophe du 8 mai; l'obélisque de Louqsor, son allège et son équipage; ce fut la première fois que Paris vit dans ses eaux un bâtiment de l'État; les restes de Napoléon rapportés par le prince de Joinville.

Le canotage a son Livre d'or sur lequel sont consignées toutes les belles actions des marins de la Seine. Que de fois n'a-t-on pas vu le canotier parisien plonger tout habillé pour retirer un enfant ou une femme en danger de se noyer! Asnières, Bercy, tous les ports situés entre le pont de Conflans et le pont de Saint-Cloud ont été témoins des actions sublimes des Séquaniens; quelques-uns même, emportés par un excès de

Un sauvetage.

courage et de zèle, vont, assure-t-on, jusqu'à précipiter les dames qui les accompagnent dans la rivière, afin d'avoir l'occasion et le bonheur de les sauver. Tel autrefois le sage Mentor précipitant le jeune Télémaque dans l'onde amère.

La Seine a ses Bohémiens: ils pillent et dévalisent les bateaux dans lesquels ils se glissent malgré la surveillance des mariniers qui établissent leurs lits et

Les chiens de sauvetage.

leur marmite dans les cabines. Ce sont les mariniers qui sont ordinairement chargés du soin de surveiller la flottille des canots, pendant que les marins font du paysage, aunent des étoffes ou se livrent à la procédure.

Le Parisien aime la Seine comme le Vénitien aime l'Adriatique. L'enfant de Paris, s'il le pouvait, ferait de son fleuve une mer. Que de fois il a sérieusement songé à opérer ce prodige! Aussi, comme il traite gravement toutes ses relations avec la Seine! Les rivageurs et les canotiers de la Seine sont assurément de nature plaisante; il est sans doute difficile de ne pas rire de l'importance nautique dont ils affublent leur personne, leurs mœurs et leur langage: c'est le carnaval sur l'eau. Cependant, sans trop d'effort, on peut retrouver, dans cette fantaisie poussée jusqu'au burlesque, les traces de l'instinct primitif et des premières amours des rives et du fleuve.

Une ville s'est établie au milieu du fleuve dont elle complète ainsi la vie et le mouvement: cette ville a suivi, trop lentement peut-être, dans ses progrès et dans ses embellissements, l'impulsion du rivage qui chaque jour se couvre d'édifices nouveaux. Nous parlerons de cette ville fluviale dans notre promenade sur la Seine.

Nous raconterons les drames et les vaudevilles du fleuve au fur et à mesure que nous les rencontrerons sur notre route; pour le moment nous nous contentons de signaler à l'admiration du lecteur ce philanthrope à quatre pattes, ce chien de Terre-Neuve, toujours disposé à sauver l'homme qui se noie.

Le chien de Terre-Neuve est un des plus intimes amis du canotier, et cette amitié n'a pas toujours été inutile à ce dernier. Il avait été question d'établir une colonie de ces animaux sur les bords de la Seine depuis Charenton jusqu'au pont d'Iéna, pour retirer de l'eau les mortels qui y tombent par mégarde ou s'y précipitent volontairement; mais il n'a pas été donné suite à ce projet.

Ce sont toujours les mariniers qui restent chargés de cette besogne; autrefois on leur donnait comme prime 15 francs pour chaque individu retiré de l'eau vivant, et 25 francs pour un cadavre; mais on fait le contraire depuis quelques années, parce qu'on s'est aperçu que certains mariniers, peu philanthropes, achevaient quelquefois l'asphyxié à coups de crochet pour obtenir la plus forte prime, la prime de 25 fr.

Si la pensée se reporte vers le passé à travers les ténèbres qui entourent l'origine de l'antique Lutèce, nous voyons le berceau de Paris placé dans une île.

En avançant de siècle en siècle, la Seine est pour Paris une source toujours croissante de prospérité. C'est en témoignage de ses bienfaits que la ville de Paris a placé dans son écusson un vaisseau, comme le signe durable de sa gratitude pour une navigation du fleuve qui fut le principe de sa grandeur.

Paris et ses magistrats ont épousé la Seine, comme autrefois Venise et ses doges étaient mariés à l'Adriatique.

Chapitre XVII.
LE LONG DE LA SEINE (Suite).
BERCY. — BICÊTRE. — LA SALPÊTRIÈRE. — CHARENTON.

Les trains de bois et le flottage. — Jean Rouvet et René Arnoul. — Ce qu'c'est qu'un débardeur? — Les maladies des débardeurs. — La grenouille. — Parent Duchâtelet. — Le Petit et le Grand Bercy. — Louis Lavaux et Lenôtre. — L'entrepôt de Bercy. — Les dégustateurs-gourmets. — Les fritures et les matelotes. — Vue prise du port de Bercy. — Bicêtre, la Salpêtrière et Charenton. — La folie. — Préjugé de l'antiquité à l'égard de la folie. — Arrêtée. — Celse. — Moyens de traitement employés pour la folie avant la Révolution. — La maison des fous, d'après Kaulbach. — Tenon. — Les Petites-Maisons. — Pinel. — Sa grande réforme. — Les cages de Marèville. — Les anciennes cellules de Bicêtre et de la Salpêtrière. — Les rues d'Enfer et de Furieux. — Théroigne de Méricourt. — Esquirol. — M. Ferrus. — Les fous employés aux travaux manuels. — La ferme Sainte-Anne. — Fermes de Montrouge et d'Ivry. — Les fous gardant leurs gardiens. — Ateliers de métiers divers à Bicêtre. — École de musique à la Salpêtrière. — Bibliothèque de Bicêtre. — L'orchestre vocal et le théâtre à Bicêtre. — Cours de lecture. — Le repas commun des aliénés. — Les idiots. — Le conseil d'administration des hospices. — Vue générale des bâtiments nouveaux à la Salpêtrière. — Les cabanons des folles furieuses. — Les chalets pour les folles agitées. — Cours et cellules de Bicêtre. — Le quartier de sûreté. — Vue générale de l'hospice de Charenton.

Bercy comprend la Rapée, la Grande-Pinte et la vallée de Fécamp. L'importance de Bercy consiste surtout dans son commerce. Sur les deux rives règnent le mouvement et le travail. Un énorme train de bois passe, suivi de plusieurs autres; des ouvriers, nus jusqu'à la ceinture, dépècent ces radeaux éphémères, et transportent sur le rivage les bûches qui s'amoncellent ensuite dans les chantiers. Rude labeur que rien n'interrompt, ni les chaleurs de l'été, ni les froids précoces de l'automne, jusqu'à ce que la capitale ait la quantité de bois nécessaire pour se chauffer pendant une année. C'est ici le cas de faire quelques pas dans le domaine de la statistique. Environ quatre mille cinq cents trains descendent annuellement la Seine; chacun de ces trains se compose de dix-huit coupons formant un *décastère*, ce qui fait quatre-vingt-un mille décastères, ou huit cent dix mille *stères*. Un stère égale une *demi-voie*, ou un mètre cube. La consommation en bois, de Paris (nous parlerons plus tard du charbon de terre), est donc de quatre cent cinq mille voies, ou huit cent dix mille mètres cubes, que nous amène la rivière. Ici, c'est l'eau qui alimente le feu.

Un bourgeois de Paris, Jean Rouvet, qui vivait sous Charles IX, eut l'idée de faire venir le bois à Paris sans le secours d'aucun bateau, mais il ne put trouver un seul bailleur de fonds pour mettre son projet à exécution, et il mourut de chagrin et de misère, comme tous les inventeurs. Un autre bourgeois, René Arnoul, prit l'idée abandonnée, et la mit en pratique. Les petites rivières qui forment la partie supérieure du bassin de la Seine traversaient d'immenses forêts en quelque sorte vierges. On y jetait les bûches, qui, abandonnées au courant, parcouraient ainsi sans frais un trajet considérable. Les bûches, arrêtées à l'endroit où les rivières tombent dans la Seine, étaient réunies en train et dirigées ensuite sur Paris. René Arnoul obtint de Charles IX, pour mettre ce plan à exécution, une concession par des lettres-patentes qui furent signées deux jours avant la Saint-Barthélemy. C'est depuis cette époque que Paris, qui avait jusqu'alors manqué de combustible, cessa de frissonner. Le flottage du bois était trouvé.

Bercy est naturellement peuplé de débardeurs.

Le débardeur n'est pas ce qu'un
(vain peuple pense...)

Ce n'est pas cet être poétisé, idéalisé, qui est le héros de tous les bals masqués. Je voudrais que les débardeurs de l'Opéra pussent entendre une conversation de leurs collègues de la Rapée, ou seulement qu'ils assistassent à un de leurs repas.

Un poëte a dit :
Qu'est-ce qu'un débardeur ? — Un jeune front qu'incline

Un ravageur.

Sous un chapeau coquet d'allure masculine,
Un corset dans un pantalon,
Un masque de velours aux prunelles ardentes,

Sous des plis transparents des formes irritantes,
Un ange doublé d'un démon.
C'est une fantaisie, un prestige, un caprice,
Un murmure discret qui dans l'ombre vous glisse
Un mot d'amour comme un rayon;
C'est un geste hardi, c'est une main qui presse
Un gant tout parfumé, c'est un pied de comtesse
Dans le soulier de Cendrillon.

Généralement le débardeur (le vrai) prend un verre d'eau-de-vie à trois heures du matin. À neuf heures, il mange une gamelle entière de soupe et boit un litre de vin. A midi, repas léger : une livre et demie de pain et un cervelas; un demi-litre arrose ces comestibles. A six heures, dîner et litre. Je ne parle pas des canons et des petits verres consommés dans l'intervalle d'un repas à l'autre.

Le débardeur est amphibie, mais il vit surtout dans l'eau jusqu'à la ceinture, déchargeant les bûches. Pour faire partie de cette recommandable corporation, il faut être doué d'un tempérament robuste. Hercule, Thésée, Samson seraient de très-remarquables débardeurs, s'ils n'étaient pas des demi-dieux.

Les débardeurs sont exposés par leur profession à un grand nombre de maladies. Outre les fièvres aiguës, les pleurésies, les péripneumonies, la toux, la dyspnée et diverses autres affections de poitrine, il leur survient, assure-t-on, aux jambes des ulcères très-difficiles à guérir. Cependant un praticien célèbre, Parent Duchâtelet, qui s'était fait débardeur pendant quelque temps par amour de la science, affirme que ces ulcères soi-disant inguérissables ne sont qu'une affection peu dangereuse commune à d'autres professions, et qu'on désigne vulgairement sous le nom de *grenouille*. Parent Duchâtelet a vu un débardeur de soixante-douze ans qui, après avoir passé les trois-quarts de sa vie dans l'eau, absorbait les litres de vin et les petits verres d'eau de vie comme le premier charpentier venu. Il n'avait même jamais été affecté de la grenouille.

À côté des débardeurs, il y a les déchireurs de bateaux, ainsi nommés parce qu'ils mettent en pièces les bateaux qui descendent chargés de bois; puis la Seine voit aussi des hommes au teint livide, aux traits amaigris, aux vêtements délabrés, entrer dans la vase jusqu'aux genoux. Ils agitent de vastes sébiles en bois, dans lesquelles ils lavent la boue comme s'ils avaient affaire au sable du Joaquin ou du Sacramento. Ces gens-là cherchent de l'or, et surtout des clous, des boutons de guêtre, des épingles, des fragments d'ustensiles de toutes sortes. Pour extraire les parcelles de métal, ces malheureux, surnommés les *ravageurs*, entrent dans ce Pactole fangeux, y restent depuis le matin jusqu'au soir.

Les vrais débardeurs.

CHAPITRE XVII. — LE LONG DE LA SEINE (Suite).

Dans l'espace qui s'étend de la barrière au territoire de Conflans, on distingue le petit et le grand Bercy. Le grand Bercy est un château qui fut construit par Louis Lavaux, architecte de Louis XIV, et dont le parc fut planté par Lenôtre.

Le petit Bercy et ses jardins sont compris aujourd'hui dans l'emplacement occupé par l'entrepôt des vins. On pense bien que, grâce à cette destination commerciale, le château et ses dehors ont subi une complète métamorphose.

Bercy est l'entrepôt général des vins de France, pour la consommation du Parisien. C'est là que viennent se fournir, non-seulement les marchands de vins de la capitale, mais aussi un grand nombre de particuliers. Nous parlerons, en descendant la Seine, de ce vaste entrepôt, qui mérite une description spéciale.

Les vins n'arrivent pas seulement à Bercy; on assure que ce petit port dépourvu de vignes fabrique des vins de Bordeaux et de Bourgogne en très-grande, en trop grande quantité. C'est même en vue d'obvier à cet abus si nuisible à la santé publique, qu'un poste de *dégustateurs-gourmets* a été établi sur le port avec la mission expresse d'éprouver tous les liquides qui sont sur la place.

Enfin Bercy est, pendant l'été surtout, le *buen retiro* des amateurs de fritures et de matelotes.

Et maintenant, avant de nous livrer à notre promenade au cours de l'eau, parlons tout de suite, pour ne pas revenir sur nos pas, de trois établissements importants que l'on aperçoit de Bercy, Bicêtre, la Salpêtrière et Charenton.

Parmi les maladies innombrables qui sont le triste apanage de l'organisation humaine, la folie est sans

Château de Bercy.

contredit celle qui, envisagée de sang-froid, inspire à l'homme le plus de répulsion instinctive et de pitié. Le courage, l'honneur et d'autres sentiments dont bien peu d'hommes sont incapables, font braver les fléaux les plus terribles et surmonter cette horreur de la mort naturelle à tous les êtres animés. Un lâche attachement à la vie ou l'énergie du stoïcisme peuvent encore soutenir le malade au milieu des souffrances de la maladie, quand, de tout l'être humain, l'organe de la pensée est le seul intact et presque le seul vivant. Si le corps a perdu ses forces, si la douleur de la torture, du moins les jouissances de l'esprit restent; l'affection des amis, des proches, peut faire oublier au malade ses maux pendant quelques instants, et le philosophe se console assez facilement de ne vivre que par la pensée; mais quand l'intelligence est en ruines, quand le plus noble attribut de l'être raisonnable a fait place au délire, lorsque les sens pervertis font du malheureux aliéné le jouet d'illusions continuelles, que, tombé dans la démence, il reste insensible à tout ce qui l'entoure, enfin que, souvent à charge à lui-même, il devient la terreur ou la désolation des siens, cette mort de l'esprit n'est-elle pas plus redoutable que celle qui nous délivre de tous maux?

En présence d'une pareille infortune, le premier sentiment semble devoir être celui de la commisération. Si la sûreté publique et l'intérêt du malade veulent qu'on le prive de sa liberté, on l'empêche de nuire aux autres et de se nuire à lui-même, les soins dont on l'entoure, les moyens coercitifs même, doivent être empreints d'un sentiment de pitié bienveillante; et pourtant, il faut l'avouer à la honte de la

Vue prise du port de Bercy.

société, pendant trop longtemps il n'en a pas été ainsi.

Considérée, dans l'antiquité, comme résultat direct d'une influence divine, l'aliénation mentale fut l'objet, à cette époque et dans le moyen âge, d'une foule de préjugés. Chez certains peuples sauvages et dans l'Orient, on regarde encore les aliénés comme protégés spécialement et même inspirés par la Divinité: singulière idée que celle de faire honneur à Dieu de rêveries dont pas un homme raisonnable ne veut être responsable. Ce préjugé n'a du moins rien de nuisible à des malheureux qu'il entoure, au contraire, d'un certain respect et de soins pieux; mais il n'en a pas été ainsi chez tous les peuples. Les auteurs nous donnent peu de détails sur le traitement de la folie dans une antiquité reculée; on sait seulement qu'on faisait prendre aux fous de l'ellébore, qui pouvait réussir quelquefois par son effet purgatif. Arétée est le premier qui présente une description exacte et assez complète de l'aliénation mentale. Celse recommande la douceur envers les aliénés, et prescrit comme un moyen curatif des plus efficaces l'exercice et un travail rude; mais si, par de tels préceptes, ce grand médecin s'est montré digne de lui-même, on ne peut assez regretter l'erreur qui lui a fait préconiser en même temps les moyens violents et les coups comme utiles dans le traitement de la folie. Erreur déplorable en effet, puisque l'ignorance de tant de siècles a pu s'en prévaloir pour justifier les sévices exercés envers des malheureux dignes du respect que tout malade doit inspirer.

Au reste, on ne prétendait guère, au moyen âge et jusqu'au siècle dernier, traiter les aliénés comme des malades. En général, on ne croyait pas à la possibilité de leur guérison, et l'on semblait d'ailleurs ne rien négliger pour rendre les guérisons impossibles.

Aucun hôpital spécial n'était destiné aux aliénés : ceux dont le délire tranquille et inoffensif n'inspirait aucune crainte étaient laissés en liberté, et vivaient dans leurs familles ou errants. Quant à ceux que leur indocilité rendait à charge à leurs proches, ou que l'on considérait comme dangereux, on commençait quelquefois par les soumettre à un traitement qui consistait dans l'emploi de moyens violents plus capables de nuire aux malades que d'améliorer leur état; puis, après quelques essais de ce genre, on les déclarait incurables, et alors c'était en général dans les prisons qu'on les enfermait; souvent même ils y étaient placés dès le début. Là, confondus avec les malfaiteurs, dont ils étaient l'horreur et le jouet, et dont le contact était pour eux une humiliation et une cause incessante de ressentiment, enchaînés, couchés sur la paille ou sur la pierre nue, abandonnés au dénûment et à toutes les privations, résultat fréquent du désordre de leurs idées, ces infortunés voyaient presque toujours s'aggraver leur mal, et, la plupart du temps, leur délire prenait le caractère de la frénésie : alors on les accablait sous le poids des fers, et le fouet ou le bâton meurtrissait leurs membres. Souvent même, sans que rien pût servir de prétexte, ils avaient à supporter la brutalité d'un gardien contre qui personne ne songeait à les protéger. Presque partout, en Europe, leur sort était le même. Si, dans quelques localités, ils étaient enfermés dans un hôpital et non dans une prison, leur présence était pour les autres malades une cause d'émotions nuisibles, et, quant à eux, ils n'y gagnaient que d'éviter l'assimilation aux malfaiteurs. Du reste, rien n'était changé à leur malheureuse existence, trop heureux ceux dont la mort venait abréger les maux.

Qui ne connaît cette belle composition allemande représentant la cour d'une maison de fous? Peut-on n'être pas vivement ému en voyant ces malheureux livrés chacun à son idée dominante, cette pauvre jeune mère pressant avec tant d'amour sur son sein un objet qu'elle prend pour son enfant? Et qui n'a pas frissonné d'horreur et d'indignation en apercevant au fond de la scène un homme à figure sinistre portant à sa ceinture le fouet du bourreau à côté des clefs du geôlier?

Ce n'est pas la pitié de l'infirmier intelligent qu'on lit sur les traits de cet homme, c'est la brutalité de l'argousin. Cette gravure nous semble donner, sous un point de vue restreint, une assez juste idée du sort des classes pauvres pendant cette longue suite d'années qui n'a guère fini, pour la France, qu'à l'époque de la révolution. Le pauvre, s'il devient coupable, paye tribut à des lois draconiennes; s'il perd la raison, on le traite comme un forçat ou comme un animal dangereux; le pauvre lépreux est admis par grâce dans un hôpital, et placé dans un lit où souffrent deux à trois ou même cinq autres

La maison des fous.

infortunés. L'homme d'armes, le soldat, s'ils sont renversés sur le champ de bataille, y attendent dans les angoisses de la douleur que le vainqueur, après l'affaire, s'il a le temps, fasse ramasser et panser les blessés.

L'ignorance, source des préjugés, venait, il faut bien l'avouer, merveilleusement en aide à ces institutions. On empoisonnait ou on étouffait les malheureux atteints d'hydrophobie, et de pauvres folles qui, dans leurs hallucinations, croyaient voir le diable et lui parler, étaient brûlées comme sorcières.

On n'était pas encore bien loin de ces pratiques barbares, et le sort des aliénés était toujours aussi triste en France, lorsque Tenon publia ses Mémoires sur les hôpitaux de Paris, en 1788. On voit dans ce travail d'un savant consciencieux, qu'alors les aliénés en traitement étaient entassés pêle-mêle avec les autres malades. Quand un aliéné était jugé incurable, on le transférait dans un des asiles destinés aux fous furieux. C'étaient les Petites-Maisons, qui contenaient quarante-quatre loges pour autant d'aliénés des deux sexes, Bicêtre, la Salpêtrière, et vingt pensions, réparties dans les divers quartiers de Paris.

Ce fut en 1793 que l'illustre Pinel, dont le nom sera toujours cher à la science et à l'humanité, devint médecin de Bicêtre. Frappé des résultats déplorables qu'amenait le régime auquel étaient soumis ces pauvres malades, il éleva la voix en leur faveur, et parvint, après plusieurs années de lutte, à faire triompher la cause de l'humanité. Le 4 prairial an VI (23 mai 1797), les chaînes des aliénés tombèrent, et, dans son bel ouvrage sur l'aliénation mentale, Pinel trace ce tableau touchant des effets que produisit sur eux cette délivrance : « Quarante hommes que rien ne pouvait dompter furent mis en liberté et purent se promener dans les cours sans autres entraves que le gilet de force. Dès lors on vit cesser leur fureur; ils devinrent dociles et soumis, quand aux mauvais traitements succédèrent la douceur et des soins bienveillants. »

Mais cette réforme ne se répandit que bien lentement. Pinel cite, comme célèbre pour le traitement de la folie, un établissement monastique situé dans le midi de la France, et où, de son temps, les coups de nerf de bœuf étaient employés comme moyen coercitif pour des causes légères.

Dans le *Dictionnaire des sciences médicales*, imprimé en 1820, on lit : « qu'à la maison d'aliénés de Maréville (Meurthe), les *cages* où l'on enferme les fous furieux sont dans les caves, et s'élèvent d'un pied au-dessus du sol, construites partie en bois plein, partie à claire-voie; elles n'ont que quatre pieds de large sur six de profondeur, et sont éclairées par les soupiraux qui donnent du jour et de l'air aux caves. » Ces cages, par leur partie supérieure, donnaient dans une cour; au soupirail était fixée une chaîne de six pieds de long. On mettait les aliments destinés à l'aliéné dans une écuelle en fer attachée à cette chaîne, et on lui faisait passer son repas à travers la grille, comme on donne la pâture à une brute. Nous tenons ces détails de M. le docteur Voisin, que nous aurons plus d'une fois l'occasion de citer dans ces notes, et qui vit les choses se passer ainsi à la maison de Maréville, dans le voyage qu'il y fit avec Esquirol en 1821.

CHAPITRE XVII. — LE LONG DE LA SEINE (Suite).

À Bicêtre et à la Salpêtrière on ne voyait, il est vrai, rien d'aussi affreux, depuis qu'à la demande de Pinel les cachots souterrains avaient été comblés; cependant le quartier des aliénés, dans ces hôpitaux, avant 1829, et surtout avant 1827, offrait encore un spectacle affreux. De longs bâtiments, aussi rapprochés que possible les uns des autres, présentaient une suite de petites cellules de deux mètres en tous sens, à porte étroite et basse. Quand cette porte était fermée, le jour et l'air ne pénétraient que par une fenêtre de soixante à soixante-quinze centimètres de haut sur quarante à cinquante de large. Au-dessus de la fenêtre et de la porte régnait, dans toute la longueur du bâtiment, un auvent destiné à garantir ces ouvertures de la pluie, mais qui empêchait en même temps le soleil d'y pénétrer.

On appelait rue l'espace compris entre deux bâtiments : c'étaient la rue d'Enfer, la rue des Furieux, etc.; ces dénominations allaient fort bien avec le reste.

Avant la réforme de 1797, des rondes de gardiens, pendant le jour, de soldats, la nuit, maintenaient l'ordre dans ces rues d'une ville qu'on pouvait appeler à bon droit città dolente.

Tous les moyens étaient bons alors contre les fous; ainsi M. Poulain, surveillant des ateliers à Bicêtre, et qui, dès cette époque, était employé dans l'hospice, se souvient d'avoir vu tirer un coup de fusil sur un aliéné qui cherchait à s'évader en franchissant le mur d'enceinte. Le coucher consistait en une auge de bois scellée au mur, et garnie de deux bottes de paille, d'une couverture, et de draps pour les malades tranquilles. Une partie des cellules étaient adossées à des terrasses, et toutes se trouvaient presque au niveau du sol; aussi l'humidité la plus affreuse y régnait constamment, et une mousse verte en revêtait les murs.

Tel était encore, en 1825, l'asile des aliénés. Ils n'avaient plus à craindre les chaînes et les coups; mais, presque entièrement abandonnés à eux-mêmes dans leur étroite prison, si leurs penchants maladifs les portaient à détruire leur lit ou leurs vêtements, ils restaient nus, couchés sur la dalle ou sur un peu de paille, au milieu de la plus affreuse malpropreté, et leur cellule présentait un aspect qu'il faut renoncer à décrire.

Ce fut dans cet état que vécut pendant vingt ans, à la Salpêtrière, la fameuse Théroigne de Méricourt, dont on peut citer l'exemple comme preuve des modifications profondes que l'aliénation mentale apporte quelquefois à l'impressionnabilité des organes.

Cependant plusieurs esprits distingués, et à leur tête Esquirol, le digne continuateur de Pinel, marchaient rapidement dans la voie du progrès, et s'efforçaient de rendre les guérisons plus fréquentes en essayant de moyens divers. On savait que dans les pays étrangers et même en France existaient des asiles d'aliénés où l'on faisait suivre aux malades un régime de vie tout différent de celui que l'usage avait consacré généralement chez nous. Pinel avait proclamé « l'exercice musculaire et l'application à un travail mécanique comme loi fondamentale de tout hospice d'aliénés; » s'appuyant sur des exemples empruntés au bel établissement de Saragosse et à celui d'Amsterdam, où la culture des champs et le travail étaient employés comme le remède le plus puissant contre la folie, il avait demandé, mais inutilement, pendant les deux années qu'il fut médecin de Bicêtre, un terrain adjacent au quartier des aliénés pour le leur faire cultiver.

En 1825, M. Ferrus, qui venait d'être nommé médecin de Bicêtre, entreprit une réforme dont personne mieux que lui ne comprenait l'importance, et qui ne pouvait être mise à exécution que par un homme joignant aux connaissances les plus étendues un esprit actif et énergique. On avait reconnu que lorsqu'on pouvait décider un aliéné à travailler pendant quelques heures au manège du grand puits, qui seul alors fournissait de l'eau à Bicêtre, il était plus calme la nuit suivante et retrouvait le sommeil. La faible rétribution allouée pour ce travail suffisait à le faire désirer par des gens d'une extrême indigence pour la plupart.

On n'attendait donc que l'occasion de mettre en pratique le grand principe du travail, et l'on cherchait de l'ouvrage aux aliénés, lorsqu'en 1829, l'administration fit commencer de nouvelles constructions.

Des travaux de terrassement devaient être exécutés, M. Ferrus proposa d'y employer ses convalescents. Enchantés de se trouver hors de leurs salles, les malades s'empressèrent de répondre à l'appel du médecin, et en très-peu de temps ils eurent élevé à eux seuls le terre-plein immense sur lequel repose une partie des bâtiments de la cinquième division. Pendant que les plus robustes hâtaient ainsi leur guérison, tout en épargnant les journées d'ouvrier à l'administration des hospices, d'autres se livraient à un travail moins rude et plus conforme à leurs goûts. Ces derniers cultivaient les fleurs qui ornent, dans la belle saison, les cours de l'hospice. Souvent aussi le goût du malade lui était adroitement inspiré par le médecin, qui jugeait tel ou tel genre d'occupation plus convenable à tel ou tel individu.

Tout contribuait à améliorer l'état des malades. Les plus gravement atteints, ceux que l'on ne pouvait décider au travail, trouvaient une distraction dans la vue des constructions qui s'élevaient. Quand les travaux de terrasse furent terminés à Bicêtre, M. Ferrus obtint de faire labourer à la bêche, par ses malades, les champs avoisinant l'hôpital et qui sont la propriété des hospices. Ainsi se trouva exaucé le vœu de Pinel.

Cependant les aliénés étaient devenus des ouvriers si actifs, qu'ils manquaient souvent d'ouvrage. D'ailleurs le nombre de ceux qu'on envoyait au travail croissait chaque jour, et l'administration ne pouvait leur livrer ses terres à cultiver qu'au fur et à mesure de l'expiration des baux. En cherchant avec l'administrateur des hospices s'ils ne trouveraient pas, dans le voisinage de Bicêtre, quelque terrain que le conseil pût abandonner aux aliénés, M. Ferrus entendit parler de la ferme Sainte-Anne, et il demanda à l'administration de transformer cette ferme en hôpital pour les aliénés convalescents; mais cette demande fut d'abord repoussée comme devant entraîner trop de dépenses.

Installer un hôpital sans bourse délier, c'était une chose difficile, et cependant le problème fut résolu. Située à trois kilomètres de Bicêtre et près de la barrière de la Santé, la ferme Sainte-Anne était autrefois louée douze mille francs, et avait été exploitée avec plus ou moins de succès par différents locataires. Depuis assez longtemps elle était abandonnée; les terrains qui en dépendaient, bouleversés de toutes parts pour en extraire de la pierre, ne présentaient pas un hectare cultivable. Les bâtiments étaient délabrés, les aménagements intérieurs complètement détruits, les fenêtres et les portes sans châssis ni ventaux; c'était une ruine, enfin.

M. Ferrus proposa d'abord de faire niveler le sol par ses malades, et bientôt les terrains de l'enclos, d'une contenance d'environ cinq hectares, furent rendus à la culture. Dès la première année (1834), cet enclos donna aux hospices un revenu net de dix-neuf cents francs.

Rendu plus hardi par ce résultat, M. Ferrus demanda qu'on logeât ses ouvriers dans les bâtiments de la ferme, et comme l'administration objectait que ces bâtiments n'étaient pas habitables et qu'elle manquait de fonds pour les réparer, il offrit de les mettre en état de recevoir ses convalescents. On accepta, et, restaurés pour le mieux, nettoyés avec soin, les bâtiments de la ferme Sainte-Anne reçurent leurs nouveaux hôtes, qui pouvaient jusqu'à un certain point s'y considérer comme chez eux, car tous les travaux de maçonnerie, charpente, menuiserie, serrurerie, couverture, peinture, etc., avaient été exécutés par les aliénés; l'administration n'eut presque pas d'autres frais à faire que la fourniture des outils et des matières premières, et le transport des lits.

M. Ferrus fut soutenu dans ses demandes à cet égard et puissamment appuyé auprès du conseil des hospices par feu M. Desportes, dont le rapport sur les hôpitaux de Bicêtre et la Salpêtrière, publié en 1835, confirme les faits que nous relatons. Nous devons aussi rendre témoignage à la coopération éclairée qu'apporta dans toutes ces améliorations M. Mallon, directeur de Bicêtre, qui, par une sage administration et la sollicitude qu'il met à améliorer chaque jour le sort de ses pauvres pensionnaires, se montre le digne successeur de Pussin, immortalisé par Pinel. Il est juste que des hommes modestes, qui font le bien sans bruit et sans éclat, aient part à la reconnaissance publique comme ils ont eu part à ces réformes réclamées au nom de la science et de l'humanité.

Pendant la saison où les travaux champêtres sont interrompus, M. Desportes proposa, pour occuper les aliénés, de leur faire blanchir les toiles neuves des hospices. L'administration dépensait chaque année 40,000 fr. pour le blanchiment de ses toiles. Une buanderie fut installée dans l'enclos de Sainte-Anne, et les prés de l'enclos servirent à étendre les toiles. Ce travail facile et propre fut accepté par les aliénés avec plaisir, et l'administration réalisa bientôt un bénéfice annuel de 40,000 fr. Plus tard, on fit nettoyer aux aliénés les vêtements et les couvertures de Bicêtre. Ce genre de travail, assez répugnant par sa malpropreté, ne pouvait être approuvé par le médecin, qui savait bien qu'on doit rendre le remède aussi agréable que possible; mais l'administration passa outre, et le nettoyage a toujours lieu à Sainte-Anne. Nous verrons plus tard que l'administration ne s'est pas arrêtée là dans la transgression des indications médicales.

Outre les convalescents logés à Sainte-Anne, d'autres malades en traitement des incurables s'y rendaient chaque jour, pour prendre part aux travaux divers. Cette promenade était accordée comme récompense, et surtout comme un moyen sûr d'amener chez les malades agités plus de tranquillité. Enfin, tous ces résultats étaient si frappants, que dès 1833, c'est-à-dire après une seule année d'expérience, l'administration avait érigé la ferme Sainte-Anne en succursale de Bicêtre, et l'avait destinée à recevoir les convalescents de la division des aliénés.

Depuis cette époque, la ferme a prospéré d'année en année. Les terrains étendus ont été ajoutés à ceux de l'enclos, et son produit est considérable.

Outre les terrains adjacents à la ferme Sainte-Anne, les hospices firent aussi cultiver, dès 1833, par les aliénés, des pièces de terre qu'ils possèdent à Montrouge, à Ivry, etc. Vers cette époque, et lorsque l'on commençait à peine à admettre des idées repoussées longtemps comme une utopie, l'administration eut à faire exécuter des travaux de terrassement à la Salpêtrière, l'hôpital Saint-Antoine et aux Orphelins; M. Ferrus réclama ces travaux pour les aliénés, mais alors les objections arrivèrent de toutes parts. Les aliénés allaient bien à Sainte-Anne ou à Montrouge, il est vrai; mais pouvait-on proposer de faire traverser une partie de Paris à une bande de fous armés de pelles, de pioches, de bêches? Qui oserait prendre cette responsabilité? Qui pouvait répondre des conséquences d'une imprudence pareille? Ces craintes semblaient assez fondées, et ne pouvaient manquer de se présenter à l'esprit des gens du monde. Cependant le médecin de Bicêtre, fort de son expérience, et connaissant bien ses malades, insista, et fit tant, qu'il obtint ce qu'il demandait.

Quelque temps après, une brigade de soixante hommes, revêtus de la veste et du pantalon de bure grise, et coiffés d'un large chapeau de paille, portant sur leurs épaules les outils nécessaires à leur travail, sortirent un matin de Bicêtre, sous la conduite de trois surveillants, dont le costume différait peu du leur; ils prirent tranquillement la route de Paris, gagnèrent le boulevard de l'Hôpital par la barrière d'Italie, et arrivèrent à la Salpêtrière. Les habitants des quartiers qu'ils traversaient les regardaient avec étonnement, ne sachant quels pouvaient être ces ouvriers vêtus uniformément, en rang près comme des prisonniers. On faisait sur leur compte mainte supposition; mais il ne vint à l'esprit de personne de prendre pour des fous ces gens qui marchaient avec tant d'ordre et si paisiblement. Ce début heureux ne fut pas démenti par l'expérience des jours suivants. Tous les matins les aliénés se rendaient à leur travail; ils ne revenaient à Bicêtre que pour le repas du soir.

Désormais la question était jugée, et personne ne songeait plus à taxer d'imprudence un essai qui donnait de si beaux résultats. Pas une évasion n'avait eu lieu pendant des longues promenades, et malgré le petit nombre d'infirmiers qui accompagnaient chaque brigade. Enfin, pour donner une idée de l'ordre et de la bonne tenue de ces malades si longtemps suspectés, il suffira de citer le fait suivant : M. Ferrus, par mesure de surveillance, allait souvent attendre au passage la brigade qui traversait l'extrémité sud-est de Paris. Un jour qu'il marchait à sa rencontre, il est

Ateliers de travail des aliénés.

tout surpris, arrivé à un carrefour, de trouver ses soixante aliénés assis sur les bornes ou se promenant en long et en large. Ne voyant plus d'infirmiers, il s'informe d'eux auprès des malades, qui lui montrent le cabaret voisin. Les infirmiers s'y grisaient de leur mieux, tandis que les fous attendaient tranquillement dans la rue qu'il plût à leurs guides de reprendre leur route.

Salle de musique à la Salpêtrière.

Outre le travail des champs et de la terrasse, les aliénés trouvaient dans Bicêtre même des ressources contre l'inactivité. Pour éviter ce grand obstacle à la guérison, cette cause si puissante de récidive, M. Mallon avait installé dans l'hospice des ateliers de métiers divers. Autour d'une table assez grande pour suffire à dix ouvriers, étaient disposées des stalles séparées entre elles par des barreaux auxquels pendaient, attachés à de petites chaînes, les instruments de chaque profession : ciseaux et fers pour les tailleurs; marteaux, tranchets, alènes pour les cordonniers. D'autres ouvriers tressaient de la paille, travaillaient des cuirs, fabriquaient des bas.

La plus active surveillance accompagnait partout ces aliénés, dont quelques-uns pouvaient à bon droit inspirer des craintes. Au reste, les ateliers furent en activité pendant plusieurs années, et pas un accident n'y fut observé. Malheureusement l'affluence des malades et le défaut d'espace pour les recevoir ont obligé, dans ces derniers temps, à transformer en salles d'hôpital les bâtiments où ces ateliers étaient situés, et les malades travaillent dans les couloirs de surveillance ménagés le long des bâtiments élevés en 1829.

Pendant que l'on faisait à Bicêtre ces belles expériences sur le travail des aliénés, les médecins de la Salpêtrière s'efforçaient d'obtenir dans leur hôpital des résultats analogues. Eux aussi avaient vu remplacer les anciennes loges par des constructions nouvelles; on avait enfin accordé aux aliénés de l'air et de l'espace; elles pouvaient se promener dans de vastes cours, et quelques plates-bandes avaient été disposées pour qu'elles pussent y cultiver des fleurs; mais le travail du jardinage, qui plaît en général aux hommes, n'est pas approprié aux goûts et aux habitudes des femmes. Aussi a-t-on été obligé, à la Salpêtrière, de renoncer presque complètement à l'emploi de ce moyen. D'autres, plus conformes au goût des malades, ont été mis en usage avec succès. Dès 1831, M. Falret, médecin de la section du traitement à la Salpêtrière, formait une école de quatre-vingts idiotes ou aliénées chroniques choisies sur environ quatre cents malades, et des succès, chaque jour plus encourageants, venaient couronner ses efforts; un peu plus tard, il tenta la même chose pour les aliénées à l'état aigu, et réussit la seconde fois comme la première. Il obtint d'abord de quelques-unes de ses malades qu'elles lui récitassent quelques vers, une fable, par exemple, qu'elles avaient apprise, et bientôt il eut atteint le but qu'il se proposait, car les autres malades, entraînées par l'exemple, se prêtèrent en grand nombre à ce qu'on leur offrait comme une distraction, comme un moyen de hâter leur guérison, et de prouver qu'elles étaient assez raisonnables pour sortir de l'hôpital. Quelques années après les premiers essais de ce genre, des réunions furent organisées dans la salle disposée à cet usage; les premiers frais d'installation de ces écoles avaient été supportés par M. Falret, qui avait fait toutes ces belles expériences sans bruit et sans rien publier; plus tard, l'administration consentit à fournir des pianos, et une maîtresse de chant fut chargée d'instruire les malades. En même temps, des ouvriers furent installés dans la division des aliénées, et les convalescentes, les incurables tranquilles, purent y venir travailler au linge des hospices; enfin, des rouets furent distribués dans les salles : cette dernière mesure eut un grand succès. Dès femmes dont on ne pouvait obtenir d'application à aucun autre travail, et bien moins encore aux exercices de mémoire, consentirent sans trop de peine à filer. La tranquillité, l'ordre des salles et l'état mental des malades y gagnèrent beaucoup. Des aliénées qui, depuis dix ou quinze ans, n'avaient d'autre pensée que celle du suicide, et dont tous les mouvements devaient être surveillés, même quand la camisole de force enchaînait leurs bras, trouvent maintenant dans le travail du rouet une distraction à leur manie, une occupation de leurs bras et de leurs jambes qui réagit sur le moral en détournant leur attention des idées dominantes vers un but positif, et qui surtout a l'avantage de ne pas laisser les membres dans l'inaction, c'est-à-dire toujours prêts à exécuter les suggestions funestes d'un cerveau malade. Les faits de ce genre sont assez nombreux à la Salpêtrière.

Aux exercices de mémoire viennent s'ajouter, comme moyen puissant d'agir sur l'esprit des aliénées, des instructions religieuses faites par un aumônier qui sait mettre toute la mesure convenable en traitant des sujets si délicats pour un tel auditoire. Bicêtre, où l'exercice musculaire dominera toujours comme moyen de traitement, parce que ce sont des hommes qu'on y traite, n'a cependant rien à envier à la Salpêtrière en fait de moyens auxiliaires. Une bibliothèque est ouverte aux malades à qui le médecin croit devoir permettre la lecture. Un instituteur, chargé du soin de cette bibliothèque, fait aux aliénés des cours sur les connaissances élémentaires. Trois fois par semaine, les aliénés se réunissent pour chanter en chœur ou réciter des morceaux de littérature. Ces réunions sont présidées par un des médecins de la division ; tout le service, clercs, surveillants, infirmiers y assistent et chantent avec les malades que cet exemple encourage. L'orchestre, composé d'aveugles pensionnaires de l'hospice, est dirigé par le maître de musique, qui touche un petit orgue. Voulant agir par des moyens plus énergiques sur le cerveau des malades, M. Leuret avait fait installer pour eux un théâtre, dont tous les accessoires, costumes, décors, étaient leur ouvrage, et sur lequel ils exécutaient des scènes dramatiques. Les représentations de ce théâtre, où était admis un public quelquefois assez nombreux, ont été suspendues par ordre de l'autorité, qui avait reçu des plaintes fondées. Une pareille publicité inquiétait, en effet, les familles, en ne respectant pas assez leurs secrets.

On se contente aujourd'hui des cours de lecture et des réunions musicales. Elles sont remarquables par la justesse d'exécution et, en général, par la beauté des voix. L'uniformité du costume donne à cette assemblée un aspect plus grave, mais moins affligeant que celui des pauvres aliénées de la Salpêtrière.

Une autre innovation, qui date de 1834, c'est le repas en commun des aliénés. Avant cette époque, chaque malade recevait ses aliments comme cela se fait dans les salles d'hôpitaux. Aujourd'hui, des tables de dix à douze couverts sont dressées dans des réfectoires où les aliénés valides se réunissent au son d'une cloche. Les écuelles, timbales et couverts en étain sont d'une admirable propreté. Les malades, surveillés les uns par les autres, sont retenus par ce sentiment de convenance qui n'abandonne jamais l'aliéné, et tel fou qui, livré à lui-même, jetterait ses aliments ou en gaspillerait une partie, les mange raisonnablement en présence de ses compagnons de table. L'ordre, l'économie, l'hygiène, gagnent à cette mesure

École pour les idiots, à Bicêtre.

si simple en apparence et nouvelle pourtant. Du temps de Pinel, les idiots renfermés à Bicêtre n'étaient pas tous confondus avec les fous. Ceux que l'on regardait comme inoffensifs, et qui pouvaient se rendre utiles, servaient dans l'hôpital comme domestiques ou simples manœuvres, suivant le degré de leur intelligence. M. Ferrus avait demandé qu'on séparât tout à fait des aliénés ces malheureux ; quelques essais avaient même eu lieu sous sa direction pour perfectionner ces ébauches d'intelligence. Un infirmier avait été chargé de donner aux idiots les moins arriérés des leçons de lecture et d'écriture.

De son côté, M. Voisin, chargé du service médical des épileptiques et des idiots de la rue de Sèvres, avait le premier, et dès l'année 1830, appelé l'attention sur la possibilité d'obtenir beaucoup, au moyen d'une éducation spéciale, de la part de ces êtres organisés d'une manière incomplète ou vicieuse. Désolé de l'abandon où les idiots étaient laissés à Bicêtre, il demanda, quand il eut le service de cet hôpital, que l'administration fît pour cette classe de malades ce qu'elle avait fait, rue de Sèvres, en faveur de leurs frères en infortune. Ses vœux ont été exaucés : depuis plusieurs années ces pauvres enfants reçoivent une éducation spéciale.

Avant peu d'années, la plupart de ces enfants, réduits autrefois à végéter dans un état inférieur à celui de la brute, pourront se rendre utiles et jouir des avantages de la vie sociale, en même temps que, par leur travail, ils indemniseront l'hospice d'une partie des dépenses dont ils sont l'objet ; et quelle reconnaissance ne devra-t-on pas à ces hommes qui, par une étude de toute la vie, sont arrivés à donner l'intelligence à des cerveaux inertes, à faire penser la matière, et à réaliser ainsi la fable de Prométhée !

Après avoir constaté les améliorations apportées, depuis la fin du dix-huitième siècle, au sort des aliénés en France, nous regrettons de ne pouvoir faire à l'administration des hospices une part aussi large dans les sentiments de gratitude qu'inspirent ces heureuses innovations. Il est bien vrai qu'elle les a autorisées, qu'elle y a concouru ; mais il semble que, par une fatalité inséparable de tous ses actes, elle ne puisse rien faire de complet, et que, dans l'exécution d'une mesure heureuse, quelque faute doive nécessairement en annuler ou, du moins, en atténuer les résultats.

Vue générale des bâtiments nouveaux à la Salpêtrière.

La cause de ce mal, signalée depuis longtemps, est dans la composition du conseil d'administration. Ce conseil compte dans son sein des magistrats, des notaires, des négociants, des industriels, de riches propriétaires, tous hommes qu'une vie honorable et une haute probité ont appelés à des fonctions si dignes de respect. Aussi le contentieux des hospices, leurs actes, leurs biens, tout cela est conduit, dirigé, administré par des mains intègres et habiles. Mais ce n'est pas seulement au point de vue du capitaliste qu'il faut considérer les hôpitaux ; il faut s'occuper un peu plus directement des malades qu'ils renferment ; il faut surtout que la sollicitude qu'on leur porte soit éclairée ; il faudrait, en un mot, dans le conseil des hospices, non-seulement des administrateurs, mais des hommes de science. Malheureusement ces derniers y sont en minorité ; un seul médecin y figure. Sa haute position scientifique le rend digne à tous égards de prendre part aux délibérations du conseil ; toutefois il n'est pas médecin d'hôpital. Il résulte de là que les arrêtés du conseil, dictés par les meilleures intentions et parfaitement conformes aux règles de l'économie, ne sont pas toujours également à celles de l'hygiène, et que, fort utiles aux hôpitaux, ils le sont moins aux malades.

Quand on compare les anciens bâtiments de Bicêtre et de la Salpêtrière aux nouveaux, sans doute l'avantage est à ces derniers ; cependant, lorsqu'on parcourt le quartier des aliénés agités, on est frappé tout d'abord de l'air de tristesse et de l'aspect misérable que présente l'extérieur des cellules dans l'un et l'autre hôpital. Le temps a fait tomber la peinture des portes, des volets, le bois reste à nu, ce qui fait

170   TABLEAU DE PARIS.

ressembler ces fermetures à celles d'une prison mal tenue ou d'une basse-cour. Un peu de badigeon sur les plâtres et de peinture sur les boiseries donnerait un aspect général tout différent et préviendrait l'action rapidement destructive des agents extérieurs. Mais, en examinant de près ces cellules, on y remarque des défauts bien plus graves. La fenêtre est garnie d'une grille de fonte qui remplace le châssis vitré, dangereux pour un fou. Malheureusement cette grille a été faite de façon à n'être guère moins dangereuse. Elle présente une série de tringles entre-croisées de manière à former des losanges d'environ dix centimètres de côté; la partie supérieure de la grille est à deux mètres à peu près au-dessus du sol; en sorte que rien n'est plus facile à l'aliéné que de se pendre à la grille de sa fenêtre, ce qui arrive de temps en temps. Il suffisait de disposer les tringles parallèlement et seulement dans le sens vertical pour prévenir tout accident; mais la dépense était faite, et les médecins ont inutilement réclamé.

et bien que ce plâtre soit peint en couleur de briques, il n'en forme pas moins le plus mauvais enduit possible; aussi est-il crevassé et a-t-on été obligé de revêtir l'intérieur des cellules de boiseries. Enfin

pos des portes, ce que nous avons dit de celles des autres cellules.

Dans une autre partie de la division des aliénés s'élèvent quatre autres pavillons destinés à contenir chacun quatre malades; mais le médecin de la section se voit avec regret dans l'impossibilité de les faire occuper. L'humidité qui règne dans ces bâtiments est telle que, jusqu'à deux mètres de hauteur, les murs sont revêtus de moisissure, les planchers pourrissent. Ces pavillons ne sont habitables que pendant trois ou quatre mois de l'année. A la Salpêtrière, tout est malheureusement construit en plâtre et en moellons de qualité médiocre. Nulle part on n'a fait usage de chaux hydraulique; aussi les murs sont-ils couverts d'une mousse noirâtre.

Les bâtiments sont réunis par des galeries couvertes et formées d'un toit que supportent de chaque côté des poteaux. Ces galeries, destinées à la promenade pendant le mauvais temps, ne répondent pas au but de leur construction. Pour peu que la pluie fouette, elle y entre librement, et ces galeries sont en outre traversées par des courants d'air.

Les nouveaux cabanons pour les folles furieuses, à la Salpêtrière.

A la Salpêtrière, on a construit, près des bâtiments de la section du traitement, des pavillons destinés à loger chacun une malade agitée. C'était une excellente idée; mais malheureusement on a choisi pour cela un terrain si bas, qu'il faut, pour y arriver, descendre une rampe de plus de trois mètres. C'est un emplacement très-favorable pour un jardin maraîcher, mais non pour des constructions d'hôpital. Les pavillons qui s'y élèvent portent le nom de chalets, parce qu'ils ont une forme analogue à celle des maisons dans certaines parties de la Suisse. Ces maisons, en général, sont, comme on sait, des demeures fort malsaines, et, si elles n'influent pas d'une manière plus fâcheuse sur la santé de leurs habitants, c'est qu'ils y séjournent fort peu pendant une grande partie de l'année, et que l'air vif des montagnes est là pour obvier à leurs inconvénients; mais, à la Salpêtrière, le toit qui déborde largement de trois côtés de l'édifice, et le tambour en saillie qui surmonte la façade, portent ombre sur les murs et les soustraient

Les chalets de la Salpêtrière, pour les folles agitées.

le plancher de ces cellules n'est élevé que de quatre marches au-dessus du sol, hauteur insuffisante pour les préserver de l'humidité, malgré le joli parquet dont on les a ornées. Nous ne répéterons pas, à pro-

A Bicêtre, les choses ne sont pas beaucoup mieux entendues. La salle de réception a l'air du vestibule d'une prison. L'aspect de ces voûtes sombres ne peut qu'agir d'une façon fâcheuse sur le moral de l'aliéné. Les vieux bâtiments avec leurs petites fenêtres ouvertes sur chaque lit, le plafond très-bas et leur plancher carrelé, rappellent l'enfance des hospices.

Dans le quartier des enfants épileptiques, l'encombrement vicie l'air; le voisinage des enfants gâteux et des idiots contribue encore à ce résultat. L'odeur nauséabonde qui règne dans ces salles surprend désagréablement l'étranger, pour peu surtout qu'il ait visité l'Hôtel-Dieu ou la Charité.

Quant au quartier dit de sûreté, où l'on place les aliénés dangereux, il est assez bien installé à certains égards; mais la grille en bois qui ferme d'un côté chaque cellule, porte, à deux mètres de hauteur environ, une traverse qui permet à l'aliéné de se pendre, pour peu que l'envie lui en prenne. De plus, la fenêtre de la cellule est garnie de l'inévitable grille à losanges, et

Cours et cellules de Bicêtre.

l'action desséchante et salutaire du soleil; ces murs sont d'ailleurs revêtus de plâtre à l'extérieur,

quelquefois los aliénés se pendent à ces grilles presque sous les yeux des infirmiers.

A tous ces reproches de constructions mal faites, de réparations arriérées, l'administration répond qu'elle est bornée dans son budget; que chaque année les recettes son absorbées par les dépenses.

Dans le *quartier de sûreté* les lits des gardiens sont placés en face de la grille des cabanons des malades; de cette manière, les gardiens peuvent accourir au moindre bruit et ne jamais perdre de vue les fous furieux.

Un point essentiel sur lequel doit s'arrêter surtout l'attention des administrateurs, c'est de perfectionner les asiles d'aliénés en général, au point de vue de la subdivision en plusieurs quartiers. On croyait avoir tout fait en 1835, et le Mémoire de M. Desportes en fait foi, parce qu'on avait séparé en trois sections distinctes les aliénés, les épileptiques et les idiots. On a évité ainsi les abus monstrueux auxquels donnait lieu le mélange de ces divers malades dans les mêmes quartiers; mais il s'en faut bien que l'on ait fait tout ce qu'on peut faire.

Tout médecin d'aliénés sait combien il importe, pour réussir dans le traitement, de pouvoir séparer certains malades de certains autres, dont le délire peut les influencer d'une manière funeste.

Il existe quelques établissements particuliers où cette règle est scrupuleusement observée. De ce nombre, l'établissement du docteur Blanche, situé à Passy, dans l'ancien château de la princesse de Lamballe. Là, au-dessus d'un vaste enclos, divisé en prairies, en plantations diverses, s'élève un corps de bâtiment construit tout exprès à côté du bâtiment principal. C'est dans ce corps de bâtiment spécial que sont casés les aliénés, suivant la nature de leur délire. On change un malade de quartier pendant la durée

Quartier de sûreté, à Bicêtre.

du traitement, de manière que l'aspect des objets, des personnes qui l'environnaient à telle ou telle époque de sa maladie, ne vienne pas réagir d'une manière funeste sur les premières lueurs renaissantes de sa raison.

Pour installer un établissement public dans des conditions à peu près semblables, pour tirer tout le parti possible d'un asile destiné aux aliénés, il n'est nullement nécessaire d'entrer dans des détails de luxe indispensables quand les malades sont des gens habitués à l'opulence. Le seul luxe d'un hôpital doit consister dans la solidité, la salubrité, la bonne distribution des bâtiments, la bonne qualité des aliments et la propreté de tout et de tous.

Quelque immense que soit un pareil projet, il ne faut pas désespérer de le voir s'accomplir un jour. Il serait glorieux pour notre pays de donner cet exemple au monde; mais avant d'en arriver là, et sans entreprendre rien d'aussi vaste, l'administration des hospices peut facilement réparer bien des fautes et faire ou consolider d'excellentes innovations.

Naguère encore, malgré son titre pompeux de Maison nationale, l'hôpital de Charenton était le digne représentant des hospices du siècle dernier. La douceur et l'humanité y avaient, comme dans les autres établissements de ce genre, remplacé les mauvais traitements et la barbarie; mais, comme ailleurs aussi, l'affreux local où l'on parquait les malades contrastait d'une manière déplorable avec les soins bienveillants dont ils étaient entourés.

Fondé en 1642 par Leblanc, contrôleur général des guerres, l'hôpital de Charenton, qui comptait huit lits seulement, fut confié aux frères Saint-Jean de Dieu, et, devenu propriété de leur ordre, prit un développement rapide, grâce à l'industrie de ces habiles infirmiers. Ils y reçurent des aliénés et des pensionnaires de toutes sortes. Le

Vue générale de l'hospice des aliénés de Charenton.

prix des pensions variait de 600 à 3,000 livres. Lors de la révolution, l'hôpital, déclaré bien de l'État, fut évacué, puis rouvert en 1797.

Lorsque de toutes parts les hôpitaux d'aliénés se transformaient, la maison de Charenton ne pouvait rester en arrière. Aussi pensa-t-on, quelques années après 1830, à remplacer les anciens bâtiments par d'autres plus conformes aux préceptes de la science et de l'humanité. Esquirol, à qui les aliénés doivent tant, hâtait de tous ses vœux le moment où son hôpital pourrait servir aux autres de modèle.

Un projet et un devis furent faits. On avait à exécuter pour cinq millions de travaux. Le ministre présenta aux Chambres une loi pour autoriser à prendre cette somme sur les fonds de l'État, par annuités. En demandant au pays de contribuer à la construction de ce nouvel asile, on se fondait sur ce que tous les départements y envoyant leurs aliénés, ce n'était pas à la ville de Paris ni au seul département de la Seine à supporter la totalité des dépenses. La loi fut votée; elle portait entre autres dispositions que l'établissement de Charenton prendrait à sa charge, sur le total des dépenses, une somme de 600,000 fr.

Avant d'arrêter le plan des constructions nouvelles, il fallait fixer le lieu qui convenait le mieux pour un établissement de ce genre. L'ancien hôpital, tout à fait au fond de la vallée, avait tous les inconvénients d'une maison construite au pied d'une colline. On ne pouvait s'y garder de l'humidité; il avait fallu faire des tranchées profondes pour séparer les bâtiments du sol qui les dominait; par là, on avait peu gagné contre l'humidité, et l'on avait assombri toute la partie nord du rez-de-chaussée. Rien n'était d'ailleurs plus disgracieux à voir que ces profondes coupures sur lesquelles des passerelles avaient été établies.

Pour éviter ces inconvénients résultant de l'inclinaison du sol, on proposait de construire le nouvel asile dans le bois de Vincennes, et la liste civile offrait l'emplacement nécessaire. On aurait trouvé un grand avantage à s'établir sur ce terrain horizontal; rien n'empêchait alors de construire de manière à rendre la surveillance facile, et, par surveillance, nous n'entendons pas seulement celle des malades, mais aussi celle des gens de service. Ce point est capital dans un hôpital comme dans une prison, et les hommes spéciaux s'en sont occupés au point de créer un mot, celui de *panoptisme*, pour exprimer le but qu'on veut atteindre d'embrasser tout d'un coup d'œil. Bien des projets ont été proposés à cet égard, et l'on doit un des premiers à M. Ferrus. Ce problème difficile a été résolu de la manière la plus satisfaisante au Vernet, dans l'asile d'aliénés du canton de Genève, situé aux portes de cette ville. Il est vrai qu'avant de construire on prit l'avis du médecin qui devait diriger l'établissement. M. le docteur Coindet avait longuement étudié la question en France et en Angleterre. Il fit, dans cette circonstance, l'application la plus heureuse d'idées mûries par l'observation. Des salles panoptiques, servant de bureaux pour les surveillants en chef de chaque division et situées à l'extrémité des bâtiments disposés en carré long, donnent vue sur les cours et les corridors; il suffit au surveillant en chef d'ouvrir une porte, un guichet pour tout voir sans se déplacer et sans être vu. De plus, la disposition générale est telle qu'on peut quadrupler, par des constructions nouvelles, l'importance de l'hôpital, sans rien changer au plan et sans nuire à cette facilité de surveiller.

Il eût été facile d'obtenir un résultat pareil en construisant le nouveau Charenton dans le bois de Vincennes.

La colline de Charenton présente, elle, un admirable point de vue: située loin des grandes routes, loin de toute cause de bruit, elle réunit comme site toutes les conditions désirables de calme et de beauté; l'air y est sans cesse renouvelé par les vents, et l'exposition nord et sud de ces deux versants est des plus favorables.

On avait de plus, en construisant sur un terrain horizontal et stable, l'avantage de l'économie, car les fondations étaient alors fort simples à faire. Cependant on préféra construire sur le versant méridional de la colline. On divisa le plan incliné dans ses deux tiers supérieurs en deux gradins, ouvrage de terrasse considérable. Les deux immenses terre-pleins qu'on obtint de cette manière furent soutenus par des revêtements en maçonnerie et des contreforts énormes réunis par des voûtes. On sait ce que coûtent de pareils travaux et quelles sommes il y faut enfouir avant de pouvoir rien élever au-dessus de terre. Pour faire adopter ce projet, que tout le monde, *à priori*, jugera fort onéreux, il fallait des motifs bien puissants, et, à parler sans détour, l'exposé de ces motifs, qu'on a bien voulu nous faire, ne nous a pas convaincus, tant l'autre projet réunissait d'avantages en sa faveur.

Au milieu du terre-plein supérieur s'élève la chapelle; au milieu du terre-plein inférieur et dans l'axe de la chapelle est construit le bâtiment de l'administration, auquel on arrive par des rampes d'un effet gracieux; de chaque côté de la chapelle et du bâtiment d'administration sont, à l'ouest, la division des hommes; à l'est, celle des femmes; la première est seule construite et n'est terminée que sur le terre-plein supérieur. Cette division forme une vaste série de bâtiments qui se coupent à angle droit et dont les uns n'ont qu'un rez-de-chaussée, tandis que d'autres ont de plus un premier étage. Sur la façade au midi, ces bâtiments circonscrivent des cours au nombre de cinq sur chaque terre-plein. Du côté du midi, les cours sont fermées par un portique donnant sur un saut-de-loup.

Un portique élégant règne aussi au rez-de-chaussée et au premier étage. Les cours sont disposées en impluvium; le pourtour et les ruisseaux sont dallés en asphalte; le reste est sablé et planté d'arbres. Au milieu s'élève un candélabre à gaz dont le pied forme une fontaine. Les constructions plaisent par leur élégance et leur solidité; cependant un détail choque singulièrement lorsqu'on les voit de la route: la façade que les bâtiments présentent de ce côté est percée, dans sa partie supérieure, de petites fenêtres carrées et garnies d'un lourd grillage découpé dans la pierre, d'un aspect sinistre et qui contraste avec l'ensemble des bâtiments.

On monte du rez-de-chaussée au premier étage par des escaliers entre deux murs; cette disposition, de rigueur dans une maison d'aliénés, est aussi bien compensée que possible dans ce qu'elle a de triste par la construction vraiment monumentale de ces escaliers. Les bâtiments sont divisés en appartements séparés pour les pensionnaires les plus riches, et en dortoirs et en cellules.

A l'est de ces constructions s'élèvent les bâtiments de l'administration, qui seront placés de cette manière entre la division des hommes et celle des femmes. On y a ménagé une salle à manger, un salon et une salle de billard destinés à réunir avec les internes, surveillants et surveillantes, ceux des malades de première classe des deux sexes à qui l'on juge à propos d'accorder cette faveur. (Les malades sont divisés en trois classes, suivant le prix de leur pension, 1,300 fr., 1,000 et 750 fr.) Ils partagent la table des internes et surveillants, et passent avec eux la soirée. On joue à divers jeux, on fait de la musique. Les réunions durent de sept à neuf heures. Les malades qui, suivant l'habitude des aliénés, sympathisent peu entre eux, paraissent très-flattés de cette réunion avec des personnes dont la présence leur semble une réhabilitation. La faveur d'être admis à ces réunions est vivement recherchée; c'est, comme on voit, un excellent moyen d'agir sur le moral des malades.

Dans toute l'étendue des bâtiments, les planchers du rez-de-chaussée sont établis sur une couche d'asphalte; les murs, un peu au-dessus du sol, reposent sur une feuille de plomb qui arrête à ce niveau l'infiltration capillaire de l'humidité. Enfin, rien n'a été négligé pour que ces bâtiments réunissent toutes les conditions d'hygiène et de solidité. Malheureusement on s'est presque arrêté là, et, sauf dans la construction des escaliers dont nous avons parlé, on ne semble guère avoir eu en vue la destination de ces vastes constructions.

Un des points les plus importants dans la distribution d'un asile d'aliénés, c'est la possibilité d'y établir un grand nombre des subdivisions sans communications obligées, de manière à pouvoir classer, suivant les indications médicales, les malades qu'on ne peut, sans inconvénients pour eux, laisser réunis. Il faut que chacune de ces divisions ait sa cour ou son jardin, sa salle de réunion, son dortoir ou ses chambres. Pour tout médecin, et même pour l'homme du monde qui s'est un peu occupé des aliénés, c'est là un principe élémentaire. Pourquoi faut-il qu'on l'ait si peu suivi à Charenton! Les bâtiments sont vastes, l'espace ne manque pas sans doute, mais on semble n'avoir eu en vue que deux classes de malades, les agités et ceux qui sont tranquilles; encore n'a-t-on pas eu égard à la proportion des premiers relativement aux autres.

Le nombre des cellules destinées aux agités suffirait pour un hôpital quatre à cinq fois plus considérable que ne l'est celui de Charenton. Il en résulte qu'on se voit obligé de placer dans ces cellules, à côté de quelques aliénés indociles, turbulents, parlant ou criant sans cesse, d'autres malades fort tranquilles, et qui souffrent nécessairement d'un pareil voisinage. Si l'on objecte à cela que plus tard, quand tout sera terminé, ces malades trouveront place dans une autre division, celle des agités sera néanmoins trop grande; on aura un grand nombre de cellules constamment vides et représentant une dépense inutile.

Les cours de l'établissement sont élégamment disposées, mais d'un aspect bien nu et bien triste pour les malades. Les quelques arbres qu'on y a plantés ne sont pas destinés à acquérir de grandes dimensions, car ils masqueraient les bâtiments. Puis, il manque une chose essentielle dans ces cours: c'est du gazon, ce sont des fleurs, ces admirables parures de la terre dont l'aspect nous réjouit tant, nous autres citadins, quand nous sortons pour quelques heures de nos rues enfumées. Qu'on demande à un pauvre malade, à un homme tristement préoccupé, l'impression que fait sur lui la vue de la verdure et des fleurs, et l'on regrettera avec nous qu'on les ait exclues des préaux de Charenton.

Le bas de la colline est, il est vrai, planté d'arbres. C'est une jolie promenade, mais, placée hors de l'enceinte des bâtiments, elle ne sert qu'à une partie des malades, aux convalescents.

L'étude sans fatigue et en commun, employée avec succès dans d'autres maisons, a été heureusement appliquée à Charenton. Il y a des salles d'étude. Des modèles de dessin, des cartes de géographie couvrent les murs de ces salles; un malade fait un cours de géographie à des auditeurs attentifs et qui augmentent de jour en jour. On parvient ainsi à distraire de leurs songes, en appelant leur attention sur un seul et même point, ces hommes qui, dans leurs salles de réunion, restent isolés chacun dans son cercle d'idées.

L'hôpital est chauffé dans presque toute son étendue par un excellent calorifère à eau chaude, et les thermomètres placés dans les corridors marquent de huit à dix degrés de chaleur, quand, au dehors, la température est à deux ou trois degrés au-dessous de zéro. Les points trop éloignés du centre sont chauffés au moyen de poêles très-bien construits.

Les chambres ont toutes une bouche de calorifère et une grille d'appel pour le renouvellement de l'air. Cette grille est placée de manière à ne pas causer de courant nuisible. Enfin les bâtiments sont éclairés par l'entreprise du gaz portatif.

Nous ne nous étendrons pas, avant d'abandonner ces tristes établissements, sur les diverses folies qui agitent les cerveaux de leurs malheureux hôtes. Nous avons vu à Charenton des fous dont la conversation était bien plus sensée que celle de beaucoup d'hommes réputés raisonnables. Quelques-uns n'ont que des manies, d'autres deviennent fous à de certains instants, et retrouvent leur raison dès que la crise est passée. Puis il y a les gâteux, les idiots, les fous furieux que l'on ne peut visiter, ceux-là, qu'avec une autorisation toute spéciale: un triste spectacle, qui n'afflige pas seulement, mais qui effraye. Causez avec ces fous, et tous vous diront qu'ils sont empereurs, rois ou fils de rois ou d'empereurs; il y en a qui prétendent descendre du Soleil. Jules Janin raconta jadis la touchante histoire de cette folle qui était dans une des maisons de santé les plus célèbres de Paris, et qui se croyait fiancée au Soleil. Pendant le jour, elle manifestait sa joie par des chants, par des danses; puis le soir elle tombait dans une profonde mélancolie, quand elle voyait s'enfuir et disparaître à l'horizon son royal époux. C'est là un signe très-particulier de la folie, que l'homme subitement atteint de cette maladie donne tout de suite essor à la plus extraordinaire vanité. On pourrait croire que la raison, chez l'homme, ne sert qu'à brider son orgueil. Un médecin qui traite les maladies du cerveau me disait un jour: « Les fous disent tout haut ce que la plupart des autres hommes pensent tout bas. » Il y a du vrai dans cette réflexion.

Chapitre XVIII.

LE LONG DE LA SEINE (Suite).

LE JARDIN DES PLANTES.

Le labyrinthe et le belvédère. — La porte d'Austerlitz. — Les carrés du *Fleuriste*. — Les fosses aux ours. — Sympathie du public pour l'ours Martin. — *Martin, monte à l'arbre!* — La graisse d'ours. — Les brebis d'Abyssinie et les moutons d'Islande. — Les rennes de Laponie et les pécaris. — Le palais des singes. — *Confortable* du palais des singes. — Le papion régnant. — Sa justice prévôtale. — La ménagerie des animaux féroces. — Les lions, les hyènes, les jaguars. — Le repas des animaux féroces. — Les loups et les chiens domestiques. — L'éléphant. — Son caractère. — Sa réputation usurpée. — L'éléphant des Indes. — Son goût pour la vie sauvage. — Extérieur et intérieur de la maison de l'éléphant. — Le crâne de l'éléphant. — Son manque de mémoire. — La chasse à l'éléphant au fusil et au lacet. — La girafe. — Triomphe de la première girafe envoyée à Paris. — Habit et robe de la girafe. — Le zèbre. — Le lion. — Réfutation de la grandeur de sentiment du roi des animaux. — Le guépard. — Les civettes. — Civettes d'Abyssinie et d'Éthiopie. — Leur nourriture. — Le parfum de la civette. — Moyen de le recueillir. — Le *paradoxure poignomi*. — L'alpaca. — L'autruche. — L'estomac de l'autruche. — Sa rapidité à la course.

Nous revenons à la Seine, d'où nous nous sommes éloignés pour faire une pointe sur les trois établissements dont la description précède, et nous nous trouvons en face de ce jardin des Plantes qui jouit en Europe d'une si grande célébrité. Ce jardin des Plantes a l'heureux privilège de charmer tous les âges et d'attirer toutes les classes de la société. L'enfant peut s'y ébattre au milieu de mille spectacles; l'ado-

Le belvédère.

lescent et l'homme mûr y rencontrent mille objets d'étude; le vieillard voit s'étendre de solitaires allées propices à la méditation et à la rêverie.

Pour embrasser d'un seul coup d'œil l'étendue du jardin des Plantes, pour mesurer exactement du regard ce sol couvert d'une immense végétation, il n'est pas nécessaire de chercher au dehors quelque haut sommet ou quelque monument. Derrière ces sommets

Brebis d'Abyssinie.

massifs où le pin *Larricio* dresse ses tiges élancées, nous trouvons une éminence assez élevée pour satisfaire notre curiosité. C'est là qu'est le labyrinthe, dont le point culminant sert de belvédère aux amateurs de belles vues.

L'horizon qu'on découvre du haut du labyrinthe est un des plus beaux que l'on puisse contempler à Paris. Lorsque le soleil étincelle dans l'espace et projette des gerbes de lumière sur les dômes et les clochers des églises, sur les toits ardoisés de la grande ville, sur la nappe de la Seine, on reste un instant ébloui. Le regard plonge dans cette vaste étendue, puis se repose ensuite sur ces masses de feuillages qui se déroulent dans l'enceinte de ce magnifique jardin.

En entrant par la porte d'honneur, par la porte d'Austerlitz, ménagée au centre d'une belle grille circulaire, flanquée à droite et à gauche de marchands qui spéculent sur la voracité des ours, on pénètre dans cette partie du jardin réservée à la culture des plantes médicinales. Jetons un coup d'œil reconnaissant sur ces quatre carrés chers à Esculape et aux pauvres; et qui fournissent à ces derniers, grâce à la générosité de l'administration, d'abondantes tisanes. Un peu plus loin, les carrés du *Fleuriste*, avec leurs riches plates-bandes fournies des plus merveilleuses plantes créées par Dieu et perfectionnées par l'homme.

A gauche, nous laissons, en nous éloignant, les grands massifs que les écoliers remplissent du bruit de leurs jeux; nous laissons aussi un petit café-restaurant qui peut se vanter de posséder le plus rare ombrage qui existe à Paris. A voir ces *robinia* et ces *mimosa*, on se croirait transporté dans quelque jardin de Florence.

A droite, nous avons dépassé sans mot dire les nombreux carrés qui font partie de l'école botanique, dont ils ne sont séparés que par une longue file de marronniers. Ces espaces, où l'on peut apprendre tant de choses étrangères à la plupart des Parisiens, sont ouverts au public le lundi, le jeudi et le samedi de chaque semaine, de trois heures à cinq heures.

En suivant le flot des promeneurs, nous arrivons devant une des plus grandes curiosités du jardin des Plantes, devant la fosse ou plutôt devant les fosses aux ours. On se ferait difficilement une idée de l'adoration qu'ont pour ces robustes saltimbanques, qui se livrent à des exercices si variés, le badaud, le soldat et le bambin. On a beau narrer à ces avides spectateurs les effrayantes histoires qui vivent dans le souvenir du populaire, leur raconter comment, une certaine nuit, une de ces gracieuses bêtes dévora un malheureux vétéran qui avait osé pénétrer dans la fosse, attiré par l'appât trompeur d'une pièce d'or, laquelle n'était que le bouton d'habit d'un collégien; comme quoi un autre quadrupède de la même famille étouffa, en plein jour, un monomane; comme quoi... ils n'écoutent rien et ne veulent rien entendre. Les ours ont toutes leurs sympathies, ils les contemplent avec délices et leur jettent une profusion de gâteaux et de petits pains. Martin montant à l'arbre (les ours du jardin des Plantes s'appellent tous Martin), tel est l'idéal poursuivi par le flâneur du jardin des Plantes. Si le redoutable acteur ne s'émeut pas de toutes les agaceries qui lui sont faites, s'il résiste à tous les cris et à tous les gestes provocateurs, en un mot, s'il refuse de grimper à l'arbre ou plutôt au mât garni de nœuds planté au milieu de sa fosse, le Parisien, qui a quelquefois fait un long trajet pour venir jouir de ce spectacle, se retire plein de mélancolie. Il est comme Titus; il a perdu sa journée.

Dans ce palais consacré aux animaux féroces, les ours ont trois appartements. C'est dans un d'eux que vécut l'ours Martin, premier de tous les ours, l'ours modèle dont on parlera pendant plusieurs générations, tant il avait de grâces naturelles, tant il s'asseyait complaisamment sur ses énormes pattes de derrière, tant il montait lestement après l'arbre dé-

Les carrés du *Fleuriste*.

vivante dans l'imagination des mille spectateurs qui se renouvellent sans cesse devant la rampe de cette salle de spectacle.

Pour aller des plantigrades aux quadrumanes, du quatrième ordre des mammifères au premier, nous n'avons que quelques pas à parcourir. Rebroussons chemin. Voici à droite un parc où paissent des brebis d'Abyssinie et des moutons d'Islande. Bien que ces

Moutons d'Islande.

animaux soient nés à quelques milliers de lieues les uns des autres, ils mangent fraternellement à la même table : touchant exemple donné aux hommes par des moutons! A gauche, sur notre route, nous apercevons des rennes de Laponie et des pécaris; puis, au détour d'une allée au bord de laquelle des ruminants aux formes étrangères lèvent leurs têtes paisibles, nous apercevons le palais des singes, non moins po-

charmé de sa cour, l'adroit montagnard qu'il était. J'ignore ce que les administrateurs ont fait de sa chair, qu'un célèbre romancier eût sans doute convertie en biftecks; je ne sais à quel usage a servi sa graisse si vantée par les coiffeurs; mais ce dont je suis certain, c'est que sa mémoire ne périra pas. Elle est

pulaire peut-être que la fosse aux ours, et qui nous plaît par le contraste, comme le vaudeville après le drame.

Le palais des singes est une création nouvelle. Autrefois la ménagerie ne possédait que quelques échantillons de cette famille si curieuse et si digne d'observation. Aussi ces *individus* étaient logés comme si leur ressemblance avec l'homme ne leur avait pas donné le droit d'aspirer à une habitation plus confortable. Aujourd'hui, messieurs les singes sont logés comme des seigneurs; ils ont maison d'hiver et maison d'été. Dans cette élégante rotonde, à travers laquelle le soleil pénètre sans résistance, ils ont tout ce qui rend la vie heureuse aux bêtes : une certaine dose d'indépendance, de l'air, des aliments sains et de la paille fraîche. Un gros papion a usurpé la souveraineté de cette république hétérogène, et maintient le bon ordre. Aussitôt qu'il entend une querelle, il accourt, sépare les combattants, rosse les deux parties pour les mettre d'accord, et tout rentre dans l'ordre. Tous ces hôtes grimaciers vivent à leur guise. Êtes-vous un babouin à l'humeur atrabilaire? retirez-vous dans un coin, et boudez en paix; êtes-vous au contraire un aimable magot doué d'un bon caractère et d'un esprit sociable? voici une foule de curieux accourus pour vous rendre visite, et qui admirent vos grâces et vos gentillesses. Avez-vous de tendres inclinations pour la vie calme et intérieure? choisissez une épouse parmi toutes ces belles créatures aux longues queues qui dorment au soleil ou qui grimpent le long du treillage avec tant de prestesse. Heureux peuple! heureux animaux! Ils ont obtenu, grâce à leur effroya-

Le papion.

ble ressemblance avec les badauds qui les contemplent, ce que la société ne peut encore donner à tous ses enfants : du pain et un toit.

Nous remontons du côté du jardin paysager, et nous nous trouvons devant la ménagerie des animaux féroces. Ces animaux, étant tous apportés de climats fort différents du climat de la France, résistent plus ou moins longtemps aux changements brusques de température, de nourriture et d'habitudes auxquels ils se trouvent soumis dans leur esclavage. Malgré les soins qu'on peut leur donner, beaucoup tombent malades et meurent après un temps assez court. Les animaux féroces sont renfermés dans des loges fort propres et munies de solides barreaux de fer. Une balustrade empêche les curieux imprudents de s'approcher trop près. Là vivent des hyènes, fort bonnes personnes qui donnent un démenti formel à tout ce qu'on a raconté sur leur férocité; des lions de l'intérieur de l'Afrique, beaucoup moins dangereux que le jaguar du Brésil. Disons tout de suite, du reste, que la ménagerie des bêtes féroces est aujourd'hui dans un état voisin de l'indigence. L'étiquette inscrite sur la loge est presque toujours fausse. On vous annonce un lion là où il n'y a qu'un ours; nous nous attendons à voir un tigre, et on nous montre un renard. Il n'est pas une de nos forêts des Alpes ou des Pyrénées qui ne soit plus richement approvisionnée. Et cependant l'aspect de cette ménagerie est le spectacle favori du pauvre peuple, du peuple qui paye sa grosse part de cet établissement national, du peuple ignorant la science et qui ne juge de l'utilité de la ménagerie que par le plaisir qu'il éprouve à aller la visiter le dimanche en famille. Dans les deux pavillons de chaque côté sont, dans des cages plus petites et transportables, des animaux de l'ordre des carnassiers, mais que leur petite taille rend moins redoutables, tels que chacals, loutres, chats, etc.

C'est vers trois heures qu'a lieu le repas des animaux féroces; moyennant un franc donné au portier-gardien, on pénètre dans l'intérieur du bâtiment, et l'on assiste alors à ce banquet sanglant. Des masses de chair crue, broyées sous les dents des hyènes et des tigres, disparaissent en un clin d'œil, et ces animaux, levant leur gueule dégoûtante de sang, promènent sur les spectateurs des regards qui causent une certaine émotion, en dépit de la solidité des barreaux qui mettent le curieux à l'abri de toute atteinte. Il est difficile de rester longtemps dans cette galerie : une odeur âcre, ou, pour parler plus correctement, une puanteur sans nom, vous prend à la gorge et vous force d'aller bien vite respirer le grand air.

Derrière cette ménagerie des animaux féroces, sont des niches où l'on tient enchaînés des chiens domestiques de différents pays. Ces chiens vivent en très-bonne intelligence et multiplient même avec des louves; leurs métis ont eux-mêmes la faculté de se reproduire, ce qui démontre jusqu'à l'évidence, contre l'opinion de Buffon, que le chien et le loup sont deux variétés dans la même espèce.

Parlons tout de suite des animaux curieux disséminés dans le jardin.

Voici l'éléphant qui prélève chaque jour une part proportionnée à son mérite, sinon à son volume, de l'immense gâteau qui se consomme par parcelles autour des ménageries. Depuis qu'il a quitté l'Afrique, sa patrie, il n'a pas un seul

La ménagerie.

mauvais tour à se reprocher. Son cornac lui impute, au contraire, une complaisance et une débonnaireté

Le palais des singes.

Lion d'Arabie.

Louve blanche.

CHAPITRE XVIII. — LE LONG DE LA SEINE (Suite).

ridicules à l'égard des mauvais plaisants qui lui font avaler des cailloux déguisés en brioches. Il paraît que l'éléphant, à qui on s'était plu jusqu'à ce jour à accorder une intelligence hors de ligne dans la famille des bêtes, ne serait, au contraire, qu'un très-pauvre sire : l'éléphant vivait depuis des siècles sur une réputation usurpée.

« Je ne ferai pas, dit M. Boitard, l'histoire des éléphants, dont on a bercé notre jeunesse, car je n'aurais rien à apprendre de nouveau à personne; mais je dois relever les préjugés dont on a entaché cette histoire, et je le ferai d'une manière aussi succincte que possible.

« L'éléphant des Indes se trouve également sur le continent d'Asie, et dans les grandes îles de la Malaisie. Sa taille a été beaucoup exagérée, et quelques anciens auteurs l'ont portée jusqu'à dix-huit et vingt pieds de hauteur; la vérité est que les plus grands mâles atteignent très-rarement dix pieds de haut, et que leur taille ordinaire est de sept et demi à neuf pieds. M. Corse, qui dirige dix ans, dans l'Inde, les éléphants de la compagnie anglaise, n'en a jamais vu qu'un de dix pieds sept pouces anglais, ce qui revient à neuf pieds sept pouces français, mesuré sur le garrot. Les femelles sont plus petites que les mâles, et ne dépassent guère sept pieds et demi. Les éléphants d'Afrique sont généralement un peu plus petits. Ils grandissent jusqu'à l'âge de vingt-deux ans, ce qui porterait approximativement la durée de leur vie à cent cinquante ans, si les observations de Buffon sur la longévité des animaux sont justes.

« L'éléphant est esclave, mais non pas domestique. Tel privé qu'il soit, il ne manque jamais de se sauver dans les bois pour reprendre sa vie sauvage, toutes les fois qu'il en trouve l'occasion; aussi, lorsqu'il est en marche, faut-il qu'il ait toujours son cornac ou mahoud sur le dos, pour le maintenir, l'intimider et l'empêcher de s'enfuir. Dans toute autre circonstance, on le tient renfermé dans une écurie ou attaché à un pieu.

« On a supposé à l'éléphant beaucoup plus d'intelligence qu'il n'en a, et, si l'on faisait l'histoire critique de ce monstrueux animal, il faudrait en retrancher un grand nombre de contes qui ont été accrédités par la crédulité des anciens écrivains, ou même de quelques savants modernes. Il a un caractère doux, d'une docilité passive que l'on a prise pour de l'intelligence, et qui n'est probablement que le résultat de sa timidité. Il est en effet remarquable que son courage n'est nullement en rapport avec sa force prodigieuse et ses armes puissantes. Je n'en citerai qu'une preuve : jamais on n'a pu lui faire surmonter l'épouvante que lui cause la détonation d'une arme à feu, et depuis qu'on se sert de ces armes dans les batailles, on a été obligé de renoncer à l'employer, faute de pouvoir l'empêcher de prendre la fuite au premier coup de fusil. Si l'on s'en rapportait aux apparences, l'éléphant aurait l'organe de l'intelligence extrêmement développé, et

Rotonde de la girafe et de l'éléphant.

MM. les phrénologues, ne manqueraient pas de prendre parti contre mon opinion. Mais, en réalité, malgré la grosseur de sa tête, sa cervelle est beaucoup plus petite, proportionnellement, que celle d'un

Vue intérieure de la rotonde de l'éléphant.

chien, d'un cheval, et même d'un cochon. Les os de son énorme crâne se composent de deux tables éloignées, aux frontaux surtout, de sept à huit pouces l'une de l'autre; l'intervalle en est rempli par une matière osseuse pleine de grandes cellules, et de lacunes dont quelques-unes ont plus d'un pouce de largeur sur deux ou trois de longueur. Il en résulte qu'avec une tête énorme, l'intérieur de la boîte qui contient la cervelle du plus gros éléphant, n'a guère que dix à douze pouces de longueur sur six à sept de largeur, et quatre à cinq de profondeur, comme j'ai pu m'en assurer par moi-même.

« La première condition d'intelligence, c'est la mémoire; or, l'éléphant en a moins que le chien, moins que le cheval et le chameau. M. Corse affirme qu'un éléphant pris au piège et retourné à la vie sauvage peut donner deux fois dans le même piège sans le reconnaître, et il en cite plusieurs exemples. J'estime que leur intelligence, bien inférieure à celle de beaucoup de mammifères carnassiers, ne surpasse pas celle du cheval. »

Voici en quels termes un voyageur raconte une chasse aux éléphants. « En arrivant, je trouvai la société anglaise préparée à aller à une cinquantaine de verstes dans la forêt de Karnigal pour voir attraper des éléphants. Je me laissai entraîner; et, après un voyage fatigant, à cheval, et avoir reçu plusieurs jours dans des cabanes improvisées, au milieu d'une étouffante forêt tropicale, impénétrable sans hache et sans feu, un soir, à la lueur des torches, je vis ou plutôt j'entendis un troupeau d'éléphants sauvages, cernés et chassés par un millier de Cingalis armés de torches et de lances vers une enceinte préparée à cet effet, tout près de la hutte où j'étais juché avec d'autres Européens, des Anglais, sur un très-gros arbre. Je fus averti du moment décisif par le bruit des feuilles et le craquement des branches et par les cris de triomphe des Cingalis. Le lendemain matin je retournai à mon poste d'observation, à cette hutte de bambous et de feuilles de palmiers, et je vis trente-sept éléphants traqués dans l'enclos et qui se tenaient en masse. Il y en avait de vieux et d'énormes, et aussi trois tous petits qui se pressaient sous leurs mères. Alors les Cingalis les plus déterminés entrèrent dans l'enclos, le krâ', comme cela s'appelle, sur quatre éléphants privés, pour tâcher de dérouter les sauvages par des menaces bruyantes; et s'approchant du premier qui se trouva détaché de la bande, ils réussirent, avec beaucoup d'adresse et de courage, à lui mettre un lacet au pied et à le garrotter à un arbre trop gros pour qu'il pût le déraciner. Le malheureux se mit à faire des efforts grotesques et à trompetter de détresse. Alors la troupe des éléphants sauvages s'avança vers lui comme pour le délivrer. Mais les Cingalis, par leurs cris et leurs piques, et les quatre éléphants privés avec leurs défenses, les repoussèrent. On emmena, après l'avoir garrotté, le captif maté à coups de trompe et de défenses par les éléphants apprivoisés.

« Le krâl, enclos d'un quart de verste carré, était palissadé de hauts troncs d'arbres très-forts, serrés les uns contre les autres, et dont plusieurs se trouvaient être des éléphants. Dès que les éléphants sauvages y eurent été traqués, aussitôt le krâl fut entouré de piques et de flambeaux, et des feux immenses furent allumés afin d'empêcher les éléphants furieux de briser l'enclos avec leurs fronts. Les hurlements, les feux et les longues piques blanches les faisaient reculer invariablement, lorsqu'ils se mettaient à faire une charge contre la barricade. »

Notre voyageur n'a parlé que de la chasse au lacet, mais on chasse également cette énorme bête au fusil. Dans la grande Cafrerie la chasse de l'éléphant au fusil est très-commune, c'est même un des moyens de fortune des Cafres, qui vont vendre le produit de leur chasse, l'ivoire, au cap de Bonne-Espérance. C'est dans la Cafrerie que Delgorgue, le célèbre chasseur,

Chasse à l'éléphant, au fusil.

Chasse à l'éléphant, au lacet.

CHAPITRE XVIII. — LE LONG DE LA SEINE (Suite).

mort en 1848, a fait un tel massacre d'éléphants.

On n'a pas oublié l'histoire de la première girafe qui vint à Paris. Envoyée par Méhémet-Ali, pacha d'Égypte, à Charles X, elle traversa la France au milieu d'un perpétuel triomphe. Les populations des villes et des campagnes s'empressaient le long des routes pour contempler cette gigantesque fille de l'Abyssinie. A Paris, ce ne fut pas de l'enthousiasme; mais du délire. Tout fut à la girafe : habit à la girafe, robe à la girafe; la girafe partout et toujours. L'imagination du peuple n'abandonna cette bête monumentale que lorsqu'il l'eut admirée et mesurée des pieds à la tête. Cette pauvre girafe, accueillie avec tant de fracas et morte dans l'oubli il y a quelques années, avait aimé d'une affection vraiment touchante pendant toute sa vie deux pauvres vaches qui l'avaient accompagnée et allaitée dans son voyage. Elle a été remplacée par une autre, qui est arrivée sans tambours ni trompettes et, pour ainsi dire, incognito. Dans le même enclos que celui de l'éléphant et de la girafe, habitent des zèbres, des tapirs, des buffles, un dromadaire, et un pécari que son odeur repoussante signale à l'odorat du passant.

Parmi les animaux remarquables de la ménagerie, n'oublions ni le lion d'Arabie ni le guépard d'Abyssinie, qui furent envoyés par Clot-Bey.

M. Boitard, que nous avons déjà cité, et qui est l'auteur d'une excellente histoire du jardin des Plantes, histoire traitée au point de vue scientifique, émet sur le lion d'Arabie et sur le lion en général des opinions qui dérangent complètement toutes les données classiques. Nous venons de voir tout à l'heure que l'éléphant est un idiot; il paraît que le roi des animaux est un couard.

« Le lion parvenu à un certain âge, dit-il, devient d'une prudence qui très-souvent touche à la poltronnerie. Jamais il n'attaque l'homme s'il n'en est lui-même attaqué, et la preuve qu'il ne lutte avec lui qu'en désespoir de cause, c'est que, si la lutte cesse un instant, il en profite aussitôt pour se retirer. Le naturaliste Thumberg nous en fournira des exemples pleins d'intérêt. Il dit : « Je vis, au cap de Bonne-Espérance, plusieurs personnes qui avaient failli être dévorées par ces animaux. Un lion s'était établi dans un îlot de joncs, au milieu d'un ruisseau voisin de l'habitation d'un nommé Korf. Aucun de ses gens n'osait sortir pour aller chercher de l'eau ou mener pâturer les troupeaux; Korf résolut de déloger cet animal opiniâtre. Suivi de quelques Hottentots très-timides, il va le relancer jusque dans sa retraite; mais comme les joncs ne lui permettaient pas d'ajuster ni de voir l'animal, il eut l'imprudence de tirer quelques coups de fusil au hasard. A l'instant le lion irrité s'élance vers lui; les Hottentots effrayés prennent la fuite, et le pauvre colon se trouve sans défense à la discrétion de son cruel ennemi. Cependant il ne perd pas la tête, et lui enfonce le bras au fond du gosier, saisit sa langue et l'empêche ainsi de mordre. Mais enfin, épuisé par la perte de son sang, il tombe évanoui, et le lion retourne dans ses roseaux. Le paysan, revenu à lui, eut encore la force de se traîner à sa ferme; il avait cependant les flancs déchirés par les griffes du lion; sa main surtout était tellement mâchée, qu'il ne pouvait espérer de guérison. Son parti fut bientôt pris : il la

posa tranquillement sur un bloc, plaça un couperet à l'endroit où il voulait faire l'amputation, et or-

La girafe.

donna à un de ses domestiques de frapper dessus avec un maillet. L'opération faite, il plaça son moi-

Le zèbre.

gnon dans une vessie pleine de fiente de vache, et se guérit avec des décoctions de différentes plantes odo-

Rencontre de Rouvière et d'un lion, au cap de Bonne-Espérance.

riférantes, mêlées de cire et de saindoux. » Le même auteur raconte le fait suivant : « Bota, colon du cap,

à l'âge de quarante ans, s'avisa un jour de tirer un lion dans des broussailles fort épaisses. L'animal tomba sur le coup; mais il avait un compagnon que notre chasseur n'avait pas aperçu, et qui fondit sur lui avant qu'il ait eu le temps de recharger son fusil. L'animal furieux, non-seulement le blessa cruellement avec ses griffes, mais le mordit au bras, le laissa pour mort sur la place et s'en fut. Les domestiques de Bota transportèrent leur maître chez lui, et il guérit de sa blessure, mais il resta estropié. »

Chacun connaît aussi l'intrépidité héroïque de Rouvière, horloger au Cap, qui sauva un jour un Hottentot des griffes d'un lion, en brisant le crâne de ce dernier de deux coups de pistolet lâchés à bout portant.

A propos du roi des animaux, on en vient inévitablement à parler de Gérard, le tueur de lions.

Voici en quels termes le *Journal des Chasseurs* raconte une des chasses de ce célèbre Nemrod :

« Un lion noir ravageait depuis plusieurs années les troupeaux du douar des Mairia, situé près du jardin des Lions. Appelé par les habitants du douar pour les en délivrer, le courageux Gérard se rendit à cet appel. Pendant plusieurs nuits, il se posta et attendit l'animal sur son passage de la veille, mais ce fut en vain : le lion ne venait jamais deux fois par le même chemin. Lassé d'attendre, l'intrépide chasseur alla se placer un soir au milieu même du jardin des Lions, et près du seul gué qui se trouve dans cette immense gorge.

« Assis à quelques pas d'un étroit sentier et en partie caché par une énorme pierre, Gérard attendit quelques heures son terrible adversaire. Il était onze heures environ, lorsque le bruit de ses pas l'avertit de son arrivée. Notre chasseur s'apprête à le bien recevoir; le lion, qui est doué du sens de l'odorat, quoi qu'en disent les savants, flaire de son côté la trace des pas de celui qui le guette, et pousse alors d'affreux rugissements. La lune était magnifique, ce qui permit à Gérard de le laisser approcher de quatre ou cinq pas pour l'ajuster sûrement.

« C'est lorsque le lion l'aperçut et qu'il rugissait de colère que Gérard lui décocha au milieu du front une balle qui malheureusement rebondit et vient frapper à la tête ce courageux jeune homme. Au même instant, le lion s'élance vers lui, et, frappant de son poitrail la pierre qui le couvre, il le renverse sur ses pieds, ce qui le fait dévier et le force de passer à sa gauche. Prompt comme l'éclair et ne pouvant faire attendu sa proximité, Gérard saisit son poignard, qu'il a l'habitude de placer à côté de lui et hors du fourreau, en frappe à la tempe gauche l'animal; mais la lame casse, et le lion poursuit sa route en poussant d'affreux rugissements.

« Ce fut avec la plus grande peine que Gérard put retirer ses pieds, fortement contusionnés, de dessous la pierre où ils étaient pris. Il sortit enfin sain et sauf d'une lutte pendant laquelle il se croyait mort, mais son courage et son sang-froid s'étaient transformés en rage. Il racontait que, voyant le lion s'éloigner et ne pouvant se retirer du piège où il était pris, il avait eu un moment de regretté de n'avoir pas lutté corps à corps avec lui, au lieu de le frapper avec son poignard. « Cepen-

« dant j'aurais eu tort, a-t-il ajouté, car je puis en-
« core le rencontrer et régler avec lui notre petite
« affaire. »

Gérard explique ainsi la manière dont il faut s'y prendre pour *s'amuser au lion* : « D'abord, c'est une chasse qui se fait sans beaucoup d'appareil. Il faut y aller seul, ou tout au plus avec un second dont on soit bien sûr; mais il vaut mieux être seul. Quand les lions entendent trop de monde, ils ne viennent pas. Si vous posez un factionnaire, vous devez avant tout vous assurer que son fusil peut faire feu. De même, pour aller vous amuser au lion, il faut commencer par examiner si votre arme est bien solide...

« A la tombée de la nuit, vous vous embusquez à l'endroit où le lion a l'habitude de passer. Cela n'est pas très-difficile à reconnaître, et d'ailleurs les Arabes vous donnent à cet égard d'excellents renseignements : si le lion ne paraît pas ce soir-là, retournez-y le lendemain ou la nuit suivante, et certainement vous le verrez venir. Il ne faut pas tirer de trop loin, on n'est pas assez sûr de son coup : à vingt-cinq pas tout au plus. Quand le lion vous aperçoit, il vous regarde en face. Alors il n'y a pas de danger; mais quand il roule les prunelles et qu'il tourne les yeux de côté, il va s'élancer; tenez-vous sur vos gardes, il faut le viser, bien le viser à la tête. Si vous le manquez, jetez-vous de côté dans le buisson. Il est probable qu'il vous dépassera, car il a pris son élan, et il ne pourra pas s'arrêter au premier bond, mais il reviendra aussitôt. Alors il faut l'ajuster, et ne pas le manquer, car, si vous le manquez, il ne vous manquera pas. »

Nous ne pousserons pas plus loin, quant à présent, l'histoire générale du lion. Nous nous bornerons à dire que presque tous les animaux reconnaissent la supériorité de ses forces.

« Lorsque la nuit a couvert la terre de ténèbres, dit Poiret, cette tranquillité silencieuse qui l'accompagne est interrompue par les cris de divers animaux féroces : les chacals surtout glapissent en troupes nombreuses, les hyènes et les loups hurlent dans le lointain; ce n'est souvent qu'une confusion de cris difficiles à distinguer. Mais à peine les échos ont-ils répété les longs rugissements du roi des animaux, que ceux-ci n'osent plus se faire entendre. La seule voix du lion retentit dans ces vastes déserts, et impose silence à tous les habitants des forêts. Saisis d'épouvante, ils craindraient de se trahir par leurs cris, et d'attirer vers eux un ennemi qu'ils n'osent attendre pour le combat, malgré le signal éclatant qu'il donne à tous les animaux. »

Quant au guépard, c'est un animal fort doux, mal-

Gérard, le tueur de lions.

gré sa physionomie peu rassurante; il est privé comme un chien, il aime la société de ses gardiens, il reçoit leurs caresses avec un plaisir qu'il témoigne en re-

muant non pas la queue tout entière, comme font les chiens, mais seulement l'extrémité, à la manière

Guépard d'Abyssinie.

des chats : aussi lui a-t-on accordé une liberté très-grande. Sa cage est placée dans le bâtiment de la ménagerie, mais près d'une fenêtre par laquelle, lors-

que le beau temps le permet, il peut sortir et aller se promener dans un petit parc où le conduit un couloir garni de paillassons. On a prudemment tendu un filet au-dessus de ce petit parc, afin que l'animal ne puisse pas franchir les palissades et aller, s'il lui en prenait fantaisie, faire une visite dangereuse aux gazelles et aux antilopes des parcs voisins.

A sa jolie robe, le guépard joint la légèreté des formes et la grâce des mouvements. Il ne peut grimper sur les arbres, comme les autres chats, mais il bondit comme eux, et il a sur eux l'avantage de courir avec la même facilité que les chiens. Comme tous les individus de son espèce, il est obéissant, et pourrait être utilisé à la chasse. Dans l'Inde, on donne aux guépards le nom de *tigres chasseurs*, parce qu'on les dresse très-facilement à cet exercice. L'empereur Léopold Ier en avait deux qui étaient aussi privés que des chiens et toutes les fois qu'il allait à la chasse, l'un de ces animaux se plaçait de lui-même sur la croupe de son cheval, l'autre derrière un de ses courtisans. Le bruit des cors, les aboiements des chiens, et les fanfares des chasseurs ne les effrayaient nullement, et paraissaient même les exciter à bien faire leur devoir. Aussitôt qu'une pièce de gibier était levée, tous deux s'élançaient à sa poursuite, l'atteignaient et l'étranglaient; ils revenaient ensuite tranquillement reprendre leurs places sur le cheval de l'empereur et sur celui de son courtisan. En Perse, cette chasse est très-aimée par les grands; aussi un *youse* ou guépard bien dressé se vend-il quelquefois une somme exorbitante. Il en est de même à Surate, au Malabar et dans plusieurs parties de l'Asie.

Le guépard a beaucoup occupé les naturalistes, parce que ses formes générales semblent le placer avec les chats, et que cependant il n'en a pas le caractère essentiel, ses ongles n'étant ni crochus, ni acérés, ni rétractiles. Par là, comme par ses habitudes et ses mœurs, il se rapproche beaucoup des chiens. Sur ces considérations, les naturalistes ont fait un genre séparé auquel on a donné le nom de *cynofelis*, nom qui, du reste, lui convient fort bien. M. Tesson a peut-être été moins heureux en trouvant deux espèces dans deux très-légères variétés de cet animal, ne se distinguant que par une très-petite différence dans la couleur, la taille et la longueur des oreilles. Une chose assez singulière est qu'en se fondant sur des caractères aussi peu importants, on pourrait établir une troisième espèce avec notre guépard d'Abyssinie, car il ne ressemble positivement à aucun des deux précédents. Quoi qu'il en soit, les Arabes lui donnent le nom de *fadh*, et c'est celui qu'on lui a conservé à la ménagerie.

Passons maintenant à deux autres personnages très-curieux et très-admirés, les civettes. Ces animaux craignent excessivement le froid; on est obligé de les tenir en cage dans l'intérieur de la ménagerie, où le public ne peut pénétrer qu'à l'aide de cartes délivrées par l'administration. Du reste, ce sont deux très-beaux individus, que leur long voyage n'a que très-peu fatigués. Les civettes forment le genre type de la famille des viverridées, appartiennent à l'ordre des carnassiers digitigrades; elles ont toutes cinq doigts à chaque pied.

Ces animaux ont environ deux pieds de longueur, non compris la queue; leur museau est un peu moins pointu que celui du renard; leurs oreilles sont courtes et arrondies; leur pelage est long, un peu grossier, gris, tacheté et couvert de bandes brunes et noirâtres, avec une crinière le long de l'échine; leur queue est brune, moins longue que le corps; la tête est blanchâtre, excepté le tour des yeux, les joues et le menton, qui sont bruns; ainsi que les quatre pattes.

Les civettes sont communes en Abyssinie et en Éthiopie, où on les nomme *konkou*; mais on les trouve aussi dans le Sénaar et dans toute l'Afrique tropicale. Elles sont rares en Asie. Quoique d'un caractère farouche, elles s'apprivoisent assez facilement, mais jamais assez pour caresser la main qui leur donne des soins et s'attacher à leur maître. En captivité, la nourriture qui leur convient le mieux consiste en chair crue et hachée mêlée à des œufs et du riz, en poissons, en petits mammifères, en oiseaux et en volaille. A l'état sauvage, ce sont des animaux très-redoutés des fermières, parce que, lorsque la chasse leur manque dans les bois, ils se rapprochent des habitations, se glissent pendant la nuit dans les basses-cours, et font un grand dégât parmi les volailles, qu'ils commencent à tuer toutes avant d'en manger une. Leur caractère est courageux et cruel; agiles à la course comme le chien, lestes à sauter comme le chat, rusées comme le renard, voyant très-bien la nuit avec leur pupille nocturne, elles sont le fléau des oiseaux et des petits mammifères sauvages et domestiques.

Il y a une quarantaine d'années que leur parfum était encore à la mode, et alors ces spéculateurs hollandais firent venir d'Afrique un grand nombre de ces animaux vivants, qu'ils nourrissaient en captivité pour leur faire produire de la *civette*; il est bien singulier que cette *civette*, recueillie en Hollande, était plus estimée que celle qui venait d'Égypte et d'Abyssinie, probablement parce qu'elle n'était pas frelatée, et que peut-être aussi les animaux avaient une nourriture meilleure et plus abondante que dans leurs forêts, où souvent ils sont obligés de vivre de fruits et de racines, faute de mieux. Pour recueillir ce parfum, on met l'animal dans une cage étroite, où il ne peut se retourner; on ouvre la cage par un bout, et on lie la civette par la queue; on la contraint à rester dans cette position en passant à travers les barreaux un bâton qui entrave les jambes de derrière; alors on introduit une petite cuiller dans le sac qui contient le parfum, on racle avec soin toutes les parties intérieures des deux poches, et l'on met la matière odorante qu'on en tire dans un vase que l'on ferme ensuite hermétiquement. Si l'animal se porte bien et qu'il soit convenablement nourri, on peut répéter cette opération deux ou trois fois par semaine. Cette civette, l'*algallia* des Arabes, est encore en grande estime en Arabie, dans le Levant et dans l'Inde, où on lui attribue, ainsi que le faisaient nos pères, des propriétés merveilleuses. Chez nous, aujourd'hui, il n'y a plus guère que les parfumeurs et les confiseurs qui en emploient quelquefois.

Les deux civettes de la ménagerie s'irritent facilement quand on les tourmente; alors elles hérissent leur crinière, se secouent en grondant, et répandent une odeur si violente qu'à peine peut-on la supporter. Cette espèce n'a jamais produit en captivité, mais on sait qu'elle ne fait ordinairement que deux ou trois petits.

Puis vient ensuite le PARADOXURE POUGONIÉ, qui est le *musang-sapulut* des Indiens, la *marte des palmiers* des voyageurs, la *genette de France* de Buffon, quoique jamais cet animal ne se soit trouvé en France.

Civettes.

L'erreur du grand écrivain résulte sans doute de ce qu'il aura confondu cet animal avec la genette française. En effet, il y a entre ces deux animaux une grande ressemblance de forme, de grosseur, de couleurs, et même d'habitudes. Le poûgonié est d'un noir jaunâtre, avec trois rangées de taches noirâtres peu prononcées sur les côtés, et d'autres éparses sur les cuisses et les épaules; il a une tache blanche au-dessus de l'œil, et une autre au-dessous; sa queue est noire.

A l'état sauvage, les paradoxures habitent les bois, et souvent les plantations de palmiers; toujours furetant, grimpant, sautant presque avec la même légèreté que l'écureuil, ils s'occupent toute la nuit à faire la chasse aux petits oiseaux, et à dénicher leurs œufs et leurs petits, dont ils sont très-friands. Avec les mœurs sauvages et cruelles du putois, ils ont sur lui l'avantage d'avoir la queue prenante et de pouvoir rester suspendus aux branches par cet organe, quand ils se mettent à l'affût des petits mammifères grimpeurs, auxquels ils font une guerre acharnée. Le jour, ils se retirent dans leur retraite, probablement un trou d'arbre, et y dorment jusqu'à ce que le crépuscule du soir vienne les inviter à recommencer leur chasse. Ces petits animaux s'apprivoiseraient très-facilement, si l'on voulait s'en donner la peine. Il y a quelques années qu'un individu de cette espèce s'échappa du jardin des Plantes, et fut perdu pendant plus d'un mois. Loin de se jeter dans les champs, il remonta de maisons en maisons le long du boulevard intérieur, jusqu'à la barrière d'Enfer, où on l'aperçut jouant avec un jeune chat sur le tuyau de la cheminée d'un marbrier, M. Vossy. Aussitôt on se mit à sa poursuite, et l'animal ne fit pas de grands efforts pour s'échapper; on le reprit sans résistance, et on le reporta aussitôt à la ménagerie, où il a vécu assez longtemps.

Il y a encore bien d'autres animaux rares ou intéressants, parmi lesquels il faut compter le tapir et l'alpaca.

Long de près de 3 mètres et haut d'environ 1 mètre et demi, le corps du tapir est gros, trapu et terminé par une large croupe, sa tête osseuse est assez puissante, les yeux sont petits, les oreilles allongées et mobiles; les jambes sont fortes et terminées aux extrémités antérieures par quatre doigts et aux extrémités postérieures par trois doigts armés de petits sabots courts et arrondis; sa queue est très-peu développée et la peau est couverte de poils soyeux et assez rares; la tête, le cou, les épaules, les membres et la queue sont d'une couleur noire, le dos, la croupe, le ventre, les flancs et l'extrémité des oreilles sont d'une couleur blanche; il n'y a pas de crinière sur le cou. Le tapir habite généralement les forêts de l'île de Sumatra et de la presqu'île de Malacca, où on le rencontre aussi communément que l'éléphant et le rhinocéros; il est solitaire et fréquente les lieux marécageux dans lesquels il aime à se vautrer; il marche avec vitesse et nage facilement; sa nourriture toute végétale se compose de fruits et de racines sauvages, ainsi que des jeunes rejetons de plantes. D'un naturel doux et timide, cet animal se laisse aisément apprivoiser; il n'attaque jamais l'homme, qu'il paraît au contraire éviter avec soin; sa chair, estimée des naturels, est cependant sèche et désagréable au goût, et son cuir leur sert soit à des usages domestiques, soit à faire des armes défensives.

Voici l'alpaca ou mouton du Pérou, que, depuis quelques années, on s'occupe de naturaliser en Angleterre et en France. Originaire du Pérou, l'alpaca vit habituellement sur les montagnes qui sillonnent cette partie de l'Amérique; il porte une toison qui donne annuellement 3 à 4 kilogr. de poils soyeux, d'une longueur d'environ 22 à 23 centimètres, d'une finesse, d'une élasticité, d'un brillant qui ne peut se comparer qu'aux toisons des chèvres du Thibet; tandis que le poids moyen des moutons qui approvisionnent nos marchés varie habituellement entre 20 et 22 kilogr., un alpaca adulte pèse au moins 100 à 120 kilogr., et quelquefois jusqu'à 150 kilogr., et donne une chair excellente comme aliment. Les femelles supportent bien la traite et donnent un bon lait.

Les services qu'il peut rendre comme animal domestique méritent d'autant plus d'être appréciés, qu'il est susceptible d'intelligence et s'attache à l'homme. Au Pérou, on se sert de l'alpaca comme bête de somme; il peut porter des poids de 50 à 75 kilogr., suivant sa force, et a cela de remarquable que, lorsqu'il est chargé du poids qu'il peut raisonnablement porter, il résiste à toute surcharge avec une opiniâtreté sans exemple. On lui reproche, il est vrai, sa lenteur; mais il la rachète par une patience à toute épreuve. Il a la vie longue, est robuste et peu sujet aux maladies; sa peau se laisse facilement tanner, et donne un cuir de bonne qualité.

Paradoxure Pougonié.

A ces avantages, qui sont incontestables, l'alpaca en joint encore d'autres précieux, surtout dans un pays comme la France, qui renferme dans sa vaste étendue, des climats si variés et des contrées si différentes entre elles. Il est d'une sobriété excessive; et, sous ce point de vue, il ne cède pas même à l'âne, qui jouit pourtant, et avec juste raison, d'une réputation proverbiale. En effet, il vit de mousse, de bruyères, de buissons et d'autres tiges ligneuses qu'il broie parfaitement avec ses dents aiguës. En un mot, il s'entretient très-bien là où le mouton de l'espèce la plus commune périrait de faim. Les Anglais, qui laissent leurs moutons hiverner dans les champs, même malgré la présence de la neige, ont au moins la précaution de leur semer, pour leur pâture pendant la mauvaise saison, des champs de turneps; l'animal commence par manger les feuilles et le collet qui sort de terre. Le berger déchausse alors les turneps avec sa houlette et l'arrache, afin que le mouton puisse l'achever. L'alpaca, au contraire, ne demande aucun de ces soins; insensible au froid et à l'humidité, il n'exige pas même un abri pendant les températures les plus rigoureuses; et, même sous la neige, trouve encore de quoi se nourrir.

Aussi, tous les peuples qui ont visité ces contrées, soit comme conquérants, soit comme spéculateurs, ont-ils promptement reconnu les nombreux avantages qu'on pourrait retirer de l'introduction de l'alpaca dans les pays d'Europe.

L'autruche est un animal très-commun au jardin des Plantes et ailleurs; cependant il attire toujours l'attention du public. Répandus sur une grande partie de l'ancien continent, et notamment dans l'Hindoustan et dans l'Afrique, ces intéressants animaux n'offrent entre eux que des variétés peu importantes. Le plumage et la taille varient seuls. L'autruche grise est la plus petite; elle n'atteint guère que la hauteur de 2 mètres à 2 mètres 20. L'autruche noire, surnommée la grande autruche, atteint quelquefois la taille de 2 mètres 75. Ces oiseaux sont polygames; les mâles prennent au moins deux compagnes, quand l'époque de la ponte approche; mais la plupart se forment un sérail de quatre, cinq et jusqu'à six femelles. Ce sérail vit en parfaite intelligence; toutes les femelles d'un même mâle pondent dans un seul et même nid.

On a fait à l'autruche une réputation de stupidité qui est immérité. Demandez aux chasseurs qui la poursuivent avec tant de persistance, si vingt fois ils n'ont pas été surpris des ruses et des manœuvres intelligentes de ces oiseaux. Quant à l'avidité de l'autruche, qui digère du fer, dit-on, c'est encore une exagération calomnieuse. Si l'on trouve des cailloux dans son estomac, on en trouve aussi dans celui de nos poules et de tous les oiseaux.

Disons maintenant quelques mots de l'*ornithorhynque*, une des plus curieuses acquisitions faites par le jardin des Plantes, et qui est presque généralement inconnu.

L'ornithorhynque, cette énigme vivante, se trouve placé entre les fouisseurs et les oiseaux aquatiques; mammifère, à bec, corné, ovovivipare, recouvert de poils, il offre à l'anatomiste qui le dissèque, des rapports nombreux avec les reptiles, et tient à la fois du canard, de la taupe, du castor et du saurien. Il se creuse des terriers qui comptent deux ou trois issues et qui se subdivisent entre douze ou quinze branches. Il se sert de sa queue, comme le castor, pour battre et affermir la terre. L'ornithorhynque se nourrit d'insectes et de coquilles fluviatiles, et, sans être tout à fait nocturne, il a cependant plus de vivacité la nuit que le jour. On n'avait pu jusqu'à présent expliquer la présence de glandes mammaires au ventre des femelles, quoiqu'il y eût absence de mamelles; mais on a découvert depuis peu que le tissu de la peau qui recouvre ces glandes est spongieux et d'une nature moins compacte que le reste du ventre. Lorsque les petits veulent prendre leur nourriture, ils profitent du moment où la mère se trouve parmi les herbes aquatiques, à peu de distance de terre, là où il n'y a aucun courant. La femelle ayant tout le dos à découvert, l'on conçoit aisément qu'une fois la pression exercée fortement, le lait surnage à peu de distance, et que le jeune nourrisson peut ainsi le humer avec facilité. Les organes de la vue et de l'ouïe sont peu prononcés chez cet animal. Endormi dans son terrier, il replie ses pattes sur elles-mêmes; la tête, ou plutôt le bec, vient rejoindre la partie postérieure, et le tout se trouve recouvert par la queue.

L'alpaca.

Les autruches.

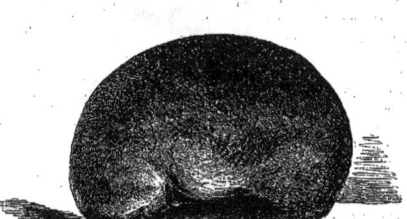

Ornithorhynque allaitant ses petits.

Position de l'ornithorhynque sous terre.

Chapitre XIX.
LE LONG DE LA SEINE (Suite).
LE JARDIN DES PLANTES (Suite).

La macreuse. — Quelques détails sur la macreuse. — *Grisette*. — Nourriture de la macreuse. — Chasse de la macreuse aux filets. — Chasse au fusil sur l'étang de Berre. — Grand déploiement de forces. — Les deux Voleurs et l'Ane. — L'anse de Macignane. — Les cerfs, les gazelles, les rennes et les chamois. — La cour plénière des oiseaux au jardin des Plantes. — Le vautour et le condor. — Les oiseaux de proie nocturnes. — La faisanderie. — Les gallinacés et les échassiers. — Les demoiselles de Numidie. — Les oies rieuses. — Le *strigops hubroptilus*. — Description et mœurs de cet oiseau. — Les tortues. — Les reptiles. — Physionomie des promeneurs devant les reptiles. — Les grandes serres et les plantes exotiques. — Le *Muséum*. — Le cabinet de zoologie. — La salle des singes. — Les galeries d'ornithologie. — Galeries des reptiles et des poissons conservés. — Les collections de coquilles. — Les fossiles. — Le cabinet d'anatomie comparée. — Les squelettes humains. — Les squelettes célèbres. — Le bœuf Apis. — Ritta-Christina. — Crânes de Papavoine, Cartouche et Lacenaire. — Le cabinet de minéralogie. — Les diamants illustres. — Le monument de Daubenton. — L'amphithéâtre des cours. — Le cèdre du Liban. — M. de Jussieu. — Une classe dans le jardin des Plantes. — Jacquemont. — Les naturalistes célèbres.

Parmi les oiseaux, voici la macreuse dont nous allons dire quelques mots, moins pour la rareté de ce palmipède, que pour avoir occasion de raconter incidemment la chasse amusante et originale qu'on lui livre dans certaines parties de la France.

La taille et la forme de la macreuse la rendent assez semblable au canard commun. Ses plumes sont noires, et tellement lisses et serrées qu'elles possèdent une impénétrabilité complète, et ne sont nullement mouillées après un long séjour dans l'eau. La macreuse a les pattes noires et les doigts unis par une membrane fine et mince d'une délicatesse extrême. Le mâle se distingue par la couleur foncée de son plumage et par deux petits tubercules jaunes placés à la base supérieure du bec, qui est moins aplati que celui du canard. Quand la femelle est jeune, elle est entièrement grise; elle a été regardée longtemps comme une espèce particulière que l'on désignait par le nom de *grisette*; mais cette erreur a été reconnue.

Les macreuses se nourrissent de petits poissons et d'un coquillage appelé *vaimeau* par les pêcheurs de la côte de Picardie, où il abonde. Elles plongent quelquefois à une profondeur de cinquante pieds pour saisir leur nourriture. Il suffit qu'un individu de la troupe donne l'exemple pour que tous les autres l'imitent et disparaissent sous l'eau. On reconnaît par là les bancs de vaimeaux. Quand le reflux les a mis à découvert, les pêcheurs tendent, à deux pieds au-dessus de ces coquillages, de grandes nappes de filets. Le retour de la marée ramène les macreuses sur le piège. La troupe plonge sans défiance, et s'embarrasse dans les mailles, celles qui passent sous le filet sont prises également en voulant remonter. Dès que la mer s'est retirée, on va compter les victimes, dont le nombre s'élève souvent à plus de douze cents.

Macreuse.

Il y a des troupes de macreuses qui, plus frileuses que les autres, descendent chercher un abri contre les rigueurs du froid jusque sur les côtes de la Provence : elles choisissent de préférence les étangs pour y établir leurs quartiers d'hiver. L'étang de Berre, petite ville située à huit lieues de Marseille, est renommé, dans le midi de la France, pour la chasse dont il est le théâtre, chaque année, aux approches de la Noël. Ici les malheureuses macreuses n'ont point à craindre les filets sous-marins, car il n'y a pas de marée; mais elles périssent par le plomb.

Il faut une armée de chasseurs pour exécuter cette chasse. Si une barque isolée veut essayer de les approcher, elles s'envolent avant d'être à la portée du fusil, et fuient toujours par petites volées, sans qu'on puisse jamais les atteindre. Une nombreuse réunion est nécessaire, et c'est ce qui a lieu, ainsi qu'on va le voir.

Vers le milieu du mois de décembre, les autorités municipales de Berre font connaître, par une affiche officielle placardée dans tout le département des Bouches-du-Rhône, le jour fixé pour la chasse générale des macreuses : c'est ordinairement le 23 du mois. La veille de ce jour, on voit affluer dans la petite ville de joyeuses caravanes de chasseurs venant de Marseille, d'Aix, d'Arles, de Salons, de Lambesc, de Saint-Méry; les uns dans d'élégants équipages, d'autres dans de modestes carrioles, dans des charrettes; quelques intrépides font dix ou quinze lieues à pied pour se trouver au rendez-vous.

Chacun est armé de plusieurs fusils et de copieuses munitions de chasse.

La chasse aux macreuses.

C'est jour de fête, jour de bruit et de vie pour la pauvre ville ; ce jour-là, elle oublie ses salines et son morne silence ; elle se fait grande ville pour quarante huit heures. Elle ouvre toutes ses auberges, toutes ses maisons, toutes ses étables, toutes ses granges, pour loger les hôtes nombreux qui lui surviennent. Elle égorge tous ses moutons, elle tord le cou à tous ses poulets pour assouvir tous ces appétits aiguisés par le voyage.

Enfin, le matin arrive, à la satisfaction générale; le rivage se couvre de chasseurs qui se hâtent de prendre place dans les bateaux qu'ils ont retenus la veille. Ces bateaux, appelés *bettes*, sont plats et étroits; ils contiennent deux rameurs et quatre chasseurs; ils ont à la poupe un petit pavillon tricolore, délivré par l'autorité municipale moyennant un modique tribut. Quand tout le monde est embusqué, la flotte se range en bataille; les *bettes* se placent à trois mètres l'une de l'autre, de manière à former une ligne qui s'étend à perte de vue d'une rive à la rive opposée. Les cloches de la ville donnent le signal du départ, et la flotte s'avance en bon ordre vers l'anse de la Tête-Noire, où l'on aperçoit de loin des milliers de macreuses. Elles se trouvent ainsi cernées, d'un côté par le bord de l'étang, qu'elles ne dépassent jamais, et de l'autre, par la ligne des bateaux qui s'avance et se resserre de plus en plus. Quelques coups de fusil les font lever. Au lieu de chercher un refuge dans les champs, elles ont une telle antipathie pour la terre, qu'elles préfèrent venir passer par-dessus la flotte pour aller se poser sur une autre partie de l'étang; mais la plupart périssent dans ce court trajet. Leur vol est lourd et bas; elles ont à essuyer un feu de file des plus meurtriers. Souvent dix ou quinze coups de fusil sont tirés sur la même macreuse; c'est alors à qui l'aura. Les bateliers font force de rames vers la macreuse morte qui flotte sur l'eau; ils tiennent à honneur de ne pas céder, ils se prennent à l'abordage, et tandis qu'ils échangent des injures et des coups d'aviron, un bateau se glisse en silence, et s'empare de l'objet en litige : c'est la fable des *Deux voleurs et l'Ane*. Une fois la macreuse hors de l'eau, quel que soit celui qui se l'est appropriée, la rixe cesse, et l'on va reprendre son rang dans la ligne. Quelques bateaux restent derrière, et se contentent de glaner les blessés. Ce ne sont pas les moins bien partagés.

Après cette battue, qui dure toute la matinée, on en fait le soir une seconde dans l'anse de Marignane,

Demoiselles de Numidie.

où se sont réfugiées les macreuses échappées au premier feu. Celles qui se sauvent de ce dernier carnage se dispersent sur l'étang ou sur le bord de la mer, et quand le printemps les rappelle dans leurs régions glacées, elles réparent leurs pertes par de nombreuses couvées qui doivent fournir de nouvelles victimes aux massacres qui recommenceront l'hiver suivant.

Nous ne pouvons dépeindre ici à un tous ces animaux divers qui peuplent ce paradis terrestre, ces chèvres nées dans un pli des montagnes de Cachemyr, sous un ciel toujours bleu, au milieu de bosquets

Le strigops habroptilus.

toujours verts, et ces beaux cerfs de Virginie, et ces chamois des Alpes aux jambes grêles et nerveuses, au regard mutin et sauvage, et ces gazelles de l'Algérie, et ces rennes de Laponie, robustes et rapides serviteurs de l'homme, et tous ces êtres amenés dans ce jardin de tous les coins du monde connu.

Voici maintenant la cour plénière des oiseaux, qui babillent à grand bruit sous le treillage de leur prison : perroquets, perruches, kakatoès, aras, gens sans cœur que la captivité ne peut rendre taciturnes, impudents valets qui se trouvent suffisamment heureux parce que leur plumage bigarré resplendit au soleil. Mais il est difficile de se défendre d'une certaine pitié devant les quelques cages silencieuses où veillent, l'œil fixe et désespéré, le crâne chauve et meurtri à force d'avoir heurté le plafond qui intercepte la vue du ciel, les ailes pendantes et fatiguées, tous ces aventuriers de l'air, princes ou brigands, que nous appelons condors, aigles ou vautours. Chez ces sauvages amants de la voûte céleste, vous ne rencontrez aucune faiblesse, aucune concession à la force qui les opprime, pas même la résignation. Leurs ardentes prunelles, où éclate une passion immense et indomptable, lancent des éclairs de haine et de fureur. Le condor des Cordillières, un de ces farouches prisonniers, attire particulièrement l'attention. Que de fables ridicules n'a-t-on pas débitées sur son compte! Au dire des anciens voyageurs, le condor enlevait les enfants, attaquait les hommes, etc. Puis vient le percnoptère, sorte de vautour auquel les Égyptiens rendaient un culte religieux; puis le vautour royal, qui n'a de royal que le nom, et dont toute l'utilité se borne à nettoyer les contrées du Brésil, qu'il habite, des cadavres et immondices dont il se nourrit. Tout à côté, les vautours bruns, d'Égypte, des Pyrénées et d'Algérie, tous oiseaux lâches et ignobles, n'osant attaquer aucun animal vivant. En suivant, nous trouvons les aigles, les pygargues, milans, buses, qui se nourrissent de proie vivante; le carraca, regardé au Brésil comme le plus grand ennemi des poules et des oiseaux de basse-cour; et enfin le grand-duc, représentant là une famille à part, la famille des oiseaux de proie nocturnes.

Des cages des oiseaux nous arrivons à la faisanderie. Cette construction est entourée, par derrière, de plusieurs petits parcs où sont élevés des oiseaux rares de l'ordre des gallinacés et des échassiers. On y voit des hérons, des butors, des aigrettes, des goëlands; dans les loges de la faisanderie, on remarque les combattants, des courlis, une femelle de paon avec ses petits, des ramiers, des perdrix rouges, le cardinal du Brésil, l'outarde-houbara d'Alger, des poules de diverses variétés, un hocco, des faisans de plusieurs espèces; puis, dans la même cage et vivant en société fort paisible, des colins houis-coucou-guira, cantara, martins roses, merles robins du Canada et quelques autres.

Parmi les oiseaux dont les cages et les enclos du jardin des Plantes se sont enrichis dernièrement, on remarque les demoiselles de Numidie (*ardea virgo*, G. Cuv.), à peu près de la grandeur de la grue couronnée, mais à taille plus svelte et plus élégante. Leur plumage est d'un beau gris cendré; leur cou est paré d'une longue pèlerine d'un noir brillant et velouté, et deux belles aigrettes blanches, formées par le prolongement des plumes effilées qui couvrent leurs oreilles, les coiffent très-coquettement. Ces oiseaux se font encore remarquer par des gestes et des mouvements affectés, bizarres, imitant parfois des révérences réitérées, d'autres fois une danse aussi originale que la polka, mais plus décente.

Avec elles vivent des oies rieuses, ou *anas albifrons*, G. Cuv.), au plumage gris, au ventre noir et au front blanc. Ces oiseaux voyageurs paraissent quelquefois dans nos pays en hiver, et vont même jusqu'en Égypte, après avoir traversé sans s'arrêter l'Europe entière.

Oies rieuses.

Mais le plus extraordinaire de tous est, sans contredit, le *strigops habroptilus*. Cet oiseau tient tout à la fois du perroquet et de la chouette, et ce n'est, pourtant ni un perroquet ni une chouette. Il a été pris sur l'île Stewart, située au sud de la Nouvelle-Zélande, et offert au Muséum d'histoire naturelle par M. Jules

Verreaux, l'un des voyageurs naturalistes de cet établissement, qui lui a rapporté du cap de Bonne-Espérances de si riches collections. L'espèce à laquelle il appartient avait été figurée, mais non décrite, par M. S. R. Gray, gouverneur des possessions britanniques de la Nouvelle-Zélande. « Les indigènes, avait dit M. Gray, l'appellent *kakapo*, ce qui veut dire *perroquet de nuit*. Depuis que les chats et les rats se sont introduits dans l'île, ajoutait le même observateur, les individus de cette espèce ont disparu de plus en plus, de sorte que, dans certaines parties de l'île, cet oiseau est regardé comme fabuleux, opinion que partagent beaucoup d'Européens. » Le *strigops habroptilus* du jardin des Plantes est le seul qui se trouve actuellement dans les collections scientifiques de l'Europe.

M. Pucheran, aide naturaliste, a lu à l'Académie des sciences une intéressante notice sur le *strigops habroptilus*, à laquelle nous empruntons les détails suivants :

« Le *strigops habroptilus* est un des types les plus intéressants qui aient été soumis depuis quelques années à l'observation des ornithologistes. L'allongement et la force de ses tarses et de ses ongles décèlent un animal essentiellement marcheur. Sous ce point de vue, c'est un pézopore avec des proportions beaucoup plus fortes. Pour ce qui est de l'allongement des rémiges, beaucoup d'espèces pourraient lui être comparées, mais aucune d'entre elles ne nous a offert des ongles aussi peu arqués. Si, par certaines formes particulières de ses organes, cette espèce s'isole de presque tous les autres psittacidés, les caractères du ptilose qui lui sont propres ne sont guère moins dignes d'attention. Son pelage est très abondant, assez uniforme, comme c'est la coutume chez les espèces nocturnes. Mise à côté de certaines espèces de strigidés, on retrouve dans l'une comme dans l'autre de grandes analogies dans la disposition générale des taches et des raies. En dessous ce sont de grandes tachés jetées sur le centre de chaque plume ; sur les ailes, d'autres grandes taches transversales ; sur la queue, les voilà devenues plus éparpillées, plus petites, moins régulières. Mais le fond de la coloration est resté celui des psittacidés, de la perruche ingambe (*pezoporus formosus*, Vig. et Horsf.) particulièrement. Il l'est encore par l'état de nudité des tarses, particularité dont on connaît si peu d'exemples chez les rapaces nocturnes ; il est superflu d'ajouter que presque tous les caractères de l'oiseau de proie se sont également évanouis. Le bec, par sa courbure basale, semble bien nous en offrir un vestige ; mais la forme générale du bec du pézopore est absolument semblable... Ce qui éloigne au contraire le *strigops habroptilus* des psittacidés, c'est la présence des plumes écailleuses de la face. Il se rapproche de nouveau par ce caractère des strigidés, et ce rapprochement est complété encore par la présence de longues soies qui couvrent les côtés du bec et les dépassent en avant...

« Les mœurs du *strigops habroptilus* sont malheureusement fort peu connues. Mais, quelque imparfaites qu'elles soient, les notions que l'on possède à ce sujet suffisent pour donner une grande vraisemblance aux déductions physiologiques que suggère l'examen des formes extérieures de cette espèce. « L'individu qui l'a capturé, nous dit M. J. Verreaux, m'a assuré que cette espèce vit dans des terriers creusés aux pieds des arbres, et que ces terriers ont une profondeur de quatre à cinq pieds. Il se nourrit des racines de diverses plantes. Il ne sort de son trou que pendant la nuit, et, au lieu de fréquenter le séjour des arbres, il a des habitudes terrestres, mais dans des forêts humides et profondes qui l'abritent de l'éclat du jour. Au dire des naturels, quoique d'une nature peu farouche, puisqu'il ne s'envole jamais à leur approche, il ne se trouve cependant jamais qu'isolé. Il grimpe parfois parmi des lianes épaisses, et c'est de là qu'il fait entendre un gémissement lugubre qui amène souvent son compagnon, que l'on n'entend pas venir, tant son vol est léger. D'après d'autres observations des indigènes, le son de sa voix change lorsque l'obscurité est plus grande ; devenue alors plus sonore, elle ressemble à celle de l'espèce de chouette originaire de ces contrées. Le nid est composé de fougères et placé dans le fond du terrier. La chair de cet oiseau exhale une forte odeur désagréable, comme celle de la fouine.

Les grandes serres.

« Comme si tout devait exciter l'intérêt dans l'étude de cette espèce, disait M. Pucheran en terminant son mémoire descriptif, c'est la Nouvelle Zélande qui en est la patrie ; la Nouvelle-Zélande, qui a déjà fourni à l'ornithologie les genres *nestor*, *glaucopis*, *turnagra*, *philesturnus*, *acanthisitta*, *neomorpha*, surtout l'*apteryx* et l'*ocydromus* ; la Nouvelle-Zélande habitée autrefois par le *dinornis*. Autant de types génériques, autant de types de transition ; car nous pensons que la place du *strigops habroptilus* est en tête des psittacidés, à côté du pézopore, dont il possède tant de caractères. En n'accordant à cette grande

Intérieur des galeries d'histoire naturelle.

île de l'Océanie que très-peu de mammifères, la nature l'a faite riche d'espèces d'oiseaux, dont certains offrent un intérêt immense au zoologiste, qui, les voyant pourvus d'un appareil alaire extrêmement réduit dans ses dimensions, n'hésite pas à les comparer à l'autruche, au casoar, au nandou, et à les considérer comme rapprochant des mammifères la brillante classe dont ils font partie. »

Le promeneur s'arrête aussi avec complaisance devant l'enclos des tortues, ces lentes voyageuses qui, comme l'aiguille de nos horloges, font tant de chemin sans que l'œil s'en aperçoive. Singuliers animaux, dit M. Boitard, auxquels il repousse un œil quand on le leur a arraché, et dont on peut vider la cervelle, par un trou pratiqué dans le crâne, sans leur ôter la vie. Quelques oiseaux, des hérons pourprés, des bernaches armées, répandus çà et là sur l'herbe, offrent par leurs ébats un piquant contraste avec l'immobilité de leurs compagnes aux puissantes cuirasses.

Nous aurions encore à chercher beaucoup de petits spectacles autour des enclos, si le temps ne nous pressait pas ; nous allons tout droit aux reptiles, qui occupent aujourd'hui l'ancienne habitation des singes. Les femmes et les enfants ne font pas un long séjour devant ces vitres à travers lesquelles on voit des serpents étaler leurs grâces hideuses. La physionomie des promeneurs arrêtés devant ce spectacle n'est pas moins intéressante à observer que les boas eux-mêmes. On éprouve toujours, en face de ces animaux, un secret effroi mêlé d'une inexprimable curiosité. Chacun semble vouloir regarder, mais n'être pas vu de cet œil fixe et magnétique. Au reste, les reptiles du jardin des Plantes sont peu redoutables. Ils passent leur vie à manger des lapins et à dormir, genre d'existence qui excite peu l'imagination.

Quand on a parcouru toutes les allées du jardin paysager ; quand on a vu tous ces animaux aux formes et aux mœurs si diverses ; quand on a respiré le parfum de ces fleurs recueillies sur tous les points du globe, on a encore à visiter les serres fermées au public, et dans lesquelles sont rassemblées toutes les fleurs et toutes les plantes exotiques. Ces serres s'ouvrent parfois devant un petit nombre de privilégiés ; c'est une véritable bonne fortune que d'être introduit dans ces splendides demeures où les sens perçoivent des voluptés inconnues. Rien de plus beau que l'intérieur de ces édifices de verre. Tout à coup, en sortant des noires allées de sapins qui s'étagent sur la colline du labyrinthe, on se trouve transporté dans un brûlant climat, au milieu de ces puissants végétaux que le soleil du tropique fait jaillir comme de vertes fusées d'un sol exubérant. L'impression causée par ce contraste est difficile à définir : on éprouve, dès l'entrée, un éblouissement qui n'a pas encore cessé lorsqu'on a repris sa promenade au dehors. La Seine, entrevue de loin, se couvre de ces palmiers, de ces cocotiers, de ces bananiers qui se dressaient dans les serres, et il faut un effort pour ne pas rêver du Nil ou du Gange. Les trésors de végétation qu'on vient d'admirer, les parfums qu'on respire encore, les animaux qu'on a contemplés, vous donnent l'idée d'un monde nouveau qui va se fermer brusquement derrière vous.

Parlons aussi des richesses et des merveilles du *Muséum*. Les étrangers, sur la présentation de leur passeport, obtiennent de l'administration des cartes qui leur permettent d'entrer au Cabinet d'histoire naturelle les lundi, jeudi et samedi de chaque semaine, de onze à deux heures. Le public ne peut le visiter que le mardi et le vendredi, de deux à cinq heures en été, et de deux jusqu'à la nuit en hiver. Les naturalistes qui veulent y étudier sont obligés de prendre des cartes d'étudiants, et y entrent aux heures consacrées aux études.

Le cabinet de zoologie est un des plus complets qu'il y ait au monde. Les animaux y sont empaillés avec le plus grand soin, et placés dans des armoires vitrées, hermétiquement fermées, afin de préserver leurs robes délicates et brillantes de l'action des insectes destructeurs. Chaque espèce est placée avec son genre, les genres avec leur famille, les familles avec les ordres ; tous les objets y sont classés méthodiquement et dans le plus grand ordre. Une étiquette apprend aux visiteurs les noms génériques et spécifiques de chaque animal ; le nom de l'auteur qui l'a décrit, la partie de la terre où son espèce se trouve, et souvent le nom de la personne qui l'a recueilli et envoyé au Cabinet. Nous passerons rapidement en revue les objets qui frappent le plus, non pas les savants, mais le public dans cette riche collection.

Dans la salle des singes, on cherche à retrouver l'orang-outang qui a vécu à la ménagerie sous le nom de Jack, et la jeune femelle de Kimpëzey, *Jacqueline*. D'autres orangs, des gibbons aux longs bras, des mandrills au nez rouge et bleu, des sapajous, des ouistitis, sont les plus remarqués des visiteurs. Viennent ensuite les ours, les lions, les tigres, et autres grands chats, tous remarquables par leur robe admirablement tachée ou mouchetée. Les civettes, les hyènes, les loups, arrêtent un moment les regards; mais les éléphants, les rhinocéros, les hippopotames, les girafes, et autres grands animaux, sont ceux qui fixent le plus l'attention générale.

Les galeries d'ornithologie sont extrêmement fréquentées par les étudiants et les naturalistes; mais le public, après y avoir admiré les vives couleurs métalliques des colibris, la grande stature des autruches, des nandous, des casoars, la singulière attitude des manchots, le plumage si beau et si varié des perroquets, des paons, des faisans, de l'euphone à bandeau, du rampocède flamboyant, des lyres, la poche du pélican, le bec énorme et original des calaos, la puissance des aigles et des grands-ducs, le public, dis-je, passe avec assez d'indifférence devant tout le reste.

Nous voici dans la galerie consacrée à la conservation des reptiles et des poissons. Comme ces derniers sont presque tous conservés dans l'esprit de vin et renfermés dans des bocaux de verre, on s'y arrête peu. Il n'en est pas de même pour les reptiles. Des tortues colossales, des crocodiles d'une prodigieuse grandeur, l'énorme boa anaconda et quelques autres sont remarqués de tout le monde; on voit même des personnes chercher dans son bocal le terrible serpent à sonnettes.

Les collections de crustacés, d'arachnides, de myriapodes et d'insectes ne sont guère visitées que par les naturalistes; quant au public, il ne remarque en passant que les grosses espèces. La collection des coquilles, c'est-à-dire des mollusques, des annelides et des rayonnés attire un peu plus son attention, à cause des vives couleurs qui parent la plus grande partie des espèces: par exemple, on ne veut pas sortir de la galerie sans avoir vu la magnifique coquille nacrée qui donne les perles fines, ni le gant fait avec la soie brune tirée du byssus d'un coquillage assez commun sur les côtes de la Corse.

A la suite du cabinet renfermant les animaux qui vivent aujourd'hui sur le globe, nous devons nécessairement visiter celui des fossiles renfermant les derniers restes de ces êtres singuliers qui peuplaient la terre à des époques antédiluviennes, et que nous ne connaissons plus que par les antiques fragments qu'on trouve de loin en loin ensevelis dans le sol. Là sont des os d'éléphants bien plus gros que ceux que nous connaissons aujourd'hui, et auxquels Georges Cuvier a donné le nom de *mastodonte* et de *mammouth*. Plusieurs espèces monstrueuses de ces animaux foulaient le sol qui depuis est devenu la France. Des hippopotames, des rhinocéros, des tapirs, des lophiodons, des chéropotames, des hyènes, des lions, des panthères et autres monstres d'une grandeur énorme erraient aux environs de Paris. D'affreux crocodiles habitaient les marais de Meudon. Les ptérodactyles ou dragons volants, de cinq à six mètres de longueur, se balançaient dans l'air sur leurs ailes livides.

Des plésiosaures au corps de poisson, au pied de cétacé, au cou de serpent, à la tête de lézard, nageaient là où sont les vallées; les ichthiosaures, moitié poisson, moitié lézard, plus grands et plus formidables que les précédents, traînaient leur ventre fangeux où coulent les eaux de la Seine. Dans ce cabinet des fossiles vous verriez les restes de palæothérions, des mégathérions, des mégalonix, des dynothérions. Non-seulement ils ont disparu pour toujours, ces animaux qui dépassent les fabuleuses créations des poètes mythologiques, mais ils n'ont même pas laissé après eux sur le globe des représentants qui leur soient analogues en quelques points. Le déluge a submergé tous ces premiers et effroyables rudiments de la création.

Le cabinet d'anatomie comparée, dans lequel nous pénétrons, n'est ouvert au public, sur la présentation

L'amphithéâtre des cours.

des billets, que le lundi et le samedi, depuis onze heures jusqu'à deux. Ces galeries n'offrent un véritable intérêt que pour la science; les visiteurs y sont peu nombreux, et les dames osent rarement affronter ce spectacle. On y voit, outre un grand nombre de pièces naturelles ou artificielles d'anatomie humaine, une foule de squelettes d'animaux, dont un des plus curieux, au moins par la grandeur, est celui d'un cachalot qu'on a laissé dans la cour, faute de pouvoir lui trouver une place dans les galeries, car il a près

Intérieur du cabinet d'anatomie comparée.

de vingt mètres de longueur. A l'entrée du cabinet on voit aussi, en dehors, des mâchoires d'une baleine d'une grandeur monstrueuse.

La seconde salle renferme des squelettes humains, parmi lesquels on remarque celui de Soliman-el-Haleby, l'assassin de Kléber, celui de Bébé, et le célèbre nain du roi de Pologne Stanislas, le squelette de la Vénus hottentote morte à Paris. Une autre salle contient une série de têtes entières d'animaux et de toutes les races d'hommes. Parmi les têtes d'animaux, il en est une fort curieuse, c'est celle d'un dieu, ni plus ni moins, celle du bœuf Apis: on l'a retirée d'une momie. On peut encore jeter les regards, en passant dans cette deuxième salle, sur le squelette extrêmement curieux de Ritta-Christina, qui, avec un seul corps avait deux têtes dont chacune fut séparément baptisée, l'une sous le nom de Ritta, l'autre sous le nom de Christina; elle est morte à Paris âgée de huit mois, elle était née en Sardaigne le 12 mars 1829. Chaque tête avait une poitrine qui lui appartenait, mais tout le reste du corps ne formait qu'un individu. Ritta (la tête droite), était mélancolique et maladive, Christina (la tête gauche), était rieuse et d'une santé florissante. Héraclite et Démocrite dans un même corps. Ritta tomba gravement malade. Tant que dura la maladie Christina parut s'en mettre peu en peine, et elle jouait encore sur le sein de sa mère pendant l'agonie de sa sœur. Quand celle-ci mourut, Christina poussa un grand cri et expira subitement.

Une salle est consacrée à la myologie. On y voit des écorchés, en cire ou en plâtre colorié, d'hommes et d'animaux; des muscles de mammifères, d'oiseaux, de reptiles et de poissons, conservés dans l'esprit de vin; d'autres salles offrent à l'étude tous les autres organes utiles ou indispensables aux phénomènes de la vie; des viscères, des nerfs, des vaisseaux, etc.

Puis vient la collection crâniologique du docteur Gall. On y voit, soit en nature, soit moulés, le crâne du général Vurmser, celui de l'abbé Gautier, celui du poète allemand Alxinger et ceux de beaucoup d'autres personnages célèbres. Parmi les crânes d'assassins reluisent ceux de Papavoine, de Cartouche, de Lacenaire, etc.

Le cabinet de botanique, placé à l'extrémité orientale du bâtiment neuf, n'ouvre sa porte que le jeudi, de deux à quatre heures, et l'on n'est reçu que sur la présentation d'un billet. Ce cabinet possède des herbiers parfaitement conservés et très-complets. Tels sont: l'herbier général et ceux du Levant, d'Égypte, de l'Inde, des îles de France et de Bourbon, du Cap, de la Nouvelle-Hollande, de Cayenne, des Antilles, etc. Quant au cabinet de géologie, il ne peut intéresser que les savants qui étudient la formation du globe, ou qui du moins cherchent à la deviner, les personnes qui s'occupent de minéralogie, les mineurs, etc. Il renferme, parmi d'autres sujets, une collection complète de toutes les roches ou terrains qui ont été étudiés jusqu'à ce jour.

Le cabinet de minéralogie se divise en deux parties distinctes: la partie des minéraux et la partie des métaux. Ce qui frappe, ce sont de superbes échantillons de cristaux de toutes les formes et de toutes les couleurs, de pierres précieuses les plus rares. Les visiteurs ne manquent guère de s'arrêter devant l'armoire qui contient le diamant. Les plus beaux diamants que l'on connaisse sont: le grand mogol, le diamant de l'empereur de Russie, celui de l'empereur d'Autriche, le régent de France, le Sansy, et enfin et surtout le koi-noor, tant admiré en Angleterre à l'exposition universelle de Londres, et qui vaut, assure-t-on, vingt-deux millions de notre monnaie.

Les curieux s'arrêtent aussi devant une pierre que l'on a nommée la pierre d'achoppement des savants. Cette pierre est, au choix, un aérolithe, un météorite ou une astérolithe. Comme elle contient dans sa composition une forte proportion de fer, on l'a classée au cabinet dans la série des mines de métal.

L'amphithéâtre des cours est un monument qui se rapproche un peu du *style des barrières*. Cela a une prétention au style grec, mais c'est un mélange de grec et d'égyptien. C'est là qu'ont lieu les cours des professeurs du *Muséum*, cours dont quelques-uns sont très-suivis par la jeunesse scientifique. Il y a aussi un amphithéâtre de dissection, dans lequel le public n'est pas admis. Cet amphithéâtre, qu'on nous pardonne la comparaison, est la cuisine du musée; là sont transportés les animaux morts pour y être disséqués et empaillés. C'est de cet amphithéâtre qu'ils passent ensuite dans les galeries, tout reluisants, tout étincelants, pour être exposés à l'admiration des visiteurs.

La bibliothèque est ouverte au public, en été, de onze heures à trois heures, tous les jours, excepté le dimanche; en hiver, les mardi, jeudi et samedi aux mêmes heures. Elle fut fondée en juin 1793, par le décret de réorganisation du Muséum, et entièrement consacrée aux ouvrages traitant des sciences physiques et naturelles. Elle se compose actuellement de vingt-huit mille volumes ainsi classés:

Histoire naturelle générale et topographique, botanique, physique, chimie, minéralogie, géologie, paléontologie, physiologie humaine comparée, anatomie humaine, anatomie et physiologie comparées, zoologie, mémoires des sociétés savantes, journaux et recueils scientifiques et littéraires, voyages, collection de peintures sur vélin.

Cette collection de peintures est probablement la plus importante qu'il y ait au monde. Elle fut commencée en 1640 par les ordres de Gaston d'Orléans, pour servir à la description des plantes rares de son jardin de Blois. Après la mort de Gaston, Louis XIV acheta cette collection et la plaça à la bibliothèque royale, d'où, en 1794, elle passa dans la bibliothèque du jardin des Plantes. Elle renferme maintenant plus de cinq mille vélins, distribués dans quatre-vingt-onze portefeuilles. Commencée par le peintre Robert, elle fut continuée par Aubriet, mademoiselle Bassoporte, Bessa, Chazal, Huet, Joubert, Maréchal, Meunier, Oudinot, Prêtre, Redouté, mademoiselle Riché, Turpin, van Spaendonck, de Wailly, Werner et quelques autres.

En sortant des bâtiments situés sur la rue à laquelle l'illustre Buffon a donné son nom, où retrouve avec plaisir les belles allées de marronniers et de tilleuls du jardin, après avoir parcouru les nécropoles de la science, après avoir passé quelques heures au milieu des débris de toutes sortes, débris humains, débris d'animaux, débris de végétaux, c'est avec une profonde volupté qu'on respire le grand air imprégné de parfums, et qu'on repose son regard sur des groupes animés de jeunes mères et d'écoliers pétulants. Sans se dissimuler le prix infini des collections qu'on vient de visiter, on se dit tout bas qu'après tout, vivre, ce n'est pas étudier, c'est marcher, c'est contempler les vivantes merveilles de la création au milieu desquelles l'homme a été placé comme le témoin de Dieu. Le soupir de bonheur, où le cri d'admiration que nous arrache la vue d'un beau paysage, d'un bel arbre, d'une belle fleur, est plus agréable à l'Auteur du

La colonne de Daubenton.

monde, soyons-en sûrs, que l'effort de notre intelligence pour pénétrer ses secrets. L'Artiste suprême

Le cèdre du Liban.

aime mieux les naïfs et les simples que les raffinés acharnés à la critique de ses œuvres.

La fondation du jardin des Plantes remonte à 1636.

C'est Guy de la Brosse, médecin de Louis XIII, qui en conçut la première idée, et la fit goûter à ce prince. Toutefois on ne songeait alors qu'à la culture des plantes médicinales. Peu à peu la collection devint plus considérable. Tournefort l'enrichit, au retour de ses voyages dans le Levant; Bernard de Jussieu et Sébastien Levaillant, par leurs courses et leurs savantes herborisations en France.

Guy de la Brosse, premier intendant du jardin du Roi, fit sa première leçon publique en 1640. Après lui, cet établissement fut négligé; mais il se releva par les soins de Valot et de Sayon, qui le repeuplèrent d'un très-grand nombre de plantes qu'ils avaient fait venir des pays étrangers, du Languedoc, de la Provence, des Alpes et des Pyrénées, et dont le catalogue se monta, en 1665, à plus de quatre mille, sous le titre de *Hortus regius*. A partir du 7 janvier 1699, la surintendance du jardin du Roi fut affectée au premier médecin du roi. En 1718, elle fut donnée à Pierre Chirac, premier médecin du régent. En 1732, le roi nomma surintendant du jardin, Dufay, de l'Académie des sciences. Enfin, en 1739, Buffon prit en main l'administration de ce grand domaine, et tout se perfectionna, s'agrandit, prit une forme majestueuse. Des voyageurs envoyèrent à l'envi au Muséum les richesses naturelles des quatre parties du monde. La science de la culture devint plus générale et plus certaine par les travaux assidus de Thouin. Daubenton et Jussieu soumirent à une savante classification les végétaux, les minéraux et les animaux.

Daubenton fut un des plus célèbres naturalistes, une des plus grandes gloires du jardin des Plantes; il était né le 29 mai 1716 à Montbard, qui est aussi la patrie de Buffon. Pendant cinquante ans qu'il a été garde du cabinet, Daubenton s'occupa constamment d'enrichir et d'ordonner cette collection, qui, par ses soins, est devenue la plus considérable et la plus précieuse de l'Europe. Il fut un des rédacteurs de la première *Encyclopédie*. Les services que Daubenton rendit à la science comme professeur sont immenses. Il est le premier qui ait été autorisé à faire publiquement un cours d'histoire naturelle. Une des chaires du Collège de France fut convertie en sa faveur en une chaire de cette science.

Lorsque la Convention eut érigé le jardin du Roi en école publique sous le nom de Muséum d'histoire naturelle, Daubenton y fut nommé professeur de minéralogie, et il en remplit les fonctions jusqu'à

Le jardin des Plantes, vu à vol d'oiseau.

sa mort. En 1799 il fut élu membre du sénat; mais il ne jouit pas longtemps de cette dignité : il mourut, frappé d'apoplexie, lors d'une des premières séances auxquelles il assista. Une colonne de granit fut élevée en son honneur sur un des tertres du jardin des Plantes.

Quant à Jussieu, qui aida Daubenton dans la classification des minéraux, des végétaux et des animaux,

il était le fils de Bernard de Jussieu, qui rapport d'Angleterre dans son chapeau, dit la chronique, c grand et beau cèdre qui est aujourd'hui un de merveilles du jardin.

Quand on voit quels hôtes vivent dans ce jardin des Plantes, on se demande si l'on n'a pas à craindre, chaque jour des accidents. Supposez une révolte parmi cette population carnassière? Supposez un lion qui s'échappe et se répande par la ville? Voyez-vous d'ici se renouveler sur le quai des Tournelles l'épisode de la mère de Florence? cependant la chronique n'a pas eu encore à enregistrer des faits de ce genre. Nous voyons seulement dans le *Journal de l'Estoile*, que, le 12 juillet 1585, un loup rompit sa chaîne au faubourg Saint-Marcel, et, passant la rivière à la nage, alla dévorer un enfant à la Grève, « chose prodigieuse et de mauvais présage » ajoute le journaliste. Le 20 mars 1850, le plus énorme loup de la ménagerie rompit sa chaîne dans la soirée, et s'élança dans les allées du jardin avec l'impétuosité et la rage de la bête fauve; l'alarme fut donnée aussitôt, et la chasse commença aux flambeaux, rien n'y manquait : bois touffus, terrain accidenté, fossés profonds. Cette chasse dura deux heures, enfin le loup traqué de toutes parts se trouva acculé au mur du cabinet de géologie, et l'on s'en rendit maître. Un gardien fut assez grièvement blessé à la main.

Cette ménagerie, qui fait le bonheur et l'admiration du bourgeois parisien, n'a été établie au jardin des Plantes de Paris que depuis soixante et quelques années seulement. Ce fut Bernardin de Saint-Pierre qui proposa de joindre au cabinet et au jardin une ménagerie. Elle était toute trouvée : il n'y avait qu'à adopter la ménagerie qui existait depuis longtemps déjà dans le jardin de Versailles.

Cette ménagerie se composait tout simplement de cinq animaux étrangers : 1° le couagga, une espèce de cheval zébré à la tête et aux épaules; 2° le babal, un petit bœuf qui tient du cerf et de la gazelle : il avait été envoyé, en 1783, au roi de France par le dey d'Alger; 3° le pigeon huppé de l'île de Banga, admirable oiseau d'un plumage bleu, couronné d'une superbe aigrette en forme d'auréole; 4° le rhinocéros de l'Inde; 5° le lion du Sénégal.

Tout le reste de la ménagerie avait été dévasté dans les jours les plus tristes de la révolution. Un beau matin l'émeute était entrée dans cette ménagerie, avait ouvert les cages, et lancé dans le jardin, et même dans la ville de Versailles, des loups, un dromadaire, des singes, puis chacun s'était mis à faire la chasse de ces animaux à coups de fusil. Le peuple voulait se donner un plaisir de prince.

Grâce aux intercessions de Bernardin, il fut décidé qu'une ménagerie serait établie au jardin des Plantes, que la ménagerie de Versailles y serait transportée, et aussi la ménagerie du Raincy.

Parmi les animaux de la ménagerie de Versailles, il y en avait un, le lion, à qui on avait donné pour

Évasion d'un loup au jardin des Plantes.

compagnon un chien braque : le chien et le lion étaient les meilleurs amis du monde. Ils jouaient ensemble, non pas comme deux lions, mais bien comme deux chiens. Nous avons vu plus tard l'exemple d'une amitié aussi étroite entre un autre lion et un autre chien. Vers 1838, un vieux lion qui se trouvait à la ménagerie ne pouvait se passer du chien qui était son compagnon de cage. Un jour, on enleva ce chien à ce lion; celui-ci poussa des rugissements terribles, battit ses flancs avec sa longue queue, se précipita contre les barreaux, puis tomba finalement dans une profonde mélancolie, refusant de toucher aux aliments que lui présentait son gardien. Au bout de quelques jours on lui rendit son ami, et il reprit sa joyeuse humeur d'auparavant. Nous pourrions citer bien des traits semblables.

C'est particulièrement depuis trente ans que le Muséum et le jardin des Plantes sont parvenus au degré de magnificence qui les distingue parmi les établissements du même genre que l'on cite en Europe. Le nombre des professeurs est devenu plus en rapport avec la somme des connaissances modernes. Non-seulement des corps de sciences, mais des subdivisions de ces sciences, ont eu des professeurs titulaires.

Mais, pour enrichir ce jardin des Plantes et ce Muséum, que, a dit Jules Janin, de dévouements il a fallu ! « La vie, a dit Jules Janin, n'a été donnée à l'homme que pour la pouvoir sacrifier, comme on donne une dernière preuve d'obéissance et de respect, à ses espérances et à ses convictions. Tel s'est fait tuer à Austerlitz, à Wagram, à Waterloo, pour avoir son nom écrit dans le bulletin impérial : qui ne comprendrait pas que, pour compléter un herbier, un jeune savant de trente ans aille chercher la peste et la mort sur les montagnes de l'Himalaya. Celui-ci veut bien prendre à lui tout seul toute une batterie de canons qui tonnent, mais il fuirait épouvanté s'il lui fallait aller dérober dans son antre les petits d'un tigre et de sa femelle. Dieu merci ! de quelque genre que soit la gloire que l'on cherche, c'est toujours de la gloire. » Et il cite à ce sujet le nom des intrépides missionnaires de la science, M. de Godefroy, mort à Manille, dans une émeute; M. Havet, mort à Madagascar, épuisé de fatigues; et le plus célèbre de tous, cet intrépide naturaliste, ce grand écrivain, cet esprit plein de charme, Victor Jacquemont, mort à trente ans dans l'Inde, au bout du monde. Pauvre Jacquemont !

Parmi les hommes qui ont le plus fait pour la gloire de la science et du Muséum, celui dont le nom vient tout de suite sur les lèvres, c'est Cuvier, le grand Georges Cuvier, puis Geoffroy Saint-Hilaire. Après ceux-là MM. Flourens, de Jussieu, de Blainville, Isidore Geoffroy Saint-Hilaire, Milne-Edwards, Valencienne, Brongniart, Gaudichaud et quelques autres occupent une place très-distinguée.

Chapitre XX.
LE LONG DE LA SEINE (Suite).
MAISON D'ARRÊT DE LA GARDE NATIONALE.

Hôtel des Haricots. — *Carcere duro*. — Grandeur et décadence. — Les prévenus devant le conseil de discipline. — Les *insoumis*. — Les *réfractaires simples*. — Les *absents*. — Les moyens de justification. — La permission du médecin. — Le chapitre des notes. — L'homme complet et l'homme *incomplet*. — Récompenses accordées au premier; châtiments infligés au second. — L'admonition et l'emprisonnement. — Werther et Alphonse Karr. — *Omnia Wertherus erat*. — La durée de la prison. — Les inscriptions sur les murailles. — Le réfractaire jaloux et Clémence calomniée. — Décoration de la cellule n° 14, dite des Artistes. — Les prisonniers célèbres. — Leurs cartes de visite. — Th. Gauthier. — Alfred de Musset. — Frédéric Bérat. — Alexandre Dumas. — Les loisirs des prisonniers. — Sixième lecture des *faits divers*. — Distique sur le capitaine rapporteur. — Vingt-quatre heures de paysage *hors du tour*.

C'est derrière le jardin des Plantes qu'est située la maison d'arrêt de la garde nationale, vulgairement appelée l'*hôtel des Haricots* par les caporaux gouailleurs et les vaudevillistes. Depuis les événements politiques de décembre 1851, cette prison, naguère si bruyante, est complètement solitaire; elle n'abrite plus, hélas! que trois ou quatre gardiens mélancoliques, attendant l'arrivée de prisonniers qui ne viennent plus gémir, vingt-quatre heures durant, sous les voûtes de ce *carcere duro*. Sous le gouvernement de Juillet, la garde nationale était une puissance; un capitaine citoyen était un personnage. Après Février 1848, la garde nationale parisienne, qui depuis 1830 était composée de soixante mille hommes, atteignit subitement, du jour au lendemain, le chiffre de trois cent mille individus. Aujourd'hui elle n'est plus que l'ombre de ce qu'elle était hier; elle est réduite à dix-huit mille hommes, elle ne monte plus la garde aux Tuileries, ni à l'Élysée, ni nulle part. Elle a un uniforme neuf et tout reluisant, mais cet uniforme ne quitte pas le porte-manteau.

À l'époque où la garde nationale faisait un service permanent, bien des gens, d'un naturel peu guerrier, employaient tous leurs efforts à s'exempter de la corvée du tour de garde. Les délinquants pouvaient être rangés en trois catégories : les *insoumis*, ceux qui protestaient par une abstention systématique contre le mérite de l'institution; les *réfractaires simples*, ouvriers ou travailleurs de tous états, qu'il eût été convenable d'exonérer d'un service qui leur imposait un sacrifice de temps et de dépenses; enfin, les *absents* pour cas fortuits et non autorisés. Les séances du conseil de discipline prouvaient que les délits de cette dernière catégorie comprenaient des variétés infinies. La plupart des récalcitrants tiraient tous leurs moyens de justification d'un vaste cercle d'événements dont la connaissance faisait souvent entrer le tribunal dans le secret de certaines positions ou tristes, ou indifférentes, ou ridicules. C'était, par exemple, un vertueux

Maison d'arrêt de la garde nationale.

père de famille qui voulait faire partager au tribunal la joie que lui causait la naissance intempestive d'un nouvel héritier, ou le mariage d'une fille. En général, le conseil se montrait d'une grande facilité dans les causes de cette nature, mais il était de bronze pour tous les cas qui ne sollicitaient pas directement sa sensibilité bourgeoise. La forme, d'ailleurs tout à fait sommaire de cette procédure, excluait les longues plaidoiries, et mettait ainsi les juges à l'abri des artifices et des séductions de la parole. Les attestations du médecin officiel, telle était la base invariable de l'opinion du conseil. À tous les arguments, il opposait imperturbablement la même question : « Avez-vous une autorisation du médecin? » Un jour, un prévenu se présenté dans le prétoire, il excipe d'un mariage qu'il vient de contracter : « Avez-vous la permission du médecin? » réplique le président, entraîné par la force de l'habitude.

J'ai dit que la juridiction du conseil de discipline avait des formes un peu prévôtales, et qu'elle n'admettait pas une grande escrime de procédure. Il s'est trouvé cependant des juristes assez déliés pour élever à la hauteur d'un gros procès, d'un procès grassement lardé d'exploits et de placets, le mince délit d'une garde manquée. On cite, entre autres, un très-habile avocat au conseil qui, par un violent amour du droit, ayant à éluder les conséquences d'une condamnation à quelques heures de prison, s'était imposé la tâche ardue d'étudier dans ses moindres détails la législation et la jurisprudence relatives à la garde

Une séance du conseil de discipline.

nationale. Il put ainsi se donner le plaisir de tenir en échec la sentence du conseil, traînant de remise en remise, d'incident en incident, d'opposition en opposition, le jugement qui le frappait. Ce prodigieux procès dura plus de sept mois. Très-heureusement pour la prompte expédition des affaires soumises au conseil de discipline, ce genre de dilettantisme n'était pas ordinaire.

Il est une considération très-importante, qui exerçait une grande influence dans la distribution de la justice disciplinaire : c'était le chapitre des notes. Ces notes, fournies sans doute par une officieuse inquisition, embrassaient toutes les circonstances qui pouvaient aggraver le délit ou tempérer la sévérité des juges. Elles tenaient fidèlement compte du zèle et de la tiédeur des gardes nationaux, de l'insubordination, des tapages nocturnes, du plus ou moins de sérieux que chacun apportait dans l'exercice de ses devoirs.

Le garde national complet.

Le garde national incomplet.

au charme d'une belle ordonnance, qui n'ont jamais soupçonné la délicate satisfaction que l'on peut trouver dans ce genre d'exactitude que les militaires appellent exactitude du bouton de guêtre. Ceux-ci sont en quelque sorte les souffre-douleur de la compagnie; c'était à eux que revenaient de droit les postes éloignés ou peu apparents; à eux encore par préférence le service de nuit, car ce n'était pas trop de l'obscurité pour cacher l'affront que ces indécents soldats faisaient au juste orgueil de leur capitaine et à la chatouilleuse susceptibilité de leurs camarades *complets*.

Nous avons parlé des délits, arrivons à la répression : les peines prononcées par le conseil sont l'admonition et l'emprisonnement. L'admonition est une peine fort douce, contre laquelle on ne réclame jamais. On est admonesté, on retourne à ses affaires et tout est dit. Il n'en est pas de même de l'incarcération, et, pour éviter d'aller languir vingt-quatre heures entre les quatre murs de la maison d'arrêt, on a vu des récalcitrants avoir recours à mille subterfuges. Alphonse Karr fut poursuivi pendant deux mois par Werther. Le Werther dont il s'agit n'était pas du tout cet élégiaque et pleurnicheur amant de Charlotte, qui a fait répandre tant de larmes à nos trop sensibles grand'mères; le Werther d'Alphonse Karr avait un chapeau à cornes et portait un sabre en bandoulière.

Mais parmi les différentes causes qui pouvaient modifier la disposition des membres du conseil, aucune n'était aussi déterminante que l'état de l'armement, qui encore aujourd'hui se résume dans la distinction suivante : homme complet, homme incomplet.

L'homme complet est celui qui est pourvu de toutes les pièces d'équipement, conformément à l'étiquette de la compagnie; c'est l'homme qui, par le soin minutieux qu'il apporte dans les détails de la tenue, s'identifie avec l'exactitude militaire de son capitaine, lequel le récompensait de sa ponctualité en lui décernant les postes d'élite, mais surtout les postes qui dispensaient de passer la nuit. Cette seule recommandation d'être un homme complet exerçait toujours une prévention favorable sur les membres du tribunal.

L'homme incomplet, au contraire, est le citoyen incongru qui afflige son capitaine par l'absence de certaines pièces de l'équipement, dont l'effet ajoute à la physionomie martiale de la compagnie, par des incompatibilités odieuses dans les différentes parties de l'habillement; c'est le garde national qui marie le pantalon de nankin ou un elbeuf de haute fantaisie à la tunique sévère; le dandy qui déploie le nœud d'une élégante cravate ou les pointes menaçantes d'un faux col anglais; c'est aussi le pauvre diable qui, par mesure d'économie, est resté fidèle au vieux shako à forme évasée en trombion; l'Auvergnat qui ne peut se départir de l'usage des buffleteries en sautoir; l'homme de lettres, quoique d'ailleurs sa tenue soit en conformité avec les règlements, qui ne saurait faire de faction sans ses lunettes; ce sont enfin tous ces esprits mal faits, insensibles

Une cellule à la maison de détention pour la garde nationale.

Tranchons le mot, il était garde municipal, et comme tel chargé par son gouvernement d'appréhender au corps les citoyens indifférents en matière de garde nationale. Or, Alphonse Karr était plus qu'indifférent, et le terrible Werther ne lui laissait pas une seule minute de tranquillité. Werther avait fait élection de domicile dans la rue de la Tour-d'Auvergne, où demeurait l'auteur de *Fa Dièze*. Celui-ci ne s'aventurait dans Paris qu'avec la plus grande circonspection, regardant à droite et à gauche s'il ne voyait pas apparaître dans la foule le spectre du tricorne municipal. Si un ami lui frappait sur l'épaule, il se retournait en frémissant, et restait plusieurs secondes avant de se convaincre qu'il n'avait pas Werther devant les yeux. Pour lui, tout était Werther — *omnia Wertherus erat*. Si bien que, fatigué de cette vie de transes continuelles, il prit un jour l'héroïque parti de se rendre à l'ex-hôtel Bazancourt, et de se constituer prisonnier pour échapper à la poursuite de ce romanesque militaire.

Hélas ! qui n'a pas eu son Werther ? quel est celui qui ne pourrait écrire au besoin, comme Silvio Pellico, *Le miei Prigioni!* La durée de la prison en cellule est de dix-neuf heures (de quatre heures de l'après-midi à onze heures du matin). Pendant tout ce temps le condamné est livré à ses réflexions. Si quelque chose peut témoigner de la contrainte du silence forcé, c'est l'innombrable quantité d'inscriptions de tout genre qui couvrent les murailles. La plupart ne brillent, hélas ! ni par la portée philosophique, ni même par l'orthographe. Le système cellulaire n'est peut-être pas favorable à l'éclosion des grandes pensées; témoin les inscriptions suivantes, copiées textuellement : *Le serjant *** est un cafard. Mort aux blancs, mort aux rouges.* Les murs

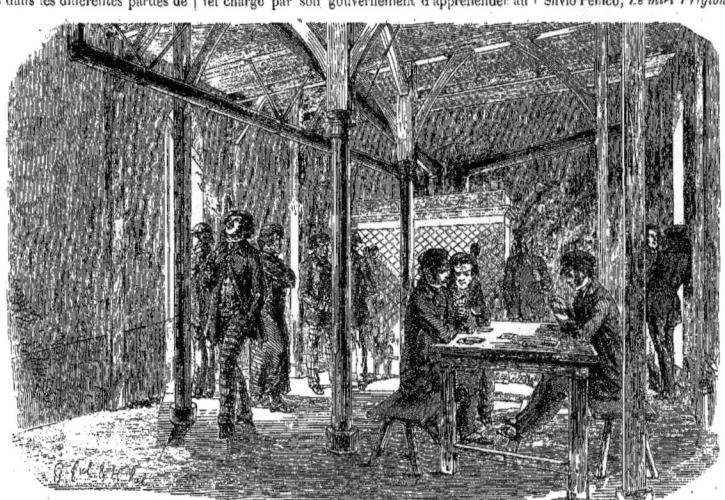

Le chauffoir commun des détenus.

sont couverts de pattes de mouches hiéroglyphiques qui feront le désespoir des Champollion de l'avenir. Parmi les phrases décousues que je suis parvenu à déchiffrer, j'ai remarqué celle-ci, qui décelait une âme réfractaire tourmentée par le démon de la jalousie : *O Clémence, que fais-tu en ce moment?* Un crayon sceptique avait griffonné au-dessous de cette exclamation partie du cœur, cette inconvenante réponse : *Imbécile, elle le fait... Je n'achève pas... je veux croire que Clémence a été calomniée.*

Dans les cellules de la maison d'arrêt, le pauvre diable de prisonnier n'a pas même la moindre araignée à apprivoiser pour charmer les loisirs de la prison ; tout est nettoyé, balayé, épousseté avec un soin méticuleux et désespérant ; la *paille humide* est figurée par un lit confortable. Une cantine forme une annexe de la maison, et pourvoit à la nourriture des hôtes au plus juste prix. Le déjeuner est servi à dix heures. Après ce repas, le prisonnier est *lâché* dans un préau en été, dans un chauffoir en hiver, où il retrouve ses compagnons de captivité. Les longues heures de solitude que l'on vient de passer impriment une énergie nouvelle aux instincts de sociabilité des prisonniers ; de plus, l'administration humaine et prévoyante met à la disposition de ses pensionnaires des cartes et des rafraîchissements. Malheureusement quatre heures sonnent, et alors que des liens sympathiques se sont formés autour de la table, un impitoyable guichetier vient vous enlever à ces amitiés improvisées dont il ne restera plus trace demain. Barbarie sans nom! arracher deux joueurs de piquet unis par l'infortune, et briser impitoyablement la chaîne

Sixième lecture des *faits divers*.

fraternelle qui les retient autour d'une quinte ! L'heure est venue de dire adieu à cet inconnu que le hasard a fait votre ami pour un instant, et de remonter dans la cellule pour vous livrer à une sixième lecture d'un numéro de journal.

Au milieu des banales cellules de la maison d'arrêt, il en est une qui a une grande réputation, la *cellule n° 14 ou des artistes*. Elle forme un petit musée très-curieux et très-intéressant. Parmi les gardes nationaux récalcitrants, les artistes ont de tout temps marqué par leur invincible antipathie pour les loisirs du corps de garde. Cette répulsion fâcheuse pour la loi, heureuse pour l'art, a conduit à la cellule n° 14 une foule de peintres et de poètes qui font du paysage et des vers *hors de tour*. Ils ont consigné leur passage en ce lieu par de charmantes pochades, en artistes insoucients qui dépensent partout où ils se trouvent leur argent et leur esprit. Peintures, croquades, poésies, caricatures, tout cela est confondu et compose un très-piquant assemblage ; la satire domine, cela devait être. Le dessinateur a reproduit ici quelques échantillons pris au hasard. Une boutade de Decamps, qui a si ingénieusement figuré l'incarcération d'un bonnet à poil, vulgairement nommé *ourson*, dans la scène qui représente un ours couché. Un médaillon de Théophile Gautier montre un côté inattendu du talent du poëte. François a payé sa contribution en peignant un de ces paysages doux et tranquilles tels que les rêvent les imaginations sereines. Devéria a fait figurer une sorte de génie dans cette demeure : ce n'est pas le génie de la liberté ; c'est peut-être celui de l'espérance qui précède la liberté dans les désirs du prisonnier. Frédéric Bérat,

Distique sur le capitaine rapporteur.

Vingt-quatre heures de paysage hors de tour.

l'auteur de *Ma Normandie*, a griffonné une chansonnette ; Alfred de Musset a écrit des vers charmants ; Alexandre Dumas a improvisé un poëme épique : chacun a laissé sa carte.

Et maintenant, lecteur, n'oubliez pas ce vers qui pourrait être la devise du garde national, et qu'Horace adressait sans doute à quelque réfractaire de la milice romaine :

Militia quanquam piger et malus, utilis urbi.

Comment se fait-il qu'un classique n'ait pas encore songé à conduire cette citation latine en prison... dans la cellule n° 14?

Prison de la garde nationale. — Décoration de la cellule n° 14, dite des *Artistes*.

Chapitre XXI.

LE LONG DE LA SEINE (Suite).

L'ENTREPÔT DES LIQUIDES.

Vastes projets de Napoléon. — Les cinquante-deux moulins de Saint-Maur. — Les plans d'un entrepôt colossal. — Un canal traversant l'entrepôt. — Avortement de ces grandes conceptions. — L'entrepôt des vins actuel. — Sa superficie. — Port annexe de l'entrepôt. — Façade de l'établissement. — Vue générale. — Les pavillons des négociants. — Les douze bâtiments et les rues de l'entrepôt. — Magasins pour les vins et pour les alcools. — Les cent quatre-vingt-trois caves. — Leur capacité. — Les celliers. — Supériorité de Bercy sur l'Entrepôt. — Le service des eaux-de-vie. — Le dépotoir. — Description de l'appareil. — Fabrication et consommation des alcools en France. — Les huiles. — Consommation d'huile dans le département de la Seine. — Revenu de l'entrepôt. — Vices de construction et d'établissement. — Améliorations à faire. — Le conservateur actuel. — Accroissement incessant dans l'importance de l'entrepôt des liquides.

En 1811 et 1812, époque où la puissance impériale était à son apogée, Napoléon conçut les plus vastes projets pour assurer, d'une manière digne de la grandeur de son empire, l'approvisionnement de la capitale et le commerce des subsistances. Tandis que, portant d'un côté son attention sur l'importante question des céréales, il ordonnait la dérivation de la Seine à Saint-Maur, la construction de 52 moulins à farine mus par cette dérivation, et celle de greniers à sept étages qui devaient contenir 250,000 quintaux métriques de grains et coûter de 30 à 40 millions; d'un autre côté, il adoptait les plans d'un entrepôt général pour les vins et autres produits indigènes : projet immense et dont on a peine à concevoir les colossales proportions.

D'après ces plans, l'Entrepôt devait s'étendre le long du quai, depuis l'ancienne rue de Seine, aujourd'hui rue Cuvier, qui borde le jardin des Plantes, jusqu'à la place Maubert. Sa façade aurait eu ainsi près d'une demi-lieue de long. Un canal, ou plutôt un bras du fleuve introduit dans cette vaste enceinte, l'eût parcourue dans toute sa longueur pour y porter le mouvement et la vie commerciale. Les travaux commencèrent en 1811, en même temps que ceux des greniers à sept étages de l'autre côté de la Seine.

Les événements politiques, les malheurs de la guerre, firent avorter ces grandes conceptions. Les greniers, qui devaient avoir sept étages, s'arrêtèrent au second, et l'entrepôt général, réduit à n'être que

Pavillon de marchand de vins.

l'entrepôt des vins actuel, n'occupa qu'une faible partie du périmètre qui lui avait été primitivement assigné.

Toutefois, bien que construit sur ces proportions plus modestes, l'entrepôt des vins présente un coup d'œil imposant et forme un des plus grands monuments commerciaux de la capitale. Sa superficie totale embrasse 17 hectares de terrain, dont 13 sont couverts par les bâtiments. Il figure un trapèze dont la base est sur le quai Saint-Bernard, qui borde la façade. En avant, au delà de ce quai, sur le bord de la Seine, est le port annexe de l'entrepôt : port franc, et le plus beau de Paris. Son développement est d'environ 800 mètres. Mais il ne saurait remplacer, pour l'utilité commerciale, l'idée féconde de ce canal, qui, dans le plan napoléonien, devait parcourir l'entrepôt dans toute son étendue, ce qui eût permis de débarquer les marchandises au pied même des magasins. La voie publique qui sépare le port de l'entrepôt intercepte leur communication directe, et nécessite des chargements, des transports et des déchargements successifs, qui sont une cause d'avaries, de retards et de frais multipliés.

En face du port annexe, sur le quai, se présente la façade de l'établissement. Elle se compose d'une longue grille en fer, scellée sur un mur d'appui, divisée par des pilastres à distances égales, et flanquée de pavillons en pierre de taille, entre lesquels s'ouvrent les grilles d'entrée. Derrière cette grille s'étend une

Vue générale à vol d'oiseau de l'entrepôt des liquides à Paris.

double allée d'arbres, séparée par un gazon, et au milieu s'élève un corps de logis élégant, qui renferme l'administration, les bureaux de l'octroi, des contributions indirectes et le logement du conservateur.

Au delà de cette allée, qui est bordée d'un côté par de petits pavillons servant de bureaux aux négociants entrepositaires, et qui est disposée de l'autre en parc pour les haquets de transport nécessaires au service des magasins, s'étendent les bâtiments, divisés en douze corps de constructions, séparés entre eux par six rues et deux grands préaux; les rues et les bâtiments ont reçu les noms des provinces vinicoles, et des fleuves qui baignent les meilleurs crus de France : la Marne, l'Yonne, la Seine, la Loire, le Rhône, la Saône, etc., etc.

Huit magasins sont occupés par les vins et vinaigres; trois sont réservés aux alcools, et le dernier reçoit les huiles.

Vue extérieure des caves à eau-de-vie.

Vue extérieure des celliers à vin.

Les caves sont au nombre de cent quatre-vingt-trois, et peuvent, en moyenne, contenir mille fûts chacune.

Les magasins de l'Yonne et de la Marne, subdivisés en deux cent cinquante-deux parties, peuvent recevoir soixante-quinze mille tonneaux; et cent seize autres celliers, également affectés aux vins, composent les magasins de la Seine et de la Loire. Au total, les bâtiments qui reçoivent les vins embrassent une superficie de quatre-vingt mille mètres environ, et peuvent contenir un million d'hectolitres.

Cet emmagasinement, quoique considérable, est cependant loin de suffire au commerce de Paris, et ne représente qu'une bien faible partie de la production générale, qu'on peut évaluer à quarante-deux millions d'hectolitres par année, dont les trois vingtièmes sont convertis en spiritueux et un vingtième en vinaigre.

Aujourd'hui, la plupart des marchands en gros et des commissionnaires ont abandonné l'Entrepôt pour se fixer à Bercy, et ceux qui restent encore n'y conservent qu'une succursale de leur principal établissement, qui se trouve également dans la commune rivale. En réalité, les deux tiers des affaires se traitent à Bercy, qui approvisionne même en grande partie l'établissement administratif,

Vue intérieure d'une cave à eau-de-vie.

sauf toutefois en ce qui concerne les alcools, dont le marché est exclusivement dévolu à l'Entrepôt.

Cette partie des spiritueux est une des branches les plus importantes de l'Entrepôt. Les magasins destinés aux eaux-de-vie sont entièrement construits en pierre de taille et en meulière; les voûtes, travaillées avec beaucoup d'art et de légèreté, sont en briques, et les plus grandes précautions sont prises pour éviter tout danger d'incendie. Les celliers, répartis au nombre de soixante-neuf entre les magasins du Rhône, des eaux-de-vie et de la Gironde, peuvent contenir 160,000 hectolitres.

Une des parties les plus curieuses du service des eaux-de-vie est le *dépotoir*, situé dans un petit bâtiment à l'extrémité de l'Entrepôt, du côté de la rue Saint-Victor. Ce dépotoir est établi pour faire connaître avec la plus grande exactitude la quantité de liquide contenue dans une tonne : quantité que le jaugeage ordinaire ne donne jamais qu'approximativement.

L'appareil se compose de 21 cuves cylindriques, en cuivre étamé, contenant 7 à 8 hectolitres chacune. Le fût dont on veut mesurer la capacité est enlevé par une grue placée au centre du dépotoir, et posé sur une de ces cuves, qui en reçoit le contenu.

Le dépotoir.

CHAPITRE XXI. — LE LONG DE LA SEINE (Suite).

La quantité exacte du liquide est aussitôt indiquée par un tube en verre gradué, appliqué extérieurement à la cuve.

La fabrication des alcools forme une branche importante de production et de commerce. La production totale peut être évaluée de 120 à 130,000 pièces de 6 hectolitres chacune. La consommation en France est de 75,000 pièces de trois-six; plus 20,000 pièces environ pour les coupages. Paris entre à lui seul, dans cette consommation, pour 4,000 fûts par mois.

Voici, d'après les rôles d'exercice, l'emploi des 42 millions d'hectolitres qui sont annuellement produits en France :

Consommation des propriétaires récoltants	9,000,000 hect.
Déchet pour transport, perte en magasins	3,900,000
Fabrication d'alcool	6,400,000
Fabrication de vinaigre	500,000
Exportation	1,200,000
Quantité atteinte par l'impôt	18,700,000
Différence livrée à la fraude	3,300,000
Total	42,000,000

Le département de la Seine est un des centres principaux du commerce des vins. Il y opère annuellement sur un capital de 120,000,000 de francs pour les vins, et de 30 à 40,000,000 de francs pour les spiritueux. C'est donc une valeur totale de 150 à 160,000,000 de francs en circulation pour cette branche de commerce. Les deux places principales de ce mouvement sont Bercy et l'Entrepôt de Paris. Mais Bercy opère des quantités doubles au moins, ainsi que le constate ce relevé, fait en 1844 par l'administration des contributions indirectes :

Il est sorti de l'Entrepôt, en 1844 :

Pour la consommation de Paris	326,577 h. 13 l.
Pour l'extérieur	452,227 » 92 »
Total	778,805 h. 05 l.

Il est sorti de Bercy, en 1844 :

Pour la consommation de Paris	619,272 h. 24 l.
Pour l'extérieur	976,952 » » »
Au total	1,596,224 h. 24 l.

Cette supériorité de Bercy sur l'Entrepôt s'explique par les facilités qu'offrent aux négociants les dispositions de la berge et du port de cette commune, tandis que l'ordre et la régularité indispensables à l'administration de l'Entrepôt semblent autant d'entraves qui en éloignent un commerce actif et indépendant de sa nature. Les diverses phases de ce commerce ont eu également une action incontestable qu'il est intéressant d'étudier.

Sous l'empire, à l'époque de la création de l'Entrepôt par Napoléon, tout le commerce de l'approvisionnement en vins se trouvait entre les mains d'une vingtaine de négociants, qui, sous le nom de marchands forains, achetaient en gros toute la récolte d'un département, et la vendaient immédiatement aux détaillants de Paris.

L'établissement de l'Entrepôt modifia profondément cet état de choses; et lorsque la paix vint donner un nouvel essor aux transactions commerciales, il devint le principal marché des vignobles de France. Les années 1816 et 1817 furent la période de prospérité de l'Entrepôt. On se disputait la location des caves à peine construites. Ces caves étant insuffisantes, le commerce refluasur Bercy, dont les principaux propriétaires, MM. Nicolaï et Louis, surent exploiter habilement la position. La loi du 28 avril 1816, rendue sous leur influence, dégagea le commerce des formalités gênantes qui l'avaient contraint à se jeter dans l'Entrepôt et favorisa la concurrence de la commune rivale, qui n'a fait depuis que s'accroître jusqu'au point où nous la voyons aujourd'hui.

Le personnel des commerçants a subi également de grandes modifications. Les anciens marchands forains, qui avaient autrefois le monopole de l'approvisionnement, sont devenus aujourd'hui de simples mariniers, constructeurs de bateaux. Ils sont remplacés par les marchands en gros, spéculateurs qui achètent aux vignobles, et par les commissionnaires, banquiers entremetteurs des petits propriétaires. Ceux-ci revendent aux marchands en demi-gros, qui fournissent aux riches maisons bourgeoises, et alimentent le commerce de détail, qui comptait, au 1er janvier 1845, 6,266 marchands de vin.

Enfin, le service des huiles d'olive complète l'établissement de l'Entrepôt. Le bâtiment qui leur est affecté borde la rue Cuvier, et forme l'extrémité orientale du périmètre. Son importance est minime, comparée aux deux catégories des spiritueux. Le maximum des quantités d'huile entreposées a été, en 1846, de 1,500 fûts. Ce nombre a décru chaque année; il n'était plus que de 800 fûts en 1843, et il n'est plus que de 400 aujourd'hui.

Cependant la consommation du département de la Seine est d'environ de 300 à 350 hectolitres d'huiles de graines, œillette, navette et colza, par jour. Ce qui représente une valeur de 12 à 13,000,000 fr. par année, plus 1,000,000 fr. pour l'huile d'olive. Mais Rouen reste le principal marché pour cette denrée, et c'est sur cette place que s'approvisionnent les négociants parisiens, au fur et à mesure de leurs besoins.

Nous avons parcouru les diverses branches du service de l'Entrepôt, après en avoir d'abord apprécié l'ensemble. Ce vaste développement de constructions est aujourd'hui à peine terminé, car elles n'ont été achevées qu'en 1835. La dépense s'est élevée de 30 à 35,000,000 fr.

Le revenu est comparativement modique. Le produit des locations des caves et celliers, qui forme le revenu de l'Entrepôt, n'était, en 1838, que de 321,904 fr. 35 c. Il ne s'est élevé, en 1844, qu'à 335,139 fr. 89 c. Ce n'est donc au plus qu'un pour cent du capital dépensé. La perception des droits sur les marchandises entreposées a été, pendant la même année, de 9,831,502 fr. 96 c., savoir : pour les droits d'octroi, 4,982,938 fr. 41 c., et pour les droits d'entrée, à 4,848,564 fr. 55 c.

Toutefois, malgré les améliorations qui ont été successivement introduites dans l'organisation de l'Entrepôt par l'administration municipale, l'infériorité de cet établissement, comparativement aux localités rivales, ne résulte pas seulement des nécessités spéciales et des tendances du commerce; il faut reconnaître que les diverses parties de l'Entrepôt ne sont pas toutes disposées de la manière la plus convenable pour les besoins du service. Ainsi, les portes des caves sont trop étroites, et les fûts de forte jauge ne peuvent y entrer de roulée. D'un autre côté, les vastes magasins de l'Yonne et de la Marne ont été construits comme si on avait dû y emmagasiner des fourrages. Ils ont une telle hauteur, qu'ils causent aux locataires une déperdition considérable, par suite de l'évaporation des liquides. Cette évaporation, ayant toujours lieu en raison du vide qui existe dans les magasins, est en général dans les caves de 2 à 3 pour 100, et dans les celliers, de 7 à 8 pour 100. La température atmosphérique a également une grande influence. Des alcools mis en magasin par un froid de — 10° ne présenteront aucune déperdition, et perdront 20 pour 100 d'évaporation s'ils sont entrés en juin ou juillet.

Cet inconvénient est sans remède; mais il serait facile d'améliorer une autre partie du service, en réduisant à 12 mètres la largeur des rues de circulation, qui est aujourd'hui de 22 mètres, et en disposant à l'usage des trottoirs en avant des magasins le surplus de la largeur. Cette disposition permettrait de contre-balancer les avantages du port de Bercy, en livrant aux négociants en avant des celliers un espace libre pour les transactions faites immédiatement sur le carreau du marché avant l'emmagasinage des fûts.

Une autre amélioration qui assurerait la prospérité de l'Entrepôt serait la construction dans son intérieur d'un local où les négociants de vins et spiritueux pourraient se réunir pour traiter leurs affaires en commun. Ce projet est en ce moment à l'étude, et tout fait espérer que l'administration en décidera l'exécution. Mais un des progrès les plus utiles pour l'Entrepôt serait d'arriver à rendre plus commodes et moins longs les moyens de communication entre le port annexe et l'établissement même, au moyen peut-être de quelque voie ferrée souterraine; il résulterait évidemment de grandes dépenses de ces travaux, mais on en verrait promptement les heureux résultats.

Ces améliorations compléteraient celles qui ont été déjà signalées à l'administration municipale par le conservateur actuel de l'Entrepôt, M. Sari, qui s'occupe avec une louable sollicitude des intérêts de l'établissement important dont la direction lui est confiée. L'Entrepôt doit déjà beaucoup à son activité et nous avons obtenu de son obligeance un grand nombre d'utiles renseignements dont nous avons profité dans le courant de cet article. Au reste, quelle que soit la suite qui sera donnée à ces projets utiles d'amélioration, l'Entrepôt des vins ne peut manquer de s'attribuer une part importante dans le mouvement du commerce des spiritueux, qui prend chaque jour un plus grand développement. Il y tiendra toujours sa place comme un des points les plus intéressants et des plus vastes que l'administration ait élevés dans la capitale à un commerce spécial.

Vue intérieure d'un cellier à vins.

Chapitre XXII.
LE LONG DE LA SEINE (Suite).
L'ÎLE SAINT-LOUIS.

Le pont de la Tournelle. — Sa restauration. — Statistique de la circulation sur le pont de la Tournelle. — Les cinq ponts de l'île Saint-Louis. — Longueur de l'île Saint-Louis; — ses quais. — L'île Saint-Louis, d'après Mercier. — L'île Saint-Louis au XVIIe siècle. — Ile Notre-Dame. — Ile aux Vaches et des Meules-aux-Javiaux. — Christophe-Marie. — Le chien de Montargis. — Deux braves jurisconsultes. — Nicolas, cardinal-légat en France. — Le pont de la Cité. — L'ancien Pont-Rouge. — Une fête sous Henri II. — Les îles disparues. — Saint-Louis-en-l'Ile. — Les hôtels de l'île Saint-Louis. — L'hôtel Lambert. — Sa mise en vente. — Le goût bourgeois. — M. Nicolas Lambert de Torigny. — Louis Le Vau, architecte. — La façade de l'hôtel sur la rue. — Le côté du jardin. — Les peintures de l'hôtel. — Lebrun. — Lesueur. — Le sculpteur Gérard Van Obstal. — Les propriétaires successifs de l'hôtel. — Mot de Lebrun à la mort de Lesueur. — Galerie Lebrun. — M. de Montalembert et l'art gothique. — Lebrun et le neveu du pape. — Le Poussin. — Parallèle entre Lebrun et Lesueur. — La princesse Czartoriska. — Ses fêtes de bienfaisance. — Salons de danse à l'hôtel Lambert. — Les bains Lambert. — Types de baigneuses. — L'Arsenal. — Charles Nodier. — La capsulerie.

Le quai Saint-Bernard, où nous nous trouvons en sortant de l'Entrepôt, est d'un aspect assez triste, bordé dans toute sa longueur par les grilles de l'Entrepôt et du jardin des Plantes; delà nous passons dans l'île Saint-Louis, en traversant le pont de la Tournelle.

Le pont de la Tournelle a été complétement restauré en 1847. Nous donnons ici la vue de ce pont avant et après sa nouvelle reconstruction.

La construction en maçonnerie de ce pont, devenu insuffisant et très-incommode, n'était pas cependant fort ancienne. Elle ne remontait pas à deux siècles. L'extrême rapidité des pentes et le peu de largeur de la chaussée, qui, au point le plus étroit, n'était que de douze mètres soixante-dix centimètres, formaient un obstacle réel à la circulation très-active déjà, et

Le pont de la Tournelle avant sa restauration.

que le voisinage du chemin de fer d'Orléans, ainsi que l'ouverture d'une rue dans l'axe du pont, allaient encore accroître. Vers 1842, un contrôle établi par l'administration avait constaté que, de sept heures du matin à six heures du soir, il passait sur ce pont 18,826 piétons, 163 chevaux, et 1,612 voitures re- présentant 2,187 colliers. Les travaux exécutés ont eu pour résultat d'adoucir les pentes et d'élargir le pont, qui a été porté à seize mètres quatre-vingt-huit centimètres de largeur.

L'île Saint-Louis est reliée à la terre ferme par cinq ponts : le pont de Constantine, le pont de la Tournelle, le pont de la Cité, le pont de la Réforme et le pont Marie; cette île a trois cents toises de longueur sur quatre-vingt-treize de largeur; ses maisons sont bien bâties, les quatre quais qui l'entourent, le quai de Béthune, le quai d'Orléans, le quai Bourbon et le quai d'Anjou, sont spacieux et d'un bel aspect. L'île Saint-

Le pont de la Tournelle après sa restauration.

Louis, encore aujourd'hui, est une ville de province au milieu de Paris.

« Ce quartier, disait Mercier quelques années avant la révolution, semble avoir échappé à la grande corruption de la ville. Aucune fille de mauvaise vie n'y trouve un domicile; dès qu'on la connaît on la pousse, on la renvoie plus loin. Les bourgeois se surveillent; les mœurs des particuliers y sont connues; toute fille qui commet une faute devient l'objet de la censure et ne se marie jamais dans le quartier. Rien ne représente mieux une ville de province de troisième ordre que le quartier de l'île. On a fort bien dit:

« L'habitant du Marais est étranger dans l'île. »

L'île Saint-Louis, au commencement du XVIIe siècle, se divisait encore en deux îles, dont la plus étendue, voisine de la cathédrale, était appelée île Notre-Dame, et la moins spacieuse, île aux Vaches et des Meules- aux-Javiaux. Ces deux îles, avant leur jonction, appartenaient au chapitre de Notre-Dame.

En 1614, Christophe-Marie, entrepreneur général des ponts de France, obtint la concession de l'île Notre-Dame et de l'île aux Vaches, et prit l'engagement de les réunir en comblant l'étroit canal qui les séparait. Mais, après avoir commencé ces travaux, fatigué des obstacles sans nombre que le chapitre Notre-Dame lui opposait, Christophe-Marie se rebuta;

CHAPITRE XXII. — LE LONG DE LA SEINE (Suite).

et le 16 septembre 1623 il céda son traité à Jean de La Grange, secrétaire du roi. En 1627, ce traité fut rompu, Marie-Christophe rentra dans ses droits, mais il se vit contraint de faire une nouvelle cession à un certain Herbert et à quelques habitants de l'île, qui terminèrent les constructions en 1647.

Tout le monde a entendu parler de l'histoire fameuse du chien de Montargis. Sous le règne de Charles V, Aubri de Montdidier, passant dans la forêt de Bondy, est assassiné et enterré au pied d'un arbre. Son chien reste plusieurs jours sur la fosse et ne la quitte que pressé par la faim. Il vient à Paris chez un ami d'Aubri, et par ses hurlements douloureux lui annonce la mort de son maître. Cet ami suit le chien, qui, parvenu au pied de l'arbre de la forêt de Bondy, redouble ses cris en grattant la terre. On fouille, et on y trouve le cadavre d'Aubri.

Quelque temps après, le chien, aperçoit par hasard l'assassin, que tous les historiens nomment le chevalier Macaire, et lui saute à la gorge. L'acharnement de ce chien contre cet homme semble singulier. On se rappelle que le chevalier Macaire a donné des preuves de sa haine et de son envie contre Aubri de Montdidier. Le roi, frappé de tous les indices qui se réunissaient contre Macaire, ordonne le duel entre le chevalier et le chien, et le champ clos est marqué dans l'île Notre-Dame, aujourd'hui île Saint-Louis, qui n'était alors qu'un terrain vague et inhabité. On sait le reste. Macaire, armé d'un bâton, renversé et saisi à la gorge par le chien, fit l'aveu de son crime en présence du roi et de toute la cour.

Ce fut aussi dans l'île Saint-Louis que fut décidé, en 968, d'une façon très-singulière, une question fort grave. Il s'agissait de savoir si, en ligne directe, la représentation devait avoir lieu. Les docteurs furent divisés à ce sujet. Deux braves furent choisis, qui se battirent pour décider ce point de droit. Celui qui soutenait la représentation ayant eu l'avantage, il fut ordonné qu'elle aurait lieu, et qu'à l'avenir les petits-fils succéderaient aux biens de leurs aïeux ou de leurs aïeules avec leurs oncles et leurs tantes, de la même manière que leurs pères et leurs mères eussent succédé. Voilà un point de droit qui a une étrange origine! Et il est bien heureux pour les petits-fils qui ont des grands-pères opulents, que ce soit leur champion qui ait été vainqueur dans cette lutte de jurisprudence à la hache et au poignard.

C'est également dans l'île Saint-Louis qu'en 1618, Nicolas, cardinal-légat en France, prêcha une nouvelle croisade. Philippe de Valois, ses fils, Édouard II, roi d'Angleterre, et un grand nombre de seigneurs français et anglais, y reçurent la croix des mains du prélat.

Nous donnons ici la vue du pont de la Cité, reconstruit il y a dix ans à peine, et qui a succédé à trois

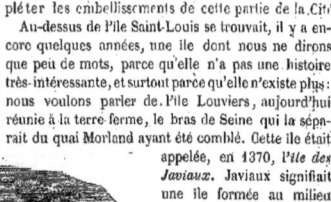

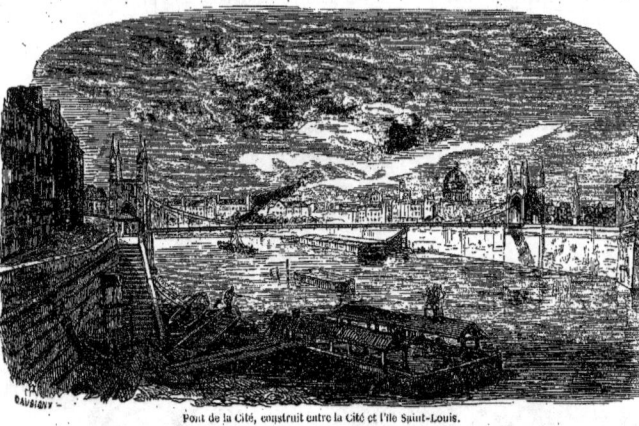

Pont de la Cité, construit entre la Cité et l'île Saint-Louis.

ou quatre ponts depuis l'année 1630. Les deux premiers ponts appelés ponts de la Cité étaient en bois, le second fut peint en rouge; de là le surnom de *Pont Rouge* qui lui fut longtemps accordé par le populaire. Sous l'Empire, il se forma une compagnie qui entreprit la construction de trois ponts en fer sur la Seine : le pont des Arts, le pont d'Austerlitz et le pont de la Cité; cette compagnie les édifia tous trois dans un différent système de construction.

Le pont de la Cité, construit par la compagnie de 1804, n'était pas très-solide. En 1843, on s'aperçut qu'une pile était entièrement ruinée. Cette fois on a fait une passerelle suspendue, et l'on a cherché à harmoniser cette invention moderne avec le style de la vieille cathédrale et avec celui de la fontaine gothique qui a été élevée, il y a une dizaine d'années, pour com-

pléter les embellissements de cette partie de la Cité.

Au-dessus de l'île Saint-Louis se trouvait, il y a encore quelques années, une île dont nous ne dirons que peu de mots, parce qu'elle n'a pas une histoire très-intéressante, et surtout parce qu'elle n'existe plus : nous voulons parler de l'île Louviers, aujourd'hui réunie à la terre ferme, le bras de Seine qui la séparait du quai Morland ayant été comblé. Cette île était appelée, en 1370, l'*île des Javiaux*. Javiaux signifiait une île formée au milieu d'une rivière par un amas de sable et de limon. L'île Louviers n'était pas un amas de sable ni de limon; mais comme elle était plus exposée que l'île Saint-Louis et l'île de la Cité aux débordements de la Seine et aux diverses alluvions qui la suivent, ce nom d'*île des Javiaux* lui fut donné par analogie. Au XVIe siècle, elle était appelée l'*île d'Entragues*, du nom de son propriétaire. Il est probable qu'elle devait à une cause semblable son dernier nom d'île Louviers. Cette île avait à peu près deux cent vingt toises de longueur. Elle n'était habitée que par des marchands de bois. C'était un vaste entrepôt de bois à brûler. Le seul fait historique qui se soit passé dans l'ex-île Louviers est celui-ci : en 1549 elle avait été le théâtre d'une fête brillante que le prévôt des marchands et les échevins de Paris donnèrent à Henri II. On construisit sur ses bords un fort et une espèce de havre, pour offrir au monarque et à sa cour le spectacle d'un combat et d'un siége.

Quelques autres îles encore, sans la moindre importance, figurent sur les plans de Paris des quinzième et seizième siècle; mais elles ont disparu sous les eaux par suite de l'encaissement de la Seine, ou des alluvions les ont réunies à la Cité ou à l'île Louviers; il n'en est resté aucune trace, et le souvenir même de leur nom n'existe plus dans la mémoire du peuple : elles s'appelaient l'*île aux Juifs*, située au couchant de la Cité; l'*île du Louvre*, un banc de sable qui a disparu; les *îles aux Treilles* et l'île *du Gros-Caillou*.

L'île Saint-Louis possède une église, Saint-Louis en l'île, et de beaux hôtels : l'hôtel de Pimodan, celui de Chenizot, l'hôtel Jassaud, celui de Bretonvilliers. M. le Ragois de Bretonvilliers, président de la chambre des comptes, avait fait construire à ses frais le quai qui environne la pointe de l'île. Les seules fondations, dans cet endroit où la Seine est profonde et rapide, coûtèrent 800,000 livres.

Mais, de tous ces hôtels que nous a légués la magistrature du siècle de Louis XIV et de Louis XV (les conseillers au parlement et tous les robins affectionnaient le séjour de l'île Saint-Louis), le plus beau, le plus célèbre est l'Hôtel Lambert, situé tout à l'extrémité de l'île.

Peu s'en est fallu que cette magnifique demeure, un des spécimens les plus remarquables de l'architecture du dix-septième siècle, ne disparût sous le marteau des démolisseurs. Mise en vente il y a dix ans, au prix de 180,000 fr., il ne se trouva pas d'acquéreur assez hardi pour ajouter à cette somme une surenchère. On dut recommencer la vente quelque temps après, et fort heureusement pour les antiquaires, pour les artistes et pour les amateurs, on ne rencontra point l'acquéreur espéré par les rédacteurs de l'affiche, laquelle avait eu bien soin de dire que cet hôtel « présentait de grands avantages à la spéculation, et pouvait recevoir des usines. »

Qu'il nous soit permis à ce propos de hasarder une remarque qu'on n'a jamais faite, ce nous semble, et qui mérite pourtant qu'on s'y arrête un instant. Il est de mode, depuis un grand nombre d'années en France, de déclamer à tout propos et hors de propos contre ce qu'appellent le goût bourgeois, tous les parvenus littéraires, tous les rapins de lettres qui tranchent du gentilhomme ; et l'on formerait une bibliothèque aussi ennuyeuse que colossale, de toutes les jérémiades, lamentations, ironies, invectives, colères furibondes dépensées à propos des monuments disparus ou qui menacent de disparaître de notre pays. Nous ne voulons pas, à Dieu ne plaise, défendre tous les actes de la bande noire, mais nous croyons qu'on a agi sans beaucoup d'examen en accusant ceux qu'on appelle avec tant de dédain les bourgeois, c'est-à-dire vous ou moi, nos amis et les amis de nos amis, d'actes plus ou moins condamnables dont tout le monde ou à peu près est également coupable au même titre. Nous sommes convaincus, et trop de preuves l'attestent, que les grands seigneurs d'aujourd'hui, s'il en reste, sont tout aussi *bourgeois*, dans l'acception insultante qu'on a voulu donner à cette qualification qui est pour nous un titre de noblesse, que la majorité de leurs contemporains ; et nous en sommes à chercher parmi ces débris de l'aristocratie française un lettré, un amateur ou un artiste qui se soit ruiné pour conserver un château de la renaissance, une chapelle gothique ou un hôtel du grand siècle ; bien mieux, l'époque où le style bourgeois, c'est-à-dire le style faux et commun, pédant et ennuyeux, a été à son apogée, était contemporaine de la Restauration. A ceux qui voudraient nier cette assertion, nous conseillerons une visite au Louvre, dans les salles du musée Charles X, construites sous le règne de ce monarque pour loger les antiquités égyptiennes et les plus belles productions de l'art céramique ; ils y verraient que dans aucun temps l'art de la décoration ne s'est montré sous un aspect plus triste et plus mesquin. C'est la Restauration qui a inauguré le triomphe de l'acajou, cela se voit trop dans le musée dont nous venons de parler, et il est juste de dire que la décadence de ce bois odieux ne remonte qu'à quelques années, c'est-à-dire au règne de Louis-Philippe, au règne *des bourgeois*.

Nous demandons pardon à nos lecteurs de cette digression qui vient d'ailleurs à sa place, à propos de l'île Saint-Louis, le quartier bourgeois par excellence et qui est resté bourgeois jusqu'à nos jours. En effet, tandis que la grande noblesse de cour venait se loger aux environs de la place royale, avant d'abandonner cette partie de Paris pour le faubourg Saint-Germain, la noblesse de robe, qui n'était autre chose que l'élite de la bourgeoisie, portait volontiers ses pénates dans ce coin tranquille et retiré que la Seine entourait d'une ceinture verte, comme pour en éloigner le bruit et les agitations de la grande ville. Elle y portait aussi ce goût des sciences et des lettres, des études sévères auquel nous devons tant d'hommes remarquables, la gloire et l'orgueil de ce grand siècle qu'on nous a trop représenté comme le siècle des ducs et des marquis, en oubliant qu'il fut surtout le siècle de Colbert, un commis anobli, un bourgeois.

M. Nicolas Lambert de Torigny, le fondateur de l'hôtel Lambert, appartenait à cette classe de la so-

Hôtel Lambert. — Intérieur de la cour.

Hôtel Lambert. — Vue prise du quai.

ciété et remplissait au parlement les fonctions de maître des requêtes. Les poëtes du temps ont célébré ses vertus privées et son intégrité comme magistrat ; c'est là un jugement que nous n'avons ni le droit ni la possibilité de discuter, en l'absence de toutes preuves authentiques et sérieuses, et nous ignorerions sans aucun doute le nom de ce personnage, s'il n'avait eu l'envie d'être bien logé.

Le seul hommage que nous soyons tenus de rendre à sa mémoire, c'est de le considérer comme un homme d'un goût intelligent et éclairé, assez ordinaire d'ailleurs en ce temps-là chez les gens de robe ; car Thémis, n'aurait-on pas manqué de dire de son vivant, se plaisait alors volontiers au commerce d'Apollon. Louis le Vau, architecte en réputation, fut chargé par lui du plan de l'hôtel, et s'acquitta merveilleusement de la tâche. La façade qui regarde la rue Saint-Louis peut sembler d'un aspect un peu lourd et triste ; il est facile de comprendre que l'artiste n'avait pas à se préoccuper beaucoup de cette partie du bâtiment. La rue est étroite, et ne permet pas au spectateur d'avoir assez de recul pour juger de l'ensemble. Mais quelle majesté dans l'hémicycle de la cour, dans le fronton d'ordre dorique, dans le large escalier à double rampe sculpté ! Si l'on contemple l'hôtel du côté du jardin, c'est-à-dire de l'angle formé par la rue Saint-Louis et par le quai d'Anjou, les bâtiments, à demi cachés par de verts massifs, les hautes fenêtres, les pilastres ioniques, l'attique chargée de vases, l'aile qui, s'avançant vers la pointe orientale de l'île, se termine en une rotonde élégante et pittoresque, les balcons aux balustrades en fer d'un travail abondant et souple, tout dans cette imposante et gracieuse résidence frappe et saisit.

Nicolas Lambert ne montra pas moins d'intelligence et de goût en choisissant, pour décorer cette somptueuse demeure, les deux plus grands peintres que Paris possédât à l'époque où l'illustre Poussin habitait Rome. Pénétré fort justement de cette idée, que l'émulation de ces rivaux célèbres, Charles Lebrun et Eustache Lesueur, devait naître des chefs-d'œuvre, il chargea ces deux gloires de l'école française de presque toutes les peintures dont il voulait revêtir les lambris et les plafonds de ses magnifiques appartements. Il adjoignit à ces artistes un autre élève de Simon Vouet, François Perrier, peintre habile, et qui ne recula point devant la terrible concurrence dont il était menacé. Le sculpteur flamand Gérard Van Obstal reçut pour mission de modeler en stuc les thermes, les groupes d'enfants, les trophées et tous les détails, en un mot, de cette ornementation si riche et si variée que l'on remarque dans les constructions du siècle de Louis XIV.

Malheureusement pour l'hôtel Lambert et pour nous, cet édifice n'est pas arrivé jusqu'à nos jours dans un état parfait de conservation. Le fermier général Dupin, le marquis du Châtel-Laumont et M. de Montalivet, qui en furent successivement propriétaires, avaient bien pris des mesures plus ou moins intelligentes pour son entretien ; mais, à l'époque où on le mit en vente pour la dernière fois, il était depuis trente ans occupé tour à tour par une maîtresse de pension et par un fabricant de lits militaires. C'est encore un miracle qu'après de si rudes épreuves, il reste encore tant et de si beaux vestiges de sa splendeur passée. Déjà, après la mort de M. de la Haye, fermier général, le second propriétaire de l'hôtel, on vendit les peintures du *Salon de l'Amour* et du *Cabinet des Muses*, c'est-à-dire la plus grande partie de l'œuvre de Lesueur. Elles étaient au nombre de douze : la *Naissance de l'Amour, l'Amour présenté à Jupiter, Vénus irritée contre l'Amour, l'Amour recevant les hommages des dieux*, *l'Amour dérobant les foudres de Jupiter*, *l'Amour ordonnant à Mercure d'annoncer son pouvoir à l'univers, les neuf Muses, Apollon conduisant le conduite de son char à Phaéton*. L'État acquit ce dernier tableau, plafond peint à fresque qui fut heureusement transporté sur toile ; on le voit, ainsi que les cinq compositions où sont réunies les Muses, dans les galeries du Louvre. De tous les travaux de Lesueur, il ne reste plus dans l'hôtel Lambert qu'une grisaille placée dans un enfoncement, sous l'escalier ; les grisailles d'une antichambre ovale du premier étage, et, dans une pièce de l'attique, l'appartement des bains, quatre morceaux d'une conservation presque parfaite : *Calisto, Diane et Actéon, le Triomphe de Neptune, le Triomphe d'Amphitrite*.

Quant aux travaux de François Perrier, la plupart ont également disparu. Ceux qui restent encore consistent en quatre peintures exécutées dans la voussure du plafond du cabinet des Muses : *Apollon poursuivant Daphné*, *le Jugement de Midas*, *la Chute de Phaéton* et *le Parnasse*.

Lesueur travailla neuf années aux décorations de l'hôtel Lambert, et il mourut à la peine. L'illustre peintre de la *Vie de saint Bruno*, en entreprenant une tâche qu'il abordait pour la première fois, surpassa toutes les espérances, et déçut toutes les jalousies, qui s'imaginaient que le peintre au pinceau austère et mélancolique échouerait misérablement dès qu'il se trouverait aux prises avec cette mythologie pompeuse si fort en vogue alors, avec ces déesses en robes de satin, se prélassant sur des rouleaux de nuages d'azur, ou faisant la sieste côte à côte avec des Jupiters et des Apollons en manteaux de pourpre et d'or et coiffés de perruques blondes aux anneaux flottants. Il y perdit la vie, mais non sa réputation ; et les ennemis de Lebrun ont prêté à ce maître cette phrase odieuse, qu'il aurait prononcée en apprenant la fin prématurée de son rival : « La mort vient de m'enlever une fameuse épine du pied. »

Quoi qu'il en soit, Lebrun obtint encore ce triomphe sur Lesueur, que les dégradations commises par le temps et par la main des hommes furent moins funestes à ses travaux qu'à ceux de ce dernier. Ses peintures subsistent encore, dans toute leur intégrité, dans la grande galerie de l'hôtel Lambert, qu'il exécuta en 1649. Les admirateurs de ce grand maître, trop calomnié depuis David, y retrouveront toute la richesse et toute la pompe d'imagination de l'auteur des *Batailles d'Alexandre*, un des plus grands poètes de la peinture, sans contredit.

La conception générale de cette composition, qui

porte, bien entendu, le cachet de l'espèce de mythologie particulière à cette époque, est fort ingénieuse, et permit à Lebrun de déployer dans l'exécution cette abondance pittoresque que personne n'a possédée à un égal degré. L'artiste a supposé que la galerie était disposée pour le mariage d'Hercule avec Hébé ; au-dessus de la porte, que flanquent intérieurement deux colonnes corinthiennes, Bacchus et Pan font les apprêts d'un opulent festin. Cybèle, Cérès et Flore, assises sur deux nuées, fournissent leur contingent à la fête, et les nymphes, leurs suivantes, déroulent de longues guirlandes dues au pinceau de Baptiste, l'un des plus grands peintres de fleurs de l'école française, et celui de toutes les écoles qui a peut-être le mieux su faire servir la peinture de fleurs à la décoration. Au centre de la voûte, les deux tapisseries postiches dont nous donnons le dessin représentent *Hercule délivrant d'un monstre marin Hésione*, *fille du roi troyen Laomédon*, *et le combat d'Hercule et de Pirithoüs contre les Centaures qui les avoient surpris durant un sacrifice*. A l'extrémité orientale du plafond, Jupiter, Junon et les autres dieux présentent à Hercule sa fiancée ; puis le nouvel hôte de l'Olympe monté au ciel dans un char conduit par Minerve. Les grisailles qui surmontent la corniche rappellent les principaux exploits du divin dompteur de monstres. Au reste, il est peut-être opportun de remarquer en passant que le fils d'Alcmène a toujours été pour Lebrun un héros de prédilection : il l'a presque invariablement placé au premier rang dans ses compositions mythologiques, et les chercheurs d'analogie pourraient voir dans cette apothéose presque continuelle du dieu de la force, une sorte d'allusion imaginée par le peintre altier de Louis XIV pour représenter aux yeux de ses contemporains et de la postérité les continuelles victoires qu'il prétendait avoir remportées sur tous ses émules, alors qu'ils ne consentaient pas à l'accepter comme leur maître et leur roi.

Le reste de la décoration de la galerie est complété par des médaillons peints, encadrés dans des bordures modelées par Van Obstal, portés sur des gaînes et des trophées en stuc, et surmontés par des ornements du même artiste. C'est un des beaux échantillons de

Hôtel Lambert. — Galerie dite de Lebrun, servant de salon de conversation pendant le bal.

Hercule délivrant Hésione.

Combat d'Hercule et de Pirithoüs.

l'art du dix-septième siècle, ce fils glorieux de la renaissance, et nous ne pouvons mieux faire, pour trancher la question que vient de remettre sur le tapis M. de Montalembert, qui prétend prouver la continuelle supériorité de l'art gothique sur les écoles qui lui ont succédé, que d'envoyer ceux qui pourraient hésiter en pareille occurrence, à l'hôtel Lambert. Quand ils auront admiré cette splendide demeure si ingénieusement et si richement parée, nous leur demanderons de nous dire en toute confiance ce qu'ils penseraient d'un salon gothique aux boiseries de chêne noir, aux carreaux de briques vernissées, tendu de tapisseries de haute lice représentant l'histoire du baron Achille et du duc Agamemnon, et destiné à donner des fêtes et à récréer à la fois et les yeux l'esprit. Mais, comme il faut être juste, nous sommes forcés de rappeler encore une fois que l'ingratitude envers Lebrun et son école ne date pas de l'auteur de la *Vie de sainte Élisabeth de Hongrie*. Il y a longtemps, par exemple, qu'on s'est évertué à vanter le jugement éclairé, formulé par nous ne savons plus quel nonce du pape, sur Lebrun et sur Lesueur, précisément à propos des peintures de l'hôtel Lambert. On raconte que Lebrun, promenant un jour l'éminence dont il s'agit dans la galerie qu'il venait de terminer, ne reçut d'elle, en guise des compliments flatteurs auxquels son orgueil s'attendait, que des éloges froids et contraints. Mais lorsqu'ils se trouvèrent en présence des peintures de Lesueur, le cardinal, dont le nom nous échappe, saisi tout à coup d'un enthousiasme véritable, s'écria : « Quel chef-d'œuvre ! Ils ne peuvent avoir été peints que par le pinceau d'un maître italien. » Les narrateurs de cette anecdote ajoutent complaisamment que Lebrun, frappé de stupeur et de honte, dissimula mal sa déconvenue, lui qui se croyait le roi des peintres, parce qu'il était le peintre du roi.

Nous ne savons point si cette historiette a quelque vérité; il ne serait pas impossible qu'elle en eût cependant. Ce ne serait pas la première fois qu'un grand personnage aurait abusé de son rang pour débiter une audacieuse niaiserie, car le jugement porté par le prélat sur les œuvres des deux grands artistes français ne mérite pas une autre qualification, n'en déplaise à ceux qu'il remplit encore aujourd'hui d'admiration et de respect. Cela nous semble facile à démontrer. Au temps de Louis XIV, il n'y avait certes pas de plus grands peintres en Italie qu'en France ou dans les Pays-Bas. Celui qui tenait à Rome même le sceptre de Raphaël et de Michel-Ange s'appelait le Poussin, et avait reçu le jour en Normandie; or, si, par l'exécution et par quelques côtés de son style, il se rattache à la tradition des maîtres florentins, c'est qu'il n'y a pas tant de manières qu'on a coutume de le dire et de l'écrire, d'avoir du talent et du génie. Pourtant il n'est pas besoin d'être un amateur de premier ordre pour reconnaître du premier coup un peintre français dans les chefs-d'œuvre de l'auteur du *Testament d'Eudamydas* et du *Déluge*. A partir de cette époque, l'impulsion artistique et littéraire partit de Paris pour rayonner sur l'Italie. Ceux qui vont à Rome, et qui savent regarder, voient bien du premier coup que les palais élevés au dix-septième siècle dans les rues et sur les places de la ville éternelle sont des copies, — et fort inférieures, — du château de Versailles et des hôtels construits sur le patron et dans le goût de celui dont nous nous occupons en ce moment. Aussi bien n'était-il pas plus juste ni plus équitable d'humilier si profondément Lebrun devant les travaux de Lesueur. Nous n'avons ni l'envie ni le droit de faire subir à nos lecteurs un parallèle de notre façon entre ces deux maîtres glorieux, mais nous ne pouvons nous empêcher de dire que dans les peintures de l'hôtel Lambert, l'auteur de la *Vie de saint Bruno* s'éloigne moins de partout ailleurs de la manière et de l'exécution du peintre de la *Bataille d'Alexandre*. Et cela se comprend. La peinture décorative n'a jamais compté, en France du moins, d'homme plus illustre et qui comprît mieux cette partie importante de l'art que Lebrun. Les énormes défauts de cet artiste, son dessin mou et rond, sa couleur fausse et criarde, disparaissent pour le spectateur devant l'abondance et l'éclat de son exécution habile; devant la verve étourdissante et inépuisable de sa prodigieuse imagination, et cette abondance d'invention pittoresque qu'on pourrait égaler peut-être, mais qui ne sera jamais surpassée. Si nous n'étions pas ingrats pour nos véritables grands hommes, il a longtemps que nous aurions mis les décorations de Versailles, de la galerie d'Apollon au Louvre, et même de la galerie d'Hercule de l'hôtel Lambert, au-dessus des décorations que le Primatice et le Rosso ont peintes à Fontainebleau, quel que soit d'ailleurs l'incontestable mérite de ces derniers. Du moment que Lesueur se trouva en présence de son rival, son esprit de justice le força à le reconnaître

Hôtel Lambert. — Escalier pratiqué sur le quai d'Anjou pour l'arrivée des voitures.

comme maître dans une partie de l'art où il débutait, lui, pour la première fois. Il se garda bien sans doute de copier servilement; mais l'influence du voisinage est manifeste. D'ailleurs, élevés tous deux à l'école de Vouet, il n'est pas étonnant qu'on retrouve une certaine parenté dans l'exécution de leurs travaux. Bien que beaucoup de gens soient d'une opinion contraire, nous estimons que Lesueur n'a pas montré à l'hôtel Lambert un talent supérieur à celui qu'il a déployé dans la *Vie de saint Bruno*. Nous ne retrouvons pas dans ses travaux de décoration l'exécution à la fois si simple et si naïve, et pourtant si savante et si forte, de sa peinture religieuse. Si le contour de ses figures est d'un dessin plus correct et plus pur que celui de Lebrun, on est forcé de convenir que leur modelé manque de fermeté presque aussi souvent que le modelé de son concurrent. Du reste, Lesueur ne ressemble pas plus à Raphaël, comme peintre profane, qu'il ne lui ressemble comme peintre religieux, pas plus que Lebrun ne procède de Michel-Ange, auquel on a voulu aussi le comparer avec autant de justice et de discernement. Lequel des deux l'a emporté dans cette lutte mémorable ? Il ne nous appartient point de prononcer. Si Lebrun a montré une imagination plus profonde, et en quelque sorte plus intrépide, celle de Lesueur s'y fait voir plus délicate, plus ingénieuse et d'une élégance moins attifée. Nous ignorons si l'on doit attribuer à Lambert de Torigny l'honneur de leur avoir indiqué leur tâche; dans ce cas, il aurait fait preuve d'un goût rare chez les Mécènes de tous les temps et de tous les pays, en confiant à Lebrun la décoration de la grande galerie destinée aux festins et aux fêtes, et à Lesueur celle des appartements, où il fallait une poésie plus intime, plus douce, et en quelque sorte plus recueillie.

Mais c'est assez parler décoration, il est temps que nous apprenions au lecteur comment l'hôtel Lambert, que nous avons vu menacé de démolition ou de pis encore, a été conservé pour la plus grande gloire de l'art français et de ses admirateurs.

Ainsi que nous l'avons dit en commençant, il ne se trouva personne, parmi les grands seigneurs actuels, qui voulût consacrer la somme de 180,000 fr. à l'acquisition de cette somptueuse demeure. Les artistes étaient en grand émoi; l'un d'eux, un voisin de l'hôtel Lambert, écrivit à ce propos une lettre au ministre pour lui signaler le péril. Nous ne savons pas si le ministre fut ému; mais comme l'hôtel Lambert n'était pas classé parmi les monuments historiques, cet honneur étant particulièrement réservé aux édifices gothiques, fussent-ils les plus affreux du monde, il ne put rien faire autre chose que de nommer une commission chargée d'examiner les moyens de sauver au moins du naufrage les peintures de Lesueur et de Lebrun.

Pendant que la commission délibérait ou faisait semblant, une étrangère, une Polonaise, la princesse Czartoriska, se montra plus généreuse et plus soucieuse de la gloire française que les princes parisiens; elle acheta l'hôtel. Elle le fit restaurer par un artiste intelligent qui mit tous ses soins à ne pas le rendre trop neuf, et qui, autant que cela était possible, le remit en son premier état.

La princesse Czartoriska ne fut pas plutôt en possession de cet hôtel, qu'elle le fit servir à une de ces œuvres de bienfaisance destinées à rendre moins amer et plus abondant le pain de l'exil auquel sont condamnés ses héroïques compatriotes. Tout le monde a entendu parler des bals donnés à l'hôtel Lambert au profit des Polonais réfugiés en France. Le premier eut lieu dans le courant de février 1844, et l'on put dire au moins une fois que cette expression : « Tout Paris a dansé au bal de la princesse Czartoriska, » n'avait servi qu'à constater la vérité. Les vieux échos de l'île Saint-Louis tressaillirent de surprise au bruit de la danse animée, de ces élégants équipages qui faisaient jaillir l'étincelle des pavés du quai d'Anjou, ordinairement silencieux et solitaire.

Ces fêtes se continuèrent les années suivantes, et leur vogue ne fit qu'augmenter. Nous avons surtout

CHAPITRE XXII. — LE LONG DE LA SEINE (Suite).

souvenir de celles qui furent données en janvier 1843 et en janvier 1846. Depuis longtemps déjà les vastes appartements de l'hôtel ne suffisaient plus, et l'on se vit forcé de transformer le jardin en salle de danse. Et pendant qu'on créait un salon dans le jardin, on improvisait un jardin dans l'intérieur des apparte-

Salon de danse construit dans le jardin de l'hôtel Lambert.

ments. Chaque fois, nous devons le constater, que la princesse fit appel à la curiosité, au goût du plaisir et à la bienfaisance parisienne, cet appel fut entendu, et l'on doit dire que jamais, même dans les plus beaux jours, l'hôtel de Lambert de Torigny ne servit à un plus noble usage. Quelques esprits malveillants, envieux ou jaloux ont essayé de critiquer ces fêtes en hasardant des épigrammes plus ou moins heureuses sur le personnel qui les composait ; nous ignorons

Bal donné à l'hôtel Lambert, le 25 janvier 1846, par la princesse Czartoriska.

jusqu'à quel point ces critiques étaient fondées, mais nous pouvons hardiment affirmer que si ces frondeurs chagrins ont rencontré par hasard, dans les salons de l'hôtel Lambert, le jour où une généreuse pensée en ouvrait les portes, certains personnages indignes d'y figurer et dont on ne saurait éviter la présence en pareille occasion, l'élite de la société parisienne, c'est-à-dire le plus grand nombre de ceux que la renommée de leur esprit ou de leurs talents, les avantages de la fortune ou les hasards de la naissance placent au premier rang dans l'ordre social, formait l'immense majorité des invités, et s'associait toujours avec respectueuse sympathie à l'œuvre de patriotisme de la noble exilée.

Les fêtes de l'hôtel Lambert sont les seuls incidents qui aient le privilège d'enlever une fois par an, à l'île Saint-Louis, la physionomie d'un calme un peu morne dans lequel elle semble comme assoupie pendant les trois cent soixante-quatre jours d'intervalle qui séparent ces trop rares solennités. Jamais, ou presque jamais d'ailleurs, les habitants de ce quartier n'ont à se ranger sur le passage d'un fringant équipage à deux chevaux et à riche livrée; les seules voitures de maître qu'on y rencontre, à une ou deux exceptions près, portent encore le nom expressif et suranné de demi-fortunes. Si par hasard vous entendez retentir sur le pavé sonore les roues bruyantes d'un coupé moderne, d'un tilbury ou d'un cabriolet élégant, attelé d'un cheval anglais, soyez assurés qu'ils appartiennent à quelque propriétaire d'outre-Seine, venu par nécessité dans ce coin perdu qui lui semble une Thébaïde;

Un habitant de l'île Saint-Louis.

peut-être à un agent de change qui a traversé les ponts pour donner des nouvelles du cours de la bourse à quelque rentier effrayé d'un changement de ministère ou d'un projet de conversion dont il a vu la menace dans les papiers publics, — comme on appelle encore les journaux dans l'île Saint-Louis.

Nous l'avons dit, l'île Saint-Louis est un quartier essentiellement bourgeois, qui l'a toujours été depuis sa fondation, et qui le restera jusqu'à la fin. Du moment où il n'y aurait plus de bourgeois, il n'aurait plus de raison pour subsister. Sa situation sur une île dont les quais plongent leurs pieds de pierre dans les eaux du fleuve, sans s'arrêter à un chemin de halage, l'isole du commerce de la rivière; l'exiguïté de l'emplacement sur lequel il est construit n'y permet pas davantage l'établissement de ces grands ateliers industriels qui pullulent aujourd'hui dans le Marais et dans les rues les plus désertes des environs du jardin des Plantes, les seuls quartiers de Paris que l'on pourrait comparer à celui dont nous nous occupons en ce moment. Aussi n'y rencontre-t-on que peu de constructions nouvelles : la plupart des habitations datent presque toutes du temps de Louis XIV et de Louis XV; presque toutes, d'un aspect un peu triste, un peu froid, portent le cachet des habitudes et des goûts de ceux qui les ont édifiées. Les rues droites et alignées, correctes, sont d'une largeur médiocre, mais suffisante pour la circulation des chaises à porteur; car l'on comptait dans l'île Saint-Louis, à l'époque où elle se couvrit de maisons, plus de chaises à porteur que de carrosses.

Il ne faudrait pourtant pas croire que ce quartier, d'une apparence si paisible et si calme, où le commerce et l'industrie se trouvent représentés, à peu d'exceptions, par quelques boutiques de troisième ordre qui suffisent aux besoins de la consommation journalière des habitants, serve uniquement de refuge à des oisifs; là où l'on n'entend ni le grincement de la scie, ni le retentissement du marteau, ni les sifflements de la vapeur, se plaisent au contraire les travailleurs de la pensée, comme on disait il y a trois ans. L'île Saint-Louis loge des savants et des poètes, des magistrats et des artistes, tous ces amants de la solitude et du recueillement, que le bruit effarouche ou fatigue, à côté de l'ouvrier chargé de famille, qui trouve dans les vastes combles des vieux hôtels, et moyennant un loyer modeste, un appartement moins étroit que celui qu'il pourrait occuper dans un arrondissement industriel; du commerçant retiré des affaires, ou de l'employé que n'effraye pas trop la longueur du chemin qui mène à son ministère. Le voisinage de la cathédrale fournit également à l'île Saint-Louis, un certain nombre de prêtres parmi ceux qui n'ont pu trouver un logement décent et convenable dans la Cité.

Mais, de toutes les professions libérales, la peinture est celle qui compte le plus de représentants dans l'île Saint-Louis. Il y a quelques années, l'hôtel Pimodan, dont nous avons déjà parlé, réunissait une société de fantaisistes de la plume et du pinceau, sorte de pléiade romantique maintenant très-dispersée. La colonie des artistes, logés pour la plupart aujourd'hui sur les quais situés au nord de l'île, reconnaît pour chef et pour maître un nom justement célèbre, M. Meissonier. L'auteur des chefs-d'œuvre microscopiques, que tout le monde connaît, a pour l'île Saint-Louis une passion qui s'explique par la nature même de ses travaux. On comprend qu'il se plaise dans ces vieux bâtiments du dix-huitième siècle, où il retrouve encore intactes et parfaitement conservées les cheminées ventrues de brèche-rose, les boiseries contournées et colorées en grisailles qui servent de fond à ses tableaux. Là est bien le théâtre convenable pour ses héros en habits de futaine, qui passent leur vie le nez dans les livres à tranche rouge, ou à fouiller dans des cartons remplis de dessins exécutés à la sanguine ou à la pierre noire.

Cette vie modeste, sans bruit, contenue et presque patriarcale de l'île Saint-Louis, a valu à sa population une réputation de moralité bien établie et bien justifiée sous tous les rapports. Ici, point de ces orgies bruyantes dont les éclats retentissants viennent après minuit frapper les oreilles du passant attardé dans les rues des quartiers Bréda, de Notre-Dame de Lorette, à la Chaussée-d'Antin ou sur les boulevards. Vous chercheriez vainement dans les rares et modestes boutiques du quartier la devanture luxueuse de quelque café en renom ou d'un restaurant à la mode. Quelques parties de whist ou de bouillote dans les salons du premier étage, les quotidiennes parties de loto du troisième et du quatrième, résument à peu près les distractions permises par l'habitude et tolérées par le

Sa dame.

rigorisme de l'endroit. Nous avons bien souvenir pourtant d'une soirée excentrique racontée dans un recueil sérieux avec toutes sortes de poétiques et pittoresques détails par une plume coloriste, et que nous appellerons pour l'intelligence de ceux qui ont comme nous de la mémoire, et afin de ne pas trop effrayer les locataires du quai d'Anjou, la soirée du hatchis; mais c'est là une exception qui confirme la règle, et rien de plus. Or, la règle qui, dans l'île Saint-Louis, consiste sinon à se lever de grand matin, du moins à se coucher de bonne heure, est la meilleure preuve de l'état d'innocence et de paix où vivent les naturels de l'endroit. Pour compléter le tableau, nous ajouterons que les marchands de vins y sont presque aussi rares que les cafés ou que les restaurants, et qu'un médecin qui est à la fois un moraliste et un observateur, Parent-Duchâtelet, a consigné dans son livre que l'île Saint-Louis était le seul quartier de Paris que ne comptât point parmi ses habitants de ceintures dorées; nous avons dit plus haut qu'il en était ainsi du temps de Mercier.

Il y a quelques années pourtant, certains notables se réveillèrent fort effrayés; ils venaient d'apercevoir à l'extrémité orientale de l'île une grande perche surmontée d'un écriteau portant cette inscription : École de natation pour les dames. L'avenir ne justifia pas heureusement les appréhensions de ces hommes vertueux mais trop susceptibles. Le spéculateur qui avait eu l'idée d'ériger pour le beau sexe, amateur de bains froids, un palais de sapin rival de ceux qui étaient établis depuis longtemps déjà entre le pont des Arts et celui du Carrousel, en faisant une bonne affaire, n'avait exposé à aucun danger la morale publique. L'excentricité du quartier devait donner pour clientèle à la nouvelle école de natation une partie du personnel féminin, qui voyait avec une inquiétude véritable l'envahissement des autres établissements par certaines célébrités chorégraphiques d'une allure trop indépendante. D'ailleurs, la pureté de l'eau de cet endroit de la Seine devait infailliblement amener en vogue, qui n'a pas trompé les espérances de l'entrepreneur.

Les provinciaux et les étrangers ont fait faire à leur imagination, à propos des bains de femmes, un véritable voyage dans le pays des chimères. Nous voudrions que ceux d'entre eux qui se sont laissé aller à toutes sortes de rêves poétiques, sur l'aspect séduisant que devait présenter les naïades de Paris au milieu de leurs ébats les plus folâtres, pussent être

Pendant.

Avant.

d'ailleurs avec une simplicité de bon goût qui fait honneur à son propriétaire, et nous devons le féliciter de n'avoir pas transformé son établissement en une sorte d'Alhambra de sapin, à l'imitation de ses confrères les entrepreneurs de bains d'hommes. La disposition

Pendant.

admis un seul instant dans cet Éden si bien abrité contre les regards indiscrets ; quelques minutes d'examen suffiraient, et au delà, pour les ramener au sentiment de la plus vulgaire et de la plus prosaïque vérité. Un grand artiste, Daumier, s'est chargé de déchirer, à l'aide de son âpre et énergique crayon, le voile des illusions décevantes, et nous nous empressons de renvoyer les cerveaux trop inflammables à la collection du *Charivari*. En attendant, il nous suffira peut-être de décrire scrupuleusement le costume des baigneuses.

Qu'on se figure une sorte de camisole froncée au cou, à la taille, dont les basques, descendant jusqu'aux hanches, recouvrent la ceinture d'un pantalon fort ample, également froncé et coulissé. Si la camisole monte jusqu'au cou, le pantalon descend jusqu'à la cheville, et tous les deux sont, ainsi que le serre-tête qui complète cette *parure*, taillés dans une grosse étoffe de laine brune, bleue ou noire, et roide comme de la tôle, afin de mieux dissimuler les contours. Les coquettes ont imaginé, pour égayer cet uniforme grotesque, des ornements plus ou moins ingénieux, mais également laids, entre autres une sorte de ruche (en langage technique, une *chicorée*) qui consiste en un ruban de couleur dont elles bordent l'habillement complet. Quelle mythologie ne reculerait pas devant une pareille description? et l'on voit tout de suite quelle énorme différence sépare la prétentieuse chicorée de nos baigneuses, des roseaux et des algues vertes mê-

Une naïade.

lées aux longues tresses des nymphes de l'antiquité. L'école de natation de l'île Saint-Louis est décorée

intérieure est toutefois la même que dans les bains destinés au sexe le plus fort. Il y a des cabinets en pente, des échelles pour descendre, des cordes pour se suspendre. Dans les bains de l'île Saint-Louis on conduit les pensions de demoiselles, et l'on a remarqué que les jeunes filles montrent généralement pour ces ébats un goût plus vif et plus passionné que les jeunes garçons. Les femmes nagent moins que les hommes ; cependant plusieurs d'entre elles donnent des têtes et plongent. Il est vrai que la profondeur de l'eau exclut toute idée de danger sérieux.

Il y a dans les écoles de natation un maître de nage et les femmes qui font le service des cabinets s'appellent des *marinières*.

Bien que la clientèle des bains de l'*hôtel Lambert* ait, ainsi que nous l'avons dit, une physionomie différente de celle des établissements rivaux, on y rencontre pourtant encore en assez grand nombre les héroïnes de la galanterie et du plaisir opulent, et surtout des noms habitués aux feux de la rampe et aux bravos publics. Mais là surtout on se divise en deux camps, les femmes renommées font bande à part ; toutefois, on doit le dire, les autres ne viennent pas les chercher. Qui se ressemble s'assemble, a dit le plus juste des proverbes.

L'égalité la plus parfaite règne d'ailleurs au milieu de toutes ces femmes appartenant aux diverses illustrations de la scène, des bals nommés champêtres et des drames réels dont le théâtre se trouve aux sommités du quar-

Bains Lambert, école de natation pour les dames.

tier d'Antin; et même les rares individualités qui n'aspirent qu'à la gloire modeste du ménage et d'une vie retirée, ne s'écartent pas trop des ceintures dorées, qui se livrent en leur compagnie à d'innocents ébats, à des danses aquatiques ressemblant peu à leurs danses sur la terre ferme. A peine

Entr'acte.

Ronde de naïades.

Après.

si la distinction apparaît au sortir de l'eau, quand ces baigneuses se pressent autour des tables du café annexé à l'établissement. Règle générale, celles qui sont inscrites en plus gros caractères sur le livre trompeur de la mode se dirigent de préférence vers les plateaux chargés de rhum, de punch, et d'autres liqueurs masculines, tandis que les réputations intactes se contentent de la classique eau sucrée, et ne vont guère au delà du petit verre d'anisette.

Baigneuse.

Pour une maladie de nerfs.

Baigneuse.

Avant de passer dans la Cité, je ne dois pas oublier l'Arsenal, ce vieux monument qui a joué un rôle si important sous nos rois, et qui, après avoir remisé les canons, les fusils à mèches, les sabres, les piques et les épées, n'a plus aujourd'hui pour hôtes que des livres. L'Arsenal est situé sur la rive droite du fleuve, un peu au-dessus de l'île Saint-Louis. Le plus ancien arsenal que nous ayons eu en France était établi au Louvre. Les comptes des baillis en font mention en 1215. D'autres documents authentiques constatent qu'en 1391, la troisième chambre de la tour du Louvre était remplie d'armes. Plusieurs autres dépôts de guerre furent ensuite successivement établis à la tour Saint-Paul, à la tour de Billy, à celle du Temple et à la Tournelle.

C'était donc près du séjour des rois, dans le quartier le plus populeux, que la ville de Paris avait établi son dépôt d'armes. Hugues Aubriot, prévôt des marchands, avait amassé dans le monument appelé plus tard l'Arsenal une quantité de maillets de plomb pour en armer au besoin les Parisiens contre les ennemis; mais, en 1382, une troupe de gens enfonça les portes, s'empara des maillets et s'en servit contre le roi : de là le surnom de *Maillottins* donné à ces séditieux. En 1563, on fit transporter à l'Hôtel de ville une partie des armes des Parisiens, mais le dépôt le plus important était à l'Arsenal, appelé alors *les Granges de l'artillerie de la ville*. François Ier avait fait demander une de ces granges pour y établir une fonderie de canons : elle lui fut allouée d'assez mauvaise grâce; il n'en obtint ensuite une seconde que sous la condition expresse de les rendre toutes deux aussitôt que la fonte serait terminée.

Une seule grange fut d'abord cédée à Henri II, à la charge d'une indemnité qui fut toujours promise et jamais réalisée.

Devenu plus tard possesseur de tout l'enclos, Henri II y fit construire de nouveaux moulins à poudre et deux halles. Tout fut détruit par l'incendie du 28 janvier 1562. Charles IX éleva de nouveaux bâtiments, qui, sous Louis XIII et Louis XIV, furent remplacés par des édifices plus élégants et plus réguliers, d'après les dessins et sous la direction de Germain Baffrand. Mignard, à son retour d'Italie, couvrit de peinture le beau salon du grand maître de l'artillerie. Louis XIV voulut éloigner d'une population nombreuse et turbulente le foyer de tant d'éléments de destruction, et fit établir de nouvelles fonderies et de nouveaux magasins à poudre sur des points plus rapprochés de nos places fortes. Les fonderies de l'arsenal de Paris ne serviront plus que pour couler les statues et les ornements en bronze destinés à décorer le parc de Versailles et des autres résidences royales. Ces fonderies, au nombre de deux, étaient encore celles qu'avait fait construire Henri II au mois de juillet 1549.

L'Arsenal se divise en sept cours qui communiquent entre elles. Cinq composent ce qu'on appelait le grand arsenal, les deux autres le petit. C'était dans

Charles Nodier.

ces dernières qu'avait été établie l'administration générale des poudres et des salpêtres. L'arsenal avait un gouverneur particulier et une juridiction spéciale qu'on appelait le bailliage de l'Arsenal. L'un et l'autre ont été supprimés en 1788. La juridiction fut réunie au Châtelet.

Henri IV avait créé la place de grand maître de l'artillerie de France en faveur de Sully. Sous les règnes suivants on supprima cette charge, et les attributions de grand maître et de capitaine général de l'artillerie de France furent réunies au ministère de la guerre.

La force armée de l'Arsenal se composait d'une garde provinciale d'artillerie et d'une compagnie d'invalides. Ce fut en 1338 que furent fondus en France les premiers canons. Jean d'Estrées en perfectionna le mode de fabrication en 1500.

Sur la porte principale de l'arsenal est encore aujourd'hui ce distique latin attribué à Nicolas Bourdon, élève de Passerat et professeur d'éloquence grecque au Collège de France :

Ætria hæc Henrico Vulcania tela ministrat,
Tela giganteos debellatura furores.

L'administration des poudres et salpêtres est toujours à l'Arsenal; quant à la bibliothèque établie aujourd'hui dans ce monument de guerre, elle est remarquable par le nombre et le choix de ses livres. Elle avait été achetée aux héritiers de M. de Paulmy d'Argenson par M. le comte d'Artois, depuis Charles X. Mais la bibliothèque de Paulmy d'Argenson ne fut que le noyau de la bibliothèque d'aujourd'hui. Pendant et depuis la révolution, elle a été considérablement augmentée. Elle est ouverte tous les jours au public, depuis dix jusqu'à trois heures. Charles Nodier est mort bibliothécaire à l'Arsenal.

Sur l'emplacement du jardin de l'Arsenal on a bâti le grenier de réserve; un édifice très-utile sans doute, mais d'un aspect fort triste et qui peut, tout d'abord, passer pour une prison. La première pierre du grenier de réserve fut posée en 1807. Cet édifice est formé d'une longue ligne de cinq pavillons carrés, liés par quatre grands corps de bâtiments.

Pour être complet, il faut signaler, derrière les magasins de réserve, une maison de fort humble apparence, sur laquelle est inscrit : « *Capsulerie de guerre.* » Rappelons en passant que la fabrication des capsules est une des plus dangereuses : elle compte autant de victimes peut-être que l'industrie du doreur ou du préparateur de céruse et de couleurs à base de plomb. Rien de plus fréquents que l'explosion inattendue et meurtrière des poudres fulminantes qui entrent dans la capsule; il suffit de la plus légère imprudence d'un ouvrier pour causer d'incalculables désastres. On raconte que chacun d'eux travaille isolément dans une espèce de loge, aux murs épais, et capables de braver toute explosion, de sorte qu'il n'expose que sa personne. Chaque loge porte inscrit le nom de ceux qui y ont péri par suite de leur imprudence, avec la date du désastre, et l'ouvrier ne sent d'autant plus la nécessité des plus grandes précautions, à la vue du sinistre nécrologe qui frappe sans cesse son regard.

Chapitre XXIII.
LE LONG DE LA SEINE (Suite).
LA CITÉ.

Superficie de l'île de la Cité. — Ses quais. — Ses ponts. — Quartiers de la *Cité* et du *Palais de Justice*. — Histoire de la Cité. — La ville des Parisii. — Clovis. — Les comtes de Paris. — Robert le Fort. — Les Normands. — Eudes. — Hugues Capet. — Saint Louis et Thibault de Champagne. — La Cité au treizième siècle. — Le quai Napoléon. — Maison d'Héloïse et d'Abeilard. — Le quai des Orfèvres. — La rue d'Arcole. — Saint Landry. — Pierre Broussel, *le Père du peuple*. — L'église Saint-Landry. — Maxime et Gratien. — Notre-Dame. — Le Parvis. — Les exécutions sur le Parvis. — Le marquis de Favras. — Le marché au pain. — Le chapitre de Notre-Dame. — Louis VII et Créteil. — La puissance et les hauts faits du chapitre de Notre-Dame. — Les habitants de Châtenay. — La Ligue, la Fronde, la bulle *Unigenitus*. — Les fondements de la métropole. — Maurice de Sully évêque de Paris. — Grandeur de l'édifice. — Les portiques. — Les tours. — Le portique du nord. — Le bourdon. — La façade occidentale. — Intérieur de l'église. — Les piliers. — Les vitraux. — Les roses. — Les trente-deux chapelles. — Le chœur. — Les tombeaux dans Notre-Dame. — La charpente des combles. — Le vandalisme dans les embellissements faits à Notre-Dame. — La restauration de 1847. — MM. Lassus et Viollet-Leduc, architectes. — La nouvelle sacristie. — Cour du cloître de la sacristie. — Les cérémonies historiques à Notre-Dame. — Cérémonie du 1er janvier 1852. — L'archevêché. — Le cloître. — La fontaine. — Revenu des archevêques. — Les *filles de l'archevêque et les filles de Notre-Dame*. — Mgr Sibour. — Réforme du costume ecclésiastique. — Les conférences. — Le père Lacordaire.

Passons maintenant dans l'île de Cité, dans ce vénérable berceau de la ville de Paris.

L'île de la Cité a environ 200,000 mètres carrés de superficie. Elle est bordée par les quais Napoléon, Desaix, des Orfèvres, du Marché-Neuf et de l'Archevêché. Sa communication avec la rive droite s'effectue par les ponts de la Réforme, d'Arcole, Notre-Dame, au Change et le Pont-Neuf ; avec la rive gauche par les ponts Neuf, Saint-Michel, Petit-Pont, Saint-Charles, aux Doubles, de l'Archevêché ; avec l'île Saint-Louis par les ponts de la Cité et de la Réforme. Elle forme deux quartiers : celui de la *Cité*, qui appartient au neuvième arrondissement ; celui du *Palais-de-Justice*, qui appartient au onzième.

L'histoire de cette île est l'histoire de la ville elle-même jusqu'au treizième siècle. Le Paris des deux rives n'avait alors qu'une très-médiocre importance. Notre-Dame et le Palais, ces deux métropoles religieuse et politique, concentraient tous les événements dans la cité. La population, les églises, les établissements de tout genre ne cessaient de s'y entasser. Déjà, à cette époque, le passé de Paris n'était pas sans gloire ; mais rien n'avait indiqué au début son importance ni ses futures destinées. Au temps de la Gaule, la ville des *Parisii* avait lutté une des dernières contre l'invasion étrangère et résisté courageusement aux Romains. Plus tard, sous ces nouveaux dominateurs, des empereurs avaient habité dans ses murs. Conquise par les Francs, elle avait été la capitale du fondateur de leur empire, de l'habile et sanguinaire Clovis ; mais,

La Cité. — Vue prise des tours Notre-Dame.

pendant les discordes et les guerres de ses successeurs, elle avait perdu cette prépondérance. Le royaume de Paris avait succombé dans la lutte : anéanti par les grands conquérants austrasiens, il avait disparu dans la nouvelle monarchie, et sa capitale, négligée par Charlemagne, était déchue, oubliée. Tandis que d'autres villes françaises, tandis que Lyon, Arles, etc., devenaient capitales de puissants royaumes, Paris restait sous la domination d'un simple comte, bien inférieur à ses redoutables voisins de Bourgogne, de Champagne, de Bretagne ou de Flandre ; mais ce comte, Robert le Fort, était un homme de talent et de courage. Soutenu par son peuple, qui, dans les malheurs de la patrie et l'abaissement de la nation avait conservé l'amour de l'indépendance et la haine de l'étranger, il lutta contre les barbares normands qui ravageaient la patrie, les vainquit, et mourut au milieu de sa gloire. Son fils, Eudes, fut digne de lui ; et lorsque les Normands voulurent détruire cette ville qui les bravait,

Eudes, dans un siége mémorable, apprit encore à la France que ces barbares qui l'épouvantaient n'étaient point invincibles. Aussi, quand les seigneurs indignés déposèrent le lâche successeur de Charlemagne, ce fut Eudes que les barons français jugèrent digne de leur commander : Eudes fut roi ; Paris fut de nouveau capitale.

Mais cette souveraineté était bien précaire : une moitié de la France la reconnaissait à peine ; l'autre moitié la repoussa tout à fait et prit un autre chef, Charles le Simple. Après la mort d'Eudes, Robert, son fils, hérita de son comté, mais non de sa couronne : Charles le Simple resta seul roi.

Le comte fut bientôt plus puissant que le monarque. Tandis que la couronne passait de la tête de Charles, captif à Péronne, sur la tête du duc de Bourgogne, Paris augmentait ses forces en silence. Hugues, comte de Paris, abbé de Saint-Denis, duc de France, faisait et défaisait les rois. Son fils, Hugues Capet, se

crut enfin assez fort pour prendre cette couronne dont son père avait disposé sans la porter, et Paris devint la capitale du royaume de France pour ne plus cesser de l'être.

Mais quelle capitale et quel royaume ! La capitale se renfermait presque dans la Cité, et le royaume n'avait que quelques lieues d'étendue. Faut-il dire que le roi Louis VI luttait pendant tout son règne contre le sire de Montlhéry, et regardait comme un de ses plus beaux triomphes d'avoir vaincu ce terrible adversaire ? que les seigneurs de Corbeil, de Gournay, du Puiset et de Crécy guerroyaient sans cesse sur ses frontières ? et que, dans un traité qui fut signé entre le roi saint Louis et Thibault de Champagne, comte de Brie, il fut interdit au comte de mettre pendant sept ans les pieds sur la terre de France, qui n'avait donc de ce côté que six lieues de large, à partir des murs de la capitale ?

La puissance de ces anciens comtes de Paris, devenus rois de France, ne resta pas longtemps renfermée dans ces étroites limites. Une suite remarquable de princes, doués de qualités diverses et d'un incontestable talent, sut arrondir ce mince héritage. Depuis Philippe-Auguste et Louis IX jusqu'à Philippe le Bel et Charles V, depuis Louis XI et François Ier jusqu'à Henri IV et Louis XIV, par guerres, par traités, par achats, par alliances, ils étendirent de proche en proche leur sceptre royal sur toutes les provinces, détruisirent une à une les suzeraintés féodales, et s'avançant toujours, malgré d'inévitables revers bientôt réparés, conquirent enfin cette France que nous voyons aujourd'hui. Paris, capitale, régna depuis les Alpes jusqu'aux Pyrénées, depuis la Méditerranée jusqu'à l'Océan.

Cependant, à partir du treizième siècle, et à mesure que le Paris des deux rives s'agrandit, la Cité perd de son importance, mais non de sa popularité; car elle reste le centre des affaires politiques, et même, à cause du parlement, le centre des affaires commerciales; elle garde ce caractère jusqu'à la fin du dix-huitième siècle. A dater de cette époque, la Cité cesse de jouer le premier rôle dans l'histoire de Paris. La richesse s'en est éloignée; il n'y reste qu'une population misérable et souffrante: elle devient même un repaire de vagabonds, de repris de justice et de prostituées; aucun événement ne vient la remettre en saillie, et elle ne garde d'importance politique que par le Palais de Justice, et surtout par la Préfecture de police, position du premier ordre, dont les révolutions ne cessent jamais de s'emparer.

Il y a soixante ans à peine, la Cité présentait encore l'aspect peu séduisant qu'elle avait au moyen âge: à l'intérieur, privée de quais, sauf dans sa partie occidentale, ayant les maisons hautes, fétides, obscures, pressées sur les bords de la Seine, bordée d'eaux sales, d'herbes dégoûtantes, de blanchisseries, de guenilles suspendues de toutes parts; elle offrait à l'extérieur un amas de ruelles hideuses, de masures noires, de bouges infects, ruche abominable où nos pères se sont entassés pendant des siècles, et dans laquelle on ne comptait pas moins de cinquante-deux rues, six impasses, trois places, dix paroisses, vingt et une églises ou chapelles, deux couvents, l'Hôtel-Dieu, les Enfants-Trouvés, le Palais avec ses dépendances, l'Archevêché, le cloître Notre-Dame, et la cathédrale. Aujourd'hui, l'air a pénétré dans ce triste quartier. De tels déblayements ont été opérés depuis une vingtaine d'années, qu'il n'y reste plus qu'une douzaine de rues.

Mais quelque embellie, d'autres diraient défigurée, que soit la Cité, il y reste assez de débris du passé pour qu'on se sente pris d'un trouble indéfinissable à l'aspect de ces maisons avec leurs auvents en saillie, leurs portes basses, leurs escaliers de bois vermoulu, de ces logis noirs, fétides, misérables qui ont pourtant hébergé des prélats, des magistrats, de grands seigneurs et de grandes dames; où tant de générations se sont écoulées comme les flots de la Seine, aussi rapides, aussi fugitives, sans laisser plus de traces. Alors la pensée se plonge avec tristesse dans les ténèbres du passé; elle interroge ce pavé, ces murs, ces édifices témoins de tant d'événements, où se sont agités tant d'intérêts, tant de haines, tant d'amours, tant de passions; elle ressuscite cette population ignorante et misérable, mais qui n'avait conscience ni de son ignorance ni de sa misère, qui vivait calme, résignée et pieuse à l'ombre de sa vieille basilique, respirant tranquillement cet air méphitique imprégné alors de dévotion et de foi.

Le quai Napoléon date de 1802. Auparavant, la Seine était bordée par les jardins du chapitre de Notre-Dame. On remarque aujourd'hui sur ce quai une maison récemment bâtie, et qui est ornée des médaillons d'Héloïse et d'Abeilard. Elle a été construite sur l'emplacement de la maison du chanoine Fulbert, oncle d'Héloïse, laquelle était située rue du Chantre, n° 4; il y a quelques années, on lisait encore sur la façade d'une vieille maison, que celle-ci vient de remplacer, ce distique d'une poésie plus que douteuse:

Héloïse, Abeilard vécurent en ces lieux,
Des sincères amants modèles précieux.

Nous reviendrons plus tard sur les autres quais, dont quelques-uns ont une histoire, comme le quai des Orfévres, occupé autrefois par la corporation, et qui a conservé encore aujourd'hui un grand nombre de boutiques d'orfévrerie.

Un mot en passant de la rue d'Arcole, à cause des souvenirs qui s'y rattachent. Cette rue est une grande et large voie, formée récemment des anciennes rues du Chevet Saint-Landry et de Saint-Pierre aux Bœufs. La rue du Chevet Saint-Landry tirait son nom d'une église où furent transportées les reliques de saint Landry, évêque de Paris, lorsque la ville fut assiégée par les Normands. L'entrée de cette église, reconstruite en 1477, donnait dans la rue Saint-Landry, et son *chevet* dans la rue qui en prenait le nom. On remarquait dans cette église, le monument sculpté par Girardon pour la sépulture de sa femme; le tombeau de la famille Boucherat, et celui de Pierre Broussel, *le Père du peuple* de quelques jours au temps de la Fronde. Broussel demeurait rue Saint-Landry, n° 7, et sa maison existe encore. C'est là qu'il fut arrêté le 26 août 1648; c'est là que commença l'émeute qui ébranla le trône du jeune Louis XIV. L'église Saint-Landry a été démolie en 1790. On a trouvé dans les fondations de cet édifice les ruines d'un monument triomphal, élevé en 383 par le tyran Maxime en commémoration de sa victoire sur Gratien.

Nous arrivons à la grande métropole; à cette vieille gloire de l'architecture gothique, à Notre-Dame.

Nous voici en face du parvis Notre-Dame, une grande place sur laquelle se trouvent, outre la cathédrale, l'Hôtel-Dieu et l'administration des hospices de Paris. Le parvis date de la fondation même de Notre-Dame. Parvis vient de *paradisus*, paradis, dont on a fait *paravisus*, et par contraction *parvisus*. Bien que cette place fût jadis beaucoup moins grande qu'aujourd'hui, elle renfermait des écoles publiques, le bureau des pauvres, les églises Saint-Christophe et Sainte-Geneviève des Ardents, enfin l'échelle patibulaire et la prison de l'évêque de Paris. C'est là qu'on amenait les condamnés pour faire amende honorable, une torche à la main, et entendre lire leur arrêt de mort. Ce lugubre spectacle fut donné une dernière fois, le 19 février 1790, pour le supplice du marquis de Favras. On y faisait aussi des exécutions criminelles. Enfin, près de l'église Saint-Christophe et sous la protection de Notre-Dame se tenait le marché au pain pour les pauvres, où venaient vendre en franchise les boulangers des environs de Paris. Le parvis commença à être déblayé en 1748 par la destruction des églises Saint-Christophe et Neuve-Notre-Dame, et l'on bâtit l'hospice pour les enfants trouvés, remplacé aujourd'hui par l'administration des hospices. Les autres agrandissements de la place ont été faits depuis la Révolution, et principalement aux dépens de l'Hôtel-Dieu et du cloître Notre-Dame.

Le chapitre de Notre-Dame était une véritable puissance indépendante; on le vit plus d'une fois braver l'autorité royale et amener les rois eux-mêmes à des concessions. Louis VII, surpris par la nuit, s'était arrêté à Créteil en se dirigeant vers Paris; il soupa et coucha dans ce village aux dépens des habitants. Créteil était une seigneurie du chapitre de Notre-Dame; les chanoines résolurent de punir le roi d'avoir attenté au privilége de leur église.

Le lendemain Louis VII se présenta à l'église Notre-Dame pour y remplir ses devoirs religieux. Il trouva les portes fermées, il en demanda la cause; la réponse ne se fit pas attendre, la voici:

« Quoique tu sois roi, tu n'en es pas moins cet homme qui, contre les libertés et les coutumes de l'Église, a eu l'audace de souper à Créteil, non à tes dépens, mais à ceux des habitants de ce village. Voilà pourquoi l'Église a suspendu ses offices et t'a fermé ses portes. »

Le roi épouvanté gémit, verse des pleurs et s'excuse avec humilité. « La nuit m'a surpris en chemin, répondit-il, il était trop tard pour que je pusse continuer ma route jusqu'à Paris. Les habitants de Créteil se sont empressés de fournir à mes dépenses; je ne les ai point forcés, et je n'ai pas voulu repousser leurs offres obligeantes. Qu'on fasse venir l'évêque Thibaut, le doyen Clément et tout le chapitre, et même le chanoine prévot de ce village: si je suis coupable, je ferai satisfaction; je m'en rapporte à leur décision sur mon innocence. » Le roi reste humblement à la porte de l'église, attendant la réponse du chapitre, qui résiste d'abord aux sollicitations de l'évêque et ne cède que lorsque le prélat lui eut remis, de la part du roi, deux chandeliers pour gage de la restitution réclamée. Alors les portes furent ouvertes à Louis VII. (*Gallia christiana*, tome VII.)

Le chapitre ne se montra pas moins jaloux de ses priviléges sous les rois suivants. En 1616, le pont Marie étant en pleine construction, les chanoines de Notre-Dame s'opposèrent à la continuation des travaux, et ne se départirent de leur opposition qu'après avoir reçu pour indemnité douze cents livres de rentes sur le domaine de la ville.

En 1642, nouvelle opposition des chanoines à la construction du pont de bois; le roi fut obligé d'acheter un emplacement près du port Saint-Landry, pour y établir la culée de ce pont.

Le chapitre, avant les époques que nous venons de rappeler, aurait dû être éclairé par un fatal événement des conséquences de son opiniâtreté. Le 22 décembre 1596, le pont aux Meuniers fut entraîné par les eaux; cent-cinquante personnes périrent, et, le lendemain, les gens du roi déclarèrent au parlement « qu'ils ne savaient d'où provenait cet accident, si ce n'est de ce que, les rois ayant donné ledit pont au chapitre de Notre-Dame, ledit chapitre n'avait pas voulu souffrir que ledit pont fût visité par les maîtres des œuvres (architectes) du roi. » Je pourrais citer bien d'autres faits de cette nature, ils sont très-nombreux et rapportés par l'abbé Lebœuf, l'historien de l'Église de Paris.

Ce chapitre avait ses tribunaux, ses prisons. En 1252, il avait frappé d'une nouvelle contribution plusieurs villages dont il était seigneur; épuisés par les impôts déjà existants, les habitants de Châtenay ne purent satisfaire aux nouvelles charges qui leur étaient imposées. Les chanoines les font traîner à Paris, et entassent dans une prison étroite et malsaine tous leurs malheureux serfs. Privés d'aliments et d'air, tous allaient périr. La reine Blanche demande la liberté de ces prisonniers et s'offre pour leur caution. Les chanoines répondent que nul n'a le droit de se mêler des intérêts de leurs serfs; qu'ils peuvent les faire périr, si bon leur semble, et, pour braver la reine avec laquelle ils étaient alors en procès, ils font arrêter les femmes et les enfants des prisonniers, et les engouffrent dans la même prison. Leur mort était certaine, et cette prison, cloaque empesté, allait devenir le tombeau de toute la population de Châtenay. La reine indignée accourt à la porte de cette prison. Tous ses serviteurs l'accompagnent. Elle ordonne que la porte soit brisée, nul n'ose exécuter cet ordre. Tous craignent d'encourir les censures de l'Église. La reine frappe la première la porte avec un bâton. Le prestige de la terreur s'évanouit; l'exemple de Blanche enhardit les plus timides, la porte est enfoncée. Aussitôt sortent de ce réduit une foule d'hommes, de femmes, d'enfants, de vieillards pâles, expirants; leur voix suppliante implore leur libératrice qui, après avoir pourvu à leurs premiers besoins, parvint enfin à leur rendre la liberté. (Voir l'*Histoire du diocèse de Paris*, par l'abbé Lebœuf, tome IX, page 360.)

Dans des temps moins éloignés de notre âge, le chapitre exerça une grande influence dans la capitale. Il nous suffira d'indiquer les guerres de la Ligue, de la Fronde, les débats de la bulle *Unigenitus*, les billets de confession, etc. Émanation de Dieu même, la religion ne prescrit que des devoirs de paix et d'amour.

CHAPITRE XXIII. — LE LONG DE LA SEINE (Suite).

État du chœur de Notre-Dame et de l'archevêché, après la mort de Maurice de Sully (dernières années du douzième siècle).

Le progrès des lumières oppose au retour de ces déplorables excès une barrière insurmontable.

On ne sait rien de certain sur l'époque précise de la fondation de l'église métropolitaine de Paris. On a voulu faire remonter cette fondation à Childebert Ier, fils de Clovis, vers 522. D'autres ont pensé, avec plus de raison, que les fondements de la métropole ont été jetés en 1010, sous le règne de Robert, successeur de Hugues Capet. Ceux qui attribuent à cette église une existence plus ancienne s'appuient sur deux faits historiques : un concile fut tenu en 829 dans une église de la Cité, sous l'invocation de saint Étienne, et les Parisiens y déposèrent, en 825, le corps de saint Germain, lorsque les Normands assiégeaient la Cité. Quelle qu'ait été l'époque de sa fondation, l'ancienne

Vue générale prise du côté de la nouvelle sacristie.

église de Notre-Dame tombait en ruines lorsque Maurice de Sully, évêque de Paris, entreprit de la faire reconstruire. Les travaux commencèrent en 1163. Le pape Alexandre III en posa la première pierre. En 1182, le maître-autel fut consacré par Henri, légat du saint-siège.

L'édifice a cent trente mètres de longueur sur quarante-huit de largeur et trente-cinq de hauteur ; il se compose de trois portiques. Celui du milieu est le plus élevé. Deux tours s'élèvent au-dessus des portiques latéraux. Celui de la tour septentrionale est décoré d'un zodiaque ; on y remarque onze signes. Le douzième, celui de la Vierge, est isolément adossé au pilier qui sépare les deux portes, et exécuté dans une plus grande dimension. Cette figure et son piédestal ont été rétablis depuis une trentaine d'années.

Les deux tours ont soixante-huit mètres d'élévation. Les portes, les portiques sont couverts d'ornements en fonte de fer, exécutés par un serrurier très-habile, Bisconel. Cet ouvrage parut un prodige; on ne voulut pas croire qu'il fût l'œuvre d'un homme, et on l'attribua au diable.

La tour du sud renferme le bourdon. Cette cloche pèse trente-six milliers. Elle fut fondue en 1680 et refondue en 1686. Elle eut pour parrain Louis XIV et pour marraine la reine sa femme. Le battant pèse neuf cent soixante-treize livres.

C'est au treizième siècle notamment qu'il faut rapporter la construction de la magnifique façade occidentale, c'est-à-dire la plus belle et la plus complète partie du monument. Le style de cette façade est plein de grandeur et d'unité, et la similitude des profils qui décorent, depuis le bas jusqu'au sommet des tours, ce superbe frontispice de pierre, ne peut laisser douter qu'il n'ait été construit d'un seul jet, sans interruption. La cathédrale de Reims est la seule dont la façade présente un pareil caractère d'unité. Cependant les tours restèrent inachevées, et les flèches en pierre qui devaient les terminer, et dont on voit parfaitement la naissance dans les constructions intérieures, ne furent jamais élevées.

Sur toute la largeur des portiques, on voit vingt-sept niches ; elles renfermaient, avant la révolution, les statues des rois de France depuis Childebert jusqu'à Philippe-Auguste. Les trente-quatre colonnes qui s'élèvent au-dessus, remarquables par leur longueur et leur ténuité, sont chacune d'une seule pierre.

L'intérieur de l'église est vaste et majestueux ; la nef, le chœur, les bas côtés sont divisés par cent vingt gros piliers, qui supportent les voûtes en ogives. Le pourtour supérieur de la nef, du chœur et des bas côtés forme une vaste galerie ornée de cent huit colonnes, chacune d'une seule pierre. L'église est éclairée par cent treize vitraux, sans compter les trois roses de la façade. Ces roses ont quarante pieds de diamètre. Quarante-cinq chapelles entouraient l'édifice à l'intérieur ; elles sont actuellement réduites à trente-deux.

Le chœur, pavé de marbre, a cent trente pieds de long sur quarante-cinq de large. Derrière l'autel est le monument appelé le vœu de Louis XIII, qui mit le royaume sous la protection de la Vierge. Ce monument fut exécuté par Couston en 1723. Les statues de Louis XIII et de Louis XIV, enlevées pendant la révolution, furent rétablies en 1816.

On remarquait autrefois dans les chapelles plusieurs tombeaux, entre autres celui des ducs d'Harcourt. On a placé dans une chapelle réparée, ou plutôt défigurée, en 1818, le mausolée du cardinal de Belloy, archevêque de Paris depuis le concordat de 1801. La belle statue de la Vierge, sculptée à Rome par Raggi, et qui ornait l'église des Carmes de la rue de Vaugirard, a été placée en 1818 dans une des chapelles de Notre-Dame. Au premier pilier de la nef était adossée la statue colossale de saint Christophe, érigée par le frère de Pierre Desessarts, surintendant des finances, décapité en 1413. Cette statue fut démolie en 1785.

Au bout de la nef, à droite de l'entrée du chœur, était la statue équestre de Philippe de Valois, représentant ce prince tel qu'il était en entrant à Notre-Dame pour remercier Dieu de la victoire rem-

Porte du Nord du portail principal.

portée par lui, près de Cassel, sur l'armée anglaise.

La charpente des combles, appelée la *forêt*, est construite en bois de châtaignier ; elle a trois cent cinquante-six pieds de longueur, trente-sept de largeur et trente de hauteur ; elle est couverte de douze cent trente-six tables de plomb, longues de dix pieds, larges de trois, et dont le poids total est de quatre cent vingt mille deux cent quarante livres.

Il fallut deux siècles pour arriver à l'achèvement de cette reine des cathédrales de France, pour terminer les innombrables détails de sculptures que nos pères y ont prodigués, le triple portail et la triple galerie de sa façade, ces portails latéraux, ces trois grandes fenêtres à vitraux, toutes ces arabesques, ces dentelles, ces colonnettes, ces statues, ces pierres travaillées à jour, qui font de cet édifice un des plus précieux du moyen âge.

Mais, à partir du dix-septième siècle, en voulant le restaurer, on gâte à plaisir le monument de Maurice de Sully. En 1699, Louis XIV, pour exécuter le vœu de Louis XIII, brise le bas-relief du rond-point, détruit l'ancien maître-autel, les stalles en menuiserie du quatorzième siècle, et encastre dans le lourd revêtement de marbre que nous voyons les belles colonnes du chœur. En 1725, le cardinal de Noailles fait refaire intérieurement la rose, une partie du pignon et les clochetons du midi, en modifiant tout profil et ornement. Il fait abattre les saillies et gargouilles qui ornaient les contre-forts, et les remplace par des tuyaux en plomb ; puis enfin il fait badigeonner l'église. En 1741, les vitraux peints des fenêtres de la nef sont détruits ; plus tard, en 1753, le chapitre de Notre-Dame fait briser les verrières du sanctuaire dont le père Dubreuil parle comme d'une merveille.

En 1771, arrive l'architecte Soufflot, qui coupe et taille à tort et à travers. En 1780, seconde couche de badigeon ; en 1787, la façade occidentale est livrée à un sieur Parvy, architecte, qui simplifie avec une grande facilité les restaurations : il promène çà et là le marteau et le rabot, supprime toute saillie qui l'importune, gargouilles, chapiteaux, moulures, colonnes, crochets ; tout ce qui est efflorescent, mouvementé, accidenté, vivant, tombe sous les coups de ce terrible démolisseur.

Arrive la révolution française, qui brise les statues, et jette au vent un musée d'objets d'art. En 1818, nouveau badigeon, nouvelle restauration, nouvelle injure faite à la vieille cathédrale.

En 1847, une nouvelle restauration fut entreprise ; mais celle-là fut une restauration intelligente. Depuis trente ans, le goût du gothique, le sentiment de l'architecture du moyen âge se sont développés. Des hommes studieux et graves ont étudié en silence, et retrouvé, à force de travaux et de veilles, les traditions de cette noble architecture, depuis si longtemps oubliées.

On a pu apprécier, d'après ce que nous venons de dire, l'importance et la difficulté d'une véritable restauration de notre église métropolitaine. L'urgence de cette restauration devenait de jour en jour plus sensible ; mais quelle érudition assez éclairée, quel goût assez sûr pourraient guider les artistes chargés d'un travail si délicat ! MM. Lassus et Viollet-Leduc n'ont pas reculé devant l'immensité de cette tâche ; ils s'y sont voués avec la passion qui engendre les chefs-d'œuvre. Ces deux architectes avaient déjà fait leurs preuves dans la belle restauration de Saint-Germain l'Auxerrois, et dans celle non moins remarquable et non moins difficile de la Sainte-Chapelle du Palais, exécutée sous la direction de M. Duban, et à laquelle il manque aujourd'hui bien peu de chose pour que nous revoyions ce délicieux bijou architectural dans toute sa splendeur primitive. Tous les deux se sont engagés dans un labyrinthe de recherches et d'études qui effrayent l'imagination. Textes anciens, chartes enfouies sous la poussière des siècles, dessins oubliés, effacés, inintelligibles, débris informes pour tout œil autre que celui d'un archéologue consommé, ils ont tout compulsé, tout interrogé, et sont arrivés à l'achèvement de leur projet au moyen de cet admirable esprit d'induction qui faisait reconnaître à Cuvier tout un animal antédiluvien à la seule inspection d'une dent ou d'une vertèbre.

Et encore les créations de la nature sont-elles soumises à une merveilleuse logique qui manque trop souvent à la pensée humaine, qu'il faut poursuivre à travers les méandres capricieux tracés par l'esprit des civilisations variables et diverses. En effet, ramener tout le monument à son plan primitif, voire même à ce style unique d'une des époques qui se lisent sur sa construction, était une prétention absurde et irréalisable. Il fal-

Grande salle du chapitre de la sacristie.

porte, si l'art est rétabli dans tout son pittoresque.

Outre cette restauration de l'ancien, il fallait ajouter du nouveau. En effet, Notre-Dame, qu'on nous permette d'entrer dans ce détail canonique, est à la fois cathédrale et paroisse; comme cathédrale, il lui fallait une grande sacristie; comme paroisse, une sacristie des messes.

Cette construction étant reconnue nécessaire, le style dans lequel elle devait être conçue ne faisait pas un doute : nos deux architectes l'ont parfaitement compris, et ont fait de la nouvelle sacristie une œuvre entièrement originale. Entre cette sacristie et celle de la paroisse se trouve enclavée une charmante petite cour, ornée d'un cloître ogival, dont les murailles intérieures sont destinées à recevoir des peintures comme le Campo Santo de Pise. Nous ne connaissons pas d'endroit plus propice à la rêverie que cette petite cour, où l'on peut se croire en plein treizième siècle.

lait se transformer avec lui, retrouver le style simple, sévère et fort du treizième siècle pour la façade occidentale, le style plus fleuri, plus flamboyant, plus capricieux du quatorzième pour les façades du nord et du midi, et pour les différentes parties de l'abside qui menaçaient ruine ; il fallait enfin ne pas hésiter à tailler dans le vif pour faire justice des grossiers anachronismes de Soufflot, des profanations du maçon Parvy, du vandalisme des mauvais jours de la Révolution, de l'Empire et de la Restauration.

Nos deux jeunes artistes sont sortis à leur honneur de cette tâche inouïe : les fenêtres des tours, dégagées des horribles phalanges qui les obstruaient, respirent à pleins poumons; les grandes portes en menuiserie, d'un goût lourd et détestable, sont remplacées par d'autres semblables à celles des deux belles entrées de la façade, dont la serrurerie si élégante et si riche restera longtemps une des gloires de la serrurerie gothique. On replace paisiblement dans leurs niches depuis si longtemps désertes le Christ, les apôtres, les saints, les rois, qui complétaient si heureusement l'ornementation de cette façade.

Outre la façade occidentale, où les travaux se poursuivent avec la plus grande activité, le côté méridional de l'église, celui qui longe la Seine et les jardins de l'ancien Archevêché, est tout entrepris, à commencer du transept jusqu'à l'extrémité de l'abside. Des arcs-boutants ont été repris à neuf et dégagés d'un lourd empâtement en maçonnerie dont on les avait revêtus pour les consolider; on était arrivé à un résultat tout contraire en dénaturant leur forme. Les restaurateurs précédents avaient fait disparaître, sous de petites dalles minces attachées avec des clous, les pierres de ces arcs-boutants rongées par l'âge ou par les intempéries. Cette méthode guérissait le mal à peu près comme un emplâtre guérit une plaie, et entretenait dans les parties attaquées de nouveaux et constants clapiers d'humidité et de détérioration. Il a donc fallu reconstruire entièrement ces frêles et solides supports de l'édifice. De tous côtés, pinacles et pyramidions mutilés sont remplacés, et il va sans dire que la forme indiquée par les aiguilles frustes est religieusement copiée et restituée dans celles qu'on taille soit sur place, soit aux pieds du monument. On avait pensé un moment à donner aux pierres neuves, au moyen d'une teinte factice, l'aspect de vétusté des anciennes. Ce petit artifice ne sera pas employé. L'air, la pluie et la poussière auront bientôt fait justice de cette nuance passagère, et les vieilles pierres auront avant peu déteint sur leurs voisines. Les fouilles qui ont été nécessitées par les travaux de restauration sont venues réfuter une erreur accréditée par le temps : il était généralement cru que Notre-Dame s'élevait au dessus du sol du parvis, sur un perron de treize marches. Les marches dont il s'agit conduisaient à la berge voisine, vers l'emplacement où se trouve actuellement le petit pont de l'Hôtel-Dieu. Avant peu, on reconstruira presque entièrement aussi le portail si efflorescent de la façade occidentale : aujourd'hui, quand on le regarde d'en bas, il menace ruine et fait ventre de la manière la plus alarmante. Les tuyaux de descente qui donnaient au monument une certaine physionomie bourgeoise, seront remplacés par de belles et bonnes gargouilles à têtes de chimères, d'hydres, de guivres et de tarasques, qui verseront bravement l'eau sur la tête. Mais qu'im-

Verrières de la sacristie. Le cardinal de Gondi.   Verrières de la sacristie. Saint Agilbert.

L'histoire de cette église populaire et vénérée est liée à l'histoire de Paris, et même à l'histoire de France! Que de fêtes y ont été célébrées! que de baptêmes et de mariages royaux! y de *Te Deum* et de *De Profundis*! Que de générations ont passé sous ces sombres portails! Que de drapeaux conquis par nos armes ont été suspendus sous ces antiques voûtes! Tous nos rois y sont venus remercier Dieu de leurs victoires; tous se sont empressés d'ajouter quelque chose à sa splendeur.

Quand la révolution éclata, les Parisiens associèrent la vieille cathédrale à leur enthousiasme pour la liberté: on y chanta des *Te Deum* pour la prise de la Bastille, pour la nuit du 4 août, pour la séance du 4 février, pour l'acceptation de la Constitution. Bailly et la Fayette y firent le serment de consacrer leur vie à la défense de la liberté reconquise. Mais, en 1793, quand la commune de Paris tomba sous la stupide domination des hébertistes, Notre-Dame fut dépouillée de ces objets d'art et transformée en temple de la Raison. Après la cessation de ces saturnales, l'église fut fermée. Le 18 avril 1802, une messe et un *Te Deum* furent célébrés pour le rétablissement officiel du culte catholique. Le 2 décembre 1804, dans cette basilique de Saint-Louis et de Louis XIV, où semblait empreinte toute la monarchie ancienne, Napoléon fut sacré, comme Pépin le Bref, de la main du successeur des apôtres. Louis XVIII, le 3 mai 1814, avant même d'aller occuper le palais des Tuileries, se rendit à Notre-Dame pour rendre grâce à Dieu de son retour sur la terre de France. En 1821, le duc de Bordeaux y reçut le baptême. Enfin, le 1er janvier 1852, Louis-Napoléon, président de la République, convoqua l'armée, la magistrature, les autorités civiles, à un *Te Deum* qui fut chanté dans la vieille basilique.

Cour du cloître de la sacristie.

Décoration extérieure de Notre-Dame pour la cérémonie du 1er janvier 1852.

CHAPITRE XXIII. — LE LONG DE LA SEINE (Suite).

Notre-Dame a eu la meilleure part des déblayements modernes de la Cité. Autrefois elle avait sur sa gauche l'archevêché, sur sa droite le cloître, et son parvis était encombré par l'Hôtel-Dieu; deux églises et plusieurs maisons. Le palais qui s'appela plus tard l'Archevêché avait été construit en 1161 par Maurice de Sully; il était le siége de l'officialité, devant lequel avaient lieu les duels judiciaires; il servit de citadelle au cardinal de Retz pendant les troubles de la Fronde, fut reconstruit en 1697 par le cardinal de Noailles, et embelli en 1750 par l'archevêque de Beaumont; l'Assemblée constituante y siégea à partir du 19 octobre jusqu'au 9 novembre 1789; la Convention nationale en fit une annexe de l'Hôtel-Dieu; ses bâtiments et ses jardins bordaient la Seine et se prolongeaient jusqu'à la pointe orientale de l'île par une promenade réservée appelée le *terrain Notre-Dame*. L'Archevêché fut saccagé par la populace le 14 février 1831 : ses murs furent renversés, les livres de la bibliothèque (des livres précieux), furent jetés dans le fleuve avec les meubles, les ornements et les habits pontificaux. Pendant tout un jour, la Seine charria les richesses qui heureusement ne périrent pas toutes. Depuis cette époque, l'archevêque de Paris a habité un hôtel particulier; cet hôtel est situé aujourd'hui rue Grenelle-Saint-Germain. C'est l'ancien hôtel de l'ambassade d'Autriche.

Le cloître était compris entre l'église, la rivière et une ligne tirée de la rue de la Colombe au parvis; il renfermait dix rues, les deux églises Saint-Jean le Rond et Saint-Denis du Pas, l'une appuyée au chevet, l'autre au côté droit de Notre-Dame, et qui lui servirent successivement de baptistaire, la chapelle Saint-Aignan les écoles épiscopales, des maisons, des jardins. Ce cloître était un des domaines du chapitre, de ce chapitre de Notre-Dame dont nous avons déjà parlé et qui donna à l'Église six papes, vingt-neuf cardinaux et une multitude d'évêques; avec le cloître et l'archevêché, la cathédrale ressemblait à une forteresse occupant toute la partie orientale de la Cité, forteresse ceinte de grosses murailles et ouverte seulement par trois portes fortifiées.

A la place de l'archevêché, démoli dans un jour de fureur populaire, est une vaste promenade plantée d'arbres, ornée d'une jolie fontaine dont le style gothique se marie avec le style du grand édifice. Le cloître a été ouvert par des quais et des rues. L'église Saint-Jean le Rond, sur les marches de laquelle d'Alembert enfant fut exposé, a été détruite en 1748; l'église Saint-Denis du Pas, en 1813.

Cette église Notre-Dame a eu pendant longtemps des revenus considérables. Dès le sixième siècle, elle possédait de grands domaines aux environs de Paris, dans le diocèse de Sens et dans la Touraine. En 1222, Philippe-Auguste, pour l'indemniser de l'établissement des Halles, du Châtelet et du Louvre, dont une partie appartenait au domaine de l'évêché, lui assigna des rentes sur la prévôté de Paris. En 1764,

Fontaine Notre-Dame.

Louis XIV érigea le bourg de Saint-Cloud en duché-pairie, en faveur de François de Harlay, alors archevêque de Paris. Ses successeurs ont porté le titre de duc et de pair de Saint-Cloud jusqu'à l'époque de la révolution.

Pendant longtemps le chef de l'Église de la capitale ne fut que le suffragant d'un prélat d'une petite ville. Ainsi, tant que Paris n'eut que des évêques, l'archevêque de Sens résidait toujours à Paris. Le siége de Paris fut enfin érigé en archevêché en 1622. L'oncle du fameux cardinal de Retz, Jean-François de Gondy, fut sacré en grand pompe premier archevêque de Paris, le 13 novembre 1622.

Jusqu'en 1790, le revenu des archevêques de Paris s'élevait à 200,000 livres. Ils avaient dans leur dépendance directe, ou pour mieux dire dans leur propriété, les trois églises collégiales de Saint-Marcel, de Sainte-Opportune, de Saint-Honoré, lesquelles étaient vulgairement appelées les filles de l'archevêque. Le diocèse comprenait vingt-deux chapitres, trente et une abbayes, soixante-six prieurés, cent quatre-vingt-quatre couvents, quatre cent soixante-douze cures, deux cent cinquante-six chapelles, trente quatre maladreries.

Le revenu du chapitre s'élevait à 180,000 livres, et il avait dans sa dépendance les quatre églises collégiales de Saint-Merry, du Saint-Sépulcre, de Saint-Benoît, de Saint Étienne des Grès, lesquelles étaient appelées les filles de Notre-Dame.

De temps immémorial, aux processions des Rogations, le clergé de Notre-Dame promenait la figure colossale d'un énorme dragon d'osier dont la vaste gueule béante engloutissait les gâteaux et les fruits que la foule des fidèles s'empressaient d'y jeter. Cet usage s'est maintenu jusqu'en 1730.

On célébrait aussi dans cette église la fête des fous, celle des diacres ou diacres saouls; et sous l'épiscopat d'Eudes de Sully, il s'y commettait, dit-il, des abominations. Le prélat voulut défendre ces profanations, mais il ne put y réussir. Ces fêtes ne furent abolies qu'au quinzième siècle.

L'archevêque actuel de Paris est Mgr Sibour, auparavant évêque de Digne. On sait dans quelles douloureuses conditions il fut appelé au siége archiépiscopal : Mgr Affre venait de mourir victime de son dévouement et de sa charité chrétienne. Mgr Sibour fut nommé archevêque de Paris par le général Eugène Cavaignac, chef du pouvoir exécutif, et il fut installé le 16 octobre 1848.

Peu de temps après son installation, ce vénérable prélat fit un pèlerinage dans le quartier Saint-Antoine, sur la voie douloureuse parcourue le 25 juin par son noble prédécesseur. Depuis lors, il n'a cessé de se mettre en contact avec les classes ouvrières ou nécessiteuses, auxquelles il sait adresser ces paroles bien senties qui soutiennent le courage et la patience, et sont comme des gages de conciliation fournis en vue d'apaiser les colères des partis.

L'archevêque visitant le faubourg Saint-Antoine.

La cérémonie de l'installation est calquée sur celle du *progresso* qui se célèbre à Rome lors de l'exaltation d'un nouveau pape. Le nouvel archevêque fait son entrée solennelle dans l'église métropolitaine, où se trouvent réunis pour le recevoir le chapitre et le clergé du diocèse. Arrivé à la porte de l'église, le prélat est complimenté par le doyen et archidiacre de Notre-Dame. Conduit ensuite processionnellement à l'autel, il récite les prières prescrites par le cérémonial, puis il se dirige vers la chaire. Après une allocution, il revient vers le chœur, où il reçoit à l'obédience tous les ecclésiastiques de son clergé, qui baisent l'anneau épiscopal et reçoivent sa bénédiction. Enfin, l'hymne d'actions de grâces terminée, le prélat est reconduit à sa demeure par tous les officiants.

L'archevêque actuel vient d'opérer dans le costume ecclésiastique et les ornements religieux une réforme qui met ces objets en harmonie avec le style des édifices religieux dont la restauration s'opère de toutes parts, sous l'influence d'une sérieuse étude de l'archéologie.

Cette réforme n'a pas sans doute été opérée au seul point de vue de l'art, elle indique aussi une tendance à ramener le clergé gallican au costume adopté par les premiers âges de la foi, costume dont la forme s'est altérée ou tout au moins modifiée depuis l'apparition, au seizième siècle, de la célèbre compagnie de Jésus.

M. Sibour, archevêque de Paris.

Nous donnons deux gravures qui représentent le nouveau costume avec lequel officie l'archevêque de Paris.

Le retour au siècle de saint Louis est complet et absolu : la chasuble est exactement copiée, pour la forme, sur celle de saint Dominique. Elle offre au cou une ouverture oblongue qui descend un peu sur la poitrine. Elle est ronde, couvre entièrement les bras, est relevée par eux avec une grâce parfaite et en faisant les plis les plus majestueux. Le fond de l'ornement est un superbe satin blanc, semé de broderies d'un choix et d'un détail exquis. Des croisettes latines en argent et en or, relevées en bosse, alternent avec des quartes feuilles violettes et rouges en velours et en soie, bordées de fil d'or. Rien n'est plus harmonieux, plus gracieux et plus sobre à la fois que cette décoration : la croix qui figure sur le dos est un splendide rinceau d'or et de feuilles de couleurs, qui monte, serpente et étend ses rameaux avec autant de délicatesse que de magnificence. Le même motif est reproduit par devant. Deux médaillons brodés en soie plate, et d'un style sévère, occupent, l'un l'intersection de la croix, l'autre le milieu de la poitrine ; ce sont deux bustes : Notre-Seigneur bénissant de la droite, et tenant de la

Cérémonie d'installation de l'archevêque de Paris.

Chape pour la procession.

Chasuble pour l'office.

gauche un livre ouvert où se voient l'alpha et l'oméga, et la très-sainte Vierge Marie. Un large galon doublé de rouge et de bleu règne à l'orée de la chasuble. L'étole et le manipule sont étroits et s'achèvent en s'élargissant légèrement : une frange d'or à filets ou mèches les termine. Ces deux objets, dont les ornements rappellent ceux de la chasuble, sont délicieux : il en est de même de la bourse et du voile. Ce dernier est brodé au milieu et aux quatre coins, et il est destiné à être posé sur le calice, sans rencontrer ce raide appareil de la pelle cartonnée, qui donne aux voiles actuels la singulière apparence d'un toit soutenu par une charpente. Cette rosace, brillante comme celle d'un vitrail, est d'un travail remarquable.

La chape est d'une magnificence analogue. Le fond est le même ; les orfrois diffèrent, quoique du même style. Le chaperon offre une rosace merveilleuse de travail, de couleur et d'harmonie. La chape se rattache par une large agrafe dorée et émaillée. Ces ornements sont d'une grande souplesse et d'une véritable magnificence.

L'église métropolitaine, la plus vaste de Paris, n'abrite pas ordinairement sous son immense nef un grand nombre de fidèles, et cela se conçoit : dans les jours ordinaires elle n'est que l'église d'une paroisse. Mais dans les circonstances exceptionnelles, lorsqu'il s'agit d'assister à une cérémonie nationale ou d'entendre un grand prédicateur, elle est envahie par la foule. Le père dominicain Lacordaire fait chaque année à Notre-Dame des conférences qui sont tellement suivies, qu'il est quelquefois difficile de trouver une place dans ce gigantesque vaisseau, où se sont pressées depuis des siècles tant de générations catholiques.

Il y a une vingtaine d'années le livre de Victor Hugo, *Notre-Dame de Paris,* avait mis à la mode les pèlerinages littéraires à la basilique. Les romantiques d'alors étaient conduits dans ce vaste édifice, non par un sentiment religieux, mais par une passion naissante pour le moyen âge. On n'a pas encore oublié les enthousiasmes de parti pris et les savantes dissertations sur l'architecture ogivale. Le sommet des tours était la dernière étape de cette sentimentale promenade à travers le passé. On planait sur Paris moderne en regrettant le Paris gothique. Nous sommes bien loin déjà de cette mode ridicule, qui heureusement n'a vécu qu'un jour, comme les vers des poètes de ce temps-là.

« Grâce aux travaux qu'on vient d'accomplir, dit un écrivain consciencieux, M. Théophile Lavallée, la vieille cathédrale, débarrassée de tous ses entours, s'élève aujourd'hui tout isolée à la pointe de la Cité, comme autrefois l'autel de Jupiter qu'elle a remplacé. Cependant on ne saurait affirmer que ces changements n'ont pas ôté au monument quelque chose de son caractère imposant et sévère : les vieilles églises gothiques s'accommodent mal de nos grandes rues, de nos grandes places, de notre grand jour, et elle ne sont jamais plus majestueuses que lorsqu'on les voit pressées, serrées avec amour, par un troupeau d'humbles maisons qui semblent se fourrer sous leurs ailes. Mais nous ne sommes plus au temps où le cloître, ceint de murailles et fermé de portes, renfermait les écoles épiscopales et les maisons des chanoines. A la place du cloître est maintenant une rue ; à la place de l'archevêché, une promenade. »

Conférences du P. Lacordaire, à Notre-Dame.

Chapitre XXIV.

LE LONG DE LA SEINE (Suite).

L'HOTEL-DIEU.

Fondation de l'Hôtel-Dieu. — Saint Landry et Erchinoald. — La paille de Philippe-Auguste. — Saint Louis. — Les bienfaiteurs de l'Hôtel-Dieu. — Devise de l'Hôtel-Dieu. — Les lits de l'hospice au dix-septième siècle. — L'état de l'Hôtel-Dieu en 1790. — Mercier et l'Hôtel-Dieu. — Réformes et améliorations faites à l'Hôtel-Dieu depuis 1789. — Les aliénés sont retirés de l'Hôtel-Dieu. — Le bureau central des hospices. — Necker, Cochin, Beaujon. — Les lits à plusieurs places sont supprimés. — Le bâtiment est dégagé et assaini. — Les dames religieuses de Saint-Augustin à l'Hôtel-Dieu. — La mortalité à l'Hôtel-Dieu. — Ses 1200 lits. — Annexe de l'Hôtel-Dieu. — Les salles de convalescence. — La propreté de l'Hôtel-Dieu. — Les trois cent mille journées annuelles de l'Hôtel-Dieu. — Statistique des décès. — Dupuytren. — Les consultations gratuites à l'Hôtel-Dieu. — Les visites. — L'administration actuelle des hospices. — Le bureau central d'admission. — Le système d'alimentation à l'Hôtel-Dieu. — Les cinq portions. — Les cinq jours aux cinq portions. — Richesses des hôpitaux en France. — Revenu de ceux de Paris. — Le nombre des lits et des malades dans les hospices de la capitale. — Dépense totale et dépense moyenne. — La Morgue. — Ses mystères. — Le peuple à la Morgue.

L'Hôtel-Dieu, le plus ancien hôpital régulier de l'Europe, aurait été fondé, d'après une tradition qui ne paraît pas très-certaine, vers le milieu du huitième siècle, par saint Landry, huitième évêque de Paris, avec l'aide d'Erchinoald, maire du palais. Il prit de l'accroissement sous Philippe-Auguste; mais, si l'on en juge par un don de ce roi, les malades n'y étaient pas traités avec luxe : « Pour le salut de notre âme, dit-il, nous accordons, pour l'usage des pauvres demeurant à la Maison-Dieu de Paris, toute la paille de notre chambre et de notre maison toutes les fois que nous quitterons cette ville pour aller coucher ailleurs. » Saint Louis fut plus généreux, et ses libéralités permirent de donner annuellement des secours à plus de six mille malades et de faire desservir la maison par trente frères, vingt-cinq sœurs et quatre prêtres : aussi est-il regardé comme le véritable fondateur de l'Hôtel-Dieu. Presque tous les rois suivirent l'exemple de saint Louis, en dotant cet hôpital, et jusqu'en 1789 de riches particuliers furent aussi ses bienfaiteurs : le chancelier Duprat; M. de Pomponne, de Bolièvre, premier président du parlement, et quelques autres.

La devise de l'Hôtel-Dieu était : *Medicus et hospes*. La nuit, le jour, les malades, les pèlerins, les mendiants pouvaient venir frapper à ses portes ; elles s'ouvraient à toutes les souffrances. Aussi l'étendue des bâtiments et le nombre des lits furent-ils insuffisants pendant les douze premiers siècles depuis sa fondation. Sous le règne de saint Louis, on y comptait neuf cents malades; sous Henri IV, treize cents; sous Louis XIII, dix-huit cents; sous Louis XIV, dix-neuf cents. En 1709, on prétend que le nombre s'en est élevé au chiffre fabuleux de neuf mille ; et déjà, en 1693, les lits n'étaient que de vastes campements encore trop étroits, où l'on entassait à la fois douze ou quinze malades. Ainsi donc, pour une réception de neuf mille infirmes, l'établissement ne possédait que mille lits, six cents grands et quatre cents petits.

On trouve dans un rapport de Bailly, Tenon et Lavoisier, les curieuses révélations suivantes sur l'état de l'Hôtel-Dieu en 1789-90 : « Les commissaires ont « remarqué que la disposition générale de l'Hôtel-« Dieu, disposition forcée par le défaut d'emplacement « des salles, est d'établir beaucoup de lits dans les « salles, et d'y coucher quatre, cinq et même six ma-« lades dans un même lit. Ils ont vu les morts avec « les vivants, des salles où les passages sont étroits, « où l'air croupit faute de pouvoir se renouveler, et où « la lumière ne pénètre que faiblement et chargée de « vapeurs humides. Les commissaires ont encore vu « les convalescents mêlés, dans les mêmes salles, avec « les malades, les mourants et les morts, et forcés de « sortir les jambes nues, été comme hiver, pour res-« pirer l'air extérieur sur le pont Saint-Charles; ils « ont vu, pour les convalescents, une salle au troi-« sième étage, à laquelle on ne peut parvenir qu'en « traversant la salle où sont les petites véroles; la « salles des fous contiguë à celles des malheureux qui « ont souffert les plus cruelles opérations, et qui ne « peuvent espérer de repos dans le voisinage de ces « insensés, dont les cris frénétiques se font entendre « jour et nuit. Souvent, dans les mêmes salles, des « maladies contagieuses avec celles qui ne le sont « pas ; les femmes attaquées de la petite vérole avec

Vue extérieure de l'Hôtel-Dieu.

« les fébricitantes. La salle des opérations où l'on tré-« pane, où l'on taille, où l'on ampute les membres, « contient également et ceux que l'on opère et ceux « que l'on doit opérer et ceux qui le sont déjà ; on y « voit les préparatifs du supplice, on y entend les « cris du supplicié; celui qui doit l'être le lendemain « a devant lui le tableau de ses souffrances futures, « et celui qui a passé par cette terrible épreuve, qu'on « juge comme il doit être profondément remué par « ces cris de douleur ! Ces terreurs, ces émotions, il « les reçoit au milieu des accidents de l'inflammation « ou de la suppuration, au préjudice de son rétablis-« sement et au hasard de sa vie. La salle Saint-Joseph « est consacrée aux femmes enceintes. Légitimes ou « de mauvaises mœurs, saines et malades, elles y sont « toutes ensemble. Trois ou quatre, en cet état, cou-« chent dans un même lit, exposées à l'insomnie, à la « contagion des voisines malsaines et en danger de « blesser leurs enfants. Les femmes accouchées sont « réunies quatre ou plus dans un lit, à diverses épo-« ques de leurs couches. Le cœur se soulève à la seule « idée de cette situation où elles s'infectent mutuelle-« ment : la plupart périssent ou sortent languissantes. « Mille causes particulières et accidentelles se joignent « chaque jour aux causes générales et constantes de « la corruption de l'air, et forcent de conclure que « l'Hôtel-Dieu est le plus insalubre de tous les hôpi-« taux, celui où sur neuf malades il en meurt deux. »

On reconnaît dans ces citations le style des rapports de l'époque, et l'on serait tenté de croire que le tableau est chargé. Cependant il ne dit pas tout, et quelques-uns des abus qu'il signale subsistent encore. Ajoutez aux brouillards infects du bras de la Seine qui baigne les murailles des salles, les miasmes qui s'échappent d'une boucherie, d'une fonderie de suifs, et d'une fabrication de chandelles établies dans l'intérieur même de l'hôpital, et qui ne furent supprimées qu'en 1790.

Non-seulement on plaçait alors plusieurs malades dans le même lit, mais encore le ciel de ces lits était construit de telle façon et avec une telle solidité, qu'il servait comme d'*impériale*, et recevait encore des malades. La portion d'air que chaque infirme avait à respirer dans les salles était à peine de deux ou quatre mètres-cubes, tandis qu'il en aurait fallu pour l'hématose de douze à quinze; et au lieu de soixante centimètres d'espace, nécessaires au moins pour que le corps puisse faire quelques mouvements, l'espace concédé à chacun atteignait à peine vingt ou vingt-cinq centimètres.

Tous ceux qui, dans leurs écrits, parlent des hôpitaux de Paris, et de l'Hôtel-Dieu en particulier avant 1789, ne trouvent pas de mots assez expressifs pour peindre et faire ressentir l'horreur qu'inspirait alors ce hideux musée des souffrances humaines.

J'ai cité un rapport officiel présenté à l'Assemblée constituante. Voyons ce que dit de l'Hôtel-Dieu de '89 l'auteur du premier *Tableau de Paris*.

« *J'irai à l'hôpital*, s'écrie le pauvre Parisien ; mon père *y est mort, j'y mourrai aussi*; et le voilà à moitié consolé ! »

« La maison de Dieu ! Et on a osé l'appeler ainsi ? *Le mépris de l'humanité semble ajouter aux maux qu'on y souffre!...* »

Puis revient presque mot à mot l'expression des griefs de Lavoisier, de Tenon et de Bailly. A propos d'un incendie d'une portion de l'Hôtel-Dieu, Mercier ajouté : — « On espérait que le dernier incendie « tournerait à l'avantage des malades; qu'on bâtirait « sur un nouvel emplacement un édifice plus sain ; « mais on a laissé subsister presque tous les anciens « abus... Il y meurt un malade sur cinq. »

Mercier émet une espèce d'aphorisme en assistance publique plein de vérité, quoique trop exclusif... « D'après les observations d'un physicien, un hôpital « qui contient plus de cent lits est une vraie peste. »

Les réformes faites par l'administration des hôpitaux, depuis 1789, à l'aide des richesses immenses qu'elle possède, démentent cet arrêt de proscription contre une concentration (modérée il est vrai) des secours médicaux et des malades, et si l'Hôtel-Dieu était placé sur un autre terrain et non pas au centre des quartiers les plus malsains de Paris, le nombre des décès avec ses lits ne serait pas plus considérable proportionnellement qu'à l'hôpital Cochin, où il n'y a que cent lits.

Avant de parler de l'état présent de l'Hôtel-Dieu, énumérons rapidement les améliorations successives entreprises, et complétées ou non complétées depuis 89. La révolution, heureusement, se fit sentir là comme partout ailleurs; dès 1790, les vastes lits furent partagés par des cloisons. En 1801, l'administration des hospices passa sous la direction du conseil général, et la réforme prit son cours. Les aliénés des deux sexes furent envoyés à Charenton, à la Salpêtrière et à Bicêtre; un hôpital spécialement destiné aux femmes en couches, et deux autres pour les enfants malades et les vénériens, furent créés. On institua, pour la répartition des malades dans les différents hôpitaux de la capitale, un bureau central qui fonctionne aujourd'hui sur le parvis Notre-Dame; le vaste hôpital de Saint-Louis fut spécialement destiné aux maladies cutanées, et les noms de Necker, de Cochin et de Beaujon s'immortalisèrent réellement, inscrits aux frontons de confortables établissements hospitaliers.

Peu après s'effectua à l'Hôtel-Dieu la suppression définitive des lits à deux places, et le classement des malades par sexes et par affections internes ou externes, par traitement médical et chirurgical. Les lits en bois firent place aux lits en fer munis de rideaux.

L'ancienne entrée de l'hôtel, la salle du Rosaire, les vieilles masures de la rue des Sablons et de la rue de la Bûcherie disparurent; on démolit les bâtiments attenant à Notre-Dame et qui s'avançaient sur le pont aux Doubles ; on désobstrua les terrasses de Saint-Charles et de Sainte Marthe, et le double bâtiment de Saint-Côme fut régularisé et assaini.

Enfin, le système de chauffage se perfectionna, et de vastes vestibules d'attente s'ouvrirent à chaque étage; puis, les infirmiers et infirmières qui couchaient jadis dans les salles des malades eurent des dortoirs particuliers.

L'Hôtel-Dieu fut desservi par les dames religieuses de Saint-Augustin, et sa spécialité fut et est encore

A l'Hôpital.

ainsi réglée : *On y admet les blessés et les malades, à l'exception des enfants, des incurables, des aliénés, des femmes en couches, des personnes attaquées de maladies vénériennes ou chroniques.*

Comme je l'ai déjà dit, la mortalité à l'Hôtel-Dieu était, avant 89 et selon Lavoisier, Denon et Bailly, et selon Mercier, de 1 sur 4 ou 5. Il est probable que cette proportion était encore plus élevée. Elle a beaucoup diminué depuis (presque la moitié). Les nouvelles conditions hygiéniques dans lesquelles il se trouve contribueront sans cesse à cette diminution, et l'Hôtel-Dieu d'aujourd'hui, divisé en deux portions, l'une nommée l'Hôtel-Dieu, l'autre *l'annexe* de l'Hôtel-Dieu, et contenant ensemble douze cents lits environ, ne laisse rien à désirer sous le rapport de la salubrité, et peut soutenir la comparaison la plus minutieuse avec les autres hôpitaux de Paris.

Le prolongement des quais, auxquels on travaille avec activité, et le dédoublement des bâtiments de la rive méridionale ont beaucoup amélioré les conditions hygiéniques de l'Hôtel-Dieu. Mais on n'a pas encore établi des salles proprement dites de convalescence. Si les genres d'affections médicales et chirurgicales ont été séparés, les convalescents sont encore tous confondus. Les opérations se font à l'amphithéâtre ; mais l'opéré attend encore sa guérison dans la même salle que celui qui doit être soumis à l'opération. Le malade qui revient lentement à la vie voit apporter chaque jour, dans un lit voisin, le malheureux menacé de mort au début de la maladie. Espérons que peu à peu l'administration fera un jour cesser de tels abus.

L'Hôtel-Dieu se fait remarquer par la propreté la plus minutieuse ; mais sa position sur les deux rives de la Seine était funeste aux malades. La mortalité, en vertu de la légèreté relative des gaz et des miasmes par rapport à l'air, était plus forte dans les salles supérieures que dans les inférieures. L'isolement, par suite de la construction des quais, y a porté remède.

Le nombre des journées que les malades passent dans ce vaste hôpital, par année, est, terme moyen, de *trois cent mille*, en prenant pour moyenne douze mille entrants environ. La durée du séjour, pour chaque malade, est donc de vingt-six jours environ, et la mortalité de 14 pour 100, ou moitié moindre que du temps de Lavoisier, quoique le nombre des admissions n'ait fait que s'accroître depuis, et qu'on n'y ait plus reçu ni enfants, ni femmes enceintes, ni vieillards. En consultant la statistique des décès de plusieurs années prises au hasard depuis 89, on voit que, normalement, 106 décès ont lieu dans les vingt-quatre heures de l'admission des malades, 427 du deuxième au quinzième jour, 189 du quinzième au trente et unième jour, et 278 après le premier mois. Ces derniers calculs n'infirment en rien celui de la durée moyenne du séjour des malades à l'Hôtel-Dieu.

Jadis, les plus grands fléaux de l'Hôtel-Dieu, fléaux dont l'assainissement progressif de l'établissement préserve les malades, étaient les fièvres typhoïdes, portant alors bien d'autres noms, et la nourriture d'hôpital. En revanche, le nombre des affections inflammatoires y est aujourd'hui plus considérable. Doit-on attribuer cette recrudescence à la nouvelle constitution médicale, constitution que reconnaissent presque tous les praticiens, ou aux précautions matinales que l'on prend quotidiennement pour ventiler les salles? Que de pauvres souffreteux qui, ayant passé une nuit d'angoisse et d'insomnie, et sentant qu'un bienfaisant sommeil leur arrive au point du jour, sont obligés de sortir du lit, ne fût-ce qu'un instant, afin que, par respect pour l'hygiène, le sommier soit battu, les rideaux relevés à l'abri de la poussière, et les fenêtres toutes grandes ouvertes?

L'Hôtel-Dieu a toujours été la scène la plus vaste où le génie du guérisseur se soit exercé; ses cliniques datent du moyen âge. L'alchimisme, l'humorisme, le vitalisme, le rationalisme, l'éclectisme, etc., etc., y ont tous obtenu des triomphes. Bien entendu que les déboires ne se révélaient qu'après l'autopsie, à l'amphithéâtre. Nos plus grandes célébrités médicales et chirurgicales, celles dont le nom retentissait il y a quelques années et dont le nom retentit encore, y *ont fait école*. Dupuytren, en mourant, y enseignait.

Des médecins qui se succèdent de mois en mois y donnent, chaque matin, des consultations gratuites. Ce n'est pas une des moindres curiosités de notre grande ville que d'assister à ces consultations.

Les jeudis et les dimanches de midi à trois heures, les parents, les amis des malades peuvent les visiter. On veille scrupuleusement, mais en vain, à ce que des vivres introduits en fraude ne viennent porter obstacle à l'efficacité des prescriptions de diète des médecins, à moins toutefois qu'ils n'aident pas à la guérison du convalescent condamné à un jeûne économique et systématique.

C'est à l'Hôtel-Dieu que mourut le poète Gilbert Pour éterniser ce douloureux souvenir, on a gravé sur une table de marbre noir placée dans un des grands escaliers la strophe célèbre :

Au banquet de la vie infortuné convive,
J'apparus un jour, et je meurs!
Je meurs, et sur la tombe où lentement j'arrive,
Nul ne viendra verser des pleurs.

La loi du 11 janvier 1849, l'ordonnance royale du 31 octobre 1821, ainsi que la loi du 19 ventôse an xi, en ce qu'elles n'ont rien de contraire à la loi de 1849, régissent aujourd'hui les hospices et hôpitaux de France. Une nouvelle loi sur l'assistance publique, mais qui n'a pas été discutée, avait été présentée à notre dernière assemblée constituante par M. Dufaure, alors ministre de l'intérieur.

L'administration actuelle est placée sous l'autorité du préfet de la Seine et du ministre de l'intérieur. Elle est confiée à un directeur responsable, sous la surveillance d'un conseil dont les attributions sont déterminées.

Il y a un directeur et un économe. Le service se fait par un pharmacien, neuf médecins, trois chirurgiens, et un certain nombre d'élèves internes et externes. Parmi les médecins et chirurgiens se trouvent plusieurs professeurs de la faculté de médecine, dont les visites au lit du malade, et les leçons dans un amphithéâtre de l'hôpital sont assidûment suivies par un grand nombre d'étudiants.

Le bureau central d'admission dans les hôpitaux est, comme je l'ai déjà dit, situé sur le parvis Notre-Dame. Quand il *n'y a pas urgence*, le patient est obligé de passer par son contrôle avant d'être admis dans un hospice. Les médecins qui y font le service ont été jusqu'ici nommés au concours, depuis que le mode des concours est institué. Avec le nouvel ordre de choses, le concours doit, dit-on, disparaître.

Le système d'alimentation des habitants de l'Hôtel-Dieu, ainsi que des autres hôpitaux, est tellement embrouillé, qu'il faut être expert en la matière pour y comprendre quelque chose.

Une pharmacie centrale prépare tous les médicaments, et il y a, au chef-lieu de l'administration, de vastes caves où l'on *coupe* les vins. Le pain se fabrique à la manutention de *Scipion*. Le régime actuel a été réglementé en 1842. Il y a plusieurs degrés :
1° Diète absolue;
2° Diète simple ou au bouillon;
3° Potages ou soupes;

4° Aliments solides, subdivisés à leur tour en cinq degrés.

Le malade à diète absolue ne coûte rien et ne reçoit rien.

Le malade à diète simple reçoit pour vingt-quatre heures, depuis un jusqu'à quatre bouillons gras ou maigres, selon la prescription des médecins, ou bien de une à quatre portions de lait. (On ne dit pas, mais on croit qu'il y a une usine pour *couper* le lait.) Il peut aussi avoir une ou deux portions de vin; mais ces trois genres d'aliments liquides ne peuvent pas être donnés simultanément.

Le malade aux potages ou aux soupes en reçoit une ou deux par vingt-quatre heures.

Le malade aux aliments solides peut se rassasier selon qu'il est à 1, 2, 3, 4 ou 5 portions, soit avec 10 ou 12 décagrammes de pain, 10 centilitres de vin, 8 décagrammes de volaille, ou 8 décagrammes d'œufs ou de poisson, ou 10 centilitres de légumes, ou bien avec une pomme ! etc. Les proportions de ces bases alimentaires varient selon que le médecin a dicté à l'élève de service tenant le cahier de visite, une ou deux portions de plus. Quand le médecin veut sortir de ce programme pour favoriser et activer la convalescence, il est obligé de signer les *bons motivés*. Cinq portions! C'est le rêve de tout malade en voie de guérison; mais ces cinq bienheureuses portions, le médecin n'a le droit de les ordonner que pendant cinq jour au plus... Passé ce temps, va-t'en, *tu manges trop, tu dois être guéri*.

Au 3 décembre 1842, le nombre des lits existant dans les hôpitaux et hospices de la capitale était de 16 681 ; il s'élevait à 17,160 à la même date de 1851. Dans ce dernier chiffre, les hospices destinés à la vieillesse comptaient 7,182 lits.

Les malades indigents traités dans les hôpitaux de la capitale, en 1851, étaient au nombre de 84,970, dont 69,944 de Paris, 13,173 de la banlieue, 1,813 des départements et 40 étrangers. La dépense totale a été de 3,642,753 fr. La dépense moyenne, par journée de malade, s'est élevée à 1 fr. 77 c. 2/3.

Plus de dix millions de rentes annuelles provenant de propriétés foncières, d'intérêts de capitaux, de produit des marchés publics, de bénéfices d'exploitation, du mont-de-piété, d'impôt sur les spectacles, etc., etc.; près de six millions alloués sur les produits de l'octroi; plus de trois cent mille francs de fondation, composent la dotation des hôpitaux et hospices civils; que l'on ajoute à cela les immeubles servant d'hôpitaux et d'hospices qui ne produisent rien, mais dont la valeur peut être évaluée, et l'on admettra sans peine que l'administration des hôpitaux est la plus riche compagnie du monde entier. Son capital atteint le chiffre de trois cent cinquante millions. Dans ces chiffres, les hôpitaux de Paris figurent pour une part assez large. En effet, les dons et legs en faveur des pauvres et des hospices de Paris se sont élevés, en 1851, à 253.800 fr. en capitaux, à 22,240 fr. de rente, et 60,875 fr. pour objets divers. Les recettes des bureaux de bienfaisance des douze arrondissements de Paris ont été, en 1851, de 2,800,770 fr, et les dépenses de 2,213,398 fr.

A quelques pas de l'Hôtel-Dieu, sur le quai, rue du Marché-Neuf, se cache, tout sombre et tout honteux, un petit monument qui s'appelle la *Morgue*? (Quelle peut être l'étymologie de cette appellation?) La Morgue était autrefois située dans l'enceinte du grand Châtelet. Elle fut construite, en 1804, sur l'emplacement qu'elle occupe aujourd'hui. Ce sont sur ses dalles transportés tous les cadavres que la Seine vomit sur ses bords, tous les morts trouvés dans Paris, et dont on ne connaît ni le nom ni le domicile; tous les gens, en un mot, qu'un accident, un crime ou une résolution fatale ont fait passer anonymement de vie à trépas.

Ce bâtiment, d'un aspect extérieur si triste, et dont l'intérieur est d'un aspect plus triste et plus lugubre encore, cette chambre vitrée, avec ses dix ou douze tables de pierre presque toujours occupées par des cadavres, la Morgue enfin, est, qui le croirait ? un lieu de réunion, une sorte de but de promenade des habitants du quartier. Dans la cité, les mères donnant le bras à leurs fils et à leurs filles, vont là pour voir les noyés, comme ailleurs on va pour voir la mode qui passe, l'oranger qui fleurit, les équipages qui reviennent du bois. La Morgue est le point central du voisinage; on y court comme à la gazette du matin.

Ouverte à tous les vents, la Morgue est un bâtiment de vingt-quatre pieds d'étendue à peu près. Dans cet espace est compris le logement du morgueur et de sa famille. Car il a une famille comme tout le monde, le brave homme, des garçons, et peut-être bien aussi de jeunes filles qui mangent, qui rient, qui dorment, qui vivent enfin dans cet horrible local où chaque soleil levant éclaire de nouveaux cadavres. Et lui, le morgueur, ne croyez pas qu'il ait la physionomie plus laide et plus effrayante que la physionomie du voisin épicier ou marchand de vin. Il ressemble à tous les artisans dans ses manières et dans son costume; mais ses mains sont généralement plus blanches que celles des ouvriers, parce que sa profession l'oblige à les laver très-souvent.

Ce n'est pas tout; dans ce bâtiment habite encore un greffier, qui, lui aussi, a une famille. Qui sait si la fille du greffier n'a pas un piano dans sa chambre, et si, le dimanche soir, elle ne fait pas danser ses amies au son des ritournelles de Pilodo et de Musard?

Visitons en détail le rez-de-chaussée. Voici la chambre où sont pendus les habits des noyés, des assassinés et des suicidés. Habits de toutes formes et de toutes dimensions; une guêtre attachée par une épingle à une manche ! un châle tombant sur un paletot. Habits de bourgeois, robes de laine, vestes d'ouvriers, blouses, sarraux, toute la friperie de la mort. Toutes ces choses déteintes, déformées, se heurtent en voltigeant dans l'air qui entre par les croisées. Quel spectacle !

La seconde salle, celle qui touche à la chambre d'exposition, est consacrée à la dissection des exposés dont la police suspecte le genre de mort. Elle a pour tout meuble une table en marbre où l'on découpe, et une étagère où sont placées quelques bouteilles de chlore, ce désinfectant incisif.

Reste le caveau où l'on expose. Il est étroit, mal aéré; dix ou douze pierres noires reçoivent les cadavres, qui y sont étendus dans une nudité à peu près complète. Au-dessus des exposés, leurs habits qui pendent accrochés au mur. Quelquefois le cadavre est tellement défiguré, tellement gonflé, tellement ballonné (c'est le terme usité à la Morgue) par suite de son séjour dans l'eau, qu'il est impossible aux amis et même aux parents de le reconnaître. Ce sont les vêtements qui, dans ce cas, servent à constater l'identité de l'inconnu.

Que deviennent les habits des cadavres inconnus? on m'a dit qu'ils étaient la propriété du morgueur. Si le fait est vrai, voilà un homme qui doit faire d'excellentes affaires avec les marchands du Temple.

« La Morgue, dit M. Léon Gozlan, se recrute sur le rivage; dans leur cours, les eaux sont détournées par les caps, les golfes, les îles de la Seine, qui, obligée dans toute la profondeur de sa masse de suivre les accidents qu'elle rencontre, dépose à des endroits à peu près invariables les corps qu'elle a roulés. »

Je le répète, s'il est au monde un spectacle triste, un spectacle affreux, c'est celui de la Morgue, et cependant le jour où je m'y suis transporté pour l'examiner en détail, j'ai vu dans la salle du public des hommes, des femmes, des curieux et des curieuses qui examinaient froidement tous ces cadavres, dont quelques-uns étaient noirs et verdâtres. Ah ! quel malheur qu'une si belle femme se soit *noyée*, disait un homme à sa voisine en montrant une morte dont le corps blanc se détachait sur la pierre noire! *Quelle belle carcasse ça faisait!* Puis c'étaient des propos grivois et même obscènes, et ces propos étaient accueillis par les rires d'une grande partie de l'assistance. Il n'est pas de population, il faut bien le dire, qui ait moins que le bas peuple de Paris le sentiment de la dignité et de la majesté de la mort.

Chapitre XXV.
LE LONG DE LA SEINE (Suite).
LE PALAIS DE JUSTICE.

Fondation du Palais de justice. — Le grand et le petit Châtelet. — Julien. — Le palais des Thermes. — Hugues Capet. — Le nouveau palais. — Saint Louis. — Philippe le Bel. — Le parlement dans le palais de la Cité. — La table de marbre. — L'Avocat Patelin. — L'incendie de 1618. — L'épigramme de Saint-Amant. — Aspect extérieur du Palais de justice. — Les trois tours du quai. — L'horloge du palais. — Henri de Vic. — Germain Pilon. — Les inscriptions de Jean Passerat. — La cloche Jacqueline. — La restauration de l'horloge. — La préfecture de police. — Entrée par la rue de Jérusalem. — La place du Palais. — La place Dauphine. — La fontaine Desaix. — La Conciergerie. — La basse fosse de Damiens. — La chambre de Marie-Antoinette. — Les insurgés à la Conciergerie. — L'administration de la police. — Le préfet de police. — Le bureau des mœurs. — La visite. — Parent Duchatelet. — La police anglaise. — Étienne Boyleau. — Le lieutenant civil et le lieutenant de police. — Vidocq. — Puissance du préfet de police. — L'inspecteur de la police. — Le sergent de ville. — La police secrète. — Le mouchard. — Le mouton. — Les espions. — L'intérieur du Palais de justice. — La salle des Pas perdus. — La Sainte-Chapelle. — Le Lutrin. — Le parlement de Paris. — La basoche.

Outre la grande métropole, outre Notre-Dame, l'île de la Cité renferme un des plus vieux monuments du vieux Paris, le Palais de justice. Cet édifice, vaste mais irrégulier, présente des échantillons appartenant à l'architecture de plusieurs siècles; et, en effet, ses diverses parties sont loin de remonter à la même antiquité. On remarque dans le monument le défaut d'ensemble et d'unité qui existe dans l'histoire de ses différentes destinations. La première trace de sa fondation se trouve, si l'on en croit toutefois les récits de la tradition, à une époque bien reculée, qui n'est autre que celle de la conquête des Gaules par Jules César. Le vainqueur des Parisii, maître de leur cité renfermée dans une île au milieu de marais, imposa une taxe pour l'entrée et la sortie des marchandises; et, à l'effet d'en assurer la perception, il éleva deux tours à la tête des deux ponts par lesquels la primitive Lutèce communiquait avec chaque rive du fleuve: Ces deux tours furent le Grand-Châtelet, à l'extrémité du pont dit de nos jours pont au Change, et le Petit-Châtelet, qui commandait au Petit-Pont. Probablement, sous la domination romaine, des fortifications et des constructions nouvelles s'élevèrent au pied de ces tours: nous voyons la Cité déjà close de murs, pendant que Julien l'Apostat était César des Gaules. Mais Julien, méprisant la ville proprement dite, peuplée uniquement de potiers et de nautes, ancêtres des canotiers et débardeurs modernes, tous gens qui parlaient un langage analogue au croassement des corbeaux, Julien, dis-je, s'établit dans un grand palais, le palais des Thermes, construit sur la rive droite de la Seine, et occupant une vaste étendue, tant pour ses diverses constructions que pour les cours et jardins qui l'entouraient.

Lutèce ou Paris perdit sa prérogative de capitale, sinon unique, du moins principale, par les partages que firent entre eux de leur proie les rois francs, nouveaux conquérants du pays. Le palais des Thermes continua d'être la résidence des fils de Clovis et de Clotaire, auxquels le sort assignait cette ville. Charlemagne et ses successeurs préférèrent Aix-la-Chapelle, ou Laon, à Paris. Mais Paris ayant été bloqué par les Normands, Eudes, le premier des Capétiens, et compétiteur à la royauté du carlovingien Charles le Simple, vint s'enfermer au Grand-Châtelet, pour défendre la ville, et, le siège ayant été levé, il y fixa sa demeure vers la fin du neuvième siècle de notre ère. Hugues Capet et ses premiers descendants suivirent cet exemple: on vit s'élever dans la partie postérieure de la Cité une habitation royale qui prit le nom de Nouveau Palais, par opposition au Vieux Palais, ou palais des Thermes. Philippe-Auguste y résidait, tout en s'occupant de la fondation du Louvre, et, en 1254, Henri III, roi d'Angleterre, y vint rendre visite à saint Louis, roi de France, dont il avait demandé l'arbitrage.

Saint Louis se distingua parmi les princes qui ont le plus accru le Nouveau Palais : il y fit construire, entre autres, la salle qui porte son nom, la Grande-Chambre et la Sainte-Chapelle, dont il sera question plus loin. Quelques années plus tard, Philippe le Bel, ayant rendu stable le parlement, qui jusqu'alors était ambulatoire et suivait la cour, ordonna de mettre la résidence royale à même de lui servir de siège pour rendre la justice. Ces nouvelles augmentations exigèrent douze ou treize ans de travail, et ne furent terminées qu'à l'avènement de Louis le Hutin, en 1313 : c'est de cette époque que date l'installation définitive du parlement dans le Palais de la Cité. Les rois continuèrent néanmoins à l'habiter, mais d'une façon plus passagère: ainsi Charles V le quitta pour demeurer à l'hôtel Saint-Paul; mais nous voyons le François I y résidant en 1531. La grande salle du palais servait pour toutes les cérémonies et les réceptions officielles de la royauté : c'est là que les rois admettaient en leur présence les ambassadeurs étrangers, donnaient les festins et célébraient les mariages des enfants de France. On y remarquait une immense table de marbre sur laquelle avaient seuls le droit d'être servis dans les festins les souverains des autres nations, le roi de France, sa famille et les pairs du royaume avec leurs femmes. La table de marbre, fameuse dans les annales de l'ancienne magistrature, avait aussi une moins glorieuse destination : les clercs de la Basoche, à certaines fêtes de l'année, y jouaient leurs farces, baties et brûlées; on nous a conservé quelques-uns de ces premiers monuments de la comédie en France; et les curieux peuvent s'en faire une idée dans les deux premières volumes de l'Histoire du Théâtre Français des frères Parfait; ils n'y trouveront de digne d'admiration que l'immortelle farce de Pierre Blanchart, l'Avocat patelin. Pour en finir avec la grande salle du Palais, ajoutons qu'elle avait été construite sur l'emplacement d'une chapelle dédiée jadis à saint Nicolas par le bon roi Robert; les procureurs et autres gens de chicane en firent édifier une nouvelle, également sous l'invocation de ce bienheureux patron, en l'honneur duquel fut fondée une messe annuelle.

Le grand incendie de 1618 brisa la table de marbre,

Vue extérieure du Palais de Justice.

autour de laquelle siégeaient la connétablie, l'amirauté et le tribunal des eaux et forêts; et détruisit les statues des rois de France depuis Pharamond, qui décoraient le pourtour de la grande salle. On attribue ce désastre aux personnes qui auraient pu être impliquées dans le procès de Ravaillac, et qui voulurent ainsi faire disparaître les pièces compromettantes : si l'on en croit quelques historiens, le duc d'Épernon, Marie de Médicis et même l'empereur d'Allemagne ne seraient pas étrangers au crime de l'assassinat d'Henri IV. Je ne sais si l'on doit attribuer à l'incendie de 1618 ou à tout autre survenu dans la suite, l'épigramme fameuse de Saint-Amant :

Certes, on a dû voir beau jeu,
Quand à Paris dame Justice
Se mit tout le *palais* en feu
Pour avoir trop mangé d'épices.

Il n'est peut-être pas inutile de rappeler ici, pour faire comprendre ce mauvais jeu de mots, que les plaideurs avaient jadis l'habitude de remettre aux juges des cadeaux désignés sous le nom d'*épices* : ces cadeaux constituaient presque tous les honoraires des magistrats, qui avaient payé leur charge fort cher.

L'incendie de 1618 avait entièrement détruit la grande salle: quatre ans après, Jacques Debrosses, habile architecte, termina les réparations nécessitées par cet accident déplorable; et, à la place de la salle brûlée éleva celle qui est connue de nos jours sous le nom de Grande-Salle, ou salle des Pas perdus. Un second incendie ayant dévasté la partie du Palais de justice qui s'étend entre la Serre et la Sainte-Chapelle, tout a été reconstruit à neuf, dégagé, aéré, et le vieux monument présente, sur ce point principalement, une physionomie toute nouvelle. Les réparations, confiées successivement à divers architectes, ne sont pas entièrement terminées. Voici cependant quel est l'aspect général à l'extérieur du Palais de justice.

La principale façade regarde la rue de la Barillerie, et se trouve dégagée au moyen d'une place semi-circulaire, qui a remplacé un massif de maisons noires et malsaines. Au centre de la façade s'élève un escalier large de soixante pieds à la première rampe et de dix-sept à la seconde : la première rampe conduit à la salle d'audience des criées et du tribunal de police, et la seconde mène à la Conciergerie. On remarque comme ornements quatre statues allégoriques, la Force, l'Abondance, la Justice et la Prudence : elles s'élèvent à l'aplomb de quatre colonnes doriques et se dessinent sur un fond lisse de maçonnerie qui supporte un dôme quadrangulaire; malheureusement elles ne sont pas en proportion avec l'édifice.

L'autre façade, qui longe le quai, présente deux grandes tours et une troisième plus petite, d'une apparence notable et austère, avec une toiture conique extrêmement aiguë. Ces tours, dont il n'y a pas bien longtemps encore le fleuve baignait la base, semblent remonter au treizième siècle. Au coin du quai et de la rue de la Barillerie, on voit une autre tour carrée, d'un style plus moderne, et analogue aux divers monuments du temps de la réforme. Jusqu'à la révolution, cette tour était remarquable par l'horloge du Palais. Cette horloge, détruite et couverte de plâtre pendant longtemps, vient d'être déblayée : elle mérite une mention spéciale.

C'est en effet, comme chacun peut s'en assurer, un des plus curieux bijoux de sculpture que nous ait légués la renaissance. Le mouvement en avait été fabriqué, en 1370, par Henri de Vic, Allemand, appelé à cet effet par Charles V : on lui assigna un logement dans le Palais et une rente de *six sols parisis* pour en avoir soin. La tour et l'horloge, plusieurs fois réparées, arrivèrent jusqu'au règne d'Henri III, qui en fit refaire le cadran. Voici la description qu'en donne un contemporain : « L'an 1583, sur la fin du mois de novembre, fut achevé l'ouvrage du quadran (du Palais), lequel, avec sa décoration, est estimé le plus haut de toute la France. Le conducteur d'icette ouvrage fut Germain Pilon, maître statuaire, et l'un des premiers en son art, lequel a rendu des ouvrages cy parfaicts, en notre ville de Paris et autres lieux de France, que la mémoire en sera perpétuelle.

« Au haut d'iceluy quadran, y a premièrement le pourtraict d'une colombe signifiant le Saint-Esprit, sous laquelle est une couronne de laurier, qui est dessus, et au milieu des deux autres couronnes, qui sont sur les écus de France et de Pologne ; le tout enclos d'un collier de l'ordre du Saint-Esprit,

Le cadran.

créé et institué par le roy Henri, à présent régnant. — Et dessus est escrit :

Qui dedit ante duas, triplicem dabit ille coronam.

« En l'un des costez du quadran est représentée *Piété* tenant un livre ouvert auquel est escrit :

Sacra Dei celerare pius
Regale time jus.

Et de l'autre costez, Justice tenant une balance (Corrozet appelle ces deux figures Force et Justice). Au bas du dit quadran est écrit :

Machina quæ bis sex tam juste dividit horas,
Justitiam servare monet legesque tueri. »

Les inscriptions latines sont dues à Jean Passerat, professeur royal en éloquence, et un des plus spirituels auteurs de la *Satyre Ménippée*. La première fait allusion aux deux couronnes de Pologne et de France, que Henri III a successivement portées, et à la troisième, que lui réserve l'Esprit-Saint. Elle fut parodiée par un ligueur, qui inscrivit en lieu apparent ce vers :

Tertia sic dabitur, sicut tulit, aula secundam.

La tour de la Barillerie renfermait aussi une cloche nommée *Jouvante*, qui devait donner le signal de la Saint-Barthélemy ; mais ce fut au beffroi tristement célèbre de Saint Germain l'Auxerrois que revint cette prérogative.

Louis XIV modifia d'une manière notable le cadran de Henri III, et le défigura en y ajoutant un semis de fleurs de lis en or, dont la grossière exécution contraste d'une manière fâcheuse avec la

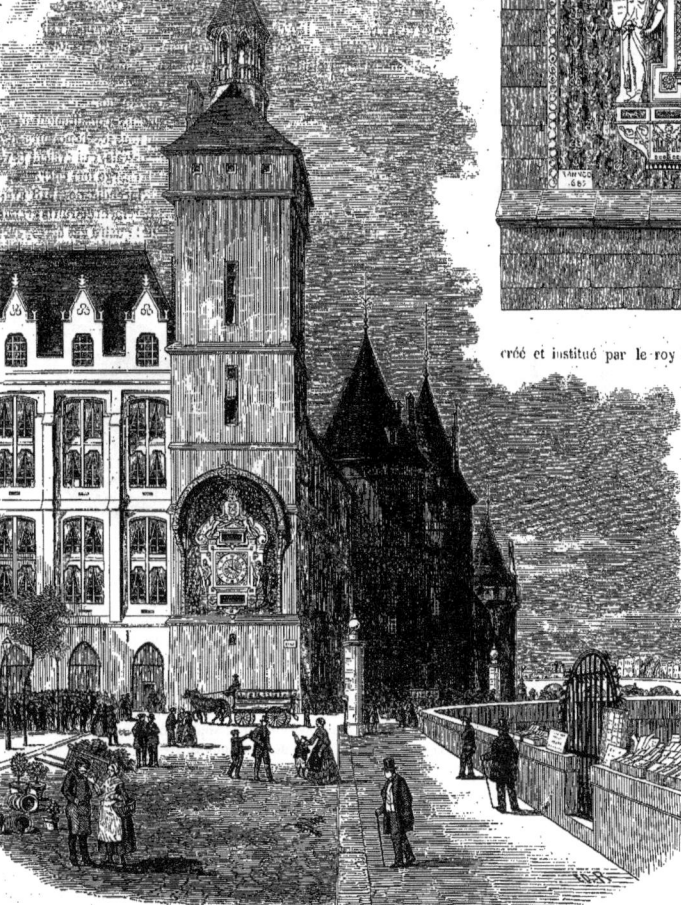

La tour de l'Horloge.

finesse et la délicatesse exquise des sculptures de Germain Pilon. On peut maintenant se convaincre de l'effet qu'elles produisent et apprécier également la perfection des autres détails, grâce à l'habile restauration qui a été menée à terme par les soins de MM. Duc et Domney. Ils ont su tirer parti, avec beaucoup de bonheur, d'une foule de fragments en terre cuite, appartenant à l'ancien cadran, dont les démolisseurs avaient fait usage pour reboucher les trous laissés à la suite de leur œuvre de destruction, et le petit nombre de morceaux qu'il a fallu refaire entièrement ne déparent pas le travail du maître. Quant aux dorures et aux peintures à la cire, exécutées par MM. Flandrin et Vivet, elles paraissent un peu trop vives et trop crues, pour l'harmonie générale de la couleur; enfin, au dire des connaisseurs, le mouvement, fabriqué par M. Henri Lepaute, a sur celui de Henri de Vic toute la supériorité que possède l'horlogerie contemporaine sur celle du moyen âge.

Telles sont les deux principales façades du Palais de justice : le reste du monument se trouve adossé contre la Préfecture de police, ou engagé dans des maisons particulières. On y arrive par des cours et des passages couverts, comme la cour de Harlay, la cour et le passage Lamoignon, etc. La Préfecture de police, qui est une dépendance du Palais, de même que la Conciergerie, a son entrée rue de Jérusalem, à peu près à l'opposite de l'entrée de la Conciergerie, qui donne sur l'autre bras de la Seine, de telle sorte que les communications intérieures de l'édifice permettent de traverser la Cité entière à couvert.

Jusqu'à présent, j'ai parlé uniquement du Palais de justice : il faut aussi donner quelques détails sur ce qui l'environne et sur ses dépendances. Commençons par la place du Palais, située en face du grand escalier. Cette place était remarquable par une pyramide élevée en mémoire de l'attentat de Jean Châtel sur la personne de Henri IV; elle occupait l'emplacement même de la maison du régicide. Comme les inscriptions gravées en latin sur ce monument commémoratif indiquaient les jésuites parmi les complices du malheureux, et faisaient mention de leur bannissement, l'ordre, redevenu souverain, arriva, après de nombreux efforts, à effacer ce témoignage de sa disgrâce. La pyramide fut détruite, et, là où elle s'élevait, l'architecte Miron construisit une fontaine, transportée depuis dans la cour du Palais.

La place Dauphine, par laquelle on arrive à la rue de Harlay, qui est une des issues du Palais de justice, offre un monument plus recommandable : je parle de la fontaine de Desaix, élevée en l'honneur de ce héros qui fut tué à la bataille de Marengo. Elle se compose d'un bassin circulaire, où l'eau tombe par quatre mâ-

Entrée de la Préfecture de police par la rue de Jérusalem.

carons de bronze; au-dessus des soubassements se trouve un piédestal rond, orné d'un bas-relief représentant des armes modernes en trophée, et les figures du Nil, de l'Éridan, et de deux génies écrivant sur des cartouches les principaux faits d'armes de Desaix. Le piédestal est surmonté d'un groupe formé par le génie militaire couronnant de lauriers le buste du général. M. Fortin a exécuté cette fontaine, d'une apparence, du reste, assez mesquine.

Une des principales annexes du Palais de justice, c'est la Conciergerie, prison provisoire, où l'on enferme les prévenus à la veille de leur jugement devant la cour d'assises, et quelquefois aussi des criminels qu'on vient d'arrêter. La façade, où se trouve une des entrées de la Conciergerie, a été décrite: je l'ai considérée comme appartenant au Palais lui-même, qui n'en possède que les étages supérieurs. La Conciergerie a aussi son histoire, et une histoire qui serait assez dramatique, si l'on pouvait recueillir tout ce qui s'est passé de terrible, de douloureux, d'in- connu sous ces épaisses murailles et au fond de ces noirs cachots. Mais ce serait refaire l'histoire de la Bastille, du For-l'Évêque, et de toutes les prisons imaginables. La Conciergerie actuelle occupe en grande partie l'emplacement de l'ancien jardin royal : lorsque le Palais fut exclusivement consacré à la justice, on appelait ce jardin le grand Préau; c'est maintenant le préau où se promènent les prisonniers : il est assez vaste; mais tellement bas, que l'air n'y a pas toute la pureté désirable. Quant à l'ancienne prison, abandonnée ou à peu près de nos jours, elle se compose des deux tours, dites du grand César et de Montgommery, qui sont inhabitables. On montre encore aux curieux une porte basse, garnie de fer, on ne passait que les condamnés à mort se rendant en place de Grève : cela rappelle involontairement les geôles mystérieuses du palais des doges à Venise. Les romanciers et les dramaturges, qui ont tant abusé du Pont des Soupirs et du canal Orfano, où il était interdit de pêcher, ne se doutaient pas de l'existence d'un lieu si voisin, témoin de bien des agonies, de bien des tortures physiques et morales. Outre cette porte sinistre, qu'on ne pourrait de nos jours guère franchir qu'en rampant, les cicerone du Palais conduisent les visiteurs dans l'espèce de basse-fosse où était renfermé Damiens, dans les intervalles de la question ordinaire et extraordinaire : ils racontent comment ce malheureux se trouvait enchaîné sur un matelas, dans l'impossibilité absolue de mouvoir un seul de ses membres, avec un garde-française veillant jour et nuit à ses côtés, tant on redoutait une tentative de suicide qui lui permît d'échapper à ses horribles interrogatoires et à son supplice. La chambre où fut détenue Marie-Antoinette au moment de comparaître devant le tribunal révolutionnaire, a été depuis transformée en chapelle expiatoire. Quant à la nouvelle Conciergerie, elle ne présente rien de saillant: bâtie sous les voûtes des salles, à la suite d'un dernier incendie survenu en 1776, son aspect est celui de toutes les prisons. Après les événements de juin 1848, elle se trouva, comme les autres, encombrée de captifs : chacun se souvient du triste et touchant spectacle qu'elle présentait tous les jours, quand, aux heures du parloir, on voyait affluer une foule déguenillée et famélique de femmes et d'enfants devant partager leur dernier morceau de pain avec un père ou un mari.

La Conciergerie conduit naturellement à parler de la Préfecture de police, dont les bureaux se tiennent actuellement rue de Jérusalem, dans l'ancien hôtel du premier président du parlement. Comme au temps de Mercier, l'administration de la police est encore de nos jours une des plus importantes et des plus délicates : sans entrer dans les développements déclamatoires de l'auteur de l'ancien *Tableau de Paris*, on ne peut nier qu'une police bien faite est en quelque sorte l'âme d'une grande cité. Si nous considérons combien il y a de difficultés à surveiller tous les individus suspects dans une agglomération d'un million d'âmes, et dans un labyrinthe tel que Paris, à intervenir entre les citoyens honnêtes chaque fois qu'ils sortent de leurs droits, et cela de manière à sauvegarder en même temps l'intérêt général et la liberté individuelle ; à prévoir tout ce qui est nécessaire pour l'approvisionnement, la santé, la tranquillité, le confortable même d'un peuple si nombreux, on conviendra que les cent yeux d'Argus et les cent bras de Briarée ne seraient pas inutiles au magistrat chargé de si importantes et si pénibles fonctions. Et l'on ne sera pas surpris que quelques-uns de ceux

Les femmes et les enfants des insurgés aux portes de la Conciergerie.

qui ont réalisé l'idéal du bon préfet de police, ou du moins qui en ont approché autant que le permet l'insuffisance humaine, laissent un souvenir respecté par la population qui leur doit son bien-être et son repos. A la gloire un peu traditionnelle du lieutenant civil du prévôt de Paris, M. de Sartine, les honnêtes gens de nos jours sont heureux d'associer les noms de MM. Debelleyme, Benjamin Delessert et quelques autres.

Rien ne paraît curieux comme l'examen de tous les rouages qui mettent en mouvement cette immense et délicate machine de la police parisienne : bien des gens voudraient connaître le moteur et les ressorts mystérieux qui font mouvoir ces légions d'employés de toute classe, dont le métier est d'être clairvoyants et d'avoir de la mémoire. On voudrait lire ces registres secrets qui contiennent tant de notes curieuses, recueillies par l'observation la plus attentive, et complétées par la plus miraculeuse sagacité : on se dit qu'il doit s'y rencontrer quelque chose comme les mémoires intimes, la confession d'outre-tombe de la grande ville entière, de ses palais et de ses masures ; le portrait exact et journalier de ses pensées les plus inconnues et de ses actes les plus ténébreux : en un mot, on considère ces livres sous leur apparence administrative comme un recueil d'images daguerréotypiques, prises partout et à tous les instants. Le public a sans doute raison ; mais, en croyant avec lui que la Préfecture de police est féconde en mystères pleins d'intérêt, je suis forcé de convenir qu'il ne m'est pas plus permis qu'à un autre de pénétrer

CHAPITRE XXV. — LE LONG DE LA SEINE (Suite).

dans ces arcanes impénétrables aux regards des profanes, et impénétrables avec raison. Quant aux détails administratifs, ils intéresseraient peu les lecteurs ordinaires, et ils ne constituent d'ailleurs que la charpente, que l'ostéologie de ce grand corps. Il existe cependant des côtés de l'administration qui, intéressant directement la santé publique, est, par cela même, mieux connu : en exposant avec un certain détail tout ce qui s'y rapporte, je pense qu'il sera aisé de s'imaginer ce que peut être tout le reste : les anciens appelaient cette manière de procéder, juger le lion d'après son ongle. Mais, avant d'aborder ce nouvel ordre de choses, je suis forcé de dire avec Molière :

> Au moins, je vais traiter une étrange matière,
> Ne vous scandalisez en aucune manière;
> Quoi que je puisse dire, il doit n'être permis.

Cette précaution n'est pas inutile, au moment de parler du *bureau des mœurs*. Et cependant on ne peut le passer sous silence, ni même en faire mention en glissant : ce serait négliger à plaisir des études fort curieuses, et un des points de vue les plus neufs et les plus intéressants que Paris offre à l'observateur.

Le bureau des mœurs est chargé spécialement de la surveillance des prostituées de tout étage : il exerce un contrôle permanent sur leur vie entière, les suit, en quelque sorte, depuis leur arrivée jusqu'à la fin de leur vie, les soumet à de sévères règlements conformes aux exigences de l'hygiène publique, et consacre tous ses soins à diminuer le plus possible les inconvénients du fléau de la prostitution, qui paraît indispensable à notre état social. Lorsqu'un des rares promeneurs, que ses affaires ou quelquefois une infatigable curiosité amènent sur le quai, en face de la Conciergerie, voit en mouvement une de ces voitures hermétiquement closes, qui servent au transport des prisonniers, il pense que la police emmène quelque beauté suspecte à Saint-Lazare, et tout est dit. Quant à cette simple vérification médicale, connue sous le nom de visite, elle n'est qu'une partie, et une très-faible partie des attributions du bureau des mœurs. Il doit poursuivre les réfractaires, veiller aux inscriptions qui se font généralement d'office, avoir l'œil ouvert sur toutes les infractions à la décence extérieure que la loi civile exige, faute de pudeur naturelle, chez ces êtres dégradés.

Il n'y a pas bien longtemps encore que la débauche errait librement, demi-nue et provocatrice, sur les promenades les plus fréquentées : on voyait de véritables bacchantes insulter, par leur présence seule, la chasteté des jeunes filles et de leurs mères, qui étaient condamnées à un contact perpétuel sous les dômes du Palais-Royal ou des passages, comme sous les ombrages des jardins publics. Et, d'un autre côté, l'absence de tout contrôle médical imposé par l'autorité supérieure favorisait la propagation indéfinie d'un fléau, le plus hideux et le plus horrible parmi tous ceux qui ont désolé le monde. Parent-Duchâtelet a consacré un livre effrayant, mais plein de conscience, à l'exposition de ce passé, si proche encore de nous, des projets de réforme mis en avant aux diverses époques, et enfin au tableau de l'administration actuelle et des heureux résultats qui ont couronné ses efforts. Cet ouvrage conduit le lecteur, sur les pas des inspecteurs de police dans les bouges les plus infects comme dans les plus riches maisons de tolérance; il lui fait connaître les mœurs étranges de ce peuple gangrené qui vit et se mêle à la partie saine de la nation; il le montre retenu captif, mais toujours prêt à briser les barrières, et les brisant aux premiers troubles qui arrêtent un instant le jeu régulier de la machine sociale. Après cette lecture, on se représente la police ne perdant pas un instant de vue un seul membre de cette population vouée à la honte, à la débauche et au crime, l'obligeant à comparaître d'une manière fixe devant son tribunal, réprimant ses écarts, et néanmoins favorisant de toute son énergie les rares retours vers le bien. Il faudrait citer le livre entier pour ces détails, pour d'autres encore qui nous initient à tous les abîmes de la misère ou de la dépravation humaine.

Cependant, si l'on rapproche l'immense simplicité de la police anglaise, par exemple, avec les complications intimes de la nôtre, l'avantage ne semble pas être de notre côté. Ces quelques *policemen* qui suffisent pour maintenir l'ordre dans Londres, ville qui équivaut à deux Paris, ces *constables* dont le bâton magique, emblème de la légalité, suffit pour réduire un malfaiteur à l'impuissance, et transformer en défenseur actif de la loi tout citoyen qu'il touche, ce peu d'appareil et cette part immense laissée à la liberté individuelle nous frappent de surprise et d'admiration. Peut-être qu'en examinant la question d'une manière plus approfondie, on verrait que l'ordre ne règne qu'à la surface dans ce système si simple; la tranquillité, le repos et la vie des habitants de Londres ne

Chemin de la Préfecture de police.

sont pas certainement plus assurés qu'à Paris. Il suffirait de rappeler cette multitude innombrable de filous presque toujours impunis qui peuplent les bords de la Tamise, et ces crimes mystérieux des *résurrectionnistes*, par exemple, où l'on vit des coupables convaincus d'avoir exercé pendant de *longues années* l'industrie d'assassiner les passants, afin de vendre leurs cadavres aux amphithéâtres d'anatomie.

Quoi qu'il en soit, parlons de l'organisation de la police. Cette organisation remonte, sauf de légères modifications, à Étienne Boyleau, prévôt des marchands, en 1260, dont, par parenthèse, le satirique Boileau-Despréaux se prétendait le descendant. Dès cette époque, nous voyons le prévôt des marchands déférer à son *lieutenant civil de police* les diverses charges dont est investi le préfet de police actuel. Il devait connaître, d'après les anciens règlements, « de « ce qui regarde la sûreté de ville, du port d'ar-« mes, du nettoiement des rues et places; donner « les ordres nécessaires en cas d'incendie ou d'inon-« dation; pour des provisions nécessaires pour « la subsistance de la ville, des amas et maga-« sins de vivres, du taux de leurs prix, de l'envoi des « officiers et commissaires pour le commerce des « fleuves. Il réglait les étaux de boucherie et les « adjudications, faisait visiter les halles, foires, mar-« chés, hôtelleries, auberges, maisons garnies, jeux, « lieux mal famés; connaissait des assemblées illici-« tes, tumultes et séditions, des manufactures et de « leurs dépendances; s'occupait des élections des maî-« tres et gardes des corps marchands. » A part le dernier article, relatif à un ordre de choses aboli par la législation nouvelle, ces instructions pourraient servir de programme aux modernes successeurs des lieutenants du prévôt. Une charge si étendue ne subsista que jusque sous Louis XIV, qui la divisa entre deux magistrats, le *lieutenant civil* et le *lieutenant de police*, dont les fonctions durèrent jusqu'en 1792. A cette date, la municipalité, qui avait été investie de ces attributions de sûreté locale par l'Assemblée constituante, institua un comité spécial, dont l'existence fut ratifiée par la Convention. Plus tard, le Directoire créa un *ministère de la police*, et les consuls, un *préfet*, qui en dépendait. Napoléon, devenu empereur, fit revivre ces deux institutions, tombées sous le Directoire, et la police impériale a fourni, de 1804 à 1814, une brillante carrière. Louis XVIII supprima le ministère de police, et cependant cette administration continua à se signaler, tant par les améliorations graduelles qu'elle introduisit dans la capitale, que par les hommes éminents qui se distinguèrent dans ses diverses branches. Peu de gens ignorent le nom du fameux chef de la police secrète sous la restauration, de Vidocq, puisqu'il faut le nommer. Le ministère de la police générale vient d'être rétabli avec des pouvoirs nouveaux.

Aujourd'hui, le préfet de police est un magistrat recevant 30,000 francs d'appointements, plus un logement et des frais de bureau. Il a sous ses ordres, indépendamment de l'administration intérieure, quarante-huit commissaires de police, un par quartier, un certain nombre d'inspecteurs, huit cents sergents de ville et une foule d'agents secrets. Outre cette armée, il dispose, par voie de réquisition, des nombreux bataillons de gendarmerie mobile, casernés sur divers points de Paris; de la garde républicaine, autre corps spécialement destiné à la surveillance de la ville; des pompiers, et, au besoin, des troupes de la garnison. Les moyens d'action, comme on voit, ne lui manquent pas.

Tous ces employés, de capacités et de destinations si diverses, ont une physionomie particulière, qui porte en général l'empreinte de leurs occupations habituelles et du milieu où ils sont obligés de vivre. Ainsi le commissaire de police, ayant des rapports journaliers avec toutes les classes de la société, possède en général les dehors de l'homme du monde, joints à la pénétration qui lui est nécessaire pour ses relations avec les filous et les fripons de toute espèce. Il lui faut de la probité, de l'énergie, de la finesse et de la prudence : s'il pouvait réunir tant de qualités précieuses et indispensables, personne ne mériterait plus que lui l'estime et la considération. Mais on est habitué à regarder en lui moins le magistrat que l'homme de police, c'est-à-dire, l'homme qui cherche à surprendre la confiance de quelqu'un, fût-ce même dans les meilleures intentions ; et il semble, malgré toutes les justifications imaginables, qu'on ne peut guère se fier à la loyauté d'un homme dont la profession consiste à tromper, alors même qu'on est convaincu qu'il n'agit que pour l'intérêt général.

L'inspecteur, lui, n'est pas une individualité, mais un type multiple, une sorte de Protée, dont il est difficile de saisir le caractère propre au milieu des transformations qui lui sont imposées. Il se multiplie, il contrôle et il voit tout; il passe souvent inaperçu, toujours inconnu au milieu des agents de toutes sortes, et ne confie qu'à ses notes discrètement remises aux bureaux les plus mystérieux les faits et les remarques

Quant aux sergents de ville, création toute moderne qui ne date que de M. Debelleyme, vers 1828, leur histoire est plus simple. Recrutés en général parmi les anciens sous-officiers de l'armée, ils n'ont guère qu'à exercer une surveillance en quelque sorte matérielle et à dresser des rapports, d'après un protocole uniforme, sur toutes les contraventions faciles à constater. Ils se divisent militairement en brigades, dont chacune a ses heures d'activité et sa circonscription particulière; leur longue pratique et leur action incessante finit par les rendre très-précieux, et souvent ils passent dans la classe supérieure des inspecteurs. Le sergent de ville ne jouit pas de l'estime générale; c'est là un fait facile à comprendre, sinon à justifier. Ses abus de pouvoir, son manque fréquent de tact et de prudence, son peu d'éducation et de dignité, tous défauts personnels sans doute, mais non moins déplorables, lui ont attiré la haine chez les uns et une certaine répulsion chez les plus modérés. Mort aux sergents de ville! c'est le cri de toute émeute. On n'a pas oublié les moyens mis en usage, il y a quelques années, pour *faire de l'ordre avec du désordre*, et l'on se rappelle aussi le costume tyrolien des *gardiens de Paris*, dont l'éclat fut bientôt éclipsé par la splendeur renaissante des uniformes portant le vaisseau lutécien brodé au collet.

Voilà pour la police franche et agissant au grand jour. Mais il existe en outre un autre épouvantail, la police secrète, aux manœuvres ignorées, aux révélations miraculeuses, à la cabalistique renommée. Son histoire est plus hiéroglyphique pour plusieurs que celle même de l'Égypte.

On a cru pendant longtemps qu'il existait un espion derrière chaque porte de salon, à chaque table de café, dans tous les coins imaginables où peuvent se tenir des réunions humaines ; les murs ont passé pour avoir des oreilles, et les vers de Racine ont été estimés, non une figure de rhétorique, mais une belle et bonne réalité :

Il me semble déjà que ces murs, que ces voûtes,
Vont prendre la parole, et, prêts à m'accuser, etc.

Que l'on se rassure : la moitié de Paris ne peut pas, en bonne conscience, être employée à espionner l'autre. S'il s'agit d'affaires politiques, je pense que les conspirateurs se font plus de tort par leur jactance, leurs indiscrétions, leurs maladroits amis ; qu'ils n'en reçoivent de la surveillance de la police. Si le *mouchard*, pour l'appeler par son nom, est encore de quelque utilité, c'est uniquement quand il s'agit de dépister quelque criminel avec ménagement, là où la force ouverte ne produirait aucun résultat. On le trouverait aussi dans les conciliabules de certains ennemis du gouvernement assez simples pour conspirer dans les sociétés secrètes, sous ce voile parfaitement transparent des mots de passe et du langage maçonnique : mais quel est l'homme doué de sens commun qui croit encore à la possibilité du *carbonarisme*, à l'efficacité des *ventes* et des affiliations en matière politique? Le principal signe de décadence des sociétés secrètes, ç'a été la décadence du mouchard : on se souvient d'une affaire d'hier ; un employé de la police qui avait fait de toutes pièces une conspiration dans les règles les plus classiques, et cela pour se donner le mérite d'une dénonciation, et obtenir quelque argent ou de l'avancement.

Il n'existe pas, à proprement parler, d'agents attitrés pour la police

Le sergent de ville.

Type d'espion.

Le mouchard.

Type d'espion.

résultant de ses observations. L'inspecteur semble réaliser cette fameuse contre-police, à laquelle les uns croient par simplicité de cœur, et les autres feignent de croire pour rendre leur besogne plus aisée par le prestige de l'inconnu et du mystère.

secrète : seulement un des bureaux de l'administration centrale est chargé de recueillir tous les renseignements qui se rapportent indirectement à la sûreté publique, et les notes sur tous les indices, conversations, projets, complots, qui précèdent les faits et les

CHAPITRE XXV. — LE LONG DE LA SEINE (Suite).

expliquent. La direction de ce bureau agit de deux manières : d'abord elle fait choix, parmi les agents officiels, des plus capables et des plus adroits, et, sous un déguisement quelconque, les envoie à la recherche dans les différents milieux sociaux. Moyennant quelques gratifications, cette mission difficile et délicate est parfaitement remplie. La seconde source d'informations provient des rapports adressés irrégulièrement par une foule de personnes qui exercent ostensiblement une profession quelconque, et qui touchent à cet effet des indemnités et des primes variant suivant l'importance de la déclaration et la position sociale du dénonciateur. Cet argent est pris sur les fonds secrets mis annuellement à la disposition de la police. Dieu seul et le directeur du bureau des renseignements connaissent le nombre et les fonctions de ces mouchards de tout étage, depuis l'espion en gants jaunes et en bottes vernies jusqu'au prisonnier ou *mouton*, qui gagne quelques sous à dénoncer ses compagnons de captivité ou à les faire parler.

Il est temps de revenir au Palais de justice, et de pénétrer, suivant le style classique, dans le sanctuaire de Thémis ou dans l'antre de la chicane, si l'on préfère cette dernière version, qui a pour elle l'autorité des deux classiques par excellence de notre littérature. L'intérieur du Palais de justice, on s'y attend bien, n'a pas moins subi de modifications que l'extérieur ; aussi présente-t-il la plus singulière diversité d'époques, d'ornements et d'architectures. Ainsi la galerie Saint-Louis, qui conduit à la chambre des requêtes, où siège la cour de cassation, offre les boiseries sculptées, les pendentifs et les peintures murales habilement restaurées, que l'on admire dans quelques rares châteaux demeurés intacts depuis le moyen âge ; on y remarque une statue de saint Louis, sauvée sans doute du grand incendie de 1618, et des fresques représentant les anciennes gloires du parlement sous le patronage des deux législateurs, Justinien, auteur du *Digeste*, et Charlemagne, père des *Capitulaires*. Quant à la chambre des requêtes elle-même, son apparence rappelle toutes les salles imaginables où se rend la justice : une estrade semi-circulaire pour les juges, une autre pour le ministère public et le greffe, la barre de l'avocat, le bureau de l'huissier ; puis une barrière au milieu de laquelle se trouve généralement le calorifère officiel et l'espace réservé aux curieux. En parlant des séances de la cour d'assises et de la police correctionnelle, nous reviendrons sur quelques différences qui distinguent ces tribunaux particuliers. La chambre des requêtes renferme, indépendamment du Christ et du buste du chef de l'État, un grand tableau qui représente l'anecdote si connue du paysan du Danube : on ne voit pas très-bien pourquoi a été choisi ce sujet.

Quelques-unes des autres salles ont une certaine illustration, qu'elles doivent surtout à des souvenirs historiques : ainsi la troisième chambre des requêtes, où siégeait la cour prévôtale, et la salle des assises, dans laquelle se tint le tribunal révolutionnaire qui condamna à mort Marie-Antoinette. Mais la plus remarquable est, sans contredit, la salle des Pas-perdus. C'est, dit-on, la plus vaste que l'on connaisse en France. Elle n'a pas moins de deux cent vingt-deux pieds de long sur quatre-vingts de large : deux grandes ouvertures cintrées, pratiquées aux deux extrémités supérieures de chaque nef, et un certain nombre d'œils-de-bœuf espacés sur les flancs des voûtes, servent à lui donner du jour. Dans cette salle viennent aboutir une infinité de couloirs et de galeries qui en font un véritable labyrinthe ; et sa physionomie reste toujours des plus variées par les allées et venues de gens, tels que plaideurs et plaideuses, avocats en robes, greffiers, avoués, huissiers, qui la traversent dans tous les sens pour aller, soit

Avant l'audience.

Salle des Pas-Perdus.

La salle des Pas perdus, pendant une cérémonie officielle.

CHAPITRE XXV. — LE LONG DE LA SEINE (Suite).

au greffe, soit au parquet, soit encore aux diverses chambres du tribunal de première instance : et je ne parle pas de l'affluence des curieux et des passants, qui cherchent à abréger leur route en traversant cette salle pour se rendre de la cour de Harlay à la rue de la Barillerie. Les jours de grande solennité, la salle des Pas perdus semble reprendre l'ancien aspect de la Table de marbre : tendue de draperies, pleine de sièges disposés en amphithéâtre, elle reçoit tous les membres de la magistrature française, qui viennent prêter ou renouveler le serment d'être toujours fidèles aux lois et à l'honneur. Le coup d'œil offert par une telle cérémonie est réellement imposant ; mais à la place de ce spectacle on ne voit le plus souvent que des groupes animés, noircis par la prédominance des robes d'étamine des avocats, des plaideurs aux griffes crochues, vraies personnifications de la chicane, et un public qui, on le sent à la première vue, se repaît d'encre et de paperasses.

La Sainte-Chapelle, dénuée aujourd'hui de son ancienne splendeur, ne sert guère que de dépôt pour les archives du Palais de justice : à peine si, dans quelques rares et solennelles occasions, elle est déblayée et pourvue d'un escalier qui en rend l'accès plus facile aux magistrats désireux d'appeler sur leurs travaux la consécration d'une messe dite au sein même de leur résidence. Les archives ont débordé des combles et remplissent le monument de saint Louis, dont il ne reste, hélas! qu'un souvenir. Pour le décrire, il faut recourir aux récits contemporains de sa première gloire.

Une découverte des plus curieuses a été faite à la Sainte-Chapelle en 1844. C'est une boîte trouvée dans le chœur, sous l'ancien autel, et qui a donné naissance à une polémique animée. Cette boîte renfermait un cœur : à qui avait appartenu le cœur qu'elle renfermait? Là s'ouvre un champ de conjectures où l'on se perd ; cependant la plus acceptable, d'après les documents de l'époque, serait que ce cœur fût celui du roi saint Louis.

La Sainte-Chapelle, si célèbre, et à tant de titres différents, remonte au plus beau moment de l'âge gothique en architecture, c'est-à-dire au milieu du treizième siècle. Saint Louis la fit construire, afin de ménager un splendide asile aux reliques qu'il était allé conquérir au fond de la terre sainte et dans les déserts de l'Afrique. L'architecte fut Pierre de Montreuil, déjà connu par la construction de plusieurs édifices élevés dans le même style. L'église est double : on admire surtout toute la hardiesse et la lumière qui règne dans toute sa construction. Comme dans tous les monuments gothiques remarquables, les piliers qui supportent l'œuvre ne sont pas apparents, de telle sorte que les voûtes, immenses, semblent reposer sur des faisceaux de grêles colonnettes ; et, malgré cette apparence de légèreté excessive au détriment de la durée, les ogives, disposées en forme de proue, qui viennent se relier par le sommet, n'ont pas varié depuis leur fondation. Un des nombreux incendies, qui ont périodiquement dévasté le Palais de justice, celui, de 1630, a détruit le clocher qui surmontait la Sainte-Chapelle, et que l'on citait comme une merveille de l'art. On doit également regretter les peintures et les vitraux, que les auteurs anciens nous décrivent comme admirables, tant par leur hauteur que la beauté et la variété des couleurs. Un échantillon précieux en a été découvert récemment, à la suite des réparations faites au l'ensemble du monument : cette peinture, qui semble être la reproduction d'un vitrail, représente deux anges debout sous les arcs qui divisent le tableau en trois parties. L'analyse des couleurs dont se servaient les artistes du temps a fourni aux savants

des résultats curieux sur les recettes employées au moyen âge pour peindre sur verre.

Depuis la révolution, la chapelle particulière du bon roi saint Louis est entrée dans une période de décadence et d'oubli ; elle ne sert plus guère que de succursale aux immenses salles situées sous les combles du Palais de justice, pour absorber la masse toujours croissante des archives et des dossiers. Il paraît même

Découverte du cœur de saint Louis, à la Sainte-Chapelle.

que la vieille nef gothique est déjà atteinte de la pléthore des paperasses, et qu'il devient urgent d'ouvrir de nouveaux entrepôts, de faire une place plus large à la marée qui monte toujours.

Les objets d'art et de curiosité que renfermait son trésor, les reliques, les débris sacrés de la vraie croix, ont passé à des musées profanes ou à des églises privilégiées ; il ne reste plus rien de la verge de Moïse, qui fit jadis sourdre l'eau du rocher. Les morceaux de la

Peinture du treizième siècle trouvée à la Sainte-Chapelle.

couronne d'épines et de la tunique jouée aux dés par le centurion romain ont disparu au fond des collections entassées par Notre-Dame, et le cabinet du roi a hérité d'un agneau antique, du travail le plus exquis, vendu jadis à saint Louis comme un objet de sainteté. Il paraît que, sur cette matière, le bon prince était parfois bien confiant, et acceptait comme figures de Jésus-Christ et de la sainte Vierge les figures mythologiques et peu chrétiennes des faux dieux. Ainsi s'est évanoui pièce à pièce le caractère sacré de la

Sainte-Chapelle de nos jours : quand un événement extraordinaire convoque la magistrature dans son enceinte, afin d'appeler sur les décisions des juges la bénédiction du culte et les lumières de l'esprit divin, le service sacré exige des réparations et presque une consécration spéciale. Lors de la reconstitution des tribunaux, par exemple, en 1848, l'ancienne église recouvra pour quelques heures sa splendeur d'autrefois. Une nombreuse assistance de fidèles, tous choisis parmi les grands de la terre, se pressa dans sa nef, momentanément rendue libre ; elle put se croire à ces temps heureux où le parlement, en robes d'apparat, et toute l'armée judiciaire, venaient en tenue de cérémonie invoquer Dieu sous ses voûtes émues. A la place des présidents, des conseillers laïques ou clercs, du Châtelet, etc., etc., se pressaient la cour suprême, les députations des cours d'appel et des tribunaux de toute la France : la société y avait envoyé tous ses représentants judiciaires dans la personne de MM. les procureurs généraux, et la basoche y comptait bon nombre d'officiers subalternes, sans parler du peuple des avocats. Mais il n'y avait pas, comme au bon temps, un évêque particulier pour célébrer la messe solennelle : l'archevêque de Paris avait cumulé les honneurs, autrefois distincts, de Notre-Dame et de la Sainte-Chapelle.

Un poëme justement célèbre a immortalisé la vieille église de saint Louis, lequel ne s'attendait guère à voir figurer un jour son œuvre de prédilection entre Boirude, sacristain, et Brontin, porte-croix, des héros du Lutrin. Personne n'ignore les péripéties de ce lutrin énorme, qui mit la guerre entre l'évêque et les chanoines, non plus que les burlesques exploits qui signalèrent sa conquête. Qu'il nous soit permis de faire remarquer une particularité singulière de ce récit : il s'agit du combat à coups d'in-folio dans la boutique du libraire Barbin. A cette époque, en effet, les boutiques de toute sorte encombraient le Palais de justice, ses abords, ses passages publics, et jusqu'aux issues de la salle des Pas perdus ; les magistrats eux-mêmes ne dédaignaient pas de percevoir un droit sur tous les détaillants dont ils toléraient la présence ; tant il est vrai qu'on ne doit pas croire à la lettre les éloges dont les anciens historiens comblent l'ancien parlement.

En effet, Mézeray, parlant de l'ancienne magistrature, la loue en ces termes : « Cette grande « compagnie était comme un sanctuaire de « toutes sortes de vertus, de tempérance, de con- « tinence, de modestie, de zèle pour le bien de « l'État et du public. Sa religion se laissait ra- « rement surprendre, et jamais corrompre. On « ne lui demandait pas d'injustice, parce qu'on « le savait incapable d'en commettre. Ses arrêts « étaient reçus comme des oracles, d'autant « qu'on savait que ni l'intérêt ni les parentés, ni « la faveur, quelle qu'elle fût, n'y pouvaient rien. »

Cet éloge pompeux a une certaine valeur dans la bouche d'un historien comme Mézeray, et l'on serait porté à regretter l'ancien parlement, si tous les magistrats qui le composaient s'étaient montrés à la hauteur de leurs ancêtres, dont il est ici question. Mais on connaît les scandales et les crimes qui ont mis fin à la magistrature d'autrefois ; et nous n'avons à en parler qu'à titre de renseignements sur la manière dont ils rendaient la justice : c'est une sorte de statistique.

Le parlement de Paris était une puissance dans l'État, et bien des fois il a lutté contre la royauté ; par ses remontrances ou par son refus d'entériner les édits et les décisions des lits de justice. Cependant il ne constituait pas un pouvoir politique pourvu d'attributions régulières et définies : sur l'invitation du chancelier, le premier président réunissait les chambres lorsque le roi demandait l'enregistrement d'un nouvel impôt ou d'une mesure quelconque, et, sur

Célébration de la messe dans la Sainte-Chapelle pour l'institution de la magistrature.

CHAPITRE XXV. — LE LONG DE LA SEINE (Suite). 225

l'avis des présidents et conseillers, il était présenté des remontrances à Sa Majesté au nom de l'intérêt public. Si, comme il arrivait le plus souvent, le souverain passait outre, le parlement refusait d'enregistrer, ou n'enregistrait que *sur le très-exprès commandement de Sa Majesté, plusieurs fois réitéré*. Une telle protestation suffisait quelquefois pour entraver l'exercice de l'absolutisme royal, surtout sous des princes manquant de hardiesse, ou bien pendant les époques orageuses de minorité et de régence. Chacun connaît le rôle joué par le parlement dans la Fronde, et se souvient de la joie du chancelier Maupeou, qui, ayant remanié et refondu cette compagnie rebelle, s'écriait dans la joie du triomphe, qu'*il avait tiré la couronne du greffe*.

La justice était rendue d'une façon plus régulière et mieux suivie. Lorsqu'on en eut fini avec toutes les juridictions féodales, et que Paris, entre autres, n'eut plus que les magistrats royaux, à la place de l'évêque, du chancelier de l'Université et de la prévôté, le parlement se trouva constitué d'une manière définitive. Le Châtelet, qui servait de lieu de réunion aux chambres du criminel; puis la grand'chambre du parlement, s'assemblant dans tous les cas de forfaiture, lèse-majesté, crime d'État, etc., et prenant quelquefois le titre de cour des pairs; enfin, la chambre civile et ses innombrables subsidiaires, pour rendre justice aux plaideurs et garantir les intérêts et les propriétés: tel fut alors l'ensemble de la juridiction.

Il n'est peut-être pas sans un certain intérêt historique d'examiner avec quelque détail la composition de l'ancien parlement de Paris: c'est en pénétrant dans un pareil dédale, en s'assurant de la justesse des immortelles railleries signées Racine et Boileau, que l'on apprendra tout ce que nous devons à la magistrature nouvelle. Si les cours et tribunaux de nos jours n'atteignent pas encore à la perfection, du moins il a été fait de grands pas vers la simplicité et la clarté en matière de lois et de jugements, comme le prouve la comparaison des deux organisations judiciaires.

La justice criminelle, dont l'importance diminue parallèlement aux progrès de la civilisation et à l'adoucissement des mœurs, occupait encore le premier rang sous l'ancien régime. Le petit criminel, c'est-à-dire les délits dont la connaissance appartient de nos jours à la simple police ou à la police correctionnelle, était du ressort de la prévôté de Paris. Le prévôt, sorte de maire assisté par des échevins ou adjoints, tenait ses pouvoirs de l'élection: il était nommé par les corps de métiers, et surtout par les syndics, qui lui servaient d'intermédiaire dans ses rapports avec les artisans. Son pouvoir judiciaire, très-borné par suite des empiétements successifs de la magistrature, s'exerçait, comme nous l'avons vu, par le lieutenant civil et le lieutenant criminel. Au-dessus de cette juridiction municipale se trouvaient le grand et le petit Châtelet. La justice du Châtelet remonte aux temps féodaux: elle tire son nom de l'ancienne forteresse bâtie par Jules César ou tout au moins par les Romains. Cette citadelle, reconstruite et entièrement renouvelée à diverses reprises, servit de siége aux tribunaux des comtes d'Ile-de-France, puis à la justice ordinaire, pendant que le parlement proprement dit suivait la cour des rois, puis enfin au présidial de Paris, rendu régulier sous Henri II et ses fils. La révolution de 1789 ferma définitivement ce vieux monument qui avait traversé tant d'époques différentes, et en commença la démolition, qui n'a été achevée qu'en 1802.

Le Châtelet exerçait sa justice sur les coupables de basse condition accusés de crimes ordinaires, tels qu'attentats aux personnes ou aux propriétés, faux, larcins, abus de confiance, etc. Lorsque le prévôt de Paris en fut détaché, il n'y resta qu'un seul conseiller, avec un secrétaire de son choix, lequel n'était souvent autre que son domestique. Pour mettre un terme à un pareil abus, et aussi dans l'intention moins louable de créer de nouveaux offices à mettre en vente, le roi, par édit de 1551, réorganisa le Châtelet et y installa un tribunal nouveau, connu sous le nom de présidial de Paris. Le présidial, modifié par ordonnance en date de 1684, comptait, indépendamment du lieutenant civil et du lieutenant de police, deux présidents, un conseiller d'église et cinquante-quatre conseillers laïques. Les causes étaient soutenues par le procureur du roi, assisté de quatre avocats généraux et de huit substituts. Un greffier, des huissiers audienciers et des juges auditeurs complétaient le personnel proprement dit du tribunal. Sous ses ordres servaient une infinité d'officiers inférieurs, chargés de l'exécution des sentences et de tous les rapports des magistrats, soit avec les coupables, soit avec la société en général. Quelques chiffres donneront une idée de cette armée de la basoche: ainsi on ne comptait pas moins de quarante-huit commissaires civils attachés au Châtelet, cent treize notaires et tabellions, deux cent trente-cinq procureurs, trois cent quatre-vingts huissiers à cheval et deux cent quarante huissiers à verge, tous en titre d'office, et enrégimentant sous leurs ordres une foule de recors et de sergents. Les confiscations et expropriations se faisaient par l'intermédiaire de cent vingt commissaires-priseurs; et une troupe nombreuse de chevaliers du guet, préposés aussi à la sûreté de la ville, prêtait main-forte au besoin. En outre, pour veiller à l'exécution des arrêts criminels, il existait un officier spécial, le lieutenant criminel, ou lieutenant de robe courte, assisté comme force légale d'un procureur du roi, d'un commissaire, d'un greffier et d'un contrôleur, et comme force active de douze exempts, d'un guidon, d'un brigadier et de soixante archers. En tout, à peu près douze cents officiers et magistrats de tout rang, pour la seule justice du Châtelet, c'est-à-dire pour les crimes des petites gens. J'allais oublier de nommer encore le questionnaire assermenté au Châtelet, et ses aides; car, au besoin, le Châtelet infligeait la torture, cette admirable invention pour éclairer et rassurer la conscience du juge. Si l'on calcule à quel taux se vendaient les charges lors de l'institution du présidial de Paris, il est aisé de se convaincre qu'une pareille création valait mieux que l'établissement d'un nouvel impôt.

Le parlement avait fini par compter un nombre d'employés et de magistrats plus considérable encore.

Au moment de sa dissolution définitive, il se composait de la grand'chambre, de trois chambres des enquêtes et d'une chambre des requêtes.

La grand'chambre ou cour suprême était présidée, en temps ordinaire, par le premier président, dont l'hôtel, avons-nous dit, occupait le terrain où est aujourd'hui la Préfecture de police, ou par quelqu'un des neuf présidents à mortier chargés de le suppléer. Ces magistrats supérieurs portaient la toque avec double galon d'or, la robe d'écarlate et le manteau fourré d'hermine. Avec eux siégeaient vingt-cinq conseillers laïques, en chaperon fourré également en hermine, et douze conseillers clercs, portant le rochet de satin violet. Le procureur général et les trois avocats généraux, ainsi que les audienciers, ne portaient, par-dessus la robe d'écarlate, que l'épitoge; leur bonnet était en drap d'or avec des perles. La grand'chambre prononçait en dernier ressort et avec le plus imposant appareil sur les questions épineuses de droit, les conflits de pouvoir, et les affaires des privilégiés; car la justice du temps consacrait à chaque pas le principe aujourd'hui aboli de l'inégalité devant la loi. Dans les séances les plus solennelles, dans celles où il s'agissait d'enregistrer les édits royaux ou de rédiger les remontrances, le parlement comptait au sein de la grand'chambre les princes du sang et les pairs du royaume, en habits de velours et de drap d'or, ainsi que l'abbé de Cluny, dans son costume de cérémonie, et le gouverneur de Paris. C'était un souvenir de la première existence du tribunal des pairs, lequel suivait la personne du roi, et se composait des grands feudataires laïques ou ecclésiastiques, relevant directement de la couronne. Cette cour, plus politique encore que judiciaire, avait été instituée dans le but de donner un frein à la féodalité; la tradition la faisait remonter aux douze pairs fabuleux de Charlemagne. Les jugements les plus fameux qu'elle ait portés sont la condamnation de Jean sans Terre, accusé du meurtre de son neveu, et dépouillé de la Normandie au profit de Philippe-Auguste, son suzerain; et, beaucoup plus tard, l'annulation du traité de Madrid, arraché par Charles Quint au roi François Ier, captif après le désastre de Pavie.

Le parlement servait aussi de cour suprême pour le criminel: on renvoyait devant la Tournelle les accusés de crimes extraordinaires, et ceux que leur condition mettait à l'abri des sentences du Châtelet. On ignore l'étymologie précise de ce mot de Tournelle; les uns prétendent qu'il dérive de la coutume qu'avaient les conseillers près la grand'chambre de présider tour à tour le tribunal criminel; les autres le font venir d'une tour, actuellement détruite, qui servit d'abord de vestiaire et ensuite de buvette aux magistrats en exercice. Quoi qu'il en soit, la Tournelle avait séance en même temps que les chambres civiles: elle était composée d'un président à mortier et des cinq plus jeunes conseillers de la grand'chambre, auxquels étaient adjoints trois membres du tribunal civil, un de la chambre des requêtes et deux de celle des enquêtes.

La basoche, c'est-à-dire la magistrature inférieure, s'était multipliée hors de proportion avec le nombre assez restreint des conseillers, qui ne dépassa pas soixante conseillers et deux présidents pour chaque chambre civile. Le greffe surtout, c'est-à-dire la comptabilité judiciaire en quelque sorte, se distingua par le nombre et la variété des charges. Outre le protonotaire ou greffier en chef pour le civil, on comptait un greffier aux présentations, un autre aux affirmations, quatre secrétaires conseillers, trois greffiers plumitifs, un garde-sacs, quatorze substituts, vingt-cinq huissiers, trois greffiers receveurs, trois commissaires aux saisies, un premier huissier et huit sergents aux enquêtes. Ajoutez les deux greffiers de la Tournelle et le garde-sacs; puis, brochant sur le tout, trois cents procureurs et un nombre illimité d'avocats. Toute cette foule de harpies n'avait d'autres moyens d'existence que ses déprédations sur les plaideurs. Il n'y a qu'à lire les plaintes de Racine, qui passa par leurs griffes. La langue parlée chez cette nation est de nos jours à peu près perdue: il faudra sous peu nommer une commission pour expliquer ces vers fameux:

Je produis, je fournis
De dits, de contredits, enquêtes, compulsoires, etc.

Nous avons bien encore dans la juridiction civile les *productions* et les *compulsoires*, mais l'unité du Code, succédant à la diversité infinie des coutumes provinciales qui dirigeaient la conscience des conseillers de parlement, a rogné les griffes de la chicane et introduit un peu de français dans le style des *dispositifs* d'un arrêt. L'organisation de la justice civile n'intéresse guère qu'une certaine partie du public; il nous suffira donc d'énumérer les principales instances que peut suivre une affaire, en commençant à la paternelle justice du juge de paix. On sait que ce magistrat représente l'intervention amiable du pouvoir judiciaire dans les légers différends qui s'élèvent entre citoyens; souvent on l'appelle à donner son avis et à essayer sa mission conciliatrice dans des causes plus importantes. La physionomie d'un prétoire de juge de paix ne sera pas oubliée dans les tableaux de mœurs parisiennes qui rentrent dans notre plan. Le Palais de justice commence où finissent les fonctions de ce juge bénévole. D'abord messieurs du tribunal de première instance: juges, présidents, procureurs, substituts et le reste, le menu peuple des huissiers, des greffiers, des avocats et avoués; ensuite la cour d'appel avec ses conseillers, présidents, procureurs et avocats généraux; enfin, la cour suprême, ou cour de cassation, ouvrant aux plaideurs intrépides, qui ne reculent pas à l'aspect de leur dernier écu, sa chambre des requêtes et sa chambre civile. Mais renvoyons les curieux à leurs avoués pour tous ces détails, et, sans délai, passons à la justice criminelle.

Chapitre XXVI.

LE LONG DE LA SEINE (Suite).

LE PALAIS DE JUSTICE (Suite.)

La cour d'assises. — Les cours prévôtales et les tribunaux révolutionnaires. — Les chambres ardentes. — L'inquisition. — Les conseils de guerre. — Organisation de la cour d'assises. — La salle des assises. — La plus belle moitié du genre humain à la cour d'assises. — L'huissier. — Le gendarme. — Le greffier. — Le poêle de la cour d'assises. — Les accusés. — Le huis-clos. — Le jury. — Le juré débonnaire. — Le juré Némésis. — Un jury américain. — Un verdict en partie lié. — Les magistrats. — L'avocat. — L'article 337. — Un billet indiscret. — Le stagiaire. — L'avocat éprouvé. — Une cause d'office. — Un bon client. — Les plaidoyers. — Les Petit-Jean de l'époque. — Une bande de voleurs émérites. — Un plaisant à la cour d'assises. — Le voleur souterrain. — La statistique criminelle. — Le parterre de la cour. — L'école du crime. — La police correctionnelle. — L'habitué. — L'avocat de police correctionnelle. — Un débutant. — La sixième chambre. — Le Cerbère de la police correctionnelle. — Un coup de filet. — Le violon. — La grande souricière. — Le panier à salade. — Les types et la mise en scène à la police correctionnelle. — Le vol simple. — Le vol à la tire. — Le vol aux fausses mains. — Le vol au crochet. — Les pick-pocket à Londres. — Le vol au bonjour. — Le vol à l'américaine. — Le faux paralytique. — L'épileptique. — Quelques chiffres à propos de jugements et de condamnations.

La répression des crimes offrant une certaine gravité appartient, de nos jours, à un tribunal tout spécial, la cour d'assises, modelé sur les institutions libérales de l'Angleterre et de l'Amérique, lesquelles institutions dérivent elles-mêmes du vieux principe de droit barbare, que chacun doit être jugé par ses pairs. La cour d'assises remplace d'une façon conforme à l'équité et au droit naturel non-seulement l'ancienne Tournelle, mais encore les divers tribunaux d'exception qui se sont succédé dans l'intervalle qui sépare la création du jury de l'abolition du parlement. Je veux parler des tribunaux révolutionnaires et des cours prévôtales, qui ont laissé de si tristes et si sanglants souvenirs dans les annales judiciaires. On se rappelle, en lisant de nos jours quelques arrêts trop fameux de ces juridictions extraordinaires, les chambres ardentes et les chambres étoilées d'autrefois, ou encore les mystères de l'inquisition et des tribunaux ecclésiastiques. Dieu merci, la vie et la liberté des hommes sont devenues quelque chose de plus sacré et de plus inviolable : tout accusé est jugé par ses pairs, et trouve des garanties pour son innocence, en même temps que les intérêts de la société sont sauvegardés d'une manière suffisante. La seule juridiction exceptionnelle qui subsiste, c'est celle des conseils de guerre; dont l'application à l'ordre civil n'a lieu que dans les cas désespérés de révolutions et d'état de siège.

Chacun connaît l'organisation des cours d'assises: à Paris surtout, il se rencontre bien peu de citoyens qui n'aient pas, une fois au moins, suivi les débats de quelque procès criminel, et contemplé d'assez près le mécanisme des discussions et des jugements. On sait que le jury, destiné à prononcer sur l'innocence ou la culpabilité du prévenu, se compose de trente-six membres tirés au sort dans la liste générale du jury extraite de la liste générale des électeurs âgés de vingt-cinq ans et domiciliés dans le département de la Seine. Après le jury, dont le sort également désigne douze membres pour chaque affaire, se trouve la cour, composée de trois conseillers dont un désigné comme président par le ministre de la justice

La plus belle moitié du genre humain à la cour d'assises.

Cour d'assises de la Seine.

pour chaque session; puis le procureur général ou l'un de ses substituts, le défenseur, le greffier, les huissiers, les gendarmes, dont chacun sait l'utilité et l'universalité. Ces premiers détails une fois posés, entrons dans la salle des assises, dont la porte est surmontée de ce distique :

Hic ponæ scelerum ultrices posuere tribunal,
Sontibus unde tremor, civibus unde salus.

D'abord, un espace pour le public, où se presse, en compagnie de factionnaires chargés du maintien de l'ordre, la foule des curieux en blouse, qui viennent trop souvent prendre gratis des leçons de Code pénal et de présence d'esprit pour s'en servir au besoin. Bon nombre d'honnêtes badauds s'y trouvent aussi, dans l'intention d'user du calorifère officiel ou de passer quelques instants à suivre une affaire intéressante. Pour être justes, convenons que ce n'est pas là tout le public: dans une sorte de niche mesquinement décorée, qui s'ouvre tout en haut de la salle, se presse la foule des spectateurs privilégiés, qui s'introduisent au moyen de cartes délivrées par le président. Cet espace étroit est d'habitude occupé par les dames, curieuses de suivre les débats de crimes bien noirs et bien atroces: et la moitié la plus faible et la plus compatissante de l'espèce humaine s'y montre souvent d'une insouciance qui ressemblerait presque à de la férocité. Les gardes des sceaux se sont maintes fois proposé d'arrêter cette espèce de scandale. Les émotions de la cour d'assises, ou du moins les places réservées, seront désormais, d'après une circulaire récente, interdites à *la plus belle moitié du genre humain.* Il ne lui restera plus que les débats de la police correctionnelle. De l'autre côté de la barrière, les bancs des témoins; à droite, la sellette, où s'assied l'accusé entre deux gendarmes; à gauche, les fauteuils des jurés et le pupitre de l'audiencier. Puis une estrade qui s'élève sur deux ou trois marches: d'un côté, les bureaux du greffier et de l'avocat général; de l'autre, des places réser-

CHAPITRE XXVI. — LE LONG DE LA SEINE (Suite).

vées. Au milieu, la grande table drapée de rouge, où siège la cour, dominée soit par le buste du chef de l'État, soit par un crucifix ou un code entre-bâillé. Portes latérales et portes au fond : l'une pour les jurés, l'autre pour les magistrats; celle-ci pour les témoins et l'avocat, qui va s'asseoir aux pieds de son client, derrière une simple table, jadis derrière un barreau ou barrière; celle-là, enfin, conduisant à la grande Souricière, prison souterraine placée en dessous de la salle des Pas perdus, pour servir d'entrepôt momentané des prévenus à l'instant de leur jugement. Parmi toutes les physionomies qui se mouvent dans ce cadre, il en est d'invariables: celles du gendarme, du greffier, de l'huissier, par exemple; les magistrats, malgré leur tenue et leur sénatoriale majesté, commencent à offrir quelques nuances; enfin, il existe des variétés sans nombre d'avocats, de jurés, de prévenus et de témoins.

Procédons par ordre, et parlons d'abord des types comme stéréotypés en caractères immuables; parlons de ces figures qu'on dirait une décoration de la salle plutôt qu'une collection d'êtres humains. L'huissier est en général un petit monsieur, tout de noir habillé, avec une espèce de rideau en étamine noire sur les épaules et une toque crasseuse sur la tête; tout son rôle consiste à introduire les témoins, à crier par intervalles des: Silence! messieurs; ou, Chapeau bas! messieurs, avec le fausset le plus aigre et le plus glapissant qui ait jamais déshonoré un gosier ordinaire. Quand il a vieilli dans ces monotones occupations, sa voix s'éraille de plus en plus, son costume se râpe et se délabre; il maigrit; ses articulations semblent percer partout leur enveloppe; son visage prend les rides et le ton jaunâtre du parchemin, et sa personne entière représente assez bien un de ces

La grande souricière, au Palais de justice.

casse-noisettes qui nous viennent de Nuremberg.

Le gendarme: qui ne l'a vu, radieux sous ses buffleteries, la physionomie grave, sereine, imperturbable, comme il convient à une incarnation de l'ordre et de la loi? Côte à côte avec un incendiaire ou un parricide, le gendarme ressemble en tout point au gendarme qui surveille, dans l'intérêt de la morale dite publique, les bals excentriques et les plaisirs plus que champêtres; il est le même quand il jette sur le pavé un locataire récalcitrant, et quand il traque au milieu des défilés un malfaiteur dangereux. C'est le sphinx égyptien en shako et en uniforme: il pose au monde l'énigme impénétrable de ses sentiments, de ses émotions, de sa personnalité. Est-ce là un homme, une statue animée ou un automate? C'est un gendarme.

Le greffier n'est autre chose, lui, qu'une machine à écrire et à nasiller les actes d'accusation ou autres pièces nécessaires aux débats. Passons.

Voilà pour la galerie, pour le fond du tableau.

Viennent ensuite les figures qui sont, judiciairement parlant, sur le premier plan : le juré, le magistrat, le procureur général ou son substitut (ces divers personnages ont, disons-nous, la prépondérance; ils règnent complétement sur la cour d'assises, ils n'ont au-dessus d'eux que la justice); le juré, qui prononce par oui et par non; le procureur général, représentant la société; le président et les deux juges, ces organes de la loi et ces chefs de la discussion : ce ne sont certes pas là des gens sans importance.

Mais le public vient-il pour eux? Est-ce leur éloquence, leur impartialité, leur talent qu'on veut admirer? Mon Dieu, non. Nous sommes ainsi faits; qu'il se présente aux assises un procès bien épineux, une banqueroute frauduleuse, par exemple, où magistrats et jurés n'ont pas trop de toute leur attention et de toute leur sagacité, vous verrez la salle à peu près vide. Le poêle seul, s'il fait froid, réunit en ce cas autour de lui quelques fidèles qui préfèrent s'ennuyer au dedans plutôt que de grelotter au dehors. Et, ici, il n'est pas

L'huissier.   Le journaliste.   L'avocat.   Le garde républicain.   L'habitué.

mal à propos de rappeler sommairement le poêle, l'humble poêle, à l'insouciance de ses obligés même : que de cours publics sans auditeurs, que de cafés déserts, que de bibliothèques, voire même d'églises abandonnées, sans la bienfaisante chaleur que ce modeste foyer répand avec largesse! Au Palais de justice, il est cependant d'une moindre importance et d'un moindre attrait; le plus souvent l'affluence est telle, qu'au lieu d'être un bienfaiteur, le poêle devient une gêne et un tourment. Je parle des séances fortunées où s'assied sur le banc des accusés un meurtrier féroce, bête à face humaine, un incendiaire, un adroit voleur. Je parle des temps peu reculés où certaine presse fournissait son contingent d'illustrations équivoques, reléguées aujourd'hui sur les bancs de la police correctionnelle ; ou bien encore de ces rares aubaines qui montrent à l'habitué un bigame, ou quelqu'un de ces infâmes qui renouvellent, en plein dix-neuvième siècle, les tristes scènes de dépravation dont Rome fut le théâtre. Hélas! en ces cas, la morale publique, sur les réquisitions du procureur général, ordonne le fatal huis-clos, et, de toutes ces horreurs savourées d'avance, il ne reste au public curieux, rien... que la consolation d'entendre le résumé du président. Je parle des temps où ce qui excite au plus haut degré l'intérêt général, c'est le criminel fameux, l'avocat célèbre et retors : nul ne vient pour applaudir l'éloquence du ministère public et l'adresse de l'interrogateur ; chacun se presse autour de ces deux figures humbles en apparence, le prévenu sur sa sellette de bois, l'avocat derrière son mesquin pupitre.

Vouloir décrire le juré, c'est s'exposer à offrir un centième exemplaire de ce daguerréotype si commun qui représente le bourgeois, le citadin. Malgré le suffrage universel, qui donne à chaque citoyen le droit peu envié de venir à ses frais juger ses semblables, le jury se recrute d'ordinaire au sein des classes aisées, qui souffrent moins d'un dérangement, d'une perte de temps et souvent d'argent. Il est pourtant assez curieux d'examiner ces physionomies connues dans l'exercice d'une fonction que chacun comprend la gravité ; et on peut assurer aux lecteurs que cette étude de visages, et cette divination de pensées, sous un masque en général assez transparent, ne manque pas d'attrait. Voyez-vous cet honnête négociant à la face enluminée, au ventre rebondi ? il s'accoude sur l'appui qui règne devant son fauteuil ; il ne perd pas un mot des dépositions et des questions suivies ou non de réponse ; il frémit à l'acte d'accusation, frissonne

Magasin de réserve pour le jury.

aux paroles des témoins à charge, et se sent la chair de poule après le réquisitoire du ministère public. A ses yeux, l'accusé n'est plus qu'un scélérat, un fléau de l'humanité ; les peines édictées par la loi sont insuffisantes ; il invente des supplices, il rêve des tortures inconnues aux bourreaux de l'ancien parlement. Vous croyez qu'il va condamner : patience, l'avocat n'a point parlé encore. Peu à peu mon juré s'adoucit, le cas cesse de lui paraître si pendable ; il s'attendrit sur la famille désolée, sur les pauvres orphelins ; il croit au repentir, à l'innocence, à tout ce qu'on voudra, et, bien que le résumé final fasse renaître en lui quelque doute et quelque perplexité, il revient avec une réponse négative sur tous les points.

A côté de ce digne homme siège un vrai bourgeois de Paris ; un de ces hommes pour qui le travail n'a jamais été qu'un mythe, et qui grossissent toutes les foules agglomérées autour d'un épileptique qui jette son écume ou d'un chien qui se noie. Lui, il ne se laisse nullement prendre aux beaux déduits de l'avocat. Ce nom même d'avocat lui paraît synonyme de ruse, de tromperie. Mais il veut juger par lui-même : il contrôle dans son for intérieur le pour et le contre, et il finit par si bien embrouiller sa mémoire et sa conscience, qu'il donne son avis à peu près au hasard. Sans doute il n'eût pas été déplacé dans ce jury américain dont l'histoire est récente. Un accusé de crime capital attendait la vie ou la mort d'un verdict : les jurés, enfermés dans leur salle, s'étaient partagés en deux camps égaux, sans que nul désertât le drapeau du oui ou du non. La loi du pays défend que le juré reçoive aucune communication avant d'avoir porté son arrêt ; grâce à l'obstination des yankees, la nuit survint. Enfin, idée lumineuse : « Si nous jouions la question à l'écarté ! » L'approbation fut unanime : les acquitteurs gagnèrent en partie liée.

Cet autre juré au contraire, homme sec et flegmatique, n'appréhende pas comme son voisin l'alternative ; car il a un parti pris. Suivant lui, il ne faut pas s'abstenir dans le doute ; aussi se pose-t-il en vengeur de la société : il condamne, et condamne toujours, afin de faire des exemples. C'est le juré Némésis.

Les magistrats présentent, en général, moins de divergence et plus de gravité dans leur physionomie. Malgré la maigreur des appointements d'un conseiller à la cour, qui est appelé plusieurs fois dans l'année à présider la session des assises, on reconnaît à première vue que le président sait comprendre la hauteur de sa mission et la dignité de son caractère. Eclairer la conscience du jury, sonder celle des témoins, lutter avec le prévenu, dont toutes les forces intellectuelles se tendent sur sa situation, cela ce n'est pas là besogne facile ! Seulement on voudrait quelquefois que ces dignes organes de l'équité et de la justice eussent un peu plus d'égards pour les accusés qui le méritent : ne semble-t-il pas que l'homme assis sur la sellette doit être considéré comme innocent tant que son arrêt n'est pas prononcé ?

Cette observation pourrait s'appliquer, et même plus de justice et de sévérité quelquefois, aux jeunes substituts, qui, dans les causes peu importantes, suppléent les procureurs généraux. Le ministère public a souvent, en effet, pour interprètes des hommes pleins de justice peut-être, mais d'une inexpérience et même d'une présomption fâcheuse. On regrette de voir un jeune homme élégant, souvent connu dans le monde galant par des titres tout autres que ceux de la magistrature, enfler la voix et se dra-

Il acquitte.

Il condamne.

per dans sa robe noire pour appeler, à grand renfort d'hyperboles, les foudres pénales sur la tête d'un malheureux. Souvent il arrive, outre le peu de convenance que présentent de telles harangues, que l'avocat se venge au nom de son client, et dirige, pour son compte, des traits perçants sur ces vessies gonflées et sonores ; que devient, en pareil cas, la dignité du juge et du défenseur de la société? On se souvient de ce jeune Démosthènes de parquet, dont la voix formidable tonnait depuis longtemps déjà contre une femme surprise en *criminelle conversation*, et contre le complice ; il appelait toutes les rigueurs du Code et du fameux article 337 sur la tête des coupables, lorsque tout à coup un papier déployé se glisse hors d'une poche secrète. Le greffier s'empresse de le rendre à l'orateur, croyant sans doute avoir trouvé une feuille de notes ; un regard est jeté, et soudain la harangue cesse. Le malheureux lisait une lettre, hélas ! conçue à peu près en ces termes :

« Cher,

« Je t'annonce un grand bonheur : je vais être mère... Mon mari est dans le ravissement, etc. »

Je laisse à deviner le reste. Il court, dans le monde demi-officiel de la judicature, certains bruits de douces violences, de séquestrations pareilles à ces liens de roses dont Armide enchaîna Renaud. Certaines sirènes, portant par fois les noms les plus honorés de la magistrature, seraient parvenues à fixer autour du flambeau de leurs charmes nombre de papillons fort renommés au parquet, et ailleurs. Pardon de ce marivaudage : il est dans la couleur locale.

Parmi les types, en quelque sorte exceptionnels, que présente la cour d'assises, je n'ai garde d'oublier les témoins. Mais leur portrait sera mieux placé quand il sera question de la police correctionnelle : par-devant les jurés, le témoin n'offre pas ces variétés piquantes, ces physionomies originales qui le distinguent en présence d'un tribunal moins imposant. D'ordinaire, il sent que sa parole est d'une importance majeure ; il reconnaît que la fidélité de ses souvenirs peut perdre ou sauver un homme, et qu'un détail hasardé conduit souvent à des extrémités terribles. Aussi, quelle que soit la classe, la position sociale à laquelle il appartienne, ses termes sont presque toujours mesurés et précis : il fait tant d'efforts pour se montrer clair et véridique, qu'il lui arrive parfois de se couper. Alors je le plains : il appartient, pieds et poings liés, à l'avocat, qui le tourne et le retourne, lui tend des pièges, grossit les contradictions, atténue les déclarations formelles, et finit souvent par crier à la mauvaise foi : cela sans compter les demandes pressantes du ministère public, ses menaces parfois, car il peut requérir l'arrestation d'un témoin menteur, et aussi les questions souvent déplacées des jurés. Quand l'épreuve est terminée, il regagne son banc, épuisé, mais pas toujours pour rester quitte de nouvelles embûches et de nouveaux tourments. Attendons les procès modestes de la sixième chambre ; nous y trouverons plus complète notre collection d'originaux appelés à prononcer le sacramentel : « Je le jure ! » Devant ce tribunal aux allures moins sévères il règne un petit espace réservé aux témoins, il en est de même à la cour d'assises : cette place, limitée d'un côté par la barre, de l'autre, par l'estrade des magistrats, pourrait s'appeler, à juste titre, la scène du monde : chacune des nuances de la vie humaine vient s'y refléter ; chacun des personnages qui jouent un rôle dans Paris et dans le monde, y comparait à son tour, avec son caractère propre, et y donne une représentation abrégée au profit des curieux, des juges, des avocats, sinon toujours au profit des prévenus. Rien de pareil à la cour d'assises : ce n'est pas là que les journalistes spéciaux viennent puiser les scènes piquantes, originales, comiques, dont ils égayent leur troisième ou quatrième page.

Le témoin nous conduit par une transition naturelle à l'avocat, son ennemi juré, et l'avocat au client. Qu'est-ce qu'un avocat ? Ici, ma route se bifurque, et j'aperçois deux directions contraires. L'avocat, c'est l'appui de l'innocence, l'œil, le flambeau de la justice humaine, la voix éloquente, qui arrache à l'infamie, à la mort, le père de famille, le jeune homme, le vieillard. Il prévient les erreurs judiciaires, il démont les probabilités, les rumeurs indécises que condense le ministère public avec sa logique souvent impitoyable. L'avocat, c'est Démosthènes doublé de Cicéron, qui, par amour de l'humanité, rabaisse son génie au niveau d'une cause vulgaire, ou plutôt, par un effet de sa puissance oratoire, élève jusqu'à lui les procès les plus infimes et ennoblit jusqu'aux plus humbles détails des existences les moins poétiques.

Suivez l'autre voie : cet orateur si beau, si grand, si honnête, n'est plus qu'un vendeur de paroles, un mercenaire, qui juge la vérité ou l'erreur, le crime ou l'innocence, sur le seul *critérium* de l'or et du profit. C'est un de ces gens qui parlent, dissertent, endoctrinent à tout propos, ne sachant rien, ne possé-

L'avocat. — *Or donc.....*

dant qu'une facilité déplorable à enfiler des phrases les unes au bout des autres, et plus étrangers à la notion du bien que les intelligences les moins éclairées, plus immoraux souvent et plus nourris dans le vol et la fraude que leurs pires clients. J'aime à croire que la vérité se rapproche surtout des hyperboles de l'opinion favorable à cette classe tour à tour si estimée et si dépréciée. L'avocat ! bien fou, qui prétendrait juger sur quelques individualités cet être multiple, ce protée aussi divers que la société dont il représente, dont il épouse, dont il défend à outrance les intérêts. Il y a l'avocat au civil et l'avocat au criminel, l'avocat de cour d'assises et de police correctionnelle, voire même de simple police ; et, au-dessus de ces variétés d'avocats plaidants, la famille non moins nombreuse des avocats consultants. Parlons de l'avocat de cour d'assises.

Généralement il est très-jeune, débutant, ou, pour employer le terme, stagiaire. Frais émoulu de l'école de droit, il sent encore l'odeur âcre du tabac de la régie dont se parfumait naguère sa modeste chambrette de la rue Saint-Jacques, et sous son costume sévère comme l'exige le tribunal, on retrouve encore des vestiges de l'excentricité, du *chic* d'hier. Plus de moustaches à crocs martialement tirebouchonnés ; mais une chevelure soignée, des favoris à la frisure irréprochable, une élégance à faire envie aux plus galants substituts. Sous le bras un portefeuille énorme, aux trois quarts rempli de journaux ou d'affiches soigneusement pliés et déguisés en dossiers ; sur la tête une toque toute neuve, et, dans l'exercice de ses fonctions, une robe fraîche et un rabat éclatant de blancheur. Monsieur le président l'a choisi d'office pour un pauvre diable à qui ses vols n'ont pu procurer le salaire d'une notabilité du barreau. Il commence d'une voix étouffée par l'émotion et arrive, cahin-caha jusqu'à la péroraison. Heureusement le résumé fraternel ne l'oublie pas, et, en refaisant son plaidoyer, le président ajoute au maître un tel donne les plus belles espérances et promet un Chaix-d'Est-Ange nouveau.

Dans les causes les plus sérieuses, ou lorsqu'il s'agit d'un prévenu riche, la barre reçoit un avocat éprouvé au feu de bien des arrêts et des improvisations. C'est alors pour les habitués un jour de fête ; débats savamment contrôlés, harangue vive, chaudes répliques, rien n'y manque. Mais il ne faut pas dédaigner pour cela le stagiaire : bon nombre de renommées aujourd'hui incontestables ont commencé par une cause d'office.

Si le débutant a quelque talent et a le bonheur d'avoir un *bon* client, le procès peut devenir très-intéressant et très-fécond en péripéties. On appelle un bon client quelque scélérat fieffé et hors de ligne, quelque parricide avec les circonstances aggravantes ; un forçat évadé, un incendiaire ne manquent pas non plus de mérite. Un des plus remarquables avocats de notre temps doit peut-être sa réputation à une affaire de ce genre ; il sauva la vie à un meurtrier notoire, qui avait pour toute excuse un long séjour au bagne ; juges, accusés, jurés eux-mêmes se trouvèrent surpris de n'avoir, pour un tel homme, prononcé que quinze ans de travaux forcés. Il faut convenir que l'éloquence est une belle chose !

Il est à remarquer, surtout en cour d'assises, que les plaidoyers et les réquisitoires continuent à se couler dans le même moule : la critique de Racine, les discours de maître l'Intimé et de maître Petit-Jean sont encore vrais sur ce point. Règle générale, quand l'avocat général, ou le substitut, a la parole, sa harangue commence par un appel à la justice des jurés : « Messieurs, la société est menacée, compromise par ce scélérat qui a dérobé un habit à son maître ; il est de votre mission de la sauvegarder par un arrêt sévère. Les crimes les plus affreux demeureraient impunis, si vous laissiez ce crime sans répression. Messieurs, le ministère public, organe de la loi, défenseur et champion de la sécurité publique, invoque sur lui les foudres du jury... » Un certain nombre de ces phrases toutes faites suffit pour le réquisitoire, avec quelques ingrédients particuliers, de nature à en relever le goût çà et là.

L'avocat, lui, en est encore au fameux début de Petit-Jean ; il vante l'éloquence de monsieur le substitut, se plaint de son insuffisance, il invoque les antécédents du client, s'il ne peut lui contester la qualité d'assassin ou de parricide, de forçat évadé, du moins il nie effrontément l'évidence, entasse les sophismes, les chicanes, multiplie les *or donc* ! les exclamations à effet ! Vous en trouveriez encore qui remonteraient à la naissance du monde et à la création. Mais ce serait peu de chose si le *métier* d'avocat n'attaquait pas infailliblement ce fonds de moralité que tout homme doit avoir en soi ; et comment ne l'altérerait-il pas chez celui pour qui toute cause est bonne ; qui, en en prenant une en main, aurait aussi bien pris celle de la partie adverso, si celle-ci était entrée avant l'autre dans son cabinet, et qui arrive quelquefois jusqu'à donner conseil aux deux parties dans une même affaire ?

Comme on le voit déjà, en pénétrant à la cour d'assises, il ne faut s'attendre qu'à rencontrer des crimes repoussants ou horribles, appartenant aux plus sinistres catégories du Code pénal. Triste aspect, souvent uniforme du reste, que celui de la sellette des accusés. Aujourd'hui, c'est une bande entière, hommes et femmes, quelquefois des vieillards ou des adolescents à peine sortis de l'enfance, qui viennent rendre compte de leurs méfaits, vols, faux et autres. On en a vu ainsi jusqu'à soixante, tous ensemble pris dans un gigantesque coup de filet. Cette troupe fameuse dans les annales judiciaires avait organisé le pillage et la fraude sur une échelle immense et avec une perfection que l'on eût admirée dans une entreprise honnête : elle comptait des *employés* de toute sorte, avec des attributions définies : les uns volant, les autres recélant ; ceux-ci chargés d'écouler le butin, ceux-là de le dénaturer. Un physicien en faisait partie ; grâce à ses tours, renouvelés de ceux de Bosco et de Philippe, il devait réunir la foule, et rendre l'escroquerie plus aisée par l'agglomération des victimes. On y voyait aussi un plaisant de profession, qui donna un échantillon de son savoir-faire à l'audience : « Te souviens-tu, lui dit le dénonciateur, un de ses complices, de ces toiles, de ces foulards, de ces soieries qui ont été ta part de profit? — Oui, répond le bouffon; des *tissus* de mensonge. »

Le vol, d'ailleurs, du moins dans ses rapports avec la cour d'assises, ne sort guère des cas prévus par la loi : toujours violence, effraction, abus de confiance, irruption nocturne, et la terrible litanie des circonstances aggravantes. On cite, comme un trait exceptionnel, le procédé d'un malfaiteur qui eut la constance de creuser un vrai souterrain pour parvenir au jardin doré de piastres, de sequins, de pistoles et de souverains qui s'épanouissait à l'étalage d'un horloger-changeur. Vêtu comme les égoutiers, il avait passé plusieurs jours à cette besogne, entrant et sortant sans obstacle de l'égout où il avait établi cette mine d'un nouveau genre : enfin il parvint une belle nuit à soulever la dalle de la boutique et à cueillir le fruit défendu. C'est mettre presque du génie pour le mal, puisque, Buffon l'a dit, le génie n'est qu'une longue patience.

Je ne m'arrêterai pas sur les assassins. Le lecteur curieux d'émotions cruelles, celui qui aime les récits sanglants et les tragédies domestiques, malheureusement si fréquentes, trouve de quoi satisfaire ses goûts dans les nombreux journaux qui reproduisent matin et soir les crimes les plus horribles avec le plus minutieux détail. Pour nous, nous ne saurions

Vol commis chez un bijoutier de la rue Saint-Antoine.

Une bande d'accusés à la cour d'assises.

nous plaire à décrire les ravages exercés par la balle ou le poignard du meurtrier, les blessures des instruments de toute sorte, *tranchants* ou *contondants*, comme dit le juge d'instruction. On comprendra également que ce silence n'est pas moins nécessaire s'il s'agit des crimes contre les mœurs, et que l'on ne peut blâmer ceux qui imitent la pudeur du ministère public; pour ces sortes d'affaires les huis-clos convient également à la cour d'assises et dans les livres.

Quelques chiffres de statistique sont nécessaires pour compléter ce qui regarde la cour d'assises. Et, afin d'éviter les redites, je parlerai ici de la criminalité en général. On voudrait avoir la consolation de dire qu'avec les progrès de l'instruction et des lumières, les mœurs vont en s'adoucissant, et on consulte les tables de statistique avec l'espoir d'y trouver une série décroissante. Hélas! il n'en est rien. Si, d'une part, la civilisation gagne de jour en jour, de l'autre, la misère, la hideuse misère est lui qui croît, et en croissant multiplie les crimes; nous sommes comme le triomphateur romain : au moment où, fiers de tant de conquêtes, nous allons oublier nos faiblesses et nos erreurs; la misère, le crime, assis derrière nous, crient, ainsi que l'esclave qui accompagnait les consuls sur leur char : « Souviens-toi que tu es homme! » De 1830 à 1850, en divisant cet intervalle par périodes quinquennales, nous trouvons que les crimes croissent dans une proportion assez considérable, puisqu'on trouve successivement *un accusé* sur 4,900, sur 4,600, sur 4,400, et enfin, sur 4,200 habitants. Il est vrai que cette progression n'est pas rigoureuse.

Voulez-vous maintenant savoir où s'instruit cette population vouée au crime? Regardez le public en blouse, à la physionomie sinistre, qui se presse aux premières places du parterre de la cour. Regardez cet individu à figure équivoque, lisant, plein d'attention, l'extrait des arrêts affiché sur tous les murs de Paris. Il apprend là les risques qu'il court après avoir appris à déjouer les poursuites le mieux possible : la société, qui lui refuse peut-être l'éducation et l'instruction pour le bien, n'épargne rien afin de lui enseigner le mal. Pauvre et honnête, il n'a rencontré peut-être ni école, ni ressources, ni travail : criminel et condamné, il trouvera la prison préventive pour achever de se corrompre, et le bagne où doit s'ensevelir à jamais, sinon sa vie matérielle, du moins sa vie morale.

Dieu merci, tous les criminels qui doivent rendre compte de leurs méfaits à la justice humaine n'appartiennent pas aux sinistres catégories d'assassins, d'incendiaires, de voleurs qualifiés, et autres scélérats dont il faut s'occuper exclusivement quand on parle de la cour d'assises. Un poète, qu'il est inutile de nommer, a dit :

Ainsi que la vertu, le crime a ses degrés.

Pour les degrés inférieurs du crime, l'on a inventé les tribunaux de police correctionnelle et de simple police.

C'est un nom, hélas! bien illusoire que celui de tribunal *correctionnel!* Est-ce qu'il existe, dans les conditions actuelles, une justice humaine qui corrige,

Un ban rompu.

c'est-à-dire qui châtie avec un bras assez paternel pour rendre le châtié meilleur? Au contraire, une condamnation en police correctionnelle est le premier échelon qui conduit à la cour d'assises : de même que le délit de fraude ou le vol simple servent de première marche pour descendre l'escalier impitoyable de l'abîme au fond duquel se trouvent les travaux forcés, le bagne ou la peine de mort. Il n'est pas encore donné au pouvoir qui frappe de guérir en même temps; et, tous les jours, on reconnaît de plus en plus qu'une première condamnation en amène infailliblement une seconde plus grave, jusqu'à ce qu'enfin on arrive aux plus sévères de toutes. Telle est la conclusion triste, mais exacte, qui résulte d'un examen sommaire des causes jugées par le tribunal correctionnel.

La salle des Pas perdus est en quelque sorte l'antichambre des trois salles dans lesquelles se rend la justice criminelle réduite à de plus modestes proportions. On peut déjà y reconnaître, au moyen d'observations superficielles, à quel genre de public on aura affaire : comme pour les cours d'assises, la majorité se compose de filous en expectative, et de voleurs dans l'intervalle de deux captivités. On trouve çà et là, mêlés à toute cette cohue infinie, d'honnêtes rentiers, des badauds qu'attire la renommée souvent trompeuse du tribunal, et aussi cette physionomie d'habitué que l'histoire naturelle de Paris, sous la dénomination d'*habitué de la police correctionnelle*. L'habitué est un ancien épicier ou petit commerçant, parvenu à cet âge équivoque où l'on n'est plus jeune; il s'en faut, de beaucoup, qu'il soit positivement vieux. Le voisinage du Palais de justice, l'exiguïté de ses économies personnelles, et, enfin, le besoin d'une occupation ou d'une distraction journalière après trente ans de tête à tête avec les barils de moutarde ou les pièces de toiles et de nouveautés, ont décidé sa vocation d'écouteur infatigable. Il est peu à peu devenu, pour la sixième chambre, un accessoire aussi indispensable que le garde municipal qui barre la porte au flot sans cesse grossissant des curieux, que l'huissier qui demande le silence, que le greffier qui annonce les causes. Aussi le voit-on chaque jour, aux heures d'audience, le premier de la queue qui presse la porte; il connaît le personnel tout entier, échange des saluts avec le garde municipal de service, et, grâce à lui, parvient à se placer près du calorifère, derrière les banquettes des témoins; ce qui constitue un poste d'honneur très-envié du reste de l'auditoire.

L'avocat de la police correctionnelle se distingue sans peine de celui qui plaide en cour d'assises ou devant les tribunaux civils. Ses manières se ressentent de la clientèle qui l'honore de sa confiance. Mais que vient faire un avocat à la sixième chambre? En général, le cas est clair, et la législation nullement douteuse : dans quel intérêt les parties auraient-elles recours à la chicane pour obscurcir les voies de la justice? Il existe cependant une race de Cicérons faméliques, rebut de la cour d'assises et des chambres civiles, qui guettent au passage le marchand de vin coupable d'avoir combiné les éléments de sa marchandise dans des proportions illégales, ou le récidiviste qui espère en ses *bons antécédents* pour obtenir un adoucissement à la rigueur des

Escalier conduisant au tribunal de police correctionnelle.

lois : de pareilles rencontres sont, pour ces *chicanous* de bas étage, comme dit Rabelais, une bonne fortune, une aubaine imprévue. Rarement les causes de la police correctionnelle s'élèvent à une hauteur assez

Débutant.

grande pour que l'intervention d'un bon avocat devienne nécessaire : n'est-ce pas toujours la même chose ? Un forçat libéré qui a rompu son ban ; un vieillard ou une vieille femme surpris en état de mendicité ; un enfant étranger sans ressources ou un petit mauvais sujet parisien prévenus de vagabondage, ou de temps à autre une bande nombreuse de filous émérites arrêtés d'un seul coup de filet dans quelque tapis franc de Paris ou de la banlieue. Ajoutez à cela les accusations d'adultère, les coups et blessures par imprudence, ou à la suite de l'ivresse, et enfin le vol, la filouterie, l'escroquerie, la fraude, dans leur inépuisable variété. Si l'espèce humaine ne fait pas aussi peur là qu'à la cour d'assises, au moins inspire-t-elle plus de dégoût et de misanthropie. A la rigueur, on comprend un assassinat, dans un moment où les passions se font entendre plus haut que le bon sens et la raison ; mais, pour notre honneur à tous, on ne voudrait pas qu'il se trouvât des hommes capables de faire du vol un métier, assez éhontés pour tirer gloire de leurs condamnations, et assez incorrigibles pour résister à toutes les *corrections* du tribunal. Ce sont ces derniers que l'on voit, en attendant leur tour, promener sur le public, sur les magistrats, sur tout ce qui les environne, un regard insouciant et curieux ; ils remarquent les moindres changements faits au local, les peintures nouvelles, les draperies, les appropriations de toute sorte. Souvent ils expriment à haute voix leurs observations et leurs critiques.

La police correctionnelle occupe trois salles distinctes ; elle a chassé la justice civile de la septième et de la huitième chambre, et formé de ces deux salles les annexes de la fameuse sixième chambre, où se tiennent, depuis leur institution, les séances de ce tribunal. On sait de quelle vogue, souvent bien peu méritée, jouissent les procès correctionnels. Longtemps avant l'ouverture de la séance, qui a lieu habituellement à onze heures, vous voyez l'escalier qui aboutit à la porte réservée au public une foule compacte se pressant, se bousculant, jusqu'à ce que le factionnaire laisse enfin passer le petit nombre d'élus qui peut tenir dans la salle. Les places une fois prises, il croise sa carabine et présente aux retardataires la crosse de son arme, accompagnant parfois ce geste de bourrades plus significatives encore. Si l'on n'est pas entré des premiers, tant pis : il faut attendre, pour pénétrer à son

Récidiviste.

tour, le bon plaisir d'un curieux de l'intérieur, qui batte en retraite, et laisse un espace libre de quelques centimètres carrés. Alors seulement le Cerbère qui veille à l'entrée permet le passage : une personne

Un coup de filet.

sort, une personne peut entrer : telle est la règle inflexible.

Il est cependant avec le garde républicain, comme avec le ciel, des accommodements. Voulez-vous pénétrer sans compromettre dans la foule la fraîcheur de vos vêtements, n'essayez pas de bousculer et de franchir les obstacles à la manière d'un boulet de canon : quand même vous arriveriez à disjoindre les rangs compactes de ces aspirants auditeurs, vous ne pourriez enfreindre la consigne incorruptible, ni même discuter avec elle, ayez de la patience, cette vertu des forts.

CHAPITRE XXVI. — LE LONG DE LA SEINE (Suite).

Le violon est là, le violon, dernier débris des bastilles et autres prisons arbitraires : qu'un sergent de ville, un gendarme, un garde républicain se croie offensé dans l'exercice de ses fonctions, que l'on vous rencontre participant à un tapage nocturne quelconque, ou même simplement faufilé avec les tapageurs, le violon est là qui réclame sa proie : *Quærens quem devoret*. Et il n'y a rien de gai à passer la nuit entre ces quatre murs sombres, assis sur un banc, avec une écuelle d'eau rarement potable pour unique rafraîchissement, et pour toute compagnie une légion de mendiants couverts de haillons et de vermine, d'ivrognes, d'escrocs et de filles de bas étage. Que Dieu vous garde du violon et des saintes colères de tout employé de l'ordre public, qui, sur ce prétexte, peut se croire en droit de vous l'infliger, de son autorité privée ! N'allez pas surtout braver ses fureurs, dans le chimérique espoir de pénétrer plus tôt dans l'intérieur de la sixième chambre; suivez plutôt mes indications. Voyez là-bas, au pied du grand escalier de pierre, tout à l'angle de la salle des Pas perdus, une sorte de voûte ténébreuse qui s'enfonce dans le flanc du monument; avancez lentement, à tâtons, au sein de cette obscurité profonde. Vous arriverez enfin à un étroit escalier, noir, roide, délabré, qui monte en spirale vers une région supérieure à demi éclairée. Frappez à la première porte qui se présente : c'est le terme de votre odyssée. Un garçon d'audience, en habit bleu à revers, avec une cravate blanche, vous ouvre : « Monsieur, dites-vous, je désirerais parler à maître un tel, avocat, ou à M. un tel, témoin, mon cousin, ou ami. » (Le nom ne fait rien à la chose : fiez-vous à l'improvisation du moment.) Sur ce mensonge débité à propos, le garçon s'incline et vous introduit, sans autre cérémonie, dans le sanctuaire désiré.

Antichambre de la police correctionnelle.

Mais l'audience n'est pas commencée encore; naturellement vous jetez les yeux sur la porte qui s'est ouverte devant vous avec tant de complaisance. Elle donne entrée aux témoins, qui séjournent dans une salle d'attente contiguë au tribunal. Cette salle d'attente n'a d'autre ornement qu'un bas-relief représentant la Vérité et la Justice, dans leur costume allégorique, et avec leur attirail de flambeaux, de glaive et de balances; le glaive semble bien déplacé pour la justice correctionnelle, qui ne fait guère usage que d'un trousseau de clefs. Après cette inspection, votre regard se dirige sur la sixième chambre proprement dite : rien, absolument rien qui la distingue des autres. Ici, comme à la cour d'assises, l'inévitable calorifère, parcimonieusement chauffé, l'estrade des juges, la sellette des prévenus, la barre de l'avocat et les banquettes des témoins et des auditeurs privilégiés ; puis, le parterre, destiné au public. Les prévenus entrent d'ordinaire par une petite porte située à côté de la sellette : cette porte conduit dans une sorte de salle d'attente où ils confèrent avec leurs avocats. A la salle des prévenus correspond, au moyen d'un escalier, la prison souterraine connue sous le nom de *grande souricière*, dépôt provisoire des prisonniers qui y arrivent dans la matinée, transportés par le *panier à salade*. Ces diverses expressions sont déjà familières au lecteur.

J'ai parlé de la renommée dont jouit la police correctionnelle sous le point de vue du comique et du pittoresque en matière judiciaire. En effet, quoique

Vue intérieure de la police correctionnelle, 6ᵉ chambre.

cette réputation ait été un peu exagérée, les causes qui se débattent devant ce tribunal modeste présentent en général de l'intérêt : tantôt Gavarni pourrait y puiser quelqu'une des réflexions morales et philosophiques dont il accompagne si heureusement ses charmantes études au crayon; tantôt un auteur de comédies ou de tableaux de mœurs y trouverait l'indication de certains drames intimes, de certaines scènes domestiques assez curieuses pour fixer toute son attention. Les ridicules et les travers du monde parisien, qui diffèrent à tant d'égards des ridicules du reste du monde, jouent un rôle souvent singulier à côté des crimes et des délits; et, somme toute, l'observateur honnête n'y apprend pas moins, pour son édification et son instruction, que l'aspirant filou qui cherche des leçons de vol et de tromperie. Il est vrai d'ajouter cependant que la littérature du Palais contribue beaucoup à cette célébrité de la police correctionnelle. Chacun sait que bon nombre d'avocats qui ont plus d'esprit et de verve à dépenser que de causes à défendre, emploient leurs loisirs à rédiger, pour un nombre d'abonnés assez restreint, deux ou trois journaux judiciaires. Ces publications se composent en premier lieu du texte des arrêts de la cour suprême, arrêts, avons-nous dit, qui servent à la loi de commentaire et d'éclaircissements perpétuels; ensuite, sur la seconde ligne, des comptes rendus des procès célèbres en cour d'assises, soit en France, soit à l'étranger. Pour cette partie, les rédacteurs ont une sorte de casier où chaque crime est sous étiquette; et, selon les besoins du moment, on consulte le tiroir des parricides, le tiroir des attentats à la pudeur, etc., etc. Voilà pour le fond du journal, pour l'équivalent de la *pièce de bœuf* et de l'*entre-filets* dans les feuilles politiques. La police correctionnelle, bon gré mal gré, fournit le feuilleton : on s'adresse à elle pour avoir des dialogues pittoresques, émaillés le plus souvent de jeux de mots, de calembours, de coq-à-l'âne et de tout le comique au gros sel des théâtres de second et de troisième ordre. La population des portiers et portières, des petits boutiquiers et des Madeleines de la montagne Bréda, fournit d'ordinaire les types singuliers et grotesques employés par la mise en scène.

Mais Dieu sait que d'esprit leur prêtent messieurs les librettistes de la police correctionnelle! Si jamais un des honnêtes témoins défigurés par cette caricature impitoyable, si jamais un accusé peint en pied avec ces plumes mordantes qui rappellent Daumier ou Grandville, venaient à relire leurs dépositions, leurs paroles ainsi travesties, je doute fort qu'ils pussent les reconnaître! Aussi grand désappointement pour les curieux qui bravent l'ennui et les fatigues de

L'accusé.

Le président : Accusez un tel... comment vous nommez-vous ?

La partie civile.

Un de messieurs les juges.

L'huissier-audiencier : Silence !

L'examen du dossier.

Le greffier.

Un mobilier de police correctionnelle.

CHAPITRE XXVI. — LE LONG DE LA SEINE (Suite).

Le témoin principal.

Le plan des lieux.

Madame Galathé (tenue d'audience).

Un témoin qui n'a rien vu.

François Galathé, portier.

Madame Galathé en négligé du matin.

Achille Galathé, sans profession.

Éloa Galathé, 18 ans, rentière.

Ayant blanchi l'accusé pendant sept mois.

Une partie de l'auditoire.

Ayant eu quelques rapports avec l'accusé.

Un mobilier de police correctionnelle.

Commerçante. — Artiste peintre. — Vingt-six ans et demi. — Artiste coiffeur. — Artiste dramatique et graveur sur bois.

la queue, espérant rencontrer une reproduction au naturel de toutes ces comédies qu'ils ont savourées avec bonheur à la troisième page de leur journal! On va voir quelle est la plus fréquente espèce d'accusés et combien elle prête peu au comique.

Voici onze heures : l'impatience du public, portée au comble, commence à s'exprimer par de sourds trépignements, et, sans la présence respectable de la force publique, on entendrait, n'en doutez nullement, quelques-unes de ces pittoresques exclamations qui émaillent les entr'actes des Funambules. Les avocats s'impatientent; les témoins se plaignent de ne gagner qu'une indemnité de deux francs pour leur temps perdu; les greffiers taillent leur douzième ou treizième plume, quand tout à coup la voix de l'audiencier se fait entendre :

« Messieurs, la cour! Faites silence! Chapeau bas! »

Chacun obéit au glapissement de l'honorable fonctionnaire : les têtes se découvrent, et le président, les assesseurs, le substitut, prennent place sur leur estrade. C'est le lever du rideau.

Le vol simple, c'est-à-dire le vol sans aucune des circonstances aggravantes de violence, d'attaque nocturne, d'effraction, etc., fournit le plus grand nombre des *clients* de messieurs les avocats près la police correctionnelle. Vouloir décrire l'infinité de moyens peu honnêtes mis en œuvre par les industriels de toute nature qui vivent aux dépens du prochain, énumérer les ruses et les stratagèmes auxquels ils ont recours pour battre en brèche les porte-monnaie gonflés d'argent et d'or, pour effondrer les carnets riches en billets de banque, pour dévaster les poches secrètes où se cachent objets précieux, montres, mouchoirs, foulards, etc., ce serait essayer l'impossible. Les journaux judiciaires et autres se servent avec succès de cette science inspirée par Mercure pour remplir avantageusement leurs colonnes de *faits divers*; et,

Un témoin à charge. — Un témoin à décharge.

Profils de témoins.

Autre banc de témoins.

Un mobilier de police correctionnelle.

CHAPITRE XXVI. — LE LONG DE LA SEINE (Suite).

depuis longues années déjà, la mine inépuisable des variétés du *vol au bonjour*, du *vol à la tire*, du *vol à l'américaine*, et d'une foule d'autres, fournit des récits et des descriptions qui brillent par une éternelle nouveauté. Le génie humain est plus fécond peut-être pour le mal que pour le bien, et l'on peut affirmer, sans mériter l'accusation de paradoxe, qu'il faut plus de ressources d'esprit, de tact, d'habileté, de patience, de travail même, pour faire un voleur, que n'en exige une profession honnête, qui assurerait du pain et même de la fortune. Expliquera qui pourra cet inexplicable attrait qui nous entraîne au mal. Tel habitué de ce tribunal, tel individu criblé de condamnations, traqué par la police, réclamé par mille et mille jugements qui se succèdent, et ne jouissant de la liberté que par exception, a sans doute dépensé dans cette hasardeuse et ingrate carrière plus de qualités qu'il ne lui en aurait fallu pour remplir avec éclat les postes les plus élevés, et même pour y parvenir.

La première espèce de soustraction frauduleuse, pour employer le style des réquisitoires et la forme en quelque sorte élémentaire, c'est ce qu'on appelle le *vol à la tire*, en argot des prisons. Les gens bien élevés disent de préférence escroquerie ou filouterie. Le filou débutant dans ce genre exerce son talent au milieu des foules les plus compactes; il hante les lieux publics, se montre assidu aux expositions de divers genres, aux cérémonies religieuses ou politiques. On le trouve à l'église, aux musées, dans les divers monuments visités par les provinciaux ou les étrangers; et quand sa journée a été bonne, il rapporte une ample collection de montres, de chaînes, de menus objets de toilette, récoltés, grâce à la dextérité de ses mains, dans les poches et les goussets des badauds. Comme je l'ai déjà fait entendre, c'est l'enfance de l'art : le filou qui se livre à cette industrie court de grands risques, pour peu qu'il manque d'adresse ou de présence d'esprit, lorsqu'il se trouve surpris, soit par la victime, soit par quelque sergent de ville, qui l'épie en voyant une ancienne connaissance : quels physionomistes en effet que les employés de la police! Il existe cependant certaines traditions de vols exécutés avec une merveilleuse adresse de ce genre.

Au milieu d'une foule nombreuse passe, monsieur, orné de lunettes d'or; ces lunettes excitent la convoitise d'une bande de voleurs à la tire. Ce n'est pas probablement la valeur de l'objet, mais la difficulté du larcin qui stimule l'imaginative des honnêtes industriels : l'un d'eux s'approche, et, comme par accident, engage son bras droit, dans le bras gauche du digne provincial. Force excuses! La même manœuvre est répétée à droite par un second complice; et, pendant que le monsieur est tout occupé des excuses de l'un et de l'autre, survient un troisième larron qui détache adroitement les précieuses lunettes. Sur ce, les trois filous disparaissent, et la victime, ahurie, a besoin d'un instant de répit pour se rendre compte d'un vol si audacieux. Cela semble dépasser les limites du possible; et c'est pourtant rigoureusement vrai.

Bon nombre d'enfants font partie de cette catégorie

Le vol aux fausses mains.

Le vol au crochet.

de voleurs : ils exercent principalement leur agilité et leur adresse aux devantures des boutiques de nouveautés, et aux étalages des épiciers et marchands de comestibles. Dernièrement, une bande de malfaiteurs en herbe a comparu tout entière devant la police correctionnelle : ils avaient choisi les boulevards pour théâtre de leurs exploits, et le plus âgé d'entre eux avait à peine quatorze ans. La maison de correction n'a malheureusement que bien peu d'influence pour moraliser ces natures si précoces dans le mal.

Dans l'espèce du *vol à la tire* rentre le vol aux fausses mains. Pour ce genre d'industrie, le filou profite des jours pluvieux; il se donne alors les dehors respectables d'un marchand se rendant à ses affaires, et, muni d'un manteau court, il monte en omnibus. Les mains posent nonchalamment sur les rotules de ses genoux : défiez-vous; il cache sous son imperméable, quatre bras, — tout autant que le dieu Wichnou, — et ceux qu'il laisse voir sont pattes de velours. La véritable griffe est sous le manteau. Les Anglais déploient une surprenante habileté dans ce genre de vol.

Quelle que soit d'ailleurs l'habileté des filous qui peuplent les rues de Paris, ils doivent reconnaître leurs maîtres dans les *pick-pockets* de Londres. Les *pick-pockets* forment, dit-on, une sorte de confrérie, dans le but d'exploiter les poches des insulaires et de leurs visiteurs. A l'industrie de les dépouiller ils en joignent une non moins productive, celle de retrouver, moyennant récompense honnête, les objets perdus ou volés. On vous a enlevé un bijou auquel vous attachiez une certaine valeur; la police anglaise se charge de le faire recouvrer des mains de la société tolérée des *pick-pockets*, pourvu que vous ayez soin d'en consigner le prix réel. Ces filous perfectionnés ont poussé leur art jusqu'au raffinement : à eux est due l'invention des mains postiches. On prétend également qu'ils se servent de sondes et de crochets pour pénétrer plus aisément dans les profondeurs des goussets et des poches secrètes, abritées, mais en vain, par le paletot boutonné ou le manteau imperméable.

Une condamnation rendue dernièrement en police correctionnelle prouve que ce nouveau système a été importé en France. C'était un enfant que son père avait dressé et qu'il faisait pratiquer sous ses yeux. L'enfant, animé du reste de bonne volonté, faisait de sensibles progrès, lorsqu'il a été contraint par l'exigence de la police d'interrompre ses études.

Quand un filou a reçu de la nature le don du sang-froid et d'un aplomb imperturbable, et qu'il possède en même temps un esprit inventif et fécond en ressources, il s'élève jusqu'aux régions supérieures du *vol au bonjour*. Règle générale : voler au bonjour, c'est s'adresser directement à l'individu que l'on a en vue, détourner son attention, et faire naître l'occasion de le dépouiller. Il est facile de comprendre que les règles varient avec les circonstances. Quelques exemples suffiront pour en donner une idée.

Voyez cette bonne innocente, parée d'une chaîne d'or ou de tout autre bijou précieux, qui se promène dans un jardin public tenant un enfant sur les bras. « Ah! la charmante créature! s'écrie un promeneur, comme extasié des grâces du bambin; que je l'embrasse! » Et il le serre dans ses bras, le caresse, puis s'éloigne en lui laissant un cornet de dragées. La jeune fille s'étonne, et ne sait comment reconnaître tant de politesse : tout à coup elle s'aperçoit de l'absence de son collier ou du hochet de son enfant. Le monsieur si poli n'est autre chose qu'un voleur au bonjour. Une autre fois, il entre hardiment dans un hôtel garni, monte, et ouvre sans plus de façon la première porte dont le locataire a laissé la clef dans la serrure. Si le malheureux est endormi, notre homme fait main basse sur tout ce qui se trouve à sa convenance. Dans le cas contraire, il se présente comme tailleur, ou bien il va vers la pendule et la règle comme un horloger de profession. On en a vu qui se présentaient à d'honnêtes étrangers avec plus d'audace encore : « Ah! voilà ce cher ami! comme il est engraissé depuis qu'on ne l'a vu! Quel bonheur de l'avoir enfin pu découvrir! » En vain l'ami improvisé se débat et proteste contre les embrassades; il lui faut d'abord subir les transports, puis les excuses, et il s'aperçoit du motif réel de la visite seulement après que le visiteur est parti avec quelques dépouilles opimes.

Ces deux variétés de vol forment l'immense majorité de tous ceux qui sont soumis à l'appréciation du tribunal. Il en existe un troisième, qui a son point de départ dans la cupidité naturelle à l'homme; mais *le vol à l'américaine*, car tel est son

Vol à l'américaine.

nom, exigeant de la part de la victime une grande dose de naïveté, et de la part des filous une certaine mise en scène, se pratique plus rarement. Voici en général ce qui se passe, avec quelques variantes, dans la plupart des cas. Le voleur, assisté d'un compère, avise quelqu'un, ordinairement de la classe inférieure, qui se trouve momentanément nanti de valeurs importantes ou d'une somme d'argent, un remplaçant, par exemple. Il se présente à lui, gagne sa confiance au moyen de quelques petits verres et autres consommations qu'il lui offre sur le comptoir d'étain du marchand de vin, et, lorsqu'il croit pouvoir tenter l'entreprise, il lui raconte qu'ayant à conserver beaucoup d'or, il se propose de l'enterrer quelque part, afin de le mettre en sûreté. Le malheureux, à demi grisé, approuve; il offre de déposer aussi son argent dans la même cachette. La chose a lieu; puis les nouveaux amis vont recommencer leurs libations. Pendant ce temps, le complice, présent à l'opération, trouve moyen de s'éloigner, et va faire visite au double trésor, qu'il change de telle sorte, que les pièces blanches se métamorphosent en gros sous. L'affaire est faite, et il ne reste au volé de ressource que dans l'intervention souvent inutile du commissaire de police.

Le tribunal, comme de raison, n'a aucun égard au plus ou moins de mérite d'exécution ou d'imagination de ces divers vols : les coupables, quel que soit leur *génie*, passent sous le niveau de la plus inflexible égalité. Souvent ils entraînent dans leur chute les recéleurs, qui participent à leurs profits illicites en dénaturant ou en vendant les objets volés. Cette classe, plus nombreuse qu'on ne le suppose d'ordinaire, comprend les revendeurs dont nous avons déjà esquissé la physionomie en parlant du Temple, les infimes marchands de bric à brac, les marchandes à la toilette, bref, tous ces industriels équivoques dont les gains et les conditions d'existence sont une énigme. La justice n'a pas tort de se montrer aussi rigoureuse contre ceux qui favorisent le larcin que contre ceux qui le commettent. C'est dans la masse des recéleurs que l'on pourrait saisir les physionomies les plus originales : il y a là des types qui appartiennent à tous les commerces, même les plus honnêtes; mais on remarque sur les figures l'empreinte de la ruse et du crime qui se cache.

Viennent fréquemment aussi figurer sur ces bancs de la police correctionnelle ces faux malades ou estropiés, derniers rejetons des héros de la cour des Miracles, qui, par une plaie merveilleusement feinte, ou un membre habilement replié et caché, savent émouvoir le passant et lui soutirer la pièce qu'il doit employer à l'achat de médicaments indispensables, et qui ne paye que les visites faites chez le marchand de vin.

Tantôt c'est un malheureux jeune homme maigre et défait qui tombe subitement sur le pavé; il frappe le sol de la tête et des poings, une écume blanche et épaisse lui sort de la bouche. La foule accourt, quelques âmes compatissantes se penchent sur lui et donnent des soins au *pauvre épileptique*. Mais le sergent de ville approche, caché par le cercle entourant le moribond qu'il saisit au collet; pour ce fonctionnaire à la nature peu sensible, il

Vol à la tire.

Vol au bonjour.

n'est pas de mystère, il reconnaît tout de suite son homme, l'engage à se débarrasser du morceau de savon mousseux qu'il avait caché dans sa bouche,

CHAPITRE XXVI. — LE LONG DE LA SEINE (Suite).

et l'envoie se guérir sur les bancs de la correctionnelle.

Tantôt c'est un *vieillard infirme*; il est couvert de haillons, courbé par l'âge et peut à peine se soutenir sur ses deux béquilles; c'est toujours par un louable motif qu'il est tombé dans cet *état de souffrance*. C'est en arrachant un enfant aux flammes, aux flots, où des pieds d'un cheval emporté, qu'il s'est privé de l'usage de ses membres pour le reste de sa vie; aussi êtes-vous ému de pitié pour la courageuse victime, et, au moment où vous allez l'*assister*, vous voyez disparaître l'impotent par une pirouette si vite ! c'est qu'il vient d'apercevoir un tricorne menaçant; il retrouve alors toute son agilité et il ne se servira plus de ses béquilles que pour les lancer dans les jambes du fonctionnaire public s'il devient trop pressant dans sa poursuite.

Ce n'est là qu'un faible échantillon de l'habileté et des ruses de ces nombreux infirmes de mauvais aloi, qui, véritables protées, savent souvent mettre en défaut, par leurs métamorphoses, l'œil scrutateur et pénétrant de la police.

Les débats de la police correctionnelle présentent, on le voit, de l'intérêt et de la variété pour les gens curieux d'étudier la friponnerie humaine sous toutes ses faces. Mais la plupart des habitués de la sixième chambre n'y viennent que dans l'espoir souvent déçu d'assister gratis à quelque scène comique, dans le genre de celles qu'a immortalisées Gavarni. Ce sont là des bonnes fortunes plus rares. Ainsi, dans les nombreux procès de *criminelle conversation*, qui ont une renommée toute particulière dans ce genre, il est encore assez rare de rencontrer autre chose que des accusés aussi vulgaires que leurs accusateurs.

Le Lovelace victorieux ne s'élève guère au-dessus de sa victime, et, à voir les Hélènes de la police correctionnelle, on se demande souvent le motif réel des rivalités et de la jalousie qu'elles ont fait naître. De même, il n'est pas toujours fort clair de constater en quoi l'amant a pu plaire au détriment du mari, si ce n'est par l'attrait du fruit défendu.

Les dépositions des témoins sont encore la source la plus féconde du grotesque et du bouffon ! Il arrive assez souvent que des concierges, cet animal indigène de l'univers parisien, que des gamins de Paris, pétulants et spirituels, que des plaisants de cabaret et de guinguette égayent l'auditoire de leurs réponses, de leurs réflexions ou de leurs colères. La demoiselle qui a vingt-six ans et demi depuis un quart de siècle environ, le fournisseur dont les crédits et les à-compte retardataires ont épuisé la patience, le voisin bavard qui connaît l'histoire du quartier dans ses moindres détails, tous ces gens-là ne manquent pas toujours d'originalité et de drôlerie. Mais on ne saurait trop engager les curieux de se méfier des comptes rendus publiés chaque jour par les journaux de droit, et les anecdotes le plus souvent inventées dont il établissent le théâtre à la sixième chambre : l'esprit y brille plus que la vérité.

Une nouvelle et nombreuse classe de justiciables s'est présentée plus fréquemment devant la police correctionnelle depuis l'interdiction des maisons de jeu et des jeux de hasard. Il ne se passe pas de quinzaine peut-être que les commissaires n'aient à opérer des descentes dans ce qu'on nomme des *enfers*, c'est-à-dire des tripots de tout étage, où se réunissent, sous le patronage de femmes équivoques, des joueurs de mauvaise foi et des filles perdues conspirant contre la bourse des voyageurs imprudents qui ne se méfient pas du pharaon et du lansquenet. Les maisons de cette sorte servent de séminaire aux *grecs*, c'est-à-dire à une caste de filous qui trichent au jeu de diverses manières. Les uns substituent aux jeux ordinaires des cartes préparées, *biseautées*, c'est-à-dire légèrement échancrées, de manière à ce qu'il soit aisé de les reconnaître au simple tact; les autres exercent leur adresse en mêlant, en faisant sauter la coupe, et en s'assurant les parties par le choix du jeu; d'autres enfin s'emploient à faire connaître aux compères les jeux des partners au moyen de signes convenus d'avance. C'est à la classe des grecs qu'appartiennent en général ces individus qui vivent dans le plus grand luxe, au fond des plus splendides appartements de la Chaussée-d'Antin. On se demande quelles sont les ressources, les soutiens de ces fortunes hypothétiques, d'où viennent et où vont ces météores d'un jour, qui brillent d'un éclat aussi vif que passager. Trop souvent la police découvre la triste vérité, et le problème trouve sa solution sur les bancs de la sixième chambre.

On n'en finirait pas, si l'on poursuivait cette revue jusque dans ses derniers détails. Tantôt un vagabond sans feu ni lieu, arrêté la nuit par les patrouilles, de-

Le faux paralytique.

mande le dépôt de mendicité comme un asile; tantôt un forçat en surveillance vient rendre compte d'une rupture de ban. Ici, c'est un petit mauvais sujet dont les parents renoncent à se charger plus longtemps, et qui va continuer son funeste apprentissage dans les maisons de correction; là, c'est un vieillard ou une vieille femme qui se trouve sans ressources, et pour qui la prison même est un bienfait. Ajoutez à cela les marchands de toute sorte, accusés d'avoir sophistiqué les denrées de première nécessité, ou, suivant la dispositif des arrêts, trompé le public sur la nature des choses vendues; les ouvriers et paysans qui se sont livrés à des voies de fait, ou qui ont insulté les agents de la force publique, en excipant de leur état d'ivresse; les locataires récalcitrants au moment du terme, qui ont usé de ruse pour opérer un déménagement furtif, et qui ont ainsi trompé la vigilance du Cerbère de la porte. On raconte qu'un de ces derniers coupables, plus heureux que ceux qui comparaissent devant le tribunal, ne laissa pour nantissement du loyer échu, mais non payé, que le quatrain suivant, calligraphié sur la muraille nue :

> Créanciers, maudite canaille,
> Commissaire, huissiers et recors,
> Vous aurez bien le diable au corps,
> Si vous emportez la muraille !

La police correctionnelle ressemble, par la multi-

plicité des causes qui y sont débattues, à ce dédale qu'on appelle la justice civile. Comme elle, elle embrasse l'universalité de la société humaine, et l'échelle des délits dont la répression lui est confiée est immense, depuis le vol, et le vol d'habitude, jusqu'aux altercations tout juste assez graves pour passer du prétoire du juge de paix au tribunal de simple police. On lui renvoie même les rebelles du conseil de guerre de la garde nationale, et, de notre temps, les accusés de délits de presse. La sixième chambre n'en a vu qu'un seul encore, depuis la nouvelle législation : on comprendra le sentiment qui m'empêche d'en parler davantage.

Si l'on ajoute aux deux juridictions criminelles de la cour d'assises et de la police correctionnelle des affaires nombreuses, mais en général sans importance, du tribunal de simple police, on a un total assez respectable d'accusés qui viennent rendre compte de leurs crimes et de leurs fautes à la justice humaine. Mais c'est une espèce de lieu commun que de dire, « à Paris, vingt mille personnes se lèvent tous les matins sans savoir où elles mangeront pendant la journée, où elles coucheront le soir. » L'exagération est flagrante; j'aimerais autant que l'on prétendît qu'il se vole, à Paris comme à Londres, pour quarante millions de francs par année. Voici au surplus quelques chiffres empruntés aux dernières statistiques. Le nombre des condamnés devant les cours d'assises *de toute la France*, flotte entre 4,500 et 6,000, ce qui suppose de 7,000 à 8,000 accusés. Les accusations de vols à elles seules forment les trois quarts de ce total; il se commet de 800 à 1,000 meurtres, incendies, tentatives d'assassinat, etc. Le reste constitue une fraction minime de faux, de délits politiques, etc. On évalue à douze ou quinze cent mille francs le préjudice annuel causé par les voleurs dont la cour d'assises fait justice. Le fait le plus triste qui se produit, dans la distribution des peines, c'est la progression toujours croissante des récidives : depuis quelques années le nombre des récidivistes a plus que doublé : il a passé de 800 à 2,000 environ.

Il a déjà été question de la faculté où le jury d'accorder aux condamnés le bénéfice des circonstances atténuantes; cette amélioration, qui ne remonte qu'à peu d'années, semblait offrir plus d'un inconvénient, et le principal consistait à faire sortir le juré de son rôle. En effet, il ne doit voir que la culpabilité ou l'innocence : la pénalité concerne la cour, qui fait application de la loi. Mais chaque jour le jury déchirait en quelque sorte le voile légal dont le législateur avait couvert la peine pour la dérober à ses yeux, et, lorsque le châtiment lui semblait exorbitant, il préférait acquitter, plutôt que de frapper avec trop de rigueur. Depuis l'introduction des circonstances atténuantes le nombre des acquittements a diminué, la répression est devenue plus ferme, tout en se proportionnant mieux à la gravité des fautes. En effet, depuis lors, sur cent accusés, le nombre des condamnations est monté de 59 à 67 ; et, sur ce total, il est à remarquer encore que la société gagne, au lieu de perdre, en sécurité; car, au lieu de 28 condamnations sur cent accusés, aux travaux forcés, on en a vu jusqu'à 39, sans compter les peines telles que la reclusion, le bannissement, etc.

Grâce aux circonstances atténuantes, si les condamnations ont été plus nombreuses, il y a eu moins de condamnations capitales, et bon nombre de peines afflictives se sont transformées en peines correctionnelles. Est-ce véritablement un mal? La société a-t-elle un intérêt réel à ce qu'une peine afflictive soit appliquée à certains faits plutôt qu'une peine correctionnelle? Son principal intérêt n'est-il pas que les coupables soient punis? Il est d'ailleurs reconnu maintenant que le régime des maisons centrales est plus rigoureux et plus répressif que celui des bagnes; il n'y aurait donc que la durée plus brève de la peine qui pourrait lui enlever une partie de son effet d'intimidation; mais l'efficacité d'une peine est dans la certitude de son application bien plus que dans sa durée; elle est surtout dans le mode de son exécution. Il suffit que la peine soit assez longue pour peser sur la vie du coupable, mais elle ne doit pas puiser toute

Le panier à salade.

sa gravité dans sa durée. La justice n'a donc pas fléchi; elle a même pris dans son application une puissance nouvelle: sa marche a été plus sûre, plus ferme, plus certaine.

Le nombre des affaires portées en police correctionnelle s'élève à plus de 100,000 par an. Ce nombre se décompose en 18,000 accusations de coups et blessures, 30 à 40,000 vols simples et escroqueries, 20,000 délits de chasse, 10,000 de mendicité, 5 à 6,000 cas d'outrages ou de rébellions contre les agents de la force publique. Mais la moitié au moins de ces 100,000 condamnations n'atteint pas au minimum de un mois de prison, le plus souvent le tribunal se borne à quelques amendes. Je terminerai cette série de chiffres en donnant le nombre moyen des récidivistes en police correctionnelle: il est de 18 à 20,000 par an.

Ces chiffres prouvent en quelque sorte qu'il ne faut pas croire à une quantité immense d'acteurs pour ce

L'affiche des condamnations.

Les crieurs publics.

drame sinistre qui commence par l'étude approfondie de l'affiche des condamnations, continue par un séjour plus ou moins long dans une prison préventive et par un transport mystérieux au fond du panier à salade, et se termine au crieur public annonçant de sa voix nasillarde le crime, le jugement, l'exécution, pour un sou, avec la vignette et la complainte.

Je n'ai pas la prétention, en achevant ici la description du Palais de justice, d'avoir tout dit sur ce monde renfermé dans un autre monde. Observons seulement l'étrange composition de cette île de la Cité, où se trouvent côte à côte les trois éléments fondamentaux de toute société: l'église, le tribunal et la prison; Notre-Dame, le Palais de justice et la Conciergerie. C'est à juste titre que la Cité est le noyau de Paris.

Chapitre XXVII.
LE PONT-NEUF.

Le quai de l'Horloge ou des Lunettes. — Le quai Napoléon. — Le quai des Orfèvres. — Le quai de l'Archevêché. — La Motte aux papelards. — Catinat. — Henri IV sur le Pont-Neuf. — Une éclipse de soleil. — Henri III et sa cour. — Le Pont des Pleurs. — Les architectes Androuet du Cerceau et Marchand. — Les bateleurs du Pont-Neuf — Mondor et Tabarin. — Descombes. — Les deux maître Gouin. — Les marionnettes de Brioché. — Le menu de Tabarin. — La chanson des drolles. — Les truands. — La Samaritaine et son carillon. — Cournecroûte et sa femme, tond les chiens, va-t-en ville. — Le marchand de chaînes de sûreté. — L'allumeur. — L'astronome en plein vent. — Le marchand de marrons. — Le petit homme rouge. — Le marchand de dattes. — Le commissionnaire. — Le servant de Neptune et le suppléant de Mercure. — Le marchand de crimes. — Le marchand de mort-aux-rats. — Le marchand de cocottes. — La marchande de petits moulins. — Les petits ramoneurs. — L'étameur de casseroles. — Les allumettes chimiques. — Chiffonnier et chiffonnière. — La marchande d'amadou. — L'aveugle. — Chromo Diva Phone. — Bouquinistes et bouquineurs. — Eau de Cologne, volontaire Suisse. — L'orgue de Barbarie. — Les virtuoses : violons, guitares et clarinettes. — Le charlatan. — Un discours stéréotypé. — Le financier. — Le marquis. — La femme à la mode. — La chanoinesse. — Les anciens cris de Paris. — Flore. — Pomone. — La voleuse de chiens. — Cartouche. — L'abbé. — L'arracheur de dents. — Le baschien. — Le barbier. — Paillasse. — Un cadet de Gascogne. — Le mousquetaire. — Le récoleur.

Avant d'abandonner la Cité, disons quelques mots des quais qui la bordent.

Le quai de l'Horloge, dont la longueur est de 352 mètres, fut commencé en 1580 et ne fut terminé qu'en 1611. Les boutiques de ce quai étaient autrefois occupées par des perruquiers. Aujourd'hui il est habité par un grand nombre d'opticiens ; de là le nom qu'on lui donne quelquefois de quai des Lunettes. Il a été aussi appelé quai des Morfondus, en raison de sa situation exposée au vent du nord, qui glace et *morfond* les piétons pendant l'hiver. Il doit son appellation officielle à l'horloge du palais qui était placée sur la tour, faisant face au pont au Change.

Le quai Napoléon, long de 428 mètres, fut commencé le 4 ventôse, an XII et ne fut terminé qu'en 1811. Jusqu'en 1834 il s'était appelé quai de la Cité.

Les deux quais du côté du midi sont le quai des Orfèvres et celui de l'Archevêché.

Le premier était encore au seizième siècle un terrain en pente qui régnait le long de la rivière. Il aboutissait aux murs qui entouraient le Palais de justice et son jardin. Le quai ne fut commencé qu'en 1580. Sauval nous apprend qu'en 1603 deux maçons entreprirent la continuation des travaux de ce quai à raison de cinquante-quatre livres la toise. En 1643 il était achevé. C'était là, nous l'avons déjà dit, que s'était établi un grand nombre d'orfèvres dont la corporation formait un des six premiers corps des marchands de Paris. La communauté des orfèvres datait de 1330, sous Philippe le Bel ; ses statuts étaient de 1343. La longueur de ce quai est de 366 mètres.

Une partie du quai de l'Archevêché se nommait au treizième siècle *la Motte aux papelards* ; un siècle plus tard, ce quai était réuni à l'emplacement dit le Terrain et en portait le nom. Il fut enfermé par la suite dans le jardin des chanoines de Notre-Dame. En l'an xii il reçut le nom de quai Catinat. Nicolas Catinat, né à Paris en 1637, après avoir suivi pendant quelque temps la profession d'avocat, avait embrassé la carrière des armes, et, phénomène étrange pour le temps, il était arrivé par sa valeur et son propre mérite aux plus hauts grades. Il avait été fait lieutenant général en 1688 et maréchal de France en 1693. Napoléon, en donnant à ce quai le nom de Catinat, avait voulu honorer la mémoire du héros de Staffarde et de la Marsaille. La longueur du quai de l'Archevêché est de 340 mètres. Passons maintenant au Pont-Neuf, illustré par la célèbre statue de Henri IV.

Statue équestre de Henri IV sur le terre-plein du Pont-Neuf.

Jusqu'au règne de Henri III, le faubourg Saint-Germain ne comptait aucune maison considérable. Tous les palais des princes, ainsi que les hôtels des grands seigneurs, étaient situés dans le quartier où s'élevait le palais même du roi. Vers cette époque, on commença à ouvrir quelques rues nouvelles dans ce faubourg, et l'on y bâtit plusieurs belles maisons qui furent habitées par les gens de qualité. La partie de *la ville* proprement dite qu'on nommait le faubourg Saint-Honoré, se couvrit aussi de magnifiques hôtels jusqu'à la clôture nouvelle commencée, de ce côté, sous Charles IX. Les relations entre les deux rives devinrent naturellement plus fréquentes qu'auparavant, et l'on sentit plus que jamais l'inconvénient d'une communication qui ne pouvait avoir lieu que par le pont Saint Michel ou par bateau. Pour rendre cette communication plus facile, le roi résolut de faire bâtir un nouveau pont à la pointe de l'île du palais.

Le samedi 31 mai 1578, après avoir vu passer le convoi superbe de ses deux mignons Maugiron et Quélus, tués en duel, comme chacun sait, le roi Henri III, accompagné de sa mère Catherine de Médicis, de Louise de Lorraine-Vaudemont, son épouse, et des principaux magistrats de la ville, vint solennellement poser la première pierre du Pont-Neuf. La physionomie du monarque, empreinte d'un profond chagrin, fit dire à des rieurs qui l'observaient, que le nouvel édifice serait nommé *Pont des Pleurs*. Jacques Androuet du Cerceau, fut le premier architecte du Pont-Neuf, et il reçut cinquante écus pour ses honoraires. L'ouvrage était encore peu avancé lorsque la guerre civile éclata.

Le pont ne fut achevé que sous le règne suivant. Henri IV, au milieu des grands et utiles projets qu'il formait pour le bien de son peuple, n'oublia pas l'embellissement de sa capitale, et mit au nombre des premières constructions qu'il y fit exécuter la continuation des travaux du Pont-Neuf. Ces travaux furent achevés en 1604.

Ce pont différait des ponts modernes par la courbe de ses arcs et par sa construction en dos d'âne, que les architectes du temps adoptèrent comme présentant le plus de garanties de solidité. Le Pont-Neuf a été longtemps considéré comme un des plus beaux de l'Europe : en réalité, ce n'était qu'une construction lourde et irrégulière ; il est porté sur douze arches de plein cintré qui se partagent inégalement des deux côtés de la pointe de l'île du palais. On en compte sept sur le grand cours de l'eau, cinq sur le bras de la Seine du côté du quai des Augustins.

Le 20 juin 1603, le roi Henri IV voulut traverser le Pont-Neuf, bien qu'il ne fût pas encore terminé, et malgré les dangers qui pouvaient résulter de cette détermination. Le Journal de Henri IV rapporte ainsi ce fait : « Le vendredi, le roi passa du quai des Augustins au Louvre par-dessus le Pont-Neuf, qui n'étoit pas encore trop assuré, et où il y avoit peu de personnes qui s'y hasardèrent. Quelques-uns, pour en faire l'essai, s'étoient rompu le cou et tombés dans la rivière ; ce que l'on remontra à Sa Majesté, qui fit réponse (à ce que l'on dit) qu'il n'y avoit pas un de ceux-là qui fût roi comme lui. » Ce pont fut achevé par l'architecte Charles Marchand.

Le Pont-Neuf, de la rive droite à la pointe de la Cité.

L'anecdote suivante, qui a couru tous les vieux almanachs, se rattache à la construction du Pont-Neuf : Un homme visitait les travaux, affectant de prendre des mesures et de faire des calculs d'un air capable. L'architecte, croyant avoir affaire à un connaisseur dont il espérait tirer un bon avis, l'invite à dîner, et lui demande après le repas ce qu'il pense de son plan, et pourquoi on l'avait vu si occupé à prendre des mesures. — Je pensais, dit notre homme, que vous aviez bien fait de construire le pont en travers du fleuve ; car, si vous l'aviez construit en long, on n'en aurait jamais vu la fin.

Toutes les classes de la population semblaient se donner rendez-vous le Pont-Neuf, qui devint bientôt la communication la plus fréquentée, et offrit la promenade la plus variée de Paris. A toute heure du jour, une foule active, remuante, sans cesse renouvelée et toujours bruyante, encombrait les trottoirs. A côté des petits marchands qui se tenaient sur le Pont-Neuf s'élevait le théâtre de Mondor et de Tabarin ; on y voyait aussi le spectacle d'un nommé Désiderio Descombes, qui affectait, pour se donner une réputation de savant, de ne prononcer que des mots techniques français ou latins, que le public n'entendait pas plus que lui-même. A côté de ce charlatan se trouvait maître Gonin ; sa dextérité sans exemple, qui divertissait les Parisiens, a immortalisé son nom, sous lequel on désigne encore quelquefois les fourbes habiles. Le peuple qualifia souvent le grand cardinal Armand Duplessis de Richelieu de *maître Gonin*. Près de ce pont, en face de la rue Guénégaud, Brioché avait établi son spectacle de marionnettes. Le poète Berthaud, auteur d'un ouvrage en vers burlesques sur la ville de Paris, s'exprime ainsi en parlant du Pont-Neuf :

Rendez-vous des charlatans,
Des félons, des passe-volans,
Pont-Neuf ordinaire théâtre,
Des vendeurs d'onguents et d'emplâtre,
Séjour des arracheurs de dents,
Des fripiers, libraires, pédants,
Des chanteurs de chansons nouvelles,
D'entremetteurs de demoiselles,
De coupe-bourse, d'argotiers,
De maîtres de sales métiers,
D'opérateurs et de chimiques,
Et de médecins purgitiques,
De fins joueurs de gobelets,
De ceux qui vendent des poulets.

On aura une idée de l'esprit grossier des parades qui avaient lieu à cette époque sur le Pont-Neuf par l'extrait suivant :

TABARIN. Enfin, j'ai tant fait que nous ferons le banquet ; je n'eusse su au monde faire une meilleure rencontre. C'est maintenant la difficulté de dresser les préparatifs. Le sieur Piphayne s'est mis en frais à cause de ses noces : il m'a donné vingt-cinq écus pour aller donner ordre aux provisions de gueule. Il me faut premièrement avoir pour cinq écus de salade, pour cinq écus de sel, pour cinq écus de vinaigre, pour cinq écus de raves, pour cinq écus de clous de girofle. Voilà qui est bien ; mais je n'ai ni pain, ni vin, ni viande. Il vaut mieux faire mon calcul autrement ; j'aurai pour cinq écus de vin, pour cinq écus de pain, pour cinq écus de salade, pour cinq écus de champi-

CHAPITRE XXVII. — LE PONT-NEUF.

gnons, et pour cinq écus de tripes; mais, malheureux, tu n'as pas de moutarde, il faut que mon calcul ne soit pas juste. J'aurai donc pour cinq écus de pieds de pourceaux, pour cinq écus de cerises, pour cinq écus de confitures, pour cinq écus de jambons et cinq écus d'andouilles. Il faut que je m'avance pour aller à la boucherie; mais à propos, je ne sais pas le chemin, il me faut le demander à Francisquine que voici. Ma commère, je vous prie de m'enseigner le chemin de la boucherie.

Francisquine lui offre deux pourceaux qu'elle a dans son sac pour vingt écus. Tabarin accepte le marché, et dès qu'il va chercher ce qui lui est nécessaire pour tuer ces pourceaux, il rencontre Piphayne, lui rend compte du marché qu'il vient de conclure, et revient habillé en boucher. Il découvre l'un des sacs, et, pensant voir un pourceau, trouve Lucas.

PIPHAYNE. Oimé, quel miracolé! Prodigio grandé qui paraisse.

LUCAS. Au meurtre! On veut m'égorger. Je suis Lucas et non un porc.

TABARIN. Vadé, sac à noix! Voilà un pourceau qui parle.

FRISTELIN, *qui est dans l'autre sac.* Songez à moi, mes amis, je suis mort.

TABARIN. En voici encore un qui est dans ce sac. Prodige! Messieurs les pourceaux suent de tous les côtés. Je n'en demeurerai pourtant pas là. Il faut que je vous étrille. Vous êtes cause que je perds un bon souper. (*Tous se battent.*)

En l'honneur de l'esprit de Tabarin et du goût de nos ancêtres, il faut observer que ce passage reproduit seulement la situation des personnages. Aucun des acteurs n'apprenait de rôle; chacun d'eux se laissait aller à sa verve, et c'était dans les allusions, les pantomimes, les grimaces et les coups que se trouvait le principal mérite du spectacle.

On sait que les vieux airs désignés encore aujourd'hui sous le nom de *ponts-neufs* ont été ainsi appelés parce que c'était sur ce pont que les chanteurs, bateleurs et saltimbanques les chantonnaient devant la foule attentive.

Voici une romance du temps :

Que je me plais soubs votre loi!
Chloris, sitôt que je vous voy,
Ma joye est sans seconde;
Car vous avez je ne say quoi
Qui charme tout le monde.
Je scay bien qu'un roi seulement
Est digne d'être vostre amant,
O ma douice cruelle;
Mais si je faux en vous aymant,
Au moins la faute est belle.

Tabarin n'avait pas toujours cette allure sentimentale; et je serais bien embarrassé s'il me fallait absolument citer ici quelques-unes de ses chansons plus que grivoises.

C'était encore sur le Pont-Neuf qu'on chantait la fameuse chanson des *drolles*, qui n'avait pas moins de quarante et quelques couplets :

Qui veult ouyr une chanson
De tous les drolles?
Amassez-vous, hons compagnons;
Qu'on vous enrolle,

Le Pont-Neuf, de la pointe de la Cité à la rive gauche.

Tant les petits que les grands,
Sans nulles faultes,
Mes drolles, mes drolles,
Venez trestous, qu'on vous enrolle.

La physionomie du Pont-Neuf changea peu sous Louis XIV et sous la régence du duc d'Orléans; plusieurs gravures qui nous restent de ces époques font assez bien connaître quels étaient les personnages qui le fréquentaient. Nous avons sous les yeux une estampe que nous essayons de calquer à la plume.

On voit, à droite, un arracheur de dents, entouré de compères qui ont l'air d'approuver les paroles et les gestes du dentiste orateur; le malheureux patient, qui tient sa mâchoire dans ses deux mains, nous rappelle la chétive existence et la triste destinée d'un pauvre poëte qui, exténué de faim et sans ressource, allait sur le Pont-Neuf demander à un charlatan qu'il lui arrachât deux dents moyennant dix sous, avec promesse de déclarer hautement aux assistants qu'il ne ressentait aucune douleur. Plus loin, on aperçoit deux individus qui suivent un honnête flâneur; ils attendent le moment favorable pour le débarrasser de son argent. On nommait ces industriels des coupe-bourses, parce qu'ils coupaient avec adresse et légèreté les cordons des bourses que les hommes et les femmes portaient à leurs ceintures. A gauche, au milieu d'un groupe de badauds, un homme qui pérore; son costume et sa tournure annoncent un militaire gascon. C'est un racoleur; il paraît dire aux quatre paysans qui le dévorent des yeux : Mes amis, la soupe, l'entrée, le rôti, voilà l'ordinaire du régiment; mais, je ne vous trompe pas, le pâté et le vin d'Arbois, voilà l'extraordinaire. A côté de ce groupe modèle, des jeunes gens qui se heurtent en riant, en chantant; ce sont des étudiants ou des clercs; à l'extrémité orientale du pont, deux duellistes se battent à outrance; le guet arrive l'arquebuse au poing, et les met d'accord en les arrêtant tous deux. Une nuée de mendiants, parés de leurs infirmités d'emprunt, et venus de la cour des Miracles, se cramponnent aux portières des carrosses qui se dirigent rapidement vers le Louvre. A la seconde arche, du côté de l'École, on aperçoit la pompe dite *la Samaritaine*.

C'était au moyen de cette pompe que l'eau était distribuée, par divers canaux, au Louvre, aux Tuileries et au Palais-Royal. Construite sous Henri IV par le flamand Jean Lintlaer, elle tombait en ruines au commencement du dernier siècle; on la répara, et il circula à ce sujet, à cette époque, plusieurs couplets parmi lesquels nous choisissons le suivant :

Arrêtez-vous ici passant,
Regardez attentivement,
Vous verrez la Samaritaine
Assise au bord d'une fontaine;
Vous n'en savez pas la raison :
C'est pour laver son cotillon.

Ce monument fut entièrement reconstruit en 1772; il se composait de trois étages, dont le second était au niveau du pont. Les faces latérales étaient percées de cinq croisées. Sur la face principale, et dans un enfoncement en forme d'arcade, avait été placé le cadran d'une horloge à carillon. On voyait au-dessous, avant la révolution, un groupe en plomb doré qui représentait Jésus-Christ et la Samaritaine auprès du puits de Jacob. Ce puits était figuré par un bassin dans lequel tombait une nappe d'eau sortant d'une coquille.

Les deux figures, plus grandes que nature et d'une médiocre exécution, étaient de deux sculpteurs de l'Académie, Bertrand et Frémin. On lisait au-dessous l'inscription suivante, tirée de l'Écriture :

Fons hortorum,
Puteus aquarum viventium,

Au-dessus du groupe s'élevait un campanile en charpente, revêtu de plomb également doré, dont la lanterne renfermait les timbres de l'horloge et ceux qui composaient le carillon. Avant la révolution, ce petit bâtiment avait un gouverneur, parce qu'il était considéré comme maison royale. Il a été entièrement démoli en 1813.

La pointe de l'île de la Cité, vis-à-vis la place Dauphine, et qui est comme l'avant de ce grand vaisseau (on sait que l'île de la Cité a l'aspect d'un navire), forme une espèce de môle carré au milieu duquel fut placée, en 1614, la statue équestre de Henri IV, sous la régence de Marie de Médicis. Elle était posée sur un piédestal de marbre blanc. Aux quatre coins étaient attachés des trophées d'armes et des esclaves en bronze, de grandeur naturelle, représentant, dit Sauval, les quatre parties du monde, le tout soutenu par un soubassement de marbre bleu turquin. Cette statue était l'œuvre de Jean de Bologne, qui ne l'acheva pas entièrement. Elle fut terminée par Pierre Tacca, son élève.

Ce ne fut qu'en 1653 que furent achevés, sous le ministère du cardinal de Richelieu, les ornements et les bas-reliefs, qui étaient au nombre de cinq et représentaient plusieurs événements remarquables ou glorieux de la vie du bon roi. A droite, la prise d'Amiens par les Espagnols, et celle de Montmélian en Savoie; à gauche, les batailles d'Arques et d'Ivry. Sur la face, l'entrée triomphale de Henri IV dans la ville de Paris.

Il n'y a rien autre chose à dire de toutes ces sculptures, sinon que les meilleures étaient d'une grande médiocrité; cheval et statue étaient d'un style roide et lourd. Les captifs de bronze et les bas-reliefs ne valaient pas mieux que le monument dont ils étaient la décoration.

Ce fut sur le Pont-Neuf, et devant la statue de Henri IV, que fut traîné par la populace le cadavre de Concini, connu sous le nom de maréchal d'Ancre. Ce fut là que furent brûlés ses restes défigurés. Cette même populace, si furieuse contre le maréchal d'Ancre après sa chute, avait cependant beaucoup aimé, au temps de sa faveur, cet Italien, qui, avant les troubles, lui donnait des fêtes, des tournois, des carrousels, dans lesquels il brillait, disent les mémoires du temps, étant beau cavalier et adroit à tous les exercices.

Pendant près de deux siècles, le souvenir de Henri IV fut cher au peuple de Paris, et sa statue était pour ce peuple l'objet d'une sorte de culte. Dans les premiers jours de la révolution, on l'avait vu forcer les passants à s'agenouiller devant l'image de ce roi. Un an plus tard, la statue du Pont-Neuf disparaissait devant le décret de l'Assemblée constituante.

Ce fut le 23 avril 1814 que le conseil municipal arrêta que la statue de bronze de Henri IV serait rétablie à l'endroit même où elle avait été abattue. Une souscription nationale fut ouverte à cet effet. L'exécution de cette œuvre fut confiée à M. Lemot. Le 28 du mois d'octobre 1817, Louis XVIII posait la première pierre du monument, et le 25 août de l'année suivante il en faisait l'inauguration avec une pompe toute royale et au milieu des acclamations de la foule.

C'est un monument d'un bon style et d'un dessin correct. L'artiste a su allier la beauté des formes à la vérité de l'attitude, la noblesse et la ressemblance des traits à la franchise et à la naïveté de l'expression ; le mouvement du cheval est hardi.

Les bas-reliefs qui ornent le piédestal sont l'œuvre du même artiste ; ils représentent, au côté méridional, Henri IV faisant distribuer des vivres aux habitants de Paris réfugiés dans son camp ; au côté septentrional, le roi, déjà entré en vainqueur dans sa capitale, s'arrêtant au parvis Notre-Dame, et là donnant ordre au prévôt de Paris de porter à ses habitants des paroles de paix et d'oubli.

Reprenons l'historique du Pont-Neuf.

Il faut croire cependant que maître Tabarin abusa de son pouvoir à tromper le public, car une ordonnance du parlement de Paris, du 8 août 1634, défendit que les charlatans s'établissent désormais sur le

La Samaritaine.

Pont-Neuf ; et l'ordonnance fut exécutée pendant quelque temps. Mais le goût public fut plus fort que la loi, et l'on vit de nouveau les théâtres et les filous fréquenter le Pont-Neuf.

Le Pont-Neuf est orné sur les deux faces d'une corniche très-saillante dans toute sa longueur ; cette corniche est supportée par des consoles en forme de masques, de satyres, de sylvains : quelques-uns de ces ouvrages sont attribués à Germain Pilon. En 1775, on fit à ce pont de grandes réparations pour

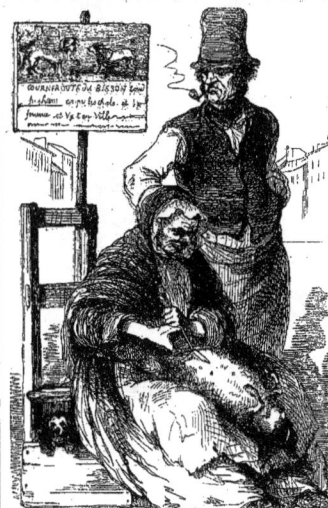

Le tondeur de chiens.

abaisser et rétrécir les demi-lunes qui, s'élevant à l'aplomb des piles, laissaient un emplacement vague ordinairement rempli d'immondices. On y construisit également vingt loges ou boutiques sur les dessins de Soufflot. Dans les années 1820 et 1821, la pente de ce pont fut adoucie. En 1836 et 1837 l'administration a fait exécuter des travaux de restauration des pieds droits de sept arches ; enfin, à l'heure qu'il est, on est occupé à restaurer le pont complètement. La circulation des voitures dans Paris ayant acquis une dimension presque effrayante, l'autorité dut se préoccuper des voies de communication. L'ingénieur des ponts et chaussées M. Lagallisserie, qui avait abaissé le pont des Tournelles, et qui avait conduit si heureusement ces travaux de restauration, fut chargé par la ville de présenter un projet pour le Pont-Neuf. Ce projet approuvé, on procéda à l'exécution, et, par un ingénieux échafaudage, la circulation ne fut pas entravée. On ne se doute pas en passant sur ce pont qu'une population d'ouvriers est occupée à baisser les arches et à consolider les piles. Les matériaux sont approchés au moyen d'un chemin de fer suspendu au-dessus du fleuve, et la navigation n'est point interrompue.

Si la physionomie actuelle du Pont-Neuf, ce grand trait d'union de la rive droite à la rive gauche n'est plus ce qu'elle était jadis, elle est toutefois très-intéressante encore, et l'observateur peut faire une large moisson en se promenant durant une heure ou deux sur les trottoirs toujours piétinés par la foule. Le Pont-Neuf est aujourd'hui la patrie des petits industriels.

Comme le soleil, l'industrie luit pour tout le monde ; mais pour quelques privilégiés qui se carrent largement à la resplendissante chaleur de l'astre, combien de plus petits ou de moins habiles qui n'ont qu'un pauvre rayon ou même un terne reflet !

Au matin de la vie, chacun part avec son bagage d'espérances pour cette périlleuse course au clocher dont le but est parfois la renommée et toujours la fortune. Quelques-uns arrivent... mais le plus grand nombre reste en chemin. Voyez cet vieux bonhomme déguenillé et si digne épouse assis dès le matin sur de vieilles chaises placées tout au bord du trottoir, et tournant le dos à Henri IV ! La partie inférieure de ce siège grossier est fermée, et forme une boîte ; au milieu du dossier est fixé un poteau qui s'élève vers les regards des passants, et supporte un écriteau où sont barbouillés ces mots, dans lesquels la grammaire et la syntaxe hurlent et miaulent : *Bisson et sa femme tond les chiens — coupe la queue aux chats — et va-t-en ville.*

On se demande comment ces braves gens peuvent gagner leur vie au moyen de cette bohémienne industrie. C'est à peine si, au fort de la canicule, on voit une vieille rentière du Marais, ou un vénérable employé à douze cents francs, amener, par-ci par-là, un client, ou plutôt un patient, à ces estimables barbiers de la race canine ; et encore l'opération n'est-elle guère mieux payée qu'une barbe ou une coupe de cheveux humains ! Comment donc font-ils pour vivre ?... C'est ici que l'industrie a besoin de toutes ses ressources infinies pour pouvoir donner le pain et le gîte à ses fidèles et humbles sectateurs. Si Bisson et sa femme *travaille* rarement sur le trottoir du Pont-Neuf, il faut croire que, plus souvent, *il va-t-en ville*, qu'il a des pratiques assez bien douées par la fortune pour se faire tondre et accommoder à domicile, trouvant trop roturier, trop *peuple* de venir s'étendre sur le dos, les quatre pattes en l'air et le museau renversé, sur le pavé du pont, aux yeux de tous les passants, pour livrer leur toison aux ciseaux de ces artistes en plein vent. Les chiens et les chats de bonne maison sont un peu plus aristocrates que cela ! —

Aux profits de cette clientèle secrète, Jean et sa femme ajoutent encore ceux de la traite de leurs clients et des descendants de ceux-ci. La caravensérail dans lequel ils enferment leur marchandise vivante, c'est précisément cette espèce de boîte que forme la base de leur chaise : c'est que le petit chien et le jeune chat sont emprisonnés pêle-mêle et vivent, dans la meilleure intelligence, de la maigre bouillie qu'on leur distribue deux fois par jour, jusqu'à ce qu'un chaland compatissant les retire de ces limbes ténébreuses pour les admettre dans le paradis du foyer domestique.

Bisson et sa femme *est* encore le médecin de sa clientèle à quatre pattes ; *il* en est le Purgon, si le cas l'exige ; il en est le Fleurant, si la maladie le prescrit. Le malade succombe-t-il, il se charge de ses funérailles. Les funérailles consistent à écorcher le défunt et à vendre sa peau... Que Dieu nous garde de sonder plus avant ce mystère! Honnêtes gargotiers des barrières et des *tapis francs*, servez chaud, et que vos pratiques digèrent en paix!!!

Le tondeur de chiens, dans la chaude saison, ajoute aux mille spécialités de son industrie celle de baigneur de chiens: il conduit ses pensionnaires sous une arche du Pont-Neuf, et leur donne des leçons de natation et de propreté. L'hiver, il remplace cette branche impossible de son art par l'exercice de quelques petites professions libérales, telles que celle de

Le marchand de chaînes de sûreté.

commissionnaire et de décrotteur. En toutes saisons, il vend à des caniches à certains marchands de laine à matelas, et des peaux de chats aux marchands de peaux de lapins, qui les revendent à quelques fabricants marrons de fourrures de martres ou de renards de Russie. Plus d'une sensible lorette qui pleure son angora défunt le porte peut-être à ses bras sous la forme d'un manchon, ou au bas de sa robe en façon de garniture fourrée!

O mystères de l'industrie!

Voici maintenant un industriel plus hardi, plus hâbleur, plus malin, le marchand de chaînes de sûreté. C'est sur les larges trottoirs du Pont-Neuf, et aussi sur les boulevards, qu'il établit le plus volontiers son éventaire volant (avec ou sans jeu de mots). Ces bohémiens modernes affectent une toilette des plus recherchées, achetée, louée ou empruntée à quelque marchand d'habits du Temple; ils portent d'incroyables cravates et des paletots de l'avant-dernière mode. La société commerciale et industrielle se compose de trois co-intéressés, ou, si l'on aime mieux, de trois compères. Le plus *distingué* des trois par ses manières, sa tenue et son éducation grammaticale, se consacre à la vente; il se place derrière son éventaire et énumère les avantages, la qualité et le prodigieux bon marché de ses chaînes de sûreté; c'est le marchand. Un second, celui dont la vue exercée aperçoit et reconnaît de plus loin les agents de la police et les sergents de ville en habits bourgeois, se pose auprès de la boutique dans l'attitude d'un amateur; il semble examiner avec une grande attention la marchandise vantée, mais son regard guette au loin l'approche de l'ennemi; ce second associé remplit les fonctions de guetteur. Le troisième enfin, vêtu plus simplement que les deux autres, se donne la physionomie la plus honnête qu'il peut, il se grime autant que possible en candide provincial, en chaland naïf et sérieux. Il se tient à distance de l'éventaire et semble écouter d'abord avec une certaine méfiance l'énumération des mérites de la marchandise débitée par le marchand. Si quelques badauds s'arrêtent, il les regarde avec un demi-sourire d'incrédulité et semble les consulter tacitement pour savoir s'il doit croire tout le bien qu'il entend dire de cette fameuse chaîne de sûreté.

« Voyez, monsieur, lui dit le marchand d'une voix d'aboyeur; voyez, monsieur, examinez, palpez, essayez; la vue n'en coûte rien; chaînes de sûreté en caoutchouc élastique et sans odeur, indispensables pour garantir les montres, lorgnons et flacons contre les tentatives des voleurs! Voyez, monsieur, 50 centimes, les chaînes de 25 sous! 75 pour cent au-dessous du prix de fabrique... Voyez, monsieur; examinez, monsieur; achetez, monsieur. »

Et le vendeur met dans la main de l'*allumeur* (c'est la qualification de ce troisième associé) une de ses merveilleuses chaînes. Celui-ci feint de ne vouloir pas la prendre; mais le marchand le force à la garder, en lui criant: « Examinez, monsieur; la vue n'en coûte rien! » L'honnête allumeur examine donc, il tire la chaîne dans tous les sens pour s'assurer de sa force et de son élasticité; peu à peu sa physionomie prend une expression de confiance, d'admiration; et, entraîné par la qualité supérieure de la chaîne et par son prodigieux bon marché... ma foi! il dit au marchand: « Je la prends. » Il se la fait envelopper, la met dans sa poche, paye ostensiblement 50 centimes et s'éloigne. Quand il a fait dix ou quinze pas, il revient, remet la chaîne sur l'éventaire, reprend ses 50 centimes, et recommence à en acheter une autre, à la même, avec les mêmes formalités. Si un badaud, *allumé* par l'exemple du compère, achète après lui une chaîne, l'opération a réussi; sinon, c'est à recommencer indéfiniment, jusqu'à ce que le guetteur souffle tout bas ce mot d'alerte: « Gare la *rousse* (la police)! »

Aussitôt, et en un clin d'œil, l'éventaire est plié, mis sous le bras comme un chapeau de bal, et la maison de commerce va s'établir à cent pas plus loin, et répéter ses opérations. Il arrive parfois qu'un chaland sérieux, après avoir acheté la chaîne de sûreté, ne trouve plus sa montre dans son gousset: preuve irréfragable de l'utilité de la chaîne.

Mais le soir vient, et les trois compères vont déposer leur fonds de commerce chez un marchand de vin. Ils font sur une table vineuse l'inventaire de

Le marchand de marrons.

leurs opérations; il se trouve souvent que le vendeur a vendu soixante chaînes, bien qu'il n'en ait que vingt-cinq dans sa boutique, et qu'en dernier résultat ces vingt-cinq lui restent intégralement pour servir à la vente du lendemain. Ce problème, qui embarrasserait peut-être les syndics les plus experts du tribunal de commerce, s'explique et se résout par un mot: — les soixante chaînes vendues par l'associé vendeur ont été achetées par l'associé *allumeur*.

Le mystère est expliqué. Cependant, comme trois associés ne vivent pas en s'achetant réciproquement des chaînes de sûreté, nos industriels laissent leur boutique au cabaret et vont se livrer à la clarté du gaz à un autre commerce plus lucratif: ils deviennent marchands de contre-marques. Si le trafic ne donne pas assez pour occuper les trois intéressés, l'*allumeur* endosse une blouse et devient ouvrier de fiacres à la porte des théâtres et des concerts: il place un petit tapis ou son mouchoir sur la jante de la roue pour garantir contre la souillure de la boue la robe de la

L'astronome en plein vent.

bourgeoise ou le paletot du bourgeois, qu'il appelle invariablement *mon prince*, *mon général* ou *mon maréchal de France*. Le bourgeois est flatté, et il donne à l'industriel quelques doubles décimes, que celui-ci verse plus ou moins fidèlement dans la caisse sociale.

A quelques pas plus loin, un jeune et savant astronome vient, chaque soir, demander à l'industrie les profits que la science seule ne donne pas. Cet estimable Galilée moderne, coiffé d'un bonnet grec et revêtu d'une redingote à la propriétaire dont la coupe surannée témoigne de la part de celui qu'elle couvre un profond mépris pour les futilités de la mode, établit, à l'heure où le gaz s'enflamme dans les lanternes, un magnifique télescope sur le trottoir du Pont-Neuf.

Moyennant la faible rétribution de dix centimes, vous pouvez vous donner l'utile récréation de voir des montagnes dans la lune ou de découvrir une comète et sa queue non prévues par les savants de l'Observatoire.

Un vénérable pair d'Angleterre, de passage à Paris, se livre à ces recherches intéressantes. Un jeune apprenti astrologue veille à ce que les voleurs à la tire ne fassent pas des explorations d'un autre genre dans les poches de ce noble étranger, tandis que sa vue et son attention voyagent dans la lune.

Dans l'encoignure du quai se tient aussi le marchand de marrons exposé aux rafales de la bise, aux tourbillons de la neige, aux ondées capricieuses de l'averse; il est vrai qu'il a pour se réchauffer son large brasier toujours ardent, auprès duquel le petit Savoyard vient dégourdir ses mains rougies et gonflées par la froidure. Le marchand de marrons a le cœur compatissant, il laisse le pauvre enfant ranimer ses membres transis à la bienfaisante chaleur de son fourneau; on le voit même jeter de temps en temps quelques marrons brûlants dans le bonnet du petit exilé, et lui fournir ainsi un déjeuner réparateur.

Puis, il y a aussi le marchand de pastilles du sérail, le marchand de montres à trente-cinq centimes, le marchand de couteaux à papier, le marchand de mètres, et aussi ce petit homme rouge qui distribue aux passants des adresses de chapeliers, de bottiers, de tailleurs; cet homme était né certainement pour être distributeur d'adresses: quelle dextérité! quelle prestesse de mouvements! Il ne laisse pas passer un piéton sans lui mettre dans la main ses prospectus exigus; et Dieu sait s'il en passe, et Dieu sait s'il en donne!...

y a de la vocation, de l'art dans cette distribution merveilleuse! Mais les passants n'apprécient pas à sa juste valeur le talent de cet artiste singulier, qui est, par le fait, la personnification moderne de l'antique et

Le distributeur d'imprimés.

mythologique renommée, aujourd'hui déesse de la réclame et de l'annonce. Il n'a pas pris le costume suranné et beaucoup trop léger de sa devancière aux cent voix, mais il s'est composé un uniforme spécial et ingénieusement allégorique : le pantalon et le gilet rouge de ce demi-dieu de la publicité, la forme conique de son chapeau, recommandent bien mieux que les éclats de la trompette le mérite de ses protégés et les qualités de leurs marchandises.

Qui passe encore dans cette lanterne magique de la petite industrie errante? C'est le marchand de mottes à brûler, poussant devant lui son chantier ambulant; c'est le commissionnaire avec sa veste de velours et sa plaque de cuivre, serviteur public et universel; tantôt portefaix robuste, il porte sur ses crochets tout le mobilier de la jeune grisette ou du pauvre surnuméraire; tantôt porteur d'eau, il distribue à domicile les dons de Neptune; tantôt scieur de bois, il exerce son rude travail sur la voie publique, encombrant le trottoir et la chaussée des fragments de hêtre et de chêne, sans trop ménager les jambes des passants, mais réservant toujours fidèlement la plus grosse bûche pour la portière qui lui procure la pratique; il est enfin discret messager d'amour, et remplit les serviables fonctions du dieu Mercure en culotte de velours, en casquette et en gros souliers ferrés.

En cherchant bien, nous rencontrerons encore le marchand de dattes, honnête indigène faubourien qui se déguise en Turc pour prouver l'origine orientale de sa marchandise. Le marchand de dattes est un des industriels qui frappent le plus l'imagination des enfants par la magnificence et l'étrangeté de son costume ; c'est le dernier Turc des mascarades du temps de l'Empire, dans lesquelles on voyait tant de Turcs revêtus de vestes enjolivées d'un magnifique soleil en papier doré. Celui-ci a un turban, quoique le turban n'existe plus même à Constantinople ; il a des bottes molles qui ressembleraient assez à celles des Maures, si elles n'avaient au sommet un gland qui rappelle un peu trop les bottes à la Souvarow, si fort à la mode sous le Directoire. Le pantalon est plus conforme à la couleur locale, c'est celui que nos spahis ont emprunté aux cavaliers africains. Pendant l'hiver le marchand de dattes, pour se garantir du coriza, porte un col de crinoline. Il est généralement bel homme ; puis nous trouvons aussi un autre industriel, chargé d'une espèce de carquois garni de cannes assorties ;

Le marchand de dattes.

il poursuit le passant, lui en met une dans la main, puis tend la sienne en lui réclamant 17 sous. Sur cent essais de ce genre, on lui rend quatre-vingt-dix-neuf fois sa canne. Un étudiant de première année, un apprenti commis de nouveautés, un jeune

Porteur d'eau.

Commissionnaire.

poëte tragique nouvellement débarqué, se laissent de temps en temps séduire par l'appât de ce merveilleux bon marché! Ils examinent d'un œil complaisant cet accessoire obligé d'un négligé fashionable; ils le touchent, le caressent de la main, observent la tête et le bout... le frappent sur l'asphalte, essayent de faire plier l'objet en négociation... mais fort souvent l'objet ne plie pas et rompt. « Voilà une canne vendue : payez les 17 sous... — Vous avait-on dit que la canne pliât? » Là-dessus, le monsieur, honteux et confus, débourse la somme, et poursuit sa promenade en faisant le beau avec ses deux fragments de canne dans les deux poches de sa tween indigène.

Les jours où le temps est menaçant, le marchand de cannes se transforme en marchand de parapluies,

Le marchand de *crimes* et d'*accidents* débite au prix fixe d'un sou la relation de tous les événements tragiques que rapportent chaque matin les journaux judiciaires : les assassinats, les empoisonnements, les suicides, les exécutions capitales, les procès de la cour d'assises, sont annoncés à grands cris par cet oiseau de malheur. Dans les occasions les plus marquantes, quand la catastrophe en vaut la peine, quand le procès offre un intérêt puissant, la relation imprimée ou (pour la nommer de son nom technique) *le canard*, est illustré d'une gravure sur bois représentant la principale scène du récit, ou bien les portraits *véritables* des criminels. Nous nous rappelons, à ce sujet, un fait qui peut donner une juste idée de l'authenticité de ces ressemblances. Lors du procès des soixante-dix-neuf voleurs, jugé il y a quelques années par la cour d'assises de Paris, les marchands de crimes vendirent dans les rues de la capitale un résumé de l'acte d'accusation et de l'arrêt rendu contre les coupables. Ce *canard* était orné des portraits des cinq principaux accusés; au premier coup d'œil que nous jetâmes sur ces grossières gravures, nous fûmes d'abord étonné de trouver à ces profonds scélérats les figures les plus honnêtes et les plus recommandables ; le système de Lavater était complétement démenti : mais, en examinant avec plus d'attention ces portraits *véridiques*, nous reconnûmes, avec une stupéfaction extrême, que le chef de la bande et les quatre forcenés ses complices n'étaient autres que M. de Chateaubriand, Béranger, Berryer, de Lamartine et Lafayette.

Le marchand de crimes se purifie parfois de sa sinistre spécialité en criant le bulletin d'une victoire, d'un beau fait d'armes de nos soldats d'Afrique, tel que la défense héroïque des cent vingt braves de Mazagran ; mais, par les mœurs pacifiques du système qui nous régit, le marchand de crimes ne trouve pas souvent de ces belles occasions-là. Les bulletins de victoire sont rares; en revanche, les crimes sont nombreux !

Le marchand de mort-aux-rats crie moins fort, mais s'aperçoit de plus loin que son confrère en industrie. A l'instar de la marchande de lacets, il porte devant lui, comme un drapeau, une très-longue perche au haut de laquelle pendent les dépouilles mortelles de ses tristes victimes. Les chats le regardent passer d'un œil de convoitise. N'allez pas croire pourtant que ce concurrent de la race féline n'ait d'autres moyens de destruction contre ses ennemis les rats que le supplice de la pendaison : ceci est tout simple-

Le marchand de crimes.

Le marchand de mort-aux-rats.

Le marchand de cocottes.

La marchande de petits moulins.

ment un supplice posthume, et cette sorte de gibet qu'il promène ainsi dans les rues n'est autre chose que son enseigne : le brave homme n'use pas non plus du poison, arme lâche et dangereuse, plus dangereuse que les rats eux-mêmes ! Le procédé destructeur du tueur de rats est tout classiquement la souricière, le piège à ressort étranglant, ou bien le piège à bascule, qui tombe derrière le prisonnier sans lui ôter la vie, mais qui le retient dans les horribles angoisses de la captivité et dans la terrible incertitude de sa destinée prochaine et inévitable.

Le marchand de mort-aux-rats est lui-même aujourd'hui dans une perplexité fort grande. Son industrie est menacée par deux concurrents redoutables. Il a appris qu'une société en commandite pour la destruction de tous les rats, venait de se former à Paris, avec un capital social de 300,000 francs. Si cette compagnie remplit son but, si elle détruit tous les rats de France, et qu'un cordon sanitaire formé d'une armée de chats défende les frontières contre une invasion de rats étrangers, que deviendra le pauvre marchand avec ses souricières ? Les vendra-t-il pour prendre des alouettes ou des hannetons? Son avenir l'inquiète beaucoup.

Mais ce n'est pas tout; il a entendu parler aussi du fameux chien anglais Billy, qui étrangle cent rats en dix minutes quarante trois secondes. On lui a dit que Billy comptait faire des élèves, et avait promis d'en envoyer quelques-uns sur le continent, en signe d'entente cordiale. Depuis qu'on lui a parlé de cela, le pauvre homme entend japper Billy dans tous ses rêves. Il est fort triste.

Voici la marchande de petits moulins, traînant avec elle l'enfant peut-être volé qui doit appeler la charité des passants; puis le vendeur de cocottes, qui étale ses volatiles de carton emplumé sur le parapet, — à deux sous les cocottes, — et il fournit les grains de mil par dessus le marché. Cet industriel est ordinairement un ancien brave que les loisirs de la garnison ont rendu paresseux ; un était régulier l'ennuierait, il aime mieux croire à la Providence et à ses pratiques enfantines.

Compter les petits métiers qui pullulent dans la grande ville, autant vaudrait énumérer les sables de la mer. Le petit métier commence partout et ne s'arrête nulle part; c'est lui qui crie sous vos fenêtres, qui marche à vos côtés dans la rue; le petit métier vous tend la main quelquefois; dans l'occasion il se fait mendiant, mais bohémien jamais. Il est classé, il a sa plaque, la patente du petit métier : qu'il vende des allumettes, des épingles ou des sucres d'orge, ou même que le petit métier ne vende rien du tout, ne vous hâtez pas trop de le mépriser.

Quoique le ramoneur se rencontre moins sur le Pont-Neuf que partout ailleurs, rien ne nous empêche d'esquisser sa silhouette en passant :

C'est un de ces malheureux petits exilés que la Savoie, le Piémont, le duché de Parme envoient tous les ans sous notre ciel brumeux, eux, pauvres enfants éclos sous le soleil du midi :

« Va, petit, lui dit le père, va chercher fortune à Paris. A Paris, tout le monde est riche ; ici nous n'avons pas assez de pain pour vous tous. »

L'enfant pleure; sa mère l'embrasse; son père le bénit; ses petits frères et ses petites sœurs envient son sort... car il va voir Paris! Paris, ce pays de Cocagne des pauvres gens qui le voient de loin !

Il part le cœur gros; mais l'espoir le soutient, l'encourage... Bien souvent il détourne la tête pour voir encore sa mère, qui lui dit adieu, et sa chaumière, qui semble lui sourire au soleil... Mais bientôt il ne voit plus ni sa mère ni sa chaumière ; il marche, il marche vers la terre promise ; le soleil semble l'abandonner aussi et rester au pays... Il marche dans la ville aux merveilles... il se perd mille fois dans son brouillard et dans ses rues brillantes; il vient, triste, harassé, frapper le soir à la porte du maître auquel il est recommandé.

Ce maître est toujours un *ancien* compatriote de l'enfant. Nous disons *ancien*, car il est devenu Parisien, grâce à l'industrie... Il exploite d'ordinaire une branche industrielle de modeste apparence ; mais le brave homme, avec cette effrayante économie dont les Auvergnats et les Savoyards savent seuls le secret, a su amasser un petit trésor mystérieux et caché. Il accueille le pauvre petit, et veut bien, pour un soir, lui donner pour rien une écuellée de soupe et une place dans la soupente où couchent ses autres proté-

gés... L'enfant s'endort de fatigue, et rêve au pays et au foyer paternel... mais, au milieu de son beau rêve, une main le secoue et l'éveille :

Le petit ramoneur.

« Allons! paresseux ! tu es à Paris, et à Paris on ne dort pas, on travaille : il est six heures, en besogne!...

Étameur et fondeur de cuillers.

et si, ce soir, tu ne me rapportes pas vingt sous... tu n'auras pas de soupe... marche ! »

Ce rude tuteur des petits exilés exerce presque toujours la profession de fumiste, ce suprême échelon de l'industrie du ramoneur. Il a passé par bien des misères et par bien des cheminées avant de parvenir à ce faîte de prospérité. Il forme à son tour des élèves, et le plus souvent il les exploite. Dès le matin, il les lance sur le pavé de Paris, avec leur sac de suie sur le dos ; il faut qu'ils rapportent en rentrant leur salaire de la journée, fixé à un minimum rigoureux, sous peine de ne point souper. Le pauvre petit diable se met donc à parcourir les rues : il offre, de sa voix criarde, ses services aux habitants endormis encore; et si la journée se passe sans qu'il soit recueilli la somme exigée, il n'ose plus rentrer chez le maître, car le maître le battrait. Il s'assoit découragé sur le bord d'un trottoir, et demande aux passants un *petit sou* pour compléter sa recette; et souvent il va passer sa nuit à la souricière de la préfecture de police, où le conduisent les agents qui l'ont surpris en flagrant délit de mendicité. Voilà à quoi se réduit cette fortune qu'il venait chercher à Paris.

S'il échappe aux agents de la police, et si la charité publique lui fait défaut, la crainte du terrible patron le pousse parfois à recourir au vol, pour ne point rentrer au logis sans le tribut obligé.

Quelques-uns, plus ingénieux, plus industrieux, cumulent diverses professions pour satisfaire à l'avide exigence du maître : ramoneurs le matin, ils deviennent décrotteurs au milieu de la journée, et le soir ; à l'heure de la promenade, ils montrent aux passants une marmotte, leur compatriote, un petit cochon d'Inde, une souris blanche, ou quelque autre curiosité des moins curieuses. Les plus malins jouent de la vielle, et grincent ces éternels refrains populaires auxquels on s'efforce de se soustraire en donnant quelque monnaie au musicien.

Alléché par les profits de cette industrie musicale, si l'enfant persévère dans sa vocation, et qu'il achète un jour son indépendance au moyen de quelques économies, il fait l'acquisition d'une serinette, et le voilà sur la voie de la fortune ; c'est-à-dire que les vingt ou trente sous qu'il gagnera par jour en tournant la manivelle de son instrument seront pour lui, et non plus pour son protecteur ; il devient professeur de chant et forme des élèves parmi les serins des portières du faubourg Saint-Marceau à raison de 10 centimes la leçon. Il parcourt ainsi le rude sentier de la vie, cherchant la fortune, et trouvant à peine le pain de chaque jour. Les années s'écoulent, et la fortune ne vient pas. Il s'accoude un soir sur sa pauvre serinette et rêve tristement au pays, à sa chaumière, à sa vieille mère morte loin de lui ; il se rappelle avec amertume ces mots que lui a dit son père en lui faisant ses adieux : Va, petit, va faire fortune à Paris.

Mais, ce moment d'abattement passé, il se relève et recommence son pèlerinage à travers la grande ville. Pour peu qu'il ait quelques chances, il pourra joindre à toutes ses autres industries l'industrie plus lucrative de marchand de peaux de lapin. Combien de négociants en fourrures qui ont commencé comme lui !

C'est encore le ramoneur devenu homme qui se fait étameur de casseroles et fondeur de fourchettes et de cuillers.

L'étameur de casseroles est un des serviteurs les plus utiles de la petite propriété; son attirail n'est pas beau, mais, encore une fois, il rend de véritables services. Il est le bon génie des batteries de cuisine en mauvais état ; en une minute, son réchaud est apprêté et allumé, il fond les cuillers, redresse les fourchettes et fait reluire les casseroles, le tout au plus juste prix.

C'est surtout dans la banlieue que l'on sait apprécier l'étameur de casseroles.

CHAPITRE XXVII. — LE PONT-NEUF.

On ne vous montrera pas cette enfant à genoux devant une corbeille, image de l'industrie maigre, en haillons, transie, grelottante : la petite marchande d'allumettes chimiques, ou plutôt *chimériques*, à un sou le paquet, à deux sous la boîte.

Chiffonnière.

Chiffonnier.

Marchande d'amadou.

passant à l'aveugle qui, assis contre le parapet du pont, cumule deux professions pour remplacer les yeux qui lui manquent. Il fabrique des chaussons de lisières, et chante la romance sentimentale à l'adresse des âmes charitables. On ne lui connaît pas de chien, et il dédai-

Plus loin, la marchande d'amadou offrant à tout le monde qui passe sa classique marchandise dont personne ne veut plus; quelques âmes compatissantes viennent au secours de cette industrie surannée et laissent tomber quelques menues pièces dans le tablier de la pauvre femme.

Ah! mon Dieu! j'allais oublier le joueur d'orgue, cette machine à pleurer la Bretagne ou la Normandie; le joueur d'orgue est le propagateur des opéras en vogue, et c'est lui qui consacre, sans qu'on s'en doute, la réputation des compositeurs. C'est par le joueur d'orgue que les populations faubouriennes connaissent Rossini, Meyerbeer, Halévy, Auber, Donizetti, des fragments de *Guillaume Tell*, des *Huguenots*, de *la Juive*, de *la Muette de Portici*, de *la Favorite*. Du reste, il n'est pas un industriel qui ait plus que celui-là le privilége d'agacer les nerfs des bourgeois parisiens. Il viendra vingt jours de suite sous votre croisée vous bercer aux sons de la même ritournelle ; il vous fera prendre en horreur un air que vous adoriez huit jours auparavant. Des pétitions ont été adressées au préfet de police pour qu'il exilât de la capitale ces instrumentistes nomades, mais elles ont été repoussées avec perte. Il faut que tout le monde vive, même ceux qui font mourir d'ennui toute une population. Le plus généralement le joueur d'orgue a reçu le jour en Auvergne ; c'est un porteur d'eau parvenu.

Puis, quand tous reposent, les riches sous leurs édredons, les pauvres sur leur grabat glacé, l'industrie nocturne descend de la rue Mouffetard et s'empare de la ville : elle parcourt les rues la hotte sur le dos, le crochet à la main, et dispute aux chiens affamés les choses sans nom dont se compose son commerce. Après une nuit passée dans ces fouilles mystérieuses, le chiffonnier, fier de sa lourde charge, va rejoindre sa femme, qui, plus diligente ou plus heureuse dans ses recherches, a empli sa hotte avant lui,

L'aveugle fabricant de chaussons de lisière.

et l'attend, assise sur une borne, près de la porte du marchand de liqueurs qui va bientôt s'ouvrir.

J'oubliais encore la boutique à un sou ; objets de la convoitise incessante des enfants privés de ce signe monétaire.

Et pour peu qu'il nous en reste un, donnons-en

gne de jouer de la clarinette ; il a presque un état.

Saluez aussi le marchand de vulnéraire, non pour son costume qui lui donne l'air d'un chambellan ayant *évu* des malheurs, mais en considération de son art. Il n'a manqué à cet homme, pour jouer un rôle dans la société de son temps, que d'inventer la pâte Regnauld ; on le traite de charlatan, il le sait et laisse dire ; il croit à la vertu... à la vertu de son vulnéraire ordinairement suisse, qu'on peut employer sans crainte à toutes sortes d'usages : élixir incomparable, vous dira-t-il avec bonhomie, eu égard à ses propriétés inoffensives ; et, pour vous prouver sa foi dans son breuvage, il offrira de le boire à votre santé.

Il s'agit maintenant d'une industrie née d'hier ; nous voulons parler de la mise en couleur sans frottage des appartements. Le jeune artiste que vous voyez représenté dans cette gravure, et qui au premier abord ressemble tant au *pulcinella* napolitain, porte sur son costume les insignes de sa profession. Il a une coiffure en forme de pot à couleur ; sur sa blouse et son pantalon on aperçoit des plaques rouges qui figurent des carreaux octogones. La petite propriété parisienne a-t-elle besoin de donner un nouveau vernis à son carrelage déteint par un frottement trop prolongé, en quelques secondes l'homme aux carreaux et au pot à couleur opère la métamorphose à l'aide de son siccatif brillant ; la préparation nouvelle n'a pas besoin, comme l'ancienne, d'être longuement frottée pour reluire. Le siccatif sèche à la minute. C'est le metteur en couleur des appartements qui, aux élections de 1849, improvisa sur tous

Aux bureaux de l'Illustration, rue de Richelieu, 60.

les murs de la capitale les candidatures inattendues de *Chromo, Duro, Phane,* dont les noms athéniens semblaient promettre trois archontes à l'Assemblée législative. *Chromo, Duro, Phane* n'ont pas été nommés, mais ils ont servi à faire connaître et à populariser une invention et une industrie qui voguent maintenant à pleines voiles, poussées par la brise du *puff.*

C'est tout au bout du pont, de chaque côté du quai, que se rencontre le bouquiniste, noir et sinistre industriel dans l'honnête acception du mot, sorte de croque-mort littéraire qui ensevelit dans ses cases de sa-

Mise en couleur, sans frottage.

Le bouquiniste et le bouquineur.

car nous sommes à deux pas de l'Institut. Grande et muette leçon sur la vanité des choses littéraires, de ce monde !

Le bouquiniste étale sa marchandise sur le parapet des quais, depuis le pont du Carrousel jusqu'au pont Saint-Michel; on l'aperçoit aussi sur le quai du Louvre, sur le quai de l'Horloge, aux deux angles du Pont-Neuf qui font face à la statue d'Henri IV, sur le Pont-au-Change, sur le quai aux Fleurs, et dans mille petites ruelles noires et boueuses du vieux Paris. Cet estimable commerçant semble être le contemporain

La boutique à un sou.

pin, comme dans des bières funéraires, tant d'œuvres avortées, créées pour l'immortalité. Le bouquiniste expose comme une ironie sa collection de livres trépassés dans le voisinage même des écrivains immortels, de ses bouquins les plus vénérables par leur âge et leur vétusté; il a même avec eux plus d'un point de

Le marchand d'eau de Cologne et de vulnéraire suisse.

Le joueur d'orgue.

ressemblance : il est vieux, usé, ratatiné, poudreux, plissé, rogné aux angles, comme le plus vieux de ses vieux livres. Son dos voûté imite la reliure à dos brisé des vieilles éditions ; sa peau jaune et luisante semble empruntée au parchemin séculaire qui revêt un *Amyot* primitif ; jamais marchand ne s'est mieux incarné dans la physionomie de sa marchandise. Le bouquiniste, c'est l'homme à l'état de bouquin.

Exposé par état à toutes les intempéries des sai-

Le joueur de violon.

La guitariste.

sons, il porte par mesure hygiénique un respectable bonnet de soie noire sur sa tête chenue, que surmonte d'ailleurs une vieille casquette à visière. Son petit corps grêle est protégé contre la brise et le brouillard par un petit manteau râpé qui le recouvre comme une cloche, et ses mains basanées se cachent sous les mailles de gros gants de tricot vert.

Que dirai-je de sa science, de sa littérature ?... M'accusera-t-on de calomnie, si je dis que plus d'un bouquiniste sait à peine lire et signer son nom ? Faut-il le blâmer de cette sage ignorance ? et n'est-il pas heureux de ne pouvoir lire les livres qu'il vend ?

Pour lui le livre est une chose, et rien de plus, une chose qui vaut de 25 centimes à 1 franc, selon sa reliure et son format. Il les classe ainsi, d'après leur valeur matérielle, dans de petites cases, en forme de pupitres dont il couvre les quais. Puis il se promène stoïquement dans la brume ou au soleil, devant son étalage, battant la semelle sur le pavé pour se réchauffer les pieds et soufflant dans ses gros gants verts. Il voit sans s'émouvoir de nombreux amateurs s'arrêter devant ses tablettes, examiner ses volumes pendant de longues heures, les déranger, les feuilleter, les parcourir, puis les replacer dans le rayon et s'éloigner sans acheter, sans même remercier ni saluer le pauvre marchand grelottant.

Cette race peu lucrative de chaland prend le nom de *bouquineurs*. Le bouquineur reste des journées entières devant l'étalage du bouquiniste ; c'est là son cabinet de lecture, sa bibliothèque. Il passe en revue toutes ces vieilleries littéraires ou scientifiques, parmi lesquelles se trouvent parfois enfouis des trésors. Il en est qui, ardents à cette recherche, y consacrent non-seulement quelques heures, quelques jour-

Le joueur de clarinette.

nées, mais leur vie entière, en font leur occupation, leur profession : à l'heure où l'employé se rend à son bureau, ils se rendent à leur poste, et commencent leurs fouilles cent fois recommencées. Ne croyez pas que l'heure des repas interrompra ce travail passionné : le bouquineur déjeune en bouquinant ; il s'est muni, en venant, de son petit pain quotidien ou de sa brioche, et rien ne le distrait jusqu'au soir, si ce n'est l'heure du détalage, ou quelque averse subite. Ce dernier accident ne le prend pas au dépourvu, car il ne marche jamais sans un immense parapluie, moins destiné à garantir son feutre hérissé et son habit noir râpé aux coudes, qu'à protéger ses livres, ses précieuses trouvailles, contre les injures du temps.

Mais, à côté du bouquineur qui achète, on voit une catégorie plus nombreuse encore de bouquineurs qui n'achètent pas. Ils se bornent à lire, à s'instruire, à se meubler l'esprit d'une encyclopédie de connaissances qu'ils butinent dans les rayons du pauvre industriel, eux, pauvres affamés de science. On en a vu qui, animés par cette fièvre d'apprendre, ont commencé et complété une instruction, sinon brillante, suffisante du moins, que leur pauvreté ne leur permettait pas d'acquérir.

Quand le bouquineur qui achète déniche un ouvrage qui lui convient, il s'avance vers le bouquiniste et lui montre sa conquête. Celui-ci ne regarde pas le titre de l'ouvrage, il se contente de demander dans quelle case on l'a pris. « Dans celle-là. — C'est 25 centimes. — Non, dans cette autre. — C'est 10 sous. — Ou bien dans cette troisième. — Alors, monsieur, c'est 1 franc. »

A la fin d'une bonne journée, le bouquineur s'en revient triomphant dans son réduit encombré. Il est bardé de bouquins, il en a dans toutes ses poches, il en a sous tous ses bras, il en a dans les revers de son habit et de son gilet, il en a dans son chapeau, il en a dans son parapluie ; il en mettrait dans ses bottes, s'il ne portait pas des souliers. Il entasse ses volumes dans sa chambre exiguë, au grand mécontentement de sa servante ou de sa femme, qui, lorsque l'encombrement devient par trop incommode, fait en cachette, en l'absence du maniaque, venir l'épicier voisin, afin de rétablir la circulation.

Au demeurant, c'est une pauvre industrie que celle du bouquiniste en plein vent : la plupart des auteurs dont se compose son fonds de commerce ont réduit leurs libraires à la misère ; pourquoi n'enverraient-ils pas leur bouquiniste à l'hôpital.

Voici le violoniste nomade, — un débris. Cet homme qui râcle sur son instrument et agace les nerfs des promeneurs, a fait jadis les beaux soirs de quelque scène provinciale ; il a été pour le moins ténor léger. *O altitudo !* Et non loin de lui cette guitariste, une espérance déçue, qui ne demandait qu'à être *prima donna*, en est venue à prendre une scène plus vaste que les Bouffes... la rue ! *O fata !* Et ce joueur de clarinette, accompagné trop souvent d'une pauvre fille qu'il loue à tant par jour pour surprendre la commisération des passants ; c'est le plus vaste répertoire connu des airs patriotiques de la Restauration. Il en est encore là : *Mon pauvre chien ne me quitte jamais.*

Enfin voici l'industriel le plus dangereux, le plus triste, le plus désespéré, le plus lugubre de la bande ; c'est l'industriel sans aucune industrie, ou celui à qui toute industrie qu'il a entreprise a manqué, soit par sa faute, soit par la faute des circonstances. Il est, comme on dit vulgairement, *au bout de son rouleau*, c'est-à-dire entre la Seine, le crime et la faim.

Mais arrivons vite au héros le plus connu des environs du Pont-Neuf, au célèbre Miette, qui a recueilli l'héritage de Tabarin et de Brioché, et qui déploya ses talents au bas du pont sur le quai des Augustins ; il fut là pendant vingt-cinq ans, il le disait avec orgueil et il avait raison. Qu'on cite beaucoup de comiques qui aient conservé aussi longtemps la faveur publique.

Sitôt que l'horloge de la Vallée a annoncé aux libraires du quai la cinquième heure du soir, Miette arrive, il retrousse les manches de sa redingote. A un certain cri lancé dans l'air, les habitués accourent. Le fond des habitués se compose de jeunes vauriens du faubourg Saint-Germain, des apprentis de tout âge et de tout état, de soldats, de paysannes et de bonnes d'enfants, un public complet.

Nous avons donné un échantillon des parades qui divertissaient les badauds du temps de Louis XIII ; qu'il nous soit permis de mettre sous les yeux du lecteur un des discours que débitent les charlatans modernes à leur auditoire. Voici le discours sténographié, et auquel il ne manque que le ton et la voix de l'acteur.

« Messieurs,

« Je ne vous dirai pas que je suis l'élève de mademoiselle Lenormand... Mademoiselle Lenormand n'a jamais fait d'élèves. Je ne vous dirai pas que je suis le gendre ou le successeur du célèbre Moreau ; *mossieu* Moreau n'a jamais eu de gendre ni de successeur. Mais qu'es-tu donc, alors? Messieurs, je n'emprunte le nom à personne ; je me nomme de mien, je suis *Miette*, un des sept fils du dragon de Paris. Feu mon père était escamoteur, mon frère était escamoteur, je suis escamoteur. Je demeure rue Dauphine, n° 12, maison du marchand de vins, ce qui ne veut pas dire que je demeure chez le marchand de vins ; c'est, au contraire, le marchand de vins qui demeure chez moi... J'ai travaillé trois fois devant l'ambassadeur de Perse, mais je ne me targuerai point de ce vain titre pour

Entre la Seine et la faim.

L'escamoteur.

vous dire que c'est l'ambassadeur de Perse qui m'a découvert le secret de la *poudre persane*... Il ne m'a jamais parlé... D'ailleurs, l'eût-il fait, je ne l'eusse pas compris, car il m'eût parlé persan, et, je l'avoue à ma honte, je n'ai point étudié les langues orientales ; mais ce fut un des officiers de sa maison, mossieu *Ugène Barrrbarrroux*. Curieux d'apprendre à faire de tours, il m'en demanda, et je les lui démontrai. C'était un élève agréable... Il ne me payait pas avec des pommes de terre. (*Miette tire de pommes de terre de dessous les gobelets.*) Et voici des pommes de terre. Il ne vous tirait pas de carottes (*il fait surgir une carotte*), et voici des carottes ; mais il y avait de l'ognon (*même jeu*), et voici de l'ognon ; aussi me faisait-il des compliments. Il me disait : Mossieu *Miette*, pour les tours de passe-passe et de gobelets, à vous le pompon (*il montre le pompon*), et voici le pompon ! J'en étais donc très-content, aussi vrai que voici la petite balle (*il escamote la petite balle*), la moyenne balle (*même jeu*), et leur camarade la grosse balle (*même jeu*). Un jour, je me présentai chez l'ambassadeur de Perse ; il était en train de se nettoyer les dents. Cela ne m'étonna pas, la propreté de la bouche étant de tous les âges et de toutes les nations ; mais ce qui m'étonna, ce qui va vous surprendre, c'est que, depuis trente-cinq ans que j'exerce sur cette place, je n'ai point encore vu ailleurs... La poudre dont il se servait était blanche comme de la neige (*il ouvre une boîte et la montre en faisant le tour du cercle*) ; à peine introduite dans la *boche*, elle devenait cramoisie comme de la lie de vin. (*Il introduit dans sa bouche un linge frotté de poudre persane, s'en frotte les dents et fait le tour du cercle en montrant au public le linge devenu rouge. Il tient aussi la bouche ouverte de manière à faire voir ses dents.*) Voici, je l'espère, du cramoisi. (*Il remet la boîte en place.*) Curieux de ce phénomène, je m'en informai ; il me le dit, et je l'ai gardé pour moi... Voilà tout mon talent.

Tant que l'ambassade de Perse resta en France, je n'en parlai plus à personne ; une fois qu'elle en fut partie, je me présentai à l'Académie *nationnnale de médecine*, j'exposai ma recette et j'obtins mon brevet, ce n'est pas plus malin que ça... La *poudre persane*, messieurs, n'a que cinq propriétés ; mais elles sont irrécusables (*pause*). Elle blanchit en deux minutes, montre en main, les dents les plus noires (*pause*). Elle calme à l'instant la douleur de dents la plus vive (*pause*). Elle corrige la mauvaise haleine, toutefois et *quantes* la mauvaise haleine n'est point le produit de la putréfaction de l'estomac (*pause*). Elle raffermit les dents ébranlées dans leurs alvéoles, en arrête la carie, et chasse le tartre et le tuf (*pause*). Les dents sont un des agréments de la physionomie... Une *boche* qui est démeublée n'en offre plus, et pourtant les dentistes vous les arrachent. L'homme le plus hardi tremble à la vue des instruments qu'il faut introduire dans la *boche* pour opérer l'extraction de la dent la plus simple. (*A ce moment, Miette déroulait une trousse de dentiste, dans laquelle se trouvaient des instruments énormes et rouillés, espèces de tire-bottes monstrueux qui faisaient frissonner l'auditoire ; Miette se plaisait à prolonger la terreur en gardant le silence le plus complet, en promenant ces appareils de terreur devant toutes les bouches des curieux, qui se fermaient instinctivement.*) Me direz-vous que vous voyez entrer ces instruments de sang-froid dans la *boche?* (*Nouvelle promenade autour du cercle avec la terrible trousse.*) Non. Eh bien ! gardons les ornements que la nature

CHAPITRE XXVII. — LE PONT-NEUF.

Le financier.

Le marquis.

ronde); vous le trempez dans l'eau, l'appliquez sur la BOATTÉ, l'introduisez dans la *boche* et vous frottez les dents avec... puis vous prenez une gorgée et vous rincez (*il l'avale; marque d'étonnement*). Oui, messieurs, la POUDRE PERSANE laisse dans la *boche* une odeur si suave, si exquise, si agréable, que je ne suis pas assez ennemi de mon estomac pour l'en priver volontairement... Avec toutes ces qualités, la POUDRE PERSANE coûtera donc bien cher? Non, messieurs, nous l'avons mise à la portée de toutes les bourses. Il y a des *boâtes* de un franc cinquante centimes ou trente sous (*pause*). Il y a des *boâtes* de un franc ou vingt sous, qui sont les deux tiers des *boâtes* de trente (*pause*). Il y a des *boâtes* de soixante-et-quinze centimes ou quinze sous, qui sont les deux tiers des *boâtes* de vingt et la moitié des *boâtes* de trente (*pause*). Il y a des *boâtes* de cinquante centimes ou dix sous, qui sont les deux tiers des *boâtes* de quinze, la moitié des *boâtes* de vingt et le tiers des *boâtes* de trente (*longue pause*). Enfin, messieurs, il y a des *boâtes*, dites *boâtes* d'essai ou d'épreuve, et que je ne vends que dix centimes ou deux sous. »

C'est le célèbre Miette qui disait un jour à quelqu'un qui lui reprochait sa qualité d'escamoteur: « Un escamoteur est pétri du même limon qu'un maréchal de France. » Miette est un charlatan philosophe.

Il y a bien encore d'autres petits métiers, ma foi! Ainsi, le pauvre rémouleur qui passe chargé de sa lourde machine, appelant le travail qui ne vient pas toujours; Ainsi, le petit décrotteur qu'a ruiné pour toujours le grand décrotteur en boutique, et qui, tristement assis sur sa boîte, regarde, d'un œil découragé, passer devant lui les pieds hâtifs des piétons. Ainsi encore, ces troupes de pauvres enfants alsaciens, qui, blêmes, pâles, transis de froid, s'arrêtent sous les fenêtres, et improvisent un naïf concert qu'il leur faut recommencer bien des fois avant d'avoir recueilli le pain de la journée. Puis voici, au coin du trottoir, un industriel moins souffreteux, un hardi faubourien, qui établit son petit éventaire, sur lequel il lance à tour de bras, et en feignant de rassembler toutes ses forces, des crayons effilés dont la pointe résiste à cette double épreuve. Qui ne voudrait lui acheter des crayons aussi merveilleux?

Les petits métiers ont subi bien des modifications et des transformations déjà depuis une quarantaine d'années; combien de petites industries, hier encore presque florissantes et qu'on ne connaît plus aujourd'hui! La poésie s'en va. Autrefois tous les menus industriels se distinguaient entre eux par la différence des couplets à l'aide desquels ils annonçaient aux passants leur marchandise. De nos jours, le commerce ambulant ne chante presque plus; où est la marchande de passe-lacet?

Des cure-dents, des passe-lacet,
D'jolis étuis, mesdames,
Ach'tez-moi quéqu'chose, s'il vous plaît.

Sous l'Empire, un boulanger ambulant s'était rendu célèbre par la façon dont il *chantait ses petits pains* sur un air emprunté à l'opéra des *Vendangeurs*.

Acquérez, jeunes fillettes,
J'ai de quoi vous contenter.
Si vous n'voulez descendre
Fait'-moi sign' de monter.
Ils sont au beurre et aux œufs
Mes p'tits pains;
Ils sont au beurre et aux œufs,
Qu'est-ce qu'en veut?

nous a départis, sans nous livrer aux mains barbares des opérateurs. Tel que vous me voyez, messieurs, j'ai connu des marquis et des financiers de l'ancien régime; j'ai connu des femmes à la mode, toujours de l'ancien régime; j'ai connu des procureurs, j'ai même connu des princes du Saint-Empire et des chanoinesses, de très-belles femmes qui ne se

La femme à la mode.

mariaient pas, quoiqu'elles ne fussent pas plus religieuses que vous et moi; eh bien! c'est par ma poudre que j'ai pu conserver la *boche* de tous ces hauts personnages. Voici la manière de se servir de ma *poudre persane* : Vous prenez un linge blanc, de lessive, que vous enroulez autour du doigt comme ceci (*il opère en même temps, et montre chaque exercice à la*

Ce boulanger fit un procès à un confrère qui avait eu l'indignité de lui voler son air et ses paroles. Plein de confiance en l'équité du tribunal, le volé eut l'espoir de recouvrer son bien avec dommages et intérêts, et son espérance ne fut pas déçue, le voleur fut condamné.

Sous le Consulat, il ne fut question pendant quelque temps que de la belle Madeleine la marchande de

La chanoinesse.

gâteaux; son portrait se voyait dans presque tous les cadres d'échantillons des peintres en miniature du palais du Tribunat (aujourd'hui Palais-Royal), et bien des poètes du temps adressaient des madrigaux à cette femme qui chantait:

C'est la bell' Madeleine, la bell' Madeleine,
Qui vend des gâteaux,
Des gâteaux tout chauds.

Flore.

Pomone.

Le carreleur de souliers, une profession qui s'en va, jouait avec la rime, il chantait *nasillandino* :

Carr'leu d'souliers!
Avez-vous des souliers à raccommoder?
Si vos souliers sont déchirés
V'là l'ouvrier
Qui vous demande à travailler.

Il y avait encore le colporteur de petites brochures imprimées à Épinal ou à Limoges sur du papier à sucre :

Avez-vous rêvé d'chats? avez-vous rêvé d'chiens?
V'là l'explication des rêves, c'est pour rien ;
La belle au bois dormant,
Un volume charmant;
La belle aux cheveux d'or,
Et puis bien d'autre' encor.

Il n'y a pas encore très-longtemps, on voyait sur le Pont-Neuf un devin. C'était un vieillard courbé; une petite table était devant lui, sur cette table plusieurs vases remplis d'eau limpide dans laquelle il contemplait l'avenir; cet industriel a été détrôné par le magnétiseur.

C'est aussi sur le pont et aux alentours qu'on rencontre plus particulièrement la marchande de chiens volés, une industrie dangereuse mais lucrative.

Enfin là encore vous trouverez la bouquetière et la marchande de pommes: Flore et Pomone.

Dieu des vergers, *Vertumne*, et toi, belle Pomone,
Vous avez délogé de l'Olympe païen;
C'est vous qu'on voit au peuple faubourien
Vendre, en hiver, les fruits avortés de l'automne.

Tel qu'il est, et malgré sa restauration, le Pont Neuf est en résumé un pont déchu; ce qui faisait sa gloire dans le passé, c'était la Samaritaine, ce joli monument dont nous avons donné la description plus haut; c'était le racoleur, ce fossile d'une civilisation disparue ; c'était l'arracheur de dents, opérant avec son grand sabre et au son du trombone et de la grosse caisse; c'était le bretteur, qui portait son chapeau penché à quarante-cinq degrés; c'était le paillasse, c'était le petit abbé, c'était le basochien; c'était le barbier rasant ses pratiques en plein air, le barbier, ce journal de la cour et de la ville, qui n'a pas été remplacé par le coiffeur contemporain; c'était le cadet de famille, le mousquetaire, tous ces types amusants, comiques, grotesques, variés, dont l'heure de 1789 a sonné la mort.

La comédie foraine était surtout le plus grand attrait de la foule; ceux-ci venaient pour voir les acteurs, ceux-là pour enlever les bourses, ces autres pour enlever les femmes; ces filous du Pont-Neuf avaient tant de célébrité, que le théâtre chantait leurs exploits quotidiens; on représenta à cette époque les *Fourberies de Cartouche*, pièce comique dont l'intrigue était fort simple. Isabelle, fille de M. Oronte, riche négociant, est promise à M. Pataut, fils d'un commerçant d'Angoulême, et qui doit venir sous peu de jours à Paris, où il verra pour la première fois sa future. Les deux pères, en arrangeant cet hymen entre eux, se sont mutuellement engagés par un dédit de dix mille francs. Valère, qui aime la jeune fille et qui en est aimé, rêve aux moyens de jouer des tours au nouveau débarqué, pour qu'il renonce à son mariage et s'en retourne dans sa province. Un clerc de procureur promet à Valère de le débarrasser de son rival, et voici comment il y réussit : le clerc a des intelligences avec Cartouche; il va le trouver, et arrive au moment où ce dernier, au milieu des siens, se fait rendre compte des exploits de la nuit. Cette scène, que nous reproduisons, donnera une idée des petits métiers du dix-septième siècle.

La voleuse de chiens.

CARTOUCHE. Çà, messieurs, que chacun rapporte à la masse le butin de la nuit. Qui est-ce qui a fait la ronde sur le Pont-Neuf ?
LA RAMÉE. Mon capitaine, c'est l'Éveillé, Sans-Rémission, et moi.
CARTOUCHE. Qu'avez-vous enlevé?
LA RAMÉE. Quatre épées et deux cannes à pomme d'or.
CARTOUCHE. Où sont-elles?
LA RAMÉE. Les voilà.
CARTOUCHE, *les regardant*. Je vous ai déjà dit que

NARPIN. Sans-Quartier, l'Estocade et moi.

CARTOUCHE. Qu'avez-vous pincé?

NARPIN. Six pièces de toile et quatre de mousseline.

CARTOUCHE. Comment! ce n'est que de la demi-hollande, et voilà de la mousseline effroyable! A d'autres. Qui est-ce qui a *trimé* sur le bord de l'eau près du Pont-Neuf.

BEL-HUMEUR. La Fantaisie, Fond-de-Cale et moi.

CARTOUCHE. Qu'avez-vous trouvé?

BEL-HUMEUR. Deux commis de douanes ivres avec deux marquises de hasard.

CARTOUCHE. Que leur avez-vous pris?

BEL-HUMEUR. Leurs habits et leurs vestes glacées.

L'abbé.

L'arracheur de dents.

je ne voulais que des épées d'argent. Voilà de belles guenilles que vous m'apportez là. Je ne sais qui me tient que je ne vous les envoie reporter.

LA RAMÉE. Les poignées sont assez fortes, et il me parait qu'elles sont assez *chenues* pour ce qu'elles coûtent.

CARTOUCHE. Paresseux! ne ramasser que quatre mauvaises épées sur un aussi joli endroit que le Pont-Neuf. On vous enverra une autre fois à la source des richesses. Qui est-ce qui a *travaillé* dans la rue Saint-Denis?

LA BRANCHE. Quand j'ai été à lui, le pistolet à la main : « La bourse? » — Et cadédis, mon cher, j'allais vous la demander. » Cependant je ne m'en suis pas tenu là, et je lui ai pris ce portefeuille. Il faut que ce soit quelque chose de considérable, car à peine était-il loin de nous qu'il a réveillé tous les voisins, en criant : *Au guet! au voleur! je suis ruiné*. Ce maraud-là a pensé nous faire prendre, car le guet était à vingt pas de là.

CARTOUCHE. Voyons un peu ce que contient ce portefeuille. (*Il lit.*) *Généalogie du cheva*-

Le barbier.

Le basochien.

CARTOUCHE. Et quoi encore?

BEL-HUMEUR. Rien.

CARTOUCHE. Comment, rien? Est-ce que les commis de la douane n'ont pas à présent des montres et des tabatières d'or?

BEL-HUMEUR. Vous avez raison ; mais les marquises les avaient déjà volées.

CARTOUCHE. Qu'on aille faire tapage chez ces marquises. Je leur apprendrai à frauder les droits du bureau.

LA BRANCHE. Nous avons rencontré un cadet de Gascogne qui nous a donné bien de la tablature : il n'avait pas un sol dans sa poche, et il a voulu nous persuader que c'était à nous à lui en donner.

CARTOUCHE. Et comment cela?

Le paillasse.

lier de Castel Mince... (Parlé.) Voilà déjà un bon effet. (Lisant.) Par sentence du Châtelet... Fort bien. Par sentence des consuls... Encore. A la

CARTOUCHE. J'en doute. (A son frère.) Et vous, petit drôle, vous n'avez rien bouliné?

LE CHEVALIER. Non, mon frère. — N. B. Le frère de Cartouche prend le titre de chevalier. — On m'a surpris hier au soir la main dans la poche d'une dame qui descendait de voiture sur le Pont-Neuf; on m'a assommé de coups, et j'ai eu toutes les peines du monde à me sauver.

CARTOUCHE. Va, misérable, tu ne vaudras jamais ton frère. Je n'avais pas ton âge, que je crochetais déjà des serrures...

Cette scène n'est pas le moins du monde chargée; c'est ainsi que cela se pratiquait en cet heureux temps où l'on ne pouvait rentrer chez soi à neuf heures du soir sans être dévalisé. Avouons que si parmi nos petits industriels d'aujourd'hui il se rencontre quelques fripons, cela vaut mieux que d'avoir affaire avec les industriels d'autrefois. Un marchand de chaînes de sûreté ne peut, après tout, que vous voler votre montre; un compagnon de Cartouche vous laissait tout nu sur le pavé. Le voleur à main armée a fait place au filou. — Un progrès.

Les différents personnages que représente le dessinateur étaient ceux qui, avec les filous et les badauds,

De toutes les raisons qui ont contribué à la décadence du Pont-Neuf, la principale est celle-ci : depuis que d'autres ponts ont été jetés d'une rive à l'autre de

Le mousquetaire.

requête de Toussaint Millepièces, (ailleurs... Eh, que diable! il n'y a que des assignations... Messieurs, je ne suis pas content de tout cela. Il y a ici quelque fripon.

vous. Ah! monseigneur.

Cadet de Gascogne.

formaient le véritable public du Pont-Neuf : le mousquetaire, toujours à la recherche d'un frais minois et d'un joyeux souper ; le racoleur qui venait là, comme nous le disions plus haut, pour entretenir les cadres des armées de Sa Majesté ; le bretteur, un petit métier de l'autre siècle, et qui faisait, à ce qu'il paraît, assez bien vivre son homme ; le bretteur de profession ayant l'habitude de chercher querelle aux gens à l'allure placide, pour se faire payer à déjeuner. C'était aussi sur le Pont-Neuf que débarquait tout épanoui, tout pimpant, tout gonflé d'espérances, le cadet de Gascogne ou de Normandie, surtout le cadet de Gascogne, dont le gousset était aussi vide d'argent que son cerveau était rempli d'expédients ; le petit abbé, ce petit collet galant et musqué, n'était pas du tout déplacé dans ce monde d'aventuriers ; un proverbe du temps disait qu'on ne traversait jamais le Pont-Neuf sans y rencontrer un abbé, un mousquetaire, un racoleur, un bretteur et une.... marquise d'occasion. Sic transit gloria pontis.

Le racoleur.

la Seine à partir de Bercy jusqu'à Chaillot, il n'est plus ce grand trait d'union des deux côtés de Paris. Le pont des Saints-Pères et le pont des Arts lui font concurrence ; c'est encore une grande voie de communication, mais ce n'est plus l'unique voie, comme jadis.

Cartouche.

Abandonnons le Pont-Neuf et les petits métiers, et remontons la Seine jusqu'à l'Hôtel de ville.

Le bretteur.

LA BRANCHE. Croyez, capitaine, que vous n'avez affaire qu'à d'honnêtes gens.

Chapitre XXVIII.
LE LONG DE LA SEINE (Suite).
L'HÔTEL DE VILLE.

La prévôté. — Les *nautes* parisiens. — Constantin et Julien. — Privilèges des nautes. — La hanse de Paris. — La charte de Louis le Jeune. — Puissance de la hanse parisienne. — Jehan Augier, premier prévôt des marchands. — Le prévôt Marcel. — Suppression et rétablissement de la prévôté. — Élection du prévôt. — Echevinage. — Conditions nécessaires pour la nomination à ces deux fonctions. — Une cérémonie extraordinaire sous Louis XIV. — Utilité de la prévôté et de l'échevinage. — Liste des prévôts. — Les échevins comptés dans la noblesse. — Jacques de Flesselles, dernier prévôt. Sa triste fin. — La municipalité sous la première République. — La commune de Paris. — Les préfets de l'an VIII. — Les administrateurs et préfets depuis 1789. — La *maison de la marchandise*. — Commencement de l'Hôtel de ville. — L'Hôtel de ville s'achève sous Henri IV et la prévôté de François Miron. — Façade de l'Hôtel de ville. — L'horloge de Lepaute. — La grande cour. — La statue de Louis XIV. — Les salles de l'Hôtel de ville avant 1789. — Les dépenses des principales fêtes données à l'Hôtel de ville. — Achèvement de l'Hôtel de ville. — Statues de la façade. — Intérieur de l'Hôtel de ville. — Les fêtes extraordinaires à l'Hôtel de ville. — Salle des examens pour les écoles spéciales de l'Hôtel de ville. — La bibliothèque. — M. Rolle, conservateur. — Tirage pour le recrutement à l'Hôtel de ville. — La place de Grève. — La veille de la fête de la Saint-Jean. — Supplice de Damiens. — Exécution du marquis de Favras. — Fête du sacre de Napoléon. — Les quatre sergents de la Rochelle. — 29 juillet 1830. — L'Hôtel de ville en 1848. — Lamartine et le drapeau rouge. — Le gouvernement provisoire. — Proclamation des représentants. — La tourelle de la place de Grève. — L'église Saint-Gervais. — La place du Châtelet. — La chambre des notaires. — La tour Saint-Jacques-la-Boucherie.

Parmi les institutions auxquelles se rattachent les plus glorieux souvenirs, la prévôté des marchands est, sans contredit, une des plus grandes et des plus belles. Nous avons déjà dit un mot de ces *nautes* parisiens, de cette puissante corporation de négociants par eau qui a produit la hanse parisienne et le corps municipal de Paris; l'empire romain comptait un grand nombre de ces compagnies de commerçants par eau. Les dénominations de *nautes*, de *naviculaires*, de *scaphaires*, démontrent que leur profession n'avait rien de servile. C'étaient de riches négociants parmi lesquels on comptait des décurions, des décemvirs, des chevaliers romains, des questeurs, et même des sénateurs. Constantin et Julien honorèrent de la dignité de chevaliers ceux qui exerçaient ce commerce. Seuls, les officiers du palais de l'empereur ne pouvaient faire partie de cette association. Les nautes, les naviculaires, les scaphaires, les dénunculaires étaient également nommés marchands, négociants, *mercatores*, *negociatores*. Ils jouissaient d'une foule de priviléges qui les exemptaient des charges publiques les plus onéreuses; et ils percevaient certains droits sur les marchandises qu'ils transportaient. En matière civile, ils ne pouvaient être traduits que devant leurs propres juges. Ils possédaient en commun des biens-fonds inaliénables, dont les revenus servaient aux communes dépenses.

Après la chute de l'empire romain, les riches habitants de Paris, qui se livraient au commerce fluvial, changèrent leur nom de nautes contre celui de marchands de l'eau. Mais l'institution resta toujours la même. Comme par le passé, ils se réunirent pour conserver et pour augmenter leurs priviléges. Leur association fut alors nommée hanse parisienne. En 1170, le roi Louis le Jeune confirma les priviléges de la hanse de Paris. Cette charte dit expressément que ces priviléges sont anciens, *consuetudines autem eorum tales sunt ab antiquo*. On trouve dans cet acte les détails suivants : « Tout bateau chargé de denrées et de marchandises était tenu de s'arrêter au pont de Mantes. Il ne pouvait passer outre, ni être déchargé, à moins que l'expéditeur ne fût bourgeois hansé de Paris. S'il était établi ailleurs, il fallait qu'il fît sa déclaration, et alors le chef des marchands de l'eau lui imposait un compagnon, un marchand de Paris. » Le marchand du dehors devait déclarer au marchand parisien le prix réel de sa cargaison, et partager avec lui le bénéfice. Malheur à celui qui cherchait à enfreindre les priviléges de la hanse; sa cargaison était saisie, puis confisquée au profit du roi et de la marchandise de l'eau.

Cette obligation imposée aux marchands du dehors d'associer ceux de Paris au profit des expéditions des

Vue générale de l'Hôtel de ville.

marchandises par eau, était un précieux avantage pour les Parisiens; elle leur permettait de retenir les marchandises qui étaient à leur convenance et qui leur produisait des bénéfices sans nécessiter aucune avance de fonds. La hanse parisienne chercha à compléter son système de monopole : elle voulut également y soumettre la navigation de la haute Seine. Le commerce des vins de Bourgogne était d'autant plus important pour la hanse de Paris que cette province était pour ainsi dire la seule qui exportât alors au loin le produit de ses vignobles. Maîtresse de la grande navigation de la Seine, forçant la Bourgogne et la Normandie à devenir ses tributaires, la hanse parisienne dominait toutes les autres villes baignées par la Seine, et nivelait toutes les prétentions des seigneurs ayant donjon sur le fleuve. Défense aux Normands d'envoyer directement le sel et la marée dans la haute Seine; défense aux Bourguignons d'expédier sans intermédiaire leurs vins et leurs bois dans la basse Seine et à la mer. Quand les clameurs s'élevaient contre cet utile envahissement; lorsque les réclamants, au nom de l'intérêt général, demandaient l'abolition de ces priviléges, les Parisiens à leur tour alléguaient la position toute particulière de Paris; ils disaient : « La capitale du royaume a besoin d'approvisionnements considérables; si vous rendez la liberté au commerce de la Seine, les meilleures denrées passeront par Paris sans s'y arrêter; elles seront transportées jusque chez les ennemis de la France. » La royauté donnait gain de cause à la hanse parisienne, qui se fortifiait, se développait, et les bourgeois, enrichis par ces priviléges, payaient largement la taille et les autres impôts. Le monopole de la hanse était maintenu avec une sévérité excessive. Tout individu qui débarquait de marchandises dans le ressort de la hanse sans compagnon hansé était pris, jugé, condamné. La protection d'un noble, d'un prince même était impuissante pour faire obtenir au coupable la remise de sa peine. Par le fait d'un monopole aussi complet, la contrebande, et une contrebande active, dut nécessairement s'organiser. Des contrebandiers trouvaient parfois dans le corps des marchands de l'eau des hommes assez complaisants pour être les compagnons illégaux des spéculateurs étrangers. La fraude découverte, le prévôt de Paris mettait les coupables « hors de la marchandise de l'eau de Paris à tous jours por ce qu'ils avaient faict fausse avoierie. » Ils tombaient alors dans la classe des manants, et ne pouvaient plus participer aux honneurs et aux avantages attachés à la marchandise. Les priviléges de la hanse parisienne peuvent paraître aujourd'hui un abus monstrueux; mais, si l'on considère attentivement la situation politique de la France, harcelée sans cesse par les rois d'Angleterre, par les ducs de Bourgogne et de Bretagne, entourée de voisins,

15 Cent. LA LIVRAISON. — 65e ET 66e Livr.

Aux bureaux de l'Illustration, rue de Richelieu, 60.

PARIS. TYP. DE FIRMIN DIDOT, 56, RUE JACOB. 20 C. par la poste.

de rivaux puissants toujours prêts à la démembrer, on conçoit l'utilité d'un centre d'approvisionnements et aussi de résistance. On comprend que la capitale, qui fournissait plus largement qu'aucune autre ville de France de l'or et des défenseurs à la royauté, dut chercher à maintenir des priviléges qui, dans des moments de crise, devenaient les gages de la sécurité du pays tout entier. Il est curieux de suivre pas à pas les envahissements et l'élévation graduelle de cette bourgeoisie parisienne, dont le palais est l'Hôtel de ville. Le commerce fluvial ayant été d'abord la branche la plus importante de tout le commerce parisien, par une conséquence toute naturelle, le corps de la marchandise de l'eau absorba peu à peu tout ce qui avait rapport à l'administration de la ville, et l'on considéra les chefs de cette marchandise de l'eau comme les prévôts de tout le commerce parisien.

Ce fut en 1268 que, pour la première fois, le directeur de la hanse, Jehan Augier, fut officiellement nommé prévôt des marchands. Les nombreux priviléges dont jouissait le corps des marchands de l'eau passèrent, avec le temps, au prévôt des marchands, qui acquit successivement l'administration des rentes constituées sur l'Hôtel de Ville, l'ordonnance des cérémonies publiques, l'entretien, la construction des rues, des ponts, des quais et de tous les monuments de la ville. Enfin, le prévôt des marchands commandait la garde bourgeoise avec le prévôt de Paris, présidait le bureau de la ville, composé de quatre échevins, du procureur du roi, du greffier et du receveur de Paris, auxquels étaient adjoints vingt-six conseillers qui exécutaient leurs arrêts. Au milieu du quatorzième siècle, le roi Jean, fait prisonnier à la bataille de Poitiers, confia l'administration du royaume au Dauphin, qui fut depuis Charles V. La prévôté des marchands devint un formidable pouvoir entre les mains de l'ambitieux Marcel. Charles V enleva quelques priviléges à cette magistrature populaire. Après la sédition des Maillotins, Charles VI alla beaucoup plus loin; il la supprima entièrement, et confia au prévôt de Paris l'administration municipale. Mais alors tout s'arrêta : les rues, remplies d'immondices, devinrent de véritables cloaques; les ponts, les quais n'étaient plus entretenus; les édifices inachevés se détérioraient. La bourgeoisie humiliée suscitait au gouvernement des embarras en refusant de payer les nouveaux impôts. En peu de temps le désordre devint si grand, que le roi fut obligé de rétablir cette importante magistrature, et il fit, en 1411, un édit par lequel il rendait à la ville de Paris la prévôté et l'échevinage.

L'élection des prévôts des marchands et des échevins se faisait ordinairement le 16 août, le lendemain de l'Assomption. Les émoluments attachés à la place de prévôt des marchands étaient considérables; mais il faut dire, à leur honneur, que presque tous les citoyens appelés à cette haute fonction ont consacré, dans l'espace de cinq cents ans, une grande partie des revenus de leur charge aux améliorations et aux embellissements de la ville.

Il fallait être né à Paris pour être revêtu de la dignité de prévôt des marchands. La même condition était imposée à ceux qui prétendaient à l'honneur de l'échevinage. C'était encore là un trait de haute sagesse; en général, les hommes transplantés n'apportent pas beaucoup de soin aux monuments qui n'ont point ombragé leurs berceaux. Dans les cérémonies extraordinaires, le corps de Paris jouissait des plus honorables prérogatives. Pour en citer un exemple, nous donnons un programme de la marche du corps de la ville, lorsqu'il alla au-devant du jeune Louis XIV, qui venait de se marier sur la frontière d'Espagne :

« Le colonel des archers de la ville, guidons et lieutenants lestement habillés; les trois cents archers de la ville, avec casaques bleues, galons d'argent et les armes de la ville devant et derrière.
« Le maître d'hôtel, en robe fourrée.
« L'imprimeur, vêtu de noir.
« Le capitaine d'artillerie.
« Le maître de maçonnerie.
« Le maître de charpenterie.
« Les huissiers, en robe, la nef d'argent sur l'épaule.
« Le greffier, revêtu d'une robe de velours rouge.
« Le prévôt des marchands, en robe de palais mi-partie de velours rouge et tanné, par-dessus une soutane de satin rouge cramoisi, avec boutons, ceinture et cordons d'or.
« Les échevins, en robe de velours mi-partie, à longues manches pendantes; le chapeau à cordons d'or.
« Le procureur du roi, en robe de palais de velours rouge.
« Le receveur de la ville, en manteau à manches de velours tanné.
« Les conseillers de ville, en robe de satin.
« Les quartiniers, en manteaux à manches de velours ciselé.
« Les gardes de la draperie, en robes de velours noir.
« Les gardes de l'épicerie, en robes de velours tanné.
« Les gardes de la mercerie, en robes de velours violet.
« Les gardes de la pelleterie, en robes de velours bleu fourrées de loup-cervier.
« Les gardes de la bonneterie, en robes de velours tanné.
« Les gardes de l'orfévrerie, en robes de velours cramoisi.
« Les gardes de la marchandise de vins, en robes de velours bleu, avec galons d'argent.
« Les cinquanteniers, dizainiers et autres notables bourgeois, en habit noir de ville. »

L'élection du prévôt des marchands était entourée d'une pompe imposante.

Trois causes ont fait de Paris le plus magnifique bazar du monde : son heureuse situation d'abord, ensuite les priviléges de la hanse, puis l'admirable institution de la prévôté des marchands. La royauté, si chatouilleuse et si jalouse de pouvoir, avait compris qu'il fallait laisser toute liberté à cette magistrature qui en faisait un si noble usage; aussi, chose étonnante ! le corps municipal était-il plus libre, plus à l'aise sous la monarchie absolue que sous l'Empire et la Restauration.

Il fallait avoir un grand fonds d'honneur et de probité pour être jugé digne de l'échevinage. Ce n'était qu'après avoir donné des preuves souvent répétées d'un grand talent, qu'on parvenait à la prévôté; aussi cette institution, qui avait traversé cinq siècles, était toujours vigoureuse, même à ses derniers moments.

En parcourant la liste chronologique des prévôts et échevins, on ne rencontre qu'un seul homme accusé d'avoir manqué à ses devoirs. Deshayes, notaire, échevin en 1763, sous la prévôté de Pontcarré, seigneur de Viarme. Deshayes avait fait des opérations étrangères à sa profession et était tombé dans de mauvaises affaires; un arrêt du bureau de la ville ordonna sa destitution : il fut déclaré déchu de noblesse, et son nom fut effacé comme indigne de figurer sur les monuments publics.

Quarante prévôts des marchands ont mérité par leurs talents et leurs vertus l'honneur de la réélection. Parmi ces prévôts réélus on compte : 10 conseillers du roi, 8 conseillers d'État, 4 conseillers au parlement; 4 présidents aux enquêtes, 2 présidents en la cour des aides, 2 maîtres des requêtes, 1 audiencier de France, 1 grand écuyer et panetier de France, 1 notaire et secrétaire du roi, 1 procureur général de la cour des aides, 1 président de la chambre des requêtes, 3 seigneurs étrangers jusqu'alors aux fonctions publiques, et 2 dont les professions sont inconnues.

Par édit du roi du 6 novembre 1706, les échevins furent comptés dans la noblesse ; à partir de cette époque, ils eurent le droit de prendre le titre d'écuyer.

Il serait trop long de rappeler tous les services rendus à la ville par la prévôté des marchands. Les accroissements successifs de la capitale, les établissements utiles créés à chaque époque, témoignent assez de leur zèle et de leur intelligence.

Le 14 juillet 1789, jour de la prise de la Bastille, un comité municipal, composé des échevins et des électeurs des députés aux états généraux, était réuni, sous la présidence du prévôt des marchands Jacques de Flesselles, dans la grande salle de l'Hôtel de ville. L'émeute grondait dans la rue.

Dans la situation difficile où le plaçait la crise qui se préparait, Jacques de Flesselles avait cru devoir continuer ses fonctions, et il favorisait secrètement les projets de la cour. Vivement interpellé par un des électeurs sur ses dangereuses relations, le prévôt balbutia, puis quitta la salle pour se rendre au Palais-Royal. Il était à peine parvenu au bas de l'escalier de l'Hôtel de ville, lorsqu'un homme dont l'histoire n'a pas gardé le nom lui tira à bout portant un coup de pistolet. Flesselles tomba mortellement blessé; son cadavre fut traîné dans la boue, et sa tête, séparée du tronc, fut ensuite promenée dans les rues de Paris. Telle fut la triste fin du dernier prévôt des marchands.

Après la mort de messire de Flesselles, le ministre Necker divisa Paris en soixante districts, pour procéder à la nomination des électeurs qui devaient choisir les quarante députés de la ville aux états généraux. Le lendemain de la prise de la Bastille, quatre cents électeurs se réunirent spontanément à l'Hôtel de ville et administrèrent la capitale au milieu du désordre qui croissait à chaque instant.

Cette même assemblée fut remplacée, quelques jours plus tard, par une municipalité provisoire composée de cent vingt députés des districts, sous le titre de représentants de la commune. Enfin, un décret de l'Assemblée constituante abolit toutes les municipalités et la recomposa sous de nouvelles bases.

On avait senti les fâcheux effets de la centralisation des intendances, on tomba dans l'excès contraire en plaçant l'exécution dans les corps délibérants.

La multitude d'administrations particulières amena de graves désordres. On songea donc à créer à Paris une municipalité définitive. Aux termes de la loi, la municipalité parisienne fut composée d'un maire, de seize administrateurs, de trente-deux conseillers, de quatre-vingt-seize notables et d'un procureur de la commune. Le maire, les administrateurs, les conseillers, les notables et le procureur de la commune étaient élus par les citoyens actifs.

Mais, au 10 août 1792, les quarante-huit sections de Paris nommèrent chacune un membre pour remplir les fonctions d'administrateur du département : de cette nomination et de la loi du 30 août naquit la trop célèbre commune de Paris, devant laquelle se courba la France entière. Après le 9 thermidor, la capitale fut administrée par des commissions nationales nommées par la Convention; il en fut ainsi jusqu'à l'an IV, époque de la création du Directoire. La ville de Paris fut alors divisée en douze municipalités, dont la direction fut confiée au département de la Seine, composé de sept administrateurs, dont trois furent spécialement chargés de l'administration de la commune.

La loi du 28 pluviôse an VIII renouvela tout le système administratif de la France, et substitua aux anciens magistrats deux préfets, l'un du département remplissant en partie les fonctions du prévôt des marchands, et l'autre de la police, représentant à peu près l'ancien lieutenant général de police. Ces deux fonctions, dépendantes de l'autorité supérieure, firent disparaître les derniers vestiges du pouvoir municipal.

Un maire et des adjoints furent nommés dans chaque arrondissement.

Le conseil municipal fut restreint dans son nombre et dans ses attributions. Les membres de ce conseil, nommés par le chef de l'État sur la présentation du préfet, se trouvaient entièrement sous la dépendance de l'autorité supérieure. Mais, après la révolution de Juillet, on sentit la nécessité d'une loi nouvelle sur

CHAPITRE XXVIII. — LE LONG DE LA SEINE (Suite).

l'organisation du conseil général et sur l'organisation municipale de la ville de Paris. Les conseillers furent nommés par les électeurs.

Les administrateurs qui ont rempli les plus hautes fonctions municipales, depuis la révolution jusqu'à nos jours, sont :

- Jean-Sylvain Bailly, maire de Paris.
- Jérôme Pétion de Villeneuve, id.
- Nicolas Cambon, id.
- Nicolas Pache, id.
- Edmond Fleuriot Lescot, id.
- Nicoleau, administrateur.
- Dememiée, id.
- Joubert, id.
- Lecoulteux, id.
- Nicolas Frochot, premier préfet.
- Gilbert Chabrol de Volvic, préfet.
- Le comte de Laborde, id.
- Odilon Barrot, id.
- Le comte de Bondy, id.
- Le comte de Rambuteau, id.
- Garnier-Pagès, maire de Paris.
- Armand Marrast, id.
- Trouvé-Chauvel, préfet.
- Berger, id.

La hanse parisienne occupait anciennement une maison située à la vallée de Misère, sur le bord de la Seine, à l'ouest du grand Châtelet. Le bâtiment était appelé *Maison de la marchandise*. Plus tard, la hanse eut une autre maison qui prit le nom de *Parlouer aux bourgeois*, et qui s'élevait près de l'enclos des Jacobins, c'est-à-dire à peu près vers l'endroit où la rue Saint-Hyacinthe aboutit à la place Saint-Michel. Mais, cet emplacement ne répondant pas à la dignité du premier corps de la ville, on résolut d'en choisir un plus convenable.

En 1357, le corps des officiers municipaux acheta une grande maison située à la place de Grève. Elle se nommait la *maison de la Grève*, et avait appartenu à Philippe Cluin, chanoine de Notre-Dame, qui la vendit à Philippe-Auguste ; elle s'appela ensuite successivement *maison aux piliers* et *maison aux dauphins*, parce qu'on en avait fait don aux deux derniers dauphins viennois. Charles de France, à qui elle appartenait en cette qualité, finit par la donner à Jean d'Auxerre,

Armand Marrast, maire de Paris.

receveur des gabelles de la prévôté de Paris, et celui-ci la vendit à la ville, moyennant 2,880 livres parisis.

La ville, ayant fait dans la suite l'acquisition d'un assez grand nombre de maisons environnantes, décida que les anciennes constructions de la maison de la Grève seraient démolies, et que sur leur emplacement on élèverait un monument plus digne du pouvoir municipal et de la capitale de la France.

Ce fut en 1532 que le projet du nouvel édifice fut définitivement arrêté ; et, le 15 juillet de l'année suivante, la première pierre en fut posée par Pierre Niole, prévôt des marchands. Il avait été conçu d'abord sur un plan gothique, et s'était déjà élevé jusqu'au premier étage, lorsqu'on en suspendit l'exécution. La renaissance des arts nous arrivait d'Italie. Un nouveau plan, qui modifiait le premier, fut présenté à Henri II. Dominique Boccardo, dit Cartone, auteur de ce plan, fut chargé de l'exécution, que les guerres civiles firent suspendre. De même que presque tous les grands monuments de Paris, l'Hôtel de ville n'a été construit que lentement et à plusieurs reprises ; il ne fut achevé qu'en 1605, François Miron étant prévôt des marchands et Henri IV roi de France.

Ce vénérable prévôt, François Miron, donna 900 livres de ses propres deniers et 22,000 livres de droits attachés à sa charge, pour les derniers travaux de la façade. Il fit faire les ornements, le grand perron, les escaliers, le portique, et plaça sur le cintre qui surmonte la porte d'entrée la statue équestre de Henri IV. Cette statue, qui était l'œuvre de Pierre Biard, fut mutilée pendant la révolution. La statue de Henri IV fut restaurée en 1815, coulée en bronze, puis rétablie à l'endroit où nous la voyons aujourd'hui. L'ancienne façade de l'Hôtel de ville présente un corps de bâtiment flanqué de deux pavillons, et dont les combles, suivant la mode du temps, sont d'une grande hauteur. Cette façade, percée de treize fenêtres au premier étage, est surmontée d'un campanile assez élégant, où fut placée, vers 1781, une horloge, ou-

Garnier-Pagès, maire de Paris.

De Rambuteau, préfet.

Berger, préfet.

vrage remarquable de Lepaute, et qui existe encore.

La cour est entourée de portiques et a la forme d'un trapèze. La frise contenait autrefois trente inscriptions en lettres d'or, et qui rappelaient les principaux événements du règne de Louis XIV. Sous l'arcade qui fait face à l'entrée de l'hôtel, entre deux colonnes ioniques de marbre, avec chapiteaux et ornements de bronze, on voit la statue pédestre du grand roi, œuvre d'Antoine Coysevox, vêtu en triomphateur romain. Louis le quatorzième porte l'énorme perruque du dix-septième siècle; le piédestal est de marbre blanc.

L'Hôtel de ville, enrichi et décoré sous les successeurs de François Miron, a malheureusement été dépouillé, pendant la révolution, de tous les ouvrages d'art qui rappelaient le gouvernement déchu. L'antichambre de la salle des gouverneurs était ornée d'un tableau peint par de Troy, à l'occasion de la naissance du duc de Bourgogne, père de Louis XV. La salle au fond de la cour renfermait les portraits en pied des gouverneurs de Paris, à partir du duc de Bournouville; suit la cheminée était placé le portrait de Louis XV, donné par ce roi en 1736, et une grande toile de Carle Vanloo, représentant le même prince assis sur son trône, recevant les hommages des prévôts et échevins de la ville de Paris, à l'occasion de la paix de 1739. Dans la salle d'audience, on remarquait l'entrée de Henri IV à Paris.

Il y avait dans la grande salle, nommée *salle du trône*, deux magnifiques tableaux peints par Largillière : le premier rappelait le festin donné par la ville à Louis XIV, et le second le mariage du duc de Bourgogne avec Marie-Adélaïde de Savoie. Dans le fond éclataient les belles peintures de François Porbus, dit le Jeune, représentant des prévôts et des échevins. Cette magnifique salle du trône est terminée à chaque extrémité par une vaste cheminée ornée de nymphes, de cariatides bronzées et de figures allégoriques couchées sur des plans inclinés. Ces cheminées datent du règne de Henri IV.

En 1830, il avait été question de placer dans cette salle un tableau immense, représentant des scènes de la révolution; à cet effet, on avait arraché la tenture, sous laquelle on trouva des affiches placardées en 1793, et sur lesquelles on lisait : *Tribunal révolutionnaire, unité, indivisibilité, ou la mort.*

Mais si l'hôtel municipal était remarquable par les ouvrages d'art qu'il renfermait, depuis longtemps elles constructions ne répondaient plus à la grandeur de la capitale.

En 1781, un échevin nommé Cosseron avait proposé de transporter l'Hôtel de ville sur le terrain du Pont-Neuf et de la place Dauphine; les plans de ce projet, qui ne fut heureusement pas exécuté, existent et sont conservés à la bibliothèque de l'Arsenal. Plusieurs constructions nouvelles furent ajoutées à l'ancienne : ainsi on construisit la partie affectée aux appartements du préfet sur l'emplacement de l'hôpital du Saint-Esprit. Mais, malgré les travaux entrepris sous l'Empire et sous la Restauration, cet édifice ne suffisait pas encore aux différents services administratifs. On fut obligé de faire l'acquisition d'une propriété et de louer une maison de la rue Lobau; l'administration se ressentait de cette dissémination des employés.

A cette nécessité de centralisation venait se joindre une question d'économie. Les salons étaient trop étroits, insuffisants, et chaque fois que la ville donnait une fête, il fallait improviser des constructions à grands frais; la fête terminée, on démolissait ce qui avait été bâti à la volée. Ainsi, dans les dépenses faites à l'occasion des cérémonies qui eurent lieu à l'Hôtel de ville depuis le gouvernement impérial, figure une somme de 4,000,000, seulement pour ces constructions provisoires.

Sacre de Napoléon	1,745,646 fr.
Mariage de l'Empereur avec Marie-Louise	2,670,932
Naissance du roi de Rome	600,000
Baptême du duc de Bordeaux	668,000
Fête du Trocadéro	800,000
Sacre de Charles X	1,464,000
Mariage du duc d'Orléans	878,613
Total	8,527,191 fr.

En 1836, le conseil municipal adopta un projet qui lui fut présenté par MM. Godde et Lesueur, architectes, pour l'agrandissement et l'embellissement de l'Hôtel de ville. On commença par démolir les maisons dont l'emplacement était nécessaire aux constructions nouvelles, et le conseil municipal vota, le 9 juin de la même année, une somme de 6,989,818 fr.

Il nous reste maintenant à juger l'Hôtel de ville dans son ensemble.

Dans les œuvres de nos grands maîtres français, on devine une pensée-mère qui ne se retrouve pas dans le monument de l'Hôtel de ville. Le vieux Louvre offre, pour ainsi dire, le caractère de la majesté royale, comme on voit sur les pierres de l'Hôtel des Invalides le symbole de la gloire. L'architecture d'un édifice destiné à la prévôté des marchands, à cette belle et forte institution, devait être avant tout simple et sévère. Boccardo construisit un hôtel gracieux, élégant, plein de coquetterie, mais dépourvu de grandeur et de majesté. Maître François Miron, en regardant l'hôtel inachevé de l'italien, disait : « A quoi diable pensait cet étranger? Sa construction est bonne à loger des ribauds, et non des magistrats. » Paroles un peu sévères, même pour l'époque où elles furent prononcées.

Cependant, tel qu'il était, le monument élevé par Boccardo méritait d'être conservé et respecté pour la délicatesse de ses détails et pour ses gracieux ornements. Les architectes chargés de son agrandissement devaient chercher, en se conformant au programme, à rattacher les nouveaux bâtiments aux constructions primitives, de manière à donner à l'ensemble un caractère d'unité; c'est ce qu'ils n'ont pas toujours fait.

En quittant le quai Lepelletier pour entrer sur la place, l'Hôtel de ville apparaît dans tout le développement de ses deux façades de l'ouest et du midi.

L'œuvre, à son ensemble, a pris de la majesté; mais les anciennes sculptures semblent avoir perdu de leur élégance. Le joli clocher qui complétait agréablement l'ancien hôtel, n'est plus en rapport avec les constructions nouvelles. Et s'approchant, on voit seize statues dont les niches sont trop petites pour la façade actuelle. Voici les noms des personnages historiques dont la reconnaissance municipale a fait choix : saint Landry, fondateur de l'Hôtel-Dieu; l'évêque Gozlin, qui défendit Paris contre les attaques des Normands; le pieux évêque Maurice de Sully; les prévôts de Paris, Étienne Boileau et Hugues Aubriot; Jean Juvénal des Ursins, qui remplit les deux fonctions de prévôt de Paris et de prévôt des marchands; de Violé et François Miron; le sculpteur immortel Jean Goujon; les architectes Pierre Lescot et Philibert Delorme; les peintres Lebrun et Lesueur; l'ingénieur Perronnet; Turgot et Bailly.

On a ajouté, depuis à ces statues celles de saint Vincent de Paul, Robert Étienne, Guillaume Budé, Michel Laillier, Hardouin Mansart, d'Argenson, Mathieu Molé, l'abbé de l'Épée, Jean de la Vacquerie et Jean Aubry.

La dépense pour les nouvelles constructions, en y comprenant les frais d'ameublement, de décorations de peintures, s'est élevée à un peu plus de quinze millions.

En résumé, l'aspect que présente aujourd'hui l'Hôtel de ville est loin de satisfaire les connaisseurs en architecture, et seulement les gens d'un goût un peu difficile. C'a été un des travers de l'administration qui pendant dix-huit ans a dirigé les travaux publics en France, travers dont malheureusement nous subissons encore la désastreuse influence, de vouloir, sous prétexte de restauration, porter la main sur tous les monuments les plus vénérables et les plus intéressants des siècles passés. Jusqu'au règne de Louis-Philippe, les architectes chargés de modifier ou d'agrandir un édifice en vue d'une destination nouvelle, s'étaient bien gardés de respecter, soit dans les détails, soit dans l'ensemble, les constructions de leurs prédécesseurs, et Dieu sait combien de chefs-d'œuvre ont été défigurés depuis Louis XIV, par exemple, par les héritiers des maîtres tailleurs de pierres du moyen âge, ou par ceux de Philibert Delorme ou de Pierre Lescot. C'est là, sans doute, un grand malheur; mais nous n'en croyons pas moins que les architectes archéologues du dix-neuvième siècle ont suivi une méthode encore plus funeste que leurs devanciers. Il est tout aussi contraire au bon goût et au bon sens d'*amplifier* une cathédrale, de le relier à des constructions nouvelles d'un même style, mais d'une ornementation plus sobre. Voilà la seule façon intelligente de respecter les œuvres des maîtres de l'art, et nous souhaitons que ces réflexions sur un sujet qui demanderait des volumes pour être traité convenablement, soient méditées par ceux que leurs fonctions dans les conseils municipaux ou dans les conseils des départements mettent à même de se prononcer sur une question de restauration ou d'agrandissement d'un édifice ancien. Il n'est pas besoin d'être artiste pour en comprendre l'évidence et la portée : un peu de jugement leur suffira pour éviter à leurs villes ou à leurs arrondissements des crimes de lèse-architecture, et aux contribuables un surcroît d'impôts qu'il sera toujours facile de mieux employer.

Pour ne citer qu'un exemple des résultats ridicules obtenus par le système que nous venons de condamner, il nous suffira de nous arrêter un instant à considérer l'effet produit par les statues nouvelles dans la façade de l'Hôtel de ville. L'architecte actuel, pour continuer le système de décoration imaginé par son prédécesseur, a été obligé de construire trois fois plus de niches, puisque les bâtisses nouvelles occupent un espace triple de celui de l'ancien monument. Il a forcément fallu donner des habitants à ces niches, on les a choisis parmi les hommes illustres nés à Paris. Pensée louable sans contredit, qui nous fait retrouver sur la façade du palais municipal Voltaire, exilé maintenant du Panthéon, mais qui donne un résultat assez grotesque. Cette armée de grands hommes de toutes les époques, et revêtus de costumes divers, semblent tous étonnés de se trouver réunis, et l'on ne saurait se figurer, sans l'avoir vu, l'étrange physionomie de Buffon en habit à la française et coiffé de l'oiseau royal, à côté de Juvénal des Ursins et du peintre David. Les perruques du temps de Louis XIV, les habits à queue de morue de l'Empire et de la Restauration, se marient de la façon la plus bizarre aux lignes et à l'ornementation de l'architecture de la Renaissance.

L'intérieur de l'Hôtel de ville a été magnifiquement décoré, et l'ameublement en est d'une richesse splendide. Louis-Philippe disait un jour à M. Rambuteau : « Savez-vous, mon cher préfet, que vous êtes beaucoup mieux logé que moi. » Et il disait vrai. Tous les ans, le préfet de la Seine donne des banquets aux autorités civiles et militaires, et des fêtes à ses administrés. Ces salons resplendissent sous le double feu du gaz et des dorures. En dehors de ces fêtes annuelles, il y a aussi des fêtes extraordinaires : on se souvient encore de celle qui fut offerte, en 1831, au lord-maire de la cité de Londres. Aucun potentat, pas même le czar Pierre le Grand ou l'empereur Joseph II, ne se vit accueilli en France avec plus d'empressement et de démonstrations de respect que le lord-maire de la cité de Londres par le Paris de 1831. Au dix-huitième siècle, Hume et Walpole ne remportèrent certes pas plus les salons que sir Charles Musgrove, simple commissaire-priseur, devenu le représentant de sa nation en France, et la glorification la plus éclatante de l'idée du travail au point de vue de l'industrie. L'enthousiasme général s'était emparé de Sa Grâce. Dès la frontière, à Boulogne, elle avait marché d'ovations en ovations jusqu'à cette resplendissante salle du trône où, avant le bal, l'élite des deux nations occupait deux tables parallèlement dressées. A l'aspect de cet alhambra étincelant de dorures, un honorable shérif s'écria : « C'est le palais des séductions. »

Fêtes offertes à l'Angleterre à l'occasion de l'Exposition universelle. — Arrivée des voitures sous le vestibule de l'Hôtel de ville.

Le Vestiaire.

A l'instar de Louis XIV, qui, au sortir d'un médianoche, se plaisait à régaler son monde de quelque farce de Molière, le corps municipal offrit à ses hôtes le Médecin malgré lui. L'édilité parisienne donnant la comédie dans son palais! Quelle nouveauté, disait-on de toutes parts; mais ce n'était pas même une innovation. Dans ce même palais, il y a bientôt trois siècles, Jodelle et ses amis jouaient les Argonautes devant d'illustres Anglais arrivés à Paris.

Jamais, peut-être, à aucune fête, on n'avait vu tant de décorations, sans parler de celles des salons; l'ordre du Bain, du Nicham, des aigles Rouge et Noire, l'ordre du Lion, de l'Éléphant, du Faucon, de Charles III, de Grégoire le Grand, tous les ordres de l'Europe étincelaient à côté de celui de la Légion d'honneur. Le caractère international de cet fête lui donnait une physionomie tout à fait particulière; il y avait là des officiers anglais en grand nombre, avec leurs habits rouges étincelants, des officiers prussiens et autrichiens en tunique blanche, des officiers russes en habits verts, des Saxons, des Wurtembergeois, des Hollandais, des Belges, des Espagnols et des Italiens. Les Anglaises se reconnaissaient à leur teint blanc et à leurs épaules si étrangement décolletées. Mais les lions de la soirée étaient les horse Guards et les life Guards, dont on admirait les brillants costumes. Un escalier, décoré avec le plus grand goût, conduisait à un jardin improvisé dans la cour du palais de l'hôtel.

L'année suivante, c'est-à-dire il y a quelques mois à peine, une fête du même genre était offerte aux Arabes venus à Paris pour l'inauguration des drapeaux, et aux délégués de l'armée. Nous passerons sous silence les repas officiels, les concerts, les illuminations qui ont eu lieu à l'Hôtel de ville, et nous nous bornerons à rappeler le banquet du 10 décembre 1850, qui est cité comme ayant été un des plus brillants.

Le banquet.

Représentation du Médecin malgré lui.

CHAPITRE XXVIII. — LE LONG DE LA SEINE (Suite).

Escalier conduisant au jardin.

La salle de bal de l'Hôtel de ville.

Banquet donné dans la salle de l'Horloge, le 10 décembre 1850.

Fête donnée aux délégués de l'armée.

Les salles de l'Hôtel de ville ne servent pas qu'à des réceptions et à des fêtes, c'est aussi dans cette ancienne maison des prévôts et des échevins qu'ont lieu les examens pour les écoles spéciales. Après 1848, ce fut aussi dans une des salles de l'Hôtel de ville qu'eut lieu le dépouillement des votes, et c'était sur la place de l'Hôtel de ville, place dont nous dirons l'histoire tout à l'heure, qu'étaient proclamés les représentants du peuple. Des souvenirs bien près et déjà bien loin de nous.

L'Hôtel de ville a une bibliothèque publique. La bibliothèque de la ville doit son origine à la forma-

Illumination de l'Hôtel de ville.

tion des écoles centrales; lors de la suppression des écoles à Paris, cette bibliothèque fut transportée dans l'hôtel des vivres, rue Saint-Antoine, n° 110, où elle est restée jusqu'en 1817.

La bibliothèque de la ville possède une collection aussi complète que possible d'ouvrages sur les villes de France, et particulièrement sur la ville de Paris. L'histoire et la littérature y tiennent aussi une large place. M. Hippolyte Rolle, écrivain distingué et critique recommandable, est le conservateur actuel de cette bibliothèque.

C'est aussi dans une des salles de l'Hôtel de ville

Dépouillement des votes, le 21 septembre 1848.

qu'a lieu le tirage annuel pour le recrutement: tout se passe là comme dans chacune des communes de France. Les numéros de tirage sont écrits ou imprimés sur des bulletins uniformes. Chaque bulletin porte un numéro différent, de manière que la totalité des bulletins forme une série continue de numéros, depuis le numéro 1, égale au nombre des jeunes gens appelés à tirer. Le maire de chaque arrondissement, après avoir reconnu publiquement que le nombre des bulletins est le même que celui des jeunes gens qui doivent prendre part au tirage, les paraphe, les mêle et les jette dans l'urne. Les arrondissements sont appelés pour le tirage suivant leur ordre numérique, et les jeunes gens de chaque arrondissement suivant l'ordre de leur inscription sur les tableaux de recensement.

15 Cent. LA LIVRAISON. — 67e et 68e Livr.   Aux bureaux de l'Illustration, rue de Richelieu, 60.   PARIS. TYP. DE FIRMIN DIDOT, 56, RUE JACOB. 20 C. par la poste.

Au fur et à mesure que les jeunes gens sont appelés, ils tirent de l'urne un numéro. Les parents des absents, ou, à leur défaut, le maire dè l'arrondissement, tirent à leur place. A mesure que les bulletins sont tirés de l'urne, on inscrit sur la liste du tirage, en regard du numéro sorti, les nom, prénoms et surnoms de celui auquel le numéro appartient, ainsi que les noms et prénoms de ses père et mère. Le numéro sorti est inscrit en outre sur le tableau du recensement en regard du nom de celui auquel il appartient. L'ordre des numéros tirés par les jeunes gens détermine toujours celui de leur appel pour la formation du contingent. A mesure que les jeunes gens se présentent, ils sont soumis au toisage et sont placés, à cet effet, sur le marchepied d'un double mètre poinçonné et étalonné, dont la traverse est élevée à un mètre 560 millimètres.

Sur l'emplacement occupé aujourd'hui par une partie des bâtiments de l'Hôtel de ville s'élevaient l'église Saint-Jean en Grève, l'hôpital du Saint-Esprit, et la chapelle et hôpital des Haudriettes.

Au commencement du douzième siècle, un marché public existait sur la place de l'Hôtel de ville, plus connue sous le nom de place de Grève. Ce nom lui avait été donné en raison de sa proximité du fleuve. Une charte de 1141, octroyée par Louis le Jeune, sur la demande des bourgeois de la Grève et du Monceau, supprima ce marché moyennant soixante et dix livres une fois payées au trésor. La place de Grève fut élar-

Tirage des conscrits.

gie, vers 1770, en vertu de lettres-patentes du 22 avril 1769.

On ignore à quelle époque la place de Grève servit, pour la première fois, de lieu patibulaire. Une hérétique, appelée Marguerite Porrette, y fut brûlée en 1310. A cette infortunée commence la nomenclature des exécutions de la justice.

Chaque année, la veille de la fête de la Saint-Jean, une cérémonie bizarre avait lieu sur cette place : les magistrats de la ville faisaient entasser des fagots au milieu desquels était planté un arbre de trente mètres de hauteur, et orné de bouquets, de couronnes et de guirlandes de roses. On attachait à l'arbre un panier qui contenait deux douzaines de chats et un renard. Aussitôt que les trompettes annonçaient l'arrivée du roi, le prévôt des marchands et les échevins, portant des torches de cire jaune, s'avançaient vers l'arbre et présentaient au monarque une torche de cire blanche, garnie de deux poignées de velours rouge, après quoi Sa Majesté venait allumer le feu. Les chats brûlés vifs au milieu des acclamations de la multitude, le roi montait à l'Hôtel de ville, où il trouvait une collation composée de dragées musquées, de confitures sèches, de massepins. Dans un compte de l'Hôtel de ville, à la date de 1573, nous lisons, à l'article concernant cette cérémonie : « A Lucas Pommereux, un des commissaires des quais de la ville, cent sols parisis, pour avoir fourni, durant trois années, tous les chats qu'il fallait audit feu, comme de coutume ; même pour avoir fourni il y a un an, où le roi assista, un renard pour donner plaisir à Sa Majesté, et pour avoir fourni un grand sac de toile où étaient lesdits chats. »

– Là, dit Mercier, en parlant de la place de Grève, sont venus tous ceux qui se flattaient de l'impunité : un Cartouche, un Ravaillac, un Nivet, un Damiens, et, plus scélérat qu'eux tous, un Desrues. Nos femmes, dont l'âme est si sensible, le genre nerveux si délicat, qui s'évanouissent devant une araignée, ont assisté à l'exécution de Damiens... des lunettes d'approche entre les deux mains amenaient sous leurs regards les bourreaux et les angoisses du supplicié. Leurs yeux ne se détournèrent pas de cet amas de tourments recherchés; la pitié et la commisération s'étaient envolées de la place où le criminel expiait son forfait par le plus long et le plus cruel des supplices. Il fut tel que la postérité frémira. »

Rapporterons-nous les épouvantables détails de cette exécution?

Le supplice commença vers trois heures. La main droite du patient, qui tenait le couteau dont avait été frappé Louis XV, fut brûlée lentement. Les atteintes de la flamme lui arrachèrent un cri horrible. Dans ce moment, le bourreau s'approcha du condamné, et le somma de nouveau de désigner ses complices ; il protesta qu'il n'en avait pas. « Au même instant, ledit « condamné a été tenaillé aux mamelles, bras et « jambes, et sur lesdits endroits a été jeté du plomb « fondu, de l'huile bouillante, de la poix brûlante, de « la cire et du soufre fondus ensemble, pendant le- « quel supplice le condamné s'est écrié plusieurs fois : « Mon Dieu ! mon Dieu ! la force ! la force, Seigneur, « mon Dieu, ayez pitié de moi !... Seigneur, mon Dieu, « que je souffre ! Seigneur, donnez-moi la patience ! » « A chaque tenaillement, on l'entendait crier doulou- « reusement ; mais, de même qu'il avait fait lorsque « sa main avait été brûlée, il regarda chaque chose, et « ses cris cessaient aussitôt que le tenaillement était « fini. Enfin, on procéda aux ligatures des bras, des « jambes et des cuisses pour opérer l'écartèlement. « Cette préparation fut très-longue et très-douloureuse. « Les cordes étroitement liées, portant sur les plaies « si récentes, cela arracha de nouveaux cris au pa- « tient, mais ne l'empêcha pas de se considérer avec « une curiosité singulière. Les chevaux ayant été atta- « chés, les tirades furent réitérées longtemps avec des « cris affreux de la part du supplicié. L'extension des « membres fut incroyable ; mais rien n'annonçait le « démembrement. Malgré les efforts des chevaux, qui « étaient jeunes, peut-être trop, cette dernière partie « du supplice durait depuis plus d'une heure sans « qu'on pût en prévoir la fin. Les médecins et chirur- « giens attestèrent aux commissaires qu'il était presque « impossible d'opérer le démembrement, si l'on ne fa- « cilitait l'action des chevaux en coupant les nerfs « principaux, qui pouvaient bien s'allonger prodigieu- « sement, mais non pas être séparés sans une ampu- « tation. Sur ce témoignage, les commissaires firent « donner l'ordre à l'exécuteur de faire cette amputa- « tion, d'autant plus que la nuit approchait et qu'il « parut convenable que le supplice fût terminé aupa- « ravant. En conséquence de cet ordre, aux jointures « des bras et des cuisses on coupa les nerfs au patient, « et on tit alors tirer les chevaux. Après plusieurs se- « cousses, on vit se détacher une cuisse et un bras. « Le supplicié regarda encore cette douloureuse sé- « paration ; il parut conserver la connaissance après « les deux cuisses et un bras séparés du tronc, et « ne fut qu'au dernier bras qu'il expira. »

Quelle horrible relation ! quand on pense qu'il n'y a pas encore cent ans que de pareilles abominations se sont accomplies ! Le supplice est fixé le 28 mars 1757.

Les membres et le corps furent brûlés sur un bûcher. Le soir, les courtisans racontaient avec complaisance dans les salons de Versailles tous les détails de cette longue torture. De jeunes duchesses se firent remarquer par la grâce et la vérité avec laquelle elles retraçaient les moindres phases de l'agonie de Damiens.

Ce fut sur la place de Grève que furent exécutées la Brinvilliers et la Voisin, ces deux empoisonneuses célèbres.

Le 19 février 1790, la foule accourait sur la place de Grève. Cette fois, il s'agissait de pendre un marquis : c'était Thomas Mahi, marquis de Favras, que la chambre du conseil du Châtelet de Paris avait condamné à être amené et conduit dans un tombereau, après amende honorable, à la place de Grève pour y être pendu et étranglé.

Le matin, après la lecture de l'arrêt, le marquis de Favras avait remis lui-même au greffier sa croix de Saint-Louis. La foule, en apercevant le condamné, battit des mains. L'amende honorable faite, le greffier lui lut la sentence. Favras était convaincu « d'avoir tenté de mettre à exécution un projet de contre-révolution, qui devait avoir lieu en rassemblant les mécontents des différentes provinces, en donnant entrée dans le royaume à des troupes étrangères, en gagnant une partie des ci-devant gardes-françaises, en mettant la division dans la garde nationale, en attentant à la vie des trois principaux chefs de l'administration, en enlevant le roi et la famille royale pour les mener à Péronne, en dissolvant l'Assemblée nationale, en et marchant en force vers la ville de Paris, où en lui coupant les vivres pour la réduire. »

« La nuit étant venue, dit un historien contemporain, on a distribué des lampions sur la place de Grève, et on en a mis jusque sur la potence. Favras

Toisage des conscrits.

est descendu de l'Hôtel de ville (où il était entré pour écrire son testament) d'un pas ferme, et assuré. Au pied du gibet, il a élevé la voix en disant : « Citoyens, je meurs innocent ; priez Dieu pour moi » ; puis, s'adressant au bourreau : « Et toi, fais ton devoir. »

D'autres victimes montèrent bientôt sur l'échafaud, et le marquis de Favras fut oublié. L'Hôtel de ville devint le palais de la révolution. Là trônait la commune de Paris.

Un arrêté du conseil général de la commune, à la date du 13 août porte :

« Il sera brûlé publiquement sur la place de Grève les drapeaux souillés des signes de la féodalité, les titres de noblesse, les brevets et décorations des chevaliers de Saint-Louis. »

Cette place prit une physionomie nouvelle sous l'Empire. Lors du sacre de Napoléon, la ville voulut aussi donner sa fête : l'hôtel de la préfecture apparaissait radieux de lumières. Une ligne de feu s'étendait le long des quais jusqu'au palais des Tuileries, et de vastes trépieds antiques supportaient des gerbes de flamme. Un feu d'artifice représentait le mont Saint-Bernard.

Sous la Restauration, la place de Grève vit l'exécution des quatre sergents de la Rochelle, l'exécution de Louvel, de Papavoine et de Castaing.

Le 29 juillet 1830, un combat terrible eut lieu sur la place de l'Hôtel de ville entre le peuple et les troupes. Le gouvernement provisoire s'installa dans le

CHAPITRE XXVIII. — LE LONG DE LA SEINE (Suite).

palais de la bourgeoisie, et ce fut à l'Hôtel de ville que Louis-Philippe d'Orléans vint chercher la couronne.

Après la lutte, on comprit que le sang des criminels ne devait pas souiller plus longtemps les pavés de cette place, et l'on transporta à la barrière Saint-Jacques l'instrument du supplice, qui ne se dresse plus maintenant que vis à vis la prison de la Roquette.

En 1848, l'Hôtel de ville fut pendant deux mois battu par la foule qui stationnait sur la place, accueillant, soit par des applaudissements, soit par des cris improbateurs, les décrets que frappaient incessamment les membres du gouvernement provisoire. L'Hôtel de ville fut pendant ces deux mois le vrai palais de la révolution; c'est devant l'Hôtel de ville que M. de Lamartine, et ce sera l'éternelle gloire de son nom, fit reculer le drapeau rouge.

« Si vous m'enlevez le drapeau tricolore, sachez-le bien, s'écria dans cette circonstance M. de Lamartine, vous m'enlevez la moitié de la force extérieure de la France, car l'Europe ne connaît que le

M. de Lamartine harangue le peuple à l'Hôtel de ville.

Une manifestation populaire en 1848, à l'Hôtel de ville.

drapeau de ses défaites et de nos victoires dans le drapeau de la République et de l'Empire. En voyant le drapeau rouge, elle ne croira voir que le drapeau d'un parti !

C'est le drapeau de France, c'est le drapeau de nos armées victorieuses, c'est le drapeau de nos triomphes, qu'il faut relever devant l'Europe; la France et le drapeau tricolore, c'est une même pensée, un même prestige, une même terreur au besoin pour nos ennemis.

« Songez combien de sang il vous vaudrait pour faire la renommée d'un autre drapeau ! »

La foule, subjuguée par l'ascendant de cette magnifique parole, hésitait pourtant encore; il s'agissait de lui porter un dernier coup. — Lamartine continue : « Le drapeau rouge, d'ailleurs, je ne l'adopterai jamais, et je vais vous dire dans un seul mot pourquoi je m'y oppose de toutes les forces de ma conviction et de mon patriotisme : c'est que le drapeau tricolore a fait le tour du monde avec la République et l'Empire, et que le drapeau rouge n'a fait que le tour du Champ-de-Mars, traîné dans le sang du peuple. »

Tout fut dit. La foule s'arrêta et se tut; elle se retira silencieuse, domptée, et retint elle-même, au milieu des coups de fusil, l'innombrable armée qui se disposait à aller vider l'arsenal de Vincennes. La parole de M. de Lamartine avait valu une armée, et la parole, chacun le sait, était la seule armée du moment : le Gouvernement ne pouvait opposer comme digue à ces flots toujours tumultueux que son autorité morale; siégeant dans un des salons de l'Hôtel de ville, où aucun poste n'empêchait de pénétrer les dé-

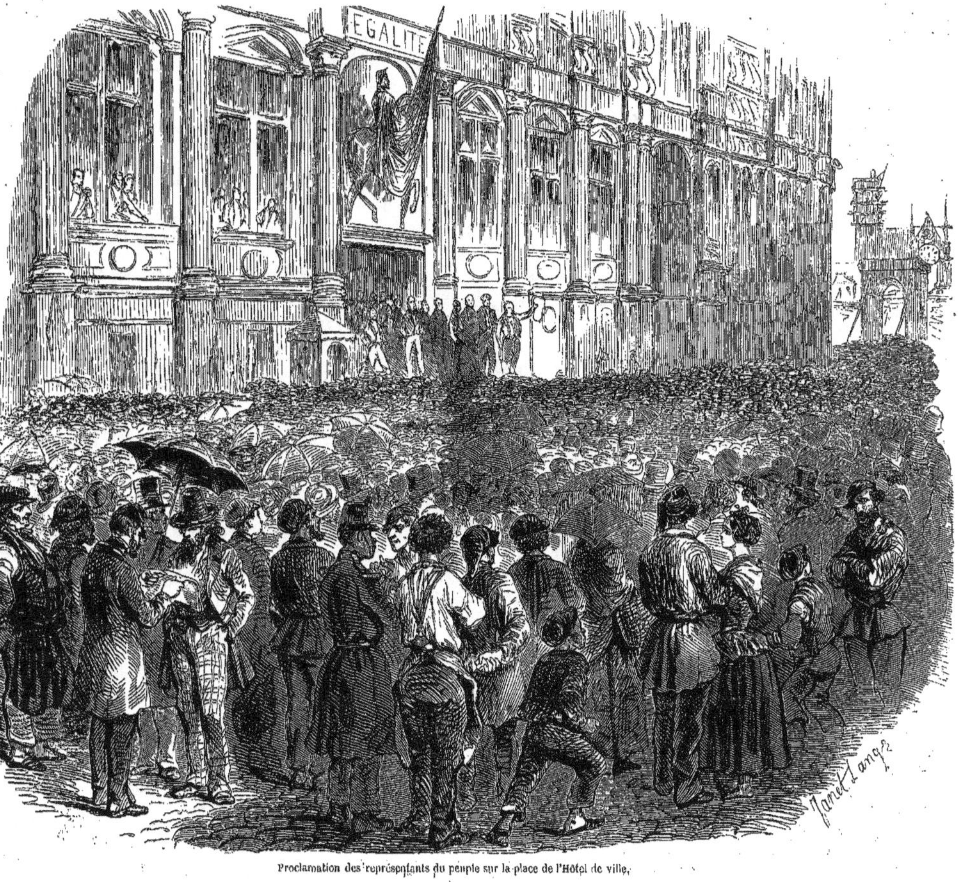

Salon de réunion du gouvernement provisoire à l'Hôtel de ville.

Proclamation des représentants du peuple sur la place de l'Hôtel de ville.

légués de ces députations qui venaient sans cesse interrompre ses travaux, chaque matin ce gouvernement n'était pas sûr d'exister le soir; cinquante hommes déterminés pouvaient à tout instant faire un coup de main, peser sur le pouvoir et l'écraser : pas de troupes, pas de gardes, le peuple était le seul maître; et ce n'était pas même le peuple qui était à redouter, mais cette tourbe d'individus sans noms qui n'appartiennent à aucun parti et qui sont le noyau de toutes les insurrections, et qui, s'étant embrigadés sous des appellations révolutionnaires, s'étaient constitués, de leur propre autorité, gardiens et défenseurs de l'Hôtel de ville, et se partageaient les divers services intérieurs.

La place de l'Hôtel de ville fut toujours une scène politique; c'est là que se proclamèrent, après 1848, le résultat des élections successives des habitants du département de la Seine et les noms des députés que le peuple avait choisis.

Elle fut toujours et est encore le vaste caravansérail d'une grande partie de la classe laborieuse; les ouvriers employés aux constructions s'y réunissent. *Faire grève*, est une expression consacrée pour peindre la situation d'un ouvrier sans travail.

Quel est l'antiquaire ou même le simple amateur de l'art, passant sur cette place, qui n'ait aussi donné un regard à cette petite tourelle, seul vestige de *la Grève* telle qu'elle existait au quinzième siècle? Cet élégant spécimen de la transition de l'architecture du moyen âge à l'architecture de la renaissance, qui occupait au nord de la place l'angle rentrant formé par des maisons placées entre les rues du Mouton et de la Vannerie, cette charmante *tournelle* dont les arêtes vivement sculptées perçaient encore sous l'ignoble badigeon dont on les avait empâtées sous prétexte de restauration, a disparu, il y a six mois à peine, ainsi que les vieilles maisons qui l'étranglaient, pour faciliter le prolongement de la rue de Rivoli et pour agrandir la place de l'Hôtel de ville.

Les tours, jusqu'au quatorzième siècle, étaient regardées comme un symbole de la puissance, comme un privilège de la royauté; elles perdirent vers cette époque leur caractère de domination absolue. Les châteaux empiétèrent sur les droits du Louvre, la mode remplaça le monopole, et la jalousie des rois devint le caprice des architectes. Ce fut sans doute dans ces temps que fut bâtie cette petite tourelle. M. de Beauchêne, dans une notice qui accompagne un charmant dessin de M. Turpin de Crissée, faisant partie d'un ouvrage sur les antiquités de Paris publié par Hauzer, avoue que ses recherches sur l'origine de cette construction ont été impuissantes; nulle charte n'en fait mention, nulle peinture ne la représente, nulle tradition populaire ne s'y rattache : il y a lieu de croire qu'elle donnait sur une rue et qu'elle formait l'angle d'une maison. Dépourvue de documents historiques, elle ne se recommandait à l'observateur que par ses formes gracieuses et sa situation dramatique; restée debout au milieu des édifices modernes, elle apparaissait comme un débris de cette scène sur laquelle presque toute l'histoire de Paris a été jouée.

Que de tragédies avaient été représentées sous les fenêtres de cette petite tourelle, loge élégante d'un théâtre qui n'est plus, et que le temps a couché sous terre avec ses drames et ses acteurs! Que de grands personnages y avaient rempli un rôle sanglant : Olivier de Clisson, le maréchal de Marillac, Pierre des Essarts, Jean des Mères, le comte d'Armagnac, le marquis de Boutteville, le chevalier d'Andrieux, le comte de Lalli, etc.! Que de noms obscurs à qui le crime a donné leur jour de vogue, et le supplice leur instant de popularité!

Quelques souvenirs historiques plus récents se rattachaient cependant d'une manière authentique à cette tourelle.

Après la bataille du faubourg Saint-Antoine, le grand Condé était venu s'y reposer quelques minutes.

En 1680, le 22 février, *la Voisin* fut exécutée en place de Grève. Cette exécution avait attiré un concours immense de curieux; les clercs, les ouvriers, formaient sur la place une masse compacte; les fenêtres des maisons voisines de l'Hôtel de ville étaient encombrées de spectateurs. La petite tourelle fut louée par des dames de la cour.

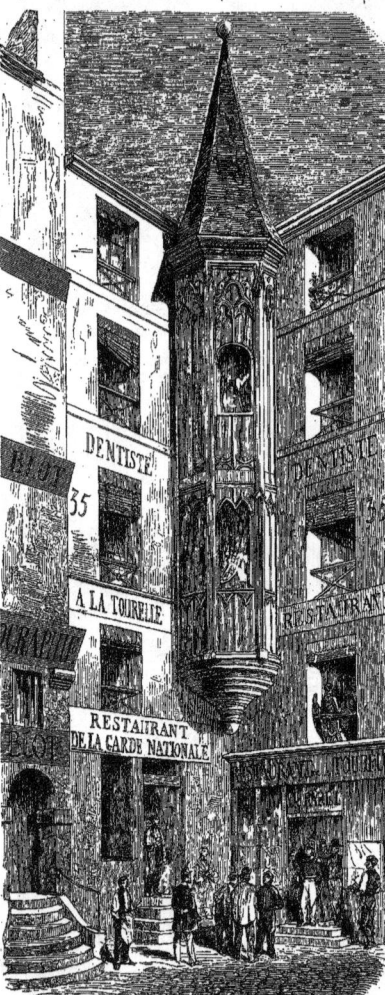

Ancienne tourelle de la place de l'Hôtel de ville.

C'est à l'assassinat de Jacques de Flesselles, prévôt des marchands, que se rattache le dernier de ces souvenirs historiques : après que les assassins eurent abandonné sur les degrés de l'Hôtel de ville Flesselles mourant, son domestique le porta tout sanglant jusque dans la petite tourelle de la place de Grève; c'est là que mourut le dernier magistrat d'une institution qui avait honoré Paris pendant tant de siècles.

Derrière l'Hôtel de ville est l'église Saint-Gervais, dont la construction générale a toute la délicatesse qui caractérise l'architecture du quinzième siècle. Le portail, ouvrage de Jacques de Brosses, est surtout remarquable par sa belle ordonnance; il est composé de trois ordres disposés suivant l'usage observé par les anciens architectes, c'est-à-dire l'ionique sur le dorique et le corinthien sur l'ionique. De beaux tableaux décorent l'intérieur de cette église.

Plusieurs chapelles règnent au pourtour des bas-côtés; celle de saint Michel se distingue par ses vitraux qui représentent la danse des bergers. La chapelle de la Vierge, placée au fond de l'édifice, est un morceau d'architecture du plus gracieux style; dans la chapelle de saint Eutrope est le mausolée du cardinal Letellier, qui expira à l'âge de quatre-vingt-quatre ans, huit jours après avoir scellé la révocation de l'édit de Nantes.

Cette église de Saint-Gervais est un des plus beaux monuments de Paris; mais, étouffé par les constructions qui l'environnent, l'édifice perd de sa grandeur. Voltaire disait en parlant du portail : « C'est un chef-d'œuvre auquel il ne manque qu'une place pour contenir ses admirateurs. »

En redescendant la rive droite de la Seine, nous trouvons la tour de Saint-Jacques la Boucherie, une des plus hautes de Paris, et qui rivalise avec celles de l'église Notre-Dame; sa construction, commencée en 1508, fut achevée en 1522. La hauteur depuis le sol de la rue jusqu'à la balustrade est de 52 mètres. C'est une tour carrée; à son sommet on voyait la statue de saint Jacques. Cette statue était attribuée à Raoult, sculpteur d'images. L'église Saint-Jacques-la-Boucherie, supprimée en 1790 et devenue propriété nationale, fut vendue le 11 floréal an v. La tour avait été comprise dans cette vente, mais la ville de Paris la racheta à l'acquéreur moyennant 250,100 fr.

Voici la place du Châtelet, formée sur l'emplacement du grand Châtelet démoli en 1802. On sait ce que c'était que la juridiction du Châtelet. Pour se livrer aux seules fonctions militaires, les comtes abandonnèrent le soin de rendre la justice à des substituts appelés *prévôts*. Le comté de Paris réuni à la couronne sous Hugues Capet, on y établit un prévôt, c'est-à-dire un lieutenant préposé par le roi pour rendre la justice. L'auteur du *Grand Coutumier*, qui écrivait sous Charles VI, nous apprend que le prévôt de Paris avait trois juridictions : l'une ordinaire, qui a la connaissance du siège du Châtelet, et deux déléguées, la conservation des privilèges royaux, des privilèges de l'Université. C'était la seule juridiction du royaume qui eût le droit d'avoir continuellement un juge au-dessous de son principal siège, comme étant la place du roi. Le prévôt de Paris était le chef de la noblesse. Louis XIV supprima presque toutes les juridictions particulières possédées par divers seigneurs dans la ville et dans les faubourgs, et les incorpora à la justice du Châtelet. Par un autre édit, il créa un nouveau présidial, et voulut qu'il eût autant de pouvoir que l'ancien Châtelet; mais, l'expérience ayant fait connaître les inconvénients de ces deux tribunaux toujours en rivalité, le roi cassa le nouveau Châtelet, et le réunit à l'ancien pour exercer désormais la juridiction dans toute l'étendue de la prévôté et vicomté de Paris. La justice était rendue au Châtelet sous divers degrés de juridiction et par différentes sortes de juges pour l'énumération desquels nous renvoyons au chapitre xxv de notre ouvrage.

Sur cette place du Châtelet a été élevée, en 1808, la fontaine dite du Palmier. Cette fontaine est entrecoupée de bracelets sur lesquels sont inscrits les noms de batailles gagnées sous la République et l'Empire. Le chapiteau de la colonne est formé de feuilles de palmier, et surmonté d'une boule sur laquelle s'élève une renommée distribuant des couronnes. C'est aussi sur cette place que se trouve la chambre des notaires, où se prennent les inscriptions pour le stage du notariat, et où s'effectuent diverses ventes d'immeubles.

Chapitre XXIX.
LE LONG DE LA SEINE (Suite).
LE LOUVRE.

Extérieur du Louvre. — Étymologie du mot *Louvre*. — Origine du Louvre. — Une charte de Dagobert. — Louis le Gros entoure le Louvre de murailles. — François Ier fait abattre et reconstruire le Louvre. — Sébastien Serlio et Pierre Lescot. — Le *Vieux Louvre*. — Henri II ajoute une aile. — L'escalier et la salle des cariatides. — Jean Goujon. — Henri IV fait achever les bâtiments formant l'entrée du musée. — Louis XIII termine le pavillon de l'Horloge. — Mazarin charge Levau d'achever la façade du côté de la Seine. — Le plan de Leveau est repoussé. — Le projet de Claude Perrault. — Bernini appelé en France. — Honneurs prodigieux qui lui sont rendus. — Bernini retourne en Italie. — Claude Perrault se met à l'œuvre. — Gabriel et Soufflot continuent les constructions. — Les favoris de Louis XV au Louvre. — Décret de 1848 pour l'achèvement du Louvre. — Pose de la première pierre le 25 juillet 1852. — M. Visconti. — Restaurations faites au Louvre. — La fenêtre de Charles IX. — La galerie des maîtres. — Les chefs-d'œuvre. — Les expositions. — Les physionomies au Louvre. — Le cabinet des Antiques. — Les différents musées. — L'orangerie du Louvre.

Nous allons d'un palais à un autre : après l'Hôtel de ville, le Louvre; après le palais de la bourgeoisie, le palais de la royauté. Quand la royauté voulut sortir de tutelle, un château s'éleva, prison toute préparée. Philippe-Auguste montrait aux grands vassaux révoltés son épée de Bouvines et la tour du Louvre.

Les historiens ne sont d'accord ni sur l'origine ni sur l'étymologie du Louvre. Les uns font dériver son nom de *Louves*, sur le terrain duquel le premier château aurait été bâti; les autres des *loups* qui peuplaient la forêt voisine, laquelle forêt occupait l'emplacement de Montmartre; quelques-uns du vieux mot français *ouvre*, de sorte qu'on aurait dit plus tard *l'ouvre*, pour *l'œuvre* par excellence. Enfin, d'autres prétendent, avec plus de raison en apparence, trouver la racine de ce nom dans le mot saxon *Lower*, qui signifie *château*.

L'existence du Louvre remonterait à Dagobert, s'il fallait en croire une charte de ce roi citée par Dubouillay dans l'*Histoire de l'Université*. Plusieurs écrivains ont attribué la construction de ce château à Childebert Ier. Enfin Duchêne, dans sa géographie manuscrite de Paris, dit que Louis le Gros fit entourer le Louvre de murailles, et qu'il y recevait le serment de fidélité des grands vassaux de la couronne. Si l'on veut se faire une idée du vieux Louvre, on n'a qu'à voir ce qu'il nous reste du château de Vincennes. François Ier, n'ayant pu vaincre Charles-Quint les armes à la main, voulut le surpasser en magnificence, et devenir l'émule des Médicis et de Léon X. Il résolut d'abattre le Louvre et de construire un nouvel édifice sur son emplacement. L'exécution en fut confiée par le roi à un artiste italien, Sébastien Serlio. Celui-ci, à qui on avait montré un projet de Pierre Lescot, seigneur de Clagny, eut la générosité d'avouer au roi que le projet de Pierre Lescot l'emportait de beaucoup sur le sien. Ce fut donc d'après les plans de ce dernier que fut commencé le palais nommé depuis le *vieux Louvre*, pour le distinguer des bâtiments qui furent élevés sous les règnes suivants.

Cet édifice ne devait s'étendre, dans le principe, que depuis le pavillon formant l'angle du côté de la rivière jusqu'à celui qui fait aujourd'hui le milieu de la grande cour. Ce palais, dans lequel on entrait par la salle connue sous le nom des Antiques, devait être composé d'une grande galerie ayant deux pavillons. Celui qui est du côté de la Seine était destiné à l'habitation, et l'autre, du côté opposé, était affecté à la chapelle et contenait le grand escalier. La façade principale, décorée de deux ordres d'architecture et d'un attique au-dessus, indiquait que le rez-de-chaussée était destiné au service du palais, le premier étage à l'habitation du souverain, et l'attique aux logements de la suite. Henri II fit construire cet édifice, l'augmenta d'une aile qui s'étend au midi du côté de la rivière. Cette aile devait être sans doute répétée dans la partie opposée en prolongement du pavillon du côté du nord. L'escalier et la belle salle des cariatides ont été bâtis également sous Henri II. Les sculptures sont dues au ciseau de Jean Goujon. Sous le règne de Charles IX fut construite la portion de bâtiment en aile qui existe aujourd'hui du côté du jardin de l'Infante, et en retour sur le bord de la rivière jusqu'au guichet du petit clocher.

Les bâtiments qui forment l'entrée du musée fu-

Vue extérieure du Louvre.

rent achevés par Henri IV, qui, le premier, eut la pensée de réunir le Louvre aux Tuileries. Ce prince ajouta une salle de spectacle dans l'espace occupé aujourd'hui par le grand escalier. Il acheva également la partie qui borde la rivière. Louis XIII termina la portion de l'Horloge et la façade du ce côté. Il entreprit les deux autres corps de bâtiments au nord et au levant, et prolongea celui du midi. Le plan carré de la cour du Louvre, telle qu'on la voit aujourd'hui, est l'ouvrage de Henri IV et de Louis XIII. Le cardinal Mazarin concourut aussi à l'achèvement du Louvre. Le ministre chargea l'architecte le Veau d'élever la façade du côté de la Seine. Colbert, appelé au ministère à l'intendance des bâtiments du roi, n'approuva pas les projets de Levau pour l'agrandissement du Louvre. Sans repousser toutefois le plan de cet architecte, Colbert crut devoir ouvrir un concours pour cette grande entreprise. Ce fut pour la première fois qu'on suivit en France une marche aussi solennelle et aussi juste dans l'érection d'un monument. Le modèle en bois de Levau fut exposé et condamné d'une voix unanime. Parmi les autres projets, un dessin fut remarqué; il ne portait pas de nom d'auteur. On sut bientôt qu'il était du médecin Claude Perrault, qui, par goût, s'occupait d'architecture. Ce projet, que favorisa tout à coup l'opinion générale, avait aussi frappé Colbert. Les autres artistes, jaloux de ce beau travail, firent entendre au ministre qu'un tel plan n'était que charmant dessin fait uniquement pour éblouir les yeux, mais qu'au fond il était d'une exécution impossible, et ne supportait pas un examen approfondi. Ces observations ébranlèrent le ministre. Pour tirer d'embarras Colbert résolut de prendre l'avis des meilleurs architectes d'Italie. Soit par hasard, soit par intention perfide, ce fut le dessin de Levau qui fut envoyé. Les artistes étrangers, au lieu d'examiner l'ouvrage, donnèrent plusieurs plans. Celui de Bernini obtint la préférence, et Louis XIV demanda aussitôt l'ha-

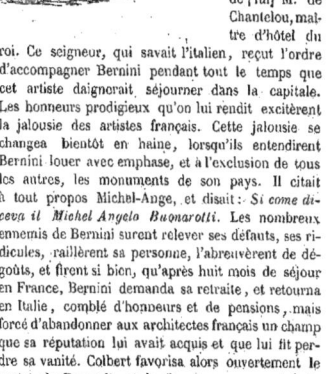

bile architecte dont il venait d'admirer le travail. Bernini arriva en France. On lui fit une réception magnifique et digne d'un prince du sang. Des officiers envoyés par la cour apprêtaient les repas de l'Italien sur la route. L'artiste était complimenté et recevait des présents dans toutes les villes où il passait. Quand il approcha de Paris, on envoya au-devant de lui M. de Chantelou, maître d'hôtel du roi. Ce seigneur, qui savait l'italien, reçut l'ordre d'accompagner Bernini pendant tout le temps que cet artiste daignerait séjourner dans la capitale. Les honneurs prodigieux qu'on lui rendit excitèrent la jalousie des artistes français. Cette jalousie se changea bientôt en haine, lorsqu'ils entendirent Bernini louer avec emphase, et à l'exclusion de tous les autres, les monuments de son pays. Il citait à tout propos Michel-Ange, et disait : *Si come diceva il Michel Angelo Buonarotti*. Les nombreux ennemis de Bernini surent relever ses défauts, ses ridicules, raillèrent sa personne, l'abreuvèrent de dégoûts, et firent si bien, qu'après huit mois de séjour en France, Bernini demanda sa retraite, et retourna en Italie, comblé d'honneurs et de pensions, mais forcé d'abandonner aux architectes français un champ que sa réputation lui avait acquis et que lui faisait perdre sa vanité. Colbert favorisa alors ouvertement le projet de Perrault, et le fit approuver par le roi; mais, dans la crainte qu'un médecin ne pût réunir

CHAPITRE XXIX. — LE LONG DE LA SEINE (Suite).

tous les talents nécessaires pour construire un monument aussi important, on lui adjoignit un conseil composé de Leveau, de Dorbay, et du peintre Lebrun. Colbert présidait les séances de ce conseil, qui se tenait deux fois par semaine. Perrault se mit donc à l'œuvre; mais les dépenses excessives des bâtiments de Versailles, entrepris à la même époque, et surtout les frais occasionnés par les guerres, firent suspendre les travaux du Louvre.

La régence dédaigna de purifier les richesses éphémères créées par le système de Law en les employant à l'achèvement de nos édifices nationaux. Louis XV voulut continuer le Louvre. Gabriel et Soufflot furent chargés successivement d'en diriger les constructions d'après les projets de Perrault. On bâtit alors le troisième ordre de la face intérieure derrière la colonnade, le fronton de la cour du midi, celui du nord, et le vestibule qui donne sur la rue du Coq. Mais bientôt le palais fut livré aux favoris, et ils s'y formèrent des habitations à leur taille. Rien ne fut respecté: on perça les murs principaux pour faire des distributions nouvelles, les poutres des planchers furent coupées pour livrer passage à des tuyaux de cheminées, puis les voûtes, les piliers, soutiens de l'édifice, furent altérés et mutilés. Des maisons particulières s'élevèrent et obstruèrent la cour. Louis XVI voulut réparer tous ces abus et achever le Louvre, lorsque les troubles politiques survinrent. La république, elle, n'avait pas le temps d'élever des palais.

Napoléon résolut de terminer un palais à la construction duquel avaient concouru sept rois ses prédécesseurs. Les travaux furent repris, mais l'Empire disparut et le Louvre resta inachevé.

Sous le règne de Louis-Philippe, il fut souvent question d'opérer la jonction du Louvre avec les Tuileries; mais ces projets furent toujours ajournés. Quand la République fut proclamée en 1848, un décret ordonna la continuation des travaux. Ce décret, comme tant d'autres, ne fut pas exécuté. Enfin, c'est à Louis-Napoléon qu'était réservé l'honneur de mettre la dernière main à ce grand palais du Louvre; la pose de la première pierre des constructions à élever pour l'achèvement du Louvre fut faite le 25 juillet 1852, par le ministre d'État, M. Casabianca. On sait quelle est la destination des édifices dont on vient de poser les fondements. La même enceinte renfermera, avec la demeure du chef de l'État, trois ministères, les télégraphes, l'imprimerie nationale. Donner à ces administrations diverses tout le développement nécessaire en conservant à la place du Carrousel une étendue proportionnée à la grandeur des bâtiments qui l'environnent; niveler cette place sans enfouir, malgré l'infériorité du sol, les soubassements de la galerie de Henri II, compléter le musée par de vastes salles destinées aux expositions annuelles de peinture; couvrir le défaut de parallélisme du pavillon de l'Horloge et du pavillon opposé; revêtir les constructions nouvelles d'une forme qui soit à la fois en harmonie avec l'architecture du Louvre et avec celle des Tuileries; voilà le problème qu'il s'agit de résoudre. L'archi-

Pose de la première pierre de l'achèvement du Louvre.

tecte chargé de cette vaste exécution est M. Visconti.

On ne se contente pas d'achever le Louvre, on vient de terminer la restauration de cet édifice.

La partie la plus ancienne de la galerie du Louvre qui longe la Seine, et le bâtiment en équerre qui la rattache au vieux Louvre, étaient restés, extérieurement, dans l'état où les avaient laissés Charles IX et Henri IV. On achève en ce moment de sculpter la façade de l'une, et on a complètement restauré le second, où se trouve la galerie d'Apollon, qui vient d'être rendue à la France avec toute sa magnificence. Au-dessous de la galerie d'Apollon est celle du musée des antiques, placée dans l'axe de la porte d'entrée du musée. Cette galerie fit partie des appartements d'Anne d'Autriche. Elle en fit décorer les plafonds de peintures par Romanelli, de l'école de Pietre de Cortone. Ces peintures faciles, d'un style plus agréable que correct, appellent elles-mêmes la restauration dans certaines parties. A l'extrémité de la galerie est une grande fenêtre à arcade, qui aboutit à un balcon dominant le quai, et à laquelle de néfastes souvenirs historiques ont donné une triste célébrité. On prétend que de cette fenêtre Charles IX tira sur les huguenots pendant les massacres de la Saint-Barthélemy. Pour consacrer la mémoire de ce forfait, le conseil général de la commune de Paris rendit, en l'an III, un arrêté portant « qu'un poteau de pierre serait placé à cet endroit, et qu'il y serait attaché une inscription infamante. » Pendant six ans, tout Paris put lire l'inscription suivante, que Bonaparte, premier consul, fit enlever plus tard : *C'est de cette fenêtre que l'infâme Charles IX, d'exécrable mémoire, a tiré sur le peuple avec une carabine.* Il y a dans cette tradition plus d'une chose contestable. D'abord, elle n'est appuyée que sur l'autorité suspecte de Brantôme. Il dit qu'après s'être laissé entraîner par la reine à ce massacre, « il y fut plus ardent que tous; et que, lorsque le jeu se jouait et qu'il fut jour, et qu'il voyait aucuns dans les faubourgs de Saint-Germain qui se remuoient et se sauvoient, il prit un grand harquebus de chasse qu'il avoit, et en tira tout plain de coups à eux, mais en vain, car l'harquebus ne tiroit si loing. » Quoi qu'il en soit de cette inutile fusillade à travers la Seine, et quand bien même Charles IX n'en serait pas coupable, sa mémoire ne serait pas moins odieuse. Loin de désavouer les massacres de la Saint-Barthélemy, il s'est vanté en plein parlement qu'il était par son ordre qu'ils avaient eu lieu. D'un caractère faible, dissimulé et cruel, il ordonne de massacrer un parti sur lequel s'appuyait la veille sa politique de bascule, ou plutôt celle de l'Italienne Catherine de Médicis, sa mère; il laisse lâchement égorger des amis avec qui il avait passé la soirée à jouer, ne sauvant que le médecin Ambroise Paré, parce qu'il ne pouvait se passer de ses soins pour une maladie difficile à guérir, et dont il devait se préoccuper d'autant plus, que son grand-père François Ier en était mort. Toutefois, il faut reconnaître que dans l'inscription rédigée en l'an III par la commune de Paris, l'histoire est faussée par ce mirage particulier à l'époque, pour laquelle César était un tyran et son assassin Brutus un libérateur affranchissant sa patrie, tandis qu'en réalité Brutus était l'homme de l'aristocratie et des priviléges, et que la démocratie était du côté de César. Ainsi, dans Charles IX tirant des coups d'arquebuse sur les huguenots, l'inscription semble ne voir qu'un roi tirant sur le peuple. Or, il ne faisait que ce que le peuple faisait lui-même; il était avec la majorité du peuple, et il en était applaudi quand il allait au gibet de Montfaucon, avec sa mère, ses sœurs et la cour, voir le cadavre de l'amiral de Coligny, pendu par les pieds. La vérité suffit à rendre le nom de Charles IX un nom exécré parmi ceux des rois de France; il n'est pas besoin pour cela de lui mettre un masque.

Si rien ne saurait protéger le souvenir de ce jeune homme de vingt-deux ans, un des bons poëtes de son temps, et doué de quelques qualités qui furent étouffées par sa mère, de la juste exécration de la postérité; s'il est vrai même que Charles IX tira sur les huguenots, ses sujets, d'une fenêtre de son palais, du moins la fenêtre du Louvre qu'on accuse d'avoir été le théâtre de cet attentat en est complétement innocente, et il y a à cela une excellente raison: c'est qu'alors elle n'existait pas. Au milieu de la confusion et de l'incertitude entre les époques où ont été construites les différentes parties du palais voisines du pavillon dont nous nous occupons ici, il y a lieu de reconnaître que la galerie s'étendant du vieux Louvre au bord de la Seine au-dessus du jardin de l'Infante, et construite par Catherine de Médicis et Charles IX, ne s'avançait pas jusqu'au point où elle se termine aujourd'hui sur le quai; aussi cette première portion de la façade sur le jardin est-elle d'un autre style que celle qui lui a été ajoutée, et qui comprend les trois dernières fenêtres de la galerie des antiques du côté du quai. Cette extrémité fut ajoutée par Henri IV, comme l'attestent les H conservés par la récente restauration de la façade dans la frise entre le rez-de-chaussée et le premier étage; on prétend même que le chiffre d'Henri IV y était réuni à celui de Gabrielle d'Estrées, mais ces chiffres enlacés n'existent aujourd'hui que sur la façade de la galerie, qui, à partir du pavillon, s'avance dans le sens de la Seine vers les Tuileries; et ce n'a pas été une des moindres singularités de notre temps que de voir ces entrelacs amoureux, monuments honteux de la faiblesse de nos rois, non-seulement scrupuleusement restaurés, mais encore sculptés à nouveau par la république de 1848.

Le balcon du haut duquel Charles IX avait tiré sur les huguenots de l'autre côté de la Seine aurait donc été en arrière, par rapport au balcon actuel, de toute la longueur de trois travées ajoutées par Henri IV; et celui dont nous reproduisons ici la nouvelle restauration est innocent de ces affreux souvenirs de guerre civile et de religion; aussi l'architecte qui a présidé dernièrement à sa décoration y a-t-il introduit un nouveau chiffre entrelacé AL, et qui, cette fois, peut s'avouer hautement, car sans doute c'est celui d'Anne d'Autriche, qui fit décorer les appartements de cette portion du Louvre avec tant de magnificence, et de son fils Louis XIV. Ces chiffres se répètent sur la grille, sur le pavé de marbre et sur les lambris. Ce n'est pas une épigraphie très-intelligible à première vue que ces différents

Restauration des fenêtre et balcon dits de Charles IX, au Louvre.

chiffres AL, H, HG et même HD, rappelant la faiblesse d'un autre roi, de Henri II, pour Diane de Poitiers, insultes inouïes faites par deux rois à leurs femmes, Catherine et Marie de Médicis, qui leur ont survécu, et n'ont pas après eux fait effacer ces traces offensantes. La république, moins intéressée dans la question, a été aussi tolérante qu'elles; de plus elle a mis au haut d'un fronton, bien loin, à l'écart, son propre chiffre R. F., et elle a bien fait; car, le temps aidant et les hommes aussi, on finirait peut-être par attribuer à d'autres le mérite de cette restauration qui lui appartient; de même qu'on a attribué au balcon de la galerie des antiques la mémoire d'un crime qui ne lui appartient pas.

La fenêtre de la galerie des antiques présente une baie profonde ouverte à l'air et fermée en avant du côté du balcon par une simple grille. L'intérieur de cette baie a été décoré de marbres, de peintures et de dorures. Au fond et au-dessus de la croisée, porté par des génies, est le double écu de France et de Navarre; le premier, d'azur à trois fleurs de lis; le second, de gueules à la chaîne d'or. Toute cette décoration, quoique maintenue dans des tons sobres et tranquilles, outre qu'elle est disparate avec la façade extérieure, avec les pierres fatiguées par le temps de l'arcade qui l'encadre, avec les renommées roides et frustes, sculptées par Barthélemy Prieur dans les tympans, a quelque chose de singulier au milieu de cette longue façade, où elle est un accident isolé.

Une décoration moins motivée encore est le soleil d'or mis à l'angle aigu du faîtage du pavillon. A-t-on voulu par cette richesse extérieure et par cet emblème orgueilleux de Louis XIV marquer l'emplacement de la magnifique galerie d'Apollon, créée par lui? Toujours est-il que ce soleil isolé est d'un aspect bizarre; il faudrait, pour le justifier, que toute la crête en plomb du toit fût dorée, comme elle le fut dans le voisinage à une certaine époque. Nous ignorons si on a l'intention de le faire plus tard, et nous sommes loin de le désirer, pour notre part. Ce que nous croyons bien plus important, c'est, un jour, de donner un aspect monumental à la longue ligne des toits de la grande galerie du bord de l'eau, toits déjà laids par eux-mêmes, mais tout à fait gâtés par les ouvertures rectangulaires très allongées qu'on y a faites dernièrement pour éclairer les galeries.

Depuis le jour où un décret de la Convention nationale a transformé le palais des rois en celui des beaux-arts, la destination du Louvre semble fixée désormais, et nous ne pensons pas qu'aucun parti politique ait jamais la pensée de détrôner Lesueur ou Raphaël pour les remplacer par n'importe quelle dynastie.

Le décret de la Convention portait que le musée national serait formé de tous les objets d'arts provenant du cabinet du roi et de ceux qui se trouvaient dans les autres bâtiments appartenant au domaine de l'État. Le musée devait être ouvert au public tous les jours fériés, et aux artistes, pour l'étude des maîtres, tous les jours, à l'exception d'un jour par décade (maintenant un jour par semaine, le lundi), consacré au nettoyage des salles et au repos des gardiens. Le règlement d'administration intérieure, en vigueur encore aujourd'hui, ressemble presque de tous points à celui qui fut rédigé à cette époque.

Depuis ce temps la France possède le plus beau musée du monde, et tous les gouvernements qui se sont succédé après la Convention se sont fait gloire

Entrée des Musées au Louvre.

de contribuer à son embellissement et à son agrandissement. Malheureusement nous sommes forcés de convenir que si les intentions étaient excellentes, les effets n'y ont pas toujours répondu. Napoléon, qui voulait laisser partout de fortes et ineffaçables empreintes, dépensa de grosses sommes et fit faire des travaux considérables dans l'intérieur du musée. Ses contemporains l'en remercièrent par des éloges d'un enthousiasme exagéré qui dure encore, tant il est difficile de déraciner une opinion devenue banale à force d'avoir été exprimée.

Sous son règne, de national qu'il était, le musée devint impérial, bien entendu; il subit en cela le sort commun des plus beaux monuments publics; bien plus, dans les discours et dans les rapports officiels on le voit le plus souvent baptisé du nom de musée Napoléon; en sorte que dans un temps et dans un pays où l'on est volontiers oublieux, beaucoup de gens attribuent la fondation du musée à l'empereur. Il n'y a pas plus d'un an, un ministre de l'intérieur sacrifiait à cette erreur historique dans une harangue qu'on peut lire au *Moniteur*.

En même temps que Napoléon faisait exécuter par ses architectes, MM. Percier et Fontaine, des travaux d'appropriation et de décoration, dans ce goût pseudo-romain si ennuyeux, si mesquin et si roide, dont nous apercevons aujourd'hui des traces malheureusement trop nombreuses, il envoyait à Paris des fourgons de tableaux et de statues dont il dépouillait les musées, les églises et les palais, dans les capitales de l'Europe. Presque toute l'Italie de la renaissance, les galeries d'Allemagne, d'Espagne et de Hollande, se virent enlever les chefs-d'œuvre qui faisaient leur orgueil et leur gloire. En vain Rome, Florence et Venise se prosternèrent-elles aux pieds de l'empereur pour le supplier d'épargner leurs Raphaël, leurs Michel-Ange, leurs Andrea del Sarto, leurs Titien, leurs Tintoret, et leurs Paul Véronèse; en vain la Hollande, en vain l'Espagne implorèrent-elles sa clémence en faveur de Rembrandt, de Rubens, de Van Dyck, de Vélasquez ou de Murillo: César, leur vainqueur, leur protecteur et leur allié, fut inflexible. Il aurait volontiers transporté au Louvre les fresques du Vatican, les plafonds du palais des doges, le dôme de Saint-Pierre, la colonne Trajane, le Colysée et l'Alhambra, comme il fit pour les chevaux de Saint-Marc, pour les antiques qui peuplaient les monuments de Rome, si la chose eût été possible; mais il se vit, à son grand regret, forcé de s'en tenir aux statues et aux tableaux. Fort heureusement pour la Belgique et pour l'Allemagne, le gothique n'était pas en honneur sous Napoléon; elles durent à cette répugnance de conserver, la première les admirables boiseries de ses temples et de ses hôtels de ville, l'autre les chefs-d'œuvre de Pierre Fischer et des autres illustres tailleurs de pierre de Nuremberg et de Cologne. Donc, les nations vaincues, protégées et alliées gémirent, mais tout bas, sur les pertes irréparables (elles les croyaient irréparables alors) qu'elles étaient forcées de subir; mais la France entière trépignait d'enthousiasme, au moment même où les professeurs de rhétorique enseignaient à leurs élèves, à l'aide d'amplifications fleuries, à s'indigner contre les généraux romains qui enrichissaient leur patrie des dépouilles de Corinthe et de l'Attique.

Nous ne voulons pas, Dieu merci, faire de la politique; mais qu'il nous soit permis de dire cependant, au nom des règles éternelles de la morale, au nom des intérêts les plus sacrés de l'art et de la civilisation, que l'empereur s'est trompé d'époque en agissant ainsi, et que ceux qui l'ont applaudi se sont trompés comme lui. Soyez plus sobre d'invectives envers lord Elgine, le voleur de Phidias, si vous croyez que le droit de la guerre autorisait l'empereur à s'emparer, partout où il pourrait les saisir, de Raphaël ou de Véronèse; ce n'est pas tout d'être patriote, il faut encore avoir du sens commun et de la logique.

On sait ce qu'il est advenu de ces faciles conquêtes : nos *alliés* nous les ont reprises, comme ils nous avaient repris toutes celles de l'Empire et bien d'autres encore; de telle façon que notre musée, après la chute de l'Empire, s'est trouvé amoindri comme notre territoire. Ceux-là même qui avaient trouvé trop juste que Napoléon fît transporter à Paris les chefs-d'œuvre de la peinture et de la sculpture de tous les temps et de tous les pays, se répandirent en apostrophes véhémentes et indignées contre « les barbares du Nord, » assez féroces pour user de représailles.

Malheureusement, avons-nous dit, si le Louvre n'a conservé ni l'Apollon du Belvédère, ni la *Transfiguration* de Raphaël, ni le Laocoon, il lui reste les embellissements impériaux dans toute leur intégrité, et notamment le grand escalier qui sert d'entrée principale au musée de peinture et dont nous donnons le dessin. Cet escalier a été fort loué dans son temps; tous les *Guides* et les *Itinéraires* le représentent encore aujourd'hui comme une des merveilles de l'architecture. Nous convenons que MM. Percier et Fontaine ont tiré le meilleur parti possible du système et du style dont ils étaient à cette époque les plus glorieux représentants, et nous comprenons qu'il excite encore une certaine admiration chez les gens faciles à contenter, par une grandeur d'aspect qui résulte uniquement de la grandeur de l'échelle et de l'harmonie des proportions. On l'a comparé jadis aux magnifiques escaliers de Versailles. Il s'en faut de tout à un peu près, qu'une pareille assimilation soit possible. L'escalier du Louvre ressemble à celui de Mansard, absolument comme une tragédie d'Arnault ou de Luce de Lancival ressemble à une tragédie de Corneille ou de Racine.

Tout le monde sait que M. Abel de Pujol est l'auteur du plafond qui surmonte l'escalier du Louvre, et qu'il a peint les grisailles et les imitations de bas-reliefs en bronze qui complètent cette décoration. Ce plafond est, sans contredit, le meilleur morceau qui ait été produit par ce maître, dessinateur commun, quoique sans naïveté, coloriste nul, mais qui seul de son temps avait l'intelligence des grandes machines décoratives, et qui fût capable d'exécuter et de comprendre un vrai *plafond-plafonnant* avec des figures en raccourci. Quant aux grisailles et aux imitations de bas-reliefs en bronze, chacun se rappelle que M. Abel de Pujol, après avoir peint les décorations de la Bourse, fut proclamé par tous les agents de change, banquiers et autres habitués du lieu, le Raphaël du dix-neuvième siècle. Les imitations des bas-reliefs de l'escalier du Louvre valent celles de la Bourse, et pour le goût, et pour la composition, et pour le dessin, et pour le style. Si les courtiers-marrons jugent que les unes sont le *nec plus ultra* de la peinture, disons, pour employer le patois à la mode,

Grand escalier du Musée.

que les autres excitent parmi MM. les militaires de tous les grades et les rentiers du Marais des *paroxysmes* d'admiration.

Il reste pourtant, — il serait injuste de ne pas le noter, — parmi les travaux de décoration exécutés pendant l'époque impériale, un plafond qui se recommande, autant par le nom de l'auteur que par sa supériorité, sur toutes les œuvres de décoration de ce temps; nous voulons parler du plafond de Prud'hon, exécuté en 1812, et qui décore une salle du musée des antiques; il représente *la fille de Latone implorant Jupiter*. Nous devons d'autant plus en tenir compte à l'administration des beaux-arts de ce temps-

là, que ce peintre illustre n'était pas en faveur; il avait un talent et un caractère indépendants, et sa peinture ne ressemblait guère à celle de ses contemporains. Comme il fallait que tout se ressemblât alors, on pourrait dire que sa manière n'était pas uniforme. Le plafond de Prud'hon n'est certes pas un de ses meilleurs tableaux, mais il offre des parties charmantes, et l'ensemble l'emporte de toute la grâce et de toute la poésie de l'auteur de *Vénus et Adonis* sur les travaux du même genre de ses émules et de ses rivaux.

Louis XVIII ne paraît pas s'être préoccupé beaucoup du Musée. Il préférait, ce nous semble, le latin d'Horace à tous les tableaux et à toutes les statues du monde. Il est regrettable que son successeur n'ait pas eu des goûts aussi exclusivement littéraires. Charles X fit exécuter de grands travaux au Louvre; c'est à lui qu'on doit la création du Musée qui porta longtemps son nom, et qui renferme le musée dit *Musée égyptien*, bien qu'on puisse l'appeler tout aussi bien le Musée étrusque ou le Musée romain.

Les salles de ce musée contiennent, en effet, non-seulement une importante collection de vases égyptiens, de momies et d'autres curiosités enlevées à la terre des Pharaons, mais aussi une très-belle suite de vases étrusques et grecs en terre, de vases, de candélabres, de médailles, de statuettes et d'autres productions de l'industrie et de l'art romain. Nous ne devons pas oublier que ce monarque fonda ce musée avec l'argent de sa liste civile, et que jamais dans son exil il ne songea à redemander au pays les collections remarquables dont il l'avait doté, ni de lui rendre l'argent qu'il avait dépensé dans ce but. Nous prions aussi nos lecteurs de croire qu'en mentionnant ce fait nous ne faisons point une réclame politique au bénéfice d'un parti, mais que nous accomplissons seulement un acte de justice. Cet éloge, adressé à la généreuse initiative du successeur de Louis XVIII, n'implique point non plus de contradiction, comme on pourrait le penser, avec les regrets que nous exprimions il n'y a qu'un instant. En effet, les collections ne pouvaient pas être exposées dans des armoires en sapin ou de bois blanc posées contre des murs recrépis ou badigeonnés: il fallait de la décoration pour le nouveau musée. On le décora donc. Le style de l'architecture en usage sous l'Empire s'était modifié depuis 1815; nous ne pouvons pas dire qu'il s'était embelli, mais alourdi et affadi seulement.

Les architectes des palais de l'État partagent d'ordinaire avec les magistrats le privilége de l'inamovibilité, aussi MM. Périer et Fontaine étaient-ils restés les architectes du Louvre et des Tuileries, et c'est à eux que nous devons les travaux nécessités par la fondation du musée égyptien.

D'abord et surtout des armoires en acajou ornées de baguettes en cuivre. Nous avons eu occasion de parler de l'emploi de l'acajou, de cette matière vulgaire, fausse de ton dans les monuments publics; si nous ne nous trompons, c'est aux architectes de Charles X que revient l'honneur de s'en être servi pour la première fois. Leur exemple ne fut guère suivi depuis, excepté par M. de Gisors, architecte du palais du Luxembourg sous Louis-Philippe, qui, chargé de la décoration de la chambre des Pairs, y fit ériger une tribune en acajou. Une tribune en acajou! Qu'ont dû penser les Démosthènes et les Cicérons de tous les époques, depuis les grands orateurs de la place publique d'Athènes et du forum romain, jusqu'à ceux de la révolution française à la vue de cette balourdise décorative qui s'en va, pour construire un piédestal à l'éloquence de MM. de Montalembert et de Boissy, copier le comptoir d'un marchand de vins cossu et élégant?

Mais les armoires ne sont que le moindre inconvénient des décorations du musée Charles X; elles se relient d'ailleurs, de la façon la plus harmonieuse possible, au système général. Ce qui indigne le plus l'artiste et l'amateur, c'est de voir, dans le palais où l'on a logé Rubens et Paul Véronèse, la série de plafonds exécutés dans le musée Charles X, par l'élite des peintres officiels de la Restauration, ces élèves dégénérés de David et de Pierre Guérin. La vue de ces plafonds suffit pour démontrer à quel point l'art officiel est frappé de stérilité. Au temps où MM. Picot, Blondel, A. de Pujol, Mauzaisse, etc., couvraient d'un badigeon mythologique et inharmonieux les plafonds du Louvre, l'illustre Géricault ne pouvait pas vendre 8,000 fr., à l'administration des beaux-arts, le chef-d'œuvre de la grande peinture du dix-neuvième siècle.

Parmi ces plafonds, il en est un pourtant, — tout le monde l'a déjà nommé, — qu'on ne saurait, sous aucun prétexte, mettre sur le même ligne que les autres; nous voulons parler de l'*Apothéose d'Homère*, de M. Ingres. Ce tableau, le plus célèbre de tous ceux de l'artiste, mais qu'il ne faudrait pas, comme l'ont fait des enthousiastes trop exclusifs et trop passionnés, comparer aux immortelles créations de Raphaël et des grands maîtres de la renaissance, produisit, la première fois qu'il fut découvert, une profonde sensation, et fit peut-être plus de tort aux peintres de l'Institut que toutes les tentatives de l'école dite romantique. C'était la première fois qu'on voyait des Grecs de cette physionomie et de cette allure, la première fois qu'une peinture de *dessinateur* n'offusquait pas l'œil par un désaccord des tons criards, communs, et lourds. L'*Apothéose d'Homère* rendit encore plus grotesque les chars et les déesses de la mythologie de ce temps-là. Non-seulement les artistes, non-seulement les érudits de la peinture, mais tous ceux qui se piquaient d'intelligence et de goût entreprirent une croisade contre ces Junon, ces Minerve, ces Jupiter et ces Hercules apocryphes, couronnant d'un laurier de cuisine un Louis XVIII à cheval, sur des rouleaux de nuage d'azur, contre des divinités de la mystérieuse Égypte, qui rappelaient les sphynx gigantesques, les Isis et les monuments des Pharaons, absolument comme les Turcs de carnaval, comme les chevaliers et les ménestrels de l'Opéra-Comique reproduisent les costumes du moyen âge et les splendeurs féeriques de l'Orient.

Notre but, en nous arrêtant plus longtemps qu'il ne conviendrait peut-être à des travaux d'art qu'il faudrait oublier le plus possible, n'est pas le moins du monde d'incriminer les intentions du gouvernement de la Restauration. Ce gouvernement confia les travaux du musée Charles X aux artistes qui jouissaient alors de la renommée la moins officiellement contestable. Nous voudrions seulement que le passé servît d'enseignement et de leçon pour l'avenir; le budget et l'art y gagneraient. Toutes les gloires académiques qui se consacrent entre elles, et que les gouvernements sont forcés d'honorer et de faire vivre, seront toujours un obstacle invincible pour les progrès de l'art et la bonne direction des travaux publics. Il n'y avait pas d'académie du temps des Médicis et de Léon X, pas plus qu'au temps de Périclès, d'Alexandre ou d'Auguste. L'art, comme tous les développements de la pensée humaine, a besoin de liberté, non de hiérarchie; et les gouvernements se trompent fort en s'imaginant qu'ils sont appelés à soutenir des institutions à l'aide desquelles ils croient diriger et dominer des systèmes, des genres, — tout ce qu'il y a de moins définissable au monde, — de littérature ou d'art auxquels ils sont, par eux-mêmes parfaitement indifférents.

N'oublions pas, avant d'en finir avec l'administration des beaux-arts sous Charles X, de mentionner que c'est à ce gouvernement que nous devons la *Vénus de Milo*, cette merveille de la statuaire antique, à laquelle, excepté les marbres de Phidias, dont lord Elgine a dépouillé la frise du Parthénon, aucun musée d'Europe ne peut rien comparer.

Louis-Philippe acheva le musée Charles X, qui prit, comme on doit s'y attendre, sous le régime de Juillet, les autres noms que nous rappelions plus haut. Seulement, comme les collections de céramiques et de curiosités ne suffisaient pas pour remplir les salles de ce musée, on entassa dans un magnifique désordre des tableaux de l'école française du dix-huitième siècle et du temps de l'Empire. Ce fut sous ce dernier règne que MM. Schutz, H. Vernet, L. Cognet, Steuben, Fragonard, Eug. Devéria, Drolling, etc., exécutèrent les plafonds qui sont signés des noms de ces artistes; et nous devons remarquer qu'à partir de ce moment, la peinture officielle entre dans une autre voie, quant aux sujets des compositions du moins. Aux scènes tirées du *Dictionnaire* de Chompré et des *Lettres à Émilie*, succède la représentation des faits historiques. Celui de tous ces plafonds qui est le plus remarquablement traité de tous, sans contredit, est dû au pinceau de M. L. Cognet : il représente *Bonaparte en Égypte*.

Mais l'opinion artistique avait marché. Les répugnances que les peintres de l'Empire avaient toujours manifestées pour certaines écoles étrangères n'étaient plus aussi puissantes; le romantisme avait mis fort en vogue les peintres de Séville et de Madrid : on parlait beaucoup de Murillo, de Velasquez, de Ribeira; mais on ne connaissait guère du second qu'un charmant portrait que nous possédons encore. Les deux autres étaient mieux représentés dans notre galerie : Ribeira par une admirable *Adoration des bergers*, qui fait aujourd'hui un des principaux ornements du Salon carré; et Murillo par les deux remarquables tableaux que nous reproduirons ici.

D'un autre côté, la célèbre galerie que le maréchal Soult avait conquise en Espagne était plus que jamais en réputation. On parlait du prix excessif auquel le vieux guerrier avait mis la vente de six de ses plus beaux tableaux, que le roi voulait acheter. Louis-Philippe les trouva trop chers, et préféra envoyer en Espagne M. le baron Taylor, avec la mission d'acquérir pour la liste civile un musée espagnol tout entier. M. Taylor revint avec près de 400 tableaux, et le musée espagnol fut créé. L'effet ne répondit point à l'attente générale. On en conclut tout de suite que l'école espagnole était au-dessus de sa réputation. C'était mal juger. M. Taylor avait acheté trop de tableaux, voilà tout. La nouvelle galerie contenait au moins une dizaine de toiles qui étaient des chefs-d'œuvre, et plus particulièrement des tableaux de Ribeira, de Zurbaran, d'Alonzo Cano et de Murillo, de premier choix. Si l'envoyé de Louis-Philippe se fût contenté d'un moins grand nombre de tableaux, il eût pu sans contredit former une admirable galerie; mais les Vélasquez, à part un merveilleux portrait, manquaient surtout; et c'est principalement en matière d'art qu'il convient de dire que la quantité ne supplée pas la qualité, au contraire.

A peine le musée espagnol était-il formé, qu'un riche amateur anglais, M. Standish, vint à mourir, en léguant à Louis-Philippe toute sa galerie de tableaux et sa bibliothèque. La galerie de tableaux de M. Standish jouissait, du vivant de son propriétaire, d'une réputation qu'elle était loin de mériter, et nous ne serons pas démentis en affirmant, qu'à part un superbe Lancret et quatre dessus de porte de Vanloo, toute cette collection était indigne des honneurs du Louvre.

Aujourd'hui nous ne possédons plus la galerie Standish, et nous pouvons dire que nous en sommes débarrassés. Malheureusement, nous n'avons pas davantage de musée espagnol; on sait pourquoi et comment les héritiers de Louis-Philippe ont fait redemander à l'État les tableaux que leur père avait fait placer au Louvre.

Survint la révolution de Février : beaucoup de gens en concurent un peu trop vite que notre musée était perdu, et les arts avec lui. Il est vrai que cet établissement subit en 1848 aussi sa révolution, révolution heureuse en fût, qui eût en un éternel bonheur pour Danton qui la conduisait avec autant d'audace que d'habileté et de science. La reconnaissance de tous les artistes et de tous les amis des arts a déjà prononcé le nom de cet insurgé pacifique, de M. Jeanron, à qui le gouvernement provisoire confia la direction des musées. Depuis cette époque, notre musée a encore une fois changé d'épithète : il est redevenu le musée national, comme au jour de sa fondation.

M. Jeanron, à peine installé, débarrassa d'abord le musée de l'ignoble galerie de bois qui avait été construite parallèlement à la grande galerie à laquelle elle était adossée, et qui déshonorait le monument en même temps qu'elle compromettait l'existence des chefs-d'œuvre renfermés au Louvre dans un cas possible d'incendie. Depuis longtemps, les artistes et tous ceux qui s'intéressent à la conservation de nos richesses artistiques avaient supplié les administrations précédentes d'écarter cette terrible menace. On n'avait tenu nul compte de ces réclamations, les administrations aimant mieux attacher leur nom aux travaux d'embellissement que nous venons de décrire qu'à une œuvre utile et urgente. D'ailleurs, il était nécessaire de conserver la galerie de bois pour les expositions annuelles des ouvrages des artistes vivants, qui, jusqu'alors, se faisaient au musée. M. Jeanron, pour couper court aux observations de ces gens qui veulent tout conserver, le bon comme le mauvais, le laid comme le beau, le dangereux comme l'utile, obtint du nouveau gouvernement un décret qui déclarait qu'à l'avenir les expositions n'auraient plus lieu au Louvre. Il fit ainsi d'un seul coup une chose doublement utile : ces expositions annuelles, en même temps qu'elles privaient le public et les artistes de la vue des tableaux des maîtres pendant trois mois chaque année, puisque, pendant tout ce temps, ces tableaux étaient cachés par une charpente recouverte d'une serge verte sur laquelle on étalait les productions des pinceaux contemporains, étaient une cause de détériorations irréparables pour les chefs-d'œuvre de toutes les écoles. Les accidents qui résultaient de ces constructions improvisées, la privation de lumière et manquant d'air *pousse au noir*), occasionnaient de véritables désastres dont l'accumulation aurait fini par compromettre l'existence de notre Musée. De telles réformes valent mieux que des embellissements; mais M. Jeanron ne s'en tint pas là.

Jusqu'à ce jour, les tableaux, les statues de tous les temps et de toutes les écoles étaient restés exposés sans ordre, suivant la dimension des cadres. Personne jusqu'alors n'avait songé à entreprendre une classification dont on ne pourrait pas se passer aujourd'hui, bien que, malheureusement, elle soit en ce moment fort incomplète. Beaucoup d'esprits désiraient une classification, mais personne n'osait la demander, tant elle semblait difficile à opérer; et voilà qu'au bout d'une semaine, avec l'aide des seuls employés et garçons de son administration, sans demander un sou au budget, M. Jeanron, qui avait fermé les portes du Louvre, les rouvre au public qui ne pouvait en croire son admiration. La classification était faite, et si bien faite, quoiqu'elle eût été exécutée avec une hâte inconcevable, M. Jeanron ne la regardant que comme provisoire, que nous en sommes à la regretter sur plus d'un point depuis qu'elle a été remaniée par la direction actuelle du Louvre, qui a succédé à celle nommée par le gouvernement provisoire.

M. Jeanron exécuta d'autres réformes utiles et importantes. Les combles du Louvre renferment un grand nombre de magnifiques ateliers que la munificence du gouvernement prête aux artistes chargés d'exécuter des travaux officiels, ou qu'elle leur abandonne à titre de récompense due à leurs talents ou à leurs services. Cet usage, fort louable en soi, avait dégénéré en abus. La plupart de ces ateliers étaient occupés par des artistes plus ou moins inconnus, qui en jouissaient en vertu de droits fort contestables, et qui, de plus, possédaient au Louvre des appartements complets, qu'on les força de vider immédiatement. Bien plus, un grand nombre de richesses étaient enfouies dans les greniers du Louvre; le nouveau directeur les en fit descendre, et nous lui devons, entre autres, cinq ou six tableaux de Véronèse, qui auraient été perdus sans lui, et parmi ces tableaux il y en a deux de très-grande dimension. Un autre abus, le plus terrible de tous, la restauration intempestive des tableaux des maîtres, trouva en lui un adversaire intraitable. Avant son administration, on peut dire que les chefs-d'œuvre des maîtres les plus illustres étaient exposés à toute heure à des avaries cent fois plus redoutables que les injures du temps, de la part des restaurateurs attachés au Louvre, et dont les travaux de tous les jours consistaient à expérimenter des essences, vernis et autres agents chimiques de leur invention, destinés à redonner la vie et la jeunesse aux toiles les plus admirables de toutes les écoles. Si nous ne craignions de raviver les douleurs causées aux amateurs de l'art par des exemples assez ré-

La galerie d'Apollon.

cents, il nous serait facile d'en citer de lamentables, et en grand nombre.

Ce fut sous l'administration de M. Jeanron que furent commencés les travaux de restauration de la galerie d'Apollon, du Salon carré et de la salle des Sept-Cheminées, confiés à messieurs Fontaine et Duban. Ces travaux n'ont été terminés que depuis l'entrée en fonctions de M. de Nieuwerkerke, en sorte qu'on ne saurait rendre le prédécesseur de celui-ci responsable de la façon dont ils ont été exécutés.

Parlons d'abord de la galerie d'Apollon, qui sert maintenant de salle d'entrée principale au musée de peinture. Pendant longtemps cette galerie est restée encombrée de poutres et d'échafaudages à travers lesquels on avait tracé un couloir tapissé d'étoffe verte, qui servait à placer les œuvres de gravures ou de lithographie à l'époque où les expositions se tenaient au Louvre. On avait établi cet échafaudage dans les commencements du règne de Charles X, qui, lui aussi, avait eu l'intention de faire restaurer et compléter cette salle magnifique. Napoléon avait déjà manifesté une intention pareille, et nous devons remercier le ciel qu'il n'ait pu donner suite à ses projets, pas plus que Charles X aux siens. Dieu sait ce que serait devenue l'œuvre de Lebrun entre les mains de MM. Périer et Fontaine! Louis-Philippe, à son tour, entreprit la même tâche, qu'il abandonna pour les travaux de Versailles. La restauration du palais de Fontainebleau, exécutée sous son règne, nous apprend que cette fois encore la galerie d'Apollon l'a échappé belle.

Nous avons dit que c'était à Lebrun qu'il fallait attribuer l'honneur tout entier de cette magnifique décoration. En effet, non-seulement il avait fait les dessins de toutes les compositions peintes et sculptées qui devaient orner les plafonds, les voussures et les panneaux, mais encore il avait tracé les courbures de ces panneaux et de la voûte. Toutefois il dut laisser son œuvre inachevée, et il mourut avant d'avoir pu la terminer, en 1690. Pendant le siècle qui s'écoula ensuite, la galerie d'Apollon servit à des usages fort divers et auxquels elle n'avait été nullement destinée.

D'abord à loger les académies. Elle fut ensuite distribuée en appartements où Vanloo trouva un atelier pour lui et des loges pour ses élèves. Depuis, on y plaça différentes expositions de peinture et d'objets d'art, jusqu'en 1826, où l'on construisit les échafaudages dont nous avons parlé plus haut.

Disons tout de suite que M. Duban s'est tiré avec une grande habileté et une véritable intelligence d'artiste de cette restauration, qui fut décidée à la suite d'un rapport fait à l'Assemblée nationale en décembre 1848, sauf quelques arabesques d'une exécution un peu maigre et trop à la mode. Il n'en est point de même des peintures; mais ceci n'est point la faute de l'architecte, et doit être attribué aux artistes contemporains choisis pour les exécuter, MM. Muller et Guichard; dont les travaux, fort médiocres en eux-mêmes, n'ont pas même le mérite d'un pastiche réussi; ce qui accuse de leur part une complète inintelligence du maître dont ils étaient appelés à continuer l'œuvre. Bien qu'aucune des peintures de la galerie, à l'exception de la composition qui décore le cul-de-four placé à l'extrémité méridionale de la salle, et représentant le triomphe d'Amphitrite, n'ait été exécuté par Lebrun, ni même de son vivant, puisque le plus grand nombre d'entre elles furent peintes plus de cent ans après lui par des artistes de la fin du dernier siècle, comme la tradition pittoresque du grand siècle s'était amoindrie, non perdue, elles ne firent point de trop grandes taches, ni comme manière, ni comme style, au milieu de l'ensemble. Les quatre compartiments placés à droite et à gauche de la voûte, et représentant les quatre saisons, sont: le Printemps, de Callet; l'Automne, de Taraval; l'Été, de Durameau, et l'Hiver, de Lagrenée jeune, le peintre des Grâces, comme on disait de son temps, Grâces molles et blafardes s'il en fût.

Quatre cartouches, distribués dans toute la longueur de la voûte, représentent la Nuit sur son char, le Soir, l'Étoile du matin, par Renou (1784), et l'Aurore, par M. Muller; composition exécutée avec autant de fadeur que celles de Lagrenée, mais avec un coloris plus faux, un dessin plus lourd. Le second cul-de-four, exécuté par M. Guichard, placé en face du premier, au-dessus de la porte en fer ouvré provenant du château de Maisons, et qui provoque chaque dimanche l'admiration des visiteurs du Musée, et l'admirable plafond de M. Eugène Delacroix, dont nous parlerons tout à l'heure, composent la décoration picturale de la galerie.

M. Guichard était chargé en même temps de retoucher le premier cul-de-four, celui point par Lebrun, et fort endommagé par le temps. L'on ne comprend guère pourquoi il a changé quelques détails secondaires de cette char-

Plafond exécuté par M. Delacroix dans la galerie d'Apollon.

mante composition, qui nous a été conservée dans un recueil gravé par un élève du maître, ainsi que toutes les peintures et sculptures de la galerie. Nous ne pouvons non plus, en conscience, retrouver dans l'imitation lourde, pénible et gauche d'une des gra-

vures de ce recueil, qui a servi de modèle à M. Guichard pour la composition qu'il avait mission de reproduire en entier, le dessin incorrect et rond, mais hardi et intelligent de l'illustre peintre de Louis XIV, non plus que sa manière fausse, mais nerveuse et pittoresque.

Les sculptures exécutées par Girardon et Regnaudin avec cette audace de pratique qui caractérise la statuaire française du dix-septième et du dix-huitième siècle, d'un arrangement singulièrement original et pittoresque, s'harmonisent admirablement avec le reste de cette décoration, une des merveilles, sans contredit, de l'architecture du palais de ce temps là, et à laquelle Versailles ne peut rien comparer.

M. Delacroix, à qui revenait la tâche difficile de peindre le plafond qui occupe le centre de la voûte, s'en est acquitté avec un bonheur qui surpassa l'attente de ses admirateurs les plus enthousiastes. Il s'agissait pour lui, tout en reprenant la tradition d'un système de peinture depuis longtemps abandonné, de n'abdiquer aucune des qualités qui ont fait de lui le plus grand peintre de ce temps; en un mot, de renouer une tradition interrompue, de continuer Lebrun, et de rester le coloriste consommé, le réaliste puissant des Massacre de Scio, du Camp des Croisés. Il est sorti vainqueur de ce duel étrange. Tout en adoptant un sujet mythologique conforme aux idées de Lebrun, il l'a traité avec cette profondeur poétique qui n'est pas le don le moins merveilleux de son talent. Apollon vainqueur du serpent Python, voilà, certes, un sujet qui eût plu à Lebrun; mais eût-il osé concevoir le programme génésiaque que M. Delacroix s'est chargé d'exécuter, et qui ne s'est point contenté de représenter le combat, la victoire du fils de Latone, mais la lutte des dieux et des monstres au moment où les eaux du déluge commencent à abandonner la terre. Aucune gravure sur bois n'est capable de donner seulement une idée du prodigieux coloris que M. Delacroix a mis au service de son idée, de cette science inouïe du clair-obscur qui répand sur toute la scène une inimitable harmonie. Quand on pense que M. Delacroix peignait déjà depuis dix ans, à l'époque où la plupart des plafonds modernes du Louvre, qui ne sont pas des plafonds, étaient confiés aux talents académiques de la Restauration et du règne de Louis-Philippe, on ne peut qu'admirer jusqu'à quel point les ordonnateurs de ces travaux ont sacrifié — à leur insu, sans contredit, — à la routine administrative.

Le Salon carré.

Si M. Duban n'a droit qu'à des éloges pour son habile restauration de la galerie d'Apollon, il s'en faut, nous le disons à regret, que les travaux qu'il a exécutés dans le salon Carré méritent les mêmes compliments. Il suffit de jeter un coup d'œil sur le dessin que nous donnons à nos lecteurs pour être convaincu qu'il a manqué complètement son but.

Le Salon carré, d'après la classification nouvelle imaginée par M. Jeanron, et que l'administration de M. de Nieuwerkerke a adoptée en principe, suivi dans tous les détails, est destiné à contenir les chefs-d'œuvre de chaque école. C'est en quelque sorte le sanctuaire, la salle du trône des grands maîtres de la peinture. On comprend tout de suite, d'après cette destination, qu'il fallait une grande sobriété d'ornements dans cette salle que les tableaux de Raphaël, de Véronèse et de leurs illustres rivaux de toutes les écoles ornaient suffisamment par eux-mêmes. Il nous suffira, pour montrer l'erreur où est tombé M. Duban, de reproduire la description fort exacte de la décoration que M. Du Pays en fit dans l'*Illustration*, lors de la réouverture du musée.

« L'attention est partout attirée par les dorures et les ornements de différentes couleurs du plafond. Entre la naissance de la voûte et l'endroit où se termine en haut la tenture des quatre murailles, règne une frise contenant des écussons avec les noms des peintres placés entre des pilastres.

« Cette frise, qui prolonge assez bas l'ornementation éclatante du plafond, diminue la hauteur, et restreint le champ réservé aux tableaux. Au-dessus d'elle et au milieu des quatre voussures est une figure en ronde-bosse et en plâtre. Ces quatre figures, représentant l'architecture, la peinture, la sculpture et la gravure, sont posées sur le bord d'une corniche sans saillie, en sorte qu'elles manquent tout à fait du support que semblerait nécessiter leur masse considérable. Au-dessus d'elles, tout le rampant de la voussure est divisé en compartiments à fond point de petites rosaces, dans le genre des émaux de Limoges, et servant d'encadrement à des bas-reliefs, dans des médaillons. Les quatre angles formés par la rencontre des voussures, sont occupés dans toute leur longueur par des termes colossaux soutenant au-dessus de leurs têtes un écusson aux lettres R. F, entouré d'instruments empruntés à l'agriculture ou à l'industrie, et surmonté d'une tête de cheval ou de bœuf. Ils semblent vouloir lancer toute cette masse sur les spectateurs ou sur les deux figures également en ronde-bosse placées à leurs pieds. Celles-ci représentent des génies qui tiennent des guirlandes et réunissent leurs mains, par un geste peu motivé, vers le haut de la gaine des termes. Cette gaine est encadrée à droite et à gauche par des espèces de colonnes, qu'on prendrait d'abord pour des troncs de palmier, mais qui sont le prolongement du tore en feuilles de laurier encadrant l'ouverture du haut. »

.... « La multiplicité des volutes des rinceaux dorés qui s'épanouissent dans les angles nous semblent y jeter de la confusion. Autour de la salle règne un solide soubassement en boiserie noire simulant l'ébène. Les chambranles des portes sont pareils. Leur forme basse et trapue est justifiée par la nécessité de réserver un plus grand espace au placement des tableaux. Une innovation d'un goût détestable est celle des pans coupés aux quatre angles de la salle. Ces panneaux, s'élevant au tiers de la hauteur totale, ressemblent à une feuille de paravent masquant un réduit. Leur encadrement en bois noir et leur tenture en étoffe de soie à fleurs cramoisie, qui contraste avec la sombre tenture générale, qui rompt sans motif et brusquement l'unité de l'ensemble. »

Le même critique blâme en outre, et nous condamnons avec lui, la couleur adoptée par l'architec-

Frise de la salle des Sept-Cheminées.

ture pour cette tenture générale formée d'un treillis à gros grains et peint de tons roussâtres et sales imitant le cuir de Cordoue, dont la localité bitumineuse se confond avec l'harmonie générale des tableaux qui sont appendus sur les parois de la muraille.

Nous ajouterons à ces observations que M. Duban, qui a fait de grands efforts de composition pour la décoration de ce plafond, n'en a point obtenu l'effet qu'il devait en attendre, indépendamment du tort que le voisinage de ce plafond cause aux tableaux. Ce mélange de motifs empruntés à tous les styles, où se remarquent cependant des détails ajustés avec une véritable rareté de goût et une grande fermeté de dessin, forme un ensemble hybride et déplaisant qui manque de caractère. Il faut convenir toutefois que les figures de M. Simart, exécutées d'une façon lourde et maigre en même temps, et ajustées avec un pédantisme gauche et maladroit, ne sont pas capables de faire oublier ce que l'ornementation générale a de défectueux.

Nous aimons mieux la façon dont M. Duban a entendu la décoration de la toile des sept cheminées, que M. Jeanron avait destinée à contenir les chefs-d'œuvre de l'école française, mais qui ne contient, en définitive que des tableaux du temps de l'Empire et de la Restauration. Le parti pris de l'ornementation est largement conçu, encore qu'il y ait à blâmer le ton de rouge brique dont on a enduit les murs. Il consiste, pour le plafond principalement, en quatorze figures de victoires, aux bras et aux ailes étendus, et tenant des palmes et des couronnes d'or. Elles sont légèrement coloriées. Entre les victoires, l'artiste a placé des médaillons de peintres en plâtre blanc sur un fond de couleur. Les angles de la voûte sont occupés par des espèces de pilastres supportant de grandes volutes surmontant elles-mêmes des trophées dorés d'instruments d'agriculture, d'art, de marine et de guerre. Les sculptures des figures ont été modelées par M. Duret d'une façon bien supérieure à celle des figures de M. Simart.

M. Duban a parfaitement réussi dans la décoration d'une autre petite salle située au haut du grand escalier, qui contenait jadis des tableaux des maîtres primitifs, et qui maintenant est consacrée à une collection d'orfèvrerie, de verrerie et de joaillerie de la renaissance et du moyen âge. Cette décoration consiste tout simplement dans une tenture en velours grenat, le long de laquelle sont adossés des armoires en bois noir, garnies de fermetures en fer, où ressortent avec éclat les riches joyaux et les métaux précieux.

Maintenant il est temps d'en venir à la nouvelle classification des peintures, exécutées par l'administration actuelle.

Il nous semble que nous regrettons la classification provisoire imaginée par M. Jeanron dans le salon carré ; non certes que les hôtes introduits dans ce sanctuaire ne soient de fort grands personnages, puisqu'ils s'appellent Titien, Véronèse, Raphaël, le Corrège, Poussin, Lesueur, Giorgion, Rassan, Michel-Ange, Caravage, Jouvenet, Valentin, Rembrandt, Van-Dyck, Ostade, Metzu, Van-Eyck, Andrea del Sarto, le Pérugin, Murillo, J. Romain, et encore deux ou trois autres qui ne déparent point cette noble compagnie ; mais nous ne pouvons nous empêcher de constater que l'école française n'est point suffisamment représentée, et qu'on a peut-être sacrifié à la hiérarchie des genres la véritable hiérarchie des talents. Rien de mieux que d'honorer Paul Véronèse et tous les il-

CHAPITRE XXIX. — LE LONG DE LA SEINE (Suite).

lustres et incomparables maîtres de Venise, de Florence et de Rome; mais à qui fera-t-on croire que Chardin ne peut pas se mesurer avec un flamand, comme Metzu ou Terburg? Différentes sont les qualités; mais qui affirmerait que celles de notre compatriote sont moindres? Pourquoi n'a-t-on pas gardé non plus l'admirable portrait de Bossuet par H. Rigaud, le plus beau de tous les portraits français, une œuvre sans contredit vingt fois supérieure à la *Conception* de Murillo, qui se prélasse au milieu du grand salon avec toute l'assurance que lui donne, non sa propre valeur, mais le prix énorme, fabuleux, inouï, de 615,000 francs qu'elle a coûté à l'administration? Non pas que la *Conception* soit un méchant tableau, il n'y a point de méchant tableau de Murillo, mais parce qu'il n'est point un des meilleurs de ce maître facile, et qu'il y en avait déjà un de lui dans le grand salon, au moins aussi beau que le dernier, quoiqu'il eût assurément coûté moins cher.

Nous ne saurions approuver non plus la pensée qui a présidé à l'arrangement des tableaux de la salle des Sept-Cheminées. Cette salle, qui devait servir de *tribune* aux peintures de l'école française, comme le Salon carré à celles de toutes les écoles, n'est garnie que des œuvres de l'Empire et de la Restauration. Sous les médaillons qui décorent la voûte, on n'a inscrit que des noms de ce temps-là, ceux de David, Girodet, Gros, Percier, Granet, Géricault, Gérard, Chandet, Prud'hon, etc. Véritablement, nous ne comprenons pas cette apothéose intempestive, qui semblerait vouloir proclamer que l'Empire a été la plus grande époque d'art de notre pays, tandis que le génie de David et de Gros, l'intelligence pratique de Girodet, peuvent seuls sauver de l'oubli la peinture de ce temps-là. Nous ne comprendrons jamais qu'on mette la triste peinture de Gérard, celles de Guérin, voire même le *Déluge* vert-bouteille de Girodet, à des places d'honneur, tandis que Chardin est exposé dans des salles mal éclairées, avec Greuze et Jouvenet. Personne n'admettra non plus qu'il ait fallu décorer une salle pour placer M. Mauzaisse, quand Carle Vanloo est si mal représenté au Louvre, et que nous ne possédons qu'une seule toile de Watteau !

La classification des tableaux dans la grande galerie ne mérite guère que des éloges, sauf certaines attributions de toiles médiocres à des artistes éminents que nous avons tout lieu de croire fort innocents des œuvres dont M. Villot, le conservateur actuel du musée de peinture, a cru devoir les enrichir dans son catalogue. Du reste, il a peu à craindre ; les morts ne parlent pas, et ne peuvent réclamer.

La Conception de la Vierge, tableau par Estéban Murillo.

C'est un curieux voyage dans le passé, une exploration pleine d'intérêt et de profits, non-seulement pour l'artiste ou pour l'amateur des beaux-arts, mais pour l'observateur, pour le philosophe et pour l'historien, qu'une visite attentive dans cette immense galerie, la plus longue de toutes celles qui existent en Europe, et qui commence à l'expiration du moyen âge, aux maîtres primitifs, pour aboutir et se terminer à la fin du dix-septième siècle et au commencement du dix-huitième. Voici d'abord le renouvellement de la pensée humaine dans les timides linéaments des primitifs italiens Cimabuë, Giotto, qui cherchent à exprimer l'idée chrétienne sur un mode emprunté aux artistes de Byzance, c'est-à-dire à mêler au sentiment gothique qui les domine je ne sais quel parfum de la Grèce et de Rome conservé dans les traditions de l'empire d'Orient.

Il convient de noter, en passant, que le développement et le progrès de l'art suivent d'une façon fort significative la marche de la civilisation chez les peuples, et donne la mesure de leur influence sur les destinées du monde. Avec Raphaël, avec Titien, avec Véronèse et Andrea del Sarto, l'Italie est encore la reine des nations intelligentes; puis l'Allemagne de la réforme produit Holbein en même temps que Luther. Les Pays-Bas et l'Espagne, puis la France, reprennent tour à tour le sceptre qui s'échappe des mains défaillantes de la terre des papes et de la poétique antiquité.

Voyez aussi quelle leçon instructive et éloquente pour l'organisation sociale et politique des pays qui ont enfanté les chefs-d'œuvre renfermés dans la grande galerie du Louvre! Tandis que les maîtres de Rome, de Florence, tout entiers aux souvenirs de l'art grec et latin, mêlent incessamment dans leurs œuvres le sacré au profane; tandis que les artistes espagnols essayent tour à tour de tra-duire dans leurs œuvres le mysticisme féroce, brutal, de l'inquisition, par le pinceau de Zurbaran, ou le mysticisme sensuel des disciples de Loyola par la main de Murillo; tandis que Lebrun ne voit dans la mythologie antique qu'un prétexte à la continuelle apothéose de Louis XIV et de sa cour, à côté d'Eustache Lesueur religieux et croyant, des tableaux jansénistes de Philippe de Champaigne, des compositions fougueuses, incorrectes et théâtrales, mais si pittoresques et si hardies de Jouvenet, des fêtes et des batailles de Van der Meulen, des compositions philosophiques et austères du Poussin, voici ce peuple républicain des Pays-Bas qui enfante lui aussi, des chefs-d'œuvre, et dont les artistes vont s'inspirer à des sources ignorées ou qui jusque-là étaient encore demeurées entièrement inconnues. Pas n'est besoin pour Rembrandt ou pour Van Os-

Une Fête flamande, tableau par Steen.

tade, ou pour Adrien Brauwer, ou pour Ruisdaël, ou pour Jean Steen, de dieux et de déesses, de héros ou de gentilshommes. La nature a multiplié les modèles; il suffit de savoir les reproduire. Les passions sont des passions chez tous les hommes; il s'agit d'exprimer leur langage en termes énergiques et vrais.

Le paysan qui traverse un chemin creux sous les rayons dorés d'un soleil couchant, le voyageur qui s'arrête au seuil d'une auberge hospitalière, deviennent des sujets de tableaux, tout comme les bergeries de Racan ou les pastorales arcadiennes. Les bourgeois d'Amsterdam, revêtus de harnais guerriers, auront,

La Vierge, d'après Murillo.

sous le mâle pinceau de Rembrandt, une aussi fière tournure que les gentilshommes de la cour de Louis XIV. Pourquoi donc ne retracer que les joies, ou les tristesses, ou les passions des grands ou des rois? Et voilà Jean Steen qui se fait brasseur pour mieux peindre les buveurs flamands. Pourquoi donc représenter toujours les mystères et les légendes du christianisme à l'aide de textes traditionnels? Le fils de Marie est aussi le fils d'un charpentier; et voilà Rembrandt qui crée un chef-d'œuvre en peignant le misérable atelier d'un artisan. On sent que c'est un peuple fort que ce peuple de mangeurs de harengs qui a fourni de tels artistes, et qui a su lutter contre Louis XIV, et tous ses généraux, et toute sa puissance.

Malheureusement la classification s'arrête à l'extré-

CHAPITRE XXIX. — LE LONG DE LA SEINE (Suite).

mité de cette galerie. Si nous retournons dans le musée Charles X, où se retrouvent, réunis dans une confusion regrettable, les œuvres de l'école française postérieures au siècle de Louis XIV, nous ne pouvons plus suivre qu'avec une grande difficulté le mouvement artistique, dont la tradition, interrompue sous l'Empire, s'est renouvelée et transformée entre les mains puissantes de Géricault.

Là pourtant, avec quelques efforts, il est facile d'admirer encore la peinture singulièrement spirituelle et habile des Vanloo, où la science et l'étude persévérante sont dissimulées sous des formules, s'il nous est permis de nous exprimer ainsi, d'un maniérisme qui accuse une époque de décadence, plus visible encore dans les compositions si audacieusement fausses et conventionnelles de Boucher et de ses imitateurs, mais où se retrouvent à foison toutefois l'esprit et le talent véritables. Watteau, le disciple de Rubens, revêt ensuite d'une couleur magistrale des compositions où revivent, sous des ajustements fantasques et charmants, et avec un plus vif sentiment de la nature, l'esprit et la poésie de Marivaux. Puis, pendant que les académiciens de ce temps-là font ce que feront toujours les académiciens de tous les temps, c'est-à-dire immobilisent les traditions de l'école dans ses œuvres mortnées, voilà Chardin qui, rompant tout à coup avec les dieux et les déesses, avec les grands seigneurs et les comédiens, se met à peindre les intérieurs tranquilles et austères de la bourgeoisie contemporaine; et Greuze qui, sous la protection de Diderot, retrace, d'une brosse sentimentale et un peu mélodramatique, mais abondante et facile, les scènes du village et de l'atelier. La révolution est faite dans l'art comme dans la société. Survient David et son école qui l'arrête et la transforme. Avec lui, nous retournons à Rome républicaine ou à l'ère des Césars. Ses disciples peignent avec et après lui des scènes de tragédie; le seul Gros échappe à des souvenirs mythologiques; mais les sujets émouvants et passionnés qui conviennent à son énergique génie n'existent pas dans la société civile, effacée par la prépondérance des institutions du militaire; et se fait peintre de batailles. Des personnages de théâtre et des soldats, n'est-ce pas toute la civilisation impériale? Aussi voyez Prud'hon, et la façon dont sont récompensés par ses contemporains son talent si poétique et si fort, et sa grâce corrégienne.

Cependant l'académie règne sans partage jusqu'au jour où Géricault tente un effort suprême pour rentrer dans la véritable tradition de l'école française, école du sentiment dramatique et pittoresque, qui, même au milieu des plus grands écarts, se remarque le culte de la vraisemblance et de la logique. Il proclame l'alliance de la réalité et du style contre presque tous ses contemporains, et meurt méconnu après avoir doté son pays d'un chef-d'œuvre. Aujourd'hui, le musée du Louvre, qui n'avait pas voulu acheter le tableau du vivant de l'artiste, vient d'inscrire son nom à côté de celui des plus grands maîtres de l'école française.

Guide de l'armée d'Italie, par Géricault.

L'ancien musée espagnol est occupé aujourd'hui par les tableaux de toutes les écoles qui n'ont pas encore été classés, et parmi lesquels on trouverait facilement et en grand nombre des toiles du plus haut prix, telle que le tableau de *la Vierge*, d'après Murillo. L'état d'incertitude où l'on est sur les travaux d'agrandissement que doit subir le Louvre maintiendront peut-être encore longtemps ce *statu quo* regrettable. On a parlé de supprimer l'étage supérieur du palais, et de percer des ouvertures dans la toiture, de façon à obtenir un jour égal pour toutes les galeries. Peut-être serait-il possible alors d'avoir un classement

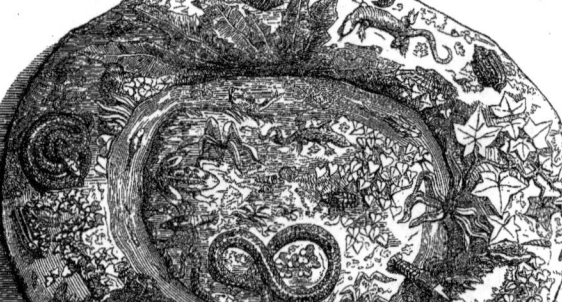

Plat en terre émaillée, de Bernard de Palissy.

régulier de toutes ces richesses. Aujourd'hui, le visiteur est obligé à toutes sortes de marches et de contremarches pour aller trouver tel tableau célèbre qui se trouve enfoui dans le capharnaüm du musée espagnol. Il se voit forcé de traverser, tantôt les salles du musée de céramique, tantôt une salle où sont exposés les émaux, les faïences italiennes et les poteries de Bernard de Palissy, et qui sépare la salle des Sept-Cheminées d'une galerie où l'on voit des tableaux de Lebrun représentant les batailles d'Alexandre. Ce mélange hybride de poterie et de peinture, ce désordre dans le classement des tableaux et dans la distribution des musées doivent cesser le plus tôt possible; il nous semble que cela n'entraînerait pas d'énormes dépenses, si l'on se contentait d'ouvrir de nouvelles salles, sans les surcharger d'une ornementation luxueuse, toujours ou presque toujours intempestive en pareil cas.

Le premier étage du Louvre contient, outre la collection de tableaux, la plus admirable collection de dessins qu'il y a dans l'univers, et un musée de calcographie, où le public peut acheter, moyennant un prix fort modique inscrit sur un catalogue, des épreuves des plus belles gravures d'Edelinck, d'Audran, de Drevet et autres maîtres illustres, qui lui sont fournies par l'administration.

C'est dans la galerie de derrière que se trouvent les pastels de Latour, et entre autres le *portrait de madame de Pompadour*.

Au deuxième étage, on peut visiter le musée de marine, qui nous semble assez déplacé dans un palais exclusivement destiné aux productions artistiques. Le public ne partage pas notre indifférence, et, chaque dimanche, les canotiers d'Asnières et les lecteurs de romans maritimes (il y a encore des lecteurs pour ces romans) vont compléter leur éducation nautique devant les trophées d'armes, les modèles de bâtiments, et les plans en relief des ports français qui composent l'ensemble des richesses contenues dans ce musée. C'est également au troisième étage que sera placé le musée, si inattendu jusqu'alors, des objets ayant appartenu aux rois de France.

Si nous redescendons maintenant au rez-de-chaussée, nous le trouvons complètement occupé aux trois quarts par les musées de sculpture. D'abord le musée assyrien.

L'Egypte et toutes les nations qui, descendues des montagnes de la Chaldée, ont envahi les vastes contrées qu'arrosent le Tigre et l'Euphrate, ces deux grandes artères du vieux monde; ont un lien avec nous, peuples modernes; et, si nos arts n'avaient emprunté à leurs arts, peut-être seraient-ils encore dans l'enfance.

Ce sont donc surtout ces peuples qui sont intéressants à connaître, ce sont leurs vestiges qu'il importe de rechercher; il faut remuer leur cendre pour voir s'il ne s'en échappera pas une étincelle d'où jaillisse la lumière, et, parmi ces nations qui ont encore tant à nous apprendre, quelle est celle qui pouvait le plus exciter les désirs des savants, la convoitise de l'historien ou de l'artiste, si ce n'est la nation chaldéenne, qui fonda le grand empire d'Assyrie.

En 1843, des antiquités furent découvertes à Khorsabab par MM. Botta et Flandrin. On les transporta à Paris, et l'on forma, dans une des salles du Louvre, le musée de Ninive.

Les sujets peu nombreux, mais variés, qui composent ce musée, ne sont qu'une très-petite partie de ceux qui ont été trouvés et remis au jour. La difficulté des moyens de transport, le mauvais état de conservation de la plupart de ces sculptures, ont dû imposer la nécessité de faire un choix. Il a donc fallu enlever celles qui présentaient les meilleures garanties de solidité, et se féliciter quand elles concordaient avec l'importance des sujets, la beauté du caractère ou la pureté du ciseau.

Mais quel est cet art assyrien, qui nous apparaît tout à coup? Quel est son caractère, son mérite?

L'empire d'Assyrie s'est écroulé dans le septième siècle avant Jésus-Christ. Cet art appartient donc à une ère de civilisation qui s'est éteinte il y a deux mille cinq cents ans au moins. C'est-à-dire que, plus de mille ans avant l'époque où nous, Gaulois et Francs, nous commencions à sortir de la barbarie, la nation assyrienne avait déjà parcouru une période de plusieurs siècles, pendant laquelle s'était développée une

Musée de Ninive. — Taureau à tête humaine.

A part la question d'art, c'est-à-dire faisant abstraction de la manière dont les idées sont exprimées par l'un et l'autre de ces deux arts, on trouve certainement entre eux une grande affinité. Ainsi le principe religieux y joue le premier rôle; le caractère mystique s'y trouve empreint presque au même degré; il y a même des sujets à peu près identiques, tels que cette figure à bec d'aigle qui se retrouve sur les monuments de l'un et l'autre pays. La souveraineté royale, à Ninive comme à Thèbes, tout paraissant subordonnée à la puissance religieuse, semble s'élever de beaucoup au-dessus du vulgaire, et accepter des hommages qui rappellent qu'alors la majesté royale était intimement liée au pouvoir du pontificat. — Les scènes de guerre ou celles de la vie privée occupent aussi une place importante; mais en Assyrie ou en Égypte, elles semblent représentées pour la plus grande gloire du monarque.

Dans ces temps reculés, les idées humaines étaient peu étendues; elles tournaient sans cesse dans un cercle restreint, dont la religion et le respect pour le souverain, confondus en un seul et même sentiment, étaient le centre. Aussi, est-ce toujours le roi ou les idoles : les dieux qui veillent et protégent, le roi qui commande. Dans les scènes de guerre, le roi est toujours vainqueur; du haut de son char, il attaque des forteresses. C'est le roi qui tue, le roi qui pardonne; le dieu des batailles qui assiste, et, comme alors, pas plus qu'aujourd'hui, la tolérance religieuse n'était dans les mœurs des Orientaux, les dieux étrangers sont foulés aux pieds, mutilés, anéantis.

Après avoir mis l'art assyrien en regard de celui des Égyptiens, il ne sera point déplacé de le mettre en comparaison avec l'art des Étrusques ou des Grecs. En étudiant les détails, on leur trouvera en effet des rapports frappants, des analogies telles que l'on sera conduit à penser que, quels que soient leurs liens de parenté, ils ont une origine commune. — Et pourquoi non? — La Phénicie a prêté aux Étrusques; ceux-ci se confondent avec les Grecs dans leur civilisation. Maintenant, sont-ce les Phéniciens qui ont formé les Assyriens, ou bien Tyr a-t-elle tout emprunté à Ninive? Ici se présente une question du plus haut intérêt, mais tellement difficile et délicate, que l'on doit s'abstenir de la décider jusqu'à ce que la traduction des nombreuses inscriptions que l'on possède soit venue répandre la lumière sur l'obscurité des conjectures au milieu desquelles l'archéologue marche encore à tâtons.

Quoi qu'il en soit, et tout en admettant l'opinion qui pourrait attribuer à la Phénicie la priorité de civilisation, il est certain que le contact des deux peuples de Phénicie et d'Assyrie doit remonter trop haut dans les siècles passés pour que la civilisation de l'un n'ait pas agi sur celle de l'autre bien avant de s'étendre jusqu'à des rivages éloignés de la Méditerranée. Donc l'art assyrien est certainement plus ancien que ce-

Musée de Ninive. — Personnage combattant un lion.

civilisation dont la maturité et la grandeur nous sont attestées par les monuments qui sont sous nos yeux.

Cet art est presque aussi ancien que celui de l'Égypte, mais il est infiniment plus remarquable; il lui est bien supérieur pour le rendu, le fini du travail; tout ce que l'on peut admirer de finesse et de caractère particulier dans les silhouettes égyptiennes se retrouve avec une égale perfection sur les contours des sculptures assyriennes; mais les contours de celles-ci sont rehaussés par les reliefs qu'embellissent une forme toujours pure et une entente surprenante de l'art plastique et de la myologie. On pourrait presque dire qu'il y a, de la sculpture égyptienne à celle de Ninive, la distance qu'il y a de l'intention à une exécution habile.

Musée de Ninive. — Figure à bec d'aigle.

lui des Étrusques et des Grecs, et, si l'on tient compte de ce que l'on a peu de notions exactes sur l'art primitif des Phéniciens, tandis que l'on en a acquis aujourd'hui un très-grand nombre sur celui des Assyriens, dont chaque jour voit surgir de nouveaux monuments, on nous conduit à penser que les Grecs et les Étrusques ont commencé par imiter, pour le perfectionner plus tard, l'art des Assyriens.

En entrant plus avant dans la question, et en sondant plus profondément les rapports qui existent entre la sculpture première des Grecs et celle des Assyriens, on verrait qu'elles se touchent de fort près. Mais il est un art plastique qui se confond presque avec celui qui nous occupe, c'est l'art persan ancien, celui à qui Darius et Xerxès con-

Musée de Ninive. — Lion de bronze (rondebosse).

tièrent le soin d'embellir leurs somptueux palais de Persépolis. Là, tous les bas-reliefs sont empreints du caractère de la sculpture assyrienne, et les nombreux points similaires sont si frappants, qu'il peut être considéré comme indubitable que les Persans se sont inspirés des monuments de Ninive restés debout et à découvert encore au cinquième siècle avant Jésus-Christ, au temps de la dynastie achéménide.

Parmi les questions intéressantes qui ont surgi en

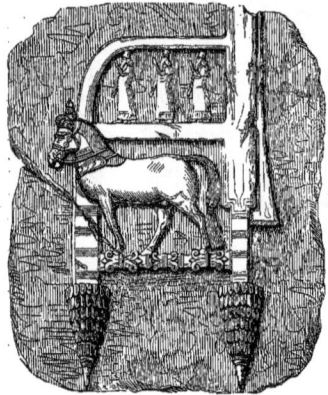

Musée de Ninive. — Trône.

même temps que les monuments découverts, il est assurément fort curieux d'y trouver celle qui concerne l'art pour lui-même ; mais les plus importantes se rattachent à tous les détails des usages royaux, de la vie militaire et domestique, en un mot, des mœurs assyriennes.

Ici, nous voyons le roi, en habits de gala, suivi de ses eunuques qui tiennent le chasse-mouches ou le parasol sur sa tête, qui portent ses armes ; des guer-

Musée de Ninive. — Personnage conduisant quatre chevaux.

riers lui font un cortège magnifique ; et plus loin, on lui offre des présents, des meubles merveilleusement ouvragés, des chevaux, des peaux de bouc remplies d'or ou de vin, de petites images, des forteresses, emblèmes de celles qu'il a prises d'assaut : dans toutes les processions se déroule la pompe fastueuse d'une cour asiatique.

Là, on voit encore le roi passer sur son char de bataille ; des chevaux foulent aux pieds ses ennemis ; sa flèche va les atteindre jusqu'au sommet de leurs tours ; les béliers, les torches incendiaires, toutes les machi-

nes de guerre sont en œuvre pour abattre les murailles et ouvrir une brèche aux assiégeants. Aux scènes de carnage succède le triomphe avec ses fêtes, et ce ne sont pas les moins curieuses : sur des tables, ornées de têtes de taureaux à griffes de lion, qui feraient honte à nos ébénistes, sont déposés des mets somptueux. Les invités au royal festin sont rangés autour, assis sur des sièges élégamment sculptés, et trinquent avec des verres d'un travail délicat, dont le pied figure une gueule de lion. — Des eunuques, serviteurs intimes du palais, font le service derrière les convives, et s'empressent à remplir de vin les vases vides, tandis que d'autres, armés de chasse-mouches, éloignent les insectes ailés qui pourraient troubler les plaisirs du repas. Toutes ces scènes rappellent parfaitement ce que l'Écriture raconte du festin donné par Assuérus aux grands de son royaume, et qui dura quarante jours.

Au milieu de ces tableaux de la vie intérieure du palais se dressent imposants, sévères, et avec toute la gravité roide de la convention religieuse, les dieux qui semblent, eux aussi, en être des hôtes familiers.

Musée de Ninive. — Figure de roi.

Tantôt ils affectent la forme d'un gigantesque taureau ailé à tête humaine, ou celle d'une figure d'homme ayant quatre ailes, et coiffé d'un bonnet sur lequel se dessinent plusieurs cornes ; tantôt, conservant la figure humaine, ils terrassent un lion, ou bien, avec un corps d'homme, une tête et des ailes d'aigle, ils ont pour attribut une pomme de pin et un panier, symbole de la fécondité à laquelle ils président. Ces divinités, invariablement placées en dehors ou à l'entrée des diverses salles, semblent garder les abords du palais, et veiller sur le séjour du monarque.

L'état de la conservation des sculptures du musée ninivite est véritablement remarquable ; quand on fait le compte des siècles qui auraient dû les effacer, on peut alors se faire une idée très-juste, et, il faut le dire, très-surprenante, du degré de perfection que l'art avait déjà atteint dans ces temps anciens, que nous nous étions habitués à considérer comme fabuleux, ou tout au moins barbares.

Estimons-nous donc heureux de voir les vingt-cinq ou trente sujets différents de la galerie assyrienne représenter si dignement l'ensemble des admirables tableaux sculptés qui pourraient faire dire, si on l'osait, du palais découvert à Ninive, qu'il était le Versailles des princes assyriens.

Estimons-nous heureux encore, nous Français,

dans ce siècle où il semble que tout soit connu, et que le champ des découvertes soit devenu stérile, de posséder ces spécimens de la civilisation si reculée, que nous devons aux investigations et aux efforts persévérants de deux de nos compatriotes.

L'État a voulu consacrer cette belle et utile découverte par la publication de tous les éléments qui la composent. Sculpture, architecture, inscriptions, tout a été gravé, et forme déjà un des plus beaux

Musée de Ninive. — Buste de guerrier.

comme des plus curieux ouvrages d'archéologie.

En 1843, le musée s'était enrichi de statues chinoises et du cabinet légué au roi des Français par sir Franck Standish (de Londres). Les trois Chinois, rapportés de leur pays natal par un officier de marine, sont, dit-on, *un mandarin* et *deux hommes du peuple*, en bois sculpté, doré et peint. Il est, au contraire, hors de doute que ce sont trois divinités. On les avait placés dans la salle du Globe, au musée Charles X, où ils excitaient

Musée de Ninive. — Personnage portant une antilope.

plus d'étonnement que d'admiration. Le prétendu mandarin, corpulent personnage, la tête inclinée, les mains jointes, assis sur une chaise, est doré de la tête aux pieds, à l'exception du dos, que recouvre une couche d'argent. Sa mitre orientale est enrichie de perles blanches et bleues ; sa barbe se compose de quatre ou cinq mèches de crin blanc qui flottent sur sa poitrine ; sa taille est celle d'un homme adulte surchargé d'embonpoint. Les deux prolétaires, ou plutôt les dieux inférieurs, placés à ses côtés, sont de moindre dimension ; ils ont la peau verte et brune, les habits teints de plusieurs couleurs éclatantes, le corps demi-nu, et d'affreuses physionomies. Ces trois échantillons de la sculpture chinoise ne sauraient donner une grande idée des beauxarts du Céleste Empire; mais on ne peut du moins leur contester le mérite de la singularité.

Nous avons parlé tout à l'heure, à propos du musée assyrien, de la civilisation et des arts de l'Assyrie. Les formes comparativement élégantes des dieux assyriens prouvent que ces statues ne sont pas une contrefaçon de la statuaire égyptienne. Rien ne montrera mieux aussi la différence qui existe entre ces deux civilisations, la civilisation égyptienne et la civilisation chinoise, que la comparaison des objets d'art de ces deux pays. Autant la statuaire égyptienne est roide, immobile et grave, autant est tourmentée, travaillée, fouillée et mouvementée la statuaire chinoise; c'est en quelque sorte la fantaisie de la barbarie. L'*Idole chinoise* et le *Dieu guerrier* dont le dessinateur donne un spécimen, montrera mieux que tous les raisonnements en quoi l'art chinois se distingue de l'art oriental primitif.

Sculptures chinoises exposées au Musée du Louvre.

time dont on devait assurément lui savoir gré, mais qui n'a guère, ainsi que nous l'avons dit plus haut, de valeur intrinsèque. M. Franck, comme la plupart des amateurs, s'abusait sur le mérite des œuvres d'art qu'il avait recueillies; sa collection, qui émerveillait les visiteurs de Standish-Hall, déparait presque le royal palais du Louvre. Les rédacteurs du catalogue avaient dû substituer aux affirmations audacieuses, les : *attribué à, école de, imitation de, genre de*, formules équivoques, équivalentes à une négation. Néanmoins, au milieu des copies et des peintures apocryphes, on remarquait dans le cabinet Standish plusieurs tableaux, de la possession desquels

Idole chinoise.

La collection de M. Franck Standish qui remplaça le musée de marine, occupait sept salles entre les galeries des dessins et le musée espagnol. Le legs de cet amateur anglais était un témoignage d'es-

Brûle-parfums en usage dans les pagodes chinoises.

on pouvait nous féliciter : un *Paysage avec figures*, d'Antoine Watteau ; *quatre dessus de porte du château de Bellevue*, par Carle Van Loo; des tableaux de fruits et d'animaux, par Sneyders ; un portrait de Velasquez, quelques toiles de Murillo, et une dizaine de dessins. Le reste ne vaut pas l'honneur d'être nommé.

La bibliothèque qui faisait partie de la collec-

tion renfermait d'excellentes éditions des classiques grecs et latins, de la Bible et des Pères de l'Église; les savants ouvrages de L. A. Muratori, *le Monasticon* de William Dugdale, la *Britannia* de Camden, the *Costumes of the Ancient* de Hope, *les Monuments de la Monarchie* de Bernard de Montfaucon, et autres précieux recueils.

Après le musée assyrien vient celui des moulages en plâtre; puis, celui des statues grecques et romaines, dont nous ne possédons pas les originaux en marbre dans nos salles des antiques, qui contiennent d'ailleurs d'admirables chefs-d'œuvre et en aussi grand nombre que les plus beaux musées d'Italie. Nous avons parlé de la *Vénus de Milo* qui se trouve dans ces galeries; nous y trouvons aussi le *Gladiateur*, l'*Hercule Farnèse*, la *Polymnie*, la *Diane de Gabie*, le *Marsias* et bien d'autres merveilles capables d'irriter la bile de M. Gaume et de M. de Montalembert.

L'honorable M. Roux-Lavergne, rédacteur de *l'Univers*, soutenant, il y a quelques mois, la thèse de ces deux messieurs contre l'art païen et celui de la renaissance, disait avec

Dieu guerrier chinois.

une franchise vraiment héroïque, que la vue de l'*Antiope* du Corrège le changeait en satyre. Puisqu'il est si prompt à la tentation, nous lui conseillerons d'éviter la vue du musée de la renaissance, où pullulent, comme pourrait le dire un congréganiste, les œuvres de démon dues au ciseau séducteur et perverti des Jean Goujon, des Cousin, des Germain Pilon, et autres illustres maîtres. Le musée de la Renaissance contient des œuvres de la statuaire du moyen âge, et des œuvres presque contemporaines; demain, peut-être, on y mettra une ou plusieurs figures de Pradier. Là aussi, on peut suivre avec fruit le mouvement artistique qui s'est opéré en France depuis le quinzième siècle jusqu'à nos jours; car, à part les deux esclaves de Michel-Ange, ce musée est presque exclusivement rempli d'œuvres nationales. Nous pouvons d'ailleurs affirmer, sans crainte d'être démenti, que si le colosse de l'Italie n'existait pas, l'école française de sculpture, depuis Jean Cousin jusqu'à Loudau et Caffieri, peut s'appeler la première école du monde pour les temps modernes. C'est dans ce musée de la Renaissance que se trouvent les *trois Grâces* de G. Pilon, le *tombeau de Diane de Poitiers* de J. Goujon, le *Milon de Crotone* et l'*Andromède* du Pujet; puis les bustes merveilleux de Coysevox et de G. Coustou.

A côté du musée de la Renaissance, on trouve le musée de sculpture égyptienne. L'art égyptien se trouve mal à l'aise dans une salle; il faut l'horizon immense des plaines africaines à l'austérité des lignes, au caractère rigide et mystérieux de ces figures. Toutes les statues mutilées des Pharaon et des Sésostris, des dieux et des sphynx gigantesques, ont l'air attristé par l'étroite prison où les intempéries de notre climat nous ont forcés de les renfermer. Le granit, en effet, qui résiste pendant des milliers d'années aux morsures du soleil, n'est point à l'é-

Les trois Grâces, d'après Germain Pilon.

Vase cratère, d'après l'antique.

Diane de Poitiers, d'après Jean Goujon.

preuve de la pluie et des brouillards qui le rongent peu à peu.

Nous ne nous arrêterons que pour le mentionner seulement, au *musée mexicain*. Il nous répugne d'ailleurs de voir le Louvre, ce sanctuaire consacré aux plus grands génies des civilisations qui font la gloire et l'orgueil de l'humanité, donner asile à des friperies barbares qui intéressent bien plus les archéologues officiels que les artistes. Cette accumulation de prétendues richesses fera bientôt ressembler, si l'on n'y prend garde, notre magnifique musée à une boutique de bric à brac. Aussi bien est-ce ici le lieu de faire quelques réflexions sur les acquisitions que l'administration des beaux-arts et la direction du Lou-

vre ont faites depuis trois ans, sur les avantages que l'art a pu en retirer, et sur la marche qu'il nous semble préférable de suivre en pareille occasion.

Nous ne devons plus compter sur le gain des batailles pour enrichir le Louvre des œuvres importantes qu'il nous faudrait posséder pour que toutes les écoles y fussent représentées; d'un autre côté, notre musée, loin d'être pauvre en tableaux, en contient, sans contredit, un trop grand nombre, et nous pourrions citer plus d'une toile indigne de l'honneur auquel on a bien voulu l'admettre. L'école espagnole, ainsi que nous l'avons déjà dit, est maintenant trop réduite. Nous ne possédons rien de l'école anglaise, école peu riche en réalité, mais qui pourtant compte des maîtres comme Beyralds, Hogarth, Wilkie et Lawrence. Nous n'avons pas de tableaux d'Albert Durer; nos Salvator Rosa ont été ravagés ainsi que d'autres chefs-d'œuvre, notamment *la Charité* d'Andrea del Sarto, par les restaurateurs attachés à la direction des musées. En revanche, nous possédons une collection peut-être trop riche des maîtres de la décadence italienne, tels que Pietre de Cortone, Guerchin, Albane, et surtout les salles du Louvre sont véritablement encombrées par les peintres français de la fin du dix-septième siècle. Ne serait-il pas possible d'enrichir notre musée sans qu'il en coûtât un sou au budget, par voie d'échange avec les musées de province, de l'étranger, avec les galeries des amateurs célèbres? Nous comprenons parfaitement que le Louvre tienne à honneur d'avoir une collection complète des peintres français, et qu'il estime à un plus haut prix que les musées allemands ou italiens des artistes de second ou de troisième ordre; mais à quoi bon étaler

Tableau d'Hobbema récemment acquis par le Musée du Louvre.

en si grand nombre des tableaux d'artistes dont nous ne devrions posséder qu'une ou deux toiles, comme spécimen de leur talent et dans l'intérêt de l'histoire de l'art? Nous n'aurons, au contraire jamais trop de Poussin, de Chardin. Il faut recueillir présentement jusqu'aux moindres linéaments de Prud'hon et de Géricault, cela se comprend de soi; mais il importe, pour l'honneur de notre école, de ne pas encombrer nos galeries des fadeurs de Lagrenée, de Coypel, de Natoire, des compositions théâtrales et ennuyeuses des élèves de David ou de Gérard, tandis que nous ne possédons qu'une seule esquisse de Watteau, et que, dans un récent incendie au ministère de l'intérieur, nous avons vu brûler un chef-d'œuvre de Marli, qui depuis longtemps aurait dû être placé dans la salle des Sept-Cheminées.

Au reste, qu'il s'agisse d'acquisitions ou d'échanges, l'administration doit surtout faire preuve d'une extrême prudence, d'un respect de l'art poussé jusqu'aux dernières limites du scrupule, et se garder de ces engouements puérils d'amateurs qui ruineraient le budget des beaux-arts sans profit pour notre musée. C'est ainsi que nous avons acheté un Murillo, inférieur peut-être à ceux que nous possédions déjà, plus de six cent mille francs, somme énorme et pour laquelle nous aurions pu acquérir, avec le temps, une ou deux toiles de Velazquez, des peintures de Zurbaran, d'Alruzocano, un chef-d'œuvre de Sébastien del Piombo, ou de tout autre grand maître italien.

Ainsi, on a payé, à une vente de M. de Morny, une tête de Balthazar Denner (il n'a jamais passé pour un maître auprès des connaisseurs sérieux), une somme très forte avec laquelle on aurait pu avoir un admirable Watteau, qui faisait partie de la même collection. Nous aimons mieux les acquisitions faites à la vente du roi de Hollande, bien que nous eussions pu nous en passer. Nous voulons parler d'un portrait par Rubens dont nous donnons la gravure, en même temps que celles d'un tableau du Pérugin, et de quelques dessins achetés à la même vente.

Le paysage d'Hobbema, dont nous ne possédons pas une seule toile, a été acquis à peu près à la même époque.

Parmi les chefs-d'œuvre que renferme le musée du Louvre, nous indiquerons quelques-uns de ceux que l'opinion de la critique et des artistes a mis au premier rang. Nous commencerons cette nomenclature par les écoles italiennes.

ÉCOLE FLORENTINE. Cimabué : *la Vierge aux Anges*; — Angelico de Fiesole : *le Couronnement de la Vierge et le Miracle de saint Dominique*; — Ghirlandajo Rodolpho : *le Couronnement de la Vierge*; — Léonard de Vinci : tous les tableaux de ce maître, et particulièrement : *la belle Ferronnière, la Joconde* (portrait de Mona Lisa), *la Vierge aux rochers*; — Fra Bartolommeo : *la Salutation angélique*; — Andrea del Sarto : tous ses tableaux : *la Charité* et deux *Sainte-Famille*; — Le Bronzino : un admirable portrait, longtemps attribué à Sébastien del Piombo; — Daniel de Volterre : *David tuant Goliath*; — Georges Vasari : *une Annonciation*.

ÉCOLE VÉNITIENNE. André Mantegna : *le Christ entre les larrons*; — Giorgion : *Concert champêtre*; — Titien : tous ses tableaux, surtout *la Vierge au lapin, les Pèlerins d'Émaüs, le Christ porté au tombeau, l'Homme au gant* (portrait), le tableau dit *la Maîtresse de Mona Titien*; — Le Bassan : *l'Adoration des bergers, les Apprêts de la sépulture de Jésus*, etc.; — Le Tintoret : *le Paradis*, portrait du Tintoret; — Paul Véronèse : tous ses tableaux, surtout *les Noces de Cana*, le plus grand tableau du Louvre et l'un des plus admirables chefs-d'œuvre de la peinture; *Jésus chez Marthe et Marie, l'Évanouissement d'Esther*, etc.; — Canaletti : toutes ses vues de Venise.

ÉCOLE OMBRIENNE. Le Pérugin : *la Nativité, une Vierge avec l'Enfant Jésus et*

M. le baron Devicq, portrait par Rubens.

des Anges, Jésus apparaissant à la Madeleine.
ÉCOLE ROMAINE. Sébastien del Piombo : *la Visitation de la Vierge*; — Raphaël : tous ses tableaux, notamment la *grande Sainte-Famille, la Vierge au linge, Saint Michel terrassant le dragon*, portraits dits *le Portrait du Maître d'arme* et *le Portrait de Raphaël enfant*; — J. Romain : *la Nativité, la Vierge, l'Enfant Jésus et saint Jean, Portrait de J. Romain*; — Michel-Ange Caravage : *la Mort de la Vierge, la Diseuse de bonne aventure, Portrait d'Alof de Vignacourt*; — Pietre de Cortone : le musée contient un nombre considérable de ce maître facile et ingénieux, mais dont toutes les œuvres accusent la décadence de l'art; — Guaspre Poussin : *Paysages historiques*.

ÉCOLE BOLONAISE. Francia : Un admirable portrait placé dans le Salon carré, longtemps attribué à Raphaël; — Primatice : *la Continence de Scipion*; — Louis Carrache : *Apparition de la sainte Vierge et de l'Enfant-Jésus à saint Hyacinthe*; — Annibal Carrache : *Apparition de la sainte Vierge à saint Luc et à sainte Catherine*; — Albane : le musée possède également un nombre considérable de tableaux de ce maître jadis trop vanté; — Le Dominiquin : *Sainte Cécile*, etc.

ÉCOLE LOMBARDE. Le Corrége : *Mariage mystique de sainte Catherine, Antiope*; — B. Schidone : *le Christ au tombeau*; — Le cavalier Lanfranc : un grand nombre de tableaux.

ÉCOLE NAPOLITAINE. Salvator Rosa : *un Paysage, une Bataille, Apparition de l'ombre de Samuel à Saül.*

Nous avons dit comment était représentée l'école espagnole.

Dans l'école allemande nous avons un *Descente de croix*, d'Holbein; plusieurs de ses admirables portraits, entre autres celui d'Erasme; des tableaux de Van-Eyck, de L. de Cranach.

Mais nous possédons surtout une admirable collection de maîtres flamands et hollandais (les maîtres primitifs de cette école exceptés). Nous indiquerons sommairement ici les plus célèbres de ces chefs-d'œuvre : *les Pèlerins d'Émaüs, le Charpentier*, et quatre portraits de Rembrandt. Tous les tableaux de la galerie du Luxembourg, *la Kermesse* et ses environs; ceux de Van-Dyck, parmi lesquels le portrait de Charles II; les paysages de Ruisdaël, *le Buisson, le Nuage*, etc.; ceux de Winants et Huysmans; les paysages et tableaux de genre de Berghem; *le Passage du gué*, de Wouwermans, de Karl Dujardin; les animaux de Paul Potter, d'Albert Cuyp; les paysages et animaux de Van de Velde, de Van der Neer, etc.; les marines de J. Van de Velve, Backuisen; les intérieurs de Peter de Hoog.

Et les Téniers, depuis *Saint Pierre reniant son maître* jusqu'à la *Tentation de saint Antoine*; et Van-Ostade, le plus grand maître de tous ceux qu'on appelle les petits maîtres, et son *École de village*, son chef-d'œuvre; après Van-Ostade, Terburg, Metzu, Jean Steen, Peter Breughel; un tableau, un seul malheureusement, d'A. Brawer; les natures mortes de Sneyders.

Puis vient l'ÉCOLE FRANÇAISE. Les portraits si fins et si naïfs à la fois de Janet (*Henri IV, Charles IX*); les grandes machines de Simon Vouet, les chefs-d'œuvre de ses illustres élèves, *la Vie de saint Bruno*, de

L'évanouissement de la Vierge, dessin à la plume par Raphaël.

Sainte Famille, tableau par le Pérugin.

E. Lesueur; les *Batailles d'Alexandre*, de Lebrun. Nos lecteurs savent déjà que le Louvre possède en outre, du premier de ces deux peintres, une partie des peintures de l'hôtel Lambert; nous leur donnons, en outre, la gravure d'un de ses chefs-d'œuvre, *une Descente de croix*.

A côté de Lebrun et de Lesueur, peut-être au-dessus, voici les toiles du Poussin, son *Portrait*, le *Paysage de Diogène*, la *Peste d'Athènes*, le *Déluge*, les *Bacchanales*, etc. Jouvenet, qui ne vient qu'au second rang, a pourtant mérité les honneurs du Salon carré pour sa *Descente de croix*. Nous signalerons encore, pour en finir avec le dix-septième siècle, les œuvres de Philippe de Champaigne, *la Cène*, son *Portrait*; les *Noces de Cana*, de Subleyras; les batailles et les sièges de l'habile Van der Meulen.

Dans l'école française du dix-huitième siècle, nous mentionnerons le *Voyage à Cythère*, de Watteau; la *Création de l'Ordre du Saint-Esprit*, de Carle Vanloo, les tableaux de Boucher, puis les scènes d'intérieur de Chardin, et son grand tableau de nature morte, le plus beau de ce genre qu'il y ait au Louvre; les tableaux de Greuze, l'*Accordée de Village*, la *Malédiction paternelle*; les Lancret, la *Ronde champêtre*, la *Chasse au filet*; les marines de J. Vernet, qui remplissent une salle tout entière du musée Charles X.

Nous arrivons à l'Empire, aux *Sabines* de David, au *Léonidas*, du même; à la *Peste de Jaffa* et à la *Bataille d'Eylau*, de Gros; à la *Justice* et à la *Vengeance divine poursuivant le Crime*, au *Christ en Croix*, de Prud'hon; à la *Phèdre*, de P. Guérin; à l'*Endymion*, de Girodet. Enfin, nous terminerons cette nomenclature incomplète, en citant, pour les peintres de la Restauration, le *Guide*, dont nous avons donné plus haut la reproduction, le *Cuirassier* blessé, le *Radeau de la Méduse*, de Géricault, le *Rachat des Captifs*, de Granet.

Paysage de Huysmans de Malines.

Dans le musée des antiques, nous citerons *la Vénus de Milo*, le *Gladiateur*, la *Polymnie*, la *Vénus d'Arles*, le *Tibre*, la *Diane de Gabie*, le *Marsyas*, l'*Enfant à l'Oie*, les bustes de *Lucius Verus*, de *Cara-*

La *Descente de croix* de Lesueur.

calla, de *Vitellius*; ce sont les meilleurs morceaux. Le musée de la Renaissance et de la sculpture moderne nous montre: les *Esclaves*, de Michel Ange; la *Diane*, de Jean Goujon; les *Trois Grâces*, de Germain Pilon; les tombeaux de Paul Ponce; le *Milon de Crotone*, l'*Andromède*, de Puget; l'*Amour*, de Girardon, les bustes de Coysevox et de Coustou, des statues de Pierre Roland, de Chaudet, etc.

Certes, une telle énumération est bien incomplète; mais elle suffit pourtant pour indiquer quelles richesses incomparables renferme le musée du Louvre, le plus beau musée du monde, dirons-nous encore une fois.

Après avoir parlé des tableaux et des statues, disons un mot des habitués du Louvre, de ceux qui encombrent les galeries pendant les jours réservés à l'étude, et dont le plus grand nombre, à part les voyageurs munis de leurs passe-ports, quelques écrivains spéciaux et des amateurs d'ordinaire assez rares, se compose de rapins de tous les âges et de tous les sexes.

Ici nous prions le lecteur de se prémunir contre les images flatteuses que pourrait faire naître, dans son imagination trop prompte à s'enflammer, l'idée d'une femme peintre. D'ordinaire, ces bas-bleus de la palette, affublées d'un costume extravagant, le plus souvent taché d'huile grasse ou d'essence, ne sont recommandables ni par leur beauté ni par leur talent. On les rencontre au Musée en grand nombre cependant, ce qui tient à des causes qu'il nous faut expliquer.

D'ordinaire, l'argent consacré par le budget à solder des commandes de copies faites pour le Gouvernement a pour but de fournir aux jeunes gens qui ont donné des preuves d'un talent réel une sorte d'encouragement et de subvention, qui leur permette de mener à bonne fin ou leurs études, ou les travaux commencés. La vie du jeune artiste, son

Études physiognomoniques et morales faites au Louvre.

Très-forte. — Une connaissance utile et agréable. — Un talent mûr.

Un des Narcisses du Louvre. — Étude de femme par un rapin. — Ne lui parlez pas de l'Académie.

CHAPITRE XXIX. — LE LONG DE LA SEINE (Suite).

Etudes physiognomoniques et morales faites au Louvre.

Son mari fait le ménage.   En chemin pour le Louvre.   Comme on travaille au Louvre.

Un talent original.   Discussion entre deux représentants de l'art au dix-neuvième siècle.   Il se nourrit d'espérances.

existence précaire et presque toujours laborieuse, les dégoûts, les déceptions cuisantes qui marquent chacun de ses pas dans une carrière difficile, rendraient ce mode de secours utile s'il était employé avec discernement. Mais jusqu'à présent, nous devons le dire, cette influence occulte et souveraine que le sexe le plus faible trouvé toujours le moyen d'exercer, alors même que les grâces féminines, ce qui est le plus ordinaire, manquent absolument, lui a fait attribuer une part importante dans la distribution de ces travaux. En outre, les femmes artistes, malgré l'incapacité notoire qui distingue la plupart d'entre elles, ont presque toujours, on ne le sait que trop, les copies largement payées. Nous nous sommes souvent demandé, sans pouvoir trouver une solution possible à ce problème, ce que le Gouvernement pouvait faire des travaux de ces dames, et à quel usage il faisait servir les grotesques peintures dont elles le gratifient.

La veuve d'un employé de province sollicitait, nous ignorons dans quel but, auprès du ministre de l'intérieur ; comme ses prétentions étaient appuyées par un personnage influent, elle reçut bientôt une lettre du ministre, qui faisait droit à sa demande, et lui commandant la copie de *Jésus chez Marthe et Marie*, de Paul Véronèse.

La dame n'eut pas plutôt reçu cette lettre, qu'elle courut à Paris, arriva jusqu'au ministre, auquel elle apprit l'erreur qu'il venait de commettre.

« Prenez toujours, reprit l'homme d'État.

« — Mais, monsieur le ministre, je ne sais pas peindre ; je n'ai jamais touché une brosse de ma vie.

« — Prenez toujours la copie. Vous la ferez faire par un autre, en vous arrangeant de façon à en tirer bénéfice. » La solliciteuse suivit le conseil.

Nous ne savons pas si l'anecdote est authentique ; mais nous avons connu un jeune homme qui ob-

Un peintre à *effet*.

tint, en réponse à sa demande d'un emploi dans l'administration des télégraphes, la commande d'un buste en marbre.

Il est certain que ce *marchandage* de copie est pratiqué non-seulement par des femmes, mais aussi par les hommes, soit parce que ceux qui ont obtenu des commandes n'ont pas assez de talent pour les exécuter, soit parce qu'ils en ont trop à faire ! Ces mortels privilégiés donnent ordinairement la moitié du prix qui leur revient à un artiste mourant de faim, qui accepte toujours les conditions qu'on lui impose.

Au reste, toutes les dames peintres ne *jouissent* pas de copies du Gouvernement. Elles ont d'ordinaire atteint un âge voisin de la maturité quand le Pactole budgétaire vient à couler pour elles. Mais celles qui n'ont pas de travaux en auront tôt ou tard, vous pouvez y compter.

Rien de paresseux, le plus souvent, comme ces surnuméraires féminins qui arrivent d'ordinaire chaque matin au Louvre sous le prétexte d'étudier, et qui y passent leur journée entière. Quand elles ne sont pas horriblement laides, elles trouvent assez fréquemment parmi les peintres mâles un professeur complaisant. Il n'en faut point conclure que les relations qui s'établissent alors entre les deux artistes fassent toujours naître des liaisons sentimentales ou passionnées. En général, les peintres, même les plus jeunes, éprouvent pour leurs confrères féminins une répugnance qu'entretient chez eux le culte du beau.

Il s'est glissé un autre abus dans la distribution des copies. Beaucoup de gens se sont fait copistes de profession. Quand ils exercent ce métier pour le compte d'amateurs qui les payent, nous n'avons rien à dire ; mais nous regrettons de voir l'État accorder des travaux à des artistes, sont-ce des artistes ? qui ont passé l'âge de l'étude, et qui par conséquent ne peuvent, sous aucun prétexte raisonnable, avoir droit à des travaux qui, nous le répétons, doivent être considérés

comme des encouragements pour les jeunes talents.

Les artistes ne vont pas seulement au Louvre pour y exécuter des travaux commandés par l'État. Outre ceux qui copient pour le compte des amateurs et des marchands, un grand nombre fréquentent les galeries dans le but unique et désintéressé d'y faire des études. A l'époque de l'insurrection romantique, la grande galerie présentait un spectacle curieux et pittoresque, grâce à l'anarchie des costumes de rapins. Aujourd'hui, les temps sont bien changés. Les peintres ont pris, sauf quelques exceptions, le parti sage de ressembler à tout le monde, et, si l'on rencontre çà et là des feutres pointus, ils ombragent d'ordinaire des barbes grisonnantes. Ce sont ces vieux rapins dont la verte jeunesse florissait de 1830 à 1833.

Il n'y a plus de rapins, et M. Mauzaisse de l'Institut pourrait traverser maintenant toutes les salles du Louvre un jour d'étude, sans être exposé à entendre une voix railleuse et stridente s'écrier, comme autrefois en le voyant :

« Je veux manger de l'académicien. » (Historique.)

Quoi qu'il en soit, le Musée du Louvre n'en demeure pas moins la meilleure école, le cours le plus éloquent qu'il soit au monde pour les beaux-arts. Si quelques-uns de ses habitués, se figurant être artistes, ne parviennent à y trouver que le ridicule, il en est d'autres qui, comprenant profondément les chefs-d'œuvre qu'ils viennent chaque jour admirer, savent y trouver les nobles inspirations qui les conduisent à la gloire. Tous nos grands peintres contemporains, et notre siècle en comptera aussi de célèbres, ont vu leur talent se développer dans cette galerie unique, et, s'ils n'ont pu égaler leurs maîtres, ils ont au moins trouvé dans l'étude de leurs chefs-d'œuvre le désir de les suivre

Exécute les *commandes*.

A besoin d'une *commande*.

Chapitre XXX.

LE LONG DE LA SEINE (Suite).

ÉGLISE SAINT-GERMAIN L'AUXERROIS.

Origine de l'église Saint-Germain l'Auxerrois. — Une inscription antique. — Les reliques de saint Vincent. — Un legs de Bertrand, évêque du Mans. — Saint-Germain le Rond. — Le poème d'Abbon. — L'église Saint-Germain l'Auxerrois transformée en forteresse. — Sa juridiction sous le roi Robert. — École dépendante de l'église Saint-Germain l'Auxerrois. — Réunion définitive avec le chapitre de Notre-Dame. — Le grand portail. — Les six statues du portail. — Réparations faites après 1830. — Peintures du porche. — Critique sur la décoration des églises. — Intérieur de l'église Saint-Germain l'Auxerrois. — Disparate entre les diverses parties de l'édifice. — La tenture peinte. — Les chapelles. — La chapelle de M. Gigoux. — Les médaillons de sainte Geneviève. — Peintures murales. — Les deux troncs dans l'église Saint-Germain l'Auxerrois. — La fresque de Saint-Martin. — Baptistère de M de Lamartine. — La peinture sur verre. — Difficultés inévitables dans son application. — Quelques mots sur l'historique de la peinture sur verre. — Vitraux de l'église Saint-Germain l'Auxerrois. — La fenêtre de MM. Galimard et l'ami de Nozan. — Éloge de cette œuvre. — Place Saint-Germain l'Auxerrois. — Hôtel du Doyenné. — Henri IV et Gabrielle d'Estrées. — Zamet. — Hôtel de Ponthieu. — Coligny et Maurevert. — Wanloo. — Le For-l'Évêque. — Les comédiens réfractaires. — Le Clairon au For-l'Évêque. — *Le Journal des Débats*. — Le café Momus.

A côté du Louvre s'élève l'église de Saint-Germain l'Auxerrois, à laquelle s'attachent peut-être les plus anciennes traditions du Paris chrétien. Ce monument religieux est loin de présenter dans son ensemble l'unité qui distingue quelques autres paroisses moins célèbres; sous le point de vue historique, on y remarque, plus qu'à Notre-Dame, par exemple, les traces et comme les couches successives des reconstructions et des réparations. Depuis sa première fondation, attribuée au roi Childebert, fils de Clovis, jusqu'aux derniers travaux, qui datent de Louis-Philippe, les transformations ont dû être bien nombreuses; l'édifice, altéré de siècle en siècle, ne conserve plus son caractère primitif. D'ailleurs il est bien moins intéressant comme architecture générale que comme échantillon des diverses époques, et aussi comme souvenir toujours vivant de temps et d'événements si étranges et si divers.

On peut lire encore, en vieux caractères gothiques, sur le porche de cette église, l'inscription suivante, qui atteste son antiquité presque fabuleuse : « C'est Childebert, roi chrétien, et sa femme Ultrogothe, qui fondèrent cette église. » Et les images du prince mérovingien et de sa femme, fraîchement redorées et

Vue extérieure de l'église Saint-Germain l'Auxerrois.

revivifiées, semblent consacrer de nouveau cette tradition. En effet, si l'on en croit quelques historiens, l'église aurait été élevée par ce roi de Paris pour recueillir les reliques de saint Vincent, rapportées de Saragosse à la suite d'une campagne contre un roi visigoth d'Espagne, gendre de Clovis. Saint Vincent a été considéré, jusqu'au milieu du siècle précédent, comme le premier patron de cette église; ce n'est qu'en 1745 que l'on a supprimé dans les offices l'invocation à ce saint diacre. La tradition rapporte d'une manière plus certaine que saint Landry, évêque de Paris, y fut inhumé vers 656, ce qui constitue déjà une assez belle antiquité. Le corps du patron actuel y fut transféré sous le règne de Clotaire II, comme l'atteste l'acte suivant, d'un prélat, de Bertrand, évêque du Mans, qui lègue une terre à cette église : « Je donne à la basilique particulière de mon parrain spirituel l'évêque Germain, qui m'a élevé, et par son zèle m'a fait parvenir, quoique indigne, au rang de prêtre, une terre que je possède auprès d'Étampes, en don du roi Clotaire. Je désire que son corps, qui repose dans la basilique de saint Vincent, soit transféré dans l'église nouvelle que lui a fait construire autrefois le célèbre roi Chilpéric, et que le revenu de ma terre soit affecté à des prières perpétuelles pour obtenir le pardon de mes fautes. » Ce testament, daté de la vingt-deuxième année du règne de Clotaire II, semble lever tous les doutes. En effet, on voit que le corps de saint Germain l'Auxerrois reposait, dans l'église de saint Vincent, devenue depuis l'abbaye de Saint-Germain des Prés, et que le roi Chilpéric avait fait construire pour le recevoir une basilique nouvelle ; la translation n'était pas encore opérée lors de la mort du testateur. Depuis cette date, nous ne perdons plus la trace de la vieille église. Elle fut désignée d'abord sous le nom de *Saint-Germain le Rond*, à cause de sa forme, et on la trouve ainsi appelée dans le poëme qu'Abbon a consacré aux exploits d'Eudes, comte d'île de France, plus tard roi, qui défendit Paris contre les Normands. L'histoire nous montre ensuite Pepin le Bref enlevant en cérémonie les os du saint évêque, encore inhumés à Saint-Vincent, et les transférant dans l'église élevée à leur intention, après une résistance de plus d'un siècle de la part des anciens dépositaires. Saint-Germain l'Auxerrois se trouvait alors tout à fait en dehors de la ville, et au milieu des domaines de l'évêque de Paris : aussi la basilique relevait de la métropole, et était tenue dans une étroite dépendance. Transformée en forteresse par les Normands qui assiégèrent de nouveau Paris, elle fut détruite par eux, lorsque Charles le Chauve eut acheté leur retraite : la rue des Fossés Saint-Germain l'Auxerrois conserve encore, dans son nom, le souvenir de cette occupation momentanée. Au commencement du onzième siècle, le roi Robert la fit rétablir sur un nouveau plan, et lui donna, outre le nom définitif qu'elle a conservé jusqu'à nous, une juridiction considérable et de précieux privilèges. Son domaine s'étendait depuis la rue Saint-Denis jusqu'à Saint-Cloud, en suivant la rivière; elle possédait des étaux de boucherie aux halles, et nommait à tous les bénéfices dépendants de cette vaste étendue.

Charlemagne avait établi une école dépendante de la communauté des chanoines de Saint-Germain l'Auxerrois. Cette école, reconstituée par Robert, acquit une grande célébrité, et fut approuvée par Maurice de Sully, le fondateur de Notre-Dame de Paris. L'école et le chapitre conservèrent pendant près de dix siècles leur indépendance et leur bonne intelligence avec la métropole: la réunion définitive avec le chapitre de Notre-Dame n'eut lieu qu'en 1736.

L'édifice lui-même ne présente pas moins d'intérêt comme vicissitudes historiques, que l'institution des chanoines et de l'école dont je viens de parler. Il ne reste plus rien du monument de Robert, à plus forte raison de celui de Chilpéric. Le grand portail, qui remonte à Philippe le Bel, doit à sa situation au fond du porche, d'avoir échappé aux dévastations de 1793. Les figures dont il est orné sont au nombre de six : d'abord les deux personnes royales dont il a été question; puis un ecclésiastique, portant une simple dalmatique, qu'on croit être le saint diacre Wulfran, sainte Geneviève, un ange et un évêque, probablement saint Landry. La statue de saint Germain, qui était autrefois au trumeau séparant les deux battants de la porte, fut enlevée au dix-septième siècle et enfouie sous terre. Le vestibule qui précède ne date que de Charles VII. Cette façade n'a jamais été terminée, comme on peut s'en convaincre à la seule inspection du monument: les parties supérieures et pyramidales y manquent entièrement.

Cette entrée, remarquable à plus d'un titre, avait été laissée dans un déplorable état de dégradation. Le gouvernement de Juillet, qui avait quelques torts à se reprocher relativement à l'église de Saint-Germain l'Auxerrois, les répara grandement. Quelques vitres avaient été brisées par les balles des trois jours, et la croix du clocher fut descellée lors du sac de l'Archevêché, dont le signal était parti de la vieille église, comme autrefois celui de la Saint-Barthélemy ; on remit de superbes vitraux coloriés de façon à imiter les anciens chefs-d'œuvre des verrières au moyen âge, et on restaura l'édifice entier.

Dans cette réparation, faite presque toujours avec goût, qui a débarrassé les alentours de l'église des masures, des échoppes et des noires baraques dont elle était environnée, on ne peut guère blâmer qu'une grande prodigalité de dorures et de couleurs criardes. L'or, la pourpre, tout ce qui pare d'ordinaire les cafés et les boutiques de confiseurs, a été mis en usage : on a voulu refaire la sculpture polychrome et les brillantes enluminures du moyen âge. Qu'en est-il résulté? ce qui arrive toujours dans des circonstances analogues. C'est qu'au lieu de considérer les anciennes figures de rois, d'anges et d'évêques comme des monuments d'un art dans l'enfance, le public passe sans attention, tenté d'assimiler le vieux monument à nos frêles baraques, éclatantes d'ornements en carton-pierre.

Nous donnons ici des gravures qui représentent les compositions à la fresque de M. Mottez, compositions exécutées sous le porche de l'église. Ce n'est peut-être pas le lieu d'examiner si ce retour à l'architecture polychrome, abstraction faite de l'œuvre du peintre, est une chose bonne et utile. Les archéologues ont retrouvé sous le badigeon des traces de peinture à la cathédrale de Saint-Denis, à la Sainte-Chapelle, à Notre-Dame, dans les églises de Reims, de Soissons, etc. ; mais ces traces de peinture ont été vues surtout à l'intérieur. Là, ces capricieux ornements aux mille couleurs s'allient bien avec le jeu de la lumière à travers les verrières colorées, et leurs riches détails forment, dans les chapelles, une transition naturelle à la décoration des autels. Mais, à l'extérieur, le même système doit-il être appliqué aux gigantesques églises du moyen âge, que notre ciel chargé de frimas a bronzées depuis longtemps d'une teinte uniforme et sombre? Que sous le ciel de l'Ionie, sous celui de l'Égypte, on ait décoré de peintures des monuments d'une forme généralement basse et massive, cette gaie coloration, destinée à rendre sensibles les diverses parties de l'architecture, était en rapport avec l'éclat de la lumière et du ciel.

Le porche de Saint-Germain l'Auxerrois a dû être ajouté à la façade vers le milieu du quinzième siècle. Ce porche, le portail et les six statues de Jean Gausel, maçon tailleur de pierres, qui reçut 960 livres tournois pour ses travaux, furent-ils enluminés et dorés dans le principe? C'est ce qu'on ignore ; mais, l'eussent-ils été, ce n'était nullement une raison pour recommencer aujourd'hui cette enluminure. Dans ces âges si loin de nous, moins encore par le laps des années que par la barbarie des mœurs, à cette époque désastreuse où le pays déchiré par les factions, occupé par les Anglais, pillé, ruiné par les soldats d'aventure, était arrivé au dernier degré de misère, le peuple; au milieu de ses villes mal bâties, tristes, sales et infectes, ne connaissait d'autres pompes que celles du culte, d'autre spectacle que celui des cérémonies religieuses. C'était dans le temple seulement qu'il pouvait s'imaginer que toute poésie n'avait pas disparu de ce monde. Le sanctuaire de la Divinité était aussi celui des beaux-arts. Là étaient les merveilles de l'architecture, là s'épanouissaient la sculpture et la peinture, là s'étalaient à ses yeux éblouis les métaux et les pierres précieuses, les riches et splendides vêtements. Sa foi naïve et son esprit borné s'abandonnaient sans réserve à tous ces enchantements.

Mais aujourd'hui les spectacles abondent partout, que l'art s'est vulgarisé, rapetissé, mêlé aux besoins de la vie commune, qu'il court les rues, qu'il décore les boutiques, ne craignez-vous pas d'exposer jusque sur la place publique ce fastueux anachronisme à sa verve moqueuse? ne craignez-vous pas que ce décor de l'église ne lui semble bien pâle à côté des décors des théâtres, ces arabesques gothiques peu délicates ou ingénieuses à côté de celles des cafés et des estaminets; et que ce luxe inutile, répandu sur ce vestibule du temple, n'ait d'autre résultat que de mieux faire ressortir à sa vue la grossièreté d'un art incorrect? Rétablissez dans leurs niches les statues de pierre, il les respectera comme parties intégrantes de l'église ; mais les figures bariolées, ces rois, ces reines d'or, ces diables verts... loin de lui imposer, n'auront même pas le faible mérite de l'étonner un instant : n'en voit-il pas à peu près autant tous les jours chez les marchands de jouets d'enfants? Cet or et ces peintures qui revêtent tout l'intérieur du porche font paraître plus noir et plus triste le reste de l'édifice. Cet étalage de richesses sur la porte d'une église donne une idée exagérée des merveilles qui attendent les fidèles une fois qu'ils seront introduits dans la nef, et qui ne lui est loin de répondre à ses espérances. Il y a là évidemment un contresens.

Nous venons d'exprimer avec franchise notre impression personnelle sur les décorations du porche de l'église de Saint-Germain l'Auxerrois, pensant, pour notre part, qu'on fera bien de s'en tenir à cet essai, et qu'on aurait tort d'étendre à d'autres églises ce système de décor pittoresque, qui, fût-il plus justifié

Porche de l'église Saint-Germain l'Auxerrois, décoration du tympan.

Porche de Saint-Germain l'Auxerrois. Côté gauche.

qu'elles contiennent. Pour les apprécier, il ne faut pas les voir dégagées de leur entourage. Exécutées dans un ton clair, elles forment un ensemble assez harmonieux, que désaccordent seulement quelques bleus un peu trop vifs. Du reste, l'élément pittoresque est atténué ici autant que possible; et il en devait être ainsi. Le poëme de la couleur devait ici se subordonner au poëme de pierre. L'artiste n'était pas libre d'inscrire sur ces murailles son indépendante fantaisie : une forme souple et jeune à côté d'une forme roide et gothique, une conception de notre temps à côté des traditions du moyen âge. Aussi a-t-il sacrifié dans son œuvre la forme au symbolisme; et ce sacrifice a été, en quelques endroits, poussé très-loin, comme dans le tympan représentant le Christ sur la croix. Le Père Éternel, tenant entre ses genoux et soutenant de ses bras étendus l'instrument de supplice, forme, avec le corps de la victime, un ensemble laid et disgracieux. L'art disparaît, parce qu'on a trop voulu accorder au symbole. Du reste, si le Saint-Esprit, si le Père, si le Fils ne sont ici pour ainsi dire que des signes hiéroglyphiques, c'est peut-être un tort d'avoir donné aux deux anges, à droite et à gauche de l'Éternel, des gestes trop animés qui rappellent l'affliction humaine. Les ciels d'or sur lesquels se découpent les lignes de l'horizon, les auréoles des disques d'or sur lesquels sont appliquées les têtes, la perspective aérienne nulle, la perspective géométrique parfois sacrifiée, tout dans ces grandes compositions se ressent des entraves d'un art conventionnel. Or, n'est-ce pas une dure nécessité que celle qui condamne l'artiste à supprimer l'inspiration, à attrister la forme et la couleur, à étouffer la vie et le sentiment, au profit d'une inutile concordance avec une forme vieillie,

Porche de Saint-Germain-l'Auxerrois. Côté droit.

qu'il n'est peut-être par les traditions et les travaux des archéologues, a quelque chose de bizarre que repoussent nos idées modernes, et est d'un goût barbare et puéril qui ne peut être profitable ni au monument qu'il prétend restaurer, ni à l'art qu'il prétend ramener aux sources antiques, ni au public qu'il prétend instruire ou tout au moins émouvoir. Mais dans tout ce qui précède, nous le répétons, nous n'avons entendu parler que du système d'ornementation général exclusivement, et abstraction faite des grandes compositions de M. Mottez. Ces compositions ont pour but l'établissement de l'enseignement du christianisme, exposé dans une suite de tableaux dont nous reproduisons ici les trois principaux. Le tableau central, dans le tympan de l'ogive du grand portail, représente le Christ étendu sur la croix : à ses pieds sont les personnages de toutes conditions qui ont illustré l'Église de France; à gauche, saint Éloi, saint Denis, saint Landry, fondateur de l'Hôtel-Dieu, inhumé dans Saint-Germain l'Auxerrois, saint Rémi, saint Louis, saint Félix de Valois, fondateur de l'ordre des trinitaires pour la rédemption des captifs, saint Martin, sainte Geneviève et Jeanne d'Arc, heureusement introduite dans ce chœur des saints, où elle figure sans auréole, au nom de sa glorieuse mission de patronne de la France; à droite saint Crépin, ouvrier cordonnier, saint Bernard, saint Léon IX, saint Roch, saint Vincent de Paul, saint Cloud, saint Ambroise, sainte Clotilde, reine de France et sainte Blandive, esclave, martyre à Lyon. A droite et à gauche de ce tableau, dans des champs de forme allongée et couronnés par une ogive, sont deux grandes compositions à groupes superposés.

Ces fresques de M. Mottez ont un incontestable mérite : elles font corps avec la décoration

La Charité, fresque peinte dans l'église Saint-Germain l'Auxerrois.

autrefois œuvre vive de la foi, aujourd'hui lettre morte et incomprise à la foule. Cependant, tout en faisant la part du système, rendons justice au courage persévérant, aux recherches longues et difficiles, mais couronnées de succès, de l'artiste, qui s'est fait et est demeuré homme du moyen âge, et a mené à terme, avec un grand caractère d'unité, cette immense décoration monumentale.

Si nous pénétrons dans l'intérieur de l'église, le premier coup d'œil nous fera apercevoir la plus grande disparate entre les diverses parties de l'édifice. D'abord les ogives gothiques, s'appuyant sur des colonnes byzantines couronnées de feuillages; puis le jubé d'un style tout moderne, avec sa grille en fer et en bronze, œuvre de la Restauration; et enfin les peintures et les tableaux de tous les temps et de tous les maîtres, confusément entassés.

Il y a derrière le maître-autel une chapelle plus large au fond qu'à l'entrée, et ayant deux enfoncements voûtés, propres seulement à servir de niches à des statues, mais qu'ici on a utilisés autrement. D'abord on a commencé par dessiner à l'entrée, à droite et à gauche, un arceau irrégulier qui n'est ni un arc surbaissé, ni une ogive, ni un angle de fronton, et cela pour faire pendant au plein-cintre qui dessine les petites voûtes du fond; puis, peignant des deux côtés une draperie blanche à ramages d'or, on l'a suspendue à cet arceau, on l'a abaissée pour l'engager dans le plein-cintre, relevée ensuite, repliée sur elle-même à l'angle aigu des deux murs, et elle est allée finir près de l'autel. C'est sur cette draperie que l'artiste a consenti à étendre sa composition. Ses personnages ondulent en passant sur les nervures du plein-cintre, qui viennent mourir dans la paroi du mur. Singulière disposition! La teinte générale de toute cette chapelle est jaunâtre, affadissante au dernier point. Je ne parle pas des fresques, qu'on distingue à peine. Un groupe de la Vierge près du corps de son fils est assez bon ; le corps du Christ est bien étudié ; mais la misérable tenture à ramages d'or, qu'on retrouve jusque dans l'étable, derrière le bœuf et l'âne, gâte tout et empêche de voir. Au-dessus de l'autel est un tableau à trois compartiments; au milieu, un Christ en croix mal dessiné; à sa droite, l'Église sous la figure d'une femme richement vêtue, tenant une croix d'or, portant la tiare pontificale, et se portant elle-même sous la forme d'une petite maison ayant un clocher, avec cette inscription : *Sic Christus dilexit Ecclesiam*. A gauche est une femme pauvrement vêtue, tenant les tables de Moïse, et s'appuyant sur un bâton qui se brise, avec cette autre inscription : *Reprobatio synagogæ propter infirmitatem*. Tout cela semble très-peu évangélique.

Si de cette chapelle blafarde nous passons à celle de M. Gigoux, nous nous trouvons dans un extrême opposé. Au-dessous de ses tableaux, les murs sont chargés d'arabesques se détachant en or sur un fond rouge si éclatant, que quatre petits médaillons, où sont représentés différents traits de la vie de sainte Geneviève, sont à peine perceptibles. Deux de ces petits médaillons sont reproduits ici, ainsi qu'une des grandes peintures murales. En voyant pour la première fois celle-ci, on est un peu dérouté. En effet, on a lu dans la vie de sainte Geneviève, écrite, dit-on, dix-huit ans après sa mort, qu'elle avait sept ans lorsque saint Germain, d'Auxerre, et saint Loup, de Troyes, qui allaient combattre l'hérésie de Pélage dans la Grande-Bretagne, vinrent coucher à Nanterre. La foule alla au-devant d'eux, et les parents de la jeune fille la présentèrent à saint Germain, qui la consacra à Dieu. Cet âge de sept ans ne concorde guère avec le tableau de M. Gigoux. Cependant les deux tableaux de M. Gigoux paraissent facilement compris et facilement peints. Il y a de jolis détails dans celui qui représente sainte Geneviève sur les murs de Paris as-

des soins aux blessés. Un groupe de deux jeunes femmes soutenant un soldat frappé à mort est un

Saint Germain consacrant à Dieu sainte Geneviève.

peu trop serré dans l'angle du tableau, mais il est assez pittoresque : faibles et délicates, comme elles paraissent, elles ont un rude fardeau à supporter, et M. Gigoux aurait dû ménager le poids à leur gentillesse. Dans celui qui fait le sujet de la vignette, sainte Geneviève et saint Germain, peints en lumière, se trouvent près de la croisée, tandis que tous les

personnages en arrière-plan, peints avec des tons lourds et sombres, forment une tache noire qui s'étend sur le reste du tableau, et que le manque de clarté de la chapelle exagère encore.

Dans toutes les églises un tronc est placé à chaque porte principale, pour rappeler à ceux qui entrent pour prier, qu'outre la prière, l'aumône est aussi une vertu. C'est presque toujours un coffret de bois uni, dont la simplicité est en rapport avec l'humble vertu qu'il sollicite. L'église de Saint-Germain y a mis plus de coquetterie. Près de la sacristie il y en a un en mosaïque donné par madame J. M., et comme s'il ne se recommandait pas assez par lui-même, au-dessus on a peint à fresque une énorme figure du Christ tendant les mains avec un geste forcené et ayant à ses pieds cette inscription : *Donnez, et il vous sera donné*. — Près de l'entrée de la rue des Prêtres, il y en a un autre d'un joli dessin gothique. C'est un petit coffret en fonte, à droite et à gauche duquel deux Anges invitant à l'aumône sont gracieusement ajustés. Ils tiennent l'un et l'autre leurs regards détournés de l'ouverture du tronc, comme pour ne pas humilier l'obole de la veuve. Il y a dans ce petit bas-relief du tact, du goût et du sentiment religieux. Le rude métal a eu beau s'assouplir, je doute que dans ce siècle de fer les deux anges quêteurs fassent jamais de bien grosses recettes; c'est pour cela qu'on leur adjoint de temps en temps de jolies quêteuses, ayant une bourse dorée à la main, et accompagnées d'un huissier en habit noir et à chaîne d'argent, doué d'une voix claire et sonore.

Dans le champ de l'ogive qui surmonte ce tronc, l'homme à cheval qui, dans la vignette que nous avons reproduite plus haut, a l'air de tenir un archet et un violon, est saint Martin divisant avec son épée son manteau pour en donner un morceau à un indigent. Le saint se montre économe; car il coupe son manteau si bas que le pauvre diable aura à peine de quoi s'en faire une paire de parements. On sait, du reste, ce que signifie cette peinture au-dessus d'un tronc destiné seulement à l'entretien de l'église, qui, grâce aux sommes qu'elle a

Sainte Geneviève.

siégé, rendant la confiance aux soldats. Des femmes animées par son exemple donnent autour d'elle

Tronc en fonte de fer, à Saint-Germain l'Auxerrois.

Sainte Geneviève visitant les prisonniers.

coûtées, n'avait pas besoin d'être mise sous de semblables auspices.

C'est aussi à Saint-Germain l'Auxerrois qu'a été placé le baptistère surmonté de ce joli groupe d'enfants, exécuté en marbre par M. Jouffroy, d'après les dessins de madame de Lamartine, et que tout le monde a admiré il y a quelques années à une exposition au Louvre. Il est impossible de rendre avec plus de grâce cette initiation de l'innocence à la vie religieuse.

La peinture sur verre a fait aussi d'honorables efforts pour reconquérir dans nos édifices religieux la place qu'elle y occupait autrefois. La fenêtre de Saint-Germain l'Auxerrois, par MM. Galimard et Lami de Nozan, est un des plus beaux succès de cet art, dont le secret semblait perdu.

Pour mieux faire comprendre les éloges que nous avons à donner ce moment et les critiques que nous nous permettrons, nous allons entrer dans quelques détails qui ne seront pas sans intérêt pour la plupart de nos lecteurs. Une verrière ne se peint pas comme un tableau; l'artiste ne dispose pas du verre comme le peintre de sa toile, ni de ses couleurs comme ce dernier de sa palette. Les verres employés dans les vitraux sont colorés d'avance, teints dans leur pâte ; ce sont des verres de couleur, en un mot. Ainsi, lorsque l'on voit une draperie rouge, par exemple, briller sur un fond bleu, le rouge et le bleu ne sont pas deux couleurs appliquées sur un même morceau de verre blanc, mais bien deux morceaux de deux feuilles de verre différentes, mis à côté l'un de l'autre, et réunis au moyen d'un plomb qui les maintient invariablement dans le même plan. On voit de suite quel travail complexe exigent les vitraux. Il faut d'abord composer sa fenêtre avec un grand soin, en arrêter le dessin et les couleurs. Cette première opération demande un grand talent, une grande habitude, un goût sûr et une entente peu commune de l'harmonie des couleurs. On possède alors ce qu'on appelle un carton. Sur ce carton on découpe avec soin des verres de couleur, en ayant soin que les plombs destinés à les réunir tracent les contours du dessin représenté par le peintre. Ces plombs, loin de nuire à l'effet de la verrière, font au contraire un trait vigoureux sans lequel les couleurs juxtaposées arriveraient confusément à l'œil du spectateur. Les verres une fois découpés, on trace alors sur eux, avec une couleur fusible au feu, les ombres et les plis des draperies ; on passe les teintes des chairs qui se peignent sur verre blanc, ainsi que certains jaunes, et on les fait cuire à la manière de la porcelaine, dans une moufle. Le feu fixe d'une manière indélébile ces couleurs à la surface des verres. Il ne reste plus qu'à les réunir par des plombs, et à monter la fenêtre au moyen de ferrures qui lui donnent la solidité nécessaire pour résister aux énormes pressions qu'exerce le vent sur les grandes ouvertures des églises.

Ces opérations demandent donc bien des talents divers ; il est rare que la même main les exécute toutes. Nous verrons tout à l'heure les plus grands peintres faire des cartons, et leur exécution paraître chose assez difficile pour que des artistes du premier ordre se chargent de les traduire en vitraux.

Un mot maintenant sur l'histoire de la peinture sur verre.

On ne connaît pas de vitraux antérieurs au douzième siècle. Parmi ceux-ci il faut citer deux fenêtres de l'abbaye de Saint-Denis, réservées de l'ancien édifice du temps de l'abbé Suger. L'inauguration en avait été faite en 1140. La peinture n'est alors qu'une mosaïque ; les dessins sont au trait, sans ombre. Au treizième siècle on ajoute quelques hachures pour donner du relief aux figures. Les deux rosaces latérales de Notre-Dame, les vitraux de la Sainte-Chapelle, sont de cette époque. On peut juger de la prodigieuse activité des artistes du temps : les vitraux de la Sainte-Chapelle furent exécutés en un an, de 1247 à 1248. Jusque-là les sujets affectent le style légendaire; ce sont de petites figures, divisées en panneaux. Le quatorzième siècle, au contraire, voit exécuter des figures colossales portées sur des piédestaux et surmon-

tées de dais; on essaye des rinceaux, des fleurons en pièces de rapport; enfin apparaissent les premières armoiries; les plus anciennes sont du règne de Charles VI. L'église de Saint-Severin nous offre quelques fenêtres de ce siècle. Les grands portraits de la cathédrale de Strasbourg doivent aussi y être rapportés. Mais, quelques années plus tard, le gothique se perd, la renaissance apparaît de toute part, les élèves d'Albert Durer enseignent la perspective. Loin de perdre à ce mouvement universel, la peinture sur verre lui doit ses plus brillants chefs-d'œuvre. À la fin du quinzième siècle, à Beauvais, les vitraux de Saint-Étienne, de Notre-Dame-de-Lorette, de Saint-Jean, s'exécutaient sur les cartons de Raphaël, et Jules Romain dessinait les vitres de Saint-Sébastien et l'arbre de

Baptistère en marbre blanc, sculpté d'après une composition de madame de Lamartine.

Jessé. Au seizième siècle, l'art est dans toute sa splendeur : Arnault des Molles, en 1547, peint toutes les fenêtres du sanctuaire de la cathédrale d'Auch, et l'ensemble admirable produit par l'unité de pensée et de manière en fait un chef-d'œuvre encore plus peut-être que le mérite de l'exécution et du goût. Bernard de Palissy travaille à Saint-Gervais avec Jean Cousin ; et ce dernier, s'écartant de la destination religieuse des vitraux, peint en grisaille, pour le château d'Écouen, les amours de Psyché d'après les cartons de Raphaël.

Nous touchons à la décadence ; la peinture sur verre, comme tous les arts, en fut atteinte. On voulut se passer de ces plombs qui assemblent les verres de couleurs différentes; cette innovation contribua à accélérer la ruine de l'art, et le public se dégoûta des vitraux.

La fenêtre qui nous occupe appartient évidemment, par son style, à la seconde moitié du quinzième siècle, et elle est du genre historié le plus brillant de cette époque. Les costumes rappellent ceux du temps de Louis XII.

Les trois panneaux d'en bas représentent, ainsi que nous l'apprend la légende : « Comment le corps de monseigneur saint Landry fut porté en terre. » Le premier panneau, où se trouve le sonneur, le porte-étendard et les deux enfants de chœur, est au-dessus de tout éloge ; comme style, inspiration religieuse, on ne peut rien imaginer de mieux. Composition et exécution, c'est assurément ce qu'il y a de plus remarquable dans toute la fenêtre. Placez ce panneau au milieu des vitraux de Beauvais, il soutiendra la comparaison. Les deux autres panneaux sont aussi dignes d'éloges ; la procession marche bien, il y a du deuil et de la solennité tout à la fois.

On sait que lors de l'invasion des Normands, au septième siècle, les reliques de saint Landry, ancien évêque de Paris et patron de Saint-Germain l'Auxerrois, furent transportées dans la Cité. Les panneaux supérieurs nous montrent donc « comment ceux de Saint-Germain l'Auxerrois translatèrent le corps de monseigneur saint Landry. » Ici l'effet est tout différent : tout à l'heure la composition était calme et triste, maintenant elle est étincelante; peut-être même trouverions-nous à blâmer cet éclat. Les Normands approchaient; c'étaient de terribles barbares, idolâtres, sans pitié ni merci, et ce n'est pas avec cet air de fête que des gens frappés de terreur vont cacher l'objet de leur culte et de leur dévotion. Il semble, du reste, que le peintre ait prévu notre critique en plaçant à la fin du cortège ce guerrier qui, s'appuyant sur sa longue épée, semble honteux d'une aussi triste prévoyance, et cet enfant qui regarde derrière lui d'un air effrayé. Après tout, le brillant combiné avec l'harmonie n'est pas chose assez commune pour que nous tenions à notre objection, et nous signalerons, pour en terminer avec ces panneaux, le seigneur en robe rouge doublée d'hermine, qui porte la châsse. On le croirait arraché à une de ces inimitables verrières de Saint-Patrice, à Rouen.

Les trèfles sont fort sagement décorés ; c'est ordinairement un écueil que ne savent pas éviter les faiseurs de vitraux modernes; il semble qu'ils n'aient pas assez de couleurs criardes pour garnir les meneaux du haut de leurs fenêtres. Ici, au contraire, tout est calme et harmonieux.

Des dais à clochetons surmontent la procession des reliques, et relient ainsi d'une manière ingénieuse, avec la bande d'architecture qui occupe la partie supérieure des panneaux d'en bas, tout l'ensemble de la composition. Si nous avons des éloges qu'il tient suspendues au-dessus des guirlandes qu'il tient suspendues ne pouvait-on pas, sans nuire à la composition, faire quelque chose de plus étoffé?

Le trèfle supérieur représente saint Landry fondant l'Hôtel-Dieu. Ce panneau est digne de ceux qu'il couronne, et termine glorieusement l'ouvrage. Les anges qui l'entourent sont d'un goût exquis. Nous recommandons l'ange qui est au faîte de la fenêtre, et pour terminer par une critique, nous voudrions que celui qui est à sa droite eût les ailes moins noires : elles font presque tache.

Quant à cet éclat trop vif qui choque toujours nos yeux dans les vitraux modernes, comme il ne vient pas ici de l'assemblage de couleurs en désaccord les unes avec les autres, avec le temps les critiques prennent un peu de patience, et la poussière et le temps auront bientôt donné à cette verrière cette profondeur de ton et cette harmonie que nous admirons tant chez les anciens. Il ne faut pas oublier, en un mot, que nous les voyons après plusieurs siècles de mise en place, et qu'on regarde les vieilles fenêtres nettoyées de l'abbaye de Saint-Denis.

C'est, nous croyons, la première fois qu'on tente de reproduire le style du quinzième siècle, et ce coup d'essai est un coup de maître ; il laisse bien loin derrière lui tous les pastiches essayés des autres époques.

La place Saint-Germain l'Auxerrois, qui est à peine une place tant elle est étroite et de mesquine apparence, faisait anciennement partie du cloître de Saint-Germain. En vertu d'un arrêt du conseil de 1783, onze maisons et un nombre assez considérable d'échopes furent démolies pour *la formation d'une place ordonnée être construite devant la colonnade du Louvre*. Parmi ces maisons était l'hôtel du Doyenné, qui faisait le coin d'un passage conduisant du cloître Saint-Germain l'Auxerrois à la place du Louvre. Dans cet hôtel mourut Gabrielle d'Estrées, duchesse de Beaufort. Gabrielle avait passé une partie du carême à Fontainebleau. La politique et la bienséance forcèrent Henri IV à l'éloigner pendant les fêtes de Pâques. Il la pria de retourner à Paris, et la reconduisit jusqu'à Melun. « Ces deux amants, dit Sully, sembloient avoir un pressentiment qu'ils ne se reverroient plus. Ils s'accabloient de caresses, les larmes aux yeux, et se parloient comme si c'eût été pour la dernière fois. La duchesse recommandoit au roi ses enfants et ses domestiques. Le roi l'écoutoit et s'attendrissoit sans pouvoir la rassurer. Ils prenoient congé l'un de l'autre et aussitôt se rappeloient, s'embrassoient et ne pouvoient se séparer. »

Gabrielle alla loger chez Zamet, un Italien fort riche, dont le caractère plaisant, spirituel et enjoué avait plu à Henri IV. Accueillie par son hôte avec égards et prévenance, la duchesse, qui était enceinte, se promenait un jour dans le jardin de Zamet, après avoir mangé un citron, lorsque tout à coup elle éprouva des douleurs si aiguës, qu'elle se fit transporter dans son hôtel du Doyenné, ne voulant plus, disait-elle, rester chez un homme qui l'avait empoisonnée. Le mal fit des progrès effrayants ; elle mourut au bout de quelques jours, son beau visage entièrement décomposé. On ouvrit son corps, et l'on trouva son enfant mort. Henri IV fit prendre le deuil à sa cour, et le porta la première semaine en violet, la seconde en noir. Zamet fut accusé de la mort de Gabrielle. Cet Italien était Florentin, et l'on avait déjà parlé du mariage de Henri IV avec Marie de Médicis. Zamet agissait d'après les ordres de la cour de Florence. « On empoisonna cette favorite, dit un écrivain du temps, parce que le roi étoit déterminé à l'épouser, et vu les troubles qui en seroient advenus : ce fut un service qu'on rendit au prince et à l'État. » Morale facile, comme on voit. Hâtons-nous d'ajouter que le crime reproché à Zamet n'est pas prouvé. La plupart des historiens attribuent à une grossesse malheureuse la mort de Gabrielle d'Estrées.

C'est en sortant du Louvre, sur la place Saint-Germain l'Auxerrois, que Coligny reçut de Maurevert un coup d'arquebuse deux jours avant la Saint-Barthélemy. La maison de l'amiral n'était qu'à quelques pas dans la rue des Fossés-Saint-Germain l'Auxerrois. Elle s'appelait *l'hôtel de Ponthieu*, et appartenait au chancelier de France messire Dubourg. En 1617, cet hôtel fut acheté par le duc de Montbazon. Sophie Arnould y naquit en 1740. Sept ans plus tard, cette maison, envahie depuis par les nombreuses industries qui peuplent tout le quartier environnant, était, habitée par le célèbre peintre Wanloo. De son ancienne splendeur, cet hôtel de Ponthieu, qui porte le n° 14, n'a guère conservé que l'appartement de l'amiral.

Fenêtre de Saint-Germain l'Auxerrois, par MM. Galimard et Lami de Nozan.

Au mois de juillet 1830 eut lieu sur cette place, entre les Suisses et les masses populaires, un combat acharné qui se termina par la défaite de la monarchie. C'est dans la rue Saint-Germain l'Auxerrois qu'était situé le For-l'Évêque, *Forum Episcopi*. C'était le lieu où l'évêque faisait exercer sa justice par un prévôt ou juge nommé par lui. Les peines qu'on infligeait au nom du prélat étaient, suivant la gravité des délits, subies dans des endroits différents. Les criminels condamnés à être brûlés vifs ou pendus étaient conduits hors de la banlieue de Paris. Lorsqu'il ne s'agissait que de couper les oreilles, cette exécution avait lieu sur la place de Trahoir, à l'endroit où la rue de l'Arbre-Sec se confond avec la rue Saint-Honoré. Reconstruit en partie en 1652, le For-l'Évêque fut alors destiné aux prisonniers pour dettes et aux comédiens réfractaires ou indociles. La célèbre Clairon y fut enfermée en 1765. Voici à quelle occasion : Un comédien, nommé Dubois, avait refusé d'acquitter une dette. Tous ses camarades indignés résolurent de ne plus jouer avec lui. Au moment d'une représentation du *Siége de Calais*, l'aréopage dramatique apprend que, par ordre du roi, Dubois doit remplir le rôle de Maurice. Refus de jouer de la part des comédiens, excités par mademoiselle Clairon ; tumulte des spectateurs qui crient : Calais ! Calais !... Frétillon à l'hôpital !..., la Clairon au For-l'Évêque. Tout Paris fut très-ému de cette affaire. Le 7 avril 1765, Brisard, Dauberval, Molé, Lekain, et plusieurs autres, sont arrêtés et conduits au For-l'Évêque. Un exempt se présente au domicile de la Clairon, et la prie de le suivre. Après quelques difficultés, l'actrice se soumet en disant : « Mon honneur reste intact ; le roi lui-même n'y peut rien. — Où il n'y a rien le roi perd ses droits, » répond brutalement l'exempt.

La Clairon monta dans la voiture de madame de Sauvigny, femme de l'intendant de Paris. Pour marquer tout l'intérêt qu'elle prenait au sort de la tragédienne, madame de Sauvigny tint pendant tout le trajet la Clairon sur ses genoux. La reine tragique fut visitée dans sa prison par la cour et la ville. On faisait sortir les prisonniers pour aller jouer leurs rôles, et, le spectacle terminé, on les reconduisait au For-l'Évêque. Enfin, cette comédie eut un dénoûment inattendu. Pour plaire à mademoiselle Clairon, le poëte Dubelloy retira sa pièce, et le comédien Dubois, cause première de ce tumulte, demanda sa retraite, après quoi Belle-cour, au nom de tous ses camarades, fit à la Comédie-Française un discours rempli d'excuses humiliantes, et déplora le malheur d'avoir manqué au public. Tous les comédiens prisonniers furent élargis.

La prison du For-l'Évêque, ainsi que celle du Petit-Châtelet, fut supprimée par Louis XVI en 1780, sur la proposition du ministre Necker.

Dans une petite rue qui vient aboutir à la place Saint-Germain l'Auxerrois, la rue des Prêtres, rue interdite aux voitures, est une maison d'un aspect délabré. C'est là que sont situés les bureaux d'un des journaux les plus importants de Paris et de l'Europe : nous avons nommé le *Journal des Débats*, dont nous parlerons avec quelques détails lorsque nous examinerons les engrenages de cette grande machine qui s'appelle la publicité politique.

C'est aussi dans cette rue qu'est situé un café qui a eu, à une certaine époque, une physionomie particulière, le *café Momus*, où se réunissaient pour déjeuner et chanter de joyeux sociétaires lyriques et bachiques. Il y a bien encore de nos jours des sociétés bachiques, mais les enfants d'Apollon ont disparu,

Chapitre XXXI.
LE LONG DE LA SEINE (Suite).
LES TUILERIES.

La Sablonnière. — Pierre des Essarts et l'hôtel des Tuileries. — Catherine de Médicis achète la maison des Tuileries. — Origine du château des Tuileries. — Philibert Delorme et Jean Bullan. — Louis XIV termine les Tuileries. — Levau est chargé de ce travail. — Historique du château des Tuileries. — Une fête sous Charles IX. — Ascension des physiciens Charles et Robert dans le jardin des Tuileries. — Louis XVI aux Tuileries. — 20 juin 1792. — Le 10 août. — La Convention aux Tuileries. — Gardiens volontaires des Tuileries après Février 1848. — L'exposition de peinture aux Tuileries. — Bal du 25 janvier 1852 au palais des Tuileries. — Séance d'ouverture de la session du sénat et du corps législatif, dans la salle des Maréchaux. — Théâtre du palais des Tuileries. — Les différentes représentations qui y ont eu lieu. — Description de la salle. — Le jardin des Tuileries. — Ses vicissitudes. — Le Nôtre. — Les pommes de terre aux Tuileries. — La fête de l'Être Suprême. — Charme du jardin des Tuileries. — Les hôtes des Tuileries. — La place de la Concorde. — L'Obélisque. — Le jardin des Tuileries vu à vol d'oiseau. — Les pelouses et les parterres des Tuileries. — Les bassins des Tuileries. — Les poissons rouges. — L'allée des Orangers. — La terrasse des Feuillants. — La terrasse du bord de l'eau. — Sa fâcheuse transformation. — Le public du jardin des Tuileries. — Les enfants aux Tuileries. — La petite Provence. — Les allées mystérieuses. — Les statues.

La tuile qu'on employait à Paris se fabriqua d'abord au bourg Saint-Germain-des-Prés, sur l'emplacement qui a longtemps conservé le nom de la rue des Vieilles-Tuileries. Dans la suite, on éleva de l'autre côté de la Seine plusieurs fabriques de tuiles sur un terrain appelé, au quatorzième siècle, *la Sablonnière*. Près de ces fabriques, Pierre des Essarts occupait une maison, l'*hôtel des Tuileries*, qu'il céda à l'hôpital des Quinze-Vingts. Charles VI ordonna, en 1416, que toutes les tueries et escorcheries seraient transportées hors des murs de la ville, *près ou environ des tuileries Saint Honoré, qui sont sur la rivière de Seine outre les fossés du château du Louvre*. Nicolas Neuville de Villeroy, secrétaire des finances et audiencier de France, possédait en cet endroit, au commencement du seizième siècle, une grande habitation avec cours et jardin clos de murs. Louise de Savoie, mère de François Ier, se trouvant incommodée, du séjour de son palais des Tournelles, environné d'eaux stagnantes, résolut de changer d'air; elle pensa à la maison de M. de Neuville, et vint l'habiter. La santé de Louise de Savoie ne tarda pas à se rétablir : cette circonstance heureuse engagea François Ier à faire l'acquisition de cet hôtel ; le propriétaire reçut en dédommagement la terre de Chanteloup, près de Montlhéry. Louise de Savoie s'ennuya bientôt (les grands s'ennuient partout) dans sa nouvelle habitation, et cette princesse fit don de son hôtel à Jean Tiercelin, maître d'hôtel du Dauphin, et à Julie du Trot, sa femme.

Henri II, blessé dans un tournois par le comte de Montgommery, mourut à l'hôtel des Tournelles, qui devint, à partir de cet événement, comme un lieu de malédiction, et fut aussitôt abandonné par Catherine de Médicis. Par lettres-patentes du 28 janvier 1563, Charles IX ordonna la démolition de l'hôtel des Tournelles.

Catherine de Médicis fit l'acquisition de la maison des Tuileries, de plusieurs propriétés voisines et d'un grand terrain qui appartenait à l'hôpital des Quinze-Vingts. Elle fit alors jeter les fondements d'un nouvel édifice ; les jardins furent entourés d'un mur, à l'extrémité duquel, et sur le bord de la Seine, on fit cons-

Vue générale des palais du Louvre et des Tuileries, réunis d'après le plan des constructions actuelles. — Réduction d'un dessin à l'aquarelle.

truire un bastion, dont le roi posa la première pierre en 1566.

Pour se procurer les fonds nécessaires à cette construction, Catherine fit vendre à Paris plusieurs terrains vacants, et notamment ceux des hôtels des Tournelles et d'Angoulême. Philibert Delorme et Jean Bullan furent chargés de fournir les plans de l'édifice. On éleva d'abord le gros pavillon placé au centre de la façade. Ce pavillon était couronné par un vaste dôme circulaire, et couvert en ardoises. Depuis on a changé la forme de ce dôme, qui est aujourd'hui quadrangulaire.

Le pavillon central, les deux bâtiments latéraux et les pavillons qui s'élèvent à leur extrémité composaient alors, et composèrent pendant longtemps le château des Tuileries. Les diverses parties de cet édifice sont couvertes d'un comble en ardoises d'une grande élévation, comme on en voit sur la plupart des édifices de Paris bâtis au seizième et au dix-septième siècle. Ces combles énormes, qui s'accordent mal avec les ordres grecs auxquels on les associe, doivent évidemment leur origine aux combles des forteresses féodales.

Les bâtiments latéraux du pavillon du centre présentaient, du côté du jardin, à droite et à gauche, deux terrasses découvertes, supportées chacune par douze arcades. Sous la Restauration, la terrasse de droite fut transformée en galerie vitrée, conduisant du pavillon central à la chapelle. Depuis 1830, on a couvert cette terrasse de constructions nouvelles, élevées au-dessus et à fleur des douze arcades du rez-de-chaussée, et servant de lieu de promenade pendant le mauvais temps. C'est M. Fontaine qui a été chargé de ce travail.

Ces terrasses en galeries avaient à leur extrémité un pavillon carré moins élevé que le pavillon du centre. C'est à ces deux pavillons que se terminait alors tout l'édifice des Tuileries.

En 1664, Louis XIV chargea Levau de terminer le palais des Tuileries, c'est-à-dire de le défigurer. Tel qu'il était alors, l'édifice était complet. Le pavillon du centre fut exhaussé ; on le décora de deux ordonnances, l'une corinthienne, l'autre composite, avec un attique avec cariatides. On ne laissa subsister des constructions du premier architecte, Philibert Delorme, que l'ordonnance du rez-de-chaussée, ordonnance composée de colonnes et de pilastres à tambours de marbre, et dont les sculptures sont très-finement exécutées.

Les deux terrasses placées sur la façade du jardin furent conservées dans leur forme originelle ; mais on changea la décoration des façades des bâtiments qui sont au fond de ces terrasses, et les trumeaux de ces façades furent enjolivés de gaînes et de bustes.

Ce fut aussi sous le règne de Louis XIV que fut décoré l'intérieur de la galerie qui unit le palais des Tuileries au palais du Louvre. Le grand roi fit sculpter les bas-reliefs des pavillons d'angles des Tuileries, ainsi que tous ceux qu'on voit sur les frontons de la galerie.

Les tristes événements qui se sont passés aux Tuileries semblent avoir imprimé sur les pierres de ce palais une teinte lugubre. Ce fut au palais des Tuileries, quatre jours avant le massacre de la Saint-Barthélemy, que la reine Catherine de Médicis donna une fête dont nous empruntons les détails aux mémoires de l'état de la France sous Charles IX. « Premièrement, en ladite salle, à main droite, il y avoit le paradis, l'entrée duquel étoit défendue par trois chevaliers armés de toutes pièces, qui étoient Charles IX et ses frères. A main gauche, étoit l'enfer, dans lequel il y avoit un grand nombre de diables et de petits diablotaux, faisant infinies singeries et tintamares, avec une grande roue tournante dans ledit enfer, toute environnée de clochettes. Le paradis et l'enfer étoient séparés par une rivière, qui étoit entre deux, sur laquelle il y avoit une barque conduite par Caron, nautonnier d'enfer. A l'un des bouts de la salle, et derrière le paradis étoient les Champs-Élysées, à savoir un jardin embelli de verdure et de toutes sortes de fleurs ; et le ciel empirée, qui étoit une grande roue avec les douze signes du zodiaque, les sept planètes et une infinité de petites étoiles faites à jour, rendant une grande lueur et clarté par le moyen des lampes et flambeaux qui étoient artistement accommodés par derrière. Cette roue étoit dans un continuel mouvement, faisant aussi tourner ledit jardin, lequel étoit douze nymphes fort richement parées. Dans la salle se présentèrent plusieurs troupes de chevaliers errants (c'étoient des seigneurs de la religion, qu'on avoit choisis exprès) ; ils étoient armés de toutes pièces, vêtus de diverses livrées et conduits par leurs princes (le roi de Navarre et le prince de Condé), tous lesquels taschant de gagner ce paradis, pour ensuite aller quérir ces nymphes, en étoient empêchés par les trois chevaliers qui en avoient la garde : lesquels, l'un après l'autre, se présentoient à la lice, et ayant rompu la pique contre lesdits assaillants et donné le coup de coutelas, les renvoyoient vers l'enfer, où ils étoient traînés par des diables et diablotaux. Cette forme de combat dura jusqu'à ce que les chevaliers errants eussent été combattus et traînés un à un dans l'enfer, lequel fut ensuite clos et fermé. A l'instant descendirent du ciel Mercure et Cupidon, portés sur un coq. Le Mercure étoit cet Étienne le Roi, chantre tant renommé, lequel, étant à terre, se vint présenter aux trois chevaliers, et, après un chant mélodieux, leur fit une harangue et remonta ensuite au ciel sur son coq toujours chantant. Alors les trois chevaliers se levèrent de leurs sièges, traversèrent le paradis, allèrent aux Champs-Élysées quérir les douze nymphes et les amenèrent au milieu de la salle, où elles se mirent à danser un ballet fort diversifié, et qui dura une grosse heure. Le ballet achevé, les chevaliers qui étoient dans l'enfer furent délivrés et se

Départ des volontaires qui avaient gardé les Tuileries, après le 24 février 1848.

mirent à combattre en foule et à rompre des piques. Le combat fini, on mit le feu à des traînées de poudre, qui étoient autour d'une fontaine dressée presque au milieu de la salle, d'où s'éleva un bruit et une fumée qui fit retirer chacun. Tel fut le divertissement de ce jour, d'où l'on peut conjecturer quelles étoient, parmi telles feintes, les pensées du roi et du grand conseil. »

Jusqu'à l'époque de la révolution, le château des Tuileries ne fut le théâtre d'aucun événement important. Louis XIV avait abandonné cette habitation pour résider à Saint-Germain, puis ensuite à Versailles. Ses successeurs imitèrent le grand roi sous ce rapport. On donnait des fêtes périodiques dans le jardin des Tuileries. Une de ces fêtes fut attristée, le 1er février 1783, par un malheur : les physiciens Charles et Robert voulurent y faire une ascension aérostatique, mais le second périt victime de son audace.

Louis XVI habitait Versailles lorsque le peuple ameuté alla l'y chercher... Le roi vint occuper les Tuileries le 6 octobre 1789. Au mois de février 1790, le jardin des Tuileries fut le théâtre d'une émeute causée par le départ des tantes du roi. Au mois d'avril suivant, un nouveau rassemblement s'y forma pour empêcher Louis XVI d'aller à Saint-Cloud. Le 20 juin 1792, le peuple envahit les Tuileries pour présenter lui-même les pétitions au roi, qui fut coiffé du bonnet rouge. Cette triste journée servit de prélude à la sanglante révolution du 10 août. Cette fois, la foule pénétra dans le palais, le fer à la main. Les défenseurs du roi furent égorgés. Sous la république, les Tuileries prirent le nom de Palais-National. Sur l'emplacement occupé par le théâtre, connu sous le nom de salle des Machines, on construisit la salle de la Convention; on y entrait par un perron qui donnait sur la terrasse des Feuillants. C'est dans cette salle que fut prononcée, le 20 janvier 1793, la sentence de la Convention qui condamnait à mort l'infortuné Louis XVI. La fameuse fête de l'Être Suprême eut lieu dans le jardin, le 9 juin 1794.

Le conseil des anciens remplaça la Convention aux Tuileries. Napoléon, consul et empereur, habita ce palais. La famille des Bourbons y demeura également pendant la restauration. Le 29 juillet 1830, vers midi, le peuple attaqua les Tuileries, et, les troupes royales vaincues, Charles X partit pour l'exil. La branche cadette, qui resta dix-huit années aux Tuileries, finit comme la branche aînée : après un simulacre de combat qui eut lieu sur la place du Carrousel, le 24 février 1848, Louis-Philippe et la reine Marie-Amélie s'échappèrent des Tuileries, et se dirigèrent vers Honfleur, où une barque les transporta sur un vapeur anglais, mouillé en rade du Havre.

Immédiatement après la révolution de 1848, des hommes armés s'étaient emparés des Tuileries ; ils y restèrent pendant trois semaines environ. Ces hommes avaient jeté pendant quelques jours dans Paris une véritable panique. On avait répandu le bruit qu'en possession des Tuileries ils y pillaient tout et refusaient obstinément d'évacuer le château. Tout cela n'était pas complètement vrai. Ces hommes avaient voilé avec assez de fidélité sur le dépôt sacré dont ils s'étaient constitués les gardiens : aussi déclarèrent-ils qu'ils ne voulaient pas sortir du château comme une bande de malfaiteurs, mais comme une garnison fidèle. On entra en pourparlers avec eux pour les engager à remettre la garde du palais à la troupe régulière. Ils défilèrent alors devant l'état-major de la garde nationale, précédés d'un tambour, et un drapeau en tête.

Le palais des Tuileries servit, l'année suivante de salle d'exposition de peinture.

Dans cette innovation, il y avait au moins progrès pour le palais : on voulait d'abord en faire un hospice ; on en fit un musée. Mais il n'y avait pas bénéfice pour les beaux-arts ; car si les malades s'y trouvaient bien, les tableaux y étaient fort mal. Ce n'était là, du reste, que du provisoire, et c'était une excuse pour l'administration. Mais elle était louable de l'initiative qu'elle avait prise, en transportant l'exposition ailleurs qu'aux anciennes galeries du Louvre, où elle avait le double inconvénient de priver très-longtemps le public de la vue et de l'étude des chefs-d'œuvre des grands maîtres anciens, sacrifiés à la médiocrité, pour ne pas dire plus, des artistes vivants, et, d'autre part, de les exposer à des causes de détérioration, soit par suite des accidents possibles pendant la pose des tableaux, soit même par le fait seul des tentures qui les

L'exposition des tableaux aux Tuileries.

recouvraient et les maintenaient dans un espace où l'air ne se renouvelait pas.

Une fois cette nécessité admise de ne plus faire l'exposition des peintres vivants dans les galeries du Louvre, le château des Tuileries, étant inoccupé, méritait peut-être, à cause de sa situation centrale, la préférence sur tout autre monument public, qui eût certainement offert au même degré que lui le défaut de convenances dans la distribution. Ce manque de convenances n'existe-t-il pas d'ailleurs au Louvre lui-même ? Ses croisées avaient été ouvertes pour éclairer un cortège de courtisans, de pages et d'officiers ; il ne tant pas s'étonner si le jour auquel elles donnent accès offusque parfois d'une manière fâcheuse les tableaux qui leur font face, et si les vierges immobiles de Raphaël ou les nymphes de Titien s'en accommodent moins bien que ne pouvaient le faire Gabrielle d'Estrées ou madame de Montespan à leur passage.

Entrée du palais des Tuileries.

Grand escalier du palais des Tuileries. — Sortie du bal donné le 25 janvier 1852.

Le 23 janvier de cette présente année 1852, les Tuileries s'illuminaient pour la première fois, depuis quatre ans; le président de la République, Louis-Napoléon, offrait un bal dans cette salle des Maréchaux qui portait encore les traces de la dernière révolution.

Le 29 mars de cette même année avait lieu dans ce palais l'ouverture de la session du sénat et du corps législatif. La salle des Maréchaux avait été disposée pour cette solennité.

Une estrade avait été préparée au fond de la salle pour le président, ses ministres, sa maison militaire et le conseil d'État.

Une salve de cent et un coups de canon annonçait le commencement de la cérémonie. Le président de la République s'était rendu d'abord dans le salon de l'Empereur, où il avait reçu le serment de ses ministres, ainsi que celui du vice-président du conseil d'État.

A midi et demi, le corps diplomatique, le corps législatif, le sénat et le conseil d'État, qui s'étaient réunis d'avance dans des salons séparés, furent introduits, et prirent place dans la salle des Maréchaux.

Le corps diplomatique occupait au côté droit une estrade qui faisait suite à celle du président.

En avant, et à droite, étaient placés messieurs les sénateurs, et à gauche messieurs les députés au corps législatif.

A une heure, le président de la République, précédé de sa maison militaire et suivi de ses ministres, prit place sur un fauteuil, au milieu de l'estrade; à droite du prince, et sur un fauteuil inférieur, était placé le prince Jérôme Bonaparte, président du sénat. Der-

Séance d'ouverture de la session du sénat et du corps législatif, dans la salle des Maréchaux.

rière, à droite et à gauche, étaient assis ses ministres.

Après le discours prononcé par Louis-Napoléon, le ministre d'État annonça à l'assemblée que messieurs les sénateurs et messieurs les députés allaient prêter individuellement le serment prescrit par l'art. 14 de la constitution, et qu'après la lecture de la formule du serment, chacun d'eux, à l'appel de son nom, lèverait la main et répondrait : « Je le jure ! »

Le ministre d'État lut la formule du serment, ainsi conçue : « Je jure obéissance à la constitution et fidélité au président de la République, » et fit alors l'appel nominal dans l'ordre suivant : le président du sénat, le premier vice-président, les trois vice-présidents, le grand-référendaire, le secrétaire du sénat; les cardinaux, les maréchaux, les amiraux et les autres sénateurs, dans l'ordre de leur nomination, prêtèrent aussi le serment.

Le ministre d'État dit ensuite : « Messieurs les députés au corps législatif vont prêter le même serment. » Il appela successivement le président du corps législatif, les deux vice-présidents, les deux questeurs et les autres députés dans l'ordre alphabétique de leurs départements.

Après le serment prêté, le ministre d'État déclara, au nom du prince président de la République, que la session était ouverte pour l'année 1852, et que le sénat et le corps législatif étaient invités à se réunir le lendemain aux lieux respectifs de leurs séances, pour commencer le cours de leurs travaux.

Le prince-président se retira, suivi de son cortège.

Une seconde salve d'artillerie annonçait à la foule la fin de la cérémonie.

La salle de spectacle des Tuileries s'illuminait, deux mois plus tard, à propos de la fête de la distribution des aigles. L'inauguration de cette salle date de Louis XIV et de la Psyché de Molière, qui appartient un peu aussi à la Fontaine et à Corneille. Le grand roi y fit jouer *Bérénice* pour la satisfaction d'Henriette d'Angleterre : *Vous m'aimez, et je pars!...*

Beaucoup plus tard, Louis XV, monarque assez peu tragique, y appela la danse et les ballets pour ses menus plaisirs et ceux de madame du Barry. C'est dans cette salle que Voltaire fut couronné pour son *Irène*, qui le mérite si peu, et que Beaumarchais vit jouer pour la première fois son *Barbier de Séville*. Une ou deux fois, sous l'Empire, il fut donné à Napoléon d'y réunir un parterre de rois, comme à Erfurt. La Restauration s'y entoura de ses cordons bleus, et la monarchie de Juillet de ses députés.

A son tour, Louis - Napoléon voulut s'y asseoir au milieu de ses ministres, de ses sénateurs, de ses conseillers d'État et de ses généraux. Deux cents dames, placées dans la galerie supérieure, formaient une charmante broderie au parterre tout rayonnant d'uniformes.

Disons un mot de description sur la salle de spectacle. A l'exception de la salle des Maréchaux, les pièces n'ont pas ce caractère de grandeur que l'on trouve à Versailles et au Louvre. La salle de spectacle est construite sur un plan ovale; elle se compose d'un rang de baignoires, d'une galerie et de deux rangs de loges décorées de colonnes d'ordre ionique. De chaque côté de l'avant-scène, la loge dite du roi et la loge de la reine. On arrive dans cette salle par deux escaliers demi-circulaires qui conduisent à de longs corridors. Le fond des loges est vert d'eau clair; les colonnes sont peintes en bûche violette, avec des chapiteaux dorés. Aux quatre angles, les bustes des quatre grands maîtres de la scène française, Corneille, Racine, Molière, Voltaire.

Quand on regarde Paris d'une des hauteurs qui le dominent, de Montmartre, de Belleville, du sommet des tours Notre-Dame ou du Panthéon, l'œil cherche en vain, parmi les innombrables détours de la cité géante, un libre espace pour les promeneurs. De toutes parts on ne voit que pierre, marbre et bronze.

C'est une carrière monstrueuse que les hommes ont percée à leur usage, et dont ils ne se lassent pas de reculer la formidable enceinte. On voit bien çà et là, parmi les noirs bataillons de tuyaux qui se dressent sur les toits, poindre le panache vert d'un marronnier ou d'un tilleul; mais, hélas ! ces infortunés végétaux ne verseraient pas assez d'ombre pour abriter un berger de Virgile. C'est un brin d'herbe au milieu

Représentation sur le théâtre des Tuileries, le 12 mai 1852.

d'une vaste fourmilière. Hé quoi! dit-on alors, ces Parisiens sont-ils donc condamnés au supplice de Tantale? ne verront ils jamais que les arbres suspendus aux murailles du Louvre, et devront-ils leurrer leurs ardeurs champêtres avec cette abondante verdure que leur prodigue, chaque année, la palette des paysagistes?

Rassurez-vous, malins provinciaux, envieux étrangers ! Paris a trop d'esprit et trop de goût, Paris est à la fois trop oisif, trop voluptueux, et trop amoureux du *comfort*, pour ne s'être pas ménagé dans son enceinte, au centre comme aux extrémités, quelques céramiques embaumées où il pût venir débattre, en plein air, les grands intérêts qui lui sont confiés. Il s'est réservé, en différents lieux, de frais enclos, où il a réuni toutes les merveilles des champs, les arbres les plus majestueux, les gazons les plus verts, les fleurs les plus riches en couleurs et en parfums.

Comme le château dont il dépend, le jardin des Tuileries a subi d'étranges vicissitudes; après avoir été un vaste terrain clos de murailles sordides, où l'œil entrevoyait, un vague pêle-mêle, des bosquets, un étang, une immense volière, une ménagerie et une garenne, il devint, en 1665, grâce à le Nôtre, un noble parterre où les courtisans en grand habit de cour et les belles dames en robes traînantes se promenaient majestueusement au milieu des buis et des ifs taillés par de savants ciseaux. Puis, pendant la longue éclipse de la royauté, il perdit ses parures surannées, ses ajustements du dix-septième siècle, et prêta aux agriculteurs et aux théologiens de 1793 une allée pour y semer des pommes de terre, et une autre pour y célébrer la fête de l'Être Suprême. En revanche, il fut, en 1796 et pendant les années suivantes, entièrement restauré; on répara les escaliers qui conduisent aux deux terrasses; on reconstruisit les bassins ; on planta dans les lieux où l'ombrage manquait, et, pour encadrer le tableau, on substitua au mur d'enceinte les belles grilles qui l'enferment aujourd'hui. Napoléon, dans un de ces féconds loisirs que lui laissait sa guerre avec le monde, acheva l'œuvre incomplète, en comprenant dans le jardin les espaces angulaires situés aux extrémités occidentales, en faisant élever les murs qui les soutiennent, puis enfin en couvrant d'arbres le sol exhaussé au niveau des terrasses.

La Restauration n'ajouta rien à l'enceinte des Tuileries; le gouvernement de Juillet en retrancha une réserve qu'il s'appropria.

Aujourd'hui les Tuileries n'offrent guère l'aspect d'un véritable jardin. On n'y trouve ni les accidents pittoresques du Jardin des Plantes, ni les riantes perspectives du Luxembourg, ni les vastes pelouses ombragées du parc de Monceaux. Ce n'est, à vrai dire, qu'une immense promenade sablée et plantée. Ce n'est que cela, et cependant ne trouvez-vous pas que c'est le plus beau lieu de la terre?

D'abord, pour le rêveur, est-il sous le ciel un morceau de terre plus historique et plus solennel que celui dont le Louvre et l'Arc de triomphe marquent les frontières? Est-il, dans aucune capitale de royaume ou d'empire, une perspective comparable à celle que découvre l'œil du fond de ces allées, aujourd'hui pleines de rires d'enfants?

Quel poème égalera jamais ce spectacle? Là-bas, au Levant, le Louvre, avec tous ses souvenirs d'amour, de gloire et de massacre; vieux donjon où gémissent les prisonniers d'État; noble palais hanté par les ombres de Henri II et de Diane de Poitiers; imposantes murailles *illustrées* par les grands sculpteurs; balcon sinistre où la cloche de Saint-Germain l'Auxerrois pousse un roi de France, armé, dit-on, contre ses sujets; majestueuses galeries, le Livre d'or des peintres; plus près, les carrousels de Louis XIV, les revues de Napoléon; sous nos yeux, ce fatal château des Tuileries, qui n'a jamais su défendre ses hôtes, quel que soit leur nom, Louis XVI, Robespierre, Napoléon, Charles X et Louis-Philippe, monument du destin aux sévères enseignements. Autour de nous, ce frais jardin où le mélancolique enfant qui fut Louis XIII poursuivait les oiseaux d'arbre en arbre, où le fils de Catherine de Médicis pêchait à la ligne dans les étangs; où jouèrent tour à tour, sous le regard enivré de leurs glorieuses mères, cet ange, qui eut un cordonnier pour bourreau, ce demi-dieu qui naquit roi de Rome et qui mourut colonel autrichien, ces princes dont la voix du canon, à quelques années d'intervalle, saluait l'avénement à la vie et le départ pour l'exil: Enfants qui riez et qui jouez avec une insou-

Les poissons rouges.

ciance si heureuse, tendres fleurs que vos mères verront mûrir, donnez une larme à ceux de votre âge que le ciel a fait naître sous le toit de ce palais; plaignez-les, car ce dôme superbe distille des ombres funestes.

Et de l'autre côté des Tuileries, quand on a dépassé la grille qui s'ouvre au même endroit où nos pères passaient sur un pont tournant, ce pont qu'un grand homme, un czar — ils aimaient alors la France — visitait tous les jours avec un bel enfant appelé Louis XV, comme le poème continue, comme la tragédie se renoue avec plus de fureur! D'abord cette place, qui a été tour à tour nommée du nom de Louis XV, qui y fut roi; du nom de Louis XVI, qui y fut martyr; du nom de la Révolution, qui fut bourreau; du nom enfin que nous lui donnons aujourd'hui, comme une prudente concession aux principes opposés qui semblent avoir choisi ce terrain pour champ de bataille: Au milieu, l'aiguille mystérieuse qui, après avoir vu couler le Nil et passer à ses pieds les pharaons aux yeux bridés, les hippopotames, les crocodiles, assiste à toutes nos fêtes. Quel contraste!

Vous le voyez, et nous l'avons seulement indiqué, il est impossible de rencontrer ailleurs, et dans un si petit espace, de si majestueux souvenirs. Nous allons maintenant prouver que l'observateur peut à son tour, sur ce même terrain, récolter les plus riches moissons, s'initier à tous les petits mystères de la vie parisienne, en surprendre les secrets, les préoccupations, les rêves, les espérances.

A vol d'oiseau, le jardin des Tuileries présente un aspect très uniforme. Au pied du château, le regard découvre d'abord la *réserve du roi*, avec ses allées soigneusement peignées, ses plates-bandes richement garnies, et ce triste fossé dont un tapis de velours vert et un espalier de lilas ne dissimulent pas assez la profondeur. Vient ensuite la grande voie sablée qui conduit de la rue de Rivoli au quai du pont Royal, rue banale où personne ne s'attarde, et où l'on ne s'arrête guère que pour prendre l'heure à l'horloge du pavillon central; après, se déroule ce qui reste du parterre de le Nôtre, le tout encore largement modifié par les goûts nouveaux; quelques pelouses d'une herbe fine, luisante, dont le pied de l'homme ne touche jamais les brins immaculés, mais au sein de

Vue des Tuileries à vol d'oiseau.

laquelle se promène librement l'oiseau cynique et sans façon que le peuple appelle un pierrot. Autour de ces pelouses, semées pour le seul plaisir des yeux, se développent des encadrements d'arbustes et de fleurs, bordures revêtues d'un luxe un peu grossier, où le parfum délicat, où les nuances harmonieuses sont trop souvent sacrifiés aux grosses couleurs de la palette divine.

Entre ces espaces réservés aux plantes s'ouvrent trois bassins remplis d'une eau qui, peu semblable à celle de Chantilly, dont la voix ne se taisait ni jour ni nuit, ne parle jamais que le dimanche.

Dans ces bassins de marbre frétillent des légions de poissons de la Chine, qui font l'admiration des bourgeois attroupés sur la rive. Il faut être Parisien jusqu'au bout des ongles pour comprendre les cris d'étonnement que, dans leurs étincelantes évolutions, ces habitants de l'onde arrachent aux badauds, et pour sympathiser avec la judicieuse observation si souvent répétée: « Oh! mon Dieu! que cela nage bien, un poisson rouge! »

Une fois hors de ces terrains fleuris, on ne trouve plus que des arbres et du sable: les belles oasis de marronniers, au milieu du splendide désert où toutes les aristocraties de l'Europe ont leurs heures de rendez-vous. Quand vous tournez le dos au château, et que vous pénétrez dans l'allée qui conduit à la place de la Concorde, vous pouvez, d'un seul coup d'œil, embrasser l'ensemble de ce qui vous reste à visiter. Rien n'est plus simple et plus vide en apparence. Autour de vous les grands bosquets, cette forêt vierge de Paris; à droite, l'allée des Orangers, protégée par la terrasse des Feuillants; à gauche, la terrasse du bord de l'eau, inaccessible à la foule, et qui était réservée au comte de Paris, comme elle fut réservée au roi de Rome et au duc de Bordeaux. Au fond, vers le pont de la Concorde et vers la rue Royale, les deux terrasses qui dominent les Champs-Élysées, et qui, après avoir décrit une courbe gracieuse, descendent mollement jusqu'au niveau du jardin. Mais la terrasse du bord de l'eau, la plus belle promenade non-seulement des Tuileries et de tous les jardins de Paris, mais de toutes les villes de l'Europe peut-être; cette terrasse, qui domine d'un côté les parterres, et de l'autre le cours de la Seine avec ses quais plantés d'arbres; la terrasse du bord de l'eau est complétement défigurée aujourd'hui. Ses bosquets, — car elle avait des bosquets : Parisiens insouciants, qui ne les avez pas vus, ne vous déplacez pas, il est trop tard aujourd'hui, ils viennent de tomber tout verdoyants et chargés de fleurs sous la scie et la cognée; — ses bosquets sont envahis par la maçonnerie, cette infatigable ennemie des fleurs et de la verdure. On construit là une orangerie. Les orangers étaient jusqu'ici logés sous la galerie du Louvre, de ce Louvre que l'on termine. Mais dans ces vastes augmentations, il n'y a pas place pour eux, et on a besoin, à ce qu'il paraît, de leur ancien logement pour en faire des écuries. Or, comme il ne se trouvait pas, à portée, des écuries disponibles pour en faire une orangerie, force a été d'en bâtir une quelque part, et on la bâtit sur l'emplacement des bosquets de la terrasse du bord de l'eau. Lugete! nous n'ajouterons pas : O Veneres, Cupidinesque, que les amours se tiennent dans les sombres allées du bas et ne montent jamais sur la terrasse; mais pleurez, vous tous qui, condamnés à vivre à Paris, cherchez avidement

L'allée des Orangers.

quelque endroit où vous puissiez respirer librement et reposer un instant sur la verdure vos regards partout attristés par la pierre; vous tous hommes laborieux qui quelquefois, le matin, en vous rendant à vos occupations journalières, alliez surprendre l'éclosion des premiers bourgeons ou des premiers lilas du printemps, et qui chaque soir, votre tâche accomplie, veniez vous récréer par un bienfaisant exercice dans cette longue avenue, abandonnée par la fashion aux gens paisibles, aux âmes timides et rêveuses. A la vérité, l'avenue d'arbres proprement dite reste intacte; mais le quinconce disparaît avec les bosquets; c'est-à-dire la partie la plus agréable de cette promenade.

Toutes les élégies du monde n'y feront rien maintenant. Il était décidé que des chevaux remplaceraient les orangers, et que les grosses caisses d'orangers grimperaient sur les terrasses des Tuileries pour y

Conversation sous les arbres.

prendre leur quartier d'hiver. Si tel était le dessein, pourquoi du moins, tout en conservant à la terrasse du bord de l'eau son caractère et son agrément, n'avoir pas établi l'orangerie sur l'autre terrasse, du côté du ministère de la marine? Pour la foule, ce n'était pas précisément un endroit de prédilection ; là aussi il y avait des quinconces et des bosquets à sacrifier au besoin; on en a même déjà abattu une partie pour y dessiner des plates-bandes, y mettre des couches de fumier et y transporter le jardin préparatoire et les semis qu'on faisait auparavant dans les fossés destinés à être comblés. Ces semis, à la vérité, sont là étouffés par les grands arbres qui leur font ombrage; mais c'est l'affaire des jardiniers. Ce qui intéresse le public dans tout cela, c'est qu'on a rasé les bosquets des deux terrasses, à gauche et à droite, et que dorénavant les illusions champêtres sont toutes déroutées. Sur la terrasse de gauche, la vue sera bornée par les murs élevés d'une orangerie; sur celle de droite, elle s'étend maintenant jusqu'aux maisons de la rue de Rivoli, de sorte qu'on ne peut, d'aucun côté, échapper au supplice du plâtre et du moellon. Si on eût réuni toutes ces nécessités sur la même terrasse, ou plutôt sur le lambeau de terrasse du nord, on eût paré à une partie de ces inconvénients, et l'agrément de la plus belle promenade de Paris ne serait pas anéanti.

Quoi qu'il en soit, dans cet ensemble si vite entrevu, que de détails à revoir ! En effet, ouvert à tous ceux qui sont assez riches pour n'être pas en guenilles, le jardin des Tuileries a dû s'approprier aux goûts variés de la population parisienne. C'était un royaume à partager entre les nombreux enfants de la capitale. — A nous, dirent les hommes d'État, à nous la grande allée, celle qui sort du château et qui conduit au Palais-Bourbon. — Oui, répondirent les poëtes, les romanciers, les vaudevillistes, tous ceux qui ont une idée à chanter, à écrire, ou à fredonner; oui, à vous la grande allée, mais à nous des bosquets du nord, à nous l'arbre du 20 mars, il puisse notre pensée fleurir et fructifier comme lui. — Nous y consentons, diront les hommes timides, les amoureux, les rêveurs; mais nous garderons les murmures des bosquets du midi.
— Il nous faut le silence, la solitude, devia rura. — A merveille! murmurèrent les vieillards ; nous ne demandons pas grand'chose : quelques bancs au soleil, quelques fleurs sous nos yeux, l'azur du ciel sur notre tête, et nous vous abandonnons volontiers le reste.
— Les choses marchaient bien ainsi, et le gâteau allait suffire à tous, quand on entendit les éclats de voix d'une troupe joyeuse, et quand on vit apparaître, mirlitons et tambours en tête, un bataillon de bambins à la tête gracieuse, aux yeux pétillants d'ardeur, aux lèvres fines et hardies. — C'était la grande tribu des enfants terribles, qui venait revendiquer la part du lion et faire valoir le droit du plus fort.

A nous, cria d'une seule voix cette armée de petits tyrans, à nous les fleurs, les pelouses, les arbres; à nous les bassins avec leurs poissons rouges, à nous les allées, les terrasses, à nous tout ! Ces voix étaient si impérieuses, ces gestes étaient si fiers et si résolus; il y avait sur ces joues des couleurs si passionnées, dans ces yeux bleus il y avait tant d'énergie, que les hommes graves gardèrent le silence.

Oh les réduisait au rôle peu brillant de la chèvre, de la brebis et de la génisse, dans leur querelle avec ces lions à la blonde crinière. Mais comment faire? Derrière ces hardis marmots, l'œil épouvanté des maris voyait se dresser des régiments auxiliaires d'épouses charmantes ou impérieuses. — On céda. — Les conquérants s'emparèrent du beau jardin, et frappèrent le sol du pied en criant comme Mac Grégor : « Terra quam calco mea est... — La terre que je foule est à moi ! »

Heureusement ce régime ne subsista pas longtemps dans toute sa rigueur : avec les enfants, comme avec le ciel, il est des accommodements; l'essentiel est d'attendre. On obtint peu à peu mille petites concessions, et on ne tarda guère à satisfaire tout le monde, en attribuant à tous les âges une portion de territoire. Seulement, l'enfance a conservé un droit de suzeraineté qu'il serait imprudent de contester.

Donc, les rêveurs de toutes les espèces s'établissent paisiblement sous les mélancoliques bosquets du midi, le long de la terrasse qui touche aux quais. Ces ar-

Promenade des Amoureux.

bres, qui couvrent la terre d'une ombre épaisse, et qui recèlent dans leurs feuillages de sentimentales tourterelles, offrent de sûrs abris à tous les chasseurs d'idées : l'homme politique y cherche des inspirations et y improvise des discours; le conteur, ce père nourricier du feuilleton, y noue et y dénoue le nœud de ses aventures; M. Scribe et ses collaborateurs y rencontrent la scène attendrissante où le mot qui fait rire; le poète y vient pousser dans l'air des bulles aux couleurs chatoyantes. En un mot, c'est là que tous les ambitieux de la pensée viennent exercer leurs

Les enfants aux Tuileries.

forces, impatients de donner l'essor à la folle du logis.

Il arrive parfois que ces massifs sont occupés par des hôtes moins sourcilleux. Aux grands jours de fête, aux époques des vacances, les colléges viennent s'ébattre en ces lieux. Aux promeneurs silencieux succèdent des écoliers aux grosses voix joyeuses. Alors ce ne sont plus que parties de barre et jeux de balles. Dès ce moment, ces parages deviennent peu sûrs, l'air est plein de ballons élastiques qui menacent votre tête, ou qui s'adressent à votre dos comme à une muraille solide. La terre est couverte de grands guillards à boutons de métal qui, dans leurs courses orageuses, entraînent ou précipitent tout ce qui se trouve sur leur passage.

Fuyez, alors, et allez sur les terrasses qui regardent l'Obélisque, à la Petite-Provence, chercher la solitude où l'on peut, comme le disait madame de Sévigné, se promener tout seul tête à tête.

Lorsqu'on a traversé la Grande-Allée, consacrée,

La Petite-Provence.

ainsi que nous l'avons dit, à l'armée des solliciteurs ; lorsqu'on est sorti du bois hanté par les tourlourous en chasse, les politiques en plein vent et à un sou la feuille, on entre avec des éblouissements dans

l'allée des Orangers, tout embaumée de senteurs. Sans aucun doute, l'allée des Orangers est la plus curieuse promenade de l'Europe; c'est le musée où les Parisiennes, c'est-à-dire les plus jolies et les plus spirituelles femmes du monde, viennent exposer leurs œuvres, les ravissants produits de leur industrie. — C'est la grande galerie du Louvre, c'est le palais des Champs-Élysées. — Que de chefs-d'œuvre vous rencontrez tour à tour ! ces profils délicats et fiers que Van Dyck aimait à reproduire ; ces chairs transparentes et rosées que Rubens faisait palpiter sur ses toiles ; ces têtes aristocratiques qu'animait Lawrence ; ces figures pensives et tristes, mais délicates d'expression, où Velasquez réalisait quelquefois ses rêves. — C'est ici que les jeunes et élégantes mères de famille viennent protester contre les modes ignobles de notre siècle, et maintenir les droits sacrés du caprice et de la fantaisie sur le costume de l'homme. En face du lugubre habit noir de leurs

La petite revue aux Tuileries.

maris, elles placent avec orgueil la blouse fièrement taillée de leur fils; à côté du chapeau rond paternel, elles mettent malignement la toque ou le béret de leurs charmants bambins, et elles jouissent de leur triomphe, car les femmes ont une noble horreur pour tout ce qui est laid ou commun; elles ont une sainte prédilection pour les coupes excentriques et les couleurs somptueuses. Presque toutes elles possèdent des instincts d'artistes; le joug de la trivialité leur est insupportable; leur vie n'est qu'une ardente et perpétuelle aspiration vers le beau.

Aussi, comme elles essayent sur leurs enfants tout ce qu'elles n'osent pas tenter sur elles-mêmes! Pour parer leurs fils ou leurs filles, elles empruntent quelque chose à tous les pays et à tous les siècles. A Waverley, elles demandent la toque, la jaquette et le plaid; aux montagnards des Pyrénées, leurs bérets aux couleurs éclatantes; à Henri IV, le chapeau de feutre au bord hardiment relevé; à ceux-ci la tunique courte, à ceux-là le pourpoint du seizième siècle; aux uns la collerette unie, aux autres la fraise empesée; à tous, le soie, le satin, le velours : c'est à en faire venir l'eau à la bouche. Ah! combien nous serions plus aimables si nous n'étions pas si mal vêtus, et combien de maris auraient évité le naufrage, s'ils avaient seulement changé de tailleur! C'est une question sociale que celle du costume.

L'allée des Orangers, bordée d'un côté par de beaux marronniers, et de l'autre par ces arbres en caisse dont les fruits rappellent aux yeux, sinon au goût, les pommes d'or du jardin des Hespérides, n'est pas seulement chère aux enfants et à leurs mères. — Elle est encore la promenade favorite des jeunes gens, qui y viennent sourire à des amours écloses, l'hiver, sous les lustres, et maintenant épanouies au sein de la verdure, sous les brises embaumées du printemps; la mère y conduit quelque fois sa fille, et l'exhibition des demoiselles à marier se fait dans ce salon d'été tout comme dans les salons d'hiver. C'est, du reste, le rendez-vous de toutes les élégances, de tous les luxes, de toutes les aristocraties; et parmi celles qu'on y remarque le plus, nous plaçons au premier rang l'aristocratie de l'intelligence et du talent, C'est bien là que l'esprit est une dignité.

En quittant cette allée, et en laissant à gauche le grand bassin, on trouve un lieu abrité du nord, qui porte, sans indignité, le doux nom de Petite-Provence. Tous les Parisiens connaissent cet Éden de l'enfance, cette serre-chaude où se développent les petites plantes délicates qu'on appelle des enfants.

Tandis que l'allée des Orangers offre de l'espace aux jeux des hardis garçons, des sveltes petites filles, aux cerceaux qu'on lance comme un cheval fougueux, à la balle qui bondit en tous sens, à la corde qu'on fait tourner avec adresse, la Petite-Provence enferme dans son étroite enceinte toutes les fragiles créatures à peine échappées au biberon et au maillot.

L'enfant et la bonne.

La demoiselle à marier.

Là s'en viennent les petites filles vêtues de blanc en l'honneur de la sainte Vierge, les petits garçons que leurs bonnes portent sur le bras, et qui agitent dans leurs mains impatientes quelque pelle de bois ou quelque hochet à grelots. A chaque pas, on rencontre une de ces petites fourmis occupées à sa grande besogne, — le sable à creuser ou à amonceler, le ballon à atteindre, le cerceau à diriger. — Il faut tourner, sans chute, autour de la chaise maternelle, où bien, on est compté parmi les grands, entrer avec grâce dans la ronde formée sous l'œil des jeunes mères, qui murmurent d'une voix enjouée, quelquefois timide, les aimables refrains :

Entrez dans la danse,
Voyez comme il danse.

Ou bien :

Nous n'irons plus au bois,
Les lauriers sont coupés.

Comme on le pense bien, une suprême indulgence règne dans ces lieux consacrés au premier âge. On voit bien vite que ces enfants terribles ont pour juges un aréopage de mères. Combien de jeunes femmes, en traversant ce canton détourné de la nature, ont regardé d'un œil d'envie les bruyantes espiègleries, les charmantes indécences de ces petits diables, en murmurant tout bas, comme madame de Grignan : « Ah! la jolie chose que d'accoucher d'un garçon! »

Au résumé, la Petite-Provence est pour les enfants et les invalides un délicieux séjour. On y trouve des bancs que le soleil favorise; on y trouve des fleurs précoces, un gazon prématuré, et je ne sais quelle tiédeur dans l'air qui fait souvenir des environs de Montpellier. — En un mot, on est mieux là qu'ailleurs pour s'essayer aux premières sensations de la vie ou pour achever d'exister.

Mais le temps nous presse. Quittons la Petite-Provence par l'issue que protège le groupe de Rémus et Romulus avec leur bonne louve nourricière; et revenons de la grande allée. Nous avons tout entrevu, sinon tout visité. Nous aurions beaucoup de choses à dire encore sur ces bassins où les Jean Bart de la Chaussée-d'Antin lancent leurs flottes aventureuses, sur les statues que le temps mutile ou couvre de ses couleurs de deuil; mais nous apercevons la main qui dit au flot : Tu n'iras pas plus loin.

Le jardin des Tuileries est le cadre splendide qui renferme les plus belles images de la vie parisienne; tout y est doux, frais et brillant; on y rencontre peu d'hommes sérieux; c'est l'empire de la jeunesse dans toutes ses expressions et à tous les degrés. Si les Italiens ont pu répéter : Voir Naples et mourir ! les Parisiens peuvent s'écrier avec un orgueil aussi légitime : Voir les Tuileries, et... y vivre jusqu'à quatre-vingt-dix ans !

Le jardin des Tuileries a été dans presque tous les temps le théâtre de fêtes officielles. Sans remonter à la fête de l'Être Suprême, dont l'ordonnateur fut Maximilien Robespierre, le jardin s'est illuminé pour tous les gouvernements qui se sont succédé depuis soixante ans. Les lampions ont fumé sous ces magnifiques touffes de verdure pour toutes les dynasties, hélas! Sous la Restauration, des concerts publics avaient lieu

CHAPITRE XXXI. — LE LONG DE LA SEINE (Suite).

dans la grande allée qui conduit de la rue de Rivoli au quai, à l'anniversaire de la Saint-Louis ou de la Saint-Charles, sous le gouvernement de Juillet à l'anniversaire de la Saint-Philippe. Qui pourrait calculer le nombre de chants, tour à tour patriotiques et factieux, dont les échos de la terrasse ont gardé le souvenir !

Un mot sur les sculptures du jardin. Les deux groupes qui accostent la grille d'entrée, et dont l'un représente la *Victoire* et l'autre *Mercure*, appartiennent à Antoine Coysevox, de Lyon. Les chevaux, de tournure demi-héraldique, piaffent sur des trophées; les ailes qui palpitent à leurs flancs avec des mouvements d'élévation, leur donnent de vagues apparences d'hippogriffes. Ces deux groupes sont d'une exécution rapide et vivante.

En avançant de quelques pas, on arrive à quatre piédestaux carrément assis, et qui portent quatre fleuves, la Seine, la Marne, le Tibre et le Nil : le Nil et le Tibre d'après l'antique; la Seine, par Nicolas Coustou; la Marne, par Van Cleves.

La double terrasse qui regarde ces groupes est occupée par des piédestaux chargés de statues d'après l'antique. Ce sont les neuf Muses, avec les flûtes, les masques, les compas, les lyres, les stylets, les tablettes et les couronnes, signes de leurs différents attributs. La plupart de ces copies, d'un travail mou et lâche, ne valent rien ou à peu près.

A droite se tient, à l'entrée de l'allée, un *Scipion l'Africain*, deux *Thermes*, une *Flore* qui soulève une corbeille, une *Vertumne*, la tête couverte d'un manteau, un groupe de *Silène et Bacchus*, copie antique de la villa Borghèse. En face de ces statues est l'*Annibal punique* de Sébastien Stoldtz, élève de Girardon. Une *Cérès* couronnée d'épis, tenant de la main droite une faucille. Puis la *Vénus silencieuse*, d'après l'antique, par Pierre Legros ; copie valant presque un original. A deux pas de la Vénus, une statue de *Bacchus* dans la fleur de l'âge; et, dans les espaces vides pratiqués entre les massifs, le *Sanglier d'Erymanthe*, debout, hérissé, formidable. Le *groupe des Lutteurs*, enlacés comme des serpents, les membres liés par les étreintes du combat, les bras armés de la palestre. A droite de l'allée des Maronniers, une copie d'après l'antique, *Centaure prisonnier de l'Amour*, en opposite des *Lutteurs*, *Castor et Pollux*, les *Dioscures* renversant la flamme d'une torche. *Apollon poursuivant Daphné*.

Nous sommes au second bassin. *Énée et Anchise*, ingénieusement enlacés; *Aricie et Cæcina Pætus*, poses épiques ; l'*Enlèvement de Cybèle* et l'*Enlèvement d'Orythée*, puis la *Phaëthuse* de Théodon, improprement appelée *Daphné*. Jamais on n'a rendu avec une plus suave douceur la faiblesse forcée, les timidités prises d'assaut, et les impuissantes angoisses.

Vers l'allée des Orangers, on rencontre deux groupes modernes, *Thésée abattant le Minotaure*, de Ra-

Concert aux Tuileries.

mey, et le *Prométhée enchaîné*, de Pradier, — deux belles académies, mais des académies!

Au bas de la terrasse du bord de l'eau est le *Soldat de Marathon*, de Cortot, expirant sur son bouclier et levant de la main la palme du triomphe, et *Alexandre combattant*, étude sèche de Nanteuil. Plus bas, la copie en bronze, d'après l'antique, de *Cléopâtre*, qu'on a eu le tort de retirer de la niche où elle reposait comme en un caveau tumulaire.

La sculpture contemporaine s'est installée sur la terrasse qui regarde le château. La plupart de ces héros nus sont plutôt des bonshommes déshabillés, il faut bien en convenir, si j'excepte le *Philopœmen* de David, nerveux, frémissant, tourmenté ; le *Caton d'Utique* de Roman, terminé par Rude, et que les bourgeois prennent pour Abd-el-Kader; le *Phidias* de Pradier, trois marbres estimables, je ne vois plus que le *Thémistocle* de Lemaire, drapé dans un manteau trop court; le fameux *Spartacus* de M. Foyatier, un héros gras; le *Laboureur* au regard hébété, le *Cincinnatus* mal casqué et le *Périclès* de M. Debay, adolescent bellâtre qui porterait assez bien le chapeau tuyau de poêle et le par-dessus Humann.

Vis-à-vis ces figures, et comme des antithèses, apparaissent le *Joueur de flûte*, l'*Hamadryade*, la *Flore*, de Coysevox, le *Chasseur au repos* et les *Nymphes*, de Coustou. Tout cela n'a pas la sévère beauté de l'antique, mais tout cela vit et respire. Dieux et déesses, ou plutôt marquis et duchesses du galant Olympe du dix-huitième siècle. A côté, le *Rémouleur*, admirable fonte des Keller, d'après l'antique, et la *Vénus accroupie*, — la force et la grâce. — Dans les carrés de gazon défendus par des grilles, *Vénus pudique*, *Antinoüs*, *Laocoon*, *Diane* et *Apollon*.

La grande allée des Orangers se termine, à ses deux extrémités, par un *Méléagre*, copie de l'antique, en marbre, par Legros, et par un *Hercule Commode* épaulé sur sa massue, copie en bronze verdâtre.

Au bas de la terrasse du bord de l'eau sont les deux grands lions de Barye, deux bêtes vivantes, deux chefs-d'œuvre.

Un critique distingué, M. Louis de Cormenin, a fait remarquer avec raison que le jardin des Tuileries possède des sculptures du dix-septième et du dix-huitième siècle, des sculptures modernes et des copies d'après l'antique, mais que ni le moyen âge ni la renaissance n'y sont représentés, — lacune fâcheuse. « Que ne fait-on faire, dit l'écrivain que nous venons de citer, des copies d'après Jean Goujon, d'après Puget et d'après Germain Pilon ? Le jardin des Tuileries deviendrait de la sorte un musée ouvert à tous, et où l'on pourrait suivre la sculpture dans ses transformations. »

Cependant il n'est en France, dans le monde entier, qu'un jardin qui puisse être comparé à celui des Tuileries pour les richesses que l'art y a entassées, c'est Versailles. Mais encore, quelle dissemblance ! L'un est un corps plongé dans le sommeil, pour ne pas dire un cadavre; l'autre est un corps brillant de jeunesse et de vie, qui semble devoir exister éternellement. C'est que Versailles n'est plus qu'un souvenir. L'écusson du *nec pluribus impar* a été brisé, et les morceaux même en ont disparu ; Versailles n'est plus qu'une résidence *fossile*, tandis que le jardin des Tuileries, ce jardin de tous et de chacun, au centre de Paris, vit, à lui seul, de toutes les vies de la capitale ; à lui seul, il est tout le dix-neuvième siècle.

Chapitre XXXII.

LA MODE.

Les diverses étapes de la mode. — A Paris l'empire de la mode! — Disparition des costumes nationaux. — Plus de *bonnets à la paysanne*! — Le frac anglais a tué la noblesse en France. — Le *frac*. — L'habit *français*. — La veste. — Le veston. — Le volant. — La mode hideuse. — Les couleurs. — Les gilets à sujets. — Costumes en 1786. — Costumes d'été. — Les culottes gantées. — Se mettre en chenille. — La cravate. — Les dentelles. — En point au mois de mai ! — Les bijoux. — La coiffure. — Le coiffeur à la mode. — L'académie de coiffure. — Un in-4° sur la coiffure. — Le beau Léonard. — Poser des chiffons. — La fuite à Varennes. — Léonard perd la vieille monarchie. — Le bonnet rond. — Le bonnet à papillons. — Les coiffures d'apparat. — Le qu'es aco et le pouf au sentiment. — Les chapeaux bonnettes, turban, bateau renversé. — La coiffure à l'enfant. — Une ordonnance du directeur de l'Opéra. — Le boudoir. — La quinzaine. — La polonaise. — Les paniers. — Mlle Bertin. — Les impures. — Les folies. — Les négligés. — Révolution dans les modes. — Cocarde à la nation. — Merveilleux et merveilleuses. — Incroyables. — Les costumes transparents. — Athéniennes et Romaines. — Le Palais-Royal en 1792. — Modes sous l'Empire. — Le café Frascati. — Les patineurs sur le canal de l'Ourcq. — Les modes sous la Restauration et le gouvernement de Juillet. — Les manches à la gigot. — Les modes actuelles. — Parallèle final.

Dans ce jardin des Tuileries, depuis plus d'un siècle, ont passé tous les merveilleux et toutes les merveilleuses; la jeune femme qui vient montrer un nouveau chapeau, le jeune homme qui vient exhiber une coupe nouvelle; avant la révolution, c'était Versailles qui avait la primeur des modes, c'était dans le palais du grand roi que se forgeaient les armes de la coquetterie. Depuis la chute de l'ancienne monarchie, la mode s'est installée à Paris, tantôt aux Tuileries, tantôt au Palais-Royal, hier sur les boulevards, aujourd'hui aux Champs-Élysées; la mode, ce quelque chose de fugitif comme le brouillard du matin, de variable comme le vent, et en même temps cette redoutable puissance que n'osent braver les plus fiers courages.

Parlons donc de la mode et des singuliers caprices

Costume d'homme, 1770.

qu'elle a imposés depuis près d'un siècle à Paris, à la France et au monde entier.

A Paris l'empire de la mode! empire incontestable, incontesté! Ici nous n'avons rien à redouter des rivalités jalouses des autres peuples. Presque tous à l'envi proclament notre suprématie et s'y soumettent. Nous avons failli, au commencement de ce siècle, devenir par l'épée les maîtres du monde. La besogne était déjà assez avancée. Nous nous flattons encore de le conquérir par les idées, et nous avons, pour exprimer cette espérance, une phrase stéréotypée : « La révolution française fera le tour du globe. » Nous n'espérons pas moins de le gagner par l'universalité de notre langue. Je souhaite bien vivement pour nous, et surtout pour le monde, qu'il participe avec nous à la clarté du langage. Mais il y a une chose à laquelle je suis disposé à croire encore plus facilement qu'à l'universalité de notre langue et de nos institutions,

c'est à celle de l'universalité de nos habits, de nos gilets et de nos cravates. Quelle que soit encore chez les peuples la grande variété des costumes, et quoiqu'il puisse en coûter à leur esprit national, tôt ou tard ils subiront cette inévitable domination. Tous les hommes, dans un temps donné, couvriront leurs chefs avec cette chose incommode, inélégante et grotesque qu'on nomme un *chapeau*; fourreront leurs jambes dans cette double gaine informe qu'on appelle un *pantalon*, et passeront leurs bras, sous prétexte de se vêtir, dans les manches de ce vêtement si mal imaginé, qui vous déshabille complètement par devant et vous habille surabondamment par derrière, et qu'on appelle un *habit*.

Quand ces faits seront accomplis, la fin du monde sera proche sans doute; car Dieu, qui avait fait l'homme à son image, ou qui avait eu l'extrême condescendance de le lui dire, le punira dans sa colère pour avoir travesti cette glorieuse ressemblance d'une façon si impertinente. Nous n'en sommes pas encore là, certainement! Parmi les races du globe, jaune, rouge, noire et même blanche, il y a une immense majorité d'individus qui n'ont jamais mis sur leur front de chapeau de castor, de poil de lapin ou de pluche de soie, qui ignorent encore les douceurs du pantalon à sous-pieds et se trouvent parfaitement honorables en vertu des habits qu'ils portent, et souvent même en vertu de ceux qu'ils ne portent pas. Mais la contagion de ce costume anti-pittoresque gagne de proche en proche. A l'exemple des grandes épidémies, elle franchit les plus grandes distances; chaque jour de nombreux navires se chargent de caisses et de ballots destinés à répandre l'infection sur les plus lointains rivages. Il n'y a pour ainsi dire pas de point où l'on ne trouve quelques traces ou du moins quelques essais grossiers de toilette française. Fût-ce au milieu des contrées les plus sauvages de l'Amérique du Nord, aux pieds des montagnes Rocheuses, on retrouverait quelques échantillons de nos modes importés par nos amis les Io-Ways. Tel souverain d'une des îles de la mer Pacifique, pour ses jours de grande magnificence, s'habille, faute de mieux, avec un chapeau rond et une paire de bottes. Ce goût des sauvages pour le costume européen en général s'explique facilement. Mais ce qui est plus extraordinaire, c'est de voir, sans aller chercher si loin, et en prenant nos exemples à nos portes, le goût pour les modes parisiennes s'infiltrer partout, et de maladroites imitations se substituer au costume national, quelque élégant, quelque pittoresque qu'il soit. Allez sur les bords du lac de Genève, avancez-vous dans une partie de la Suisse, plus retirée, sur ceux du lac de Brientz, pénétrez qui prenant avant encore, dans les Grisons, dans l'Engadine, dans le Tyrol, et vous verrez le costume national ou complètement disparu ou plus ou moins défaillant et détrôné par son banal compétiteur. Parcourez en artiste l'Italie, et jusqu'au sein des îles où s'était réfugiée l'originalité persistante des anciennes traditions, vous retrouverez le mélange adultérin des deux costumes en présence, et, sans être grand prophète, vous pouvez dire aux peintres et aux dessinateurs : « Hâtez-vous, car chaque jour l'antique peinture dépérit, et inévitablement *ceci tuera cela*. » Mais ramenons nos regards sur nous-mêmes, et de toutes parts en France les mêmes symptômes d'assimilation se manifesteront à nous. Si la statistique s'occupait de

ces sortes de choses, il n'y a pas d'année qu'elle n'eût à enregistrer la mortalité croissante des bérets et des capulets des Pyrénées, des chapeaux des Mâconnaises, des bonnets élancés des Cauchoises et des coiffures excentriques des Bourbonnaises... Ce sont les jeunes filles principalement qui se sont laissé gagner à la contagion révolutionnaire. Aussi est-il de jour en jour plus difficile d'obtenir de celles qui viennent se placer comme bonnes à Paris qu'elles gardent leur *bonnet à la paysanne*. Il est très-rare que les maîtresses puissent vaincre leurs répugnances à cet égard. De gentilles villageoises qu'elles étaient, elles deviennent de déplaisantes filles gauchement endimanchées ; honteuses du bon air qu'elles pourraient avoir, elles se pavanent dans le bon air qu'elles n'ont pas.

Costume d'homme, 1775.

Ne remontons pas, dans ce rapide coup d'œil jeté sur les modes, au delà des dernières années du dix-huitième siècle.

Le vieux duc de Lauraguais prétendait que l'importation du premier frac anglais avait porté un coup mortel à la noblesse française. Ce propos plaisant a quelque chose de vrai dans sa frivolité. Les signes extérieurs ont leur importance; leur disparition annonce du tiers état, et leurs habits de brocart ne servent plus aujourd'hui qu'à garnir le vestiaire des théâtres. La génération présente les a tellement oubliés, qu'elle ne les emploie même plus comme objets de divertissement pour les bals masqués ; on en voyait encore traîner un, il y a peu de temps, sur les épaules d'un chanteur des rues de Paris : ce dernier des habits fanés a lui-même disparu.

Qu'était-ce donc que ce *frac* qui avait des conséquences si fâcheuses? Venait-il donc bouleverser de fond en comble l'économie de la toilette? Nullement. Le frac était une espèce d'habit très-dégagé, sans ouverture de poche en dessus, et sans patte par conséquent. L'ouverture de la poche se faisait en dedans, à la doublure. La coupe ne différait de celle de l'habit que par un peu moins d'ampleur dans la totalité; seulement on y ajoutait d'ordinaire un grand collet.

L'*habit français* complet, se composant du justaucorps, de la veste et de la culotte, resta longtemps le même. La mode s'exerçait sur les accessoires, comme les plis, les boutons, les parements ouverts, fermés, en *bottes*, en *amadis*, amples ou courts. Les anciens habits carrés avaient, dans le principe, les boutonnières depuis le haut de la poche seulement; définitivement on les supprima tout à fait, et on laissa figurer au côté droit des boutons qui ne servaient à rien. Pour remplacer les boutonnières, on s'avisa de coudre aux bords de l'habit de petites agrafes, avec leurs portes de l'autre côté. Alors l'habit, très-serré, brida sur le ventre d'une façon ridicule. Les agrafes furent supprimées à leur tour, et l'habit ne se ferma plus. Au lieu de le laisser tomber droit, on le dégagea de manière à découvrir entièrement la cuisse. Sous cette nouvelle forme, il constitua l'habit à la française proprement dit, devenu exclusivement l'habit de cour. On l'ornait des deux côtés avec des ganses, pour figurer les boutonnières, et avec des olives, des brandebourgs en guise de boutons.

La *veste* tenait lieu du gilet que nous portons actuellement, mais elle en différait beaucoup; c'était une sorte d'habit court, avec manches, basques de devant et basques de derrière. On commençait à porter le *gilet* en guise de veste dans le négligé.

On comprenait aussi dans la garde-robe des hommes: le *veston*, petite veste à basques très-courtes et arrondies; le *volant*, toujours fait sans doublure, léger et un peu long, se mettant quelquefois par-dessus l'habit; plusieurs espèces de redingotes, telles que la *roquelaure*, la *houppelande*, etc... On employait pour les vêtements d'hommes une grande variété d'étoffes: le drap, le camelot, la calmande, le bouracan; des étoffes de coton, de soie, le taffetas, le satin; le droguet, les mexicaines... le velours à fleurs ou chamarré, etc.

L'habit noir, qui est aujourd'hui le *nec plus ultra* de notre grande tenue, était alors le partage des procureurs, des auteurs, des petits rentiers, de tous ceux en général qui se dispensaient de suivre les modes. Il était l'indice de peu d'aisance, mais il était en même temps l'habit de deuil. Aussi la vanité trouvait-elle son compte aux deuils de cour. C'était pour le simple citadin l'occasion de se voir mis à peu près comme les gens de condition élevée. Cependant, au milieu de ce nivellement passager, la mode exerçait encore ses exigences; et le bon bourgeois qui, avec habit, veste et culotte

1787.

noirs, aurait porté des bas blancs, n'eût pas été du bel air à une certaine époque. « Nous savons, de science certaine, écrivait Mercier, que cette mode a déplu à la cour, et nous l'annonçons à l'univers, afin que l'univers se corrige. La réprobation a été jusqu'à appeler cette mode la *mode hideuse*, et l'on a bientôt remarqué que les garçons tailleurs dans la comédie du

Costumes d'hommes. — 1787.

Bourgeois gentilhomme étaient habillés ainsi. Cette mode est donc proscrite, et je ne conseille à personne de venir affronter les regards de la cour, ni même ceux de la ville dans un pareil accoutrement. Quand on porte l'habit noir, il faut être noir des pieds à la tête. » Tel fut le costume du tiers état à l'assemblée nationale. Déjà, au mois de janvier 1787, les jeunes gens vont au bal en habit de drap noir et en bas de soie noirs, ayant au côté une épée à garde d'acier travaillé, avec fourreau de galuchat blanc: chose, comme tout le monde sait, absolument indispensable quand il s'agit de faire des ronds de jambe et des entrechats!

La plus grande variété régnait dans les couleurs des habits. Les couleurs les plus criardes, les plus contrastantes circulaient par la ville. On ne saurait se faire idée aujourd'hui de ce que le goût de l'époque tolérait en fait de nuances ridiculement accouplées, de teintes bizarres désignées par des noms plus bizarres encore. C'est un habit *écarlate* à collet de velours noir et à boutons de nacre, avec une culotte de drap couleur de *soufre* et des bas blancs rayés de bleu (1785). Ce sont des habits couleur *boue de Paris* vers 1780, des habits couleur de *suie des cheminées de Londres* qui régnent à la fois à Londres et à Paris en 1786, ou bien couleur *sang de bœuf*, que les jeunes gens cherchent à mettre à la mode en 1788, et qui sont adoptés pendant l'hiver de l'année suivante. Ce sont des culottes couleur *queue de serin* en vogue pendant deux ou trois ans. En fait de modes grotesques, nous devons aussi signaler les gilets à sujets, tirés des fables de la Fontaine, des scènes du *Mariage de Figaro*, de *Richard Cœur de Lion*... M. de la Reynière, renchérissant sur les autres en fait de folie, commande à Lyon tout le répertoire de la Comédie-Française en devants de gilet. *Risum teneatis, amici...* Ne nous coiffions-nous pas naguère des foulards imprimés aux *Adieux de Fontainebleau*, et ne nous mouchions-nous pas au beau milieu des *départements de la France*?

Les habits de velours à fleurs coloriées, autrefois en grande faveur, ont cessé d'être de mise. On est en grande parure (1785) avec une coiffure grecque carrée à trois boucles, un grand col de mousseline, des manchettes de point, un habit de satin *prune de Monsieur* clair, à broderie en soie rose et verte, veste de satin blanc, broderie pareille, culotte de satin pareille à l'habit, bas de soie blancs, boucles de souliers carrées, talons rouges, épée au côté, à poignée d'acier garnie d'un nœud de ruban, et chapeau à plumet blanc sous le bras. — On ne pouvait jadis, et c'était un usage très-rigoureux, aller à un dîner prié qu'en habit de parure, si petit que pût être le comité; vers 1787, on peut y aller en déshabillé. Ce n'est guère que pour le souper prié qu'on se met en grande parure, parce qu'en ce cas on ne peut pas faire une seconde toilette, comme cela est loisible après un dîner. — Pour monter à cheval, un des costumes le mieux portés (1786), c'est une culotte de cuir bien blancs, avec des bottes anglaises d'un noir très-luisant jusqu'au mollet, et ayant le cuir dans sa couleur naturelle renversé depuis le genou jusqu'au bas du mollet, un habit vert dragon tout uni avec doublure en ras de castor ou en serge écarlate et un chapeau à trois cornes retapé *à la suisse*, ce qui donne un air bien plus fier que tous les chapeaux ronds. Quand on se décide l'été à quitter le drap, on porte des habits en *serpentine*, tissu léger en poil et coton, à raies en long assez larges ou à carreaux de deux ou trois couleurs; en *gragrame*, tissu assez ferme de soie et bourre de soie; à raies ou chiné, en taffetas chiné, en étoffes de soie nuancées à mille points. — On ne tresse plus les crinières des chevaux avec un ruban rouge ou bleu; on ne leur coupe plus la queue ni les oreilles, comme on faisait auparavant; on les laisse à tout crin. Quand il s'agit d'un si bel animal que le cheval, qu'a-t-on de mieux à faire que de laisser intacte sa beauté native? En supprimer ou y ajouter quelque chose, c'est la gâter. Passe pour l'homme, débile créature qui a besoin de s'envelopper comme une momie depuis la tête jusqu'aux pieds et à l'extrémité des mains, en cherchant à se défigurer par mille inventions plus folles les unes que les autres. — Un jour cependant, amoureux de ses formes, a-t-il fantaisie d'en faire parade? il trouve encore le moyen, à force de l'outrer, de faire mentir la vérité elle-même. A la place d'un vêtement, il se fait une gaine. Ainsi, vers le temps dont nous nous occupons, il fut de bon ton de porter des culottes *gantées* juste et tendues comme un ressort. « Adam, avec sa feuille de figuier, était plus décemment vêtu que ses derniers étourdis d'enfants se promenant au Palais-Royal en culottes étroites queue de serin. »

Puis l'habit négligé du matin; mais ici la fantaisie devient insaisissable dans son extrême variété. Les élégants appelaient cela *se mettre en chenille*. On conçoit qu'entre le marquis se rendant en chenille le matin *au petit Dunkerque*, à la descente du Pont-Neuf, pour faire emplette chez le sieur Grancher de quelque bagatelle, et le même marquis, toujours en chenille, se rendant un autre matin à un rendez-vous galant, il pût y avoir la différence qui existe entre la chenille et le papillon. Ce genre d'habillement était quelque chose comme cet incognito transparent sous lequel voyagent parfois les princes. L'homme de cour qui le portait pouvait circuler plus librement par la ville; mais il n'en était pas toujours pour cela plus à son aise dans ses vêtements, car les culottes si étroi-

Le coiffeur académicien.

telle, ainsi que les manchettes qui s'avançaient souvent jusqu'à l'extrémité des doigts. Le luxe de ces dentelles était des plus dispendieux. Les gens qui se piquaient de se bien mettre avaient pour chaque saison une dentelle particulière. « Comment donc, disait un homme de cour à quelqu'un en regardant ses manchettes, vous voilà en *point* au mois de mai! — C'est que je suis enrhumé, » répondit l'autre.

Grand bonnet du matin, 1787.

Caricature de 1778.

tement moulées sur la cuisse, dont nous avons parlé, ont fait quelque temps partie du costume négligé : s'emprisonner de la sorte, ce n'était plus se mettre en chenille, c'était tourner à la chrysalide.

Les cravates, ce malencontreux ajustement qui, par la pression qu'il exerce sur les vaisseaux, prédis-

pose si bien à l'apoplexie, et qui provenant, dit-on, des Croates, fut importé en France en 1636, étaient généralement de mousseline et réduites à un petit col étroit et serré. Les bourgeois et les artisans avaient à leur chemise un jabot de mousseline plissée. Les gens riches et les gens de cour le portaient de dentelle. Les bagues, les bijoux, les tabatières d'or étaient aussi pour les gens riches des moyens de se distinguer. L'année 1780 vit naître la mode de porter deux montres, qui régna assez longtemps, et fut plus tard suivie par les femmes. Le maréchal de Richelieu, ce vétéran des grâces, qui se mariait alors pour la troi-

sième fois, fut un des premiers à adopter cette nouveauté. Un jour, une personne qui lui faisait visite jette ses deux montres par terre et se confond en excuses de sa maladresse. « Consolez-vous, lui dit le maréchal; je ne les ai jamais vues aller si bien ensemble; »

Les cheveux et la barbe appellent naturellement la parure; aussi l'arrangement des cheveux est-il une des grandes occupations de la coquetterie féminine. On sait à quel point ce culte de la chevelure fut poussé chez les anciens. L'empire de la mode entraîna les femmes romaines jusqu'à sacrifier leurs belles chevelures noires pour se parer de perruques de cheveux roux, venus du fond de la Germanie et payés au poids de l'or. La femme de Marc-Aurèle parut dans l'espace de dix-neuf ans avec trois cents chevelures différentes.

Parmi nous, la coiffure n'est devenue un art compliqué que sous Louis XIV, époque solennelle des perruques magistrales. Elle s'est perfectionnée sous Louis XV et a poussé ces perfectionnements à l'apogée de l'extravagance sous Louis XVI. A cette époque, avant de commencer sa journée, la première visite à recevoir était pour le Parisien celle du perruquier.

Quand le Parisien avait passé par le peigne et la pommade, il fourrait gravement sa figure dans l'ouverture d'un *cornet*, qu'il tenait à la main, et, pendant qu'il était dans cette ridicule posture, le perruquier, passant le *soufflet à poudrer*, ou plutôt la *houppe* dans la boîte, le secouait avec un geste dont la tradition s'est conservée, et coiffait notre homme à l'*oiseau royal*; puis plus tard, vinrent les tresses ou la queue retroussée en *catogan*, ou enfin enfermée dans une *bourse*.

Les coiffeurs succédèrent aux perruquiers; il y avait une académie de coiffure. Le coiffeur à la mode était ordinairement jeune, agréable, bien tourné et ayant du mollet. Ah! le mollet au dix-huitième siècle! Heureux privilégié admis aux mystères de la toilette, tous les jours rôdant autour de la même femme comme le serpent autour d'Ève; attendant l'occasion, caressant sa chevelure d'une main légère, papillonnant çà et là, et aussi longtemps qu'il lui plaisait, autour d'une tête charmante, ayant le droit de la regar-

Grande coiffure, 1785.

der à mesure qu'il contribuait à l'embellir, le coiffeur dut trouver le secret de plaire, s'il était aimable, et il l'était quelquefois, et flatteur toujours, ce qui ne nuit pas. Mon Dieu! n'accusons pas la chronique scandaleuse du temps. Songeons à la légèreté des mœurs; considérons l'abandon de la toilette matinale, l'atmosphère moite et parfumée, les tentations de la solitude, et ne nous étonnons pas que l'heure du coiffeur ait été plus d'une fois l'heure du berger. — Parmi ces enchanteurs du dix-huitième siècle, citons le sieur *Legros*, qui publia, en 1769, un traité in-4°, intitulé : *Art de la coiffure des dames françaises*, qui se vendait deux louis. Dans un supplément, il met en garde le public contre une contrefaçon « propre, dit-il, à tromper tout l'univers et à détruire un auteur qui a fait un bon ouvrage. » On peut juger, par cet échantillon du style du sieur Legros; quant au style de ses perruques, si on ouvre son fastidieux recueil,

nard, dont le véritable nom était Autier, fut mis par la reine dans le secret du voyage de Varennes, en 1791. Il quitta secrètement Paris un peu avant le roi, chargé d'une partie de sa garde-robe, et le précéda de peu de temps à Varennes. Il paraîtrait qu'on ne l'avait mis que d'une manière incomplète dans la con-

mais sans emploi. Du reste, cette émigration du peigne et du rasoir en Allemagne et en Russie n'avait pas attendu les commotions politiques. Il y avait déjà longtemps que la France fournissait à l'Europe des valets de chambre coiffeurs, comme elle lui fournissait des maîtres de danse et des cuisiniers. C'était par ces personnages que l'Europe apprenait à nous connaître. Aussi avait-elle fini par se figurer que les Français étaient un peuple sautillant et évaporé, tout composé de maîtres de danse et de coiffeurs; mais elle allait bientôt faire avec nous plus ample connaissance: les soldats de la République allaient la traver-

Robe à la turque, chapeau bonnette, grande parure, 1786.

Demi-deuil : chapeau à soufflets, 1789.

on le trouvera de la même force; mais il suffit pour sa gloire que nos grand'mères en aient jugé autrement. Citons aussi le fameux *Dagé* : il ne pouvait suffire à sa riche et nombreuse clientèle. Les chevaux de son carrosse étaient sur les dents. Madame de Pompadour elle-même eut bien de la peine à le décider à la coiffer. — Mais le coryphée de tous ces artistes fut le beau *Léonard*, coiffeur de Marie-Antoinette, qui acquit une si grande célébrité par son habileté à *poser des chiffons*. On appelait ainsi l'art d'alterner les mèches de la chevelure avec les plis brisés de la gaze colorée. On dit qu'il employa un jour quatorze aunes de gaze sur la tête

fidence de la fuite; ce qui devint funeste à la famille royale, car ce fut, dit-on, sur l'avis donné par lui, que la voiture royale avait été retardée ; que l'officier chargé d'attendre le roi avec un relais fit rentrer ses chevaux au moment même où celui-ci arrivait à Varennes. Si ce fait est exact, n'est-ce pas là une de ces dérisions si fréquentes dans les choses humaines, que

ser en tous sens et assez longtemps pour redresser ces fausses idées.

C'est surtout à la fin du dix-huitième siècle que la coiffure, ce couronnement de la toilette, mérite de fixer notre attention à cause de ses développements prodigieux. Si l'on consulte les gravures et les portraits du temps, on retrouve cependant, à travers les innovations dont nous allons parler, deux formes de bonnets persistantes : pour la femme du peuple, le *bonnet rond*, semblable pour le fond et la passe à la coiffe de nos filles de fermes; plus deux ailes plissées en avant sur les tempes et appelées le *bat-en-l'œil*; pour la

Bonnet aux trois ordres réunis, septembre 1789.

Chapeau à bateau renversé, mai 1788. Chapeau demi-bonnette, novembre 1787.

Chapeau à la Tarare, août 1787.

d'une des dames de la cour. Le talent d'un si grand homme devait faire fureur. Comblé de faveurs, il obtint le privilège du théâtre de Monsieur, composé des virtuoses italiens de l'époque, pour lequel il s'associa, en 1788, le célèbre Viotti. Léo-

cette perte du dernier roi d'une vieille monarchie opérée à l'occasion d'un coiffeur ! Léonard suivit les princes dans leur exil, et alla exercer sur les têtes des femmes russes la dextérité de son peigne aristocratique, que la république française laissait désor-

bourgeoise, un bonnet bouffant entouré d'un ruban formant des plis ou des coques, avec deux barbes pendantes jusqu'au bas du chignon, et une garniture de *papillons* s'arrondissant sur les tempes. Dans le principe, ces papillons, étant très-longs, étaient

Chapeau bonnette, 1786.

Chapeau à la chinoise, 1787.

soutenus par un fil de fer, mais plus tard on les diminua beaucoup. Les douairières restèrent longtemps fidèles à ce bonnet. Vers 1771, les dames remplacent pour la parure les bonnets par des chiffons posés sur l'édifice élevé de leur coiffure, et cette nouvelle mode donne lieu à un art des plus compliqués. A mesure que les coiffures s'élèvent, les coiffeurs, devenus des personnages de plus en plus importants dans l'État, s'élèvent avec elles. 1772 voit naître les hautes coiffures d'apparat ou loges d'opéra; 1773, celles dites à la comète. L'année 1774 est célèbre par deux nouvelles modes qui eurent un grand succès : la coiffure à la qu'es aco et le pouf au sentiment; un passage des mémoires de Beaumarchais, contenant une sanglante ironie contre un sieur Marin, et se terminant par ces mots : Qu'es aco, Marin, fut l'occasion de la première invention. Puis, au milieu de tout cela pour la promenade, le chapeau à bateau renversé, le chapeau bonnette, à la chinoise, le bonnet Turban, etc..., il y eut à cette époque le pouf à la reine, à la Junon. On se coiffait en parc anglais, en parterre galant, en moulin à vent et en chiens couchants.

Les coiffures devinrent si hautes, que le visage des femmes, au lieu d'être en haut, ne paraissait plus être qu'au milieu du corps. Le sieur Devisme, directeur de l'Opéra, se vit obligé de faire un règlement, par lequel les femmes ayant une haute coiffure ne seraient plus admises à l'amphithéâtre, parce que cette coiffure empêchait les spectateurs placés derrière de voir la scène. Tout à coup Marie-Antoinette, qui venait de perdre ses cheveux à la suite d'une couche, ne porta plus qu'un chignon plat terminé par une boucle en boudin; et les hautes coiffures disparurent aussitôt. Une nouvelle mode, la coiffure à l'enfant, fit écouler, dans l'été de 1780, les poufs, les qu'es aco, les coiffures à la Flore, à l'Eurydice, à la Jeannot... Pour une qui s'en va, il en renaîtra mille. On ne saurait donner l'idée de l'extrême variété et des fréquents changements de la coiffure à cette époque : la longueur des dénombrements homériques ne viendrait pas à bout d'épuiser les noms que chaque année voit éclore. Nous en recueillerons quelques-uns parmi les plus saillants dans cette épopée de la mode; si futiles qu'ils soient, ils réfléchissent l'esprit d'une époque : il y a des coiffures aux plaisirs des dames, à l'urgence, à la paresseuse. Si le vieil esprit gaulois est coupable des bonnets à la fanfan, à la merluche, à la marmotte, à la débâcle, aux cerises, aux navets, l'esprit subtilisé de l'époque se hâte d'effacer ces vulgarités, et de leur substituer le bonnet artiste, les bonnets aux grandes prétentions, au bandeau d'amour, à la carmélite, au lever de la reine. Il offre à celle qui est lasse de son bonnet à la vestale, le bon-

Chapeau bonnette, décembre 1786.   Chapeau de sparterie, avril 1787.

net à la novice de Cythère ou à la prêtresse de Vénus. Quand la reine crée le joujou pastoral de Trianon,

et se donne le plaisir de descendre du trône pour aller en costume de fermière écrémer une tasse de lait, la mode se met à tourner au champêtre : on a la coiffure à la laitière et à la paysanne de cour, expression dissonante très en rapport avec ces nouveaux goûts de royale bergerie.

Le théâtre est un grand pourvoyeur de nouveautés. Les actrices n'avaient pas les gros émoluments qu'elles ont de nos jours; je ne sais ce que pouvaient être leurs feux; mais l'ardeur de leurs admirateurs était telle, qu'elle les mettait en position de tenir un état princier. Habituées à pousser plus loin que les femmes du monde les témérités de la toilette, elles devaient sans cesse fournir des sujets d'imitation à cette fureur d'innovation qui est le caractère de l'époque. Mademoiselle Contat crée, dans le Mariage de Figaro, les toques à la Suzanne. Le Barbier de Séville fait adopter, par les dames, les chapeaux à la Basile, à larges ailes et à haute calotte. En 1787, une troisième pièce de Beaumarchais met à la mode le chapeau à la Calpigi et celui à la Tarare, calotte de taffetas, élevée de huit à neuf pouces, ceinte de trois larges rubans avec une échelle de nœuds de ruban sur le côté, et surmontée de grosses plumes. Mademoiselle Contat consacra aussi, dans une comédie de Monvel, les bonnets à la Randan.

A l'occasion de l'opéra de Gluck, on inventa un bonnet à l'Iphigénie, et, faut-il le dire, un pouf à la grande prêtresse!! O Euripide! ce pouf de la sœur d'Oreste était un capot bouffant de gaze blanche, entouré d'une guirlande de fleurs arti-

Bonnet à la marinière, 1787.

Bonnet en gueule de loup, 1787.

Deuil : bonnet au globe, août 1789.

CHAPITRE XXXII. — LA MODE.

ficielles, avec une aigrette de plumes et de longues barbes de gaze pendantes par derrière. Du reste, cette coiffure de la Tauride était à quelques différences près la même chose que le bonnet à la béarnaise de l'année 1787, et ils se rapprochaient tous deux du bonnet à la Randan, que nous citions tout à l'heure. Si l'on voulait donner la liste de tous les noms de modes empruntés au théâtre, il faudrait nommer toutes les pièces qui eurent alors du succès. La géographie est aussi d'une grande ressource; elle fournit les bonnets *à la turque, à l'espagnole, à la Philadelphie*... Enfin, un beau jour, comme si la mode épuisée n'avait plus de noms pour désigner ses capricieuses inventions, on s'avise d'un bonnet *anonyme*.

Il serait difficile, en parlant des modes, de passer sous silence le boudoir : pénétrons donc dans ce charmant réduit, où nous ne pouvons manquer de rencontrer, groupés autour de la divinité du lieu, le marquis à l'ambre et l'abbé musqué. De quoi est-il question? Des scandales de la veille et des nouvelles du matin, du roi, de la favorite, des parlements, des beaux esprits, de la pièce en vogue. Indépendamment du marquis et de l'abbé, nous sommes aussi exposés à rencontrer quelque poëte lisant une œuvre badine au milieu d'un aréopage distrait et inattentif. Cependant, assise devant sa toilette, la femme qu'on vient courtiser consulte son miroir et surveille, à travers mille propos interrompus, l'ajustement de sa coiffure. A chacun de ses mouvements et suivant le flux et le reflux des plis abandonnés de son peignoir, l'œil curieux découvre et côtoie de nouvelles perspectives, et est doucement ému des révélations partielles d'une beauté qui le trouvera peut-être indifférent, quand le soir, à Marly ou à Versailles, elle se montrera sans réserve et dans tout son éclat. La reine du boudoir prend l'avis du marquis sur la pose d'une *follette*, consulte l'abbé sur une mouche

Le boudoir. — Un souper, 1770.

à placer; c'est en vain que sa *petite pendule à la balançoire d'amour* l'avertit de la fuite du temps; rien ne la presse. Qu'a-t-elle de mieux à faire pour le moment que de prolonger le plus longtemps possible ces deux loisirs qui s'écoulent entre un semblant de galanterie et un semblant de toilette? Et cependant

de longues heures ont déjà été employées avant celles qu'elle consent à perdre en présence de ses adulateurs pour disposer quelques boucles et quelques chiffons. Cette portion de la vie que les femmes d'autrefois consacraient à cette inimaginable confusion de caquetage étourdi, de babil spirituel, de coquetterie et de fadeurs galantes, est encore un trait effacé des mœurs du dix-huitième siècle : le boudoir, accessible jadis, est aujourd'hui mystérieux. N'en faisons point exclusivement honneur à la dignité des mœurs contemporaines; les boudoirs, fussent-ils encore aujourd'hui ouverts aux longues visites comme ils l'étaient autrefois, seraient souvent déserts. Quelle que fût la séduction, il y aurait souvent des désertions parmi les privilégiés. Quand sonnerait l'heure, les grâces à demi parées risqueraient fort de rester solitaires, parce que M. le duc serait à une course de chevaux, le marquis à une réunion d'actionnaires, le comte à la bourse, et le baron n'importe où.

Mais n'anticipons pas sur la gravité et la sagesse que le temps fera éclore. Nous sommes encore dans le siècle des pompons. Dorat met des mouches et du rouge à sa muse, Boucher chiffonne ses Grâces et ses Amours, et la nichée des galants abbés, qui ne s'est pas encore envolée je ne sais où, s'abat voluptiers dans les boudoirs des belles. Laissons ces heureux insouciants, poëte, abbé, marquis et coquette, deviser entre eux et s'amuser de ces récits futiles ou malins qui plaisaient tant alors qu'on les racontait, mais qui ont perdu leur charme depuis qu'on les imprime, et, quittant le boudoir, jetons un coup d'œil rapide dans la garderobe sur quelques atours surannés qui s'offrent à notre vue. — Voici d'abord la robe ordinaire *à la française*, ouverte en avant pour laisser apercevoir le *jupon*, le plus souvent d'étoffe pareille. On lui donne par derrière deux supes d'ampleur, auxquelles

Le boudoir. — La partie du wist, 1775.

Le boudoir. — La conversation.

on ajoute de chaque côté une pointe par en bas. A droite et à gauche du jupon, est pratiquée une ouverture pour la poche. Le dos de la robe est plissé à plis plats. Les manches, ne s'avançant que jusqu'aux coudes, sont assujetties par de petits morceaux de plomb. De ces manches plombées partent

de longues manchettes pendantes de dentelle, qui recouvrent en partie le bras. Les *garnitures*, les *volants*, les *falbalas*, il est inutile de le dire, varient à l'infini

Si c'est une robe de cour, on lui donne, comme au temps de Louis XIV, une queue d'une longueur démesurée. Cela est ridicule, mais cela se fait de par la mode et de par l'étiquette; le moyen de s'y soustraire! Il faut savoir porter cette entrave par grâce. D'ailleurs il y a un certain coup de talon pour rejeter adroitement sa queue en arrière, qui est du meilleur effet. C'est un apanage de l'aristocratie; cela vous distingue des petites gens! La robe de cour, beaucoup trop longue par en bas, est en revanche extrêmement échancrée par en haut. A une certaine époque, les robes étaient si décolletées, et les épaules et la gorge si découvertes, que personne à cet égard n'avait plus le droit d'être jaloux des privilégiés du boudoir. — La *lévite* est un emprunt fait, pour le nom plus que pour la chose, à l'antique tribu chargée à Jérusalem de garder l'arche sainte : faite d'abord comme une robe de chambre d'homme, elle montait jusqu'au cou, et se portait volante pour le négligé. La première modification qu'on lui fit subir fut de mettre par-dessus une ceinture pour la serrer sur le corps. Bientôt on échancra le tour de la gorge, on descendit le collet et l'on marqua la taille avec des plis; mais comme ces plis avaient pour résultat de la grossir, on coupa le corsage, on le fit juste, et l'on y joignit le reste de la robe plissée sur les hanches. Les manches, qui descendaient si abord jusqu'au poignet, furent rétrécies, ornées de parements, et remontèrent jusqu'au-dessus du coude. Ainsi transformée de manière à la rendre méconnaissable, la robe des femmes de la tribu de Lévi devint un habit de parure des femmes du dix-huitième siècle. Cependant la commodité de la lévite dans sa première forme, pour le voyage ou la chambre, la fit reprendre de nouveau sous le nom de *quinzevine*. Cette robe, qui serre avec une coulisse, fut imitée, avec quelque différence dans la *robe en chemise*, à la mode en 1785. — La *polonaise*, si à la mode sous Louis XV, ouverte par devant; s'élargit à droite et à gauche sur les hanches, après avoir pris la taille avec assez de grâce; elle est très-courte et tombe à six pouces au-dessus du jupon; elle se relève de chaque côté avec une ganse qui embrasse une certaine portion de la robe et va se fixer au jupon. Cette robe à plis larges et librement jetés est restée long-temps en vogue. — L'*anglaise* n'en diffère qu'en ce que les trois coutures du dos se rapprochent davantage par le bas, et finissent en serrant toujours plus comme un *fourreau*. — La robe *turque*, plus compliquée encore, est une polonaise par le dos et traîne d'un tiers de sa longueur. C'est une robe de parure. — Voici enfin le *peignoir* qui, autrefois exclusivement consacré à la toilette, a été mis au nombre des déshabillés galants.

Pendant que nous sommes en train de fureter dans la garde-robe des vieilles grand'mères, nous demandons la permission à leurs petites-filles de jeter rapidement un dernier coup d'œil sur quelques atours ébouriffants, incompréhensibles à l'ingénieuse élégance de notre âge, et dont la bizarrerie déconcerte la piété filiale elle-même. Les paniers sont, à une certaine époque, réservés, ainsi que le *corps*, pour la toilette de cour. Ils consistent en une carcasse de laiton sur laquelle s'appuient plusieurs rangs de canne ou de baleine, recouverts en dessus d'une garniture de crin piquée en tuyaux d'orgue. Entre ces tuyaux une ouverture est pratiquée pour fouiller dans la poche. Aux paniers succèdent les *bouffantes* faites d'une toile de crin d'une demi-aune de large. Pour soutenir et enfler leurs robes, les femmes ont aussi employé une toile extrêmement gommée, appelée *la criarde* à cause du bruit qu'elle faisait, mais elles l'ont remplacée par la toile de crin. (Nous avons aujourd'hui *la crinoline*; il n'y a rien de nouveau sous le soleil. Sous les mots qui changent, nous retrouvons toujours la prétention obstinée à l'exubérance des formes naturelles.).

Les modes des dernières années du dix-huitième siècle se ressentent de la fermentation qui règne dans les esprits; elles affectent dans leurs innovations des témérités singulières. Nous les verrons tout à l'heure s'égarer jusqu'à n'avoir pour ainsi dire plus de sexe. Mais c'est surtout leur excessive mobilité qui forme un contraste marqué avec la fixité du costume aux époques précédentes. Il semble qu'à l'approche de l'orage où va bientôt s'engloutir la monarchie, la société élégante se hâte de jouir en satisfaisant au jour le jour ses mille caprices, et s'abandonne avec plus de frénésie que jamais à toutes les frivolités de la parure. Les *marchandes de modes* acquièrent un crédit extraordinaire, et deviennent les prêtresses et les missionnaires de ce nouveau culte. Parmi elles, la plus célèbre est mademoiselle Bertin, modiste de Marie-Antoinette. Cette *artiste* est le pendant de l'*académicien* Léonard pour l'importance qu'elle s'attribue; c'est elle qui, impatientée du goût difficile d'une petite maîtresse, disait un jour : « Présentez donc à madame des échantillons de mon dernier *travail avec Sa Majesté*. » Son atelier donnait sur la rue Saint-Honoré. Le jour où la reine fit son entrée à Paris, elle était sur son balcon avec ses trente ouvrières. La reine lui fit en passant un signe de protection, auquel la modiste répondit par une profonde révérence; le

Caraco bordé de blanc. — Calèche et robe à la Polonaise, 1772.

roi lui fit un geste gracieux : nouvelle révérence; les courtisans, singeant le maître, s'inclinèrent aussi en passant : nouvelles salutations de sa part; elle en eut un relief merveilleux. Malgré cette haute faveur, elle finit par faire une faillite d'un chiffre tel, qu'il étonnerait encore de nos jours où nous sommes accoutumés à ce genre d'aventures. Mademoiselle Picot, sa première fille de boutique, qui lui enleva un grand nombre de pratiques, et à qui elle fit en plein palais de Versailles et en plein visage une de ces insultes qui ne se lavent entre hommes qu'avec du sang; une autre nommée Alexandre, Boulard, et beaucoup d'autres modistes, continuèrent à répandre de plus en plus le goût de chiffonnage dans la toilette des femmes. Les accessoires coûteux finirent par l'emporter sur le fond. Une foule de jeunes filles se dévouèrent à Paris à ce travail, et mille ajustements coquets sortis de leurs doigts allèrent porter à l'étranger la réputation de notre élégance. Pour plus de clarté, des *poupées* étaient expédiées au Nord et au Midi pour servir de modèles. La frivolité, ayant acquis tous ces développements, dut se prendre au sérieux à son tour. Quand la publicité était toute entière acquise aux choses graves de la politique, la mode songea déjà à inaugurer sa gazette spéciale. En 1768, il paraît un *Courrier de la mode* ou *Journal du Goût*, qui ne dura pas. Plus tard, en 1785, paraît le *Cabinet des Modes*, que la révolution vint interrompre, et enfin, sous le Directoire, le *Journal des Modes*, qui s'est continué jusqu'à nos jours. Si ces feuilles légères, destinées à décrire les mystères passagers de la toilette, nous étaient parvenues sans interruption depuis le milieu du dix-huitième siècle, nous pourrions y trouver bien des particularités intéressantes. Voici, par exemple, à l'occasion de dénominations consacrées par la mode, des traces assez curieuses du phébus et du langage mellifiue qui régnait alors.

Vers 1779, la dernière mode pour les robes est le satin broché couleur de *soupir étouffé*; je suppose que c'était quelque chose de très-vaporeux. On a le choix entre une foule de garnitures; on peut passer de la *candeur parfaite*, de l'*insensible* ou de la *grande réputation* au *doux sourire*, à la *préférence*, au *désir marqué*, à moins qu'on ne s'en tienne aux *vapeurs*, à la *plainte indiscrète*, à la *composition honnête*, ou qu'on ne se laisse aller à l'*agitation* et aux *regrets superflus*. On est sûr de plaire si on se fait friser en *sentiments soutenus* ou en *sentiments repliés*. D'ailleurs n'a-t-on pas un bonnet de *conquête assurée*? et pour joindre à sa garniture de *plumes volages*, n'a-t-on pas les jolis rubans tout nouveaux d'*œil abattu* ou de *soupir de Vénus*? Le fichu est aussi une chose importante. On aura sans doute caché ses épaules sous une *médicis montée* ou de la *grande bienséance*. Si avec une pareille toilette on n'a pas oublié son manchon d'*agitation momentanée*, on a certes tous les droits imaginables, ou en vérité mademoiselle de Scudéry serait bien exigeante, de se présenter en toute confiance et à être bien accueillie dans son pays de *Tendre*. L'on ne pourra manquer d'y rencontrer bientôt des gens qui s'empresseront de vous mener au *village de petits soins*, ou même jusqu'à celui de *grands services*, quoiqu'il soit plus difficile d'y arriver. Quelquefois le même objet change de nom d'une manière significative : ainsi le nœud de ruban que les dames portaient sur le sein, et auquel elles avaient donné le nom d'*engageant*, fait place à celui de *parfait contentement*; puis le nom et la chose disparaissent. N'est-ce pas là un drame amoureux tout entier à l'occasion d'un chiffon?

Parmi les couleurs à la mode pour robes, outre celle dite de soupir étouffé, signalée tout à l'heure, il y a encore le *vert-pomme rayé de blanc*; on l'appelle *vive bergère!* — les braves gens pour trouver ainsi de jolis noms! — On cite aussi la *couleur de gens nouvellement arrivés*. Qu'est-ce que cela pouvait être? Dieu le sait. — Trois ou quatre ans avant, en 1775, c'est la royauté elle-même qui fournit à la mode des couleurs et des noms. Un jour, Marie-Antoinette se présente à Louis XVI avec une robe de taffetas d'une couleur rembrunie. — « C'est couleur de puce, » dit le roi. — A l'instant toutes les dames de la cour veulent avoir du taffetas puce. Les hommes se piquent au jeu et les imitent. Les teinturiers s'évertuent, on sous-divise les nuances : on a *la vieille* et *la jeune puce, ventre de puce, dos de puce, cuisse de puce*. On s'attend à ce que cette couleur dominante soit celle de l'hiver. Mais voilà qu'un autre jour des marchands présentent des satins à la reine, celle-ci en choisit de gris cendré. Monsieur, qui était présent, dit que c'est de la *couleur des cheveux de la reine*. Adieu la couleur puce et son nom cruellement bourgeois. On envoie en diligence aux Gobelins, à Lyon,... des cheveux de la reine pour qu'on puisse en prendre la nuance exacte; et des valets de chambre sont dépêchés de Fontainebleau à Paris pour demander des velours, des ratines, des draps de cette couleur; et le prix de ceux-ci monte de 40 à 86 livres l'aune.

Du reste, une folle fièvre de luxe désordonné s'était emparée de la haute société de cette époque. Il semble qu'il y ait rivalité entre les grands seigneurs et les financiers à qui se ruinera plus scandaleusement pour les actrices, les *impures* du temps. La Guimard, la maigre danseuse de l'Opéra, a un théâtre dans son hôtel de la Chaussée-d'Antin, et fait chasser pour sa table; la Duthé va à Longchamps en carrosse à six chevaux, la Chiavacchi s'y fait précéder d'un piqueur. Telle autre a un carrosse à panneaux de porcelaine, qui le dispute en richesse à celui de madame de Valentinois. Les seigneurs et les traitants se ruinent aussi à des maisons de plaisance, appelées *folies* : la folie d'Artois ou Bagatelle; les folies Saint-James, Beaujon, Méricourt, Genlis... Les jockeys, les attelages, les wiskis, les courses de chevaux, sont autant de causes de luxe dispendieux. Il semble qu'ayant un secret pressentiment de désastres prochains, chacun s'empresse de s'étourdir en dévorant ces joies d'un moment.

Vers 1786, plus de coiffure en cheveux, mais d'amples chapeaux; la gorge et le cou ne sont plus découverts; plus de paniers, si ce n'est dans le costume de cour; plus de forme postiches, à peine de petits *coudes* aux poches pour donner une certaine ampleur. On s'applique à avoir une taille svelte et déliée. Le matin, les dames ne sortent guère qu'en bonnets de nuit garnis de blondes ou de dentelles, sur lesquels, pour sauver cet excessif abandon, elles mettent un de ces chapeaux-bonnettes que nous avons déjà signalés; les grandes baigneuses se portent en demi-toilette. On fabrique aussi des chapeaux feutre de laine très-légers, teints de différentes couleurs.

C'est ici que se manifeste la plus monstrueuse de toutes les extravagances dont abonde l'histoire de la mode. Rien de pareil ne s'était encore présenté. La confusion tend à s'établir entre le costume des hommes et celui des femmes, dans la matière, la forme et la couleur. Les femmes ont des vestes, des gilets, des jabots, des chemises coupées à la manière des chemises d'hommes; comme eux, elles s'entourent le cou d'une ample cravate; les hommes ont deux montres dans leurs goussets : elles mettent deux montres à leur ceinture, avec chaînes pendantes et breloques; ils ont des cannes à pommes d'or : elles s'en arment également; ils arrangent leurs cheveux en cadenettes, en queue ou en catogan : elles adoptent les cadenettes, la queue et le catogan; elles portent des chapeaux de feutre et des redingotes de drap. A cela près des jupons d'une part et des culottes de l'autre, qui tiennent bon, le costume n'a plus de sexe; il semble vouloir réaliser, pour leurs derniers enfants trop civilisés, la parité du costume primitif d'Adam et Ève au sortir du paradis terrestre. Les hommes, de leur côté, ont des manchons, des douillettes, des effilés à leurs gilets. Souvent ce sont leurs modes du mois précédent que les femmes adoptent le mois suivant. Elles prennent les redingotes à trois collets, quand les hommes les ont quittées; elles suspendent à leurs montres des chaînes d'or et des breloques, quand ils n'y attachent plus que de simples cordons. Si les petits-maîtres du dernier goût marchent les mains dans leurs poches ou les bras ballants, elles agitent une badine ou une canne légère. Mais, à quelques différences près, elles cherchent à se rapprocher le plus possible de nos usages. Elles étudient nos sciences, ne craignent pas de s'enfumer dans un laboratoire de chimie.

> Tout le beau sexe s'amuse
> Du carré de l'hypothénuse,
> Des découvertes de Newton ;

et les dames portent les cheveux liés à la Cagliostro.

Au milieu des tentatives étourdies et de cette extrême variété de la mode, un caractère qui se prononce tous les jours du plus en plus, c'est la tendance à la simplicité ou plutôt à l'abandon du costume. On ne porte plus que des *négligés*, des *demi-négligés*, des *déshabillés* (mot caractéristique), des *pierrots*, des *redingotes*, des *robes en chemise*. A l'approche de la révolution, un seul vêtement ayant des noms bien malheureusement choisis ; le *caraco*, l'ancien *put-en-l'air* modifié, règne presque exclusivement.

Déshabillé appelé *pierrot*, 1787.

Bien des symptômes semblaient annoncer depuis longtemps, en même temps que la confusion des mœurs, l'insensible, mais inévitable transformation du costume. Les marquis en chenille se cachant sous le costume bourgeois; les traitants, les parvenus de la bourgeoisie, se guindant jusqu'à un luxe exagéré et insolent; l'invasion des idées, l'imitation des habitudes et de la manière de s'habiller des Anglais, fait important que nous ferons bientôt ressortir, tout semblait tendre à amener un prochain mélange, plus marqué de la cour et de la ville. La fantaisie de la souveraine avait même encouragé parfois à secouer une étiquette trop solennelle; cependant, il faut le reconnaître, le sans-façon avait ses limites, et il ne s'écartait pas de ces belles manières et de cette tenue courtisanesque qui faisaient de nous les plus élégants comédiens du monde. Mais voilà qu'un jour, lorsque la noblesse française est déjà dispersée en pays étrangers, au milieu des clameurs sinistres au bruit desquelles l'antique monarchie et l'ancienne société s'écroulent, l'étiquette aux abois, avant de déserter cette cour où elle régnait sur les rois eux-mêmes, fait entendre une dernière doléance, suprême et lamentable adieu au faste, aux riches et nobles parures, aux fantaisies somptueuses du passé. Roland de la Platrière, un des ministres de ce royaume de France où les coiffeurs eux-mêmes portaient encore hier l'épée, se présente à la cour en *chapeau rond* et dans un maintien négligé ! Le maître des cérémonies s'approche de Dumouriez d'un œil inquiet, et, lui montrant Roland, s'écrie : « Pas même de boucles à ses souliers ! — Ah ! réplique Dumouriez d'un air sardonique, tout est perdu ! »

Parmi les causes qui tendaient, au dix-huitième siècle, à modifier le costume français dans le sens d'un rapprochement entre celui des différentes classes de la société, il faut mettre au premier rang l'influence de l'imitation anglaise. Le chapeau à trois cornes, porté presque partout à cette époque, disparaît peu à peu devant le chapeau *jockey*, autrement dit, le chapeau rond. Ce nouveau venu dans l'histoire des chapeaux est comme un symbole de l'esprit moderne ; il est destiné à faire le tour du monde.

La révolution vient de briser l'ancienne société et de disperser les débris de sa magnificence théâtrale : aussitôt les diamants, les plumes, les guirlandes de fleurs, les robes de satin à queue, les habits brodés, pailletés, cannetillés, les cordons bleus, les crachats, les mille hochets de la vanité humaine, tout disparaît à la fois. Les fortunes s'anéantissent, et le roi de France, s'essayant à la misère, porte des souliers percés. Les femmes voient d'abord avec sympathie la révolution, mais beaucoup durent regretter le luxe dont elles allaient être privées. Les bourgeoises elles-mêmes durent faire des sacrifices à cet égard. Leur toilette se ressentait de leur folle rivalité avec les dames de la cour. Les annonces que quelques journaux du temps nous ont conservées attestent la variété extrême des étoffes et des modes qui leur étaient offertes, en 1789, dans les magasins de vêtements pour femmes des galeries du Palais-Royal : satin, taffetas, gaze, crêpe, crépon, sirsakas, linon, batiste, basin, etc... robes *à la lévite*, *à l'anglaise*, caracos *au lutin*, chemise *à la marocaine*, commode pour le matin, *à la vestale*, robes rondes *à la Dangide*, fourreaux *à la basquine*, *à la lyonnaise*, robes *à la réunion*, pouvant servir à volonté pour la parure, la demi-parure et le négligé, etc. Un prospectus de nos jours n'est pas plus habilement rédigé. Les bourgeoises durent beaucoup simplifier cette garde-robe fantastique. Elles adoptent généralement les couleurs nationales dans leurs vêtements. Vers 1790, elles prennent des chapeaux d'homme, et les ornent de gré ou de force de cocardes et de rubans tricolores. A l'exemple des hommes, plusieurs se font couper les cheveux, mais gardent de grands chignons. Celles qui ne veulent pas aller nu-tête se coiffent du bonnet ou d'une baigneuse, avec une cocarde *à la nation* sur le côté gauche. Il y a des bonnets, des boucles, des tabatières à la Bastille. Madame de Genlis porte au cou un médaillon fait d'une pierre de la Bastille, qui avait été polie. Des boucles de cuivre remplacent sur les souliers les boucles d'or et d'argent offertes en dons patriotiques. On ne voit presque

Robe demi-négligente, cheveux liés à la Cagliostro ; demi-parure, pouf au globe fixé, 1787.

plus de robes de soie; mais les toiles de Jouy sont reprises et deviennent d'un emploi général pour les déshabillés de couleur. Aux fichus blancs, généralement proscrits, on substitue les madras ou petits châles rouges.

Parvenue à l'époque de la terreur, l'histoire de la mode doit évidemment être un instant interrompue. Comment pourrait-il être question de mode, lorsqu'on cherche à répudier toute espèce de costume? Heureusement le cynisme de la toilette ne va pas aussi loin que pourrait le faire supposer le cynisme des mots : le sans-culotisme reste à l'état de mythe. La dénomination de sans-culotte fut dans le principe une impertinence des gens de cour; ils se rappelèrent que cette injure grossière avait été lancée par un méchant satirique contre le poète Gilbert qui mourut à l'hôpital. Ils trouvèrent le mot plaisant, et le ramassèrent pour en faire une insulte à l'adresse de ceux qui partageaient les idées révolutionnaires. Mais les Brutus de la révolution étaient peu vulnérables au ridicule. Ils se parèrent de cette dénomination insultante, et s'en firent un point de ralliement. Peu s'en fallut qu'avec leur impitoyable logique, ils ne donnassent complétement raison aux persifleurs. Les vrais sans-culottes, ou ceux qui veulent le paraître, ne se poudrent pas, ne se peignent guère, et se coiffent d'un bonnet rouge; ils s'habillent avec une houppelande en grosse laine brune et velue, ou avec une *carmagnole*, consistant en un large pantalon garni en cuir, et une petite veste. Les plus zélés ont leurs chemises ouvertes, portent des sabots, et ont pour canne un bâton noueux. Au milieu de cette affectation de sauvagerie, il n'y a rien de nouveau à enregistrer pour la mode, sinon l'apparition du bonnet rouge. Cette coiffure, empruntée aux pêcheurs des côtes de l'Italie, est bien aussi pittoresque que notre chapeau noir; mais, n'eût-elle pas été considérée comme un emblème de sang, elle devait être repoussée par le goût, comme disparate avec le reste de notre costume. Cela hurlait, accouplé avec un habit noir et une culotte de nankin. Cela avait un air de prétention ridicule, ne s'alliant pas bien avec la tendance qui a fait prédominer exclusivement les couleurs sombres dans notre costume masculin. Les vêtements aux couleurs éclatantes conviennent sous un ciel baigné de lumière et de soleil. Sous notre ciel décoloré, les costumes doivent être sombres et sévères; de même que notre architecture doit rester uniforme et du ton de la pierre; tandis que dans les plaines de l'Égypte et sur les promontoires de la Grèce et de la Sicile, elle se dessinait en couleurs vivement tranchées sur un ciel étincelant.

En somme, la République n'inaugurera rien ou à peu près en fait de costume. Quant au cynisme de la mise dont nous parlions tout à l'heure, il fut si peu général, que le chef du parti populaire, Robespierre lui-même, continua de s'habiller de soie et à faire soigner et poudrer sa coiffure. Au sujet de la poudre, il y eut des variations très-singulières : les jacobins se dépoudrèrent en haine des aristocrates; les modérés gardèrent la poudre en haine des jacobins, et quelques-uns la rejetèrent en haine de Robespierre. Le fait est qu'il y eut tolérance entière pour les poudrés et les non poudrés.

On est toujours tenté de croire qu'au milieu des troubles de la révolution, Paris tout entier avait un aspect sinistre, que les promenades et les endroits

Le jardin du Palais-Royal en 1792.

publics étaient complétement déserts. Il n'en était rien cependant. Nous reproduisons ici, d'après une gravure du temps, devenue rare, l'aspect du jardin du Palais-Royal vers 1792, du côté du café de Foy. De cinq heures du soir à minuit dans l'été, il était encombré de promeneurs, de femmes galantes et de groupes nombreux délibérant sur les affaires publiques. — L'édifice qu'on aperçoit à gauche, à travers les arbres est le cirque des sieurs Asley, écuyers anglais, précurseurs des Franconi. Ce cirque, élevé par les ordres du duc d'Orléans, ayant la forme d'un ovale allongé et creusé de treize pieds au-dessous du sol, portait une plate-forme avec jet d'eau et salle de verdure entourée de vases. Ce monument avait l'inconvénient d'obstruer un jardin déjà petit. Ce cirque fut tour à tour un lycée, une salle de spectacle, une salle de ventes et d'assemblées électorales, et fut consumé par un incendie en 1798.
— La variété la plus grande règne dans les couleurs des vêtements des promeneurs, dessinés par Debucourt. Mais ce sont surtout les couleurs tricolores qui dominent. Les trois nymphes du centre sont le but de tous les regards. Vis-à-vis d'elles, un bel homme, vêtu d'un habit rouge à collet bleu, se redresse avec l'aplomb d'un maître d'escrime. Un peu plus loin, un sybarite en habit et en culotte de nankin, et tenant en mains un éventail, est étalé nonchalamment sur quatre chaises. Quant à l'élégant jeune homme qui salue une de ces femmes, on reconnaît à la longueur singulière des basques de son habit à vaste collet et à grands revers attachés avec des pattes, à sa coiffure étagée, à l'épaisseur de sa queue et à ses grandes boucles d'oreilles, qu'il appartient à la *jeunesse dorée*, et qu'il sera plus tard un des incroyables du Directoire.

Malgré la terreur et l'échafaud, les jeunes élégants ne purent se résigner à supprimer leurs prétentions; ils traversèrent cette rude tempête sans y perdre un seul de leurs travers. Ces travers furent même exagérés, quand, au lieu de marquis, ce fut une troupe composée de clercs de notaires, de commis-marchands, d'habitués de cafés qui les singèrent. Déjà, en 1790, un journaliste du temps les signale assistant à la représentation de *Brutus*, et leur fait dire, en les plaisantant : *En véité, c'est incoïable... Mais, t' n'y avait donc pas de yeutenant de poïce dans c' temps-là?* Quel que soit le nom sous lequel on les désigne, *muscadins, incroyables, merveilleux*, les élégants de premier ordre semblent tous être affectés de la même infirmité, dont les signes pathognomoniques sont : un affaiblissement du nerf optique qui les oblige à se servir constamment de lorgnons ou de lunettes dont la nécessité croit en raison de la proximité des objets; impossibilité de prononcer les R, et extinction de la voix réduite à un zézaiement confus. Ils disent à une femme qu'elle est *samante;* ils disent *sèxa?* pour : qu'est-ce que c'est que cela? et ont continuellement à la bouche les mots : *paole d'honeu! paole verte! ma paole d'honeu panachée!* Malgré ces airs efféminés, ils ont osé quelquefois braver les montagnards; à la vérité, ils ont été quelquefois rossés. Mais, après la réaction thermidorienne, ils affichent publiquement leurs airs prétentieux et leur mise excentrique, et se font remarquer par leurs cheveux poudrés, dont les longues tresses sont relevées en *cadenettes* derrière la tête par un peigne d'écaille et tombent le long des joues, en deux masses, semblables à des cordes à puits détressées, désignées sous le nom d'oreilles de chien. Ils ont un chapeau claque enfoui dans des bords démesurés; et comme s'ils avaient des écrouelles à cacher, ils engloutissent

Merveilleuse, 1793.

leur cou et leur menton dans une cravate ample et lâche, sur laquelle retombent d'énormes boucles d'oreilles. Leur habit court et carré, qu'ils portent boutonné jusqu'en haut, marque le passage de l'ancien costume à l'habit moderne.

Élève de l'École de Mars; 1793.

La Révolution ne pouvait manquer d'avoir ses saturnales de la toilette : la liberté était chose trop nouvelle alors pour être à l'abri des excès de tout genre. Avant les scandales du Directoire, cette régence de la République, la Terreur eut aussi ses spectacles dissolus; ses grands jours de folie furent ceux où elle inaugura les Déesses de la Raison: La demoiselle Aubry, figurante de l'Opéra, la svelte et jolie Sophie, femme du député Momoro, et l'athlétique Maillard, actrice de l'Opéra, qui avait été la divine des marquis, et fut le double des incroyables, figurèrent ces déesses dans des costumes d'une transparence mythologique, moins nues que la Vérité, mais aussi indécentes qu'une habituelle. La déesse Raison reçut à la Convention l'accolade du président Laloi; touchante promiscuité de noms allégoriques. Mais ces indécentes tentatives, fruits de la licence la plus grossière, allaient bientôt gagner les salons les plus distingués, parmi ceux qui, les premiers après la Terreur, devaient tenter de rallier la société et de renouer le fil brisé des traditions élégantes.

Il semble qu'après le 9 thermidor les femmes auraient dû revenir tout naturellement au crépé dru, à la poudre, au rouge, aux mouches, aux paniers et aux talons rouges; mais les femmes qui cherchaient à restaurer la toilette en France n'appartenaient pas à l'ancienne cour; les belles marquises étaient toujours dispersées çà et là en Europe. Une société nou-

L'allemande, 1796.

velle, composée de parvenus, de spéculateurs enrichis, tendait à remplacer l'ancienne; et l'on doit moins s'étonner que quelques années aient suffi pour substituer au goût de l'ancienne toilette des goûts entièrement nouveaux. Sous l'influence des idées républicaines, l'imitation des Grecs et des Romains s'était étendue à tout. Au lieu de nommer ses enfants Mathieu ou Bonaventure, on les appelait Philopœmen et Mucius Scævola. L'amour d'un grand artiste pour l'antiquité eut particulièrement de l'influence sur le changement du goût en fait de costume et d'ameublement. David composa des costumes pour les fonctionnaires publics, dessina l'uniforme des élèves de l'École de Mars, et fut le grand ordonnateur des fêtes de la République. Dès 1791, il avait fait du transport des restes de Voltaire au Panthéon une cérémonie païenne. Mais cet essai de mascarade grecque et romaine n'eut pas un grand succès; la pluie d'ailleurs dispersa la troupe, et vint compromettre tristement les cothurnes et les robes traînantes des vestales. Les réformes de Talma au théâtre contribuèrent peu à peu, avec celles de David, à familiariser la vue avec le costume antique, non sans résistance toutefois; car la première fois qu'il parut avec une toge romaine dans le rôle de Proculus, de la tragédie de Brutus, il eut à essuyer les censures des journaux et les quolibets de ses camarades : mademoiselle Contat, croyant lui adresser une critique, s'écria qu'il avait l'air d'une statue antique, et ma-

Merveilleux, 1793.

dame Vestris lui demanda s'il avait mis des draps de lit sur ses épaules. Sous la triple influence des idées républicaines, du théâtre et de la peinture, le costume s'inspira donc des réminiscences de Rome et de la Grèce. Les beaux-arts devinrent l'école des mar-

L'agioteur, 1796.

chandes de modes; — elles puisent rarement à une source si pure; — mais cependant ce goût académique ne servit qu'à nous égarer. Ce n'était pas un mal que la tunique d'Aspasie remplaçât les paniers, que la coiffure d'Agrippine succédât à la coiffure à la Ninon ou à la Sévigné, mais c'en était un que la modestie et l'innocence, sous prétexte d'être à la grecque, dussent paraître dans le costume d'une Laïs ou d'une Phryné. D'un autre côté, cette manie de l'archaïsme tendait à effacer le génie national. Le cothurne, la toge, la chlamyde, la tunique ne tombant que jusqu'au genou, étaient aussi peu appropriés à nos mœurs et à notre climat que le sont les péristyles de nos monuments. Aussi cette invasion de l'antiquité ne dura qu'un instant dans notre costume, conduisit à mal les successeurs académiques de David, et tend à s'effacer de plus en plus de notre architecture elle-même. En 1796, le parti français dans *la mode* est représenté par les *incroyables*; ils protestent contre l'antique, un peu par crainte des rhumes de cerveau et beaucoup par haine des Brutus en bonnets phrygiens; malheureusement ils protestent par des extravagances d'une autre espèce.

Le parti de l'antiquité est divisé en deux camps : les Grecques et les Romaines. — Il n'est pas question des hommes. Excepté quelques élèves des ateliers et quelques comédiens du boulevard, qui s'aventurent parfois, tête, cou, bras et jambes nus, vêtus pour le reste d'une courte tunique avec bordure en laine rouge, excepté les muscadins qui raffinent le ton, et les traîneurs de carmagnole qui le gâtent, il n'y a qu'un mélange confus et inélégant des habillements de toutes les époques. — Les *Athéniennes* ont la mise la plus simple : elle consiste en une robe, sorte de seconde chemise de percale ou de mousseline sans ampleur, très-décolletée, et serrée sous la poitrine par un étroit ruban de laine rouge. Cette blanche tunique exigeait impérieusement de belles formes et une taille avantageuse; les méchantes langues disent que c'est justement à cause de cela qu'un pareil costume ne peut pas durer. Elle était sans manches; mais souvent, par motif de pudeur ou à raison du froid, on lui donnait pour accessoires des manches de tricot de soie bien justes. Mais ces manches étant devenues triviales, la coquetterie l'emporta sur la pudeur et sur l'hygiène, et on leur préféra la nudité. Les Athéniennes ont leurs cheveux tournés en natte et retenus par un ruban de laine rouge formant plusieurs tours, ou le chignon relevé à la Diane et contenu dans un réseau de même couleur. Elles portent des souliers en maroquin rouge ou des cothurnes, avec l'inévitable ruban rouge croisé sur le cou-de-pied. Quant aux *poches*, outre qu'un appareil fort peu classique, il n'y avait pas moyen d'en porter avec un costume aussi étroit; cependant, « comme ce n'est pas le tout de s'habiller à l'antique, et qu'il faut quelquefois se moucher, » on s'avisa de remplacer la poche vulgaire par le réticule des dames romaines, et on l'appela un *ridicule*. Toutefois on se passait de ridicules dans les bals; on confiait son mouchoir à un courtisan qui en faisait l'office. Ces sacs furent en losange, carrés, à chiffres, à devises, ornés de jais, de perles d'acier, de paillettes, comme les éventails. Pendant que les femmes françaises les appelaient leurs ridicules, les Anglaises les nommaient leurs *indispensables*. Notons ici, en passant, que l'on a attribué à la suppression des poches une influence fâcheuse sur la tranquillité des ménages. Les femmes, dit-on, sont devenues moins soigneuses; elles perdent leurs clefs, elles laissent traîner leurs lettres... Pour moi, je pense que cette suppression a dû contribuer à ruiner le commerce des billets doux. Qu'on nie, après cela, l'influence de la mode sur les mœurs! Cette fois, du moins, ce ne fut pas sa faute si le diable n'y perdit rien; c'est un fait qu'il est d'autant plus équitable de cons-

tater, que nous sommes obligé, à cette époque de son histoire, de dévoiler de sa part des concessions plus immodérées.

Incroyable, 1796.

Rivales des Athéniennes, les *Romaines* représentent l'aristocratie du jour. Elles sont les familières de la cour du Luxembourg. A côté des cinq directeurs,

Costume de femme, 1796.

tout brodés d'or comme des rois de mélodrame, associant le paludamentum rouge des triomphateurs romains à la toque rouge des Hongrois ou au chapeau à la Henri IV, couvert de panaches tricolores, elles ne pouvaient venir trôner en modeste costume d'An-

tigone à la chlamyde blanche unie et aux bandelettes rouges dans les cheveux; il leur fallait les robes patriciennes des femmes de Claude et de Marc-Aurèle, les tissus de pourpre, les étoffes fines et soyeuses, les riches broderies d'or en méandres ou en palmettes, les camées pour ramener la robe sur l'épaule ou rattacher ses plis errants à la ceinture, les aiguilles, les caducées d'or, les diadèmes, les pierres précieuses dans la chevelure. Parmi ces impératrices par le luxe, par la beauté et par la grâce, il y en avait une qui allait bientôt monter sur le trône de France. Elle et madame Tallien, son amie, étaient les principales divinités du moment; elles se passèrent, en fait de costumes transparents, quelques fantaisies un peu olympiques. Madame Tallien, imitée, dit-on, par une autre beauté du temps, porta des bas couleur de chair à doigts divisés, ornés de bagues et de bijoux. Les bourgeoises ne participèrent nullement à ces extravagances. Et ici il y a une observation à faire; c'est que c'est toujours en haut que se font les tentatives les plus hardies et les plus immodestes. Ainsi, lorsque les femmes se mirent, quelques années avant la Révolution, à porter ces singuliers appendices d'un nom difficile à prononcer ici, mais dont le surnom était *bêtises*, on remarqua que les dames de la cour portèrent ces éléments de toilette beaucoup plus volumineux que les bourgeoises.

Il y eut un troisième parti, celui des femmes vêtues *à la sauvage*; dans ce paganisme nouveau inoculé à la société par David, quelques femmes se prirent d'un tel amour pour la forme et les contours, qu'elles supprimèrent tout ce qui pouvait y nuire. Un corset de tricot de soie rose et un pantalon pareil furent chargés de rassurer tant bien que mal les gens timorés. N'oublions pas non plus la mode des *femmes enceintes*. Celle-ci est une mode de réaction contre-révolutionnaire. Les bourreaux ont tellement décimé la France qu'on s'empresse de la rassurer sur l'avenir de la population en s'habillant de manière à simuler des apparences de grossesse. Ces fausses apparences se nomment, dans le langage élégant du moment, des *demi-termes*.

Et les hommes, quelle mine faisaient-ils pendant ce temps-là ? Pendant que mesdames se costument en hétaïres de la Grèce, messieurs restent insensibles à la nouvelle esthétique. Le goût de l'antique les prend seulement un peu aux cheveux. Ils se mettent à les porter courts, sans poudre, plats ou bouclés, *à la Titus* ou *à la Caracalla*. Quelques agréables se font coiffer en *Lantin*, tout frisottés. Les incroyables portent leurs cadenettes, leurs peignes et leurs oreilles de chien, qui ne furent supprimées que vers 1799. Parmi les petits-maîtres, il y en a qui sortent le matin sans poudre, et s'affublent le soir d'une perruque couverte de poudre et de parfums. Vers 1798, leur mise consiste en un habit bleu, un gilet blanc ouvert, bordé d'un velours noir; une chemise de toile très-fine, assujettie sur la poitrine avec un cœur en cristal entouré de diamants, trophée mensonger de prétendues bonnes fortunes; une énorme cravate de mousseline blanche enveloppant le bout des oreilles et enterrant le menton, et dont les grands nœuds sont prescrits dorénavant par le bon ton; enfin un pantalon de nankin à liseré noir sur la couture, recouvert en bas par des bottines ne montant pas jusqu'à la naissance du mollet. Toutefois, dans les bals et certaines sociétés, au lieu de la bottine, qui est le costume négligé, l'on porte un soulier mince, pointu et ne couvrant que l'extrémité du pied. Une badine recourbée, ou *cep de vigne*, est l'indispensable complément du jeune homme à la mode. Un jour, à ce sujet, Mme de Staël, vêtue à l'orientale, dit au jeune Thélusson : « Vous portez le sceptre du ridicule. — *Citoyenne baonne, c'est à vous qu'il appartient de le décéner.* » Garat le chanteur n'eût pas mieux dit. On sait qu'il excellait dans l'art de supprimer les *r* du langage : la *paole d'honneu de Gaat* a eu de la célébrité parmi les manières affectées de parler du temps. Il fut sous le Directoire et le Consulat le type de l'incroyable. On adoptait avec engouement toutes les singularités de sa mise; il y eut des habits, des cravatos, des badines, des lorgnons *à la Garat*. Malheureusement pour sa fatuité, ce *beau* du Directoire eut la douleur de s'apercevoir, au commencement de la Restauration, que ses prétentions surannées ne faisaient plus impression sur le public. Un jour il s'avisa de sortir avec des bottines de maroquin rouge; on ne fit pas attention à lui. « Les misérables ! dit-il, autrefois ils m'auraient suivi jusqu'au bois de Boulogne ! » — Jamais à aucune époque il n'y eut à Paris un mélange aussi confus de costumes disparates qu'alors. Habillements négligés des jacobins, toilettes prétentieuses des muscadins, perruques, cheveux poudrés, cheveux à la Titus, chapeaux à trois cornes, claques et chapeaux ronds, modestes déshabillés des petites bourgeoises, caracos et bonnets à papillons des douairières, robes *à la Lydie*, *à la Cybèle*, chemises *à la Carthaginoise* des Athéniennes de la rue Vivienne et du quartier

1798-1799.

1798-1799.

Feydeau. Chacun se met à sa guise, et de cette grande liberté résulte une variété infinie dans l'aspect des promenades et des lieux de réunion publics.

A ces modes des dernières années du dix-huitième siècle, ajoutons encore quelques détails sur celles de la première année du dix-neuvième, pour mieux dessiner les traits de la transformation qui s'opère. Dans l'hiver de 1800, les femmes portent en toilette parée de petits toquets, des turbans, des coiffures moitié satin, moitié cheveux de la façon des coiffeurs ; les femmes riches ne se contentent plus d'un croissant ou d'un épi de diamants, il leur faut une gerbe tout entière, surmontée d'une plume d'autruche, d'un esprit ou d'un plumet noir. Les cornettes du matin sont aussi adoptées pour la parure. On voit quelques chapeaux de velours noir ; mais ce sont les chapeaux de paille blanche qui dominent ; souvent on met dessus un fichu en demi-marmotte qu'on noue sous le menton. Le caractère général de toutes ces coiffures, c'est leur extrême petitesse. Le moderne *bibi*, à la taille si écourtée, avait des dimensions ambitieuses auprès des chapeaux portés en l'an VIII. Quelques-uns sont réduits à la coiffe, et ont la forme d'une casserole, moins le manche. L'été, tout en conservant leur petitesse, ils prennent quelques formes nouvelles, entre autres les chapeaux à limaçon, dits *à la Frascati*, parce qu'ils sortaient du magasin de modes attenant à cet

Le café Frascati.

établissement. Les élégantes se font avec des voiles en dentelles d'Angleterre ou de Malines des coiffures gracieuses (les seules qui le soient à cette époque) qui accompagnent le visage, mais ont un abandon voluptueux qui rappelle la courtisane. Les robes habillées sont en satin blanc ou en Florence, mais le plus souvent en mousseline brodée.

Sous le Consulat, les lieux de plaisir et de réunion publique se multiplient de plus en plus. Il y a alors fort peu de réunions de société. Les salons de l'ancienne aristocratie sont tous fermés, ceux de la nouvelle commencent à peine à s'ouvrir. On dîne peu en ville, on dîne beaucoup au restaurant. On fréquente les cafés; la guinguette et le bastringue sont devenus à la mode. Outre *Bagatelle*, l'*Élysée*, *Monceaux* et *Tivoli*, il y a encore le *Ranelagh*, le *Jardin du parc des Sablons*, le *bal au parc de Saint-Cloud*, le *jardin Biron*; *Idalie*, le *jardin de Paphos*... Sous le Consulat, et l'Empire, *Frascati* est particulièrement à la mode ; on y donne des bals et des concerts. Le goût de la musique commence à s'y répandre. On accourt entendre les artistes Rhodes et Viotti, les chanteurs Garat et Lais. On se montre même curieux de la musique sévère des grands oratorios. Les prétentions ne tardent pas à suivre. Bientôt une jeune personne bien élevée ne chantera plus dans le monde, si elle n'est pas capable de le faire aussi bien que madame Scio. Dans sa danse, elle rivalisera avec madame Gardel; l'art de bien danser le menuet de la reine et la gavotte devient un des plus importants mystères de l'éducation féminine. Il faut à la fois beaucoup de science et beaucoup d'intrépidité pour se donner ainsi en spectacle dans ces danses de caractère. C'est encore là une des choses complétement tombées en désuétude parmi nous. De nos jours, l'art a complétement disparu; il n'est plus besoin de légèreté, de souplesse et de grâce; on peut même, à la rigueur, être insensible au rhythme, tant nos danses aujourd'hui ressemblent à des cohues désordonnées. Le *cavalier seul* a disparu de ce monde; tous, par amour de l'égalité ou par ignorance, se confondent dans une mêlée. Entassés les uns sur les autres, ils ne peuvent que se balancer sur eux-mêmes ou rouler comme des furieux, se frayant un passage dans la foule, en la menaçant de leurs coudes. Ce n'est plus de la danse, c'est une suite continuelle de heurts et de piétinements. Aussi nos jeunes gens, si ce n'est pour ces danses de sauvages qui les animent bon gré mal gré, se traînent-ils de la façon la plus mauvaise et de l'air le plus ennuyé dans les contredanses. Vigoureux jarrets, prodigieux entrechats de nos pères, qu'êtes-vous devenus! Au commencement du siècle, la réputation de beau danseur était une des choses les plus enviées. Après Bonaparte et Garat le chanteur, l'homme le plus à la mode était M. de Trénis, le Vestris des salons. Sa présence était attendue comme un événement. Souvent la danseuse habile de la soirée était obligée de l'attendre jusqu'à minuit passé, parce qu'il avait été retenu dans d'autres réunions.

La fièvre de briller s'inocule peu à peu dans la société. Plus on s'éloigne de la révolution, plus le luxe va augmentant. Ce n'est plus celui de l'ancien régime, parce que ce sont des personnages nouveaux, des parvenus de la veille qui l'inaugurent. Les traditions ont été rompues. Dès le lendemain de la terreur, les femmes protestent contre la simplicité républicaine par des modes extravagantes que la licence de la ré-

1790.

gence et de Louis XV n'aurait osé tenter. Les élégantes ne trouvent pas de mousseline assez claire pour leurs robes à la grecque; il y a des ateliers exprès où l'on étire les fils pour la rendre plus transparente et plus molle, afin de mieux révéler les formes dans les attitudes et les mouvements du corps. Bientôt les voiles de dentelle du plus haut prix, les beaux châles de l'Orient, l'or, les perles et les diamants étalent de plus en plus leur magnificence dans les parures des femmes. Les incroyables, les petits-maîtres du Directoire et du Consulat, n'ont ni la richesse de costume, ni l'élégance des anciens marquis; mais ils en singent les travers, et se mettent, à leur exemple, à gazouiller un doucereux langage de la fade galanterie, qui s'évanouit plus haut devant la rudesse militaire de l'Empire. On voit renaître, comme aux beaux jours, les madrigaux, les acrostiches galants; c'est le temps des agréables chansons sur *l'Amour qui fait passer le Temps*, et *le Temps qui fait passer l'Amour*. Parmi tous ces petits vers, il y en a un grand nombre adressé aux jolies actrices de l'époque, aux Philis, aux Devienne... Les rapides fortunes qui s'improvisent promettent une moisson moins stérile à la beauté. Il n'y aura plus de fortune princière pour enrichir une Gaymard, mais, parmi la foule des brillants généraux, il y en aura bien quelques-uns qui se trouveront assez riches pour acheter une défaite. Avant eux, quelques hommes du Directoire se montrèrent également voluptueux et prodigues. Du fond de sa retraite, à Lusarches, la célèbre Sophie Arnould, dans cet ancien presbytère dont elle avait fait son habitation, et sur la porte duquel elle avait mis cette inscription, plus spirituelle que religieuse: *Ite, missa est*, dut, plus d'une fois, en apprenant le faste et l'élévation de certaines femmes à la mode, sourire malicieusement de cet éternel jeu de la Fortune, de cette incessante succession des heures qui, en même temps qu'elle sonnait les vêpres pour elle, appelait les autres à matines.

1800.

1800.

Quand les têtes parurent se raffermir sur les épaules, et qu'on reprit goût à la parure, la tempête révolutionnaire avait dispersé la poudre et les pompons, et à la place des demi-hérissons et des poufs au sentiment, elle avait mis un chignon grec. Les coiffeurs durent s'évertuer à nouveau, étudier les statues et les bronzes antiques, consulter les camées et les entailles, se faire érudits comme des membres des inscriptions et belles-lettres; et cependant cette fois ils se contentèrent du titre d'artistes, et ne réclamèrent pas celui d'académiciens de la coiffure, comme l'avaient fait leurs confrères trente ans auparavant. Ce fut alors le triomphe de *l'huile antique*, que ne détrônèrent pas les *pommades romaines*. Remarquons cependant que la plus grande variété continue à régner aussi bien dans la coiffure que dans le costume. Une élégante avait des nattes disposées en spirale, un *chignon de trois quarts*, des *repentirs* et des *tire-bouchons* noyés d'huile antique ; une autre coupait ses cheveux pour se mettre la tête en brosse. Mais, un beau jour, quelque savant coiffeur vient à lire dans Juvénal que Messaline mettait sur ses cheveux noirs une perruque blonde,

Et nigrum flavo crinem abscondente galero,

quand elle allait en catimini courir par la ville de Rome. Se redressant de toute sa hauteur contre l'arrêt voltairien qui interdit le commerce des muses aux virtuoses du peigne et du fer à papillotes, il se sent inspiré et obéit à la voix de cet autre poète qui semble lui dire d'une manière amicale : *Faites des perruques !* Bien des perruques imitant les coiffures antiques remplacent les cheveux coupés à la Titus. On a des perruques *à la Bérénice, à la Diane, à l'anneau de Saturne*... La fille de Lepelletier-Saint-Fargeau, se mariant avec un riche Hollandais, reçoit en présent de noces douze perruques. Que de surprises singulières, que d'ébouriffantes métamorphoses durent avoir lieu à l'occasion de cette mode ! Quelles piquantes ressources pour la coquetterie ! et cependant, ô instabilité des choses humaines, cette mode fut éphémère. Déjà en 1800, les perruques sont tombées dans le domaine des élégantes du second ordre. Il redevient du bon ton de se parer de ses cheveux naturels ; mais comme à la suite de ces diverses mutilations ils sont fort endommagés, il y a nécessité d'avoir sur le front des mèches rapportées, et l'on a recours à des demi-perruques. On conserve seulement des perruques du matin, dites *paresseuses*, ce sont les cheveux blonds qui sont le mieux portés. Mais les blondes veulent à leur tour se donner le plaisir de la variété : pour paraître brunes par intervalles, elles portent des *tours* de cheveux très-noirs. Quelques merveilleuses reprennent la poudre, mais ne sont pas imitées. L'été de l'année suivante, la déroute des perruques est plus complète encore ; il n'y a plus que les mamans qui en fassent usage. Les petites ouvrières se coiffent avec leurs cheveux, les bonnes continuent à s'orner de *tours*.

Le caractère dominant du costume des Parisiennes au commencement du siècle, c'est la petitesse extrême du corsage, l'étroitesse de la robe, l'aspect rétréci de toutes les coiffures, des chapeaux, des capotes, des toques et des turbans, qui sont tels, que ces noms ne représentent rien de semblable à ce qu'ils servent à désigner aujourd'hui ; c'est aussi le goût prononcé pour l'association de deux couleurs tranchantes : un

Capotes à l'anglaise, 1800-1801.

châle rouge avec une robe jaune, une robe bleue avec un châle orange. Les dames semblent ne connaître de la loi du contraste des couleurs que les conditions d'antagonisme, et non celles d'harmonie. Toutes les toilettes de l'époque que nous ont conservées les gravures du temps ont un air d'abandon, de laisser-aller extrême, si on les compare à celles de nos jours. Une mode nouvelle de l'année 1802 est le chapeau de paille blanche *à la Paméla*, porté d'abord par les femmes les plus élégantes seulement. Ce chapeau à grands bords rabattus se posait de côté. Une bande de velours cerise brodée en perles d'acier, et fixée par une boucle d'acier, servait d'entourage à la calotte. On se coiffe beaucoup aussi avec des voiles, avec des fichus en marmotte, des épingles en lyre, et des flèches dans les cheveux. Les peignes se placent verticalement ; l'année suivante, au contraire, on les pose de côté. Dans la classe moyenne, la coiffure la plus ordinaire est un chapeau de paille noire. Les chapeaux des femmes qui savent se mettre n'ont qu'un demi-pouce de bord ; ils sont surmontés pour la plupart d'un fichu de soie en marmotte. On porte beaucoup de fichus croisés sur le sein, ainsi que des ceintures croisées en X sur la robe. En 1803, on adopte pour un moment les fraises chiffonnées ou plissées, hautes à cacher les oreilles. Pour les soirées, les robes à queue redeviennent à la mode, on ne se présente à Frascati qu'en queue traînante. Au lieu du burnous que les dames jettent de nos jours sur leurs robes de bal, on se sert, en 1803, d'une douillette, et les femmes comme il faut emploient la coiffure plus comme il faut emploient des redingotes en drap léger, à cinq ou six collets étagés, et fermant par devant avec douze pattes boutonnées. Ces redingotes étaient réservées, dans le principe, pour les courses en *hockey*. Pour les robes de demi-parure, le crêpe noir est en faveur ; mais le suprême bon ton est de porter des couleurs éclatantes.

J'avais mis mon petit chapeau,
Ma robe de crêpe amarante,
Mon châle et mes souliers ponceau :
Ma toilette était ravissante !

Ces vers, d'un couplet de *l'Auberge de Bagnères*, peuvent servir de description exacte de la mode en 1803.

La plus grande révolution opérée dans le costume moderne est celle de la substitution du pantalon à la culotte. Que ce vêtement vienne originairement des Vénitiens, et son nom de saint Pantaléon, martyr, ainsi que le prétend Ménage, c'est ce qui importe peu. Mais il est digne de remarque que cette grande révolution de notre costume coïncide avec notre grande révolution politique. Pendant que le pantalon se substituait à la culotte, le chapeau rond remplaçait le cha-

Chapeau à la Minerve et à la Vénus, coiffure en cheveux, 1801-1802.

Coiffure à la Titus, coiffure frisée ou Lantin, 1802-1803.

peau à trois cornes ; les bottes venaient s'aligner à côté des souliers ; les queues, les bourses, la poudre, les mouches, l'épée, les talons rouges disparaissaient pour ne plus revenir sans doute. Ce n'est pas à dire que la réforme du costume ait été aussi complète et aussi rapide que celle des institutions. La culotte a continué à lutter, pendant l'Empire et la Restauration, contre le négligé et le sans façon de son rival ; mais elle devait mourir, car elle n'avait pour parti que les fidèles d'un autre âge, et elle n'en gagnait pas parmi les jeunes gens. Aussi a-t-elle disparu insensiblement, et aujourd'hui le pantalon cavalier règne seul. La culotte ne se retrouve plus que dans quelques provinces arriérées. Elle est tellement tombée en désuétude, que le nom même est malsonnant et de mauvaise compagnie, tant la pruderie s'est infiltrée dans nos mœurs. Ce nom cependant a survécu à la chose dans quelques locutions, comme habit, veste et culotte, et pour exprimer la maîtrise que les femmes exercent souvent dans le ménage ; on serait inintelligible si on disait que ce sont elles qui portent les pantalons. Ce qui prouve quo, malgré cinquante ans de domicile et l'admission à tous les emplois publics, le pantalon n'a pas encore conquis toute l'importance et la dignité qui appartenaient, sous l'ancien régime, au vêtement qui l'a précédé.

Sous le Consulat, la mode en était encore aux tentatives téméraires ; elle cherchait les traditions, elle invoquait les souvenirs du passé. Sous l'Empire, au contraire, elle marche d'après elle-même. Elle se régularise, elle se fixe. Elle vise surtout à la richesse et à la splendeur. Le cérémonial de la cour impériale lui vient en aide. Les hommes y rivalisent avec les femmes pour la recherche des diamants, des broderies, des dentelles. Le maître de la France, d'une mise très-simple pour lui-même, aime à s'entourer d'une cour brillante. Il enrichit ses serviteurs, mais il veut qu'ils lui fassent honneur du luxe qu'il les met à même de satisfaire; et, comme rien ne lui échappe, il lui arrive quelquefois de dire à une dame qu'il a vu vingt fois la robe avec laquelle elle se rend à une invitation. Il se mêle des détails de la toilette de sa femme. Lorsqu'il n'était encore que consul, Joséphine ayant paru, un jour de cérémonie, avec une robe qui lui déplaisait, il jeta son écritoire dessus, afin qu'elle ne la remit plus une autre fois. La veille de la célébration du 14 juillet 1802, il lui dit : « Joséphine, je veux que tu sois éblouissante de beauté et de parure, et richement habillée, entends-tu? — Oui, répondit-elle, et puis ensuite tu fais des scènes, tu cries, tu raies mes bons à payer sur mes mémoires. » Et, en effet, la prodigalité de la pauvre femme lui attirait souvent des querelles de ménage; heureusement que la fortune grandissait de jour en jour, l'argent devenait plus abondant; Bourrienne fut chargé une fois de payer 1,200,000 fr. de dettes de la femme du premier consul, parmi lesquelles figuraient les dépenses de la Malmaison. Il y avait des mémoires de marchands de modes de trente-huit chapeaux dans un mois; des hérons de 1,800 francs, des esprits de 800 francs. L'exagération des prix et des fournitures était scandaleuse. Il liquida le tout avec 600,000 fr. L'avénement de l'Empire ranime le luxe. La mode, reprenant son action, joue alors un double jeu dans la politique et dans les chiffons. En même temps, elle ramenait les pompes d'une cour, et, échappant à la simplicité de costume des Brutus et des Cincinnatus de la veille, bientôt convertis en sénateurs chamarrés d'or, elle faisait les apprêts d'un luxe splendide, rêvait toutes les brillantes fantaisies des atours, et retrouvait sur le trône, pour présider à

Habit carré, houppelande, cheveux à la victime, 1801-1802.

ses fêtes, une femme passionnée pour la toilette. La gracieuse créole de la Martinique, l'amie intime de madame Tallien, avait quarante ans quand elle monta sur le trône de France. Entre elle et Marie-Antoinette, la fille des Césars, il y a un abime. Une des plus grandes révolutions de l'histoire sépare la reine de l'ancienne monarchie de l'impératrice de la nouvelle. Mais la frivolité de la femme est la même. Aux Tuileries, comme autrefois à Versailles, des conciliabules sont tenus; les longues heures sont consacrées à discuter les graves affaires de la toilette. Les préoccupations sont les mêmes. Les personnages seuls sont changés; au lieu de Léonard et de mademoiselle Bertin, on rencontrera l'artiste Leroy et mademoiselle Despeaux. De part et d'autre, l'accueil fait à ces divers artistes par ces deux femmes, qui, reines par le droit divin, veulent encore l'être par la beauté et la parure, est également plein de bienveillance. Mais il n'y a pas la même ressemblance entre l'accueil fait par les deux maris. Tandis que Louis XVI, passant en voiture dans la rue Saint-Honoré, adressait, au milieu d'un cortége public, un salut amical à mademoiselle Bertin, Napoléon ordonne qu'au sortir de chez Joséphine, on fasse monter en fiacre et on envoie à Bicêtre mademoiselle Despeaux: affaire qui fit, comme on peut bien le penser, grande rumeur dans tout Paris. Ce fut Savary qui fut chargé de l'arrestation de la marchande de modes. Duroc, voulant mitiger les ordres du maître, l'engagea à la laisser échapper. Mais mademoiselle Despeaux fournissait aussi des modes à la femme de Savary, et, par conséquent, des griefs à celui-ci : aussi ne voulut-il pas se montrer indulgent à son égard et il exécuta l'ordre du maître.

Un luxe inauguré à la fin du siècle dernier, le châle de cachemire, est une des magnificences caractéris-

Robe à tunique, demi-guêtres à l'anglaise, pantalon de nankin. 1802-1803.

Pantalon charivari, pantalon flottant, carrick, 1805.

tiques de l'Empire, aujourd'hui devenue presque vulgaire non-seulement dans les châles de l'Inde, mais encore par le nombre des mauvaises contrefaçons. Aussi, quoique leur réduction soit à présent infiniment plus belle qu'alors, le prix en a singulièrement diminué. Ils furent, dans le principe, des trophées de notre conquête de l'Égypte. Bonaparte en envoya deux à sa femme. Mesdames Visconti, Hamelin et Bourrienne en recevaient en même temps. « Ces châles, écrivait Joséphine à son fils, peuvent être très-beaux et très-chers; mais ils me paraissent fort laids. Leur grand avantage est dans leur légèreté. Je doute que cette mode prenne. » Ce pronostic a été aussi faux que celui attribué à madame de Sévigné relativement au café. Joséphine elle-même prit si bien goût à cette mode, qu'un jour, ayant envie d'un cachemire nouveau, elle renchérit sur sa belle-sœur, madame Murat, qui en avait offert 14,000 francs. Elle en posséda jusqu'à cent cinquante d'une beauté remarquable, qui, en 1814, furent vendus bien au-dessous du cours. Un cachemire fut l'occasion frivole à laquelle elle dut probablement la vie lors de l'attentat de la machine infernale. Comme elle se préparait à suivre Bonaparte à l'Opéra, Rapp, chargé de l'accompagner, critiqua la couleur de son châle. De là une petite discussion et un retard pendant lequel le premier consul, qui n'attendait jamais, partit en avant. Le reste est connu.

On peut citer aussi les madras comme un des luxes du temps. Quelques-uns s'élevaient jusqu'à un prix considérable. Quelques grandes dames s'en coiffaient la nuit, et à leur exemple les grisettes et les cuisinières se faisaient d'un fichu de couleur chiffonné en turban une coiffure négligée.

Redingote de percale, tunique à la mameluck, robe de bal, capote de drap, chapeau de feutre, 1804-1805.

Si l'on consulte les journaux de modes du temps de l'Empire, on y trouve une singulière uniformité dans les données générales de la toilette : les robes sont toujours étroites, les corsages courts et la ceinture mise sous le sein; les chapeaux le plus souvent petits. Nous allons passer successivement en revue quelques détails relatifs aux années qui suivent celles dont nous nous sommes occupés dans le dernier article. — 1804 : les toques et chapeaux de velours sont très à la mode. Les dames portent des capotes de drap à plusieurs collets et des redingotes de percale, avec des pattes aux unes et aux autres. — Ce costume se soutient encore pendant l'année 1805. La mode fait adopter des espèces de tuniques dites *mamelucks* qu'on met par-dessus la robe; des fichus écarlates bordés de martre, des bas et des mitaines de soie couleur de chair. Les voiles brodés rivalisent avec ceux de dentelle. L'été une toilette de bon goût consiste à avoir une robe avec des broderies de couleur et un chapeau de paille blanche avec un ruban bleu. La mode des bretelles a passé des hommes aux femmes; seulement elles ont renchéri sur eux. Elles en ont à leur corset et à leur robe, et elles portent encore par-dessus des rubans en X. Le goût des rudes contrastes de couleurs dure toujours. On va au bal avec une robe de crêpe noir, du corail au cou et des réticules rouges dans les cheveux. L'hortensia est la fleur recherchée; mais la plus rare à donner à une petite maîtresse, c'est le *metalucu*. La rareté seule fait le mérite. L'héliotrope et l'oranger qui embaument sont relégués dans l'antichambre; mais le mélaluca, qui ne sent rien, et le géranium, qui empeste, sont admis dans le boudoir. Il est vrai qu'en l'absence de parfums naturels on a les flacons d'essence de rose de chez Garnesson, parfumeur du palais du Tribunat. — Les coiffures sont imitées des médailles des impératrices et faites avec des nattes. Mais dans l'été les titus bouclées à deux cents anneaux symétriques sont la fureur du moment. — En 1806 on reporte des coiffures à la *Ninon*, lisses sur le front, par derrière en chou de nattes ou en colimaçons, avec six ou huit boucles de chaque côté, tombant un peu plus bas que la joue, et d'autres reportent aussi par derrière du chignon une simple fleur sous le côté gauche. Sous le chapeau comme sur le bord d'une toque les cheveux se portent également roulés en boudin. Un turban ne laisse pas passer de cheveux ou très-peu sur le front, comme on peut le voir au portrait de madame de Staël, par Girard. De même une guirlande dans une coiffure parée se pose très-bas sur les sourcils. Quelques femmes portent encore des perruques à cheveux implantés; les artistes les plus célèbres en ce genre sont MM. Harmant et Michalon, ainsi que

Costume de bal, costume de cheval, 1808-1809.

Capote de soie, 1801.

Chapeau de velours à liseré, 1801.

M. Tellier, galerie de Bois du palais du Tribunat. Le rose et l'hortensia sont les couleurs à la mode. Au bal on remarque deux espèces de robes: celles à grande prétention sont à queue, en velours ou satin nacarat, avec ornements en or, et la toque est pareille. C'est la toilette des femmes qui ne dansent pas. Les sveltes danseuses ont des vêtements en crêpe. Le cavalier, au premier coup d'œil, voit à qui il peut s'adresser. On voit dans les soirées beaucoup de dia-

Chapeau de paille blanche, redingote et toque de velours, chapeau à la giaucuse, châle de cachemire, 1806-1807.

mants, les perles sont aussi en grande faveur. Il y a des colliers d'un prix énorme, on les combine avec des nattes pour former des bourrelets sur le devant de la coiffure. Les perles sont répandues à profusion; on en brode les toques et les robes. Le luxe des peignes est des plus dispendieux. En 1806, on en porte beaucoup en corbeille formés de diamants. Le goût des camées a un peu passé; il ne s'en vend plus guère que pour agrafes de ceinture. Le bois de palmier pé-

Redingote de percale et de bazin, turban à la Staël, douillette, toque ornée de plumes, 1808-1809.

trifié est mis à la mode par les joailliers; le corail continue à se soutenir. C'est un article cher, et qui a le mérite de la rareté; à ce titre, il figure, en 1808, aux célèbres quadrilles du carnaval chez la princesse Murat. Les modes se succèdent et ne s'embellissent pas. Dans l'hiver de 1808, les femmes ont l'aspect le plus engoncé; elles ne se contentent pas de mettre un cachemire par-dessus une douillette, elles mettent encore une épaisse palatine par-dessus le cachemire.

Robe et chapeau de cachemire, cache-folie, ceinture à l'enfant, fourreau redingote, 1810.

Les couturières mettent trente aunes de festons à des redingotes de percale et de bazin. Le goût est encore revenu aux couleurs éclatantes. On a des robes de cachemire rouge, ponceau ou jaune turc; les fleurs employées avec cette parure sont le coquelicot, le géranium et autres fleurs rouges. Les souliers sont amarante, cerise ou gros bleu. On porte des capotes cachemire, des rubans, des souliers cachemire. En 1807, on invente des fleurs cachemire; en 1808, des plumes cachemire. Ces charmantes inventions, Dieu soit loué! ont disparu. On s'est repris aussi d'un bel amour pour les titus très-bouclées et les cache-folies.

CHAPITRE XXXII. — LA MODE.

A peine dix femmes sur cent ont-elles conservé de longs cheveux. Les ouvrières ont le bon esprit de ne pas sacrifier à ce travers des grandes dames. Quelques que de rayonnantes coiffures à la Cléopâtre, à la Sabine, à la Plotine, à la Matidie.

Deux inventions bizarres en fait de costume se rappqueue. Par opposition avec cette veste ronde, avec cette moitié d'habit écourté dont la mode règne de 1806 à 1812, voici venir vers 1805, sous le nom de

Pantalon collant, spencer, 1806-1808.

Chapeau en bateau, habit couleur crotin, culotte de peau, 1810.

Chevelure à la François 1er, chapeau en barque, charivari de breloques, 1810.

femmes élégantes protestent également. Ainsi, à un concert de mademoiselle Colbran, au lieu des titus ou des bonnets de poil consacrés par la mode, on ne voit portent à l'époque de l'Empire, le *spencer* et le *carrick*. Le spencer est un habit qui a perdu ses basques, chose aussi ridicule qu'un renard qui aurait perdu sa carrick, un gigantesque vêtement descendant jusqu'aux chevilles et surchargeant les épaules d'une cascade de collets dont le nombre va croissant d'an-

Chapeau à la Robinson, cheveux à l'enfant, pantalon de tricot, bottes à la hussarde, 1811.

Culotte eau du Nil, vitchoura à capuchon, coiffure en casque, 1811-1812.

Cravate à oreilles de lièvre, habit sac, culotte de casimir, 1812.

née en année. Les carricks succèdent aux manteaux. Les manteaux leur ont succédé. Les grandes redingotes ont remplacé ces derniers et ont été délaissées à leur tour pour les paletots. *Sic transit gloria mundi.*

La mode des carricks a duré plusieurs années, après quoi ils sont devenus l'apanage des cochers de fiacre, qui n'en veulent même plus aujourd'hui. En 1804, tandis que les femmes portent des redingotes de vi-gogne, les hommes portent des capotes d'alpaga. Toutes ces étoffes sont d'un prix élevé. En 1805, les élégants adoptent pour culotte une étoffe noisette qui ne se vend pas moins de 80 francs l'aune.

1806, le suprême bon ton, pour un jeune homme qui va se faire admirer à pied sur la terrasse des Feuillants ou à cheval au bois de Boulogne, de deux heures à quatre, est d'avoir une culotte de peau de daim, boutons idem, des bottes à revers et un habit vert à taille courte, à collet haut et à boutons blancs sur lesquels est dessiné un chien; à force de le raccourcir, d'un frac leste et dégagé on avait fini par faire une veste. Telle était la mode en 1809; mais l'année suivante, de peur que les gens économes ne se servent de leurs habits étriqués de la précédente année, les tailleurs mettent en vogue des habits-sacs, dont l'ampleur fait le principal mérite. C'est tantôt une couleur, tantôt une autre qui est à la mode: l'habit marron en 1809, en 1810 l'habit vert; mais le type de l'Empire, c'est l'habit bleu à boutons jaunes. A la même époque, on porte beaucoup d'étoffes rayées pour pantalons et culottes, entre autres le casimir à côtes, le drap cannelé, le velours de laine et le *patent-cord*, dont le nom est une protestation anti-nationale contre le système exclusif de l'Empire. Mais l'étoffe par excellence est un casimir dit tricot. Les pantalons de tricot de laine remplacent les culottes de peau lourdes et gênantes.

Les fourrures commencent à pointer vers les derniers jours de l'Empire. Outre les belles dames et les beaux colonels, les petits-maîtres de la bourgeoisie aussi se sont laissé gagner au goût des pelisses et des vitchouras; pendant l'hiver ils endossent la livrée fourrée réservée auparavant à leurs cochers. Ce luxe, qui date de 1810, consiste à se distinguer par la rareté et la cherté. L'astracan est commun et court les rues; le renard, la martre vraie ou fausse, la zibeline, toutes les femmes en portent. Mais l'hermine est l'indice de l'opulence, et n'est permise qu'aux femmes ayant voiture. De nos jours elle est devenue moins fière et elle va à pied. Les robes polonaises, les toques, les bonnets polonais sont à la mode. A son entrée à Compiègne, l'impératrice, sans doute pour se conformer à une mode assez généralement adoptée dans sa nouvelle patrie, portait une robe de satin blanc et par-dessus une polonaise de velours cramoisi brodée en or et la toque pareille. Pour voir pendant l'hiver ce nouveau luxe de fourrures dans tout son éclat, ce n'est ni aux Tuileries, ni aux Champs-Elysées, ni à Coblentz, ni à Bagatelle qu'il faut aller le chercher, mais sur les bords du canal de l'Ourcq, à la Villette. Cet endroit, déjà si triste pendant l'été, devient le but de promenade des curieux et le rendez-vous du beau monde qui viennent y voir les habiles patineurs et se livrer au plaisir de glisser sur la glace. Des marchands de comestibles, des loueurs de patins et de traîneaux sont établis sur le bassin. Au mois de janvier 1811, les forts patineurs, et parmi eux le célèbre peintre Isabey, adoptent un uniforme composé d'une petite veste écarlate brodée d'astracan au collet et aux revers, avec trois ganses croisées sur la poitrine. C'est là qu'on les voit faire mille passes, dessiner mille figures, des *olivettes*, des *valses*, des *spirales*, des *dehors*, des *renommées*, s'élancer le corps en avant, se balancer sur une jambe en tenant l'autre tendue en arrière et le bras arrondi au-dessus de la tête. Dans ce champ clos, où les champions disputent les prix de l'agilité et de la grâce, la beauté est juge de cette espèce de dernier tournoi du dix-neuvième siècle. Une élégante, enveloppée de fourrures et les plumes de son chapeau au vent, assise dans un traîneau à cou de cygne auquel s'attellent parfois les patineurs avec des cordons de pourpre, glisse rapidement au milieu d'un galant

Le jeu de diable, 1812.

cortège de jeunes gens qui l'accompagnent pendant son trajet, passant, se croisant devant elle, comme pour la récréer par le spectacle de leur rivalité. Chaque âge a ses plaisirs. Nos jeunes gens aujourd'hui ne sont ni patineurs ni galants. Ils fument! Cependant, comme le bassin de la Villette est toujours à portée des promeneurs citadins, ces jeux d'un autre âge pourront renaître quand on voudra. Il n'en est pas de même des jardins qui, pendant l'été, conviaient les Parisiens à des fêtes continuelles. Que sont devenus Frascati et surtout le parc de Tivoli, ce paradis terrestre du Paris de l'Empire? Ils ont disparu; la spéculation s'en est emparée. Des constructions ont remplacé les magnifiques ombrages, et les roues des voitures résonnent sur le pavé où le pied délicat des jeunes femmes foulait naguère de frais gazons. Et Bagatelle! et le Jardin-Turc! Coblentz, il est vrai, nous est resté, sous un autre nom, car, après le plaisir de changer les choses, notre plus grand plaisir est de changer les noms. On va toujours, aujourd'hui comme alors, s'entasser le soir pendant l'été sur cette partie du boulevard. On y est même moins gêné qu'alors, puisque les barrières en bois placées devant les maisons ont été enlevées. Mais on y est toujours incommodé par la poussière, et de plus on y est affecté désagréablement par l'odeur de l'asphalte échauffé, ce qui tient aux progrès du siècle, et par l'odeur du cigare, ce qui tient à sa grossièreté. Dans le voisinage, Tortoni maintient plus que jamais sa vogue. Il commençait alors sa brillante réputation et succédait à Velloni et à Garchi. On déjeunait aux cafés Riche et Hardi. On allait manger des petits gâteaux vers deux heures chez Félix, Rouget ou Carême. On dînait chez Véry. Cet illustre maître de l'art culinaire, indépendamment de sa maison du Palais-Royal, avait déjà, en 1801, ouvert aux Tuileries un second établissement à l'entrée de la terrasse des Feuillants, du côté du château. C'est là que d'ordinaire les généraux et les officiers de l'Empire se réunissaient pour dîner dans les courts loisirs que leur laissait la guerre, avant d'aller applaudir Talma ou Fleury au Théâtre-Français, Laïs à l'Opéra, Elleviou à Feydeau, ou madame Barilli à l'Opéra-Buffa, à moins que, ces artistes étant malades ou fatigués, il n'y eût plus qu'à se rabattre sur les théâtres du boulevard pour y voir la *Chatte merveilleuse* ou *la Reine de Persépolis*, ou bien encore Mme Saqui. Le théâtre est toujours, comme en tout temps, un grand pourvoyeur de modes. C'est là que naissent les engouements les plus singuliers. En 1810, c'est *M. Dumollet* qui est le héros du jour, et toute la ville, qui n'est pas encore infatuée de dilettantisme, s'en va chantonnant du matin au soir l'air banal: *Bon voyage, monsieur Dumollet!*.... Le succès fou de la *Petite Cendrillon* produit un déluge de nouveautés, de modes, soit en bijoux, soit en chiffons. Toutes les pièces de théâtre du temps qui ont réussi nous fourniraient au besoin dans les dénominations les plus variées. Toutes les nouveautés qui éveillent fortement l'attention tombent dans le domaine de la mode. La fameuse comète de 1811 donna beaucoup plus d'occupation aux marchandes de modes qu'aux astronomes. En 1812, un honnête Viennois, M. Deghen, spéculant sur la crédulité parisienne, s'élève dans les airs avec un appareil formidable simulant les ailes d'un oiseau de manière à faire mourir de rire une autruche ou un casoar. S'il fait triste figure au ciel, il prend sa revanche sur les comptoirs de tous les marchands de nouveautés. Les dames se mettent à porter des bonnets et des chapeaux à la Deghen, sans garder rancune de leur mystification. Après avoir été chercher ses héros au ciel, la mode descend les prendre jusque dans les profondeurs de la terre. Tout Paris a versé des larmes au récit du malheur et du courageux dévouement du brave *Coffin*. La mode met un vaudeville l'histoire arrivée au mineur des houillères du département de l'Ourthe, et la mode en fait des chiffons, comme à son ordinaire.

Patineurs au canal de l'Ourcq, 1811-1812.

CHAPITRE XXXII. — LA MODE.

Mais la grande préoccupation du moment, ce n'est déjà plus la comète qui file, l'aéronaute qui ne vole pas, le mineur qui délivre ses compagnons, c'est à peine le bruit des préparatifs gigantesques que fait l'Empire pour aller mourir en Russie. Ce qui, avant toutes ces choses, est la pensée dominante du moment, l'obsession de tous les esprits, c'est le *diable*! non pas le sombre génie du mal, cet impertinent et froid railleur à la figure maigre, aux traits pointus, aux doigts effilés et au rire strident, dont nous avons été si engoués nous-mêmes depuis quelques années, et dont nous avions fait une sorte de type de suprême dandy du dix-neuvième siècle; non pas le diable de Milton, de Michel-Ange ou de Meyerbeer, mais un joujou, une sorte de toupie à deux têtes, qu'il s'agit de faire tourner rapidement sur elle-même en lui donnant l'élan au moyen d'une corde fixée à deux baguettes. Aux Tuileries, dans les jardins, dans les salons, toutes les dames, tous les enfants sont occupés à faire *ronfler* le diable. La mode, toujours aux aguets de toutes les folies et de tous les caprices, ne manque pas d'enregistrer ce nom de plus dans ses fastes.

La littérature, marchant au pas comme un régiment et vêtue d'une sorte d'uniforme, est trop stérile pour

Coiffure à la chinoise, chapeau à la jockey, casque à la Clorinde, chapeau à la chinoise, 1813.

que la mode songe à lui faire le moindre emprunt. Tout au plus glane-t-elle par-ci par-là quelques dénominations mythologiques. Une *psyché* n'est plus l'âme éprise et tourmentée par l'amour, c'est un miroir destiné à remplacer les anciennes toilettes où les beautés ne pouvaient se voir qu'à moitié. Une élégante a une figure de Saturne sur la pendule de sa cheminée; une patrouille d'Amours en biscuit de chez Dagoty dans son boudoir; les caporaux s'y donnent le mot d'ordre: aimer! Le dieu Morphée est figuré en bronze doré, sur son lit et sur son *somno*, meuble qu'autrefois on cachait avec soin et dont on fait parade alors. Elle porte des casques à la Minerve, des tuniques à la Vénus, des fichus à l'Iris; il n'est pas jusqu'à son cordonnier qui ne décore les pantoufles qu'il lui vend du nom pompeux de sandales à la Psyché. Elle-même ne s'appelle ni Clémence, ni Joséphine, ni Marie; elle a quelque nom mythologique ou romanesque: Euphrosine, Aglaé, Aglaure, Emma, Clara, Évelina, Ida, Nina, Lodoïska, Palmyre ou Zoé. Cependant elle a moins de prétention que ses grand'mères n'en ont eu et moins aussi que n'en auront ses filles. Elle n'est pas encore versée dans toutes les littératures étrangères. En fait de piano, elle joue du Boccherini ou tout au plus du Steibelt; en fait de romances, elle chante:

Partant pour la Syrie,
Le jeune et beau Dunois;

en fait de danse, elle ne vise plus à rivaliser avec

Les étrangers à Paris, 1815.

les terpsichores de l'Opéra; elle se plaît à la *monaco*, et la *gigue* est, en 1811, la contredanse favorite du jour.

L'année 1813 s'ouvre avec deux modes nouvelles: les *casques à la Clorinde*, imités de celui de madame Branchu dans *Jérusalem délivrée*, et le *chapeau à la jockey*, né, on ne sait à quelle occasion, et qui est adopté par quelques femmes à cause de la bizarrerie de sa forme et du petit air piquant et éveillé qu'il donne à certains minois chiffonnés. Les élégantes portent tour à tour des casques, des toques tenant du chapeau d'homme, et pendant l'été des chapeaux de soie à forme brisée de près de deux pieds de haut; les femmes de bonne compagnie se contentent du chapeau de paille de soixante-deux tours, surmonté de plumes blanches.

Voici venir les barbares, et ils font tout de suite invasion dans la mode. Si la patrie est en deuil, les élégantes de Paris ne sont pas disposées pour leur part à prendre le crêpe. Au contraire, elles assistent le 31 mars, dans leurs plus jolies toilettes, à l'entrée des alliés dans nos murs. Elles ont à soutenir leur réputation européenne. Plaire à n'importe qui, voilà leur patriotisme. Pourquoi se cacheraient-elles d'ailleurs? Ces sauvages du Nord ne sont pas si farouches. Remarquez l'excessive politesse avec laquelle ils leur adressent la parole au passage. Puisqu'il a pris fantaisie à l'Europe de se déplacer et de venir défiler sur nos boulevards, une telle revue ne peut être qu'un jour de fête pour elles. Elles sont bien sûres du triomphe. Soyons indulgents pour leur coquetterie, nous simple annaliste de la mode. Oublions qu'elles jettent des fleurs et des couronnes aux ennemis de la France; laissons ces tristes souvenirs aux colères de l'histoire.

Tous ces uniformes, tous ces costumes étrangers introduits dans Paris, loin d'étouffer la mode, vont lui communiquer, au contraire, une nouvelle activité. Elle s'épuisait et tournait sur elle-même; elle va aller en avant et se retremper à des sources nouvelles. Déjà elle a remarqué ces poitrines bombées, ces larges pantalons de Cosaques, ces petits chapeaux, ces touffes de plumes de coq, et elle s'apprête à en tirer parti. Malheureusement pour la France, elle a le temps de se familiariser avec ces formes nouvelles de vêtements. Si les étrangers s'éloignent bientôt de Paris, ils y reviennent en 1815, et leur séjour exerce son influence sur nos costumes civils et militaires. Il s'effectue, à partir de cette époque, un des changements les plus importants parmi ceux que nous sommes appelé à noter dans l'histoire de la mode. Et voyez combien sont lents les progrès en toutes choses! Il avait fallu les révolutions profondes qui séparent la fin du dix-huitième siècle du commencement du dix-neuvième pour amener la substitution du pantalon à la culotte et celle de la botte au soulier; il ne faut rien moins qu'une invasion du pays par l'Europe liguée contre nous pour faire que la botte, au lieu d'être mise sur le pantalon, soit cachée dessous. Et cet arrangement, à voir la manière dont il a prévalu et dont il persiste, semble être le dernier mot de la civilisation en fait de pantalon, et à propos de bottes, peut-être dans un pays où l'on a de la boue pendant les trois quarts de l'année, les partisans de la botte

Coiffures diverses, 1816.

en dessus étaient-ils les plus sensés. Mais il faut reconnaître qu'elle donne un air de palefrenier et est fort peu convenable pour se présenter chez une dame. On sait le mortel déplaisir que le général Bonaparte causait à madame Permon, la mère de la duchesse d'Abrantès, lorsque, venant la visiter et assis près d'elle,

Costumes d'hommes, 1813, 1814, 1815, 1816.

il étendait ses bottes sur les chenets de la cheminée. Est-il étonnant que l'usage de cette chaussure ait été proscrit dans un pays si piquant de savoir-vivre et de galanterie, et qui ne se doutait pas alors qu'il s'oublierait un jour jusqu'au paletot-sac, au cigare et à toutes sortes de rusticités dans les manières? Quoi qu'il en soit, la botte classique a disparu et a été remplacée par la demi-botte économique. Si réellement c'est un progrès, constatons-le, mais avouons qu'il nous a coûté un peu cher. La part de l'influence étrangère sur le costume parisien devait nécessairement être moindre pour la mise des femmes que pour celle des hommes. Quelques élégantes trouvèrent cependant le moyen de faire, au mois d'avril 1814, un emprunt au costume des officiers alliés, et se mirent à orner comme eux leurs chapeaux de *plumes de coq*. Mais, à côté de l'invasion des étrangers, il y eut aussi celle des étrangères. Une nuée d'Anglaises s'abattit bientôt sur la France. Nos jolies Parisiennes purent rire d'abord, mais elles ne purent pas échapper à la contagion des modes britanniques. L'invasion anglaise, c'est là pour la mode le fait capital de l'époque à laquelle nous sommes parvenus.

A côté de l'invasion des étrangers, la Restauration devient pour la mode un autre élément d'influence. En face du costume français de 1814 vient se poser un autre costume français suranné, et tellement suranné, que les vieux émigrés qui le portent paraissent aux générations du temps plus ridicules et plus étranges que les alliés eux-mêmes. La poudre, la queue, les ailes de pigeon, le rouge, la culotte, les souliers à boucles et l'épée portée horizontalement et par derrière..., et les figures, les airs, les manières, le langage, tout cela est tel que les Français ne peuvent reconnaître leurs compatriotes ni s'expliquer comment en quelques années ont pu s'opérer de si étranges métamor-

Coiffure élevée, 1814.

Chapeau à la prussienne, 1814.   A la russe, 1814.   A la Van-Dyck, 1815.

Imitation anglaise, 1815.

phoses, qui leur rappellent les aventures de la Belle au bois dormant. Ils ne sont pas tentés le moins du monde d'imiter ces antiquailles. D'ailleurs ils sont tout occupés pour le quart d'heure à se faire faire des habits pour la garde nationale. Les ciseaux des tailleurs réclamés pour cet office et pour les uniformes des gardes du corps, des mousquetaires, des chevau-légers, de la garde royale..., laissent en paix pour quelques instants les revers, le col et les pans des habits de ville. — Les dames, qui ont plus de loisirs, se donnent le plaisir d'afficher leur opinion politique en étalant leur toilette. Pour plusieurs le royalisme est une chose de sentiment, pour un grand nombre il n'est qu'une affaire de mode. Cela est comme il faut, cela sent la cour. Et puis d'ailleurs — le blanc sied si bien! le *lis* est une si jolie fleur! — Elle devient l'élément essentiel de toutes les coiffures. Le panache blanc ombrage pendant plusieurs années les chapeaux et les toques *à la Henri IV*; le chapeau à la Paméla vient de nouveau faire concurrence aux chapeaux retroussés par devant et agrafés en biais.

La Restauration communique aux idées un mouvement auquel se laissent entraîner l'art et la littérature. Le retour aux idées du moyen âge ramène dans les édifices et dans l'ameublement le goût des formes gothiques. Mais la mode, plus indépendante, si elle imite parfois le passé, s'abandonne en général au courant de ses caprices journaliers. Si elle se laisse envahir par la politique, c'est qu'elle y trouvé son compte; impartiale entre les deux camps ennemis, elle ne voit dans leurs divisions qu'une occasion de faire deux toilettes au lieu d'une. Elle veut bien afficher son amour pour Louis XVIII, mais elle ne veut pas cacher ses regrets pour Napoléon. Elle adopte les lis, mais elle leur oppose aussitôt les violettes. Un soir, l'actrice préférée du public paraît sur la scène avec une parure de violettes. Malgré la faveur dont elle jouit, le parterre, royaliste cette année-là, ne veut pas écouter mademoiselle Mars. Elle est obligée de se retirer; elle reparaît bientôt vêtue simplement, mais tout en blanc: elle est couverte d'applaudissements frénétiques.

Désormais la mode se verra souvent appelée à

Toque Marie-Stuart, chapeau évasé, chapeau Bolivar, 1818-1819.

s'allier à la politique. Mais que lui importe cette alliance-là ou une autre? tous les prétextes lui sont bons.

Le torrent s'est écoulé; la France s'occupe de réparer ses désastres. Son industrie se réveille et va prendre un plus grand essor. Le luxe refleurit et la mode poursuit son cours inconstant et capricieux. Nous sommes en 1818. Paris n'a pas encore repris sa physionomie normale. A côté des costumes étrangers on remarque les vieux habits des émigrés, qui végètent en attendant l'indemnité; la redingote bleue boutonnée jusqu'en haut et ornée d'un ruban rouge à la boutonnière, des officiers de l'Empire à demi-solde. Les souvenirs de l'Empire sont encore vivants dans les affections du peuple et les sympathies générales acquises à tous les soldats de notre vieille armée, désormais réduits à l'inactivité. La peinture, le théâtre, les chansons, la mode, payent leurs tributs à ces préoccupations rétrospectives. Nous lithographions nos anciennes victoires jusque sur nos foulards.

En 1817, la mode semble vouloir protester, en présence de l'envahissement, contre l'influence étrangère par la création d'un type national. Cette année voit naître, en effet, une classe toute nouvelle de fashionables subalternes, qui acquièrent une célébrité ridicule sous le nom de *calicots*. Le calicot affecte les allures militaires; il a le ruban rouge à la boutonnière, la cravache à la main, deux formidables moustaches, un petit chapeau sur le coin de l'oreille, un habit à poitrine bombée et à boutons de métal très-rapprochés, un pantalon blanc large, flottant ou serré par une coulisse en bas. Ses bottes, dont il fait retentir sur le pavé les talons ferrés, sont armées d'énormes éperons dont il se sert peu pour monter à cheval, mais dont il accroche ou déchire parfois les robes. — Je vois, disait un jour, au Louvre, une dame à un de ces matamores qui lui faisait de très-légères excuses de sa maladresse, qu'il faut vous savoir gré de n'être pas entré ici à cheval. — Ceux qui affichent ce nouveau travers de la mode sont presque exclusivement des jeunes gens des magasins de nouveautés et des commis marchands. La chanson et la caricature s'attachent à eux comme elles s'attaquent toujours, en France, à toutes les célébrités. La collection complète des caricatures sur les calicots constitue une œuvre considérable dans les annales de la mode. Dans quelques-unes de ces feuilles, M. *Calicot* se présente armé en guerre et partant pour le *combat des Montagnes*, pièce des Variétés, à la représentation de laquelle il est si maltraité, qu'il rentre déchiré, meurtri, et leurs divisions qu'une occasion de madame Perkale. Dans une autre, en montant sur son comptoir pour atteindre des marchandises placées à une case supérieure, son éperon malencontreux relève d'une manière fâcheuse la robe d'une dame, et on lit au bas ce couplet, qui eut du succès à cette époque:

Ah! croyez-moi, déposez sans regrets
Ces fers bruyants, cet appareil de guerre,
Et des amours, sous vos pas indiscrets,
N'effrayez pas la cohorte légère.
Si des beautés dont vous causez les pleurs
Nulle à vos traits ne se dérobe,
Contentez-vous, heureux vainqueurs,

Chapeau à petits bords; polonaise; 1818.

Chapeau à la Bolivar, le calicot, chapeau à la Morillo, 1819.

Chapeau à la Bergami, 1820.

De déchirer leurs tendres cœurs,
Et ne déchirez pas leur robe.

En 1818, comme pour nous prouver l'importance qu'elle met à la mode, l'Angleterre nous envoie un traité *ex professo* sur la *manière de mettre sa cravate* avec 14 modèles gravés: nœud à l'américaine, à la mahratte, à l'orientale, au collier de cheval... Londres devrait bien aussi donner à Paris un avis profitable sur la meilleure forme des chapeaux, car nous pouvons nous fixer à ce sujet. Le *chapeau indépendant américain*, dont les larges bords avaient effrayé les plus hardis sectaires de la mode, cède la vogue à un autre chapeau, qui en exagère encore les dimensions. L'été, les élégants semblent être des quakers ; l'hiver, ils ressemblent à des Basiles. La mode va jusque dans l'Amérique du Sud emprunter ses dénominations aux guerres de l'indépendance des colonies espagnoles, et donne le nom d'un guerrier à un chapeau à bords plats très-grands, à forme haute et à cône renversé. Le nom de Bolivar n'est pas plus populaire à Venezuela et dans la Nouvelle-Grenade qu'à Paris. Seulement pour l'Amérique c'est un héros, tandis que pour Paris c'est un chapeau seulement. De même qu'en Amérique Morillo combat Bolivar, de même à Paris le chapeau *Bolivar* a bientôt pour antagoniste le chapeau *Morillo*. Tout cela fournit à nos élégants une occasion de plus de manifester à la fois leurs opinions et leurs ridicules. — Les habits serrés du milieu et amples du haut et du bas donnent aux hommes l'aspect de sabliers. En 1819, aux carricks abandonnés depuis deux hivers on substitue les *rotondes*, ou redingotes à un seul collet, rond, large et rabattu, et les balandras, espèce de redingote, avec chaînettes et olives en soie, de l'invention du tailleur Barde. Avec 1820 nous entrons dans une ère nouvelle, celle des vastes manteaux, caractéristiques de la Restauration, comme le spencer d'abord et le carrick ensuite avaient été caractéristiques de l'Empire. Les *manteaux à l'espagnole*, doublés de velours amarante et faisant deux fois le tour du corps, exigent de 7 à 8 aunes de drap et coûtent près de 500 fr. C'est très-veur. Le retour aux vieilles idées ramène celui aux vieilles modes. On essaye de mettre en vogue les *toques à la Marie Stuart*, et, à l'imitation de cette coiffure, des bonnets de tulle à trois pointes, se rapprochant du camail des ecclésiastiques ; mais la pointe de la toque ou du bonnet, descendant sur le front jusqu'au milieu des sourcils et cintrée au-dessus de cha-

Robe à la Sévigné, 1820.   Coiffure à la Galatée, 1821.   Corsage à la Vallière, 1820.

que côté, encadre si bien la figure, qu'il y a nécessité d'être très-jolie pour s'accommoder de cet entourage. Aussi cette mode reste-t-elle circonscrite. Il n'en est pas de même de celle des *robes à pèlerines*. Toutes les femmes à qui la nature a laissé à désirer ou à regretter quelque chose trouvent là un moyen de dissimuler les avantages qui leur manquent. Aussi les robes à pèlerines font bientôt fureur. — On porte de nombreux volants au bas des robes. A la représentation de madame Saint-Aubin, les élégantes ont des toques de satin ou de velours posées obliquement sur des cornettes de tulle, mode qui date de 1816. Sur quelques chapeaux de velours noir on met des garnitures en perles d'acier très-fines. Les spencers en satin, en velours épinglé ou en crépon, sont aussi très-nombreux à cette soirée. — La coiffure en cheveux est un édifice compliqué. Une femme ne s'en tire pas à moins de sept peignes : deux petits pour tenir les boucles au-dessus de l'oreille, deux pour les boucles du front, un à la naissance de la tresse par-dessous, un pour la tenir par-dessus, et enfin le peigne de parade en or garni de perles et de corail, celui qui semble être la clef de la voûte, le point d'appui de tout l'échafaudage et le seul cependant qui ne serve à rien. A la ville, les dames ont des chapeaux amples à y mettre trois têtes, et dans lesquels leur disparaît de telle façon, qu'il n'y a plus de possibilité d'apercevoir le moindre profil. Pour peu qu'une dame cesse de vous regarder de face, vous ne la voyez plus.

Les journaux de mode répètent à l'envi que les *tailles s'allongent* tous les jours ; il nous reste même comme témoignage de ce fait important la caricature de *mademoiselle Buse et M. Corset*. Mais il ne faut admettre cela que d'une manière relative ; la ceinture descend effectivement et tend à se rapprocher de la ligne d'équateur, qu'elle a dépassée depuis, et autour de laquelle nous la voyons osciller depuis plusieurs années ; mais elle a encore du chemin à faire pour y arriver. — En 1819, le retour aux anciennes modes produit les robes *à la Sévigné*, et une concession aux idées du jour, les chapeaux *à la Bolivar* pour dames ; mais ceux-ci deviennent bientôt si communs, qu'ils sont de suite abandonnés par les élégantes. — L'année 1820 fait aussi un emprunt au siècle de Louis XIV pour ses robes busquées dites corsages *à la Vallière*. De son côté, Girodet, par son tableau de Galatée, fournit à la mode un dernier modèle emprunté à la mythologie expirante. La *coiffure à la Galatée* est une heureuse combinaison de la chevelure de la belle statue et de la couronne que les artistes du peigne ont posée si longtemps sous le nom de *couronne à la Terpsichore*. Décidément le moyen âge est en pleine faveur. Quelques retardataires obstinés, petits-maîtres émérites de l'époque du Consulat, colportent encore et étrennent l'éternel *Chansonnier des Grâces* ou l'*Almanach des Muses*, mais les élégants du jour ont délaissé ces vieilleries pour l'*Écho des Bardes* et les *Souvenirs des Ménestrels*.

De tous les astres nouveaux de la pléiade romantique, M. le vicomte d'Arlincourt est celui dont la mode aime le plus à s'illuminer. Les noms du *Renégat*, du *Solitaire*, d'*Éloïse*, d'*Ipsiboé* ont autant de retentissement dans les magasins de nouveautés et chez les marchandes de modes que dans les cabinets de lecture. En 1824, un petit roman d'un autre auteur usurpe à son tour la vogue : les colliers, les cha-

Pantalon à la cosaque, habit de cheval, manteau à la fille d'honneur, 1823.

Manches bouffantes en limaçon, balandras à collet, pantalon collant, 1824.

cher et très-incommode, mais la mode le veut ; notre vivacité et notre pétulance se laissent emmailloter dans ce grave costume, si peu fait pour elles. Pour les dames, les pelisses succèdent en 1818 aux manteaux, dont le prix était excessif. Les manchons redeviennent aussi fréquents qu'au dix-huitième siècle. L'éventail, longtemps proscrit, reparaît avec faveaux, les blouses, les broderies, etc., tout est à l'*Ourika*. Puis elle la cède à *Robin des Bois*. Le rude chasseur de l'Odéon décide de la forme des chapeaux et de la couleur des rubans sur les deux rives de la Seine. Tout Paris d'un bout à l'autre, atteint de la même épidémie, chante, fredonne ou siffle du matin au soir la ronde du *Freischütz*. En 1825, le sceptre passé de l'Odéon à la Porte-Saint-Martin. C'est un singe, qui le ramasse. Les élégants se mettent à sa suite, et le goût du jour devient la *jacko*, puis, changeant encore, il tourne au *monstre* l'année suivante.

blouse. Ce vêtement négligé, adopté l'année précédente pour les petites filles et réservé par les dames pour la campagne, fait irruption jusque dans les Tuileries. Jeunes et vieilles, sveltes et grosses, toutes cèdent à l'entraînement et se blousent. Les blouses ont l'honneur de la parodie au théâtre des Variétés. Cette fantaisie n'a qu'un moment. Les élégantes distinguées protestent contre un pareil abandon; elles tiennent à leurs robes ornées de volants posés *à la fille d'honneur*. Vers la fin de la même année, elles affectent même des prétentions orientales. Elles se font juives par le costume. Elles portent bien le *bonnet à la folle* dans le grand négligé, et passagèrement en grande toilette les *toques à la Véronèse* à l'occasion du congrès de Vérone; mais le grand genre est de se coiffer avec un *turban à la juive*. Nous voilà loin des blouses. Leur passage doit être noté cependant comme indiquant le triomphe définitif des tailles longues; car on imagine aisément ce qu'aurait pu être une blouse avec une taille courte.

mier ses corsages en tissu d'or et d'argent dits *à la scapulaire*, et au second la coiffure, les bonnets et les *fichus à la neige*, copiés de la jolie madame Pradher. Les turbans à la juive, perdant leur pre-

Chapeau surmonté d'une plume en saule pleureur, costume de chasse, blouse gauloise, 1822.

Par-dessus à double collet, pantalon fendu sur le cou-de-pied, chapeau et cheveux *à la neige*, robe à volant, 1825.

Tous ces noms, malgré l'engouement qui s'y attache successivement, ne désignent en réalité que des changements superficiels dans les modes. L'année 1822 fait un essai plus sérieux de révolution dans le costume; nous voulons parler de l'invasion de la

La dévotion, redevenue en faveur, a dans un certain monde, sur la rive gauche de la Seine, une influence marquée sur la toilette; elle en a moins sur la rive droite; de ce côté cependant elle va s'attaquer aux danseuses de l'Opéra, dont elle fait allonger les jupes. La mode s'arrange de l'autel comme du théâtre. 1823 emprunte au pre-

mier nom, sont devenus des turbans *à la moabite*.

L'année 1824 est une année à signaler dans les fastes de la mode, non à cause du deuil pris à l'occasion de la mort de Louis XVIII par les gens de la cour et par la petite bourgeoisie voulant se donner des airs,

Manches à gigot, 1828.

Redingote à large collet, chapeau en pèlerine, chapeau claque, manteau à la Quiroga, 1829.

Manches à gigot, 1828.

mais à cause d'une monstruosité introduite dans la toilette féminine et destinée à durer plusieurs années; nous voulons parler des *manches à gigot*, dénomination ridicule et qui seule aurait dû tenir les dames en garde contre le travers qui les portait à dé-

former si grossièrement leurs proportions naturelles. Le talent d'une couturière consiste, en 1824 et en 1825, à faire les manches à une seule couture, très-justes du coude au poignet et démesurément amples du haut. Malheur à vous, au spectacle, si vous avez entre vous

et la scène un de ces malencontreux gigots, et que la dame ne soit pas assez charitable pour consentir à l'aplatir! Il intercepte complètement la vue. Joignez à cela les chapeaux *en pèlerine* à bords immenses... et alors au fond de la loge, dont les beautés à grand étalage occupent le devant, vous devez, abrité comme vous l'êtes des émotions de la scène, maugréer un peu, quelque galant cavalier que vous puissiez être, contre les fantaisies parfois singulières du chef-d'œuvre de la création.

Le Français du dix-huitième siècle avait perdu la barbe ; le Français du dix-neuvième l'a retrouvée. C'est un des droits de l'homme qu'il ne pouvait manquer de revendiquer. La nature n'a pas donné un menton de femme à un homme de trente ans. Elle a mis de la barbe à son menton comme à celui du bouc. Celui-ci, en sa qualité de bête, a dû la garder ; l'homme, au contraire, en vertu de son intelligence, l'a taillée, l'a rasée, l'a quittée et reprise tour à tour, et, non content d'en faire une occasion de manifester son inconséquence, il en a fait encore un sujet de division, de schisme et de dispute. Bien avant l'empereur Julien reprochant leur menton glabre et efféminé aux habitants d'Antioche, qui, à leur tour, lui reprochaient sa barbe épaisse, le monde barbu se moquait de celui qui ne l'était pas. Et cela a continué jusqu'à nos jours, où l'on n'est pas plus d'accord sur ce sujet que sur tant d'autres. Au douzième siècle, la fantaisie d'un de nos rois de se faire raser le menton contre l'agrément de sa femme nous valut la perte de nos plus belles provinces et une guerre interminable avec l'Angleterre. Les dames ne prendraient pas aujourd'hui la chose aussi au vif qu'Éléonore de Guyenne. Si un grand nombre approuvent ou tolèrent nos mentons barbus, quelques-unes manifestent hautement leur aversion pour cet aspect inculte de notre visage. Quelles que soient les opinions, il faut pourtant reconnaître que la barbe donne de la gravité. Sous ce point de vue elle contribue beaucoup à l'impression que nous font les Orientaux. Mais si elle va à leur ample costume, et surtout à leur cou découvert, elle s'adapte moins bien à notre costume étriqué, et s'encadre tout à fait mal dans une cravate et entre les cornes d'un col de chemise. Les ridicules moustaches des calicots furent un premier acheminement vers ce retour aux lois naturelles. L'invasion de la moustache sur les faces bourgeoises devait se faire avec plus d'ensemble, à partir de 1830, avec l'enthousiasme de corps de garde excité dans la garde nationale. Déjà, quelques années auparavant, le camp des romantiques, celui des ateliers et des écoles étaient hérissés de formidables moustaches et de barbes incultes. Des estaminets du quartier Latin, la barbe passa insensiblement au faubourg Saint-Germain, où elle fut mieux peignée. C'est surtout dans ces dernières années qu'elle est devenue une mode presque générale. Mais elle est devenue aussi, suivant la manière dont elle était taillée, un signe de ralliement politique, et cela nuira peut-être à sa fortune ; car, de nos jours, l'aspect politique n'est pas celui sous lequel les choses se recommandent de la manière la plus aimable. Remarquons que l'Angleterre, qui se met volontiers à l'unisson avec la France en fait de modes, a jusqu'ici complètement résisté à celle-ci.

On pourrait signaler presque à toutes les époques une lutte longue et opiniâtre entre deux modes tout à fait opposées, jusqu'à ce que l'une des deux succombe sous l'autre. Nous l'avons déjà observée entre la culotte et le pantalon, entre la botte et le soulier, entre la queue et le titus ; nous la retrouvons ici à l'occasion de la barbe ; nous allons voir également la discorde au camp des dames au sujet des tailles longues et des tailles courtes, des manches larges et des manches plates. C'est surtout à l'occasion de la coiffure que la division est la plus marquée : les coiffures hautes ou basses, les nattes et le crêpé, le bandeau et les tire-bouchons restent longtemps en présence et continuent encore en partie à régner simultanément. La coiffure des dames, il faut le reconnaître, est en général simple et de bon goût. Pendant quelques années, à partir de 1823, elle affecta une surcharge maniérée et extravagante. C'était à la fois une forme cotés une masse de boucles épaisses, sur le haut de la tête quatre à cinq coques, des nattes, un diadème de tresses construit de la main du coiffeur, un peigne, pendant quelque temps placé de travers, et des nœuds de ruban juchés au milieu de tout cela. Comme le cuir chevelu ne pouvait pas porter une moisson de cheveux aussi abondante, il fallait en avoir d'emprunt. Une femme modeste ne s'en tirait pas à moins de deux *fausses queues* et de deux paires d'*anglaises* ou mèches pendantes qu'on fixait sur les côtés avec des peignes. C'était le beau temps du commerce des cheveux. Dans les foires de Normandie et de Bretagne principalement, où les marchands allaient s'approvisionner, souvent deux ou trois cents jeunes femmes cédaient leur chevelure pour un bonnet ou un tablier.

Costume de bal, boa, toque à la Véronèse, 1827.

Dans les brillantes réunions, où triomphaient nos beautés aristocratiques, l'ardent jeune homme qui eût donné son sang pour posséder une mèche de cheveux de la femme adorée, ne se doutait pas qu'il se mettait l'âme à l'envers pour les cheveux morts d'une fille de basse-cour des environs de Coutances ou de Quimperlé. Du reste, ce commerce dure toujours, et les hommes y sont au moins aussi intéressés que les dames. Le toupet pour un des sexes, la queue, le bandeau et les anglaises pour l'autre, et la perruque pour tous les deux, sont de droit commun. Grâce à l'habileté de nos artistes, les uns, de ce côté du moins n'ont plus d'irréparable outrage.

Les stratagèmes de la coquetterie moderne ont été poussés aussi loin que possible. Les plus ingénieux mensonges ont été offerts en adoration au monde. Les cosmétiques, l'art du coiffeur, celui du dentiste, réalisent tous les jours les merveilles de la fontaine de Jouvence. Les couturières et les faiseuses de corsets ont élevé la baleine, la crinoline, la ouate et la piqûre jusqu'à la hauteur artistique de la plastique. Au moyen de toutes ces ressources et de ces supercheries, les disproportions d'âge, les inégalités entre la beauté et la laideur tendent tellement à s'effacer, en apparence du moins, que les femmes âgées finissent par se faire, à cet égard, assez d'illusion pour courir intrépidement les mêmes aventures que les jeunes. Dans les soirées, dans les bals, dans les concerts, dans les fêtes publiques, elles découvrent, ainsi qu'elles, leurs bras, leur poitrine, leurs épaules, avec une naïve confiance en elles-mêmes et une libéralité bienveillante digne de l'âge d'or.

C'est vers cette époque que les femmes voulurent augmenter des certaines formes que la nature n'avait pourtant pas trop mal dessinées ; c'est toujours la même travers plusieurs fois signalé. Nous les avons déjà vues s'armer de *paniers* à droite et à gauche ; dans une autre orientation porter la *demi-terme* en avant et des *bêtises* en arrière. Vers 1823, c'est encore sur ce dernier côté du diamètre antéro-postérieur, pour parler la langue sévère des anatomistes, qu'elles exercent leur imaginative. Dans le principe, elles se contentèrent d'y placer un foulard ou un morceau d'étoffe bouffante mis à cheval sur un cordon ou passé dans le lacet au bas du corset, et, quoi qu'il pût leur en coûter, elles ne craignirent pas de désigner cet appendice sous le nom de *polisson*. Mais cet embonpoint improvisé chaque jour à l'heure de la toilette était exposé à des déformations, malgré toutes les précautions pour ne pas l'affaisser contre le dossier des sièges, et pour le relever en rejetant les fronces en arrière quand elles se levaient. Les lingères et marchandes de modes s'en emparèrent, entreprirent de le régulariser, et

Per adombrar, per onestar la cosa,

l'appelèrent une *tournure*. Désormais la majeure partie des dames, pour mieux se cambrer les reins, s'approvisionnèrent de tournures toutes faites, où ni la nature ni l'art n'avaient rien à voir. C'est ainsi que, de fantaisie en fantaisie, les femmes en vinrent à n'être plus que des poupées bizarrement construites. La vraie beauté doit être fidèle aux caractères originels de la race. Rien n'est absolu dans la nature, et les développements singuliers qu'elle a donnés aux formes des femmes boschimanes prouvent qu'elle s'inquiète peu, après tout, des règles d'une esthétique étroite. Libre à elle de varier ses moules. Mais nous devons rester dans celui où elle nous a mis. La Vénus callipyge ne doit pas surfaire ses qualités au point de rivaliser avec la Vénus hottentote, sous peine de les voir disparaître.

Cependant, des considérations hygiéniques et les avis répétés des médecins contribuèrent à modifier peu à peu la toilette féminine. Les robes décolletées et les manches courtes, généralement adoptées sous l'Empire, furent, sous la Restauration, réservées pour les bals et les soirées. De jour en jour, hommes et femmes accordèrent de plus en plus à l'hygiène. L'usage si répandu aujourd'hui de la flanelle sur la peau, des doubles chaussures contre l'humidité, etc., attestent des soins plus prudents. C'est aussi dans cette vue que les dames se sont définitivement mises en possession des pantalons. Déjà, en 1822, quelques élégantes de la Chaussée-d'Antin avaient voulu faire adopter la mode turque des longs caleçons de mousseline, portés par les enfants ; mais, chose singulière, les courtisanes seules adoptèrent cette mode décente ; il n'en fallut pas davantage pour la discréditer. Nos saisons inconstantes ont eu raison de ces scrupules.

Le sacre de Charles X, en 1825, donna de l'impulsion au luxe et à la recherche des parures. A tous les grands bals donnés à cette occasion, on remarque la richesse des bijoux et des toilettes. Les broderies, les semis d'or et d'argent brillent sur toutes les robes, l'or ruisselle sur les écharpes en gaze lamée, sur les turbans, sur les toques béarnaises, sur les résilles espagnoles. Les dames étincellent de diamants. C'est vers cette époque que naît la mode de se poser en mère de famille avec tous les portraits de ses enfants en médaillon sur des bracelets. La Dauphine influe sur la mode sous le rapport de la richesse et de la sévérité de sa tenue, plus que par son goût. Elle s'est débarrassée de sa toque à la Cendrillon avec laquelle elle fit son entrée à Paris, et qu'elle prenait sans doute alors pour une ébouriffante nouveauté, tandis que c'était déjà une vieillerie oubliée depuis plusieurs années; mais à travers les transformations de son costume, elle reste toujours fidèle à un goût suranné. La duchesse de Berry représente le parti jeune et novateur dans la mode; elle ne s'ensevelit pas, comme sa belle-sœur, sous les flots de dentelle. Louis XVIII, la voyant très-décolletée, lui dit un jour : Prenez garde, ma fille, votre robe tombe ! — Les élégants vont au bal en culotte courte, en bas de soie blancs, avec des souliers très-découverts à boucles d'or. Les élégants de second ordre portent le pantalon collant fermé en bas par trois boutons, ou demi-collant avec le sous-pied dans le soulier. Le bon genre est de mettre deux gilets de piqué blanc l'un par-dessus l'autre. Les tentatives rétrogrades dans le costume, telles que la poudre, l'épée, l'habit à la française, ne s'étendent pas beaucoup au delà du cercle de la cour. La bourgeoisie qui veut s'y mêler y montre plus de zèle que d'adresse. Au bal de la ville, en 1825, quelques danseurs paraissent assez embarrassés pour ôter ou pour remettre leur épée, et ne réussissent qu'à déchirer plusieurs robes.

Les événements du moment fournissent toujours des noms aux modes nouvelles : à l'occasion d'un crime horrible, les femmes habillent leurs petites filles avec des blouses à la *Papavoine*; à la mort d'un illustre tragédien, elles portent des *manchettes à la Talma*. Bientôt les Osages ont la vogue; le *brun osage* l'emporte sur toutes les autres couleurs; puis vient le grand succès de la girafe; les *manches à la girafe* sont ce qu'il y a de mieux porté. Le théâtre fournit les corsages à l'*Yelva*, les pèlerines à la *vieille* de la jolie madame Pradher. La mode emprunte bien aussi quelque chose aux auteurs anglais, au roman chinois d'Iu-kiao-li. Elle fait des chapeaux de soie à l'*Édith*, d'après l'Édith au cou de cygne représentée nu-tête dans la bataille d'Harold, et des *éventails à la Bisson*, d'après un héros qui s'est fait sauter en l'air plutôt que de rendre son navire. Mais qui se chargerait de suivre, dans ses créations incessantes, la nomenclature de la mode, qui, de jour en jour, devient plus variable et plus ambitieuse? Si, en 1829, nous entrons dans les magasins de Delisle, nous trouvons une foule d'étoffes diverses, des japonnaises, des alembras, des pékins, des popelines, des velours d'Ispahan, des gros d'Orient, des stokolines, des méptiedes, des mandarines, de la melchtatine, de la silésia, de la zinzoline, du bazazinkoff chinois... Des noms nouveaux pour de vieilles choses, c'est là un des secrets de la mode; les noms sont plus faciles à trouver que les objets. Parmi les inventions peu heureuses de cette époque, rappelons les barets pour la chambre, formés d'un foulard monté sur une baguette d'osier. Ce caprice féminin était par trop bon marché; il ne dura pas.

Que les dames portent, en 1829, des bijoux et des chaînes d'argent au lieu de chaînes d'or; que leurs cheveux soient des bandeaux ou des anglaises; que leurs robes aient des volants ou n'en aient pas... tout cela n'a qu'une importance secondaire dans l'histoire de nos modes. Ce qui est plus important, c'est le goût pour les formes volumineuses de toute espèce qui règne à la fin de la Restauration : les tournures, les gigots et les passes démesurées des chapeaux, rappellent les anciennes calèches. Quand, après un certain laps de temps, on retrouve dans des tableaux de modes surannées, on s'étonne de leur mauvais goût, et cependant on y revient bientôt, et elles sont proclamées de nouveau comme le type de la fine élégance. Ces manches-gigot avaient été en honneur à la

Pèlerine à la vieille, manches à la girafe, 1834.

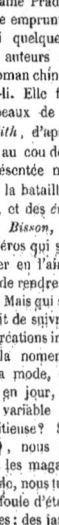

Chapeau bibi, manteau à pièces, 1832-1833.

Cheveux en bandeau, cheveux en touffes, 1830-1831.

Mantelet, manches à la folle, manteau à fausses manches, 1835.

cour de Catherine de Médicis; ces tournures n'étaient-elles pas aussi ridicules et, en tout cas, moins décentes encore que les paniers du temps de Louis XVI? les mantilles étaient-elles différentes des mantelets? les carcans ne tenaient-ils pas la place des parfaits contentements? Qui eût pu prévoir, au commencement du siècle, que trente ans après, vers 1834, une jeune femme, pour être à la mode, devrait, à l'exemple de sa bisaïeule, revêtir une robe de pékin chiné, mettre sur son cou une fontange, à ses bras des mitaines de filet, à son corsage un point d'Alençon? Encore, si les vieilles modes de bon goût seules renaissaient de temps à autre, ce retour au passé, profitable à l'élégance, aurait son piquant et son intérêt. Mais ces grossiers contresens déjà condamnés, ces altérations volontaires de la structure naturelle, comment peuvent-elles se reproduire et persister si longtemps? Dieu a créé la femme, son plus bel ouvrage, et, depuis, il

Chapeau à l'Edith, manches à l'imbécile, corsage à la Y..a, 1856.

Costumes d'enfants, 1833-1834.

Costumes d'enfants, 1835-1836.

n'a plus rien produit; il s'est reposé. Mais la couturière le fait et le redéfait sans cesse à sa guise. Et nous, sexe imbécile, comme si nous ne savions rien de l'œuvre de Dieu, nous nous mettons à adorer les caricatures estropiées par cette artiste maladroite. Pour que la femme nous paraisse séduisante, il faut tantôt qu'elle soit coupée en deux, comme une guêpe, au milieu du corps; tantôt qu'elle porte en brassière la ceinture de Vénus; nous la voulons un jour en gaîne; un autre en cloche, boursouflée par ici, plate par là, étirée, enflée, bossuée, déformée de toutes les manières. Nous ne connaissons plus sa grâce naturelle, nous ne connaissons que sa grâce empruntée. A force de vivre au milieu de ces mensonges, il semble que nous acceptions pour vraie la plastique de la couturière à tous les étages du corps humain. Pourquoi ces laideurs, ces monstruosités? C'est la mode! Avec ce mot, on a raison de tout. Femmes et hommes se précipitent dans la servitude! Car, nous aussi, nous prenons largement notre part dans ces transformations grotesques. — Sans plus d'égard pour les coupes naturelles du corps, un jour, nous descendons notre culotte au milieu du mollet; un autre jour, comme Gros-Guillaume, nous mettons notre taille à la hauteur du milieu des cuisses; tantôt notre gilet a la longueur d'un rabat; tantôt, il acquiert celle d'une redingote, et la redingote celle d'un spencer. C'est la mode! Il n'y a sorte de gêne qu'on ne supporte en son nom. Veut-elle que les cheveux tombent sur les yeux et vous éborgnent, on se coiffe comme des poules normandes; ordonne-t-elle de porter des besicles, on est aveugle; de tenir un lorgnon dans le coin de l'œil au risque de faire la plus laide grimace, on le tient dans son œil et on fait la plus laide grimace; de bégayer, on bégaye; de ne pas entendre, on est sourd; d'être distrait, on oublie toutes choses; de s'étrangler avec sa cravate, on s'étrangle; d'être maigre, on boit du vinaigre; d'être pâle, on se fera saigner... La mode est une religion qui a de nombreux fervents et qui compte des martyrs.

Mais pourquoi nous arrêterionsnous plus longtemps à glaner quelques détails insignifiants et futiles dans les modes changeantes, sans caractère, sans physionomie marquée, de plus en plus arlequinisées par le caprice, de la fin de la période à laquelle nous sommes arrivés? Hâtons-nous plutôt. Voici une révolution qui s'avance. Une monarchie va encore une fois s'écrouler sur notre sol et une dy-

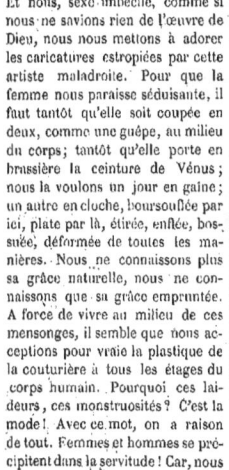

Pantalon de cheval garni de daim, habits, pantalons et redingotes ajustés, 1833 à 1836.

nastie disparaître. Le luxe et l'élégance vont-ils aussi disparaître avec elle? Quelle est cette royauté nouvelle qui s'avance en frac bourgeois, en chapeau gris et un parapluie à la main? Quels sont ces ministres en vieilles redingotes, ces nouveaux Roland de la Plâtrière, sans boucles à leurs souliers! La mode effarée est prête à répéter le mot de Dumouriez: Tout est perdu! Mais elle se remettra bientôt de son alarme. Toute cette cohue bourgeoise qui se précipite dans le palais des rois en-a peut-être fait fuir quelques costumes de chambellans; mais elle va bientôt s'exalter au luxe et à la splendeur, pour se mettre à la hauteur de ses nouvelles destinées. La femme du banquier et du fabricant voudra jouer à la duchesse. La beauté, n'est-ce pas une noblesse, une royauté? Le beau sexe n'épargnera ni soie, ni velours, ni hermine, ni diamants, ni riche parure pour aller à la cour. La révolution de 1830 dérouta un instant le luxe et l'élégance parisienne. Les habitants du faubourg Saint-Germain quittèrent Paris et allèrent s'enfermer dans leurs châteaux. Les hôtels furent désertés, et l'on fut réduit aux bals des fonctionnaires donnés pour soutenir le gouvernement. Mais bientôt la banque et la bourgeoisie affichèrent une splendeur inouïe, et le luxe ne fit que passer d'une rive sur l'autre, la chaussée remplaça le faubourg.

Ce qu'on appelait jadis la mode n'existe plus aujourd'hui. Il n'y a plus de type de vraie élégance. Chacun entend l'élégance et la mise à sa manière. Pour les hommes, elle vise à la simplicité. Malheureusement on a dépassé le but: du simple on a été au négligé, du négligé à l'absence complète de tenue. Nous sommes aussi loin que possible de l'axiome de Brummel: « La beauté de l'homme comme il faut doit marcher à six pas devant lui. » Personne, de nos jours, n'oserait afficher la recherche coquette de Garat; mais on a toute sorte d'audace en fait de vêtement de matelot ou de palefrenier. De chute en chute, nous en sommes venus, pour le vêtement français, au *paletot*, ignoble camisole de laine sans tournure.

Nous allons passer rapidement en revue les modifications diverses du costume depuis 1830 jusqu'à nos jours. — Les femmes quittent leurs chapeaux à grande

Manches plates, bandeaux à la Malibran, cheveux en anglaise, nattes à la Berthe, mantelet à la bonne femme, 1837 à 1840.

passe pour adopter le *bibi*. Ce capricieux petit chapeau devient bientôt une mode aussi générale que celle des gigots. Mais il a besoin d'être entouré du luxe qui dénote la femme distinguée. Il s'avilit avec l'entourage d'une toilette vulgaire. — A côté du bibi des dames règne le *chapeau gris* des hommes, cher aux *bousingots*, sorte de calicots démocrates de l'année 1832. Le chapeau gris a les honneurs de la persécution politique; il est tenu pour suspect en Lombardie, et proscrit même dans le duché de Modène. Il recouvre la plate et longue chevelure *à la Périnet-Leclerc*, à laquelle font bientôt concurrence de popularité les cheveux ras *à la mal-content*. — Dans l'été, les dames adoptent les chapeaux de paille *cabas* ou *paillasson* à grosses tresses. Les fines tresses d'Italie conservent toujours cependant leur valeur auprès des élégantes; mais les modistes les mutilent pour leur donner la forme étroite et pointue à la mode. Quelques femmes ont tombé dans l'exagération de consulter l'air de leur visage pour la manière de se coiffer; le plus grand nombre se soumettent à la vogue du moment. Ainsi, vers 1830, ce sont les énormes paquets de tirebouchons sur les tempes qui sont généralement portés; plus tard viennent les *bandeaux à la Malibran*

Robe de chambre à la Périnet-Leclerc, surtout de chambre à la grecque, robe de chambre châtelaine à cordelière, robe de chambre renaissance, costume du matin à la Boyard, 1837 à 1840.

dans Othello, et les *nattes à la Berthe*, avec accompagnement de ferronnière sur le front. En 1837, ce sont, à leur tour, les *tire-bouchons* et les *anglaises* qui l'emportent sur les *bandeaux plats* ou bouffants et sur les *berthes*; en 1839, les frisures *à la neige* font concurrence aux berthes, aux *clotildes* et aux anglaises. Dans ces dernières années, les tire-bouchons ont pris une longueur démesurée; ces *ringlets* pendants, que nous imitons des Anglaises, sont appelés par notre peuple moqueur des *oreilles de chien*. — Vers 1830, les manches de robes, les fameux gigots, ont une ampleur excessive, mais qui va augmentant encore, et devient tellement ridicule, qu'ils prennent, en 1834, le nom de manches *à la folle*. Les noms même qui contiennent la censure la plus amère du travers ne font pas peur; les élégantes se parent avec des manches *à l'imbécile*, espèce de gigots renversés dont le renflement était placé sous l'avant-bras. Une mode qui tombe dans l'exagération est près de finir. Le gigot régnait partout, tellement que l'Opéra-Comique se crut obligé d'en affubler les Écossaises de la *Dame blanche*. Mais, un jour, la lutte s'établit entre les manches plates et les gigots, qui finirent par disparaître en 1836. L'influence de l'habitude est telle, que les premières femmes qui portèrent des manches plates semblèrent déshabillées. On aurait presque dit que ce fût une indécence de revenir aux proportions naturelles du bras. Cette révolution nouvelle est suivie, comme il en est toujours ainsi, d'un moment d'anarchie. On voit à la fois des manches larges, étroites, plates, avec ou sans jockey, à crevées, à spirales. Les pèlerines perdent aussi de leur ampleur extrême.

Les goûts moyen âge et renaissance, qui se prononcent de plus en plus, ramènent les corsages en pointe et à cordelière, et avec eux les manches à la Berthe ou à la Clotilde, ouvertes dès l'épaule et retenues par une agrafe à la saignée, l'avant-bras restant nu ; ainsi que celles dites à la Marguerite d'Alençon ou à la Françoise de Foix. Ils ramènent également la mode des châtelaines ; ces gros crochets d'or que les dames attachaient à leur ceinture pour y suspendre, au moyen de longues chaînes, les clefs du collier, du buffet, de l'armoire à linge. Nos Parisiennes s'en font une parure, et y suspendent leur petite clef de piano ou de boîte à gants. Les châtelaines authentiques sont celles qui ont le plus de prix ; on se les dispute chez les marchands de bric-à-brac. En 1839, l'escarcelle, petite gibecière, revient à la mode. Les éventails peints par Watteau, Boucher ou Barbier, sont également un objet de grand luxe. Cette nouvelle mode, fournit à l'industrie une branche fructueuse de fabrication. Mais ce sont les vieilles dentelles surtout qu'on se met à exhumer avec un soin curieux. Heureuses les jeunes femmes qui ont conservé par curiosité les dentelles de leurs grand'mères ! Point d'Angleterre ou d'Alençon, Malines, Valenciennes, s'emploient à profusion depuis la circonférence d'une robe jusqu'aux sinuosités d'une chemisette ; depuis la garniture du mouchoir brodé jusqu'à celle de la simple chemise de nuit. Les dentelles ont un concurrent ou un auxiliaire, comme on voudra, dans la guipure. Encore un vieux mot et une vieille chose pour une mode nouvelle. On se met partout en quête de guipures, comme on est depuis longtemps en quête de bahuts, de fauteuils sculptés à dos ogival, de tables à pieds tors, de vieux panneaux, de vieux saxe, de vieux sèvres, de potiches chinoises ; car la manie de l'époque est la prétention à être artiste. Chacun veut être meublé renaissance. Que de curieuses histoires n'auraient pas à nous raconter toutes ces guipures qui viennent, sous le nom de berthes, orner le sein des femmes ! A combien de rapprochements singuliers ne donneraient-elles pas lieu dans une brillante réunion ! Celle-ci a paré un autel, celle-là a traîné sur les bottes d'un raffiné de Louis XIII, d'Athos ou d'Aramis ; l'une provient de l'aube du cardinal de Retz ou d'une fraise de Sully ; le dessin de celle-ci est pris d'un rabat de Fénelon ou d'un bonnet de Ninon. Quel pêle-mêle épiscopal et galant ! — Quelques femmes essayent de revenir aux robes à queue... On essaye aussi de se poudrer ; gare les paniers !... Mais on ne pourrait ni s'asseoir à deux dans nos canapés, ni à un dans nos fauteuils. Notre monde moderne est trop petit pour permettre un tel encombrement. La fantaisie rétrospective est obligée de s'arrêter. D'ailleurs la mode tournait alors, dans ce qu'elle avait de plus excentrique, au type lionne ou tigresse, type féminin, vêtu d'un paletot, armé d'une cravache, et fumant le cigare. Portez, avec cela, de la poudre et des paniers ! naviguez sur le fleuve de Tendre ! Les dames se dédommagent de l'absence des paniers avec l'abondance des garnitures, des falbalas, des volants surétagés.

La lutte s'établit entre les châles et les manteaux, devenus nationaux ; ils finissent par se partager le domaine de la mode. A côté des modestes manteaux des petites bourgeoises, viennent les manteaux élégants de Gagelin, les boyards, les kiermoloffs, les tobolskys. Le cachemire de l'Inde, quoique maladroitement altéré par les fabricants du Kachemir travaillant d'après des dessins envoyés de Paris,

1837 à 1840. Costumes d'hommes.

conserve toujours à part son prestige et sa dignité, comme ces choses qui, n'ayant pas une beauté conventionnelle, triomphent en tout temps du caprice de la mode. Mais, s'il convient aux grandes familles, il encombre les petites. D'ailleurs il n'est plus de bon ton de se draper dans un cachemire ; on le pose sur les épaules, et il doit y rester étendu et tombant comme sur un porte-manteau. Le crêpe de Chine, en faveur en 1838, surtout le châle à longs effilés, invite au contraire à plus de liberté. Il ne doit pas être porté languissamment, sous peine de tomber dans le genre bonne femme. La souplesse de son tissu lui permet de se mouler sur la taille et de dessiner les formes. Ses ondulations doivent avoir leur poésie, et trahir dans celle qui le porte un de ces caractères de femme qu'il ne faut pas laisser mourir sans confession. Le tartan remplace, pour les modestes bourgeoises, le cachemire en bourre de soie. Il tombe rapidement, avec le cubas, dans le domaine des cuisinières.

Une mode qui fait fureur, suivant l'expression consacrée, c'est celle des écharpes en taffetas noir placées carrément sur les épaules des dames. Mais ce vêtement de goût espagnol est trop simple, trop bon marché pour s'établir définitivement. Il doit disparaître devant le besoin de changement qui nous est naturel ; cette fixité ne va pas à notre nature. Les femmes et les fleurs sont ce qu'il y a de plus charmant sur la terre ; la vivacité des couleurs, la variété infinie des nuances doit être un apanage de la parure des premières, comme elle est un don naturel pour les secondes. Ce qui domine le plus dans la toilette féminine, c'est le châle et le mantelet en tulle pour l'été, et pour l'hiver le manteau et le mantelet en velours ou en soie, en satin blanc ou rose, garni de cygne, chamarré enveloppe de la blancheur d'une jeune poitrine à l'issue d'un spectacle ou d'une soirée. En 1836, un burnous, ou manteau algérien, fait son apparition et est très-remarqué par les dames à la sortie des Italiens. Bientôt elles veulent toutes avoir des burnous en mérinos blanc. Le véritable burnous importé par nos officiers d'Afrique est adopté par les hommes, et perd bientôt son caractère original entre les mains de nos tailleurs.

Pour le négligé, la soie a remplacé les indiennes, les jouys, les percales d'autrefois ; le velours devient de plus en plus commun, et descend dans la rue sans voiture. Qui pourrait énumérer l'extrême variété de riches étoffes que font fabriquer les maisons de nouveautés ! Si l'on entre dans les magasins de Delille, on trouve alors du gros de Tyndaris, de Sidon, du chiné de Tyr, de l'ombré Olympique, de Mégarie, de Persépolis, de l'ombrée de Nubie, du foulard Memphis, des points d'Arménie ; du glacé d'Hélore, de l'armure d'Éthiopie... Sommes-nous à Alexandrie du temps de Cléopâtre, ou visitons-nous à Rome, à la suite de Poppée, quelque riche boutique du quartier Argiletum, où elle est entrée pour faire des emplettes ? Les journaux de mode, quelque multipliés qu'ils soient, ne peuvent suffire à indiquer jour à jour toutes les transformations que madame Herbault fait subir à ses turbans en cachemire d'Alger et de Constantine ou en étoffes tissus d'or ; celles des chapeaux de mesdames Beaudrant et Alexandrine, pas plus qu'ils ne font connaître toutes les formes variées des robes des Palmyre et des Camille. Le luxe des marchands s'est accru de s'en tenir à la coiffure et des leurs. On parle cependant à leur tour. Le long règne commence en 1836 avec les bonnets à la Charlotte Corday. Quant aux robes, elles vont toujours en augmentant d'ampleur, bien que les manches plates aient définitivement triomphé. Il faut quatorze mètres pour habiller la moindre bourgeoise s'habillant avec sept autrefois. La tendance générale de la toilette féminine est l'exa-

CHAPITRE XXXII. — LA MODE.

gération de la forme en cloche. Les fronces et les plis nombreux de la jupe n'étoffent-ils pas suffisamment? la sous-jupe en crinoline vient en aide.

Si, dans leur mise, les dames ont eu un goût souvent défectueux, du moins elles ont toujours plus ou moins visé, soit à l'élégance, soit à la gentillesse. Le luxe a été pour elles plutôt en augmentant qu'en diminuant. Mais, pendant qu'elles parcouraient une gamme ascendante, le costume masculin descendait dans un autre sens. Nous n'insisterons pas plus que de raison dans la critique d'une coupe d'habit ou d'une forme de chapeau, nous ferons seulement ressortir un fait général, celui de la tendance de plus en plus démocratique du costume. Nous citions au début de ce chapitre un mot du duc de Lauraguais, lequel prétendait que l'importation du premier frac anglais avait porté un coup mortel à la noblesse française. L'habit de drap brun, inconnu, obscur, annonce la révolution. Il met en fuite la soie ; le velours et le brocart, les plumets, les rubans et les dentelles. « De « la ville il passe à la cour. « Il monte, il monte encore, « il arrive au faîte ; il atteint « Napoléon sur sa colonne ; « il s'établit en Europe, il « pénètre jusqu'en Asie ; il « ira régner sur l'immobile « Chinois ! » Tout à la fois symptôme et moyen de nivellement. Que de doléances les petits maîtres d'autrefois n'auraient-ils pas à faire entendre, s'ils pouvaient assister un instant aux transformations successives de notre costume : le soulier remplacé par la botte, le bas par la chaussette, la veste par un petit gilet ridicule, la culotte par le pantalon

Modes d'hiver, 1852. — Le Talma.

flottant, et surtout l'habit détrôné par la redingote, la redingote détrônée par le *paletot*, emprunté pour la forme au caban des matelots génois, et dont le nom vient on ne sait d'où, du grec *paltos*, de l'espagnol *paltoque*, ou plutôt du breton *paltos*, rude jaquette de toile des paysans, dont on a fait *paltoket* (paltoquet), nom donné par les Bretons aux paysans les plus grossiers. Nous recommandons l'étymologie à l'Académie, s'il lui arrive jamais de publier un dictionnaire de la langue française, ce qu'elle n'a pas encore fait, quoi qu'on en dise. Le paletot, ce vêtement de paysans et de matelots, voilà le dernier mot de l'élégance des fashionables, des dandys, des lions, des gants jaunes! Après le paletot, cette jaquette des capucins écourtés, il n'y a plus que la blouse et la camisole. A sa première apparition, il y a une douzaine d'années, le paletot se montra dans toute sa rudesse primitive ; il était en gros drap dit *drappilote*. Il avait au moins un avantage, qu'il est en train de perdre : celui des deux poches latérales pour y fourrer les mains. Ces deux poches ont contribué, plus qu'on ne saurait le dire, à l'invasion des habitudes sans gêne ; mais elles ont tenu les mains chaudes pendant l'hiver. Un beau fils qui se promène les deux mains dans les poches et le cigare à la bouche est un être indépendant, se moquant de l'univers, ne se dérangeant pour personne, gênant pour tout le monde, et enfoncé si avant dans le sen-

Toilettes de soirée, 1852.

timent égoïste de ses aises, qu'il supprimera ou écourtera ses politesses vis-à-vis des dames qui passent, plutôt que de troubler sa paix et sa nonchalance.

Mais l'année 1851 a donné naissance à un rival dangereux du paletot, qu'il a déjà presque entièrement étouffé dans ses plis amples et abondants; il s'agit du *talma*. D'où lui vient un nom si tragique à ce vêtement nouveau-né? est-ce une antithèse? et le talma est-il si comique qu'il ait fallu lui donner le nom du héros de la tragédie? Non; la mode est capricieuse comme marraine et comme mère; elle se plaît à glisser l'excentricité dans les noms et dans la forme. C'est donc par pur caprice qu'elle a ainsi nommé ce paletot large et court, à manches gigantesques auxquelles on pourrait appliquer les paroles adressées aux hauts-de-chausses de l'ancien temps par Harpagon, qui les disait « propres à devenir les receleurs des choses qu'on dérobe. »

Le régime nouveau a voulu donner une impulsion à l'art du tailleur en décrétant pour toutes les branches administratives le costume officiel. Les broderies, à peu près bannies depuis la chute de la Restauration, ont reparu; mais cette tentative n'exerce aucune influence sur la forme de plus en plus démocratique du vêtement civil; les femmes pourront encore, pourront toujours même, donner l'essor à leurs inépuisables fantaisies et entretenir le feu sacré de la mode; mais, tant que les hommes seront condamnés au chapeau rond, à l'habit noir ou bleu, c'en sera fait de l'élégance masculine. On demandait un jour à Humann d'inventer un nouveau costume masculin : « J'inventerai ce costume, répondit l'artiste tailleur, le jour où les hommes ne se coifferont plus avec cet affreux tuyau de poêle qui s'appelle un chapeau rond. Trouvez-moi une nouvelle forme de coiffure, et je vous trouve une nouvelle forme de vêtement. »

Nous ne pouvons terminer sans dire quelques mots du boudoir tel qu'il est de nos jours, après l'avoir montré sous ses diverses phases pendant la Régence et le Directoire, l'Empire et la Restauration.

Le boudoir, si nous en exceptons celui de l'actrice et de l'habitante du quartier Bréda, ou de celui de la Boule-Rouge, est plutôt, à cette heure, un lieu chaste et pur, qu'un temple élevé au plaisir et à la volupté. Témoin celui où notre habile dessinateur a surpris dans la matinée un jeune et élégant ménage, au moment où s'achève le déjeuner. Quelle atmosphère d'innocence! quel luxe décent et plein de chasteté!

Il n'est plus donné à tous maintenant de pénétrer dans le boudoir; ce n'est plus comme jadis le lieu de rendez-vous des beaux esprits du jour, et les petits abbés qui venaient l'animer de leurs nouvelles nouvelles et grivoises se sont envolés; ce n'est plus là que le propos badin prend naissance. Le boudoir de nos jours est tout différent; c'est un paradis où sont admis bien peu d'élus, et il a des

Le boudoir en 1852.

1760.   1793.   Les métamorphoses de la mode.   1820.   1849.

arcanes où il n'est pas donné à chacun de pénétrer.

Nous ne pouvons mieux finir ce chapitre, qu'en laissant le dessinateur reproduire les diverses métamorphoses de la mode depuis 1760 jusqu'à nos jours. Quelles nombreuses et curieuses dissemblances en moins d'un siècle! et en admettant que la mode est le résultat direct de la disposition de l'esprit public, que de phases diverses ce dessin nous montre comme s'étant opérées en si peu de temps dans l'esprit humain!

Chapitre XXXIII.

LE LONG DE LA SEINE (Suite).

LA PLACE DU CARROUSEL ET LES PONTS DES ARTS, DU CARROUSEL ET ROYAL.

La place du Carrousel. — Le jardin de *Mademoiselle*. — Carrousel donné par Louis XIV le 5 juin 1622. — Décoration de la place pour cette fête. — Vigarini, ingénieur du roi. — Les costumes. — Les quadrilles. — Le duc de Grammont, maréchal de camp du carrousel. — Les timbaliers et les trompettes indiens. — Devise du roi. — Richesse du vêtement du roi. — Place de la Fraternité. — Napoléon décrète l'érection d'un arc de triomphe sur la place du Carrousel. — Plan de l'arc de triomphe de la place du Carrousel. — Passage dans le sens de l'épaisseur. — Décoration extérieure de ce monument. — Le char et les bas-reliefs. — Les trois batailles de la place du Carrousel. — Monument de Georges Farcy. — L'hôtel de Nantes. — Le plan de Percier et fontaine pour l'achèvement du Louvre. — Décret du gouvernement provisoire relativement à l'achèvement du Louvre. — Les 25 millions décrétés le 12 décembre 1852. — État actuel des travaux de la place du Carrousel. — Plan des travaux d'achèvement du Louvre. — Ordonnance générale du plan de M. Visconti. — Le *bride-light* de la place du Carrousel. — Le pont royal. — Le bac de 1632. — Pont Barbier. — Superficie du pont Royal. — Les fêtes nautiques près du pont Royal. — Les joutes. — La fête vénitienne sur la Seine. — Illumination du bassin de la Seine. — Le pont du Carrousel. — Les quatre statues de M. Petitot. — *L'Abondance, l'Industrie, la Ville de Paris, la Seine*. — Le pont des Arts.

Reprenons maintenant notre voyage un instant interrompu.

Entre le Louvre et le palais des Tuileries s'étend, immense trait d'union, la plus vaste place peut-être qui soit en Europe. C'était autrefois un terrain vague qui existait entre les anciens murs de Paris et le palais des Tuileries ; on y plaça en 1600 un jardin nommé plus tard le jardin de *Mademoiselle*, parce que mademoiselle de Montpensier habitait le palais des Tuileries et possédait ce jardin, qui fut détruit en 1653. Louis XIV choisit cet emplacement pour y donner, le 5 juin 1622, une fête composée de courses et de ballets. Cette fête, désignée sous le nom de carrousel, donna son nom à cette place ; voici en quels termes un écrivain qui a eu entre les mains la notice de ces fêtes conservée à la bibliothèque de Versailles, raconte les splendeurs des carrousels du grand roi.

La notice, dit M. A. de Meilhcurat, ne donne que fort peu de détails sur ce curieux carrousel, et il faut, pour en avoir une idée exacte, étudier les dessins et réunir en un faisceau les diverses notes placées au bas des pages. C'est ce que nous avons fait avec patience. La notice nous apprend que Colbert fit graver les estampes de la marche, des habits, des devises, des courses et de tout ce qui composa la fête donnée par Louis XIV. Le duc de Grammont fut nommé maréchal de camp du carrousel. Des nations de toutes les parties du monde sont représentées dans ces jeux avec leurs costumes bigarrés de la façon la plus originale. On forma cinq quadrilles, chacun avait un chef et dix chevaliers avec leurs officiers et leurs équipages. Louis XIV voulut être le chef des Romains, qui marchèrent les premiers. Le second quadrille était composé de Persans, le troisième de Turcs, le quatrième d'Indiens et le cinquième de sauvages. La place Royale, où plusieurs carrousels avaient été donnés, fut trouvée trop petite, l'on choisit la grande place qui fait face aux Tuileries. Un camp de 43 toises y fut dressé en carré formé de doubles barrières distantes l'une de l'autre de 15 toises, pour le passage des quadrilles. On dressa des échafauds non loin de la dernière barrière. Ces échafauds environnaient le camp, et l'amphithéâtre pouvait contenir quinze mille personnes assises sur quatre rangs de grands degrés, dont le premier était élevé de 8 pieds de terre et le dernier de 16 pieds. Le quadrille du roi devait se trouver placé au milieu de sa milice, et les quatre coins de l'amphithéâtre étaient réservés aux quatre autres quadrilles. L'échafaud élevé pour les reines et les princesses était de deux ordres d'architecture, dorique et ionique, et enrichi d'un double rang de pilastres et de colonnes de marbre dont les bases et les chapiteaux étaient d'or, ainsi que les frises, les balustrades et les autres ornements. Mais ce n'était là que le prélude des magnificences.

Deux grandes figures en relief décoraient les côtés de ce fronton. L'une représentait la guerre, et l'autre la paix. La première siégeait sur des trophées d'armes ; des instruments de toute espèce, appartenant à différents arts, entouraient la seconde. Vigarini y avait mêlé divers ornements de son invention. Ce Vigarini était ingénieur du roi, et avait la direction de toute cette pompe, sous les ordres du duc de Grammont.

Le jour du carrousel arrivé, des compagnies des régiments des gardes suisses et françaises furent échelon-

nées depuis l'hôtel de Vendôme jusqu'à l'entrée de l'amphithéâtre. Les rues Richelieu, Saint-Honoré et Saint-Nicaise avaient l'aspect le plus animé. Le roi se rendit à l'hôtel de Vendôme, suivi des quadrilles et de leurs chefs, et ne tarda pas à paraître au rendez-vous général. Les reines prirent place avec les princesses sur leur échafaud. Le dais était de velours violet, avec de grandes fleurs de lis d'or, ainsi que le tapis et les carreaux qui étaient sous leurs pieds et couvraient l'appui de la balustrade. Au-dessous étaient les juges de camp, les maréchaux d'Estrées, du Plessis, de Villeroy et d'Aumont ; puis venaient les ambassadeurs et les ministres étrangers.

La marche était superbe : le maréchal de camp général s'avançait accompagné de Vigarini, d'un timbalier, de deux trompettes, d'un écuyer et de six pa-

Louis XIV au carrousel du 5 juin 1622.

ges ; huit chevaux de main suivaient, menés chacun par deux palefreniers ; les palefreniers étaient suivis de deux timbaliers, de quatre trompettes et de dix estafiers.

Le maréchal de camp général était vêtu à la romaine, d'un habit en broderies d'or et d'argent sur un fond de satin couleur de feu, les brodequins étaient de même couleur, et le tout garni d'une quantité innombrable de pierreries ; des pierreries ornaient son casque ombragé d'un bouquet de plumes couleur de feu et portant au milieu une aigrette noire. Sa main tenait le bâton d'or du commandement. Le harnais de son cheval était brodé d'or et d'argent, avec de grandes aigles et garni de rubans, ainsi que les crins et la queue. Quatre aides de camp étaient à ses côtés.

Le duc de Luxembourg, maréchal de camp du quadrille de M. le prince de Condé, venait après, il était vêtu à la tarque ; il était suivi du général Coquet, habillé à l'indienne et remplissant la charge de maréchal de camp de M. le duc d'Enghien ; M. le chevalier de Grammont, faisant l'office de maréchal de camp de M. de Guise, représentait un sauvage de l'Amérique. Cette troupe splendidement vêtue ayant fait sa comparse devant l'échafaud des reines, le maréchal de camp général examina les barrières et les objets destinés aux jeux, puis envoya avertir le roi qu'il pouvait commencer sa marche ; il plaça sa suite des deux côtés de l'échafaud des reines, distribua les postes des quadrilles à leurs maréchaux de camp, et vint à l'entrée de l'amphithéâtre pour y recevoir les quadrilles.

Rien n'égale l'éclat que devaient avoir ces quadrilles, dont les riches cavaliers étaient couverts de plusieurs millions de pierreries. Figurez-vous un immense amphithéâtre garni des personnages de la cour la plus brillante de l'Europe. A leurs pieds, cinq quadrilles étincelants d'or et de rubis ; les costumes les plus splendides et les plus bizarres, la variété des couleurs, les devises peintes sur les écus, les harnais resplendissants des coursiers, les casques d'or et d'argent couverts de plumes couleur de feu, les manteaux de satin doublés de toiles d'argent, les panaches multicolores, les banderoles ornées d'aigles d'or, les tonnelets à bandes brodées, les cratières flottantes liées d'écharpes argentées, les habits de brocart semés d'écailles d'argent, les lambrequins taillés en écailles de satin, les épaulettes d'où pendaient des campanes de diamants, les cuirasses ceintes de roses, de rubis et d'agrafes de diamant, les coiffures de satin incarnat doublé d'hermine, les banderoles de satin blanc, les carquois d'argent émaillés d'incarnat des estafiers persans, les vestes parsemées de rubis, les turbans de toile d'argent rayée de bleu du timbalier turc ; les croissants de pierreries, les superbes aigrettes, les caparaçons en peau de lion, les agrafes de turquoise mêlées aux diamants, et retenant des plastrons d'argent où couraient des filets d'or ; tout cela n'était-il pas étourdissant ? A cette magnificence se joignaient les excentricités les plus curieuses.

La coiffure des timbaliers et des trompettes indiens se composait d'un grand perroquet que flanquaient deux oiseaux de même espèce placés sur les épaules du cavalier. Puis venaient les timbaliers et les trompettes américains avec leur bonnet de coquilles et de corail, leurs manches formées d'écailles de poisson. Des Maures paraissaient, suivis de singes et d'ours ; et, au milieu de ces singularités, brillaient les colliers d'argent, les vêtements d'hermine, les écharpes d'or et les plastrons ornés de perles. On voyait encore les estafiers et les palefreniers sauvages, dont l'habit était une peau de tigre se relevant vers la tête en grand capuchon, et dont les pieds se nouaient autour du cou en forme de cravate. Pour compléter la mascarade, une couronne de feuilles de vigne entourait le formidable capuchon, et le bras du sauvage, armé d'une massue, était d'un bracelet de feuillage. Les palefreniers représentaient des satyres, et leur cheval portait une grande corne au milieu du front. Le casque de l'écuyer était fait d'or ; en forme de tête de monstre, et son habit était de lames d'argent, où brillaient des yeux de dragon. Une peau de singe coiffait le page sauvage, dont le corps était vêtu d'une peau de tigre; et pour caparaçon, son cheval avait une peau de poisson de mer avec des lames d'or clouées dessus. Le coursier du maréchal de camp de ce quadrille était mieux partagé : une peau de panthère couverte de feuillages d'or et de pierreries formait son caparaçon.

Les devises n'étaient ni moins curieuses ni moins variées que les costumes : sur celle du roi brillaient ces mots : *Ut vidi vici*, couronnés d'un soleil. Le comte de Vivonne avait choisi un miroir ardent, avec ces paroles flatteuses à l'adresse de Louis : *Tua munera jacto* (Je répands tes présents). Un aigle regardant le soleil était la devise du comte de Navailles; elle portait ce seul mot : *Probasti* (vous m'avez éprouvé). Plus ambitieux, le comte de Saint-Aignan avait pris un laurier regardant le soleil; le comte de Lude avait un cadran exposé au soleil; le comte d'Armagnac, une couronne de laurier avec ces mots: *Hic labor, hic merces*. La devise du marquis de Richelieu était l'une des plus ambitieuses; elle se composait d'une fusée ardente qui signifiait : Je brûle pour m'élever.

Les devises des autres quadrilles n'avaient pas une prétention moins haute que celles du quadrille du roi. *Monsieur* joignait ces mots à une magnifique lune : *Uno sole minor* (le soleil seul est plus grand que moi). Le marquis de Villeroy avait adopté un dard entouré de laurier; le marquis de Bellefond, une abeille qui vole sur un parterre, avec ces simples paroles : Une sans plus. — A la bonne heure ! — Le duc de Condé avait pour emblème un croissant sur lequel était gravé : *Crescit ut aspicitur;* le marquis de Charmasel, une couronne de palmes, avec cette phrase : « Ce qui est facile ne me plaît pas. » La devise du duc d'Enghien se composait d'une grande étoile ornée de ces mots: *Magno de lumine lumen*. Venaient ensuite le phénix du comte de Roye, le miroir ardent du duc de Sully. La devise la plus ingénieuse était celle du marquis d'Ouilly; c'était un rosier et un soleil, avec ces mots : Regardez-moi, et je fleurirai. Le duc de Guise, chef des sauvages, avait choisi un lion terrassant un tigre. La devise du marquis de Mirepoix était la plus sombre; elle se composait d'un laurier et d'un cyprès : « Vaincre ou mourir. »

Quel que fût l'éclat de tous ces chevaliers, leur vêtement était loin d'égaler la richesse de celui du roi.

Louis était vêtu à la romaine, d'un corps de brocart d'argent brodé d'or, dont les épaules et le bas du

État actuel de la place du Carrousel; vue du château des Tuileries et de l'arc de triomphe du Carrousel.

buste étaient terminés par des écailles de brocart brodées d'argent, avec de gros diamants enchâssés dans la broderie et bordés encore d'un rang de diamants; aux extrémités de la gorgerette, ornée de 44 roses de diamants, se joignaient par des agrafes de diamants les épaulettes, au bout de chacune desquelles pendait une campane de diamants remplie de pendeloques étincelantes; trois bandes couvertes de 120 roses de diamants extraordinairement larges et jointes par dedans avec trois grandes agrafes de diamants ceignaient sa magnifique cuirasse.

Sur le haut des manches, 24 roses de diamants brillaient sur le brocart d'or et faisaient le tour des bouts de manche; de cette manche sortait une manche bouffante de toile d'argent, dont le poignet était enrichi d'un bracelet de diamants. La ceinture se composait de 54 pièces de chaînes de diamants d'une extraordinaire grosseur.

Le casque était d'argent, à feuillage d'or, enrichi de deux grands diamants, de douze roses de diamants sur les côtés et d'un cordon de douze autres roses. Ce casque était ombragé d'une crête de plumes couleur de feu, de laquelle sortaient quatre hérons.

Sur le cimeterre brillait un si grand nombre de diamants qu'à peine voyait-on l'or dans lequel ils étaient enchâssés.

Louis montait un cheval isabelle doré; la selle était de brocart couleur de feu. Ce n'était, sur les flancs, qu'or, argent, brocart et diamants, avec rubans jusqu'au haut de la queue, garnie de diamants.

D'un bouquet de plumes couleur de feu sortaient quatre aigrettes de diamants.

Le roi courut le premier la bague, et l'enleva au milieu des applaudissements. Les autres jeux étaient des jeux de têtes, de javelot et les danses.

Sous la révolution, cette place perdit son nom royal, et fut baptisée place de la *Fraternité;* le 26 février 1806, Napoléon décrétait l'érection, sur la place du Carrousel, d'un arc de triomphe à la gloire des armées françaises. Le plan de cet arc présente un parallélogramme ouvert de trois arcades dans sa longueur. L'arc de triomphe du Carrousel a cela de différent des arcs à trois ouvertures des anciens, que ses pieds droits sont ouverts dans le sens de son épaisseur; sur les deux faces latérales, en avant des pieds droits, sont quatre piédestaux engagés et des colonnes isolées. La décoration extérieure de ce monument se compose d'une ordonnance de huit colonnes corinthiennes, dont l'entablement complet porte au droit des ressauts huit statues de soldats français de différentes armes ; 2° d'un attique avec des bas-reliefs allégoriques; 3° d'un double socle élevé au-dessus de l'arcade. Les massifs sont en pierre de liais, les colonnes en marbre rouge de Languedoc, et leurs bases et leurs chapiteaux en bronze. La frise de l'entablement est en griotte d'Italie.

Ce monument, œuvre de MM. Percier et Fontaine, présente dans son ensemble les formes et les proportions de l'arc de Septime Sévère, dont on voit les ruines dans le *Campo Vaccino*. Six bas-reliefs en marbre blanc décoraient l'arc triomphal du Carrousel. Il était surmonté d'un quadrige qui était lui-même un trophée. Ce char et ces quatre chevaux, qui ornaient autrefois le temple du Soleil à Corinthe, furent tour à tour transportés à Rome sous le règne de Néron, à Venise par le doge Dandolo, et à Paris par Napoléon. Les revers de 1814 et de 1815 firent disparaître le char et les bas-reliefs. Ces derniers furent remplacés, en 1825, par de nouveaux qui représentaient les actions mémorables de la campagne du duc d'Angoulême en Espagne. En 1830, ils eurent le sort de bien d'autres œuvres de ce genre, ils furent brisés, et l'on replaça les anciens bas-reliefs que nous voyons encore aujourd'hui. En 1836, le double socle fut surmonté d'un nouveau quadrige dont nous ne dirons rien, quoi qu'il soit l'œuvre d'un sculpteur de talent, le baron Bosio.

En cinquante années, cette place a servi trois fois de champ de bataille, et a vu trois fois la défaite de la monarchie : au 10 août 1792, au 29 juillet 1830, et au 24 février 1848. Après 1830, un monument funèbre avait été élevé à Georges Farcy, professeur de philosophie, *mort*, disait l'inscription, *en combattant pour la défense des lois*. Ce monument, adossé à l'hôtel de Nantes, a été démoli, en 1848, avec cet hôtel planté sur la place comme un point d'exclamation! Étrange retour de l'opinion! les mêmes hommes qui élevaient, il y a vingt-deux ans, un monument à Georges Farcy, sont bien près de ne voir qu'un factieux dans le héros d'autrefois!

Pendant le règne de l'empereur Napoléon, l'espace connu depuis Louis XIV sous le nom de place du Carrousel, presque entièrement débarrassé des constructions qui, après cette dernière époque, l'avaient peu à peu obscué, avait vu s'ouvrir la cour du palais des Tuileries, puis s'élever, en 1806, sur les dessins de Percier et Fontaine, l'arc qui en est l'entrée principale, et enfin l'aile nord, qui la ferme du côté de la rue de Rivoli, parallèlement à la galerie sud du Louvre continuée par Dupeyrac et Metezau sous le règne de Henri IV, et dont elle reproduit exactement le style.

Ces travaux, poussés avec activité suivant les intentions de l'empereur, se rattachaient à un plan d'ensemble conçu par les deux habiles architectes que nous venons de nommer, pour la réunion complète du palais des Tuileries avec le Louvre, alors entièrement restauré par ces artistes, qui achevaient en même temps le grand escalier du Musée.

La donnée du plan de Percier et Fontaine se compliquait de constructions assez multipliées, commandées et par les exigences des services auxquels il s'agissait de pourvoir, et par le système adopté par ces architectes pour le raccordement du Louvre et des Tuileries.

L'expérience et le talent des auteurs de ce plan, élaboré d'ailleurs et étudié à un point de vue tout à fait pratique, avait mérité à ce plan la préférence sur tous ceux qui avaient été présentés au grand concours ouvert dès les premières années de l'Empire. Ce pro-

Monument élevé à la mémoire de Georges Farcy, place du Carrousel.

jet est trop connu du public pour que nous en fassions ici la description. Il suffit de rappeler qu'il était basé sur une aile transversale, partageant en deux

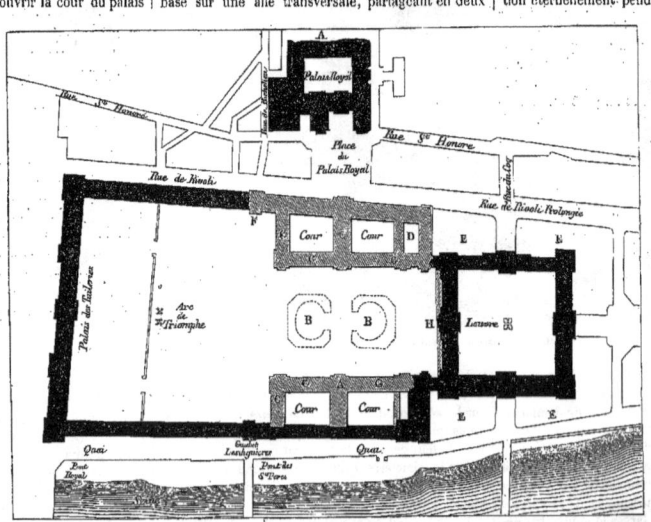

PLAN DES TRAVAUX D'ACHÈVEMENT DU LOUVRE. — A, galerie d'exposition : au premier étage, pour les tableaux, et au rez-de-chaussée pour la sculpture moderne; au point A, passage allant de la place Louis-Napoléon au quai. — B, squares plantés d'arbres et entourés de grilles et de candélabres. — C, corps de bâtiment destiné au ministère de l'intérieur, au *Moniteur* et au télégraphe; passage allant de la rue de Rivoli à la place Louis-Napoléon. — D, habitation du ministre. — E, jardins. — F, guichet répétant celui de Lesdiguières, vis-à-vis le pont du Carrousel. — G, portiques entourant la place Louis-Napoléon et décorés de statues d'hommes illustres, à l'imitation des forums antiques. — H, portique projeté.

l'espace compris entre le Louvre et les Tuileries, et destinée à masquer le défaut de parallélisme des deux édifices. Les autres dispositions consistaient en une cour à peu près égale à celle du Louvre, et formée par des constructions reliant l'aile transversale à ce palais. Dans ces bâtiments, il s'agissait de placer les archives de la couronne, la bibliothèque particulière, des écuries pour deux cents chevaux et des remises pour soixante voitures. L'aile transversale était destinée aux fêtes publiques et aux solennités; une salle d'Opéra et une chapelle s'élevaient du côté du Palais-Royal.

Pendant la Restauration, comme sous le roi Louis-Philippe, à l'exception de quelques travaux partiels et de détail, il ne fut rien entrepris de sérieux en vue de la réunion des deux palais. Sous le dernier règne seulement, quelques assises ajoutées au pavillon de Beauvais, qui fait face à celui de l'entrée du Musée, témoignent, sinon de l'intention de reprendre l'œuvre avec suite, tout au moins de la volonté de faire disparaître l'aspect de ruine d'une construction à peine commencée à la fin de l'Empire.

Tel était l'état des choses au 24 février 1848. Dès le 24 mars de cette même année, un décret du gouvernement provisoire frappait d'expropriation les immeubles qui avaient, depuis le siècle dernier, obstrué de nouveau le Carrousel, et préparait le terrain pour une époque où le crédit raffermi permettrait de mettre la main à l'œuvre. Un projet de loi soumis à cet effet à l'Assemblée constituante, l'année suivante, longtemps discuté, fut comme nul et non avenu, par suite du défaut d'accord sur la destination à donner aux constructions. La question du raccordement des bâtiments du Louvre et des Tuileries restait donc entière, l'intervalle qui sépare les deux édifices était libre; la disposition de l'aile sur la rue de Rivoli, commencée sous l'Empire, comme la plupart des projets présentés, n'impliquait pas nécessairement l'adoption d'un système à l'exclusion de tous autres. Le champ restait donc ouvert.

Après le 2 décembre 1851, une des premières pensées du prince Louis-Napoléon a été de reprendre l'œuvre de la réunion du Louvre et des Tuileries au point où son oncle l'avait laissée. Mais, cette fois, il s'agissait d'arriver à la solution définitive d'une question éternellement pendante, dont en est plein satisfaction au vœu général, nous dirions presque national, dont tant d'obstacles de tous les genres avaient sans cesse ajourné la réalisation. Un décret, en date du 12 décembre 1852, consacre une somme de 25 millions à l'ensemble des constructions qui doivent s'élever, dans un délai de cinq années, pour enceindre entièrement l'espace compris entre les deux édifices, et les réunir l'un à l'autre d'une manière complète.

M. Visconti, auquel, en 1849, avaient été confiées les études préliminaires pour un projet dans une prévision très-éventuelle, est chargé, en février 1852, de préparer des plans définitifs dans le délai le plus rapproché. Dès les premiers jours de mai, les plans étaient déjà prêts, examinés et approuvés, l'adjudication des travaux de terrassement et de maçonnerie relatifs au fondations avait lieu le 24 du même mois; on mettait aussitôt la main à l'œuvre, et, le 25 juillet 1852, la première pierre de ce grand travail était solennellement posée. On ne saurait conduire plus rapidement un ouvrage de cette importance.

La gravure ci-dessus, qui représente l'état actuel

des fouilles, peut donner une idée du degré d'avancement des travaux de l'aile sur la rue de Rivoli, et en retour sur la place de l'Oratoire, et fait pressentir le moment où l'élévation hors de terre des premières assises de pierres va enfin clore, non plus seulement sur le papier, ce vaste périmètre, et opérer définitivement la réunion tant souhaitée des deux édifices.

Le défaut de parallélisme, question qui a exercé depuis le siècle dernier l'imagination d'une foule d'architectes et même d'amateurs, donné naissance à on ne sait combien de projets plus ou moins ingénieux, semble heureusement sauvé dans le système adopté. Entre les deux édifices élevés en l'absence de toute intention de rapport à venir, dont l'un fut construit en dedans et l'autre en dehors de l'enceinte de Paris, qui les séparait à peu près à égale distance, il existe une divergence d'axe par hasard assez peu sensible pour ne se trahir, au milieu de l'immensité de l'espace, qu'autant que l'œil rencontre un jalon intermédiaire. Il s'agissait donc de masquer la direction des deux axes vers leur point d'intersection, et en égarant, autant que possible, l'attention à droite et à gauche de cette direction, d'intercepter complétement, jusqu'à une certaine hauteur, la vue de l'entrée de la cour du Louvre et de celle des Tuileries ou de l'arc du Carrousel.

Dans le plan de M. Visconti, des jardins, occupant dans l'axe de l'entrée de la cour du Louvre le milieu de l'intervalle compris entre les constructions nouvelles, qui prendra le nom de place Louis-Napoléon, formeront, par leurs plantations d'arbres toujours verts, un rideau transversal qui masquera suffisamment la divergence des axes. Deux larges avenues, à droite et à gauche des jardins, éloigneront d'ailleurs le spectateur de la perspective défectueuse qu'il s'agit de dissimuler.

On voit, par le plan que nous donnons, que l'aile nord des Tuileries, prolongée sur la rue de Rivoli, se relie au Louvre par un corps en retour sur le pavillon dit *de Beauvais*, semblable à celui où se trouve, au midi, la galerie d'Apollon.

À partir du pavillon de Beauvais, d'un côté, et, de l'autre, du pavillon du Roi ou de l'entrée du Musée, deux ailes parallèles, l'une à la grande galerie du Louvre, l'autre aux nouvelles constructions sur la rue de Rivoli, s'avancent, la première jusque vers le pavillon Lesdiguières ou guichet du pont du Carrousel la seconde, vers un guichet correspondant à celui-ci, ouvert dans l'axe de la rue de Rohan. Ces deux ailes ont leur façade principale sur la place Louis-Napoléon et une façade en retour sur le Carrousel. L'intervalle fermé compris entre ces ailes et les bâtiments correspondants sur la rue de Rivoli et sur le quai, est partagé presque également par des corps de bâtiments formant des cours intérieures à peu près de dimensions semblables.

L'ordonnance générale du plan paraît conçue avec l'entente des proportions relatives qui doivent exister entre les différentes parties d'un aussi vaste ensemble. Aux prises avec l'idée d'un côté, et dominé par la nécessité de ménager l'effet grandiose d'une perspective immense, l'architecte a dû, sans trop multiplier les constructions, pour lui conserver leur importance, en restreignant l'espace libre dans une juste mesure. Des pavillons formant saillie d'environ sept mètres sur les façades des ailes qui s'avancent du Louvre vers le Carrousel, sont destinés, ainsi que les jardins de la place, à établir des plans successifs qui ajouteront, sans aucun doute, à l'ampleur de l'espace.

D'après ce que nous croyons savoir des détails architectoniques et du style adoptés pour les constructions nouvelles, l'architecte, sous ce rapport, s'est conformé à la donnée que présente la façade extérieure du Louvre, dont le pavillon de l'Horloge forme le centre. Pour marquer davantage encore son œuvre à cette partie de l'édifice ancien, M. Visconti, si nous sommes bien informé, aurait le projet de prolonger en avant du rez-de-chaussée de cette façade des portiques ouverts, décorés de statues, et surmontés de terrasses, qui doivent entourer la place Louis-Napoléon. Du reste, la sculpture d'ornement serait surtout réservée aux seuls pavillons en saillie, et avec assez de sobriété pour ne pas former de disparate avec la grave simplicité du pavillon du Louvre. Pour les façades des cours intérieures, on adopterait le style le plus simple, et les cours fermées au midi par la galerie de Henri II reproduiraient, sur toutes les faces, l'ordonnance et les détails de cette construction.

Le premier étage de la façade (A du plan) sur la place Louis-Napoléon, du côté du Musée, formerait une galerie destinée à recevoir l'exposition annuelle des ouvrages des peintres vivants. Les sculptures seraient placées au rez-de-chaussée de la même aile, dont le soubassement serait affecté à divers services du palais des Tuileries. Dans l'aile sur la rue de Rivoli, et dans l'aile parallèle, de même que dans le corps de bâtiment transversal formant deux cours intérieures, on établirait le ministère de l'intérieur et celui de la police avec leurs bureaux, l'administration des télé-

Le bec de gaz de la place du Carrousel.

graphes et l'imprimerie du *Moniteur*. Le ministre de l'intérieur occuperait les appartements à l'extrémité de l'aile en retour vers le Louvre, et donnant à l'intérieur sur une cour particulière avec un rez-de-chaussée destiné aux réceptions, ouvrant sur un jardin placé au nord du Louvre, comme celui de l'Infante au midi.

Le plan que nous donnons permet d'apprécier dans une certaine mesure l'ensemble des dispositions générales, et peut-être même, malgré l'échelle réduite, quelques-uns des détails. Les critiques sans doute ne manqueront pas à un ouvrage dont l'exécution très-controversée a été l'objet de tant de conceptions écloses à tort ou à raison, et qui, par l'intérêt même qui s'y attache, a donné lieu à une foule de partis pris à l'avance, à des divergences d'opinions sans nombre. Toutefois, et pour nous résumer, nous dirons que l'œuvre de M. Visconti, autant que nous pouvons en juger dès à présent, paraît renfermer plusieurs mérites.

Indépendamment des difficultés sérieuses qu'il a pu rencontrer, sous le rapport des différences de niveau et dans les exigences du programme, on doit tenir compte à l'artiste de la simplicité de la donnée générale du plan, de ses combinaisons heureuses quant aux proportions relatives des masses et de l'espace, et enfin de la convenance du style architectural qui relie la partie neuve à l'ancien état de choses.

Au point de vue économique, on n'aura qu'à féliciter l'architecte, si, comme il l'annonce, dit-on, il arrive à exécuter dans l'espace de cinq années, terme fixé par le décret, le plan dans son entier, et y compris les travaux d'appropriation et de décoration intérieures des constructions nouvelles, et cela, sans dépasser le chiffre de vingt-cinq millions accordé pour faire face à la totalité de la dépense. Ce serait la première fois peut-être que les limites d'un devis de cette importance, où une erreur serait sans doute possible, sinon excusable, ne seraient pas excédées. Quant à la durée de l'exécution, malgré la brièveté apparente du délai prescrit, tout porte à croire que les conditions de temps ne seront pas moins rigoureusement remplies. S'il faut en croire les calculs, les soubassements sur la rue de Rivoli devraient être terminés au printemps prochain. Les fondations de l'aile qui se relie au musée (lettre A du plan) seraient faites à la fin de cette année au ras de terre, et qui plus est, selon toute apparence, à la fin de 1853 les grosses constructions de la rue de Rivoli, en retour jusqu'au pavillon de Beauvais, point de raccordement avec le Louvre, seraient entièrement montées et les combles en fer posés, et, dès cette époque, le vaste périmètre du Louvre et des Tuileries réunis se trouverait enfin fermé par une enceinte de constructions. De pareils résultats ajouteraient d'autant plus à l'intérêt et à la satisfaction publics, que jusqu'ici l'œuvre n'avait pas été favorisée sous le rapport de l'activité de l'exécution. Ils seraient dus surtout à l'unité de vues et d'action qu'une volonté supérieure et énergique a rencontrée pour amener à bonne fin une entreprise qu'on peut dire colossale.

Ainsi donc, grâce à l'impulsion extraordinaire imprimée aux travaux, il nous serait donné de voir s'achever comme par enchantement un édifice auquel on ne croyait plus, un de ces ouvrages gigantesques dont l'imagination ne trouve d'analogues, quant aux proportions, que dans les traditions de l'antiquité, dans le labyrinthe ou les pyramides d'Égypte, dans les primitives conceptions de la Babylonie ou les constructions démesurées de l'Inde, et dont, de nos jours, ni le Vatican, ni l'Escurial, malgré leur importance, ni aucun palais ou édifice connu, ne sauraient donner une idée.

Il est à présumer qu'une fois les travaux d'achèvement du Louvre venus à fin, on songera à perfectionner le système d'éclairage de la place du Carrousel, système qui, jusqu'à ce jour, est demeuré bien imparfait. Plusieurs essais cependant ont eu lieu pour parvenir à des résultats satisfaisants et nous citerons, entre autres, le *bude-light*, qui, élevé en 1844, brille encore au milieu de cette vaste place, par cela même qu'il n'était établi que provisoirement, car, en France, il n'y a de réellement stable que ce qui est donné pour provisoire. Quand on commença à construire la colonne que représente notre dessin, et au sommet de laquelle se trouve placé l'appareil, tout Paris s'en occupa et forma des conjectures les plus diverses. Selon les uns, il s'agissait d'électricité et de galvanisme. À en croire les autres, la ville entière allait être illuminée par une immense gerbe de feu. Mais une expérience de quelques jours suffisait entièrement pour prouver bientôt que le gaz seul était en jeu. Ce moyen d'éclairage, qui est d'invention anglaise, consiste simplement dans la réunion de plusieurs becs de gaz en un seul faisceau de lumière, qui, s'il offre quelques avantages, présente certains inconvénients. Sans aucun doute le milieu de la place du Carrousel est mieux éclairé par le bec unique qu'il n'était par plusieurs becs séparés, mais le foyer est tellement éclatant qu'il éblouit les yeux des passants, et, au delà d'une certaine limite, l'obscurité paraît si grande qu'on a peine à distinguer les objets éclairés par les becs ordinaires.

CHAPITRE XXXIII. — LE LONG DE LA SEINE (Suite).

Parlons maintenant des ponts qui, de cet endroit où nous nous trouvons, unissent les deux rives.

Le Pont-Royal d'abord : on ne communiquait jusqu'en 1632, du faubourg Saint-Germain au Louvre et aux Tuileries, que par un bac qui avait d'abord donné son nom à un chemin, ensuite à une rue nommée Bac.

Joute sur la Seine.

A cette époque, un sieur Barbier, construisit sur la rivière un pont de bois, il fut appelé : *Pont Barbier* d'abord, puis *Pont Sainte-Anne*, en l'honneur d'Anne d'Autriche, puis *Pont des Tuileries*, puis *Pont Rouge*, et, en 1664, il fut emporté par les eaux. Les fondations de celui qui existe aujourd'hui furent jetées en 1685, et ce pont fut appelé Pont-Royal, parce que Louis XIV en fit les frais, qui s'élevèrent à la somme de 742,171 livres 11 sous. Mansard et Gabriel avaient été chargés de cet ouvrage; mais la conduite et l'inspection en furent confiées au frère François Romain, dominicain, dont les talents supérieurs surmontèrent tous les obstacles qui s'opposaient à l'exécution. Il se compose de cinq arches à plein cintre, dont le diamètre moyen est de 22 mètres ; sa largeur entre les têtes est de 17 mètres, et sa longueur totale entre les deux culées de 128 mètres. Sous la première république on l'appelait naturellement *Pont National*. A l'un des éperons de l'arche, la plus voisine de la porte des Tuileries, est tracée une échelle divisée en pieds et pouces qui marque la hauteur successive de l'eau et le point jusqu'où elle s'est élevée dans les années où il y a eu des crues considérables.

C'est presque toujours entre ce dernier pont et celui de la Concorde qu'ont lieu les fêtes nautiques, régates en eau douce offertes au peuple parisien, lors des réjouissances publiques.

Sous le régime de Juillet, tous les ans, à l'anniversaire des trois journées, se donnaient, près du pont alors *Royal*, des joutes qui ne manquaient pas d'attirer grand concours de populaire; puis le soir c'était une splendide illumination s'étendant tout le long de la terrasse du bord de l'eau, et dont notre dessinateur se charge de rendre l'éblouissant effet.

Là encore était le port de cette gondole dite *vénitienne*, qui apparut comme un météore pendant l'été de 1845, surnagea quelque temps et finit par s'abîmer dans sa mauvaise fortune. Depuis sept heures jusqu'à dix heures du soir on pouvait, sur cette gondole à vapeur, descendre et remonter la Seine du pont Royal au pont de Saint-Cloud. Glaces, rafraîchissements, musique mélodieuse, gondolier, tout se trouvait sur ce navire enchanté et enchanteur, tout excepté les vers du Tasse. L'illusion était complète, et pour peu qu'on y mît un peu de bonne volonté, il était permis, du pont Royal à Sèvres, de se croire le fils du doge ou le doge lui-même, et de prendre la Madeleine pour Saint-Marc, le pont d'Iéna pour le Rialto, la butte de Passy pour l'Escalier des Géants. Mais le badaud parisien ne trouvait pas ce genre de plaisir assez excitant et il fallut y renoncer. Paris est ainsi fait : tandis qu'on se ruine ou qu'on se désole d'un côté, de l'autre on exécute de nouveaux moyens de s'amuser et de se distraire : sur les ruines d'un récent naufrage, Paris a bientôt élevé un nouveau théâtre; car il lui en faut et toujours et partout. Cette gondole vénitienne était un de ces deux bateaux à vapeur qui sont au repos dans la semaine, et font chaque dimanche l'innocente traversée de Paris à Saint-Cloud.

Fête vénitienne sur la Seine.

Illumination du bassin de la Seine.

Le pont du Carrousel date d'hier; il est en fer fondu, et composé de trois arches de 47 mètres 67 centimètres d'ouverture. Ces arches sont formées par des arcs en fonte ayant la forme de tuyaux courbés à section elliptique ; il a coûté 1,000,000. Outre cette dépense, la compagnie concessionnaire fut obligée de verser au trésor la somme de 100,000 fr. destinées à l'embellissement de ce pont. C'est avec ces 100,000 fr. qu'ont été élevées les quatre statues colossales, dont deux se dressent à chaque bout du pont du Carrousel.

Les quatre statues représentent, du côté du Louvre, l'*Abondance*, tenant l'inévitable corne et un écrin de bijoux, et l'*Industrie*, assise sur une enclume, tenant un marteau et ayant le caducée et les ailes de Mercure, le dieu des industriels et des fripons ; sur le quai Malaquais, la *Ville de Paris*, tenant d'une main une épée, de l'autre un bâton, et ayant en tête une couronne de fortifications ; elle l'a payée assez cher pour avoir désormais le droit de la porter ; la *Seine*, reconnaissable à son urne, à sa rame, à ses roseaux et au cygne qu'on n'aperçoit jamais sur ses bords. Ces quatre statues, dues au ciseau de M. Petitot, sont habilement exécutées et d'un aspect assez satisfaisant quand on les voit par devant ; il n'en est pas de même lorsque, étant sur le pont, on les voit par derrière ; quelle que soit la variété de forme des siéges sur lesquels elles trônent, elles ne sont pas bonnes à voir de ce côté ; mais cela n'est pas le moins du monde la faute de l'artiste ; c'est un défaut inhérent à la position : des statues assises doivent être adossées à des monuments ou à des massifs de verdure. Il n'est pas responsable non plus des singularités allégoriques du sujet : cette Seine qui se tourne le dos à elle-même ; cette Abondance mise là on ne sait pourquoi ! L'allégorie, il faut bien le reconnaître, a été inventée pour le tourment des artistes et la moindre joie des peuples.

Le pont du Carrousel est appelé concurremment pont

L'Abondance. — Rive droite, côté droit.

L'Industrie. — Rive droite, côté gauche.

Vue générale du pont du Carrousel.

La Ville de Paris. — Rive gauche, côté droit.

La Seine. — Rive gauche, côté gauche.

des Saints-Pères, comme voisin de la rue de ce nom. Cette double dénomination, représentant l'antagonisme des deux rives, devrait disparaître, pour laisser prévaloir le nom de pont du Carrousel, qui est celui du projet primitif et de la clarté comme indication topographique ; tandis que l'autre est inexact, puisque le pont n'aboutit pas à la rue des Saints-Pères et est inintelligible pour les étrangers, qui ne savent où sont ces saints pères à Paris, et qui seraient d'autant plus embarrassés de les trouver, qu'il n'y en a jamais eu, même dans la rue de ce nom. Appelée d'abord chemin aux Vaches, elle prit, en 1643, son nom actuel à cause d'une chapelle de saint Pierre, qui devint successivement un saint père, puis plusieurs saints pères, pendant qu'on était en train de mal prononcer et de ne pas savoir ce qu'on disait. Ce pont a eu aussi pendant quelque temps une troisième désignation, celle de pont Polonceau, du nom de l'ingénieur qui l'avait construit ; mais ce nom a disparu ; suivant une loi fatale, les monuments qui servent à embellir la ville doivent rester pour la foule des œuvres anonymes, et tandis qu'elle désigne un roman, une chansonnette, une image par le nom de ses auteurs, elle ignore ceux des artistes à qui elle doit ses temples et ses palais.

La décoration du pont du Carrousel, si elle est parfaitement admissible du côté du Louvre, l'est moins sur le quai Malaquais où les statues font face à l'étalage d'un marchand de papillon. Espérons qu'un jour ce pont aboutira à quelque édifice plus digne de lui, et que, commençant au Louvre, il ne se terminera plus à une échoppe.

Le pont des Arts, qui conduit de la cour du Louvre à l'Institut, est exclusivement réservé aux piétons. Il a neuf arches de fer fondu, de 16 mètres 80 centimètres d'ouverture, et date du Consulat (13 mars 1804). ces deux derniers ponts, qui avaient droit de péage, ont été rachetés en 1849 par la ville;

Chapitre XXXIV.

LE LONG DE LA SEINE (Suite).

L'HÔTEL DES MONNAIES.

Ce qu'on nomme *monnaie*. — Monnaies des Moskovites. — Les diverses monnaies. — Caïn, inventeur de la monnaie. — Les alchimistes et les métaux. — *Aloi*. — Altération des monnaies. — Une ordonnance de Charles VI. — Les faux monnayeurs bouillis et pendus. — *Fleurette* — *Compter fleurette*. — Officiers et ouvriers ès monnaies. — Les *pieds-forts*. — Un édit de Louis le Débonnaire. — Un édit de Charles le Chauve. — Ancien hôtel des Monnaies. — Hôtel actuel des Monnaies. — L'abbé Terrai en pose la première pierre. — Jacques-Denis Antoine, architecte. — Aspect et étendue de l'hôtel des monnaies. — *L'État fabrique des monnaies*. — L'alliage dans les monnaies. — L'atelier de fabrication et l'atelier de monnayage. — La commission des *monnaies*. — Origine des métaux employés aux monnaies. — Préparation de la matière. — *L'alliage*. — *L'essai*. — *La coulée*. — *L'ébarbage*. — Les *recuites*. — Les *fluns*. — *L'ajustage*. — Le *cordonnage*. — Le *blanchiment* ou le *décapage*. — L'atelier de laminage. — L'atelier de monnayage. — Historique des divers procédés de fabrication de la monnaie. — Le *coin*. — La *virole*. — La *matrice*. — Le *poinçon*. — La *virole brisée*. — Les presses Thonnelier. — Différentes pièces de monnaie qui ont eu cours en France.

Que le lecteur nous permette de remonter un peu la Seine pour nous transporter à l'hôtel des Monnaies, situé sur la rive gauche, à côté du Pont-Neuf.

Ce qu'on nomme *monnaie* n'est autre que le signe représentatif de toutes choses. On conçoit que ce signe soit ou ait été fort variable.

Il y a des peuples qui se servent de monnaie de cuir, et d'autres qui échangent de menus coquillages. Les Moskowites n'ont eu longtemps des fourrures pour numéraire. Ils ne se disaient pas : « Je vous dois cent écus, mais bien cent martres zibelines, cent hermines, cent renards bleus, » etc.

Mais, sitôt que les peuples deviennent policés, ils adoptent uniformément l'usage des monnaies métalliques.

La France est le pays du monde le plus riche en argent monnayé. Sparte en fut longtemps le plus pauvre. Lycurgue fit une certaine monnaie dont il fallait une charretée pour s'acheter une tunique. C'était sa manière, à lui, de supprimer le capital; mais il ne réussit qu'à le grossir, matériellement parlant, et à appauvrir le pays.

Presque toutes les monnaies sont d'or, d'argent, de cuivre, de bronze ou de billon; mais il y en a eu de fer, et Martial parle de monnaies de plomb. Les Russes en possèdent de platine.

Quelques écrivains prétendent que la monnaie a été inventée par Caïn ; il faut ranger cette opinion à côté de celle du médecin qui assure que l'or est une résine tirée de la terre, et qu'entre cette substance et le sang il existe une grande affinité naturelle.

Selon les alchimistes :

L'or répond au soleil, l'argent à la lune, le plomb à Saturne, l'étain à Jupiter, le fer à Mars, le cuivre à Vénus, et le vif-argent à Mercure.

Les monnaies sont de bon ou de mauvais aloi. *Aloi* vient de *ad legem*. Les monnaies que l'on frappe aujourd'hui ne sont toujours de bon aloi. Il n'en fut pas toujours ainsi. Les rois de la troisième race, depuis Philippe Ier jusqu'à Charles VI y compris, ne se firent aucunement faute d'altérer extraordinairement le numéraire frappé en leur nom. Charles VI, dans une ordonnance, déclare qu'il est obligé d'altérer la monnaie « pour résister à notre adversaire d'Angleterre et obvier à sa damnable entreprise, attendu qu'à présent, dit-il, nous n'avons aucun autre revenu de notre domaine dont nous puissions aider. »

Ainsi la chose était patente, et les écus se falsifiaient au grand soleil. Mais les particuliers à qui les revenus de leur domaine pouvaient aussi faire défaut avaient fort mauvais à vouloir imiter ces procédés et ces ressources princières. La coutume de Bretagne porte en termes exprès « que les faux monnoyeurs seront *bouillis*, puis pendus. » Et celle de Loudun dit : « Que fait ou forge aussi monnoie doit être traîné, bouilli et pendu. »

Et cette pénalité n'était point lettre morte.

On lit dans les registres du parlement :

« L'an 1347, sixième jour de mars, furent *bouillis*, en la place aux Pourceaux, maître Étienne de Saint-Germain, autrement dit de Compiègnes, et Henri Foinon, écuyer de Treslon, vers Château-Thierry, pour ce qu'ils avaient taillé coins à faire brûler et coins à faire deniers d'or à l'ange... et puis furent pendus. »

Il est remarquable que le premier édit condamnant, 1° à la marmite, et 2° au pléonasme de la potence, les fabricants maladroits de faux *testons*, de faux *agnels*, de faux *besants*, de faux *cavalots* et de faux *saluts d'or*, ainsi nommés parce qu'ils représentaient la *salutation angélique*, etc., etc. ; il est remarquable, dis-je, que ce premier édit naquit sous Louis le Débonnaire.

De nos jours, les faux monnayeurs sont traités avec plus d'égards. Ils en sont quittes pour les travaux forcés à perpétuité. Il est vrai que les difficultés d'imitation sont fort accrues par suite des perfectionnements introduits dans la monnayage, et il faut tenir compte au talent malheureux des déboires de l'entreprise.

Au nombre des monnaies qu'honora Charles VI d'une falsification spéciale, il faut citer la *flourette* ou *fleurette*, qui de dix-huit deniers fut réduite à deux. C'est de ce mot qu'est venue la locution : « *Compter* et non *conter* fleurette. »

Dans les premiers temps de la monarchie française, les monnaies étaient fabriquées partout où les rois faisaient résidence, et, à ces causes, les officiers et ouvriers ès monnaies étaient « commensaux de la maison du roi. »

Mais, dès le quatorzième siècle, une chambre des monnaies et des généraux, maîtres ou présidents des monnaies furent institués. Les rois siégaient dans cette chambre des monnaies, qui fut accrue par François Ier, et érigée en cour souveraine par Henri II, l'an 1552. Malheureusement, l'année d'après, toute la cour, sauf un président en second, fut condamnée, soit aux galères, soit à la pendaison, soit à la brûlure, par le procédé relaté plus haut.

Henri IV, Louis XIII et Louis XIV furent les premiers rois qui donnèrent des soins véritables à l'organisation du monnayage. Des commissaires généraux furent créés, et c'est sous Louis XIII que furent frappés ces beaux *pieds-forts* universellement admirés dans les collections des monnaies publiques ou particulières, et dont l'existence prouve que la *virole brisée* était connue dès cette époque, bien qu'elle n'ait été importée usuellement que vers 1830.

Dans un édit de Charles le Chauve, de l'année 864, Paris se trouvait au nombre des villes ayant le droit de fabriquer des monnaies. Le bâtiment affecté à cette fabrication devait faire partie du palais de la Cité. Il fut ensuite transféré dans la rue nommée encore aujourd'hui *Vieille-Monnaie* ; puis, au quatorzième siècle, dans la rue dite de la Monnaie, où un hôtel spécial de fabrication subsista jusqu'au dix-huitième siècle. Comme, à cette époque, il était en ruines, il fallut lui donner un successeur, et ce fut l'hôtel actuel, dont la construction s'opéra sur l'emplacement de l'ancien hôtel Conti, acquis par la ville quelques années auparavant, dans l'intention d'y établir son hôtel de ville, moyennant la somme de 160,000 livres. La création fut arrêtée en 1767, et la première pierre posée en 1771 par l'abbé Terrai, au nom et comme ministre de S. M. Louis XV.

L'architecte de cet édifice recommandable fut Jacques-Denis Antoine, membre de l'Institut, dont on voit le buste dans le grand escalier du monument. L'hôtel a soixante toises de façade. Deux vastes ailes sont reliées par un avant-corps dont l'étage inférieur est le soubassement d'une ordonnance ionique de six colonnes. Cette ordonnance est le support d'un entablement et d'un attique orné de festons, parmi lesquels s'élèvent les six statues de la *Paix*, du *Commerce*, de la *Prudence*, de la *Loi*, de la *Force* et de l'*Abondance*, par Lecomte, Pigale et Mouchy. L'escalier d'honneur, décoré de seize colonnes doriques, est tout monumental. L'édifice contient huit cours intérieures, dont la principale, cintrée à l'une de ses extrémités, et ornée des bustes de Henri IV, de Louis XIII, de Louis XIV et Louis XV, était plantée en outre d'un arbre de la Liberté, qui poussait vigoureusement au milieu d'un parterre soigneusement entretenu, aux nez, barbes et hautes perruques de ces royales effigies, en faveur desquelles cependant on l'a fait enlever.

Une erreur très-généralement accréditée est celle-ci : *l'État fabrique des monnaies*. Il n'en est rien. L'État ne frappe aucune monnaie ; il surveille seulement la fabrication de celles qui devront avoir cours. Il les reçoit ou les repousse, suivant qu'elles sont, ou non, au titre, au poids, au type légal, et se trouve, vis-à-vis du fabricant des monnaies, de l'industriel qui a cette grande entreprise, à peu près dans la même position que le ministre de la guerre recevant d'un soumissionnaire une confection de draps pour les troupes, ou la rejetant parce qu'elle lui semble contenir des défauts de matière ou de fabrication.

Ainsi, l'alliage devant être d'un dixième pour les monnaies d'or et d'argent, aucune pièce n'est reçue si elle ne contient, sur mille parties, neuf cents du métal principal qui la compose, ou tout au moins 897 parties, et 903 au plus. Trois au delà, trois en deçà, là se borne la tolérance.

L'État n'intervenant qu'au moment du monnayage, et laissant la fabrication parfaitement indépendante, il en résulte cette division naturelle de l'établissement en deux grandes parties bien distinctes : l'atelier de fabrication, et l'atelier de monnayage.

Avant de passer à l'état de capital, avant de s'élever à la dignité de numéraire, but final, hélas ! de l'activité humaine ; avant de revêtir la forme la plus prestigieuse et la plus élégante qui soit donnée au minéral, le morceau brut de métal, naguère enfoui dans les entrailles de la terre, a bien des transformations à subir. Quand une pièce d'or ou d'argent s'échappe de nos mains, nous ne nous préoccupons guère de tout ce qu'a coûté de peines, de sciences, de travaux, la brillante livrée qui la couvre. Pour elle cependant la mécanique et l'art du graveur ont développé leurs plus ingénieuses ressources ; l'austère chimie lui a donné le baptême de la loi ; vingt mains humaines, une succession d'instruments des plus admirables l'ont tour à tour pétrie, modelée, façonnée, et son entrée dans le monde n'a eu lieu, pour ainsi dire, qu'après que de grandes lettres de citoyenneté lui ont été délivrées par un tribunal spécial nommé *Commission des Monnaies*, qui garantit son origine et constate qu'elle réunit toutes les qualités nécessaires pour ne point être confondues avec ces filles perdues du vol et de la fraude, clandestinement engendrées.

Les métaux qui servent à alimenter la fabrication des monnaies sont ordinairement apportés sous la forme de barres ou de lingots. Néanmoins les piastres de l'Amérique du sud, les dollars, les monnaies d'Europe et l'argenterie entrent dans ces apports pour un vingtième environ.

Ces matières métalliques sont versées par des tiers,

plus particulièrement par la Banque de France, souvent aussi par le directeur de la fabrication lui-même, à qui il n'est point interdit (ce qui est blâmé par quelques-uns) de chercher à alimenter son entreprise en se livrant au commerce des métaux de prix ou autres.

Quelle que soit au reste l'origine de ceux qu'on emploie, la valeur en est payée à la partie versante en un bon à huit jours, sous la retenue de un pour cent applicable aux frais de fabrication.

C'est durant ces huit jours que la matière subit les diverses préparations par lesquelles elle doit passer pour devenir pièce monnayée.

Ces préparations se succèdent dans l'ordre suivant :

Le métal est offert à la fonte, et c'est dans ce moment qu'a lieu l'opération de l'*alliage*, qui doit le ramener au titre monétaire.

L'*essai* a lieu ensuite et détermine l'état de l'alliage effectué dans le creuset.

Si le titre est jugé convenable (et les erreurs sont très-peu fréquentes), la *coulée* du métal a lieu en lames étroites, d'une dimension proportionnée au modèle des pièces à frapper.

L'*ébarbage* s'opère ensuite, c'est-à-dire l'ablation des aspérités qui hérissent toujours les bords de ces lames au sortir des moules qui ont servi à la coulée.

Les lames sont maintenant soumises à plusieurs recuites successives, afin de les rendre plus malléables.

Une succession de laminoirs ingénieusement combinée les réduit ensuite à l'épaisseur des pièces qu'elles doivent servir à fabriquer.

Puis a lieu dans la lame le découpage des *flans* ou disque de métal qui seront bientôt la pièce même.

Les flans sont pesés un à un : ceux qui sont trop légers sont jetés au rebut et destinés à la fonte; ceux qui sont trop lourds au contraire sont soumis à l'*ajustage*, mécanisme qui en rabote instantanément juste la parcelle excédant le poids réglementaire.

Vient maintenant le *cordonnage*, par lequel les bords de la pièce sont relevés légèrement, afin de faire disparaître le biseau, de disposer le flanc à recevoir l'empreinte circulaire qui bientôt lui sera donnée, et de protéger celle des faces contre les frottements extérieurs.

Parvenu à ce point de préparation, le *flan* a encore besoin d'être blanchi; car jusqu'alors il a conservé une couleur terne et bleuâtre qui le ferait prendre plutôt pour

La fonderie de l'or.

un disque d'acier mal poli que pour une pièce d'argent. C'est ce qui a lieu au moyen d'une dernière recuite, qu'on nomme le *blanchiment* ou *décapage*, d'où les flans sortent radieux, dignes sous tous les points du rôle brillant que la destinée leur apprête.

Tous ces mouvements, sauf les opérations de fonte,

Atelier des presses monétaires.

de recuite et de pesage, qui se font nécessairement à main d'homme, s'effectuent, au moyen de machines à vapeur, avec une promptitude et une précision véritablement admirables. C'est un beau coup d'œil que celui de cette activité, soit humaine, soit mécanique, qui règne dans ce grand atelier de fabrication, où les millions s'entassent et se succèdent chaque jour pour s'en aller répandre au loin les joies, le luxe et l'abondance, sans qu'il reste aux mains des probes ouvriers qui les confectionnent autre chose que le salaire modeste nécessaire à la subsistance de leurs familles et d'eux-mêmes.

Du reste, on prend l'argent en mépris à l'aspect de toutes ces richesses; elles ne vous apparaissent plus alors que ce qu'elles sont en effet : une valeur nomi-

Atelier du laminage, découpage, etc.

nale, un préjugé, un signe, et l'on se sent (pardonnez-moi ce détestable jeu de mots) une indigestion de *flans*, lorsque, après avoir tout passé en revue, on quitte l'atelier de fabrication. L'or surtout est hideux durant toute cette cuisine métallique : il sort pour ainsi dire à l'état de charbon, tant il est noir et encrassé, des fours où on le fait cuire et recuire : il semble voir à nu les âmes qu'embrase son amour impur. Mis en lames, il acquiert plus tard des tons de mauvais acier; et c'est seulement lorsqu'on le passe au laminoir qu'il commence à recouvrer cette couleur fauve et soleillée qui lui vaut tant d'adorateurs.

Un puits est la limite et le seul lien de communication entre les deux ateliers, celui de fabrication, que nous allons quitter, et celui dit de monnayage. C'est par cette voie qu'à toute heure on passe de l'un dans l'autre d'énormes paniers de flans qu'attendent les presses Thonnelier pour leur donner le type auguste.

Passant d'un atelier dans l'autre, afin d'y recevoir l'empreinte, le flan est comme un effet au porteur que l'on passe à l'État afin qu'il y mette sa signature, c'est-à-dire son sceau, et lui donne ainsi cours légal. C'est là en effet que, pour la première fois, l'État intervient par ses agents. Jusque-là, il s'est soigneusement abstenu et a laissé ses coudées franches à l'entreprise monétaire.

L'atelier du monnayage est d'un aspect monumental. Une toute gracieuse et toute souriante statue de la *Fortune*, par Mouchy, le décore et en est le génie symbolique. Là, dix presses à or et à argent travaillent sans cesse à transformer les flans en beaux et bons écus tournois, luisant, trébuchant au soleil.

Mais, avant de décrire ces presses, un coup d'œil historique sur les divers procédés de fabrication qui ont précédé et préparé cette quasi-perfection de l'art.

Jusqu'au cinquième siècle, les anciens ont employé le bronze pour faire leurs coins de médailles ou monnaies, ce qui était tout un alors. Ces coins, suivant l'opinion des archéologues, étaient gravés au *touret*, comme les *intailles* et les camées. Depuis, les coins furent d'acier, et on les grava au burin. Lorsqu'un coin était hors de service, il fallait en graver un autre. La frappe des monnaies se faisait au marteau ou au *mouton*, procédé primitif, identiquement semblable à celui dont on se sert encore pour enfoncer les pilotis dans les rivières; et jusqu'au règne de Henri II il ne paraît pas qu'aucun autre instrument ait servi au monnayage. Sous ce règne, au seizième siècle, le balancier parut, et jusqu'en 1645 il fut employé simultanément avec le marteau à la frappe des monnaies. Le roi avait alors sa monnaie au *marteau* et sa monnaie au *moulin* (c'est ainsi que le balancier était désigné à cette époque). Tout porte à croire que, lors de l'établissement du balancier, la gravure des coins se faisait à l'aide de poinçons gravés en relief et enfoncés les uns après les autres sur les coins; il suivait de là que, lors de chaque poinçon durait, l'objet reproduit demeurait identique, mais l'ensemble de la gravure que représentait le coin ne l'était pas au même degré.

Sous Louis XIII, Briot, tailleur général des monnaies, et le célèbre Varin apportèrent de grands perfectionnements à l'outillage monétaire, et principalement au balancier. Néanmoins la monnayage à coins libres et la gravure des coins continuèrent, comme par le passé, jusqu'à la fin du dix-huitième siècle.

C'est alors que la *virole* pleine fut adaptée au balancier. La virole n'est autre que l'orbite, le calibre de la pièce de monnaie frappée. La *matrice* est l'empreinte en creux, tandis que le *poinçon* est l'empreinte en relief. Ensemble, ils constituent le *coin*. Au dix-huitième siècle, la gravure des coins, en ce qui concerne la fabrication, reçut de grands perfectionnements, et elle devint d'une identité aussi complète qu'inaltérable. Cela se comprendra facilement lorsqu'on saura que le type d'une monnaie est répété quatre fois avant de produire le coin de service, savoir: une matrice originale et un poinçon original, une matrice et un poinçon de reproduction. C'est ce dernier qui est employé à la confection des coins de service. Lorsqu'il est usé ou cassé, le graveur en relève un autre dans la matrice de reproduction. Ainsi le type primitif est garanti à tout jamais.

En 1830, la *virole brisée*, dont le principe, comme on l'a vu, était connu du dix-septième siècle, fut mise en pratique; la gravure de cette virole se reproduit comme celle des coins, en son identité est garantie également pour toute une série d'originaux.

Les presses Thonnelier, ainsi nommées du nom de l'inventeur, qui fonctionnent aujourd'hui, sont basées sur le principe de la *virole brisée*. On va voir quelle immense distance sépare cet ingénieux appareil de l'antique frappe des monnaies au *marteau* ou *mouton*, et même du balancier consacré.

Cette machine, mise en action par la vapeur, donne aux pièces une régularité parfaite, qu'elles n'avaient jamais eue; car, grâce à elle, il est possible de déterminer d'une manière certaine la force de pression, qu'on peut pousser jusqu'à l'infini.

C'est en 1829 que parurent les premières *presses Thonnelier*. D'abord repoussées comme imparfaites, elles furent cependant admises à titre d'essai lorsque l'inventeur leur eut fait subir d'heureuses modifications. Depuis le mois d'août 1843 jusqu'au mois de juin 1845, on leur a dû la moitié à peu près des pièces de cinq francs qui sont sorties de l'atelier monétaire de Paris.

La lutte établie entre le *balancier* et la *presse*, pendant ces deux années, n'ayant laissé aucun doute sur la supériorité de ce dernier instrument, le gouvernement, sur l'avis de l'administration des Monnaies, a fait construire neuf de ces presses, de diverses dimensions, qui ont été livrées en 1846 et fonctionnent exclusivement depuis le mois d'avril de cette même année. Leur emploi a fait subir une véritable révolution à la fabrication des monnaies, tant sous le point de vue de la supériorité des empreintes que sous celui de la promptitude et de l'économie obtenue.

Ainsi que nous l'avons dit plus haut, les flans bien préparés sont remis à l'agent de l'administration, qui lui-même les distribue par paniers de 20 kilogrammes à l'ouvrier monnayeur, dont le principal office est de placer ces flans dans un gobelet fixé à la presse. Une main de métal vient prendre un flan et le poser entre les coins. Pendant ce mouvement de va-et-vient, la pression s'opère, et, tout en attirant un autre flan, la même main reprend la pièce précédente, qui durant cette courte absence a eu le temps d'être transformée en une pièce parfaite.

Tous les mouvements de la machine sont presque simultanés, car ils se renouvellent dans leur ensemble cinquante fois à la minute. En dix heures, elle peut fabriquer 20,000 pièces de 5 francs ou 100,000 francs de numéraire, et, en prenant une moyenne de 25 jours de travail par mois, une presse fabriquera 30,000,000 de francs par an.

Après quelques opérations de contrôle, les pièces fabriquées sont livrées à la circulation.

En moyenne, la Monnaie de Paris reçoit 400,000 kilogr. d'argent, représentant 80,000,000 de francs, et, 4 à 5,000 kilogr. d'or, valant de 12 à 15,000,000. La fabrication actuelle est de 800,000 francs par jour.

Il est plus difficile d'apprécier les quantités de cuivre qui sont fabriquées annuellement. Quelques rares fabrications ont lieu de temps à autre pour les colonies.

Deux cents personnes, non compris les fonctionnaires et agents de l'administration, sont employées journellement à cette fabrication, et sont rétribuées par le directeur au moyen de la retenue qu'il est autorisé à exercer sur les métaux qui lui ont été apportés.

Sous le règne de Louis-Philippe, il y avait encore un hôtel des Monnaies à Rouen, à Lyon, à Lille, à Strasbourg et à Marseille. Ces établissements furent supprimés en 1845, et la fabrication monétaire fut centralisée à Paris; mais les anciens hôtels des Monnaies départementales doivent être incessamment rétablis.

Ne quittons pas ce sujet sans examiner les différentes pièces de monnaies qui ont eu cours en France.

Les premiers rois capétiens faisaient forger des espèces tout à fait disparates, dans les villes de leur domaine. Philippe-Auguste essaya de centraliser la monnaie en la ramenant à un type uniforme. Il fit frapper des deniers parisis, non pas seulement à Paris, mais dans un grand nombre de villes qui étaient sous son autorité. Saint Louis contribua plus que tout autre à établir la suprématie de la monnaie royale. Il établit que la monnaie des seigneurs n'aurait pas cours hors de leurs terres et que celle de la couronne serait reçue par tout le royaume.

Dans l'origine, les principales monnaies furent le *denier parisis* et le *denier tournois*.

Le *chatel* du denier tournois fut vulgairement appelé *pile*. Il y avait une croix à branches égales sur les monnaies carlovingiennes. Cette pieuse manifestation fut depuis adoptée, non-seulement par les rois, mais aussi par les barons du royaume; elle devint un signe indispensable de la monnaie, à tel point que l'on dit encore *croix* et *pile* pour distinguer les côtés d'une pièce.

Sous le règne de saint Louis parurent deux espèces nouvelles, l'*agnel* et le *gros tournois*. L'agnel, appelé plus tard *mouton d'or*, valait dix sous parisis; il tirait son nom de l'agneau qui était gravé sur l'un des côtés, avec la légende *Agnus Dei qui tollis peccata mundi*. Quant au gros tournois, *grossus denarius*, qui était la plus forte monnaie d'argent, il valait douze deniers tournois.

La livre devint, sous Philippe le Bel, une monnaie réelle; elle fut représentée par le *gros royal*, pièce d'or qui valait vingt sous parisis.

En 1630, le roi Jean, de retour d'Angleterre, créa une espèce qui mérite d'être signalée, parce que son nom s'est conservé jusqu'à présent; c'est le *franc* d'or ou franc à cheval, qui valait une livre ou vingt sous tournois, et par conséquent seize sous parisis.

Charles V fit forger le *florin* d'or aux fleurs de lis, autrement dit *franc à pied*, qui était de la même valeur que le franc à cheval.

Charles VI inventa l'*écu à la couronne*, qui a été en usage jusqu'à Louis XIII. Depuis l'apparition de cette pièce, on ne grava plus que trois fleurs de lis sur l'écu de France.

Louis XI remplaça l'écu d'or à la couronne par l'écu *au soleil*, ou écu-sol, qui tirait son nom du soleil gravé au-dessus de la couronne. Il émit aussi des *blancs* et des *demi-blancs au soleil*.

Après la conquête du royaume de Naples par les Français, on frappa monnaie en Italie, au nom de Charles VII, qui prit le titre de roi de Sicile et de Jérusalem. Les *testons*, ainsi nommés à cause de l'effigie royale qui s'y trouvait, passèrent de l'Italie en France sous Louis XII; c'étaient de grosses espèces d'argent qui valaient dix sous tournois; elles furent en vogue jusqu'à Henri III, qui leur substitua les pièces de vingt sous. Sous François I, on commença à graver la tête du roi sur quelques-uns de ses écus à marquer les pièces d'une lettre différente, suivant les ateliers monétaires d'où elles sortaient, enfin à mettre le millésime. Cette dernière innovation, la plus importante de toutes, fut sanctionnée par une ordonnance de Henri III, laquelle prescrivait, en outre, d'indiquer par des chiffres le rang que le roi occupait parmi ceux du même nom que lui. On comprend combien eût été simplifiée la numismatique française, si l'usage d'insérer la date sur les monnaies avait été adopté dès les premiers temps de la monarchie.

Henri II émit une nouvelle espèce d'or qu'on nomma *Henri*. En 1578, Henri III ordonna la fabrication des francs d'argent qui valaient vingt sous.

Pendant les troubles qui suivirent la mort de Henri III, il y eut en France trois sortes de monnaies de l'État : celle de Henri IV, celle du cardinal de Bourbon dit Charles X, et celle de la Ligue, qui ne reconnaissaient aucun roi. Henri IV mit fin à ce schisme monétaire.

Louis XIV voulut qu'on ne comptât plus désormais que par livres tournois; et il acheva ainsi de constituer l'unité monétaire, but vers lequel tendaient, depuis Philippe-Auguste et saint Louis, tous les efforts des rois de France.

Le sou de cuivre rouge parut en 1719. L'émission désastreuse du papier-monnaie signala le règne de Louis XV à la fin du règne de Louis XVI.

La révolution française éteignit les derniers privilèges monétaires que Louis XIV et Louis XV n'avaient pu acquérir. Au système duodécimal établi par Charlemagne, la convention substitua en 1794 le système décimal, qui avait l'avantage d'être en harmonie avec la numération ainsi qu'avec les nouveaux poids et mesures. Depuis cette utile réforme, nos monnaies ne laissent plus rien à désirer; elles sont sans contredit supérieures à celles des autres peuples, et il faut espérer qu'elles serviront de modèles dans tous les États de l'Europe.

Chapitre XXXV.

LE LONG DE LA SEINE (Suite).

L'INSTITUT.

Le collège Mazarin. — Mort de Mazarin, 6 mars 1661. — Les notaires Nicolas le Vasseur et François le Jouin. — Acte de fondation du collège Mazarin. — Ses soixante écoliers. — Mazarin lègue deux millions en argent et 45,000 livres de rente à son collège. — Confirmation du contrat par lettres patentes du roi, en 1665. — Plan du collège Mazarin, par Leveau, architecte. — Lambert et d'Orbay l'exécutent. — Vue extérieure de l'Institut. — La façade principale. — Le dôme. — Le tombeau de Mazarin, par Coysevox. — Collège des Quatre-Nations. — Bibliothèque Mazarine. — Gabriel Naudé. — Les 100,000 volumes de la bibliothèque Mazarine. — Les 4,550 manuscrits. — Bibliothèque de l'Institut. — Personnel de la bibliothèque Mazarine. — L'Académie française. — Les conférences de Valentin Conrart en 1632. — Richelieu offre à la compagnie de former un corps et de s'assembler sous la protection de l'autorité. — Résistance de la compagnie. — L'offre est acceptée. — Une allusion de Jean Scarron. — Louis XIV se déclare protecteur de l'Académie. — Un apologue de Patru. — L'Académie française au Louvre. — Satires contre l'Académie. — Les prix de l'Académie. — L'Académie des inscriptions et belles-lettres. — L'Académie des sciences. — L'Académie de peinture. — Les fauteuils des quarante. — Origine de l'expression *fauteuil*. — Liste de tous les membres de l'Académie rangés par fauteuils. — Quelques immortels contemporains.

Le 6 mars 1661, dans une des salles de l'antique forteresse de Vincennes, le cardinal Mazarin s'apprêtait à mourir. Le ministre fit venir maîtres Nicolas le Vasseur et François le Jouin, notaires, garde-notes du Chastelet de Paris. Il déclara qu'il avait depuis longtemps formé le dessein d'employer en œuvres de piété et de charité une somme considérable, des grands biens qu'il tenait de la divine Providence et de la bonté du roi. Il ajouta qu'il n'avait trouvé rien de plus utile que la fondation d'un collége et d'une académie pour l'instruction des enfants des gentilshommes ou des principaux bourgeois de Pignerol et de son territoire, d'Alsace et pays d'Allemagne, de l'État ecclésiastique, de Flandre et de Roussillon. Dans l'acte de fondation que le cardinal fit dresser, il est dit : « Que des « soixante éco-« liers qui doi-« vent être en-« tretenus et ins-« truits dans le-« dit collége, il « y en ait quin-« ze de Pignerol, « territoire et « vallées y join-« tes, et de l'É-« tat ecclésiasti-« que en Italie, « préférant ceux « de Pignerol à « tous les au-« tres; les Ro-« mains ensuite, « et, au défaut « d'eux, ceux « des autres pro-« vinces de l'É-« tat ecclésias-« tique en Italie; « quinze du pays « d'Alsace et au-« tres pays d'Al-« lemagne con-« tigus; vingt du « pays de Flandre, Artois, Hainaut et Luxembourg, et « dix du pays de Roussillon, Conflans et Sardaigne. Les « quinze personnes pour l'Académie seront tirées du « collége, sans aucune distinction desdites nations; et « si le collége n'en peut fournir un si grand nombre, « le surplus, jusqu'audit nombre de quinze, sera pris « des personnes d'icelles nations, quoiqu'elles n'aient « pas étudié audit collége. Les soixante écoliers du « collége et les quinze personnes de l'Académie se-« ront logés, nourris et instruits gratuitement au « moyen de la présente fondation. Les gentilshommes « seront toujours préférés aux bourgeois, tant pour « le collége que pour l'Académie; et ceux qui auront « le plus longtemps étudié audit collége, préférés à « ceux qui auront le moins étudié pour être admis à « l'Académie, pourvu que ceux qui auront le plus « étudié soient également propres pour l'Académie.

« Son Éminence se réserve le nom et le titre de fon-« dateur dudit collége de l'Académie; et, à son dé-« faut, l'aîné de ceux qui porteront son nom et ses « armes aura les mêmes droits avec toutes les préro-« gatives des fondateurs. » Pour consolider à jamais cette fondation, le cardinal légua deux millions en argent, plus 45,000 livres de rente sur l'hôtel de ville de Paris. Ce contrat de fondation fut confirmé, loué et approuvé par lettres patentes du roi, datées de Saint-Germain en Laye, au mois de juin 1665.

De nouvelles lettres patentes interprétant les premières, furent données en juin 1669. Nous en rapportons un extrait : « Louis, par la grâce de Dieu, etc., « à tous présents et à venir salut. Nous avons par nos

Vue extérieure de l'Institut.

« lettres patentes du mois de juin 1665, registrées en « notre cour de parlement, le 14 août de la même « année, confirmé la fondation faite par feu notre « cher et très-aimé cousin le cardinal Mazarini, duc « de Nivernais, etc., d'un collége et académie dans « notre bonne ville de Paris pour y instruire et élever « gratuitement aux exercices de corps et d'esprit con-« venables à la noblesse, les jeunes gentilshommes « qui auraient pris naissance ès villes et pays cédés à « la couronne par les traités de Munster et des Py-« rénées; savoir, en la ville de Pignerol, son terri-« toire et vallées y jointes, avec l'État ecclésiastique « en Italie, et provinces d'Alsace et pays d'Allemagne « qui y sont contigus, et à partie des provinces de « Flandre, Artois, Hainaut, Luxembourg, Roussillon, « Conflans et Sardaigne cédés par ledit traité; le tout « aux clauses du contrat passé par-devant le Vasseur

« et le Jouin, notaires au Chastelet, le 6 mars 1661, « thèque et académie nommées Mazarine, et la fon-« dation censée et réputée royale et jouir des mêmes « avantages, priviléges et prérogatives dont jouissent « celles qui ont été fondées par les rois nos prédéces-« seurs ou par nous, et d'autant plus que depuis les-« dites lettres, les bâtiments de l'église, du collége et « de la bibliothèque sont tellement avancés qu'il y a « lieu d'espérer que dans peu l'on pourra célébrer la « sainte messe dans l'église commencée, les exercices « dans le collége, et que tous les livres légués et don-« nés seront placés et rangés dans la nouvelle biblio-« thèque, qui doit être publique deux jours de cha-« cune semaine; « que ces lieux « étant situés vis-« à-vis notre châ-« teau du Lou-« vre, y appor-« tent un fort bel « ornement; que « ledit établisse-« ment sera d'u-« ne très-grande « utilité au pu-« blic, et que « nous désirons « d'ailleurs don-« ner en tou-« tes choses les « marques de « l'estime que « nous conser-« vons pour la « mémoire de « notre dit cou-« sin le cardinal « Mazarini, et « pour l'affec-« tion qu'il a « témoignée au « public par une « fondation si il-« lustre et si peu « commune; et « vu le contrat « de fondation, « lettres patentes et autres pièces ci-attachées sous « le contre-scel de notre chancellerie; à ces cau-« ses, et mettant en considération les services no-« tables que nous a rendus notredit cousin le cardi-« nal Mazarini, et de notre grâce spéciale, pleine « puissance et autorité royale, en interprétant et am-« pliflant nos lettres du mois de juin 1665, nous « avons ordonné et par ces présentes signées de notre « main, ordonnons, voulons et nous plait que ledit « collége, bibliothèque et académie, ensemble les « places et maisons y appartenant soient sous notre « protection, justice, voirie et censure, comme fai-« sant partie de l'ancien hôtel de Nesle, nonobstant « tous actes, contrats, transactions, arrêts, jugements, « sentences et possessions contraires que nous ne « voulons nuire, ni préjudicier à ladite fondation; ce « faisant avons amorti, amortissons à perpétuité tous

« lesdits lieux, sans qu'à présent ni à l'avenir il puisse « être prétendu aucun droit pour ledit amortisse- « ment, etc... Sera loisible aux libraires et impri- « meurs d'habiter et s'établir aux maisons et bouti- « ques qui sont aux deux pavillons et en la grande « place dudit collége, pour y vendre et débiter des « livres ainsi qu'ils pourront faire dans l'étendue de « l'Université, etc... Accordons audit collége les droits « et priviléges dont jouissent les colléges les plus cé- « lèbres; ce faisant, le déclarons être du corps de l'U- « niversité, avec pouvoir d'y admettre toutes sortes « de pensionnaires et écoliers et d'y faire tous les ac- « tes et exercices qui se font aux colléges les plus fa- « meux; accordons pareillement à ladite Académie « tous les droits et priviléges dont jouissent les autres « Académies de notre royaume; et sera ladite biblio- « thèque aux jours et heures qui seront marqués en « chacune semaine par les exécuteurs de la fonda- « tion, etc. Donné à Saint-Germain en Laye au mois « de juin 1669, et de notre règne le vingt-septième. « *Signé* : LOUIS. Par le roi : *Signé* : COLBERT. »

Un plan avait été dressé, le 23 juin 1665, par Louis Leveau, architecte du roi. Il fut exécuté par Lambert et d'Orbay. La façade principale, placée sur le quai, est de forme demi-circulaire; elle est composée d'un avant-corps d'ordonnance corinthienne, qui en occupe le centre, et de deux ailes dont la courbe se termine en avant sur le quai, et ne laissait en cet endroit qu'un trop étroit passage, qu'on est en ce moment en train d'élargir; l'avant-corps, qui formait le portail de l'église, fut couronné d'un fronton et surmonté d'un dôme circulaire terminé par une lanterne. Ce dôme, qui présente à l'extérieur une forme circulaire, a dans l'intérieur une forme elliptique. A droite du sanctuaire, on voyait le tombeau du cardinal Mazarin; ce tombeau, un des plus beaux ouvrages de Coysevox, avait été transféré au musée des monuments français. Ce mausolée fait actuellement partie du musée de Versailles. Le collége Mazarin, auquel on avait aussi donné le nom de *collége des Quatre-Nations*, pour indiquer les pays auxquels appartenait le bénéfice de cette fondation, ne subit aucun changement jusqu'à l'époque de la révolution.

Bibliothèque Mazarine. — Le cardinal Mazarin posséda successivement deux bibliothèques : l'une et l'autre furent formées par Gabriel Naudé, l'homme de son temps qui se connaissait le mieux en livres. Ce savant parlait de la première collection comme étant la plus curieuse des bibliothèques de l'Europe. Elle était, disait-il, composée de plus de 40,000 volumes. Un arrêt du parlement de Paris, lors des troubles de la Fronde, en ordonna, en 1652, la confiscation et la vente. Le cardinal Mazarin étant rentré dans Paris, plus fort et plus puissant que jamais, chargea encore Naudé de rassembler les livres qu'il pourrait retrouver de l'ancienne collection. Cet infatigable bibliographe, aidé de Lapoterie, réunit un grand nombre d'ouvrages précieux. Ce savant étant mort, Lapoterie continua son œuvre. On acheta, pour augmenter cette collection, la bibliothèque de Descordes, chanoine de Limoges, moyennant 19,000 livres. Déjà le cardinal, par les conseils de Lapoterie, avait fait l'acquisition de la bibliothèque de Naudé pour la somme de 20,000 livres. Guy-Patin dit « qu'elle était très-pleine de petits livres, bons, rares, curieux, qui ne se pourraient qu'avec grand'peine trouver ni rencontrer ailleurs. Cette bibliothèque fut confiée à l'administration de la Société de Sorbonne, le 14 avril 1688 jusqu'au 7 mai 1791. A cette époque, Eure Joseph Mooke en fit la remise à l'occasion de son refus de prêter serment à la constitution écrite du clergé.

La bibliothèque Mazarine s'est considérablement augmentée depuis la révolution; elle possède aujourd'hui près de 100,000 volumes imprimés, et 4,500 manuscrits. Outre cette bibliothèque, le même édifice en renferme une seconde, celle de l'Institut. Quoique moins nombreuse, elle est précieuse par le nombre des ouvrages modernes qui y sont déposés. Ces deux bibliothèques furent réunies par une ordonnance de 1819; mais elles furent plus tard séparées, et chacune d'elles est placée sous un régime administratif particulier. Le personnel de la bibliothèque Mazarine se compose d'un bibliothécaire, administrateur, de cinq conservateurs et de deux sous-bibliothécaires. Elle est ouverte tous les jours au public, excepté les dimanches.

Parlons des différentes Académies qui, supprimées au début de la Révolution, ont été plus tard réorganisées sous la dénomination d'Institut de France. A tout seigneur tout honneur. Nous commencerons par l'Académie française, cette fille majeure du cardinal de Richelieu.

Valentin Conrart, conseiller et secrétaire du roi, et de plus littérateur, avait réuni dès 1632, dans une petite maison de la rue Saint-Denis, une société de gens de lettres : Godeau, Gombault, Chapelain, Giry, Habert, etc. Ces conférences n'avaient pour objet que le mérite des compositions, les délicatesses du style et les intérêts de la grammaire. Lorsqu'un membre de cette société avait composé un ouvrage, il le communiquait à ses amis, qui lui donnaient librement leurs avis; c'était, en un mot, une société libre littéraire comme il y en a tant eu depuis et comme il n'y en a plus aujourd'hui. Les conférences étaient suivies tantôt d'une promenade, tantôt d'une collation. « Ils s'assemblèrent ainsi durant trois ou quatre ans, dit Pélisson, le premier historien de l'Académie française, et, comme j'ai ouï dire à plusieurs d'entre eux, avec un profit et un plaisir incroyables, de sorte que quand ils parlent aujourd'hui de ce temps-là, ils en parlent comme d'un âge d'or durant lequel, avec toute l'innocence et la liberté des premiers siècles, sans bruit et sans pompes, et sans autres lois que celles de l'amitié, ils goûtaient ensemble tout ce que la société des esprits et la vie raisonnable ont de plus doux et de plus charmant. » Cette réunion devait être bientôt troublée. Un nommé Faret introduisit dans la société Bois-Robert, un des poëtes à gages de Son Éminence le cardinal. Ce nouveau membre parla bientôt de cette compagnie au ministre. Richelieu engagea Bois-Robert à demander à ces hommes de lettres s'ils voulaient former un corps et s'assembler régulièrement sous la protection de l'autorité. « M. de Bois-Robert, continue Pélisson, ayant répondu qu'à son avis cette proposition serait reçue avec joie, il lui demanda de la faire et d'offrir à ces messieurs sa protection pour leur compagnie qu'il ferait établir par lettres patentes, et à chacun d'eux en particulier son affection, qu'il leur témoignerait en toute rencontre. » Résister à l'affection calculée de Richelieu, qui voulait faire chanter ses louanges par les gens de lettres, c'était engager la lutte et se perdre. « Cependant, ajoute Pélisson, à peine y eut-il aucun de ces messieurs qui n'en témoignât du déplaisir, et ne témoignât que l'honneur qu'on leur faisait vint troubler la douceur et la familiarité de leurs conférences. » La proposition du ministre fut discutée dans une réunion solennelle. Plusieurs membres voulaient qu'on refusât l'offre du cardinal. Chapelain prit alors la parole : « A la vérité, messieurs, dit l'auteur du poëme épique *la Pucelle*, nous nous serions bien passés de l'éclat qu'on veut donner à nos conférences; mais, dans l'état actuel des choses, voyons si nous sommes libres de suivre le parti qui nous paraît le plus agréable. Nous avons affaire à un homme qui ne veut pas médiocrement ce qu'il a arrêté. Il n'est pas, vous le savez, habitué à la résistance et ne la souffre pas impunément. Il regardera comme une injure le mépris que vous feriez de sa protection, et chacun de nous pourrait en ressentir les terribles effets. D'après les lois du royaume, toutes les assemblées qui s'organisent en dehors de l'autorité du souverain peuvent être défendues. Il sera fort aisé à monseigneur le cardinal de rompre notre société, que chacun de nous désire être éternelle. » Ces raisons déterminèrent l'assemblée. M. de Bois-Robert fut prié de remercier très-humblement M. le cardinal de l'honneur qu'il leur faisait, et de l'assurer qu'encore ils n'eussent jamais eu une si haute pensée et qu'ils fussent fort surpris du dessein de Son Éminence, ils étaient très-résolus de suivre ses volontés.

Sur le rapport du cardinal-ministre, Louis XIII donna, au mois de janvier 1635, des lettres patentes portant qu'il serait formé une société de gens de lettres, au nombre de quarante, sous le nom d'*Académie française*. Ces lettres ne furent enregistrées que le 10 juillet 1637, après une longue résistance du Parlement, qui voulut qu'on insérât cette clause : *Que l'Académie ne pourrait connaître que de la langue française et des livres qu'elle aurait faits ou qu'on exposerait à son jugement.* L'opinion publique ne fut pas tout d'abord entièrement favorable à la nouvelle institution. Les partisans de Richelieu en parlaient avec admiration. Ses adversaires n'y voyaient qu'un redoutable appui prêté à l'ambition du cardinal. D'autres s'en moquaient comme d'une chose sans importance. Jean Scarron, conseiller de la grand'chambre du parlement, père du poëte burlesque, ayant été appelé pour donner son avis sur la vérification des lettres patentes portant établissement de l'Académie, s'exprima en ces termes : « Cette rencontre me remet en mémoire ce qu'avait fait autrefois un empereur romain, qui, après avoir ôté au sénat la connaissance des affaires publiques, l'avait consulté sur la sauce qu'il devait faire à un grand turbot qu'on lui avait apporté de bien loin. » Ce rapprochement, exprimé avec tant de hardiesse, exaspéra le cardinal, qui priva Jean Scarron de sa charge de conseiller au Parlement et l'envoya faire des allusions en exil. Plus tard Jean Scarron fut dédommagé par la faveur publique, et il devint prévôt des marchands. L'Académie tint encore ses séances chez un de ses membres ou chez Richelieu lui-même. Après la mort du cardinal, le chancelier Séguier, qui avait brigué l'honneur d'entrer à l'Académie, prêta aux académiciens une salle de son vaste hôtel. Louis XIV s'étant déclaré protecteur de la docte compagnie, le titre d'académicien devint un objet d'envie et fut très-recherché. Des ministres, de grands seigneurs, des prélats, voulurent se mettre sur les rangs. Cette condescendance flatta d'abord la vanité des académiciens roturiers, qui ne s'aperçurent pas que l'admission de ces hommes puissants plaçait les vrais académiciens sous la dépendance du gouvernement. Patru, l'ami de Boileau et de Racine, leur fit sentir ce danger par un apologue. Il était question de recevoir un gentilhomme dont l'esprit n'était pas très-cultivé. « Messieurs, dit Patru, un ancien Grec avait une lyre admirable, une corde se rompit; au lieu d'en remettre une de boyau, il en prit une d'argent et la lyre perdit son harmonie. » L'apologue de Patru fut très-goûté, très-applaudi, et cependant la corde d'argent eut la préférence. En 1673 l'Académie française vint occuper une des salles du Louvre. Elle siége au palais Mazarin, appelé aussi palais des Quatre-Nations, et plus communément encore palais de l'Institut, à partir de 1806.

En général, les hommes de lettres qui débutent (il y a longtemps que cela est ainsi) commencent par attaquer l'Académie : feuilletonistes, journalistes, littérateurs, c'est à qui décochera son trait contre l'aréopage. Il y a sur ce sujet des plaisanteries stéréotypées, et qui réussissent toujours dans un certain monde. Cependant, pour peu qu'on ne soit pas d'humeur à se contenter de quelques épigrammes émoussées par un trop long usage, de quelques jeux de mots d'une respectable longévité, on se convaincra facilement que l'Académie française a été depuis sa fondation le sénat des traditions du goût et de l'urbanité, le salon des mœurs, des élégances et de l'esprit littéraires.

Il y a dans l'esprit français un côté critique qui se fait jour à tout prix, même chez les hommes les plus graves; sur les quarante immortels qui composent l'Académie au moment où j'écris ces lignes, je suis bien convaincu qu'il n'en est pas quatre qui aient résisté au désir de lancer leur flèche en se jouant, dans la citadelle littéraire, avant de faire partie de la garnison. Que n'ont pas dit M. Victor Hugo, et M. Sainte-

Beuve, et M. de Vigny, et M. de Musset, et tant d'autres, alors qu'ils couraient la bague dans le carrousel de la jeunesse? Et cependant ils font tous partie aujourd'hui de la docte compagnie; tous, en dépit des jeux de mots décochés à la légère, ont fini par passer sous les fourches caudines du discours de réception. C'est ce que je vous souhaite également, ô mes confrères, qui vous acharnez encore contre une institution honorable restée debout, phénomène assez rare ! au milieu des débris de tant d'institutions !

L'Académie française est chargée de veiller sur la langue comme sur un dépôt. Elle commença de travailler au dictionnaire en 1639, et ce premier travail fut terminé en 1694. Depuis cette époque elle en a donné une seconde et une troisième édition corrigée,

Une séance de l'Académie.

et elle en prépare une nouvelle. Si nous voulions ajouter foi aux mauvaises langues, l'Académie n'en serait encore, depuis bien des années, qu'à la lettre D. Nous croyons que c'est une calomnie. D'ailleurs, un dictionnaire ne s'improvise pas, et il ne faut pas s'étonner que l'illustre compagnie prenne tout son temps pour rédiger, collationner et coordonner tous les articles de ce code du langage. L'Académie distribue aussi chaque année, en séance solennelle, des prix de poésie, d'éloquence, d'histoire, etc. Le prix d'éloquence avait été fondé par Jean-Louis Guez, sieur de Balzac, dont les lettres, qu'on ne lit plus guère, contribuèrent cependant à faire acquérir à la langue française de la noblesse et du nombre. L'Académie décerne aussi des prix de vertu fondés par le philanthrope Montyon. Disons, en terminant, que s'il se rencontre au sein de l'Académie quelques grands seigneurs qui auraient de la peine à constater leurs quartiers littéraires, quelques traducteurs attardés d'Anacréon ou d'Horace, il serait difficile de signaler, à l'heure présente, un écrivain dont l'attente prolongée sous le vestibule du palais Mazarin soit un scandale public. J'excepte Béranger, bien entendu; mais Béranger, chacun le sait, se tient systématiquement à l'écart :

En me créant Dieu m'a dit : Ne sois rien,

a chantonné quelque part cet orgueilleux.

L'*Académie des inscriptions et belles-lettres* a été fondée par Louis XIV; il voulut qu'une société de savants et de littérateurs s'occupât du soin de recueillir des médailles, et d'inscrire sur les monuments les inscriptions qui pouvaient immortaliser son règne et la gloire de la nation. Colbert choisit parmi les membres de l'Académie française ceux qu'il crut les plus habiles à ce genre de travail. Chapelain, Charles Perrault, l'abbé Cassagne, et l'abbé Bourleix, formèrent une réunion à laquelle on donna le nom de *Petite Académie*. Établie en 1663, elle tint ses premières séances dans la bibliothèque de Colbert, rue Vivienne. Le nombre des académiciens, d'abord fixé à quatre, fut porté à huit. Un nouveau règlement du 16 mai 1701 fixa le nombre des membres à quarante, savoir : dix honoraires, dix pensionnaires, dix associés, et dix élèves. Les lettres patentes confirmèrent cette organisation nouvelle. Le nom de Petite Académie ne pouvant plus convenir fut changé en celui d'Académie des sciences et des médailles, puis en celui d'Académie des inscriptions et belles lettres. Le premier ouvrage publié par cette compagnie est l'histoire de la numismatique sous le règne de Louis XIV. La première édition, qui parut en 1703, comprend 286 médailles. La seconde, publiée en 1723, renferme la collection entière des médailles qui ont été frappées pour retracer les événements du règne de ce prince; elle se compose de 318 médailles. Ces travaux ne mirent pas les académiciens à l'abri des railleries des écrivains. Piron, le plus batailleur et le plus satirique de la bande, avait commencé l'attaque en composant cette assez triste épigraphe :

Ci-gît un antiquaire opiniâtre et *brusque*;
Il est, esprit et corps, dans une cruche étrusque.

Un membre de l'Académie des inscriptions et belles-lettres.

Après avoir établi l'Académie des inscriptions, Colbert, cet homme d'État immortel, chercha les moyens de donner de nouveaux développements aux sciences. Pour atteindre son but, il se fit faire un rapport sur tous les savants qui s'assemblaient chez M. de Montmort, conseiller d'État, puis il manda Duclos, Bourdelin, de la Chambre, Auzout, etc., et leur proposa de les réunir en un corps sous la dénomination d'*Académie des sciences*, en leur disant qu'ils féconderaient, par l'association, des travaux que l'isolement devait toujours paralyser. Cette Académie devait s'occuper de cinq sciences principales : des mathématiques, de l'astronomie, de la botanique, de la chimie et de l'anatomie. On proposa de joindre à ces sciences la théologie. Les observations de la Sorbonne firent repousser cette proposition. L'Académie des sciences occupa d'abord une des salles basses de la bibliothèque du Roi, jusqu'en 1699. Cette Société ne subsista qu'en vertu d'une simple autorisation du roi. A cette époque, elle reçut une existence pleinement légale, et on lui donna un appartement au Louvre. L'Académie comptait à cette époque parmi ses membres Fontenelle, Tournefort, Malebranche, Ozanam, Réaumur, et plusieurs autres savants distingués : elle s'était associée Boërhaave, Leibnitz, Maupertuis, etc.

C'est encore Colbert qui créa l'Académie de peinture et de sculpture. Une querelle survenue entre les peintres de cette époque fournit au ministre l'occasion de compléter son œuvre. Les artistes étaient alors divisés en deux classes : on désignait ceux qui faisaient partie de la première sous le nom de *maîtres*; ceux de la seconde étaient appelés peintres sans maîtrise ou *privilégiés*. Lebrun, à la tête des peintres privilégiés, était parvenu, par la protection du chancelier Séguier, à former une société qu'il fit autoriser par un arrêt du conseil privé, et confirmer par lettres patentes. On avait accordé à ces artistes la galerie du Collège de France. Colbert, qui venait de créer une école de peinture et de sculpture à Rome pour former des élèves entretenus par le roi, réunit

Un membre de l'Académie des sciences.

Un lauréat de l'Institut.

bientôt cette dernière à la compagnie de Lebrun, et fonda l'Académie de peinture et de sculpture, qui occupa six grandes pièces au Louvre. Il lui adjoignit l'ancienne Académie de Saint-Luc ou des *maîtres*, et cette réunion éteignit toute querelle. L'Académie de peinture se maintint, sans éprouver de changement, jusqu'au commencement de la première révolution.

Projetée en 1671 par Colbert, l'Académie d'architecture se forma avec une simple autorisation jusqu'au mois de février 1717, époque où elle reçut une existence légale. Cette Académie eut alors, comme l'Académie de peinture, ses écoles, ses prix et ses pensionnaires à Rome. Elle tenait aussi ses séances au Louvre, et continua de former un corps séparé jusqu'à sa suppression.

A la fin du dernier siècle, les académies, d'abord délaissées, poursuivirent néanmoins leurs travaux. Dès 1791, leurs dépenses furent fixées provisoirement. En 1793, Grégoire fit prononcer leur suppression et apposer les scellés sur le lieu de leurs séances. Une députation de l'Académie des sciences, admise à la barre de la Convention, obtint pour celle-ci et pour les autres Académies la faculté de continuer leurs travaux avec des règlements provisoires. La promulgation de la Constitution de l'an III porte, au titre 10 : « Il y aura, pour toute la République, un Institut national, chargé de recueillir les découvertes, de perfectionner les arts et les sciences. » Un nouvel ordre de choses commandait la réorganisation des anciennes Académies. C'est alors que fut arrêté le projet de l'Institut national. Il fut divisé en trois classes : la première, des sciences physiques et mathématiques; la seconde, des sciences morales et politiques; la troisième, de la littérature et des beaux-arts. L'Institut tint ses premières séances au Louvre. En 1803, Bonaparte introduisit quelques changements dans son organisation. Il divisa l'Institut en quatre classes, en séparant les beaux-arts, la littérature et l'histoire. Par décret impérial du 1er mai 1806, l'Institut fut transféré au collége Mazarin; tous les gouvernements introduisirent ensuite leurs innovations dans cette société de savants et de littérateurs. En 1815, on lui conserva le nom d'Institut, mais on rendit aux quatre classes qui le composaient leurs anciennes dénominations. La première classe fut nommée Académie des sciences; la seconde, Académie française; la troisième, Académie des inscriptions et belles-lettres; la quatrième, Académie de peinture et de sculpture. Enfin, une ordonnance royale du 27 octobre 1833 rétablit l'ancienne Académie des sciences morales et politiques, et l'Institut se trouva composé de cinq classes. Cet état de choses subsiste encore aujourd'hui.

Terminons ce qui regarde l'Académie française par la liste de tous ses membres, rangés par *fauteuils*.

M. Victor Hugo.

Voici l'origine de cette dernière expression, telle qu'elle est rapportée dans les *Pièces intéressantes pour servir à l'Histoire de la littérature*, de Laplace.

« Le cardinal d'Estrées, devenu très-infirme, et cherchant un adoucissement à son état dans son assiduité aux assemblées de l'Académie, demanda qu'il lui fût permis de faire apporter un siége plus commode que les chaises qui étaient alors en usage : car il y avait seulement un fauteuil pour le directeur. On en rendit compte à Louis XIV, qui, prévoyant les conséquences d'une pareille distinction, ordonna à l'intendant du garde-meuble de faire porter quarante fauteuils à l'Académie, et confirma par là l'égalité académique. »

Ces fauteuils, que Fontenelle appelait « un lit de repos où le bel esprit sommeille, » ont été l'objet, comme nous le disions plus haut, de maintes épigrammes.

Aujourd'hui le terme fauteuils n'a plus de sens; car l'Académie française n'a plus de fauteuils, à proprement parler, et la salle de ses réunions est commune aux autres Académies.

M. Guizot.

1er FAUTEUIL. — P. Bardin, Nicolas Bourbon, Salomon, Ph. Quinault, F. de Callières, Card. de Fleury, Card. de Luynes, J. de Florian, Volney, Pastoret, Cte de Sainte-Aulaire.

2e. — P. Hay du Chastelet, Perrot d'Ablancourt, Bussy-Rabutin, Paul Pellisson, Jérôme Bignon, De Bréquigny, Bouchard-Lebrun, F.-J.-M. Raynouard, Miguel.

3e. — Philippe Habert, J. Esprit, J. N. Colbert, archevêque de Rouen, Fraguier, Ch. d'Orléans-Rothelin, abbé de Cornuille, G. Girard, V. de Paulmy d'Argenson, J.-B. d'Aguesseau, Brifaut.

4e. — Bacher de Mézières, La Mothe le Vayer, J. Racine, Valincour, Leriget de la Faye, Crébillon, Voisenon, Boisgelin de Cucé, archevêque d'Aix, Boisgelin (réélu), Bureau de la Malle, Picard, Arnault, Scribe.

5e. — Auger de Mauléon, Daniel de Priézac, Michel le Clerc, J. de Tourreil, J. Roland Malet, Boyer, évêque de Mirepoix, N. Thyrel de Boismont, Ct.-C. de Rulhières, Garat, Cardinal de Bausset, De Quelen, archevêque de Paris, Molé.

6e. — J. d'Arbaud de Porchères, Olivier Patru, N. Potier de Novion, P. Gobaud du Bois, Ch. Boileau, abbé de Bouillon, Gaspard Abeille, N.-H. Montgault, Ch. Duclos, N. Beauzée, J.-J. Barthélemy, Cambacérès, Donald, Ancelot.

7e. — P. Séguier, Cl. Bazin de Bezons, Boileau-Despréaux, J. d'Estrées, archevêque de Cambrai, René d'Argenson, garde des sceaux, Languet de Gergy, archevêque de Sens, Buffon, Vicq-d'Azyr, Cabanis, Destutt de Tracy, Guizot.

8e. — Faret, P. du Ryer, Cardinal d'Estrées, Maréchal d'Estrées, De la Trémoille, Cardinal de Rohan-Soubise, De Montazet, archevêque de Lyon, Comte de Boufflers, Baour-Lormian.

9e. — F. Maynard, P. Corneille, Th. Corneille, Houdard de la Motte, Bussy Rabutin, évêque de Luçon, Foncemagne, Chabanon, Naigeon, N. Lemercier, V. Hugo.

10e. — Claude de Malleville, J. Dalesdens, Cordemoy, J.-L. Bergeret, Cte Saint-Pierre, Maupertuis, Le Franc de Pompignan, l'Abbé Maury, Merlin, Ferrand, Casimir Delavigne, Sainte-Beuve.

11e. — Cauvigny de Colomby, Tristan l'Hermite, La Mesnardière, Duc de Saint-Aignan, F.-T. de Choisy, Ant. Portail, La Chaussée, Bougainville, Marmontel, Bigot de Préameneu, De Montmorency, Guiraud, Ampère.

12e. — Voiture, Mézeray, Barbier d'Aucourt, Clermont-Tonnerre, évêque de Noyon, N. de Malézieux, J. Bouhier, Voltaire, J.-F. Ducis, De Sèze, De Barante.

13e. — J. Sirmond, J. de Montreuil, Fr. Tallemant, De la Loubère, Cl. Sallier, J.-G. Coëtlusquet, P. de Montesquiou-Fézensac, Sieyès, Lally-Tollendal, Pongerville.

14e. — Vaugelas, Scudéry, Marquis de Dangeau, Maréchal de Richelieu, Duc d'Harcourt, Lacude de Cessac, J. Tocqueville.

15e. — B. Baro, J. Doujat, E. Renaudot, E. de Roquette, Gaudrin d'Antin, évêque de Langres, Dupré de Saint-Maur, Malesherbes, Roederer, Duc de Lévis, Ph. de Ségur.

16e. — J. Baudoin, Charpentier, Chamillart, évêque de Senlis, Maréchal de Villars, Duc de Villars, Loménie de Brienne, Andrieux, Thiers.

17e. — Cl. de l'Estoile, A. duc de Coislin, P. duc de Coislin, H.-C. duc de Coislin, évêque de Metz, Surian, évêque de Vence, D'Alembert, Comte de Choiseul-Gouffier, Portalis, Pierre Laujon, Ch.-G. Étienne, Comte de Choiseul-Gouffier (réélu), Lays, Ch. Nodier, Mérimée.

18e. — De Sérizay, Pellisson, Fénelon, De Joze, Comte de Clermont, Du Belloy, Duc de Duras, l'Abbé Villar, Féletz, Nisard.

19e. — Balzac, H. de Péréfixe de Beaumont, archevêque de Paris, Fr. de Harlay, archevêque de Paris, André Dacier, Cardinal Dubois, Renault, Prince de Beauvau, Domergue, Saint-Ange, Parseval de Grandmaison, Salvandy.

20e. — Langier de Porchères, De Chaumont, Le président Cousin, Valon, marquis de Mimeure, N. Gedoyn, Cardinal de Bernis, F. de Neufchâteau, P.-A. Lebrun.

M. Saint-Marc Girardin.

21e. Germain Habert, Cotin, l'Abbé de Dangeau, Morville, Terrasson, Comte de Bissy, Esménard, Ch. Lacretelle.

22e. — Servien, Villayer, Fontenelle, A.-L. Séguier, Bernardin de Saint-Pierre, Et. Aignan, Soumet, Vitet.

23e. — Colletet; Cassagne, abbé de Montigny, Ch. Perrault, Cardinal de Rohan, Vauréal, La Condamine, J. Delille, Campenon, Saint-Marc Girardin.

24e. — Saint-Amant, l'Abbé Cassagne, Comte de Crécy, Ant.

de Mesmes. J. Alary. Gaillard. Calilhava. Michaud. Flourens.

25°. — Boissat. Furetière. La Chapelle. D'Olivet. Condillac. Comte de Tressan. Bailly Sicard. Frayssinous. Pasquier.

26°. — J. Bois-Robert. Segrais. Campistron. Destouches. Boissy. Sainte - Palaye. Chamfort. M.-J. Chénier. Chateaubriand. Noailles.

27°. — Baudré. J. Testu. Marquis de Sainte-Aulaire. Mairan. François Arnaud. Collin d'Harleville. Daru. Lamartine.

28°. — Louis Giry. Cl. Boyer. Cl. Genest. L'abbé Dubos. Du Resnel. Saurin. Condorcet. Legouvé. Alex. Duval. Ballanche. Vatout. De Saint-Priest.

29°. — Gombauld. Paul Tallemant. Danchet. Gresset. L'abbé Millot. Morellet. P.-Ed. Lemontey. Fourier. Cousin.

30°. — J. de Silhon. J.-B. Colbert. La Fontaine. Clérambault. Cl. Massien. C.-F. Houteville. Marivaux. Radonvilliers. Arnault. Richelieu. Dacier. Tissot.

31°. — M. Cureau de la Chambre. Regnier-Desmarais. La Monnoye. La Rivière. Hardion. Thomas. Comte de Guibert. Fontanes. Villemain.

32°. — Racan. P. Cureau de la Chambre. La Bruyère. L'abbé Fleury. J. Adam. Séguy. De Rohan-Guémenée. Target. Cardinal Maury. Montesquiou. Jay.

33°. — D. Hay du Chastelet. Bossuet. Cardinal de Polignac. Gilly de Saint-Cyr. Batteux. Lemierre. Lucien Bonaparte. Auger. Etienne. Alf. de Vigny.

34°. — Godeau. Fléchier Nesmond, archevêque de Toulouse. J.-J. Amelot. Maréchal de Belle-Isle. Trublet. Saint-Lambert. Maret. Lainé. Dupaty. A. de Musset.

35°. — De Bourzeys. L'abbé Gallois. Mongin. De la Ville. Suard. Roger. Patin.

36°. — Comberville. Huet. I. Boivin. Duc de Saint-Aignan. Colardeau. Lalarpe. Lacretelle aîné. Droz Montalembert.

37°. — Chapelain. Bossermie. E. Pavillon. Sillery. Mirabaud. Watelet. Solaine. Devaines. Parny. De Jouy. Empis.

38°. — Conrart. Rose. Louis de Sacy Montesquieu. Chateaubrun. Chatelux. Nicolaï. De Ségur. Viennet.

39°. — Des Marets. J. de Mesmes. Mauroy. L'abbé de Louvois. Massillon. Duc de Nivernois. Regnault de Saint-Jean d'Angely. Laplace. Royer-Collard. Rémusat.

40°. — Montmor. Lavau. Caumartin, évêque de Blois. Mongrif. Roquelaure, évêque de Senlis. Baron Cuvier. Dupin aîné.

SECRÉTAIRES PERPÉTUELS DEPUIS LA RÉORGANISATION DE L'INSTITUT.

1804. Suard. — 1809. Raynouard. — 1826. Auger. — 1829. Andrieux. — 1833. Arnault. — 1834. Villemain.

A la liste des académiciens il serait curieux d'opposer celle des hommes de talent qui n'ont pas été admis à l'Académie; nous nous bornerons ici à citer quelques noms. Au premier rang figure Molière, puis vient le duc de la Rochefoucauld, auteur du Livre des Maximes; Régnard, Lesage, Piron, qui, par ses mordantes épigrammes, fit si chèrement expier à l'Académie de ne l'avoir pas admis dans son sein, les deux Rousseau, Saint-Réal, Ginguené, Dusault, et enfin notre illustre poëte Béranger, qui ne sera certainement jamais le confrère de M. Pasquier. Ce qu'il y a de singulier, c'est que l'Académie, méconnaissant le but de son institution, s'est dispensée d'admettre les meilleurs lexicographes et grammairiens de chaque époque, comme Ménage, Dumarsais, Boinvilliers, etc.

Voltaire avait donc à peu près raison, du moins pour son époque, de définir l'Académie, « un corps où l'on reçoit les gens titrés, des hommes en place, des prélats, des gens de robe, des médecins, des géomètres, et même des gens de lettres. »

Ce que l'Académie cherchait principalement, c'é-

M. de Lamartine.

tait d'admettre des illustrations tout à fait étrangères à la littérature. Elle offrit une place au maréchal de Saxe, qui refusa. On a de lui, à ce sujet, une lettre où on lit le passage suivant : « Ils veule me fere. de la cademie, cela miret come une bage a un chas. »

Plusieurs années avant, Pierre Corneille étant mort, le duc du Maine, qui n'avait alors que quatorze ans, eut la singulière fantaisie de remplacer le célèbre tragique. Il en parla à Racine, qui, étant alors directeur, assembla ses collègues, auxquels il demanda un délai de quinze jours, délai que l'on vota par acclamation. On prétend qu'il fut engagé à répondre au nom de ses collègues que, lors même qu'il n'y aurait pas de place vacante, il n'y avait pas d'académicien qui ne fut ravi de mourir pour lui en faire une. Heureusement Louis XIV épargna à la compagnie cette nouvelle preuve de soumission. Il refusa de ratifier l'élection du jeune prince. Thomas Corneille remplaça son frère.

L'usage des discours de réception remonte à 1640. A cette époque, Olivier Patru, admis à l'Académie, y prononça un discours de remercîment, qui plut tellement à ses confrères, que ce remercîment devint une obligation imposée plus tard aux récipiendaires. Quelques grands seigneurs seuls en furent dispensés, entre autres Colbert. Plus tard d'autres motifs firent admettre sans cette formalité des personnages de notre siècle, comme Chateaubriand, Maret et Regnault de Saint-Jean d'Angely.

Cette obligation de haranguer publiquement empêcha le duc de la Rochefoucauld, l'auteur du Luxe des Maximes, de se présenter à l'Académie. Il ne pouvait soutenir la vue d'un auditoire et ne se sentait pas capable de prononcer une harangue de quelques lignes sans tomber en défaillance.

Le maréchal de Richelieu fut plus hardi que le duc de la Rochefoucauld. Dans le discours qu'il prononça, on trouve les fautes d'orthographe les plus grossières.

En 1748, le même duc de Richelieu, se trouvant directeur de la compagnie, pria Voltaire de lui composer le compliment de félicitation au roi. Une copie en

ayant circulé, à mesure que Richelieu débitait une phrase, beaucoup de personnes prononçaient à demi-voix la phrase suivante.

L'usage de ces discours ne fut pas, nous le croyons, une heureuse innovation, et, dès le commencement, le public s'en moqua fort. Le président de Mesme les comparait à ces messes solennelles où l'on célébrant, après avoir encensé toute l'assistance, finit par être encensé à son tour. — Piron, ayant été une fois sur le point d'être nommé, fut averti de se tenir prêt par le secrétaire qui devait répondre au discours du récipiendaire. « Mon discours est tout fait, dit Piron, et le vôtre aussi. — Comment cela ? — Je me lèverai, j'ôterai mon chapeau, je dirai : Messieurs, je vous remercie de l'honneur que vous m'avez fait de m'admettre. Vous vous lèverez, vous ôterez votre chapeau, et vous répondrez : Monsieur, cela n'en vaut pas la peine. » Ajoutons que ces discours n'étaient pas toujours l'œuvre de celui qui les débitait. On sait, par exemple, que le discours de Ducis est de Thomas.

On pourra peut-être, d'après tout ce qui précède, se poser cette question que beaucoup de gens se sont faite aujourd'hui : Les Académies servent-elles à quelque chose ? Il ne manque pas de bons esprits, aimant l'étude et la science pour elles-mêmes, et non pour les bénéfices et les honneurs que l'on peut en retirer, qui se prononcent aujourd'hui pour la négative. Comment veut-on, en effet, que les intrigues de tout genre, les jalousies et les haines ; que les démarches et les transactions blâmables qui accompagnent quelquefois les élections, les distributions de prix, etc., que les querelles où l'intérêt de la science disparaît toujours devant les questions de personnes, n'inspirent pas à tout homme honnête quelque répulsion ? Et quand à ce qui est de leur utilité, peut-on ne pas être un peu de l'avis de Voltaire, qui écrivait, il y a cent ans : « Je remarque que les Académies étouffent toujours le génie, au lieu de l'exciter. Nous n'avons pas un grand peintre depuis que nous avons une Académie de peinture ;

M. Michelet.

pas un grand philosophe formé par l'Académie des sciences. Je ne dirai rien de la française : La raison de cette stérilité dans des terrains si bien cultivés est, ce me semble, que chaque académicien, en considérant ses confrères, les trouve très-petits, pour peu qu'il ait de raison, et se trouve très-grand en comparaison, pour peu qu'il ait d'amour-propre. »

M. Mignet.

Chapitre XXXVI.
LES CAFÉS.

Le quai Malaquais. — Le port Malaquest. — Le quai Voltaire. — L'hôtel Voltaire. — Les temples du bric-à-brac sur le quai Voltaire. — Le café des Muses. — Les vers de l'abbé Delille sur le café. — La cafetière de Belloy. — L'importation du café. — Le cahouet du Petit-Châtelet. — Soliman-Aga. — L'Arménien Pascal. — Le Sicilien Procope. — Le plant de café du Jardin des Plantes. — La consommation du café. — Moka superfin perfectionné. — Les cafés à Paris. — Les cafés à l'étranger. — Le café Manoury. — Le café Procope. — Les cafés de la Régence et de Foy — Les joueurs d'échecs. — Le café Valois. — Le café d'Orléans. — Le café de la Rotonde. — Le café Corazza. — Les cafés-restaurants. — Le café Lemblin. — Les estaminets Hollandais et de l'Univers. — Les cafés Molière et Voltaire. — Poules et punch. — Le café Tabourey. — Le café Desmares. — Tortoni. — Le café Rousseau. — Le café Anglais et la Maison-d'Or. — Le Divan de la rue Lepelletier. — Le café Cardinal. — Frascati. — Le café Pierron. — L'estaminet du Cheval blanc ; son public. — Le café Turc. — Les joueurs de dominos. — Le géant du café Mulhouse. — Les cafés chantants. — L'estaminet lyrique du passage Jouffroy. — Darcier et son talent. — Les estaminets lyriques en Angleterre. — La dame de comptoir.

En sortant du palais Mazarin, et en suivant le cours de la Seine, on se trouve sur le quai Malaquais. Avant sa construction, le bord de la Seine se nommait, en cet endroit, le *Port Malaquest*. Ce quai est remarquable par la beauté de ses hôtels et de ses maisons, dont les rez-de-chaussées sont presque tous des magasins de librairie ou de marchands d'estampes. Immédiatement après est le quai Voltaire, appelé jadis quai des Théatins, en raison des religieux qui y étaient venus s'établir. Ce fut dans l'hôtel qui porte le numéro 23, que le plus grand écrivain du dix-huitième siècle a passé les derniers moments de sa vie. C'est là que ce prodigieux génie tomba de l'ivresse du triomphe dans les angoisses de l'agonie. Voltaire mourut le 30 mai 1778, et était né à Chatenay, près Paris, le 20 février 1694. C'est sur le quai Voltaire que sont venus s'établir les marchands de curiosités, les meubles de Boule, les potiches japonaises, les magots de la Chine, les bahuts, les vases de Saxe et de Sèvres ; tout cela resplendit à travers les vitrines de ces temples du bric-à-brac. Jadis, à la place qu'occupent aujourd'hui tous ces objets précieux, s'élevaient des cafés ; le plus célèbre était le café des Muses. Tous ont disparu, à l'exception d'un seul, situé au coin de la rue du Bac et du quai d'Orsay. Arrêtons-nous-y un instant, et signalons l'importance de ces sortes d'établissements dans l'existence parisienne.

Il est une liqueur au poète bien chère,
Qui manquait à Virgile et qu'adorait Voltaire...
C'est toi, divin café..

Ainsi parle l'abbé Delille : sous l'ancien régime un homme de haute naissance, le marquis de Belloy, n'a pas cru déroger en attachant son nom à une nouvelle

Le garçon de café.

cafetière. Voltaire a sustenté de café coupé avec du chocolat sa débile et longue vieillesse ; Fontenelle s'est abreuvé un siècle de ce poison lent. La révolution a su l'apprécier, tout comme le règne du bon plaisir, et plus d'un girondin a payé de sa tête le crime d'avoir aimé à prendre son café chez madame Roland. Sous l'empire, Berchoux et Delille l'ont chanté. Aujourd'hui, qui ne sait que le café au lait forme le déjeuner des trois quarts de la population de Paris ? Boudoir ou mansarde, échoppe ou salon, hôtel somptueux ou loge de portier, le café est partout. C'est encore le déjeuner national, et le thé, cette importation anglo-chinoise, se renferme dans les limites d'une minorité comparativement imperceptible.

Cependant l'importation du café est toute récente. Non-seulement Virgile l'ignorait, ainsi que nous l'apprend judicieusement Delille, mais Corneille aussi lorsqu'il fit le *Cid*, *Horace* et *Cinna*, et Racine lorsqu'il composait *Andromaque*, bien qu'on ait dit plus tard qu'il passerait comme le café. L'usage de cette boisson ne se répandit guère, et seulement dans la haute société parisienne, qu'après 1669, époque de l'ambassade de Soliman-Aga, qui en fit venir la mode. Les Arabes en avaient déjà répandu l'usage dans tout l'Orient. Une vingtaine d'années auparavant, un Levantin avait établi sous le petit Châtelet une boutique où il vendait du café sous le nom baroque de *cahouet* ou *cahoué*. Mais le pauvre diable ne put faire valoir sa marchandise, et il fit faillite. Premier exemple malheureusement trop suivi depuis par les vendeurs de café, malgré la vogue de la liqueur qu'ils vendent.

Au commencement de cette vogue, le prix n'était

Au café.

pas fort élevé, si on le compare au prix actuel, en ayant égard toutefois à la différence de valeur de la monnaie. L'Arménien Pascal, qui établit sa boutique à la foire Saint-Germain, trois ans après le départ de Soliman-Aga, le vendait deux sous et demi la tasse. Il fit là de brillantes affaires ; puis il se transporta quai de de l'École ; mais la faveur publique ne l'y suivit pas, et il quitta cette nouvelle boutique pour se transporter à Londres, où le café était déjà connu.

Ce ne fut que vingt ans plus tard que l'usage du café se popularisa tout à fait. Un Arménien nommé Maliban, qui avait ouvert une boutique, rue Mazarine ; un Levantin d'Alep, Étienne et un certain Joseph, qui avaient tenu des établissements semblables au bout du pont Notre-Dame et rue Saint-André des Arts, n'avaient pas réussi, lorsqu'en 1689 le Sicilien Procope fonda, rue des Fossés Saint-Germain des Prés, le café célèbre qui porta son nom et qui devint aussitôt le rendez-vous des sommités artistiques et littéraires de l'époque. On comptait six cents autres cafés à la fin du règne de Louis XV. Aujourd'hui tout Paris en est rempli.

On eut d'abord beaucoup de peine à se procurer le café. Il fallait le faire venir directement d'Arabie, seul pays qui en produisît alors, et ce commerce se trouvait restreint aux Échelles du Levant. On chercha à se procurer la plante même pour la propager ailleurs; mais cette tentative était d'autant plus difficile que les graines telles qu'elles sont livrées au commerce, sont privées du germe de reproduction, et que les Arabes avaient interdit sous peine de mort l'exportation des plants de café. Les Hollandais parvinrent cependant à s'en procurer, et les multiplièrent à Java, qui fut longtemps le principal centre de cette culture. Les Hollandais en donnèrent un plant au jardin des Plantes de Paris, et ce fut un des produits de ce plant unique, qui, transporté en Amérique par les soins et le dévoûment de M. Declieux, en 1716, fut l'origine des caféières des colonies françaises. Elles prirent presque aussitôt un grand développement. A l'époque de la révolution, la partie française de Saint Domingue produisait de 45 à 50,000,000 livres de café ; la Martinique, 10,000,000 ; la Guadeloupe, 6 à 7,000,000 livres, qui représentaient au total pour la production coloniale une valeur de 30,000,000 tournois environ. Le café valait alors 10 à 12 sous la livre.

La consommation française, déjà bien inférieure comparativement à celle de l'Angleterre, n'est rien en comparaison de celle des États-Unis. Ainsi, un Américain boit, en moyenne, quatre livres de café, un Anglais plus d'une livre, et un Français moins d'une livre.

Et, cependant, qui est-ce, à Paris, qui ne prend pas son café? Nous ne parlerons pas de celui qui est servi, le matin, dans des porcelaines de Saxe ou du Japon,

Chez la portière.

Chez la petite maîtresse.

et qui sort bouillant d'une cafetière en argent ciselé; ne parlons même pas encore de ces torrents qui coulent chaque jour dans les innombrables établissements où un garçon en veste, et la serviette sous le bras, sert le reste d'une cafetière en fer-blanc, avec les cinq ou six morceaux de sucre de rigueur, au célibataire de tout âge, qui met trois morceaux dans sa tasse et le reste dans sa poche; nous ne dirons rien non plus de celui qui se boit à domicile, dans la loge de la portière. Mais comment passer sous silence celui qui s'absorbe sous les piliers des halles; celui qui se colporte sur le quai du Mail, sur le pont Saint-Michel, le long des éventaires de pommes à un sou le tas, et qui est offert par une Hébé sexagénaire ou un Ganymède contrefait, portant au choix, par deux réchauds en tôle, d'une main du bouillon... et quel bouillon ! de l'autre du café... et quel café ! — O Delille ! O Berchoux ! ô statistique du café colonial ou indien ! celui-là n'est pas compris dans vos vers plus ou moins inspirés, ni dans vos chiffres plus ou moins exacts ; celui-là n'est ni poétique, ni digestif, ni même nutritif ! Celui-là ne vient ni de Bourbon, ni de la Martinique, ni même d'Arabie, bien qu'il soit ordinairement enveloppé d'un rouleau soigneux de papier jaune, sur lequel est écrit : *Poudre de moka superfin*, et même *Moka superfin perfectionné !* O siècle de progrès ! nous avons tout perfectionné, même le fruit qui mûrit dans l'Arabie Heureuse. Ce perfectionnement pousse généralement dans le département du Nord, en Belgique , en Allemagne, sur les bords du Rhin, pays peu favorisés cependant par le soleil; il y pousse, il est vrai, sous la forme désavantageuse de pissenlit et autres chicorées sauvages. Alors, on en fait du moka superfin perfectionné, et on nous l'expédie sous la forme des affreux rouleaux jaunes que vous savez, ornés d'une épouvantable vignette représentant des nègres hideux qui ouvrent une grande bouche faisant si laide grimace, qu'on dirait qu'ils ont pris eux-mêmes de leur moka perfectionné. Et on expédie de cette abominable trituration jusqu'à concurrence de 8,000,000 kilogr. par an. Étonnez-vous donc si la portière, cet oracle du quartier, dit sentencieusement que *le café au lait creuse l'estomac !*

Nulle part plus qu'en France, et surtout à Paris, le café, érigé presque en divinité, n'a des temples coquets, somptueux, innombrables. Partout on prend le café; mais, en aucun lieu du monde, on ne le hume avec tant d'aise, de confort, de joyeux et brillants accessoires qu'à Paris. Le *café* est inconnu à Londres; on n'y trouve que d'odieuses tavernes. Les Orientaux, d'où nous vient l'habitude de s'assembler expressément

CHAPITRE XXXVI. — LES CAFÉS.

dans un lieu ad hoc pour savourer l'essence de la divine fève, ne consacrent à cet usage que des espèces de trous, sans doute fort pittoresques sous le pinceau des Marilhat et des Decamps, mais infiniment plus agréables à contempler au Louvre qu'à Alger ou à Smyrne. Les Allemands ne possèdent guère que des tabagies assez mornes. Il en faut dire autant des Hollandais : à Amsterdam, un seul café, sur la grande place du palais, mérite à peu près ce nom ; mais il est silencieux, triste, froid comme un synode d'Arméniens. Il semble qu'on craigne d'y parler, d'y marcher, d'y agir, d'y vivre. Quelle différence avec l'entrain, la gaieté babillarde et expansive qui s'allument chaque soir, avec les feux du gaz, dans un café parisien ! Les Belges, les Bruxellois surtout, sont plus civilisés : leurs cafés sont montés à la façon de Paris, et ils leur ont tout emprunté, y compris la ridicule morgue, plus ridicule encore chez les Belges qu'ailleurs, de ne pas servir de bière, comme trop populaire et trop économique. J'ai ouï dire le plus grand bien des cafés de Naples et de Venise, mais j'imagine que le lointain poétique du souvenir les rehausse singulièrement dans la pensée des narrateurs, et j'ai peine à croire qu'ils effacent ou égalent seulement tout ce que Paris peut offrir de splendeurs et d'élégance en ce genre.

Donc Paris est la terre classique des cafés, comme l'Arabie est celle du moka. Je voudrais bien savoir ce qu'en pense aujourd'hui madame de Sévigné, et je payerais bien volontiers les frais de poste d'une charmante lettre qu'elle nous écrirait de l'autre monde pour nous dire, dans le plus joli caquetage posthume, tout son courroux, tout son dépit de devineresse prise en faute sur une si sotte, si persistante, si inexplicable aberration. Et le Racine, qui a encore ses grandes entrées au château, plus heureux que de son vivant, où il les perdit, et ne put se consoler de sa disgrâce ! C'est scandaleux, c'est inouï, c'est révoltant ! mais c'est exact.

Les plus anciens cafés de Paris sont, si je ne me trompe, le café *Manoury*, sur le quai de l'École, qui n'a plus aucun caractère, et le fameux café *Procope*, où s'est réunie un demi-siècle, en face de la Comédie, alors rue des Fossés-Saint-Germain des Prés, l'élite des beaux esprits français. Je ne ferai pas d'archéologie, et ne chercherai pas à restituer cette belle époque, procopéenne de laquelle il ne reste qu'une décoration assez laide et assez enfumée, et une grande table située au fond de l'une des deux pièces, dont le marbre gris et jaune a longtemps eu l'honneur de supporter les coudes et la demi-tasse du châtelain de Ferney. Aussi porte-t-elle son nom et est-elle l'objet de la vénération des étudiants. C'est l'aristocratie de la jeunesse étudiante qui se réunit à ce café Procope. On y fait encore un certain esprit, mais on y pratique surtout un transcendantal domino.

Deux autres très-anciens cafés sont celui *de la Régence* et le café *de Foy*, l'un sur la place du Palais-Royal, et l'autre au Palais-Royal même. Le premier a toujours été et est encore renommé pour le nombre et la force de ses joueurs d'échecs, de même que le café Manoury l'était anciennement pour la réputation de ses joueurs de dames. On y voit le portrait du célèbre Philidor, jadis un de ses habitués les plus assidus, qui fut à la fois le rival de Monsigny et de Grétry, et maître en l'art de Palamède. Là, trente batailles pacifiques s'engagent chaque soir sous l'œil d'une galerie compétente et nombreuse qui juge les coups, et décerne au général victorieux des applaudissements motivés, bien sentis, et d'autant plus enivrants. Quant à celui qui fut battu, il jure de prendre sa revanche,

Les joueurs d'échecs du café Procope au dix-huitième siècle.

Et du terrible mat à regret convaincu,
Considère longtemps le coup qui l'a vaincu.

Le joueur d'échecs du café de la Régence.

Café de la Régence.

On ne joue pas au café de Foy. La conversation et la lecture font tous les frais de ce vénérable établissement, qui affecte, dans sa simplicité systématique et étudiée, la morgue de l'ancien régime, et s'est préservé avec soin de toutes les innovations romantiques du café moderne. Il a rejeté loin de lui le cigare, le domino, le billard, les déjeuners à la fourchette, comme autant de souillures à ses quartiers de noblesse. Il n'a pas besoin de ce clinquant pour enrichir septennellement chacun de ses propriétaires. Sa grande salle basse est une succursale de l'orchestre du Théâtre-Français. C'est là encore, et là seulement, qu'on s'occupe sérieusement des mérites du dernier Frontin et des grâces de la dernière soubrette, toujours, bien entendu, inférieure à ses nombreuses devancières. Il y a là des gens dont les souvenirs dramatiques remontent, sans solution de continuité, à Monval et à la *petite Mars*. On respire dans cette atmosphère comme un parfum d'ailes de pigeon et de littérature-empire. Au reste, que d'illustrations diverses à vues passer le café de Foy ! Que d'anecdotes s'y rattachent ! C'est presque un monument historique. C'est là que Sainte-Foy eut sa fameuse querelle de la bavaroise au lait qui, pour lui avoir valu un si bon coup d'épée, n'en demeura pas moins ce qu'elle est en effet, un fort détestable souper. N'est-ce pas du café de Foy que Camille Desmoulins s'élança aux jours de l'insurrection populaire pour haranguer les citoyens, leur distribuer de sa main des signes de ralliement arrachés aux branches des arbres, et jeter ainsi la première base de la cocarde nationale ? Qui n'a remarqué au plafond de l'établissement cette hirondelle brossée dans un ciel de plâtre par Carle Vernet, dans un jour de verve bachique et de débauche pittoresque ? Nous venons de revoir à l'exposition des peintres plusieurs des toiles jadis les plus vantées de ce spirituel artiste, et vraiment, il nous semble que son meilleur tableau est encore cette hirondelle, au reste la seule peinture qui décore le café de Foy.

Le café *Valois* (donnons en passant une larme à sa mémoire) était, après celui de Foy, le plus ancien café du Palais-Royal. Longtemps encore, nous l'avons vu brillant d'un reste de splendeur.

Le café *d'Orléans*, de récente origine, ainsi que la galerie vitrée dont il se pique d'être le plus bel ornement, et le café *de la Rotonde*, résistent courageusement. Le café de la Rotonde dispute au café de Foy le fermage des chaises et tables du jardin, moyennant la simple bagatelle de quarante mille francs par an. C'est lui qui à cette heure est en possession de ce privilége si envié, que cent mille demi-tasses ne sauraient payer. Il ne pense pas ainsi, puisqu'il l'a emporté, payer cet avantage trop cher. Que le ciel lui soit pur et les zéphyrs légers !

Le café *Corazza* date de cette époque d'invasion napolitaine où les célèbres glaciers Zoppi, Tortoni, Corazza, vinrent populariser, en France, l'art du sorbet au marasquin et de la glace panachée. Placé aujourd'hui sous la direction de l'un des frères Douix, qui furent *dans la bouche* de Charles X, il a subi les influences de la vocation première de son propriétaire actuel, et a pris une place distinguée au nombre de ces amphibies agréables qu'on nomme *cafés-restaurants*. Personne ne saurait s'en plaindre.

Le café *Lemblin*, renommé pour l'excellence de son café et de son curaçao sec, fut longtemps au café Valois ce qu'était le *National* à la *Gazette de France*. Sous la Restauration, il fut une loge maçonnique pour le carbonarisme ; dans les premiers jours de la révolution de juillet, une succursale du club des *Amis du peuple*. Mais il est reconnu aujourd'hui qu'un café ne doit point avoir d'opinion.

Tous ces établissements, sauf le café de Foy, ont plus ou moins sacrifié au culte envahissant du havane et du panatellas; mais, sous ce rapport, ils sont hors d'état de soutenir la concurrence avec les grands estaminets que renferme le Palais-Royal, et qui occupent pour la plupart les vastes et beaux appartements des anciennes maisons de jeux. Les plus célèbres sont l'estaminet *Hollandais* et l'estaminet *de l'Univers*, auxquels dix autres sont venus s'adjoindre depuis quinze ans, tous jouissant d'une certaine faveur et attirant à eux un public de plus en plus convenable. Le temps n'est plus où l'épithète de *chevalier d'estaminet* était un stigmate repoussant dont les gens bien nés flétrissaient tout homme plus ou moins inculpé d'odeur de cigare. Aujourd'hui, puisque chevalier il y a, tout le monde est plus ou moins chevalier de cet ordre.

Sur la rive gauche, le café *Molière* et le café *Vo-taire* méritent aussi une mention. Ils comptent déjà une existence signalée par une vogue constante, et tout porte à croire qu'ils passeront à la postérité étudiante en l'an scolaire 1900, et peut-être bien au delà. Je cite ces cafés, parce qu'ils sont littéraires (il n'en est plus de politique, même dans le pays latin); parce qu'il s'y réunit une jeunesse d'élite, jeunesse intelligente, enthousiaste, dont les nobles instincts ne se sont point encore desséchés au contact des intérêts matériels, et qui apportent une passion d'autant plus vive à examiner, à juger, à débattre les questions d'art, de sciences, de lettres, de philosophie à l'ordre du jour. Tout cela est bien, il est vrai, entremêlé de *poules* et d'un peu trop de punch; mais on a vingt ans; et qu'importe! le fond est bon, le cœur est droit et les tendances élevées. C'est là que les productions des feuilletonistes à la toise sont estimées à leur valeur; c'est là que les revues et les recueils sérieux, ou du moins ceux qui se respectent, sont lus, commentés, étudiés, et que l'honneur de tenir une plume littéraire est dignement apprécié. Plus d'un écrivain l'est devenu dans cette fécondante atmosphère et dans ce milieu plus paisible qu'on ne le pense communément.

— Le café *Tabourey*, qui occupe le rez-de-chaussée de la maison habitée par M. Jules Janin, est, à cette cause peut-être, du nombre des cénacles littéraires du quartier latin. Il fut le berceau de la naissante renommée de M. Ponsard, et c'est de là que la *Lucrèce* s'élança, timide d'abord, puis grandissant outre mesure, pour courir sus aux Tarquins. Depuis cette époque, le véritable foyer de l'Odéon, dans les entr'actes, est à l'estaminet du café Tabourey.

Des autres tabagies innombrables et innommées où s'assemble, la pipe à la boutonnière et le béret basque sur l'oreille, la tourbe des étudiants moins aristocratiques et moins raffinés dans leurs goûts, et aussi celle

Café Pierron.

des *étudiantes*, je ne dirai rien. J'aurais bien là quelques scènes de mœurs à offrir, mais je craindrais que les mœurs mêmes n'en prissent ombrage, et d'ailleurs le cadre restreint qui m'est assigné ne me permet de m'attaquer qu'aux sommités.

Je quitte donc le Latium pour regagner la ville moderne; mais, en traversant en toute hâte le faubourg Saint-Germain, et en longeant cette rue du Bac si chère à madame de Staël, je ne puis omettre entièrement le café *Desmares*, qui joua un si grand rôle légitimiste sous la branche aînée des Bourbons; qui, plus tard, avec les débris du café Valois, composa une sorte d'*Union monarchique*, et qui aujourd'hui, revenu de ses rêves politiques, se contente d'être un excellent restaurant, où les chefs supérieurs des ministères coudoient les vétérans du droit divin, et où tous sont servis et accueillis à merveille, sans distinction d'opinion. Il y a beaucoup de tenue et même une sorte de roideur dans l'aspect de cet établissement. Il n'est pas sans analogie avec le café de Foy, si ce n'est que ce dernier tient pour l'Empire, tandis que le café Desmares nourrit, à son insu, un faible pour la Restauration, ses premières et, je crois bien, ses seules amours.

Nous voyageons en zigzag. Nous voici au boulevard. *Tortoni*, dont l'européenne renommée nous dispense de tout éloge, mais dont le perron est un peu morne depuis qu'il a été déserté par ces gros messieurs de la *fin courant* et du *report*.

Puis le café du boulevard de la Madeleine, le *café Rousseau*, un établissement unique en son genre: on y aspire le moka sous des arbres séculaires. Le jardin est orné de lustres et de girandoles. La campagne au milieu de Paris.

Le café *Anglais* et la *Maison-d'Or*, chers aux viveurs, aux débardeurs, aux Mogadors et aux Frisettes; temples du lansquenet, manoirs de *gentilshommes*, ouverts le jour, ouverts la nuit, salles à manger et exutoires des bals masqués de l'Opéra, officines gastronomiques, établissements dionysiaques dont les galants réduits ont vu plus d'aventures que le fameux *sofa* de M. Crébillon le fils. Quelle chronique nous pourrions dérouler sur ces deux célèbres réfectoires de la jeunesse dorée! Que d'anecdotes, de souvenirs se pressent en foule sous notre plume, ou pour mieux dire dans notre tête! Mais il faut laisser là notre mémorial, et contenir notre envie de poursuivre, qui nous entraînerait beaucoup trop loin.

Le *Divan de la rue Lepelletier*: c'est le café Procope du dix-neuvième siècle. Tous les arts, tous les organes de la presse y sont représentés. On y fait beaucoup de critique, trop de critique, et en général plus d'esprit que de consommation. Le maître du café s'en plaint dans l'intimité; mais comme il est glorieux au fond de posséder tant de grands hommes, il n'a

CHAPITRE XXXVI. — LES CAFÉS.

garde de laisser apparaître son secret désappointement. Ce n'est pas à dire qu'il ait à payer sa gloire; mais elle ne l'enrichira pas. Nous pourrions citer beaucoup de noms très-recommandables, et quelques-uns même célèbres parmi ceux dont les propriétaires honorent le Divan de leur présence; la majorité toutefois s'y compose d'écrivains qui dépensent beaucoup d'esprit et de talent dans les travaux obscurs du petit et même du grand journalisme. Le Divan de la rue Lepelletier est la coulisse des belles-lettres, comme le café de l'Opéra est la coulisse de la Bourse.

Le *café Cardinal* réunit à l'heure du déjeuner la plupart des mêmes grands hommes. Ils entament, en prenant la tasse de café au lait, le haut problème d'esthétique qui sera résolu le soir. Le buste de Richelieu sourit à leurs combats et les protége, du haut de sa niche, de son patronage posthume.

Le *café Frascati* eut pendant une quinzaine d'années l'honneur d'occuper tout Paris avec une belle limonadière, si belle qu'il fallut bientôt la confisquer, de crainte d'effervescence et d'invasion populaire.

Le *café Véron* inaugura le règne des cafés splendides, où l'or, les peintures, les glaces, l'ameublement attirent et éblouissent l'œil.

Mais il fut bientôt distancé dans cette voie par le *café Pierron*. Ce ne furent plus seulement alors le pinceau et l'art du doreur que le limonadier-artiste sut mettre largement à contribution. Entre ses mains habiles et hardies, le café devint un palais magique, où tout l'art de la Renaissance fut mis en œuvre avec un goût d'archéologue et d'architecte. Ce ne furent partout que médaillons, pendentifs, culs-de-lampe, boiseries sculptées, plafonds dorés et ciselés. Là, véritablement, tout le monde pouvait se croire chez un prince, et tout le monde était chez soi. Cet exemple trouva beaucoup d'imitateurs. De là le café de *la Banque*, les nouveaux *Frères Provençaux*, et quelques autres qui sont demeurés enfouis sous leur magnificence.

Il y a loin du café Pierron à l'estaminet du *Cheval*

Un joueur de billard à l'estaminet du Cheval blanc.

blanc, établissement peu connu, situé dans le faubourg Saint-Denis. C'est l'estaminet primitif dans toute sa pureté native. Loin d'appeler la clientèle par le charlatanisme, du reste fort licite, d'un étalage fastueux, il semble la fuir, comme au temps où fumer était un grand crime. Il n'a point d'entrée sur la rue; on y pénètre par une cour et un dédale de couloirs. Aussi sa renommée ne dépasse guère l'enceinte du quartier; mais elle y est fort bonne, ce qui vaut bien les murs dorés. Les habitués du lieu sont tous gens respectables et *établis*, qui aiment à pratiquer dans l'ombre, comme s'il s'agissait du plus affreux mystère, leur petit défaut favori. Je ne sais trop, en vérité, si une présentation quelconque n'est pas nécessaire pour qu'un étranger y soit admis. Et par ce mot *étranger*, notez qu'il faut entendre tout simplement les citoyens des onze autres arrondissements. Au reste, le *Cheval blanc*, par ses mœurs pacifiques et par sa bonhomie, tient beaucoup de l'estaminet germanique, ce qui est certes une raison pour que le Parisien proprement dit y soit considéré comme étranger; ses joueurs de billards y sont justement réputés.

En continuant à suivre la ligne des boulevards, nous trouvons :

Le célèbre *Café Turc*, dont la vogue, pendant et même depuis l'Empire, n'eut d'analogue peut-être que celle des *Bains Chinois*. A cette glorieuse époque, les noms exotiques faisaient fortune; l'Europe, que dis-je? le monde entier était devenu notre domaine. La foule s'est portée encore, il y a quelques années, au Café et au Jardin Turc pour assister aux concerts en plein vent, mêlés de pyrotechnie et de feux de Bengale que dirigeait le rival de Musard, Jullien. Cette union mal assortie et passablement incestueuse de Vulcain et d'Euterpe n'a pas eu de suites durables, et le Café Turc, un instant débauché et étourdi par tout ce fracas, n'a pas tardé à retomber dans l'heureuse placidité qui est le fond de son caractère, et dont il ne sortira plus. On sait qu'il est le rendez-vous de cette classe si

enviable qu'on nomme les rentiers du Marais. Cette clientèle vaut pour lui une inscription au grand-livre. Bien que de mœurs très-différentes, il offre, comme on voit, une certaine analogie avec le café de l'Opéra. Seulement, au Café Turc on est dans l'habitude de garder les rentes qu'on a, tandis que dans

Estaminet du Cheval blanc.

l'autre établissement on vend celles que l'on n'a pas. Voilà toute la différence.

Puis, il y a encore les établissements excentriques. Voici le café Mulhouse, qui pendant six mois exhiba un géant pour attirer les consommateurs. Le géant est reparti pour son pays, le larynx légèrement endommagé par suite de l'abus des petits verres. Puis aussi les cafés chantants d'hiver. La spéculation est simple : débiter une consommation médiocre et fort chère sous le couvert d'une musique de troisième qualité, tel est le problème résolu avec infiniment d'avantage par plusieurs limonadiers *mélomanes*. Le peuple intermédiaire des petits boutiquiers, des petits rentiers du Marais et de la rue Coquillière, des jeunes commis de magasin et des troisièmes clercs d'huissier, lequel ne va, pour cause, ni au Conservatoire ni à l'Académie nationale de musique, et ne peut même qu'aux grands jours aborder son Opéra-National à lui, celui du boulevard du Temple, s'accommode, faute de mieux, de la chansonnette au moka, de la choppe au couplet de facture. Un de ces établissements semi-tabagiques, semi-lyriques, existe dans la galerie Montpensier, du Palais-Royal, près de l'ancien café dit des Mille-Colonnes. Là, les consommateurs sont, sans hyperbole, entassés comme il n'est pas possible que les sardines le soient dans leur annuel passage sur les côtes de Lorient. Je sais bien des théâtres, et non des moins huppés, qui, bon soir, mal soir, s'estimeraient heureux d'une telle chambrée. Tout ce monde rit, jase, boit, écoute. Il y a beaucoup de dames, mais évidemment fort aguerries à toutes les senteurs variées de la régie. On aperçoit sur une estrade, au fond de l'établissement, cinq houris en robes de bal : ce sont les *prime-donne* de cette académie-estaminet ; non loin, un piano et un jeune pianiste qui martelle le clavier avec assez d'agilité. Je préfère, je l'avoue, ce mode d'accompagnement au détestable quatuor à tous crins, panaché d'un flageolet, qui, ailleurs, ébranle les voûtes d'une symphonie à faire fuir un ménétrier de village. Le piano, du moins, ne donne que des notes justes, et Paris est plein de Thalbergs. Je reviens à ces dames : elles sont presque toutes jolies, ou du moins agréables. Il en est qui possèdent des quarts, voire des moitiés de talent ; ce sont apparemment des *fruits secs*, ou peut-être des quatrièmes accessit *ex æquo* du Conservatoire ; mais il est évident pour un œil exercé que la beauté et la toilette sont au moins de moitié dans l'apport artistique de ces sirènes du punch et de la demi-tasse. Il ne siérait point de dire toute ma pensée là-dessus ; mais je trouve que Margot la bouquetière opère de bien fréquents voyages de l'intérieur de la salle à l'*estrade*, et *vice versâ*. Les énormes bouquets que je vois entassés sur une table, aux pieds de ces divinités, représentent là, exactement comme à l'Académie Nationale, les hommages et les brûlantes sympathies des dilettanti. Rien de mieux ; mais ici il n'est pas d'usage de lancer ces sortes de choses : on les envoie, et ce va-et-vient perpétuel de *sélams* confiés à la rugueuse main de la bouquetière ; arrive fort à point pour distraire ces dames, pour chasser d'elles les pavots de la langueur et de l'ennui, et y substituer les roses de l'a-

Les joueurs de dominos.

Le géant du café Mulhouse.

CHAPITRE XXXVI. — LES CAFÉS.

mour-propre satisfait et d'une émotion pudique. Je me retourne, et vois sournoisement tapis dans quelque angle certains lions à toute crinière, fourvoyés — dans des intentions que je soupçonne de n'être pas scrupuleusement musicales — en cet antre, pardon, en ce temple lyrique de la petite propriété, en ce *caveau* de la romance.

Quant au vrai public, il ne songe point à mal; il savoure et applaudit tout, bavaroises et concertantes. Une affiche manuscrite, placardée à l'entrée, renferme le programme de la soirée, et fait part aux consommateurs des morceaux qu'*interpréteront* respectivement mesdemoiselles Palmyre, Angélina, Clara, Rosalba et Anna. Un autre avertissement moins honnête prévient messieurs les amateurs de musique de chambre qu'il n'est point servi de consommation au-dessous de *cinquante centimes*; mais, pour faciliter l'exécution de ce règlement aristocratique, les prix de la denrée sont fixés de façon que chacun puisse atteindre à peu près à coup sûr au *minimum* obligatoire. Un autre article de ce code draconien enjoint auxdits consommateurs d'avoir à renouveler leurs commandes, toujours d'au moins cinquante centimes, à chaque partie du concert. Cette obligation m'a mis en pleine déroute après le troisième morceau, non, veuillez m'en croire, par un sordide calcul, mais parce que, me venant de régaler pour mes dix sous d'une choppe de cinq, je me trouvai tout à la fois *saturé*, comme disent les chimistes, de fioritures équivoques et de bière de Strasbourg.

Un autre temps d'arrêt résulte de la *quête*, dont chacune de ces dames se charge à tour de rôle, et dont le casuel, réparti entre tous les artistes de la troupe, s'ajoute aux traitements, dont j'ignore le chiffre. Je n'aime pas à voir ces belles personnes courir de table en table avec leurs magnifiques affiquets, leurs robes de damas et leurs mantes d'hermine, pour récolter, dans un panier à échaudés, quelques décimes crasseux.

L'orchestre.

La gueuserie qui met des fleurs dans ses cheveux, la mendicité en gants blancs, sont bien de toutes les plus tristes et les moins dignes d'intérêt. On leur donne pourtant, moitié respect humain, moitié remerciment de l'ariette qui vient d'enlever les suffrages à la pointe d'une roulade; et il paraît que, sous à sous, ces artistes de la sébile se constituent, grâce aux divins sourires de la quêteuse, un total de *feux* assez rond.

Le personnel de la troupe est modelé sur le patron des entreprises dramatiques.

Il y a d'abord l'*ingénue*, jeune chanteuse de romance, qui, les yeux baissés, s'avance vers la rampe, et jure, sur un air de M. Paul Henrion ou de M. Arnaud, un éternel amour à son Victor ou à son Arthur. La forte chanteuse à roulades, la Damoreau, l'Ugalde, la *Diva*, et que sais-je encore? La Stoltz, la Falcon, l'infante de Castille, le contralto, la voix profonde, la cantatrice dramatique, l'amante du beau Sigismond, la malheureuse Léonor:

> Mon arrêt descend du ciel;
> Venez tous, c'est une fête!

La chanteuse de genre, la Dugazon, toujours couverte d'applaudissements, et assassinée de bouquets dans le couplet de facture:

> Mon Aldegonde,
> Ma blonde!
> ....
> Ma Roxelane,
> Sultane!
> ....
> Ma Rodogune,
> Ma brune!

et ainsi de suite, sur un air de valse très-précipité (dix minutes sans reprendre haleine);

La *Déjazet*, chanteuse grivoise et populaire:

> J'suis née-z-à la point Saint Eustache;
> J'étais l' rossignol du quartier,
> Et j' suis capable, afin qu'on l' sache,
> D' chanter z-un opéra *rentier*.

« Imaginez-vous, ma'ame chose, ô etc., etc. »

Puis vient le personnel masculin:

Le ténor:

> Un ange, une femme inconnu-u-e,
> A genoux priait près de moi,
> Et je me sentais à su vu-u-e
> Frémir de plaisir et d'effroi!

La basse chantante:

> Les matelots de la *Belle-Eugénie*
> Ont pavoisé des plus riches couleurs
> Ce beau vaisseau qui part pour l'Italie;
> C'est le pays des belles et des fleurs!

Le baryton:

> Des bras pour la défendre!
> Un cœur pour la chérir!
> Des bras!... un cœur! des bras!...

Le comique enfin, le Trial, le Sainte-Foy, le Lovassor, qui est ordinairement louche, assez souvent bossu, mais qui n'a aucune chance de dérider son audi-

Le ténor.

La prima donna.

Le baryton.

ditoire, de belle humeur pourtant, si à ses talents naturels il ne joint quelque bonne infirmité, difformité, désagrément, tels qu'un nez trop long ou trop court, une bouche tordue, enfin quelque don de naissance.

Tout ceci ne s'appelle pas précisément de la musique, mais enfin cela y ressemble d'un peu loin, et en tient lieu à peu près comme un dialogue *vif* et *animé* supplée à des chanteurs absents dans certaines représentations d'opéras comiques en province.

Il y avait, il y a encore quelques jours, un estaminet lyrique au passage Jouffroy; mais de cet établissement à grand orchestre il ne reste plus que le souvenir, et le célèbre Darcier, qui, chaque soir, venait jeter au public mélomane de l'estaminet lyrique ses notes puissantes et si pleines d'originalité. Darcier est certainement un talent tout à fait hors ligne. Il parle, il déclame, il gesticule, il chante surtout avec une profondeur de sentiment si extraordinaire et une passion si vraie, que l'auditeur se sent emporté comme Mazeppa sur le coursier ardent et sans frein.

Le goût de la musique se répand de plus en plus dans les masses populaires, et il suffit, pour en demeurer convaincu, de considérer les affiches bariolées de toutes nuances, qui, après avoir exécuté pour l'œil, sur le clavier de leurs couleurs variées, renouvelé de la curieuse invention du père Kircher, des symphonies très-fantastiques, convient les oreilles à venir les entendre à leur tour, dans les nombreux cafés et autres établissements musicaux dont les portes s'ouvrent chaque jour à de nouveaux concerts, avec accompagnement de demi-tasses et de petits-verres, et intermèdes obligés de chansonnettes qu'on

La dame de comptoir.

s'obstine à déclarer comiques. La musique, même quand elle n'est pas bonne, contribue trop à adoucir les mœurs, pour que j'aie un seul instant le désir d'arrêter l'essor qu'elle paraît devoir prendre en France; le peuple français a d'ailleurs aimé de tout temps à chanter, et c'est un passe-temps que Mazarin et bien d'autres ministres lui ont fait payer assez cher pour qu'il ait le droit de s'y livrer sans contrainte.

Cette passion musicale, cette fureur de la chansonnette comique a même passé le détroit, voilà ce qui est difficile à croire; mais John-Bull a aussi ses *estaminets lyriques*, probablement à cause de la quantité de pots de bière et de cidre qu'on y *flûte*. Si les figures impassibles de nos voisins d'outre-mer ne paraissent pas justifier l'étiquette invariablement accolée à la chansonnette qui leur est chantée dans ces établissements et ne manifestent pas leurs émotions intimes, comme il est d'usage chez nous autres Français, expansifs, elles n'offrent pas moins une étude physiognomonique très-curieuse et tout à fait digne d'attacher l'attention.

Dans cette nomenclature des cafés de toutes sortes, il est un personnage dont je n'ai pas parlé: c'est la dame du comptoir. Elle pose majestueusement sur sa banquette, j'allais dire sur son trône. Décolletée comme une pairesse d'Angleterre, parée comme une châsse, elle a un regard pour tous ceux qui arrivent, et un sourire pour tous ceux qui s'en vont. Une dame de comptoir doit être jolie, et bien des cafés ont dû leur clientèle à cette reine qui perçoit le prix des consommations. Que devient la dame de comptoir? Elle vise ordinairement au cœur d'un noble et riche étranger; mais le plus souvent elle va grossir la catégorie des femmes aimables du quartier Bréda, à moins qu'elle n'épouse un garçon de café, qui aspire à devenir, à son tour, chef d'établissement.

Estaminet lyrique du passage Jouffroy.

Chapitre XXXVII.

LE LONG DE LA SEINE (Suite).

LE CONSEIL D'ÉTAT, LA COUR DES COMPTES ET LA LÉGION D'HONNEUR.

Pose de la première pierre du bâtiment du quai d'Orsay. — Projet de Napoléon relatif au palais du quai d'Orsay. — Le ministère de l'intérieur dans le palais du quai d'Orsay. — Le conseil d'État s'y installe en 1840. — Un mobilier de quinze mille francs. — La Cour des comptes, voisine du conseil d'État. — Salles de réunion du conseil d'État. — Le cabinet du président du conseil d'État. — Les sections. — Les séances. — Le rapport des affaires contentieuses. — Attributions de la section du contentieux. — Section d'administration. — Les comités. — Section de législation. — Le conseil. — Organisation du conseil. — Le concours pour les auditeurs. — Costume des conseillers d'État. — La Cour des comptes. — Les douze chambres des comptes. — Réforme de 1789. — Création de la Cour des comptes en 1807. — Organisation de la Cour des comptes. — La Légion d'honneur. — Description du palais de la Légion d'honneur. — Loi d'institution de la Légion d'honneur. — Un refus de serment. — Nombre de membres de la Légion d'honneur en 1848.

Le palais où siége aujourd'hui le conseil d'État n'est point de date ancienne ; il compte moins d'années que le siècle. Le 10 avril 1810, sa première pierre a été posée en terre, comme le gland d'un chêne. C'était la promesse d'un monument durable de la grande imagination et de la munificence impériales. Napoléon voulait que cet édifice, bâti en face de son palais, sur la rive gauche de la Seine, surpassât en étendue, en richesse, en beauté, tous les autres ministères de la capitale : il le destinait à son département des relations extérieures, et déjà il le voyait en espérance, de son balcon des Tuileries, tous les ambassadeurs de l'Europe, de l'univers, se succéder à la file sous les portiques pour rendre hommage à l'Alexandre moderne, dans la personne de son ministre. La construction, aussi prompte d'abord que la pensée du maître, sortit du sol, et, comme emportée par le premier élan, monta encore après la chute du fondateur. Mais, en 1820, elle s'arrêta tout à coup, à moitié du rez-de-chaussée, et, pendant douze années, elle resta immobile, abandonnée, plus semblable aux ruines d'un empire écroulé qu'aux commencements d'un palais moderne. Ce fut seulement en l'été de 1833 que l'on reprit les travaux, qui, depuis ce moment, occupèrent plus de cinq cents ouvriers par jour, et furent terminés en 1835. L'ensemble des dépenses s'élevait à plus de huit millions. Les ministres des affaires étrangères qui avaient tour à tour passé au pouvoir avaient tous rêvé l'honneur d'inaugurer le somptueux monument ; tous étaient venus presser les travaux, et demander aux architectes de changer la distribution intérieure et d'ajouter au luxe, chacun suivant son goût, sa fortune ou les désirs de sa famille : aucun d'eux ne recueillit le fruit de ses conseils. L'édifice achevé, la perplexité fut grande sur la destination qu'il fallait lui donner. On avait médité d'y placer la Cour de cassation, la Cour des comptes, puis la Chambre des députés, puis l'exposition des produits de l'industrie, l'Institut, l'Académie de mé-

Vue extérieure du bâtiment du quai d'Orsay.

decine, les sociétés savantes, les ponts et chaussées, l'école des mines, la galerie de minéralogie, et cent autres établissements ou administrations. En définitive, ce fut le ministre de l'intérieur qui s'installa d'abord dans le palais. Mais, en dépit de toutes les modifications que le plan primitif avait subies, ces vastes salles, ces galeries immenses ne pouvaient s'approprier au service de toute une armée de petits bureaux. Le ministre de l'intérieur aima mieux revenir à la rue de Grenelle. En 1840, le conseil d'État sortit de son hôtel de la rue Saint-Dominique, et prit possession du rez-de-chaussée du palais. Deux années après, la Cour des comptes s'établit au premier étage et dans l'attique. Il fallut un ameublement nouveau pour ces nouveaux venus : il en coûta 15,000 fr. d'acajou et autres accessoires pour le conseil d'État. Ce n'est point sans doute la dernière destination de l'édifice : toutefois, ses hôtes actuels ne demandent point à en sortir ; ils ne s'y trouvent que trop à l'aise. Chacun d'eux s'est fait une large part dans les bâtiments, et il reste encore un vide immense autour d'eux. La cour des comptes a voulu avoir une entrée particulière ; elle s'est emparée d'une porte sur la rue de Lille, et s'est séparée de la cour et de tout le rez-de-chaussée par une grille. Il n'était pas besoin de ce surcroît de précaution pour que les deux graves compagnies vécussent en bonne intelligence. On ne saurait imaginer de voisines plus honnêtes et plus paisibles : elles ne se rencontrent, ne se parlent, ne se voient jamais. A vrai dire, rien n'est triste comme ce palais ; transformé en cloître, il serait plus divertissant : on y entendrait du moins des cloches et des chants. Mais, jour et nuit, au dedans, au dehors, tout est immobilité et silence. Seulement, à diverses heures du jour, on voit entrer et sortir quelques groupes d'hommes, vêtus de noir, avec des dossiers sous le bras. La cour intérieure, humide, nue, aride, sans verdure, sans arbre, sans fontaine, sans statue, glace le regard. A peine de loin en loin, par les temps de pluie, l'équipage ou le fiacre d'un conseiller vient-il tracer sur le sol deux molles ornières. Vers le soir, tout l'édifice est désert : le greffier de la cour des

comptes et les concierges exceptés, personne ne l'habite.
Une visite au rez-de-chaussée du palais est du reste le plus facile et le plus sûr moyen de se rendre compte de l'organisation et des travaux du conseil d'État.

De quelque côté que l'on entre, on est introduit dans de vastes antichambres au milieu desquelles sont d'immenses tables couvertes de paletots soigneusement pliés en quatre et surmontés de chapeaux. Vous pouvez déjà juger par un coup d'œil rapide sur ces vestiaires du nombre des membres qui sont en délibération et par suite de la nature de leurs travaux. Est-ce un jour d'assemblée générale? les tables sont toutes noires. Il y a 40 conseillers, plus 40 maîtres des requêtes et 40 auditeurs. Si le nombre des paletots et des chapeaux est inférieur aux deux tiers environ du chiffre total, soyez assuré que ce jour-là il n'y a réunion que d'une ou deux des trois sections entre lesquelles se subdivise le conseil : section d'administration, section du contentieux. Il se peut enfin qu'au moment de votre visite il n'y ait

Le grand escalier.

d'autres séances que celles des comités de la section d'administration ou des commissions de la section de législation; alors, les salles ornées et peintes sont vides : vous aurez toute liberté et tout loisir.

Le cabinet du président du conseil d'État est situé à droite de l'une des antichambres; ses fenêtres s'ouvrent sur la rue de Poitiers.

A droite de l'autre antichambre, du côté de la rue Bellechasse, sont les bureaux du secrétaire général. Dans chacun de ces bureaux, on logerait aisément toute une famille; ce n'est un avantage pour les commis que dans les beaux jours d'été.

La distribution de la partie centrale du rez-de-chaussée est très-simple. La grande salle du conseil et la section du contentieux occupent le milieu; la section est du côté de la cour, la salle du conseil du côté du quai. Aux extrémités de la grande salle se réunissent, dans deux salles presque semblables, les membres de la section d'administration et ceux de la section de législation.

La section du contentieux siège dans un élégant petit tribunal propre, net, sobrement orné. Elle est composée de 9 conseillers et de 8 maîtres des requêtes.

Un maître des requêtes remplit les fonctions du ministère public.

Le rapport des affaires contentieuses est fait en séance publique par celui des conseillers ou des maîtres de requêtes que le président de la section en a chargé. Après le rapport, les avocats des parties (avocats privilégiés du conseil et de la cour de cassation) sont admis à plaider, ou, pour parler suivant la loi, à présenter des observations orales. Le maître des requêtes chargé des fonctions du ministère public donne ses conclusions. La section délibère en secret et en

Conseil d'État. — Salle de comité.

CHAPITRE XXXVII. — LE LONG DE LA SEINE (Suite).

nombre impair; ses décisions portent en tête : « Au nom du peuple français, le conseil d'État, section du contentieux, etc. » L'expédition porte pour formule exécutoire : « La République mande et ordonne aux « ministres de..., en ce qui les concerne, et à tous « huissiers à ce requis, en ce qui concerne les voies « de droit commun entre les parties privées, de pour- « voir à l'exécution de la présente décision. »

On peut résumer les attributions de la section du contentieux en disant qu'elle forme la juridiction supérieure devant laquelle les administrés, c'est-à-dire tous les citoyens, peuvent se pourvoir contre les actes administratifs qui leur paraissent avoir violé leurs droits. Toutes les décisions prises par les ministres en matière contentieuse peuvent être déférées au conseil d'État.

La section d'administration siége dans une belle salle décorée de quelques peintures remarquables : un *Charlemagne*, par Eugène Delacroix; un *Solon*, par Papety; un *Numa Pompilius*, etc. Cette section est composée de quinze conseillers d'État, de douze maîtres des requêtes et de quinze auditeurs. La section se subdivise en trois comités où se traitent les affaires administratives des divers ministères : 1° comité de

Conseil d'État. — Grande salle des réunions.

l'intérieur, de la justice, de l'instruction publique et des cultes; 2° comité des finances, de la guerre et de la marine; 3° comité des travaux publics, de l'agriculture et du commerce et des affaires étrangères. Chacun de ces comités est composé de cinq conseillers d'État. Les attributions de cette section sont nombreuses et variées. Elle prépare, entre autres, les projets de loi et règlements relatifs aux intérêts locaux,

aux caisses de retraite, soit des administrations publiques, soit départementales et communales; elle délibère sur les demandes en acceptation de dons et legs, sur les autorisations de plaider pour les communes, départements et établissements publics, etc.; elle donne enfin aux ministres des avis sur toutes les questions difficiles et délicates qui s'élèvent dans chacune des parties de leurs départements respectifs.

La section de législation comprend seize conseillers, un maître des requêtes et neuf auditeurs.

Les sections se réunissent presque tous les jours. Leurs discussions ne durent pas moins de six ou huit heures, et leurs avis sur les sujets les plus importants sont ensuite soumis à la délibération du conseil, sur le rapport soit d'un conseiller, soit d'un rapporteur, suivant l'importance de l'affaire.

Le conseil, composé des quarante conseillers, se réunit au moins une fois par semaine. Derrière lui est le secrétaire général. Lorsque les ministres assistent aux discussions, ils s'asseyent à sa droite et à sa gauche. Au-dessous du bureau du président est le bureau du rapporteur, près duquel prennent place les employés supérieurs de l'administration dont la présence est jugée nécessaire. En face, sur les deux premiers rangs, sont assis les conseillers d'État. Les bancs qui suivent sont destinés aux maîtres des requêtes et aux auditeurs. Les maîtres des requêtes peuvent demander la parole dans le cours des discussions, mais c'est une faculté dont, par déférence, ils usent très-rarement, s'ils ne sont point rapporteurs. Les auditeurs ne peuvent faire de rapports que dans les sections.

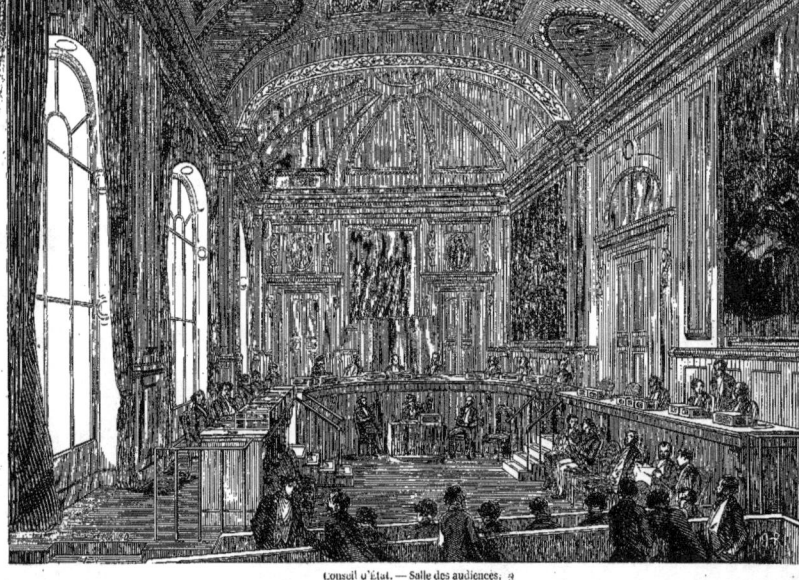

Conseil d'État. — Salle des audiences.

Les conseillers d'État, les maîtres des requêtes et les auditeurs de première et deuxième classe sont nommés par le président de la République.

Avant le 2 décembre, les auditeurs avaient été nommés à la suite d'un concours très-remarquable et qui avait révélé des talents d'un ordre supérieur. Tel jeune homme sans fortune et né d'une famille humble et ignorée avait subi cet examen public de manière à faire concevoir les plus hautes espérances.

Les séances du conseil ne sont pas publiques. Les discussions entre les conseillers sont rédigées d'après des notes sténographiques, mais sans que les noms des membres qui ont pris la parole soient désignés. Les votes ont lieu par assis et levé ou par appel nominal. Les séances commencent le plus souvent à onze heures, et se terminent seulement à six heures.

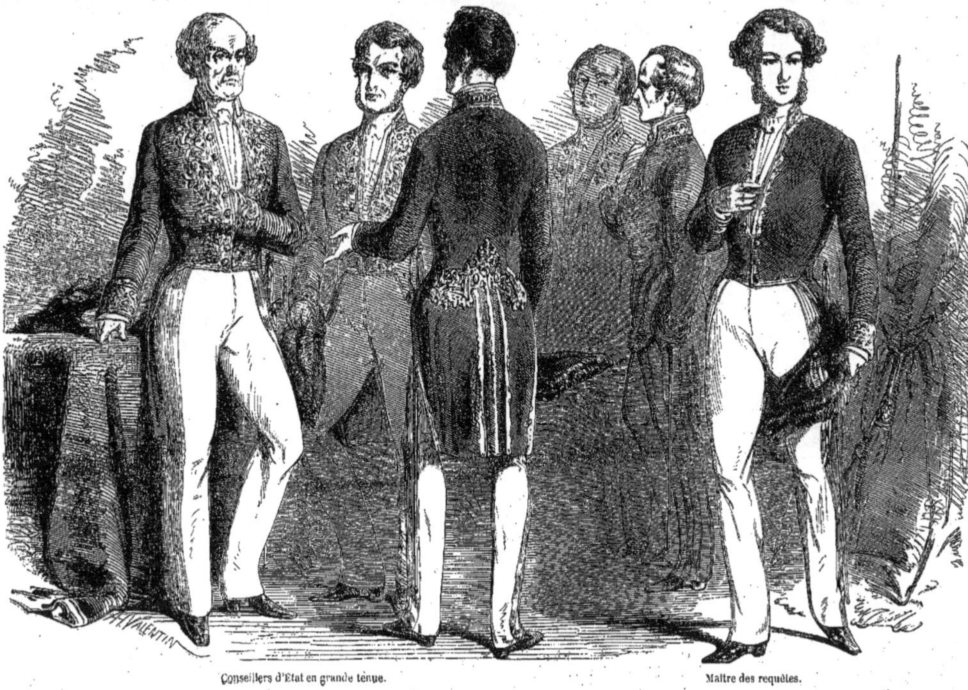

Conseillers d'État en grande tenue. Maître des requêtes.

La salle de la section de législation diffère peu de celle où siége la section d'administration : elle n'est ornée que d'un seul tableau représentant l'empereur Napoléon debout sur un trône de granit, par Flandin. La vue de la grande salle du conseil, que représente notre principale gravure, est d'une fidélité qui nous exempte d'une longue description. Entre les colonnes sont représentés les grands hommes d'État de la France, anciens et modernes.

Depuis le 2 décembre, les conseillers d'État portent un costume comme les autres grands corps de l'État.

Habit de drap bleu clair, coupé droit sur le devant, garni de neuf gros boutons dorés, à l'aigle, sur la poitrine ;
Gilet droit blanc, garni de petits boutons dorés ;
Pantalon en casimir blanc, avec galon d'or sur la couture, de 5 centimètres de largeur.
Pour la petite tenue :
Gilet et pantalon noir sans galon.

VICE-PRÉSIDENT.

Grande tenue : Collet, parements, poitrine, écusson, poches, entourage de poches, bords courants et baguettes sur les bords de l'habit brodés en or.
Petite tenue : Collet, parements, pattes et baguette autour de l'habit, brodés en or.

CONSEILLERS D'ÉTAT.

Grande tenue : Collet, parements, poitrine, écusson, pattes de poches, petit entourage de poches et baguette autour de l'habit brodés en or.
Petite tenue : Collet, parements, et pattes brodés en or.

MAÎTRES DES REQUÊTES.

Grande tenue : Collet, parements, écusson, pattes de poches et baguette autour de l'habit, brodés en or.
Petite tenue : Collet et parements brodés en or.

AUDITEURS.

Grande tenue : Collet, parements et écusson brodés en or.
Petite tenue : Collet brodé en or.

Le chapeau est en feutre, orné d'une ganse brodée en or sur velours noir, garni de plumes blanches pour le vice-président, et de plumes noires pour tous les autres grades.
Épée droite à poignée dorée.
Modèle de la broderie :
Broderie or, représentant des feuilles de chêne enlacées de feuilles d'olivier et d'une baguette ondulée ; les feuilles de chêne brodées, moitié en passé et moitié en cannetille mate ;
Le bout des glands en passé, et les cases en boucles de cannetille mate ; les feuilles d'olivier en cannetille mate, les olives en cannetille brillante ; toutes les tiges en cannetille mate ; les nervures des feuilles de chêne et d'olivier en paillettes ;

Cour des comptes. — Grande salle d'audience.

La baguette ondulée en cannetille mate, une rangée de paillettes torsadées et un guipé en cannetille mate à l'intérieur.

C'est aussi dans le bâtiment du quai d'Orsay que siège la cour des comptes ; là, trois salles lui sont réservées, la grande salle d'audience, la salle des comités et celle du conseil. Cette dernière contient en même temps la bibliothèque.

Les chambres des comptes, dont l'origine remonte à des temps fort anciens, et dont les querelles avec les parlements et la couronne ont retenti quelquefois dans l'histoire, furent supprimées en 1791. Les combinaisons financières, avant cette époque, étaient si vicieuses par la diversité des tributs et l'inégalité de leur répartition; si incomplètes par les priviléges de certaines classes de la société et par l'ignorance des véritables principes de l'économie politique, qu'il est aujourd'hui inutile de rechercher ce qu'étaient les douze chambres des comptes. Impuissantes pour découvrir et réprimer les abus de l'administration, elles laissaient les contribuables à la merci des exigences des traitants, et les créanciers du Trésor à celle de l'arbitraire des financiers. Presque tous les services étaient alors aliénés comme des fermes à des compagnies dont les opérations étaient impénétrables pour le gouvernement. La situation du Trésor était donc un mystère qu'on essaya en vain de révéler en présentant, en 1786, une évaluation des ressources de l'État, et dont l'obscurité ne fut pas éclaircie, malgré de célèbres discussions. Il faut dire, il est vrai, que, lors de l'établissement des chambres des comptes, elles n'avaient été appelées qu'à juger les préposés du domaine du roi, et que, si leur contrôle s'étendit plus tard sur les revenus publics, elles n'avaient pas les éléments des comptes généraux des finances, qui, soumis au conseil du roi sous le titre d'*États au vrai*, leur étaient seulement renvoyés pour en constater l'apurement.

L'année 1789 opéra une réforme générale dans le gouvernement. Lorsque l'ancien système des finances fut renversé, les rouages administratifs devinrent plus simples par la suppression de nombreuses sinécures, par l'affranchissement du régime des fermes, et par la substitution de régies intéressées. L'unité était le principe qui dominait dans la nouvelle constitution; l'égalité des droits et des charges, et la division de la France en départements, firent espérer le rétablissement de l'ordre dans les finances.

Lorsque les premiers comptes ministériels furent soumis à l'examen de la législature, on sentit le besoin d'en constater l'authenticité par la création d'un corps chargé de les vérifier. La loi du 7 septembre 1791, en supprimant les douze chambres des comptes, créa la comptabilité nationale, tant cette institution, revêtue, il est vrai, d'une autre forme, parut indispensable. Mais ce corps ne put appliquer le principe dont il devait être le ressort. Dominé par une assemblée politique qui s'emparait du pouvoir et ne s'occupait point de contrôler les opérations ministérielles, il resta incapable de révéler les abus et les malversations, et de présenter l'ensemble des recettes et des dépenses à la législature chargée de prononcer sur leur règlement définitif. Des comptes arriérés, incomplets, sous les formes les plus diverses et les plus irrégulières, furent soumis à la vérification de la comptabilité nationale. La Convention vint ensuite s'emparer, en exerçant la souveraineté du peuple, des attributions du pouvoir royal, incorpora dans son sein la comptabilité nationale et la répartit entre ses divers comités. Ainsi une assemblée politique voulut mouvoir elle-même un ressort de gouvernement; mais son inexpérience ne put lui imprimer un mouvement prompt et régulier.

Napoléon, ne trouvant pas dans les bureaux de la comptabilité nationale cette importance et cette grandeur dont il voulait entourer les corps de l'État, créa, en 1807, la Cour des comptes. Tous les comptables de deniers publics furent placés sous sa juridiction, et l'on remarqua principalement le devoir imposé à la Cour de faire parvenir au chef de l'État, par l'entremise de l'architrésorier, ses observations générales et ses vues d'amélioration sur toutes les parties des services publics. Cette magistrature, souveraine par l'étendue de sa juridiction, fut établie sous les formes les plus imposantes, et on lui attribua les mêmes honneurs et prérogatives qu'à la Cour de cassation.

L'architrésorier de l'Empire, en s'adressant à la Cour, lors de son installation, qui eut lieu le 3 novembre 1807, s'exprimait ainsi :
« L'institution à laquelle vous appartenez est un des principaux appuis de l'Empire; c'est le mur d'airain qui doit garantir la fortune publique des infidélités des comptables, des prévarications de l'administrateur, des dilapidations de ses agents; si elle fléchit, tout chancelle; si elle succombe, tout périt... »

Mais ce n'était pas assez cependant d'organiser un rouage de gouvernement qui devait préparer les voies de l'ordre dans les finances de l'État : il fallait encore saisir la Cour de tous les faits relatifs aux recettes et aux dépenses; il fallait soumettre les administrateurs et les comptables à des principes uniformes de comptabilité. Une succession presque non interrompue de guerres, jointe à la nouveauté d'un régime de finances qui ne pouvait se perfectionner qu'avec le temps, fut un obstacle à la surveillance de la Cour des comptes. Les budgets de l'Empire n'offraient alors, il faut le dire, pour les revenus comme pour les charges, qu'une expression incomplète; ils ne révélaient point les exigences du gouvernement, et n'opposaient point de limites aux dispositions des ordonnateurs. Toute comparaison entre les budgets de l'Empire et ceux des premières années de la Restauration avec les budgets des quinze dernières années du gouvernement représentatif serait complétement erronée. Si les dépenses étaient supérieures aux crédits ouverts, elles s'acquittaient alors, en dehors des budgets, par des produits spéciaux enlevés souvent aux départements et aux communes, ou même, sous l'Empire, par les subsides formés par les tributs imposés sur les ennemis vaincus.

Le contrôle judiciaire exercé par la Cour n'obtint pas les résultats qu'avait fait espérer la création. Dépourvue de documents, isolée de l'administration, cette institution a langui jusqu'à l'établissement du système constitutionnel, qui commença à être mis en pratique pendant la Restauration. Les efforts de ceux qui, de 1816 à 1820, régirent les finances, et l'action

Cour des comptes. — Salle des comités.

des chambres représentatives, amenèrent de notables améliorations; la législature, cherchant à s'appuyer sur les travaux de la Cour des comptes, ordina, par une loi de 1819, qu'à l'avenir le compte annuel des finances serait accompagné de l'état des travaux de ce corps judiciaire. Cette disposition fut suivie bientôt des ordonnances des 18 novembre 1817, 8 juin 1824, 27 et 29 décembre 1823. Alors la Cour parvint à juger ses justiciables pour leurs actes personnels, sans être embarrassée par des comptes d'ordre rendus par des agents administratifs. On mit fin à l'ancien arriéré de la comptabilité des finances, et les comptables obtinrent une prompte libération par l'examen immédiat des faits qui engageaient leur responsabilité.

Enfin le système de la comptabilité des dépenses publiques, qui date de l'ordonnance du 14 décembre 1822, ouvrit une nouvelle loi au contrôle de la Cour. Ce règlement, qui est resté longtemps le guide des administrateurs dans tous les degrés de leur travail, leur indique les formes de la délivrance des mandats, qui doivent être régulières pour obtenir leur payement du Trésor. Par cette heureuse combinaison, la Cour des comptes exerce son contrôle sur les actes ordonnateur sans mander les agents administratifs devant un tribunal qui se maintient ainsi dans la sphère légale. Les fonctions d'ordonnateur étant déclarées incompatibles avec celles de comptable, cette surveillance indépendante éclaire l'action du gouvernement sans entraver sa marche.

Une ordonnance du 9 juillet 1826 est venue compléter l'édifice de la comptabilité en chargeant la Cour de reconnaître et de certifier, par des déclarations solennelles et publiques, la conformité de ses vérifications avec les comptes présentés aux chambres par les ministres. Aussi, dès 1827, la Cour des comptes, en renouant la série des faits relatifs à chaque service, en les vérifiant dans leurs détails, en les considérant dans leur ensemble, et en comparant leurs résultats avec ceux publiés par les ministères, a procédé à l'exécution de ses contrôles généraux et publics, attendus par la législature et le gouvernement. Entourée des titres et documents qui peuvent l'éclairer sur l'exécution des lois des finances, elle s'est avancée dans une route inconnue jusqu'ici, en s'appuyant, avec la réserve ordinaire à la magistrature, sur les lois de son institution.

Saisie de tous les faits concernant la recette et l'emploi des revenus publics, elle en reconnaît la réalité dans les comptes individuels de tous les préposés devenus ses justiciables; elle en discute la régularité sur des pièces justificatives qui prouvent tour à tour les droits de l'État et ceux des autres parties intéressées; elle suit les deniers du Trésor depuis le moment où ils sortent de la main du contribuable jusqu'à celui où ils entrent dans celle d'un véritable créancier de l'État; elle maintient l'entière exécution des lois et règlements, en exigeant des comptables l'exact accomplissement de ces formalités salutaires qui n'assurent leur libération qu'après avoir démontré la légalité des actes des administrateurs; enfin, elle est devenue l'auxiliaire indispensable de la surveillance des assemblées et du gouvernement, depuis qu'elle vérifie l'ensemble des services, qu'elle constate elle-même la situation financière de l'État, qu'elle peut attester publiquement tous les résultats des comptes des ministres, en expliquant les diverses parties, administrer les preuves de chacune des opérations consommées, et éclairer, par ses observations et ses recherches, l'examen et le jugement du pouvoir et de la législature.

En effet, si l'on veut étudier l'organisation politique de la France qui existait avant la révolution de février 1848, on verra d'abord apparaître, au sommet de l'édifice constitutionnel, les deux grands corps de l'État qui délibéraient des lois, votaient des subsides, et représentaient la nation assemblée, mais qui, par une sage pondération des pouvoirs établis dans le système représentatif, demeuraient étrangers à l'exécution de leurs volontés. La participation des assemblées délibérantes aux actes de la souveraineté pourrait cependant devenir illusoire, si elles n'avaient pas l'assurance que les lois sont fidèlement exécutées, et que l'administration ne s'écarte pas de l'esprit qui a présidé à leur adoption : aussi deux cours souveraines ont-elles été instituées pour surveiller l'application des actes législatifs. La première, placée au-dessus des tribunaux civils et criminels, est chargée spécialement de les ramener par l'autorité de sa jurisprudence, à l'interprétation exacte et uniforme des lois, et rectifie les fausses directions imprimées à la marche de la justice.

Cependant il existe, en dehors des attributions de la Cour de cassation, une loi fondamentale qui fixe chaque année la part contributive de chacun aux sacrifices dus à l'État, qui règle l'emploi du trésor commun pour le maintien de l'ordre public, la sûreté des personnes et des propriétés, le bien-être de la population et l'honneur du pays; une loi dont l'application appartient entièrement à l'administration, et constitue même son existence, qui embrasse à la fois tous les intérêts et affecte toutes les positions; le budget, en un mot, dont la religieuse observation et la complète exécution doivent être démontrées aux deux chambres. Lorsque des actes illégaux et nuisibles se commettent, les citoyens ne sont point avertis, et la législature elle-même ne serait pas éclairée sur un dommage éprouvé par tous et qui ne frappe sur personne en particulier, si un corps judiciaire n'était pas chargé de garantir la sincérité des opérations relatives à la recette et à l'emploi des deniers publics. La Cour des comptes remplit cette haute mission.

L'action de son contrôle était restée longtemps inconnue; mais les chambres législatives, reconnaissant de plus en plus l'importance de ses travaux, ont soumis à la publicité les rapports annuels qu'elle présentait au roi. L'expérience a démontré l'excellence de ce ressort nouveau, qui a déjà opéré de salutaires réformes, malgré certains ministres, qui ont supporté avec peine le contrôle de leurs actes. Des ad- ministrateurs bien peu éclairés ont regardé la Cour des comptes comme une ennemie qu'ils couvrirent de leur mépris, ou comme une rivale qui excitait leur jalousie.

Après avoir fait connaître l'institution, ses ressorts et sa direction, donnons quelques mots sur l'organisation de la Cour des comptes, qui a une grande analogie avec celle des autres cours judiciaires. Le personnel se composait, sous la monarchie représentative, d'un premier président, d'un procureur général, de trois présidents, de dix-huit conseillers maîtres et de quatre-vingts conseillers référendaires de première et de seconde classe, tous nommés à vie, d'un greffier en chef et de trois greffiers. La Cour était formée de trois chambres, chacune composée de six conseillers maîtres et d'un président. Les conseillers référendaires ne sont spécialement attachés à aucune chambre. Les séances solennelles où la Cour prononce les dé-

Cour des comptes. — Bibliothèque et salle du conseil.

clarations générales et rend compte de ses travaux trimestriels sont publiques, mais les travaux particuliers des trois chambres restent secrets. Après la révolution de 1830, on a agité la question d'introduire le public aux séances quotidiennes. La publicité serait, il est vrai, une grande garantie pour les contribuables, qui pourraient entendre les débats auxquels donne lieu le jugement des dépositaires des deniers de l'État et des établissements publics; mais si, d'un côté, les citoyens acquéraient un droit nouveau, la marche des affaires serait bien moins rapide.

Plus de sept mille comptes devant être nécessairement jugés dans l'espace d'une année, la Cour aurait besoin de quelques modifications; du reste l'introduction des défenseurs qui, n'étant pas admis aujourd'hui, pourvent seulement présenter des mémoires écrits, amènerait des complications qu'il serait au moins difficile d'éviter. L'opinion générale ne s'est pas d'ailleurs prononcée à cet égard, et la publicité des audiences des chambres de la Cour des comptes n'est pas encore devenue un besoin du siècle.

Une autre question a été aussi soulevée il y a quelques années, dans un écrit émané d'un magistrat de la Cour: M. Poussard a publié des considérations fort élevées sur les rapports qui doivent exister entre cette juridiction et les assemblées délibérantes; c'est à elles, suivant le même conseiller, que les dénonciations devraient être adressées, lorsque la vérification des comptes publics donne lieu de reconnaître des actes contraires aux lois et aux intérêts de l'État.

On peut dire, il est vrai, que, depuis la publication des rapports annuels, la Cour pouvant émettre les observations, les vues d'amélioration, enfin tout ce qui lui paraît digne de l'attention des chambres, il y aurait peut-être quelque inconvénient à mêler aux discussions des assemblées politiques l'action d'une institution judiciaire et administrative.

Les services rendus par la Cour des comptes ont été surtout appréciés dans les assemblées législatives, depuis qu'un des membres de cette magistrature (M. Étienne) a proclamé à la tribune des principes qui ont éclairé d'une nouvelle lumière tout ce qui tient à la fortune publique. En même temps qu'il dénonçait les abus qui se commettaient dans les arsenaux de l'État, il déclara hautement que la surveillance de la Cour, exercée sur les finances de l'État, devait s'étendre aussi sur les richesses matérielles de l'État, sur le second trésor public, ainsi qu'il l'appelait, renfermé dans les arsenaux et les magasins de l'État. Les matières, avant la loi du 6 juin 1843, étaient livrées au pouvoir discrétionnaire des ordonnateurs. Le contrôle indépendant, en dehors de l'administration, de toutes les parties de la fortune publique, fut alors consacré législativement par la persévérance de l'honorable député, qui, mettant à profit les connaissances acquises par de longues années d'expérience, a contribué ainsi à fonder la base de la meilleure garantie dans les consommations des arsenaux de la guerre et de la marine. En vain des obstacles et des critiques ont été élevés dans l'application de ce nouveau ressort; la comptabilité-matières a résisté aux attaques; se perfectionnant chaque année au moyen de procédés plus simples, s'harmonisant avec les autres ressorts de l'administration, elle restera comme le moyen d'établir l'ordre et la sécurité du gouvernement dans tous les grands établissements consommateurs.

Si les attributions de la Cour des comptes se sont ainsi agrandies et ont accru la renommée de ses travaux, il ne faut pas dissimuler aussi que le dernier gouvernement, qui est tombé en 1848, avait excité dans l'opinion publique quelques soupçons sur la composition de la Cour, en laissant s'introduire des actes de vénalité dans la transmission de quelques-uns des sièges. Ces abus, qui rappelaient en quelque sorte la vénalité des charges abolie depuis 1789, ont retenti à la tribune législative et ont été flétris non-seulement par la presse, mais encore par le jugement de tous les esprits généreux. La susceptibilité du caractère français repousse aussi avec énergie les intrigues ourdies dans les cabinets des ministres, et destinées quelquefois à payer, au moyen des fonctions publiques, des complaisances indignes. C'est ainsi que les offenses à la morale publique, devenaient des griefs légitimes et servaient à exaspérer les passions.

Lorsque éclata la révolution de Février 1848, la Cour des comptes ne fut pas d'abord atteinte dans son organisation. Le premier président et un très-petit nombre de membres furent suspendus seulement, à cause du rôle politique qu'ils avaient joué sous le gouvernement déchu. C'est la veille de la réunion de l'Assemblée constituante que l'institution fut mutilée dans son personnel et dans son organisation. On semblait ainsi vouloir enlever à la nouvelle Assemblée l'action légitime de ses pouvoirs; on réduisait ainsi révolutionnairement le nombre des membres de la Cour dont les travaux pouvaient à peine suffire au règlement d'un si grand nombre de comptabilités diverses. Aussi, depuis cette époque et malgré le rétablissement de quelques membres sur leurs sièges en vertu d'une loi, la Cour des comptes, impuissante par le nombre, et voyant ses travaux s'accroître par de nouvelles attributions conférées législativement, et par de nouvelles mesures qui, en rendant les arrêts plus multipliés, ne lui permettent pas d'exercer son contrôle avec toute l'efficacité indispensable dans ces époques de trouble et de désorganisation politique, n'a pas les ressorts nécessaires pour accomplir sa tâche élevée.

La constitution de 1848, sur la proposition de M. Étienne, et contrairement aux conclusions de sa commission, a placé pour la première fois la Cour des comptes sur le même rang que les autres corps judiciaires, et a décrété qu'une loi organique règlerait cette institution. Le gouvernement républicain n'ayant pas encore accompli cette obligation constitutionnelle, M. Étienne a proposé, au commencement de 1850, un projet de loi qui, après avoir subi la première épreuve, a été renvoyé à l'examen du conseil d'État; le gouvernement, il faut l'espérer, donnera son concours empressé à cette loi organique, sur laquelle doivent reposer l'ordre dans les finances et s'appuyer les travaux des commissions législatives appelées à examiner les prévisions et les règlements des budgets. La Cour des comptes n'est-elle pas l'auxiliaire indispensable du pouvoir législatif?

Nous terminerons cet article en donnant les termes d'une ordonnance relative à l'organisation et à la compétence de la cour des comptes, insérée au *Bulletin des lois*, en mai 1838, et qui est restée en vigueur jusqu'à ce jour.

La Cour des comptes est chargée de juger les comptes des recettes et des dépenses publiques qui lui sont présentés, chaque année, par les receveurs généraux des finances, les payeurs du trésor public, les receveurs de l'enregistrement, du timbre et des domaines, les receveurs des douanes et sels, les receveurs des contributions indirectes, les directeurs comptables des postes, les directeurs des monnaies, le caissier central du trésor public et l'agent responsable des virements de comptes.

Elle juge aussi les comptes annuels des trésoriers des colonies, du trésorier général des invalides de la marine, des économes des collèges royaux, des commissaires des poudres et des salpêtres, de l'agent comptable du transfert des rentes inscrites au grand-livre de la dette publique, de l'agent comptable du grand-livre et de celui des pensions, du caissier de la caisse d'amortissement et de celle des dépôts et consignations, de l'imprimerie royale, de la régie des salines de l'Est, des receveurs des communes, hospices et établissements de bienfaisance dont le revenu s'élève à la somme fixée par les lois et règlements, enfin tous les comptes qui lui sont attribués par des lois ou des ordonnances royales.

Les membres de la cour des comptes sont nommés à vie par le chef de l'État.

La cour des comptes prend rang immédiatement après la cour de cassation et jouit des mêmes prérogatives.

La cour des comptes se compose d'un premier président, trois présidents, dix-huit conseillers maîtres des comptes, de conseillers référendaires divisés en deux classes, dont le nombre est fixé par le Gouvernement, d'un procureur général et d'un greffier en chef.

Il est formé de trois chambres, chacune composée d'un président et de six maîtres des comptes; le premier président peut présider chaque chambre toutes les fois qu'il le juge convenable.

Les dix-huit maîtres des comptes sont distribués entre les trois chambres par le premier président.

Au 1er mars de chaque année, deux membres de chaque chambre sont répartis par lui entre les deux autres, ou placés dans une seule, selon que le service l'exige.

Les décisions sont prises dans chaque chambre à la majorité des voix; en cas de partage, la voix du président est prépondérante.

Chaque chambre ne peut juger qu'à cinq membres au moins.

Les référendaires ne sont spécialement attachés à aucune chambre.

Les référendaires sont chargés de faire les rapports; ils n'ont pas voix délibérative.

Les trois chambres se réunissent, lorsqu'il y a lieu, pour former la chambre du conseil.

Le procureur général ne peut exercer son ministère que par voie de réquisition.

Il fait dresser un état général de tous ceux qui doivent présenter leurs comptes à la cour. Il s'assure s'ils sont ou non exacts à les présenter dans les délais fixés par les lois et règlements, et requiert contre ceux en retard l'application des peines.

Il adresse au ministre des finances les expéditions des arrêts de la cour, et suit devant elle l'instruction et le jugement des demandes à fin de révision pour cause d'erreurs, omissions, faux ou doubles emplois, reconnus à la charge du trésor public, des départements ou des communes.

Toutes les demandes en mainlevée, réduction ou translation d'hypothèques, sont communiquées au procureur général avant d'y être statué.

Toutes les fois qu'un référendaire élève contre un comptable une prévention de faux ou de concussion, le procureur général est appelé en la chambre et entendu dans ses conclusions avant d'y être statué.

Le procureur général peut prendre communication de tous les comptes dans l'examen desquels il croit son ministère nécessaire, et la chambre peut même l'ordonner d'office.

En cas d'empêchement du procureur général, les fonctions du ministère public sont momentanément remplies par celui des maîtres des comptes que le ministre des finances désigne.

Le procureur général est tenu de correspondre avec les ministres sur les demandes qu'ils peuvent lui faire de renseignements pour l'exécution des arrêts, les mainlevées, radiations ou restrictions hypothécaires, et remboursements d'avances des comptables.

Le greffier en chef assiste aux assemblées générales et y tient la plume.

Il est chargé de tenir les différents registres, et notamment celui des délibérations de la cour.

Il est chargé de veiller à la conservation des minutes des arrêts, d'en faire faire les expéditions, de garder les pièces qui lui sont confiées, et de concourir à la suppression de ces mêmes pièces aux époques et dans les formes déterminées par les règlements.

Les comptes déposés par les comptables sont enregistrés, par ordre de dates et de numéros, du jour qu'ils sont présentés.

Le premier président fait entre les référendaires la distribution des comptes, et indique la chambre à laquelle le rapport doit être fait.

Un référendaire ne peut être chargé deux fois de suite de la vérification des comptes du même comptable.

Les référendaires sont tenus de vérifier par eux-mêmes tous les comptes qui leur sont distribués.

Ils rédigent sur chaque compte un rapport contenant des observations de deux natures; les premières concernant la ligne de compte seulement, c'est-à-dire les charges et souffrances dont chaque article du compte leur a paru susceptible, relativement au comptable qui le présente; les deuxièmes, résultant de la comparaison de la nature des recettes avec les lois et de la nature des dépenses avec les crédits.

Les référendaires peuvent entendre les comptables ou leurs fondés de pouvoirs, pour l'instruction des comptes; la correspondance est préparée par eux et remise au président de la chambre qui doit entendre le rapport.

Lorsque la vérification d'un compte exige le concours de plusieurs référendaires, le premier président désigne un référendaire de première classe qui est chargé de présider à ce travail, de recueillir les observations de chaque référendaire, et de faire le rapport à la chambre.

Les référendaires qui ont pris part à la vérification assistent aux séances de la chambre pendant le rapport.

Parlons maintenant de l'institution de la Légion d'honneur et du palais de la chancellerie.

Ce petit palais, un des plus charmants de Paris, avait été bâti par le prince de Salm, sous le règne de Louis XVI; le goût commençait à tourner au grec et au romain. Mais dans ce style qui vise à l'antique, on trouve encore la manière élégant de l'époque de Louis XV. La porte d'entrée de cette bonbonnière (car le mot palais est bien grave pour un monument si coquet), établie sur la rue de Lille, a la forme d'un arc de triomphe flanqué de chaque côté par une colonnade d'ordre ionique, lesquelles s'appuie à des corps de bâtiments avancés, dont la masse est parallèle à celle de la porte, et qui, par leur attique orné de bas-reliefs, se rattachent à la décoration et au motif de l'ensemble.

La colonnade se réunit, dans l'intérieur de la cour, à celle des ailes, et forme tout au tour un promenoir couvert et continu, qui aboutit à un frontispice en colonnes d'ordre corinthien, annonçant le corps de logis principal et donnant entrée au vestibule.

La partie que nous venons de décrire, modèle de grâce et d'élégance, est aussi la plus parfaite de ce petit édifice. Le reste consiste en cours adjacentes et en un corps d'habitation, qui, se prolongeant sur le quai, se termine par une partie demi-circulaire et deux corps de bâtiments contigus. On regrette que cette façade ne réponde ni par sa décoration ni par son élévation au reste du monument.

Ce palais, qui avait porté le nom d'hôtel de Salm jusqu'en 1802, devint le palais de la Légion d'honneur et l'habitation du grand chancelier de l'ordre, dont l'inauguration fut célébrée le 14 juillet 1802. Cette décoration dut être le prix des talents dans toutes les classes de la société et des services en tous genres rendus à l'État.

Lorsque la loi d'institution fut proposée au tribunat, plusieurs membres ne virent, dans le projet, qu'une première tentative de Bonaparte contre l'égalité sociale. Quelques citoyens refusèrent cette décoration à cause du serment exigé des récipiendaires. Un membre de l'Institut, M. Anquetil-Duperron, un juge à la Cour de cassation, crurent ne devoir point l'accepter, et, malgré la modicité de leurs fortunes, renoncèrent à leurs fonctions. Quelques autres suivirent cet exemple.

A la chute de l'Empire, le nombre des légionnaires, officiers, commandeurs, grands officiers, grands aigles, n'excédait pas 28,700.

D'après l'état des membres de la Légion d'honneur joint au budget de 1848, voici quel était le nombre des personnes décorées à l'époque du 1er janvier 1847 :

89 grands-croix, dont 7 étaient sans traitement. 221 grands officiers, dont 43 étaient sans traitement. 804 commandeurs, dont 235 étaient sans traitement. 4,531 officiers, dont 2,185 étaient sans traitement. 44,610 chevaliers, dont 25,702 étaient sans traitement. Ensemble 50,255 membres de l'ordre, dont 22,083 étaient rétribués, et 28,172 ne l'étaient pas.

Sur les 82 grands-croix payés, 5 touchaient le traitement de 20,000 fr.; 1 touchait 15,000 fr., 35 recevaient 5,000 fr., 24 touchaient 2,000 fr., 12 touchaient 1,000 fr., et 5 ne touchaient que 250 fr., c'est-à-dire que la plupart n'étaient payés que comme grands officiers, commandeurs, officiers et chevaliers seulement.

Des 178 grands officiers, 64 touchaient 5,000 fr., quatre-vingts 1,000 fr., et trente-trois 250 fr.

Des 2,185 officiers payés, 700 touchaient 1,000 fr. et le reste 250 francs.

Des 18,908 chevaliers payés, 1 recevait 1,500 fr. comme le plus ancien chevalier de l'ordre, et tous les autres touchaient le traitement constitutif de 250 fr.

Enfin, les légionnaires étaient portés au budget de 1848 pour la somme de 7,337,698 francs.

Ce tableau comparé à la population actuelle de la France, déduction faite des femmes et des enfants, on trouve que les 50,000 légionnaires représentent un décoré sur 350 hommes faits ou vieillards.

La maison de Saint-Denis, la maison de la rue Barbette, dépendent de la Légion d'honneur. Nous nous occuperons en leur lieu de ces établissements.

Quelques changements ont eu lieu dans l'organisation et la composition de l'ordre de la Légion d'honneur depuis l'établissement du gouvernement actuel. Ils sont assez importants pour que nous transcrivions ici les articles saillants du nouveau décret organique de l'ordre publié en date du 16 mars 1852.

La Légion d'honneur est instituée pour récompenser les services civils et militaires.

Le Président de la République est chef souverain et grand maître de l'ordre.

La Légion d'honneur est composée de chevaliers, d'officiers, de commandeurs, de grands officiers et de grands-croix.

Les membres de l'ordre sont à vie.

Le nombre des chevaliers n'est pas limité; néanmoins, comme ce nombre est aujourd'hui trop considérable, il ne sera fait dans le civil qu'une promotion sur deux extinctions jusqu'en 1856.

Le nombre des officiers est fixé à quatre mille; celui des commandeurs, à mille; celui des grands officiers, à deux cents; celui des grands-croix, à quatre-vingts. Le nombre des grands officiers, commandeurs et officiers dépassant les limites fixées, il ne sera fait momentanément, dans ces divers grades, qu'une nomination ou promotion sur deux vacances.

La décoration de la Légion d'honneur est, comme sous l'Empire, une étoile à cinq rayons doubles, surmontée d'une couronne.

Le centre de l'étoile, entouré de branches de chêne et de lauriers, présente d'un côté l'effigie de Napoléon avec cet exergue, *Napoléon, empereur des Français*, et de l'autre côté, l'aigle avec la devise *Honneur et Patrie*.

En temps de paix, pour être admis dans la Légion d'honneur, il faut avoir exercé pendant vingt ans, avec distinction, des fonctions civiles ou militaires.

Nul ne peut être admis dans la Légion d'honneur qu'avec le premier grade de chevalier.

Pour être nommé à un grade supérieur, il est indispensable d'avoir passé dans le grade inférieur.

En temps de paix, comme en temps de guerre, les services extraordinaires, dans les fonctions civiles ou militaires, les sciences et les arts, peuvent dispenser de ces conditions, mais sous la réserve expresse de ne franchir aucun grade.

Sauf ces cas exceptionnels, il n'y aura de nominations et promotions qu'au 1er janvier et au 15 août.

Dans le mois qui précède chacune de ces époques, le grand chancelier arrêtera, en conseil de l'ordre, le tableau des vacances, et prendra les ordres du chef de l'État pour la répartition à faire entre les différents ministères.

Sur l'avis de ce grand chancelier leur donnera, les ministres lui adresseront les listes des personnes qu'ils jugeront avoir mérité cette distinction.

De la réunion de ces listes, le grand chancelier formera un corps de décrets qu'il soumettra à l'approbation du chef de l'État.

Les grands-croix et les grands officiers prêtent serment entre les mains du chef de l'État, et reçoivent de lui leur décoration.

Le grand chancelier désigne, pour procéder aux réceptions des chevaliers, officiers et commandeurs, un membre de l'ordre d'un grade au moins égal à celui du récipiendaire.

L'officier chargé de la réception d'un militaire, après avoir reçu son serment, le frappe du plat de l'épée sur chaque épaule, et, en remettant son brevet ainsi que sa décoration, au nom du Président de la République, lui donne l'accolade.

Il ne pourra être porté cumulativement avec l'ordre de la Légion d'honneur aucun ordre étranger, sans l'autorisation du chef de l'État, transmise par le grand chancelier.

Tous les officiers, sous-officiers et soldats de terre et de mer en activité de service, nommés ou promus dans l'ordre de la Légion d'honneur postérieurement au décret du 22 janvier 1852, recevront, selon leur grade dans la Légion, l'allocation annuelle suivante : Les légionnaires, 250 fr.;

Vue extérieure du palais de la Légion d'honneur.

les officiers, 500 fr.; les commandeurs, 1,000 f.; les grands officiers, 2,000 fr.; les grands-croix, 3,000 fr.

La valeur des décorations sera imputée sur la première annuité.

Les mêmes pensions sont accordées à tous les officiers de terre et de mer, membres de la Légion d'honneur, mis en retraite après le 22 janvier 1852.

La qualité de membre de la Légion d'honneur se perd par les mêmes causes que celles qui font perdre la qualité de citoyen français.

L'administration de l'ordre est confiée à un grand chancelier qui travaille directement avec le chef de l'État. Un secrétaire général, nommé par le Président de République, est attaché à la grande chancellerie; il a la signature, en cas d'absence ou de maladie du grand chancelier, et le représente.

Un conseil de l'ordre est établi près du grand chancelier, qui le réunit tous les mois.

Le conseil de l'ordre se compose : du grand chancelier, président; du secrétaire général, vice-président; de dix membres de l'ordre. Les membres du conseil sont nommés par le Président de la République.

Chapitre XXXVIII.

LE LONG DE LA SEINE (Suite).

LA CHAMBRE DES DÉPUTÉS.

Les diverses assemblées à la Chambre des députés. — Abbaye de Saint-Germain des Prés. — Le Pré aux clercs. — La duchesse douairière de Bourbon. — L'architecte Girardini. — *Maison de la Révolution.* — Le conseil des Cinq-Cents. — L'École polytechnique au Palais-Bourbon. — Le Corps législatif sous l'Empire. — Le fronton de la Chambre des députés. — Les statues de Sully, de Colbert, de l'Hospital et de d'Aguesseau. — La salle de cartón. — Total de ce qu'a coûté le Palais-Bourbon. — Le salon de la Paix. — Les peintures de M. Horace Vernet. — Les sculptures dans le salon de la Paix. — 'La salle *des Pas-Perdus.* — Son ancienne animation. — La salle des Conférences. — Salle des séances. — Les diverses assemblées législatives. La tribune des journalistes. — La sonnette du président. — Le bureau de M. Berryer. — La bibliothèque. — La buvette. — Le vestiaire — L'ouverture des Chambres. — L'Assemblée législative après la révolution de Février. — L'émeute du 15 mai. — Le corps législatif actuel. — Diverses conditions de l'éligibilité.

Nous arrivons maintenant à un monument qui, dans son état actuel, date à peine de la fin du dix-huitième siècle, et qui néanmoins, malgré sa jeunesse, a été témoin de plus de vicissitudes et de métamorphoses qu'un grand nombre de ses aînés. Je veux parler du palais Bourbon, qui fut d'abord construit pour servir de demeure aux princes de Condé, et qui, depuis, a vu se succéder dans son sein les assemblées délibérantes de tous nos gouvernements, depuis les Cinq-Cents jusqu'au Corps législatif de 1852. C'est le séjour officiel du parlementarisme et du quasi-parlementarisme : on y a vu tour à tour les assemblées politiques de la fin de la République et du Consulat, de l'Empire, de la Restauration, de la monarchie de Juillet, de la seconde République et du gouvernement actuel.

Un auteur ancien, et ce n'est pas Horace, quoi qu'en aient dit une foule de citateurs, a mis en circulation ce proverbe, que « les livres ont leurs destinées. »

Il y a aussi, pour certains monuments, des destinées étranges et dramatiques ; et parmi ces édifices dont l'histoire mériterait le plus de fixer l'attention et d'attirer la curiosité, celui qui se dresse à l'extrémité du pont de la Concorde et en face de la Madeleine occupe sans contredit le premier rang. Je me borne à un aperçu de ses annales.

Vers la fin du dix-septième siècle, le terrain où s'élève aujourd'hui le palais du Corps législatif, sur le quai d'Orsay, au bord de la Seine, faisait partie des domaines de la riche et puissante abbaye de Saint-Germain des Prés, dont les titulaires furent souvent princes du sang ou princes de l'Église. Il dépendait de ce fameux Pré-aux-Clercs, si connu dans les traditions de l'ancienne Université. Lorsque le temps des Buridan et des Perrinet le Clerc furent passés, le théâtre de leurs exploits obtint une gloire nouvelle en servant de lieu habituel de rendez vous aux duellistes de tout rang, qui se plaisaient à braver les arrêts de mort aussi bien que les armes de leurs adversaires. Plus d'une mémorable partie fut débattue l'épée et la dague au poing sur cet emplacement où devaient retentir plus tard les discussions oratoires : on croirait que c'était un endroit prédestiné pour les luttes de toute sorte.

En 1722, la duchesse douairière de Bourbon, dégoûtée du vaste hôtel qu'elle occupait avec sa famille là où s'élève aujourd'hui l'Odéon, appela d'Italie l'architecte Girardini, et commença à faire bâtir sur le bord du fleuve une demeure plus agréablement si-

Vue extérieure de la Chambre des députés. — Proclamation officielle de la République, le 4 mai 1848.

tuée. Ce nouveau palais n'avança que très-lentement, et quand la révolution se fut approprié les biens des ex-nobles, la demeure des Condé avait déjà coûté vingt-deux millions, sans être encore terminée. Le bâtiment, composé d'un seul rez-de-chaussée, se terminait à droite et à gauche par deux pavillons. Il était précédé d'une cour d'honneur, en avant de laquelle se trouvait une autre cour ombragée de marronniers, et un portique donnant sur la rue de l'Université. On arrivait au perron par une avenue de quarante-cinq toises. La façade principale était ornée des statues des muses, et d'un groupe représentant le soleil sur son char, entouré des saisons. Du côté de la Seine, ce palais magnifique était borné par une terrasse de deux cent cinquante toises de longueur : un jardin composé de bosquets, de parterres et de boulingrins, le séparait de l'hôtel de Larsey, dont les dépendances s'é-

tendaient jusqu'au cours des Invalides, et qui, par la suite, fut incorporé à l'hôtel de Condé. Malheureusement l'extérieur de l'édifice ne répondait pas à la beauté de l'intérieur, au faste et à l'élégance des appartements ; il n'y avait rien de plus mesquin que ces deux pavillons regardant le fleuve, surtout quand Louis XVI eut fait exhausser le quai, pour la construction du pont de la Concorde. On reprochait également à l'ensemble le défaut d'unité : Gabriel Barreau, Charpentier et Bélisart, qui furent chargés de poursuivre l'œuvre commencée par Girardini, ne se conformèrent pas à ses plans. Ce défaut n'a pu qu'être aggravé par les changements ultérieurs qu'ont nécessités les nouvelles destinations de l'édifice.

Dans sa séance du 27 ventôse an II, la Convention décréta que l'ancien Palais-Bourbon, devenu *Maison de la révolution*, serait consacré à la com-

mission des travaux publics, et mis à la disposition des commissaires, les citoyens Fleuriot, Lescaut, Dejean et le Camus. Peu de temps après, le conseil des Cinq-Cents, organisé en vertu de la constitution de l'an III, désigna la maison de la révolution pour lieu de ses séances, et, en attendant qu'elle fût appropriée à cet usage, il s'installa dans la salle du manège, déjà célèbre pour avoir été le berceau de l'éloquence parlementaire. On sait, en effet, qu'après le serment du Jeu de Paume et la translation à Paris de l'Assemblée constituante, celle-ci, qui se réunit d'abord à l'Archevêché, avait fait disposer la salle du manège plus voisine des Tuileries, en attendant que d'autres assemblées envahissent l'antique demeure des rois. Les architectes Gisors et Lecomte furent chargés de la construction de cette première salle.

Ici se place naturellement un retour aussi rapide

que possible sur les émotions parlementaires dont le Palais Bourbon fut le théâtre. Le conseil des Cinq-Cents était divisé en trois partis : « Les *thermidoriens*, défenseurs de la République, bien qu'ils se fussent délivrés de Robespierre; les *royalistes*, qui travaillaient de tous leurs efforts à réunir le gouvernement établi et à préparer une restauration ; enfin, une troisième faction, défendant en apparence les principes constitutionnels, mais se ménageant en vue de l'avenir, et connue sous le nom de *diplomates*. Le parti des royalistes, le plus prononcé des trois, avait à sa tête Pichegru et Vaublanc; ses membres, les partisans de la *bonne cause*, comme ils s'appelaient eux-mêmes, se reconnaissaient à la *cadenette* et au *collet noir*, qu'ils portaient en signe de ralliement. Leurs menées aboutirent au coup d'état de fructidor, cette préface du 18 brumaire.

Le Palais-Bourbon est également le berceau de l'École polytechnique : cette école fut fondée par la Convention et installée d'abord dans l'emplacement de la commission centrale des travaux publics. Elle reçut son nom et son organisation dès 1795.

Le Corps législatif de l'Empire succéda au conseil des Cinq-Cents, et occupa, sans grandes modifications, le même local; le personnel seul dut être modifié.

L'extérieur du monument avait reçu, à travers ces vicissitudes, quelques améliorations et quelques embellissements. La Convention fit élever du côté de la cour, au centre, un avant-corps décoré de huit colonnes, surmontées d'un attique. Cet attique fut couronné d'un fronton, dont le bas-relief représentait la Loi protégeant l'innocence et punissant le crime : les statues de Minerve et de la Force accompagnèrent ce morceau de sculpture, dans lequel on reconnaîtra ce goût des allégories à la manière antique, qui distingue les constructions datant de la première République. En 1807, on éleva, sur les dessins de M. Poyet, le magnifique péristyle que nous voyons encore aujourd'hui : il se compose de douze colonnes corinthiennes de grande proportion, qui supportent un entablement et un fronton; en avant, règne un perron divisé en deux rampes, large d'environ cent pieds et haut de dix-huit. Le bas-relief du fronton a changé de nature aussi souvent que l'édifice a changé d'hôtes : il a représenté tour à tour l'Empereur offrant au Corps législatif les drapeaux enlevés aux champs d'Austerlitz et d'autres épisodes de la vie de Napoléon, sculptés sur la façade par Chaudet ; puis la Charte, accompagnée de la France et de la Justice, protégeant les sciences, les lettres, les arts et l'industrie; et enfin aujourd'hui, ce fronton, sculpté par Fragonard, représente la Loi appuyée sur la Justice et la Force, appelant à elle l'Abondance suivie des Sciences et des Arts. A sa gauche, figure la Paix ramenant le Commerce et l'Industrie; à chacune des extrémités du fronton se trouvent les fleuves tenant des urnes renversées.

Quant aux statues qui sont devant la façade du monument, elles ont montré plus de fermeté politique : personne n'a encore songé à remuer de leur piédestal les images allégoriques de la Justice et de la Sagesse, sculptées par Houdon et Roland, et les statues de Sully, de Colbert, de l'Hospital et de d'Aguesseau, signées de noms peu connus, Beauvalet, Dumont, Deseine et Foucon. On se souvient, à l'aspect de ces deux derniers, du mot célèbre d'un membre de l'opposition, s'adressant à un ministre : « Monsieur, je ne vous inflige qu'une seule punition : c'est de contempler, en sortant de cette enceinte, l'image de l'Hospital et de d'Aguesseau ! »

En définitive, l'aspect du monument actuel manque surtout de grandeur : la façade, malgré l'élévation et

Plafond du salon de la Paix. — Le génie de la science. Plafond du salon de la Paix. — La vapeur mettant en fuite les dieux marins.

le mérite réel du péristyle, est déparée par ces deux murs aveugles qui s'attachent comme deux ailes à la colonnade. La véritable entrée n'est pas sur le bord de la Seine : elle se trouve par derrière, sous le portique de l'ancien palais Bourbon, où il faut remarquer encore l'horloge, décorée de figures dues à Fragonard. Avant de pénétrer à l'intérieur, et de continuer cette description et cette revue de l'histoire parlementaire, commencées à propos des Cinq-Cents, il faut en finir avec quelques détails historiques relatifs au monument lui-même. Le prince de Condé fut réintégré dans son domaine lors de la rentrée des Bourbons. Le payement annuel d'un loyer de 124,000 fr. permit aux députés d'y continuer leurs séances. En 1827, le prince vendit à l'État une partie de sa propriété au prix de 5,500,000 fr., et l'année suivante on en commença la restauration. Presque tous les planchers des voûtes, et principalement la coupole de la salle des séances, furent établis en fer et en poteries creuses, les couvertures en cuivre. Ces travaux occasionnèrent une dépense de 4,420,000 fr. Enfin, après 1830, le duc d'Aumale, héritier du prince de Condé, continua la location de cet hôtel, devenu depuis longtemps indispensable à la Chambre des députés, et une loi du 30 juin 1830 approuva la vente qui fut faite à l'État de tout le reste du palais et de ses dépendances, pour la somme de 5,047,475 f. au total, de 1815 à 1848, le palais Bourbon a coûté 18,439,475 fr., y compris 124,000 fr. de location pendant vingt-huit ans.

Les dispositions intérieures du Palais-Bourbon, depuis qu'il a été appelé à servir de siège au gouvernement parlementaire, ont varié aussi souvent que les dispositions extérieures. On le comprendra aisément : pour le Corps législatif de l'Empire, on n'avait besoin ni de tribunes publiques, ni de places réservées aux journalistes. La Restauration, qui n'appelait à la représentation nationale que les nobles de vieille souche et les grands propriétaires, demandait moins d'espace que la monarchie de Juillet et les débats orageux : et les neuf cents membres de la Constituante, les sept cent cinquante de la Législative avaient besoin d'un local plus vaste que les quatre cents députés qui composent aujourd'hui le nouveau Corps législatif. En outre, les peintures, les emblèmes, les ornements de toute sorte ont été modifiés en même temps que le personnel législatif : tour à tour les victoires de l'Empire, les souvenirs de l'ancienne royauté, les fictions constitutionnelles de 1830 et les images républicaines de 1848, ont été reproduites sur ce théâtre où une dynastie succède à un république, où un pouvoir fait place à un autre pouvoir renaissant, tout cela dans un intervalle fort court et presque périodique. Je crois qu'il est à propos de décrire les coulisses avant de parler de la scène : il est plus facile de se rendre compte des drames et des comédies politiques qui se sont jouées et qui se joueront peut-être dans l'enceinte du Palais-Bourbon, quand on connaîtra l'autre côté des décors : les lieux où s'élaboraient jadis les lois et les discussions, où les députés des divers régimes conféraient entre eux, arrêtaient leurs plans, se mettaient en contact avec les profanes du dehors, et aussi ceux où ils venaient se délasser de leurs fatigues et rafraîchir leur éloquence. Parlons donc de la salle des Pas-Perdus, qui n'est plus, du salon de la Paix, de la salle des Conférences, des bureaux, des couloirs, du vestiaire, de la bibliothèque, etc., etc., et n'oublions pas la buvette. Quel rôle n'a pas joué la buvette dans toutes les phases de cette histoire qui s'étend de 1804 à 1852 !

Le salon de la Paix, ainsi nommé sans doute par opposition avec la salle qui suit, et dans laquelle a régné si longtemps une guerre perpétuelle, est la partie la mieux décorée de tout le Palais-Bourbon. Le plafond est orné de peintures dues à M. Horace Vernet. Ce sont trois sujets allégoriques plus ou moins en rapport avec les hôtes habituels du salon et la destination du monument. Le sujet du milieu représente la *Paix* sous la figure d'une jeune fille radieuse, tenant de la main gauche la branche d'olivier obligée, et de la main droite des fleurs qui s'effeuillent : près d'elle, une ruche et une charrue ; à ses pieds, un lion couché. Elle est assise sur des gerbes de blé, recouvrant le bronze d'un canon, et s'appuie mollement sur un long coussin rouge. Ce coussin serait-il une réminiscence classique du *pulvinar*, accordé, suivant Cornelius Nepos, par Timothée à la déesse, quand on lui éleva pour la première fois un temple à Athènes? Je ne le crois pas : M. Horace Vernet n'est pas homme à s'embarrasser de ces curiosités d'antiquaire. Il lui aura mis sans doute un coussin derrière les épaules pour qu'elle soit assise à son aise, et pour exprimer les douceurs de la situation. Cette figure repose sur des nuages, au milieu d'un ciel azuré : tous les emblèmes accessoires se groupent autour d'elle, le lion endormi, la ruche, la charrue ; et dans le lointain on voit fumer les cheminées des usines. Le tableau est bien composé : la *Paix* ne manque pas de grâce et de majesté; sa pose est gracieuse et ses ajustements ne laissent rien à désirer aux antiquaires et aux amateurs de l'allégorie. A droite se trouve une seconde composition, consacrée au *Génie des sciences*. Pour de pareils sujets, les anciens avaient sur nous un grand avantage; chacune de leurs divinités allégoriques avait un type et des emblèmes qui lui étaient propres : la lyre, la faucille, le trident, le caducée, etc., suffisaient pour indiquer les personnifications de l'agriculture, de la navigation et du commerce. Ne pouvant se contenter d'une si grande simplicité dans un sujet moderne, l'artiste en a pris bravement son parti : il a représenté le *Génie* sous la figure d'un homme à l'air méditatif, nu, et accoudé sur une enclume où un plan est étalé. Son autre main s'appuie sur une machine pneumatique, et une étoile rayonne dans le ciel, au-dessus de son front. Sur le second plan, une locomotive lancée à toute vapeur se dirige vers une galerie souterraine : le conducteur, qu'on eût trouvé peu poétique en bras de chemise et en casquette, a été complétement déshabillé, et, dans l'appareil le plus primitif,

Salon de la Paix.

il s'occupe à mouvoir les bielles et les excentriques de sa machine. La vapeur a également les honneurs du troisième tableau qui représente les *Divinités de la mer* fuyant devant elle. Le paquebot mugit : sa roue à palettes blanchit d'écume, et tout à l'entour s'envolent des goëlands effarouchés ; l'un d'eux est saisi d'une telle frayeur, qu'il sort du cadre et semble vouloir s'élancer dans la salle, au risque de se faire rappeler à l'ordre. Les tritons sont en fuite derrière l'audacieux navire ; sur le devant une néréide éplorée se livre au désespoir et semble maudire le nouveau conquérant du vieil empire de Thétis. Seul, un marsouin philosophe apparaît ricaneur à la surface des flots, et semble défier l'homme de venir jamais le troubler dans les abîmes de son humide séjour. Une pareille gaieté de pinceau serait à peine acceptable si la peinture de cette scène maritime n'était pas d'une vérité d'aspect, d'une réalité saisissante, réalité d'ailleurs que ni la destination ni l'emplacement du tableau ne légitimaient.

Ces trois tableaux, exécutés avec la liberté d'allures particulières à l'artiste, sont conçus avec clarté et attestent la facilité, le parti pris d'une intelligence sagace, qui franchit lestement les difficultés sans s'arrêter longtemps à les étudier et à les vaincre. Ils satisfont, mais ils ne laissent pas une empreinte vive dans l'esprit du spectateur, et n'éveillent pas d'idée artistique élevée. Cela tient à la nature du talent si fécond de M. Horace Vernet, à son universelle aptitude à traiter toute espèce de sujets et aux genres les plus opposés : tableaux d'histoire, de genre, batailles, marines, paysages, plafonds ou caricatures.

Outre ces trois compositions que nous reproduisons ici, l'artiste a figuré dans la partie inférieure, et formant voûte du même plafond, d'un côté, les pairs et la magistrature ; de l'autre, les membres du corps diplomatique et de l'Université, regardant, du haut des terrasses du palais Bourbon, défiler le cortége du roi à l'ouverture des chambres. On voit que ce sujet est emprunté à l'histoire ancienne. Le spectateur se trouve séparé de tous ces dignitaires par une balustrade d'or, aux extrémités de laquelle sont des factionnaires de la garde nationale et de la ligne. Un Algérien est assis dans une pose pleine de naturel sur cette balustrade, et près de lui un négrillon grimpe en se tenant à un vase de bronze doré. Ces deux grandes scènes, où figurent un grand nombre de personnages, sont ingénieusement rendues. Je ne m'arrêterai pas davantage à décrire l'ornementation abondante et variée qui règne autour de ces sujets : les groupes d'albâtre, les vases de métal, les niches où des amours se jouent parmi les fleurs, les fruits mûrs et succulents perdus çà et là au milieu des lambris. Quoique le plafond soit infiniment plus riche que la salle elle-même, cette dernière renferme quelques ornements dignes de remarque. Je citerai seulement quatre statues : le général Foy, Mirabeau, Bailly et Malesherbes : ce sont, comme on voit, des illustrations parlementaires.

Non loin du salon de la Paix se trouvait la salle des Pas-Perdus, où l'on remarquait, d'abord, une Pallas en bronze, statue imitée de l'antique, et belle de cette beauté correcte et austère qui distingue les travaux des sculpteurs d'autrefois. Ajoutons à cela les deux reproductions des bas-reliefs de *Laocoon*, d'*Arria et Pætus;* nous aurons une idée à peu près complète de la parure de cette salle. Pourquoi mettre ces deux sujets essentiellement mythologiques dans le sanctuaire des lois? Voici une explication ingénieuse qui tend à les faire considérer comme des allégories, et qui, par conséquent, justifie leur présence : elle est due à un membre de l'ancienne opposition. Le Laocoon, disait-il, c'est l'image frappante de la corruption enlaçant de ses mille anneaux et de ses impures étreintes le député récalcitrant, y compris ses deux fils, emblème du népotisme, dont l'un sera sous-préfet, l'autre receveur des finances. Quant à l'autre groupe, il continue l'allégorie et la complète. Arria enfonce le poignard dans son sein, et dit à son époux : « *Non dolet.* » C'est la conscience expirante qui crie à l'homme politique déjà plus d'à moitié enchaîné et enlacé, mais essayant encore de se débattre : « Ami le mal n'est pas si grand. » Pætus prend le poignard d'Arria : le député succombe et s'exécute enfin ; il n'a plus de conscience.

Salle des Pas-Perdus.

Aujourd'hui la salle des Pas-Perdus s'est évanouie comme un songe : elle a disparu en même temps que sa voisine la salle de carton, l'Assemblée nationale. Elle avait cependant de beaux souvenirs à rappeler : lorsqu'elle était sillonnée de provinciaux venant voir leur élu, lorsque les garçons de salle, en habit bleu, à collet et à parements rouges, la parcouraient au cri cent fois répété de : « Qui demande monsieur tel? » Le public de nouvellistes et d'habitués qui s'y pressait naguère est fort désappointé : plus de ces caquets et de ces commérages parlementaires, plus de ces *on dit* s'embellissant et s'accroissant de minute en minute, de bouche en bouche, et formant le riche magasin d'indiscrétions politiques dont s'enrichissaient les chroniques des journaux de Paris et les correspondances de l'étranger. L'énumération des diverses variétés de l'espèce parisienne, qui vivaient dans ce centre aujourd'hui désert, constitue à elle seule un chapitre de l'histoire naturelle de l'homme. Les non-députés, ceux qui avaient failli l'être, ceux qui le furent, ceux que l'on appelait les candidats perpétuels, les quêteurs de nouvelles, les solliciteurs, race façonnée à attendre, debout et de pied ferme pendant six heures, le passage d'un ministre ou d'un député influent, que sont-ils devenus? Cette dernière espèce gîte encore dans les antichambres des divers ministères : on peut l'y voir, avec sa ténacité accoutumée, tendant la main pendant des trimestres entiers, et consumant sa vie à guetter une recette particulière ou un bureau de tabac. Mais qui nous rendra le provincial naïf, qui, à force d'intrigues, avait été admis à contempler de près le héros législateur dans son demi-déshabillé du salon de la Paix, et le cicerone officieux qui se constituait le montreur de personnages curieux, et qui présentait à ses clients M. Thiers sous les traits de M. Antony Thouret et M. de Lamartine sous les apparences du prince Murat.

Nous regretterons encore longtemps *les amis du grand homme*, qui l'attendaient à la sortie de la tribune pour lui offrir, les premiers, le grain d'encens de leur enthousiasme, et lui conférer, pour la centième fois, le diplôme d'orateur inimitable. Et les journalistes, donnant ou recevant le mot d'ordre ; et les représentants indiscrets, qui venaient révéler les mystères du travail des bureaux, et qui informaient le public des amendements occultes, de l'éloquence à huis clos de l'honorable monsieur tel ou tel, trop modeste pour se risquer en public ! Où sont-ils ? Ils ont vécu ce que vivent les roses et... les républiques. Pour en finir avec ces grandeurs déchues, ajoutons que la salle des Pas-Perdus a pour succursales deux longs vestibules latéraux, dont l'un vit luire longtemps le lampion démocratique, cette précieuse conquête du 24 février. Jusqu'en 1848, il avait été interdit de fumer dans l'intérieur du Palais-Bourbon : mais cette prohibition rigoureuse tomba en même temps que le gouvernement de Juillet. Pendant la durée des deux législatures de la République, la liberté du cigare a été consacrée, et le droit de combustion proclamé dans ce vestibule qui conduit au jardin de la Présidence. Longtemps un nuage de latakié, de maryland et même de tabac national a parfumé cette atmosphère conquise par la révolution : je ne sais si aujourd'hui messieurs les députés au Corps législatif se donnent de pareilles licences.

Le salon de la Paix, ouvert sans trop de précautions à une foule de visiteurs, était peu propre aux délibérations particulières des représentants; ils ne s'y trouvaient pas chez eux. L'intérieur du palais est bien vaste, il est vrai, et on y rencontre un assez grand nombre de recoins, de salles inutiles, de couloirs obscurs pour pouvoir se réunir en petit comité, et discuter de choses qu'on ne veut pas rendre publiques. C'est aussi ce qui avait lieu jadis ; et aujourd'hui sans doute, quoique une obscurité profonde couvre les actes du dernier héritier des assemblées parlementaires. Partout, dans le salon du roi, dans la salle de marbre, à la bibliothèque, au vestiaire, à la buvette même, on entendait retentir la politique : il n'était coin si reculé où l'on pût trouver un abri contre l'éloquence des ministres et de leurs agents, empressés

La salle des conférences.

auprès des membres douteux de la majorité et de l'opposition. Entre tous ces diminutifs de la salle des séances, le plus remarquable était et est encore la *salle des conférences*, où non-seulement chacun était libre de conférer, mais encore de se promener, de se chauffer, de lire les journaux et de faire sa correspondance. Cette salle, assez vaste et de forme carrée, est éclairée par le haut au moyen d'un vitrage ; dans le fond se trouve une vaste cheminée vert de mer, surmontée de deux statuettes accroupies, œuvre de M. Moine. Tout à l'entour règnent des divans ; au milieu se trouve une table immense avec un grand tapis, toujours couverte de journaux et de papiers de toute sorte. La décoration, dont M. Heim est l'auteur, quoique exécutée avec goût, ne peut se comparer aux splendeurs du salon de la Paix. Deux grands tableaux, ni mieux ni plus mal que tous les tableaux de commande, en font le principal ornement : l'un représente Louis le Gros et l'abbé Suger, entourés de ministres et d'hommes de loi, qui sont en train de rédiger les ordonnances relatives à l'affranchissement des communes ; l'autre montre Louis XII présidant une des premières séances de la chambre des comptes. Ces deux pages, plus ou moins conformes à la vérité historique, ont l'intention de personnifier l'établissement de la liberté civile et l'ordre établi dans les finances. Une autre peinture représente Charlemagne faisant lire devant ses hommes d'armes et ses évêques le recueil des *Capitulaires* ; un quatrième rappelle la publication des ordonnances de saint Louis, au milieu des applaudissements du peuple. Le roi se trouve à un balcon de son palais, voisin de la Sainte-Chapelle. En outre, les inévitables allégories de la Prudence, de la Justice, de la Vigilance et de la Force, peintes sur fond d'or, servent à donner conseil aux députés qui les regardent ; l'artiste a mis encore sous leurs yeux, comme modèles, des médaillons offrant le portrait de l'Hospital, de Montesquieu, de Suger, de Sully, de Colbert, etc. Enfin nommons les huit figures qui sont aux angles : l'*Agriculture, les Arts, les Sciences, l'Industrie, le Commerce, la Marine, la Paix* et *la Guerre*.

CHAPITRE XXXVIII. — LE LONG DE LA SEINE (Suite).

En voilà assez pour les diverses salles qui précèdent l'amphithéâtre où se sont débattues pendant si longtemps les destinées de la France : ce sont, à proprement parler, les coulisses du théâtre parlementaire et politique. Toutefois, avant de monter sur la scène et de parler de la salle des séances dont nous donnons ici une reproduction fidèle, il ne faut pas oublier quelques lieux moins apparents, dont l'influence et l'importance ne sauraient être contestées. La bibliothèque d'abord, où les représentants de la France sous les divers régimes, sont allés tour à tour puiser des ressources oratoires, des preuves, des *voies et moyens* ; la bibliothèque où vinrent s'inspirer les *doctrines* de l'opposition libérale et mitigée de la Restauration, et le républicanisme un peu rétrospectif de la Montagne de 1848 ; la bibliothèque, qui, avec une impartialité rare et digne d'éloges, a prêté indifféremment ses richesses aux royalistes purs, aux constitutionnels, aux opposants radicaux et aux socialistes de toutes les écoles. Les anciens avaient donné aux collections de livres cette inscription pompeuse de : « Trésor des remèdes de l'âme. » A côté de ce trésor un peu immatériel, qui ne saurait suffire aux besoins d'une assemblée politique, les architectes du palais législatif ont jugé convenable d'en établir un autre plus positif, capable de réconforter le corps aussi bien que l'intelligence, et qui renouvelât les forces dépensées dans les luttes oratoires. On voit qu'il s'agit de la buvette. La buvette et la bibliothèque, tels sont, ou, pour mieux dire, tels étaient les deux fortifiants de l'éloquence parlementaire : les députés ont également besoin de recueils de statistique pour nourrir les arguments et de boissons excitantes ou rafraîchissantes, suivant la saison, pour calmer leur fougue oratoire ou pour acquérir une nouvelle énergie. Les historiens étudieront un jour l'utilité et l'importance de la buvette, considérée dans ses rapports avec les lois et les amendements : cette institution, éminemment hygiénique et philanthropique, ne date cependant que de l'Empire. Les députés au corps législatif de ce temps-là s'y consolaient apparemment de ne pouvoir discuter. Il existait autrefois, témoin Racine, une buvette auprès du Palais de justice, et la défunte épouse de Perrin Dandin, la pauvre Babonnette, l'a illustrée, de même que les serviettes qu'elle en emportait lorsqu'elle était obligée de quitter les plaideurs *les mains nettes* ; mais sans doute la buvette fut au nombre des traditions détruites d'un passé que la Convention avait aboli, et cela nous prouvera une fois de plus quelle chose terrible fut la révolution : il faut que tout soit renversé et bouleversé pour qu'un dé-

Chambre des députés sous le gouvernement de Juillet.

puté, discourant ou écoutant, oublie de se rafraîchir.

La buvette nous ramène à ces fameux dîners politiques et ministériels, immortalisés par Béranger, auxquels, dit la tradition, les ministres durent si longtemps des majorités dociles et bien disciplinées. En supposant même qu'il y ait quelque vérité dans cette accusation qui n'a épargné aucun gouvernement, on doit convenir d'une chose : c'est que les *ventrus* des divers régimes n'ont pas fait les affaires du pays beaucoup plus mal que les députés indépendants, qui se drapaient dans l'austérité de leur vertu. Piet, de gastronomique mémoire, fut longtemps le restaurateur en titre des majorités. La truffe du Périgord jouait un rôle influent dans les agapes des élus des départements, et ce noir tubercule fit déposer plus d'une boule blanche dans l'urne législative du palais Bourbon. A cette époque se rapporte le mot fameux du général Foy, qui divisait la chambre de son temps entre deux sortes de gens : ceux qui prennent et ceux qui comprennent. Et malgré ces abus, malgré le développement excessif de la buvette et du restaurant législatif, qui s'étaient surajoutés à l'antique et classique verre d'eau sucrée, les chambres où abonda le plus la race des *ventrus* et des *centriers* furent les plus fécondes en orateurs : elles eurent la gloire de faire entrer la France dans les voies de la libre discussion, hors de laquelle, on croyait hier encore qu'il n'y a point de salut pour la France.

Parlons encore du vestiaire. On a eu longtemps chez nous l'engouement du costume officiel. Les triomphes militaires du temps de la République et de l'Empire avaient mis à la mode les uniformes guerriers : le Corps législatif lui-même, malgré ses fonctions pacifiques, reçut un habit brodé d'or et d'argent, une épée, un chapeau d'ordonnance analogues à ceux des officiers généraux. La Restauration modifia ce costume, sans oser le supprimer. A la révolution de Juillet, le vestiaire devint inutile ; il resta fermé pendant dix-huit ans, ou du moins n'offrit d'asile qu'aux chapeaux de castor et aux paletots plus démocratiques de la bourgeoisie et de l'aristocratie industrielle. En 1848, le gouvernement provisoire décréta pour les futurs représentants le gilet à revers et les autres accessoires plus ou moins arriérés qui composaient le costume des conventionnels de 1793 ; cette mesure ne fut pas adoptée, et c'est à peine si l'on vit quelques purs se distinguer par cette mise empruntée à un autre siècle. Cependant il s'est attaché à quelques costumes excentriques d'alors une célébrité qui n'est pas oubliée : on se souvient encore de la veste ronde du portefaix de Marseille et du fameux chapeau du préfet de police du gouvernement provisoire. De nos jours, le nouveau Corps législatif, héritier des traditions impériales, a reçu un costume brillant de broderies et d'argent, qui se distingue à peine de celui du Sénat.

Dans l'ancien palais Bourbon, les nécessités parlementaires ont exigé successivement la construction de plusieurs salles, destinées aux séances des chambres, sans compter les divers salons intérieurs qui existaient probablement du temps des princes de Condé. La chambre où siégea le conseil des Cinq-Cents, puis le Corps législatif de l'Empire, demanda de nombreuses appropriations pour recevoir les députés de la Restauration. En 1830, cette salle insuffisante et menaçant ruine fut remplacée par une salle en bois, construite dans le jardin, au grand déplaisir de ses hôtes ailés et chantants, qui durent porter ailleurs leurs nids et leurs ramages. C'est dans ce lieu que Louis-Philippe vint, le 9 août, prêter serment à la charte, qu'on appela plus tard charte *bâclée*, et recevoir celui des députés et des pairs de France.

La construction de la salle définitive ne fut terminée que le 21 novembre 1832. Elle mérite une description plus détaillée, car c'est celle qui aujourd'hui sert, avec quelques modifications, aux séances du Corps législatif. Elle forme un hémicycle. Le bureau du président, assisté de deux secrétaires, attire d'abord les regards; au-dessous se trouvait la tribune, qui a été remplacée par une sorte de bureau; aux deux côtés de la tribune, les pupitres des sténographes du *Moniteur*. Le tableau représentant le serment du 9 août, qui domine le siège du président, a été provisoirement voilé; il est flanqué parallèlement de deux statues, figurant l'une la Liberté, l'autre, l'Ordre public, à la place desquelles s'élevaient, sous la Restauration, six effigies de héros et de législateurs, que nous avons retrouvées dans l'intérieur des salles fermées au public. Les

Ancienne tribune des journalistes à la Chambre des députés.

Sonnette du président de la Chambre des députés.

sièges des députés, disposés circulairement et en amphithéâtre, se composent d'une banquette garnie de velours et rembourrée: des séries de gradins servant de communication, rayonnent à partir de l'hémicycle central jusqu'au couloir qui fait le tour de la salle. Chaque membre a devant lui un pupitre fermé, sur lequel il écrit ou s'appuie, et où il serre sa correspondance et le couteau à papier parlementaire. Les tribunes, embrassant le pourtour de la salle, sont garnies de drap rouge; elles se divisent en compartiments: tribune du pouvoir exécutif, du corps diplomatique, du conseil d'État, des anciens députés, etc. La tribune publique renferme peu de places; on y arrive au moyen de billets qui sont distribués à chaque député; une autre tribune publique est ouverte au premier occupant, et ne contient qu'un petit nombre de places. Jadis la tribune des journalistes était un véritable pouvoir: députés de l'opinion, ayant aussi leur droite, leur gauche et leur centre, silencieusement rapprochés dans un étroit espace et réunis par une sorte de trêve de Dieu, ils laissaient à la porte leurs souvenirs et leurs inimitiés, quelque violente que dût être la bataille du lendemain, et quelque acharnée qu'eût été celle de la veille. Ils étaient là comme les yeux attentifs de la France, observant ses représentants, comme les mille voix mobiles de l'opinion publique et de la patrie. De nos jours, le Corps législatif est accessible aux journalistes, comme à tous les autres citoyens; mais il est interdit de rendre compte des séances, de les discuter et de les faire connaître aux lecteurs autrement que par le procès-verbal signé du président.

Du temps de l'ancienne chambre des députés, on montrait aux visiteurs certaines curiosités parlementaires, dont il n'est plus question ici que pour mémoire : la tribune, avec son bas-relief représentant l'Éloquence, la Vertu ou toute autre allégorie patriotique; le verre d'eau sucrée où venaient puiser tour à tour ministres et députés, centriers et membres de la gauche; la sonnette du président destinée à rétablir l'ordre et à imposer silence à cette classe d'écoliers politiques. Cette sonnette fut remplacée plus tard par un timbre sonore, dont le retentissement dominait à peine les tumultueuses conversations des 750 représentants de la législative. Enfin, on conduisait les curieux sur divers points, et principalement au pupitre où l'honorable M. Berryer avait sculpté avec patience, pendant le cours de plusieurs législa-

tures, une foule d'arabesques et d'ornements de fantaisie. Il est de notre devoir de conserver à la postérité un échantillon des travaux artistiques de ce Démosthènes du parti légitimiste.

Chacune des séances de ce temps-là avait sa physionomie distincte: tantôt agitées, passionnées, sombres, concentrées, le plus souvent calmes, assoupies, tranquilles, suivant la nature des questions. Cependant il y avait encore une certaine uniformité au sein même de cette variété; les traits fondamentaux ne se modifiaient guère, et l'on peut placer au premier rang le manque de tenue de l'assemblée. Au commencement des séances surtout, la chambre ressemblait un peu à une classe d'écoliers indociles : le tintement de la sonnette et les cris des huissiers : « Silence, messieurs! » réussissaient difficilement à rétablir une apparence d'ordre et de tranquillité. Pourtant, lorsque, sous la monarchie de 1815, avaient lieu de ces discussions solennelles où les Foy, les Benjamin Constant, les Périer, élevaient la voix et combattaient des ministres comme Lainé ou Villèle, les chambres *introuvables* se taisaient : malgré son énergie, l'orateur obtenait le silence et l'attention, sinon l'approbation universelle, et le bruit de ces débats majestueux se répandant au dehors, gagnait de proche en proche la capitale, la province et l'étranger. Le gouvernement de Juillet lui-même, quoique plus positif et plus pratique, compta aussi bon nombre de ces solennités oratoires. Aujourd'hui que le système parlementaire a cessé d'être en vigueur, et qu'il est encore trop voisin de nous pour que l'histoire puisse apprécier ses résultats et le juger, nous bornons à rappeler ces luttes mémorables où les combattants se nommaient Casimir Périer et Odilon Barrot, Thiers, Guizot, Villemain; la discussion relative aux fortifications de Paris, la loi sur l'instruction publique, la question d'Orient, une foule d'autres, réveillèrent souvent les

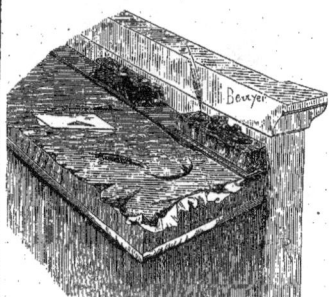

Pupitre de M. Berryer, à la Chambre des députés.

échos du palais législatif. Plus d'une fois même la voix de l'émeute vint retentir au dedans de l'enceinte où s'élaboraient les lois; elle y trouvait une émeute intestine qui venait assaillir les ministres sur leurs bancs et à leur tribune. C'est au milieu d'un de ces orages que M. Guizot prononça ces paroles plus élevées que justes : « Vos insultes n'atteindront jamais à la hauteur de mes dédains ! »

Outre ces jours de tempêtes et d'émotions, qui avaient le privilége de surexciter la foule et d'animer la polémique des journaux, la chambre des députés avait ses fêtes et ses grandes cérémonies; je parle des lectures des discours de la couronne. Le cérémonial qui accompagnait ces solennités était un souvenir de l'ancienne royauté, et de ses rapports avec les anciens états généraux et les assemblées élues par la nation. Ce n'est pas ici le lieu de le décrire en détail; citons seulement quelques dates importantes, se rapportant au palais Bourbon actuel.

Le 4 juin 1814, Louis XVIII se rendit au Corps législatif. Deux des pairs ecclésiastiques et six des pairs laïques furent placés sur les banquettes, au-dessous et de chaque côté du trône. Le reste de la Chambre des pairs et de la Chambre des députés tout entière prirent place en face du trône et circulairement. L'assemblée, à l'arrivée du roi, était debout et découverte. Le roi s'assit et se couvrit, et invita d'un signe toute l'assemblée à suivre le premier de ces exemples.

Le 7 juin 1815, Napoléon vint procéder, avant de partir, à l'ouverture des Chambres. Nulle distinction ne fut établie entre les pairs et les députés, et le grand maître des cérémonies, sur l'ordre de l'empereur, invita dans les mêmes termes les uns et les autres à s'asseoir.

En octobre de la même année, Louis XVIII, rentré pour la seconde fois, ouvrit les Chambres de nouveau à son tour. Cette fois, bon nombre des anciens usages furent rétablis, et ils continuèrent à être observés pendant toute la Restauration. La veille du jour fixé pour l'ouverture, le 6 octobre, une messe du Saint-Esprit fut célébrée à Notre-Dame, à laquelle assistèrent les deux Chambres. Le lendemain, 7, un cortège nombreux et brillant suivit le roi au Palais-Bourbon. M. le chancelier eut un carreau placé au pied du trône. En face étaient les pairs, et derrière eux les députés. Le roi ordonna aux pairs de s'asseoir, et M. le chancelier en donna, dit *le Moniteur*, au nom de Sa Majesté, la permission aux Députés. — Un membre de la Chambre des Députés, appelé à prêter le serment, demanda à prendre la parole. M. le duc de Richelieu, président du conseil des ministres, s'approcha aussitôt du roi, prit ses ordres et dit : « L'usage immémorial de la monarchie ne permet pas, dans de semblables circonstances, de prendre la parole en présence du roi sans la permission de Sa Majesté : Sa Majesté ordonne que l'appel nominal soit continué. » — Lorsque les infirmités de Louis XVIII lui eurent, en quelque sorte, rendu la locomotion impossible, la séance d'ouverture des Chambres ne se tint plus au Palais-Bourbon, mais dans une grande salle du Louvre, côté de l'horloge. Le roi, placé dans un fauteuil, était ainsi poussé tout le long de la grande galerie du Musée et de la galerie d'Apollon, et arrivait sur roulettes jusque sur l'estrade destinée à porter son fauteuil.

Ancienne tribune des orateurs à la Chambre des députés.

Du reste, si le cortége et les formalités de réception se trouvaient ainsi supprimés, les autres lois de l'étiquette n'en étaient pas moins rigoureusement observées.

Sous le règne de Charles X, elle demeura la même, et les députés continuèrent à porter un habit bleu, boutonné droit, à collet et parements brodés en argent, tandis que les pairs étincelaient dans un costume et sous un chapeau à la Henri IV que l'on admire encore dans les jours gras.

La quasi-démocratie inaugurée en 1830 sous le titre de gouvernement constitutionnel, et *comme la meilleure des républiques*, simplifia beaucoup l'appareil à demi féodal qui présidait à l'ouverture des Chambres. La messe du Saint-Esprit fut supprimée; les Chambres s'asseyent en même temps que le roi, et écoutèrent à l'aise, chapeau en tête, les promesses et le programme du pouvoir exécutif : on sait que l'adresse du roi et l'adresse de la Chambre ont joué un grand rôle dans les assemblées législatives de 1830 à 1848. Cette dernière date nous annonce l'apparition d'un ordre de choses nouveau : le Palais-Bourbon cesse d'appartenir à la monarchie de Juillet, et va donner asile aux débats de la Constituante et de la Législative.

La révolution de Février, qui éclata tout à coup au milieu des paisibles discussions de la Chambre des députés, choisit le Palais-Bourbon pour théâtre d'un de ses principaux épisodes. Ce sera une page dramatique dans nos annales que le récit de cette invasion soudaine d'une assemblée en train de discuter sur un chemin de fer mis la veille à l'ordre du jour; l'annonce imprévue de l'abdication du roi, l'arrivée de la régente, du nouveau souverain, de ses oncles et tuteurs. Et au moment où la Chambre allait reconnaître le jeune roi, la foule qui se précipite armée, furieuse, qui achève de détruire cette monarchie ébranlée, et qui élève la République sur ses débris.

La date du 24 février est aussi mémorable dans l'histoire du Palais-Bourbon que dans celle de la France. La salle, construite par M. Joly, demeura fermée jusqu'en 1852; elle perdit la tribune, qui fut transportée dans le local où la République appela ses neuf cents représentants; elle en a été chassée depuis, et elle a disparu de nos institutions.

Le gouvernement provisoire tenait ses séances à l'Hôtel de ville, où nous l'avons déjà rencontré; il s'occupa de ses successeurs et fit construire pour eux, dans l'ancien palais Bourbon, une salle immense qui remplissait presque entièrement la cour du côté de la place de Bourgogne. Cette salle, de la forme d'un parallélogramme, n'offrait à l'extérieur aucun ornement contraire à l'austérité républicaine : une façade en planches badigeonnées, avec quelques grossières peintures, représentant la Liberté, l'Égalité, la Fraternité; des trophées d'armes, et en dessous l'Agriculture et le Commerce, exécutées en grisaille, voilà tout. L'intérieur, aussi simplement décoré, était disposé autrement que l'ancienne Chambre. Vers l'un des petits côtés du parallélogramme s'élevait l'estrade du président, enfoncée dans une sorte d'hémicycle, dont les parois étaient ornées de quelques trophées en grisaille et du chiffre de la République, R. F., plusieurs fois répété. Un peu plus bas le bureau des secrétaires et encore au-dessous, la tribune, à laquelle on arrivait par un double escalier. Devant la tribune se trouvait un hémicycle assez vaste, limité, d'un côté, par le banc des ministres, de l'autre, par le banc de la commission. Le fauteuil de M. Sabathier-Laroche était isolé sur l'un des côtés : cette distinction avait été accordée à l'infirmité de ce représentant, atteint de paralysie. Les banquettes se trouvaient rangées parallèlement à droite et à gauche, et circulairement dans le fond; elles étaient garnies de velours vert, et le dossier de chacune formait pupitre. Il régnait à l'entour de la salle deux étages de tribunes : le premier étage, occupant tout le circuit, était divisé en plusieurs compartiments : tribunes publiques avec billets, tribunes du conseil d'État, du pouvoir exécutif, du corps diplomatique, des anciens représentants, des officiers de la garde nationale et des journalistes. Le second étage, qui n'existait que sur les deux extrémités, comprenant la tribune ouverte au public sans billets, et la tribune des gardes nationaux de service. Je ne dois pas oublier les fenêtres, situées à quelque trente pieds de hauteur : la prévoyance des architectes avait cru sans doute rendre impossible un nouveau 18 brumaire !

Cette salle provisoire a vu les débats de l'Assemblée constituante et de l'Assemblée législative : si j'écrivais une histoire, au lieu d'un livre simplement descriptif, il me serait aisé de remplir des volumes avec les épisodes tour à tour tragiques ou bouffons qui se sont succédé dans son enceinte. Il en est peu d'aussi dramatiques que la violation de l'Assemblée, le 15 mai 1848. Empruntons le récit d'un contemporain : « Les membres des clubs, se précipitant vers les issues du palais, et escaladant les murs des jardins, parviennent à s'introduire dans l'enceinte, malgré quelques efforts tentés pour les en empêcher. Les tribunes sont envahies par des hommes portant des drapeaux tricolores, des bannières de clubs ou de corps d'état, et même des branches d'arbre. La plus grande agitation règne dans la salle à la suite de cet envahissement.

« Les représentants demeurent calmes et impassibles sur leurs bancs. M. Barbès paraît à la tribune et veut parler : un grand nombre de représentants s'y

Vue extérieure de la salle provisoire de l'Assemblée nationale en 1848.

opposent et lui adressent de vives interpellations. Des cris de : *Vive Barbès !* partent des tribunes ; le tumulte continue, et l'on entend au dehors l'explosion d'une arme à feu. Cet incident, dont la cause est ignorée, fait naître une certaine stupeur dans les tribunes, tandis que les représentants conservent leur immobilité.

M. Raspail s'efforce de lire une pétition en faveur de la Pologne; mais le désordre est à son comble; M. Raspail commence, et il n'a pas achevé la première phrase qu'un jeune représentant, M. d'Adelsward, s'écrie : « De quel droit ose ici parler le citoyen Raspail ? » Cette interpellation suscite un orage terrible. Des hommes du peuple qui se tiennent dans le couloir central se précipitent le poing levé vers le courageux interrupteur ; mais tous les représentants du côté droit se lèvent et, luttant avec les factieux, les empêchent d'arriver jusqu'à M. d'Adelsward.

Le tumulte continue : plusieurs citoyens étrangers à la tribune s'en emparent successivement. On distingue MM. Sobrier, A. Blanqui, Hubert, de Flotte. Les cris de : « Vive la Pologne ! vive Louis Blanc ! Non ! Lamartine ! » empêchent d'entendre la voix des orateurs. Tout à coup s'élève le cri : « Le peuple demande un ministère du travail ! » A ce moment, plusieurs personnes s'emparent de la tribune des sténographes ; malgré quelques paroles de Ledru-Rollin, le désordre reprend une nouvelle force : les propositions se croisent en tous sens, enfin Hubert monte sur le rebord de la tribune, et s'écrie d'une voix retentissante : « Au nom du peuple, je déclare l'Assemblée nationale dissoute. »

Au milieu de cette immense scène de confusion, la plupart des représentants, écartés les uns des autres par les factieux, qui les serrent pour ainsi dire de toutes parts, se lèvent et gagnent les issues. Une partie de la foule, accompagnant MM. Barbès, Blanqui, Sobrier, de Flotte et quelques autres, se rend avec eux à l'Hôtel de ville : le reste escalade les tribunes, le bureau, la tribune des orateurs, les bancs des représentants, en jetant des cris tumultueux dont on ne saurait même saisir le sens.

Quelques heures s'écoulent. Tandis que les clubistes proclament un gouvernement provisoire à l'Hôtel de ville ; ceux qui demeurent maîtres de l'Assemblée en proclament un autre de leur côté. Cependant la garde nationale et la garde mobile se réunissent, grâce à M. Clément Thomas et à quelques autres ; un bataillon pénètre dans la salle, expulse les factieux, et la séance reprend à six heures et demie. Ce fut une séance des plus pittoresques: gardes nationaux, gardes mobiles, représentants étaient confondus dans la salle et assis sur les mêmes banquettes. »

On peut encore citer, parmi les séances les plus remarquables, celle qui dura *soixante heures*, pendant les événements de juin.

L'Assemblée législative, dont la durée fut de près de trois ans, offrira, elle aussi, bien des débats remarquables, mais ils appartiennent à l'histoire du gouvernement parlementaire, et ce gouvernement est encore trop près de nous. D'ailleurs les circonstances ne permettent pas de juger le système qui a régné en France de 1815 à 1852. Si l'on a pu lui adresser quelques reproches, on ne saurait aussi contester les services qu'il a rendus au pays. Plus tard, le temps arrivera de rendre justice à chacun selon ses mérites, et d'apprécier ce qu'ont fait les divers gouvernements que nous avons vus se succéder.

Après le 2 décembre 1851, la salle connue sous le nom de *salle de carton* fut démolie. La vente des matériaux s'éleva environ à quarante mille francs. Plus tard, les députés au Corps législatif vinrent se réunir dans l'ancien amphithéâtre, qui n'avait subi que quelques indispensables modifications. Rien d'important n'a encore signalé la nouvelle assemblée.

L'organisation intérieure des anciennes assemblées législatives mérite quelques détails, à titre de curiosités. L'élection nommait d'ordinaire le président, les vice-présidents, les secrétaires et les questeurs, chargés de maintenir l'ordre dans l'assemblée, d'en diriger les délibérations, d'en constater les résolutions, etc. Ceci regardait principalement la partie matérielle.

Pour élaborer les lois, quand il n'y avait pas question d'urgence, la Chambre nommait des commissions qui se livraient, dans l'intérieur des bureaux, à une discussion préparatoire, et chargeaient ensuite un rapporteur d'être l'organe de leur opinion. Les propositions et les amendements émanaient soit du gouvernement, soit de l'initiative de chaque membre. Dans les questions épineuses, ou pour la confection des lois organiques, on avait d'ordinaire recours au conseil d'État, qui était chargé de préparer et d'élucider le travail. L'ensemble des dispositions relatives à la police intérieure de la chambre, aux droits et aux devoirs de ses membres, aux peines disciplinaires qu'ils pouvaient encourir, etc., formait un règlement qu'on arrêtait à l'ouverture de chaque session. Indépendamment de cette espèce de code, il existait une sorte de tradition parlementaire, à laquelle le président

Violation de l'Assemblée nationale par l'émeute, le 15 mai 1848.

avait recours dans les cas non prévus par le règlement.

Les principaux incidents qui pouvaient se produire dans les séances étaient les interpellations, les rappels à l'ordre, les explications relatives à un fait personnel, etc. Les interpellations avaient le privilège d'attirer les curieux et d'émouvoir le public des tribunes : c'était le grand écueil des ministres, obligés de répondre aux questions indiscrètes et aux reproches de l'opposition, sans pouvoir souvent lui fermer la bouche. Les rappels à l'ordre, première peine disciplinaire portée contre les interruptions, occasionnaient d'ordinaire un débat particulier; le membre atteint de ce rappel à l'ordre avait le droit de s'expliquer et de se défendre à la fin de la séance, et, sur ses excuses, le président retirait la peine ou la maintenait. Enfin, tout député mis en cause, directement ou indirectement, par l'orateur qui occupait la tribune, ou qui avait à se plaindre d'un acte qui l'intéressait personnellement, obtenait la parole pour un fait personnel. Outre les rappels à l'ordre, le président avait le droit d'ordonner l'inscription au procès-verbal, et d'interdire le député récalcitrant pour quelques jours.

Il y avait trois manières de reconnaître les volontés des assemblées. Les deux premières, connues de toute antiquité, étaient le vote par *main levée* et le vote par *assis et levé*. Sur l'invitation du président, les partisans d'une mesure proposée ou d'un article mis en discussion se levaient ou, étendaient les bras. Ordinairement on procédait à la contre-épreuve, et l'on invitait les opposants à manifester de la même manière leur sentiment. Le président annonçait le vote, après avoir pris l'avis du bureau. Lorsque cette première épreuve ne donnait qu'un résultat douteux, ou lorsqu'il s'agissait de prononcer sur l'ensemble d'une loi et de prendre une décision importante, les assemblées votaient au scrutin. Le mécanisme du scrutin a varié plusieurs fois. Dans les anciennes chambres, chaque député, muni d'une boule blanche et d'une boule noire, venait, à l'appel de son nom, la déposer dans l'urne : la couleur indiquait son acceptation ou son refus. Les membres des deux assemblées de la République reçurent, au lieu de boule, des bulletins blancs et bleus, l'un affirmatif et l'autre négatif, qui portaient le nom des représentants auxquels ils étaient remis. De la sorte, en dépouillant le vote, on constatait non seulement les opinions, mais encore le sentiment individuel de chacun, et l'ensemble de ces votes, publiés dans le *Moniteur*, donnait aux électeurs un résumé exact de la conduite du mandataire. Le scrutin avait lieu, soit par l'intermédiaire des huissiers, qui portaient les urnes de place en place, soit à la tribune, pour plus de solennité. Lorsque l'assemblée ne semblait pas en nombre, c'est-à-dire composée au moins de la moitié de ses membres, on procédait à l'appel nominal pour constater les absents. Le Corps législatif actuel, qui, comme nous le disions plus haut, siége dans la même salle que l'Assemblée législative sous le gouvernement de Juillet, a conservé un certain nombre de ces dispositions, sauf ce qui concerne l'initiative parlementaire, qui a été retirée aux nouveaux députés.

Il reste, pour être complet, à dire quelques mots sur les conditions de l'éligibilité aux diverses phases du régime parlementaire, et les travaux relatifs à l'élection des députés, à leur installation, et aux vérifications de pouvoirs.

J'ai déjà dit que le conseil des Cinq-Cents inaugura la nouvelle existence du palais Bourbon, comme siége du pouvoir délibératif en France. Ce conseil, dont les membres étaient nommés par les citoyens payant une certaine quotité d'impôts directs, avait pour mission de proposer les lois : le conseil des Anciens approuvait ou repoussait les propositions. Par suite de la constitution du 22 frimaire an VIII, le Corps législatif, composé de deux cents membres seulement, n'eut plus en quelque sorte qu'à élucider et à discuter les lois, qui lui arrivaient déjà présentées par le pouvoir exécutif et travaillées par le conseil d'État. Le sénatus-consulte organique du 19 août 1807 divisa le Corps législatif en trois sections, et lui donna les attributions du tribunat, qui fut supprimé. Cette assemblée vécut ainsi, sans grande importance, jusqu'à la chute de l'Empire.

La Restauration donna une base plus large à la représentation nationale, en instituant la Chambre des députés. Cette chambre se composa d'abord de trois cent quatre-vingts membres, qui devaient être âgés d'au moins quarante ans, et payer mille francs de contributions directes. Le nombre des députés de chaque département devait être proportionné à sa population, et la moitié au moins des élus devaient avoir leur domicile dans le pays qui les avait nommés. La durée de chaque législature était de cinq ans, sauf le droit qu'avait le roi de dissoudre la Chambre ; le cens électoral était de cinq cents francs.

En 1830, la plupart de ces dispositions furent respectées : seulement on éleva le nombre des députés à quatre cent cinquante-neuf ; le cens électoral fut rabaissé à deux cents francs, et le cens d'éligibilité à cinq cents francs. En outre, l'âge légal fut trente ans, au lieu de quarante. Comme dans la précédente organisation, il fallait un minimum de cinquante électeurs dans chaque collège ; à défaut de ce nombre d'électeurs, on le complétait au moyen de ceux qui

Salle d'assemblée du Corps législatif actuel.

étaient le plus imposés au-dessous de deux cents francs.

La révolution de Février éclata aux cris de : Vive la réforme ! Depuis longtemps, en effet, l'opposition, appuyée d'ailleurs de l'opinion publique, demandait une nouvelle réduction du cens électoral et l'adjonction d'un plus grand nombre de capacités ; sur le refus du pouvoir, une révolution éclata et installa le suffrage universel. Désormais il n'y eut plus de condition pour être électeur que la majorité légale ; pour être éligible, que l'âge de vingt-cinq ans. L'élection était validée, pourvu que le quart au moins des électeurs inscrits eussent pris part au vote, et que l'enquête n'eût révélé aucune violence ou aucun acte de mauvaise foi capable de dénaturer le scrutin. L'Assemblée constituante et l'Assemblée législative furent élues sous l'empire du suffrage universel. Une loi portée par cette dernière restreignit le suffrage universel par l'exclusion de *trois millions* d'électeurs, auxquels elle décernait assez gratuitement le nom de gens sans aveu, de vagabonds, de *vile multitude* ; mais cette loi ne fut appliquée que dans des élections partielles. Enfin, la révolution du 2 décembre, et la constitution qu'elle a produite, ont rétabli le suffrage universel, qui semble désormais une nécessité. Le Corps législatif actuel, reproduction du Corps législatif de l'Empire, est issu du suffrage universel.

Avant de quitter le Palais-Bourbon, il y a diverses parties à signaler qui, malgré leur importance réelle, ne méritent dans le plan de ce livre qu'une mention rapide : les salles où se réunissaient les bureaux, et la bibliothèque, par exemple. Cette dernière, riche de quatre-vingt mille volumes, est admirablement éclairée et disposée : ses aménagements intérieurs sont dignes de servir de modèle à tous les établissements de ce genre.

Enfin, en sortant du palais législatif proprement dit, et en examinant les anciennes dépendances de l'hôtel de Condé, nous découvrons une belle et vaste maison, précédée d'un riant jardin, et toute brillante encore de nouveauté. C'est l'hôtel de la Présidence, cet hôtel que M. Sauzet avait fait réparer et orner avec amour, pour qui ?... pour MM. Buchez, Sénart, Marie, Armand Marrast, qui n'y firent qu'un séjour de peu de durée, et pour M. Dupin, qui vient de le céder au président actuel du Corps législatif. Et, si ce n'était terminer par un souvenir bien triste, je signalerais encore l'hôtel de la trop célèbre madame de Feuchères, situé derrière le jardin de la Présidence.

FIN DU TOME PREMIER.

TABLE

DES GRAVURES ET DES MATIÈRES CONTENUES DANS LE PREMIER VOLUME.

GRAVURES.

A

Abbé (un) sous la régence. 255.
A besoin d'une commande (un bas-bleu de la palette). 290.
Abreuvoir (l') au marché aux Chevaux. 156.
Affiche (l') des condamnations. 240.
Afficheur (l') officiel. 43.
Agioteur (l') en plein vent; cent sous pour 5 fr. 50 c. 43
Agioteur (l') (1793). 317.
A joué la fille d'honneur à la salle Chanterreine (une actrice du quartier Bréda). 123.
Allée des Orangers aux Tuileries. 304.
Allemande (l'), danse de 1795. 317.
Alpaca (l'), mouton du Pérou. 180.
Amphithéâtre (l') des cours au Jardin des plantes. 184.
Anatomie comparée; étudiant et étudiante. 94.
Ancien marché Borine-Nouvelle. 141.
Ancienne tribune des journalistes à la Chambre des députés. 378.
Ancienne tribune des orateurs à la Chambre des députés. 379.
Antichambre de la police correctionnelle (le violon). 233.
Antinous au Bacchus, au Louvre. 285.
Après le bain. — Bains froids des dames. 202.
Arc de triomphe de l'Étoile. 1, 2, 3.
Archevêque (l') visitant le faubourg Saint-Antoine. 209.
Arracheur (l') de dents sur le Pont-Neuf. 255.
Aspect d'un parloir de collège le jour de la rentrée. 84.
Astronome (l') en plein vent. 245.
Atelier du laminage, découpage, etc., à l'hôtel des Monnaies. 347.
Atelier des presses monétaires à l'hôtel des Monnaies. 340.
Atelier de travail des aliénés à Bicêtre. 108.
Attaché (un); type du bal masqué. 47.
Attelage (l') de chèvres aux Champs-Élysées. 22.
Au café; types. 355.
Auriol au Cirque. 12.
Autruches (les) au Jardin des plantes. 180.
Avant l'audience; types d'avocats. 221.
Aveugle (l') fabricant de chansons. 249.
Avant le bain. — Bains froids des dames. 201.
Avocats. 221.
Avocat (l') à la cour d'assises. 227.
Avocat (l') de police correctionnelle. 229.
Averse (l') dans les rues de Paris; scènes diverses. 70.

B

Badauds (les) sur le quai. 23.
Baigneuses aux bains froids. 202.
Balus Lambert. 201.
Balandras à cullet (1824). 330.
Bal donné à l'hôtel Lambert le 25 janvier 1843. 199.
Bal Mabille. 7 et 8.
Bal de mardi gras à l'Opéra. 46.
Bal (le) de l'Opéra. 49.
Bal de la salle sainte-Cécile. 57.
Balayeurs (les). 32.
Ballo (la) cavalière au collège. 84.
Ban (un) rompu 231.
Bande (un) d'accusés à la Cour d'assises. 230.
Banquet (un) à l'hôtel de ville. 262.
Banquet (le) donné dans la salle de l'Horloge à l'hôtel de ville, le 10 décembre 1850. 264.
Baptistère en marbre blanc à Saint-Germain l'Auxerrois. 295.
Barbier (le) sous l'ancien régime. 255.
Barymètre (le) aux Champs-Élysées. 21.
Baryton (le) des cafés chantants. 361.
Basochien (le). 255.
Dausseresse (la), marchande au Temple. 149.
Bec (le) de gaz de la place du Carrousel. 342.
Berger, enfant. 291.
Bilboquet et sa canne. 127.
Bilboquet fils. 127.
Billes (les), jeu de collège. 84.
Belvédère (le) de l'école des Ponts-et-Chaussées. 349.
Billet (un) moins cher qu'un bureau. 71.
Bibliothèque de la Cour des comptes. 369.
Bibi, chapeau de femme (1833). 333.

Bicêtre. 170.
Boîte (la) aux lettres chez l'épicier. 130.
Boîte (la) aux lettres nouveau modèle. 130.
Bonnet en gueule de loup (1787). 312.
Bonnet à la marinière (1787). 312.
Bonnet aux trois ordres réunis (septembre 1789) 311.
Bonnet turban (1787). 311.
Bords (les) du canal Saint-Martin. 78.
Bosquet (un) au bal Mabille. 8.
Boudoir (le) (1770). 313.
Boudoir (le) en 1852. 338.
Boulevard Beaumarchais. 73, 74, 75, 76.
Boulevard Bonne-Nouvelle. 39, 40, 42.
Boulevard des Capucines, 33 et 36.
Boulevard des Filles du Calvaire. 71, 73.
Boulevard des Italiens. 33, 36, 37.
Boulevard Montmartre. 37-38.
Boulevard de la Madeleine (côtés nord et sud). 29 et 33.
Boulevard Poissonnière (côtés nord et sud). 38, 39, 40.
Boulevard Saint-Denis (côtés nord et sud). 42, 43.
Boulevard Saint-Martin (côté nord). 66.
Boulevard du Temple (côtés nord et sud). 68, 69, 70, 71.
Bouquet (fleur) du lendemain. 154.
Bouquet (le) de la veille. 154.
Bouquetiste et bouquetière. 250.
Boutique (la) à un sou. 250.
Boutique (une) de coiffeur. 30.
Bravos et sifflets sous bande (vie de l'actrice). 108
Brebis d'Abyssinie au Jardin des plantes. 173.
Bretteur (le) sous l'ancien régime. 256.
Brûle-parfums en usage dans les pagodes chinoises. 284.

C

Cab (le). 31.
Cabanon pour les folles furieuses, à la Salpêtrière. 170.
Cabinet d'anatomie comparée, au Jardin des plantes. 94.
Cabinet (le) de figures de cire, sur le boulevard du Temple. 74.
Cache-folie (1810). 324.
Cadet de Gascogne (un); costume de 1750. 256.
Cadran (le) de la tour de l'Horloge, au Palais de justice. 216.
Café Frascati (le) sous le Consulat. 3-9.
Café (le) chez la petite maîtresse. 356.
Café (le) chez la portière. 354.
Café Pierron. 358.
Café de la Régence, à Paris. 357.
Café (le) du matin à la Halle. 140.
Calèche basse à grandes guides. 6.
Calicot (le) (1819). 329.
Calme (le) de la mer au Cirque-Olympique. 119.
Canot (le). 160.
Canot marchant à la godille. 162.
Canot marchant à la voile. 162.
Canotiers. 161.
Canotier (un) à terre. 160.
Capotes à l'anglaise (1801). 321.
Capote de soie (1801). 323.
Caraco et robe à la polonaise (1772). 314.
Caricature de 1778 sur la mode. 310.
Carnaval (le). 44.
Carnaval (le) comparé (1752-1820-1852). 50.
Carrés (des) de fleurs (Jardin des plantes). 173.
Carré de la Forêt-Noire, au Temple. 147.
Carré (le) Marigny, un jour de fête publique. 14.
Carré de Marigny en juin 1848. 19.
Carré du Palais-Royal, au Temple. 147.
Carré (le) (1805). 322.
Cartouche. 236.
Casque à la Clorinde; coiffure de femme (1813). 327.
Cavaliers à pied; sortie des Italiens. 10.
Cèdre (le) du Liban, au Jardin des plantes. 185.
Célébration (la) de la messe dans la Sainte-Chapelle pour l'installation de la magistrature. 224.
Cellule (une) à la maison de détention pour la garde nationale. 188.
Censeur (le) de collège. 82.
Cérémonie d'installation de l'archevêque de Paris. 210.
Châle de Cachemire (1807). 324.

Chalets de la Salpêtrière pour les folles agitées. 170.
Chambre des députés sous le gouvernement de Juillet. 377.
Chambre (une) garnie d'étudiant. 95.
Champ (le) de bataille de Bilboquet. 127.
Chanoinesse (la). 253.
Chanteurs ambulants aux Champs-Élysées. 19.
Chanteurs de café Morel. 15.
Chape de l'archevêque pour la procession. 211.
Chapeau en bateau pour homme (1810). 325.
Chapeau à bateau renversé (1787). 311.
Chapeau à la Bergami (1820). 329.
Chapeau Bolivar pour femme (1818). 329.
Chapeau-bonnette (1786). 312.
Chapeau à la chinoise (1787). 311.
Chapeau à marchande à la Robinson (1811). 325.
Chapeau à la Minerve (1802). 321.
Chapeau en pèlerine (1829). 331.
Chapeaux à la prussienne et à la russe (1814 et 1815). 328.
Chapeau de sparterie (1787). 312.
Chapeau à la Tarare (1787). 311.
Chapeau de velours à liséré (1801). 323.
Chapeau à la Vénus (1802). 321.
Charenton (hospice de). 171.
Chargement (le) de la malle-poste. 131.
Charité (la), fresque de l'église Saint-Germain l'Auxerrois. 291.
Chasse à l'éléphant au fusil. 176.
Chasse à l'éléphant au lacet. 175.
Chasse (la) aux mancreuses. 181.
Chasuble de l'archevêque pour l'office. 211.
Château de Bercy. 165.
Chauffoir (le) commun des détenus, à l'hôtel des Haricots. 188.
Chef (le) de claque. 71.
Chef (le) de claque chez lui. 125.
Chef (le) de claque, Mercadet dramatique. 125.
Chef d'équipe. 161.
Chemin de la Préfecture de police; une vierge folle. 174.
Cheval corse. 159.
Chevaux flamands. 159.
Cheval normand. 159.
Chevaliers (les) du lustre; la claque. 125.
Cheveux à la François Ier; mode d'homme (1810). 325.
Cheveux liés à la Cagliostro (1787). 315.
Cheveux à la neige (1805). 331.
Cheveux à la victime (1802). 322.
Chez Paul Niquet. 138.
Chiens (les) de sauvetage. 163.
Chiffonnier. 249.
Chiffonnière. 249.
Chineurs (les), marchands d'habits. 150.
Ci-devant (les) prix d'honneur. 85.
Cinq étages du monde parisien. 65.
Cirque-Olympique. 119.
Cirque national des Champs-Élysées, vue extérieure. 11 et 12.
Cité (la). 221.
Claque (Mlle), du Théâtre-Français; son buste. 101.
Cochonnet (le), aux Champs-Élysées. 20.
Coiffeur (le) académicien. 310.
Coiffures en cheveux (1803). 321.
Coiffures diverses pour femmes (1810). 328.
Coiffure à l'enfant (1810). 324.
Coiffure frisée en Laitière. 321.
Coiffure à la Titus (1803). 321.
Coiffures de femmes (1837 à 1840). 335.
Coiffure à la Galatée (1821). 330.
Collèges (les); frontispice. 81.
Coffre pour la fermeture des sacs aux dépêches. 134.
Colonne (la) de Daubenton, au Jardin des plantes. 185.
Colonne (la) de la place de la Bastille. 79.
Combat d'Hercule et de Pirithoüs; peinture à l'hôtel Lambert. 197.
Comme on entre au collège et comme on en sort. 85.
Comme on fait son droit. 89.
Comment font-ils donc pour s'amuser tant que ça, là dedans? scène de carnaval. 46.
Commissionnaire. 246.
Conception (la) de la Vierge; tableau par Murillo. 279.

Concert aux Tuileries. 307.
Concert vocal des orphéonistes dans la salle du Cirque des Champs-Élysées. 14.
Conférences du P. Lacordaire, à Notre-Dame. 211.
Contre-marque (la); scène de mœurs. 71.
Conversation sous les arbres, aux Tuileries. 304.
Coq (un) du Mans, ornement de la Vallée. 143.
Corsage à la Vallière (1820). 330.
Costume (nouveau) de l'archevêque. 211.
Costume de bal pour homme (1809). 323.
Costume de bal (1827). 322.
Costume de chasse (1822). 331.
Costume du cheval pour homme (1809). 323.
Costumes des conseillers d'État. 366.
Costumes d'enfants (1833 à 1836). 334.
Costumes en 1787. 309.
Costume d'homme en 1770. 308.
Costume d'homme en 1775. 308.
Costumes d'hommes en 1787. 309.
Costumes d'hommes (1813, 1814, 1815, 1816). 325.
Costumes d'hommes (1837 à 1840). 336.
Costumes d'hommes et de femmes (1799 à 1800). 320.
Costume de femme (1795). 318.
Costumes de femmes (1798-1799). 319.
Costumes des maîtres des requêtes. 366.
Costumes du matin à la boyard (1800). 335.
Coup (un) de filet; arrestation d'une bande de voleurs. 232.
Coup (le) de midi, au Palais-Royal. 68.
Cour du cloître de la sacristie de Notre-Dame. 208.
Cour d'assises de la Seine. 226.
Cours et cellules de Bicêtre. 170.
Criée de la viande de boucherie, au marché des Prouvaires. 141.
Crieurs (les) publics. 240.

D

Dame (la) de comptoir. 362.
Dame (la) d'un habitant de l'île Saint-Louis. 200.
Dame (la) de la halle. 139.
Dame (une) scène de la Saint-Tropez, à la Porte Saint-Martin. 120.
Dans les compagnies (les vrais). 164.
Débitante de la Forêt-Noire; marchande au Temple. 149.
Debureau (ses costumes). 122.
Débutant (un) en police correctionnelle. 232.
Décoration de la cellule dite des Artistes, à l'hôtel des Haricots. 190.
Décoration extérieure de Notre-Dame pour la cérémonie du 1er janvier 1852. 209.
Découverte du cœur de saint Louis à la Sainte-Chapelle. 223.
De la salle de bal à Clichy; scène de carnaval. 46.
Demi-deuil; chapeau à soufflets (1789). 311.
Demi-guêtres à l'anglaise (1803). 322.
Demoiselle (la) à marier aux Tuileries. 306.
Demoiselles de Numidie au Jardin des plantes. 182.
Départ (le); groupe de l'Arc de triomphe. 2.
Départ (le); scène de carnaval. 59.
Départ des volontaires qui avaient gardé les Tuileries après le 24 février 1848. 25.
Dépotoir (le) à l'entrepôt. 172.
Dépouillement des votes à l'Hôtel de ville. 265.
Descente (la) de la Courtille. 63.
Descente-de-croix par Lesueur, au Louvre. 287.
Déshabillé appelé pierrot (1787). 315.
Détail de la décoration des avant-scènes, au Théâtre-Lyrique. 118.
Détails de l'hémycycle du Théâtre-Lyrique. 118.
Deuil; bonnet au globe (1789). 312.
Device (M. le baron), par Rubens, au Louvre. 285.
Diane de Poitiers, d'après Jean Goujon, au Louvre. 285.
Dieu guerrier chinois, exposé au Louvre. 283.
Dilettanti; par goût et par genre. 109.
Distique sur le capitaine rapporteur, par un prisonnier à l'hôtel des Haricots. 188.
Distributeur (le) d'imprimés. 246.
Divan (un) du boulevard du Temple. 72.
Donneur (le) de contre-marques. 71.

384 TABLE DES GRAVURES.

Dortoir (le) au collége. 82.
Douillette (1809). 324.
Du violon à la préfecture ; scène de carnaval. 60.
Dynamomètre (le) aux Champs-Élysées. 20.

E

Écaillère (l'). 145.
École pour les idiots, à Bicêtre. 169.
Écrivain (l') public. 140.
Élève de l'école de Mars (1793). 317.
Embarcation chavirée. 162.
Enfants (les) aux Tuileries. 305.
Enfant (l') et la bonne aux Tuileries. 306.
Enterrement (l') du carnaval. 62.
Entr'acte aux bains Lambert. 202.
Entr'acte (un) au petit Lazari. 78.
Entre la Seine et la faim ; misère parisienne. 252.
Entrée du bal de l'Opéra. 44.
Entrée des musées, au Louvre. 273.
Entrée du palais des Tuileries. 300.
Entrée de la préfecture de police, par la rue de Jérusalem. 217.
Entrée du théâtre Bobino. 111.
Entrepôt (l') des liquides. 191.
Escalier (grand) du Musée. 274.
Escalier conduisant au jardin de l'Hôtel de ville. 263.
Escalier conduisant au tribunal de police correctionnelle. 231.
Escalier pratiqué sur le quai d'Anjou pour l'arrivée des voitures à l'hôtel Lambert. 198.
Escamoteur (l'). 252.
Escargotte sympathique et son escargot (types de carnaval). 46.
Espions (les) ; types. 220.
Essai d'un cheval de trait (au marché aux chevaux). 158.
Estaminet (l') du boulevard du Temple. 72.
Estaminet du Cheval blanc. 358.
Estaminet lyrique du passage Jouffroy. 362.
Étameur et fondeur de cuillers. 248.
État actuel de la place du Carrousel. 340.
État du chœur de Notre-Dame et de l'Archevêché, après la mort de Maurice de Sully. 205.
Étrangers (les) à Paris (1815). 327.
Étude (l') ; vie de l'actrice. 108.
Études physiognomoniques et morales faites au Louvre. 288, 289.
Étudiant (un) qui arrive et un étudiant de 10e année. 89.
Évanouissement de la Vierge, par Raphaël, au Louvre. 286.
Évasion d'un loup au Jardin des plantes. 186.
Examen (un) de médecine dans la salle du conseil. 87.
Examen (un) de médecine dans la salle des instruments. 93.
Exécute les commandes (un rapin). 290.
Exposition des tableaux aux Tuileries. 299.

F

Façade (la) du Théâtre-Lyrique, sur le boulevard. 115.
Facteur de Paris et facteur rural. 132.
Faux (un) baron. 34.
Faux (le) paralytique. 239.
Femmes (les) à la mode (en 1750 et 1852). 54, 253.
Femme Bilboquet. 127.
Femmes (les) et les enfants des insurgés aux portes de la Conciergerie. 218.
Fenêtre de Saint-Germain l'Auxerrois. 296.
Ferme Sainte-Anne, annexe de la vieillesse (hommes), cultivée par les fous. 107.
Fête donnée aux délégués de l'armée à l'Hôtel de ville. 264.
Fête flamande (une) ; tableau par Steen. 279.
Fêtes offertes, à l'Hôtel de ville, à l'occasion de l'exposition universelle. 261.
Fête vénitienne sur la Seine. 343.
Feu d'artifice aux Champs-Élysées ; le char de Neptune. 13.
Figure (une) de rhétorique ; type de professeur. 82.
Financier (le) en 1750. 253.
Flore ; marchande de fleurs. 254.
Flotte (la) de Bercy. 101.
Foire (la) aux jambons. 80.
Fonderie (la) de l'or à l'hôtel des Monnaies. 340.
Fontaine Notre-Dame. 209.
Forte (une) charge. 145.
Foyer (le) de la danse à l'Opéra. 106.
Fragment de la décoration des premières, deuxièmes et troisièmes loges au Théâtre-Lyrique. 118.
Fresque de l'église Saint-Germain l'Auxerrois. 293.
Frise de la salle des Sept-Cheminées, au Louvre. 278.
Fronton du Théâtre-Lyrique. 115.
Funambules (les). 122.
Futur (un) prix d'honneur. 85.

G

Galerie (la) d'anatomie comparée, à l'École de médecine. 92.
Galerie (la) d'Apollon, au Louvre. 276.
Galeries (les) d'histoire naturelle, au Jardin des plantes. 183.
Galerie dite de Lebrun, à l'hôtel Lambert. 197.
Galette (la) du Gymnase. 31.
Galifarde, femme faisant les commissions au Temple. 148.
Galop (le) infernal, à l'Opéra. 48.
Garçon (le) de café. 355.
Garde national (le) *complet*. 188.
Garde national (le) *incomplet*. 188.
Garde (le) républicain, à la cour d'assises. 227.
Garnier-Pagès. 259.
Géant (le) du café Mulhouse. 360.
Géant (le) espagnol. 18.
Géant (le) Gayant ; fête de Douai. 45.
Gérard, le tueur de lions. 178.
Girafe (la), au Jardin des plantes. 177.
Grand (le) amphithéâtre, à l'École de droit, pendant un concours. 88.
Grand (le) amphithéâtre, à l'École de médecine. 91.
Grand bonnet du matin (1787). 310.
Grande (la) Chartreuse ; sortie des Italiens. 110.
Grande coiffure (1785). 310.
Grand escalier (le) du bâtiment du quai d'Orsay. 364.
Grand escalier du Musée. 274.
Grand escalier du palais des Tuileries. 300.
Grande salle d'audience de la Cour des comptes. 367.
Grande salle des réunions du conseil d'État. 365.
Grandes (les) serres, au Jardin des plantes. 183.
Grande souricière (la), au Palais de justice. 227.
Guépard d'Abyssinie, au Jardin des plantes. 178.
Guide de l'armée d'Italie, par Géricault, au Louvre. 281.
Guitariste (la). 251.
Guizot. 353.

H

Habit carré (1802). 322.
Habitant (un) de l'île Saint-Louis. 200.
Habitué (un) du bal Mabille. 7.
Habituée (une) du bal Mabille. 7.
Habitué (un) du boulevard des Italiens. 34.
Habitués (les) de café. 73.
Habitué (l') de la cour d'assises. 227.
Halle (la) aux huîtres. 145.
Haricots (hôtel des). 187.
Hémicycle disposé pour les chevaux de trait (marché aux chevaux). 156.
Hercule délivrant Hésione, peinture de Lebrun à l'hôtel Lambert. 197.
Hippodrome. Entrée ; vue intérieure. 4.
Hippodrome ; le camp du Drap-d'Or. 5.
Homme-affiche (l') de Séraphin. 123.
Homme-oiseau (un) ; type de carnaval. 44.
Hôpital (à l'). 213.
Hôtel Lambert. 196.
Houppelande (1802). 322.
Hugo (M. Victor). 353.
Huissier (l') à la cour d'assises. 227.

I

Idole chinoise, exposée au Louvre. 284.
Il acquitte (un juré). 228.
Il arrive (marchande de poisson). 145.
Il condamne (un juré). 228.
Illumination du bassin de la Seine. 343.
Illumination de l'Hôtel de ville. 265.
Incroyable (1796). 318.
Intérieur du cabinet d'anatomie comparée au Jardin des plantes. 184.
Intérieur de la cour de l'hôtel Lambert. 196.
Intérieur des galeries d'histoire naturelle au Jardin des plantes. 183.
Intérieur de la grande cour de l'hôtel des Postes. 129.

J

Jardin (le) du Châlet. 11.
Jardin d'Hiver ; vue générale. 11.
Jardin d'Hiver ; vue partielle. 10.
Jardin (le) de l'ouvrière. 153.
Jardin du Palais-Royal (le) en 1792. 346.
Jardin (le) des plantes vu à vol d'oiseau. 185.
Jeu (le) du diable (1812). 326.
Jeu (le) du pigeon au bal Mabille. 8.
Jeune (la) première classique du théâtre Chaptal. 123.
Jocrisses (les) en plein vent. 74.
Joueurs (les) de ballon aux Champs-Élysées. 21.
Joueur (un) de billard à l'estaminet du Cheval blanc. 358.
Joueur (le) de clarinette. 251.
Joueurs (les) de dominos. 360.
Joueurs (les) d'échecs du café Procope. 357.
Joueur (le) d'échecs du café de la Régence. 357.
Joueur d'orgue. 250.
Joueur de violon. 251.
Journaliste (le) à la cour d'assises. 227.
Joute sur la Seine, près du pont Royal. 343.
Jugement de Pâris ; charge des tableaux vivants. 21.
Jumelles (les) unies, phénomène. 18.
Jurés (les). 228.

L

Labbé, marchand de coco. 67.
De Lamartine. 354.
M. de Lamartine harangue le peuple à l'Hôtel de ville. 267.
Lauréat (un) de l'Institut. 352.
Les belles dents ! — C'est pour mieux manger, mon enfant ! (scène de carnaval). 46.
Lion (le) dans le filet à l'Opéra. 107.
Lion d'Arabie au Jardin des plantes. 174.
Lion (un) de la Vallée (type). 143.
Lion (un) frisé et un lion défrisé. 34.
Loge (une) aux Italiens. 109.
Loge (une) d'avant-scène à Bobino. 111.
Loge (une) de famille au théâtre Comte. 122.
Loge (la) infernale à l'Opéra. 107.
Louis XIV au carrousel du 5 juin 1622. 339.
Louve blanche au Jardin des plantes. 174.

M

Macreuse (la) au Jardin des plantes. 181.
Magasin de réserve pour le jury. 228.
Mail (le), marché pour la vente du chasselas. 152.
Maison d'arrêt de la garde nationale. 187.
Maison (à la) dorée. 35.
Maison (la) des fous, tableau de Kaulback. 166.
Maître (le) d'étude au collége. 82.
Manches à gigot (1828). 331.
Manches à la girafe (1834). 333.
Manches à l'imbécile (1836). 334.
Manifestation (une) populaire à l'Hôtel de ville en 1848. 267.
Manteau à la Quiroga (1829). 331.
Maquignon (le). 155.
Marchande d'amadou. 249.
Marchand de chaînes de sûreté. 245.
Marchand (le) de chevaux. 155.
Marchand de chromo-duro-phane. 250.
Marchand (le) de cocottes. 247.
Marchand (le) de crimes. 247.
Marchand (le) de dattes. 246.
Marchand d'eau de Cologne et de vulnéraire suisse. 250.
Marchand (le) de marrons. 245.
Marchand (le) de mort-aux-rats. 247.
Marchand (le) de paniers. 67.
Marchande (la) de petits moulins. 247.
Marché (le) aux chiens. 143.
Marché (le) des Innocents. 137.
Marché (le) aux Oiseaux. 144.
Marquis (le) (1750). 253.
Marquise (la) de Lilliput. 18.
Marrast (Armand). 259.
Mars (Mlle) ; son portrait. 101.
Mascarade. 47.
Matinée d'enfants costumés. 53.
Ménagerie (la) au Jardin des plantes. 174.
Membre (un) de l'Académie des inscriptions et belles-lettres. 352.
Membre (un) de l'Académie des sciences. 352.
Mer agitée (la) au Cirque-Olympique. 119.
Mère (la) Angot au collége. 84.
Merveilleux (1793). 317.
Merveilleuse (1793). 317.
Métamorphoses (les) de la mode. 338.
Michelet. 354.
Mignet. 354.
Mobilier (un) de police correctionnelle. 234, 235, 236.
Mode (la). 308.
Mode employé pour la récolte et le transport du chasselas. 152.
Molière ; sa statue. 101.
Moment (le) de l'action (la vie d'actrice). 108.
Mon fils ! le jour des lauriers au collége. 85.
Monument élevé à la mémoire de Georges Farcy, place du Carrousel. 341.
Moralité du carnaval. 59.
Mouchard (le). 220.
Mousquetaire (1750). 256.
Moutons d'Islande au Jardin des plantes. 173.
Musée de Ninive au Louvre. 282-283.
Musiciens des rues. 19.

N

Naïade (une) ; habituée des bains froids. 201.
Nécromancien (le) populaire. 22.
Niolleuse, marchande de vieux chapeaux au Temple. 148.
Nodier (Charles). 202.
Nouveau costume de l'archevêque. 211.
Nouvelle salle de l'Académie de médecine. 96.

O

Oies rieuses au Jardin des Plantes. 182.
Omnibus (l') des facteurs. 132.
Oncle (un) mort très-jeune ; meuble d'étudiant. 95.
Opéra (physionomies à l'). 114.
Orchestre (l') des cafés chantants. 361.
Ornythorinque allaitant ses petits. 180.
Ouvreuse (l') de loges. 126.

P

Paillasse sur le Pont-Neuf. 255.
Paix (la) ; groupe de l'Arc de triomphe. 3.
Palais (le) des singes au Jardin des plantes. 174.
Panier (le) à salade. 240.
Pantalon charivari (1805). 322.
Pantalon à la cosaque (1823). 330.
Pantalon flottant (1805). 322.
Pantalon de nankin (1802). 322.
Papion (le) au Jardin des plantes. 174.
Paradis (le) au théâtre des Funambules. 121.
Paradoxure-Pougouié au Jardin des plantes. 179.
Paris au quinzième siècle. 195.
Patineurs au canal de l'Ourcq. 326.
Pavillon (le) de Flore au Temple. 147.
Pavillon de marchand de vins à l'Entrepôt. 191.
Paysage de Huysmans, de Malines, au Louvre. 287.
Peau (la) du lion à l'Opéra. 106.
Pêcheurs (les) à la ligne. 23.
Peintre (un) à effet au Louvre. 290.
Peinture du treizième siècle trouvée à la Sainte-Chapelle. 223.
Peintures de l'hôtel Lambert. 197.
Peintures du plafond du salon de la Paix à la Chambre des députés. 372.
Pendant le bain ; bains froids des dames. 201.
Père (le) Tripoli, fils de la Gloire, polisseur de cuivre. 67.
Pesage de la correspondance anglaise ; les bureaux de poste ambulants. 134.
Petite (la) Provence aux Tuileries. 305.
Petit (le) ramoneur. 248.
Petite revue (la) aux Tuileries. 305.
Physicien (le) aux Champs-Élysées. 22.
Piocheurs (les) au collége. 85.
Plafond exécuté par M. Delacroix dans la galerie d'Apollon. 277.
Plafond du salon de la Paix, à la Chambre des députés. 373.
Plafond du Théâtre-Français. 104.
Plafond du Théâtre-Lyrique. 117.
Plan des travaux de l'achèvement du Louvre. 341.
Plat en terre émaillée par Bernard de Palissy, au Louvre. 281.
Plus (la) belle moitié du genre humain à la cour d'assises. 226.
Polonaise, vêtement d'hiver pour homme (1818). 329.
Poissons (les) rouges aux Tuileries. 303.
Pomone, marchande de fruits. 254.
Pont de la Cité. 195.
Pont-Neuf (le), rive droite. 242.
Pont-Neuf (le), rive gauche. 243.
Pont (le) de la Tournelle avant sa restauration. 194.
Pont (le) de la Tournelle après sa restauration. 194.
Porche de Saint-Germain l'Auxerrois. 293.
Porche de l'église Saint-Germain l'Auxerrois ; décoration du tympan. 292.
Port (le) d'Asnières. 161.
Porte du nord du portail principal de Notre-Dame. 206.
Portes (les) de la Conciergerie après juin 1848. 219.
Porteur d'eau. 240.
Pose de la première pierre de l'achèvement du Louvre. 271.
Position de l'ornythorinque sous terre. 180.
Porte-feuille des lettres recommandées et chargées. 134.
Porte Saint-Martin (à la) ; physionomie. 114.
Porteur-commissionnaire (le). 154.
Pouf au globe fixé (1787). 315.
Pour affaires de cœur (poste restante). 135.
Pour faire une éducation (poste restante). 135.
Pour un cheval d'*homme aisé* (marché aux chevaux). 157.
Pour un cheval de labour (marché aux chevaux). 158.
Pour un cheval de luxe (marché aux chevaux). 157.
Pour une maladie de nerfs (aux bains). 202.
Pour un poste de confiance (poste restante). 135.
Prima donna (la) des cafés-chantants. 361.
Proclamation des représentants du peuple sur la place de l'Hôtel de ville. 268.
Professeurs (types de) de mathématiques et de troisième. 82.
Promenade des amoureux aux Tuileries. 304.
Promenade des blanchisseuses à Paris, le jour de la mi-carême. 64.
Promenade du bœuf-gras. 61.
Provinciaux (les) à Paris. 32.
Proviseur (le) de collége. 82.
Pupitre de M. Berryer à la Chambre des députés. 378.

Q

Quartier de sûreté à Bicêtre. 171.
Quelles mains que celles d'un collégien ! 84.
Queue (la) au théâtre ; voilà le programme. 69.

R

Rachel (Mlle), son portrait ; rôle de Valéria. 101.
Racoleur (le), 1750. 256.
Râleuses cherchant à attirer la pratique ; types pris au Temple. 149.
Rambuteau (M. de). 259.
Ravageur (un). 164.
Récidiviste en police correctionnelle. 232.
Redingote de percale pour femmes (1805). 323.
Réfectoire (le) au collége. 82.
Régate (une). 162.
Remis à neuf (pratique du Temple). 148.
Rencontre de Rouvière et d'un lion au cap de Bonne-Espérance. 177.
Rentiers (les) du Marais. 68.
Rentrée (la) au collége. 83.
Repas (le) de la Saint-Charlemagne. 85.
Répétition à domicile (la vie d'actrice). 108.
Représentation du *Médecin malgré lui* à l'Hôtel de ville. 262.
Représentation sur le théâtre des Tuileries, le 12 mai 1852. 302.
Résistance (la), groupe de l'Arc de triomphe. 3.
Restaurant Ledoyen. 16.
Restauration des fenêtres et balcon de Charles IX au Louvre. 272.
Retour (le) ; scène de carnaval. 59.
Revers (le) de la médaille ; sifflets. 125.
Robe de chambre pour femme, 1840. 335.
Robe de chambre pour homme. 1838. 335.
Robe demi-négligente (1787). 315.
Robe à la polonaise (1772). 314.
Robe à la Sévigné (1820). 330.
Robe à tunique (1803). 322.
Robe à la turque, chapeau bonnette (1786). 311.
Ronde de naïades ; bains froids de dames. 202.
Rotonde de la girafe et de l'éléphant au Jardin des plantes. 175.
Rotonde (la) du Temple. 146.
Roulante (la), marchande d'habits. 150.
Rouvière et le lion. 177.
Rue (une) souterraine de Paris. 75.

S

Sac aux dépêches ; administration des postes. 134.
Saint-Charlemagne (repas de la). 85.
Sainte Famille, par le Pérugin, au Louvre. 286.
Sainte Geneviève, fresque à Saint-Germain l'Auxerrois. 294.
Sainte Geneviève visitant les prisonniers, peinture à Saint-Germain l'Auxerrois. 295.
Saint Germain consacrant sainte Geneviève à Dieu, fresque à Saint-Germain l'Auxerrois. 294.
Saint-Marc-Girardin (M.). 353.
Salle d'assemblée du Corps législatif actuel. 382.
Salle des audiences du conseil d'État. 366.
Salle Barthélemy. 121.

TABLE DES MATIÈRES. 385

Salle du chapitre de la sacristie à N.-Dame. 207.
Salle de bal de l'Hôtel de ville. 263.
Salle de comité du conseil d'Etat. 364.
Salle des comités de la Cour des comptes. 368.
Salle des conférences à la Chambre des députés. 375.
Salle (la) d'étude au collége. 82.
Salle des cours au Collége de France. 99.
Salle des Funambules. 121.
Salle du Gymnase. 112.
Salle de musique de la Salpêtrière. 168.
Salle des Pas perdus à la Chambre des députés. 374.
Salle des Pas perdus au Palais de justice. 221.
Salle des Pas perdus du Palais de justice pendant une cérémonie officielle. 222.
Salle du Théâtre-Français. 103.
Salle des séances du Corps législatif actuel. 382.
Salle du Théâtre-Lyrique. 117.
Salon (le) carré au Louvre. 277.
Salon de danse construit dans le jardin de l'hôtel Lambert. 199.
Salon de la Paix à la Chambre des députés. 373.
Salon de réunion du gouvernement provisoire à l'Hôtel de ville. 268.
Salpêtrière (la). 169.
Samaritaine (la). 244.
Saute-mouton au collége. 84.
Sauvetage dans la Seine (un). 163.
Savon (le) à détacher. 20.
Scènes de carnaval. 50-51-52-54-55.
Scène du Théâtre-Français. 103.
Sculptures chinoises exposées au Musée du Louvre. 284.
Sculptures de la façade du Théâtre-Lyrique. 118.
Séance (une) de l'Académie. 350.
Séance (une) du concours de l'agrégation à la Sorbonne. 98.
Séance (une) de conseil de discipline. 187.
Séance d'inauguration de la nouvelle École normale. 100.
Séance (une) de lecture, le soir, dans une des salles du Collége de France. 99.
Séance d'ouverture de la session du Sénat et du Corps législatif, dans la salle des Maréchaux. 301.
Seigneur (le) Bilboquet. 127.
Sergent (le) de ville. 220.
Serres (les grandes) au Jardin des plantes. 183.
Sibour, archevêque de Paris. 210.
Sixième lecture des *Faits divers*; prisonnier à l'hôtel des Haricots. 189.
Sonnette du président à la Chambre des députés. 378.
Sorbonne (la). 85.
Sortant du Temple. 148.
Sortie (la) du Théâtre-Italien. 110.
Souper (le); scène de carnaval. 58.
Spectacle (le) au bal Mabille. 8.
Spectateurs (les) au bal Mabille. 8.
Spencer (1808). 325.
Statue équestre de Henri IV sur le terre-plein du Pont-Neuf. 241.
Statues du pont du Carrousel. 344.
Strigops habroptilus (le) au Jardin des plantes. 182.

T

Tableau d'Hobbema, récemment acquis par le musée du Louvre. 285.
Talma (le) 1852. 337.
Tarasque (la); jeu du Midi 45.
Taverne (la) des canotiers, à Bercy. 162.
Ténor (le) des cafés chantants. 361.
Théâtre (le) cosmopolite. 128.
Théâtre-Français (au); physionomie. 114.
Théâtre de Guignol. 20.
Thèse (une) à l'École de droit. 87.
Tir à l'arbalète aux Champs-Elysées. 21.
Tirage des conscrits. 266.
Tirage de la loterie du lingot d'or. 16.
Toilettes de soirée (1842). 337.
Toisage des conscrits. 266.
Tondeur (le) de chiens. 244.
Ton pantalon neuf! (Une mère à son fils, élève de quatrième). 84.
Toque Marie-Stuart (1819). 329.
Toque de velours (1807). 324.
Tour (la) de l'Horloge, au Palais de justice. 216.
Tourelle ancienne de la place de l'Hôtel de ville. 269.
Traitement des vapeurs; première cure d'un étudiant. 94.
Triage des lettres des départements et de l'étranger. 131.
Triage des lettres de Paris. 131.
Tribune (ancienne) des journalistes à la Chambre des députés. 378.
Tribune (ancienne) des orateurs à la Chambre des députés. 379.
Triomphe (le); groupe de l'Arc de triomphe. 2.
Trois (les) Grâces, d'après Germain Pilon, au Louvre. 285.
Troisième (la) galerie, à la Porte-St-Martin. 112.
Tronc en fonte de fer, à Saint-Germain l'Auxerrois. 294.
Tunique à la mameluk (1805). 323.
Turban à la Staël (1800). 324.
Turc de fantaisie; type de carnaval. 44.
Types de canotier. 161.
Types au concours général. 85.
Types à la Cour d'assises. 227.
Types emblématiques des théâtres de Paris. 113.
Types d'espions. 224.

V

Variétés (aux); physionomies. 114.
Vase cratère, d'après l'antique, au Louvre. 287.
Vendez-vous votre contre-marque? (Scène de mœurs). 71.
Vengeur (dernière scène du), au Cirque-Olympique. 119.
Vente d'un cheval au marché aux Chevaux. 157.
Verrières de la sacristie de Notre-Dame. 207.
Vestiaire (le) à l'Hôtel de ville. 261.
Vie (la) d'actrice. 108.
Vierge (la); tableau par Murillo, au Louvre. 280.
Vin (le); allégorie. 151.
Vingt-quatre heures de paysage *hors de tour*. (Un prisonnier à l'hôtel des Haricots). 189.
Violation de l'Assemblée nationale, le 15 mai 1848. 381.
Vitchoura à capuchon (1812). 325.
Vol à l'américaine. 238.
Vol au bonjour. 238.
Vol commis chez un bijoutier de la rue Saint-Antoine. 230.
Vol (le) au crochet. 237.
Vol (le) aux fausses mains. 237.
Vol à la tire. 238.
Voleuse (la) de chiens. 254.
Voyou (le). 78.
Vue de la Cité, prise des tours Notre-Dame. 203.
Vue de la Cour d'assises de la Seine. 226.
Vue de l'École normale. 100.
Vue des espaliers de Thomery. 152.
Vue de la grande souricière, au Palais de justice. 227.
Vue du marché aux Fleurs du Château-d'Eau. 153.
Vue de la salle des Pas perdus, au Palais de justice. 221.
Vue à vol d'oiseau du canal Saint-Martin, de la place et du quartier de la Bastille. 77.
Vue à vol d'oiseau du Jardin des plantes. 185.
Vue à vol d'oiseau de la place de la Concorde. 25.
Vue à vol d'oiseau prise du quai d'Orsai. 26.
Vue à vol d'oiseau prise de la terrasse du bord de l'eau. 27.
Vue à vol d'oiseau des Tuileries. 303.
Vue extérieure des bâtiments du quai d'Orsai. 363.
Vue extérieure du bureau ambulant des postes. 133.
Vue extérieure des caves à eau-de-vie, à l'Entrepôt. 192.
Vue extérieure des celliers à vin, à l'Entrepôt. 192.
Vue extérieure de la Chambre des députés. 371.
Vue extérieure du Cirque-National des Champs-Elysées. 11.
Vue extérieure de l'École de droit. 86.
Vue extérieure de l'École de médecine. 90.
Vue extérieure de l'église Saint-Germain l'Auxerrois. 291.
Vue extérieure de l'Hôtel-Dieu. 212.
Vue extérieure de l'Institut. 349.
Vue extérieure du Louvre. 270.
Vue extérieure de l'Opéra. 105.
Vue extérieure du Palais de justice. 215.
Vue extérieure du palais de la Légion d'honneur. 370.
Vue extérieure de la salle provisoire de l'Assemblée nationale en 1848. 380.
Vue extérieure de la Vallée. 142.
Vue générale des bâtiments nouveaux à la Salpêtrière. 169.
Vue générale du boulevard du Temple. — Marchands ambulants. 72.
Vue générale des coulisses de l'Opéra. 105.
Vue générale, à vol d'oiseau, de l'entrepôt des liquides. 191.
Vue générale de l'hospice des aliénés de Charenton 171.
Vue générale de l'Hôtel de ville. 257.
Vue générale du marché aux Chevaux. 155.
Vue générale de Notre-Dame, prise du côté de la nouvelle sacristie. 205.
Vue générale du palais du Louvre et des Tuileries. 297.
Vue générale du pont du Carrousel. 344.
Vue intérieure du bal Mabille. 7.
Vue intérieure du bureau ambulant des postes. 133.
Vue intérieure d'une cave à eau-de-vie à l'Entrepôt. 192.
Vue intérieure d'un cellier à vins à l'Entrepôt. 193.
Vue intérieure du Cirque national des Champs-Elysées. 12.
Vue intérieure du foyer des artistes au Théâtre-Français. 102.
Vue intérieure du nouveau théâtre Barthélemy. 124.
Vue intérieure de la police correctionnelle (6e chambre). 233.
Vue intérieure de la rotonde de l'éléphant. 175.
Vue intérieure de la salle des Funambules. 121.
Vue intérieure de la Vallée. 142.
Vue prise de la place de la Concorde à l'Arc de triomphe. 24.
Vue prise du port de Bercy. 165.
Vue prise du quai de l'hôtel Lambert. 196.
Vue prise vers la fin d'un cinquième acte. 120.

Z

Zèbre (le) au Jardin des plantes. 177.

MATIÈRES.

A

Abbé (le petit), sous la Régence. 256.
Abreuvoir (l') du marché aux Chevaux. 156.
Académies (les cinq). 353.
Académie (l') de législation. 86.
Académie (l') de médecine. 95.
Acheteurs (les) du marché aux Chevaux. 155, 157.
Acheteur (l') retors au marché aux Chevaux. 158.
Acquisitions et échanges faits par le musée du Louvre. 286.
Acquisitions faites par le Louvre à la vente du roi de Hollande. 286.
Actrice (une) du Petit-Lazari. 122.
Actrices (les) de la salle Chantereine. 123.
Administration des hospices. 214.
Administration de la police. 218.
Affiche (l') des condamnations. 240.
Affiche (l') officielle. 43.
Affiches (les) du boulevard du Temple. 69.
Affiche (une) pour un chien perdu. 144.
Agents (les) de la police secrète. 220.
Agiotage (l') au Temple. 150.
Agrandissement de l'Hôtel de ville en 1836. 261.
Agréments (des) au théâtre. 126.
Allée (l') Fortunée. 5. 6
Allée (l') Gabrielle. 22.
Allées (les) de maronniers au Jardin des plantes. 185.
Allée (l') des orangers aux Tuileries. 305.
Allumeur (l'). 245.
Alpaca (l') ou mouton du Pérou. 179.
Ambigu (l') Comique. 66. 115.
Ambition (l') du collégien. 86.
Améliorations faites à l'Hôtel-Dieu. 213.
Améliorations faites au Pont-Neuf. 244.
Améliorations nécessaires à l'Entrepôt. 193.
Amélioration des races chevalines. 159.
Amour (l') au bal masqué. 52.
Amour (l') sur le bœuf gras. 62.
Amphithéâtre (l') des cours au Jardin des plantes. 184.
Ancienne organisation de la Faculté de médecine. 91.
Annexe (l') de l'Hôtel-Dieu. 213.
Antécédents (les) de la place de la Concorde. 26.
Antipathie (une) du fort de la Halle. 145.
Apis, le bœuf gras égyptien. 61.
Appétit (l') d'un domino au bal masqué. 48.
Arc (l') de triomphe de l'Etoile. 1. 2. 3.
Arc de triomphe de la place du Carrousel. 340.
Archevêché (l'). 209.
Architecture de la salle Barthélemy. 123.
Architecture du Théâtre-Lyrique. 116.
Argot de la bazoche. 225.
Argot (l') chez Paul Niquet. 137.
Argot (l') du marché aux Chevaux. 157.
Argot (l') du Temple. 149.
Argumentation (l') à l'École de droit. 89.
Armée (l') de la basoche. 225.
Arnauld (M.) foudroyé par la Sorbonne. 37.
Arrestation de Mlle Despeaux, marchande de modes de l'impératrice Joséphine. 322.
Arrestation d'un pierrot. 60.
Arrêt (un) royal relatif au *quaresme*. 45.
Arrêté de la commune de Paris, relatif à la fenêtre dite de Charles IX, au Louvre. 271.
Arsenal (l'). 202.
Art assyrien (l') en sculpture. 282.
Art (l') grec dans les monuments de Paris. 25.
Art persan ancien (l'). 283.
Artillerie musicale. 47.
Artistes (les) dans l'île Saint Louis. 200.
Aspect constitutionnel du boulevard Poissonnière. 39.
Aspect de l'entrepôt général des boissons. 191.
Aspect extérieur de l'Hôtel de ville. 259.
Aspect extérieur du Palais de justice. 215.
Assaut (l') d'un fiacre. 70.
Assemblée (l') constituante fait disparaître la statue de Henri IV. 244.
Association (l') des artistes dramatiques. 127.
Astronome (l') en plein air. 245.
Ateliers de métiers divers à Bicêtre. 168.
Athéniennes et Romaines sous le Directoire. 318.
Augier (Jehan), premier prévôt des marchands. 257.
Auriol. 11.
Auteur (l') des Lettres provinciales. 97.
Autruches (les) du Jardin des plantes. 180.
Avénement du Code civil. 87.
Averse (une). 70.
Avocat (l') de cour d'assises. 229.
Avocat (un) en défaut. 229.
Avocat (l') de police correctionnelle. 231.

B

Badauds (les) sur les quais. 23.
Baïf, fondateur de l'Académie de musique. 104.
Baigneuses (les). 201.
Bains Lambert. 200. 1. 2. 3.
Bal (le) Mabille. 7. 8.
Bal (le) de l'Opéra. 46.
Bal (le) masqué du temps de Mercier. 55.
Bal du 25 janvier 1852 aux Tuileries. 301.
Balayeurs (les) et balayeuses. 32.
Bande (une) de voleurs modèle. 230.
Banquets (les) à l'Hôtel de ville. 261.
Banquet (le) de la Saint-Charlemagne. 85.
Baour-Lormian et le marquis de Ximénès. 102.
Bapst, joaillier sur le boulevard. 32.
Baptêmes (les) de l'Opéra. 105.
Baptêmes (les) successifs de la place de la Concorde. 26.
Baptistère (un) à Saint-Germain l'Auxerrois. 295.
Barbe (la). 352.
Baron (le) de contrebande. 34.
Bas-bleus (les) de la palette. 287.
Basoche (la). 225.
Bassins (les) au jardin des Tuileries. 304.
Bastille (la). 78.
Bataille (la) de Toulouse. 122.
Bat-en-l'œil (le). 311.
Bâtiments (les) nouveaux de Bicêtre et de la Salpêtrière. 170.
Battage (le). 161.
Bazar (le) Bonne-Nouvelle. 41.
Bazar (le) de l'Industrie. 39.
Bazar (le) du Voyage. 40.
Beaumarchais. 76.
Beausire (Jean), architecte. 75.
Béjaune (le). 81.
Belle (la) écaillère. 145.
Bercy. 164.
Bernini, architecte italien, appelé à Paris pour l'achèvement du Louvre. 270.
Bertin (Mlle), modiste de Marie-Antoinette. 314.
Bibi (le). 335.
Bibliothèque actuelle de l'École de médecine. 92.
Bibliothèque de l'Arsenal. 202.
Bibliothèque de Bicêtre. 169.
Bibliothèque de la Faculté de médecine. 90.
Bibliothèque de l'Hôtel de ville. 265.
Bibliothèque (la) du Jardin des plantes. 185.
Bibliothèque Mazarine. 350.
Bicêtre. 167.
Bilboquet. 127.
Billard (le) du boulevard du Temple. 72.
Billard (le) au jockey-club. 38.
Bisson, tond les chiens, coupe les chats. 244.
Blondel (François), architecte. 43.
Blouse (la) en 1822. 331.
Bobèche et Galimafré. 120.
Bobino. 111.
Boccardo, architecte de l'Hôtel de ville. 258.
Bœuf (le) gras. 61.
Bœuf gras (le) au moyen âge. 62.
Bohémiens (les) de la Seine. 163.
Boileau (un conseil de). 81.
Boîtes (les) aux lettres. 130.
Bon (un) chien. 229.
Bonnets (les) à la paysanne disparaissent. 308.
Bonnets (les) ronds (XIIIe siècle). 311.
Bonnet turban (1787). 312.
Bonnet à la vestale (1787). 312.
Bon ton (le) de 1806. 326
Bosse (la) du boulevard Bonne-Nouvelle. 40.
Bota, colon du Cap, et sa rencontre avec un lion. 177.
Bottes (les). 321.
Bottes (les) de Bonaparte. 328.
Boucher et ses tableaux. 281.
Boudoir (le) en 1750. 313.
Boudoir (le) en 1852. 338.
Bouffantes (les) (XVIIIe siècle). 314.
Bouillon (le) de l'amour. 65.
Boules (les) d'examen de droit. 88.
Boulets (les) de juin 1848 sur le boulevard Beaumarchais. 76.
Boulevard Beaumarchais. 75.
Boulevard Bonne-Nouvelle. 40.
Boulevard Bourdon. 80.
Boulevard des Capucines. 30.
Boulevard (le) du Crime. 115.
Boulevard des Filles-du-Calvaire. 73.
Boulevard des Italiens. 32.
Boulevard (le) des Italiens un jour d'été. 34.
Boulevard de la Madeleine. 30.
Boulevard Mazas. 80.
Boulevard (le) Montmartre. 35.
Boulevard (le) Poissonnière. 39.
Boulevard Saint-Denis. 42.
Boulevard Saint-Martin. 43-65.
Boulevard du Temple. 68.
Bouquet (le) de la veille. 154.
Bouquiniste (le). 250.
Bourdon (Nicolas) élève de Passerat. 202.
Bourses (les) dans les colléges. 81.
Bousingots (les) (1852). 335.
Boutique (la) à un sou. 249.
Boutique (la) à trois sous. 67.
Boylean (Et.), prévôt des marchands. 219.
Brantôme et Charles IX. 271.
Brebis (les) d'Abyssinie au Jardin des plantes. 173.
Breitner (le). 256.
Brinvilliers et la Voisin, exécutées en place de Grève. 266.
Brioché sur le Pont-Neuf. 242.
Broussel (Pierre). 204.
Bûcher (le) des Templiers. 146.
Bude-light (le) de la place du Carrousel. 342.
Bureaux (les) ambulants des postes sur les chemins de fer. 133.
Bureau central de l'admission dans les hôpitaux. 214.
Bureau (le) central des hospices. 213.
Bureau (le) du commissaire-priseur au marché aux Chevaux. 159.

 Aux bureaux de l'Illustration, rue de Richelieu, 60. PARIS, TYP. DE FIRMIN DIDOT, RUE JACOB, 56.

386 TABLE DES MATIÈRES.

Bureau (le) des mœurs. 219.
Buridan. 81.
Bustes (les) des acteurs dramatiques dans le foyer public du Théâtre-Français. 108.
Bustes (les) du foyer extérieur de la Comédie française. 102.
Buste cyclopéen de la création du Théâtre-Historique. 116.

C

Cab (le). 31.
Cabanons (les) à la Salpêtrière. 170.
Cabarets (les) du Temple 150.
Cabas (le) en tapisserie de M. Horace Vernet. 20.
Cabinet (le) d'anatomie comparée à l'Ecole de médecine. 92.
Cabinet (le) d'anatomie comparée au Jardin des plantes. 184.
Cabinet (le) de botanique au Jardin des plantes. 184.
Cabinet (le) des fossiles au Jardin des plantes. 184.
Cabinet (le) de minéralogie au Jardin des plantes. 184.
Cabinet (le) de zoologie au Jardin des plantes. 183.
Cachalot (le). 161.
Cachemire (un) préservateur. 323.
Cachemire (un) de 14,000 fr. 323.
Cadet (le) de Gascogne en 1750. 256.
Cadran (le) de l'horloge au Palais de justice. 216.
Café (les). 355.
Cafés (les) du boulevard du Temple. 72.
Cafés (les) chantants. 15-360-361-362.
Café de Foy. 357.
Café Lemblin. 357.
Café Manoury. 357.
Café (le) Momus. 260.
Café (le) Mulhouse. 360.
Café d'Orléans. 357.
Café (le) de la Paix. 112.
Café (le) de Paris. 35.
Café Procope. 357.
Café de la Régence. 357.
Café (le) Riche. 34.
Cafés de la rive gauche. 358.
Café Turc. 359.
Café Valois 357.
Cage (la) des Muses. 97.
Calèche (la) aux chèvres aux Champs-Elysées. 21.
M. Calicot. 329.
Calme de l'île Saint-Louis. 200.
Camp (le) du Drap-d'Or à l'Hippodrome. 5.
Camus de Mézière, architecte de la halle au Blé. 145.
Canard (un) illustré. 247.
Canotage (le). 160.
Canotiers (les). 160.
Canotier (le) dans la vie privée. 161.
Cant (le). 109.
Capax en droit. 88.
Capsulerie (la) de guerre. 202.
Carnaval (le) chez les anciens. 44.
Carnaval (le) enfantin. 53.
Carnaval (le) à la guinguette. 55.
Carnaval (le) humain. 53.
Carnaval (le) parisien. 44.
Carnaval (le) de Venise. 46.
Carrés (les) du fleuriste au Jardin des plantes. 173.
Carré (le) Marigny. 14.
Carré du Palais-Royal au Temple. 148.
Carré (le) au Temple. 150.
Carrés (les) du Temple. 148.
Carrick (le) (1805). 325.
Carrousel (un) sous Louis XIV. 339.
Catherine de Médicis achète la maison des Tuileries. 297.
Causes (les) de la cour d'assises. 230.
Causes (des) de décès à l'Hôtel-Dieu. 214.
Cause (une) d'office. 229.
Causes (les) de police correctionnelle. 232.
Caveaux (les) de la colonne de Juillet. 80.
Cèdre (le) du Liban. 185.
Célébrités (les) contemporaines de la Sorbonne. 97.
Célébrités (les) médicales de l'Hôtel-Dieu. 214.
Cellules (les) anciennes de Bicêtre et de la Salpêtrière. 167.
Cellules (les) de l'hôtel des Haricots. 188.
Cellule (la) n° 14 aux Haricots. 189.
Censeur (le). 83.
Cérémonies ayant eu lieu à l'église Notre-Dame. 208.
Cérémonies de la Saint-Jean sur la place de Grève. 266.
Châle (le) de cachemire. 322.
Châles (les) de cachemire jugés par Joséphine. 322.
Châlet (le). 11.
Châlets (les) de la Salpêtrière. 170.
Chalgrin, architecte du Collége de France. 98.
Chaloupeurs. (les) 55.
Chambre des députés. 370.
Chambre des notaires, sur la place du Châtelet. 269.
Chambre (la) des requêtes, au Palais de justice. 221.
Champaigne (B. de), peintre. 279.
Champs-Elysées (les). 1.
Chanteurs (les) ambulants. 19.
Chantres (les) de Bacchus. 151.
Chants (les) des petits métiers. 253.
Chapeau à bateau renversé. 312.
Chapeau bonnette. 312.
Chapeau à la chinoise. 312.
Chapeau (le) gris (1832). 335.
Chapeaux (les) d'hommes sous la Restauration. 330.
Chapeau à la Paméla. 321.
Chapeau (le) rond. 321.
Chapeau à la Tarare. 312.
Chapelles (les) dans l'église Saint-Germain l'Auxerrois. 294.
Chapelles de l'église Saint-Gervais. 269.
Chapitre (le) des notes de la garde nationale. 187.
Chapitre (le) de Notre-Dame. 204.
Chardin et ses œuvres. 281.
Charles X et le Musée égyptien. 274.
Charnier (le) des innocents. 136.
Charpente (la) des combles de Notre-Dame. 206.
Charte (une) de Louis le Jeune. 257.
Chasse (la) à l'éléphant. 175.
Chasse (une) au lion, de Gérard. 179.
Chasse (une) aux macreuses dans le midi de la France. 181.
Château (le) des Fleurs. 8.
Chef (le) de claque. 71. 125.
Chefs d'équipe et matelots (canotiers). 161.
Chef (le) d'institution. 83.
Cheval (le). 155.
Chevaliers (les) de l'Arc, au marché aux Chevaux. 159.
Chien de mer et *bagace d'entre-pont* (argot des canotiers). 161.
Chien (le) de Montargis. 195.
Chiens de Terre-Neuve dressés au sauvetage. 163.
Chiens (les) volés. 141.
Chiffonnier (le). 249.
Chiffonnier (un) d'étudiante. 94.
Chiffre des malades indigents à Paris. 214.
Chiffres (les) sculptés sur la façade du Louvre. 272-273.
Chiffre (le) des traitements à l'Opéra. 106.
Childebert Ier et le Louvre. 270.
Chineurs (les), marchands d'habits. 150.
Chirurgie (la) combattue par la Faculté de médecine. 91.
Chirurgien et barbier. 90.
Chœur (le) de l'église Notre-Dame. 206.
Chute du *Larifla*. 50.
Cinq étages de la vie humaine à Paris. 65.
Circonstances (les) atténuantes. 239.
Circulation sur le pont de la Tournelle. 194.
Cirque (le). 11.
Cité (la). 203.
Cité (la), il y a soixante ans. 204.
Civettes (les) du Jardin des plantes. 179.
Clairon (la) au For-l'Évêque. 296.
Claque (la) au théâtre. 125.
Classes (les trois) de malades à Charenton. 17
Classement des lettres à l'administration des postes. 131.
Classification des tableaux, exécutée au Louvre par M. Jeanron. 275, 276, 278.
Clémence calomniée. 189.
Cloître (le) de Notre-Dame. 209.
Clubs maritimes en Angleterre. 160.
Cocardes à la nation (1789). 315.
Coiffeurs (les) académiciens. 310.
Coiffure (la). 310.
Coiffures (les) d'apparat. 312.
Coiffures (les) en cheveux, après 1830. 335.
Coiffure (la) à l'enfant. 312.
Coiffure à la laitière. 302.
Coiffure à la Ninon. 323.
Coiffure à la Titus. 318.
Colbert et le Louvre. 271.
Coligny et Maurevert. 296.
Collection (la) crâniologique, au Jardin des plantes. 184.
Collection de M. Franck Staudish, au Louvre. 284.
Colléges (les). 81.
Collége de chirurgie. 90.
Collége (le) de France. 98.
Collége de Louis le Grand. 82.
Colléges Stanislas et Rollin. 82.
Colonels (les) du Gymnase. 41.
Colonne (la) de Daubanton. 185.
Colonne (la) de Juillet. 80.
Combat de juillet 1830, sur la place de Grève. 266.
Comédies (les) du bal masqué, à l'Opéra. 49.
Commandes (les) du Gouvernement aux artistes. 287.
Commande (une) de peinture forcée. 290.
Commerce des fleurs, à Paris. 154.
Commissaire (le) de police. 219.
Commissionnaire (le). 246.
Commune (la) de Paris, à l'Hôtel de ville. 266.
Compagne (la) du canotier. 161.
Comparaison entre l'art assyrien et l'art égyptien. 282.
Comparaison de l'art assyrien et de l'art des Etrusques et des Grecs. 282.
Composition de la Cour d'assises. 226.
Composition de l'île de la Cité. 240.
Compte (un) de l'Hôtel de ville en 1573. 266.
Comtes (les) de Paris. 203.
Conception (la) de Murillo. 279.
Concerts (les) de Berlioz, au Théâtre-National. 118.
Concert de mille orphéonistes au cirque des Champs-Elysées. 17.
Conciergerie (la). 217.
Concini, brûlé sur le Pont-Neuf. 214.
Concours (le) pour les chaires des facultés de droit. 89.
Conditions d'admission dans le canotage. 161.
Confection (la) de lauréats. 85.
Confiance inspirée par Louis XI. 90.
Confusion régnant dans le musée du Louvre. 281.
Connais-toi toi-même (le), pratiqué aux Champs-Élysées. 70.
Conseil d'administration (le) des hospices. 169.
Conseil (le) de discipline pour la garde nationale. 187.
Conseil d'État (le). 363.
Conseil (le) municipal. 258.
Consignation (la) pour l'examen. 87.
Consommation du bois à Paris. 164.
Consommation du café. 356.
Consommation d'huîtres à Paris. 144.
Consommation du raisin à Paris. 153.
Consommation du vin à Paris. 193.
Consommation (la) sur le boulevard des Italiens. 35.
Construction de l'École de droit actuelle. 86.
Convention (une) entre Louis IX et le prince Édouard d'Angleterre. 146.
Convention (la) aux Tuileries. 298.
Copistes (les) de profession, au Louvre. 290.
Corail (le) en 1808. 324.
Corps (le) de Paris, au mariage de Louis XIV. 258.
Costume des baigneuses. 201.
Costume (le) du canotier. 161.
Costume des conseillers d'État. 367.
Couleurs (les) au XVIIIe siècle. 314.
Couleurs (les) dans la mode. 309.
Couleurs (les) en 1800. 321.
Couleur feu d'opéra. 105.
Coupe-Toujours, et ses succès financiers. 43.
Couplet sur la mode (un) en 1803. 321.
Cour (la) d'appel. 225.
Cour (la) d'assises 226.
Cour des comptes (la). 367.
Cour (la) du Louvre. 270.
Cour (la) suprême. 225.
Courbes (les) de Thomery. 153.
Cours (les) à l'École de médecine. 93.
Cours (les) de mantchou, thibétain, malais, etc., au collége de France. 98.
Cours (le) la Reine, au XVIIIe siècle. 5-6.
Cours (les) de la Sorbonne. 98.
Cousin. 97.
Couvent (le) des Filles-du-Calvaire. 73.
Couvent (le) de Saint-Augustin, dans la vallée de Laas. 143.
Crâne (le) de l'éléphant. 175.
Cravate (la). 310.
Crêpes (les) de Chine. 336.
Crieurs publics (les). 240.
Critique sur la décoration des églises. 292.
Culottes (les) gantées. 310.
Culte universel du carnaval. 45.
Culture du chasselas. 153.
Cuvier. 92.
Cynéas et le vin italien. 153.
Czartoriska (la princesse) achète l'hôtel Lambert. 198.

D

Dagobert et le Louvre. 270.
Dame (la) blanche en manches à la gigot. 335.
Dame (la) de comptoir. 362.
Dame (la) de la Halle. 139.
Damiens à la Conciergerie. 217.
Danse (la) *à caractère*. 45.
Danse (la) dans les salons. 320.
Darcier et Paul Dupont, 38. 362.
Daumier et les baigneuses. 201.
David et son école. 281.
Débardeur (le). 51.
Débardeur (le vrai). 164.
Deburean et Jules Janin. 120.
Débuts (les) du café en France. 356.
Débutante (une) susceptible. 123.
Décadence de l'écaillère. 145.
Décadence de la halle aux Draps. 150.
Décadence du pittoresque aux halles. 140.
Déceptions de l'intrigue. 48.
Déchireurs (les) de bateaux. 164.
Décoration de la fenêtre dite de Charles IX. 273.
Décoration du musée Charles X. 275.
Décorations de la salle de l'Académie de médecine. 96.
Décoration de la salle des Sept-Cheminées. 278.
Découverte (une) à la Sainte-Chapelle. 223.
Découverte de la circulation du sang. 93.
Découvertes maritimes des canotiers. 161.
Décret (un) du pape Honorius contre le droit romain. 86.
Décrotteur (le). 253.
Défiguration de la terrasse du bord de l'eau. 304.
Définition d'une ligne à pêcher. 23.
Définition du pêcheur à la ligne. 23.
Déjeuners (les) de réconciliation. 17.
Delgorgue, le tueur d'éléphants. 177.
Délinquants (les) de la garde nationale. 187.
Delorme (Philibert) et Jean Bullin. 297.
Demi-termes (les), mode de 1795. 318.
Demoiselles (les) à marier. 306.
Demoiselles (les) de Numidie au Jardin des plantes. 182.
Dentelles (les) du Temple. 148.
Dentelles (les) dans la mode. 310.
Dépenses (les) de quelques fêtes données à l'Hôtel de ville. 260.
Dépotoir (le) à l'entrepôt des boissons. 192.
Dépouillement des votes à l'Hôtel de ville. 265.
Dernier (le) grand prieur de l'ordre des Templiers. 146.
Dernière (la) queue rouge. 73.
Descente (la) de la Courtille. 57. 63.
Déshabillés (les). 315.
Désillusion éprouvée aux bains froids. 201.
Désintéressement (un trait de) des *Tableaux vivants*. 20.
Despeaux (Mlle), marchande de modes de Joséphine. 322.
Détails et sujets dans la sculpture assyrienne. 283.
Deux braves jurisconsultes. 195.
Deux (les) voleurs et l'âne. 182.
Deuxième année de droit. 87.
Devin (le) du Pont-Neuf. 254.
Devin (le) du village. 105.
Devise de l'Hôtel-Dieu. 212.
Diable (le) en 1812. 327.
Dialogue entre le pitre et le compère sur les tréteaux aux Champs-Élysées. 21.
Diamants (les) célèbres. 184.
Diderot et les rues de Paris. 67.
Différence d'un collégien entrant et d'un collégien sortant. 85.
Dignus intrare (le) de la Faculté de médecine. 93.
Dimanche (le) à la taverne des Canotiers. 163.
Dimensions de Notre-Dame. 205.
Directeurs (les) des postes. 133.
Discours de Miette, inventeur de la poudre persane. 252.
Disparition des costumes nationaux. 308.
Disparition de la galerie du Louvre. 275.
Distique surmontant la porte de la cour d'assises. 226.
Distique sur la porte de l'Arsenal. 202.
Distributeur (le) d'adresses. 245.
Distribution (la) des prix au collége. 84.
Distribution faite, au Cirque, des récompenses nationales accordée aux exposants français de l'exposition universelle de Londres. 17.
Divan (le) de la rue Lepelletier. 358.
Dix-neuf (les) théâtres de Paris. 101.
Domino (le) à l'Opéra. 49.
Donjon (le) du Temple. 146.
Donneur (le) de contre-marques. 126.
Donoso (M.), cortès. 15.
Dorures (les) du porche de Saint-Germain l'Auxerrois. 292.
Douillettes (les) en 1809. 321.
Doyen (le) de la Faculte de médecine. 92.
Dragon (le) du clergé de Notre-Dame. 209.
Droits (les) d'auteur chez Séraphin. 123.
Droit (le) *canon*. 86.
Droit (le) des hôpitaux au XIVe siècle. 129.
Droit (le) romain en France. 86.
Duban (M.), architecte, et la restauration de la galerie d'Apollon. 277.
Dumollet (M.). 326.
Durée de séjour pour chaque malade à l'Hôtel-Dieu. 213.
Dynamomètre (le). 20.

E

Écaillère (l'). 145.
Echarpes (les) (1835). 336.
Échevinage (l'). 258.
Échiquier (un) automate. 76.
Échoppes (les) au Temple. 148.
École allemande (tableau de l'), au Louvre. 286.
École bolonaise (tableaux de l'), au Louvre. 286.
École des chanoines de Saint-Germain l'Auxerrois, sous Charlemagne. 292.
École de droit. 86.
École flamande (l'). 279, 280.
École florentine (tableaux de l'), au Louvre. 286.
École française (tableaux de l'), au Louvre. 286.
Ecole lombarde (tableaux de l') au Louvre. 286.
Ecole de médecine. 90.
Ecole de musique à la Salpêtrière. 168.
Ecole napolitaine (tableaux de l'), au Louvre. 286.
École (l') normale. 98.
École ombrienne (tableaux de l'), au Louvre. 286.
École romaine (tableaux de l'), au Louvre. 286.
École vénitienne (tableaux de l'), au Louvre. 286.
Écrivain (l') public. 140.
Edit (un) de Philippe le Hardi (origine du commerce du Temple). 146.
Education des idiots, à Bicêtre. 169.
Eglise (l') Bonne-Nouvelle. 41.
Église Saint-Germain l'Auxerrois. 291.
Eglise Saint-Gervais. 269.
Église Saint-Landry. 204.
Église Saint-Louis en l'île. 195.
Egouts (les grands) de Paris. 75.
Éléphant (l') de la Bastille. 79.
Éléphant (l') du Jardin des plantes. 174.
Éloquence de la dame de la Halle. 139.
Élysée (l'). 22.
Embellissement du quartier des Halles. 137.
Embellissements du Temple au XIIIe siècle. 146.
Emploi des alcools en France. 193.
Empire (l') de la mode appartient à Paris. 308.
Employés et magistrats de l'ancien parlement. 225.
Enfants (les) aux Tuileries. 305.
Enfers (les). 239.
Engrais (l') des Anglais. 154.
Ennemis (les) de la vigne. 153.
Ennui (l') en carnaval. 52.
Enseignes (les) au Temple. 148.
Enseignement du droit. 87.
Enseignement du droit au XVIIIe siècle. 86.
Enseignement (l') de l'École normale. 99.
Entr'acte aux Funambules. 120.
Entrée de Louis XI, par la rue Saint-Denis. 43.
Entrepôt de Bercy. 165.
Entrepôt (l') général des boissons. 191.
Épernon (le duc d'). 129.
Épicier (un) failli, cité par Mercier. 146.
Épi-scié (l'). 70.
Épigramme (une) de Saint-Amant. 215.
Épigramme sur la statue de Louis XV, exécutée en 1765. 26.
Époque de la fondation du Temple. 146.
Équipage canotier. 161.
Erreur (une) de Bilboquet. 21.
Erreurs (les) aux postes 133.
Escargot (l') sympathique. 51.
Espèces (les) diverses de canots. 161.
Esprit démocratique de l'École normale. 100.
Esquirol. 167.
Essai d'un cheval de trait. 158.
Essarts (Pierre des) et l'hôtel des Tuileries. 297.
Estaminet du Cheval blanc. 359.
Estaminet Hollandais. 358.
Estaminet (l') lyrique. 38, 362.
Estampe (une) du Pont-Neuf, sous Louis XIV. 243.
Établissement de l'Académie royale de musique. 104.
Établissement de cinq chaires de chirurgie. 91.
Établissement du docteur Blanche, à Passy. 171.
Étiquette (l') et l'étiqueté, chez Paul Niquet. 138.
Étrangers (les) à Paris, en 1815. 328.

TABLE DES MATIÈRES. 387

Être étudiant ! 86.
Études (les) médicales. 93.
Étudiant (l') chez lui. 94.
Étudiant (l') de *dixième année*. 87.
Étudiant (l') studieux. 86.
Étudiantes (les) en droit. 91.
Étudiantes (les) en médecine. 94.
Étymologie de la dénomination *Louvre*. 271.
Examen (l') de droit. 87.
Examens (les) médicaux. 93.
Examens pour les Écoles spéciales, à l'Hôtel de ville. 265.
Exécution de Damiens, sur la place de Grève. 266.
Exécution sur la place de Grève, pendant la Restauration. 266.
Exercices de mémoire imposés aux fous. 168.
Expédition du chasselas. 152.
Expéditions (des) excentriques, par la poste anglaise. 134.
Expositions (les) au carré Marigny. 19.
Exposition (l') de peinture, aux Tuileries. 299.
Exposition pittoresque de l'hôpital de Charenton. 172.

F

Fabrication de chevaux. 159.
Façade occidentale de Notre-Dame. 209.
Facteurs (les). 132.
Faire grève. 269.
Farcy (Georges) et son monument. 341.
Fastes historiques des Séquaniens. 163.
Faubourgs (les) Saint-Denis et Saint-Martin. 43.
Fauteuils académiques. 353.
Fauteuil (le) barymètre aux Champs-Élysées. 20.
Faux (le) épileptique. 238.
Faux (le) paralytique. 239.
Favras (le marquis de). 204 à 206.
Femmes (les) à la Cour d'assises. 226.
Femmes (les) en hommes. 315.
Fenêtre de Charles IX au Louvre. 271.
Ferme (la) Sainte-Anne, pour les aliénés. 167.
Fermes de Montrouge et d'Ivry, pour les aliénés. 168.
Ferrus et ses améliorations dans le traitement de la folie. 167.
Fêtes annuelles données à l'Hôtel de ville. 261.
Fête (la) des blanchisseuses à la mi-carême. 63.
Fêtes données à l'Hôtel de ville. 260.
Fête donnée à l'Hôtel de ville pour le sacre de Napoléon. 266.
Fête (la) de l'Être suprême. 298.
Fêtes (les) extraordinaires dans les établissements des Champs-Élysées. 17.
Fête (la) de la Fédération. 79.
Fêtes à l'hôtel Lambert. 198-199.
Fête (une) dans l'Ile Louviers. 195.
Fêtes (les) nautiques à Asnières. 162.
Fêtes (les) nautiques données près du Pont-Royal. 343.
Fête offerte au lord-maire, en 1851, à l'Hôtel de ville. 260.
Fêtes (les) officielles aux Champs-Élysées. 13-14-15.
Fêtes (les) officielles aux Tuileries. 307.
Fêtes (une) au Louvre sous Charles IX. 298.
Fiacre (le). 31.
Fiancée (la) du soleil. 172.
Fichus (les) croisés (1802). 321.
Fin (la) du bœuf gras. 63.
Fin (la) du cheval. 158.
Flan (le). 42.
Flâneur (le) parisien. 28.
Flesselles (Jacques de), dernier prévôt de Paris. 258.
Flicotteaux. 86.
Foire (la) aux jambons. 80.
Folie (la). 165.
Folie (la) Beaujon. 6.
Folies-Dramatiques (les) 120.
Fondateurs (les) du Vaudeville. 112.
Fondation de l'Académie de chirurgie. 91.
Fondation de l'église Notre-Dame. 205.
Fondation des halles. 136.
Fondation de l'Hôtel-Dieu. 212.
Fondation du Palais de justice. 215.
Fondation de la thèse. 91.
Fontaine, architecte sous l'Empire. 274 à 276.
Fontaine de Desaix. 217.
Fontaine du Palmier, sur la place du Châtelet. 269.
Fontaine (la) des Innocents. 137.
Fontaine Notre-Dame. 209.
For-l'Évêque (le). 296.
Forêt (la) Noire, au Temple. 149.
Forts (les) de la halle. 145.
Fosse (la) aux ours, au Jardin des plantes. 173.
Fourberies (les) de Cartouche, comédie foraine. 254.
Fourrures (les) en 1810. 326.
Fous (les) employés à des travaux manuels. 167.
Fous (les) *gardant* leurs gardiens. 168.
Fous (des) sensés. 172.
Foyer (le) actuel de la Comédie française. 102.
Foyer (le) de la danse à l'Opéra. 105.
Foyer intérieur de la Comédie française. 102.
Foyer (le) de l'Opéra pendant les bals masqués. 47.
Foyer (le) public au Théâtre-Français. 103.
Foyer (le) du théâtre Comte. 123.
François Ier et le Louvre. 270.
François Ier fait reconstruire les halles. 270.
Frank Standish. 284.
Frederick Lemaître. 120.
Frédérick Lemaître à propos de... claque. 71.
Fresques du porche de Saint-Germain l'Auxerrois. 292.
Frise du Salon carré au Louvre. 278.
Fuite (la) à Varennes. 311.
Funambules (les). 120.

G

Gabriel, architecte de la place de la Concorde. 26.
Gabriel et Soufflot travaillent au Louvre. 271.
Gabrielle d'Estrées et Zamet. 296.
Gaieté (théâtre de la) 120.
Galerie d'Apollon au Louvre. 271. 276.
Galerie (grande) de l'hôtel Lambert 197.
Galeries (les) d'ornithologie au Jardin des plantes. 184.
Galerie de Saint-Louis au Palais de justice. 221.
Galerie Standish au Louvre. 275.
Galette (la) du Gymnase. 41.
Galop (le) infernal. 46.
Gamin (le) de Paris 78.
Garat, le type de l'*incroyable* 319.
Garde-meuble (le) de la couronne. 27.
Garde (le) national complet. 188.
Garde (le) national incomplet. 188.
Garde (la) nationale à Paris. 187.
Gare la rousse! 245.
Géant (un)... gigantesque. 18.
Gendarme (le) à la cour d'assises. 227.
Générosité tombée en désuétude de la Faculté de médecine à l'égard des étudiants pauvres. 91.
Genette (la) de France. 179.
Gérard, le tueur de lions. 177.
Géricault, peintre. 281.
Gigue (la). 327.
Gilbert à l'Hôtel-Dieu. 214.
Gilets (les) à sujets (178.). 309.
Girafe (la) au Jardin des plantes. 177.
Glaces (les) symboliques de Tortoni en 1815.
Goujon (Jean). 137.
Goût nautique chez la femme. 201.
Gouvernement (le) provisoire de 1848 à l'Hôtel de ville. 268.
Grande (la) allée aux Tuileries. 304.
Grand (le) Bercy. 165.
Grand (le) égout de Paris. 75.
Grand escalier du Musée. 274.
Grande (la) souricière. 283.
Grecs (les). 239.
Greffier (le) de cour d'assises. 227.
Greffier (le) de la Morgue. 214.
Grenier (le) de réserve. 202.
Grenouille (la). 164.
Greuze. 281.
Gros, peintre. 281.
Guépard (le). 178.
Guichet (le) à l'administration des postes. 130.
Guignol. 20.
Guizot. 97.
Guy, comte de Flandres. 129.
Gymnase (théâtre du). 112.

H

Habit (l') français. 309.
Habitants (les) de Châtenay et le chapitre de Notre-Dame. 204.
Habitants (les) de l'Ile Saint-Louis. 200.
Habitués (les) du Louvre. 287.
Habitués (les) ordinaires du foyer de la Comédie française. 103.
Habitués (les) de Paul Niquet. 138.
Habitué (un) de police correctionnelle. 231.
Haillons (les) en Angleterre. 150.
Halle (la). 136.
Halles (les) et marchés. 136.
Halle (la) au Blé. 145.
Halle (la) aux Draps. 150.
Hanse (la) parisienne. 257.
Henri II et le Louvre. 270.
Henri IV et Gabrielle d'Estrées. 296.
Henri IV et le Louvre. 270.
Henri IV pose la première pierre du Collège de France. 98.
Henri IV traverse le Pont-Neuf. 242.
Héros et héroïnes du boulevard Saint-Martin. 65.
Hippodrome (l'). 4-5.
Historique de la peinture sur verre. 295.
Historique du traitement de l'aliénation mentale. 166.
Homme-affiche (l') de Séraphin. 123.
Homme-orchestre (l') aux Champs-Élysées. 19.
Hôpital de Charenton. 171.
Horloge (l') du foyer de l'Opéra. 48.
Horloge de Lepaute, à l'Hôtel de ville. 259.
Horloge (l') du Palais de justice. 216.
Hôtel Bourbon. 101.
Hôtel de Bourgogne. 101.
Hôtel-Dieu (l'). 212.
Hôtel des Haricots. 187.
Hôtels de l'île Saint-Louis. 195.
Hôtel (l') Lagrange. 40.
Hôtel Lambert. 196.
Hôtel (l') des Monnaies. 345.
Hôtel (l') d'Osmont. 32.
Hôtel (l') de Pontalba. 22.
Hôtel (l') de Savoisy. 81.
Hôtel (l') Sébastiani. 22.
Hôtel (l') des Tournelles. 297.
Hôtel (l') de ville. 257.
Hôtel (l') Voltaire. 355.
Hugues Aubriot, prévôt des marchands. 202.
Huis-clos (le). 228.
Huissier (l') de cour d'assises. 227.
Hussard hermaphrodite de l'Opéra. 58.
Hyménée (l') parisien. 65.

I

Il arrive... 145.
Ile Louviers. 195.
Ile des Javiaux. 195.
Ile (l') de Monte-Cristo. 70.
Ile Notre-Dame. 194.
Ile Saint-Louis. 194.
Ile aux Vaches. 194.
Iles (les) disparues à Paris. 195.
Impression du mystérieux sur les masses. 20.
Impures (les) au XVIIIe siècle. 315.
Inauguration de l'École de droit. 86.
Incendie de 1818, au Palais de justice. 215.
Incendie de l'Odéon. 111.
Incendie de l'Opéra, en 1781. 105.
Incendie du Vaudeville. 112.
Inconséquence (une) humaine en fait de théâtre. 120.
Inconvénient de la décoration du Salon carré, au Louvre. 278.
Incroyables (les). 318.
Industrie (l') du boulevard des Filles-du-Calvaire. 75.
Industriel (l') sans industrie. 252.
Industries parasites des théâtres. 72.
Infortune (une) d'Apollon. 94.
Inscriptions (les) à l'École de droit. 87.
Inscription antique sur le porche de l'église Saint-Germain l'Auxerrois. 291.
Inspecteur (l') de police. 219.
Installation d'un archevêque. 210.
Institut (l'). 349.
Intérieur (un) d'étudiant. 95.
Intérieur de l'Hôtel de ville. 259.
Intérieur de la ménagerie, au Jardin des plantes. 174.
Intérieur de Notre-Dame. 206.
Intérieur de l'église Saint-Germain l'Auxerrois. 293.
Intrigue (une) au bal masqué. 48.

J

Jardins (les) des Ambassades sur l'allée Gabrielle. 22.
Jardin-d'Hiver. 9-10.
Jardin (le) des plantes. 173.
Jardin (le) des Tuileries. 302.
Jeanron (M.), directeur du Musée. 375.
Jeunesse (la) dorée. 316.
Jeux (les) du bourgeois parisien aux Champs-Élysées. 20.
Jockey Club (le). 38.
Joueurs (les) de billard. 358-359.
Joueur (le) de clarinette. 252.
Joueurs (les) d'échecs. 357.
Joueur (le) d'orgue. 249.
Journal (le) des Débats. 296.
Journaux (les) de mode. 314.
Jours de réception à l'Hôtel-Dieu. 214.
Jouvenet, peintre. 279.
Juge (le) de paix. 225.
Juré (le). 228.
Juridiction (ancienne). 225.
Juridiction du Châtelet. 225.
Jury (le). 226.
Jury (le) d'examen à l'École de droit. 88.
Jury (un) yankee. 228
Justice des conseils de guerre. 226.

K

Karr (Alp.), réfractaire. 188.
Korf, habitant du Cap. 177.

L

Labbé, marchand de coco. 66.
Labyrinthe (le) au Jardin des plantes. 173.
Lacordaire à Notre-Dame. 211.
Lait (le) de macadam. 30.
Lamartine et le drapeau rouge. 267.
Langage (le) sous la Terreur. 316.
Latin (le) de la Faculté de médecine. 91.
Lebrun et la galerie d'Apollon. 276.
Lebrun et ses peintures à l'hôtel Lambert. 197.
Lectures publiques au Collège de France. 98.
Léonard, coiffeur de Marie-Antoinette. 311.
Lendemain (le) du bal masqué. 37.
Léon X. 98.
Lesueur, peintre 197 et 279.
Lettres chargées (service des). 132.
Lettres provinciales (l'auteur des). 97.
Librettistes (les) de la police correctionnelle. 234.
Lieutenant (le) civil de police. 219.
Lieux (les) de réunion sous le Consulat. 319.
Lingot (le) d'or. 35.
Lion (le) du boulevard des Italiens. 34.
Liste chronologique des prévôts. 258.
Liste des maires et préfets de Paris depuis 1789. 259.
Littérateurs (les) médicaux. 95.
Littérature épicée du théâtre du Palais-Royal. 112.
Loge (la) infernale à l'Opéra. 107.
Lois réglementaires des hospices. 214.
Louis le Gros et les Champeaux. 135.
Louis VII et Creteil. 214.
Louis le Gros et le Louvre. 270.
Louis XI. 79.
Louis XIV termine les Tuileries. 297.
Louis XV et le Collège de France. 98.
Louis-Philippe à l'Hôtel de ville en 1830. 267.
Louis-Philippe fait acheter quatre cents tableaux espagnols. 275.
Louvre (le). 270.
Luce de Lancival et ses tragédies. 35.
Lulli. 105.
Luxe (le) à la cour du premier consul. 322.
Luxe (le) renaît dans la mode sous le Directoire. 320.
Lycée Bonaparte. 82.
Lycée Charlemagne. 82.
Lycée Saint-Louis. 82.
Lycées (les) nationaux. 81.

M

Macreuse (la). 181.
Madeleine (église de la). 29.
Magasins (les) de l'entrepôt général des boissons. 192.
Magistrats (les). 228.
Mail (le), marché au chasselas. 151.
Maillotins (les). 202.
Mairie (la) du douzième arrondissement. 86.
Maison de Beaumarchais. 76.
Maison (la) dorée 35.
Maison des anciennes limites de Paris. 40.
Maison des fous (la) d'après Kaulbach. 116.
Maisons (les) de jeu. 239.
Maison d'Héloïse et d'Abeilard. 204.
Maison (la) de la marchandise. 259.
Maisons (les) de Paris. 75.
Maison (la) du Pont de fer. 40.
Maison de la rue Saint-Jean-de-Beauvais. 86.
Maîtres flamands et hollandais au Louvre. 286.
Malvina et Marguerite de Bourgogne. 112.
Mameluks (les) (1805). 323.
Manches (les) à gigot. 331.
Maquignons (les). 156.
Marais (le). 68.
Marcel, prévôt de Paris. 258.
Marchand (Charles), architecte du Pont-Neuf. 242.
Marchande d'allumettes *chimériques*. 249.
Marchande d'amadou. 249.
Marchands (les) du boulevard Bonne-Nouvelle. 41.
Marchand (le) de cannes. 246.
Marchand (le) de chaînes de sûreté. 245.
Marchands (les) de chevaux. 156.
Marchand de chromo-duro-phane. 249.
Marchand (le) de coco. 66.
Marchands de contre-marques et de billets. 71.
Marchand (le) de crayons. 253.
Marchand (le) de crimes. 247.
Marchand (le) de dattes. 246.
Marchand (le) de marrons. 245.
Marchand (le) de mort-aux-rats. 247.
Marchands (les) d'oiseaux sur le pont au Change. 144.
Marchand (le) de paniers. 67.
Marchand (le) de pastilles du sérail. 245.
Marchande (la) de petits moulins. 248.
Marchande de poissons ambulante. 249.
Marchand (le) de robinets. 67.
Marchands (les) du Temple. 149.
Marchand de vulnéraire. 249.
Marchandise (la) du marché aux Chevaux. 158.
Marchandises (les) du Temple. 147.
Marché Bonne-Nouvelle. 141.
Marché aux Chevaux. 155.
Marché aux Chiens. 143.
Marché aux Fleurs. 153.
Marché aux Fleurs du Château-d'Eau. 153.
Marché aux Fleurs de la Madeleine. 153.
Marché aux Huîtres. 144.
Marché (le) aux Oiseaux. 144.
Marché (le) au pain, sur le parvis Notre-Dame. 204
Marché Saint-Germain. 141.
Marché Saint-Honoré. 141.
Marché Saint-Martin. 141.
Marché de Sèvres. 141.
Marché (le) à la viande. 141.
Marché à la volaille. 142.
Mariniers (des) peu philanthropes. 163.
Marquis et son palais aérien. 35.
Marquise (la) de Lilliput. 18.
Mars (Mlle) et sa parure de violettes. 329.
Membres résidents (les) de l'Académie de médecine. 95.
Mémoires (les) de mode de Joséphine 322.
Ménagerie (la) au Jardin des plantes. 174.
Ménagerie (ancienne) de Versailles. 186.
Mercadet (un) dramatique. 125.
Mercier. 55. 146. 194. 213. 309.
Mercredi des Cendres. 63.
Messagers (les) de Cyrus le Grand. 129.
Métiers (les) disparus. 254.
Métiers (les petits) parisiens. 67.
Miette, escamoteur sur le Pont-Neuf. 252.
Mode hideuse (la). 309.
Mode (la) à Paris. 308.
Modes (les) sous la Restauration. 328.
Molière. 101.
Monnaies (les diverses). 345.
Monnaies (anciennes) en France. 348.
Monnier (N.) en Cinna. 98.
Montagne (la) Sainte-Geneviève. 81.
Morgue (la). 214.
Moutons (les) chez Paul Niquet. 138.
Municipalité (la) parisienne. 258.
Murailles (les) de Paris. 3.
Musard père et fils. 35.
Musée des antiques, au Louvre. 287.
Musée assyrien, au Louvre. 281.
Musée (le) Dupuytren. 92.
Musée (le) égyptien, au Louvre. 274.
Musée (le) espagnol. 275.
Musée de marine, au Louvre. 281.
Musée mexicain, au Louvre. 285.
Musée du moyen âge, au Louvre. 278. 285.
Musée de sculpture égyptienne, au Louvre. 285.
Musée Standish au Louvre. 284.
Mystères (les) du Cirque-Olympique. 119.

N

Napoléon discipline l'esprit en France. 97.
Napoléon envoie au Musée des fourgons de tableaux et de statues pris à l'étranger. 273.
Napoléon fait construire les bâtiments de la Vallée (marché à la volaille). 143.
Napoléon fait exécuter de grands travaux dans l'intérieur du Musée. 273.
Napoléon organise le Théâtre-Français. 101.

388 TABLE DES MATIÈRES.

Napoléon et ses projets relatifs à l'entrepôt des boissons.
Napoléon réorganisateur de l'Université. 81.
Napoléon et le Sénat à propos de l'Odéon. 111.
Naules (les antiques). 257.
Nécromancien (le) populaire. 20.
Niquet (Paul). 137.
Nodier (Ch.). 202.
Nombre des artistes dramatiques en France. 129.
Nombre des lits dans les hôpitaux de Paris. 214.
Nomenclature abrégée des chefs-d'œuvre de peinture se trouvant au Louvre. 286.

O

Obélisque (l') de Louqsor. 25 à 28.
Odéon (l'). 111.
Odiot. 32.
Odry. 112.
Omnibus (l'). 31.
Opéra (l'). 104.
Origine du canotier. 161.
Origine du château des Tuileries. 207.
Origine de l'église de Saint-Germain l'Auxerrois. 291.
Origine du flottage du bois. 164.
Origine problématique de la balayeuse. 32.
Ornythorinque (l'). 180.
Ouverture de la session du Sénat et du Corps législatif aux Tuileries. 301.
Ouvreuse (l') de loges. 127.
Ovations faites à la première girafe envoyée en France. 177.

P

Palais (le) Cardinal. 101.
Palais (le) de justice. 215.
Palais-Royal (le). 30.
Palais (le) des singes au Jardin des plantes. 174.
Paletot (le). 335-337.
Paniers (les) (1780). 314.
Panier à salade (le). 233-240.
Panorama (le) de la bataille d'Eylau, aux Champs-Élysées. 19.
Panorama (le) dramatique. 125.
Pantalon (le). 321.
Parent-Duchâtelet et son livre sur la prostitution. 219.
Paris divisé en douze municipalités. 258.
Parlement (ancien) de Paris. 223.
Particularité sur l'île Saint-Louis, constatée par Parent-Duchâtelet. 200.
Parvis (le) Notre-Dame. 204.
Passage Jouffroy. 35.
Passage des Panoramas. 35.
Passage (le) Verdeau. 8
Passion des fleurs en Angleterre. 153.
Pastels de Latour, au Louvre. 281.
Patineurs (les) du canal de l'Ourcq. 326.
Pavillon de Flore, au Temple. 148.
Pavillon (le) de surveillance, au Temple. 148.
Pays (le) latin. 94.
Paysage (un) d'Hobbema, au Louvre. 286.
Peignes (les) en 1806. 324.
Peignoir (le). 314.
Peines prononcées par le conseil de discipline de la garde nationale. 188.
Peintures découvertes à la Sainte-Chapelle. 223.
Peintures de l'hôtel Lambert. 196-197.
Peinture (la) sur verre. 295.
Pékins (les) au bal de l'Opéra. 49.
Pèlerinage de Mgr Sibour dans le faubourg Saint-Antoine. 209.
Père (le) Aubert, doyen des chanteurs ambulants. 19.
Père (le) Tripoli, polisseur de cuivre. 67.
Perrault (Claude) et la colonnade du Louvre. 270.
Perruques (les) en 1800. 321.
Pesée (la) des lettres à l'administration des postes. 132.
Petit (le) Bercy. 165.
Petit Dunkerque (le). 310.
Petit (le) Lazari. 122.
Petites-maisons (les). 167.
Petits-métiers (les). 248.
Petite-Provence (la). 306.
Petite-Provence (la) du boulevard. 32.
Phénomènes (les) vivants aux Champs-Élysées. 18.
Philippe-Auguste au *Nouveau-Palais*. 215.
Philippe-Auguste transfère le marché Saint-Lazare. 136.
Phoque (le) de contrebande. 18.
Physicien (le) en plein vent. 20.
Physionomie actuelle du Temple. 146.
Physionomies (les) à la Halle. 139.
Physionomies (les) dans les théâtres. 115.
Physionomie de l'île Saint-Louis. 196.
Physionomies de la poste restante. 135.
Pick-pockets (les) à Londres. 237.
Pierrot (le) à l'Opéra. 51.
Pierrot (le) au violon. 60.
Pigeon (le) de première année à l'École de droit. 87.
Pinel. 166.
Piocheurs (les) au collége. 84.
Pion (le). 83.
Place (la) de la Bastille. 77.
Place du Carrousel. 339.
Place du Châtelet. 269.
Place (la) de la Concorde. 25.
Place (la) Dauphine. 217.
Place (la) de Grève. 266.
Place du Palais de justice. 217.
Place (la) Saint-Germain l'Auxerrois. 296.
Plafond d'Abel de Pujol dans l'escalier du Louvre. 274.
Plafond de L. Cognet au Louvre. 275.
Plafond de M. Delacroix dans la galerie d'Apollon. 277.
Plafond de M. Ingres, au Louvre. 275.
Plafond de Prud'hon, au Louvre. 274.
Plafonds exécutés au Louvre sous le régime de Juillet. 275.
Plants (les) de Thomery. 152.
Point (en) au mois de mai! 310.
Police (la) anglaise. 219.
Police secrète (la). 220.
Pont d'Asnières (le). 161.
Pont (le) du Carrousel. 344.
Pont de la Cité. 195.
Ponts établissant la communication avec la Cité. 203.
Pont-Neuf. 241.
Ponts-neufs (les). 243.
Pont-Rouge. 195.
Pont (le) Royal. 343.
Pont de la Tournelle. 194.
Pont (le) de Bercy. 161.
Porte (la) Saint-Antoine. 78.
Portes (les) Saint-Denis et Saint-Martin. 3, 43.
Porteur (le) commissionnaire. 154.
Porteur (le) d'eau. 246.
Pose de la première pierre de l'achèvement du Louvre, 25 juillet 1852. 271.
Pose de la première pierre d'un monument affecté au Collége de France. 98.
Pose de la première pierre de l'Hôtel de ville. 259.
Pose de la première pierre du Pont-Neuf. 242.
Postes (les). 129.
Poste restante (la). 131, 135.
Poteries de Bernard de Palissy, au Louvre. 281.
Poulailler (le) aux Funambules. 120.
Pou (le) volant, au Temple. 148.
Prado (le). 54.
Pratiques (les) du Temple. 148.
Pré aux Clercs. 81.
Prédications (les) à Notre-Dame. 211.
Préfecture (la) de police. 217-218.
Préfet (le) de police. 219.
Premiers (les) banquiers. 146.
Premières chaires (les), au Collége de France. 98.
Première école attitrée de la Faculté de médecine. 90.
Première école de droit, à Paris. 86.
Première exécution sur la place de Grève, en 1310. 266.
Première (la) porte Saint-Denis. 43.
Première (une) représentation au Théâtre-Français. 101.
Première trace de censure. 129.
Première troupe de comédiens italiens à Paris. 109.
Préparations pour le monnayage. 346.
Prévôté (la) de Paris. 258.
Prison de la garde nationale. 187.
Prix annuel, fondé par Louis XVI, pour le meilleur ouvrage lyrique. 105.
Procès (les) de criminelle conversation. 239.
Proclamation des représentants du peuple, sur la place de l'Hôtel de ville. 265.
Procureur général (le). 227.
Professeur (le). 83.
Projets d'achèvement du Louvre. 341.
Promenades (les) à Paris. 6-7.
Promenade du bœuf gras. 61.
Promeneurs (les) du boulevard des Capucines. 32.
Propos (un) du duc de Lauraguais sur le frac anglais. 308.
Propos (un) de médecin sur les fous. 172.
Propos (un) de principicule d'Allemagne sur Paris. 67.
Proviseur (le). 83.
Prud'hon, peintre. 281.
Public (le) du Pont-Neuf. 244.

Q

Quai de l'Archevêché. 241.
Quai (le) aux Fleurs. 153.
Quai de l'Horloge. 241.
Quai (le) Malaquais. 355.
Quai Napoléon. 204. 241.
Quai des Orfèvres. 241.
Quai (le) Voltaire. 355.
Quartiers (les) de la Cité. 213.
Quartier de sûreté à Bicêtre. 170.
Queue (une) au théâtre. 69.

R

Rabelais. 80.
Races de chevaux. 159.
Raccoleur (le). 256.
Raisin (le) dans l'antiquité. 151.
Raisons de décadence du Pont-Neuf. 256.
Ramoneur (le). 248.
Rapports entre les arts et la civilisation. 279.
Rapport (un) sur l'Hôtel-Dieu en 1789. 212.
Rat (le) de l'Opéra. 107.
Ravageurs (les). 164.
Réception (une) au doctorat dans la Faculté de médecine. 91.
Récréation (la) au collége. 84.
Réforme dans le costume ecclésiastique. 210.
Réforme dans le costume des hommes en 1800. 321.
Réforme de Pinel dans le traitement de la folie. 166.
Réforme de 1825 dans le traitement de la folie. 167.
Réforme (une) en 1848 au Collége de France. 98.
Réformes utiles de M. Jeanron au Louvre. 276.
Réfractaires (les) simples de la garde nationale. 187.
Régates (les). 160. 162.
Reine (la) des blanchisseuses à la mi-carême. 63.
Reliques (les) de la Sainte-Chapelle. 223.
Reliques (les) de saint Vincent apportées à Paris. 291.
Rembrandt, peintre. 279.
Rémouleur (le). 253.
Renommées (les) du boulevard Saint-Denis. 43.
Rentes (les) des hospices. 214.
Rentier (le) du Marais au café. 72. 360.
Rentrée (la) au collége. 83.
Repas en commun des aliénés à Bicêtre et à la Salpêtrière. 169.
Repas (les) de Paris. 136.
Représentations théâtrales (les) à l'Hôtel de ville. 261.
Représentation dans la salle de spectacle des Tuileries. 302.
Réputation usurpée de l'éléphant. 175.
Restaurants (les) à la Halle. 140.
Restaurant (le) Ledoyen. 16.
Restauration de la galerie d'Apollon au Louvre. 276.
Restauration de Notre-Dame entreprise en 1847. 206 207. 208.
Restaurations successives de l'église Notre-Dame. 206.
Résumé sur le carnaval. 64.
Revenu de l'Entrepôt général des boissons. 193.
Richelieu et l'Institut. 350.
Richelieu organise la création de la Sorbonne. 97.
Richelieu (M. de) et ses deux montres. 310.
Richesses (les) du garde-meuble de la couronne. 27-28.
Richesses et illustrations du boulevard des Capucines. 32.
Richesses des Templiers. 146.
Ritta et Christina, jumelles unies. 184.
Robes (les). 313 314. 320.
Robert Estienne. 86.
Robert Sorbon. 97.
Romantisme (le). 102.
Rotonde (la) du Temple. 149.
Rouvière, horloger du Cap, et sa rencontre avec un lion. 177.
Roux-Lavergne et l'art païen. 284.
Rue d'Arcole. 204.
Rues (les) avoisinant le Temple. 148. 150.
Rue (la) Bonne-Nouvelle. 41.
Rue (la) Coupe-Gueule. 81. 97.
Rue de la Ferronnerie. 137.
Rue (la) du Fouarre. 81.
Rue (la) Hauteville. 41.
Rue (la) des Jeûneurs. 40.
Rue (la) de Lancry. 66.
Rue (la) Mazagran. 41.
Rue (la) Royale. 29.
Rue (la) Saint-Denis. 43.
Rue (la) Saint-Fiacre. 40.
Rue Saint-Landry. 204.

S

Saint-Louis donne de l'extension aux Halles. 136.
Saint-Louis fait construire la Grande-Chambre et la Sainte-Chapelle. 215.
Sainte-Chapelle (la). 223.
Salle actuelle de l'Opéra. 105.
Salle Barthélemy. 123.
Salle (la) de Bobino. 111
Salle Chantereine. 123.
Salle Chaptal. 123.
Salle de l'hôpital de la Trinité, en 1402. 101.
Salles (les) de l'Hôtel de ville. 261.
Salle (la) des Italiens, à Londres. 109.
Salle du Palais-Royal. 112.
Salle (la) des Pas perdus au Palais de justice. 221.
Salle de spectacle des Tuileries. 302.
Salle (la) du Théâtre-Français. 104.
Salle du Théâtre-Lyrique. 117.
Salle (la) Ventadour. 109.
Salon (le) carré, au Louvre. 278.
Salpêtrière (la). 167.
Saltimbanques (les) des boulevards. 74.
Samaritaine (la). 243.
Sand (G.), à propos de Debureau. 122.
Saqui (Mme). 70, 122.
Scène (une) de spectacle en plein air, au XVIIe siècle. 243.
Scribe et sa littérature. 41.
Scytale (la). 129.
Sectes (les) médicales. 93.
Section des lettres et des sciences à l'École normale. 100.
Séraphin. 123.
Sergents de ville (les). 220.
Serpents (les) au Jardin des plantes. 183.
Serres (les grandes) au Jardin des plantes. 183.
Serres (les) de Kew-Gardens. 153.
Service des huiles d'olive à l'entrepôt. 193.
Service des postes sur les chemins de fer. 133.
Service intérieur (le) de l'administration des postes. 131.
Sévigné (Mme de) et le café. 323.
Siamoises (les deux). 18.
Sibour (Mgr). 209.
Sifflets (les) au théâtre. 125.
Sixième (la) chambre de police correctionnelle. 233.
Sorbonne (la). 97.
Sosies (les) de Napoléon. 118.
Souliers (les) de Roland de la Platrière. 315.
Spécimen d'éloquence, au Temple. 149.
Spectacles (les) du Pont-Neuf. 115.
Spencer (le). 325.
Squelettes (les) historiques, au Jardin des plantes. 184.
Statistique (un jugement sur la). 68.
Statistique de la consommation de Paris. 136.
Statistique de Cour d'assises. 231, 239.
Statistique de l'École de droit. 88.
Statistique de la police correctionnelle. 240.
Statuaire chinoise (la). 284.
Statue équestre de Henri IV. 244.
Statues de la façade de l'Hôtel de ville. 260.
Statue de Louis XIV, à l'Hôtel de ville. 259.
Statue de Louis XV (la). 26.
Steen, peintre et brasseur flamand. 280.
Strigops (le) habroptilus. 182.
Subventions (les) des théâtres à Paris. 109.
Système d'alimentation à l'Hôtel-Dieu. 214.

T

Table (la) de marbre au Palais de justice. 215.
Tableaux (les) à l'Hôtel de ville. 260.
Tableaux vivants (les). 20.
Talma (le) en 1852. 338.
Talma. 317.
Tapir (le). 179.
Tapis (les) d'Aubusson. 40.
Tavernes (les) à Bercy. 162.
Taxe (la) postale. 134.
Te Deum (les) chantés à Notre-Dame. 208.
Témoins (les) de cour d'assises. 229.
Temple (le). 140.
Terrain (le) de Notre-Dame. 200.
Terrasse (la) du bord de l'eau aux Tuileries. 304.
Testament (le) de Mazarin. 349.
Théâtres (les). 101.
Théâtre (le) des associés. 122.
Théâtre (un) à Bicêtre. 169.
Théâtre Comte. 122.
Théâtre des Délassements-Comiques. 122.
Théâtre-Français (le). 101.
Théâtre-Français sous la Révolution. 101.
Théâtre du Gymnase. 40.
Théâtre (le) Italien. 109.
Théâtres (les) à Londres. 101.
Théâtre-Lyrique (le). 115.
Théâtre National (le). 118.
Théâtre des Nouveautés. 125.
Théâtre de l'Opéra-Comique. 109.
Théâtre du Panthéon. 125.
Théâtre du Petit-Lazari. 122.
Théâtre (le) de la Porte-Saint-Antoine. 122.
Théâtre de la Porte-Saint-Martin, le 27 octobre 1781. 65.
Théâtre (le) de la Porte-Saint-Martin. 112.
Théâtre de la Renaissance. 125.
Théâtre des Sans-Culottes. 129.
Théâtre Séraphin. 123.
Théâtre Ventadour. 125.
Théroigne de Méricourt. 167.
Thèse (la) 88.
Thomery. 152.
Timbre (le) sur les lettres. 131.
Tirage annuel pour le recrutement à l'Hôtel de ville. 267.
Tirage de la loterie du Lingot d'or au Cirque. 16.
Tombeau (le) des secrets. 140.
Tortoni. 34. 358.
Tours (les) du Châtelet. 215.
Tours (les) de Notre-Dame. 206.
Tours (les) du Palais de justice. 216.
Tour (la) Saint-Jacques-la Boucherie. 269.
Tourelle de la place de Grève. 269.
Trains flottants sur la Seine. 164.
Traîneau (le) de M. Horace Vernet. 17.
Tuileries (les). 297.

U

Université (l') de jurisprudence. 86.
Université (l') parisienne. 81.
Utilité de l'Académie de médecine. 95.
Utilité du Louvre. 290.

V

Vacances (les). 84.
Vachette. 35.
Vallée (la). 142.
Van der Meulen, peintre. 279.
Vanloo et ses tableaux. 281.
Variétés (les). 112.
Vaudeville (le). 112.
Véhicules (les) parisiens. 31.
Vénus (la) *de Milo*, au Louvre. 275.
Vie (la) de l'actrice. 107.
Vierge (la), d'après Murillo. 281.
Vieux (les) bouquets. 154.
Vieux (le) Louvre. 270.
Violoniste (le) nomade. 252.
Visite (la) au parloir du collége. 84.
Vol (le) à l'américaine. 237-238.
Vol (le) au bonjour. 237.
Vol (le) simple. 236.
Vol (le) à la tire. 237.
Voleur (un) jovial. 230.
Voleur (un) souterrain. 230.
Volontaires établis aux Tuileries en février 1848 298.
Vrais (les) artistes, au Louvre. 290.

W

Watteau et ses tableaux. 281.
Werther et Alphonse Karr. 188.
Wilhem et l'Orphéon. 17.

X

Ximénès (le marquis de) et Baour-Lormian. 102

Y

Yachts (les) de luxe, en Angleterre. 160.

Z

Zurbaran. 279.

FIN DE LA TABLE.

www.ingramcontent.com/pod-product-compliance
Lightning Source LLC
Chambersburg PA
CBHW050437170426
43201CB00008B/712